U0553132

E-COMMERCE 2023

Business, Technology, Society, Seventeenth Edition

电子商务

商务、技术、社会
（原书第17版）

[美] 肯尼思·C.劳顿　　　卡罗尔·圭尔乔·特拉弗　著
　　　(Kenneth C. Laudon)　　(Carol Guercio Traver)

杨兴凯 潘　霞 宋晓龙
王晓晶 胡玉真 刘　宏　译

机械工业出版社
CHINA MACHINE PRESS

Authorized translation from the English language edition, entitled *E-Commerce 2023: Business, Technology, Society, Seventeenth Edition*, ISBN: 9780137922208, by Kenneth C. Laudon, Carol Guercio Traver, published by Pearson Education, Inc., Copyright © 2024, 2022, 2020 by Kenneth C. Laudon and Carol Guercio Traver.

All rights reserved. No part of this book may be reproduced or transmitted in any form or by any means, electronic or mechanical, including photocopying, recording or by any information storage retrieval system, without permission from Pearson Education, Inc.

Chinese simplified language edition published by China Machine Press, Copyright © 2025.

Authorized for sale and distribution in the Chinese Mainland only (excluding Hong Kong SAR, Macao SAR and Taiwan).

本书中文简体字版由 Pearson Education（培生教育出版集团）授权机械工业出版社在中国大陆地区（不包括香港、澳门特别行政区及台湾地区）独家出版发行。未经出版者书面许可，不得以任何方式抄袭、复制或节录本书中的任何部分。

本书封底贴有 Pearson Education（培生教育出版集团）激光防伪标签，无标签者不得销售。

北京市版权局著作权合同登记　图字：01-2023-3526 号。

图书在版编目（CIP）数据

电子商务：商务、技术、社会：原书第 17 版 /（美）肯尼思·C. 劳顿 (Kenneth C. Laudon),（美）卡罗尔·圭尔乔·特拉弗 (Carol Guercio Traver) 著；杨兴凯等译 . -- 北京：机械工业出版社，2025.6. -- ISBN 978-7-111-78494-4

Ⅰ. F713.36

中国国家版本馆 CIP 数据核字第 2025U9J872 号

机械工业出版社（北京市百万庄大街 22 号　邮政编码 100037）
策划编辑：曲　熠　　　　　　　　　责任编辑：曲　熠
责任校对：杜丹丹　李可意　景　飞　责任印制：刘　媛
三河市骏杰印刷有限公司印刷
2025 年 8 月第 1 版第 1 次印刷
185mm×260mm · 35.25 印张 · 899 千字
标准书号：ISBN 978-7-111-78494-4
定价：149.00 元

电话服务　　　　　　　　　　网络服务
客服电话：010-88361066　　　机　工　官　网：www.cmpbook.com
　　　　　010-88379833　　　机　工　官　博：weibo.com/cmp1952
　　　　　010-68326294　　　金　书　网：www.golden-book.com
封底无防伪标均为盗版　　　机工教育服务网：www.cmpedu.com

产业现状。电子商务作为当今时代最具影响力和变革性的领域之一，正以惊人的速度重塑经济、社会以及人们的生活方式。近20年来，全球电子商务蓬勃发展，各国纷纷加快数字基础设施建设，优化政策环境，促进电子商务发展，电子商务已呈现全球化的发展趋势，并成为推动各国经济增长的重要力量。我国电子商务也增长迅速，成为推动经济转型升级、促进社会创新发展的强大动力。为了顺应电子商务全球化的发展趋势，我国电子商务需要与全球市场接轨，积极推动跨境电商和国际合作。随着人工智能、区块链、云计算、大数据、物联网等技术的持续进步，电子商务的应用范围不断扩大。电子商务的广泛应用，吸引了众多学者的高度关注，电子商务专业成为高校中最热门的专业之一，相关课程也深受学生喜爱，彰显了电子商务在教育领域的独特魅力和重要地位。

需求定位。2000年，教育部首次批准全国13所院校开设电子商务专业，我从那时起便从事电子商务教学工作。作为一名长期从事电子商务教学与研究工作的教育工作者，我对电子商务领域始终怀有浓厚兴趣，并在其中不断探索与前行。在教学过程中，教材的重要性不言而喻，它不仅是传授知识的载体，更是激发学生学习兴趣、引导学生深入思考的"灯塔"。能够适应社会发展的高质量的教材，首先，应具有前沿性，确保学生能接触当前最先进的知识和理念；其次，应具有国际性，帮助学生了解全球电商行业的发展动态；再次，应具有实践性，结合优秀案例和企业实践，帮助学生将理论知识应用到实践中，提升其解决实际问题的能力。只有同时具备前沿性、国际性与实践性的电子商务教材，才能更好地培养出具备全球视野、具有强创新能力和实践能力的电子商务人才。

翻译背景。本书是一部在全球范围内广受欢迎的优秀教材，以其前沿的理论、国际化的视野、实践导向的教学资源以及独特的视角深深吸引了我。尽管我深知翻译工作具有较大挑战性，但慎重考虑后仍决定承担翻译任务，这主要基于以下三个方面的原因。

首先，前沿的电子商务理论与技术可保证教学质量。本书紧跟电子商务领域的发展，涵盖前沿的电子商务理论与技术。通过深入阐释新的电商模式与应用技术，本书能够帮助学生打下坚实的理论基础，并结合新的电子商务行业动态，促进学生对新兴知识的理解和运用，从而有效提升整体教学质量。

其次，国际化优秀企业案例实践可拓展学习效果。本书引入了大量国际化优秀企业案例，展示典型电子商务企业的多样化发展和成功经验。通过分析不同地区和跨文化背景的企业案例，帮助学生掌握国际化的商业模式和运营策略，同时通过实践情境的引导，使学生能更深入地理解抽象的理论概念，从而有效提升学习效果。

最后，实践性教学资源支撑可培养实战能力。本书配有丰富的实践性教学资源，帮助学生将理论知识与真实情境相结合。借助这些资源，学生能掌握在商业场景中进行操作和决策的方法，深入理解电商领域的运作机制。通过反复实践，培养学生在动态电商环境中迅速应对挑战的实战能力，为未来的职业发展奠定坚实的基础。

本书特色。本书凭借全面且前沿的内容设计脱颖而出。本书聚焦电子商务的关键概念、最新实践和财务数据，通过丰富的案例和互动工具，为读者提供了多维度的学习视角。本书内容紧跟行业动态，涵盖隐私保护、金融科技、社交媒体营销等热点问题，同时结合了数百个真实企业案例，如 Amazon、Google、TikTok 等，帮助读者深入理解电子商务的实际应用。此外，本书强调商务、技术、社会三大要素的融合，全面覆盖电子商务的各个环节，确保知识的系统性和完整性。

本书价值。本书的翻译和出版具有多方面的参考价值。从教学角度看，为国内高校电子商务专业提供了高质量的教材，帮助教师更好地组织教学内容、提升教学质量。书中丰富的案例和互动工具能够显著提升学生的学习体验，培养他们的实践能力和创新思维。从研究角度看，书中前沿的内容和丰富的案例为学术研究提供了宝贵的资料，能推动国内电子商务领域的发展。从社会角度看，本书能帮助学生和从业者更好地理解电子商务的发展趋势，为我国电子商务事业的发展培养高素质人才，具有重要的社会价值。通过高质量的翻译，将国际优秀教材引入国内，促进了中外教育文化的交流与融合，具有重要的文化价值。

翻译分工。本书的翻译工作由东北财经大学杨兴凯教授主持，具体分工如下：东北财经大学杨兴凯教授负责第 1 章和第 2 章，并承担全书的组织协调与统稿工作；哈尔滨工程大学潘霞副教授负责前言、第 6 章和第 7 章，同时参与统稿及核校工作；哈尔滨工程大学胡玉真教授负责第 9 章和第 10 章；东北财经大学宋晓龙副教授负责第 3 章和第 4 章；东北财经大学王晓晶副教授负责第 5 章和第 12 章；辽宁师范大学刘宏副教授负责第 8 章和第 11 章。

最后，我谨代表翻译团队，特别感谢机械工业出版社曲熠编辑的大力支持，没有她的支持，就没有本书的翻译和出版。还要诚挚感谢在本书翻译过程中给予支持与帮助的老师、学生和朋友们，正是有他们的无私奉献与鼎力相助，这项艰巨的工作才得以顺利完成。同时，我们也衷心感谢每一位读者对本书的关注与支持，我们衷心希望这本书能够为你们带来有益的知识与启发，成为你们在电子商务学习与实践中的良师益友。

为了保证翻译质量，翻译团队做了诸多努力。首先通过多次讨论，对专业术语、关键概念的翻译进行了统一和规范；其次，严格遵循学术规范，对原文逐字逐句反复推敲并多次核对，确保语义准确；再次，团队邀请了领域专家进行审阅，提出修改意见；最后，团队成员对译稿进行了多轮审阅，力求使译文既精准呈现原文，又契合中文表达习惯。但因水平有限，翻译版中仍可能存在疏漏与不足，在此，我们恳请各位读者批评指正。

杨兴凯

于东财园

2025 年 3 月

第 17 版新增内容

本书对电子商务领域进行了全面更新和深入介绍，聚焦于关键概念、最新实践及财务数据，帮助读者理解和把握电子商务带来的发展机遇。电子商务正在深刻地影响着商业运作方式，并推动全球经济发生重大转变。

本书旨在做到引人深思、与时俱进，第 17 版特别关注商务、技术和社会方面的最新影响因素。本书使用最新的数据，并聚焦于日常生活中常见的各类公司，如 Meta 的 Facebook 和 Instagram，以及 Google、Amazon、Apple、TikTok、YouTube、Twitter[⊖]、eBay、Uber 等，你将了解这些公司，以及一些令人兴奋的初创公司。本书涵盖当下最新的电子商务关键主题，从隐私保护和盗版到政府监督、网络犯罪、金融科技、社交媒体营销、本土化营销、移动营销、知识产权等。你将在本书中学到最新、最全面的电子商务领域知识。

从本书中学到的电子商务相关概念对你的工作将是非常有价值的。许多企业希望新员工了解网络营销知识以及关于如何开展电子商务等基础知识。如今，几乎每个行业都在某种程度上受到电子商务的影响。本书提供的电子商务知识会为你的整个职业生涯带来价值，学完本书，你将能够参与甚至带领你的公司开展电子商务活动。

第 17 版的特色是全新的"开篇案例"、章末"案例研究"以及"洞察"系列案例。书中的文本、数据、图表等相关信息依据行业和政府公布的最新数据，已经更新至 2022 年 9 月。另外，本书还依据 2021～2022 年的头条新闻，增加并扩展了诸多电子商务主题，包括：

- 新冠疫情对互联网和电子商务的持续影响。
- 创作者和创作者经济，网红和网红营销。
- TikTok 的崛起。
- 元宇宙。
- Web3。
- 数据隐私问题，Apple 和 Google 的新隐私政策。
- 电子商务和网络广告中的人工智能和大数据。
- 控制大型科技公司的诉讼、监管和立法方法。
- ESG（环境、社会和治理）和可持续性活动的影响（二手电商、循环经济）。
- 区块链技术。
- 物联网（IoT）对电子商务、电子商务商业模式和供应链的影响。
- QUIC 协议作为 TCP 的替代品。
- 新的互联网接入技术，如低地球轨道卫星和 5G。
- 全渠道零售策略的重要性与日俱增，包括 BOPIS/ 网络购物线下自提。
- 重大安全问题，如软件供应链攻击、勒索软件、网络货币黑客攻击、大规模数据泄露以及软件漏洞相关的黑客攻击。

⊖　现为 X。——译者注

- 新的替代支付服务，如先买后付（BNPL）服务及比特币、以太币和稳定币等加密货币。
- 用情境广告和商家追踪用户取代用户行为定向。
- 用 TikTok 和 Instagram 进行社交媒体营销。
- Apple ITP 和 ATT 以及 Google 隐私沙盒。
- 网络抓取中的版权问题，数字千禧年版权法案更新。
- 隐私权、互联网销售税、网络中立性及在线赌博的州级条例。
- Carvana 和其他数字原生直销公司。
- 金融科技公司：新型银行、智能顾问、保险科技公司。
- 新型流媒体服务、Z 世代、媒体消费及网络游戏。
- LinkedIn、Facebook 算法、eBay、Yahoo 和 AOL。
- 供应链中断、数字孪生。

完成教与学的挑战

实时性。电子商务和互联网的发展日新月异，本书尽可能捕捉重要的新进展。很多教材的内容在出版时已经过时，而本书的内容更新至 2022 年 9 月，就在出版前的几周。

坚实的概念基础：商务、技术、社会。本书强调把商务、技术、社会三大驱动要素贯穿到电子商务的各个环节：业务发展战略、技术创新、社会问题、法律问题及其影响。本书的每一章都探讨了相关主题与这些驱动力之间的联系，有助于学生形成扎实且连续的概念框架，理解电子商务。

真实的企业案例。真实的企业案例包括 Amazon、Google、Microsoft、Apple、Facebook、Instagram、TikTok、Twitter、LinkedIn、Netflix、YouTube、Hulu、Uber、Lyft、Instacart、Grubhub、Etsy、eBay、Dick 体育用品等。本书提供了数百个真实的企业案例，以及数十个电子商务情境下的扩展案例。这些案例分布在每一章，包括"开篇案例"、章末"案例研究"以及"洞察"系列案例。本书以现实的眼光指出在电子商务领域，哪些做法是有效的，哪些做法是无效的，以免给出过于乐观或者纯粹的"学术"观点。本书对电子商务尽量保持批判性的态度，避免夸大其词。

覆盖当前及未来的技术。互联网和信息技术持续快速变化。电子商务最关键的变化包括电子商务基础设施价格的大幅下降（使得开发复杂电子商务平台成本更低）、移动平台的爆炸性增长、社交媒体技术的发展，这些都是在线社交网络的基础。本书不仅对当前的互联网环境进行了深入的探讨，同时也对元宇宙、Web3、物联网、区块链、大数据、人工智能、增强现实和虚拟现实、低地球轨道卫星互联网系统、5G 和 Wi-Fi 6 等新兴技术及应用进行了深入阐述。

突出强调电子商务的社会环境及法律环境。整本书都特别关注社会环境和法律环境，第 8 章全面探讨了电子商务伦理，包括信息隐私权、知识产权、治理、上网安全以及公共福利。

深入覆盖营销和广告。本书有两章内容涉及营销和广告，包括传统网络营销、社交媒体营销、移动营销和本土化营销。全面探讨了营销相关的概念，包括市场细分、个性化、点击流量分析、数字商品捆绑、长尾营销和动态定价等。

深入阐述 B2B 电子商务。本书用一章的篇幅探讨了 B2B 电子商务，该章采用了独特且易于理解的分类模式，帮助学生理解复杂的电子商务。主要内容有电子商务供应链、电子分销市场、电子采购市场、电子交易市场、行业联盟，以及会员专用 B2B 网络和协同商务。

最新的研究文献。本书的内容基于最新的电子商务领域研究文献，这些文献经过精心筛选，包含对最新电子商务研究成果的引用和分析，也包含众多经典文章。主要的筛选范围包括经济学、营销学、信息系统与技术，以及法学期刊和涉及社会学和心理学等相关知识的期刊。

阅读乐趣。与一些教材不同的是，本书读起来不仅很有趣也很容易理解。本书不是由数十人的编委会协作完成的，而是由独立作者以贯穿全书的视角完成的，我们相信这样更易于阅读。

本书概述

本书分为四部分。

第一部分对本书的主要内容进行了介绍。第 1 章定义了电子商务，区分了电子商务和电子业务，定义了电子商务类型。第 2 章首先介绍并界定商业模式和盈利模式，涵盖主要的 B2B、B2C 电子商务的商业模式和盈利模式，然后介绍基本的业务概念，包括行业结构、价值链、企业战略等，这些概念对于深入了解电子商务公司至关重要。第 2 章还介绍了一系列的电子商务技术和颠覆性的商业模式。

第二部分主要介绍电子商务的基础框架。第 3 章追溯了互联网的发展历程，深入探讨了互联网、万维网和移动平台的运行方式。第 4 章主要介绍构建电子商务平台的步骤，包括：构建流程，外包网站开发和托管的主要决策，如何选择提高网站性能的软件、硬件和其他工具。第 4 章还包括开发移动网站和 App 相关的问题。第 5 章主要介绍电子商务安全和支付，在第 4 章的基础框架上，探讨在互联网上提供安全服务的方法。第 5 章定义了数字信息安全，描述了威胁信息安全的主要因素，然后讨论了负责保护公司网站的业务经理可以使用的技术和政策解决方案。第 5 章结尾介绍了电子商务支付系统，界定了不同的在线支付系统，并介绍了可替代的支付系统，包括 Apple Pay、Venmo、Zelle、先买后付服务，以及加密货币和区块链等。

第三部分聚焦于商务相关概念及社会法律问题。第 6 章主要介绍电子商务消费者行为和互联网受众，以及网络营销和品牌构建的基础知识，包括传统网络营销技术、营销策略，还包括网站作为营销平台、搜索引擎营销和广告、展示广告营销、电子邮件营销、联盟营销及潜在客户开发营销计划、多渠道营销，以及各种客户留存策略，如个性化（包括基于兴趣的广告，也称为行为定向）和客户服务工具。第 6 章还介绍了其他营销策略，如定价策略和长尾营销，并探讨了互联网营销技术（网络事务日志、跟踪文件、数据挖掘、大数据）和个性化推送以及客户关系管理系统等。第 6 章结尾还介绍了各类网络营销的成本和收益，包括营销分析软件的相关内容。第 7 章对社交媒体营销、移动营销和本土化营销展开深入分析，主要包括 Facebook、Instagram、TikTok、Twitter、Pinterest，以及其他社交媒体营销平台，如 Snapchat 和 LinkedIn。第 7 章还介绍了移动营销的演变，包括地理空间技术的使用和邻近性营销。第 8 章全面介绍了电子商务的社会和法律环境，包括最新的电子商务伦理和法律相关内容：隐私权、知识产权、互联网监管、大型科技公司竞争问题、治理、公共安全与福利问题（色情、赌博、健康等）。

第四部分主要阐述网络零售、服务、在线内容及媒体、社交网络、拍卖、门户网站以及 B2B 电子商务等各行各业的电子商务实际应用经验。本部分采用行业分析法，而不是前面使用的概念性方法。第 9 章重点介绍商品和服务零售市场中的公司，以及 Uber 和 Airbnb 等按需服务公司的经验。案例部分对 Amazon 的企业战略和经营绩效进行了详细分析，为分析其他电子商务公司提供了样板。第 10 章主要探索在线内容和数字媒体，回顾并总结了过去两年网络出版和娱乐产业的巨大变化，包括在线报纸和杂志、电子书、流媒体家庭娱乐、电影、音乐、网络游戏和电子竞技等。第 11 章研究了社交网络、拍卖网站和门户网站。第 12 章探讨了 B2B 电子商务，包括电子商务供应链、各类型的 B2B 电子商务市场、鲜为人知却规模庞大的会员专用网，以及向协同商务发展的趋势。

章节安排

本书着重培养学生的认知意识和对电子商务的分析能力、综合能力以及评估能力。本书不仅提供了大量的数据和相关概念，而且写作风格风趣幽默，有助于学生更好地掌握传统企业商业模式向电子商务企业商业模式的转型。

每一章都包含了让学习知识变得简单、有趣的元素。

学习目标。指导学生学习本章的关键概念清单。

开篇案例。每一章的开篇案例，都围绕学习目标选择真实且典型的电子商务公司或相关问题作为案例。这些典型的电子商务公司包括 TikTok、Walmart、YouTube、Lemonade、LinkedIn 和 Amazon 等。开篇案例能引导学生对案例中的相关主题进行深入思考。

"洞察"系列案例。每一章都包含涵盖本章知识点的技术、商务和社会相关的真实企业案例。这些案例是对知识点的进一步深化，几乎囊括并分析了电子商务各个领域的内容。这些案例对互联网内容相关的政府调控能力、如何设计无障碍网站、奢侈品在线营销和生物识别安全面临的挑战等问题进行了研究。案例中的公司包括 Facebook、Y Combinator、Foursquare、Etsy、SpaceX、Zoom、Wix、Duolingo、Yoox Net-a-Porter、Sprout Social、Stitch Fix、Instacart、Grubhub、Vox、Twitch、Yahoo、Beers 等。

真实的企业案例。从电子商务企业中甄选了上百个案例，辅助学生对相关概念进行深入理解。

电子商务相关职位。本书在每章的结尾部分讨论电子商务领域的相关职位，这部分内容来源于现实中电子商务公司的初级职位空缺。这些职位包括电子商务零售品类专家、用户体验设计师、网络安全威胁管理培训生、数字营销助理、电子商务隐私研究员、数字受众开发专员、社交营销专家和初级供应链分析师等。本书不仅提供了公司简介、职位详细信息、职位资质及技能要求，而且介绍了面试准备技巧及可能遇到的面试问题。

案例研究。每一章章末都有一个来自真实企业的案例，帮助学生掌握关键概念和知识在具体的问题和场景中的运用方法。案例涉及的真实企业包括 Uber、Twitter、Akamai、Dick 体育用品、Venmo、Zelle、Blue Nile、Netflix、eBay 和 Elemica 等。

章末材料。每一章都附有大量的章末材料，辅助学生完成本章的学习目标。

- **关键概念**。依据学习目标给出辅助学生学习每章关键概念的知识要点。
- **思考题**。以发人深省的问题激励学生理解相关概念并学会在具体管理问题中进行运用。
- **实践项目**。每章的实践项目鼓励学生运用关键概念以及较高层次的评估技能。大部分的项目要求学生在互联网情境中以口头汇报或书面报告的形式，展示他们的研究发现。例如，要求学生基于 SEC 网站上某一公司的公开数据进行财务分析，对跨国公司的支付系统进行选择，或者用电脑搜索 cookies 排名前 10 的网站等。
- **参考文献**。每章末尾都附有参考文献，为学生提供了相关内容和主题的扩展资源。

教师资源

在 Pearson.com 网站，教师注册会员后能方便地获得各种教师资源，包括教师手册、试题库、PPT 等。请访问 support.pearson.com/getsupport 获得相关的资源。

作者简介

Kenneth C. Laudon 曾是纽约大学斯特恩商学院的信息系统教授。他拥有斯坦福大学经济学学士学位和哥伦比亚大学博士学位。他撰写了 12 本关于电子商务、信息系统、组织与社会的书籍。Laudon 教授还撰写了 40 多篇论文，涉及信息系统、隐私、道德和技术对社会、组织和管理的影响。在纽约大学斯特恩商学院，他教授的课程包括数字企业管理、信息技术与企业战略、职业责任（伦理）以及电子商务和数字市场。

Carol Guercio Traver，毕业于耶鲁大学法学院和瓦萨学院。作为一家著名国际律师事务所的律师，她在技术法、互联网法、隐私法、知识产权法和一般公司法方面拥有多年的经验，曾为众多大型公司以及中小型企业提供法律服务。Carol 是 *Essentials of MIS, 15th Edition* 等多部信息技术教材的合著者，也是许多技术相关项目的首席项目经理或编辑。Carol 是 Azimuth Interactive 公司的联合创始人兼总裁，该公司是最早的教育科技公司之一，也是教育行业数字媒体和出版商服务的提供商。

致谢

培生教育征求了许多优秀审稿人的意见，他们对本书的编排和内容做出了很大的贡献。以下人士对本书及以往版本提供了非常有用的评价：

Deniz Aksen，科奇大学（伊斯坦布尔）

Carrie Andersen，麦迪逊区技术学院

Subhajyoti Bandyopadhyay，佛罗里达大学

Christine Barnes，莱克兰社区学院

Reneta Barneva，纽约州立大学弗雷多尼亚学院

Rathin Basu，费鲁姆学院

Dr. Shirley A. Becker，北亚利桑那大学

Prasad Bingi，印第安纳大学 – 普渡大学韦恩堡分校

Joanna Broder，皮马社区学院

Lisa Bryan，东南社区学院

James Buchan，欧扎克学院

Ashley Bush，佛罗里达州立大学

Cliff Butler，北西雅图社区学院

Carl Case，圣波拿文都大学

Teuta Cata，北肯塔基大学

Adnan Chawdhry，宾夕法尼亚州加利福尼亚大学

Mark Choman，鲁泽尼县社区学院

⊖ 关于教辅资源，仅提供给采用本书作为教材的教师用作课堂教学、布置作业、发布考试等。如有需要的教师，请直接联系 Pearson 北京办公室查询并填表申请。联系邮箱：Copub.Hed@pearson.com。——编辑注

Andrew Ciganek，杰克逊维尔州立大学

Daniel Connolly，丹佛大学

Tom Critzer，迈阿密大学

Dr. Robin R. Davis，克拉夫林大学

Dursan Delen，俄克拉荷马州立大学

Abhijit Deshmukh，马萨诸塞大学

Brian L. Dos Santos，路易斯维尔大学

Robert Drevs，圣母大学

Akram El-Tannir，哈里里加拿大大学（黎巴嫩）

Kimberly Furumo，夏威夷大学希洛分校

John H. Gerdes，加利福尼亚大学河滨分校

Gurram Gopal，伊利诺伊理工学院

Philip Gordon，加利福尼亚大学伯克利分校

Allan Greenberg，布鲁克林学院

Bin Gu，得克萨斯大学奥斯汀分校

Norman Hahn，托马斯尼尔森社区学院

Peter Haried，威斯康星大学拉克罗斯分校

Sherri Harms，内布拉斯加州立大学卡尼分校

Sharon Heckel，圣查尔斯社区学院

David Hite，弗吉尼亚因特芒特学院

Gus Jabbour，乔治梅森大学

Thaddeus Janicki，橄榄山大学

Kevin Jetton，得克萨斯州立大学圣马科斯分校

Jim Keogh，圣彼得大学

Ellen Kraft，乔治亚法庭大学

Krish Krishnan，宾夕法尼亚印第安纳大学

Gilliean Lee，兰德大学

Zoonky Lee，内布拉斯加大学林肯分校

Andre Lemaylleux，波士顿大学布鲁塞尔分校

Haim Levkowitz，马萨诸塞大学洛厄尔分校

Yair Levy，诺瓦东南大学

Richard Lucic，杜克大学

Brenda Maynard，派克维尔大学

Vincent McCord，山麓学院

John Mendonca，普渡大学

John Miko，圣弗朗西斯大学

Dr. Abdulrahman Mirza，德保罗大学

Natalie Nazarenko，纽约州立大学弗雷多尼亚分校

Barbara Ozog，班尼迪克大学

Kent Palmer，麦克默雷学院

Karen Palumbo，圣弗朗西斯大学

James Pauer，劳伦社区大学

Wayne Pauli，达科他州立大学

Sam Perez，梅萨社区学院

Jamie Pinchot，谢尔学院

Selwyn Piramuthu，佛罗里达大学

Kai Pommerenke，加利福尼亚大学圣克鲁斯分校

Barry Quinn，北爱尔兰阿尔斯特大学

Mahesh (Michael) Raisinghani，西三一大学管理学院 EMBA 项目

Michelle Ramim，诺瓦东南大学

Jay Rhee，圣何塞州立大学

Jorge Romero，陶森大学

John Sagi，安妮阿伦德尔社区学院

Carl Saxby，南印第安纳大学

Patricia Sendall，梅里马克学院

Dr. Carlos Serrao，葡萄牙里斯本大学学院

Neerja Sethi，新加坡南洋商学院

Amber Settle，德保罗大学 CTI

Vivek Shah，得克萨斯州立大学圣马科斯分校

Wei Shi，圣塔克拉拉大学

Seung Jae Shin，密西西比州立大学

Sumit Sircar，得克萨斯大学阿灵顿分校

Toni Somers，韦恩州立大学 Mike Ilitch 商学院

Hongjun Song，孟菲斯大学

Pamela Specht，内布拉斯加大学奥马哈分校

Esther Swilley，堪萨斯州立大学

Tony Townsend，爱荷华州立大学

Bill Troy，新罕布什尔大学

Susan VandeVen，南方州立理工大学

Hiep Van Dong，麦迪逊区技术学院

Michael Van Hilst，诺瓦东南大学

Mary Vitrano，棕榈沙滩社区学院

Andrea Wachter，博恩特帕克大学

Nitin Walia，阿什兰大学

Catherine Wallace，新西兰梅西大学

Biao Wang，波士顿大学

Haibo Wang，得克萨斯 A&M 国际大学

Harry Washington，林肯大学

Irene Wheeler，CVCC

Rolf Wigand，阿肯色大学小石城分校

Erin Wilkinson，约翰逊与威尔士大学

Alice Wilson，西达克瑞斯特学院

Dezhi Wu，南犹他大学

Gene Yelle，纽约州立大学理工学院

Kaimei Zheng，马萨诸塞大学阿默斯特分校伊森伯格管理学院

David Zolzer，西北大学

此外，我们还要感谢所有为确保本书达到最佳效果而付出辛勤劳动的人，包括我们的编辑 Ellen Thibault 和 Jenifer Niles，以及培生的内容制作人 Rudrani Mukherjee。还要感谢 Gowthaman Sadhanandham 和他带领的 Integra 团队的制作工作。还要特别感谢 Azimuth Interactive 公司的 Megan Miller 和 Will Anderson，感谢他们为本书及以往版本的制作和增补所付出的辛勤劳动。

最后，也是最重要的一点，我们要感谢家人和朋友，没有他们的支持，本书是不可能完成的。

Kenneth C. Laudon

Carol Guercio Traver

第二部分 电子商务技术基础

第3章 电子商务基础设施：互联
网、万维网、移动平台 ……………74

第三部分 商务概念和社会问题

第6章 电子商务营销和广告 ……………224

电子商务概述

革命刚刚开始

学习目标

- 理解学习电子商务的重要性。
- 定义电子商务，了解电子商务与电子业务的区别，阐述支持电子商务发展的主要技术基础，了解电子商务的主要趋势。
- 指出电子商务技术的特点，讨论其商业重要性。
- 概括电子商务的主要类型。
- 了解电子商务的发展历程。
- 描述电子商务研究的主题。

开篇案例：TikTok——创作者和创作者经济

在网络刚刚出现的 10 年里，网络是静态的，人们主要借助网络收集信息。但是从 2005 年左右开始，Web 2.0 的应用程序和技术催生了用户生成内容，网络开始发生翻天覆地的变化。用户生成内容、智能手机及其 App 的发展为社交网络的形成和多样的内容共享奠定了基础，人们可以通过网络分享观点。我们把创作并进行内容共享的群体称为"创作者"，这也是 2011 年 YouTube 对通过内容创作增加其频道访问量的群体的特定称呼。此后，"创作者"这一称呼被广泛使用，借助社交媒体吸引粉丝并能影响粉丝决策的群体也被称为"创作者"。一项近期的报告指出，全球范围内的创作者数量大约为 2 亿，而组成创作者经济的生态系统也在全球范围蔓延。TikTok 是创作者经济中最卓越的内容平台之一。

TikTok 是仅次于 Facebook 和 Instagram 的美国第三大最受欢迎的社交网络应用，也是增长最快的社交媒体之一，在美国拥有 9500 万用户，在全球拥有超过 7.5 亿用户。TikTok 创建于 2017 年，是中国字节跳动旗下的一款短视频共享应用。起初，发布短视频的时间为 15 秒，现在的发布时间可以长达 10 分钟。大多数 TikTok 短视频以音乐视频为特色，另外，用户可以对口型、唱歌和跳舞，还可以创作喜剧及创意视频。TikTok 还为用户提供了一系列视频编辑工具、滤镜和特效工具，用户可以随意与其他用户的视频进行"混音"，并添加自己的视频。TikTok 平台算法分析并记录每个用户的观看习惯，并据此在"For You"页面为用户提供定制的内容。TikTok 用户在短短几周内就有可能吸引上百万粉丝的关注，TikTok 打造"明星"的速度远超其他平台。

TikTok 是美国儿童、青少年和年轻人最喜欢的社交网络平台，近 70% 的美国用户年龄在 35 岁以下，比其他社交网络的用户年轻得多。2022 年，TikTok 超过了 YouTube，成为美国成年用户（18 岁及以上）每天访问时长超过 45 分钟的领先的社交媒体平台。一项针对 7000 名 TikTok 用户的调查显示，近 70% 的用户关注特定创作者，另外，有 50% 引领潮流的 Z 世代表示也关注特定的 TikTok 创作者。

创作者可以通过多种渠道获得收入，比如广告收入，包括广告信息分享收入、产品广告植入收入、平台广告收入。创作者还可以通过出售数字产品（计件或订阅）或实体产品获得收入，非同质化代币（Non-Fungible Token，NFT）可以创建收藏品、艺术品、徽章和贴纸等独特的数字产品，是创作者用于奖励粉丝的新型数字产品。创作者还能收到粉丝的"小费"收入（通常称为"给创作者买咖啡"），创作者的收入还包括粉丝俱乐部的捐款收入，以及各种类型的粉丝互动奖励收入。大多数创作者不止局限于一个收入渠道，而是拥有多个获得收入的渠道。

2 亿创作者中，只有一小部分人认为自己是"专业人士"，他们已经把创作者身份商业化了。例如，TikTok 的领先创作者能赚到数百万美元。据《福布斯》报道，2021 年，坐拥1.45 亿粉丝的最知名的创作者 Charli D'Amelio 的收入是 1750 万美元，排行专业创作者榜首。2019 年 5 月，年仅 15 岁的竞技舞者 Charli D'Amelio 在 TikTok 上发布了歌伴舞视频，迅速吸引了大量粉丝的关注，她的姐姐 Dixie D'Amelio 是一个拥有 5700 万粉丝的歌手，以1000 万的收入位居榜单第二。这对姐妹利用在 TikTok 上的名气拓展事业，包括创建时装公司、拍摄 Hulu 纪录片等。排在第三位的是 Addison Rae，她也是一名有实力的舞者，拥有约8800 万粉丝，收入约 850 万美元。与 D'Amelio 姐妹一样，Rae 也利用自己的名气，在 2021年发行了第一首音乐单曲，并与 Netflix 签约。

在创作者经济中，并非一切都是美好的。虽然超级明星创作者可以获得很高的收入，但是大多数的普通创作者收入非常有限，对他们来说，获得与全职工资相当的收入是极其困难的。有近一半的全职创作者收入低于 1000 美元，只有 12% 的创作者的收入超过 5 万美元，这充分表明了成为一名创作者的难度。大多数创作者没有任何赞助或品牌代言广告收入，即使有些创作者有类似收入，每次推广的收入也只有不到 100 美元。

内容创作者需要花费非常多的时间和精力。来自加拿大多伦多的 22 岁 TikTok 明星 Jack Innanen 拥有 280 万粉丝，Innanen 为了获得品牌代言，用数小时拍摄视频、剪辑、调整故事板、与粉丝互动。21 岁的 Chrissy Chlapecka 在 TikTok 上拥有 480 万粉丝，为了准备视频拍摄，她每天至少花一个小时挑选衣服、做头发和化妆。Chlapecka 认为，很多人低估了创作者的工作量，不断地萌发新想法、与粉丝互动、获得赞助或品牌代言需要技巧和毅力。这些工作让许多有内涵的创作者疲惫不堪，而且还可能导致心理或健康问题。TikTok 的算法也在增加创作者的压力，因为它不断推送新内容，让创作者很难维持关注度。创作者表示，这种波动可能会令人不安：随着大量粉丝转向下一个新内容，创作者的观看量可能迅速增加，也可能迅速下降。此外，成为内容创作者还有更加阴暗的一面。据创作者反映，他们有时会成为被欺凌、骚扰和威胁的对象，网络暴力的恶毒程度简直无法想象。

TikTok 成立了一个价值 2 亿美元的创作者基金，旨在支持通过发布创新内容谋生的创作者。要获得创作者基金的资助，创作者必须年满 18 岁，至少有 10 000 名粉丝，并且在申请前的 30 天至少有 10 000 次视频观看量。一些创作者觉得这些要求恰恰把最需要支持的新创作者和小众创作者拒之门外了，另外，还有人反映该基金实际支付的金额低于承诺金额，而且支付过程不透明。TikTok 并没有像 YouTube 那样与创作者共享平台的广告收入，2022年 5 月，TikTok 宣布将通过一项名为 TikTok Pulse 的新计划增加创作者的收入来源，该计划将在所有排名前 4% 的视频中播放广告，广告收入的 50% 分成给创作者。然而，许多人认为这样做还是不够，并会再次将新创作者和小众创作者拒之门外。批评人士指出，预计2022 年 TikTok 的广告收入将超过 110 亿美元（超过 Twitter 和 Snapchat 的广告收入总和），并且一直快速增长，如果 TikTok 能与创作者分享广告收入，会更加公平。

1994 年，还没有现在人们所熟知的电子商务，而 2022 年，约 2.15 亿美国消费者通过台式机、笔记本电脑、移动设备等购买商品和服务，其消费额高达约 1.3 万亿美元，企业的消费额高达 8.5 万亿美元。相似的场景在世界各地出现，电子商务环境已经发生了重大变化。

电子商务发展初期，即 20 世纪 90 年代末，是愿景构建、模式创建和实践探索的阶段。结果表明，基于愿景构建成功的商业模式绝非易事。2000～2001 年，企业裁员和价值重估导致股市崩盘，电子商务、电信及其他科技股的股价暴跌。随着泡沫的破裂，很多企业家迅速撤离了电子商务行业。但是，事实证明他们错了，危机中幸存的企业重构并完善了其商业模式，技术变得更强大、成本更低，并从中获得了利润。在 2002 年至 2007 年间，零售电子商务的增长率超过了每年 25%。

2007 年，Apple 公司推出了第一款 iPhone，这是一个具有变革性意义的事件，标志着电子商务进入了一个新时代。如今，诸如智能手机、平板电脑等移动设备以及移动应用，已经取代传统台式机、笔记本电脑，网页浏览器也已经成为用户访问互联网时最常用的方式。通过蜂窝网络、Wi-Fi 和云计算等技术，移动设备成为广告、购物、阅读以及媒体浏览的工具，它们再次改变了消费者的行为。用户通过 Facebook、Twitter、YouTube、Pinterest、Instagram、Snapchat 和 TikTok 等社交网络，能发布自己创作的内容（视频、音乐、照片、个人信息、评论、博文等），这类应用迅速崛起。正如开篇案例中提及的，许多被称为创作者或网红的用户，他们在内容变现方面取得了新进展。移动平台的应用推动了电子商务创新：本土化和个性化的按需服务。从叫车服务到找酒店住宿，再到送餐服务，按需服务创建了一个市场空间。在这里，资源（如汽车、闲置卧室和空闲时间）的拥有者可以找到渴望这些服务的消费者。

社交媒体营销、移动营销和本土化目前已经成为电子商务的驱动力，电子商务一直在发展。在人工智能、虚拟和增强现实、区块链等技术的驱动下，电子商务即将发生深刻变化。

虽然电子商务技术和商业的发展给人类社会带来了广泛且积极的影响，但同时也带来了持续且严重的负面影响。从侵犯个人隐私，到助长虚假信息的传播，安全威胁的扩散，再到催化 Amazon、Google 和 Facebook（已更名为 Meta）等商业巨头成为领域主导，打破了有效的竞争。可见，互联网和电子商务的发展已经进入了严格的监管审查阶段，这将对未来的电子商务行为产生重大影响。

1.1 电子商务革命的前 5 分钟：为什么要学习电子商务

在 1995 年电子商务产生后的 25 年里，电子商务的迅速成长和变化只是一个开端，我们可以称其为电子商务革命的前 5 分钟。在此期间，推动电子商务发展的技术以指数级增长，技术的进步为企业建立新的商业模式、传统企业推出新业务创造了机会，同时也颠覆甚至摧毁了原有的商业模式和业务。电子商务的迅速发展也带来了就业机会，本书对此进行了阐释。

与电子商务发展的前 25 年相同，由于信息技术的发展、企业的持续创新和广阔的市场前景，在电子商务发展的下一个 10 年中，变革也将延续。因此，可以大胆预言，21 世纪将是一个数字化驱动社会和商务活动的时代。电子商务终将影响几乎所有的商务活动，到 2050 年绝大部分商务都将是电子商务。

商业利润就是在这种非凡的变革中产生和消失的。未来 5～10 年充满巨大的机遇，也暗藏了巨大的风险。无论是新生企业还是传统企业，都应该把握机会，用数字技术获得市场优势。

学习电子商务能发现未来的机遇与挑战。学完本书，你将了解推动电子商务增长的技术、商业和社会因素，能参与公司的电子商务决策研讨。也就是说，你将能分析已有的或新兴的电子商务业务，识别最有效的商业模式，掌握电子商务运营的基本技术，包括日益严重的安全问题和伦理问题。你还将学会运用传统数字化营销工具，与社交媒体营销、移动营销和本土化营销等营销工具相结合，进行市场优化和业务宣传。

1.2 电子商务概述

本节首先对电子商务进行了定义，然后讨论电子商务和电子业务的区别，介绍支撑电子商务的主要基础技术构成——互联网、万维网和移动平台。本节还介绍了电子商务的主要发展趋势。

1.2.1 什么是电子商务

电子商务（e-commerce）指借助互联网、万维网，通过移动设备上的 App 和浏览器进行交易的商务活动。互联网和万维网两个词经常混用，但实际上二者并不相同。互联网是指全球性计算机网络，而万维网是指互联网中广泛应用的一项服务，提供数万亿的网页链接。App（application 的缩写）是指软件应用程序，有时指代计算机应用，但通常指代移动应用。移动浏览器是指通过移动设备接入的移动版本网页浏览器。（关于互联网、万维网和移动平台的详细介绍见本章后续内容及第 3 章和第 4 章。）电子商务可以定义为：利用数字化实现组织之间、个人之间以及组织和个人之间的商务交易。定义中的每个部分都很重要，数字化交易包括所有以数字技术为媒介的交易。数字化交易是最重要的部分，是指通过移动设备在互联网或万维网上完成的交易。商务交易指在组织和个人之间以获取产品和服务为目的进行的价值交换（例如货币）。在没有交易和商务的情况下，价值交换对理解电子商务的局限性非常重要，没有价值交换，就不会有商务活动。专业术语中有时将电子商务称为数字商务（digital commerce），本书中电子商务和数字商务含义相同。

1.2.2 电子商务和电子业务的区别

关于电子商务和**电子业务**（e-business）的含义和界定一直存在分歧。一种观点认为，电子商务指市场交易的所有数字化活动，包括信息系统基础设施。另一种观点认为，电子业务包括电子商务，指企业内部和外部的所有数字化活动。鉴于二者的不同，本书对电子商务和电子业务进行区分。电子商务并不是指企业的所有数字化活动。本书中电子业务指交易中企业内部的数字化活动，包括企业内部的信息系统。本书认为，电子业务不包括企业之间涉及价值交换的商务交易，例如，企业在线存货管理是电子业务的一部分，属于企业内部活动，它并不像电子商务一样与外部企业或消费者通过价值交换产生业务收入，因此电子业务不包括电子商务。在内部业务系统、供应商或消费者的交界处（见图 1.1），电子业务和电子商务都包含设备和技能，这导致人们对二者界定不清，经常混用。

1.2.3 电子商务基础技术：互联网、万维网和移动平台

互联网、万维网以及移动平台是推动电子商务发展的强大技术动力。第 3 章将详细介绍

互联网、万维网和移动平台。互联网是基于通用标准搭建的全球性计算机网络。互联网产生于20世纪60年代末，当时只用于连接少数大型计算机和用户终端，而今互联网已经发展为最大的全球性网络。很难精确地统计互联网上的台式计算机和移动设备（智能手机、平板电脑）以及局域网上的消费者终端（智能手表、网络电视、诸如 Amazon Echo 等智能音箱）等的数量。据专家预测，2022年互联网上约有150亿台设备（不包括智能手机、平板电脑、台式机 / 笔记本电脑）（Watters，2022）。互联网连接了企业、教育机构、政府和个人，并提供电子邮件、文件传输、购物、搜索、即时通信、音乐和新闻等服务。

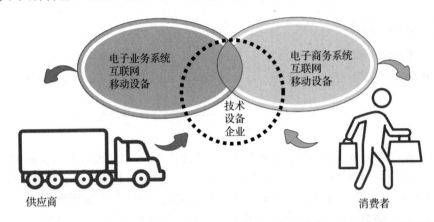

图 1.1　电子商务和电子业务的区别。电子商务包括企业间的交易，电子业务包括交易过程中涉及的数字化技术应用系统

互联网的巨大增长潜力是其他电子技术望尘莫及的，无线电技术历时38年在美国占据30%的市场份额，电视历时17年。相比之下，自1993年引入用户图形界面技术，互联网 / 万维网仅用了10年就占据了美国53%的市场份额。如今，有超过3亿的美国用户（约占美国总人口的90%）至少每个月使用一次互联网（Insider Intelligence/eMarketer，2022a）。

万维网（World Wide Web）指在互联网上运行的信息系统。它是使互联网商务活动非常有趣并很受欢迎的"杀手级应用"。万维网产生于20世纪90年代初，晚于互联网。万维网提供了数十亿的网页链接，可以通过 Google 等搜索引擎进行搜索。网页用超文本标记语言（Hyper Text Markup Language，HTML）编写，包含文本、图形、动画等。万维网出现前，互联网主要用于文本交流、文件传输和远程计算等领域。万维网为商务活动提供了色彩、声音、视频等有力的技术支持，创建了一个能与电视、广播、杂志和图书馆相媲美的信息沟通和信息存储系统。

由于搜索引擎只能检索万维网中的一部分网页，所以目前还不能准确地统计网页的数量。截止到2013年，Google 可检索到超过30万亿个单独网页，2016年，Google 最后一次发布检索网页数量，已经超过了130万亿。从那时起，这个数字一路飙升（Wodinsky，2021）。除了"表层"或"可见"的网络，还存在"深层网络"，其数量可能超过表层网络数量的500到1000倍。深层网络包括数据库等不能被搜索引擎（如 Google）检索到的内容，如图1.2所示。虽然我们无从知晓万维网的总体规模，但毫无疑问，近年来万维网的内容数量一直呈指数级增长。

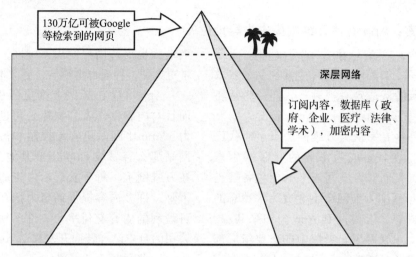

图 1.2　深层网络。表层网络数量只是线上内容的一小部分

移动平台已成为互联网基础设施的重要组成部分。移动平台使人们能够通过各种移动设备访问互联网，比如智能手机、平板电脑和像谷歌 Chromebook 这样的超轻薄笔记本电脑，这些设备可以通过无线网络或手机服务连接网络。图 1.3 展示了美国人用于访问互联网的设备情况，移动设备在其中发挥着越来越突出的作用。2022 年，约 93% 的美国互联网用户至少花部分时间用移动设备访问互联网（Insider Intelligence/eMarketer，2022b）。

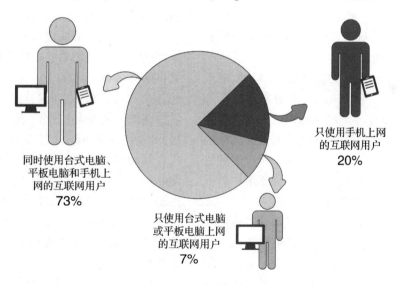

图 1.3　2022 年美国互联网接入情况。73% 的美国互联网用户同时使用台式电脑、平板电脑
　　　　和手机上网。20% 的用户只使用手机上网。仅有 7% 的用户只使用台式电脑或平板
　　　　电脑上网

移动平台不仅有硬件功能。2007 年推出的 iPhone，以及 2010 年推出的 iPad，也彻底改变了人们通过软件与互联网交互的方式。在电子商务发展初期，网络和网络浏览器是唯一的游戏中心。相比之下，如今更多的美国人用手机应用程序访问互联网，代替了台式机 / 笔记

本电脑和网络浏览器。

技术洞察：App 将使万维网失去主导地位？

如今，很难想象没有网络的生活是什么样子。如果不能上网搜索物品、获取知识、玩游戏或观看视频，我们的生活将是什么样子？虽然网络经历了长久的发展，但一些专家认为万维网的黄金时代已经过去。在 App 成为主导的互联网生态系统中，人们对万维网未来的角色各抒己见。10 年后，万维网会不会成为被遗忘的遗迹？或者，万维网和 App 会和平共存，共同成为互联网生态系统中的重要组成部分？又或者，随着人们回归利用万维网完成上网任务，App 热潮最终是否会减弱？

自 2008 年 Apple 推出 App Store 以来，App 已经发展成为一种颠覆性的力量。被 App 颠覆的行业范围很广泛：通信、媒体和娱乐、物流、教育、医疗保健、婚恋交友、旅游和金融服务等。尽管在 2008 年之前根本不存在，但 2021 年，App 在全球的销售额超过 1700 亿美元，App 经济持续表现出强劲的增长势头。

尽管 App 使用的集中度很高，但消费者一直在尝试新的 App。消费者通常每月使用超过 45 个不同的 App，这为开发者设计和创造成功的新 App 提供了机会。根据数据分析公司 Data.ai 的数据，用户下载的 App 数量持续增长，2021 年全球用户的下载量达到了 2300 亿次。

2014 年，美国人使用移动设备访问互联网的时间首次超过了台式电脑。成年人使用移动设备上网的时间激增，达到了每天 4 个半小时。其中，人们使用 App 的时间（3 小时 22 分钟），几乎是使用移动浏览器的时间（约 52 分钟）的 4 倍。

消费者被 App 吸引有几个原因。首先，智能手机和平板电脑用户可以随时随地使用 App，而不必被困在台式电脑前，或者拖着笨重的笔记本电脑。当然，智能手机和平板电脑也支持用户使用万维网，但 App 通常更方便，界面也更简洁、更优雅。

App 不仅在某些方面更吸引消费者，而且对内容创作者和媒体公司也更具吸引力。App 比网站更容易控制和盈利，不像网站那么容易被 Google 或其他公司爬取。在万维网上，每千次展示广告的平均价格下降，许多内容提供商努力把互联网变成可盈利的内容交付平台。许多软件和媒体公司的重点已经转向开发移动 App。

一些分析人士认为，不久的将来，互联网将用于传输数据，单个 App 界面将取代网络浏览器，成为访问和显示内容最常见的方式。网络的发明人 Tim Berners-Lee 认为，我们熟知的万维网正面临威胁。

但是，对于万维网在未来十年及以后在我们生活中的作用，人们还没有达成共识。尽管 App 在许多方面比万维网更方便，但网页浏览的深度体验远超 App。万维网是一个充满活力、多样化的站点和浏览器的集合体，具有 App 无法比拟的开放性和灵活性。网站之间的连接为用户提供了很高的实用性和应用价值，这是以锁定用户为目标的 App 无法提供的体验。此外，移动网络用户的数量仍然超过了手机 App 用户的数量。说到网络购物，在台式电脑上使用网页浏览器的用户数量要多于使用移动设备的用户数量。使用台式机 / 笔记本电脑进行网络购物的比例占网上零售总额的近 60%。

HTML5 和 PWA（Progressive Web App，渐进式万维网应用程序）的出现使得分析人士认为，在 App 驱动持续增长的互联网生态系统中，万维网存在的机会是乐观的。HTML5 是一种标记语言，可以展示更多动态的万维网内容，这使得通过浏览器访问的网络应用可具有与设备专用应用相同的吸引力。PWA 融合了移动网站和原生移动 App 的优点，它的运行和体验与原生 App 一样，无须从应用商店下载也不占用移动设备内存。相反，PWA 可以直接在移动网络浏览器内运行，即使在偏远地区也能立即加载。有人认为，PWA 将来能完全取代手机网站、原生 App，甚至桌面网站。

移动 App 的兴起和万维网的衰退可能对电子商务企业产生重大影响。作为 App、智能手机、平板电脑的先驱和市场引领者，Apple 公司将从移动 App 的兴起中获利。尽管 Apple 公司面临来自诸如 Google 等公司的激烈竞争，但是 Apple Store 使得

Apple 公司的地位无法撼动。例如，2021 年，在 Google Play 商店的下载量是 Apple Store 的下载量的近 4 倍的情况下，Apple Store 的收入（850 亿美元）仍然是 Google Play 的收入（480 亿美元）的近 2 倍。Google 希望 PWA 至少可以解决一部分原生 App 带来的问题，因为 Google 无法在原生 App 中爬取信息，这就意味着 Google 的数据减少，进而影响了 Google 网络平台的广告业务。

总的来说，大多数营销人员认为未来将是万维网和移动 App 共存的时代，它们将在满足不同需求方面发挥重要作用。

1.2.4 电子商务的主要趋势

表 1.1 从商务、技术和社会三个视角描述了 2022～2023 年电子商务的主要趋势，这三个视角也是本书理解电子商务的三个主要框架。

表 1.1 2022～2023 年电子商务发展的主要趋势

商务

- 2020～2021 年，零售电子商务和移动电子商务的增长率都回归到"正常"水平（约 10%）。
- 移动应用生态系统持续增长，2022 年美国近 2.5 亿成年人使用智能手机应用，超过 1.45 亿人使用平板电脑应用。
- 基于社交媒体网络并拥有广告支持的社交电子商务继续增长，预计 2022 年将产生约 550 亿美元收入。
- 作为移动、社交、本地电子商务浪潮的第三个维度，因受 Uber、Instacart、DoorDash 等按需服务需求激增的推动，本地电子商务在美国持续增长。
- 预计 2022 年美国 B2B 电子商务收入将达到约 8.5 万亿美元。
- 移动广告持续增长，超过全部数字广告支出的 2/3，但因应用商店新隐私条款的影响，其作为广告商跟踪用户的能力受到限制。
- 媒体业去中心化，用户（通常称为创作者）在线创作和内容发布日益盛行，催生了创作者经济的兴起。

技术

- 基于智能手机、平板电脑、可穿戴设备和移动应用的移动平台已成为现实，为在线交易、营销、广告和媒体观看创造了一个替代平台。
- 云计算通过在"云"（基于互联网的）服务器上存储消费者内容和软件，并可供任何消费者设备（台式电脑、智能手机）访问，完成了移动平台的转型。
- 由数十亿互联网设备组成的物联网（IoT）以指数级增长，推动了智能电视、手表、音箱、家庭控制系统、汽车等"智能／连接"设备的蓬勃发展。
- 每天发生的数万亿次在线互动产生的数据洪流通常称为大数据。为了洞察大数据，企业转向使用复杂的商业分析（或网络分析）软件，能在毫秒级内识别购买模式以及消费者的兴趣和意向。
- 人工智能技术在各种电子商务应用中广泛应用，例如分析大数据、个性化和定制、客户服务、聊天机器人、语音助手以及提高供应链效率。
- 区块链技术（支持加密货币、非同质化代币（NFT）和 Web3 的更分散化的互联网概念的基础技术）越来越受到关注，特别是传统金融服务公司和尝试将其用于供应链应用的公司。
- Facebook 改名为 Meta，对"元宇宙"的关注程度不断增加，即通过增强现实和虚拟现实技术将网络体验从 2D 屏幕扩展到沉浸式的 3D 体验。

（续）

社会
● 用户生成内容（UGC）是指创作者在线发布的视频、播客、文学作品、课程、数字艺术等内容，其数量持续增长，提供了一种吸引上百万人参与的自出版模式，包括内容创作者和消费者。 ● 对商业隐私和政府隐私侵犯的担忧与日俱增。 ● 对 Amazon、Google 和 Meta 的主导地位的担忧日益加重，引发了诉讼和对政府监管的呼唤。 ● 尽管在线分销商和版权所有者需要互相依存，关于版权管理和控制的争议仍然存在。 ● 某些国家对在线通信的监视日益加强。 ● 随着一些知名公司遭黑客攻击并导致客户信息泄露，网络安全整体下降。 ● 按需服务和电子商务催生大量临时性、低薪且无福利的工作。

从商务角度看，值得关注的一个最重要趋势是所有形式的电子商务持续呈现出强劲的增长势头。2020 年零售电子商务增长超过 35%，2022 年预计首次突破 1 万亿美元大关。预计到 2026 年，零售电子商务的收入将接近 1.7 万亿美元。移动电子商务在 2020 年也以惊人的速度增长（超过 44%），预计 2022 年将超过 4150 亿美元，占所有零售电子商务销售额的约 40%。预计到 2026 年，移动电子商务收入将接近 7000 亿美元。Facebook、Instagram、TikTok、Twitter 和 Pinterest 等社交媒体网络通过广告、搜索和站点网购等服务，促进了社交电子商务的发展；按需服务的爆发推动了本地电子商务的发展；B2B 电子商务规模最大，也在持续地壮大和增长；电子商务转型在加速进行，这一转型预计将持久化。

从技术角度看，基于智能手机和平板电脑的移动平台最终迎来了惊人的增长率，不仅推动移动广告增长，而且使真正的移动电子商务成为现实。由 Facebook、WhatsApp 和 Snapchat 等提供的即时通信服务，已经代替了通信平台并实现了商业化。云计算与移动平台不仅提供基于互联网的云端内容存储和软件云计算服务，而且提供移动设备、台式电脑的云端访问，极大地促进了移动平台的发展。其他主要的技术趋势还包括公司日益增长的在线数据（通常称为大数据）跟踪及分析能力，由数十亿连网设备组成的物联网（IoT）持续呈指数级增长，不仅推动了智能设备的蓬勃发展，同时也增加了数据洪流量。此外，人工智能技术得到广泛应用，区块链技术得到持续关注，使用增强现实和虚拟现实技术创建沉浸式 3D 网络体验的元宇宙概念也始终热度不减。

从社会角度看，其他的趋势也很明显。互联网和移动平台提供一个环境：数百万人创建和分享内容，建立新的社会联系，并借助社交媒体网络和其他在线平台巩固现有的联系。与此同时，在数百万人上网公开个人资料的时代，引发了越来越多对商业隐私和政府隐私泄露的担忧，隐私保护似乎已经失去了意义。主要数字版权所有者在防范网络盗版方面取得了不同程度的成功，并与 Apple、Amazon 及 Google 等大型科技公司达成协议以保护知识产权。网络安全或安全漏洞仍然是不可忽视的问题，每天都会出现新的安全漏洞、恶意软件、黑客攻击和其他攻击。

1.3 电子商务技术的特征

图 1.4 展示了电子商务技术的 8 个特征，这些特征既挑战传统商业思维，也有助于解释为什么我们对电子商务感兴趣。电子商务技术的独特维度为营销和销售提供了许多新机遇——互动性强、个性化和大量的信息能精准地传递给目标市场的消费者。

电子商务出现之前，商品的营销和销售是大规模营销和销售驱动的过程。营销人员将消费者作为广告活动和品牌"轰炸"的目标，旨在影响消费者对产品的长期认知，并产生即时购买行为。公司则通过良好隔离的渠道销售产品。消费者因受地域和社会边界限制，不能广泛地搜索最优质量和价格。消费者无法获得成本、费用等信息，从而引发对卖方有利的**信息不对称**，即交易各方所掌握的市场信息存在差异。在传统零售中，由于改变全国或区域价格的成本太高（所谓菜单成本），全国统一售价成为常态，而应市场变化进行实时调价则是反常的。在这样的环境中，依靠大规模生产那些无法定制化或个性化的产品，厂商实现了繁荣发展。

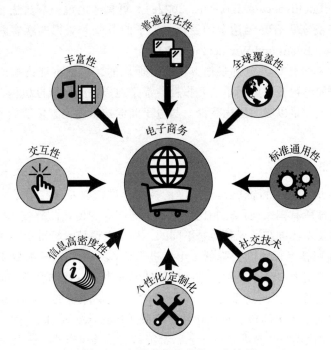

图 1.4　电子商务技术的 8 个特征

电子商务技术使商家能更深入地了解消费者，并能更有效地利用这些信息。在线商家可利用这些信息实现新的信息不对称，提升品牌能力，收取高质量服务溢价价格，将市场细分为无数的子群体，并为每个群体制定不同的价格。更复杂的是，这些技术也能让商家更加了解其他商家，可能导致商家之间串通价格而不是竞争价格，从而提高整体平均价格。这种策略在供应商较少（通常只有几家）时特别有效（Varian，2000a）。

下面对电子商务技术特征的每一个维度进行简单的介绍，并与传统商务和其他形式的技术驱动商务进行比较。

1.3.1　普遍存在性

在传统商务中，市场指提供交易的实体场所。例如，电视和广播通常会诱导消费者去某个地方进行购物。相比之下，电子商务具有**普遍存在性**：随时随地都可使用。它解放了市场，不局限于实体空间，人们可以用台式电脑，在家里、工作场所甚至车里进行购物，这被称为**市场空间**——传统市场的延伸，不受时间和地域限制。

从消费者的角度看，普遍存在性降低了交易成本——参与市场的成本，购物不再需要花时间和金钱前往市场。更广泛地说，电子商务的普遍存在性降低了人们在市场空间进行交易所需的认知能量。认知能量指完成任务所需的心理努力，人们通常追求降低认知能量付出。

当面临选择时，人类会选择需要最少努力的路径——最便利的路径（Shapiro and Varian，1999；Tversky and Kahneman，1981）。

1.3.2 全球覆盖性

电子商务技术实现的是跨文化、跨区域和跨国界的商业交易，比传统商务更方便，成本也更低。因此，电子商务商家的潜在市场规模大约等于全球在线人口的规模（2022 年超过 45 亿）（Insider Intelligence/eMarketer，2022e）。更具体地说，与过去相比，互联网使得国内初创电子商务商家更容易触达全国受众。电子商务业务获得的顾客总数是衡量其**获客**（reach）的一个指标（Evans and Wurster，1997）。

相比之下，大部分传统商务都是地方性或区域性的，包括本地商家或在各地设有分店的全国性商家。例如电视台、广播电台和报社，都是地方性或区域性机构，虽然覆盖面不算宽，但是影响力很大，足以吸引国内受众。与电子商务技术相比，传统商务技术很难跨越国界触达全球受众。

1.3.3 标准通用性

电子商务技术最显著的特征就是互联网的技术标准，以及进行电子商务的技术标准是**通用标准**——在全球所有国家通用。相比之下，不同国家的传统商务技术标准并不相同，例如，电视和广播的技术标准在世界各地是不同的，移动电话技术标准也不相同。

电子商务的通用技术标准大大降低了市场进入成本——商家只需要支付商品进入市场的成本。同时，对消费者来说，通用标准降低了搜索成本——找到合适产品所需的努力。通过创建单一的全球市场空间，商家可以向所有消费者提供廉价的商品信息和商品展示。这样，价格发现过程就变得更简单、更快速和更准确（Banerjee et al.，2016；Bakos，1997；Kambil，1997）。无论用户是企业还是个人，都能体验网络外部性——因使用相同技术带来的效用增加。利用电子商务技术，在历史上人们首次能轻易找到世界上任何地方可提供特定产品的众多供应商、价格和交付条款，并可以在同样的条件下进行对比。如今，尽管大多数产品还不能实现，但在不久的将来，一定会实现。

1.3.4 丰富性

信息**丰富性**是指信息的内容及其复杂程度（Evans and Wurster，1999）。传统市场、本国的销售团队以及小型零售商店，都具备良好的信息丰富性：在营销过程中通过视觉及听觉引导，提供个性化、面对面服务。传统市场的信息丰富性为其创造了浓厚的销售氛围或商业氛围。然而在万维网出现以前，丰富性和影响范围之间存在着替代关系，触达的受众越多，信息的丰富性就越差。

与印刷媒体（报纸和杂志）、广播、电视等传统媒体相比，电子商务技术能提供更好的信息丰富性，原因是电子商务技术不仅有交互性，而且能传递个性化信息。例如和线上销售人员聊天的客户体验，与小型零售商店的体验非常相似。电子商务技术的丰富性有助于零售商和分销商营销复杂商品和服务，而此前的方式是面向很多受众的面对面推销。

1.3.5 交互性

除了电话技术之外，与 20 世纪的其他商务技术不同，电子商务技术是**交互性**（interactivity）

技术。实现了商家与消费者之间、消费者之间的双向沟通。例如，传统电视、收音机等不能与观众对话，不能提问，更不能要求消费者填写表格。

由于交互性的存在，网络商家与消费者以近似面对面的方式进行沟通。评论功能，以及社区论坛和社交网络提供的喜欢（Like）和分享（Share）等功能，都支持消费者积极地与商家和其他用户互动。还有一些隐藏的互动形式，包括响应式设计元素，例如网站会根据用户浏览所用的设备，在鼠标悬停时改变产品版式，能够放大或旋转图片，在用户完成表单填写时给出提示，依据用户类型自动填充搜索框。

1.3.6 信息高密度性

电子商务技术大大提高了**信息密度**（information density），即为消费者和商家等所有市场参与者提供的信息总量及质量。电子商务技术降低了信息收集、存储、加工和交流的成本，同时这些技术还在很大程度上提高了信息的流通性、准确性和及时性，使得信息比以往任何时候都有更有用、更重要。因此，如今信息数量更多，成本更低，而质量却更高。

信息密度的增长产生了一系列的商业影响。一方面，电子商务降低了市场参与者、消费者和商家之间的信息不对称，价格和成本都更加透明。价格透明是指消费者能发现市场上的价格变化。成本透明是指消费者能发掘商家产品的实际成本。在电子商务时代，阻止用户获知价格和成本信息越来越难，因而，整个市场更具有价格竞争性，但对于商家来说仍然有利可图。网络商家能深入地了解消费者，依据消费者群体支付意愿进行市场细分，从而产生价格歧视——相同或类似的商品以不同的价格销售给不同的目标群体。例如，网络商家获知某消费者对昂贵的国外度假有强烈的渴望，并预判其愿意支付高价，因此该商家为其制订度假计划，并提高价格。同时，该商家会把同样的度假计划以低价卖给对价格敏感的消费者。商家还可能提高产品在成本、品牌和质量方面的差异化。

1.3.7 个性化 / 定制化

电子商务技术可以实现**个性化**（personalization），即商家根据个人的姓名、兴趣和购买记录调整信息内容，针对特定个体提供定向营销信息。如今，基于消费者画像的个性化广告能在几毫秒内完成。电子商务技术还可以实现**定制化**（customization），即根据用户偏好和行为调整推荐的商品和服务。因为电子商务技术的交互性，商家可在消费者购买时收集大量的客户信息。

随着信息密度的提高，网络商家存储并利用消费者的购买记录和行为数据，使个性化和定制化水平到达了传统商业技术难以触及的高度。比如，你可以切换频道找到想看的电视节目，却不能改变节目中的播放内容。相比之下，在《华尔街日报》网站，你可以先选新闻类型，然后设置当特定事件发生时是否接收提醒通知。个性化和定制化有助于企业更精确地细分市场并推送营销信息。

1.3.8 社交技术：用户生成内容、创作者和社交网络

与以往所有的技术不同，电子商务技术更具社会性，用户可在全球社区内生成并共享内容。这种交互方式使用户能够巩固已有的社交关系并建立新的社交关系。

当代历史上所有传统的大众媒体（如报纸）都采用广播模型（一对多）：内容由专家（专业作家、编辑、导演、演员和制作人）在中心位置创建，受众则在其周边大量聚集并消费标

准化媒体产品。电话似乎是个例外，但它不是大众传播技术，而是一对一的技术。电子商务技术改变了这种标准化媒体模式，用户可以在更大的范围内生成并分享内容，规划自己的内容消费。电子商务技术提供一种独特的、多对多的大众传播模式，在过去的几年里，用户生成内容扮演着越来越重要的角色。全球有超过 2 亿人将自己称为创作者，以他们为中心形成了一个被称为创作者经济的生态系统。创作者经济包括社会经济网络平台、内容创造工具、盈利工具、粉丝互动和社区活动管理工具、广告平台及支持创作者并使他们获得收入的管理工具。表 1.2 列出了电子商务技术的特征及其对商业活动的意义。

表 1.2 电子商务技术的八大特征及其商业意义

电子商务技术特征	商业意义
普遍存在性——电子商务技术随时随地都可用：无论是在工作时、在家中，还是通过移动设备在其他地方	市场打破了传统界限，不受时间和空间的限制，形成了"市场空间"，实现了随时随地的购物。提高了消费者购物的便捷性，同时降低了购物成本
全球覆盖性——电子商务技术跨越国界触达全球	商务活动打破了文化、国家的界限，实现了无缝对接并且无须调整。"市场空间"包含来自全世界的几十亿消费者和数百万企业
标准通用性——形成一套统一的技术标准	形成了供企业使用的通用、廉价的全球性技术基础
丰富性——提供视频、音频和文本服务	营销信息和消费体验中整合了视频、音频和文本等形式
交互性——电子商务技术实现了与用户之间的互动	消费者参与互动，针对个体消费者动态调整体验，在商品交付到市场的过程中使消费者成为共同参与者
信息高密度性——电子商务技术降低了信息成本，提高了信息质量	信息处理、存储和通信成本大幅下降，同时，流动性、准确性和及时性大幅提高，信息变得丰富、廉价、准确
个性化/定制化——电子商务技术实现了个性化和定制化	实现了根据个体特性的营销信息个性化，产品和服务定制化
社交技术——电子商务技术用户生成内容、创作者和社交网络	支持用户内容的创作和发布，并支持社交网络的发展

1.4 电子商务的类型

电子商务有许多不同的类型，而且可以通过很多不同的方式进行定义。通常情况下，通过市场关系的性质——谁在向谁销售——区分不同的电子商务类型。可以将移动、社交和本地电子商务看作这些电子商务类型的子集。

1.4.1 B2C 电子商务

最常见的电子商务模式是**企业对消费者**（B2C）的电子商务，在线企业能吸引个体消费者。B2C 电子商务包括：零售，旅行、金融、房地产和其他类型的服务，以及在线内容。1995 年以来，美国 B2C 呈指数级增长，它是大多数消费者参与的电子商务类型（见图 1.5）。

在 B2C 电子商务中，有许多不同类型的商业模式。第 2 章详细讨论了 7 种不同的 B2C 商业模式，本书第四部分将对这些商业模式分别进行介绍。

数据表明，未来 5 年，美国 B2C 电子商务将以每年超过 10% 的速度持续增长且增长潜力巨大。以零售电子商务为例（目前占据 B2C 电子商务市场收入的大部分），只占美国零售市场收入 7 万亿美元的 15%。但显然零售电子商务还有很大的增长空间（见图 1.6）。然而，

B2C 电子商务收入不可能以当前的速度无限扩张。随着在线销售占全部销售的比例越来越大，在线销售增长最终将会放缓。然而，网络零售要到达这个拐点还需要很长的时间。在线内容销售，从音乐到视频、游戏和娱乐等各个方面，要经历更长的增长期才能到达最高点。

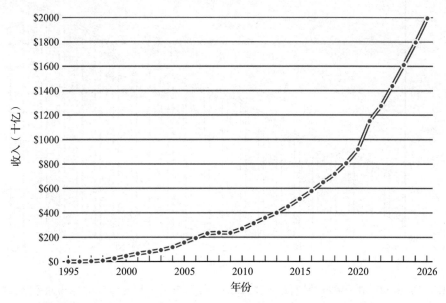

图 1.5　美国 B2C 电子商务的增长。早期的 B2C 电子商务每年增长翻倍甚至翻 3 倍。尽管 2008 年至 2009 年间的经济衰退使美国 B2C 电子商务的增长放缓，但在 2010 年恢复了 13% 的增长率，此后一直以两位数的速度增长。预计 2022 年，B2C 电子商务的收入将达到约 1.3 万亿美元（不包括在线内容的销售收入）

美国全部零售总额
7万亿美元

美国零售电子商务总额
1.05万亿美元

图 1.6　增长空间。零售电子商务总额依旧只占全部零售总额的一小部分，但未来增长空间巨大

1.4.2　B2B 电子商务

企业对企业（B2B）电子商务是规模最大的电子商务模式，2022 年预计在美国的交易额

约为 8.5 万亿美元（见图 1.7）。预计到 2022 年，各种类型的 B2B 电子商务交易（在线和离线）将达到约 16 万亿美元，表明 B2B 电子商务仍具有巨大的增长潜力。

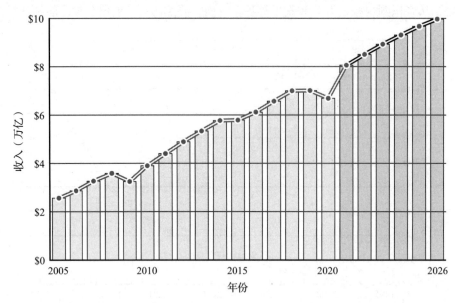

图 1.7　美国 B2B 电子商务的增长。美国 B2B 电子商务的增长约为 B2C 电子商务增长规模的 7 倍，到 2026 年，B2B 电子商务收入预计将达到近 10 万亿美元

B2B 领域中有两种主要的商业模式：B2B 电子商务市场，包括电子经销商、电子采购公司、交易所和行业联盟，以及会员专用 B2B 网络。第 2 章将对每种 B2B 电子商务商业模式进行介绍，第 12 章将对其进行更深入的探讨。

1.4.3　C2C 电子商务

消费者对消费者（C2C）电子商务通过在线市场交易平台（也称为平台提供商）为消费者提供互售的途径。在 C2C 电子商务中，消费者为市场准备产品，进行拍卖或销售，借助在线市场交易平台提供索引、搜索和交易结算功能，实现产品的展示、发现和支付。eBay、Craigslist 和 Etsy 是最早的 C2C 交易平台先驱，但它们现在面临激烈的竞争。例如，Amazon 平台第三方销售额飙升，Facebook 也通过 Facebook Marketplace 进入了该领域。还有一些新进入者也聚焦 C2C 市场，如 Letgo、Offerup、TheRealReal、Poshmark、ThredUp 和 Kidizen。Uber 和 Airbnb 等按需服务公司也被视为 C2C 平台提供商。

虽然没有美国 C2C 市场规模的官方统计，但依据 eBay、Etsy、Amazon 的第三方销售商、Facebook Marketplace 和 Craigslist 等平台的商品交易总量 / 总销售额，可以保守地估计，2022 年的 C2C 市场规模将超过 2000 亿美元（不包括按需服务）。

1.4.4　移动电子商务

移动电子商务（m-commerce）指利用移动设备进行在线交易的活动。移动电子商务利用蜂窝和无线网络将智能手机和平板电脑连接到互联网。建立连接后，移动消费者可以购买产品和服务、预订行程、享受各种各样的金融服务、访问在线内容等。

2022 年，移动电子商务的收入预计将达到约 5000 亿美元（见图 1.8）。零售移动电子商务预计在 2022 年至 2026 年间以每年超过 12% 的速度继续增长，原因是消费者越来越习惯使用移动设备购买产品和服务。移动数字旅游的销售额预计 2026 年将达到 1200 亿美元以上。推动移动电子商务增长的因素包括消费者使用移动设备的时间越来越长，智能手机屏幕的尺寸越来越大，电子商务网站使用响应式设计优化了移动结账和支付，以及移动搜索功能的增强（Insider Intelligence/eMarketer，2022g，2022i）。

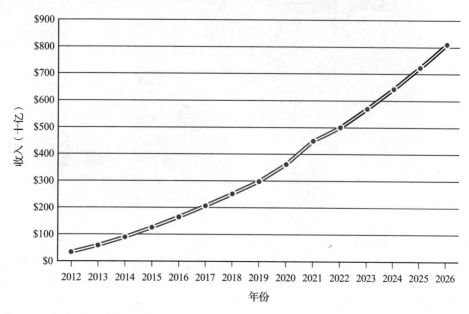

图 1.8　美国移动电子商务的增长。移动电子商务收入在 2012 年仅为 328 亿美元，预计
　　　　2022 年将增长到 5000 亿美元

1.4.5　社交电子商务

　　社交电子商务是通过社交网络和在线社交关系实现的电子商务。由于越来越多的社交网络用户用移动设备访问网络，社交电子商务通常与移动电子商务交织在一起。社交电子商务的增长受到很多因素的推动，包括：越来越多的用户使用社交登录（用 Facebook 或其他社交网络 ID 登录），网络共享（分享对产品、服务和内容的赞成或反对评论），在线协作购物工具，社交搜索（在线挚友推荐），Facebook、Instagram、Pinterest、TikTok、YouTube 及其他社交网站上的购买按钮、购物标签、在线团购、虚拟商店等集成社交商务工具的广泛使用。

　　社交电子商务仍处于发展初期，但随着社交媒体和社交网络在影响购买决策和推动销售方面扮演越来越重要的角色，它将继续增长。预计 2022 年美国社交零售电子商务的总收入将达到约 550 亿美元（Insider Intelligence/eMarketer，2022j）。

1.4.6　本地电子商务

　　本地电子商务正如其名，是根据消费者所处地理位置进行互动的电子商务形式。本地商家使用各种在线营销手段吸引消费者光顾其商店。本地电子商务是继移动电子商务、社交电子商务之后的第三个电子商务浪潮。受到 Uber 和 Lyft 的乘车服务、Instacart 的杂货购物以及 Grubhub 和 DoorDash 的餐厅送餐服务等按需服务兴起的推动，预计到 2022 年美国本地电子商务的规模将超过 1500 亿美元。

图 1.9 展示了不同类型电子商务的相对规模，表 1.3 为每种类型提供了示例。

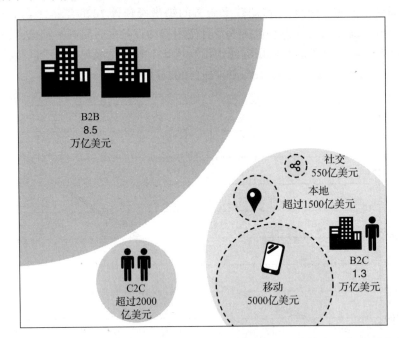

图 1.9　不同类型电子商务的相对规模。相比 B2B 电子商务，其他类型的电子商务相形见
　　　　绌，移动电子商务、社交电子商务、本地电子商务虽然发展很快，但与"传统"电
　　　　子商务相比规模依然很小

表 1.3　电子商务的主要类型

电子商务类型	示例
B2C	Amazon 是面向消费者的网络零售平台
B2B	Go2Paper 是为造纸行业提供服务的独立第三方市场平台
C2C	eBay、Etsy 和 Craigslist 等在线平台为消费者提供直接拍卖服务，Airbnb 和 Uber 提供类似房屋租赁和房屋交易的服务
移动电子商务	借助智能手机、平板电脑等移动设备实现商业交易
社交电子商务	Facebook 是社交网络和社交电子商务的引领者
本地电子商务	Groupon 每天向订阅者提供本地商家的优惠券，订阅者只要购买特定商品，就能使用

1.5　电子商务简史

很难准确确定电子商务的产生时间。电子商务有几个前身，20 世纪 70 年代末，一家名为 Baxter Healthcare 的制药公司，用电话调制解调器创建了 B2B 电子商务雏形，为医院提供从 Baxter 复购服务。早在互联网在商务领域成为主导之前，该系统在 80 年代扩展为基于个人电脑的远程订单录入系统，并在美国广泛使用。80 年代，电子数据交换（EDI）标准逐渐形成，企业可以通过专有网络进行商业文件交换和数字商务交易。

在 B2C 领域，第一个真正被广泛应用的数字化交易系统是 Minitel——把电话与 8 英寸显示器融合的法国视讯文本系统。Minitel 于 1981 年首次面世，到 80 年代中期已经拥有超过 300 万个终端，提供超过 13 000 种服务，包括票务代理、旅行服务、产品零售和在线银行服务。Minitel 一直存续到 2006 年 12 月 31 日，之后 Minitel 的开发者 France Telecom 将其关闭。

然而，这些前身系统都无法与互联网的强大功能相比。如今，提及电子商务就会联想到互联网。1994 年 10 月底，AT&T、沃尔沃、Sprint 和其他公司相继在 Hotwired.com 上放置第一批横幅广告，1995 年初 Netscape 和 Infoseek 开始提供横幅广告位，因此，本书认为电子商务始于 1995 年。

尽管电子商务出现的时间很短，却演绎了一段动荡的历史。电子商务的发展包括三个阶段：1995 年至 2000 年，初创阶段；2001 年至 2006 年，整合阶段；2007 年至今，社交、移动和本地扩展的重塑阶段。下面简单介绍每个阶段，图 1.10 在时间轴上呈现了这三个阶段，表 1.4 总结了每个阶段的演变过程。

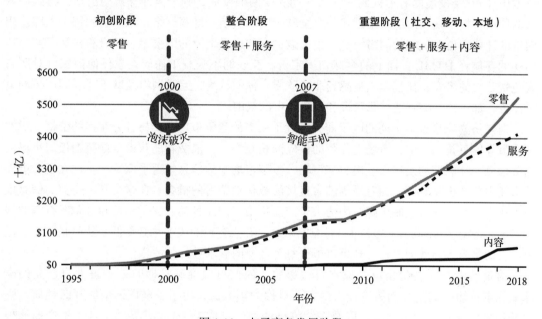

图 1.10　电子商务发展阶段

表 1.4　电子商务的演变

1995～2000 年 初创阶段	2001～2006 年 整合阶段	2007 年至今 重塑阶段
技术驱动	业务驱动	基于移动技术的社交化、本地化和移动电子商务
注重收入增长	注重收入和利润	注重受众和社交网络
风险投资融资	传统融资	风险投资融资收入，初创公司被大型公司收购
无管制	管制力度增加	政府监管范围更广
创业型公司	大型传统公司	社交网络公司、移动公司和本地创业型公司
去中介化	强化的中介	租赁大型公司业务流程的小型中介公司激增
完美市场	非完美市场，品牌效应和网络效应	延续了在线非完美市场，特定市场的商品竞争
单纯的在线策略	砖块加鼠标混合策略	新市场中单纯的在线策略回归，砖块加鼠标混合策略回归传统零售市场
先行者优势	策略跟随优势，互补性资产	新市场中先行者优势回归，传统网络商家竞相追赶
低复杂度的零售产品	高复杂度的零售产品和服务	零售、服务和内容

1.5.1 1995～2000 年：电子商务初创阶段

电子商务产生初期是一个充满爆炸式增长和非凡创新的时代，这个时期，电子商务意味着在互联网上零售简单的商品，带宽的不足导致无法销售复杂产品。营销仅限于简单的静态展示广告，搜索引擎的功能也很有限。很多大型公司的网络策略仅限于用简单静态的网站展示公司品牌。在初创阶段，电子商务快速增长的动力源于1250多亿美元的风险投资的注入。2000 年，电子商务初创阶段随着股市估值暴跌以及成千上万的公司消失（即"互联网泡沫"）而接近尾声。

电子商务的早期也是美国商业历史上最令人兴奋的时期之一，这也是电子商务关键概念形成的时期。对于计算机科学家和信息技术专家来说，电子商务早期的成功是对一系列信息技术历经 40 年发展的有力证明——从早期互联网的发展，到个人计算机的出现，再到局域网的使用。技术发展的愿景是创建一个全球范围的通信和计算网络，地球上的每个人即使用廉价的计算机也能访问的网络——一个由数亿人和成千上万的图书馆、政府和科学研究机构创建的存储在 HTML 页面上的全球知识宇宙。互联网不受制于任何人或任何国家且对所有人免费开放的事实，让技术人员感到非常欣慰。他们认为，互联网以及基于互联网产生的电子商务，都应该保持营造自我管理和自我约束的氛围。

对经济学家来说，早期的电子商务是近乎完美的竞争市场：交易各方获得的价格、成本和质量等信息是一致的，市场上无数的供应商相互竞争，消费者能获得全球范围任何市场的相关信息。互联网的发展衍生出数字市场，数字市场中的信息量近乎完美——这在现实世界的市场中非常少见。商家拥有平等的直接接触数亿消费者的机会。在这个几乎完美的信息虚拟市场中，交易成本大幅下降，因为关于产品价格、产品种类、支付结算和订单履行等的搜索成本大幅降低（Bakos，1997）。对商家来说，寻找客户的成本也会降低，从而减少了对低效广告的需求。与此同时，广告可以根据每个客户的需求进行个性化。

对消费者来说，价格以及成本日益透明，他们可以准确且即时地了解大量产品的全球最优惠价格、质量和购买途径。信息不对称大幅减少，由于互联网通信的即时性质，强大的销售信息系统的可用性，以及在线价格变动的低成本（低菜单成本）性，生产商能根据实际需求对产品进行动态定价，打破了全国统一售价和参考某一个厂商售价的局面。作为生产商和消费者之间的中间商，分销商和批发商都要收取费用，导致成本上升，而中间环节却几乎不能增加价值。因此，市场中间商将消失（**去中间商化**）。生产商和内容提供商将与客户建立直接的市场关系，由此产生的激烈竞争、中间商的减少和交易成本的降低将彻底消除产品品牌，同时也将消除基于品牌、地理位置或特殊生产要素的垄断利润的可能性。产品和服务的价格将降到一个平衡点：价格等于生产成本加上资本的公平"市场利率"，以及企业家创业付出的小额回报。不公平的竞争优势（当一个竞争对手具有其他人无法购买的优势时）将减少，投资资本的超额回报也将减少，这个愿景被称为**无摩擦商务**（Smith et al.，2000）。

对现实中的企业家及其赞助商和营销专家而言，电子商务蕴含着巨大的机会，即能获得远高于正常投资回报的利润，这与经济学家所希望的恰恰相反。电子商务虚拟市场意味着通过互联网以及通用、廉价、强大的营销传播渠道（电子邮件和网页）触达全球数百万的消费者。这些新技术帮助营销人员完成常规工作——依据不同需求和价格敏感性进行市场细分，根据品牌和促销活动确定目标市场，并对细分市场的产品和价格进行定位——更加精准的定位。

先行者（first mover）在新的虚拟市场中获得超额利润，先行者指在特定领域率先进入市场并迅速获取市场份额的公司。在"赢者通吃"的市场中，先行者迅速建立庞大的客户基础，很快建立品牌知名度，创建全新的分销渠道，然后通过为客户提供专有界面设计和特殊功能形成转换成本，从而阻止竞争对手（新进入者）进入。企业家的想法是在网上基于规模、便利性、选择性和品牌等方面占据垄断地位。基于新技术的在线业务具备传统商家无法比拟的信息化、社区性等特点。这些"消费社区"也能增加价值，并且传统商家很难模仿。网络企业认为消费者一旦形成使用公司独特的网络界面和一系列功能的习惯，他们就不会轻易地转向竞争对手。理想的情况是，网络公司发明领先且被普遍使用的技术和技巧，从而产生网络效应。**网络效应**（network effect）是指所有参与者都从使用相同的工具或产品中获得价值（例如，大家都使用通用的操作系统、通话系统、即时通信应用等），所有这些都能随着使用人数的增加而增加价值[⊖]。

要实现网络效应，企业家认为只有采用低价策略才能吸引消费者并阻止潜在的竞争对手进入。毕竟电子商务是全新的购物方式，因此必须为消费者提供直接的价格优惠。然而，由于与传统的"实体店"业务相比（甚至与直邮目录业务相比），在网络上开展业务要高效得多，而且获取新客户以及留住老客户的成本也会低得多，这些高效的业务无疑转化成商业利润。对于创业初期的在线企业，市场份额、网站访问人数以及总营业收入远比获得利润更重要。企业家及风险投资者都明白，企业电子商务的发展需要经历若干年的亏损才能获得超额利润。

因此，早期电子商务发展的主要驱动力是新技术带来超额利润的愿景，企业侧重于迅速提高市场知名度，资金来源主要是风险投资基金。在这一时期，政府和法院对互联网的监管也处于摸索阶段。人们普遍认为传统公司服务响应速度慢，僵化地用过时的方式办理业务，不能在电子商务竞争中立足。年轻的企业家因此成为此时电子商务的推动力量，风险投资者也为其投入了巨额资金。此阶段的重点是打破（瓦解）传统分销渠道和现有渠道的去中介化，利用新型的在线公司获得稳固的先行者优势。总而言之，这一时期电子商务的特征是实验化、资本化和超级竞争（Varian，2000b）。

1.5.2　2001～2006 年：电子商务整合阶段

2001～2006 年是电子商务发展的第二阶段，这一时期令人深思。许多批评者对电子商务的长期发展前景提出了质疑，并引发了对电子商务的重新评估。电子商务的重点从"技术驱动"转向"业务驱动"，大型传统企业学会了如何借助万维网巩固市场地位，品牌延伸和品牌强化比创建新品牌更加重要。由于资本市场有意规避初创公司导致其融资规模缩小，传统的以盈利为目的的银行融资再度兴起。

在整合阶段，电子商务不仅包括零售产品，还包括旅游和金融服务等更复杂的服务。在这一阶段，宽带网络在美国的家庭和企业普及，个人电脑的功能不再限于单一地为企业或家庭提供联网服务，而价格却不断降低。互联网营销的方式呈现多样化，如在用户搜索时提供搜索引擎广告、富媒体广告、视频广告等服务，基于广告网络和拍卖市场的信息传递成为主流。大型公司、小型公司的网络策略扩展到更广泛的"网络存在"，不仅包括公司网站，还包括 E-mail、有形展示、搜索引擎服务。每个产品都有多个网站，还创建了一些社区反馈设

　⊖　网络效应可以通过梅特卡夫定律进行量化，该定律认为网络的价值随参与者数量的平方而增长。

施。在这一时期，电子商务再次呈现增长态势，年均增长超过 10%。

1.5.3 2007 年至今：电子商务重塑阶段

从 2007 年 iPhone 的推出到现在，电子商务再次被 Web 2.0 的快速发展改变（Web 2.0 是一组应用和技术，可以发布用户生成内容，例如在线社交网络、博客、wiki、视频/照片分享网站和应用程序）。智能手机和平板电脑等移动设备广泛普及，本地产品及服务的电子商务开始发展，在移动设备上数百万 App 和云计算的推动下出现了按需服务经济。这一时期既可以被看作社会学现象，也可以被看作技术和商业现象。

这一时期网络空间的显著特征可以概括为"社交化、移动化、本地化"。娱乐内容已经成为电子商务收入的主要来源，移动设备以及购买零售商品和服务的设备成为娱乐中心。社交网络的广泛应用彻底改变了营销方式，借助社交网络以及强大的数据库和数据分析工具，实现了真正的个性化营销。企业的网络策略重点从超静态网页，转向 Facebook、Instagram、TikTok、Twitter 和 Pinterest 等社交网络，尝试把整合的营销信息传递给在线消费者。这些社交网络具有许多共同特点，首先，它们本质上高度互动，为人们创造了社交连接的新机会；其次，它们吸引了非常庞大的受众（截至 2022 年 7 月，Facebook 在全球拥有约 29 亿月活跃用户），这些受众为营销人员提供了绝佳的定向营销和广告机会；最后，社交网络还主要依赖用户生成内容，"普通"人（不仅仅是专家或专业人士），通常被称为创作者，正在为庞大的受众制作、分享并传播内容，催生了所谓的创作者经济。

电子商务的重塑还创造了一批按需服务、个性化服务业务，如 Uber、Airbnb、Instacart 和 DoorDash。这些业务利用大量闲置的资源（汽车、闲置房间和个人闲暇时间），并基于移动平台基础设施形成了利润丰厚的市场。最近，以 3D 沉浸式互联网体验为形式的元宇宙，以及与去中心化的区块链相关的 Web3 概念，备受关注并被不断炒作。下文对硅谷孵化器 Y Combinator 进行了探讨，它在过去的 15 年已经成功地孵化了多家电子商务创业公司，指引这些公司从初创公司发展到估价 10 亿美元独角兽公司。Y Combinator 近期的训练营主要聚焦区块链和元宇宙的商业模式，以及传统的 B2C 电子商务和 App 初创公司。

商务洞察：Y Combinator 的创业训练营

此前，我们都听说过一些初创企业发展成为价值数十亿美元的企业的故事。如今，跟踪估值数百万甚至数十亿美元的电子商务公司异常困难，因为这些公司有时并不盈利。但是它们有一个共同点，即都是在"孵化器"的孵化中形成的。

在电子商务公司的发展过程中，孵化器的作用至关重要，它能辅助初创企业把好的创意转变为成熟、充满活力的具体业务。Y Combinator（YC）是知名度最高的孵化器，它每年 2 次为初创企业创始人开设为期 3 个月的创业训练营，包括种子资金和来自备受推崇的科技企业家的指导。筛选过程非常严格：通常有成千上万的初创企业报名，例如在 2022 年，报名的企业有 17 000 家，最终只有 414 家企业被录取。训练营结束前有初创企业"演示日"或"D 日"，训练营企业需要向风险投资家展示其业务，希望能成为 Facebook 或 Google。

YC 为每个入选其项目的公司投资 500 000 美元换取该公司 7% 的股份，创始人与 YC 合作伙伴通过例会的方式免费获得相关技术、技术建议、情感支持和销售技巧等课程。2022 年 YC 成功孵化 3000 多家初创企业，总计市值超过 6000 亿美元。其中有 25 家 YC 训练营公司已经成为价值超过 10

亿美元的"独角兽"，110 家公司价值超过 1 亿美元。Y Combinator 的成功让它因此被称为"独角兽孵化器"。

其他著名的训练营公司还包括：提供数字支付服务的 Stripe（2022 年估值约为 950 亿美元），提供按需客房租赁服务的 Airbnb（估值约为 600 亿美元），提供按需送餐服务的 DoorDash（估值约为 250 亿美元），提供按需生鲜送货服务的 Instacart（估值约为 180 亿美元），提供基于云技术文件存储服务的 Dropbox（YC 孵化的首个上市公司），提供电动汽车自动驾驶服务的 Cruise（被 GM 以 10 亿美元收购），提供视频游戏流媒体网络服务的 Twitch（被 Amazon 以约 10 亿美元收购），提供社交新闻服务的 Reddit，提供网站构建平台服务的 Weebly，提供比特币钱包服务的 Coinbase，提供数字图书馆订阅服务的 Scribd，以及提供在线教育服务的 Codecademy（教授编程技能）等。

YC 2022 年冬季班涵盖了广泛的业务领域，许多初创企业聚焦区块链、加密货币、NFT 和元宇宙技术。2022 年冬季班中超过 1/3（34%）的初创公司开展 B2B 软件和服务业务，专注于技术驱动服务、营销以及供应链服务。其他的业务还包括金融科技（24%）、消费品及客户服务（13%）和开发工具（7%）。训练营活动还拓展了地理范围，参加 2022 年冬季班训练营的公司来自 42 个国家，约 50% 来自美国以外地区，包括拉丁美洲 34 家，印度 32 家，非洲 24 家。另外，有超过 1/3（36%）的公司的创始人是少数族裔。

如前所述，参加 2022 年冬季班训练营的公司大多专注于区块链技术、元宇宙技术、创作者经济相关工具等领域。例如，位于犹他州盐湖城的 Remi Labs 为企业提供非同质化代币（NFT）工具；Decent 为音乐家提供将粉丝直接变现的市场和基础设施，并发行版税抵押 NFT；Unai 正在开发一款更加逼真的虚拟现实头盔；Koala 正在为在线导师开发游戏化的元宇宙平台；LiquiFi 帮助 Web3 初创公司管理基于区块链的数字代币，这些公司通常以代币代表所有权和报酬；Winno 通过收取发送短信的订阅费帮助创作者赚钱。

训练营中还有一些初创公司专注于传统的 B2C 电子商务领域，例如 Wantd 想为电力经销商创建专门的能举办现场视频拍卖会、提供虚拟店面和批量展示工具的虚拟市场。Myria 的定位是私人"场外"商品市场，主要销售线下专供的奢侈品和服务。为了确保市场的质量，Myria 对每个加入平台的人都进行严格审查。还有一些初创公司专注于电子商务技术，例如，Andi 提供人工智能助手的对话式搜索引擎，能直接回答复杂的问题，保护用户免受垃圾邮件和广告的骚扰。Vendo 是一款为 C2C 卖家提供跨市场平台（如 Poshmark、Etsy、eBay 等）商品发布服务的软件。App 仍然是热门的焦点领域，Discz 是音乐领域最热门的音乐推荐 App 之一，Discz 根据 Z 世代用户的听歌偏好推荐歌曲，并提供 15 秒的试听片段。Discz 的联合创始人 Bobby Pinckney 在南加利福尼亚大学就读期间，在课程项目的中创建了 Discz 的雏形。

作为其持续发展的一部分，YC 创建了 Y Combinator Continuity 基金，对其毕业生进行资助，并进一步指导其初创公司走向成熟。比较知名的资助项目包括 Instacart、DoorDash、Stripe、Checkr（在线背景调查平台）和 Rappi（拉丁美洲的即时送货和金融服务平台）。YC 还通过 YC Growth Program 资助其毕业生，将 YC 公司的首席执行官和创始人聚集在一起，讨论增长迅速的公司遇到的问题，例如如何聘请负责业务增长管理的高管，以及如何保持创新文化。

2017 年，为了帮助更多的初创公司，Y Combinator 推出了一项名为 Startup School

的免费 7 周在线 MOOC。此后有超过 18 万的创始人参加该课程，其中近 70% 的创始人来自美国以外的国家。Y Combinator 认为该项目非常有价值，并从 2020 年开始每年举办多次创业训练营，希望吸引更多的初创公司加入该项目。

1.5.4 评价电子商务：成功、惊喜和失败

回顾电子商务的发展，可以看出，电子商务技术已经成为令人瞩目的技术成功神话，在互联网和万维网上发生的电子商务交易已经从每年几千次增长到数十亿次。后续章节将对电子商务业务的增长进行分析，显然，电子商务强大的数字化基础设施足以支撑电子商务未来 10 年的持续增长。互联网的规模持续扩展，电子商务中的"e"（互联网）取得了巨大的成功。

然而，从商业角度看，电子商务的早期是一个成功与失败交织的时期，并且伴随着许多意外。在早期成立的互联网公司中，只有极少数作为独立的公司幸存。虽然商品和服务的网络零售销售仍在迅速增长，但是与经济学家的期望相反，在线销售却日益集中。例如，根据 Insider Intelligence/eMarketer 的数据，2022 年，十大电子商务零售商的市场份额将增至近 63%，而 2021 年 500 强零售商的销售额占全美网络零售额的 75%。没有人预料到 Google/YouTube 和 Facebook/Instagram 会主导在线广告市场，占据美国数字广告收入的 50% 以上，也没有人预料到 Amazon 公司居然能以平台直销和第三方销售的方式占据近 38% 的美国在线销售份额。当然，更没有人预料到 2020 年初会暴发一场大流行病，迫使消费者购物行为发生广泛而深刻的变化，这些变化在危机过后可能仍会持续推动网络零售电子商务的增长，尤其对前 1000 强的网络零售商更是如此。

因此，数以千计的公司倒闭，只有少数幸存下来的公司主导市场，许多公司价格竞争的幻想在巨头公司主导的市场中已经破灭。消费者把万维网视为强大的产品信息来源，而实际上他们经常通过其他渠道购买产品，比如在实体店购买，这被称为"webrooming""ROBO"（在线研究，离线购买）或 O2O（在线到离线）（Flavian，Gurrea，and Orus，2022）。特别是对于汽车、家电和电子产品等昂贵的耐用消费品，这种行为尤为明显。这类"互联网影响"的线下商务虽然很难估计，却意义非凡。例如，Forrester Research 公司估计，在新冠疫情发生之后，近 2/3（62%）的美国零售销售受到数字化影响，而在新冠疫情发生前，这一比例为 49%（Vail，2021）。在吸引大量消费者以及为大型电子商务企业带来收入和利润方面，电子商务中的"商务"是非常有效的。

尽管电子商务在吸引消费者和提高收入方面表现不俗，但显然早期的许多电子商务愿景、预测和断言并未实现。例如，经济学家对于"无摩擦"商务的愿景并没有完全实现。虽然有时网络售价较低，但低价往往是企业把价格降到低于成本的价格的结果。某些情况下，网络售价可能高于本地商家的售价，因为消费者愿意为在线购买的便利性支付一小笔溢价。消费者的价格敏感度并没有预期的那么高，更令人惊讶的是，收入高的网站往往售价也最高。价格差异仍然广泛持续存在，甚至还在扩大：在线竞争降低了价格，但在许多市场上价格差异仍然普遍存在。一个世界、一个市场、一个价格的愿景在现实中并未实现，因为企业家找到了产品和服务差异化的新方法。商家通过参与"游击定价"或者实时定价（使用"闪电定价"或"闪电销售"）的方式，让竞争者无法知道自己的定价（消费者也不知道），通过使价格难以被发现以及"诱导转向法"在消费者中制造困惑，将顾客从低利润产品吸引到具有"更高质量"的高利润产品上，以此适应竞争激烈的互联网环境。电子商务品牌仍然非常重要：消费者更愿意相信某些公司品牌能提供高质量产品并按时发货，而且愿意为此支付费

用（Cavallo，2017；Zhuang et al，2018；Soleimani，2021）。

　　最高效的"完全竞争"模式并未实现，商家和营销人员一直在制造信息不对称。搜索成本总体上已经降低，但是电子商务的实际交易成本依然很高，因为用户需要考虑的问题实在是太多了：商家真的会发货吗？什么时间送货？商家真的有库存吗？我该如何填写这个表格？很多电子商务交易在购物车阶段就终止了，原因就是这些不确定性因素的存在。有些消费者仍然觉得从可信的商家那里电话订购比在线订购更方便。

　　最后，中介并没有像预期的那样消失。许多制造商确实采用在线直销形式，但这些制造商通常也会使用 Amazon、eBay 和 Walmart 等电子商务平台中间商。如果说有什么已经实现，那就是电子商务为中间商创造了把内容、产品和服务整合到门户网站中的机会，变成新的中间商。例如 Travelocity、Orbitz 和 Expedia 等第三方旅行网站就属于这种中间商。

　　许多企业家和风险投资家对电子商务的预期也并未实现。首先，只有一小部分公司成功获得先行者优势，其中一些公司非常有名，如 Google、Facebook、Amazon 和 eBay。快速成为行业巨头偶尔会行得通，但大多数情况下并不可行。从历史上看，市场中的先行者通常是长期的失败者，最先进入市场的开拓者总是被"快速跟随者"企业取代，这些企业拥有发展成熟市场所需的财务、营销、法律和生产资料，电子商务也是如此。很多电子商务的先行者，如 eToys、FogDog（体育用品）、Webvan（杂货）和 Eve.com（美容产品）都失败了。在电子商务的早期，获取新客户和保留老客户的成本非常高，一些公司（如 E*Trade 和其他金融服务公司）获取一个新客户的成本高达 400 美元。在网上开展商务活动的总成本包括技术、网站和移动 App 的设计和维护以及仓储履约成本，通常不比高效的实体店面成本低。无论公司在线运营与否，一个大型仓库的成本都需要数千万美元——运营仓库的知识是无价的，初创成本可能会多到令人震惊。通过提高价格增加利润的做法通常会导致大量客户流失。从电子商务商家的角度看，"e"在"电子商务"中并不代表"easy"（容易）。

　　另一方面，在电子商务的发展过程中也出现了一些不寻常且出乎意料的惊喜。很少有人预测到移动平台的影响力，很少有人预见到社交网络的迅速发展或其作为广告平台取得的成功，因为社交网络比 Google 更加了解个人行为。同样，几乎没有人预料到按需电子商务的出现，人们可以使用移动设备预订出租车、购买杂货、预约衣物清洗服务等。

1.6　理解电子商务：组织主题

　　全面理解电子商务对学生和教师来说是一项困难的任务，因为电子商务包含很多方面。没有哪一门学术学科能全面涵盖电子商务。在多年的电子商务课程教学和本书编写的过程中，我们意识到"理解"电子商务是多么困难的事情。但是，我们发现将电子商务看作由三个广泛的且相互关联的主题——技术、商务和社会——组成是可行的。三者的顺序并不代表其重要程度，本书所遵循的思路是依据需要理解和描述的问题的特性来展开这三个主题。与历史上技术驱动的商业革命一样，三者的发展是有先后顺序的：技术最先发展，然后是技术在商务领域的开发和应用，一旦这些技术在商务领域得到广泛应用，就会引发一系列的社会、文化和政治问题，社会不得不对这些问题做出回应。

1.6.1　技术：基础设施

　　数字计算和数字通信技术是全球数字经济——也就是本书所说的电子商务——的核心。要了解电子商务的未来发展，就需要对作为其基础的信息技术有所了解。电子商务首先是由技术驱动的，电子商务的发展依托于一系列信息技术，以及计算机科学在 60 年间发展并形成的基本概念。电子商务的核心是互联网和万维网，本书将在第 3 章详细介绍。这些技术的基础是一系列辅助技术：云计算，台式电脑，智能手机，平板电脑，局域网，关系型和非关系型数据库，客户端 / 服务器处理，数据挖掘，光纤交换技术，等等。这些技术居于复杂的商务计算应用系统的核心。这些商务计算应用系统包括企业信息系统、供应链管理系统、制造资源规划系统以及客户关系管理系统。电子商务依赖于所有这些基本技术，不仅仅是互联网。互联网虽然是企业计算和通信技术的重大突破，但它仍然只是企业计算发展的最新进展以及计算机技术在商务创新链应用中的一部分。

所以，要真正理解电子商务，需要了解分组交换通信、TCP/IP 等端口协议、客户端 / 服务器、云计算、移动平台、Web 服务器、HTML5、CSS、诸如 JavaScript 的客户端编程工具、Java、PHP、Ruby on Rails 和服务器端的 ColdFusion，这些主题会在本书的第二部分中进行详细介绍。

1.6.2　商务：基本概念

由技术提供了基础设施后，接着就是商业应用——带来巨大投资回报潜力——这也是电子商务极具吸引力和令人兴奋的原因。新技术不仅为商业和企业家提供了组织生产和商务交易的新方式，还改变了现有公司的策略和计划：原有的策略已经过时，需要制定新的策略。新技术是孕育成千上万的新公司的摇篮，同时也催生了新产品和新服务，新技术还是许多传统企业的坟墓。要真正理解电子商务，需要熟悉一些关键的商业概念，如数字市场的性质、数字产品、商业模式、企业和行业价值链、价值网、行业结构、数字化颠覆、数字市场中的消费者行为以及基本的财务分析概念。我们将在后续章节中进一步介绍这些概念。

1.6.3　社会：驾驭主宰者

现在美国有超过 3 亿的人在使用互联网，大部分都以电子商务为目的，全球用户超过 45 亿，互联网和电子商务对社会的影响是巨大的且是全球化的。电子商务越来越多地受到各国和全球机构制定的法律和法规的约束。要想成功地开展电子商务活动或者全面理解电子商务现象，我们需要了解全球电子商务给当代社会带来的压力。本书中讨论的主要社会问题是个人隐私、知识产权和公共政策。

所谓个人隐私保护，是指限制所收集的个人有关信息的类型和数量，并限制对这些个人信息的使用方式。个人隐私问题已经成为与电子商务相关的主要社会问题之一。

由于在互联网上发布受版权保护的数字化知识产权（如音乐、书籍和视频）的成本几乎为零，电子商务对以往社会保护知识产权的各种做法都提出了特殊的挑战。

电子商务的全球性还带来了国家公共政策的公平性、平等性、内容管理和税收等方面的问题。例如，在美国，公共电话设施同时受到公共设施管理和公共服务法律的约束，要确保公共电话的费用合理并能对每个人都提供基本的服务。这些法律是否应该扩展到互联网和万维网？如果一个住在纽约州的居民从加利福尼亚州的网站购买商品，而该商品从伊利诺伊州的仓储中心发货，送到纽约州，哪个州有权收取电子商务销售税？是否应该对占用大量宽带在流媒体无休止地播放电影的重度互联网用户额外收费？还是互联网应该对网络流量使用问题保持中立？在使用互联网、万维网和电子商务的过程中国家及其公民都有哪些权利？本书后续章节将会反复讨论这些问题。

社会洞察：Facebook 和隐私时代

在 2010 年的一次采访中，Facebook 创始人 Mark Zuckerberg 声称，隐私的时代已经终结。据 Mark Zuckerberg 说，人们已经不在意在线分享个人信息。然而，许多人并不同意他的观点，隐私权——限制政府和私人机构对个人信息的收集和使用——是民主制的基石。十年来的隐私调查显示，超过 80% 的公众担心互联网和 Facebook 等社交网络对他们的隐私构成威胁。

那么，为什么这么多人仍然是 Facebook 用户，并继续在 Facebook 上分享生活的细节呢？通常是因为用户不知道被收集的个人隐私数据可能被用来做什么。许多 Facebook 的功能和服务是默认启用的，Siegel+Gale 的研究发现，Facebook 的隐私政策比政府通知或繁复的银行信用卡协议更难理解。

Facebook 的商业模式基于有数十亿用户的数据库，Facebook 鼓励甚至欺骗用户放弃对个人信息的保护，然后将这些信息卖给广告商和其他第三方开发者。Facebook 的用户想保护的隐私越少，Facebook 的利润就越多。消除个人信息隐私是 Facebook 的基因和商业模式的一部分。

过去的十年里，Zuckerberg 的言论一直困扰着 Facebook，因为该公司一直面临与隐私有关的持续危机。第三方开发者、广告商、Facebook 员工和高管多年来都知道 Facebook 只要付费就透露个人信息的做法，但直到 2018 年 Cambridge Analytica 丑闻曝光后，公众才了解到这些情况。剑桥大学的心理学教授 Aleksandr Kogan 得到了 Facebook 的许可，使用 Facebook 用户的个人信息开展了心理学的研究项目。Kogan 通过一个拥有 300 000 下载量的问卷 App 收集数据，这些数据不仅包括参与者本人、他们的朋友以及朋友的朋友的信息，事实上他得到了包含超过 8700 万

Facebook 用户档案的数据库！政治和数据分析公司 Cambridge Analytica 获得了这些档案的访问权，并利用相关数据进行政治广告投放。这些披露使得 Zuckerberg 和其他高管被指控 Facebook 未能践行其隐私政策并引发了国会听证会，他们因未能意识到 8700 万用户的个人信息流失以及未能保护用户的隐私而进行了公开道歉。

当公众得知 Facebook 与至少 60 家手机和设备制造商（包括 Apple、Amazon、Microsoft 和 Samsung）有数据共享协议，允许这些公司访问 Facebook 收集的几乎所有个人信息时，Facebook 的公信力进一步遭受了打击。此外，虽然有些用户在 Facebook 的隐私设置中明确选择不共享数据，但 Facebook 依然对他们的个人数据进行了分享。例如，一名《纽约时报》记者调查了名为 "The Hub" 的应用，该应用允许用户在特定位置查看所有消息和社交媒体账户。调查显示，无需本人同意，也不用考虑 Facebook 的隐私设置，The Hub 不仅可以访问该记者及其 556 名朋友的详细数据，还可以访问 294 000 名其朋友的朋友的数据！对此，The Hub 的发言人要么拒绝回应，要么声称他们仅用这些信息提供有效的用户体验。

此后不久，《华尔街日报》披露，许多受欢迎的智能手机 App 在没有明确告知用户的情况下与 Facebook 共享个人信息，即使这些 App 的用户不是 Facebook 用户。例如，最受欢迎的心率 iOS App 在获得用户记录后立即与 Facebook 分享了关于用户心率的数据。Realtor.com App 将用户查看的房源的位置和价格连同用户的收藏夹信息发送给 Facebook，然后 Facebook 使用这些数据对其广告进行个性化调整。《华尔街日报》还披露，Facebook 暂停了约 10 000 个 App，因为它们可能滥用了 Facebook 用户的个人数据，这进一步引发

了人们对 Facebook 用户隐私保护失败问题的关注。

2020 年，Facebook 最终不得不为其隐私保护失败付出代价。对之前 Facebook 违反联邦贸易委员会命令这一指控的处理是，联邦法院批准了联邦贸易委员会对 Facebook 处以的 50 亿美元罚款，要求 Facebook 在共享用户隐私偏好之前征得用户同意，停止关于其与第三方开发者分享的信息量的虚假陈述，停止虚假地声明用户可以控制信息共享权限，以及停止虚假地声称没有向广告商泄露深层次的个人信息。Facebook 也必须同意对其业务运营的新限制，并调整其对隐私的处理方式，建立机制以确保 Facebook 及其高管负责隐私决策。批评者指出，尽管这笔罚款是迄今为止关于公司侵犯消费者隐私这一问题的额度最大的罚款，但其占 Facebook 高额总收入的比例非常小，而且 Facebook 之前一直违反隐私条款，因此这笔罚款在很大程度上毫无意义。

然而，Facebook 的未来可能与其如何应对不断发生的道德挑战息息相关。在过去的几年里，人们越来越关注商业道德，并意识到良好的道德品行才能支撑企业走得更远。除了关注企业的利润和损失，关注环境、社会和治理的 ESG 运动越来越受欢迎，并发展成为企业战略的一部分。Facebook 表示，它正在采取一系列举措来应对这些挑战。然而，由于 Facebook 的商业模式几乎完全依赖用户个人信息的分享业务，加上之前的个人隐私泄露事件，目前不能确定 Facebook 的声明是否可信。

1.7 电子商务相关职位

在本章开头，我们解释了为什么学习电子商务可以帮助我们抓住未来的机会。由于数字化的互联网 / 电子商务经济正在快速增长，并将保持持续增长的势头，因此电子商务领域的就业前景广阔。这个行业的雇主正在寻找具备多种技能的人才，包括熟知电子商务相关词汇、概念，掌握这些知识能帮你争取面试机会并获得相关工作。

为帮助大家了解电子商务相关知识，本书在每一章的结尾部分以实际公司的电子商务初级职位招聘广告为例，对该职位涉及的相关问题进行解释，包括公司概况、职位名称及简介、职位资质 / 技能、首次面试可能被问到的问题、回答面试问题的技巧等。在本章，我们以你最熟悉的电子商务公司类型的招聘广告为例进行分析：网络零售商。

1.7.1 公司概况

这是一家正在快速扩展其在线和移动业务的大型全国零售商，该公司正在寻求基于世界级定价技术、自动化仓库以及整合零售店与线上移动销售的履约管理系统，从而发展全渠道电子商务能力。该公司有数百种产品，并运营多个品牌网站。

1.7.2 职位：电子商务零售品类专家

你的责任是对职责范围内的产品在公司网站和 App 中的销售业绩进行管理，具体工作包括：

- 管理和监督新产品的引进，建立流程以确保在实体店和线上都能买到新产品。
- 改善用户在线浏览和搜索产品的体验。
- 管理商品类别页面，包括产品图片、客户评论和内容。寻找让消费者在网上发现公司产品的新渠道。

- 优化产品定价，并与竞争对手的产品价格进行对比。
- 分析产品绩效，识别关键趋势，并建议公司如何改善其收入、客户服务和利润率。
- 与负责市场营销、客户关系管理和供应链管理的跨职能团队一起工作，提出实施品类绩效优化的建议。

1.7.3　资质 / 技能

- 拥有较强的学术背景，已获得学士学位。
- 具有创业精神。
- 具有精益求精精神。
- 具备强大的沟通和团队协作能力。
- 具备强大的分析和批判性思考能力。
- 能在快节奏的环境中工作，具备面对挑战和解决问题的能力。
- 具备谈判和说服能力。
- 快速学习者，具备理解信息、总结经验及实践应用的能力。

1.7.4　面试准备

面试准备的第一步是对面试公司以及整个行业进行调研，可以通过访问公司的网站、应用程序和社交媒体来完成这一步。复习 1.2 节和 1.3 节可帮助你加深对电子商务基本概念的了解，意识到未来一年影响电子商务的关键因素，并进一步熟悉电子商务技术。你需要能区分不同类型的电子商务（1.4 节），还需要了解移动商务与日俱增的重要性，这些对面试是非常有用的。面试前，你应该结合自己的相关背景，如所修课程、课外活动和个人兴趣，思考如何用这些帮助公司达成目标。重新研读职位要求，找出自己的优势能力。

1.7.5　首次面试可能被问到的问题

1. 我们想通过建立全渠道商店，让消费者无论在线上商店或线下实体店都能买到产品，线下商店还配有自助查询和下单的终端机。你认为把产品引入全渠道商店时会遇到哪些挑战？

你可以通过拜访拥有全渠道业务的国内零售商，并根据你的经验撰写调研报告，为这类问题做准备。可能的挑战包括提供统一的跨渠道客户体验、协调定价、整合线下实体店和线上商店的销售团队。

2. 根据你了解的我们的在线业务现状，你认为我们应该如何扩展在线活动？

你可以参考智能手机的爆炸式增长、移动商务的发展以及社交网络的增长，建议公司扩大其移动和社交网络业务。

3. 我们发现很多客户在我们的网站查看产品，然后在 Amazon 上购买。你认为我们应该如何应对这种情况？

你可以通过解释为什么这么多人使用 Amazon 来回答这个问题：优秀的产品搜索引擎、易用的界面、便捷的支付过程、Prime 快递服务和低廉的价格。这说明公司应该开发与 Amazon 功能相匹配的网站和移动应用。

4. 公司应如何使用社交网络（如 Facebook、Instagram、TikTok、Twitter 和 Pinterest）来扩展业务？

你可以回答社交网络是绝佳的品牌推广和产品介绍工具，但消费者可能更愿意在公司网站购买。

5. 我们收集了大量关于在线客户的个人信息，你认为这对公司来说会带来哪些问题？

你可以谈论即使人们授权同意发布个人信息，但仍然担心私人通信和在线交易的私密性这一话题。如果你有在线交易中自己的隐私被侵犯的个人经历，谈谈这些经历。

6. 我们的在线销售在过去几年里每年增长约 20%。然而我们的许多客户有时是先在线浏览商品，然后从实体店购买。在这种情况下，你认为我们的电子商务渠道将来会继续以这种速度增长吗？

你可以指出电子商务目前仍然只占总零售业务的一小部分，并因此认为电子商务未来有足够的快速增长空间，公司的在线业务可能会带动线下购物。

7. 你有没有参与过企业网站或 App 开发，或者自己创办过在线企业？结果如何？

要回答这个问题，你必须依靠自己或朋友使用网络推广企业的个人经验。如果你有可以分享的经验，要概括成功的原因，面对的挑战是什么，以及犯了什么错误。即使是失败的经验也是很宝贵的，因为它表明你尝试过。如果你没有经历，可以谈论一下曾经思考过的电子商务公司的创意，以及你将如何将其转变为成功的业务。

1.8 案例研究：Uber——一切皆按需

如果让你列举电子商务兴起以来的标志性公司，或许你会想到 Amazon、Google、Apple、Facebook、Netflix 等，但在过去十年左右的时间里，一种专门提供按需服务的电子商务公司开始崭露头角。

Uber 是使用按需服务模式的最知名的公司之一，它的商业模式与传统零售电子商务的商业模式不同。Uber 并不售卖商品，而是创建了基于智能手机应用 / 互联网的云平台，为用户提供租车服务——如同叫出租车一样，帮助用户找到满足需要的资源（如私家车或有闲暇时间的司机）。需要注意的是，尽管 Uber 及类似公司常被称为"共享经济"公司，但这种叫法并不准确。Uber 的司机实际上是以司机身份出售服务以及车辆的临时使用权，Uber 平台也没有在共享业务中。Uber 对平台上的每笔交易收取 20% 的佣金。Uber 也不是典型的对等模式（peer-to-peer）的电子商务，因为 Uber 的交易中有在线中间商参与：提供平台交易服务并收取中介费的第三方。

Uber 为消费者和司机提供极具吸引力的价值主张，消费者免费下载 Uber App，司机还享有专属 App。当消费者需要租车服务时，只需打开 App 并输入目的地，App 就会显示乘车估价、车辆类型以及预计抵达时间，消费者选择所需的选项并确认行程。附近的司机在专属 App 收到通知，选择是否接受乘车请求。消费者在车辆即将到达时收到 App 通知，而不用在街角焦急地挥手、与他人竞争或无目的地等待空载的出租车。

Uber 提供各种付款渠道，包括信用卡或借记卡、Uber 现金（预付）、Apple Pay、Google 支付、PayPal、Venmo，在某些地区还能现金支付。每次乘车结束时，乘客在评分系统中对司机进行评价，如果评分过低（例如低于 4.6 或 4.5），司机就会被警告，不改进的话可能被取消资格。司机也会对乘客进行评分，在接单时，司机可优先考虑高分乘客，并且可以拒载低分乘客。Uber 的价值主张是，司机自己设定时间并按自己的喜好安排工作，利用车辆创造收入。如今，Uber 在全球 72 个国家约 10 000 个城市运营，大约有 400 万名司机和每月 1.15 亿名乘客。

Uber 打破了传统出租车的商业模式，与传统出租车公司相比，它的打车服务更好、更快、更方便，传统出租车服务不能保证一定能叫到出租车。在 Uber 平台，虽然消费者仍然需要等待，但这种不确定性却大大减少了。但是，消费者有时也会受到一些事件的影响，例如，遇到暴风雨天气、传统节日或者体育赛事等订单高峰期，由于司机数量不足，即使出高价也找不到接单的司机。Uber 的价格也会随着需求动态变化：需求越高，价格越高。因此，不能通过公开的信息判断 Uber 的价格是否低于传统的出租车。显然，需求越高，Uber 的价格高越，有时甚至是出租车价格的 10 倍。然而，出租车监管委员会并没有规定统一的单价。

Uber 的商业模式也比传统出租车公司的更加高效。Uber 将经营出租车服务的全部成本转嫁给了司机。Uber 没有出租车，也不用承担燃油、保险或维护等费用。2022 年，燃油价格大幅上升引发了严重的问题。虽然 Uber 从 2022 年 3 月开始对消费者加收 35 到 55 美分的燃油附加费以补偿司机，但这对司机而言只是杯水车薪。司机还必须使用自己的智能手机和网络服务。Uber 把司机看作独立承包商（也称为"零工"），而不是雇员。并且，Uber 不用向司机支付薪水，而是让司机从每次的乘车费用中抽取一部分作为报酬。这样做使得 Uber 能够避免承担社会保险、工伤赔偿、最低工资要求、司机培训、医疗保险以及商业许可等方面的费用。

如果说 Uber 是按需服务经济的代表，那么它也应该是此类电子商务相关的社会成本和社会冲突的典型代表。把司机看作独立承包商大大降低了 Uber 的成本，但该做法在美国和世界各地的法庭、立法机构和政府机构中受到质疑。Uber 正在起草支持将司机归类为独立承包商，同时允许其工会化管理的议案，希望以此保留司机独立承包商的身份。Uber 因此被很多司机提起诉讼，指控公司虐待员工、缺乏适当的程序、工资低、违反州就业法律。

政府也感到了 Uber 颠覆性创新带来的威胁。政府不想放弃对乘客安全、司机培训或收取出租车营业许可和销售税的相关监管和控制。Uber 在全球范围内遭到大量指控，包括：违反公共交通法规，滥用用户个人信息，甚至以泄露个人信息恐吓记者，未能对司机的犯罪背景以及财务背景等进行调查，未能有效维护公共安全，通过暗中破坏扰乱美国竞争对手 Lyft 的业务，而且对司机关于 Uber 降低费用的抱怨视而不见。欧洲好几个城市禁止使用 Uber，在伦敦，负责管理出租车服务的监管机构 Transport for London 出于对用户安全的担忧几次吊销 Uber 的营运许可。目前，虽然 Uber 增加了 App 紧急求助等多项安全功能，但也只是获得了 30 个月的营运许可。另外，欧盟最高法院——欧洲法院已经裁定，Uber 提供的服务属于运输服务，应遵守欧盟成员国关于此类服务的所有法律和规定，而不是 Uber 自称的不受此类法律和规定约束的数字平台。

批评者还担心按需服务公司带来的长期影响，因为这类公司有可能创造出一个以兼职、低薪、临时工为主的社会，取代传统的全职、稳定的工作——所谓的工作"优步化"（uberization）。正如一位评论家所说，Uber 对我们来说并不是最好的代步软件，而是低薪工作的代称。麻省理工学院能源与环境政策研究中心的一项研究发现，扣除燃油、保险、保养和维修费用后，Uber 司机的工资低于最低工资标准。Uber 辩解说，它降低了交通成本，更好地利用闲置的人力及财物资源，增加了对电子商务服务的需求，为司机提供了更多的选择机会，让他们能获得与其他出租车司机大致相同的收入。Uber 还采取了一些补救措施，升级后的 App 允许司机在工作期间更方便地选择休息时段，司机完成每次租车服务后都可以立即获得车费，而不是需要在 App 查看每周的收入。另外，Uber 还在 App 中增加了顾客支付司机小费的功能。

在过去的几年中，Uber 被一连串持续的争议和丑闻所困扰，这也是 Uber 的公关噩梦，结果是多名董事会成员、高级执行官甚至联合创始人及 CEO Travis Kalanick 的辞职。Uber 被指控存在企业管理不善和行为不端（包括使用名为 Greyball 的秘密程序跟踪、逃避监管机构及其他执法人员）、工作场所歧视和性骚扰、通过移动 App 侵犯客户隐私等问题，因为该 App 始终在跟踪用户的位置，即使未使用 App 时也会进行跟踪。2021 年 12 月，Uber 的前首席安全官因涉嫌电信诈骗被起诉，此前他因涉嫌隐瞒 Uber 数据泄露事件而被指控妨碍司法公正。这一事件导致大约 5700 万用户和司机的信息被暴露。2022 年 7 月，《华盛顿邮报》宣布参与对 Uber 的一项国际新闻调查，探讨 Uber 是否使用隐形技术应对监管机构和执法部门，以持续在全球范围内拓展业务。该项目基于 124 000 多封电子邮件、短信、备忘录和其他记录。在对此调查的回应中，Uber 承认"犯了错误"，但表示在现任首席执行官 Dara Khosrowshahi 的领导下已经有所改善。

尽管饱受争议，但 Uber 仍在持续吸引司机、用户和更多投资者。2019 年 Uber 上市，估值约 820 亿美元并筹集了 80 多亿美元，尽管这个数字大得惊人，但却远低于其投资银行最初预测的 1200 亿美元。2019 年，Uber 的股价大幅下跌，自 IPO（Initial Public Offering，首次公开发行）以来价值几乎跌去一半。随后是新冠病毒大流行，对 Uber 的业务造成了严重的影响，乘车服务的需求量大量减少。2021 年，其运营亏损为 38 亿美元，累计亏损达到了惊人的 236 亿美元。到 2022 年中，尽管与 2020 年相比，这一部分的财务业绩有所改善，但是需求依然未能恢复到新冠疫情前的水平。此外新冠疫情还引起了司机短缺。

尽管 Uber 起初只是作为传统出租车的替代品，但它已扩大了业务范围：提供各种把人和物从一点运输到另一点的平台服务。尽管其标志性产品仍然是为消费者提供各种车辆的出行服务，但同时还提供餐厅食品配送服务（Uber Eats）和货运服务（Uber Freight）。Uber 的定位是交通领域的"Amazon"，并可能成为所有交通形式的主导，但在这些领域，Uber 还面临着巨大的挑战。

在疫情之后，Uber 转向了 Uber Eats，这是其在线食品订购和配送服务，疫情之后需求量大大增加。2020 年 12 月，在收购食品配送服务 Grubhub 的尝试失败之后，Uber 先是收购了价值 31 亿美元的竞争对手 Careem，后来又收购了价值 26.5 亿美元的竞争对手 Postmates。现在，虽然 Uber 仍然亏损，但是其食品配送服务收入超过了其出行服务部分，达到 83 亿美元。在配送业务中，Uber 面临着来自 DoorDash、Deliveroo、Instacart、Grubhub 和其他许多公司的激烈竞争。Uber 一直致力于实现其最初主导的所有与交通相关服务的梦想，并推出了多项 Uber Eats 的新功能，以扩展其核心价值主张。例如，它与一家直接面向消费者的远程医疗公司合作，在美国 12 个市场通过 Uber Eats App 配送健康产品；它还与数字药店初创公司合作，配送处方药。2022 年 5 月，它宣布与 Albertsons 的合作伙伴关系扩大，包括为 2000 多家 Albertsons 商店提供杂货配送服务。

Uber Freight 是 Uber 的新业务线之一，于 2017 年推出。Uber 的目标是把其在叫车业务中的革命性创新应用到物流行业：通过提供按需平台实现物流交易自动化。Uber Freight 将发货人与运输公司对接，并为发货人提供透明的预付定价，只需点击几下即可预约订购，而且能从接货到交付对货物进行实时跟踪。截至目前，Uber 为 Freight 业务投入了大量资金。2021 年 Uber 以 22.5 亿美元的价格收购了 Transplace——一家管理运输和物流网络的公司。与 Uber 的其他业务线一样，由于收购 Transplace，Uber Freight 的收入正在增长，但依然是亏损经营。Uber Freight 也面临来自全球许多有稳固地位的货运代理商的激烈竞争。

2022 年 5 月，Uber 发布了 2022 年第一季度的财报，从多方面看，这是一份比较乐观

的报告，因为其所有部门的收入增长到了 69 亿美元，但 Uber 再次宣称是亏损经营，Uber
能够持续盈利吗？

　　讨论问题
　　1. 像 Uber 这样的按需服务商业模式与零售电子商务业务模式有何不同？
　　2. Uber 及其商业模式引发了哪些道德和社会问题？
　　3. Uber 的商业模式依赖于哪些电子商务技术的独特功能？

1.9　复习

1.9.1　关键概念

- 理解学习电子商务的重要性。
  - 未来五年为新的和传统的业务提供了激动人心的机会和风险，利用数字技术可帮助我们获取市场优势。学习电子商务很重要，因为这样我们才能够感知和理解这些机会以及未来的风险。
- 定义电子商务，了解电子商务与电子业务的区别，阐述支持电子商务发展的主要技术基础，了解电子商务的主要趋势。
  - 电子商务涉及组织之间、个人之间以及组织内部的数字化商业交易。
  - 电子业务主要指的是公司内部的交易和流程的数字化，包括公司控制的信息系统。在大多数情况下，与电子商务不同，电子业务并不涉及跨组织边界进行价值交换的商业交易。
  - 电子商务背后的技术巨头是互联网、万维网和移动平台。
  - 从商业角度看，最重要的趋势之一是所有形式的电子商务都持续呈现强劲的增长势头。从技术角度看，移动平台已经破土而出，推动了移动广告的增长，并使真正的移动电子商务成为现实。从社会角度看，主要问题包括隐私和政府监管、知识产权保护、网络安全以及互联网治理。
- 指出电子商务技术的特点，讨论其商业重要性。
  电子商务技术具有八个特点：
  - 普遍存在性——几乎可以在任何地方、任何时候使用，可以在家中、工作场所甚至汽车中进行购物。
  - 全球覆盖性——允许商业交易更便捷、更经济地跨越文化和国界，这在传统商业中是无法实现的。
  - 标准通用性——所有国家通用，与大多数传统商业技术不同，传统商业技术在每个国家都不相同。
  - 丰富性——在线商家能够以传统商业技术无法实现的方式传递营销信息。
  - 交互性——允许商家和消费者之间进行双向通信，使商家能够以类似面对面体验的方式与消费者互动，规模更大，覆盖全球。
  - 信息高密度性——所有市场参与者可以获得的信息总量和质量。互联网降低了信息收集、存储、处理和通信的成本，同时提高了信息的实时性、准确性和及时性。
  - 个性化 / 定制化——信息密度的增加使得个性化和定制化达到了前所未有的水平，这在以前的商业技术中是无法想象的。
  - 社交技术——提供了一个大规模的多对多通信模型。数百万用户能够创作被其他数百万用户消费的内容。结果是形成了大规模的社交网络，并在社交网络平台上吸引了大量的受众。
- 概括电子商务的主要类型。

电子商务有六种主要类型：

- B2C 电子商务涉及网络企业向消费者销售，这是大多数消费者都见过的电子商务类型。
- B2B 电子商务涉及网络企业向其他网络企业销售，这是最大的电子商务形式。
- C2C 电子商务是消费者通过在线市场向其他消费者销售的一种方式。
- 移动电子商务涉及使用移动设备进行在线交易。
- 社交电子商务是通过社交网络和在线社交关系实现的电子商务。
- 本地电子商务是一种基于消费者当前地理位置吸引消费者的电子商务形式。

- 了解电子商务的发展历程。

  电子商务经历了三个阶段：初创、整合和重塑。

  - 电子商务的初创阶段是技术成功的年代，其间创建的数字基础设施非常稳固，并且支撑了电子商务持续 10 年的显著增长。企业的成功则是混合的，有明显的营收增长和用户的增加，但利润率较低。
  - 电子商务从 2001 年开始进入整合期，一直延续到 2006 年。
  - 随着移动平台、社交网络和 Web 2.0 应用的出现，电子商务在 2007 年进入了重塑阶段，这些应用在短时间内吸引了大量用户。

- 描述电子商务研究的主题。

  电子商务涉及三个广泛的、相互关联的主题：技术、商务和社会。

  - 技术——要理解电子商务，首先需要理解电子商务所依赖的信息技术，包括互联网、万维网、移动平台。另外还需要了解一系列辅助技术，包括云计算、台式电脑、智能手机、平板电脑、本地计算机区域网络、客户端 / 服务器计算、包交换通信、协议（如 TCP/IP）、Web 服务器、HTML 以及关系和非关系数据库等。
  - 商务——虽然技术提供了基础设施，但是由于商务应用的潜在投资回报率极高，激发了人们对电子商务的兴趣和热情。因此还要理解一些关键商务概念，如数字市场、信息商品、商业模型、企业和行业价值链、行业结构，以及数字市场中的消费者行为。
  - 社会——需要理解全球电子商务对现代社会产生的压力，这对于企业在电子商务市场中取得成功至关重要。主要的社会问题包括知识产权、个人隐私和公共政策。

1.9.2 思考题

1. 什么是电子商务？它与电子业务有何不同？它与电子业务在哪些地方有交叉？
2. 什么是信息不对称？
3. 电子商务技术的特征是什么？
4. 什么是虚拟市场？
5. 通用标准的三大优点是什么？
6. 从信息丰富性的角度，比较电子商务和传统商务。
7. 增长的信息密度可能导致的三个商业后果是什么？
8. 什么是 Web 2.0？列举 Web 2.0 网站或应用的例子，并说明你认为它是 Web 2.0 网站的原因。
9. 除了本章提到的实例，给出 B2C、B2B、C2C、社交电子商务、移动电子商务和本地电子商务的例子。
10. 电子商务技术与过去改变商业的其他技术有何相似或不同？
11. 描述电子商务发展的三个不同阶段。
12. 定义去中介化，并解释这种现象对互联网用户的好处。去中介化如何影响无摩擦商务？
13. 先行者的主要优势和劣势是什么？
14. 什么是网络效应，为什么网络效应有价值？

15. 讨论电子商务早期的成功和失败。

16. 早期电子商务与现在电子商务的五个主要不同之处是什么？

17. Facebook 产生了哪些隐私问题？

18. 讨论新冠病毒大流行对零售电子商务和移动电子商务的影响。

19. 大多数美国互联网用户使用什么平台来访问互联网？

20. 什么是元宇宙？

1.9.3 实践项目

1. 选择一家电子商务公司，并根据表 1.2 中描述的电子商务技术的八个特征进行评估。你认为该公司在哪些方面做得较好，在哪些方面做得较差？为你选择的公司的总裁准备一份简短的备忘录，详细说明你的发现和改进建议。

2. 针对 1.4 节和表 1.3 中列出的主要电子商务类型，在线搜索并给出每种电子商务类型的实例。创建一份演示文稿或书面报告，对每个网站进行简要介绍（可以附上网站的网页截图）并解释为什么它属于该种类型的电子商务。

3. 根据电子商务在 1995～2022 年的发展和历史，预测电子商务未来 5～7 年会发生什么。说明由于互联网的发展和普及，电子商务在技术、商务和社会方面可能发生哪些变化。准备一份简短的演示文稿或书面报告，给出你对 2030 年电子商务的设想。

4. 准备一份简短的报告或演示文稿，说明企业是如何使用 Instagram 或你选择的其他社交网络作为社交电子商务平台的。

5. 跟踪自 2022 年 7 月（章末案例研究的完成时间）以来 Uber 的新闻。针对你的发现准备一份简短的报告。

1.9.4 参考文献

Bakos, Yannis. "Reducing Buyer Search Costs: Implications for Electronic Marketplaces." *Management Science* (December 1997).

Banerjee, Suman, and Chakravarty, Amiya. "Price Setting and Price Discovery Strategies with a Mix of Frequent and Infrequent Internet Users." Stevens Institute of Technology School of Business Research Paper (April 15, 2016).

Cavallo, Alberto F. "Are Online and Offline Prices Similar? Evidence from Large Multi-Channel Retailers." *American Economic Review* (January 2017).

Evans, Philip, and Thomas S. Wurster. "Getting Real about Virtual Commerce." *Harvard Business Review* (November–December 1999).

Evans, Philip, and Thomas S. Wurster. "Strategy and the New Economics of Information." *Harvard Business Review* (September–October 1997).

Flavian, Carlos, Raquel Gurrea, and Carlos Orus. "Feeling Confident and Smart with Webrooming: Understanding the Consumer's Path to Satisfaction." *Journal of Interactive Marketing* (January 31, 2022).

Insider Intelligence/eMarketer. "US Internet Users and Penetration." (February 2022a).

Insider Intelligence/eMarketer. "US Mobile Device Internet Users and Penetration." (February 2022b).

Insider Intelligence/eMarketer. "US Dual Mobile Device & Desktop/Laptop Internet Users and Penetration." (February 2022c).

Insider Intelligence/eMarketer. "US Mobile-Only Internet Users and Penetration." (February 2022d).

Insider Intelligence/eMarketer. "Internet Users and Penetration Worldwide." (February 2022e).

Insider Intelligence/eMarketer. "US Retail Ecommerce Sales." (June 2022f).

Insider Intelligence/eMarketer. "US Digital Travel Sales, by Device." (May 2022g).

Insider Intelligence/eMarketer. "US B2B Electronic Sales." (August 2022h).

Insider Intelligence/eMarketer. "US Retail Mcommerce Sales." (June 2022i).

Insider Intelligence/eMarketer. "US Retail Social Commerce Sales." (July 2022j).

Insider Intelligence/eMarketer. "US Top 15 Retail Ecommerce Sales Share, by Company." (June 2022k).

Insider Intelligence/eMarketer. "US Digital Ad Revenue Share, by Company." (June 2022l).

Kambil, Ajit. "Doing Business in the Wired World." *IEEE Computer* (May 1997).

Shapiro, Carl, and Hal R. Varian. *Information Rules. A Strategic Guide to the Network Economy* (Cambridge,

MA: Harvard Business School Press, 1999).

Sinha, Indrajit. "Cost Transparency: The Net's Threat to Prices and Brands." *Harvard Business Review* (March–April 2000).

Smith, Michael, Joseph Bailey, and Erik Brynjolfsson. "Understanding Digital Markets: Review and Assessment." In Erik Brynjolfsson and Brian Kahin (eds.), *Understanding the Digital Economy* (Cambridge, MA: MIT Press, 2000).

Soleimani, Marzieh. "Buyers' Trust and Mistrust in E-commerce Platforms: A Synthesizing Literature Review." *Information Systems and e-Business Management* (November 11, 2021).

Tversky, A., and D. Kahneman. "The Framing of Decisions and the Psychology of Choice." *Science* (January 1981).

U.S. Census Bureau. "E-Stats 2019: Measuring the Electronic Economy." (August 5, 2021).

U.S. Census Bureau. "Quarterly E-commerce Report Historical Data." (accessed July 11, 2022).

Vail, Christina. "'Digitally Influenced Sales'—The Phrase that Unlocks More Buy-in and Budget for Ecommerce Leaders." Profitero.com (July 20, 2021).

Varian, Hal R. "When Commerce Moves on, Competition Can Work in Strange Ways." *New York Times* (August 24, 2000a).

Varian, Hal R. "5 Habits of Highly Effective Revolution." *Forbes ASAP* (February 21, 2000b).

Watters, Ashley. "30 Internet of Things Stats & Facts for 2022." Connect.comptia.org (February 10, 2022).

Wodinsky, Shoshana. "Google Says It's Bing's Most Popular Search Term." Gizmodo.com (September 28, 2021).

Young, Jessica. "Who Are the Top 1000 Online Retailers in North America?" Digitalcommerce360.com (May 3, 2022).

Zhuang, Heju, Peter T. L. Popkowski Leszcyc, and Yaunfang Lin. "Why Is Price Dispersion Higher Online than Offline? The Impact of Retailer Type and Shopping Risk on Price Dispersion." *Journal of Retailing* (June 2018).

电子商务商业模式和概念

学习目标

- 掌握电子商务商业模式的关键组成部分。
- 描述主要的 B2C 商业模式。
- 描述主要的 B2B 商业模式。
- 了解适用于电子商务的关键商业概念和战略。

开篇案例：网联汽车——下一个大型电子商务平台

在不久的将来，你的汽车很可能成为主要的电子商务平台。你可以在舒适的车内浏览网页、购物和消费在线内容。除此之外，还有许多新的服务，虽然目前只能模糊地认识到它们的存在，但在技术上是可行的。各种力量和利益的融合会使这一切成为可能。主要参与者包括汽车制造商、大型科技公司、电信公司和金融服务公司，它们都在寻求利用物联网、5G 移动通信服务、人工智能、语音助手软件、自动驾驶汽车以及其他相关技术的发展创造和扩展新服务市场。

如今，在美国销售的大多数新车都是"网联汽车"，因为它们配备了内置互联网接入功能。根据市场研究公司 Insider Intelligence/eMarketer 的数据，美国约有 63%(大约 1.47 亿人)的驾驶员驾驶网联汽车，预计到 2025 年，这一比例将扩大到 70% 以上。根据 McKinsey 公司的预测，到 2030 年，全球销售的 95% 的新车将实现网联。这么多的网联汽车将产生大量数据，每辆汽车每小时产生的数据将超过 25GB。"智能汽车"建立在网联汽车的基础上，通过嵌入技术执行驾驶功能，如停车辅助、防撞、车道居中控制和自适应巡航控制。最终目标是制造一辆"自动驾驶"汽车：一辆可以完全自主运行的汽车。这将为更多与电子商务相关的活动腾出驾驶时间。

智能网联汽车有 4 种基本商业模式：移动服务（拼车、按需乘车服务、汽车共享或租赁）、客户体验（娱乐信息 / 娱乐活动、忠诚度计划、移动支付、购物 / 采购、礼宾服务、游戏和其他应用）、汽车服务（定制汽车设置、预测性维护和基于驾驶行为而定的保险）、安全 / 安保（驾驶状态监控、视频监控、路标识别、驾驶指导、防盗追踪、紧急呼叫）。汽车数据货币化的能力是新型服务收入模式的重要组成部分，McKinsey 公司预测，到 2030 年，这些服务将为网联汽车生态系统带来 2500 亿至 4000 亿美元的年增量收入。

这会对电子商务产生巨大的影响。到 2026 年，消费者的车载支付预计超过 65 亿美元，到 2032 年将超过 125 亿美元。Mastercard 和 Visa 等大型品牌正在投资相关的汽车支付技术。例如，Visa 与 SiriusXM 合作，推出 SiriusXM 数字钱包，用户能够支付停车费、餐费和道路通行费。福特汽车与在线支付服务商 Stripe 签署了一项协议，旨在强化福特汽车的电子商务战略。

McKinsey 预测，到 2030 年，北美销售的 60% 至 70% 的新车将使用技术满足用户偏好，车内人员可使用个性化控制功能和专属的信息娱乐内容。对于内容分销商来说，网联汽车提供了一个巨大的潜在市场，内容分销商可以为乘客提供在家常看的媒体类型。随着汽车自动化程度的提高，驾驶员将由驾驶转向观看视频内容，行业分析师预计车载娱乐收入将飙升。

营销人员都在研究如何利用联网汽车产生的数据和新兴技术推广产品和服务，比如：通过新车配备的超大显示屏（像宝马汽车的 31 英寸大屏幕）直接向车主投放广告。再比如，SiriusXM 的联网汽车服务电商平台，利用从数字钱包中收集的客户数据，在汽车的音频和导航界面投放情景广告。

Apple、Google、Microsoft 和 Amazon 等科技公司也认为，智能网联汽车提供了扩展技术平台的机会，它们通过成为汽车内容平台以及汽车操作系统扩大影响力。例如，Apple 公司正在开发自动驾驶网联汽车，并与移动 iOS 操作系统深度集成。Apple 的 CarPlay 和 Google 的 Android Auto 已经被植入汽车，以提供熟悉的界面及 Siri 和 Google Assistant 功能。例如，围绕 Google Automotive OS 设计信息娱乐系统，通用汽车公司已将 Google Assistant 集成到选定的汽车中。Amazon 也加入了这场竞争，与多家汽车制造商达成共识，将 Alexa 智能语音助手集成到它们的汽车中。电子邮件、信息朗读、音乐、视频、流媒体音乐和社交网络可以很容易地传达给熟悉了软件界面的消费者。Siri、Google Assistant 和 Alexa 的集成也为车载营销和广告创造了额外的选择，许多公司试图优化在线资源以方便语音搜索，并开发用于网联汽车的语音应用程序。

但仅仅为应用程序提供一个平台是不够的。科技公司有更大的野心，它们正在开发大型云平台，把云基础设施、边缘技术、人工智能和物联网服务结合起来，使制造商能够为信息娱乐、导航和预测服务的构建制定解决方案。这些平台还可以促进车载互联网接入，并利用合作伙伴公司提供订阅服务，例如汽车维护、流媒体娱乐、应急通信、车载商务、金融服务和能源管理。此类平台的例子包括 Amazon 的网联汽车解决方案（在 Amazon AWS 上运行），Microsoft 的网联汽车平台（Microsoft Azure）和 Google 的网联汽车云平台（Google Cloud）。

一些汽车制造商仍然有野心，想要占领这个新兴电子商务平台。例如，为控制车载电子设备产生的数据，大众集团为新系列电动汽车开发了操作系统 Vw.os，该系统拥有自己的应用程序和在线服务商店。丰田、戴姆勒（梅赛德斯－奔驰）和通用汽车也在开发自己的操作系统。

然而，网联汽车电子商务的未来仍在不断变化。2022 年 2 月，通用汽车宣布停止网联汽车 Marketplace 应用程序，在该应用程序中，客户能够直接从汽车的仪表板屏幕购买咖啡、支付燃油费和预订餐厅，是通用公司在特定车型上提供的 Connected Access 订阅计划之一。该应用程序的批评者指出，它使用起来非常不方便。例如，要在壳牌加油站购买燃料，客户必须先在壳牌注册，然后收到一个 PIN 码，再在加油站输入该 PIN 码以授权购买，这与大多数消费者期望的顺畅体验相差甚远。通用公司声称，它不会放弃联网汽车的电子商务工作，并且会从 Marketplace 的失败中吸取经验，在不久的将来推出新服务。

围绕网联汽车服务的其他问题包括安全、保障和隐私。此外，许多服务会以包月的形式收费，有些消费者不能接受。还有一个问题是，在一些消费者看来，为了使用汽车的某些功能，他们可能会被迫观看广告。但是，如果以体验为导向，那么对保持连接、消费内容、在线购物和社交的渴望将胜过许多担忧。网联汽车很可能成为这些活动的新场所，成为下一个大型电子商务平台。

开篇案例说明了新技术如何为创建新的电子商务平台和新的商业模式铺路。台式电脑和笔记本电脑是电子商务的第一个技术平台推动者，随后是移动平台（智能手机和平板电脑）。

尽管智能互联汽车仍处于起步阶段，但它为下一个大型电子商务平台的产生奠定了基础。利用新技术只是成功的电子商务的一部分，企业还必须为客户提供真正的价值，开展有效以及高效的运营，杜绝触犯法律并避免社会纠纷，产生盈利的商业成果。此外，成功的商业模式必须扩大规模。随着业务量的增长，企业应提高效率。要了解如何发展成功的电子商务，你必须熟悉电子商务商业计划的各个组成部分、电子商务商业模型的主要类型以及基本商业概念和商业策略。我们将在本章中介绍这些主题。

2.1　电子商务商业模式

2.1.1　概述

商业模式是一组有计划的活动（有时称为业务流程），旨在从市场中获取利润。商业模式并不总是等同于商业策略，但是在商业模式明确考虑了竞争环境的情况下，两者就非常相似（Ovans，2015；Magretta，2002）。商业模式是商业计划的核心，**商业计划**是描述公司商业模式的文件。商业计划始终考虑到竞争环境。**电子商务商业模式**旨在利用和发挥互联网、万维网和移动平台的独特优势。

2.1.2　商业模式的 8 个关键要素

如果你希望在所有领域（而不仅仅是电子商务）开发成功的商业模式，你必须确保该模式有效地解决了图 2.1 所示的 8 个要素。这些要素分别是价值主张、收入模式、市场机会、竞争环境、竞争优势、市场战略、组织发展和管理团队。许多作者关注公司的价值主张和收入模式。虽然这两个要素是商业模式中最重要和最容易识别的方面，但在评估商业模式和计划，或在试图了解某个企业成功或失败的原因时，其他元素同样重要。下面，我们将更全面地介绍商业模式的各个关键要素。

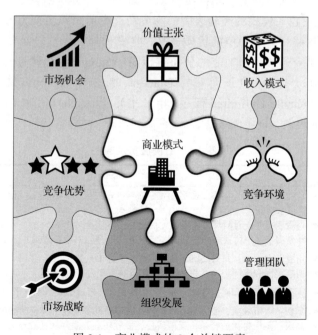

图 2.1　商业模式的 8 个关键要素

价值主张

一家公司的价值主张是其商业模式的核心。**价值主张**定义了公司的产品或服务如何满足客户的需求（Payne，Frow，and Eggert，2017）。要制定和分析一家公司的价值主张，你需要了解客户为什么会选择该公司而不是另一家公司开展业务，以及该公司提供了哪些其他公司没有或无法提供的内容。从消费者的角度来看，成功的电子商务价值主张包括提供产品的个性化和定制服务，降低产品搜索成本，降低价格发现成本，以及通过管理产品交付促进交易。

例如，在 Amazon 出现之前，大多数顾客都是前往图书零售商处下单。在某些情况下，想要的书可能还没有上市，顾客不得不等上几天至几周，等书上市后再返回书店取书。Amazon 使图书爱好者能够在家中或办公室选购书籍，并了解书籍是否有库存。Amazon 的 Kindle 电纸书阅读器则在此基础上更进一步，提供即时电子书籍，无运输延迟。Amazon 的主要价值主张是无与伦比的选择性和便利性。

收入模式

收入模式描述了企业如何获得收益、产生利润并为投资资本带来超额回报。我们交替使用收入模式和财务模式这两个术语。商业组织的功能既是创造利润，也是使投资资本获得超过其他投资的回报。仅有利润不足以使企业"成功"（Porter，1985）。企业必须产生高于其他投资的回报，才能被视为成功。未能通过这一考验的企业将被淘汰。

尽管已经开发了许多电子商务收入模式，但大多数企业都依赖于以下收入模式的一种或几种组合：广告、订阅、交易费、销售和联盟。

在**广告收入模式**中，提供内容、服务和产品的企业也提供广告论坛并从广告商那里收取费用。能够带来最高收视率或拥有高度专业化、差异化收视率并保持用户注意力（"黏性"）的公司能够收取更高的广告费。例如，Yahoo 从展示广告和视频广告中获得了大量收入。

在**订阅收入模式**中，提供内容或服务的企业对访问其产品的用户收取订阅费。例如，《消费者报告》的数字版向订阅者提供在线和移动端的版本（例如详细的评级、评论和建议），年费为 39 美元。订阅收入模式的经验表明，为成功克服用户不愿意为内容付费的问题，企业提供的内容必须是拥有高附加值的优质产品，在其他地方无法轻易获得，也不容易被复制。提供在线内容或服务的订阅功能的公司包括 eHarmony（约会服务）、Ancestry（家谱研究）、Microsoft 的 Xbox Live（电子游戏）、Pandora、Spotify 和 Apple Music（音乐），还有 Scribd 和 Amazon 的 Kindle Unlimited 程序（电子书），以及 Netflix 和 Hulu（电视和电影）。有关各种订阅服务的示例，请参阅表 2.1。

表 2.1　订阅服务示例

名称	简介
eHarmony（约会）	● 免费：创建个人档案、匿名浏览、查看匹配对象的个人档案、使用交流工具、有限的回复信息功能 ● 付费服务（查看照片，无限收发信息）：395 美元 6 个月 ● 年费服务（与付费服务相同的高级服务，但开通一年会减价）：482 美元一年
Ancestry（家谱研究）	● 所有美国记录：每月 24.99 美元，或 6 个月 119 美元 ● 所有美国和国际记录：每月 39.99 美元或 6 个月 169 美元
Scribd（电子书）	● 无限访问书籍和有声读物，每月 11.99 美元（超过 100 万本电子书和有声读物可供选择）
Spotify（音乐）	● 免费：收听歌曲、播客和有声读物，在移动设备上收听选定的播放列表，含赞助广告 ● 高级：免广告播放音乐，无限跳过，播放任意歌曲并从任意地方下载音乐。有许多不同的选择，包括个人（9.99 美元/月）、双人（两个账户，12.99 美元/月）、家庭（6 个账户，15.99 美元/月）和学生（4.99 美元/月）

企业有时会将订阅收入模式与免费增值策略相结合。在**免费增值策略**中，企业免费赠送一定级别的产品或服务，而对高级别的产品或服务收取订阅费。例如，eHarmony 和 Spotify 都使用免费增值策略。

在**交易费收入模式**中，企业通过促成或执行交易收取费用。例如，eBay 提供了一个市场平台，如果卖家成功销售商品，则从卖家处收取少量交易费。E*Trade 是一家金融服务供应商，代表客户执行某些类型的金融交易时会收取交易费用。

在**销售收入模式**中，企业通过向客户销售商品、内容或服务获得收入。Amazon 在这 3 个方面都采用了销售收入模式。它销售实体产品、数字内容产品（比如电子书和有声读物）以及服务（如 Amazon Prime）。此外，许多企业使用基于订阅的销售收入模式。Birchbox 就是一个例子，它提供送货上门的美容产品，月订阅费用为 15 美元，年订阅费用为 156 美元。另一个例子是 Dollar Shave Club，它通过订阅方式销售剃须刀片，后来被 Unilever 以 10 亿美元收购。

在**联盟收入模式**中，企业将客户引向"联属会员"，并从中获得推荐费或一定比例的销售收入。例如，MyPoints 通过向会员提供特别优惠，将公司与潜在客户联系起来，从而获利。当会员享受优惠并购买商品时，他们会获得"积分"，积分可以兑换赠品，而 MyPoints 则会收取一定的费用。社区评论型企业，如 TripAdvisor、Yelp 和 Angi，通常通过引导潜在客户到网站购物获得部分收入。网络红人从代理的品牌获得佣金，也可被视为使用了联盟收入模式。

表 2.2 总结了这些主要的收入模式。下面的社会洞察案例研究了与 Foursquare 的业务和收入模式相关的一些问题。

表 2.2　5 种主要收入模式

收入模式	例子	收入来源
广告	Yahoo Facebook	广告商收取的广告费
订阅	eHarmony Consumer Reports Online Netflix	向用户收费以换取内容或服务的使用权
交易费	eBay E*Trade	促成或执行交易的费用（佣金）
销售	Amazon Birchbox（订阅）	销售产品、信息或服务
联盟	MyPoints	业务推荐费

社会洞察：Foursquare 商业模式演变——识别用户位置

Foursquare 是目前最大的互联网位置数据追踪公司之一，于 2009 年推出一款社交移动 App，用户可以在某个地点签到，查看其他用户的评论，并让其他社交网络上的朋友知道他们的位置。它成为硅谷的宠儿，人们期望它有一天身价能超过 10 亿美元。但随着时间的推移，这些期望落空了，因为 Instagram 和 Snapchat 等其他社交网络的受欢迎程度超过了 Foursquare。到 2013 年，许多分析师已经注销了 Foursquare 的账号，并预测它会消亡。

2014 年，Foursquare 决定重塑商业模式。它将同名 App 拆分为两个具有不同侧重点的独立 App。重新设计的 Foursquare

City Guide App 成为一个类似于旅游指南的推荐系统，利用被动位置跟踪功能向用户提供关于美食或旅游地点的建议。另一款名为 Swarm 的应用保留了 Foursquare 的签到功能。Swarm 要求用户从 10 000 多种可能性中找出自己喜欢的东西，即所谓的"口味"，然后提供建议。与此同时，Foursquare 决定将主要关注点从用户移动 App 转移到利用这些 App 收集的大量数据上，将这些数据以及软件工具和技术授权给其他公司。2015 年，Foursquare 推出了一款广告工具 Pinpoint，营销人员可以根据 Foursquare 积累的历史位置数据（包括"口味"偏好、人口统计和访问历史数据等）定位目标用户。自 2015 年以来，Foursquare 一直在打造企业级产品。除 Pinpoint 外，Foursquare 还提供各种工具，包括 Places（一种数据库 /API 工具，开发人员能够将全球 1 亿多个兴趣点的位置数据整合到自己的产品中）、Placed（用于衡量数字广告活动的效果，以将客流引入商店）以及 Pilgrim SDK 访问权限。Pilgrim 是 Foursquare 的核心位置数据技术，在 Foursquare City Guide 和 Swarm 的 App 后台运行。利用这项技术，应用开发商可以在 iOS 和 Android 应用中嵌入位置感知功能，在用户靠近 Foursquare 数据库中数百万个兴趣点时向其发送通知。

商业模式的转变是 Foursquare 取得成功的关键。Foursquare App 拥有许多忠实用户（多年来，这些用户已签到 140 亿次），但 99% 以上的收入来自软件和数据产品。如今，Foursquare 的客户包括 Amazon、Apple、Twitter、Snapchat、Uber、Spotify、AirBnb、Coca-Cola、JetBlue 以及其他超过 150 000 家的合作伙伴。Foursquare 的定位技术为 Uber App、Twitter 地理标签、Snapchat 中基于位置的过滤器、Apple Maps 的部分功能等提供了场所名称和位置显示，它的营销客户包括美国的许多大品牌。2019 年，Foursquare 收购了 Placed，以强化现有的广告测量工具。Placed 为 Foursquare 带来了 600 万用户，这些用户同意追踪实时位置。2020 年，Foursquare 与另一家位置数据提供商 Factual 合并。Factual 研发的增强广告定向功能，扩增了 Foursquare 的基础数据集。2021 年，Foursquare 增加了地理空间数据统一、丰富、可视化的分析平台 Unfolded。展望未来，Foursquare 认为，随着世界的日益数字化，移动平台、增强现实和虚拟现实以及物联网设备的不断发展，位置和地理空间技术与数据将成为几乎所有企业的基础构件。

随着 Foursquare 定位服务业务的增长，人们对隐私的担忧也随之而来。Foursquare 的 Pilgrim 技术依赖于手机开机时自动收集的有关 GPS 坐标的数据，即使在 App 关闭时也不会停止收集。这种持续的位置跟踪进一步提高了 Foursquare 位置数据的价值。然而，2021 年 4 月，Apple 更新了 iOS 版本，即 14.5，使得隐私问题更加明晰。如果 App 使用了 SDK（如 Foursquare 的 Pilgrim SDK），开发者必须说明 SDK 收集了哪些数据以及如何使用这些数据。现在，App 在跟踪用户的活动（包括物理位置）之前也必须征求用户的同意，用户可以选择从不共享位置、仅在使用 App 时共享位置或始终共享位置。用户还可以选择只分享自己的大致位置，而不是具体位置。2022 年 2 月，Google 也制定了类似的政策。这些变化给 Foursquare 带来了挑战。移动追踪公司 Adjust 研究发现，绝大多数用户（约 75%）选择退出追踪。为了提高后台位置共享的选择加入率，Foursquare 推出了一系列举措。例如，Foursquare 建议开发者在手机显示操作系统的选择加入提示之前，先显示自己的选择加入提示；在征求用户同意之前，先展示启用定位的特性，并显示一系列载入屏幕，解释如何收集数据以及如何使用和共享数据。

Foursquare 坚称自己属于位置数据行业的"好人"。其联合创始人 Dennis Crowley 认为，隐私保护政策已经融入了公司的"基因"中。例如，Foursquare 只向客户提供汇总的匿名数据。但隐私权倡导者质疑数据是否能真正实现匿名化，研究表明，此类数据去匿名化的精确度令人吃惊。例如，将 Twitter 帖子与 Foursquare 或 Instagram 帖子结合起来分析的算法可以较轻易地识别用户身份。Foursquare 曾试图将自己塑造成隐私问题的领导者，前任首席执行官 Jeff Glueck 曾公开呼吁联邦就隐私立法。Foursquare 现任首席执行官 Gary Little 表示，Foursquare 有义务不滥用用户数据，例如，Foursquare 不允许手电筒 App 使用位置跟踪技术，因为这不会给用户带来任何价值。如何在尊重用户隐私和继续提高盈利能力之间取得平衡，仍将是 Foursquare 今后面临的挑战。

市场机会

市场机会指公司的预期**市场空间**（即具有实际或潜在商业价值的区域）以及该公司在该市场空间中可获得的潜在盈利机会。市场机会通常会分为较小的利基市场。实际的市场机会是由每个利基市场的收入潜力定义的。

例如，你正在研究一家软件培训公司，该公司开发在线软件学习系统以出售给企业。软件培训市场规模约为 700 亿美元。市场分为两个主要细分市场：讲师指导型培训市场，约占市场的 70%（490 亿美元）；在线培训市场，约占市场的 30%（210 亿美元）。这两个主要的细分市场都有进一步的利基市场，即《财富》500 强在线培训市场和小型企业在线培训市场。由于该公司是一家初创公司，因此无法在大型企业在线培训市场（约 150 亿美元）中有效竞争。大型品牌培训公司主导着这一利基市场。公司真正的市场机会是向成千上万的小型企业销售产品，这些企业在在线软件培训上的花费约为 60 亿美元，这是公司实际市场机会的规模（见图 2.2）。

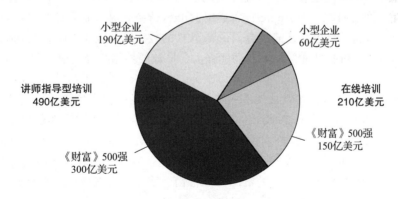

图 2.2　软件培训市场的市场空间和市场机会

竞争环境

公司的**竞争环境**是指在同一市场空间中销售类似产品的其他企业。它还指现存的替代产品和潜在的市场进入者，以及客户和供应商对业务的影响力。竞争环境受到几个因素的影响：活跃竞争者的数量、竞争者的业务规模、竞争者的市场份额、竞争者公司的盈利能力以及产品定价方法。

企业通常有直接竞争者和间接竞争者。直接竞争者是在同一细分市场中销售高度相似的产品和服务的企业。例如，在线销售机票的 Priceline 和 Expedia 就是直接竞争者，因为它们的公司销售相同的产品。间接竞争对手是可能属于不同行业的公司，但由于它们的产品可以相互替代，因此仍然存在间接竞争。例如，汽车制造商和航空公司分属不同行业，但它们仍然存在间接竞争，因为它们为消费者提供了可相互替代的交通工具。新闻媒体 CNN（美国有线电视新闻网）是 ESPN（娱乐与体育电视网）的间接竞争对手，不是因为它们销售相同的产品，而是因为它们都在争夺消费者的上网时间。

在任何一个细分市场中，如果存在大量竞争对手，则表明市场已经饱和，可能难以盈利。另一方面，缺乏竞争对手可能意味着尚未开发的利基市场正待选择，也可能意味着该市场无利可图。对竞争环境的分析可以帮助企业找准定位。

竞争优势

当企业能够生产出优质的产品或以低于大多数（甚至所有）竞争对手的价格将产品推向市场时，企业就会获得**竞争优势**（Porter，1985）。企业在各种范围内开展竞争。一些企业开发全球市场，而另一些企业只开发全国或地区市场。能够在全球范围内以最低成本提供优质产品的企业具有真正的竞争优势。

企业之所以获得竞争优势，是因为它们能够以某种方式获得竞争对手无法获得的生产要素，至少在短期内是这样。也许企业能够从供应商、托运商或劳动力处获得优惠条件，也许该企业拥有比任何竞争对手经验更丰富、知识更渊博和忠诚度更高的员工，也许该企业拥有其他企业无法模仿的产品专利，也许该企业可以通过前同事网络获得投资资金，也许该企业拥有其他企业无法复制的品牌和大众形象。只要市场中的某一参与者拥有比其他参与者更多的资源——资金支持、知识、信息或权力，就会存在**信息不对称**。信息不对称导致一些企业比其他企业更具有优势，使得前者将更好的产品带入市场，以比竞争对手更快的速度进入市场，有时还能以更低的成本提供产品。

例如，由于 Apple 之前在创新硬件设计方面取得的成功，及其专门与各音乐产业公司联络建立的大型网络曲库，当 Apple 宣布推出 iTunes 服务，并以每首曲目 99 美分的价格提供可下载的合法单曲，且可在任何装有 iTunes 软件的数字设备上播放时，Apple 获得成功的概率高于平均水平。价格低廉的曲库和功能强大的播放硬件相结合，很少有竞争对手能与之匹敌。

一个相当独特的竞争优势是成为先行者。**先发优势**是一种竞争性市场优势，率先进入市场并提供可用的产品或服务是其产生的原因。如果先行者培养了忠实的追随者或拥有难以模仿的独特界面，它们就能长期保持先行者优势（Varadarajan，Yadav，and Shankar，2014），Amazon 和 Uber 就是很好的例子。然而，先行者有时会缺乏维持优势所需的**补充资源**（不直接参与产品生产但必要的资源，如营销、管理、金融资产和声誉），在这种情况下，跟随者企业会获得更大的回报。例如，在 Google 进入市场之前，Excite、AltaVista 和 Lycos 等公司也曾进入搜索引擎市场，但它们无一幸存（Carpenter，2020）。本书讨论的许多成功案例都是跟随者公司——这些公司较晚进入市场并从先驱公司的失败中获得过经验。

有些竞争优势被认为是"不公平"。**不公平竞争优势**是指一家企业基于某种因素形成的优势，而其他企业无法购得这种优势（Smagin，2021；Barney，1991）。例如，品牌名称无法购买，从这个意义上说，是一种"不公平"的优势。品牌建立在忠诚、信任、可靠和质量之上，一旦获得就难以复制或模仿，企业也因此可以对产品制定较高的价格。

在**完美市场**中，不存在竞争优势或信息不对称，因为所有企业都能平等地获得所有生产要素（包括信息和知识）。然而，现实市场并不完美，导致竞争优势的信息不对称也确实存在，至少在短期内存在。有些优势可以维持很长时间，但大多数竞争优势都是短期的。每年都有许多人尽皆知的品牌倒闭。

当企业利用竞争优势在周边市场获得更多优势时，就被称为利用竞争资产。例如，Amazon 进军在线杂货业务，就是利用了 Amazon 庞大的客户数据库和多年的电子商务经验。

市场战略

相比于一家公司的内在品质，营销策略及其执行也非常重要。再好的商业理念或想法，如果不能正确地向潜在客户推销，也会失败。

企业向潜在客户推销产品和服务时所做的一切努力都被称为市场营销。**市场战略**是企业制订的计划，用以详细说明企业打算如何进入市场并吸引客户。

组织发展

尽管许多创业企业都是由有远见的个人创办的，但仅靠一个人的力量将想法发展成价值数百万美元的公司的情况并不多见。 在大多数情况下，快速发展的企业，尤其是电子商务企业，需要员工和一套业务程序。简而言之，所有企业（尤其是新企业），都需要一个组织来有效地实施商业计划和战略。许多电子商务企业和尝试使用电子商务战略的传统企业都失败了，因为它们缺乏支持新商业模式所需的组织结构和文化价值观。

企业要想发展壮大则需要制订**组织发展**计划，以引导企业如何组织需要完成的工作。通常情况下，工作被划分为多个职能部门，如生产、运输、营销、客户支持和财务部门。这些职能部门的工作被确定后，则开始按具体的职位和职责招聘员工。一般来说，刚开始时招聘的是能胜任多项工作的全能型人才。随着业务的发展，招聘会变得更加专业化。例如，刚开始时，企业可能只有一名营销经理。但经过两三年的稳步发展后，这个营销职位可能会被分解成 7 份不同的工作，由 7 个人完成。

例如，Pierre Omidyar 创办 eBay（当时称为 AuctionWeb）的初衷是出售朋友坏掉的激光笔，但在几个月内，网站业务量远远超出了他一个人的处理能力。因此，他开始聘请具有更多商业经验的人。很快，公司有了许多员工、部门和经理，他们负责监督组织的各个方面。

管理团队

可以说，商业模式最重要的一个要素就是**管理团队**，即负责使商业模式发挥作用的企业员工。一个强大的管理团队能够为外部投资者提供即时的商业模式信誉、市场知识和实施业务计划的经验。一个强大的管理团队可能无法挽救薄弱的商业模式，但应该能够在必要时改变该模式并重新定义业务。

大多数企业都会拥有几位高级行政人员或经理。管理人员的技能如何，将会成为竞争优势或劣势的来源。我们面临的挑战是如何找到既有经验又能将经验应用于新情况的人才。

要想为初创企业物色到优秀的经理人，首先要考虑什么样的经历有益于让经理人加入企业。比如什么样的技术背景是理想的，需要什么样的管理经验，需要在某一职能部门工作多少年，未来的高级经理人是否有向外部投资者融资的经验和人脉。

表 2.3 总结了商业模式的 8 个关键要素以及成功开发每个要素时必须回答的关键问题。

表 2.3　商业模式的关键要素

元素	主要问题
价值主张	客户为什么要购买企业的产品
收入模式	企业如何赚钱
市场机会	企业打算服务哪个市场空间，其规模多大
竞争环境	还有谁占据了预期的市场空间
竞争优势	企业能为市场带来哪些特殊优势
市场战略	企业如何推广产品或服务以吸引目标受众
组织发展	企业内部需要哪种类型的组织结构以执行商业计划
管理团队	什么样的经历和背景对公司领导者很重要

2.1.3　资金筹集

筹集资金是初创企业创始人及管理团队最重要的职能之一。没有足够的资金维持运营是许多初创企业失败的主要原因。许多创业者最初都是"摸着石头过河"，利用储蓄、信用卡透支、房屋净值贷款或亲朋好友筹钱等个人资金创办企业。这类资金通常被称为**种子资本**。当这类资金用完，若企业的收入还是不足以支付运营成本，就需要追加资本。传统的资本来源包括孵化器、商业银行、天使投资人、风险投资公司和战略合作伙伴。筹集资金最重要的一点是将公司的商业计划总结为**电梯演讲**，即一个 2～3 分钟的简短演讲（约等于乘坐电梯的时长，因此得名），旨在说服投资者投资。表 2.4 列出了电梯演讲的关键要素。

表 2.4　电梯演讲的关键要素

要素	描述
介绍	描述你的姓名和职位、贵公司的名称，以及将贵公司的业务与某知名公司进行比较的标语。例如"我叫 X，是 Y 公司的创始人，我们是 Z 领域的 Uber/Amazon"
背景	想法的起源和你试图解决的问题
行业规模 / 市场机会	简要介绍市场规模（但愿非常大）
收入模式 / 数字 / 增长指标	深入了解贵公司的收入模式和迄今取得的成果、增长速度以及早期采用者（如有）
资金筹措	你寻求的资金数额，以及这些资金将帮助你实现哪些目标
退出战略	投资者如何获得投资回报

孵化器有时也称为加速器，如 Y Combinator，通常提供少量资金，并向被选中参与项目的初创公司提供一系列服务（如业务、技术和营销协助，以及介绍其他资金来源）。著名的孵化器项目包括 TechStars、Dreamit Ventures 和 Capital Factory。

在美国，对于收入不高的初创企业来说，从商业银行获得贷款通常比较困难，但可以尝试美国小企业管理局及州或地方同等机构提供的计划。以贷款（债务）形式获取资金的优势在于，虽然必须偿还，但创业者无须放弃企业的任何所有权。**天使投资人**通常是富有的个人（或一群人），他们投入自己的资金，换取企业的股权。一般来说，天使投资人的投资额（通常为 100 万美元或更少）小于风险投资公司，他们热衷于帮助企业成长和成功，投资条件也相对优于后期投资人。企业的第一轮外部投资有时被称为 A 轮融资。

一旦创业公司开始吸引大量受众并产生收入，风险资本投资者就会对它更感兴趣，即使它还没有盈利。**风险资本投资者**用他们为诸如投资银行、养老基金、保险公司或其他企业等投资者管理的资金进行投资，期望获得比天使投资者更大的企业股份，并对企业的运营行使更多的控制权。风险资本投资者还希望有一个明确的"退出战略",如首次公开募股(IPO)计划,或在相对较短的时间内(通常为 3 至 7 年)被一家更成熟的企业收购,从而使他们能够获得足够的投资回报。风险资本投资意味着创始人和初始投资者在未来某个时候将不再控制企业。

众筹是指利用互联网使个人获得集体捐款支持的项目。众筹有几种不同的类型。GoFundMe 等网站是募捐型众筹的典型代表,通过这个网站,人们向他人捐款,但不期望任何回报。Kickstarter 和 Indiegogo 是奖励型众筹的代表。在这些网站以及其他类似的网站中,创作者希望筹集资金支持项目。支持者通常会获得某种奖励,且通常与对项目的贡献大小相关。这些网站从完成的项目中抽取少量佣金,约为 5%。此类众筹已成为电影、电子游戏、艺术装置和许多其他类型项目开发的中流砥柱。最初,由于美国证券法律法规的限制,这类众筹不能用于营利性公司的股权投资。然而,2012 年 Jumpstart Our Business Startups(JOBS)法案的通过以及美国证券交易委员会(Securities and Exchange Commission,SEC)法规的颁布,使股权众筹(有时也称为监管众筹)正式诞生,公司能够利用互联网吸引投资者,投资者以换取股票的方式投资小型和早期初创企业。起初,只有富裕的、合格的投资者才可以投资,但随着后续法规(A+/Title IV 和 CF/Title III)的颁布,更多净资产和收入较低的潜在投资者也可以参与其中。目前,一家公司在 12 个月内最多可众筹 500 万美元。如需进一步了解初创企业如何利用众筹筹集资金,请参阅下文的商务洞察案例。

商务洞察：初创企业转向众筹

在过去的几年里,初创公司将通过众筹筹集资金视为最后的手段。随着时代的发展,越来越多的初创公司正在转向股权众筹(依据 CF 条例)。新冠疫情对股权众筹的兴起起到了很大的推动作用。当疫情来袭时,许多风险资本投资者转入防御状态,大量缩减融资活动。风险投资公司用来评估新投资的许多面对面活动被取消了,这使得股权众筹成为一大亮点,2020 年美国募集资金额比上一年增加了一倍多,达到约 2.1 亿美元。

随后,美国证券交易委员会颁布的新众筹法规于 2021 年生效。此前,美国证券交易委员会规定,公司在 12 个月内只能众筹略高于 100 万美元的资金。新法规规定公司可筹集高达 500 万美元的资金。法规还取消了对合格投资者投资金额的限制。非合格投资者仍有限额,取决于年收入和净资产,但这些限额也有所提高。另一个重要变化是,公司可以将通过股权众筹筹集到的资金归入单一实体,即特殊目的载体(SPV)。在此之前,公司需要在账簿上列出每一位投资者;对于许多初创公司来说,这不仅是一场行政噩梦,而且还有可能触发美国证券交易委员会的另一项规则,即投资者人数超过一定数量的公司应注册为上市公司。最后,新法规规定,公司可以在进行任何监管备案之前进行试水,以确定潜在投资者对产品的兴趣。股权众筹发展的另一个因素是可以利用社交媒体作为免费或相对低廉的推广手段。这一切都为股权众筹投资的大幅增长奠定了基础,2021 年,股权众筹的投资总额超过了 4.5 亿美元。分析师预计,2021 年至 2025 年,众筹投资的复合年增长率将超过 15%。

领先的众筹平台筹集资金的数目也取得了令人瞩目的增长。例如,Wefunder 自称是投资额和投资者数量最大的股权众筹网站,该网站上的初创企业在 2021 年筹集了 1.86 亿美元,比 2020 年增长了 33%。Wefunder 是 JOBS 法案的主要支持者,2013 年,Wefunder 创始人参加了 Y Combinator

计划。Wefunder 为股权众筹、根据 A+ 条例的众筹（允许更富有的投资者进行更大规模的投资）和更传统的根据 D 条例的投资（受到更严格的监管）提供了一个平台。Wefunder 是许多成功公司的启动平台。其中一个例子就是 Checkr，该公司提供自动进行背景调查的方案。2014 年，Checkr 通过 Wefunder 筹集了 12 万美元的种子资金，此后又筹集了 5.5 亿美元，目前其估值已达 46 亿美元。使用 Wefunder 平台的知名初创公司包括 Zenefits、Rappi 和 Guesty。最近，在线银行初创公司 Mercury 从几家顶级风投公司获得 1.2 亿美元资金后，估值达到 16 亿美元，该公司利用 Wefunder 让个人投资者购买了价值 500 万美元的股票，成为发起股权众筹活动的估值最高的公司。据该公司称，其主要动机是让客户拥有公司发展时的股份所有权。

StartEngine 是另一个主要提供股权众筹和 A+ 法规众筹的平台。StartEngine 经常与 Wefunder 争夺顶级股权众筹平台的头衔。StartEngine 由电子游戏巨头 Activision 的联合创始人 Howard Marks 创办，美国广播公司 *Shark Tank* 节目中的著名投资人 Kevin O'Leary 也参与其中。StartEngine 在 2021 年帮助初创企业融资 1.36 亿美元。据 StartEngine 称，各公司已利用平台融资 6 亿多美元，该平台拥有超过 95 万名潜在投资者。其他主要股权众筹平台包括 Republic、Seedinvest、Netcapital、Crowdfunder、AngelList 和 Fundable。总计约有 70 个注册的众筹平台，其中许多平台专注于某一特定利基市场。

股权众筹的最初目标之一是帮助企业实现融资渠道的民主化。人们一直希望股权众筹能在投资者、创始人和领导团队中创造更大的多样性。例如，长期以来，女性创始人在风险资本融资中的比例一直偏低。2021 年，只有不到 2% 的风险投资流向了女性创办的公司。相比之下，在通过股权众筹投资到初创企业的资金中，女性创始人获得了近 20%。在融资平台 Republic 上，近 30% 的投资机会都有女性创始人的参与。Wefunder 和 Republic 的网站都有一些功能，可以方便地找到女性领导的初创企业以及那些由代表性不足的群体人士创办的初创企业。这是朝着正确方向迈出的一步。

增强初创企业的地域多样性是股权众筹的另一个目标。例如，从历史上看，美国超过 75% 的传统风险投资资金流向了加利福尼亚、纽约和马萨诸塞这 3 个州的公司。相比之下，利用众筹平台，全球任何地方的公司都能获得资金。虽然在投资总额方面，位于加利福尼亚州的初创公司仍占主导地位，但自 2018 年以来，位于南部各州的公司的融资也在增长。Wefunder 指出，在平台上获得融资的公司具有地域多样性：它们来自 40 个不同的州。鉴于风险投资公司、初创企业和整个科技行业因缺乏多样性而经常受到批评，股权众筹可能会成为一股积极的变革力量，越来越多的初创企业会使用股权众筹平台，并发现这种模式的好处。

2.1.4　电子商务商业模式分类：难点

电子商务有许多商业模式，而且每天都在产生新的商业模式。这种模式的数量仅受人类想象力的限制，我们列举的商业模式肯定不是详尽无遗的。尽管潜在的模式很多，我们还是可以找出这些商业模式的主要通用类型（和细微区别），并描述其主要特点。但是，要认识到，没有一种正确的方法可以对这些商业模式进行分类。

我们的方法是根据商业模式所处的不同电子商务领域（B2C 和 B2B）对商业模式进行分类。你会注意到，相似的商业模式不止出现在一个领域。例如，网络零售商（有时称为电子零售商）和电子分销商的商业模式就非常相似。不过，它们因所处行业的市场重点不同而有所区别。就 B2C 领域的电子零售商而言，商业模式侧重于向个人消费者销售；而就电子分销商而言，业务模式侧重于向其他企业销售。许多公司采用各种不同的商业模式，试图尽可能多地涉足电子商务领域。我们将在 2.2 节探讨 B2C 商业模式，在 2.3 节探讨 B2B 商业模式。

企业的技术平台有时会与商业模式相混淆。例如，移动电子商务（m-commerce）是指利用移动设备、蜂窝网络和广域网来支持各种商业模式的活动。评论家有时会把移动电子商务误称为一种独特的商业模式，其实不然。我们讨论的所有基本商业模式都可以在传统的台式机、笔记本电脑和移动设备的平台上实现。Amazon 的 Echo 和 Google 的 Home 系列等智能音箱提供了第三个平台。联网电视和联网汽车也可能在不远的将来成为平台。同样，社交电子商务和本地电子商务本身并不是商业模式，而是 B2C 和 B2B 电子商务的子行业，各类不同的商业模式可以在其中运作。

你还会注意到，有些公司采用多种商业模式。例如，Amazon 就拥有多种商业模式：它是网络零售商、内容服务商、市场创建者、电子商务基础设施提供商等。公司通常会寻求多种商业模式，以此将品牌、基础设施投资以及在某种业务模式下开发的资产运用到新的商业模式中。

最后，在讨论电子商务商业模式时，不得不提到这样一类公司，它们的商业模式主要是为电子商务公司的存在、发展和繁荣提供必要的基础设施。这些公司就是电子商务推动者。它们提供硬件、操作系统软件、网络和通信技术、应用软件、网页设计、咨询服务以及电子商务所需的其他工具（见表 2.5）。这些公司可能没有开展电子商务业务（尽管在许多情况下，传统意义上的电子商务就是它们的销售渠道之一），但作为一个群体，它们从电子商务的发展中获利最多。我们将在接下来的章节中讨论这类企业。

表 2.5　电子商务推动者

基础设施	参与者
硬件：Web 服务器	HP、Dell、Lenovo
软件：Web 服务器软件	Microsoft、IBM/Red Hat、Oracle
云服务供应商	Amazon Web Services、Microsoft Azure、IBM Cloud、Google Cloud
主机服务	Liquid Web、Hostinger、1&1 Ionos、HostGator、Bluehost
域名注册	GoDaddy、Network Solutions、Dotster
内容交付网络	Akamai、Fastly、Amazon CloudFront、Cloudflare
网站设计	Wix、Weebly、Squarespace、Jimdo
中小型企业电子商务平台	Shopify、BigCommerce、YoKart
企业电子商务 / 移动商务平台	Adobe、IBM、Oracle、Salesforce、SAP、Intershop
移动商务硬件平台	Apple、Samsung、LG
流媒体、富媒体、在线视频	Adobe、Apple、Syndigo
安全和加密	VeriSign、Check Point、GeoTrust、Entrust、Thawte
支付系统	PayPal、Authorize.net、Square、Cybersource
Web 性能管理	Neustar、SmartBear、Dynatrace、SolarWinds
比较引擎馈送 / 市场管理	ChannelAdvisor、CommerceHub、Tinuiti
客户关系管理	Oracle、SAP、Salesforce、Microsoft Dynamics 365
订单管理	Blue Yonder、Stone Edge、Monsoon

（续）

基础设施	参与者
物流	Blue Yonder、ShipBob、CommerceHub
社交媒体营销	Buffer、HootSuite、SocialFlow
搜索引擎营销	iProspect、ChannelAdvisor、Merkle
电子邮件营销	Constant Contact、Cheetah Digital、Klaviyo、Mailchimp
联盟营销	CJ、Rakuten Affiliate Network
客户评论和论坛	Bazaarvoice、PowerReviews、BizRate
在线聊天/点击通话	LivePerson、Genesys DX、Oracle
网站分析	Google Analytics、Adobe Analytics、Webtrends

2.2 B2C 电子商务模式

企业对消费者（B2C）电子商务模式是最广为人知的电子商务类型，在这种电子商务类型中，在线企业寻求与个人消费者接触。表 2.6 列出了 B2C 领域使用的主要商业模式。

表 2.6 B2C 商业模式

商业模式	变量	例子	描述	收入模式
网络零售商 （电子零售商）	虚拟商户	Amazon、Wayfair、Bluefly	零售店的在线版本，顾客可在此挑选和购买商品	商品销售
	全渠道商家	Walmart、Target	拥有实体店的公司的在线分销渠道	商品销售
	制造商直销（D2C/DTC）	Dell、Nike、Everlane	制造商使用在线渠道直接向客户销售	商品销售
社区服务商		Facebook、Instagram、TikTok、Twitter、Pinterest、LinkedIn	集结用户、线上"会面"的网站和应用	广告、订阅、推荐费
内容服务商	传统型	Wall Street Journal、Netflix、Apple Music	为客户提供报纸、杂志、书籍、电影、电视、音乐、游戏和其他形式的在线内容	广告、订阅费、数字产品的销售
	创作者	MrBeast（YouTube）、Charli D'Amelio（TikTok）、Karen X Cheng（Instagram）、Tim Dillon（Patreon）	为用户提供原始形式的在线内容，最常见的是视频和播客，但也提供其他类型的内容，通常发布在 YouTube、TikTok、Instagram 和 Patreon 等平台上	广告、订阅费、会员推荐费、数字商品销售
门户网站	横向/普遍型	Yahoo、AOL、MSN	提供内容、搜索和社交网络服务的集成：新闻、电子邮件、聊天、音乐下载、视频流、日历等。力求成为用户的大本营	广告、订阅费、交易费用
	垂类/专业型（垂直门户）	Sailnet	专注特定主题或细分市场	广告、订阅费、交易费用
	搜索	Google、Bing	专注提供搜索服务，但通常还会提供其他内容	广告、会员推荐
交易经纪人		E*Trade、Expedia	在线交易的处理者，如股票经纪人和旅行社，通过帮助客户更快、成本更低地完成工作来提高客户的生产力	交易费用

（续）

商业模式	变量	例子	描述	收入模式
市场创建者		eBay、Etsy、Uber、Airbnb	使用互联网技术创建市场，将买家和卖家聚集在一起的企业	交易费用
服务供应商		Envoy、Wave、RocketLawyer	通过向用户出售服务（而非产品）盈利的公司	销售服务

2.2.1　网络零售商

网络零售商（有时也称为**电子零售商**）是指让客户通过网站或移动 App 购物的企业。在电子商务发展初期，大多数网络零售商都是纯粹的虚拟零售商，没有实体店，且许多网络零售商坚持以这种方式经营。但如今，传统零售商也加入了它们的行列，从事"全渠道"零售，通过网站和移动 App 以及实体店进行销售。网络零售商的规模有大有小，既有巨头 Amazon，也有只销售少量产品的小众网站。网络零售商还有其他几种形式，如制造商直销（D2C 或 DTC）。

在新冠疫情之后，网络零售商的市场机会非常大，行业竞争也异常激烈。由于网络零售业的进入壁垒（进入一个新市场的总成本）较低，数以万计的小型网络零售商如雨后春笋般涌现。但是，对于没有品牌或经验的网络零售商来说，生存和盈利都非常困难。网络零售商面临的挑战是如何将自己的业务与现有竞争对手的业务区分开。

试图接触全部在线消费者的公司会很快耗尽资源。而那些制定利基战略、明确目标市场及需求的公司才有可能获利。保持低开支、广泛选择（在特定利基市场内）和控制库存是网络零售成功的关键；其中，库存是最难衡量的。

2.2.2　社区服务商

社区服务商能创建一个在线环境，让人们可以在线"见面"，进行联系和交流，分享兴趣爱好、照片和视频，以及进行交易（买卖商品或服务），且不受地域和时间的限制。这方面的例子包括 Facebook、Instagram、TikTok、Twitter、Pinterest、LinkedIn 以及数百个规模较小的各类在线社区和社交网络。

社区服务商的基本价值主张是创建一个快速、便捷的一站式平台，让用户可以与家人、朋友和其他在线联系人交流，分享信息、照片和视频。社区服务商通常依赖某种混合收入模式，包括来自其他企业的广告费、订阅费、交易费、销售收入和联盟费。

历史最悠久的两个在线社区是 The Well 和 The Motley Fool，前者提供技术和互联网相关讨论的论坛，后者提供金融建议、新闻和观点。The Well 通过会员计划维持运营，会员费为每月 15 美元或每年 150 美元。The Motley Fool 则通过广告和免费订阅模式维持运营。

参与在线社区是最流行的在线活动之一。无论是 Facebook、Instagram、TikTok、Twitter、Pinterest 和 LinkedIn 等大型社交网络，还是拥有较少受众的社交网络，都是理想的营销和广告领地。通过 The Motley Fool 这类在线社区的研究发现，在线社区所提供知识的广度和深度是影响社区存在和发展的重要因素，而帮助保持讨论方向和相关性的主持人也非常重要。社区成员经常需要获取知识、指导和建议。

在线社区从线下口碑、病毒式营销中受益匪浅。在线社区往往反映线下关系：当你的朋友说他们在 Instagram 上有个人账号时，你会被他们带动建立自己的个人账号，以便能够

"关注"他们。

2.2.3 内容服务商

内容服务商发布新闻、信息、音乐、照片和视频等数字内容。内容服务商可以通过各种不同的盈利模式赚钱，包括广告、订阅费和数字商品销售。以 Apple Music 为例，用户只需每月支付订阅费，就能收听数百万首音乐。其他内容服务商，如 Harvard Business Review，除订阅费外，还向用户收取内容下载费。当然，并非所有在线内容提供商都对信息收费。许多内容服务商，如 ESPN 和 CNN，允许用户免费获取内容，但有时可能要求用户注册成为会员。这些在线内容服务商通过广告和合作伙伴促销等其他方式赚钱。不过，越来越多的"免费获取"仅限于某些内容，而高级内容（有深度的文章或视频）通常需要以订阅的形式付费。

一般来说，成为成功的内容服务商的关键在于拥有内容。传统的版权内容所有者（书籍和报纸的出版商、广播和电视节目的播出商、音乐发行商和电影制片厂）比新加入者更有优势，因为新加入者只是提供分销渠道，仍须为内容付费，而且价格往往很高。

任何打算通过内容赚钱的初创企业都可能面临困难，除非它拥有别人无法获取的独特信息源。在大多数情况下，这类内容主要由传统内容服务商提供。在过去几年中，用户生成的内容——视频、播客、新闻、文学作品、在线课程、数字艺术等形式（通常由用户受众的广告、订阅或其他费用支持），在在线内容领域扮演着越来越重要的角色。创作和传播此类内容的人通常被称为"创作者"，这是 YouTube 于 2011 年为用户发起的标签，这些用户吸引了大量观众访问他们的频道。从那时起，这个标签就传播开来。网红们利用社交媒体增加关注者，并对这些关注者施加影响（通常是为了获得某种形式的报酬或收益），他们可以被视为创作者的一个子集，尽管有些人把这两者看作同类。有 2 亿多人自称是创作者，他们周围形成了一个完整的生态系统，即创作者经济。创作者经济包括：支持创作者并使他们能够赚取收入的企业，例如 YouTube、Patreon、TikTok、Instagram、Substack、Gumroad、Twitch 等内容平台；内容创建工具；货币化工具；粉丝互动和社区管理工具；广告平台；管理工具。实际上，该行业的价值很难精准确定，但有人估计它约为 200 亿美元，并且在迅速增长（CB Insights，2021；Chayka，2021；Lowry，2022）。

2.2.4 门户网站

Yahoo、MSN 和 AOL 等**门户网站**不仅为用户提供搜索工具，还将新闻、电子邮件、购物、音乐、视频等内容和服务整合在一起。最初，门户网站被视为互联网的"入口"。但如今，门户网站的商业模式是成为一个"目的地"：消费者在这里阅读新闻、寻找娱乐和其他类型的内容。门户网站主要通过向广告商收取广告投放费、收取将客户引向其他网站的介绍费以及收取高级服务费来盈利。

Yahoo、AOL 和 MSN 都属于水平门户网站，它们将自己的市场空间定义为使用互联网的所有用户。垂直门户网站（有时也称 vortal）试图提供与水平门户网站类似的服务，但只专注于某一特定主题或细分市场。例如，Sailnet 以世界帆船社区为重点，提供帆船新闻、文章、讨论组、免费电子邮件和零售商店。虽然垂直门户网站的用户总数相对较少，但如果细分市场足够吸引人，广告商就愿意支付费用以接触目标受众。Google 也可以被视为一种门户网站，主要侧重于提供搜索和广告服务。Google 的收入主要来自广告费和联盟推荐费。

2.2.5　交易经纪人

交易经纪人为已经通过面谈、电话或邮件达成的交易提供在线处理服务。金融服务行业和旅游服务行业是采用这种模式的主要行业。在线交易经纪人的主要价值主张是节省资金和时间。并且，大多数交易经纪人还提供相关内容服务。

虽然在线金融服务行业已有数百万客户，但由于担心隐私受到侵犯、担忧对个人金融信息失去控制，市场上出现了一些抵制情绪，部分人对从传统经纪人提供个人建议转向在线金融服务持谨慎态度。因此，在线经纪商面临的挑战之一是通过强调现有的安全和隐私措施，以及像实体银行和经纪公司一样提供广泛的金融服务（而不仅仅是股票交易）来克服消费者的担忧。

交易经纪人在每次交易发生时都能获利。例如，股票交易根据与交易规模相关的统一费率或浮动比例为公司带来收入。吸引新客户并鼓励他们进行交易是这些公司创造更多收入的关键。在线旅游公司则从旅游预订中获取佣金。

2.2.6　市场创建者

市场创建者建立了一个买卖双方可以在线"见面"、展示和搜索产品与服务，并确定价格的数字环境（市场）。在互联网和万维网出现之前，市场创建者依靠实体场所建立市场。从欧洲中世纪的集市开始，一直到今天的纽约证券交易所，市场都是进行交易的实体空间的总称。在网络出现之前，几乎没有私人数字市场。网络改变了这一状况，使市场与实体空间的分离成为可能。市场创建者会从每笔交易中收取一定比例的费用或向进入市场的商家收费。

企业和消费者都在使用的在线拍卖平台 eBay 就是一个很好的例子。eBay 的商业模式是创造一个数字环境，让买卖双方"见面"、商定价格并进行交易。这与交易经纪人不同，后者实际上是为客户进行交易，在更大的市场上充当代理。在 eBay，买卖双方都是各自的代理人，eBay 只是充当中间人的角色。eBay 上的每笔销售都会给公司带来佣金，佣金基于物品销售价格的一定比例，此外还有一笔上架费。

对于市场创建者来说，潜在的市场机会是巨大的，但前提是企业的财务资源和营销计划能吸引足够的卖家和买家进入市场。截至 2022 年 3 月底，eBay 上每天都有约 1.42 亿活跃买家、1700 万卖家和大约 16 亿件商品，涉及数千个不同类别（eBay Inc.，2022）。此外，在珠宝和汽车等规模更小、更专业的垂直细分市场中，许多数字拍卖市场如雨后春笋般涌现。

Uber、Airbnb 和 Lyft 都是市场创建者商业模式的范例（它们也可归类为服务供应商）。按需服务公司也是市场创建者，它们开发了在线平台，人们可以在云端市场上提供运输或空闲房间等服务，并依靠网页或智能手机 App 进行交易。值得注意的是，尽管这些公司有时被称为共享经济或网状经济公司，但它们实际上并不共享资源。用户要么在卖东西，要么在买东西，这些公司通过从每笔交易中提取费用创造收入。不过，它们确实释放了闲置资源（个人汽车和房屋）的经济价值，不然这些资源会流失。在此过程中，它们创造了巨大的在线市场。例如，Uber 目前在 72 个国家的 1 万多个城市运营。Airbnb 的业务遍及 220 多个国家和 10 万个城市，平台拥有 600 万个活跃房源，使用其服务的人数超过 10 亿。

Etsy 是另一个在线市场的例子，它专注于手工制品和工艺品的销售。接下来的技术洞察案例探讨了 Etsy 如何从一个简易的网站转变为一个强大的电子商务市场。

技术洞察：Etsy 的幕后

2005 年，纽约大学的两名大学生 Rob Kalin 和 Chris Maguire 为了支付学费，开始做自由职业的网站开发工作。他们对一个专门面向手工制作领域的在线论坛社区网站进行了改造。在这个过程中，他们与网站成员接触，了解到许多人都希望有个更好的地方销售他们制作的商品。通过手工艺品展销会和寄售商店等实体渠道进行销售的效率很低，而且大多数人觉得 eBay 太大、太贵、太不人性化。于是，Kalin 和 Maguire 与另一位朋友 Haim Schoppik 合作，开发了一个专门销售手工艺品的简易电子商务网站。网站原型即将完成时，Kalin 开始关注网站名称。他知道，一个简短的网站名称会更容易被记住，他还希望能有一个新造的词，让他们可以围绕这个词建立一个品牌。最终，团队选定了 Etsy 这个名称。与此同时，Kalin 还在四处寻求种子资金，最终从 3 位投资者处获得了约 31.5 万美元。

经过 3 个月的努力，Etsy 于 2005 年 6 月正式上线。团队优先考虑的是尽快上线"最小可行性产品"（MVP），然后再增加功能和特性。该网站最初是免费的，手工艺者可以免费发布和销售他们的产品，因为 Etsy 当时还没有收费系统，搜索工具也非常简陋；但手工艺者们仍纷纷注册并开始使用该网站，网站的发展势头也开始增强。

在幕后，Etsy 团队继续修复问题和增加功能。例如，他们很快就意识到需要更强大的搜索功能。首批添加的工具之一就是按颜色搜索商品的功能，事实证明这项功能非常有用，Etsy 最终为这项技术申请了专利。聊天论坛是卖家需要的另一个工具。此外，Etsy 还添加了地理定位器，这样购物者就可以专门查看某个国家或城市的商品。几个月后，Etsy 开始实施交易费收入模式，最初对每个上架商品收取 10 美分，对售出的商品收取 3.5% 的费用。那

时，Etsy 已经获得了越来越多的关注，并于 2006 年 11 月获得了第一轮风险投资，2007 年又获得了几轮后续投资。截至 2007 年 7 月，平台上已售出 100 万件商品；但很明显，要想继续发展，Etsy 还需要更多资金。2008 年 1 月，Etsy 又获得了 2700 万美元的风险投资，随后的几轮融资又将资金总额提高到 9730 万美元。2015 年，Etsy 上市，融资 2.67 亿美元，公司估值超过 30 亿美元。此时，Etsy 已拥有超过 5400 万会员，其中包括 140 万活跃卖家，平台上的总成交销售额（GMS）超过 19 亿美元。

Etsy 的技术基础设施也在不断发展。Etsy 刚推出时，依靠的是单一的网络服务器和数据库。早年，修复漏洞或推出新功能需要花费数周时间，几乎每次部署都会造成网站停止运行。从 2009 年开始，Etsy 对网站开发方法进行缓慢但重大的变革。它采用了 DevOps 技术，并使用了持续集成 / 持续交付系统，能够在不中断运营的情况下全天频繁地集成新代码。如今，该平台使数百万卖家和买家能够跨越国界、语言和设备顺利进行交易。

多年来，Etsy 一直将服务依托在自己的数据中心，但在 2018 年，它开始转向 Google Cloud。这样，Etsy 能更容易地适应流量的变化。转移到云平台还加强了 Etsy 的整体基础设施建设，使其处理速度更快，页面加载时间更短，并可根据需要提供更灵活的技术。

Etsy 的市场依赖大量数据的收集，并利用这些数据提高平台性能和测试网站功能。在网站上列出的超 1.2 亿种产品中，如何在正确的时间向正确的买家推荐正确的产品是一大挑战。Etsy 使用专有的人工智能和机器学习技术提供个性化搜索和推荐服务，并帮助买家更轻松地浏览、筛选和发现他们想要的商品。搜索结果和建议

会根据交易数据和浏览历史记录进行调整。2021 年，Esty 推出了一项名为 XWalk 的专有功能，该功能使用超 40 亿个数据点捕获语义，并通过向买家展示更相关的库存来提高转化率。

Etsy 现在是一个全球性平台，总成交销售额的 40% 以上来自美国以外的买家和卖家。Etsy 使用机器翻译技术翻译列表、评论、广告以及买家和卖家之间的对话，双方即使语言不通也能进行交谈。Etsy 还在本地化方面进行了投资，以便为各国的买家和卖家创造更加本地化的体验。

移动平台在 Etsy 的商业模式和技术基础设施中的地位日益重要。Etsy 总成交销售额的近三分之二来自移动设备。Esty 的移动网站和移动 App 包括搜索和发现、策划、个性化、增强现实和社交购物功能。2021 年，移动 App 的下载量增加了近 50%，在各种渠道中，移动 App 的转化率最高。

尽管如今的 Esty 已经成长为一个巨头，在世界上的几乎每个国家或地区拥有超过 9500 万活跃买家和 770 万活跃卖家，但它与 2005 年首次亮相的 Etsy 有着许多相同的"基因"。它宣称的使命是"保持商业人性化"，这植根于 Esty 的信念，即尽管自动化和商品化是现代生活的一部分，但人类的创造力无法自动化，人与人之间的联系也无法商品化。Etsy 当前面临的挑战是如何在继续坚守这一使命宣言的同时，又能采用所需的技术基础设施支持数百万买家和卖家，并满足投资者对收入和利润的要求。

2.2.7　服务供应商

电子零售商在线销售产品，而服务供应商则在线提供服务。服务供应商采用多种收入模式。一些服务供应商直接收费或采用订阅模式，而另一些则通过广告等其他来源创收。许多服务供应商采用免费增值收入模式，其中一些基本服务是免费的，但其他服务需要支付额外费用。服务供应商以知识、专长和能力换取收入。

显然，某些服务无法在线提供。例如，牙科、管道安装和汽车维修等无法通过互联网完成。但是，可以在线安排这些服务。有些在线服务供应商会提供数据存储等计算机服务（Dropbox、Carbonite）、法律服务（RocketLawyer）、会计或簿记服务（Wave、Bench）。大多数金融交易经纪人会提供财务规划等服务。旅游经纪人会提供度假计划服务，而不仅仅是与航空公司和酒店的交易服务。将服务与产品相结合是一种强大的商业战略。

服务供应商的基本价值主张是为消费者提供有价值、方便、省时、低成本的服务，以替代传统的服务供应商，或者说提供真正独特的服务。服务供应商的市场机会与可提供的服务种类一样多，而且可能比实物商品的市场机会大得多。我们生活在一个以服务为基础的经济环境和社会中，见证了快餐店、包裹递送服务和手机服务的发展。消费者对便利产品和服务的需求日益增长，这对当前和未来的在线服务供应商来说十分有利。

服务供应商的营销活动必须能够减轻消费者对在线雇用服务商的恐惧，并在现有和潜在客户之间建立信任和熟悉感。建立信任对服务供应商和零售产品商家来说一样重要。

2.3　B2B 电子商务模式

企业对企业（B2B）电子商务模式是指企业向其他企业销售产品的模式。尽管公众的注意力大多集中在 B2C 上，但是 B2B 模式产生的收入远高于 B2C 电子商务模式。表 2.7 列出了 B2B 电子商务领域使用的主要商业模式。

表 2.7   B2B 商业模式

商业模式	例子	描述	收入模式
（1）B2B 电子商务市场			
电子分销商	Grainger、Amazon Business	经营零售和批发的单一公司的在线版本，支持对商品的维护、维修和运营（MRO）	售卖商品
电子采购	Ariba Network、Proactis	由单一公司创建数字市场，让卖方和买方间接投入以进行交易	市场服务费、供应链管理和物流服务费
电子交易市场	Go2Paper、MaterialsXchange	拥有独立的垂直数字市场，用于直接投入	交易费用和佣金
行业协会	Supply On、The Seam	行业拥有的垂直数字市场，向特定供应商开放	交易费用和佣金
（2）会员专用 B2B 网络			
	Walmart、Procter & Gamble	公司自有网络，用于与有限的合作伙伴协调供应链	成本由网络所有者承担，并通过提高生产和分销率收回

2.3.1   电子分销商

电子分销商是提供在线产品目录的公司，目录中包含许多不同制造商的产品，可供个体企业购买。例如，W. W. Grainger 是最大的维护、维修和运营（MRO）用品分销商。过去，Grainger 依靠目录销售和实体配送中心创收。1995 年，Grainger 在线产品目录上线；到 2022 年，Grainger 超过 130 亿美元的销售额中约有 60% 来自电子商务平台，包括网站和移动 App（Demery，2022）。

电子分销商由一家旨在为众多客户提供服务的公司所有。数量充足是电子分销商得以存在和发展的重要因素。一家公司提供的产品越多，对潜在客户的吸引力就越大。一站式购物总是比需要访问众多网站才能找到特定零件或产品的购物方式好。

2.3.2   电子采购

电子采购公司帮助企业实现采购流程（指获取商品和服务的一系列活动）自动化。例如，Ariba 等公司开发的软件通过为一家公司创建小型数字市场，帮助其实现采购流程。Ariba 为采购公司创建自定义集成的在线目录，供应商公司可以在目录中列出自己的产品。在销售方面，Ariba 通过提供软件处理目录的创建、运输、保险和财务，帮助供应商向大型采购商销售产品。买方和卖方软件统称为"价值链管理"软件。

在软件领域，Ariba 等公司有时也被称为软件即服务（SaaS）或平台即服务（PaaS）提供商，它们通过实现规模经济为企业提供更低的软件成本。**规模经济**是指企业规模扩大后产生的效率，例如，大型固定成本生产系统（如工厂）可以满负荷运转，没有闲置时间。就软件而言，Ariba 开发软件，并销售给广大客户，从规模经济中获益，因为制作多个软件程序副本的边际成本几乎为零。这也比每家公司自己建立软件系统更有效率。

2.3.3   电子交易市场

电子交易市场是一个独立的数字市场，在动态的实时环境中将数百乃至数千个供应商和买家连接起来。电子交易市场的商业模式与 B2C 市场创建者的商业模式非常相似，通常由独立公司拥有，业务是制造市场，根据交易方之间的交易规模收取佣金或费用，从而获得收入。电子交易市场通常服务于单一的垂直行业，并侧重直接投入生产、短期合同或现货采购的往来关系。一方面，买方能够利用 B2B 电子交易市场收集信息、查看供应商、收集价格并了解最新动态。另一方面，卖方也通过扩大与买方的联系获益。买方数量越多，成交的机会就越大。交易的便利性、速度和交易量被统称为市场流动性。

电子交易市场大大降低了寻找潜在供应商和客户以及两者之间开展业务的成本和时间。因此，电子交易市场可以降低交易成本，即进行购买或销售的成本。电子交易市场还可以降低产品成本和库存成本。

2.3.4 行业协会

行业协会是服务于特定行业的行业自有垂直市场。垂直市场为企业提供具有行业特性的产品和服务，水平市场为不同行业的企业提供特定类型的产品和服务，如营销相关服务、金融服务或计算服务。例如，由工业巨头 Bosch（全球最大的汽车零部件供应商之一）、Continental（领先的汽车制造公司）和 Schaeffler（各类轴承的全球制造商）等创办的 SupplyOn，为不同制造业的公司提供了一个共享的供应链协作平台。2022 年，除股东外，平台客户还包括 Airbus、BMW、BorgWarner、Siemens、Thales 等众多全球大型制造企业。

2.3.5 会员专用 B2B 网络

会员专用 B2B 网络是一种数字网络，旨在协调共同开展业务的公司之间的通信流和供应链。该网络通常属于某大型采购公司，只有受信任的长期直接供应商才能受邀参与。这些网络通常是由企业资源规划（ERP）系统演变而来，旨在将关键供应商纳入公司的业务决策。例如，Walmart 为供应商运营着世界上最大的会员专用 B2B 网络之一。

2.4 电子商务如何改变业务：战略、结构和过程

在了解了电子商务企业采用的各种商业模式之后，你还需要了解电子商务在过去几十年中是如何改变商业环境的，包括行业结构、商业战略以及行业和商业运作（业务流程和价值链）。我们将在全书中再次讨论这些概念。互联网是一个开放的标准系统，可供所有参与者使用，新的竞争者很容易进入市场，提供替代产品或交付渠道。互联网往往会加剧竞争。由于信息更容易获得，互联网从本质上将权力转移给了购买者，使他们比过去更容易发现成本最低的供应商。互联网还为创造价值、打造产品品牌和收取溢价，以及扩大线下实体业务提供了许多机会。

回想一下表 1.2，其中列出了电子商务技术的特征。表 2.8 列出了每个特征对整个商业环境（行业结构、商业战略和运营）的一些影响。

表 2.8 电子商务技术的 8 大特征

特征	对商业环境的影响
普遍存在性	通过创造新的营销渠道、扩大整体市场规模，改变产业结构。提高行业运营效率，降低企业销售运营成本。实现差异化战略
全球覆盖性	通过降低进入壁垒改变产业结构，同时极大地拓展了市场。通过提高生产和销售效率，降低行业和企业运营成本。实现全球范围内的竞争
标准通用性	通过降低进入壁垒、加强行业内部竞争，改变行业结构。通过降低计算和通信成本降低行业和公司的运营成本。使广泛的战略成为可能

（续）

特征	对商业环境的影响
丰富性	通过削弱强大分销渠道的实力，改变行业结构。通过减少对销售人员的依赖，降低行业和企业的运营成本。强化售后支持战略
交互性	通过增强定制化减少替代品的威胁，从而改变行业结构。通过减少对销售人员的依赖，降低行业和公司的运营成本。实现差异化战略
信息高密度性	通过削弱强大的销售渠道，将议价权转移给消费者，从而改变产业结构。降低获取、处理、传播供应商和消费者信息的成本，从而降低行业和企业的运营成本
个性化/定制化	通过减少替代品的威胁，提高进入壁垒，改变产业结构。通过减少对销售人员的依赖，降低行业和企业的价值链成本。实现个性化营销战略
社交技术	通过将节目制作和编辑决策权转交给消费者，改变行业结构。创造替代性娱乐产品。激活大批新供应商

2.4.1　行业结构

电子商务改变了行业结构。**行业结构**是指行业中参与者的性质及相对议价能力。行业结构由 5 种力量构成：现有竞争者之间的竞争、替代产品的威胁、进入行业的壁垒、供应商的议价能力和买方的议价能力（Porter，1985）。电子商务有改变这些作用力的可能（见图 2.3）。

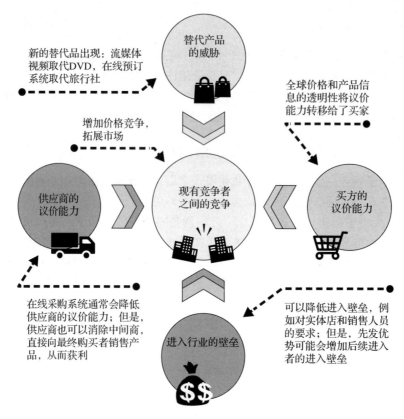

图 2.3　电子商务如何影响行业结构

在考虑商业模式时，应将行业结构分析贯穿始终。**行业结构分析**旨在掌握和描述一个行业的竞争性质、替代产品的性质、进入壁垒以及消费者和供应商的相对实力。

电子商务以截然不同的方式影响行业的结构和动态。以音乐录制业为例，该行业因电子商务的产生而发生了重大变化。早期，唱片公司拥有不同艺术家录制的音乐的独家版权。在电子商务早期，随着 Napster 和 Kazaa 等替代供应商进入市场，数百万消费者开始使用互联网听歌，完全绕过传统音乐公司及其分销商。在旅游业，Travelocity 等全新的中介机构进入市场，与传统旅行社展开竞争。在 Travelocity、Expedia 和其他在线旅游服务商展示过电子商务的能力之后，各大航空公司联合成立了在线市场 Orbitz（尽管最终将公司出售给了一家私人投资集团）。显然，电子商务创造了新的行业动态，可以更好地描述市场的让步以及竞争对手不断变化的趋势。

在其他行业，电子商务强化了现有参与者的作用。在化工和汽车行业，制造商正有效地利用电子商务加强传统分销商的实力。在这些行业，电子商务技术并没有从根本上改变行业内的竞争力量。每个行业都是不同的，你需要仔细研究每个行业，以了解电子商务对竞争和战略的影响。

新市场进入者创造的新销售形式可以彻底改变一个行业的竞争态势。例如，消费者用免费访问的维基百科取代一套 699 美元的《世界百科全书》，这从根本上改变了百科全书产业的竞争态势。正如我们在其他章节中介绍的，内容产业因新分销平台的出现而发生了变化。

企业间竞争是电子商务技术对大多数行业产生影响的表现之一。总体而言，电子商务加剧了几乎所有市场的价格竞争。对现有企业来说，采用电子商务技术并利用它取得竞争优势相对容易。电子商务从本质上改变了竞争范围，从地方和区域性竞争变为全国性和全球性竞争。一方面，由于消费者可以获得全球价格信息，电子商务通过降低价格（和降低利润）使企业之间产生竞争压力。另一方面，电子商务使企业将自己的产品或服务与其他企业的产品或服务区分开。例如，Amazon 为一键购买申请了专利，eBay 创造了独特、易用的界面和差异化的品牌名称。因此，尽管电子商务更强调价格竞争，但也促使企业制定新的差异化和品牌化战略，从而保持较高的价格。

我们无法确定电子商务技术对企业盈利能力的总体影响是积极的还是消极的。每个行业都具有独特性，因此有必要对每个行业进行单独分析。显然，电子商务动摇了一些行业的基础，特别是内容产业（如音乐、报纸、书籍和软件业）以及其他信息密集型产业（如金融服务业）。在这些行业中，消费者的力量相对供应商有所增长，价格下降，整体盈利能力受到挑战。在其他行业，特别是制造业，电子商务技术并没有改变与买方的关系，但改变了与供应商的关系。制造企业越来越多地参与行业或市场交流，以便从供应商那里获得更优惠的价格。

2.4.2　行业价值链

行业结构分析有助于了解电子商务技术对行业整体商业环境的影响，更详细的行业价值链分析有助于更准确地确定电子商务如何改变行业层面的商业运营。**价值链**是指一个行业或企业将原始投入转化为最终产品和服务的一系列活动，每项活动都会为最终产品增加经济价值。因此，价值链是一组相互关联的增值活动。图 2.4 展示了行业价值链中的 6 个参与者：供应商、制造商、运输商、分销商、零售商和客户。

通过降低信息成本，电子商务为行业价值链中的每一个关键参与者提供了新的机会，他们可以通过降低成本和提高价格最大限度地提高自身地位。例如，制造商通过与供应商开展基于互联网的 B2B 交流来降低购买商品的成本。制造商还可以绕过分销商和零售商的成本，直接与客户建立联系。分销商可以开发高效的库存管理系统以降低成本，零售商可以开发高效的客户关系管理系统以加强对客户的服务。反过来，客户可以寻找质量最好、交货最快、价格最低的产品，从而降低交易成本、降低最终产品的价格。最后，还可以提高整个行业的运营效率，从而降低价格，为消费者增加价值，并帮助该行业与其他行业竞争。

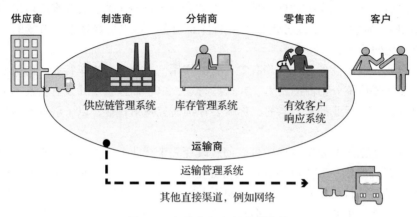

图 2.4 电子商务和行业价值链

2.4.3 企业价值链

价值链也可用于分析单个公司的运营效率。这里有个问题：电子商务技术如何潜在地影响行业内企业的价值链？**企业价值链**是企业利用原始投入创造最终产品而从事的一系列活动。生产过程中的每一步都为最终产品增加价值。此外，企业还开展辅助活动，协调生产流程，提高整体运营效率。图 2.5 展示了企业价值链中的关键步骤和辅助活动。

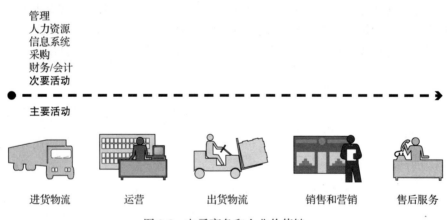

图 2.5 电子商务和企业价值链

电子商务为企业提供了许多提高运营效率和产品差异化的机会。例如，企业可以利用互联网的通信工具，将某些活动外包给专业化更强、效率更高的供应商，而消费者看不到这种外包。此外，企业还可以利用电子商务更准确地协调价值链上的各个环节，降低成本。最后，企业可以利用电子商务为用户提供更多差异化和高价值的产品。例如，与实体零售店相比，Amazon 以更低的价格为消费者提供更多的产品选择。Amazon 还提供许多服务，如即时可见的消费者评论和其他消费者购买模式的信息，这些都是实体零售店无法提供的。

2.4.4 企业价值网

企业通过价值链产生价值的同时，也依赖合作伙伴（供应商、分销商和配送公司）的价值链。电子商务为企业合作和创建价值网创造了新机遇。**价值网**是利用电子商务技术协调商业伙伴价值链的网络化商业生态系统。图 2.6 展示了一个价值网。

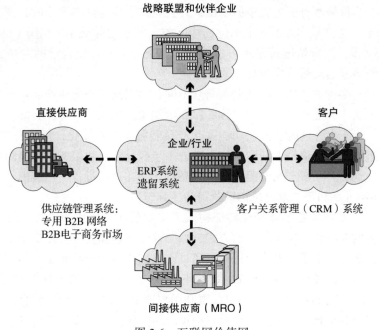

图 2.6　互联网价值网

价值网利用供应链管理系统，协调企业的供应商与生产需求。我们将在第 12 章讨论 B2B 系统。企业还利用互联网与物流合作伙伴建立密切联系。例如，尽管 Amazon 自己配送大部分包裹，但它仍然依赖 UPS 公司和美国邮政的服务。Amazon 还与数百家企业结盟，提供各种服务。事实上，当你仔细研究 Amazon 时，就会发现它为客户提供的价值在很大程度上是与其他公司协同合作产生的。Amazon 的价值很大程度上是其价值网合作伙伴提供的价值。

2.4.5 企业战略

企业战略是一系列计划，旨在获得超出投入资本的长期回报。因此，企业战略是在竞争环境中长期获取利润的计划。**利润**是企业产品价格与生产和分销成本之间的差额，代表经济价值。只要客户愿意为产品支付高于生产成本的价格，就会产生经济价值。为什么有人愿意为产品支付高于生产成本的价格？答案有多种。比如该产品可能是独一无二的（没有其他供应商），可能是同类产品中价格最低的产品，或者它可能满足其他产品所没有的一些独特需求。上述每一种经济价值来源都决定了企业产品的市场定位战略。企业遵循的具体战略取决于产品、行业和面临的竞争市场。

尽管互联网是一个独特的市场，但战略和商业原则与传统市场是相同的。正如你在本书中看到的，成功的电子商务战略包括利用互联网和移动平台影响和加强现有业务（而不是破坏你的业务），并提供竞争对手无法复制的产品和服务（尽管是短期内）。这意味着要开发独特的产品、专有内容、差异化流程（如 Amazon 的一键购物），以及个性化或定制化的服务和产品（Porter，2001）。可分为 5 种通用的商业战略：产品 / 服务差异化、成本竞争、范围、聚焦和客户亲密度。接下来让我们仔细研究一下这些观点。

差异化是指生产者使产品或服务独一无二，并将其与竞争对手的产品或服务区分开的战略。差异化的对立面是**大众化**，即产品或服务之间没有差异，选择的唯一依据是价格。正如经济学家所说，当价格本身成为竞争的基础，并且有许多供应商和客户时，商品或服务的价格最终会下降至与生产成本（第 n 个单位的边际收入等于边际成本）相同，然后利润为零。对于任何商人来说，这种情况都是不可接受的。解决办法就是使自己的产品或服务与众不同，并形成类似垄断的局面，成为唯一的供应商。

企业可以通过多种方式使产品或服务与众不同；可以从核心通用产品或服务入手，但随后要让用户对消费产品或使用服务的"体验"产生期望，例如"没有什么能与驾驶 BMW 的体验相提并论"。企业可以通过添加功能强化产品和服务的差异化，使其有别于竞争对手。企业还可以通过提高解决消费者问题的能力来进一步区分产品和服务。营销的目的就是突出差异化特征，让消费者了解产品和服务的独特品质，并在这一过程中创造出有代表性的"品牌"。我们将在第 6 章和第 7 章讨论市场营销和品牌塑造。

从整体看，产品或服务的差异化特征构成了本章前几节描述的顾客价值主张。电子商务为产品和服务的差异化提供了独特的方式，如个性化购物体验以及根据每个消费者的特殊需求定制产品或服务。电子商务企业还可以通过以下方式实现产品和服务的差异化：让人们可以在家里、工作单位或路上购买产品（无处不在）；让任何地方的人都能购买产品（全球覆盖）；创建独特的互动内容、视频、用户故事和用户评论（丰富性和互动性）；为消费者存储和处理产品或服务的信息，如线上保存所有购买产品的保修信息或所得税信息（信息密度）。

采用**成本竞争战略**意味着企业发现了独特的业务流程或资源，而其他企业无法在市场上获得。业务流程是价值链的最小单位。例如，图 2.5 中被称为"进货物流"的一系列价值创造活动实际上是由装卸码头和仓库的人员执行的各种活动组成。这些活动的总和叫作业务流程，即执行价值链各要素所需的一系列步骤或程序。

当企业发现一套新的、更高效的业务流程时，它可以获得成本优势。然后，企业就可以通过降低价格吸引客户，同时还能获得可观的利润。最终，随着市场迅速地向成本最低的供应商倾斜，竞争对手会被淘汰出局。或者，当企业发现独特的资源或低成本的供应商时，它也可以有效地在成本上竞争。例如，将生产转移到全球工资水平较低的地区是降低成本的一种方式。

成本竞争可能只是短暂的，而且非常棘手。竞争对手会找到相同或不同的生产效率，也会把生产转移到低成本地区。同样，在一段时间内，竞争者在成本竞争中可能会出现亏损。

至少在短期内，电子商务为成本竞争提供了一些途径。企业可以通过降低订单输入成本（客户填写所有表单，因此不需要订单输入部门）实现无处不在的特性；通过在全球范围内使用统一订单输入系统实现全球覆盖和通用标准的特性；通过在线创建客户档案和以不同方式接待消费者实现丰富性、互动性和个性化，且无需昂贵的销售队伍来履行这些职能。最后，企业可以向消费者提供详细的产品信息，无需昂贵的目录或销售队伍支撑费用，就能充分实现信息密集性。

虽然电子商务为加强成本竞争提供了强大动力，使成本竞争成为一种可行的战略，但风险是竞争对手可以获得相同的技术。生产者购买供应品的要素市场向所有人开放。假设竞争者拥有使用技术的技能和组织意愿，他们可以在市场上购买到许多相同的降低成本的技术，即使是熟练的劳动力也可以寻得。然而，短期内，在要素市场很难买到自我了解、专有隐性知识（未公开或未编纂的知识），也很难寻到忠诚、熟练的劳动力。因此，成本竞争仍然是一个可行的战略。

另外两种通用的商业战略是范围战略和聚焦战略。**范围战略**是在全球市场上竞争的战略，而不仅仅是在某地、某区或国家市场上竞争。互联网的全球覆盖、通用标准和无处不在的特性可以帮助企业成为全球竞争者。例如，eBay 和许多顶级电子商务公司一样，已经在全球范围内占据了一席之地。**聚焦 / 利基市场战略**是在狭窄的细分市场或产品领域进行竞争的战略。这是一种专业化战略，目标是成为狭窄市场中的首要供应商。例如，Dick's Sporting Goods 利用电子商务继续发展体育器材和服装领域，W. W. Grainger 公司专注于狭窄的 MRO 市场领域。电子商务提供的一些功能，可以实现聚焦战略。企业可以利用信息的丰富性和互动性，为不同细分市场提供高度集中的信息；信息密集性使得电子邮件和其他营销活动可以集中在小的细分市场；个性化和相关定制意味着同一产品可以针对或专属某人，满足特定细分市场和消费者的集中需求。

另一种通用战略是**客户亲密度战略**，侧重与客户建立紧密联系。与客户紧密联系会增加转换成本（从一种产品或服务转换到竞争产品或服务的成本），从而增强企业的竞争优势。例如，Amazon 的 "一键购物" 保留了客户的详细信息，并根据客户以前的购买情况提供推荐服务，这样客户更有可能再次购买。表 2.9 总结了 5 项基本商业战略。

表 2.9　商业战略

战略	描述	例子
差异化	使产品和服务独一无二、与众不同，以区别于竞争对手的产品和服务	Warby Parker（复古风格眼镜）
成本竞争	以比竞争对手更低的成本提供产品和服务	Walmart
范围	在全球所有市场竞争，而不仅仅是在地方、区域或国家市场	Apple iDevices
聚焦 / 利基市场	在狭窄的市场或产品细分市场中竞争	Bonobos（男装品牌）
客户亲密度	与客户建立紧密联系	Amazon、Netflix

行业结构、行业和企业价值链、价值网、企业战略是贯穿本书的核心商业概念，用于分析电子商务公司的可行性和前景。每章末的案例研究后面都特别安排了讨论问题，会要求你找出案例中的竞争力，或分析该案例如何展现行业结构、行业和企业价值链以及企业战略的变化。

2.4.6　电子商务技术和商业模式的颠覆

电子商务改变了大多数行业的结构、流程和战略，在某些情况下，电子商务彻底改变了整个行业，迫使在位企业倒闭，极大地改变了行业经济，并催生了全新的企业和价值链（Schumpeter，1942）。当新技术成为改变商业运作方式的核心时，就被称为**颠覆性技术**。如果涉及的技术是数字技术，则使用**数字颠覆**一词。通常情况下，具有颠覆性的并不是技术本身，该技术可能相当普通和常见。当创新型企业应用该技术追求与现有企业不同的商业模式和战略时，就会产生颠覆，甚至会发现一个现有企业不知道的全新市场（Johnson，Christensen, and Kagermann, 2008；Christensen, 1997；Bower and Christensen, 1995）。例如，使用现成廉价处理器和技术的个人计算机扰乱了大型机和微型机市场。从商业价值主张到收入模式、市场机会、竞争环境、竞争优势、市场战略、组织发展和管理，前面提到的商业模式的 8 个要素都可能受到颠覆性技术的影响。简而言之，当全新的市场产生时，常常令成功的公司感到困惑和惊讶，因为它们往往忽视、否定、嘲笑早期的颠覆性产品。比如，推出个人计算机的企业家利用新的组织管理团队和拥有不同技能的员工，发现了被大型计算机公司忽视的全新客户市场，以及新的价位、竞争因素和市场战略。许多现有企业无力竞争，纷纷倒闭。通信（被电子邮件颠覆）、数据存储、音乐、摄影、出版和运输业也存在类似的动态变化（Lepore，2014），例如 Uber 和 Airbnb 等按需服务企业对出租车和住宿业产生了重大影响。

并非所有技术都具有颠覆性（Christensen et al.，2015；King and Baatartogtokh，2015）。大多数成功的公司都会利用技术维持现有的商业模式、行业结构、流程和战略。这种技术应用被称为**维持性技术**，因为它能帮助企业应对竞争压力、改进产品，并以更低价、更强大或更独特的产品服务客户。但同样，技术也可能被创新企业家（**颠覆者**）用来摧毁现有的商业模式。

它是这样运作的。成功的企业利用一切可用的技术逐步改进产品，通过提高质量、降低价格和提升服务满足客户。在位企业和主导企业寻求维持行业和企业现状的方法。在第一个颠覆性阶段，颠覆者通常有新的资金来源，推出价格更低、功能更弱、质量更差的新产品。与 20 世纪 70 年代的大型计算机相比，第一批个人计算机使用的技术相对落后。尽管如此，这些早期产品还是从在位企业不服务或不了解的市场中找到了一席之地。在第二阶段，颠覆者快速改进产品，以比在位者更快的速度利用更新的技术，扩大利基市场，并最终从在位者的市场中吸引大量客户群。20 世纪 80 年代，文字处理器以及最终的 Microsoft Office 与功能更强大的个人电脑联合后，开拓了一个新的市场，即在位企业无法提供服务的企业经理人和专业人士市场。这在当时是一个全新的概念，成功的在位企业从未想过，商务人士以及在家工作的人，会喜欢在办公桌前摆放一台电脑来创建文档、制作电子表格和幻灯片。开发个人计算机的人和公司都是大型计算机行业的"局外人"。他们是颠覆者，并且有远见。

在第三阶段，新产品和商业模式变得足够好，甚至优于在位企业提供的产品。在第四阶段，在位企业失去市场份额，要么倒闭，要么被合并到其他更成功的企业中，为更有限的客户群服务。一些在位企业通过为现有产品寻找新客户、在公司的独立部门采用一些较新的产品和商业模式或进入其他市场（通常是附近的市场）等方式生存下来。例如，大型计算机仍由 IBM 制造，但它是为数不多的幸存者之一。IBM 在为《财富》500 强企业提供大规模计算服务的传统市场上不断创新，进军计算服务、数据中心、企业软件以及最近的云计算、商业分析、数据挖掘和机器学习领域，从而得以生存。至于个人电脑行业，已经被 Apple、Google 和其他公司创造的智能手机和平板电脑颠覆，这些公司发现了巨大的消费市场，而现有的个人电脑制造商都没有意识到这个市场的存在。目前，它们拥有远见卓识，但在未来，它们将面临新的数字颠覆者，这些颠覆者必将接踵而至。

为什么在位企业没有意识到即将发生的变化，并采取措施与颠覆者直接竞争？成功的在位企业通常拥有庞大的资本储备、深厚的技术和知识技能，以及与著名管理咨询公司合作的机会。Kodak 为什么没能预见向数码摄影的转型？Canon 为什么没有意识到智能手机相机将成为数码相机的强大竞争对手？为什么企业不颠覆自己的商业模式？答案是复杂的。公司的管理团队和 IT 人员可能接受了不适合当前环境的培训，掌握了错误的技能。股东期望的是投资回报，而不是除掉公司历史悠久、备受珍视的盈利产品。现有客户群期望现有产品不断改进，一切如常，而不是业务中断。这些强有力的做法都具有良好的商业意义，但却阻碍了在位企业应对商业模式颠覆的挑战。目前还不清楚在当前电子商务环境中最具创新精神的两家公司——Apple 和 Google，是否会与以往的在位企业不同。

2.5　电子商务相关职位

在本节，我们将研究一家同时使用 B2C 和 B2B 电子商务商业模式的公司发布的招聘信息。

2.5.1　公司概况

该公司是一家美国制造商，为 DIY 消费市场和建筑行业提供 3500 多种不同的工具，是该领域的领先供应商。公司通过面向消费者的零售店和直销渠道销售产品。2007 年，公司推出了第一个 B2C 网站。公司希望通过开发更强大的网站（包括移动设备应用程序）增加 B2C 和 B2B 电子商务收入，并且正在扩大数字营销计划（包括社交和移动营销）。

2.5.2　职位：电子商务助理经理

你将与电子商务团队合作，共同拓展公司的电子商务业务，包括网站开发、移动 App 优化、搜索引擎优化、移动营销、社交媒体运营、视频和电子邮件运营。其他职责包括：
- 制订电子商务发展路线和时间表，创建整个公司开展电子商务的能力。
- 与销售和营销团队合作开发 B2B 电子商务网站，为分销商网络提供支持。
- 开发并维护在线和离线目录内容管理系统，为消费者和经销商网站提供支持。
- 制订并维护搜索引擎优化计划。
- 制订移动和社交媒体营销计划。
- 与 IT、销售和营销部门合作，确保 IT 能力能够支持电子商务计划，确保所有渠道的内容和品牌推广工作协调，并与公司愿景保持一致。
- 为电子商务制订战略计划和预算标准。

2.5.3　资质 / 技能

- 拥有工商管理、管理信息系统、电子商务或数字营销学士学位。
- 掌握数字内容管理、社交和移动营销、营销自动化和 / 或网页设计和开发的基本知识。
- 具有较强的沟通、内容、表达和写作能力。
- 具有解决问题的能力和批判性思维。
- 与电子商务团队其他成员合作的能力。

2.5.4　面试准备

准备面试时，必须对公司及行业进行深入研究。你应该熟悉 B2C 和 B2B 工具市场，包括主要竞争对手。你还应全面了解该公司的网站及其在 Facebook、Twitter、LinkedIn 和博客上的社交主页（如果有的话）。准备好在适当的时候与面试官讨论你所了解的情况。复习 2.1 节，了解商业计划的基本要素，如价值主张、不同的收入模式、市场机会、市场战略等。

复习 2.2 和 2.3 节，以便讨论 B2C 和 B2B 商业模式之间的差异。在本案例中，该公司将同时采用电子零售商和电子分销商两种商业模式。最后，复习 2.4 节，该节为你提供了适用于电子商务的基本商业概念和商业战略。

2.5.5 首次面试可能被问到的问题

1. 公司正在大力开展电子商务营销活动。过去，我们一直依赖实体零售店和对其他公司的直销。你认为我们在市场中的价值定位应该是什么？客户为什么要选择在我们的网站上购物和使用我们的 App？

你可以先谈谈 Amazon 这样的公司为何能成为如此受欢迎的网络零售商。主要因素包括产品搜索引擎、广泛的选择、购买方便、两日送达、可靠的履约和便捷的退货。与服务和便利相比，价格并不那么重要。公司应重点发展类似的能力。最重要的是，如果公司的网站能提供出色的客户体验，人们就会在网站上购物。

2. 我们能为客户提供哪些服务，来吸引他们访问我们的网站和 App？

你可以提出，许多购买工具的人可能不知道如何恰当或有效地使用它们。教会消费者的最佳方式之一是通过视频，视频可以通过公司的官方 YouTube 频道提供，也可以在公司网站上提供，并链接到 YouTube 频道。

3. 我们应该与什么样的战略合作伙伴合作发展在线销售业务？

你可以指出，非常成功的公司很少会事必躬亲。公司应与主要服务供应商建立关系，如：负责物流和运输的 UPS 和联邦快递；在线支付系统（PayPal 和信用卡提供商）；处理供应链和仓储自动化的技术供应商以及客户关系管理公司，如与客户保持密切联系的 Salesforce。专门从事电子邮件营销、搜索引擎优化、视频制作以及移动和社交媒体营销的公司也是重要的战略合作伙伴。

4. 我们应该在 B2B 领域探索哪些机会？

在 B2B 电子商务领域，除了创建一个以 B2B 为重点的网站外，公司还可以通过电子分销商（如 Grainger.com）销售产品。其他相关的 B2B 商业机会包括参与交流、与电子采购公司建立关系和寻求成为私营 B2B 网络的首选供应商。

5. 我们的许多产品面临着来自低成本进口工具的激烈竞争。你建议公司采取什么战略来应对这种竞争？

一方面，你可以建议，与低成本进口产品进行价格竞争的一种方法是推出低成本工具。虽然价格低廉，但它们的利润率可能等于或高于美国制造的工具。另一种战略是将生产转移到低成本国家，但保持同样的高质量。另一方面，差异化策略可能是最好的方式，即向消费者提供更高质量、更专业的工具，依靠现有的品牌优势以更高的价格销售。公司可以选择只立足美国市场的重点战略，也可以选择发展国外销售，扩大竞争范围。至于采取哪种或哪组战略，则需要仔细分析。

6. 在 B2C 方面，你认为我们应该在 Amazon、eBay 或其他大型网络零售商上开店，还是应该全力开发自己的品牌网站？

你可以指出，许多制造商既依靠自己的网站，也依靠 Amazon 向消费者销售产品，还依靠 Amazon 业务向其他企业销售产品。鉴于 Amazon 的广泛影响力，将 Amazon 作为某些非常受欢迎的工具的平台，并向想要了解更多公司产品的消费者提供公司自身网站的链接，这似乎是个不错的主意。

7. 你认为我们应当如何利用社交媒体支持电子商务计划？工具公司应该在社交媒体上占有一席之地吗？

你可以在此建议，社交媒体是宣传品牌信息和获取消费者信息的绝佳平台。除 Facebook 外，可能还有其他面向公司客户的更专业的社交网络。当然，Twitter 也应受到重视，以了解客户对公司产品的提及情况，找出有影响力的支持者，还可以获得客户的直接反馈。最好在市场营销中配备一名社交媒体专员，专门负责社交媒体营销。

2.6　案例研究：抵御风暴——Twitter 不确定的未来

Twitter，这个最初以 140 个字符的文本信息为基础的社交媒体风靡全球。Twitter 的基本理念是将手机上的短信息与网络以及创建社交群组的功能结合起来。随着时间的推移，Twitter 的内容从简单的文字信息扩展到文章预览、照片、视频和动态图片，到 2022 年，Twitter 全球日活跃用户已接近 2.3 亿。从 2006 年的每天 5000 条推文，到现在每秒约 10 000 条推文，全球每天会发送超过 5 亿条推文。遇到超级碗（美国职业橄榄球大联盟（NFL）冠军总决赛）和奥斯卡颁奖典礼等特殊事件时，推文数量会产生爆炸式增长。一些名人，如流行歌星 Justin Bieber，拥有超 1 亿粉丝。

Twitter 拥有许多重要资产，如用户关注度、巨大的受众规模（独立访客）以及可搜索的推文数据库，数据库中包含受众的实时评论、观察和意见。Twitter 已成为传播新闻的重要媒体平台。Twitter 也一直在努力发展盈利的商业模式并实现持续增长，其财务业绩和股票价格与其受欢迎程度以及对文化、政治的影响力并不匹配。与 Facebook、TikTok 和 Instagram 相比，Twitter 的用户数量仍然只是一小部分。2022 年 4 月，电动汽车公司 Tesla 和太空探索公司 SpaceX 的创始人兼首席执行官 Elon Musk 达成了收购 Twitter 的协议，期间，对 Twitter 的估值高达 440 亿美元。在经历了多次停顿和启动之后，收购终于在 2022 年 10 月 27 日完成，但围绕 Musk 的戏剧性事件却让 Twitter、投资者、广告商和用户陷入了混乱，让人们对 Twitter 的未来产生了严重的质疑。

在深入探讨 Twitter 的混乱局面之前，了解一些 Twitter 的商业模式、收入模式和发展历程的背景知识会有所帮助。Twitter 绝大部分收益是广告收益，2021 年收入的 90% 来自各种广告产品，其中 95% 以上在移动设备上。Twitter 为广告商提供了多种选择，包括推广广告、关注者广告和 Twitter 接管。公司付费后，它们的推文和 Twitter 账户就会在 Twitter 的搜索中排名更靠前，或者在 Twitter 的“趋势”版块中保留一席之地，该版块显示当天讨论最多的话题。广告商还可以付费展示视频广告，这些广告会在视频之前播放，并通过名为“Twitter Amplify”的产品嵌入推文。视频是 Twitter 增长最快的广告投放领域，已占 Twitter 广告收入的近三分之二。Twitter 的所有广告产品都可以在本地和全国范围内依据定位精准投放。

Twitter 还在继续完善数据挖掘能力，因为它认识到，对产品、服务和营销活动的客户情绪储备是最宝贵的资产之一。对 Lucky Sort、Topsy Labs 和 Gnip 等公司的收购为 Twitter 提供了更好的用户行为信息。Twitter 将用户数据授权给希望更好地了解用户情绪的公司。2021 年，Twitter 的数据授权业务约占总收入的 11%。

2013 年，Twitter 成为上市公司，当时估值约为 140 亿美元。尽管公司缺乏利润，但公开募股仍旧被认为是一次令人振奋的成功，开盘当天股价上涨近 75%。然而，在后来的发展中，股价从 2013 年 12 月超过 74 美元的高点大幅下跌至 2016 年不足 14 美元的历史低点，远低于首次公开募股的价格。除了利润明显不足之外，分析师还对 Twitter 的未来表示严重担忧。由于用户留存率异常低下，Twitter 的增长率很低，数据显示 60% 的新用户在次月未能返回网站。Twitter 的用户参与度也极不平衡，排名前 15% 的用户占据了所有推文的 85%。广告商也抱怨 Twitter 的广告产品相对它们产生的销售量来说花费过高，而且虚拟账户和恶意评论有可能破坏 Twitter 的用户体验。首席执行官 Dick Costolo 承认需要改变方向，并于 2015 年卸任，由联合创始人 Jack Dorsey 接任。

Dorsey 决定将公司的重心转至核心服务上，尤其要重视突发新闻。Twitter 放弃了那些不能提升用户基本体验的产品和功能。例如，Twitter 曾希望成为社交电子商务的中心，并在 2014 年推出了"立即购买"按钮，允许用户将商品添加到 Amazon 购物车。然而，2016 年，由于用户反应冷淡，该服务的开发工作被迫停止，随后逐渐被淘汰。其他未能成功的服务，如 Twitter 的 #Music 应用程序，也被束之高阁，甚至 Vine 短视频应用等流行功能也被停用。随即，Twitter 做出了一些改变，以提升发布新闻的能力，包括将推文的字数限制从 140 个字符增加到 280 个字符，并在用户时间线中显示更多的推广新闻内容。Twitter 重新设计了应用中的"Explore"标签，以提高易用性；增加了突发新闻提醒，并为重大事件推出了专门的内容中心，让用户可以用关注某人的方式关注事件。它还重新设计了桌面网站，旨在为移动和网页平台提供更加一致的体验。此外，Twitter 还致力于改进流媒体视频功能，包括直播、精彩视频剪辑和视频点播功能，涉及体育、新闻、游戏和娱乐等多个垂直领域。

开发机器学习功能也是 Twitter 的一项重要举措。它成立了名为 Cortex 的内部研究小组，启用先进的人工智能技术以改进 Twitter。Twitter 收购了几家人工智能初创公司，如 Magic Pony、Aiden 和 Fabula AI，以加强这一方面。利用人工智能技术，Twitter 调整了用户推文的排序方式，强调推文与个人用户的相关性，而不只是简单的时间顺序。机器学习算法可以决定向用户推送何种类型的通知。Twitter 取消了效果较差的广告形式，只关注能为广告商带来最佳参与度的广告形式。此外，Twitter 还专注于促进"对话健康"，调整算法以确保低质量的推文在搜索和对话中较少出现，并更改 API 以禁止同时从多个账户分享链接和内容，这是 Twitter 机器人（用于传播不实信息的虚拟账户）常用的技术。尽管 Twitter 一直在积极识别和清除这些账户，但仍有更多账户冒出来。Twitter 试图采用机器学习技术检测网络操纵和网络虚假信息，从而改进对习惯性辱骂者和仇恨团体的处理。如何在允许言论自由与监管仇恨言论和蓄意误导之间取得平衡，对 Twitter 来说仍然是一项艰巨的挑战。

这些改变，加之 Dorsey 对 Twitter 董事会的重组以及裁员 9% 的 Twitter 员工，Twitter 终于打破了发展停滞不前的状态。2017 年第四季度，因其是 Twitter 首个盈利季度而被牢记，公司将这一良好开端一直延续到 2019 年第四季度。随后，新冠疫情袭来，严重影响了 Twitter 的发展。虽然总收入增长了 7%，但全年净亏损 11.4 亿美元。更加动荡的是，一个激进的投资者集团收购了 Twitter 的大量股份，试图罢免 Dorsey 的首席执行官职务。虽然双方后来"停战"，Dorsey 暂时留任，但 Twitter 的未来仍存在一定的不确定性。2021 年，Twitter 试图重组。它推出了几款新产品，如 Twitter Spaces（在 Twitter 上进行实时音频对话的新方式）和 Communities（轻松找到兴趣相投者并与之建立联系的新方式）。Twitter 还加入了支持创作者的行列，推出了 Ticketed Spaces、Super Follows 和 Tips 功能，用户能够使用多种支付方式向创作者付费。Twitter 还推出了 Twitter Blue，这是首次推出的消费者订阅产品，允许用户付费购买独家功能和福利。此外，Twitter 还推出了一项名为"购物模块"的购物功能试点，企业能够在主页的顶部展示产品，用户无须离开 Twitter 即可购买商品。

2021 年 11 月，Dorsey 辞职。尽管 Twitter 2021 年的收入比 2020 年有所增加，但它在 2021 年再次出现亏损，这次的部分原因是要支付约 8.1 亿美元的股东集体诉讼和解费用。Twitter 股价下跌。

随后，Elon Musk 进入大众视野。2022 年 4 月初，监管文件显示，Musk 购买了 Twitter 9.2% 的股份，成为 Twitter 最大的股东。Musk 此前与 Twitter 的关系颇有争议，他曾质疑该公司对言论自由的承诺，甚至怀疑该公司是否有存在的必要。Musk 最初同意加入 Twitter 董事会，但后来突然反悔，不久后又提出收购公司的其他股份。Twitter 起初试图阻止 Musk，但经过一系列思考后，于 4 月 25 日接受了 Musk 以 440 亿美元收购公司并实现私有化的提议，Musk 获得了公司的唯一控制权。

没过多久，这笔交易就开始瓦解。2022 年 5 月中旬，Musk 表示，除非 Twitter 能向他提供证据，证明该公司只有不到 5% 的用户账户是虚假的，否则他不会继续交易。在证券文件中，Twitter 长期以来估计虚假或垃圾账户占活跃用户总数的比例小于 5%，但也表示实际数字可能高于估计值。6 月初，Musk 重申了他的立场，指责 Twitter 没有按照他的要求提供垃圾和虚假账户的数据。6 月底，Twitter 向 Musk 提供了历史推文数据以及推文"流水"，即几乎实时发布的所有推文的完整数据流。一些分析师认为，鉴于股市低迷，Musk 在利用这个问题重新谈判，甚至破坏交易。2022 年 7 月 8 日，Musk 宣布终止交易。作为回应，Twitter 起诉 Musk，试图让他按照约定的价格完成收购。与此同时，Twitter 公布的 2022 年第二季度广告收入意外下降，Twitter 和许多分析师将此归咎于 Musk 混乱的收购行为。最终，2022 年 10 月，Musk 同意继续进行收购。然而，这并不是故事的结局。Twitter 仍处于动荡之中，前途未卜。

讨论问题

1. Twitter 最重要的助手是什么？
2. 自 Twitter 成立以来，它的商业模式是如何演变的？
3. 为什么机器学习是 Twitter 的一项重要举措？
4. Twitter 采取了哪些措施来增加 2021 年的收入？
5. 为什么 Twitter 的未来仍不确定？

2.7　复习

2.7.1　关键概念

- 掌握电子商务商业模式的关键组成部分。

  成功的商业模式可以有效处理 8 个关键要素：

  - 价值主张——公司的产品或服务如何满足客户的需求。典型的电子商务价值主张包括个性化、定制化、便利性以及降低产品搜索成本和价格交付成本。
  - 收入模式——企业计划如何赚取收入、产生利润并为投入资本带来超额回报。主要的电子商务收入模式包括广告模式、订阅模式、交易费模式、销售模式和联盟模式。
  - 市场机会——公司预期市场空间内的收入潜力。
  - 竞争环境——在同一市场空间开展业务的直接和间接竞争者，包括竞争者的数量和盈利能力。
  - 竞争优势——企业区别竞争对手的因素，使其能够以更低的成本提供更优质的产品。

- 市场战略——企业制订的计划，概述企业如何进入市场并吸引客户。
- 组织发展——确定企业内部所有职能和完成每项工作所需技能的过程，以及招聘和雇用合适员工的过程。
- 管理团队——指导公司发展壮大的人员。

● 描述主要的 B2C 商业模式。

在 B2C 电子商务领域有许多不同的商业模式。主要模式包括以下几种：

- 网络零售商（电子零售商）——客户能够通过网站和移动 App 购物，包括虚拟商家（仅网络零售店）、全渠道（拥有实体店的公司的在线分销渠道）以及直接面向消费者销售的制造商（D2C/DTC）。
- 社区服务商——创建一个在线环境，让人们可以在线"见面"，并进行联系和交流；还可以分享兴趣爱好、照片和视频，以及进行交易（买卖商品和服务）。收入来自广告、订阅费、交易费、销售收入和联盟费用。
- 内容服务商——分发数字内容；通常采用广告、订阅或联盟推荐费（尤其是对创作者而言）等收入模式。
- 门户网站——提供搜索工具以及集成的内容和服务包；通常采用订阅、广告收入、交易费相结合的模式；门户网站可以是水平的，也可以是垂直的。
- 交易经纪人——处理在线交易，通常采用交易费收入模式。
- 市场创建者——建立一个数字环境（市场），买卖双方可在其中"会面"、展示、搜索产品和服务、确定价格并进行交易；通常采用交易费收入模式，或向商家收取进入市场的费用。
- 服务供应商——在线提供服务。

● 描述主要的 B2B 商业模式。

迄今为止，B2B 领域使用的主要商业模式包括：

- 电子分销商——直接向个体企业提供在线目录，包括许多不同制造商的产品。
- 电子采购公司——帮助企业实现采购流程自动化（获取货物和服务的一系列活动）。
- 电子交易市场——一个独立的数字市场，可连接数百到数千个潜在的供应商和买家。
- 行业协会——行业拥有的垂直数字市场。
- 会员专用 B2B 网络——数字网络，旨在协调有共同业务的公司之间的通信流和供应链。

● 了解适用电子商务的关键商业概念和战略。

在过去十年中，电子商务对商业环境产生了重大影响。它影响了：

- 行业结构——通过改变竞争对手之间的竞争基础、进入壁垒、新替代产品的威胁、供应商的议价能力以及买家的讨价还价能力，改变行业中参与者的性质以及相对议价的能力。
- 行业价值链——供应商、制造商、运输商、分销商和零售商在产业中开展的一系列活动，通过降低信息成本和其他交易成本，将原始投入转化为最终产品和服务。
- 企业价值链——单个企业内部开展的一系列活动，通过提高运营效率，利用原始投入创造最终产品。
- 企业战略——通过提供独特的产品差异化方法，如基于产品／服务差异化、成本、范围、聚焦／利基市场或客户亲密度的战略，使投资公司的资本获得超额长期回报的一整套计划。
- 传统的商业模式——许多行业的商业模式已被电子商务技术颠覆，在某些情况下甚至被完全淘汰。

2.7.2　思考题

1. 什么是商业模式？它与商业计划有何不同？

2. 有效商业模式的 8 个关键组成部分是什么？

3. Amazon 的主要客户价值主张是什么？

4. 描述电子商务企业使用的 5 种主要收入模式。

5. 对社区服务商来说，为什么关注利基市场通常比关注大型细分市场更明智？

6. 你认为 Amazon 和 eBay 是直接竞争对手还是间接竞争对手？（要回答这个问题，你可能需要访问它们的网站或 App。）

7. 企业获得竞争优势的具体方式有哪些？

8. 除了广告和产品抽样，企业还可以采取哪些市场战略？

9. 风险投资者与天使投资人有何不同？

10. 为什么很难对电子商务商业模式进行分类？

11. 除了本章所举的例子，目前还有哪些垂直和水平门户网站？

12. Wayfair 等网络零售商与 Walmart 等全渠道零售商的主要区别是什么？两种商业模式各有哪些优缺点？

13. 创作者通常采用哪种商业模式和收入模式？

14. 颠覆性技术和维持性技术有什么区别？

15. 电子采购公司与电子交易市场有何不同？

16. 电子商务技术的独特性怎样改变了旅游业的行业结构？

17. 谁是行业价值链中的主要参与者，他们如何受到电子商务技术的影响？

18. 企业实现盈利的 5 种通用商业战略是什么？

19. 市场机会与市场空间有何区别？

20. 什么是众筹，众筹如何帮助电子商务公司筹集资金？

2.7.3　实践项目

1. 选择一家电子商务公司。访问它的网站或移动 App，并根据你在其中找到的信息描述商业模式。确定客户价值主张、收入模式、所处的市场空间、主要竞争对手、公司拥有的优势，及其市场战略是什么。此外，请尝试查找有关该公司管理团队和组织结构的信息。（查找标有“公司简介”“关于我们”或类似内容的页面。）

2. 比较网络购物与传统购物的体验。想象一下，你决定购买一个空气炸锅（或任何其他你选择的商品）。首先，以传统方式购买产品，请描述你将如何购买（例如，你将如何收集所需的必要信息，你将访问哪些商店，需要多少时间等）。接下来，在网页或移动 App 中选购商品，并对比你的体验。它们各有什么优缺点？你更喜欢哪种方式，为什么？

3. 电子商务发展早期，先行者优势被认为是成功的途径之一。也有人认为，市场追随者一样能获得回报。事实证明，哪种方法更成功——先行者还是跟随者？选择两家电子商务公司证明你的观点，并准备一份简短的演示文稿解释你的分析和立场。

4. 选择一家参加过孵化器项目（如 Y Combinator、TechStars、Dreamit Ventures、Capital Factory 或你选择的其他项目）的电子商务公司，就其商业模式、迄今为止筹集的资金数额和来源写一份简短报告，包括你对该公司前景的看法。然后为该公司撰写一份电梯演讲稿。

5. 选择一个 B2C 电子商务零售细分行业，如宠物用品、体育用品或玩具等，分析其行业价值链。准备一份简短的演示文稿，指出该行业的主要参与者，并说明从原材料到成品的过程。

2.7.4　参考文献

Barney, J. B. "Firm Resources and Sustained Competitive Advantage." *Journal of Management* Vol. 17, No. 1 (1991).

Bower, Joseph L., and Clayton Christensen. "Disruptive Technologies: Catching the Wave." *Harvard Business Review* (January–February 1995).

Carpenter, Gregory. *The Routledge Companion to Strategic Marketing*. Routledge (2020).

CB Insights. "The Creator Economy Explained: How Companies Are Transforming the Self-Monetization Boom." Cbinsights.com (June 15, 2021).

Chayka, Kyle. "What the Creator Economy Promises—and What It Actually Does." *New Yorker* (July 17, 2021).

Christensen, Clayton M. *The Innovator's Dilemma: When New Technologies Cause Great Firms to Fail*. Cambridge, MA: Harvard Business School Press (1997).

Christensen, Clayton M., Michael E. Raynor, and Rory McDonald. "What Is Disruptive Innovation?" *Harvard Business Review* (December 2015).

Demery, Paul. "W.W. Grainger Gains Market Share as First-Quarter Sales Grow 18% to $3.6 Billion." Digitalcommerce360.com (April 28, 2022).

eBay, Inc. "Fast Facts." Investors.ebayinc.com (accessed June 20, 2022).

Johnson, Mark, Clayton Christensen, and Henning Kagermann. "Reinventing Your Business Model." *Harvard Business Review* (December 2008).

King, Andrew A., and Baljir Baatartogtokh. "How Useful Is the Theory of Disruptive Innovation?" *Sloan MIT Management Review* (September 15, 2015).

Lepore, Jill. "The Disruption Machine: What the Gospel of Innovation Gets Wrong." *New Yorker* (June 23, 2014).

Lowry, Erin. "Can You Make a Living in the Creator Economy?" *Washington Post* (June 2, 2022).

Magretta, Joan. "Why Business Models Matter." *Harvard Business Review* (May 2002).

Ovans, Andrea. "What Is a Business Model." *Harvard Business Review* (January 2015).

Payne, Adrian, Pennie Frow, and Andreas Eggert, "The Customer Value Proposition: Evolution, Development, and Application in Marketing." *Journal of the Academy of Marketing Science* (March 2017).

Porter, Michael E. *Competitive Advantage: Creating and Sustaining Superior Performance*. New York: Free Press (1985).

Porter, Michael E. "Strategy and the Internet." *Harvard Business Review* (March 2001).

Schumpeter, Joseph A. *Capitalism, Socialism and Democracy*. London: Routledge (1942).

Smagin, Andrei. "Fair & Unfair Competitive Advantage." Productmonkey.medium.com (September 10, 2021).

Varadarajan, Rajan, Manjit Yadav, and Venkatesh Shankar. "First-Mover Advantage in the Internet-Enabled Market Environment." in Martinez-Lopez, F. (ed) *Handbook of Strategic e-Business Management, Progress in IS*, Springer (2014).

|第二部分|

E-Commerce 2023: Business, Technology, Society, Seventeenth Edition

电子商务技术基础

- 第 3 章　电子商务基础设施：互联网、万维网、移动平台
- 第 4 章　建立电子商务形象：网站、移动网站和 App
- 第 5 章　电子商务安全及支付系统

电子商务基础设施：互联网、万维网、移动平台

学习目标

- 讨论互联网的起源及其背后的关键技术概念。
- 解释互联网当前的结构。
- 了解万维网的工作原理。
- 说明互联网和万维网的功能与服务如何支持电子商务。
- 了解移动 App 的影响。

开篇案例：互联网在新冠疫情流行中存活——为什么没有崩溃

新冠疫情在全球暴发后，对公众生活的很多方面产生了影响。其中一个受到疫情考验的非常重要的基础设施支柱就是互联网。随着世界各地的人们转向在家工作，宽带互联网访问的需求迅速增加，而已经占据互联网流量绝大部分的视频流量也迎来了激增。许多人开始担心：新冠疫情会导致互联网"崩溃"吗？答案是：不，互联网并没有崩溃。事实证明，互联网的基础设施足够强大，足以维持像这次疫情所引发的持续、显著的使用高峰。有很多因素可以解释为什么互联网有足够的恢复力来应对挑战。

首先，为更好地设计互联网而做出的长期投入得到了回报。互联网最大的优势之一是它的分布式特性。它不是单一的、一体的网络；相反，它是由数以千计个相互连接但又独特的网络和部分组成的集合。它没有单一的故障点。

多年来，人们在互联网基础设施上投资了数十亿美元，在疫情期间，互联网服务供应商（Internet Service Provider，ISP）继续努力优化这些设施。例如，Verizon、AT&T 和 Cox 都增加了网络骨干上的光纤连接数量，增设了移动通信基站，并升级了路由和交换技术。互联网服务供应商还能够利用先前为满足高峰需求而建设的网络容量，将其充分利用以满足以前非高峰时段的激增需求。

当网络拥堵时，拥塞控制算法会自动减缓互联网数据传输速度，以防止"管道"完全堵塞。尽管在网络流量过大时互联网传输速度可能会减慢，但通常情况下，即使在较慢的速度下仍然可以维持功能性的连接。例如，在疫情的高峰期，纽约的传输速度中位数下降了 20% 以上，但即使有所下降，传输速度中位数仍然远高于美国联邦通信委员会对高速宽带的定义（25Mbps[⊖]）。

增强互联网恢复力的另一个因素是所谓的超大规模云计算网络的出现。（正如你将在本章中了解的那样，云计算是一种计算模型，计算机处理、存储、软件和其他服务通过互联网上的虚拟化资源共享池提供。）如今，世界上大部分数字服务都是由 Amazon Web Services、Microsoft Azure 和 Google 运行的云计算网络处理的。这些网络都承载着大量流量，并采用具有先进智能的复杂架构，以在全球最优地路由不同类型的互联网流量。这使得它们所

⊖ bps 即 bit/s，本翻译版遵循英文原版书的用法，全书统一使用 bps。——译者注

提供的数字服务能够灵活地应对需求激增，并更容易解决问题，这在疫情期间被证明是无价的。

Akamai（在最后的案例研究中进行了介绍）等内容分发网络（Content Delivery Network，CDN）的发展也缓解了互联网的压力。通过缓存和路由接近本地需求的视频流量，Akamai、Cloudflare、CloudFront 和其他内容分发网络可以防止流量堵塞互联网骨干交换机。除了视频外，内容分发网络还处理电子商务和游戏流量，这两者在疫情期间也出现了激增。内容分发网络提供了一个重要的安全阀。

网络内置软件有助于管理互联网流量以匹配可用带宽。如果网络过于堵塞，网络视频公司会使用此类软件自动降低互联网视频质量。许多科技界最大的带宽消费者，包括 Netflix 和 YouTube，在各种监管机构的要求下，在某些市场这样做，以减轻互联网服务供应商的负担。

尽管这些因素使互联网能够在疫情最严重的时候处理前所未有的流量增长，但一些分析人士认为，互联网做到这一点的能力比人们意识到的要差得多。需求的激增给互联网服务供应商和科技公司都带来了一系列新的问题和挑战。例如，卡内基·梅隆大学研究人员的一项研究表明，尽管互联网下载性能没有受到太大影响，但上传性能却受到了影响。即使在最理想的情况下，上传速度也比下载速度慢得多，特别是在有线互联网上，这两者之间通常存在很大的差距（例如，Comcast 的 Performance Xfinity 套餐宣传的下载速度为 60Mbps，但上传速度仅为 5Mbps）。上传性能对于诸如视频会议这样在疫情期间变得极为重要的功能尤为关键。

虽然互联网的分布式特性是其最大的优势之一，但从"微观"层面来看，它也可以被视为其最大的弱点之一。为了让互联网为任何特定的人"工作"，整个生态系统必须发挥作用：家庭 Wi-Fi 网络、互联网服务供应商向家庭提供的最后一公里传输、许多互联网服务供应商所依赖的专用网络、连接到所有内容的骨干网络以及互联接口点，都可能成为潜在的问题点。

从更广泛的角度看，互联网在一些国家的恢复力比在其他国家更强。例如，许多低收入国家缺乏冗余的互连系统，电缆基础设施不足。在这些国家，互联网中断发生的可能性远高于其他国家。互联网协会（Internet Society）是一个由公司、政府机构和非营利组织组成的联盟，致力于监测互联网政策和实践。互联网协会推出了一项旨在衡量互联网恢复力的新指标，将具有恢复力的互联网连接定义为在正常运营面临挑战时仍能保持可接受的服务水平的连接。互联网协会的新指标涵盖以下方面：跟踪提供互联网连接的物理基础设施的存在和可用性；网络为终端用户提供无缝、可靠的互联网访问服务的能力；网络通过各种安全技术抵抗中断的能力；以及终端用户的承受能力，市场的多样性和竞争力等。互联网协会指出，这四大支柱代表互联网的核心方面，没有这些支柱，互联网就无法运作。互联网协会最初的关注重点是跟踪非洲的互联网恢复力。南非的整体恢复力得分最高（69%），但非洲大多数国家的得分都低于 50%。

在美国，互联网的恢复力可能会被《基础设施投资和就业法案》（Infrastructure Investment and Jobs Act）进一步推动。该法案于 2021 年 11 月签署，其中包括 650 亿美元用于宽带发展。法案中还包括 420 亿美元用于"宽带公平、接入和部署计划"，该计划将向各个州提供资金，以支持在目前服务不足的地区提供宽带接入。疫情突显了互联网的重要性，增加投资是确保它能够应对下一个紧急情况的必要保障。

本章探讨了当今和未来的互联网、万维网和移动平台，它们的演化过程、工作原理，以及它们现在和未来的基础设施如何带来新的商机。

开篇案例说明了互联网对日常生活的重要性，以及理解其工作原理的重要性。互联网及其底层技术并非静态现象，而是随着时间的推移发生变化，并将继续发生变化。计算机已与手机服务融合；家庭宽带接入和通过智能手机、平板电脑和笔记本电脑接入互联网的宽带无线接入已经迅速扩大；社交网络现在吸引了数百万互联网用户；云计算和智能手机应用等软件技术已经彻底改变了企业使用互联网的方式。展望未来几年，未来的商业战略将需要对这些技术以及新技术有深刻的理解，例如远程办公技术的使用、物联网、"智能/连接"运动（智能家居、智能电视和互联汽车）、增强现实、虚拟现实以及人工智能，从而向消费者提供产品和服务。表3.1总结了2022～2023年电子商务基础设施中一些最重要的发展。

表 3.1   2022～2023 年电子商务基础设施的发展趋势

经济

- 疫情流行持续影响着全球各类企业，包括短期和长期的影响。
- 移动设备提供了一个迅速扩展的社交媒体营销和广告平台，并为基于位置的网络服务和商业模式奠定了基础。
- 云计算和带宽容量的增长为网络分发内容和其他类型的服务创造了新的商业模式。
- 由互联网产生的大数据（包括结构化、半结构化和非结构化数据的大量数据集）为具备分析能力的企业提供了新的商机。

技术

- 全球互联网用户数量和在线时间持续增长，潜在地对互联网和电子商务基础设施构成压力。
- 移动设备成为访问互联网的主要模式，移动应用威胁着万维网的主导地位。
- 云计算重塑了计算和存储，成为交付软件应用程序和网络内容的重要力量。
- 互联网的 IPv4 地址资源枯竭，IPv6 过渡工作持续进行。
- 存储成本的降低以及数据库软件的进步使大数据的收集和分析成为可能。
- 5G 移动通信技术开始广泛部署，为移动设备提供更快的互联网接入。
- 物联网连接着数十亿传感器设备，正在推动智能联网"事物"的发展，如电视、房屋、汽车和可穿戴技术。
- 人工智能技术在电子商务中发挥着越来越重要的作用，应用范围从供应链物流到智能个人助手再到自动驾驶汽车。
- 元宇宙是对互联网和万维网的重新构想，是一种基于虚拟现实和增强现实技术的沉浸式体验，随着 Facebook 更名为 Meta，它的吸引力逐渐增大。
- Web3 的概念开始引起关注，这是一种基于区块链技术的新型互联网服务，比当前的互联网更加去中心化。

社会

- 疫情流行带来了社会和伦理挑战，包括新的安全和隐私问题，同时也加剧了人们对数字鸿沟的担忧。

3.1   互联网：技术背景

什么是互联网？它从何而来？它是如何支持万维网和电子商务的发展的？互联网最重要的运作原则是什么？关于互联网技术，你到底需要了解多少？

首先回答最后一个问题。答案是：这取决于你的职业兴趣。如果你走的是市场营销职业道路或综合管理业务道路，那么你需要了解有关互联网技术的基础知识，这些知识将在本章和下一章中介绍。如果你走的是技术职业道路，并希望成为网页设计师或在企业电子商务基础设施领域从事技术类工作，你需要从这些基础知识开始，然后不断深入学习。你还需要了解电子商务的商业方面，这将贯穿于本书的学习中。

正如第 1 章所介绍的，**互联网**（Internet）是数千个网络和数百万台计算机（有时被称为主机计算机或主机）的相互连接，连接着企业、教育机构、政府机构和个人。互联网为全球超过 45 亿人（包括美国约 3 亿人）提供服务，例如电子邮件、应用程序、新闻组、购物、研究、即时通信、音乐、视频和新闻（Insider Intelligence/eMarketer，2022a，2022b）。没有任何组织控制互联网或其运作方式，也没有人拥有它，但它为商业、科学研究和文化的转型提供了基础。"Internet"这个词源自"internetwork"，即连接两个或多个计算机网络的连接。**万维网**（Web）是互联网上最受欢迎的服务之一，提供对数以万计的网页的访问，这些网页是用一种叫作 HTML 的编程语言创建的，可以包含文本、图形、音频、视频和其他对象，以及允许用户轻松跳转到另一个页面的"超链接"。用户可使用网页浏览器软件浏览网页。

3.1.1　互联网的演变：1961 年至今

尽管记者们含糊其词地谈论"互联网"时间——暗示了一种快节奏的、几乎瞬间的、世界性的全球变化机制——事实上，今天的互联网起源于 60 多年前，在最初的几十年里发展缓慢，而后随着万维网和移动平台的发展而加速发展。

互联网的历史可以分为三个阶段（见图 3.1）。在创新阶段，从 1961 年到 1974 年，互联网的基本组成部分——分组交换硬件、一种名为 TCP/IP 的通信协议以及客户端 / 服务器计算——被概念化，然后在实际的硬件和软件中实现。

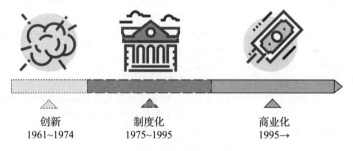

创新	制度化	商业化
1961~1974	1975~1995	1995→

图 3.1　互联网发展的各个阶段

在制度化阶段，从 1975 年到 1995 年，美国国防部和美国国家科学基金会等大型机构为新兴的互联网提供了资金支持和合法性认证。一旦互联网背后的概念在几个政府支持的示范项目中得到证实，国防部就会资助进一步的发展。这一努力创造了当时所谓的高级研究计划局网络（Advanced Research Projects Agency Network，ARPANET）。1986 年，国家科学基金会承担了发展民用互联网（当时被称为 NSFNET）的责任，并开始了一项为期 10 年的扩张计划。

在商业化阶段，从 1995 年至今，美国政府鼓励私营公司接管并扩展互联网的骨干网络，以及向世界各地的其他人口提供本地服务。请参考表 3.2，以更详细地了解自 1961 年以来互联网的发展情况。

表 3.2   互联网发展时间表

年份	事件	意义
创新阶段，1961～1974 年		
1961	Leonard Kleinrock（MIT）发表了一篇关于"包交换"网络的论文	包交换的概念由此诞生
1962	J. C. R. Licklider（MIT）撰写短文提倡"星际计算机网络"	全球计算机网络的愿景由此诞生
1969	首个包交换信息从加州大学洛杉矶分校发往斯坦福大学	首次实现互联网下的通信硬件
1972	电子邮件被发明	互联网上第一个令人惊奇的应用程序正式问世
1973	Xerox PARC 实验室的 Bob Metcalfe 发明了以太网和局域网	以太网和局域网允许开发客户端 / 服务器计算架构
1974	斯坦福大学的 Vint Cerf 和 BBN 公司的 Bob Kahn 合著的论文提出了"开放架构"网络和 TCP/IP 的概念	该论文为开发统一、通用的通信协议奠定了理论基础。TCP/IP 可以实现数千个独立的局域网和计算机互联，并且可以通过统一的地址解析方案找到网络中任何一台计算机
制度化阶段，1975～1995 年		
1977	Lawrence Landweber 提出计算机科学网络（CSNET）设想，这是用于美国大学和计算机产业界研究组的一个网络	CSNET 是全球互联网发展道路上的一个重要里程碑
1980	TCP/IP 被正式采纳为美国国防部标准通信协议	当时世界上最大的计算机组织采用 TCP/IP 网络技术
1981	IBM 公司推出第一台个人电脑——IBMPC	这些个人台式机成为使数百万人能够访问互联网的基础
1984	Apple 计算机发布 HyperCard 程序作为其图形用户界面操作系统 Macintosh 的一部分	这标志着允许用户从一个网页或记录跳转至另一个网页或记录的"超链接"技术正式进入商业销售阶段
1984	引入域名系统（DNS）	DNS 是一个提供将 IP 地址翻译成人们易于理解的文字的用户友好型系统
1989	位于瑞士的欧洲粒子物理实验室（CERN）的 Tim Berners-Lee 首次提出使用超文本标记语言（HTML）编写的超链接文档为全世界提供服务的设想	基于 HTML 而创建的被称为万维网的互联网支持服务诞生了
1993	第一个图形化的 Web 浏览器 Mosaic 被发明了	Mosaic 使普通用户也能够方便快捷地连接到放在世界上任何地方的 HTML 文档
1994	第一款商用网络浏览器 Netscape 面世。第一条横幅广告出现在 Hotwired.com 网站上	电子商务从此诞生
商业化阶段，1995 年至今		
1995	大型电信公司接管互联网主干网的运营。Network Solutions（一家私营公司）获得了分配互联网地址的垄断权	完全意义上的商业化互联网成为现实
1995	Jeff Bezos 成立了 Amazon	电子商务正式开始
1998	成立互联网名称与数字地址分配机构（ICANN）	这家非营利性的私人国际组织开始负责互联网的域名和地址管理事宜
2007	Apple 手机推出	iPhone 的推出标志着可行的移动平台发展的起步
2008	互联网云计算成为价值数十亿美元的产业	互联网有能力提供按需计算资源服务和软件应用
2011	ICANN 扩大了域名系统	ICANN 允许扩大通用顶级域名，其数量从大约 200 个扩大至潜在的数千个
2012	世界 IPv6 启动日	IPv6 增加了可用的互联网地址库，使互联网得以持续扩展

（续）

年份	事件	意义
2013	物联网开始成为现实	互联网技术从计算机和移动设备扩展到任何一个可安装传感器的事物，为物联网铺平了道路
2014	Apple 公司推出了 Apple 支付功能和 Apple 手表	Apple 支付成为第一款被广泛接受的移动支付系统。Apple 手表引领可穿戴式互联网连接技术的新时代
2019	10Gbps 互联网接入的商业可用性增加	虚拟现实、增强现实、人工智能和 4k 流媒体视频等先进技术推动了对更快宽带接入速度的需求
2020	新冠疫情席卷全球，互联网使用率激增	这次疫情说明了互联网在应对需求激增时的应变能力
2021	Facebook 更名为 Meta	元宇宙的概念被炒得沸沸扬扬：将互联网和万维网重新定义为一种身临其境的三维体验
2022	SpaceX 的 Starlink 在部署低地球轨道（LEO）互联网接入卫星系统的竞赛中遥遥领先	低地球轨道卫星系统可以为服务不足的地区提供宽带互联网接入，帮助弥合数字鸿沟

3.1.2 互联网：关键技术概念

1995 年，联邦网络委员会（FNC）通过了一项决议，正式将"互联网"定义为使用 IP 寻址方案、支持 TCP/IP 并向用户提供服务的网络，就像电话系统向公众提供语音和数据服务一样（见图 3.2）。

> 联邦网络委员会认同以下内容反映了我们对"互联网"的定义。
>
> "互联网"可被称为全球信息系统，它是：
>
> （ⅰ）在逻辑上通过网际协议（Internet Protocol）或者其后续拓展协议链接，在全球拥有唯一的地址空间；
>
> （ⅱ）能够支持使用传输控制协议 / 网际协议（TCP/IP）或其后续扩展协议或者其他兼容于网际协议的通信协议进行通信；
>
> （ⅲ）能够为公众或个人提供基于数据通信和其他相关网络基础设施的高级网络服务的全球信息系统。
>
> 最后一次修改是 1995 年 10 月 30 日。

图 3.2 联邦网络委员会决议

在这个官方定义的背后有三个极其重要的概念：包交换、TCP/IP 和客户端 / 服务器计算架构，它们是理解互联网的基础。尽管随着时间的推移，互联网已经发生了巨大的变化，但这三个概念仍然是当今互联网功能的核心，也是未来互联网的基础。

包交换

包交换（packet switching）是指将用户传送的数字信息划分成多个一定长度的包（packet），通过可获得的不同的通信线路将这些包传送到目的地，然后在目的地重组以形成用户所传送的数字信息的一种方法（见图 3.3）。在包交换技术出现之前，早期的计算机网络使用租用的专用电话线路实现与终端和其他计算机的通信。在电话系统这样的线路交换网络中，只有当一个完整的点对点传输线路建立之后，才能正式开始通信。但是这些专用的线路交换技术不仅十分昂贵，也会浪费可用的通信能力，因为这些线路无论是否有数据在其中进行传输都要被保留。所以，我们需要一种更好的技术。

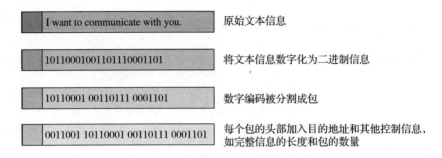

图 3.3 包交换。由于每一个数据包需要被接收方计算机识别，所以多数时间里，网络不是在传递信息，而只是在确认信息，这就产生了一种延迟

在包交换网络中，信息在发送前首先被拆分成数据包。这些数据包的头部会被附加上一些数字编码用来指示它的源地址（出发点）和目的地地址，以及包的序列号和误差控制信息。在包交换网络中，这些数据包并不会直接被传送到目的地，而是通过一台又一台计算机间的交换和传递最终到达目的地。这些交换和传递数据包的计算机就是所谓的路由器。因此，**路由器**（router）是指连接互联网中成千上万个独立网络的专用计算机，负责为数据包寻找路径并把数据包转发至最终目的地。为了确保数据包通过最优路径传递到目的地，路由器采用了一种被称为**路由算法**（routing algorithm）的计算机程序。

包交换并不需要提前建立专用传输线路，而是可以利用数百条线路中的任何闲置容量。因此，包交换几乎充分利用了所有可用的线路和容量。此外，如果某些线路无法使用或过于繁忙，那么数据包可以通过任何其他可用的线路传输到目的地。

TCP/IP

尽管包交换是通信能力方面的一个巨大进步，可是在将数字信息分解成数据包，然后将这些数据包通过路由器传输到正确的地址并且重新将它们组合成完整的信息方面，目前还没有一个世界公认的方法。这个问题的解决方式就是建立一个**协议**（protocol）（包括有关数据传输的规则和标准）去管理信息的格式、排序、压缩和错误检查，同时详细说明传输速度和网络设备运行的方式，提示网络设备是发送信息还是接收信息。

传输控制协议 / 网际协议（TCP/IP）（有时也被称为互联网协议套件）已经成为互联网的核心通信协议（Cerf and Kahn，1974）。TCP/IP 是一个大的协议家族，以其最重要的成员 TCP 和 IP 命名。**TCP** 建立了网络计算机中发送和接收的连接，确保一台计算机发送的数据包以相同的顺序被另一台计算机接收，并且不会产生任何数据包的丢失。**IP** 提供了互联网地址编制方案，负责数据包的实际传输。**用户数据报协议**（UDP）也是互联网协议组件中的一个关键组件，在 TCP 无须进行错误检查和纠正时提供了 TCP 的替代方案。

互联网协议组件被分为四个独立的层，每一层都负责处理不同方面的通信问题（见图 3.4）。**网络接口层**（network interface layer）负责放置数据包以及从网络媒介接收数据包。所谓网络媒介有可能是局域网或者令牌环网，抑或是其他网络技术。TCP/IP 是独立于任何局域网技术的，它可以调节自身以适应不同层次的局域网。**网络层**（internet layer）负责互联网信息的寻址、打包、路由。**传输层**（transport layer）负责同具体的网络应用进行双向通信，完成数据包的确认和排序，再通过应用程序进行传输。TCP 和 UDP 都在这一层运行。另一个协议 QUIC 在一个加密的信封内实现了基本的传输服务，并使用 UDP 来遍历互联网。QUIC 正在迅速成为 TCP 的可选替代方案。例如，Facebook 现在有超过 75% 的流量使用

QUIC（Sandvine，2022）。**应用层**（application layer）包括各种用于提供用户服务或交换数据的协议。其中，最重要的一个是**边界网关协议**（BGP），它可以在互联网上的不同自治系统之间交换路由信息。BGP 使用 TCP 作为其传输协议。应用层中包含的其他重要协议包括超文本传输协议（HTTP）、文件传输协议（FTP）和简单邮件传输协议（SMTP），我们将在本章后面讨论这些协议。

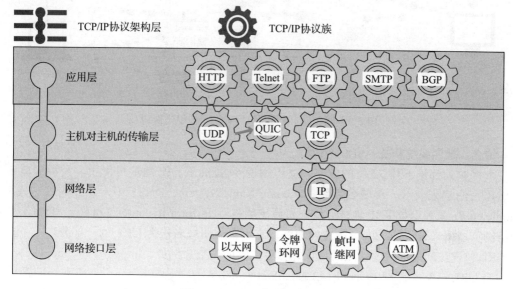

图 3.4　TCP/IP 架构和协议族

IP 地址

IP 地址寻址方案解决了"怎样才能使成千上万的计算机连接到互联网与其他计算机进行通信"的问题。其答案就是必须为每台连接到互联网的计算机分配一个地址，否则它将不能发送或接收 TCP 数据包。例如，当你登录到互联网上时，互联网服务供应商会为你的计算机分配一个临时地址。大多数企业和大学的计算机连接到局域网时都会获得一个永久的 IP 地址。

目前正在使用的 IP 有两个版本：IPv4 和 IPv6。IPv4 互联网地址是一个 32 位的数字，它以四个独立的数字序列表示，如 64.49.254.91，每个数字的范围都是从 0 到 255。这种编址方案可以提供约 40 亿个地址（2^{32}）。在一个典型的网络中，前三个数字用来识别网络（以前述例子为例，64.49.254 是本地局域网的标识），最后一个数字（91）代表某个具体的计算机。

由于许多大型企业和政府部门已经占据了数百万的 IP 地址（以满足其当前和未来的需求），并且所有新的网络和互联网设备都需要唯一的 IP 地址才能连到互联网，因此可分配的 IPv4 地址数量大幅减少。北美、欧洲、亚洲和拉丁美洲的注册中心基本上已经用完了所有地址。IPv6 就是为了解决这个问题而创建的。IPv6 的互联网地址是由 128 位二进制数字构成的，所以它可以提供 2^{128}（3.4×10^{38}）个地址，比 IPv4 提供的多很多。根据 Akamai 的说法，在美国，目前大约 40% 的互联网流量来自 IPv6（Akamai，2022）。

图 3.5 说明了 TCP/IP 和包交换机如何一起工作，如何通过互联网发送数据。

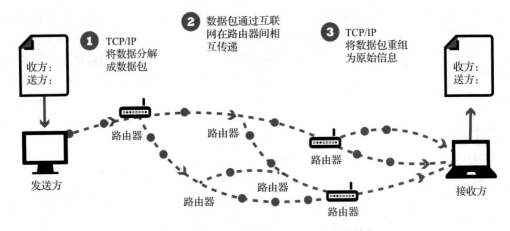

图 3.5   路由互联网信息：TCP/IP 和包交换机

域名、域名系统和统一资源定位符

大多数人都记不住 32 位的数字，更不用说 64 位的了。IP 地址可以用一种称为**域名**的自然语言约定来表示。在**域名系统**（Domain Name System，DNS）中，允许用表达式（如 google.com）来表示数字 IP 地址。**统一资源定位符**（Uniform Resource Locator，URL）是指网络浏览器用来确认网站内容位置的地址，它也会使用域名作为 URL 的一部分。一个典型的 URL 包含访问地址时要使用的协议，然后是它的位置。例如，https://www.google.com 这样一个 URL，表示其 IP 地址是 142.250.65.196，域名为 "google.com"，用来访问网络的协议是 HTTPS。我们将在 3.3 节进一步讨论域名和 URL 的内容。图 3.6 展示了域名系统，表 3.3 总结了互联网寻址方案的主要组成部分。

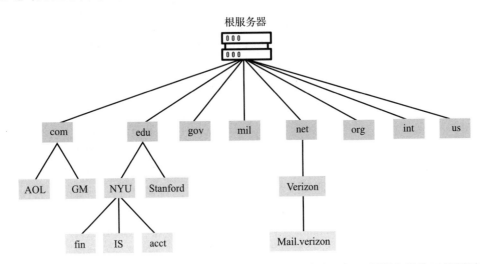

图 3.6   域名系统的层次结构。域名系统是一个层次型的命名空间，根服务器位于最顶层，负责管理一级域名，并确定组织类型（如 .com、.gov、.org 等）或者地理位置（如 uk 或者 ca）。第二级域名服务器负责面向组织和个人为每一个一级域名提供二级域名的分配和注册管理，例如 IBM.com、Microsoft.com 和 Stanford.edu。最后，第三级域名代表的是一个组织中的某一台或某组计算机（例如，www.acct.nyu.edu）

表 3.3 互联网的组成部分：名称及地址

IP 地址	每一个连接互联网的设备都必须有独一无二的数字形式的 IP 地址
域名	DNS 允许使用如 Pearson.com（Pearson 的网站）的表达方式去代表数字型 IP 地址
DNS 服务器	DNS 服务器是用来跟踪互联网上的 IP 地址和域名的数据库
根服务器	根服务器是核心领导者，它列出了每一个区域使用过的所有域名，如 .com 根服务器。在进行路由通信时，当 DNS 服务器发现一些不熟悉的域名时，它会通过根服务器询

客户端 / 服务器计算架构

包交换使网络通信能力实现了几何级的增长，TCP/IP 提供了网络通信规则和法规，这些推动了计算机领域的变革，产生了如今的互联网及万维网。这种革命被称为客户端 / 服务器计算架构，如果没有它，我们的互联网将不复存在。**客户端 / 服务器计算**是一种计算模型，其中**客户端**（可以请求访问服务或资源的各种类型的设备）与一个或多个**服务器**连接在网络中，这些服务器是专门用于执行网络上客户端需要的常见功能的计算机，如文件存储、软件应用程序、打印和互联网访问（参见图 3.7）。互联网是一个庞大的客户端 / 服务器的例子，其中位于世界各地的数百万个网络服务器可以很容易地被同样位于世界各地的数百万个客户端访问。

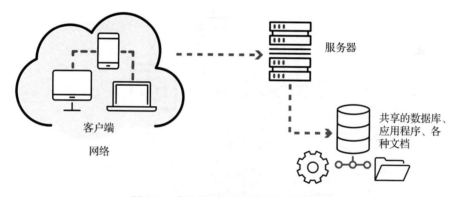

图 3.7 客户端 / 服务器计算架构模型

想要真正了解客户端 / 服务器计算架构的伟大意义，就必须先了解计算机的发展历史。在 20 世纪六七十年代的大型机计算环境中，运算能力是十分昂贵且有限的，当时并没有足够的运算能力去支持普通文本文件中的图形和色彩显示，更不要说音频、视频或者超文本链接的处理任务了。在这一时期，计算是完全集中的：所有的工作都是由一台主机计算机完成的，用户使用终端连接到主机上。

随着个人计算机以及局域网的飞速发展，客户端 / 服务器计算架构的问世成为可能。客户端 / 服务器计算架构具备许多原来的中央大型机计算架构所不具备的优点。例如，通过增加服务器和客户端的数量，很容易提升其能力。此外，客户端 / 服务器网络也比中央大型机计算架构稳健性更强。如果一台服务器出现故障，网络的备份服务器或镜像服务器将能承担它的工作。如果一个客户端无法运行，网络中的其余客户端将继续承担它的工作。此外，整个系统的运算负荷被许多强大的较小的计算机所分担，而不是集中在一台大型计算机上来处理。因此，客户端 / 服务器环境中，软件和硬件可以被构建得更加简单、经济。

3.1.3 移动平台

如今无论是在美国还是全球，智能手机和平板电脑已取代传统的台式电脑和笔记本电脑，成为人们访问互联网的主要方式，这意味着电子商务的主要平台正转向移动端平台。

　　据统计，美国约有 2.6 亿人使用移动电话进行互联网访问。诸如使用 Apple iOS 的 iPhone，以及使用 Google Android 操作系统的 Samsung Galaxy 系列的智能手机，均对电子商务领域产生了深远的影响。与此同时，像 iPad、Microsoft Surface 以及其他众多品牌的平板电脑，由于其轻便性、无需复杂操作系统并依赖互联网进行数据处理和存储的特点，受到了广大用户的欢迎。在美国，约有 1.7 亿人选择使用平板电脑访问互联网（Insider Intelligence/eMarketer，2022c，2022d）。

　　移动平台已影响了消费者的购物习惯，为电子商务带来了深刻的启示。关于移动互联网的更多详细讨论将在 3.2 节中进一步展开。

3.1.4　互联网"云计算"模型：硬件和软件服务

　　云计算是一种计算模型，通过互联网提供处理、存储、软件和其他服务作为共享的虚拟化资源池。这些计算资源"云"可以根据需要从连接的任何设备和任何位置进行访问。图 3.8 描述了云计算的概念。

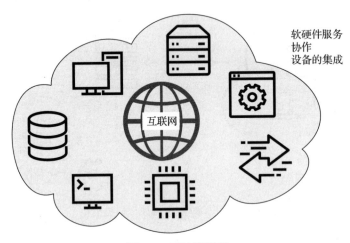

图 3.8　云计算模型

　　美国国家标准与技术研究所（National Institute of Standards and Technology，NIST）定义云计算的基本特征如下：

- **按需自助服务**：消费者可以根据需要自主选取算力资源，如服务器时长或网络存储。
- **无处不在的网络接入**：云资源可以使用标准网络和互联网设备（包括移动平台）来访问。
- **位置无关的资源池化**：计算资源被集中起来为多个用户提供服务，不同的虚拟资源根据用户需求动态分配。用户通常不知道计算资源的位置。
- **快速弹性**：可以迅速地配置、增加或减少计算资源，以满足变化的用户需求。
- **服务计费**：云资源的费用基于实际使用的资源量计算。

云计算包括三种基本的服务类型：

- **基础设施即服务**（Infrastructure as a Service，IaaS）：客户使用被称为云服务供应商（Cloud Service Provider，CSP）的第三方供应商提供的处理、存储、网络和其他计算资源来运行其信息系统。例如，Amazon 利用其信息技术基础设施的闲置资源开发了 Amazon 网络服务（Amazon Web Services，AWS），该服务为众多不同的 IT 基础设施服务提供云环境。表 3.4 描述了 AWS 提供的服务范围，例如简单存储服务（Simple Storage Service，S3）用于存储客户数据，弹性计算云（Elastic Compute Cloud，EC2）服务用于运行应用程序。用户仅支付他们所使用的计算和存储容量。

- **软件即服务**（Software as a Service，SaaS）：客户使用在供应商的云基础设施上托管的软件，并通过网络作为服务交付。领先的 SaaS 示例包括 Google 的工作空间，它提供常见的商业应用程序，以及 Salesforce.com，它通过互联网提供客户关系管理和相关的软件服务。用户从网络浏览器访问这些应用程序，数据和软件存储在供应商的远程服务器上。

- **平台即服务**（Platform as a Service，PaaS）：客户使用 CSP 支持的基础设施和编程工具开发自己的应用程序。例如，IBM 提供 IBM Cloud，用于在其云基础设施上进行软件开发和测试。另一个示例是 Salesforce.com 的 Lightning Platform，它允许开发人员构建托管在其服务器上作为服务的应用程序。

表 3.4　Amazon 网络服务

名称	描述
EC2	可扩展的云计算服务
S3	数据存储基础设施
DynamoDB	NoSQL 数据库服务
Redshift	千兆级数据仓库服务
关系数据库服务（RDS）	为 MySQL、Oracle、SQLServer 和 PostgreSQL 数据库提供的关系数据库服务
Route 53	云中的 DNS 服务，使企业能够将互联网流量引导至网络应用程序
CloudFront	内容分发服务
Elastic MapReduce（EMR）	使用户能够执行数据密集型任务的网络服务
Kinesis	大数据服务
AppStream	应用程序和游戏的流式传输服务
CloudSearch	可集成到应用程序的搜索服务
简单邮件服务（SES）	云电子邮件服务
身份和访问管理（IAM）	使得安全地控制对 AWS 服务的访问成为可能
CloudWatch	监控服务
Elastic Beanstalk	用于部署和扩展网络应用程序和服务的服务
Cognito	允许开发者安全地管理和同步跨移动设备的用户应用程序数据
移动分析	可以每天从数百万用户的数据中收集和处理数十亿的事件
灵活支付服务（FPS）	为开发者提供的支付服务
Amazon Mechanical Turk	需要人类智慧的工作任务众包市场
Alexa Web Information Service	为开发者提供网站流量数据和信息

云可以是私有的、公有的或混合的。**公有云**（public cloud）由像 Amazon 网络服务、Microsoft、Google 或 IBM 这样的云服务供应商拥有和维护，并给多个客户提供服务，客户仅支付他们使用的资源费用。公有云节省成本并有着相对安全的企业级的可靠性。因为使用公有云的组织并不拥有这些基础设施，所以它们不需要在自己的硬件和软件上做出大量投资。相反，它们从远程供应商那里购买计算服务，并仅支付它们所使用的计算资源费用（效用计算），或者按月、年订阅的方式进行计费。按需计算也用来描述此类服务。因此，公有云是小型和中型企业的理想环境，这些企业无法负担自建完整基础设施的开销。公

有云适用于需要高性能、可扩展性和高可用性的应用，适用于新应用程序的开发和测试。以及那些偶尔有大型计算项目的公司。Gartner 估计，2022 年全球公有云服务的支出（不包括云广告）将增长 20% 以上，达到近 5000 亿美元（Gartner，Inc.，2022）。如 Google、Apple、Dropbox、Box 等公司也为数据、音乐和照片的网络存储提供公有云作为消费者服务。Google Drive 和 Apple iCloud 是这种消费者云服务的主要代表。

私有云（private cloud）提供与公有云相似的内容，但仅为单一组织的利益而服务。它可能由该组织或第三方管理，并可以在内部或外部托管。与公有云一样，私有云可以无缝分配存储、计算能力或其他资源，以按需提供计算资源。那些有严格的监管合规要求或需要高安全性的专门许可的公司，如金融服务或医疗保健公司，或那些希望在保留自己的 IT 基础设施控制权的同时使用灵活的信息技术资源和云服务模式的公司，通常使用私有云。

大公司最有可能采用**混合云**（hybrid cloud）计算模式，其中最核心的活动使用私有云，并在业务高峰期为不太关键的系统或额外的处理能力采用公有云计算。表 3.5 比较了这三种云计算模式。云计算将逐渐使公司从拥有固定的基础设施能力转向更灵活的基础设施，其中一部分由公司拥有，另一部分则租用云服务供应商提供的巨型数据中心。

表 3.5　云计算模式的对比

云类型	描述	管理者	通常的使用者
公有云	第三方服务提供计算、存储和软件服务给多个客户	第三方服务供应商	不太关心隐私的公司，寻求按需付费 IT 服务的公司，缺乏 IT 资源和专业知识的公司
私有云	专为单一组织运行并可以在内部或外部托管的云基础设施	内部 IT 或私有第三方主机	有严格的隐私和安全要求的公司，必须对数据主权有控制权的公司
混合云	私有云和公有云服务的结合，但仍为独立实体	内部 IT、私有主机、第三方供应商	需要一些内部 IT 控制，同时也愿意将部分 IT 基础设施分配给公有云的公司

云计算同样存在一些局限性。除非用户特地选择在本地存储数据，否则数据存储和管理权便落在服务提供者手中。有些企业对于将其关键数据和系统委托给同时服务于其他企业的外部供应商而感到担忧，因为这可能存在潜在的安全风险。企业普遍期望其系统能够 24×7 无间断地运行，并且不希望因为云基础设施的故障而遭受业务能力的损失。除此之外，因为数据需要经过网络传输至远端的云数据中心，并最终回传至用户，云计算在数据处理和传输中可能带来一定延迟。为应对此问题，例如 Akamai 这样的公司发展了所谓的**边缘计算**（edge computing）服务。边缘计算旨在优化云计算，通过将部分数据处理和存储任务转移到位于网络"边缘"的、距离最终用户更近的服务器上，从而提高响应速度并有效节约带宽。

云计算给电子商务带来了众多深远的启示。对于电子商务企业，由于所需的硬件基础设施和软件可以从云服务供应商以服务形式租赁，相较于传统的购买方式，云计算极大地降低了企业建设和企业运营网站的成本。在扩展业务时，企业可以采用"按需付费"和"随业务增长付费"的策略。以 Amazon 为例，有数十万用户使用其 Amazon 网络服务。对个人用户而言，这意味着他们不再需要一台高性能的笔记本或台式机来参与电子商务活动，而可以转为使用更为经济的平板电脑或智能手机。对于商业组织，云计算意味着它们可以大幅度减少硬件和软件的开支，因为这些服务可以通过网络以较低的成本获取，而无需投资以拥有这些资源，同时也避免了维护相关基础设施所需的 IT 人员的雇佣成本。

3.1.5 其他互联网协议

互联网上诸如网页传输、电子邮件、文件传输及安全等各种服务是由很多协议支持的。值得注意的是, 这些协议不是由任何单一组织所拥有的。它们是经过多年发展而逐渐完善的, 并且对全体互联网用户开放。

超文本传输协议(Hyper Text Transfer Protocol, HTTP) 是用于传输网页的互联网协议。HTTP 由万维网联盟(World Wide Web Consortium, W3C) 和互联网工程任务组(Internet Engineering Task Force, IETF) 共同开发。如图 3.4 所示, HTTP 在 TCP/IP 模型的应用层中运行。当客户端的浏览器请求某项资源(如网页) 时, HTTP 会话就会开始。当服务器响应并发送所请求的页面时, 对于该对象的 HTTP 会话便会结束。由于网页上可能包含许多对象——图形、声音或视频文件、框架等, 每个对象都必须通过单独的 HTTP 消息进行请求。HTTP/2 是 HTTP 的更新版本, 它通过消除在客户端和服务器之间打开多个 TCP 连接的需要(称为多路复用) 来增强网站性能, 从而允许服务器向客户端推送资源, 而无须客户端进行请求(称为服务器推送), 并减小了 HTTP 头大小(头压缩)。HTTP/2 还具有安全方面的优势, 为加密数据提供了更好的性能。几乎所有主要的 Web 浏览器都支持 HTTP/2, 但截至 2022 年 6 月, 由于组织从 HTTP 过渡到 HTTP/2 所面临的挑战, 只有不到一半的网站采用了它。更新版本的 HTTP——HTTP/3——被大约 25% 的网站使用。HTTP/3 使用 QUIC 而不是 TCP 作为传输协议(W3Techs, 2022; Bishop, 2021)。我们将在第 5 章进一步讨论 HTTPS, 它是 HTTP 的一个更安全的版本。

电子邮件是互联网服务中最早、最重要且使用最频繁的服务之一。与 HTTP 一样, 用于处理电子邮件的各种互联网协议都在 TCP/IP 的应用层中运行。**简单邮件传输协议**(Simple Mail Transfer Protocol, SMTP) 是用于向服务器发送电子邮件的互联网协议。SMTP 是一个相对简单、基于文本的协议, 在 20 世纪 80 年代初开发。SMTP 仅处理电子邮件的发送。要从服务器检索电子邮件, 客户端计算机使用 **POP3**(Post Office Protocol 3, POP3) **协议**或**互联网消息访问协议**(Internet Message Access Protocol, IMAP)。用户可以设置 POP3 以从服务器检索电子邮件消息, 然后在服务器上删除消息或保留它们。IMAP 是一个较新的电子邮件协议, 允许用户在从服务器下载电子邮件之前搜索、组织和过滤电子邮件。

文件传输协议(File Transfer Protocol, FTP) 是最原始的互联网服务之一。FTP 在 TCP/IP 的应用层中运行, 允许用户将文件从服务器传输到他们的客户端计算机, 反之亦然。这些文件可以是文档、程序或大型数据库文件。FTP 是传输大文件的快速且方便的方式。但现在 FTP 在很大程度上已被更安全的协议所取代, 例如 FTPS(基于 SSL 的 FTP, 增添了加密作为安全措施) 和 SFTP(SSH 文件传输协议), 这些协议增加了更多的安全功能(Horan, 2020)。

安全套接层(Secure Sockets Layer, SSL) 协议是最初用于实现客户端和服务器之间在互联网上的安全通信的协议。但现在它已被**传输层安全**(Transport Layer Security, TLS) 协议所取代, 这是 SSL 的更新、更安全的版本。SSL 和 TLS 都在 TCP/IP 的传输层和应用层之间运行。通过多种技术, 如消息加密和数字签名, TLS 有助于保护电子商务通信和支付, 我们将在第 5 章中进一步讨论这些技术。

3.2 互联网基础设施与接入

截至 2022 年, 全球联网用户数量从 1997 年底的仅 1 亿增长到了约 45 亿。尽管这是一个庞大的数字，但只占全球人口的 57% 左右。尽管互联网用户增长在美国和西欧地区已经放缓，为 1%～1.5% 左右，但中东 / 非洲和亚太地区等其他地区的增长率略高，中东 / 非洲估计将在未来五年内增长约 3%，而亚太地区将增长约 2%。预计到 2026 年，全球将有约 49 亿互联网用户（Insider Intelligence/eMarketer，2022e）。正如在开篇案例中提到的，人们可能会担心如此惊人的增长速度会导致网络超负荷运行，但事实并非如此。首先，客户端 / 服务器计算是高度可扩展的。通过简单地添加服务器和客户端，互联网用户的数量可以无限增长。其次，互联网架构是分层构建的，因此每一层都可以发生变化，而不会干扰其他层的发展。例如，用于在互联网上传递消息的技术可以经历数次变革，消息传递越来越快，但不会对运行在互联网上的其他桌面应用程序造成干扰。

图 3.9 展示了互联网的"沙漏"分层架构。互联网在概念上可以分成四个层次。**网络技术基础层**由电信网络和协议组成。**传输服务和表示标准层**包括 TCP/IP。**应用层**包含客户端应用程序，如网页、电子邮件以及音频或视频播放。**中间件服务层**将应用层与其他层连接在一起，包括安全性、身份验证、寻址和存储等服务。用户使用的是应用程序（如电子邮件），且很少注意在后台运行的中间件。由于所有层都使用 TCP/IP 和其他常见标准来连接这四层，因此可以在不改动应用层的情况下，对网络技术基础层进行重大调整。需要注意的是，TCP/IP 本身也有层次结构，不要与互联网架构中的这些层次结构混淆。

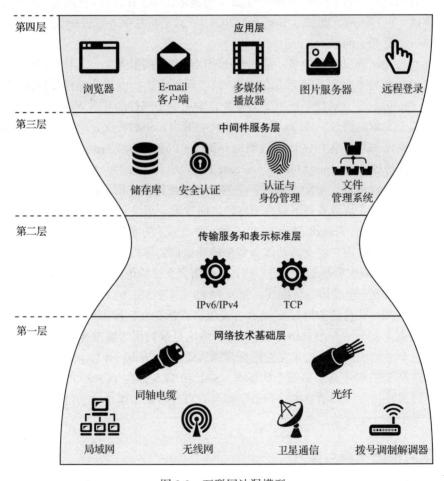

图 3.9   互联网沙漏模型

3.2.1 互联网主干网

图 3.10 展示了当今互联网的一些主要组成部分。互联网的**主干网**（backbone）是由众多私人拥有的高带宽**光纤电缆**（fiber-optic cable）网络组成的，这些网络连接在一起，并将信息从一个私有网络传输到另一个私有网络。（光纤电缆由数百根玻璃或塑料线组成，利用光来传输数据。光纤电缆已取代了现有的同轴电缆和绞铜电缆，因为它能以更快的速度传输更多数据，干扰更少且安全性更高。同时光纤电缆也更薄更轻，安装时占用的空间更少。）这些长途光纤网络通常由一些被称为 **Tier 1 互联网服务供应商**（Tier 1 Internet Service Provider，Tier 1 ISP）（有时也被称为传输 ISP）的公司拥有（见表 3.6）。Tier 1 ISP 之间相互"对等"，允许互联网流量通过彼此的电缆和设备自由传输，无须支付费用。Tier 1 ISP 只与其他 Tier 1 或 Tier 2 ISP（下一节中描述）打交道，而不涉及最终用户。为简单起见，我们将这些骨干网络称为单一的"骨干"。**带宽**（bandwidth）衡量在固定时间内可以通过通信媒介传输多少数据，通常以每秒比特（bit/s）、每秒千比特（kbit/s）、每秒兆比特（Mbit/s）或每秒千兆比特（Gbit/s）来表示。在美国，互联网骨干网络可以以高达 100Gbit/s 的速率传输数据。

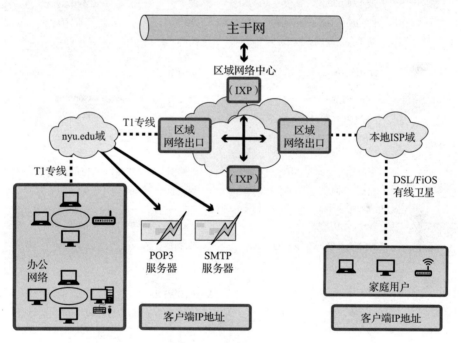

图 3.10 互联网网络架构

表 3.6 美国主要的 Tier 1 互联网服务供应商

AT&T	NTT Communications
Cogent Communications	T-Mobile（之前是 Sprint）
GTT Communications	Verizon
Lumen Technologies（之前是 CenturyLink）	Zayo Group

与其他大陆的连接是通过海底光纤电缆和卫星链接的组合来实现的。越来越多的互联网巨头（如 Amazon、Google、Microsoft 和 Meta）不再租赁 Tier 1 ISP 的带宽，而是正在建设自己的海底光纤网络。互联网骨干网络还具备内置的冗余，这意味着如果一个部分出现故

障，数据可以重新路由到骨干的另一部分。**冗余**（redundancy）指的是网络中多个重复的设备和路径。美国互联网长途光纤网络地图显示，光纤网络在东北部和沿海地区非常密集，而在上平原和四角地区的基础设施则明显缺乏（Simonite，2015；Durairajan et al.，2015）。

3.2.2 互联网交换点

在美国，有许多区域网络枢纽，Tier 1 ISP 可以在这些地方建立连接，它们之间互相连接，或者与区域的（Tier 2）ISP 连接。Tier 2 ISP 既通过对等协议交换互联网流量，也通过购买互联网传输服务来实现，它们将 Tier 1 ISP 与 Tier 3 ISP（Tier 3 ISP，向消费者和企业提供互联网访问服务）连接在一起，有关 Tier 3 ISP 的信息将在下一小节中进一步描述。这些枢纽最初被称为网络访问点（NAP）或城域交换点（MAE），但现在更常被称为**互联网交换点**（Internet Exchange Points，IXP)(见图 3.11）。

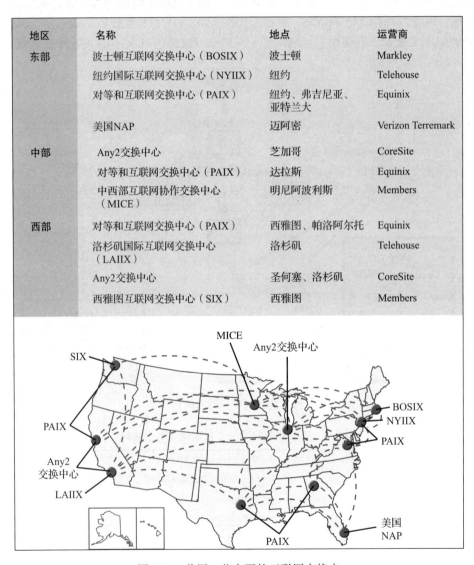

地区	名称	地点	运营商
东部	波士顿互联网交换中心（BOSIX）	波士顿	Markley
	纽约国际互联网交换中心（NYIIX）	纽约	Telehouse
	对等和互联网交换中心（PAIX）	纽约、弗吉尼亚、亚特兰大	Equinix
	美国NAP	迈阿密	Verizon Terremark
中部	Any2交换中心	芝加哥	CoreSite
	对等和互联网交换中心（PAIX）	达拉斯	Equinix
	中西部互联网协作交换中心（MICE）	明尼阿波利斯	Members
西部	对等和互联网交换中心（PAIX）	西雅图、帕洛阿尔托	Equinix
	洛杉矶国际互联网交换中心（LAIIX）	洛杉矶	Telehouse
	Any2交换中心	圣何塞、洛杉矶	CoreSite
	西雅图互联网交换中心（SIX）	西雅图	Members

图 3.11   美国一些主要的互联网交换点

3.2.3　Tier 3 互联网服务供应商

在多层次互联网架构中，为居民、小型企业以及一些大型机构提供互联网接入租赁服务的公司，通常被称为 **Tier 3 互联网服务供应商**（Tier 3 ISP）。Tier 3 ISP 是零售供应商，它们提供家庭和商业办公室的"最后一公里服务"。Tier 3 ISP 通常通过高速电话线或电缆线连接到互联网交换点。

在美国，Comcast、Charter Spectrum（通过收购 Time Warner Cable 和 Bright House Networks 提升了地位）以及 AT&T 三家公司共同控制着美国近一半的"最后一公里"有线基础设施。其他主要的 Tier 3 ISP 包括 Verizon、Altice（Optimum Online）、Lumen Technologies（之前是 CenturyLink）和 Cox。还有成千上万的小型的互联网服务供应商。如果你有家庭或小型企业的互联网接入需求，那么 Tier 3 ISP 可以为你提供服务。值得注意的是，许多 Tier 3 ISP 也是 Tier 1 ISP，这两种角色并不是互斥的。卫星公司也提供互联网接入服务，特别是在其他类型的宽带服务不可用的偏远地区。

表 3.7 总结了供消费者和企业使用的各种互联网接入服务。有两种主要类型的服务：窄带和宽带。**窄带**（narrowband）服务是传统的电话调制解调器连接（"拨号"运行），速度在 56.6Kbps。这曾经是最常见的连接方式，但在美国和其他地方大部分已被宽带连接所取代（United States Census Bureau，2020）。宽带服务基于 DSL（包括高速光纤服务）、电缆、电话（T1 和 T3 线路）（DSL、电缆和基于电话的宽带通常被称为固定宽带）和卫星技术。在互联网服务的背景下，**宽带**（broadband）是指任何允许客户以可接受的速度播放流媒体音频和视频文件的通信技术。美国联邦通信委员会（Federal Communications Commission，FCC）目前将提供的服务定义为下载速度不低于 25Mbps 和上传速度不低于 3Mbps。请注意，这远低于全球平均下载速度（约为 65Mbps）和上传速度（约为 28Mbps）（Federal Communications Commission，2015；Speedtest，2022）。尽管 FCC 声称约 70% 的美国家庭可以获得满足或超过 FCC 最低要求的固定宽带，但其他调查报告显示这一比例要低得多。例如，2022 年 NPD 的一份报告显示，美国大陆地区仅有 50% 的家庭可以获得下载速度达到 25Mbps 的宽带，而有 34% 的家庭只能以低于 5Mbps 的速度上网。美国农村地区的居民特别缺乏服务（FCC，2021；NPD Group，2022）。

表 3.7　互联网接入选择

接入方式	下载速度
电话调制解调	30～56Kbps
DSL	1～35Mbps
FiOS	25～940Mbps
线缆调制解调	15～600Mbps
地球静止轨道网络	5～100Mbps
低地球轨道卫星网络	50～150Mbps
T1	1.54Mbps
T3	45Mbps

实际数据传输量取决于各种因素，包括线路中的噪声和请求服务的用户数量等。通常所提的服务级别速度仅适用于下载互联网内容，上传速度往往较慢，尽管许多宽带互联网服务供应商宣称他们制订了上传和下载速度相同的计划。

数字用户线路（Digital Subscriber Line，DSL）服务是一种通过家庭或企业中的普通电话线提供高速互联网访问的电话技术。服务级别通常在1～35Mbps左右。DSL服务需要客户住在距离附近的电话交换中心大约4000米的地方。为了与有线电视公司竞争，电话公司现在还提供一种称为FiOS（光纤服务）的高级DSL形式，为家庭和企业提供高达940Mbps的速度。

有线互联网（cable internet）是指一种有线电视技术，它通过使用向家庭提供电视信号的同一数字视频电缆来实现对互联网的数字接入。有线互联网是DSL服务的一种主要宽带替代方案，通常提供更快的速度和"三网合一"——电话、电视和互联网——订阅，每月只需支付一次费用。但是，有线互联网的可用带宽是与附近使用同一电缆的其他人共享的。当许多人同时试图通过电缆上网时，速度可能会变慢，性能也会受到影响。有线互联网服务通常提供从15Mbps到600Mbps不等的速率。Comcast、Charter Spectrum、Cox和Altice（Optimum Online）是一些主要的有线互联网供应商。

卫星互联网（satellite internet）通过卫星提供高速宽带互联网接入。当前有两种类型的卫星互联网接入。传统卫星互联网基于地球静止轨道（GEO）卫星，接入速度和月费用与DSL和有线相当，但通常需要较高的初始安装费用，用于安装一个小型（约46厘米）卫星天线。上传速度较慢，通常为5～100Mbps。卫星供应商通常限制单个账户在一定时期（通常为每月）内可以下载的总数据量，通常以兆字节为单位。主要的传统卫星供应商包括Dish、HughesNet和Viasat。第二种类型的卫星互联网接入基于低地球轨道（LEO）卫星。LEO卫星提供的接入速度和费用将优于传统卫星互联网。后文的技术洞察探讨了LEO卫星网络的技术及其相关问题，以及它们如何影响互联网接入。

T1和T3是数字通信的国际电话标准。T1线路提供1.54Mbps的可靠传输速率，而T3线路则提供45Mbps的可靠传输速率。尽管它们的速度相对较慢，但T1和T3仍然在使用中，因为它们为需要可靠服务水平的政府机构和企业提供了专用线路。

如今，几乎所有美国的企业和政府机构都连入互联网的宽带网络。对宽带服务的需求增长非常迅猛，因为它极大地提高了下载网页以及大型视频和音频文件的速度（参见表3.8）。随着互联网服务质量的不断提升，人们对宽带接入的需求将继续增加。

表3.8   不同类型的互联网服务下载10MB文件的用时

互联网服务类型	下载时间
电话调制解调器（56Kbps）	25分钟
DSL（1Mbps）	1.33分钟
T1（1.54Mbps）	52秒
有线互联网（25Mbps）	3秒
T3（45Mbps）	2秒
有线互联网（100Mbps）	0.84秒
有线互联网（1Gbps）	0.08秒

技术洞察：互联网的太空竞赛

新冠疫情凸显了宽带互联网接入对于企业和日常生活的重要性。然而，数以百万计的民众和企业处于传统光纤电缆和无线网络无法低成本达到的区域，因此没有宽带互联网接入。"数字鸿沟"一词指的就是这个差距。在美国，数字鸿沟对生活在农村的人群或低收入的人群产生的影响尤为严重。

在过去的几年里，有许多公司寻求使用一种高科技的替代方案来解决这个问题：创建一个 LEO 卫星网络，可以向以前无法获得宽带互联网接入的地方传送宽带互联网。传统的卫星互联网依赖于在地球赤道上空的 GEO 卫星，它们位于非常高的轨道上，并相对于地球保持固定位置。传统的卫星互联网服务也有其局限性。例如，由于数据必须传输到卫星并返回，传统的卫星互联网相较于其他类型的宽带互联网服务具有更高的延迟，表现为采取行动和显示结果之间的延迟。除此之外，天气条件（如雨雪天气）可能导致服务中断。由于 GEO 卫星位于地球上方，无法为极北或极南地区提供良好的服务。在设备费用和每月成本方面，传统的卫星互联网服务也比其他类型的宽带服务更昂贵。

不同于 GEO 卫星，LEO 卫星系统轨道高度较低（通常在地球上空大约 480 到 1930 千米之间），并且不局限于在赤道上空的轨道运行。LEO 卫星互联网系统依赖于一个卫星网络，它们共同提供连续的、不间断的覆盖，类似于移动网络处理移动人员的方式。相比于 GEO 卫星系统，LEO 卫星系统有几个优势。由于位于较低的轨道高度，LEO 卫星提供更快的宽带速度和更少的延迟。它们不易受天气的影响，并提供了更广泛的覆盖范围，包括较高纬度和较低纬度地区。对消费者来说，预计它们最终也会更便宜。此外，预计 LEO 卫星系统将通过在关键领域提供冗余以及为物联网设备和数据流量提供连接的替代方案，对 5G 网络的发展发挥重要作用。

迄今为止，Elon Musk 的 SpaceX 在 LEO 卫星互联网领域处于领先地位。SpaceX 的星链（Starlink）在轨道上拥有超过 2200 颗工作卫星，并拥有来自 36 个国家的超过 400 000 名用户。星链已经获得 FCC 的批准，可以发射 12 000 颗卫星，并已经申请了再发射 30 000 颗卫星。星链目前提供超过 100Mbps 的宽带下载速度，预计最终将达到 300Mbps，这与传统的卫星互联网速度相比有了显著的进步，尽管不如陆地光纤速度快。

Amazon 的 Kuiper 计划预计将在 2022 年底发射首批两颗原型卫星，该计划的定位为星链的主要竞争对手。Amazon 有超过 3200 颗卫星已经获得 FCC 的批准，并已经为另外的 7700 颗卫星提交了申请。Amazon 已经和 Verizon 合作，致力于将 Kuiper 计划和 Verizon 的 5G 网络结合起来。其他寻求在太空建立 LEO 足迹的主要公司包括英国的 OneWeb、美国的飞机制造商 Boeing、加拿大的 Telesat、传统卫星公司 Inmarsat、Intelsat 和 Hughes。除此之外，几家中国公司已经宣布他们各自的 LEO 卫星项目的计划。LEO 可能会变成一个非常拥挤的地方。

然而，在构建 LEO 卫星系统的竞赛中存在许多的问题和担忧。可能发射的卫星数量如此之多，引发了人们对安全性的担忧。2021 年，中国空间站两次紧急避碰，规避了和星链卫星的碰撞风险。LEO 系统将在已经环绕地球运行的数百万块"太空垃圾"上增加大量物体，这增加了碰撞的风险。天文学家还指出，夜空的光污染、地球上层大气的化学变化以及太空碎片的坠落都是令人担忧的问题。

一个相关担忧是治理问题。虽然国际电信联盟（International Telecommunications Union，ITU）具有一定的整体监管权，但个别国家仍然在为特定系统发放许可，并且不一定会评估其全球影响。当前的监管制度是为了管理单个卫星而建立的，没有能力处理像 LEO 系统这样的大型星座。

此外，LEO 互联网系统的实施将为全球互联网基础设施增加一个全新的维度。谁应该来管理从国际空间站提供的互联网服务？LEO 卫星将使用不同国家的地面基础设施，为全球各地的用户提供服务。使用哪些国家的法律？谁来执行？例如，近地轨道卫星系统将提供新的定位精度水平。哪些隐私法将适用于太空中的互联网流量？

最后，问题仍然是 LEO 卫星互联网系统能否真正缩小数字鸿沟。有人质疑它们是否能够持续提供声称的互联网服务性能改进。即使能够如此，这些服务主要是针对人口稀少的地区，而在高密度地区，它们只能为有限数量的用户提供服务。尽管成本低于传统卫星互联网，但它们的成本依然很高：星链目前每月费用为 110 美元，硬件费用为 599 美元，这引发了很多人的担忧，担心农村和低收入用户可能承担不起这个费用。

3.2.4 移动互联网接入

光纤网络承载互联网的大规模远程流量，并在将高速宽带引入家庭和小型企业方面发挥重要作用。其目标是在未来 20 年内将千兆带宽逐步提供给家庭和小型企业，并最终实现太比特级带宽。然而，随着光纤网络的发展，移动互联网接入的出现可以被视为互联网和网络领域中最为重要的发展之一。

无线互联网关注的是用户的最后一公里互联网接入，涵盖用户的家庭、办公室、汽车、智能手机或平板电脑，无论用户身处何处。直到 2000 年，除了少数通过卫星上网的人口之外，最后一公里的互联网接入都是通过某种固定线路连接的：铜同轴电视电缆或电话线，或者在某些情况下，连接办公室的光纤线路。如今，相比之下，高速移动电话网络和 Wi-Fi 网络热点提供了一个主要的替代选择。

如今，台式电脑的销售已经被智能手机、平板电脑以及具有内置无线网络功能的超轻薄笔记本电脑的销售所超越。互联网现在主要是一种移动的、可以在任何地方访问的宽带服务，用于提供视频、音乐和其他形式的网络内容。互联网现在主要是一种移动的、可以在任何地方访问的宽带服务，用于提供视频、音乐和其他形式的网络内容。根据 Insider Intelligence/eMarketer 的数据，2022 年美国拥有近 2.8 亿移动互联网用户（约占总人口的 83%），而全球约有 40 亿用户（Insider Intelligence/eMarketer，2022f，2022g）。

基于电话与基于计算机网络的无线互联网访问

无线互联网连接有两种不同的基本类型：基于电话的系统和基于计算机网络的系统。

基于电话的无线互联网接入将用户连接到全球电话系统（陆地、卫星和微波），该系统具有同时处理数百万用户的悠久历史，并且已经拥有大规模交易计费系统和相关基础设施。如今，手机和电话行业是互联网无线接入的最大供应商。智能手机结合了手机与具备 Wi-Fi 功能的笔记本电脑的功能。平板电脑也可以接入移动网络。表 3.9 总结了当前正在使用和开发中的各种用于无线互联网访问的电话技术。5G 无线是下一个前沿领域。

表 3.9　基于电话的无线互联网接入

技术	速率	说明
3G	144Kbps～2Mbps	支持移动浏览、电子邮件和即时消息。速度比现有技术慢得多。美国移动运营商将于 2022 年开始关闭传统的 3G 网络，为 5G 释放无线频谱空间
4G	可达 100Mbps	真正的手机宽带，比前几代延迟更低
5G	可达 10Gbps	目标包括 1～10Gbps 的连接速度和低于 10 毫秒的延迟。期望增强自动驾驶、增强现实、虚拟现实和元宇宙等服务

5G 支持高带宽移动宽带，速度可达 10Gbps 或更高，并支持每平方千米多达 100 000 个连接（称为大型机器对机器（M2M）连接）和超低延迟（小于 10 毫秒）的通信。5G 利用了无线频谱中新的部分（在 30～300GHz 范围内的毫米波），并需要建立一个传输基础设施，其中包括数以万计的小基站和分布式天线系统，这些系统被安装在电线杆上，同时还需要额外投资用于光纤网络。美国电信公司最初于 2019 年开始推出 5G 网络，到 2022 年夏天，主要的美国运营商（AT&T、Verizon 和 T-Mobile）都在宣传提供全国性的服务。然而，完全部署预计需要数年时间。

功能齐全的 5G 网络有望实现许多创新的产品和服务，如交互式 / 富媒体应用程序、新一代智能可穿戴设备以及自主和远程控制设备，这将能够利用 5G 更高的吞吐量和更低的延迟。短期内，网络零售业的 5G 应用可能会围绕着带宽密集型应用，如直播、增强现实和虚拟现实应用，以及非接触式支付解决方案。同样，预计 5G 会"强化"网络内容的生产和分发，以及内容的体验方式，最终实现更个性化的用户体验。随着时间的推移，5G 网络与云计算、边缘计算和人工智能等其他技术结合，可以将物联网设备转变为媒体和通信的交互式门户，从而推动物联网"媒体宇宙"的发展。5G 还将对网络营销和广告宣传产生变革性影响，使广告商能够通过高分辨率的移动视频和几乎可即时加载的富媒体广告，以及结合增强现实和虚拟现实的广告来瞄准 5G 用户。最终，5G、边缘 / 云计算、人工智能和预测分析的结合可以使数字广告更具交互性和个性化。

基于无线局域网（WLAN）的互联网接入与基于电话的无线互联网接入具有完全不同的背景。无线局域网基于局域网，其任务是将客户端设备（通常是静止的）连接到本地区域内的服务器计算机，通常覆盖数百米的范围。无线局域网的工作原理是根据所采用的标准类型，在特定的无线电频率范围内广播无线电信号。这里的主要技术包括 Wi-Fi 标准的各个版本、WiMax 和蓝牙（参阅表 3.10）。

表 3.10　基于网络的无线互联网接入技术

技术	范围 / 速率	说明
Wi-Fi (IEEE 802.11 a/b/g)	35～140 米 /11～54Mbps	早期为商业和住宅使用的高速、固定宽带无线局域网标准
802.11n (Wi-Fi 4)	70～250 米 / 高达 288Mbps	使用多个天线来提高吞吐量和覆盖范围
802.11ac (Wi-Fi 5)	35 米 /500Mbps～1Gbps	802.11n/Wi-Fi 4 的增强版，提供了更高的吞吐量
802.11ax (Wi-Fi 6)	35 米 / 高达 10Gbps	802.11ac/Wi-Fi 5 的继承者，可以在更大的频率范围和更高的吞吐量上运行
802.11ad (WiGig)	少于 10 米 / 高达 7Gbps	高速率、短程 Wi-Fi
WiMax (IEEE 802.16)	30 英里（约 48 千米）/50～70Mbps	高速率、覆盖范围适中、宽带城域无线网
蓝牙（无线个人区域网）	1～30 米 /1～3Mbps	数字设备的中低速、低功耗、短程连接

在 Wi-Fi 网络中，无线接入点（也称为"热点"）通过宽带连接（电缆、DSL、电话或 T1 线路）直接连接到互联网，然后向安装在平板电脑、笔记本电脑或智能手机中的发射器 / 接收器发送无线电信号。图 3.12 说明了 Wi-Fi 网络的工作原理。

根据不同的 IEEE 802.11a/b/g/n 规格设置的 Wi-Fi 提供了高带宽容量，从 11Mbps 一直到理论上的最大 10Gbps，远远超过目前任何现有的移动服务，但除了 WiMax 外，其传输范围相对有限。Wi-Fi 也非常经济实惠。在一个 14 层的建筑中，每层都安装一个接入点来创建企业级 Wi-Fi 网络，每个接入点的成本不到 100 美元。然而，如果选择使用以太网电缆来连接同一座建筑，成本将超过 50 万美元。

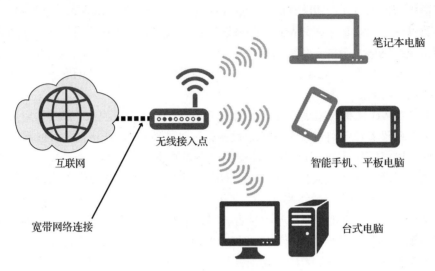

图 3.12   Wi-Fi 网络

IEEE 802.11ac（由推广 Wi-Fi 技术和认证 Wi-Fi 产品的非营利组织 Wi-Fi 联盟标记为 Wi-Fi 5）提供了 500Mbps 到 1Gbps 的有效吞吐量。它支持高清视频流和其他需要高吞吐量的应用程序。IEEE 802.11ax（被 Wi-Fi 联盟标记为 Wi-Fi 6，有时也被称为高效无线网络）是 802.11ac/Wi-Fi 5 的继承者，可以在更广泛的频率范围内运行，并实现高达 10Gbps 的理论吞吐量。此外，它还设计用于更有效地应对高密度用户环境。IEEE 802.11ad 有时也被称为 WiGig 或短程 Wi-Fi，采用 60GHz 的频率，并提供高达 7Gbps 的理论最大吞吐量。IEEE 802.11ay 是 802.11ad 的后继版本，同样使用 60GHz 的频率，但传输距离扩展为 300～500 米，传输速率高达 20～40Gbps。IEEE 802.11ah 是另一个相对较新的标准（有时也被称为 HaLow），它针对的是物联网。IEEE 802.11af（有时被称为 White-Fi 或超级 Wi-Fi）是 Wi-Fi 的变种，旨在利用电视广播从模拟转到数字时未被充分利用的部分频谱。

尽管最初是一项基层的公共接入技术，但随后有数十亿美元投入到寻求创建盈利性 Wi-Fi 网络的私营企业中。其中最著名的网络之一是由 Boingo Wireless 创建的，全球拥有超过 100 万个热点。Optimum Wi-Fi（免费提供给 Optimum Online 客户）也在全球提供超过 200 万个热点。AT&T Wi-Fi Services 拥有另一个提供 Wi-Fi 服务的庞大的网络，在美国各地拥有成千上万的热点。T-Mobile 在星巴克咖啡店和成千上万其他公共地点也提供全国范围的 Wi-Fi 服务。另外，Apple 公司为 iPhone 和 iPad 设备提供了 Wi-Fi 自动连接选项，作为更昂贵和速度明显较慢的移动网络的替代方案。

用于连接到互联网和将互联网设备互相连接的第二种 WLAN 技术被称为**蓝牙**（bluetooth）。蓝牙是一种个人连接技术，可以建立移动设备之间的连接以及连接到互联网（Bluetooth SIG Inc.，2022）。蓝牙在 2.4GHz 频谱上运行，但其传输范围非常有限。它使用频率跳变信号，每秒最多跳变 1600 次，跨越 79 个频率，因此具有良好的抗干扰和抗截获能力。配备蓝牙的设备会不断扫描周围环境，寻找与兼容设备建立连接的机会。如今，几乎所有的移动设备都启用了蓝牙功能。蓝牙低能耗（BLE）规范是为了减少蓝牙外设的能源使用。

蓝牙 5.0 将 BLE 的适用范围扩展到多种设备，如无线耳机。蓝牙 5.0 还扩展了设备可以进行通信的范围（高达 240 米），以及数据传输速度（高达 2Mbps）（Bluetooth SIG Inc.，2022）。

3.2.5　物联网

如果不提及**物联网**（IoT），任何关于互联网的讨论都是不完整的。互联网技术正在超越台式机、笔记本电脑、平板电脑和智能手机，转向而消费电子产品、电子电器、汽车、医疗设备、公用事业系统、各类机器甚至是服装发展。任何能配备传感器的物品均可收集数据并连接到互联网，从而使得这些数据能够被数据分析软件分析。专家估计，截至 2022 年，共安装了约 150 亿台物联网设备（不包括智能手机、平板电脑或台式电脑），预计公司将在物联网技术上花费 1.2 万亿美元（Watters，2022；IDC，2021）

物联网建立在现有技术（如 RFID）的基础之上。低成本传感器的可用性增加，数据存储的价格降低，可以处理数万亿条数据的"大数据"分析软件的面世，以及 IPv6 的实施，都使将互联网地址分配给所有新设备的想法得以实现。虽然物联网设备不一定是无线的，但大多数还是用到了之前讨论的无线通信技术，如蜂窝网络、Wi-Fi、蓝牙、Zigbee 或 Z-Wave 无线协议等，以直接或经由移动 App 连接到互联网（通常是云服务）。

物联网技术正在推动智能互连的发展，包括电视、房屋和汽车，以及可穿戴技术，如服装和 Apple 手表等设备。互联网连接的电视设备，如智能电视、流媒体播放器和视频游戏机，能够主动将互联网连接传输到电视屏幕上。这已变得非常流行，在美国，超过 80% 的有电视的家庭至少有一台联网电视，平均每个家庭有四台以上的此类设备（Leichtman Research Group，2021）。智能住宅吸引了更多的兴趣。例如，Google 的 Nest Labs 生产智能恒温器、家庭安全设备以及烟雾和一氧化碳报警器。Google Nest Audio 是一款与 Google 助手配合使用的数字扬声器，也是 Google 智能家居战略的一部分。Apple 也有一个类似的智能家居平台，名为 HomeKit。HomeKit 是一个框架和网络协议，用于控制家中的设备，可直接编程到 iPhone 和 iPad 的软件中，并与 Siri 集成在一起。许多设备都是专门为使用 HomeKit 而设计的，比如智能恒温器、智能门锁、提供温度 / 湿度和空气质量读数的家用传感器、iDevices 开关，房主可以通过 Siri 和 Apple 的智能扬声器 HomePod 打开和关闭电子设备。许多有线电视公司，如 Charter Spectrum、Comcast 和 AT&T，也提供包括电器和照明在内的联网家庭系统。总而言之，全球智能家居产品市场预计将从 2021 年的约 850 亿美元增长到 2026 年的约 1400 亿美元（MarketsandMarkets，2021）。

2014 年，Apple 公司推出了 Apple Watch。Apple Watch 的功能类似于 Fitbit 的健身 / 活动追踪功能，能够访问各种各样的应用程序，还支持 Apple 的移动支付服务 Apple Pay。Samsung、Garmin 和 Fossil 等许多其他制造商也推出了智能手表。预计到 2022 年，全球消费者将在可穿戴设备上花费近 950 亿美元（Insider Intelligence/eMarketer，2022h）。

具有内置互联网接入的互联汽车也已经到来，在这方面，Google 和 Apple 也是主要参与者。Google 开发了一款基于智能手机的 Android Auto 汽车界面，以及专门为汽车设计的操作系统 Android Automotive。Apple 公司开发了 CarPlay 软件平台，可以将 iPhone 与汽车的信息娱乐系统同步。未来，联网汽车很可能会与智能家居项目整合在一起。联网汽车的下一个前沿领域是自动驾驶汽车，它结合了物联网和人工智能技术。Google 和 Apple 等互联网科技公司与 Tesla、BMW、Volvo、GM、Ford 等汽车公司一起加入了这场竞争。

然而，尽管有物联网的支持，但互操作性仍然是一个主要问题。开放连接基金会是一个行业组织，希望为物联网创建提升互操作性的开源标准。另一个由 AT&T、Cisco、GE、IBM 和 Intel 组成的组织——工业物联网联盟关注工业资产的工程标准。在智能家居领域，Google/Nest、Apple、Amazon、Samsung 等 200 多家企业参与的连接标准联盟正在开发名为"Matter"的智能家居互操作性标准。兼容的设备将能够相互通信，即使它们来自不同的制造商（Open Connectivity Foundation，2022；Industry IoT Consortium，2022；Connectivity Standards Alliance，2022；Tibken，2022）。

其他问题还包括安全和隐私。安全专家认为，物联网设备可能会带来一场安全灾难，恶意软件可能会在整个连接的网络中传播，并且难以向设备发布补丁，因此导致设备容易受到攻击。来自独立智能设备的数据可以揭示很多个人信息，如关于消费者生活的细节。如果这些设备最终都是相互连接的，那么真正隐私的东西就很少了。我们将在第 5 章进一步研究与物联网设备相关的安全问题。

3.2.6　谁在管理互联网

有些人认为，互联网不应该被管理并且也无法被管理，它与生俱来就凌驾于法律之上。这些人忽略的一点是运行在私人和公用通信设施上的互联网是自行受到法律约束的，同时受限于所有通信运营商的压力。事实上，互联网与复杂网络的管理主体、各国政府以及国际专业组织均有关系。没有任何一个单一的组织能控制互联网上的活动。相反，有许多组织能影响并监管互联网的运行。这些机构包括：

- 互联网名称与数字地址分配机构（ICANN），它负责协调互联网系统的一些独特的标识，包括 IP 地址、协议参数登记和高级管理系统。ICANN 作为一个非营利性机构于 1998 年成立，目前管理互联网数字分配机构（IANA），后者负责根据与美国商务部下属的国家通信和信息局（NTIA）的合约管理 IP 地址的分配。
- 互联网工程任务组（IETF），这是一个与互联网架构运营有关的属于网络运营者、供应商和研究人员的开放国际社区。IETF 有一系列工作组，分为不同区域，致力于发展影响人们使用与管理网络的方式的互联网标准。
- 互联网研究专门工作组（IRTF），主要负责促进互联网的发展。IRTF 有一系列长期研究小组，负责网络协议、应用和技术等不同内容的研究。
- 互联网工程指导小组（IESG），主要负责 IETF 活动和标准制定程序的技术管理工作。
- 互联网结构委员会（IAB），协助定义互联网的总体架构并监督 IETF 和 IRTF。
- 国际互联网协会（ISOC），一个由企业、政府机构和非营利组织共同组成的联盟，负责监督有关互联网政策的落实与互联网的实际运作情况。
- 互联网管理论坛（IGF），一个开放论坛，供多方利益相关者讨论与互联网管理有关的议题。
- 万维网联盟（W3C），一个大型学术团体，负责制定 HTML 和其他基于 Web 的编程标准。
- 互联网网络运营商集团（NOG），由互联网服务供应商（ISP）、互联网交换点（IXP）和其他相关人员组成的非正式团体，讨论并试图影响与互联网运营和管制有关的事宜。

尽管没有一个组织能够从根本上完全控制互联网的发展和运作，但这些组织确实可以在一定程度上影响政府部门、大型网络运营商、ISP、企业以及众多以提升互联网运行效率为目标的软件开发者。ICANN 非常像是一个互联网管理者。

除了上述专业机构，互联网的运作及其在当地的技术设施还要符合所在国家本身的法律。尽管在互联网出现初期，立法及执行的干预很少，但随着互联网在信息传播方面扮演的角色越来越重要，情况也发生了变化，其中便包括一些会引起异议的内容。

3.3　万维网

没有万维网（Web），就不会有电子商务。万维网的发明极大地丰富了彩色文本和页面、格式化文本、图片、动画、视频和音频等的数字服务。总之，互联网可以提供给全球所有非计算机专业用户电子商务所需的几乎所有元素。

虽然互联网诞生于 20 世纪 60 年代，但万维网直到 1989 年至 1991 年才由欧洲粒子物理实验室（CERN）的 Tim Berners-Lee 发明（Berners-Lee et al., 1994）。Vannevar Bush（1945 年）和 Ted Nelson（20 世纪 60 年代）等曾经很早就提出过将知识组织为一组相互连接的页面，用户可以自由浏览的设想（Bush, 1945；Ziff Davis Publishing, 1998），Tim Berners-Lee 及其在 CERN 的同事在这些思想的基础上开发出了 HTML、HTTP、Web 服务器和浏览器这四个 Web 的基本要素。

最初，Tim Berners-Lee 编写了一个计算机程序，用以在他自己的计算机内部使用关键词（超链接）链接格式化的页面。在文档中点击一个关键词将立即转到另一个文档。Tim Berners-Lee 使用一种被称为标准通用标记语言（SGML）的强大文本标记语言创建了这些页面。

Tim Berners-Lee 将这种语言称为超文本标记语言，即 HTML。然后，他提出了将他的 HTML 页面存储在互联网上的想法。远程客户端可以通过 HTTP 协议来访问这些页面。但是，这些早期的网页仍然是黑白文本页面，其中的超链接用括号表示。早期的 Web 仅基于文本，最初的 Web 浏览器只提供文本信息。

在 1993 年之前，Web 上共享的信息仍然以文本为基础，直到 Marc Andreessen 等人在伊利诺伊大学的国家超级计算应用中心（NCSA）创建了一款名为 Mosaic 的带有图形用户界面（Graphical User Interface，GUI）的 Web 浏览器。Mosaic 可以用彩色背景、图片甚至是原始动画来图形化地查看 Web 上的文档。Mosaic 可以运行在诸如 Macintosh、Windows 或 UNIX 这样的基于图形的界面的操作系统之上。Mosaic 浏览器软件通过读取 Web 页面上的 HTML 文本，并在 GUI 操作系统（如 Windows 或 Macintosh）中将其显示为图形界面文档，将 HTML 从简单的黑白文本页面中解放出来，世界上任何能够操作个人电脑鼠标的人都可以浏览网页。

除了使 Web 页面的内容多彩并对全球人口可用外，图形 Web 浏览器还可以跨操作系统、跨平台在世界范围内共享文件、信息、图形、声音、视频等，使得通用计算成为可能。开发人员可以为所有主流操作系统定制浏览器，为 Windows 系统创建的 Web 页面，也可以在 Macintosh 或 UNIX 操作系统的计算机上呈现。只要每个操作系统都有一个 Mosaic 浏览器，就可以在所有不同类型的计算机和操作系统上使用相同的 Web 页面。这意味着无论你在世界的任何地方使用什么样的计算机，都将看到相同的 Web 页面。浏览器和 Web 在 1993 年之前是无法想象的，它将我们带进了全新的通用计算和信息管理世界。

1994 年，Andreessen 和 Jim Clark 创立了 Netscape，推出了第一款商业浏览器——Netscape Navigator。虽然 Mosaic 是免费的，但 Netscape 一开始就对 Netscape Navigator

软件收取费用。1995 年，Microsoft 公司发布了自己的免费浏览器 Internet Explorer。此后，Netscape 的市场份额从 100% 下降到 2009 年的不到 0.5%。Netscape 的命运阐释了一个重要的电子商务教训：创新者通常不是长期赢家，而明智的追随者才可能长期生存下来。Netscape 浏览器的大部分代码如今仍存在于 Mozilla Foundation（致力于互联网开放性的一个非营利组织）开发的 Firefox 浏览器中。

3.3.1　超文本

人们之所以可以通过互联网访问网页，是因为网络浏览器软件可以使用 HTTP 或 HTTPS（现在广泛使用的 HTTP 的更安全版本）请求存储在互联网主机服务器上的网页。**超文本**（hypertext）是一种通过嵌入链接来连接文档并将页面链接到其他对象（如声音、视频或动画文件）的标准规则。当你点击一个图形并播放一段视频时，你点击的其实是一个超链接。例如，当你在浏览器中输入网址 https://www.sec.gov 时，你的浏览器会向 sec.gov 服务器发送一个 HTTP 请求，请求下载 sec.gov 的首页内容。

HTTP（或 HTTPS）是所有网址开头的开始字段，后面跟着的是域名。域名指定了存储文档的组织的服务器计算机。大多数公司的域名都与它们的公司名称相同或相关。目录路径和文档名称是网址中的另外两个信息，有助于浏览器找到所请求的页面。总的来说，这个地址被称为统一资源定位符（URL）。在浏览器中输入 URL 时，URL 告诉浏览器确切的位置。例如，在 https://www.megacorp.com/content/features/082602.html 这个 URL 中，https 是网页所使用的协议，www.megacorp.com 为域名，content/features 为页面存储在域网服务器上的目录路径，082602.html 为文档名称及其格式（一个 HTML 页面）。

最常见的域名扩展（称为通用顶级域，英文缩写为 gTLD）包括我们熟悉的 .com（最初用于商业组织，但现在可用于任何用途）、.net（任何用途）、.edu（教育机构）和 .gov（政府组织）等。截至 2021 年底，域名库中有 1.6 亿个 .com 域名。各国也有域名，如 .uk、.au 和 .br（分别代表英国、澳大利亚和巴西）。这些有时被称为国家代码顶级域（ccTLD）。截至 2021 年底，总共有 1.27 亿个 ccTLD 域名。2011 年，ICANN 取消了对域名的几乎所有限制，从而大大扩展了可用的不同域名的数量。新的 gTLD 可以使用多种语言和脚本 / 字符（包括阿拉伯语、中文、日文和俄文），并且可以包括：地理地名，如 .nyc、.london 和 .paris；业务标识符，如 .restaurant、.realtor、.technology 和 .lawyer；品牌名称，如 .bmw 和 .suzuki；以及许多其他描述性名称。截至 2021 年底，使用这些新的 gTLD 的域名注册约有 2500 万个（Verisign，2022）。

3.3.2　标记语言

通用标记语言（Generalized Markup Language，GML）起源于 20 世纪 60 年代，虽然 HTML 是最常见的网页格式化语言，但文档格式化的概念实际上是由 GML 发展而来的。

超文本标记语言

超文本标记语言（HyperText Markup Language，HTML）是一种相对容易使用的通用标记语言。HTML 为网页设计者提供了一组固定的标记"标签"，用于格式化网页。当这些标签被插入网页中时，它们会被浏览器读取并解释为正确的页面显示。所有的网络浏览器都允许你查看网页的源 HTML 代码，具体的方法取决于所使用的网络浏览器。例如，如果你使用 Firefox 浏览器，只需同时按下键盘上的 Control 键和 U 键。在图 3.13 中，第一个窗口中的 HTML 代码生成了第二个窗口的显示。

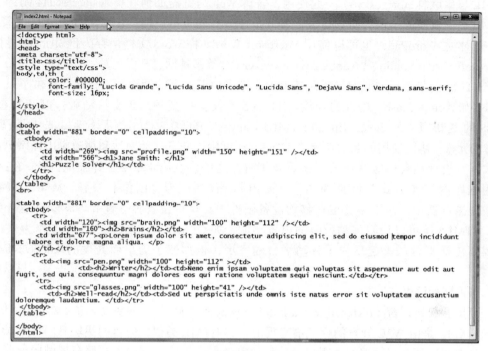

a)

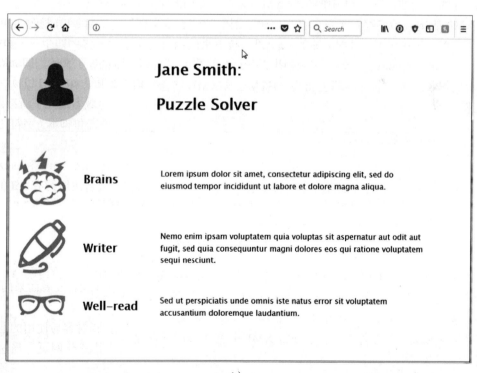

b)

图 3.13 HTML 源码（图 a）和网页显示（图 b）示例

HTML 定义了文档的结构，包括标题、图形位置、表格和文本格式等。我们通常将 HTML 与**串联样式表**（CSS）一起使用，告诉 Web 浏览器如何在屏幕上显示 HTML 元素。HTML 提供页面的结构，而 CSS 提供样式。HTML 网页可以使用任何文本编辑器创建，例如记事本或 WordPad，也可以使用 Microsoft Word（将 Word 文档保存为网页），或者使用 Microsoft Visual Studio 或 Adobe Dreamweaver CC 等多种网页开发工具。

HTML 的最新版本是 **HTML5**。HTML5 已成为事实上的网页开发标准，提供了以前由插件（如 Adobe Flash）提供的功能。HTML5 不仅支持视频，还支持动画，以及与 CSS3（CSS 的最新版本）、JavaScript 和 HTML5 Canvas（HTML5 Canvas 是使用 JavaScript 绘制图形的元素）协同使用的互动功能。HTML5 还可用于开发移动网站和移动应用程序，是响应式网页设计和自适应 Web 交付的重要工具，这些将在第 4 章中更详细地讨论。HTML5 应用程序的工作方式与网页相同，页面内容（包括图形、图像和视频）从 Web 服务器加载到浏览器中，而不是驻留在移动设备硬件中。这种设备独立性受到移动开发者的欢迎。HTML5 还可以访问移动设备的内置功能，如 GPS 和滑动功能。HTML5 作为 Web 首选媒体传播平台的崛起反映了移动平台的发展，也加速了为桌面开发的 Adobe Flash 的消亡。

可扩展标记语言

可扩展标记语言（eXtensible Markup Language，XML）为网页文档格式带来了巨大的进步。XML 是由 W3C 开发的标记语言规范，与 HTML 类似，但目的截然不同：HTML 的目的是控制网页上"数据的外观显示"和"用户体验感受"，而 XML 是为了描述数据和信息而设计的。例如，图 3.14 中的示例 XML 文档。文档的第一行是 XML 声明，它定义了文档的 XML 版本，始终存在于每一页文档中。图中示例表示文档符合 XML 1.0 规范。下一行定义了文档的第一个元素（根元素）：<note>。接下来的四行定义了根元素的四个子元素（to、from、heading 和 body）。最后一行说明了根元素的结束。需要注意的是，XML 没有说明如何显示数据或文本如何在屏幕上布局。HTML 与 XML 结合使用，就可以用于信息显示和数据描述。

```
<?xml version="1.0"?>
<note>
<to>George</to>
<from>Carol</from>
<heading>Just a Reminder</heading>
<body>Don't forget to order the groceries from FreshDirect!</body>
</note>
```

图 3.14 XML 文档示例

图 3.15 展示了如何使用 XML 来定义公司目录中的公司名称数据库。它可以为单个公司或整个行业定义 <Company>、<Name> 和 <Specialty> 等标签。从基础层面来看，XML 非常容易学习，与 HTML 非常相似，只是用户可以自定义标签。从更深层次来看，XML 具有丰富的语法和大量的软件工具，这使得 XML 非常适合用于存储和传输 Web 上的多种类型的数据。

XML 是"可扩展的"，它用于描述和显示数据的标签是由用户定义的，而在 HTML 中，标签是有限的且都是预定义的。XML 还可以将信息显示转换为新格式，例如从数据库中导入信息并将其显示为表格。使用 XML，可以对信息进行分析并有选择地显示信息，这使其成为比 HTML 更强大的替代方案。这意味着商业公司或整个行业可以使用与 Web 兼容的标记语言来描述其所有发票、应付账款、工资记录和财务信息。这样的话，就可以将这些商业文档存储在企业内部网的 Web 服务器上，并在整个公司范围内共享。

```
<?xml version="1.0"?>
<Companies>
    <Company>
          <Name>Azimuth Interactive Inc.</Name>
        <Specialties>
                <Specialty>HTML development</Specialty>
                 <Specialty>technical documentation</Specialty>
              <Specialty>ROBO Help</Specialty>
              <Country>United States</Country>
        </Specialties>
        <Location>
                <Country>United States</Country>
             <State />
              <City>Chicago</City>
        </Location>
              <Telephone>301-555-1212</Telephone>
    </Company>
    <Company>
       ...
    </Company>
    ...
</Companies>
```

图 3.15　公司目录的 XML 代码示例

简易信息聚合（Really Simple Syndication，RSS）是一种 XML 格式，它允许用户通过互联网，自动接收包括文本、文章、博客和播客音频文件在内的数字化信息内容。安装在计算机上的 RSS 聚合器软件应用程序，可以收集用户要求其扫描的网站和博客中的信息，并将这些网站上的新信息传递给用户。有时这也被称为"聚合"内容，因为它是由新闻机构和其他聚合商（或分销商）发布的。用户下载一个 RSS 聚合器，然后"订阅"RSS"源"。当你访问 RSS 聚合器的页面时，它将显示你订阅的每个频道的最新更新。RSS 已经从"技术爱好者"的消遣活动演变为参与者众多的功能开发活动。尽管 Google 已经关闭了其流行的 RSS 产品 Google Reader，但仍有许多其他的 RSS 阅读器选项，包括 Feedly、Reeder 和 NewsBlur。

3.3.3　Web 服务器和 Web 客户端

上文已经讨论了客户端 / 服务器计算以及客户端 / 服务器计算带来的计算架构革命。我们也已经知道，其实服务器就是一台连接到网络的计算机，它可以用于存储文件、控制外部设备、与外部世界（包括互联网）交互，并且能够为网络上的其他计算机执行一些处理工作。

那么，什么是 Web 服务器呢？**Web 服务器软件**（Web server software）是指使计算机能够将 HTML 网页传输到通过网络请求此服务的客户端上的软件。就活跃网站的数量而言，Apache 是与 Linux 和 UNIX 操作系统一起使用的最常见的 Web 服务器软件类型。Nginx 是一种开源 Web 服务器，在市场上也占有重要地位（Netcraft，2022）。表 3.11 描述了 Web 服务器软件提供的基础功能。

表 3.11   由 Web 服务器软件提供的基础功能

功能	描述
HTTP 请求的处理	接收和响应客户端对 HTML 页面的请求
安全服务（传输层安全性）	验证用户名和密码，处理信用卡和其他安全信息所需的证书、私钥和公钥信息
文件传输	允许通过 FTP、FTPS 和 SFTP 等协议在服务器之间传输非常大的文件
搜索引擎	网站内容的索引，关键字搜索功能
数据获取	所有访问的日志文件，包括时间、持续时间和引用来源
电子邮件	能够发送、接收和存储电子邮件消息
站点管理工具	计算和显示关键的站点统计数据，如唯一访问者、页面请求和请求的来源；检查页面上的链接

Web 服务器这个术语还用于指代运行网页服务器软件的物理计算机。网页服务器计算机的主要制造商包括 Lenovo、Dell 和 HP。尽管任何台式计算机都可以运行网页服务器软件，但最好使用专门为此目的进行优化的计算机。

除了通用的网络服务器软件包之外，实际上还有许多类型的专业服务器软件包：从设计用于访问数据库中特定信息的**数据库服务器**软件到用于传递定向广告的**广告服务器软件**；**邮件服务器软件**，提供电子邮件消息；以及**媒体服务器软件**，用于实现流媒体和其他类型的媒体传递。对于小型电子商务网站，所有这些软件包可能在一台具有单个处理器的计算机上运行。对于大型公司网站，可能有数百台或数千台离散的服务器计算机，许多带有多个处理器，运行专门的网页服务器功能。我们将在第 4 章中更详细地讨论电子商务网站的架构。

Web 客户端是指任何连接到互联网、能够发出 HTTP 请求并显示 HTML 页面的计算机设备，例如 Windows 或 Macintosh 台式 / 笔记本电脑。然而，最常见和增长最快的 Web 客户端类别实际上并非计算机，而是移动设备。一般来说，Web 客户端可以是任何设备，包括打印机、冰箱、炉灶、家庭照明系统或汽车仪表板，它们能够向 Web 服务器发送数据并从中接收数据。

3.3.4　Web 浏览器

Web 浏览器是一种旨在展示网页的软件程序。Google 的 Chrome 是一款技术领先的开源浏览器，目前在桌面 Web 浏览器市场占据主导地位，市场份额约为 60%。紧随其后的是 Apple 的 Safari 浏览器，占有约 18% 的市场份额。Microsoft 的 Edge 浏览器首次于 2015 年发布，最初与 Windows 10 操作系统捆绑在一起，它花了一段时间才获得关注，但现在排名第三，市场份额约为 12%。Mozilla 基金会的火狐浏览器是一个基于 Mozilla 开源代码（最初为 Netscape 提供了代码）的免费浏览器，排名第四，市场份额约为 7%。Apple 的 Safari 浏览器是最受欢迎的移动浏览器，市场份额接近 55%，这主要得益于在 iPhone 和 iPad 等设备上的广泛使用；其次是 Google 的 Chrome，占比约为 39%（Vailshery，2022a，2022b）。

3.4　互联网和万维网：特点和服务

互联网和万维网催生出许多强大的软件应用程序，这些应用程序奠定了电子商务的基础。你可以将这些应用程序都视为网络服务，当你将它们与传统媒体（如电视或印刷媒体）进行对比时，会感到非常有趣。如果这样做，你将迅速意识到互联网环境的丰富性。

3.4.1 通信工具

互联网和万维网提供了许多通信工具，使全球范围内的用户能够进行一对一和一对多的交流。通信工具包括电子邮件、报文传送应用程序、网络留言板（论坛）、网络电话应用程序以及视频会议、视频通话和远程呈现。我们将在接下来的章节中更深入地了解每一种工具。

电子邮件

从互联网诞生的早期开始，**电子邮件**一直是互联网上使用最广泛的应用。全球范围内有大约 42 亿电子邮件用户（占全球总人口的一半以上），每天发送超过 3300 亿封电子邮件（Radicati Group，2021）。关于垃圾邮件数量的估计各不相同，范围从 40% 到 90% 不等。电子邮件营销和垃圾邮件将在第 6 章中探讨。

电子邮件使用一系列协议，使包含文本、图像、声音和短视频的消息能够从一个互联网用户传递到另一个互联网用户。由于其灵活性和速度，它现在是最流行的业务通信形式之一，比电话、传真或邮政服务更受欢迎。除了消息中键入的文本之外，电子邮件还允许带有**附件**，这些附件是插入电子邮件消息中的文件。这些文件可以是文档、图像、声音或短视频。

消息应用

即时消息（Instant Messaging，IM）允许用户实时发送消息，与电子邮件不同，电子邮件在发送和接收消息之间存在几秒到几分钟的时间差，而即时消息几乎可以即时显示输入的文本。接收者随后可以立即以相同的方式回复给发送者，使得通信更类似于实时对话，而这是通过电子邮件无法实现的。要使用即时消息，用户首先需要创建一个他们想要进行通信的人员列表，然后输入短文本消息，该消息将即时传递给所选的接收者（如果他们同时在线）。尽管文本仍然是即时消息中的主要通信机制，但更先进的系统还提供语音和视频聊天功能。互联网上的即时消息与手机短信服务（Short Message Service，SMS）和多媒体短信服务（Multimedia Messaging Service，MMS）存在竞争关系。主要的即时消息系统包括 Skype 和 Google Chat 等（早期领先的 AIM 和 Yahoo Messenger 均已停用）。即时消息系统最初是作为专有系统开发的，竞争公司提供的版本之间存在不兼容性。今天，主要即时消息系统之间仍然没有内建的互操作性。

移动消息应用，如 Meta 的 Messenger、WhatsApp（2014 年以 220 亿美元的价格被 Meta 收购）、Snapchat（允许用户发送图片、视频和文字，并在短时间内可撤回），以及 Kik、Viber 等，也变得极为流行，对传统桌面即时消息系统和短信文本消息都构成了竞争。截至 2022 年，在美国超过 1.55 亿人（占人口的 45% 以上）使用移动消息应用，企业也越来越多地将注意力转向使用这些应用来推广它们的品牌（Insider Intelligence/eMarketer，2022i）。

网络留言板

网络留言板（也称为论坛、公告板、讨论板、讨论组）是一种网络应用程序，允许互联网用户进行交流，尽管不是实时的。留言板为各种由留言板成员发起（或"发布"）的讨论（或"主题"）提供了一个容器，并根据留言板管理员授予成员的权限，支持个人发起主题并回复其他人的主题。大多数留言板软件支持创建多个留言板。留言板管理员通常可以编辑、删除、移动或以其他方式修改留言板上的任何主题。与电子邮件列表（如 listserv）不同，后者会自动将新消息发送给订阅者，网络留言板通常要求成员访问留言板以检查新帖子。一些留言板提供"电子邮件通知"功能，通知用户感兴趣的新帖子已发布。

网络电话

如果电话系统现在从头开始构建，它将是一个基于互联网的、使用 TCP/IP 的分组交换网络，因为它将比现有的替代系统更便宜、更高效，后者包括电路交换分支和数字骨干网络的混合。同样，如果有线电视系统现在从头开始构建，它们很可能会出于同样的原因使用互联网技术。

IP 电话服务（IP telephony）是使用**网络协议通话技术**（Voice over Internet Protocol，VoIP）和互联网分组交换网络在互联网上传输语音、传真和其他形式的音频通信的技术的总称。VoIP 既可以在传统手机上使用，也可以在移动设备上使用。VoIP 避免了传统电话公司强加的长途费用。

过去，语音和传真仅在受监管电话网络中存在。然而，随着互联网和电话的融合，这种主导地位已经发生了变化。电话供应商和有线电视公司已成为互联网服务供应商，反之亦然。在美国，几乎 60% 的有线电话现在都在使用 VoIP，随着有线电视系统将电话服务作为其"三网合一"的一部分，这一数字还在继续扩大。然而，这一数字与移动 VoIP 用户的数量相比相形见绌，移动 VoIP 用户数量在过去几年中呈爆炸式增长，这得益于移动通信应用程序的迅猛增长，这些应用程序现在也提供免费的 VoIP 服务，如 Microsoft 的 Skype、Meta 的 Messenger 和 WhatsApp、Viber、微信等。

视频会议、视频通话和远程呈现

网络视频会议和视频通话可供任何拥有宽带互联网连接和网络摄像头的人使用。在新冠疫情期间，这些技术的使用激增，既可以作为远程开展业务的工具，也可以作为与家人和朋友联系的个人工具。企业常用的视频会议工具包括 Zoom、Webex（Cisco 旗下）、Microsoft Teams、GoToMeeting 和 Fuze。Slack 是一种基于云的团队协作工具，包括视频会议和聊天功能，是一款受欢迎的应用。有许多基于互联网的视频通话选项更适合消费者使用，如 Apple 的 Face Time、Messenger、Skype、Google Chat 和 Zoom 的免费增值版本。

远程呈现将视频会议提升了好几个档次。与通过使用网络摄像头"会面"相比，远程呈现在房间内通过多台摄像机和屏幕为用户创造了一个环境，将用户包围在其中。这种体验起初是不可思议和奇怪的，因为当你看着屏幕中的人时，他们也在直视你。广播质量和更高的屏幕分辨率有助于创造这种效果。用户有一种"在同事面前"的感觉，而传统网络摄像头会议则不是这样。远程呈现软件和硬件供应商包括 Cisco、LifeSize、BlueJeans（Verizon 旗下）和 Polycom。

商务洞察：Zoom 的持续增长

在 2020 年之前，视频会议主要是企业进行远程会议的工具，而视频通话则是与家人和朋友保持联系的有趣方式。然后，新冠疫情发生了。突然之间，视频会议变成关键的基础设施，视频通话成为社交隔离人群的救命稻草。这一趋势在 2022 年持续存在，即使生活慢慢回归到新常态。远程工作仍然很普遍。因此，提供这些服务的公司看到了巨大的需求激增。其中最突出的是 Zoom，它已经在与 Skype（由 Microsoft 拥有）、GoogleChat 和 Cisco Webex 等应用的竞争中获得了不少市场份额。Zoom 的人气方面飙升，但与此同时，基于对其安全性和隐私政策的担忧，它也面临着严重的挑战。

Zoom 于 2011 年由 Webex 和 Cisco 系

统的"校友"Eric Yuan 创立。2019 年，该公司上市，营收增长 88%，新增了 190 万用户。然而，2020 年疫情的到来使 Zoom 的使用量达到了新的高度。Zoom 的日活跃用户数量从 2019 年 12 月的约 1000 万激增至 2020 年 4 月的 2 亿。Zoom 的 iOS 应用成为 Apple 应用商店中免费下载排行榜的冠军，单日下载量超过 200 万人。

随着全球各地的人们为了减缓病毒的传播而留在家中，Zoom 成为各种规模的企业维持日常运营的关键工具。Zoom 是拥有 500 名员工（或更少）的公司中使用最多的视频会议软件，也是拥有 500 名以上员工的公司中第二受欢迎的软件，仅次于 Skype。取消面对面课程的学校和大学转而使用 Zoom 和其他平台。在所有主要视频会议平台中，Zoom 始终以可靠性获得最高评分。该公司的免费业务模式允许普通用户进行长达 40 分钟的通话。Zoom 为个人和企业提供的订阅计划价格合理，14.99 美元的计划提供额外功能，还有其他为规模更大的企业提供更高使用量的定价计划。

然而，Zoom 迅速增长的真正动力在于其作为朋友和家人保持联系的社交工具，以及对依赖于个人互动的企业而言是一种迫切需要的途径。Zoom 的创造性用途包括在线戏剧阅读和表演、喜剧秀、音乐会、音乐课程、艺术展览和教堂服务。瑜伽和其他形式的运动工作室纷纷采用 Zoom 进行网络授课。如今，Zoom 更像是一种新型社交网络：用户可以维护和更新朋友列表，查看朋友是否在线，并参与公共聚会。

然而，Zoom 的发展道路并非没有遇到严峻的挑战。在疫情期间，Zoom 面临了巨大的需求激增，保持高质量和可靠的服务对于公司和用户都至关重要。Zoom 的基础设施既基于从 Equinix 租赁的数据中心，又基于公有云（包括 Amazon 云服务、Microsoft Azure 和 Oracle）。为了满足激增的需求，Zoom 不得不扩大其对云服务的使用，并在已有的 17 个数据中心的基础上增加了两个。保持必要的网络带宽是一个特别值得关注的点：Zoom 历来保持的网络容量比其实际最大使用量多 50%。Zoom 使用 Equinix 的 Cloud Exchange Fabric，这是一个软件定义的网络互连平台，使 Zoom 能够轻松连接到其他 Equinix 数据中心的基础设施，以及其他服务供应商，以提高容量。另一个关注点是确保终端用户由尽可能靠近他们的物理位置的数据中心提供服务，以减少潜在影响视频质量的延迟。

安全性和隐私问题带来了特别重要的挑战。随着 Zoom 用户基数的增长，对其隐私和安全政策的审查也随之增加，一些专家认为其政策过于宽松，使 Zoom 被视为恶意软件。例如，一些隐私倡导者指出，Zoom 的服务条款默认允许个人数据与广告商共享（并在用户使用其 Facebook 账户登录时与 Facebook 共享），并宣称 Zoom 的条款不符合《家庭教育权利和隐私法案》。黑客还以网络钓鱼攻击瞄准 Zoom 用户，并揭示了 Zoom 平台的漏洞：黑客能够加入活动会议并获取对用户网络摄像头和麦克风的访问权，从而进行"zoombombing"。2022 年，Zoom 同意支付 8500 万美元并加强其安全实践，以解决一起声称其侵犯用户隐私权的诉讼。Zoom 还因吹嘘其使用端到端加密而受到批评，而实际上它只在数据传输过程的一部分使用了加密。Zoom 最大的竞争优势之一——易用性（例如，仅需点击一次即可加入呼叫），也使其容易受到攻击。

为了掌控问题并防止用户转向其他平台，Zoom 暂时停止了所有新功能升级的开发，以集中精力解决隐私和安全问题。它推出了一系列修复漏洞的措施（例如修订隐私政策和更新 iPhone 应用程序以停止向 Facebook 发送数据），并表示在重新评估易用性和安全性之间的平衡时将继续采取措施。Zoom 还发布了一个新版本，采用升级的 256 位 AES-GCM 加密和等候室功能，旨在防止 zoombombing。

　　分析师相信 Zoom 的未来前景光明。远程/混合工作很可能成为生活的永久固定方式。Zoom 在疫情期间增加了许多新客户，而且大多数客户在继续使用其服务。Zoom 报告称，截至 2022 年 1 月底，其拥有超过 10 名员工的客户数量超过 50 万家，

较 2021 年增长了 9%。Zoom 的营收从截至 2020 年 1 月 31 日的财政年度的 6.22 亿美元飙升至截至 2022 年 1 月 31 日的财政年度的 40 亿美元以上。其净收入也同样增长，从仅有的 2500 万美元增加到 13.75 亿美元。如果 Zoom 继续保持这一轨迹，很可能在大科技巨头的群体中占据一席之地。

3.4.2　搜索引擎

　　搜索引擎（search engine）识别与用户输入的关键词（也称为查询）匹配的网页，然后提供最佳匹配列表（搜索结果）。超过 85% 的美国互联网用户经常使用台式机或移动设备上的搜索引擎，他们每月在台式机上生成约 220 亿个查询，其中约 127 亿个使用 Google 进行。随着越来越多的搜索活动转移到移动设备上，桌面搜索量正在下降。事实上，Google 报告称，2015 年移动搜索查询在美国和其他许多国家首次超过桌面搜索查询。有数百个不同的搜索引擎，但绝大多数搜索结果由前两大供应商提供：Google 和 Microsoft 的 Bing。根据搜索次数，Google 目前拥有约 62% 的桌面搜索市场，其次是 Bing，约占 27%；Google 主导移动搜索市场，拥有近 94% 的份额（Insider Intelligence/eMarketer，2022j；Comscore, Inc.，2022a，2022b；Johnson，2022）。

　　网络搜索引擎始于 20 世纪 90 年代初，就在 Netscape 发布第一个商用互联网浏览器后不久。早期的搜索引擎是相对简单的软件程序，漫游在新生的网络中，访问网页并收集有关每个网页内容的信息。这些早期的程序被称为爬虫、蜘蛛和漫游者。第一个网页搜索引擎被称为 WebCrawler，于 1994 年发布。AltaVista 是最早被广泛使用的搜索引擎之一，是第一个允许"自然语言"查询——如"网络搜索引擎的历史"而不是"历史+Web+搜索引擎"——的搜索引擎。

　　第一个搜索引擎对所有访问过的网页使用简单的关键字索引。它们会计算一个单词在网页上出现的次数，并将这些信息存储在索引中。这些搜索引擎很容易被网页设计师欺骗，他们只需在主页上重复一些单词。搜索引擎发展的真正创新源于美国国防部资助的一个名为"数字图书馆倡议"的项目，该项目旨在帮助五角大楼在大型数据库中查找研究论文。斯坦福大学、加州大学伯克利分校和其他三所大学在 20 世纪 90 年代中期成为网络搜索创新的温床。1994 年，在斯坦福大学，两个计算机科学专业的学生 David Filo 和 Jerry Yang，创建了一个他们精心挑选的最喜欢网页的列表，并将其称为" Yet Another Hierarchical Officious Oracle"，或称 Yahoo！。Yahoo 最初并不是一个真正的搜索引擎，而是一个经过编辑和筛选的网站集合，这些网站按编辑认为有用的类别进行组织。后来，Yahoo 开发了"真正"的搜索引擎功能。

　　1998 年，同为斯坦福大学计算机科学专业的学生，Larry Page 和 Sergey Brin 发布了他们的第一个版本的 Google 搜索引擎。这个搜索引擎与众不同。它由一个独特的网络爬虫程序提供支持，该程序不仅对网页上的关键词进行索引，还对单词组合进行索引。它还包括一个网页排名系统，该搜索引擎将其用作排序搜索结果的重要参考因素。这两个想法成为 Google 搜索引擎的基础（Brandt，2004）。图 3.16a 说明了 Google 如何索引网络。图 3.16b

展示了当你输入搜索查询时会发生什么。

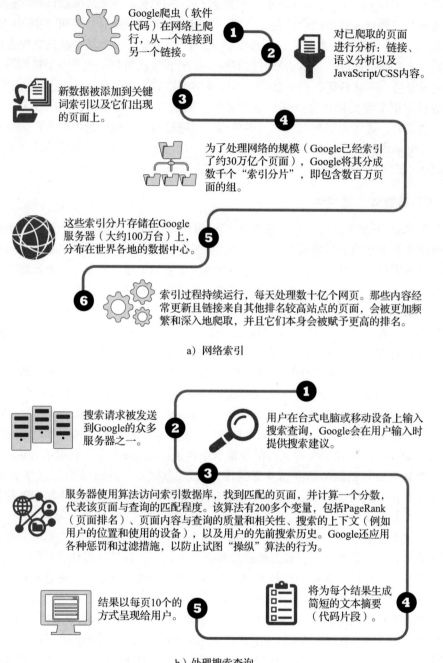

Google爬虫（软件代码）在网络上爬行，从一个链接到另一个链接。

对已爬取的页面进行分析：链接、语义分析以及JavaScript/CSS内容。

新数据被添加到关键词索引以及它们出现的页面上。

为了处理网络的规模（Google已经索引了约30万亿个页面），Google将其分成数千个"索引分片"，即包含数百万页面的组。

这些索引分片存储在Google服务器（大约100万台）上，分布在世界各地的数据中心。

索引过程持续运行，每天处理数十亿个网页。那些内容经常更新且链接来自其他排名较高站点的页面，会被更加频繁和深入地爬取，并且它们本身会被赋予更高的排名。

a）网络索引

用户在台式电脑或移动设备上输入搜索查询，Google会在用户输入时提供搜索建议。

搜索请求被发送到Google的众多服务器之一。

服务器使用算法访问索引数据库，找到匹配的页面，并计算一个分数，代表该页面与查询的匹配程度。该算法有200多个变量，包括PageRank（页面排名）、页面内容与查询的质量和相关性、搜索的上下文（例如用户的位置和使用的设备），以及用户的先前搜索历史。Google还应用各种惩罚和过滤措施，以防止试图"操纵"算法的行为。

将为每个结果生成简短的文本摘要（代码片段）。

结果以每页10个的方式呈现给用户。

b）处理搜索查询

图 3.16　Google 的工作原理

最初，很少有人了解如何通过搜索引擎赚钱。这一情况在 2000 年发生了变化，当时 Goto.com（后来改名为 Overture）允许广告商通过竞标在其搜索引擎结果中获得展示位置，而 Google 则在 2003 年推出了 AdWords 计划，允许广告商通过竞标在 Google 搜索结果页面上展示短文本广告。互联网广告收入的显著增加帮助搜索引擎将自己转变为重要的购物工具，并创造了一个全新的行业，被称为"搜索引擎营销"。

当用户在 Google、Bing 或其他由这些搜索引擎提供服务的网站中输入搜索词时，他们会收到两种类型的列表：赞助商链接，付费广告商被列入这些链接中（通常位于搜索结果页面的顶部）；以及非赞助商的"自然"搜索结果。广告商还可以购买在搜索结果页面右侧显示的小型文本广告。此外，搜索引擎已将其服务扩展到包括新闻、地图、卫星图像、计算机图像、电子邮件、团队日历、团队会议工具以及学术论文索引。

尽管搜索引擎主要用于查找用户感兴趣的一般信息，但搜索引擎也已成为电子商务网站中的关键工具。通过内部搜索程序，客户可以更轻松地搜索他们想要的产品信息；不同之处在于，在网站内，搜索引擎仅限于在该网站中查找匹配项。例如，网络购物者通常会使用 Amazon 的内部搜索引擎来查找产品，而不是使用 Google 进行产品搜索。

3.4.3 可下载媒体和流媒体

当你从 Web 下载文件时，该文件将从 Web 服务器传输并存储在你的计算机上以供后续使用。由于早期互联网的低带宽连接，音频和视频文件很难下载，但随着宽带连接的大幅增长，这些文件不仅司空见惯，而且今天也成为网络流量的主要组成部分。**流媒体**是下载媒体的另一种选择，它使视频、音乐和其他大带宽文件能够以各种方式发送给用户，使用户能够在发送时播放这些文件。一些情况下，文件被分割成块，并由特定的视频服务器以块的形式提供给用户，客户端软件将这些块组合起来进行播放。在其他情况下，单个大文件从标准 Web 服务器传送给用户，用户可以在传送整个文件之前开始播放视频。流式文件必须"实时"处理，不使用专门软件就无法存储在客户端的硬盘上。流媒体文件由软件程序"播放"，如 Microsoft Windows Media 和 Apple QuickTime，或通过提供应用程序的服务"播放"，如 Netflix、Amazon Prime Video、YouTube、Hulu、Facebook 和许多其他公司提供的服务。

在全球 iOS（iPhone、iPad 和 iPod Touch）和安卓设备总销售额超过 50 亿台的推动下，互联网已成为音乐、音频和视频文件的虚拟数字河流。Apple 音乐（取代了 Apple 的 iTunes 商店）可能是最知名的网络数字音乐存储库，截至 2022 年，其目录中有超过 9000 万首歌曲。YouTube 音乐提供超过 8000 万首歌曲，还有数百个其他应用程序和网站也提供流媒体音乐服务，如 Spotify、Pandora、Amazon Prime Music、Tidal 等。

播客（这个名字源于"iPod"和"广播"两个词的混搭）也越来越受欢迎。播客是一种数字音频演示，如广播节目、会议音频或简单的个人演示，以数字媒体文件的形式存储。听众可以下载文件并在他们的移动设备或台式电脑上播放。播客已经从"海盗电台"传统中的业余、独立制作人媒介转变为专业的谈话内容分发渠道。超过三分之一的美国人（约 1.25 亿人）每月收听播客。iHeartRadio 是美国最大的播客生产商，在美国拥有 630 多个活跃播客，每月总听众超过 3100 万（Insider Intelligence/eMarketer，2022k；Podtrac，Inc.，2022）。

网络视频也大受欢迎。例如，2022 年，美国有近 2.6 亿人每月至少在台式机或移动设备上观看一次流媒体或下载视频内容（Insider Intelligence/eMarketer，2022l）。互联网已经成为电影、电视节目和体育赛事的主要分销渠道（见第 10 章）。另一种常见的互联网视频类型是由 YouTube 提供的，全球有超过 20 亿用户每天观看超过 10 亿小时的视频内容，包括各种各样的用户生成内容、大公司的品牌内容、音乐视频、原创节目等。YouTube、Facebook、Instagram、TikTok、Twitch 和许多其他平台上的用户生成视频也变得非常流行。根据领先的应用程序和网络情报公司 Sandvine 的数据，2021 年流媒体视频占所有互联网流量的 50%

以上，YouTube、Netflix、Facebook 和 TikTok 约占其中的三分之一（Sandvine，2022）。

　　网络广告商越来越多地使用视频来吸引观众。想要展示其产品用途的公司发现视频剪辑非常有效。网络广告和新闻报道中使用的流媒体视频片段可能是最常用的流媒体服务。高质量的交互式视频和音频使销售展示和演示更加有效和逼真，并使公司能够开发新的客户支持形式。

3.4.4　Web 2.0 的应用和服务

　　如今的宽带互联网基础设施极大地丰富了用户可获得的服务，并为新的商业模式奠定了基础。Web 2.0 应用程序和服务本质上是"社交"的，因为它们支持群体或社交网络中的个人之间的通信。

在线社交网络

　　在线社交网络是一种支持朋友、熟人、兴趣相似的人、同事甚至整个行业的内部交流的服务。在线社交网络在全球范围内发展了大量受众（2022 年近 37 亿人，约占世界人口的 55%），并构成了广告平台和社交电子商务的基础。2022 年，全球最大的社交网络包括 Facebook（约有 29 亿用户）、Instagram（约有 13 亿用户）、LinkedIn（超过 8.3 亿用户）、TikTok（约有 7.5 亿用户）以及 Snapchat（约有 4.65 亿用户）。拥有 20 多亿用户的 YouTube 也可以被视为一个社交网络和网络内容平台。这些网络依赖于用户生成的内容（消息、照片，以及越来越多的视频），并强调内容共享。制作这些网络内容的用户现在通常被称为"创作者"（有时也称为"网红"），一个由支持工具和平台组成的被称为创作者经济的生态系统在他们周围兴起。

博客

　　博客（blog）（最初也被称为网络日志）是一个包括由作者制作的按时间顺序排列的系列条目（从新到旧）以及与该主页相关的链接的个人主页。博客可能包括 blogroll（指向其他博客的链接的集合）和 trackbacks（指向第一个博客上的文章的其他博客中的条目列表）。大多数博客允许读者对博客条目发表评论。创建博客的行为通常被称为"写博客"。博客要么由第三方网站（如 WordPress、Tumblr、Blogger、LiveJournal、TypePad 和 Xanga）托管，要么潜在的博主可以下载软件，如 Movable Type，创建一个由用户的 ISP 托管的博客。博客的网页风格通常根据博客服务或软件提供的模板而变化，用户无须具备 HTML 知识。因此，数百万不具备 HTML 技能的人也可以发布自己的网页，和亲人朋友分享自己的内容。博客及其相关网站共同构成了"博客圈"。

　　博客越来越受到互联网用户的欢迎。截至 2022 年，Tumblr 和 WordPress 总共拥有超过 6 亿个博客，因此博客的总数很可能要高得多。没有人知道这些博客有多少正在更新博文，又有多少使用的是昨天的旧闻。也没有人知道，这些博客中有多少的访问量比其他高。事实上，博客数量如此之多，我们需要一个博客搜索引擎来检索博客，或者直接查询最受欢迎的 100 个博客并进行挖掘。

维基

　　维基（wiki）是一种支持用户便捷地在网上添加和编辑内容的 Web 应用。（wiki 这个词来源于檀香山机场的"wiki wiki"穿梭巴士。）维基软件支持用户合作创建文档。大部分的维基系统是开源的、用关系数据库存储内容的服务器端系统。软件提供的模板可以定义所有网页的布局和元素，显示用户可编辑的源代码（通常是纯文本），然后将内容以 HTML 页面形式呈现并显示在浏览器上。有些维基软件只支持基本文本模式，有些则支持使用表格、图片甚至是互动元素，如民意调查和游戏。由于维基开源的性质，它允许任何人来改变网页内容，大部分的维基提供了一种通过"最近修改"的网页来验证这种改变的稳定性的方式，这使得维基社区的成员可以处理和查看其他用户的工作并修正错误，阻止"破坏"。

最著名的维基是维基百科，这是一个网络百科全书，包含超过5800万篇文章，涵盖300多种不同的语言，涉及各种主题。运营维基百科的维基媒体基金会也运营着各种相关项目，包括维基教科书（一套合作编写的免费教科书和手册）、维基新闻（一个免费的新闻来源）以及维基词典（一个合作项目，旨在制作一个免费的多语种词典，涵盖所有语言，包括定义、词源、发音、引文和同义词）。

3.4.5　Web3

尽管一些人称之为"Web3"的东西还不存在，但围绕它的概念已经在新闻中出现了很多。Web3是一种新型互联网服务的名称，被认为是使用区块链构建的。区块链是一种分布式和共享的分类账本（数据库系统），是比特币等加密货币的基础，但也可用于各种其他目的。（我们将在第5章进一步详细研究区块链。）Web3概念背后的支持者认为，它比当前的网络环境更加分散，由创作者和用户控制，而不是由大型科技公司控制。Google、Meta和Twitter等集中式企业平台将被去中心化的社区运营网络所取代。透明度和数据隐私将得到加强。

另一方面，批评者指出，即使是当今最先进的区块链技术也无法成功应对Facebook、YouTube或Twitter每天处理的数据量。将需要某种形式的集中式服务，这将违背Web3的中心目的。Web3的某些版本是否会在未来实现还有待观察，但与此同时，围绕它的炒作可能会继续。

3.4.6　虚拟现实、增强现实和元宇宙

虚拟现实（VR）是指让用户完全沉浸在虚拟世界中，通常通过使用连接耳机和其他设备的头戴式显示器（HMD）来实现导航，并让用户感觉他们实际上就在虚拟世界中。专为个人电脑或游戏系统设计的高端VR设备包括：各种Meta（前身为Facebook Oculus）头显，如Rift和Quest；HTC的Vive；索尼的PlayStation VR。Samsung的Gear VR和Google Cardboard就是低成本、移动、入门级设备的例子。到2022年，美国估计有6700万虚拟现实用户，到2025年，这一数字预计将增加到7500万以上（Insider Intelligence/eMarketer，2022m）。

增强现实（AR）是指通过智能手机、平板电脑或头戴式显示器将虚拟对象叠加到真实世界上。到2022年，美国估计有9000万增强现实用户，到2025年，这一数字预计将增长到1.1亿以上（Insider Intelligence/eMarketer，2022n）。迄今为止，增强现实技术最引人注目的应用是任天堂的《Pokémon Go》游戏。其他用途包括Snapchat的Lenses功能，该功能使用面部识别技术和3D模型，用户可以通过在照片上叠加动画或其他图像来增强自拍效果。Apple的ARKit、Google的ARCore和Meta的Spark AR Studio软件开发平台加速了AR应用的增长，这些平台帮助建立了创建AR应用程序的行业标准。**混合现实**（MR）是增强现实的增强版本，其中虚拟图像可以与其覆盖的真实环境进行交互。Microsoft的HoloLens是一款头戴式全息计算机，就是一个为实现混合现实而设计的设备的例子。

　　元宇宙起源于当前的技术，如虚拟现实、增强现实和基于化身的虚拟世界。**元宇宙**被设想为一个身临其境的、视觉的 3D 虚拟现实，用户可以在其中完成连接、社交、协作和交易。Facebook 认为，虚拟世界将成为未来网络的中心，以至于在 2021 年 10 月，Facebook 宣布将更名为 Meta。Facebook 的声明引发了一股炒作、热议和关注的热潮。Facebook 创始人兼首席执行官 Mark Zuckerberg 认为，元宇宙是社交技术的终极表现。他将其描述为一个"具体化的互联网"，在这里，你不仅可以观看 2D 的内容，还可以体验到"身临其境"的感觉。虽然虚拟现实、增强现实和类似虚拟世界的体验目前主要用于游戏和广告，但 Zuckerberg 和其他人认为，虚拟世界最终将给人们体验网络生活和工作的方式带来深刻的变化。Meta、Google、Microsoft、Apple 和许多其他公司都在开发与 Meta 相关的产品。我们在整个文本中检查当前和未来元宇宙的潜在应用。

3.4.7　智能数字助手

　　从 1968 年的好莱坞电影《2001：太空漫游》到第一部《星球大战》，与电脑对话，让电脑理解你，并让它能够根据你的指示执行任务的想法一直是科幻小说的一部分。电影中著名的机器人 C-3PO 和 R2-D2 能利用自己的人工智能能力帮助反抗军联盟。Apple 的 Siri 被称为智能个人助理和知识导航器，于 2011 年发布，具有小说中电脑助理的许多功能。Siri 具有自然语言、对话界面和情景感知功能，能够通过将请求委托给各种不同的 Web 服务来执行许多基于口头命令的任务。

　　2012 年，Google 发布了 Google Now，这是一款针对 Android 智能手机的智能数字助手。Google Now 是 Google Search 移动应用程序的一部分。虽然 Google Now 拥有 Siri 的许多功能，但它试图更进一步，根据情境感知来预测用户可能需要什么，包括物理位置、一天中的时间、以前的位置历史、日历，并根据以前的活动表达兴趣。

　　2015 年，Amazon 推出了 Amazon Echo，这是一款配备了被称为 Alexa 的底层人工智能技术的语音控制家庭扬声器。Amazon 将 Echo 定位为一款家庭助手，可以执行各种任务，如更新待办事项列表、调整兼容的家用电器和流媒体音乐，所有这些都是通过语音控制的。Echo 和其他由 Alexa 驱动的设备具有这些和其他"技能"，其功能与 iPhone 上的应用程序非常相似。例如，1-800-Flowers 是最早开发出如下功能的大型零售商之一：允许用户在任何运行 Alexa 的 Amazon 设备上仅通过语音下单。尽管有兴趣使用此功能的客户必须将其账户信息、付款信息和地址存档，但这对企业来说是一个重要的新销售渠道。许多公司和组织已经为 Alexa 开发了相关技能。截至 2022 年，Alexa 拥有超过 130 000 项技能，而 2016 年初仅有 135 项。Amazon 已将其大部分核心人工智能技术发布给第三方开发者，使他们能够创造更多技能。Echo 在智能家电市场早期跃升至领跑者地位，并继续保持这一地位，2022 年市场份额约为 66%。该公司已经发布了多种版本的 Echo，包括：光盘大小的 Echo Dot；配有触摸屏和摄像头的 Echo Show；Echo Spot 是 Echo Show 的精简版，屏幕也小得多。

　　2016 年，Google 用 Google 助手取代 Google Now，Google 助手是一个类似的虚拟助手，预装在所有使用操作系统 6.0 或更高版本的安卓手机上，以及 Google Home 智能家庭扬声器（现在更名为 Nest Audio）中。Google 助手在回答琐事类问题方面表现出色，这要归功于 Google 的搜索引擎数据宝库。虽然它没有 Alexa 那么多的技能，但 Google 助手仍在不断添加新功能，比如：为第三方设备定制语音命令，删除了直接与设备对话时通常需要的额外短语；取消了对音频播放的限制，允许助手播放舒缓的雨水或其他环境噪音的音频，以及长篇采访；杂志出版商赫斯特（Hearst）等内容创作者提供的订阅服务，包括每日小贴士和建议。Google 助手可以在数以百万计的安卓设备上使用，并在国际上拥有强大的影响力。

2017 年，Apple 终于发布了自己的声控扬声器 HomePod，将其作为一种特别注重音乐的高质量产品进行营销。然而，HomePod 在功能方面明显落后于 Echo 和 Google Nest Audio 扬声器，在美国家庭助理市场中只占很小的比例。

企业纷纷涌入这一市场，因为它们预计消费者将越来越多地使用语音搜索产品和购物。然而，到目前为止，使用智能扬声器进行基于语音的购买的美国消费者数量并没有像分析师最初预期的那样迅速增长，2022 年只有约 27% 的美国智能扬声器用户这样做。隐私和安全问题仍然是重大障碍。例如，几个不同的研究小组已经暴露了智能扬声器的潜在漏洞，包括黑客入侵并将其变成监控设备的可能性。尽管 Echo 设备在以明显的方式启动之前需要 "嘿，Alexa" 命令，但在等待该命令时，设备始终处于开启状态。如果不高度重视匿名化和道德问题，智能扬声器可能会导致前所未有的隐私侵犯。然而，尽管存在这些担忧，智能扬声器和带有声控助手的设备现在已经成为主流（Insider Intelligence/eMarketer，2022o，2022p）。

3.5　移动 App

2007 年，史蒂夫·乔布斯（Steve Jobs）推出 iPhone 时，包括他在内，没有人预见到这款设备会引发一场软件革命，以后将成为一个重要的电子商务平台，更不用说成为游戏平台、广告平台以及电视节目、电影、视频和电子书的通用媒体平台了。iPhone 最初的主要功能，除了具有手机的基本功能外，还具有相机、短信设备以及网络浏览器等功能。Apple 最初缺乏的是能够充分利用其计算能力的软件应用程序（App）。解决这个问题的办法是由外部开发者创造应用程序。于是在 2008 年 7 月，Apple 推出了 App Store，为 Apple 公司以及独立开发者提供了一个发布和销售应用程序的平台。大约在同一时间，Google 也在开发 Android 作为一种移动设备的开源操作系统。2008 年 10 月，第一部使用 Android 的智能手机发布，Google 推出了 Android Market（现称为 Google Play）作为 Android 的官方 App 商店。2010 年，Apple 公司的 iPad 和 Samsung Galaxy Tab 等一些智能平板电脑进入市场，为移动应用程序提供了额外的平台。

从此开始，一个全新的世界应运而生。2021 年，全球有 2300 亿个 App 被下载，消费者以订阅和其他形式在 App 内消费了 1700 亿美元（Data.ai，2022）。截至 2022 年，Apple App Store 上可供下载的 App 约有 180 万个，Google Play 上可供下载的 Android App 约有 26 亿个（Apple，2022；Appbrain，2022）。移动 App 现象催生了一个数字生态系统：成千上万的开发商、广受欢迎的硬件平台和数百万消费者，使用移动设备取代笨重的台式/笔记本电脑作为数字媒体中心。移动 App 甚至已经取代电视成为最受欢迎的娱乐媒介。选择在手机和平板电脑上消费媒体的消费者比以往任何时候都多，这对 App 开发商来说是个好消息。

App 生态系统对电子商务产生了巨大影响：你口袋里的智能手机或放在腿上的平板电脑不仅仅是一台通用计算机，更成为随时可用的购物工具，以及供应商的全新的营销和广告投放平台。早期使用台式电脑和笔记本电脑的电子商务被称为允许人们在床上穿着睡衣购物的创举。而现在，智能手机和平板电脑将这一范围扩展到了远超家庭之外的领域：你可以在任何地方、任何时间，在谈话、发短信、观看视频、听音乐之余进行购物。几乎所有顶级品牌都在至少一家主要 App 商店中拥有自己的 App，其中超过 90% 的品牌在 Apple App Store 中拥有自己的 App。预计在 2022 年，通过移动设备购买零售和旅游产品及服务的移动电子商务将在美国产生超过 5000 亿美元的收入（Insider Intelligence/eMarketer，2022q，2022r）。

3.5.1 移动 App 开发平台

移动网站可由任何支持网络服务的移动设备访问，而本地 App 则不同，它们是专门为使用移动设备的硬件和操作系统而设计的，具有平台特定性。适用于 iPhone、iPad 和其他 iOS 设备的程序可以用 Swift 编程语言编写，这是 Apple 公司在 2014 年专门为开发 iOS 应用程序而引入的编程语言。另外，使用 iOS SDK（软件开发工具包）可利用 Objective-C 编程语言来编写这些程序。而对于基于 Android 操作系统的手机的 App，通常使用 Java 编程语言来编写，部分代码也可以是用 C 或 C++ 编程语言编写的。除了使用 Swift、Objective-C 或 Java 等编程语言创建原生应用程序外，还有数百种低成本或开源的应用程序开发工具包，这些工具包使得创建跨平台移动 App 相对容易且成本低廉，而不必使用特定于设备的编程语言。更多信息请参阅第 4 章。

3.5.2 App 市场

App 一旦编写完成，就会通过各种市场进行推广。基于 Android 手机的 App 通过 Google Play 进行发布。而对于 iPhone 和 iPad App，则通过 Apple App Store 进行分发。此外，用户还可以从第三方供应商那里购买 App，例如 Amazon 针对 Android 的 Appstore。重要的是要区分"原生"移动 App 和网络 App。原生 App 直接在移动设备上运行，并依赖于设备内部的操作系统。而网络 App 则安装到浏览器中，当然它们也可以在移动环境中运行。

3.6 电子商务相关职位

在本节中，我们将研究一家公司的招聘信息，该职位明确要求候选人必须理解支撑互联网、网络和移动平台运行的基本技术。

3.6.1 公司概况

该公司是首批针对 PC、笔记本电脑和智能手机等数字设备的电池更换市场进行深度开拓的公司之一。通过其特许零售店、网站以及 B2B 销售渠道，该公司致力于为广大数字设备用户提供电池、灯具以及各类支持服务。此外，该公司还积极运营 Amazon 和 eBay 网店，以进一步扩大业务范围。近期，该公司还在进军平板电脑和个人电脑的维修及维护、电池回收和照明市场。如今，该公司已拥有 600 多家特许零售店和数个网站。此外，该公司还拥有 5 万多种类型的库存，包括电池、灯泡以及各类配件，以满足广大客户的不同需求。

3.6.2 职位：电子商务专家

你将与电子商务部门的多名员工组成团队，负责协调多个服务于不同产品线和市场渠道的网站，并向公司推荐新技术，包括云计算、软件即服务（SaaS）、移动渠道开发、虚拟现实技术和视频工具。公司正在寻找对业务充满热情并且精通技术、互联网、移动设备和商业应用的人才。你的职责包括：

- 向其他部门介绍互联网、万维网和移动技术应用程序，并为部门经理准备报告，介绍将这些技术应用于商业挑战的新机会。

- 与产品线和营销部门合作，就整合网络和移动电子商务的重要性达成共识。
- 与特许零售店合作，告知它们公司即将推出的新技术计划，向特许经营商进行介绍，并收集反馈意见。
- 与 IT 部门合作，开发更具成本效益的电子商务技术和企业平台，其中包括云计算基础设施和 SaaS 解决方案。
- 制订全面的战略计划、明确的路线图和预算，以帮助指导公司未来五年的电子商务工作。
- 进行市场营销和开展一般互联网研究。

3.6.3　资质 / 技能

- 具有计算机科学、管理信息系统或工商管理学士学位，修过电子商务和网络营销课程。
- 了解电子商务、内容管理和数据库驱动应用程序的背景并具有相关经验。
- 具备关于互联网、网络技术、移动设备 / 平台及其在电子商务中的应用的基本知识。
- 具备敏锐的洞察力，充分认识到互联网和移动平台在未来可能会发生的变革。
- 具备基本的云计算知识，包括硬件和软件。
- 对互动媒体、工具和技术有基本的了解和认识。
- 能够与 IT、市场营销和供应链管理等不同团队有效合作。
- 具备良好的口头和书面沟通能力。
- 具备高度的专注力和自律性，具备良好的时间管理技能。

3.6.4　面试准备

　　为了准备这次面试，请复习 3.1 节、3.2 节和 3.3 节，确保你理解并能准确使用描述互联网 / 万维网基础设施的基本专业术语。特别注意 3.1 节中关于云计算的材料，了解 Amazon 网络服务所提供的各种服务（表 3.4）。此外，还要对关于无线 / 移动互联网接入的材料进行复习。充分了解表 3.1 中所详细介绍的电子商务基础设施的发展趋势，将对你的面试有所帮助。你还需要了解物联网等新兴趋势，并能够讨论其对业务的潜在影响。最后，复习 3.4 节和 3.5 节，以便你能在面试时探讨互联网 / 万维网技术是如何为业务带来好处的。你需要熟悉这些部分中涉及的各类软件应用程序和工具，从移动 App、通信工具到搜索引擎，从不同类型的媒体到各种 Web 2.0 应用程序和服务，以及虚拟现实、增强现实、元宇宙和智能数字助手等工具。

3.6.5　首次面试可能被问到的问题

　　1. 目前，我们的电子商务运营涉及多个产品线（电池、灯具和工业电源解决方案）以及不同的营销渠道。面对这些多样化的网络活动，我们希望找到一种方式来将其整合成一个协调一致的网络和移动平台。请问你对此有何高见？

　　为了更好地整合公司的电子商务和网络运营，可以在公司内部建立一个独立的电子商务部门。将所有主要的电子商务参与者聚集在一起，让他们共同协作制定公司政策，这似乎是一个良好的起点。此外，建立一个一致的网络品牌对于公司的形象和声誉至关重要。通过这种方式，可以更好地管理公司的电子商务运营，提高客户满意度和业务绩效。

2. 目前，我们将智能手机用作进行从商店结账到客户管理及物流等所有工作的工具。然而，我们尚未制定真正面向消费者的移动战略。你认为我们应该如何将移动业务发展成为面向消费者的销售工具？

你可以了解公司销售中来自移动设备的百分比，因为未来的趋势越来越倾向于移动化。如今，使用移动设备在购买、搜索和浏览活动中的占比日益增加。因此，公司应该着重开发移动搜索功能，并创建移动端网站或移动 App，以便用户可以轻松浏览和购买公司的产品。

3. 你有哪些关于将物联网应用于我们的业务的想法和策略？

一种可能的方法是利用传感器记录顾客在店内的活动路径，并基于他们在店内的位置推荐购买商品，这是一种非常具有地方特色的地理营销策略。或许我们可以在某些产品中嵌入传感器，使其能够将数据（例如电池电量）传回公司的数据中心。这样，消费者可以接收到警报，提醒他们购买特定的商品。

4. 目前，公司的大部分计算机运营都集中在数据中心。我们使用多年来开发的软件工具集合来处理物流、供应链管理和客户数据。对于使用云计算和 SaaS，你有什么建议吗？

你应该注意到，云计算具有多种形式，并且由多个供应商提供。它包括租赁基础设施、软件、数据库和网络服务等。在大多数情况下，与运营自己的数据中心相比，公司可以通过采用云计算来降低基础设施成本，并且能够更快地进入市场。

5. 如何利用视频和流媒体技术与我们的零售客户建立联系？

你应该注意到，对于品牌发展和吸引客户而言，视频的重要性几乎与文本相同。公司应该考虑创建 YouTube 频道，以宣传其产品并向观众展示如何使用这些产品。

3.7 案例研究：Akamai——通过边缘计算提升互联网内容传输的效率

2022 年，仅 YouTube 产生的互联网流量就超过了 2000 年整个互联网的流量。YouTube、Netflix、Facebook 和 TikTok 等视频平台是互联网流量中的主流。移动设备的互联网流量也显著增长，因为现在大部分这类流量都来自移动端。

在如今网络普及率很高的大环境下，人们的耐心值都很低。当网页需要加载三秒以上时，人们就会选择离开。客户对于互联网与日俱增的期待值对任何一个想要通过网络开展电子商务的人来说，无疑是一个坏消息。Akamai 是可以解决这一问题的帮手之一。各行业绝大多数顶尖公司都使用 Akamai 的服务来提高互联网交付质量。

网页和内容加载缓慢有时是由于设计不当造成的，但问题主要源于互联网的现有基础设施。互联网是一个信息网络的集合，需从一个网络将信息传递到另一个网络。而这个过程有时并不流畅。TCP 要求通过互联网发送的每个 1500 字节信息包均由接收服务器进行验证，并向发送方发送确认。这不仅减慢了视频和音频内容的分发速度，而且减慢了交互式请求的处理速度，例如需要客户端计算机与网络购物车交互的购买行为。此外，每个数据包在到达最终目的地的途中可能会经过许多不同的服务器，这使得将数据包从纽约移动到旧金山所需的确认数量增加了数倍。当今的互联网花费大量时间和内存来验证数据包，这导致了延迟的问题。因此，一封带有 1MB PDF 文件附件的电子邮件可能在服务器、客户端硬盘和网络备份驱动器上创建超过 50MB 的互联网流量和数据存储。页面要加载更多各种类型的内容，加载时间也显著增加，内容分布也随之变得更加复杂。

Akamai 由麻省理工学院应用数学教授 Tom Leighton 和麻省理工学院研究生 Daniel Lewin 创立，其理念是加速互联网流量以突破这一限制。Lewin 的硕士论文作为公司的理论起点，它描述了一种复制存储方式：在互联网上的许多不同位置存储网页内容（例如图片或视频剪辑）的副本，这样就可以从附近的服务器上获取复制的内容，从而使网页加载速度更快。这就是边缘计算背后的想法：将计算和数据存储放置在尽可能靠近所需位置的服务器中，以减少延迟、缩短响应时间并节省带宽。Akamai 是第一家向客户提供边缘计算服务的公司。

Akamai 于 1998 年 8 月正式推出，Akamai 目前的产品基于其 Akamai 智能边缘平台，该平台由分布在全球超过 135 个国家 / 地区的 1350 个网络中的约 360 000 台服务器组成。对于 90% 的互联网用户，这些都位于一跳的范围内。2022 年，Akamai 宣布其网络传输的流量达到了每秒 250Tbps 的新峰值。这意味着，以 250Tbps 的速度，你可以在 37 秒内下载 IMDb 数据库中的每部故事片！ Akamai 通常每天提供约 100Tbps 的网络流量，并且支持数百万人同时在线。

Akamai 软件允许平台检测、识别并阻止安全威胁，了解全面的网络状况，从而提供对客户网络运营的业务、技术和分析见解。为了完成这些艰巨的任务，Akamai 需要监控整个互联网，定位可能出现卡顿的地方并找出更快的信息传播路径。客户网站频繁使用的部分，或者大型视频或音频文件等难以快速发送给用户的信息，都存储在 Akamai 的服务器上。当用户请求音频或视频时，他的请求被自动定向到附近的 Akamai 服务器上，请求的内容就由该本地服务器提供。Akamai 的服务器都部署在一级主干网的供应商网络上，如大型的网络运营商、大学以及其他网络。Akamai 的软件能够判断哪个服务器最适合用户，然后在本地传输内容。例如，在纽约访问 eBay 网站的用户将获得来自纽约 Akamai 服务器的网页，而居住在旧金山的用户将获得来自旧金山 Akamai 服务器的网页。“Akamai 化”网站的交付速度是非 Akamai 内容的 4 到 10 倍。Akamai 图像管理器工具可自动执行大型图像文件的图像转换，以缩短图像较多网页的加载时间。

Akamai 拥有广泛的大型企业和政府客户：《财富》500 强公司中的 50%、美国排名前 20 的电子商务零售商中的 19 家、排名前 20 的视频流服务中的 18 家、排名前 10 的券商中的 9 家、排名前 10 的银行中的 7 家，以及美国所有的军事分支机构。著名客户包括 Airbnb、Coca-Cola、eBay、FedEx、Fidelity、Marriott、NBCUniversal、PayPal、Riot Games、Spotify、Viacom、Warner Media 和 Washington Post 等。

向云计算、移动平台的转型以及流媒体视频的日益普及都为 Akamai 提供了新的壮大机会。然而与此同时，流媒体视频的增长也给 Akamai 带来了新的挑战。许多以前是 Akamai 客户的公司，包括 Apple、Facebook、Google、Microsoft 和 Netflix，已将其内容交付业务从 Akamai 平台转移到内部 CDN。内容交付领域的其他竞争对手，如 Amazon 的 CloudFront、Cloudflare、Fastly 和 StackPath，也对 Akamai 一直以来的主导地位构成威胁。

2022 年，Akamai 采取了相应措施，通过收购加强其边缘计算业务：以 9 亿美元收购 Linode。Linode 是一家基础设施即服务（IaaS）供应商，它将使 Akamai 能够为企业提供一个开发者友好的平台来构建、运行和保护云应用程序。在被收购之前，Linode 为开发人员提供了“三大”云供应商（Amazon Web Services、Microsoft Azure 和 Google Cloud Platform）之外的经济实惠的替代方案。Akamai 预计，将来客户对从云端到边缘的连续计算服务的需求将不断增长，特别是当使用 5G 和物联网等技术的应用范围不断扩大时，将更接近数十亿最终用户和数百亿联网设备。Akamai 联合创始人 Tom Leighton 认为 Akamai 的边缘计算使其具有独特的竞争优势，而其他主要云供应商和其他 CDN 厂商的数据中心通常更靠近互联网核心而远离最终用户。Gartner 预计，到 2025 年，75% 的企业生成数据将在边缘计算中创建和处理。Akamai 相信，收购 Linode 将使 Akamai 能够创建世界上分布式程度最高的计算平台，其全球化的覆盖率使得无论最终用户位于何处，任何云应用程序都能拥有最佳的用户体验。

Akamai 还开发了许多其他服务，其中最主要的是安全产品，现在该产品与内容交付和边缘技术服务一样成为其主营业务。网络攻击、有组织的网络犯罪和国家支持的网络战都在增加，Akamai 本身等 CDN 平台也受到了危胁。Akamai 于 2001 年开始提供安全服务来保护美国政府网站，并于 2012 年将这些服务扩展到银行等企业。自此，Akamai 不断改进产品，如今其 Web 应用程序防火墙解决方案（Web App and API Protector，以前称为 Kona Site Defender）是市场中的领导者。2021 年，Akamai 以 6 亿美元收购了网络安全公司 Guardicore，将其阻止恶意软件（尤其是勒索软件）传播的微分段技术添加到产品组合中。Akamai 认为，其各种服务（云计算服务、边缘计算、内容交付和安全）的组合使其在市场竞争中占据绝对优势。

讨论问题

1. 为什么 Akamai 要按照地理位置分散部署其服务器来向客户传输所需内容？
2. Akamai 自成立以来经历了怎样的发展？
3. 为什么 Akamai 认为边缘计算在今天变得尤为重要？

3.8 复习

3.8.1 关键概念

- 讨论互联网的起源及其背后的关键技术概念。
  - 互联网从位于美国几所大学校园的大型主机，发展成为如今全球有超过 45 亿人访问、由数千个网络和数百万台计算机组成的互连网络。
  - 互联网的历史可以分为三个阶段：创新阶段（1961～1974 年）、制度化阶段（1975～1995 年）和商业化阶段（1995 年至今）。
  - 数据包交换、TCP/IP 和客户端 / 服务器计算架构是支撑互联网的关键技术原理。
  - 移动平台已成为访问互联网的主要方式。
  - 云计算是指企业和个人通过互联网获取计算能力和软件应用程序，而不是购买硬件和软件并将其安装在自己的计算机上的一种计算模式。
  - HTTP、SMTP、POP、IMAP、FTP、SSL 和 TLS 等一系列的互联网协议提供了丰富的互联网服务，例如网页传输、电子邮件、文件传输和安全性等。
- 解释互联网当前的结构。
  - 互联网基础设施主要包括主干网（主要由高带宽光纤电缆网络组成）、互联网交换点（高速交换计算机连接到主干网的枢纽）、Tier 3 ISP（为家庭和办公室提供互联网接入）以及移动平台（通过蜂窝数据网络和 Wi-Fi 网络提供互联网接入）。
  - 物联网建立在现有技术的基础上，例如 RFID 标签、低成本传感器、廉价数据存储、大数据分析软件和 IPv6，以推动大量智能互联事物的发展。
  - ICANN、IETF、IRTF、IESG、IAB、ISOC、IGF 和 W3C 等管理机构对互联网具有影响力并监控其运营，但它们并不控制互联网。

- 了解万维网的工作原理。
  - 万维网是由 Tim Berners-Lee 博士在 1989 年至 1991 年间开发的，他创建了一个计算机程序，允许使用关键字（超链接）链接存储在互联网上的格式化页面。1993 年，Marc Andreessen 创建了第一个图形 Web 浏览器，使得以图形方式查看 Web 上的文档成为可能，并创造了通用计算的可能性。
  - 为了理解万维网的工作原理，你需要熟悉的关键概念是超文本、HTTP、URL、HTML、CSS、XML、Web 服务器软件、Web 客户端和 Web 浏览器。
- 说明互联网和万维网的功能和服务如何支持电子商务。
  - 互联网和万维网共同使人们能够访问产品和服务信息并完成网络购买，从而使电子商务成为可能。
  - 支持电子商务的一些具体功能包括通信工具（例如电子邮件、消息应用程序、网络留言板、网络电话、视频会议、视频通话和远程呈现）、搜索引擎以及可下载媒体和流媒体。
  - Web 2.0 应用程序和服务包括社交网络、博客和维基。
  - Web3 尚不存在，但被设想为一种新型互联网服务：一种基于区块链技术的服务，它将比当前的 Web 环境更加去中心化，并且将由创建者和用户而不是大型科技公司控制。
  - 虚拟现实、增强现实、元宇宙和智能数字助理已开始进入消费市场并引起广泛关注。
- 了解移动 App 的影响。
  - 移动 App 现象催生了一个新的数字生态系统，对电子商务产生了重要影响。几乎所有顶级品牌现在都拥有移动 App，这些 App 越来越多地用于电子商务。
  - 移动 App 开发平台有多种，包括用于 iOS 设备的 Swift 和 Objective-C 以及用于 Android 智能手机设备的 Java（以及用于某些元素的 C 和 C++）。
  - iPhone App 通过 Apple App Store 发行，Android 设备的 App 通过 Google Play 推广。也可以通过第三方供应商购买 App，例如 Amazon 的应用商店。

3.8.2 思考题

1. 互联网的三个基本组成部分是什么？
2. 什么是 IPv6 地址？为什么需要 IPv6 地址？
3. 解释数据包交换的工作原理。
4. TCP/IP 与互联网上的信息传输有何关系？
5. 哪些技术创新使客户端/服务器计算架构成为可能？
6. 什么是云计算？它对互联网有何影响？
7. 为什么智能手机是一项颠覆性技术？
8. Tier 1 ISP 在互联网基础设施中扮演什么角色？
9. IXP 有什么功能？
10. 什么是 5G？
11. 公有云、私有云和混合云有何区别？
12. UDP 与 TCP 有何不同？
13. 监管互联网面临哪些挑战？谁对内容有最终决定权？
14. 对比 Wi-Fi 和蜂窝无线网络的功能。
15. Web 服务器的基本功能是什么？

16. CSS 在网页创建中起什么作用？

17. 为什么浏览器的发展对网络的发展如此重要？

18. HTML5 提供了哪些进步和功能？

19. 命名并描述当前可通过网络获得的五种服务。

20. 移动 App 的发展产生了哪些影响？

3.8.3　实践项目

1. 回顾关于低地球轨道卫星的技术洞察案例。自 2022 年 6 月撰写此案例以来，有哪些发展？

2. 致电或访问有线供应商、DSL 供应商和卫星供应商的网站，了解它们提供的互联网服务。准备一份简短的报告，总结每种方案的功能、优点和成本。哪个是最快的？选择这三者中的任何一个提供互联网服务有什么缺点（例如需要购买额外的设备）？

3. 选择两个国家（不包括美国），并准备一份简短的报告，描述每个国家的互联网基础设施。基础设施是公共的还是商业的？基础设施如何连接以及在哪里连接到美国境内的主干网？

4. 研究物联网。选择一个示例，描述它的定义以及它是如何工作的。

3.8.4　参考文献

Akamai Inc. "IPV6 Adoption Visualization." Akamai.com (accessed May 30, 2022).

Appbrain. "Number of Android Apps on Google Play." Appbrain.com (June 8, 2022).

Apple. "Report Finds Third-Party Apps See Global Success on the App Store." Apple.com (April 7, 2022).

Berners-Lee, Tim, Robert Cailliau, Ari Luotonen, Henrik Frystyk Nielsen, and Arthur Secret. "The World Wide Web." *Communications of the ACM* (August 1994).

Bishop, Mike. "HTTP/3 and QUIC: Past, Present, and Future." Akamai.com (June 21, 2021).

Bluetooth SIG, Inc. "Learn about Bluetooth: Bluetooth Technology Overview." Bluetooth.com (accessed June 1, 2022).

Brandt, Richard. "Net Assets: How Stanford's Computer Science Department Changed the Way We Get Information." *Stanford Magazine* (November/December 2004).

Bush, Vannevar. "As We May Think." *Atlantic Monthly* (July 1945).

Cerf, V., and R. Kahn, "A Protocol for Packet Network Intercommunication." *IEEE Transactions on Communications*, Vol. COM-22, No. 5, pp. 637–648 (May 1974).

Comscore, Inc. "Comscore Explicit Core Search Share Report (Desktop Only) March 2022 vs. April 2022." Comscore.com (accessed June 7, 2022a).

Comscore, Inc. "Comscore Explicit Core Search Query Report (Desktop Only) March 2022 vs. April 2022." Comscore.com (accessed June 7, 2022b).

Connectivity Standards Alliance. "About Us." Csa-iot.org (accessed June 6, 2022).

Data.ai. "State of Mobile 2022." (January 2022).

Durairajan, Ramakrishnan, Paul Barford, Joel Sommers, and Walter Willinger. "InterTubes: A Study of the US Long-Haul Fiber-Optic Infrastructure." SIGCOMM '15 (August 17–21, 2015).

Federal Communications Commission. "FCC Finds U.S. Broadband Deployment Not Keeping Pace." Fcc.gov (January 29, 2015).

Federal Communications Commission. "Fourteenth Broadband Deployment Report." Fcc.gov (January 19, 2021).

Federal Networking Council. "FNC Resolution: Definition of 'Internet.'" Nitrd.gov (October 24, 1995).

Gartner, Inc. "Gartner Forecasts Worldwide Public Cloud End-Users Spending to Reach Nearly $500 Billion in 2022." Gartner.com (April 19, 2022).

Horan, Martin. "Why Do People Still Use FTP Sites?" Ftptoday.com (May 6, 2020).

IDC. "Worldwide Internet of Things Spending Guide." Idc.com (August 2021).

IEEE Computer Society. "Top Trends for 2013." Computer.org (2013).

Industry IoT Consortium. "About Us." Iiconsortium.org (accessed June 30, 2022).

Insider Intelligence/eMarketer. "Internet Users and Penetration Worldwide." (February 2022a).

Insider Intelligence/eMarketer. "US Internet Users and Penetration." (February 2022b).

Insider Intelligence/eMarketer. "Mobile Phone Internet Users and Penetration in US." (February 2022c).

Insider Intelligence/eMarketer. "US Tablet Internet Users and Penetration." (February 2022d).

Insider Intelligence/eMarketer. "Internet Users Worldwide, by Region." (February 2022e).

Insider Intelligence/eMarketer. "US Mobile Device Internet Users and Penetration." (February 2022f).

Insider Intelligence/eMarketer. "Mobile Phone Internet Users and Penetration Worldwide." (February 2022g).

Insider Intelligence/eMarketer (Yoram Wurmser). "Wearables: Steady Growth in Users Foreshadows Bigger Changes to Come." (January 13, 2022h).

Insider Intelligence/eMarketer "US Mobile Phone Messaging App Users and Penetration." (April 2022i).

Insider Intelligence/eMarketer. "US Search Users and Penetration." (February 2022j).

Insider Intelligence/eMarketer. "US Podcast Listeners and Penetration." (September 2022k.)

Insider Intelligence/eMarketer. "US Digital Video Viewers and Penetration." (February 2022l).

Insider Intelligence/eMarketer. "US Virtual Reality Users." (February 2022m).

Insider Intelligence/eMarketer. "US Augmented Reality Users." (February 2022n).

Insider Intelligence/eMarketer. "US Smart Speakers, by Brand." (July 2022o).

Insider Intelligence/eMarketer. "US Smart Speaker Buyers." (July 2022p).

Insider Intelligence/eMarketer. "US Retail Mcommerce Sales." (June 2022q).

Insider Intelligence/eMarketer. "US Mobile Digital Travel Sales, by Device." (May 2022r).

Internet Corporation for Assigned Names and Numbers (ICANN). "ICANN Approves Historic Change to Internet's Domain System." Icann.org (June 20, 2011).

Internet Society. "ISOC's Standards Activities." Internetsociety.org (September 2010).

Internet Society. "World Ipv6 Launch on June 6, 2012, to Bring Permanent Ipv6 Deployment." Internetsociety.org (January 2012).

Johnson, Joseph. "U.S. Market Share of Mobile Search Engines, 2012–2020." Statista.com (March 1, 2022).

Lasar, Matthew. "Capitol Hill, The Internet, and Broadband: An Ars Technica Quarterly Report." Arstechnica.com (September 2010).

Leichtman Research Group. "39% of Adults Watch Video via a Connected TV Device Daily." Leichtmanresearch.com (June 4, 2021).

Leiner, Barry M., Vinton G. Cerf, David D. Clark, Robert E. Kahn, Leonard Kleinrock, Daniel C. Lynch, Jon Postel, Larry G. Roberts, and Stephen Wolff. "All about the Internet: A Brief History of the Internet." Internet Society (ISOC) (August 2000).

MarketsandMarkets. "Smart Home Market by Product (Lighting Control, Security & Access Control, HVAC, Entertainment, Smart Speaker, Home Healthcare, Smart Kitchen, Home Appliances, and Smart Furniture), Software & Services, and Region (2021–2026)." Marketsandmarkets.com (September 2021).

NCTA—The Internet & Television Association. "The Future Is 10G: Superfast Internet." Ncta.com (accessed June 6, 2022).

Netcraft. "May 2022 Web Server Survey." News.netcraft.com (May 30, 2022).

NPD Group. "New NPD Report: Only 50% of Homes in the Continental US Receive True Broadband Internet Access." Npd.com (March 8, 2022).

Open Connectivity Foundation. "About Us." Openconnectivity.org (accessed June 6, 2022).

Podtrac, Inc. "Podcast Industry Ranking Highlights, Top 10 Podcast Publishers, US Audience: April 2022." Analytics.podtrac.com (accessed June 7, 2022).

Radicati Group. "Email Statistics Report, 2021–2025—Executive Summary." Radicati.com (February 2021).

Sandvine. "The Global Internet Phenomena Report 2022." Sandvine.com (January 2022).

Simonite, Tom. "First Detailed Public Map of U.S. Internet Backbone Could Make It Stronger." Technologyreview.com (September 15, 2015).

Speedtest. "Speedtest Global Index: April 2022." Speedtest.net (accessed June 1, 2022).

Tibken, Shara. "Why Apple, Amazon, and Google Are Uniting on Smart-Home Tech: Matter Explained." *Wall Street Journal*, February 22, 2022.

United States Census Bureau. "2019 American Community Survey Single-Year Estimates, Table B28002: Presence and Types of Internet Subscriptions in Household." Data.census.gov (September 17, 2020).

Vailshery, Lionel. "U.S. Desktop Internet Browsers Market Share 2015–2021." Statista.com (February 21, 2022a).

Vailshery, Lionel. "U.S. Market Share Held by Mobile Browsers 2015–2021." Statista.com (February 21, 2022b).

Verisign. "The Domain Name Industry Brief Volume 19—Issue 1." Verisign.com (April 2022).

W3Techs. "Usage Statistics of Site Elements for Websites." W3techs.com (June 1, 2022).

Watters, Ashley. "30 Internet of Things Stats & Facts for 2022." Connect.comptia.org (February 10, 2022).

Zakon, Robert H. "Hobbes' Internet Timeline v8.1." Zakon.org (2005).

Ziff Davis Publishing. "Ted Nelson: Hypertext Pioneer." Techtv.com (1998).

建立电子商务形象：网站、移动网站和 App

学习目标

- 了解在发展电子商务业务时必须提出和回答的问题，以及应采取的步骤。
- 解释建立电子商务业务应遵循的流程。
- 识别并了解选择 Web 服务器和电子商务商家服务器软件所涉及的主要考虑因素。
- 了解为电子商务网站选择最合适的硬件所涉及的问题。
- 确定可以提高网站性能的其他工具。
- 了解开发移动网站和构建移动 App 所涉及的重要注意事项。

开篇案例：Walmart 的全渠道战略——从超级购物中心到超级 App

Walmart 是全球最大的公司之一，拥有约 10 500 家门店、230 万名员工，并在 2021 年实现约 5750 亿美元的收入。Walmart 以其天天平价、丰富的产品选择和传奇般高效的供应链而闻名，这些因素也提高了它的盈利能力。Walmart 一直是小型本地企业必须与之竞争以求生存的大巨头。然而，在电子商务领域，Walmart 却扮演着截然不同的角色：弱者。

在实体零售方面，Walmart 无人能及。它超过了在 2021 年实现 4700 亿美元收入的 Amazon，达到了 5750 亿美元。但在电子商务领域，Amazon 是毫无争议的领导者，2021 年其在美国的零售电子商务收入约为 3550 亿美元，几乎是 Walmart 估计的 600 亿美元的近六倍。Amazon 占据了几乎 40% 的电子商务市场份额，而 Walmart 在这方面仍然远远落后，仅占约 7%。Amazon 是 Walmart 零售业主导地位的最大威胁。

但这家全球最大的公司并不是靠坐享其成才取得今天的成就的。在过去的几年里，Walmart 一直在稳步发展电子商务业务。2018 年，它从法定公司名称中删除了"Stores"一词，并强调公司致力于成为全渠道零售商。Walmart 的目标是让顾客可以随心所欲地购物，同时还能获得"Walmart 体验"。

Walmart 在追求目标时具有许多独特的优势。首先，它的名字已经得到了普遍的认可。Walmart 的超级购物中心提供一站式购物体验，从食品杂货到电子产品、服装、家居用品都有大量的选择，这是在现实世界中的竞争优势，Walmart 希望在转向电子商务发展的过程中能继续利用这种优势。Walmart 还从实体业务部门获得了大量资源，可以投入到其电子商务运营中。它利用了其中的一些资源，以 33 亿美元的价格在 2016 年收购了 Amazon 的竞争对手 Jet.com。它还添加了流行的在线时尚品牌 Bonobos、Eloquii 和 Moosejaw，领先的在线家居装饰零售商 Hayneedle，以及在线艺术供应商 Art.com，并获得了印度领先的电子商务网站 Flipkart 的控股权。最后，美国 90% 的人口都居住在距离 Walmart 4700 家门店 10 英里（约 16 千米）的范围内，这为 Walmart 提供了全渠道零售的先决条件。

重新设计 Walmart 网站是 Walmart 全渠道战略的重要组成部分。多年来，Walmart 的网站在易用性、搜索质量、产品选择和呈现方面一直落后于 Amazon。然而，在 2018 年，Walmart 对其旗舰网站进行了大胆的重新设计。最引人注目且立刻显现出的不同之处是强调高质量的图像和减少信息密度，比如 Amazon 用户看到的大量链接和产品推荐。首页和单个产品类别登录页面上的大图以一种引人共鸣的方式描绘了日常生活中的场景，展示产品在家庭中的使用情况。甚至搜索结果页面也聚焦于高质量的图像。该网站还使用了比过去更柔和的颜色和排版。所有这些变化使图像成为每个页面的焦点。将大量的页面空间用于图像的缺点是每个页面显示的产品变得更少了。为了弥补这一点，网站的另一个核心组成部分是强调个性化。虽然网站显示的产品较少，但这些产品都非常有针对性。Walmart 采用算法方法显示用户所在地区的热门商品、用户以前购买过的商品和正在促销的商品。重新设计后的网站目前每月的独立访问量超过 1.18 亿。

Walmart 的移动 App 是其全渠道战略的另一个关键组成部分。Walmart 最初有两个移动 App：旗舰 Walmart App 和一个专门用于在线杂货业务的独立 App。尽管最初分离可能是有道理的，但到 2020 年，它显然成为 Walmart 希望实现的全渠道客户体验的障碍。这意味着购物者必须下载两个单独的 App，并根据他们购买的物品在两个 App 之间切换。Walmart Plus、在线杂货和移动 App 的市场营销副总裁 Cynthia Kleinbaum Milner 表示，两者的结合将提供更加无缝的购物体验。同时，Walmart 重新设计了桌面和移动网站，将 Walmart 杂货店整合到这些网站中。Walmart 还推出了类似于 Amazon Prime 的订阅服务 Walmart+。

Walmart 首席产品官 Ming Chee 表示，Walmart 正在寻求在实体店、网络和 App 之间建立无缝的客户体验。例如，Walmart 最近为门店推出了新的设计，包括为了反映 Walmart App 的图标而更新的标识，为了引导顾客和员工使用该 App 购买产品而更新的店内信息和标识，以及更多带有非接触式支付解决方案的结账亭，以利用其移动 App 的扫描和结账功能。Walmart 已经将"扫描即走"定位为 Walmart+ 用户的一个关键优势，这使得 Walmart+ 用户可以在购物时用手机扫描商品，然后使用自助结账亭结账和付款。在 App 中添加能够改善商店体验的功能，还可以鼓励更多用户下载和使用应用。

Milner 表示，为保证购物者获得最佳体验，App 会不断调整、迭代和测试。例如 2021 年 9 月，Walmart 进一步优化了 App，推出了通用搜索和结账功能。以前，在搜索商品之前，购物者必须在送货到家或订购商品之间选择是提货还是送货。这一变化允许购物者使用购物篮在不同地点完成交易。现在，购物者可以在一次交易中同时购买杂货和电子产品。

Walmart 打造"超级 App"的第一步就是合并这两款 App，Walmart 认为这款 App 不但是一款购物 App，还是一款生活方式 App，不仅包括购物功能，还包括金融服务、健康和保健服务、内容服务等。2022 年 1 月，Walmart 向未来迈出了重要一步，它收购了两家提供金融服务的公司，并计划将它们合并为一家名为 ONE 的 Walmart 初创公司。分析人士指出，这一名称将涵盖一系列服务和产品，这些服务和产品都在"同一个屋檐下"。虽然 Walmart 最初的计划是专注于开发一款金融服务 App，为消费者提供一个管理资金的地方，但不难想象，这款 App 只是通往真正的超级 App 之路上的又一步。

与此同时，Walmart 的全渠道战略似乎正在发挥作用。Walmart 的电子商务业务蓬勃发展。新冠疫情迫使许多消费者转向网络购物，特别是在杂货方面，Walmart 由于在在线杂货配送服务和店内以及路边取货方面的早期投资而抢占了先机。Walmart 的零售电子商务销售额增长了 75% 以上，从 2019 年的约 300 亿美元增长到 2020 年的 530 亿美元，到 2021 年又增长了 15%，达到 610 亿美元。如果 Walmart 能够实现超级 App 的雄心壮志，它可能会在争夺美国消费者的竞争中与 Amazon 展开更激烈的竞争。

在第 3 章中，你已经了解了电子商务的技术基础：互联网、万维网和移动平台。在本章中，我们将探讨在建立电子商务网站时需要考虑的重要因素。我们学习的重点将放在电子商务网站建立之前的准备工作，以及随后不断做出的管理和商业决策上。虽然建立一个复杂的电子商务网站并不容易，但今天的工具比电子商务早期便宜得多，功能也强大得多。同时，由于你需要在三个平台上建立业务——Web、移动和社交网络，移动设备和社交网络的激增增加了它们的复杂性。在本章中，我们将重点关注中小型企业，也会关注每天服务数千甚至更多客户的大型企业。如你所见，虽然中小型企业和大型企业规模并不相同，但是它们所遵循的原则以及考虑的因素是基本相同的。

4.1　畅想你的电子商务网站

在开始建立一个网站或 App 之前，有一些重要的问题需要思考和回答。这些问题的答案将推动电子商务业务的开发和实现。

4.1.1　想法是什么（构想过程）

在你可以计划和实际建立电子商务之前，你需要对希望完成什么以及如何完成有一个想法。这个想法不仅包括使命陈述，还包括目标受众的识别、市场空间的特征、战略分析、营销矩阵和开发时间表。它从一个梦想开始，以一个时间表和初步的发展预算结束。

在研究成功的电子商务公司时，你通常可以通过查看公司网站的主页来了解公司的使命。如果公司是上市公司，你通常还可以在其向证券交易委员会提交的报告中找到关于其愿景或任务的简洁陈述。对于 Amazon 来说，它的目标是成为全球最以客户为中心的公司。对于 Facebook 来说，它赋予人们建立社区、让世界更紧密地联系在一起的力量。对于谷歌来说，它将成为一个充满创造力和创新的地方，利用技术专长来解决重大问题。你想要建立的电子商务可能没有很大的野心，但使命、目的和方向的简洁声明是推动项目开发的关键因素。例如，The Knot 的使命是提供全面的一站式婚礼策划解决方案。

4.1.2　如何盈利：商业模式和盈利模式

一旦明确了愿景和使命，接下来需要考虑的是资金来源，并初步构思你的业务和收入模型。此时，你不需要制定详细的收入和成本预测，而是需要大致了解你的业务如何创造收入。基本的选择已经在第 2 章中描述。一些基本的商业模式包括网络零售商（电子零售商）、内容服务商、交易经纪人、市场创建者、服务供应商、社区服务商（社交网络）和门户网站。

主要的收入模式包括广告、订阅和交易费用、销售和附属收入。没有理由采用单一的业务或收入模式，事实上，许多公司都有多种模式。例如，在 The Knot 网站上，你会发现婚礼产品和服务的主要创作者的广告、联盟关系和赞助，包括当地婚礼策划人的目录，所有这些都能产生 The Knot 的收入。

4.1.3　目标受众是谁，他们在哪里

如果不清楚目标受众，你将无法建立成功的电子商务。这里有两个问题：谁是你的目标受众？在哪里可以更好地接触到他们？你可以通过多种方式来描述目标受众：人口统计、行为模式（生活方式）、当前消费模式（在线与离线购买）、数字使用模式、内容创建偏好（首选社交媒体场所）和买家角色（典型客户的个人资料）。

了解目标用户的人口统计数据通常是第一步。人口统计信息包括年龄、收入、性别和地理位置。在某些情况下，这些信息可能是显而易见的，而在特殊情况下，则不那么明显。例如，Harley-Davidson 的摩托车受众非常广泛，年龄、收入和地理位置各不相同。虽然大多数购买者是中年男性，但许多男性会和女性一起骑行，Harley-Davidson 的网站上有一系列女装，还有几个专门为女性骑手服务的网页。虽然购买 Harley-Davidson 摩托车的大多数男性收入一般，但也有相当一部分买家是收入高于平均水平的专业人士。因此，年龄和收入的人口目标相当广泛。把 Harley-Davidson 的车手们联系在一起的并不是他们共享的人口统计数据，而是他们对摩托车和品牌的热爱，以及与驾驶强有力的摩托车在美国公路上巡航相关的生活方式——那种摩托车发出的声音就像土豆炸裂声一样。相比之下，像 The Knot 这样的公司针对的是 18 岁到 34 岁之间处于不同婚恋阶段的伴侣，他们的生活方式包括网络购物、使用智能手机和平板电脑、下载 App 和使用社交媒体。这些受众对科技非常熟悉，经常使用 Instagram、TikTok 或 Pinterest 来寻找时尚创意。The Knot 的"典型"访客或许是一位 28 岁的女性，她戴着订婚戒指，刚刚开始筹备婚礼，年收入 6.5 万美元，住在东北部，对海滩婚礼感兴趣。当然，还有其他"典型"配置文件，你需要为每个配置文件开发详细的描述。

4.1.4　目标市场是什么：描述市场特征

成功的机会在很大程度上取决于你即将进入的市场的特点，而不仅仅取决于你的创业才华。进入一个充满强大竞争对手而且衰落的市场，你失败的概率将成倍增加。进入一个新兴的、成长的、几乎没有竞争对手的市场，你就有了更大的机会。进入一个没有竞争者的市场，你要么获得丰厚的回报，垄断别人想不到的成功产品（Apple），要么很快被遗忘，因为你的产品在这个时间点上没有市场（约 1999 年的 Franklin 电子书阅读器）。

需要关注的市场特征包括市场的人口统计数据以及电子商务如何适应市场。此外，你还需要了解市场结构：竞争对手、供应商和替代产品。

你即将进入的市场有什么特点？市场规模是在增长还是在缩小？如果它在增长，在哪些年龄和收入群体中？市场是否正在从线下配送转向线上配送？在这个市场中，手机存在是否具有特殊的作用？你的目标用户中使用网站、智能手机或平板电脑的比例是多少？社交网络呢？像你们这样的产品有什么口碑？你在 Facebook、Instagram、TikTok、Twitter 或 Pinterest 上的潜在客户是否在谈论你想提供的产品和服务？

市场结构是根据你的直接竞争对手、供应商和替代产品来描述的。你要列出前五到十个竞争对手的名单，并试着描述他们的市场份额和显著特征。你需要尽可能地了解竞争对手。市场行情如何？他们的网站每月有多少独立访客（UMV）？Facebook、Instagram、Twitter、TikTok 和 Pinterest 有多少粉丝？如果他们有一款 App，它被下载了多少次？你可以找到一些在线服务（其中一些是免费的），它们可以测量关于你的竞争对手的在线对话的数量，以及你的竞争对手获得的互联网关注的总份额。你的竞争对手是否和他们的供应商有特殊的关系，而你却没有这种关系？独家销售安排就是特殊供应商关系的一个例子。最后，你打算提供的产品和服务是否有替代品？

4.1.5　内容来自哪里

网站类似于书籍：它们由多个页面组成，这些页面包含文本、图形、照片和视频等内容。这些内容随着搜索引擎在互联网上对新更改网页的抓取而归类。正是这些内容吸引客户访问网站，他们要么购买商品，要么浏览能带来收益的广告。因此，内容是实现盈利和最终成功的关键基础。

一般而言，网站内容可分为静态和动态两种。静态内容指的是不经常更改的文本和图像，例如产品描述、照片或与访问者共享的自创文本。动态内容则是指定期变化的内容，可以每天或每小时更新。动态内容既可以由你创建，也可能越来越多地由用户生成。用户生成的内容具有诸多优点：免费且能吸引客户粉丝群体，并且如果有变化发生，搜索引擎更容易对你的网站进行分类。此外还有其他来源于外部网站聚合（如 Pinterest）的内容，尤其是照片等资源。

4.1.6　了解自己：进行 SWOT 分析

SWOT 分析是一种简单但强大的方法，可用于制定业务战略并确定精力集中的方向。在 SWOT 分析中，你需要描述优势、劣势、机会和威胁（SWOT）。在图 4.1 所示的 SWOT 分析示例中，展示了一个典型初创企业的概况，包括针对现有市场采取独特方法、承诺解决未满足的需求以及利用老竞争对手可能忽视的新技术（社交和移动平台）。存在许多机会来满足庞大市场上未满足的需求，并且可以将最初的网站作为基础，通过设计和技术投资衍生相关网站。然而也存在着弱点和威胁。资金和人力资源不足通常是初创公司最大的弱点。威胁包括竞争对手可能发展出与你相同的能力，并且低市场进入成本可能鼓励更多初创企业进入市场。

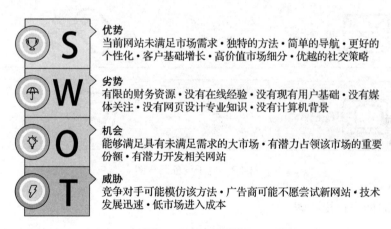

图 4.1　SWOT 分析

进行完 SWOT 分析后，你可以考虑克服弱点并建立优势的方法。例如，可以考虑雇佣或合作获取技术和管理专业知识，并寻找融资机会（包括朋友和亲戚）。

4.1.7　开发电子商务网站地图

电子商务已从以桌面为中心转变为以移动设备为中心的活动。尽管约 60% 的电子商务零售仍通过台式机 / 笔记本电脑进行，但智能手机和平板电脑被越来越多地用于购物。在美国，大多数互联网用户使用移动设备购买商品和服务、探索购买选项、查询价格以及访问社交网络。潜在客户根据时间段使用不同设备参与不同的对话活动，例如，在 Facebook 上与朋友联系，在 TikTok 上观看视频，在 Instagram 上浏览照片，发推文，或阅读在线新闻文章等。这些都是"接触点"，即你与客户见面之处，请思考如何在这些不同虚拟场所建立自己的存在感。

图 4.2 提供了开发电子商务业务时需要考虑的平台及相关活动的路线图信息，包括网站 /App、社交媒体、电子邮件和线下媒体四种类型。对于每一种类型，你都需要处理不同的平台。以网站和 App 为例，有三种不同类型的平台——传统的台式机 / 笔记本电脑、智能手机和平板电脑，每种平台都有不同的功能。对于每种电子商务类型，都需要考虑相关的活动。例如，在网站和 App 的情况下，将参与搜索引擎营销、展示广告、联盟计划和赞助活动。线下媒体作为第四种电子商务类型被包含在此，这是因为许多公司使用多平台或整合营销，通过印刷品、电视或广播广告将客户引导到网站和 APP。

图 4.2   电子商务路线图

4.1.8 发展时间表：里程碑

一年后，你希望自己身处何地？当你开始制订电子商务计划时，最好先在大脑中有一个大致的时间框架。你应该将项目分解成几个阶段，这些阶段可以在指定的时间内完成。在这一点上，通常六个阶段就足够了。表 4.1 展示了一家初创电子商务公司一年发展时间表的例子。

表 4.1   电子商务网站发展时间表

阶段	活动	里程碑
第一阶段：规划	构想电子商务网站，确定人员	使命宣言
第二阶段：网站开发	获取内容，设计网站，安排网站托管	网站计划
第三阶段：网站实施	开发关键词和元标签，专注于搜索引擎优化，确定潜在赞助商	一个功能齐备的网站
第四阶段：社交媒体计划	确定适合你的产品和服务的社交平台及内容	社交媒体计划
第五阶段：社交媒体实施	开发 Facebook、Instagram、TikTok、Twitter 和 Pinterest	多功能社交媒体
第六阶段：移动计划	制订移动计划，考虑将网站移植到移动设备的选项	移动计划

请注意，这个例子的时间表推迟了移动计划的制订，直到网站和社交媒体计划已经制订并实施。然而，有一个趋势是颠倒这个时间表，首先从移动计划开始（有时称为移动优先设计）。在4.6节中将会更详细地探讨移动优先设计的优势和劣势。此外，许多小型企业在构建网站之前会先制订社交媒体计划。

还需要注意的是，启动电子商务业务的时间框架可以更短。例如，咨询公司麦肯锡分享了一家拥有大约1000家实体店的欧洲零售连锁店的经验，该连锁店以前没有电子商务业务。通过务实的方式（仅在一个地区推出有限的产品），该公司能够在短短13周内启动一个运作良好且成功的电子商务业务（Arora et al.，2020）。

4.1.9　这将花费多少

在电子商务计划的早期阶段，制定详细预算还为时过早，但是现在是初步了解成本的好时机。比如，你花多少钱建立一个网站取决于你希望它完成什么任务。如果使用预先构建的模板并自己完成工作，简单的网站可能在第一年花费几百到几千美元用于建立和托管。对于寻求由网页设计师/程序员创建的更复杂和定制化的网站的小型初创公司，更合理的预算可能是5000到10 000美元。相比之下，大公司的网站具有高度互动性且与公司系统紧密连接，公司可能需要花费数十万到数百万美元才能建立和运营自己的网站。大公司通常会将网站开发和托管完全外包，不过许多大公司已经改变了策略，将整个网络建设工作转为内部完成。

建立网站的花费取决于你能负担多少，当然也取决于机会的大小，图4.3对比了各种网站成本的相对规模。总的来说，过去十年来，建立和运营网站的硬件、软件和电信成本已经大幅下降（降幅超过50%），这使得即使资金有限的创业者也能以合理的价格建立相当复杂的网站。与此同时，尽管技术降低了系统开发的成本，但市场营销、内容开发和设计的成本在不断上升，目前已占据网站预算的一半以上。更长期的成本还包括网站和系统维护，在这里没有包括。移动网站和App的开发成本将在4.6节中讨论。

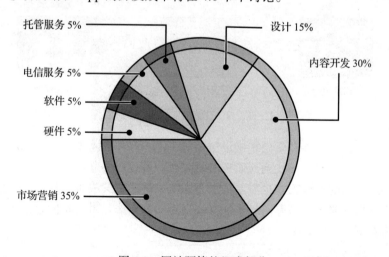

图4.3　网站预算的组成部分

4.2　建立电子商务网站——系统性方法

一旦你对自己想要建立的电子商务网站有了初步的想法，就该开始考虑如何建立和实现这一电子商务网站了。建立一个成功的电子商务网站需要对商务、技术和社会问题有敏锐的理解，还需要系统性方法。电子商务网站的建设是一个复杂且艰巨的任务，因此不能完全由信息技术专家和程序员来完成。

在这个过程中，两个最大的挑战是：对自己的业务目标有明确的了解，以及知道如何选择正确的技术来实现这些目标。第一个挑战要求你制订一个开发公司电商网站的计划，第二个挑战要求你了解电子商务基础设施的一些基本要素。你要想办法让业务驱动技术。

即使你决定将开发和运营工作外包给服务供应商，仍然需要制订一个开发计划，并了解一些基本的有关电子商务基础设施的问题，如成本、功能和约束。如果没有计划和知识基础，你就无法在公司内部就电子商务做出正确的决定。

假设你是美国一家中型工业零部件公司的经理。给你的预算是10万美元，用于为公司开发一个电商网站。目的是为公司的客户（主要是小型机械和金属加工店）提供销售和服务，并通过网站（或者博客和用户论坛）与客户互动。你将从哪里入手？在下面的章节中，我们将探讨电子商务网站的开发，然后在本章的最后，讨论开发移动网站和构建移动 App 所涉及的一些更具体的注意事项。

首先，你必须对需要做出决策的主要领域有足够的了解（见图4.4）。在组织和人力资源方面，你必须组建一个团队，这个团队的成员必须具备建立和管理一个成功的电子商务网站所需的各种技能。这个团队将就业务目标和战略、技术、设计以及社会和信息政策做出关键决策。如果你希望避免某些公司遇到过的困难，就必须对整个开发工作进行严格管理。

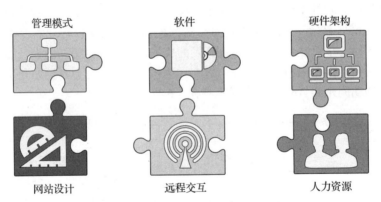

图 4.4　建立电商网站时需要考虑的因素

你还需要对硬件、软件和电信基础设施做出决定。客户的需求应该是你选择使用哪种技术的驱动力。客户希望能轻松找到他们想要的东西、查看产品、购买产品，然后快速从你的仓库接收产品。网站的设计工作也需要认真考虑。关键领域的决策一旦确定，你就需要考虑制订项目开发计划。建设网站等信息系统有许多不同的方法，最传统的方法之一是系统开发生命周期，将在下一节中介绍。

4.2.1　系统开发生命周期

系统开发生命周期（SDLC）是一种了解系统的业务目标并设计适当的解决方案的方法。采用生命周期方法并不能保证成功，但总比没有计划要好得多。SDLC 方法还有助于创建将目标、重要里程碑和资源使用情况传达给管理层的文档。图4.5展示了系统开发生命周期的五个主要步骤：

- 系统分析 / 计划
- 系统设计
- 构建系统
- 系统测试
- 执行服务交付

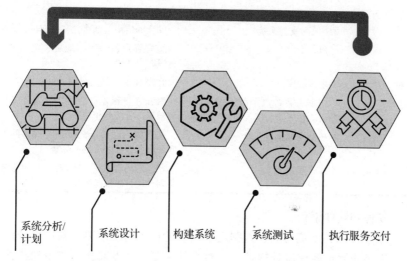

系统分析/ 计划　系统设计　构建系统　系统测试　执行服务交付

最佳实践
持续可用性99%+ ● 可扩展性设计 ● 内置端到端交付管理 ● 增长规划 ● 为高速性能设计的
系统 ● 了解并优化系统工作负载

图 4.5　系统开发生命周期

系统分析 / 计划：确定业务目标、系统功能和信息需求

在 SDLC 的系统分析 / 计划步骤中，你尝试回答这样一个问题："我们希望这个网站或应用程序为我们的业务做些什么？"关键点在于要让商务决策驱动技术，而不是让技术反过来驱动商务决策。这将确保技术平台与业务保持一致。在此，我们假设你已经确定了业务战略，并选择了一种业务模式来实现战略目标（见第 2 章）。但如何将战略、商业模式和想法转化为一个可行的电子商务网站呢？

首先要确定网站的具体**业务目标**，然后制定系统功能和信息需求清单。业务目标简单来说就是你希望网站具备的功能。**系统功能**是实现业务目标所需的信息系统能力类型。系统的**信息需求**是系统实现业务目标所需的信息要素。

表 4.2 介绍了典型电子商务网站的一些基本业务目标、系统功能和信息需求。如表所示，电子商务网站必须实现十项基本业务目标。这些目标必须转化为对系统功能的描述，并最终转化为一套精确的信息需求。系统的具体信息需求的定义通常比表 4.2 所示的要详细得多。在很大程度上，电子商务网站的业务目标与普通零售商店的业务目标并无太大区别。真正的区别在于系统功能和信息需求。在电子商务网站中，商业目标必须完全以数字形式提供，不需要建筑物或销售人员，每周 7 天、每天 24 小时都可以实现。

表 4.2 系统分析：典型电子商务网站的业务目标、系统功能和信息需求

业务目标	系统功能	信息需求
展示商品	电子目录	动态文本和图像
提供产品信息（内容）	产品数据库	产品描述、库存数量、库存水平
个性化 / 定制产品	客户网站在线记录	每次客户访问的网站日志；数据挖掘能力，以确定共同的客户路径和适当的响应
让客户参与对话	网站博客、用户论坛	通过具有博客和社区论坛功能的软件收集客户意见
执行交易	购物车 / 支付系统	安全的信用卡结算，多种支付方式
收集客户信息	客户数据库	所有客户的姓名、地址、电话和电子邮件，在线客户注册
提供售后客户支持	销售数据库	客户 ID、产品、日期、付款方式、发货日期
协调营销 / 广告活动	广告服务器、电子邮件服务器、广告活动管理器、广告横幅管理器	潜在客户和客户的网站行为日志与电子邮件和横幅广告活动相链接
了解营销成效	网站记录和报告系统	按营销活动确定的唯一身份访问者数量、访问的页面数和购买的产品数
提供产品和供应商的链接	库存管理系统	产品和库存水平、供应商 ID 和联系人、按产品划分的订单数量数据

系统设计：硬件和软件平台

一旦确定了业务目标和系统功能，并制定了精确的信息需求清单，就可以开始考虑如何提供这些功能。你必须制定**系统设计规范**——对系统主要组件及其相互关系的描述。系统设计本身可分为两个部分：逻辑设计和物理设计。**逻辑设计**包括数据流图，该图描述了电子商务站点上的信息流、必须执行的处理功能以及将使用的数据库。逻辑设计还包括对将建立的安全和紧急备份程序的描述，以及系统中将使用的控制措施。

物理设计将逻辑设计转化为物理组件。例如，物理设计详细说明了要购买的服务器的具体型号、要使用的软件、所需的电信链路的大小、系统备份和保护系统免受外界侵害的方式等。

图 4.6a 是非常基本的电子商务网站的简单高层逻辑设计的数据流图，而图 4.6b 则是相应的物理设计。每个主要流程都可以细分为较低层次的设计，这些设计可以更精确地确定信息如何流动以及涉及哪些设备。

构建系统：自建与外包

一旦对网站的逻辑设计和物理设计有了清晰的认识，就可以开始考虑如何实际构建网站。你有很多选择，这在很大程度上取决于你愿意花多少钱。选择范围包括将所有工作外包（包括实际的系统分析和设计）或自己完成所有工作（内部）。**外包**是指雇用外部供应商来完成网站建设，而不是使用内部人员。你还需要做出第二个决定：是在公司自己的服务器上托管（运行）网站，还是将托管外包给网络托管服务供应商？这些决定是相互独立的，但通常要同时考虑。有些供应商会为你设计、构建和托管网站，而有些供应商则会仅构建或托管网站（不会两者兼顾）。图 4.7 展示了几种选择。

自建与外包。 让我们先来看看关于建站的决定。如果你选择自建网站，那将会有多种选择。除非你的技术相当娴熟，否则使用预建模板创建网站可能是最佳选择。许多公司，如 WordPress、Wix、Squarespace、Shopify、Square 和 Weebly，都提供价格低廉、易于使用的网站构建工具。这些公司还提供内置的电子商务功能。但是，如果这样做，你将仅能使用这些供应商提供的模板及基础设施所提供的"外观"及功能。

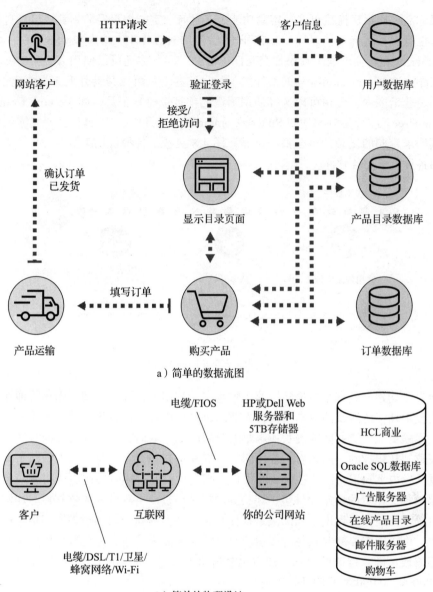

a）简单的数据流图

b）简单的物理设计

图 4.6 简单网站的逻辑设计和物理设计

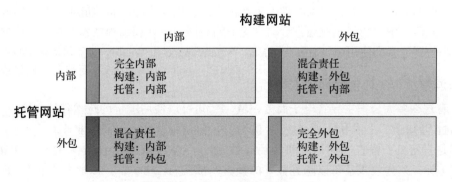

图 4.7 构建和托管网站的选择

如果你需要比预建模板更多的定制功能，并且有一定的编程经验，那么可以自己建立网站。这里也有多种选择。你可以"从零开始"，使用 HTML/HTML5 和 CSS（见第 3 章），并使用 JavaScript 和其他编程工具添加交互性（见 4.5 节）。你还可以使用 Adobe Dreamweaver CC 和 Microsoft Visual Studio 等网络开发工具，这些工具可以帮助开发人员快速创建网站。在更大的企业范围内，公司可以选择使用顶级的预打包建站工具，如 Sitecore Commerce 或 HCL Commerce（前身为 IBM WebSphere Commerce），借助这些工具，公司能够创建一个真正根据其需求定制的复杂的电子商务网站。图 4.8 展示了各种可用工具。我们将在 4.3 节中详细介绍各种电子商务软件。

图 4.8　建立电子商务网站的各种工具

决定自己构建网站有很多风险。鉴于购物车、信用卡认证和处理、库存管理和订单处理等功能的复杂性，所涉及的成本很高，失败的风险也很大。你将重塑其他专业公司已经建立的东西，你的员工可能会面临漫长而艰难的学习曲线，从而延迟进入市场的时间。你的努力可能会失败。从积极的一面来看，你可能能更好地构建一个完全符合需求的网站，更重要的是，可以开发内部知识，以便在必要时根据不断变化的商业环境快速更新网站。

如果选择更昂贵的建站软件包，你买到的将是经过严格测试的先进软件。这样可以更快地进入市场。但是，要做出正确的决定，你必须对许多不同的软件包进行评估，这可能需要很长时间。你可能需要修改软件包以适应自己的业务需求，也许还需要雇用更多的外部供应商来进行修改。随着修改的增加，成本也会迅速上升。一个 4000 美元的软件包很容易变成一个 40 000 至 60 000 美元的开发项目。

过去，需要电子商务网站的实体零售商通常自己设计网站（因为他们已经拥有技术熟练的员工，并在数据库和电信等信息技术方面进行了大量投资）。然而，随着网络应用的日益成熟，如今的大型零售商在很大程度上依赖供应商提供先进的网站功能，同时保留着庞大的内部员工队伍。中型初创企业通常会向供应商购买网站设计和编程技术。寻求简单电子商务店面的小公司通常会使用 WordPress、Wix、Squarespace 和 Weebly 等公司提供的模板。

商务洞察：Wix 让创建网站变得简单

有这么多大公司主导着电子商务领域，你可能想知道"小家伙"是否还有机会。答案是肯定的：潜在的网络零售额还有数十亿美元，广告收入还可以赚到额外的钱。今天，与早期的互联网时代相比，初创公司可以使用廉价的技术和社交媒体，快速、经济地开展电子商务业务。

Wix 就是这种技术的一个例子。Wix 成立于 2006 年，以"人人都能使用互联网"为前提，是一个基于 HTML5 的云网站开发平台。它提供各种工具，帮助创业者和中小型企业创建自己的网站，并提供一整套功能，包括博客、在线商店和移动兼容性。Wix 的典型客户是没有网站编码经验的"小人物"，他们希望利用传统上只有大公司才能使用的工具。

Wix 提供免费计划和高级计划。免费计划包括使用各种网站创建工具。第一个工具是 Wix ADI，用户只需几分钟就能根据自己的需求创建一个完整的个性化网站。Wix ADI 从用户输入基本信息开始，然后使用人工智能创建网站。第二个工具 Wix Editor 是一种拖放式可视化开发和网站编辑工具，提供数百种模板、图形、图片库和字体。第三个工具 Editor X 可提供更高级的设计和布局功能。对于更高级的功能，Wix 还提供强大的无代码 / 低代码开发平台 Velo by Wix。Velo 将 Wix ADI、Wix Editor 和 Editor X 与一套强大的开发功能相结合。用户可以设计网站的前端，然后使用 Velo 为后端添加高级功能和能力，例如使用数据库管理内容和 API 连接外部服务的能力。Velo 提供了一个托管在 Wix 云上的一体化平台，用户可以将时间花在创建上，而不是复杂的设置和维护上。这些功能与 Wix OS 后端相结合，可管理网站的所有操作方面。Wix 还通过 Wix 域名提供免费虚拟主机，并使用户能够优化其网站，以便在移动设备上查看。

此外，Wix 还为希望创建电子商务的用户提供了相对便宜的高级计划。其 Wix Stores 产品允许用户创建、设计和管理在线商店，在线销售实物或数字产品，并使用集成的购物车应用程序接受各种付款类型。Wix 还为特定类型的企业提供大量专业工具，如 Wix Restaurants、Wix Fitness、Wix Music、Wix Photography、Wix Video 等。Wix 目前支持 700 000 多家活跃的电子商务商店。

事实证明，快速、低成本地创建在线业务的能力极大地帮助了受新冠疫情影响的小型企业，其中许多企业不得不迅速从传统的经营方式转向电子商务。例如，洛杉矶一家美甲美睫沙龙和培训学院的所有者 Mai Dinh 就是这样一个例子。Dinh 已经使用 Wix 为她的沙龙和培训学院创建了网站。当她被迫关闭自己的店面时，Dinh 转而使用 Wix 的电子商务产品，并在短短两天内建立了一家名为 House of Suppliez 的网上商店。在疫情之前，她从未在网上卖过任何东西。起初，她只销售三种商品：美甲套装、修脚套装和美睫套装。当短短七天内预订额就超过 30 万美元时，Dinh 大吃一惊。现在，House of Suppliez 已成为一家蓬勃发展的在线美容用品公司，年收入超过 100 万美元。

罗伯特·普朗特温室（Robert Plante Greenhouses，RPG）是另一个例子。2020 年春天，RPG 的业务停止，这对一家植物苗圃来说是一个特别困难的时期，因为春天是苗圃业务量占很大比例的时候。与许多其他企业一样，RPG 不得不转向在线销售植物，这是一项特别具有挑战性的任务，因为园艺家通常希望看到、触摸到和闻到他们购买的植物。RPG 已经有了一个正常运行的网站，但必须快速更新，以推动可以在店内或路边取货的订单。此外，植物是一种易腐物品，每天都有新的货物到达，因此能够方便地与客户分享最新库存非常重要。通过 Wix 平台，RPG 能够快速将其网站重组为植物类别，如常绿植物、球茎植物、多年生植物、一年生植物和多肉植物，让客户能够根据最近上市的产品进行筛选。

Evolve 是一家位于萨默维尔的时尚男装精品店，在疫情之前一直发展顺利。店主 RanD Pitts 之前曾使用 Wix 为 Evolve 建立了基本的在线形象，但尚未在网上销售任何产品。Pitts 自称是一个"老派的实体店经营者"，但 Wix 的各种电子商务工具使他能够在一周内创建一个全面运营的网上商店，其中包括定制产品图库、在线订购系统、在线支付方式、在线送货和路边取货。现在，Evolve 的业务范围已经远远超出了它所在的新泽西州郊区。

Adreana Alvarez 曾在一家《财富》500 强公司工作，由于对名牌运动紧身裤的质量感到失望，她决定开辟自己的副业。2019 年，她在 Wix 上开设了一家名为 Love Her 的网店。当疫情之初她被解雇时，这个副业成了她唯一的收入来源。当 Alvarez 开始深入研究 Wix 的内置分析工具时，一个重要的转折点出现了。Alvarez 原以为她的大部分客户都来自加利福尼亚州，因为她的工作地点就在那里。出乎她意料的是，Wix 的分析结果显示，大部分

顾客来自美国中西部和得克萨斯州，并使用移动设备访问她的店铺。这些数据帮助她调整了营销方式，以更好地反映客户的人口结构。如今，Love Her 已经从 Alverez 的起居室搬到了仓库，她还雇佣了一支不断壮大的团队来辅助运营。目前，Love Her 每天要完成数百份订单，销售额已突破百万美元大关。

Wix 只是更精简的业务模式趋势的一个例子，许多业务功能都依赖于外部帮助。许多初创公司发现，云计算和社会营销大大降低了创办公司的成本。市场情报、公共关系甚至设计服务都可以在网上找到，而成本只是传统服务公司的一小部分。如今，即使是最小的企业也可以建立可行的电子商务业务。

自己托管与外包。 现在让我们来看看关于托管的决定。现在很少有中小型企业自己托管网站了，大多数企业选择外包托管，这意味着托管公司负责确保网站每天 24 小时"在线"或可访问。企业只需同意支付月租费，就无须关心建立和维护网站服务器、电信链接的许多技术问题，也无须考虑人员需求。

规模较大的公司可以选择**主机托管**：公司购买或租赁一台或多台 Web 服务器（并完全控制其运行），但将服务器设在供应商的实体设施内。供应商负责维护设施、通信线路和机器。随着虚拟化技术的普及，主机托管的范围也在扩大，在虚拟化技术中，一台服务器拥有多个处理器，可以同时使用多个操作系统运行多个网站。在这种情况下，公司并不购买服务器，而是按月租用其功能，租用费通常只是拥有服务器本身费用的一小部分。根据网站规模、带宽、存储和支持要求的不同，主机托管的价格范围非常广泛，从每月 4.95 美元到每月几十万美元不等。

主机托管涉及为硬件租用物理空间，而使用云服务供应商则是在供应商的基础设施中租用虚拟空间。云服务正在迅速取代主机托管，因为云服务成本更低，可靠性更高。与主机托管不同，选择云服务的公司并不拥有硬件。云服务供应商提供标准化的基础设施、虚拟化技术和现收现付的计费系统。部分主要的托管/主机托管/云服务供应商列表参见表 4.3。

表 4.3　主要参与者：托管/主机托管/云服务

Amazon 网络服务（AWS）	Hostway
Bluehost	IBM 云
Digital Realty Trust	Liquid Web
Equinix	微软云
GoDaddy	Rackspace
谷歌云	Squarespace

托管、主机托管和云服务已成为一种商品和公用事业。成本是由大型供应商（如

Amazon、微软、IBM 和谷歌）驱动的，他们可以通过在全国和全球范围内战略性地建立巨大的"服务器农场"来实现巨大的规模经济。这意味着纯托管成本的下降速度与服务器价格的下降速度一样快。电信成本也在下降。因此，大多数托管服务通过提供广泛的网站设计、营销、优化和其他服务，力求从商品托管业务中脱颖而出。

外包托管服务需要考虑很多因素。你需要确保所选择的供应商有能力与你共同成长。你需要了解在网站备份、内部活动监控和安全跟踪记录方面有哪些安全规定。许多《财富》500 强企业都拥有自己的私有云数据中心，这样他们就可以控制自己网站的环境。另一方面，托管自己的网站也存在风险。与外包相比，托管的成本更高，因为你不具备获得低成本硬件和电信设施的市场能力。你必须购买硬件和软件，拥有物理设施，租赁通信线路，雇佣员工，并自己建立安全和备份能力。

系统测试

一旦系统建立并编程完成，就必须进行测试。根据系统的规模，这可能会相当困难和漫长。无论是外包系统还是内部构建的系统，都需要进行测试。一个复杂的电子商务网站可能有成千上万条路径，每一条都必须记录在案，然后进行测试。值得注意的是，测试的预算一般都不足。多达 50% 的预算可能被测试和重建消耗掉（通常取决于初始设计的质量）。**单元测试**包括逐个测试网站的程序模块。**系统测试**则是以典型用户使用网站的方式对网站进行整体测试。由于不存在真正的"典型"用户，系统测试要求测试尽可能多的可能路径。最终**验收测试**要求公司的关键人员以及市场、生产、销售和综合管理部门的管理人员实际使用安装在测试服务器上的系统。这种验收测试可验证系统最初设想的业务目标是否确实有效。

另一种测试形式称为 **A/B 测试**（或**分割测试**）。这种测试形式是指向不同用户展示网页或网站的两个版本（A 和 B），看哪个版本效果更好。有几种不同类型的 A/B 测试可用于网站设计项目。模板测试使用两种不同的布局和 / 或设计处理方法，对相同的一般页面内容进行比较。新概念测试将对照页面与截然不同的页面进行比较。漏斗测试比较一系列页面的流程（如产品页面、注册页面、购物车页面和跳过注册页面），看哪个页面的转化率更高。**多变量测试**是一种比 A/B 测试更复杂的测试形式。多变量测试包括确定网页上的特定元素或变量，如标题、图片、按钮和文本，为每个元素创建版本，然后创建每个元素和版本的独特组合进行测试。因此，举例来说，如果有三个元素，每个元素有两个版本，那么就有八种（$2 \times 2 \times 2 = 8$）可能的组合需要测试。如果使用得当，多变量测试能帮助设计者找出最理想的布局、颜色、内容和格式。

系统执行、维护及优化

大多数不熟悉系统的人都错误地认为，信息系统一旦安装完毕，整个过程就结束了。事实上，虽然该过程的开始阶段已经结束，但系统的运行寿命才刚刚开始。系统出现故障的原因多种多样，其中大部分都是不可预测的。因此，系统需要不断检查、测试和维修。系统维护至关重要，但有时却没有预算。一般来说，每年的系统维护成本与开发成本大致相当。一个开发成本为 40 000 美元的电子商务网站，每年的维护费用可能也需要 40 000 美元。规模很大的电子商务网站会有一定的规模经济效益，例如，一个开发成本为 100 万美元的网站，其年度维护预算可能仅为开发成本的一半到四分之三。

为什么电子商务网站的维护成本如此之高？与工资系统等不同，电子商务网站始终处于变化、改进和修正的过程中。对传统系统维护的研究发现，20% 的时间用于调试代码和应对紧急情况；另外 20% 的时间用于修改报告、数据文件和后台数据库链接；其余 60% 的维护时间用于一般管理（对目录中的产品和价格进行修改）以及对系统进行修改和增强。电子商务网站永远不会完成：它们始终处于构建和重建的过程中。它们是动态的，比薪资系统更加动态。

大中型企业电子商务网站的长期成功通常取决于一个专门的员工团队（网络团队），他们的唯一工作就是监控和调整网站以适应不断变化的市场条件。网络团队必须具备多种技能，通常包括程序员、设计师以及来自市场营销、生产和销售支持部门的业务经理。网络团队的首要任务之一是倾听客户对网站的反馈意见，并在必要时对反馈意见做出回应。第二项任务是制订系统的监控和测试计划，每周进行一次，以确保所有链接正常运行、价格正确、页面更新。网络团队的其他重要任务还包括**基准测试**（将网站与竞争对手的网站在响应速度、布局质量和设计方面进行比较的过程），以及保持网站在定价和促销方面的时效性。网络是一个竞争激烈的环境，如果网站不能正常运行，很快就会使客户感到失望并失去客户。

优化网站性能时需要考虑的因素。如果你经营的是一家使用 WordPress 等现有设计和托管网站的小公司，那么不必担心硬件、软件和网站优化技术，因为供应商会提供这方面的专业知识。不过，了解相关问题仍然很重要。网站的目的是向客户提供内容和完成交易。从商业角度看，这两个目标实现得越快、越可靠，网站就越有效。如果你是一名经理或营销主管，你会希望网站的运营方式能满足客户的期望。你必须确保网站经过优化，以实现这一商业目标。网站性能的优化涉及多个因素，包括页面内容、页面生成和页面交付（见图 4.9）。在本章后面，我们将介绍建立电子商务网站所涉及的软件和硬件选择，这些也是网站优化的重要考虑因素。

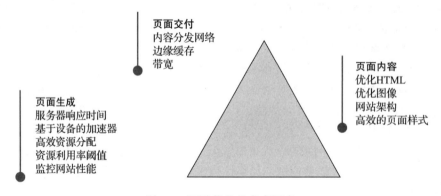

图 4.9 网站优化的考虑因素

对页面内容使用高效的样式和技术，可以缩短 2 至 5 秒的响应时间。一些简单的步骤包括减少不必要的 HTML 注释和空白、使用更高效的图形以及避免与网站中其他页面的不必要链接。可以通过分离计算机服务器来执行专用功能（如静态页面生成、应用逻辑、媒体服务器和数据库服务器），并使用供应商提供的各种设备来加快这些服务器的速度，从而提高页面生成速度。使用一台服务器或多台服务器执行多项任务会使吞吐量降低 50% 以上。通过使用专门的内容分发网络（如 Akamai）或增加本地带宽，可以加快页面分发速度。我们将在本章讨论其中的一些因素，但全面讨论网站性能优化超出了本书的范围。

4.2.2 其他 Web 开发方法

如今，除了传统的系统开发生命周期流程外，还有许多旨在加快流程的替代开发方法。

虽然对这些方法的详细研究超出了本书的范围，但熟悉一些基本术语和概念还是有帮助的。

原型设计包括快速、低成本地制作样品或模型，以测试概念或流程。最初的原型可以根据反馈不断改进，直到满足用户需求为止。原型设计尤其适用于用户界面设计（通常称为前端设计）。原型设计方法有多种，从简单的纸上草图，到线框设计（创建一个侧重于功能而非设计的"骨架"版本），到使用软件工具创建可点击的模型，再到使用 HTML、CSS 和 JavaScript 等语言构建实际原型。

敏捷开发将大型项目分解成一系列较小的子项目，通过迭代和持续反馈在短时间内完成。开发人员在明确需求后，在下一次迭代中改进或添加新功能。这有助于最大限度地降低整体风险，使项目更快地适应变化。敏捷方法强调面对面的交流而非书面文件，鼓励人们快速有效地协作和决策。Scrum 是敏捷开发的一种，为管理开发过程提供了一个框架。Scrum 过程通常包括一个由"教练"领导的跨职能团队，并使用"冲刺"的概念，在此期间，团队将项目的一小部分功能从想法到代码再到测试功能，并将它们集成到最终产品中。

DevOps 同样以敏捷开发原则为基础，将其作为一种组织战略，以创建一种文化和环境，进一步促进快速敏捷的开发实践。DevOps 是"开发和运营"的缩写，强调创建应用程序的开发人员与运行和维护应用程序的运营人员之间的密切合作。DevOps 旨在促进系统开发和运营团队之间更好、更频繁的沟通与协作，并在整个开发生命周期中实现快速、稳定的工作流程。有了这种组织变革以及敏捷技术、标准化流程和更强大的自动化软件创建和测试工具，就有可能更快、更频繁地发布更可靠的应用程序。

基于组件的开发利用了面向对象编程工具所提供的功能。**基于组件的开发**使系统可以通过组装和集成各种软件组件来构建，这些组件已经组装完成，并提供用户界面或在线订购功能等通用功能。企业正在使用基于组件的开发方法来创建其电子商务应用程序，方法是将购物车、用户身份验证、搜索引擎和目录等商业可用组件与满足自身独特业务需求的软件组合在一起。

网络服务是一种松散耦合、可重复使用的软件组件，它使用可扩展标记语言（XML）和其他开放协议与标准，使一个应用程序能够通过应用编程接口（API）与另一个应用程序进行通信，而无须通过定制编程来共享数据和服务。除了支持系统的内部和外部集成外，网络服务还可用作构建新的信息系统应用程序或增强现有系统的工具。由于这些软件服务使用一套通用标准，因此与专有组件相比，它们的成本更低，组织难度也更小。网络服务可以单独执行某些功能，也可以与其他网络服务合作完成更复杂的交易，如检查信用、采购产品或订购产品。通过创建不受操作系统、编程语言或客户端设备限制，可以通信和共享数据的软件组件，网络服务可以大大节省构建系统的成本，同时为与其他公司的合作开辟新的机遇。

网络服务是实现**面向服务架构**（Service-Oriented Architecture，SOA）的首选方法，SOA 是一种软件设计风格，它采用一组自足的服务，通过相互通信来创建可运行的软件应用程序。SOA 允许重用现有资产，从而能够从现有的 IT 系统基础设施中创建新的服务，同时还具有互操作性，允许不同的网络服务在各种软件平台和硬件架构上运行。**微服务**架构是 SOA 的一种非常细化的实现方式，在这种方式中，应用程序被分解成许多较小的服务，每个服务负责一个离散的任务，可以与其他服务通信，以解决更大、更复杂的业务问题。微服务的一个主要优势是可以独立构建和部署，从而更容易隔离服务特有的错误，并独立于使用它们的应用程序进行扩展。

4.3 软件选择

软件、硬件和通信共同构成了电子商务的基础设施。尽管如今许多企业选择将其电子商务基础设施部署到云上，但了解构成该业务的底层软件和硬件组件仍然非常重要。

4.3.1 单层与多层网站架构

在电子商务发展之前，网站只是将网页交付给用户，这些用户通过浏览器请求使用包含各种内容的 HTML 页面。网站软件相当简单，它由一台运行基本 Web 服务器软件的服务器计算机组成。我们可以将这种部署称为单层系统架构。**系统架构**是指在信息系统中布置软件、机器和任务，以实现特定的功能（就像一个家庭的装修指的是装修材料的组合与布置，以此来实现特定的功能）。许多网站都是这样开始的——没有货币交易。目前成千上万的网站仍然以这种方式运行。

然而，电子商务的发展需要更多的互动功能，例如能够响应用户输入（姓名和地址表格），接受客户的商品和服务订单，实时清除信用卡交易，查阅价格和产品数据库，甚至根据用户画像调整屏幕上的广告。为了支持这种扩展功能，需要开发 Web 应用程序服务器和多层系统架构来处理运行中的负载。本节稍后会更全面地介绍 Web 应用程序服务器，它是专门的软件程序，能够执行电子商务所需的各种交易处理。

除了拥有专门的应用程序服务器外，电子商务网站还必须能够从公司数据库中提取信息和添加信息。这些数据库被称为后端数据库（或者，如果它们早于电子商务时代，则称为遗留数据库）。公司对这些系统投入巨大，以此来存储客户、产品、员工和供应商的信息。这些后端系统构成了多层站点中的一个附加层。

图 4.10 展示了一个简单的双层网站架构和一个更复杂的多层网站架构。在**双层架构**中，Web 服务器响应对网页的请求，数据库服务器提供后端数据存储。相比之下，在多层架构中，Web 服务器链接到中间层，中间层通常包括执行特定任务的一系列应用程序服务器，以及包含产品、客户和定价信息的现有公司系统的后端层。多层站点通常使用几个物理计算机，每个计算机运行一些软件应用程序，并在许多物理计算机上共享工作负载。

本节的其余部分介绍了基本的 Web 服务器软件功能和各种类型的 Web 应用程序服务器。

4.3.2 Web 服务器软件

所有电子商务网站都需要基本的 Web 服务器软件来响应用户发起的 HTML 和 XML 页面请求。此外，基本的 Web 服务器功能包括安全服务、文件传输、搜索服务、数据获取、电子邮件和站点管理工具（见表 3.11）。Apache 使用 Linux 和 UNIX 操作系统，在域名、活跃站点和前 100 万个最繁忙站点的使用率方面是领先的 Web 服务器软件（Netcraft，2022）。UNIX 是互联网和 Web 的原始编程语言，Linux 是 UNIX 为个人计算机设计的衍生物。Apache 是由全球互联网创新者社区开发的，面向公众免费开放，可以从许多网站上下载。近年来，上千名程序员从事 Apache 相关工作，因此，它非常稳定。有成千上万为 Apache 编写的实用软件程序，能够为现代电子商务网站提供所需的所有功能。

微软互联网信息服务（Microsoft Internet Information Services，IIS）是另一种流行的 Web 服务器软件。IIS 基于 Windows 操作系统，兼容多种 Microsoft 实用程序和支持程序。

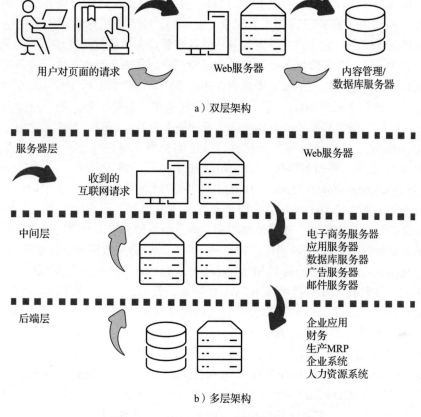

用户对页面的请求　　　　Web服务器　　　　内容管理/
数据库服务器

a）双层架构

服务器层　　　　　　　　　　　　　　　Web服务器

收到的
互联网请求

中间层　　　　　　　　　　　　　　　电子商务服务器
应用服务器
数据库服务器
广告服务器
邮件服务器

后端层　　　　　　　　　　　　　　　企业应用
财务
生产MRP
企业系统
人力资源系统

b）多层架构

图 4.10　双层和多层电子商务网站架构

还有许多其他较小的供应商或开源版本的 Web 服务器软件。但是请注意，Web 服务器的选择对用户的影响很小。因为无论开发环境如何，他们看到的页面看起来都是一样的。微软开发工具套件有很多优点——集成、功能强大且易于使用。另一方面，Linux 操作系统非常可靠和稳定，并且有一个全球开放的软件社区来开发和测试基于 Linux 的 Web 服务器软件。

站点管理工具

站点管理工具是 Web 服务器软件的一项重要功能。**站点管理工具**验证页面上的链接是否仍然有效，或者识别孤立文件或站点上未链接到任何页面的文件。通过检查网站上的链接，站点管理工具可以快速报告用户可能遇到的潜在问题和错误。已移除或已删除的 URL 的链接称为死链接，这可能会给试图访问该链接的用户带来错误消息。定期检查网站上的所有链接是否正常运行，有助于防止用户因为使用过程中的愤怒和不爽，而决定将业务转移到一个功能更好的网站。

更重要的是，站点管理工具可以帮助你了解网站上的消费者行为。可以购买更复杂的站点管理软件和服务，例如 Webtrends 提供的软件和服务，这样能更有效地监控客户购买情况和营销活动的有效性，并追踪标准点击次数和页面访问信息。这些服务可以追踪你在网络、移动和社交网络平台上的电子商务表现。

动态页面生成工具

网站运营中最重要的创新之一是开发了动态页面生成工具。在电子商务发展之前，网站主要以 HTML 页面的形式提供不变的静态内容。虽然这种功能可能足以显示产品图片，但回想一下当今典型电子商务网站的所有元素（表4.2），或者浏览你觉得不错的电子商务网站，就会发现问题所在。成功的电子商务网站的内容总是在随着时间推移而不断变化。这些网站以新产品和促销、动态价格、新闻事件和成功用户的故事为特色。电子商务网站必须与用户进行频繁互动，这些用户不仅需要页面，还需要产品、价格、可用性和库存信息。最具活力的网站之一是拍卖网站 eBay，它的内容以分钟为单位发生变化。电子商务网站就像真正的市场——它们是流动起来的。新闻网站承载的故事也是动态的，不断变化的。

对于电子商务网站的动态和复杂特性，除了需要静态 HTML 页面外，还需要大量专业化的软件应用程序。**动态 HTML**（DHTML）用于指代一系列技术，包括 HTML、CSS、JavaScript 和 Document Object Model（DOM）（一种应用程序编程接口），可以综合运用这些技术来创建交互式网站。DHTML 可以用来改变页面的外观，但实际上不会生成唯一的页面。动态网页的生成更为复杂。通过**动态页面生成**，网页的内容以对象的形式存储在数据库中，而不是硬编码在 HTML 中。当用户请求一个网页时，会从数据库中提取该网页的内容。这些对象是使用 Java Server Pages（JSP）、Node.js、ASP.NET 或其他服务器端程序从数据库中检索出来的。这种技术比直接处理 HTML 代码要高效得多。更改数据库的内容要比更改 HTML 页面代码容易得多。一种被称为开放式数据库连接（ODBC）的标准数据访问方法，使得用 C 语言编写的应用程序能通过 ODBC 驱动来访问数据。ODBC 驱动程序充当应用程序和数据库之间的转换器，无论所使用的是什么数据库和操作系统软件。ODBC 驱动程序可用于 Microsoft、Oracle、SAP 和 Sybase 等公司提供的大多数主要数据库管理系统。Java 数据库连接（JDBC）是 ODBC 的一个版本，它提供用 Java 编程语言编写的应用程序和各种数据库之间的连接。然而，尽管 ODBC 仍然是跨平台数据访问的事实标准，但今天许多 Web 开发平台提供的功能允许程序员直接链接到目标数据库，这使得 ODBC/JDBC 驱动程序变得不必要。

与传统商务相比，动态页面生成为电子商务提供了一些重要功能。比如，动态页面生成技术降低了菜单成本（由商家更改产品详情和价格所产生的成本）。动态页面生成还能轻松地完成市场细分，即向不同市场销售相同产品的能力。例如，根据客户看广告的次数去展示不同的广告。在第一次汽车广告曝光中，你可能想强调品牌特性和独一无二的功能。在第二次曝光时，你可能想强调"最高级"，就像"对家庭最友好"，通过这种方式与其他品牌进行比较。这个能力使得几乎无成本的价格歧视能够实现——以不同的价格向不同的客户销售相同产品的能力。例如，你可能想向公司和政府机构销售相同的产品，但使用了不同的营销主题。根据你在客户电脑上放置的 cookie，或者根据访问者在网站上回答的关于他们是来自政府机构还是公司的问题，可以对公司客户和政府客户采用不同的营销和促销方案。你可能想用更低的价格回馈忠诚的客户，但是向首次购买者收取全价，此时，动态页面技术就可以实现向不同的用户展示不同的信息和价格。

动态页面还支持使用网络内容管理系统（Web Content Management System，WCMS）。WCMS 用于创建和管理网络内容，它将内容（如 HTML 文档、图像、视频和音频）的设计和呈现与内容创建过程分离。它的内容保存在数据库中，并且动态连接到网站上。WCMS 的模板通常可以自动应用于新内容和现有内容，所见即所得编辑工具使编辑和描述（标记）内容、协作、工作流和文档管理工具方面都变得更友好。对不同规模的企业，有一系列的商业化 WCMS 可以选择，包括 OpenText、Adobe、Sitecore 和 HubSpot 提供的产品，以及许多开源选择，如 WordPress、Joomla、Drupal、OpenCms 等。

4.3.3　应用服务器

Web 应用服务器是提供网站所需的特定业务功能的软件程序，如目录显示、交易处理（购物车）、数据库、流媒体、广告和电子邮件。应用服务器的基本思想是将业务应用程序中前端向用户显示网页的细节部分和后端连接数据库的细节部分分隔开来。应用服务器是一种中间件软件，它在企业原有系统和客户之间提供紧密的联系，并提供了企业开展电子商务业务所需的所有功能。早些年，许多软件公司为每个功能开发了特定的、单独的程序，但这些特定的程序越来越多地被集成软件工具所取代，集成软件工具将电子商务网站所需的所有功能组合到单一的开发环境中，也就是把软件都打包到一起。

市场上有各种各样的应用服务器软件。对于 Linux 环境，许多功能都可以在网络上免费获得。当面对这一系列多样化的选择时，大多数企业还是会选择使用被称为电子商务服务器软件的集成软件工具。

4.3.4　电子商务商业服务器软件（电子商务软件平台）

购买电子商务服务器软件比把一系列不同的软件应用程序集合起来构建网站更容易、更快，而且通常成本更低。**电子商务商业服务器软件**（也称为**电子商务软件平台**）提供了一个集成的开发环境，并能实现一个精细、复杂、以客户为中心的网站所需的大部分甚至全部功能。电子商务商业软件包的重要元素是在线目录和内置购物车，可以管理订单和结算信用卡交易。

一家公司想要在线销售产品，就必须在其网站上提供产品列表或**在线目录**。电子商务商业服务器软件通常包括允许构建定制在线目录的数据库功能。目录的复杂性将因公司及其产品线的规模而异。

网络**购物车**与现实世界中的购物车非常相似：两者都允许购物者存放想要购买的产品以备结账。不同之处在于，在线商品是电子商务服务器软件程序的一部分，该程序位于网络服务器上，它允许消费者挑选商品，查看他们挑选好的商品，根据需要编辑商品，然后通过点击按钮就可以进行实际购买，软件会自动存储购物车数据。

网站的购物车通常与信用卡结算软件连接在一起，该软件验证购物者的信用卡，然后在结账时从信用卡扣款，并将扣除的款项存入企业账户中。电子商务商业软件通常提供具备该功能的软件，不然，企业就不得不去与各种信用卡银行和中介机构签订协议。

虽然现有公司通常有用于投资商业化的电子商务服务器软件的资金，但许多小公司和初创公司的资金并不充足。这些公司可以使用服务商公司提供的电子商务服务，从而可以轻松创建具有可定制模板的电子商务网站。如今，大多数模板都包含现成的网站设计，并且内置了许多电子商务功能，如购物车、付款结算和网站管理工具。例如，每月只需要 29 美元，Shopify 就能提供一个基础的版本，包括在线商店、电子商务网站、博客和内置的移动商务购物车，以及在在线市场和社交网络上销售的功能。该账户附带的 Shopify Payments 使商家能够接受所有主要的信用卡小额交易费用。这个基础的版本还包括各种购物车、商店管理、搜索引擎优化和营销工具。许多其他公司，如 WordPress（WooCommerce）、Wix、Square、Weebly、Squarespace、BigCommerce 和 Vendio，也都提供类似的服务。

一些企业和初创公司选择了开源的商业服务器软件。**开源软件**是由程序员和设计师社区开发的软件，可以自由使用和修改。表 4.4 提供了一些可供选择的开源软件。使用开源工具的好处是，你可以精准得到自己想要的东西：一个真正定制的、独特的网站。缺点是可能需要几个月的时间来开发网站，才能实现各种工具的无缝协同。

表 4.4　开源软件选择

功能	开源软件
Web 服务器	Apache（领先的中小型企业 Web 服务器）
购物车，在线目录	有 osCommerce、Zen Cart、AgoraCart、X-Cart、AspDotNetStorefront 等许多供应商
信用卡处理	信用卡受理服务一般都在购物车软件中提供，但企业可能需要专门的银行账户
数据库	MySQL（领先的商用开源 SQL 数据库）
编程 / 脚本语言	PHP 是一种嵌入 HTML 文档但由服务器执行的脚本语言，利用 HTML 编辑为服务器端执行提供了便利性。JavaScript 程序通常是提供用户界面组件的客户端程序。Ruby on Rails（RoR，Rails）和 Django 是流行的开源 Web 应用程序框架。Python 和 Perl 是 Web 开发中使用的另外两种开源编程语言
分析	分析工具会追踪网站的客户活动和成功的网络广告活动。如果你在谷歌上投放了广告，也可以使用谷歌分析，谷歌的跟踪工具也不错；大多数托管服务供应商也将提供这些服务。其他开源分析工具还包含 Matomo、Open Web Analytics 等

中端电子商务软件平台包括 HCL Commerce（前身为 IBM WebSphere Commerce）和 Sitecore Experience Commerce。SAP Commerce、Oracle ATG Web Commerce、Adobe Commerce 等为全球大型公司提供高端企业解决方案。这些电子商务软件平台中的许多，如 HCL commerce、SAP Commerce Cloud、Salesforce Commerce Cloud，Oracle Commerce Cloud 和 NetSuite SuiteCommerce（也归 Oracle 所有）等，现在都可以在软件即服务（SaaS）的基础上使用。在这种模型中，软件托管在云服务中，客户端通过 Web 浏览器运行。这种模式使公司能够快速建立电子商务网站。目前，世界上有几百家软件公司提供电子商务软件，这也使企业增加了在这个问题上做出明智决策的成本。

选择电子商务软件平台

对于如此多的供应商，如何选择最合适的呢？在建立电子商务网站时，评估这些工具并做出选择是将要做出的最重要和最不确定的决策之一。此外，真正的成本是隐藏的——涉及培训员工使用这些工具，并将这些工具集成到公司的业务流程和组织文化中。以下是需要考虑的一些关键因素：

- 功能，包括在 SaaS 基础上的可用性。
- 支持不同的商业模式，包括移动商务。
- 业务流程建模工具。
- 可视化站点管理工具和报告。
- 性能和可扩展性。
- 与现有业务系统的连接。
- 符合标准。
- 全球和多元文化能力。
- 当地销售税和运输规则。

例如，尽管电子商务软件平台承诺可以做任何事情，但业务可能需要特殊功能，例如支持流媒体格式的音频和视频，因此需要列出所需功能。有时业务可能涉及几种不同的商业模式，比如一个零售端和一个企业对企业端，再比如可以进行超额库存拍卖以及固定价格出售。因此需要确保该软件包能够支持所有业务模式。你可能希望更改业务流程，例如订单接收和订单履约。该平台是否包含用于构建业务流程模型和工作流的工具？了解你的网站是如何运作的，需要可视化的报告工具，这样运营流程对不同工作人员都能透明化展现。当访问者和交易可能扩展到每小时或每分钟数千次时，设计糟糕的软件包的性能会显著下降。可以通过对试用版进行压力测试或从供应商处获取有关负载下性能的数据来检查性能和可扩展性。我们必须将电子商务平台连接到企业的传统商业系统中，那么如何建立与现有系统的连接？企业的员工能否熟练操作连接后的系统？由于技术环境的变化，特别是移动商务平台的变化，电子商务软件平台对现有标准的兼容程度，以及未来的迁移路径非常重要。最后，电子商务网站可能同时面向全球和本地市场，网站需要能够使用外币的外语版，还需要根据不同地区和国家的税收系统确定销售税。电子商务平台是否支持这种程度的全球化和本地化？

4.4　硬件选择

无论你是托管自己的网站，还是外包网站的托管和运营，都需要了解计算**硬件平台**的某些方面。硬件平台是指系统用于实现电子商务功能的所有底层计算设备。目标是有足够的平台容量来满足峰值需求（避免过载条件），而不是选择那些只会浪费钱的硬件平台。不能满足高峰需求可能意味着你的网站速度缓慢甚至崩溃。有多少计算和通信容量足以满足需求？你的网站每天能支撑多少点击量？

要回答这些问题，你需要了解影响电子商务网站的响应速度、容量和可扩展性的各种因素。

4.4.1　选择合适的硬件平台：需求侧

影响网站速度的最重要的因素是客户对网站的需求。表 4.5 列出了评估网站需求时需要考虑的最重要因素。

表 4.5　衡量电子商务平台时需要考虑的因素

网站类型	发布 / 订阅	购物	客户自助服务	交易	网络服务 /B2B
示例	WSJ.com	Amazon	Travelocity	E*Trade	Ariba 电子采购交易所
内容	动态 多作者 高容量 非特定用户	目录 动态项目 数据挖掘所得的用户文件	遗留应用程序中的数据 多个数据源	时间敏感性 高波动性 多个供应商和消费者 复杂的交易	遗留应用程序中的数据 多个数据源 复杂的交易
安全	低	隐私 不可否认性 完整性 认证规则	隐私 不可否认性 完整性 认证规则	隐私 不可否认性 完整性 认证规则	隐私 不可否认性 完整性 认证规则
安全页面比例	低	中	中	高	中
交叉会话信息	无	高	高	高	高
搜索	动态 低容量	动态 高容量	非动态 低容量	非动态 低容量	非动态 中容量
独特商品（SKU）	高	中～高	中	高	中～高
交易量	中	中～高	中	高～极高	中
遗留系统的集成复杂性	低	中	高	高	高
页面浏览量（点击量）	高～极高	中～高	中～低	中～高	中

网站的需求相当复杂，这主要取决于你运营的网站类型，高峰时段同时使用的用户数量、客户请求的性质、内容类型、所需的安全性、产品库存数量、页面请求的数量以及向网页提供数据时可能需要的遗留应用程序的运行速度，都是影响网站系统整体需求的重要因素。

当然，需要考虑的一个重要因素是同时访问网站的用户数量。一般来说，单个客户在服务器上创建的负载通常是非常有限和短暂的。由典型用户发起的 Web 会话是**无状态的**，这意味着服务器不必保持与客户端的专用交互。网络会话通常以页面请求开始，然后服务器回复，最后会话结束。每个用户的会话可能持续十分之一秒到一分钟。然而，随着越来越多的用户同时请求服务，系统性能确实会下降。幸运的是，网站性能的下降（以"每秒的处理数量"、"延迟"或响应延迟的时间来衡量）在很大的范围内都相当平稳，直到负载达到峰值时，网站的服务质量才会变得让人难以接受（见图 4.11）。

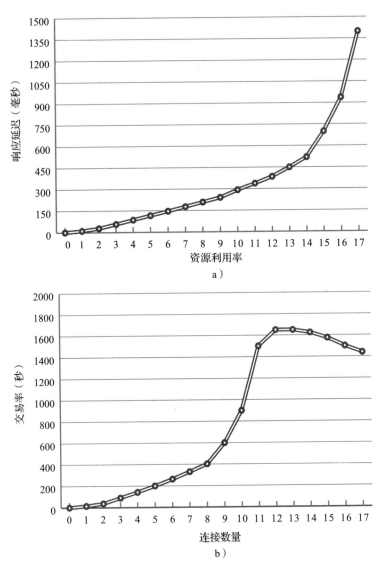

图 4.11 随着用户数量的增加，性能下降

提供静态网页的服务是 I/O **密集型**服务，这意味着它需要输入 / 输出（I/O）的操作，而

不是繁重的处理能力。因此，网站性能主要受到服务器 I/O 能力和远程通信连接的限制，而不是处理器的速度。

在估计网站需求时需要考虑的其他因素是用户信息和内容的性质。如果用户发出搜索、注册或者通过购物车系统生成订单的请求，那么对处理器的需求将显著增加。

4.4.2　选择合适的硬件平台：供应侧

对网站可能的需求进行评估后，就需要考虑如何拓展网站来满足需求。我们已经讨论了一个几乎不需要花费太多精力的解决方案：将网站托管外包给基于云的服务。可以使用 Akamai 等内容交付网络（Content Delivery Network，CDN）的服务。然而，若决定自建网站，可扩展性将是一个重要的考虑因素。**可扩展性**是指网站在保证需求的情况下扩大规模的能力。可以采用三个步骤来满足网站的服务需求：垂直扩展硬件、水平扩展硬件和 / 或改进网站的处理架构（参见表 4.6）。**垂直扩展**是指提高单个组件的处理能力。**水平扩展**是指使用多台计算机来分担工作负载并增加安装的"足迹"（Dang，2021）。

表 4.6　垂直和水平扩展技术

技术	应用
使用速度更快的计算机	部署边缘服务器、数据服务器等
创建计算机群	并行使用计算机来平衡负载
使用设备服务器	使用针对其任务进行优化的专用计算机
分担工作量	将传入的工作分段到专用计算机
批处理请求	将相关的数据请求分组，分组处理
管理连接	将进程和计算机之间的连接减少到最低限度
聚合用户数据	在单个数据池中聚合来自遗留应用程序的用户数据
缓存	将经常使用的数据存储在缓存中，而不是磁盘上

可以通过将服务器从单个处理器升级到多个处理器来垂直扩展网站。根据操作系统的不同，还可以继续在计算机上添加处理器，并升级到更快的芯片速度。

垂直扩展有两个缺点。首先，在每个增长周期购买额外的处理器成本太高，其次，整个网站都依赖于少量功能强大的计算机。如果有两台这样的计算机，其中一台坏了，相当于一半网站或者整个网站可能都会变得不可用。

水平扩展包括向网站添加多个服务器，并平衡服务器之间的负载。然后可以对负载进行分区，以便一些服务器处只有对静态 HTML 页面的请求，而其他请求则专门用于处理数据库应用程序。需要通过特殊的负载平衡软件（由 Cisco、Microsoft 和 IBM 等各种供应商提供）来将传入请求引导到各种服务器。

水平扩展有很多优点。它价格低廉，通常可以使用可能被丢弃的旧计算机来完成。水平扩展还引入了冗余——如果一台计算机出现故障，另一台计算机很可能会动态地承担负载。然而，当你的网站从一台计算机发展到 10 到 20 台计算机时，所需的物理设施的大小（"占地面积"）就会增加，管理的复杂性也会增加。

第三种选择——改进处理架构——是垂直和水平扩展的结合，再加上巧妙的设计决策。表 4.7 列出了一些常见的步骤，可以采取这些步骤来提高网站的性能。这些步骤中的大多数都涉及将工作负载拆分为 I/O 密集型活动（例如为网页提供服务）和 CPU 密集型活动（例如接受订单）。一旦将这些工作分开，就可以针对每种类型的负载对服务器进行微调。最合适的微调步骤之一是简单地将 RAM 添加到几个服务器中，并将所有 HTML 页面存储在 RAM 中。这大大降低了负载并提高了速度。RAM 又快又便宜。下一个重要的步骤是将 CPU 密集型活动（如订单受理）转移到一个高端的多处理器服务器上，该服务器专门用于处理订单和访问必要的数据。

表 4.7　改进网站的处理架构

架构改进	描述
将静态内容与动态内容分离	为每种类型的工作负载使用专门的服务器
缓存静态内容	增加 RAM 并将静态内容存储在 RAM 中
缓存数据库查找表	使用缓存表查找数据库记录
在专用服务器上整合业务逻辑	将购物车、信用卡处理和其他 CPU 密集型活动放在专用服务器上
优化代码	检查代码以确保其有效运行
优化数据库架构	检查数据库搜索时间，并采取措施减少访问时间

4.5　其他电子商务网站工具

既然了解了影响网站速度、容量和扩展性等的关键因素，接下来需要考虑构建电子商务网站时的其他重要要求。在构想实现电子商务功能的一系列网站设计时，这些设计并不需要哗众取宠，而是要向顾客销售商品。还需要了解如何在网站中构建动态内容和交互性，而不仅仅是显示静态页面。此外，为了对再次访问网站的用户进行问候（"你好，莎拉，欢迎回来！"），必须能够追踪访问、离开和重复访问网站的用户，还需要追踪用户在网站中的行为活动，以便为用户提供个性化和定制化的服务体验。你肯定希望用户能够在网站上生成内容和反馈，以增加用户对品牌的参与度。最后，还需要为网站建立一套信息策略，包括隐私策略、易用性策略和信息访问策略等。

为了实现这些商务功能，你需要了解一些设计准则，以及可以经济高效地实现所需商务功能的其他软件工具。

4.5.1　网站设计：基本的商业考虑因素

本章并不是关于如何设计网站的章节（在第 6 章中，将从营销的角度讨论网站设计问题）。但是，从企业管理者的角度来看，有些网站设计目标必须传达给网站设计师，以便让他们知道将如何评估自己的工作。网站的最低要求是，用户能够在网站上找到他们所需的商品，购买，然后满意地离开。无法使用户满意的网站会面临永远失去客户的风险。表 4.8 列举了用户对网站最常见的投诉内容。

表 4.8　电子商务网站扰人的特征

● 用户在浏览网站内容之前需要观看广告或介绍页面	● 不能使用浏览器的返回键
● 弹出式广告和窗口	● 没有联系信息（只有网络形式）
● 点击多次才能浏览内容	● 非必要的 splash 显示或动画
● 无效链接	● 自动播放音乐或其他音频
● 导航混乱，没有搜索功能	● 非专业的设计元素
● 在浏览内容或订购之前需注册和登录	● 由于字体大小、颜色和格式导致文本不容易辨认
● 网页加载过慢	● 排版错误
● 内容过期	● 退货政策缺失或模糊

一些评论家认为，设计失败的网站比设计成功的网站更常见。描述网站中让用户不满的内容远比描述如何设计一个优秀的网站要容易得多。在设计糟糕的电子商务网站中，用户很难找到有关产品的信息，并且购买产品的过程也变得复杂。网站还存在着空缺页面和无效链接，令人困惑的网站导航结构，以及无法关闭的令人讨厌的图片和声音。表 4.9 重新描述了这些失败因素，将其作为网站设计的积极目标。

表 4.9　设计成功的电子商务网站的八个重要影响因素

因素	说明
功能完备	网页加载迅速，并有效地将用户指引到销售产品的页面
信息丰富	具备能帮助用户轻松找到企业信息和产品的链接
简单易用	具备简单且万无一失的导航系统
导航充足	具备能指向相同内容的代替导航
易于购买	完成购买只需点击一两次
支持多种浏览器	网站能在受欢迎的多种浏览器中运行
图形简单	避免出现令用户分散注意力和感到不快的图片以及用户无法控制的声音
文本清晰	避免出现文本扭曲或字迹难以辨认的背景

4.5.2　搜索引擎优化工具

从商业角度来看，一个网站的价值只取决于访问网站的人数。对于大多数寻找产品或服务的客户来说，第一步是用搜索引擎开始搜索，然后关注网站上的列表信息（通常浏览前三到五项），也会阅读网页右边的赞助广告。搜索结果在搜索引擎页面上的位置越靠前，则获得的访问量就越多，并且网站出现在搜索列表的第一页要比出现在第二页好得多。那么如何才能自然地（无偿地）进入搜索列表的第一页呢？虽然每个搜索引擎都不一样，并且没有一个搜索引擎会公布他们的页面排名算法，但还是有一些有效的基本理念：

- 元标签、关键词、标题、页面内容：搜索引擎会爬取网站数据，并识别关键词和标题页面，然后将它们编入索引用于搜索。我们可以在网页中添加关键词，以准确描述在元标签的"描述"和"关键词"部分中所述的内容。添加关键词的目的是找到不同类型的关键字之间的平衡，包括可能更通用的较短的标题关键词（如"汽车"），可能更具体的正文关键词（如"英国跑车"），以及更详细的长尾关键词（如"1968红色捷豹 XKE 敞篷车"）。
- 提供专业知识：白皮书、行业分析、常见问题页面、网站导航和访问历史记录都是建立用户信任的好方法，并鼓励他们将网站视为寻求帮助和导航浏览的绝佳方式。
- 建立链接：鼓励其他网站链接到你的网站。创建一个博客来吸引用户，使用户愿意把网站分享给其他人，并且发送其网址链接。为公司创建 Facebook 主页，并且考虑使用 Instagram 或 Pinterest 来为自己的产品吸引粉丝或建立粉丝群。
- 购买广告：通过付费搜索引擎关键词和广告来补充搜索优化工作。选择关键词，并直接在网页上购买曝光机会。你可以设定预算并设定预算的上限来控制成本。观察哪些关键词有效，并观察每个关键词字符串为网站带来的访问量。
- 本地化电子商务：建立全国性范围的网站可能需要很长时间。但如果建立的网站主要是吸引当地用户，或者涉及当地销售的产品，那么就可以使用包含公司所在位置的关键词，这样当地用户就可以在附近搜索到该网站。关键词中包含小镇名、城市名和地区名有助于增加网站的浏览量，如"哈德逊山谷蜂蜜"或"旧金山蓝调音乐"。

4.5.3   交互性和动态内容工具

网站的交互性越强，销售量就会越高，回头客也就越多。尽管功能和易用性是网站设计的首要目标，但网站也需要与用户进行交互，给用户带来生动的、"活跃的"购物体验。此外，还需要根据用户的个人需求为他们提供个性化的服务，按照用户在网站中的浏览行为和所表现出来的购买需求展示定制化的产品内容。为了实现这些商务目标，需要仔细考虑构建这些功能所必需的工具。从用户提交姓名这样简单的交互功能，到涉及信用卡结算、用户偏好和用户信息反馈的更复杂的交互功能，都需要专门的程序。下面将简单介绍一些可以实现高水平网站交互功能的常用软件工具。

在互联网时代早期，**公共网关接口**（CGI）程序（脚本）是创建交互性的主要方法。CGI是第一套被广泛遵循的程序通信标准，用于浏览器和服务器上运行的程序，允许在用户和服务器之间进行交互。CGI 使可执行程序能够获取来自客户端输入请求中的所有信息。该程序可以生成所需的所有输出，以组成返回页面（HTML、脚本代码、文本等），并通过 Web 服务器将其发送回客户端。所有的计算都在服务器端进行（这就是为什么 CGI 程序和类似的程序被称为"服务器端"程序）。然而如今，由于安全性和其他方面的问题，CGI 脚本已经过时，并且已被更现代和更安全的方法所取代。

Java、Java 服务器页面和 JavaScript

Java 是一种编程语言，允许程序员在客户端计算机上创建交互性和动态内容，从而节省了服务器上的大量负载。Java 最初由 Sun 微系统公司开发，作为消费类电子产品的跨平台编程语言。Java 旨在创建一种其程序能够在任何操作系统的计算机上运行的编程语言（即所谓的一次编写，随处运行）。如果当时所有操作系统（Macintosh、Windows、UNIX、DOS 和大型机 MVS 系统）都安装了 Java 虚拟机（Virtual Machine，VM），用于解释 Java 程序，那么这将是可能的。

然而，到 1995 年，当 Sun 微系统公司发布该语言的第一个公开版本 Java 1.0 时，人们才清楚地意识到 Java 更适用于网络，而不是消费类电子产品。Java "小程序"可以通过网络下载到客户端，并能在客户端计算机上被完全执行。小程序标签可以包含在 HTML 页面中。为了实现这一功能，每个浏览器都必须装有 Java 虚拟机。当浏览器访问带有小程序的页面时，将向服务器发送请求并将 Java 程序下载至本地运行，然后分配页面空间来显示程序的运行结果。如今，Java 仍然是最流行的编程语言之一，拥有许多关键技术，例如，Google Android 移动平台（虽然不是 Apple 的 iOS）利用了 Java 语言的某些方面。截至 2022 年 2 月，Java SE（Java 平台，标准版）18 及其相关开发环境 JDK（Java Development Kit）18 是 Java 平台的最新版本。然而，Java 确实面临一些挑战。近年来，它一直受到安全漏洞的困扰，Oracle（收购 Sun 微系统的公司）一直努力通过频繁发布新版本和安全补丁来解决这些问题。出于安全性方面的考虑，Oracle 已经逐步淘汰了 Java 小程序，并且大多数浏览器的当前版本都不再支持 Java 小程序。基于 Java 网站应用程序的开发人员现在将 Java 程序捆绑在应用程序中，因此不再需要 Java 小程序了（Oracle，2022）。

Java 服务器页面（JSP）是一种网页编码标准，允许开发人员结合使用 HTML 页面、JSP 脚本和 Java 来动态生成网页，以响应用户请求。JSP 使用 Java Servlet，这是一种专门用于网页并在 Web 服务器上运行的小型 Java 程序，用于在将网页发送给发出请求的用户客户端之前修改其网页内容。目前，市场上大多数流行的应用服务器都支持 JSP。

JavaScript 是 Netscape 公司开发的一种编程语言，用于控制 HTML 页面上的对象并处理与浏览器的交互。JavaScript 最常用于客户端处理用户输入的验证和确认，以及实现业务逻辑。例如，JavaScript 可用于验证用户注册表中已提供的电话号码、邮政编码或电子邮件地址是否有效。在用户完成注册表单之前，可以确认所提供的电子邮件地址的有效性。JavaScript 似乎更容易被大公司和其他大型环境接受，因为其稳定性更强，并且还仅限于在被请求的 HTML 页面上操作。JavaScript 也可以作为 Node.js 的一部分，Node.js 是服务器端应用程序（包括移动端）的跨平台开发环境。Node.js 是最流行的服务器端开发框架之一，被 PayPal、Walmart 和领英等公司广泛使用，这使得 JavaScript 不仅是 Web 网站开发的重要语言，也是平台即服务（Platform as a Service，PaaS）应用程序的重要语言。

还有许多其他基于 JavaScript 的工具也有助于自动创建 Web 应用程序。React 和 Vue 是用于构建用户界面的开源 JavaScript 库。AngularJS（有时也称为 Angular.js）是另一种流行的工具。AngularJS 是一个基于 JavaScript 的开源前端 Web 应用程序框架，可以扩展 HTML 页面的功能。D3.js（Data Driven Documents 的缩写）是一个用于 HTML 页面、SVG 和 CSS 可视化数据的 JavaScript 库。jQuery 是一个跨平台的 JavaScript 库，旨在简化 HTML 页面的客户端脚本。Ajax（异步的 JavaScript 和 XML）使用包括 JavaScript 等各种不同的工具，以实现网页的异步更新（即仅更新页面的部分内容，而不是必须重新加载整个页面来更新部分内容）。TypeScript 是一种由微软开发和维护的开源编程语言，专为大型应用程序的开发而设计，并且包含在微软的 Visual Studio 软件开发包中。现有的 JavaScript 程序也是有效的 TypeScript 程序。TypeScript 程序可用于开发客户端和服务器端的 JavaScript 应用程序。在过去的几年里，TypeScript 程序的使用急速增长（Krill，2022）。

动态服务器页面（ASP 和 ASP.NET）

动态服务器页面（Active Server Page，ASP）由微软公司在 1996 年底开发，并迅速发展成为 Windows 环境中服务器端网络编程的主要技术。ASP 使开发人员能够轻松地从数据库中创建和打开记录，在 HTML 页面中执行程序，以及处理电子商务网站上各种形式的交互活动。ASP 也允许浏览器和服务器之间进行交互。然而，ASP 程序仅限于在运行微软 IIS Web 服务器软件的 Windows 服务器上使用。ASP.NET 于 2002 年 1 月首次发布，是微软 .NET 开发框架的一部分，也是 ASP 的成功拓展。ASP.NET 的当前版本具有用于云记录和常规应用服务器的现代跨平台 Web 框架。

ColdFusion

ColdFusion 是一个集成式服务器端开发环境，用于开发交互式 Web 网络和移动 App。ColdFusion 最初由 Macromedia 公司开发，现在由 Adobe 公司提供服务，它结合了直观的、基于标签的脚本语言，以及降低了交互功能创建成本的基于标签的服务器脚本语言（CFML）。ColdFusion 提供了一套强大的视觉构图排版、编程、调试和部署工具，包括创建移动 App 的能力、强大的安全功能以及对互操作性的支持。最新版本 Adobe ColdFusion 2021/2020 提供了全新的管理用户界面、改进的对象导向编程支持、快速且模块化的安装功能，以及增强的云和安全工具（Atteo，2022）。

PHP、Ruby on Rails（RoR）和 Django

PHP 是一种通用开源脚本语言，最常用于服务器端 Web 应用程序以生成动态网页内容，也可以用于客户端的图形用户交互界面应用程序。PHP 也是许多 Web 应用程序开发框架的一部分，如 CakePHP、CodeIgniter 等，也是用于构建动态网站和 Web 应用程序的 LAMP（Linux、Apache、MySQL、PHP）开源网络开发模型的一部分（在一些 LAMP 项目中，Perl 和 Python 有时会替代 PHP）。根据 W3Techs 的数据统计，PHP 是迄今为止最常用的服务器端脚本语言（使用率超过 75%）；ASP.NET 远远排在第二位，使用率约为 8%；其次是 Ruby on Rails，使用率为 6%；而 Java 只有约 4%；Scala（一种能够与 Java 和 JavaScript 相互操作的通用编程语言）约占 2.5%；JavaScript 约占 2%；Python 的占比略高于 1%；ColdFusion 和 Perl 的使用率都不到 1%（W3techs.com，2022）。黑客经常试图利用 PHP 代码并将其用于各种攻击，如 SQL 注入、代码注入和网络钓鱼攻击。

　　Ruby on Rails（Ruby、RoR 或 Rails）是一种基于 Ruby 编程语言的开源网络应用程序框架。RoR 基于一种被称为约定优于配置或按约定编码（CoC）的理念，这意味着框架提供了一种最大限度地减少程序员需要做出的决策数量的结构化布局，从而简化并加速开发。JavaScript 和 Ajax 能在 RoR 中高度集成，使得处理页面更新的 Ajax 请求更容易。Ruby 在 21 世纪 00 年代初非常流行，但在最近几年中，它已经有些失宠了。一些基于 RoR 的知名网站包括 Shopify、Groupon、Etsy、Kickstarter、Hulu 和 Airbnb（Rejman，2022）。

　　Django 也是一种基于 Python 编程语言的开源网络应用程序框架。Django 专为创建复杂的、数据库驱动的网站而进行了优化。Django 可以实现快速开发，尽可能专注于程序自动化，强调各种组成部分的可重用性，并遵循 DRY（避免重复）编程原则。一些基于 Django 的知名网站包括 Instagram、Spotify、Pinterest、Dropbox、NASA 和 Quora（Citrusbug.com，2021）。

其他设计元素

　　增加网站的用户浏览量的一个简单方法是在网站中添加适当的窗口组件（有时称为部件、插件或片段）。窗口组件是在 HTML 网页中自动执行的小块代码。窗口组件是预先被构建的，并且许多都是免费的。社交网络和博客使用窗口组件向用户展示从网络上提取的内容（来自特定新闻来源的新闻标题、公告、新闻稿和其他常规内容）、日历、时钟、天气、游戏和其他功能。你可以将代码复制到 HTML 网页，并且可以在 Apple 的仪表板小组件、Wolfram|Alpha 组件和 SIMILE 组件中找到窗口组件。还有适用于特定平台的窗口组件，如 WordPress、Amazon 和 Pinterest。

　　mashup 稍微复杂一些，它把一个程序中的功能和数据并入另一个程序中。最常见的 mashup 涉及使用谷歌地图的数据和软件，并将其与其他数据相结合。例如，如果你有一个本地房地产网站，你可以下载谷歌地图和卫星图像应用程序，并安装在网站中，以便用户了解周围社区环境。目前有数以千计的谷歌地图 mashup，都结合了相关的新闻报道等内容。其他的 mashup 还涉及体育、购物和新闻。

4.5.4　个性化/定制化工具

　　你肯定想知道如何以用户的自身情况为基础对待每个用户，像传统的面对面市场一样。个性化（根据用户个性和浏览网站的历史记录来对待用户的能力）和定制化（网站改变产品以便更好地满足用户需求的能力）是使电子商务网站几乎像传统市场一样强大的两个关键要素，甚至可能使电子商务网站比在郊区的不知名的购物中心更受欢迎。然而，在常见的大众市场中，商家很难一对一地直接与用户进行沟通，甚至也很难根据用户的需求去调整产品，这种通用的商业交易是当代商业的主要特征。

网站个性化是指根据浏览网站的人来改变网站，提供动态内容、消息和针对个人的优惠。电子商务定制化侧重于生成个性化的产品推荐，包括相似和互补的产品。

有多种方法可以实现网站个性化和定制化。实现网站个性化和定制化的一种基本方法就是在用户客户端计算机中设置 cookie 文件。cookie 是设置在用户客户端计算机上的小型文本文件，包含有关用户的不同类型的信息，例如用户编号、活动编号和网站购买记录等。当用户返回网站或需要进一步浏览信息时，就可以从数据库中访问用户先前的历史记录。网站可以利用收集到的历史信息为用户提供个性化访问和定制化产品服务。第 6 章将进一步讨论 cookie 和其他行为跟踪工具的使用。

还有许多其他可以提供智能客户细分、个性化和个性化产品推荐的更复杂的工具。这些工具包括 Kibo Montetate 和 Barilliance。大多数电子商务套件都包含类似的功能，如 Salesforce Commerce Cloud。另一方面，Google Optimize 是一个免费工具，可以根据访问者的位置、浏览器设备和数字行为来定制网站。

4.5.5　信息政策

在开发电子商务网站时，还需要考虑管理网站的信息政策。需要制定网站**隐私政策**——一组公开声明，向客户说明如何处理在网站上收集到的关于他们的个人信息。还需要建立**无障碍规则**——一组设计目标，确保残疾用户能够有效地访问网站。美国有超过 5000 万的残障人士，其中许多人可能需要借助专用路径才能使用计算机或移动设备。在第 8 章中将进一步深入介绍电子商务信息政策。

社会洞察：无障碍设计

对于超过 25% 的自认为有残疾的美国人来说，在线可访问性是一个重大问题。为了解决这一问题，研究人员提出了一些方法。一些法院将最初于 1990 年颁布的《美国残疾人法案》（Americans with Disabilities Act，ADA）解释为既适用于日常生活，也适用于网站虚拟环境。然而，早期的其他裁决表明了相反的观点：ADA 不适用于仅在线经营、没有实际营业场所的公司。近年来，美国各地的法院在这个问题上仍然存在着分歧。例如，2021 年，加利福尼亚州的一家联邦法院判决 Domino 公司违反了 ADA，因为视障用户无法访问其网站和移动 App。并且法院指出，ADA 适用于所有可以提供便利的公共场所的商品和服务的网站及 App。此后不久，另一家联邦法院对 Winn Dixie 的网站做出了相反的裁决，认定 ADA 不适用，并驳回了对超市连锁店的索赔，理由是无法通过屏幕访问其软件。

2022 年 3 月，美国司法部（DOJ）最终发布了自己的网络无障碍和 ADA 指导意见。DOJ 的立场是，ADA 适用于公共设施提供的所有商品、服务、特权或活动，包括网络上提供的商品、服务、特权或活动。这份指导意见强烈表明，DOJ 认为 ADA 要求所有私人网站，甚至是那些只提供网络服务的企业网站，都必须对残障人士开放。然而，鉴于各联邦法院之间的意见分歧，仍有许多悬而未决的问题。因此，很可能在未来某个时候，最高法院将要求解决这个问题。但是，DOJ 的指导方针并没有就如何让残障人士访问网络内容制定任何详细的标准，而是参考了万维网联盟（W3C）的《网络内容可访问性指南》（WCAG），以及联邦政府用于自己网站的第 508 条标准。

WCAG 针对不同的残障人士为组织提供了不同的策略。这些策略包括：为任何非文本内容提供文本替代方案，以便将其更改为其他形式；使内容更容易观看和收听；最大限度地兼容屏幕阅读器软件等辅助技术。例如，在图像后面嵌入文字描述，从而让屏幕阅读器朗读这些描述。但屏幕阅读器有效工作的前提是网站的设计要确保与这些工具之间的兼容性。最新版本的WCAG 是 WCAG 2.0，但 W3C 现在正在开发 WCAG 3.0。新版的 WCAG 比以前的更加广泛，旨在面向更多的残障人士，涵盖更广泛的技术，并且更容易更新。例如，WCAG 3.0 将更加关注不同残疾程度的残障人士的需求。WCAG 3.0 将适用于各种新技术，如可穿戴设备、语音助手、物联网技术、增强现实、虚拟现实和元宇宙。尽管最终版本预计不会在 2023 年之前发布，但公司可以根据目前可用的草案版本开始为此做准备。

美国联邦政府部门的第 508 条标准充分参考了 WCAG 2.0，进一步使 WCAG 指南作为监管标准合法化。其中的具体内容包括：降低网站中用于屏幕阅读器的文本的纯装饰性元素的重要性，因为这可能会降低易用性；确保残障人士在访问在线表格时能得到更好的指引；以及在创建网站内容时不要出现屏幕闪烁，否则可能会引发癫痫疾病。

美国联邦通信委员会（FCC）可接受的另一个解决方案是为不同设备的操作系统开发的 Accessibility API，例如微软系统的 Active Accessibility 或 Apple 系统的 Accessibility API。如果能够以低成本获得第三方解决方案，那么第三方解决方案也是可以接受的。为了促进企业研究出此类问题的解决方案，FCC 会给在易用性方面取得进步的企业颁发年度奖。2021 年，Apple 公司因在其发布的 iOS14 系统版本中加入了一系列无障碍功能和升级而获得了赞誉，其中包括新的 Apple Magnifier App 的功能，该功能支持检测附近的人的位置并帮助用户保持距离，升级了其原生屏幕阅读器功能，增强了声音识别功能，还增强了用户在使用 FaceTime 时使用手语的功能。Apple 公司还为 Apple Watch 推出了"辅助触控"功能，实现了无触摸交互。

Apple 公司并不是唯一一家投入资源以改善可访问性的大型科技公司。因为这种做法是这些公司扩大用户基础、降低法律风险和改善大部分用户网站体验的一种简单方法。谷歌公司也为残障人士开发了一系列的产品和服务功能。例如，谷歌公司在 2021 年推出了一款安卓 App，可以为存在严重语言障碍的用户生成定制的语音识别模型，这款 App 能够转录、显示和大声朗读用户所说的话。谷歌公司还增强了对讲屏幕阅读器功能，包括新的手势和语音命令。微软公司的 Windows 11 操作系统包括对比度更高的主题，便于视觉障碍人士更容易地看到内容，还包括更多用户可以听到的更新声音。微软公司还推出了一项五年承诺，致力于打造更容易使用的产品。Amazon 已经更新了 Alexa 和 Kindle App，使这些 App 更易于访问。Facebook 正在继续完善其"自动替代文本"功能，该功能利用物体识别和面部识别技术，为用户上传的图像自动生成文本，屏幕阅读器可以使用这些文本来帮助存在视觉障碍的 Facebook 用户浏览 Facebook 上的相册。Forrester Research 公司预测，到 2022 年，实现数字可访问性将成为企业购买技术的首要任务。

然而，还有很长的路要走。在 WC3 发布 WCAG 1.0 13 年后，据估计只有不到 2% 的网站可供所有残障人士使用。与此同时，新冠疫情增强了对网站和移动 App 的可访问性的需求。让网站和 App 对所有人开放变得越来越重要，包括残障人士。

4.6　移动网站和移动 App 开发

现如今，开发网站只是构建电子商务的一部分。考虑到超过 90% 的互联网用户至少有部分时间是通过移动设备访问网络，那么企业就需要开发移动网站、移动 App、本地 App 或混合 App，以便与客户、供应商和员工进行交互。所以，企业应首先决定需要使用的扩展网络平台工具。

移动商务平台解决方案种类繁多，每种都具有独特的优势和不同的成本。**移动网站**是常规网站的一个版本，它缩小了常规网站的内容和导航，以便用户可以快速找到自己想要购买的商品。通过台式电脑、智能手机或平板电脑访问 Amazon 网站就能观察到两者之间的区别。Amazon 的移动网站是一个更简洁、更具交互性的网站，适合手指导航，并且用户使用该网站能做出高效的消费决策。与传统网站一样，移动网站也在公司服务器上运行，并使用标准的网络工具进行构建，例如服务器端的 HTML、Linux、PHP 和 SQL。与所有网站一样，用户必须通过网络才能连接移动网站，网站的性能将取决于带宽。一般来说，移动网站的运行速度比通过宽带网络连接的传统网站慢。今天，大多数大公司都拥有移动网站。

本地 App 是专门为使用移动设备的硬件和操作系统而设计的。这些独立运行的程序可以连接到因特网下载和上传数据，并且即使没有连接到因特网也可以使用这些数据。你可以将书籍下载到本地 App 阅读器中，即使断开因特网的连接，仍然能够阅读书籍。但是，由于不同类型的智能手机具有不同的硬件设备和操作系统，App 不能在所有的智能手机上通用，因此企业需要针对不同的移动平台开发不同的 App。比如，在 iPhone 上运行的 App 无法在安卓手机上运行。构建本地 App 所使用的编程语言取决于它们所运行的设备，然后将其编译成二进制代码，并且在移动设备中快速执行。因此，本地 App 非常适用于游戏、复杂交互、动态计算、图形处理和富媒体广告。

移动 Web App 是在智能手机或平板电脑内置的移动网络浏览器上运行的应用程序。就 Apple 而言，其本机浏览器是 Safari。通常，移动 Web App 的构建会使用 HTML5、CSS 和 JavaScript 工具来效仿本地 App 的特征。移动 Web App 在屏幕尺寸、手指导航和简洁图像方面专为移动平台而设计。移动 Web App 可以支持游戏和富媒体中的复杂交互，可以执行实时、动态计算，并且可以使用智能手机内置的全球定位系统（GPS）功能实现全球化追踪。移动 Web App 的运行速度通常比移动网站的运行速度快，但不如本地 App 的运行速度快。

软件开发人员逐渐将本地 App 和移动 Web App 中的要素组合成混合 App。**混合 App** 具有本地 App 和移动 Web App 中的许多功能。像本地 App 一样，混合 App 也在移动设备上的本地容器中运行，并可以访问设备的 API，从而利用设备的许多功能（如陀螺仪），而这些功能通常是移动 Web App 无法访问的。此外，混合 App 也可以打包成一个 App 在应用商店中发布并销售。就像移动 Web App，混合 App 也是基于 HTML5、CSS3 和 JavaScript 而开发的，但使用设备的浏览器引擎呈现 HTML5 并在本地处理 JavaScript。

4.6.1　计划和构建移动平台

什么才是适合企业的移动平台？答案取决于企业已经确定业务目标，并从中得出移动平台的信息需求。尽管两者之间存在显著差异，但是本章前面描述的同类型的系统分析和设计推理对计划和构建移动平台仍然非常重要。

第一步是确定企业需要实现的业务目标。表 4.10 阐释了建立移动平台的分析阶段的思维过程。为什么要开发移动平台？是为了通过创建一个用户可以购买商品的简易浏览目录来促进销售？还是为了通过创建引人入胜的互动体验来强化品牌？抑或是为了使客户能够在客户社区中进行互动？竞争对手又是如何使用他们的移动平台的？一旦对企业的商业目标有了清晰的认识，就能够清楚地描述移动平台所需的系统功能，并列举出移动平台所需的信息需求。

表 4.10   构建移动平台的系统分析

业务目标	系统功能	信息需求
促进销售	数字目录、产品数据库	产品说明、产品照片、产品编码和库存
品牌推广	展示客户使用产品的方式	视频和富媒体、产品和客户展示
建立客户社区	交互式体验、与多个参与者进行互动	游戏、竞赛、论坛、社交软件注册
广告和促销	为滞销产品定制优惠券销售和限时闪购活动	产品说明、优惠券管理和库存管理
收集客户反馈	具有检索和存储用户输入信息（包括文本、照片和视频）的功能	客户登录和身份识别，客户数据库

在明确了业务目标、系统功能和信息需求之后，就可以考虑如何设计和构建网站系统了。现在是时候考虑该开发哪种形式的网站：移动网站、移动 Web App 还是本地 App。例如，如果业务目标是品牌推广或建立社区，那么构建本地 App 可能是最佳选择，因为本地 App 能提供丰富的、交互式的和让人身临其境的用户体验，可以加强用户与品牌的情感联系。因为本地 App 存储在本地设备上，所以即使用户处于离线状态也可以访问本地 App，可以使用户深度参与其中。此外，本地 App 可以利用移动设备的独特功能，例如使用陀螺仪提供 360° 全面观察视图。另一方面，如果业务目标是为企业建立广泛的认知度、提供有关特定产品的专业信息或促进销售，那么选择构建移动网站或移动 Web App 更有意义，因为在移动网络中发布信息相对容易且成本低廉，客户仍然能在网络上轻松完成交易（尽管随着越来越多的零售商将电子商务功能直接添加到 App 中，这种情况可能会发生变化）。然而，这种选择将不再是一种非此即彼的决定。移动 App 和移动网站具有各自不同的优势，并且在大多数情况下最好的策略将是在所有设备上发布引人注目的内容。

4.6.2   移动平台：设计考虑

由于存在不同的硬件、软件和消费者期望，所以设计移动平台与设计传统的桌面网站有些不同。表 4.11 描述了在设计移动平台时必须考虑的特殊因素。

表 4.11   在设计移动平台时必须考虑的特殊因素

因素	对移动平台的影响
硬件	移动硬件更小，并且在数据存储和处理能力上有更多的资源限制
连接	移动平台受到比桌面网站更慢的连接速度的限制
展示	在移动平台上的展示空间更小，因此需要简化，并且有些屏幕在阳光下的显示不佳
界面	触屏技术采用了不同于传统鼠标和键盘的新的交互准则，移动平台可能不是一种好的数据输入工具，但它是一种优秀的导航工具

在设计移动平台时，软件设计人员需要考虑移动平台的限制因素。移动页面加载速度已

被证明是影响转化率的一个重要因素。文件规模不能太大，应减少发送给用户的文件数量。移动平台的设计强调向用户发送少量且表现力强的图片，并尽量减少发送给用户的图像数量。优先加载关键内容，当用户处理这些内容时，开始加载下一层的内容。简化选择框和选择列表，以便用户可以轻松地滚动选择，然后触摸选择合适的选项。

移动平台已经变得如此重要，它正在推动传统的电子商务的开发流程，并且转而开发移动平台网站，而不是桌面网站（称为**移动优先设计**）。移动优先设计有几个优势。移动优先设计不同于为桌面网站创建一个功能齐全的设计，之后再缩减规模，而是专注于在移动平台上创造最佳体验，然后再向桌面平台的版本中添加要素，逐步增强网站的功能。移动优先设计的支持者认为，它迫使设计人员专注于最重要的内容，这有助于创建简洁高效的移动设计，其功能比从传统平台开始的设计要好得多，后者必须简化才能在移动设备上工作。然而，移动优先设计还面临着一些挑战。对于那些更熟悉传统流程的设计者来说，使用移动优先设计可能会更困难（The Stack Group，2021）。

移动网站发展的其他重要趋势包括响应式网页设计和自适应网页设计。

响应式网页设计（Responsive Web Design，RWD）工具和设计技术使得设计一个网站成为可能，该网站可以根据设备（无论是台式机、平板电脑还是智能手机）的屏幕分辨率自动调整其布局和显示。RWD 工具包括 HTML5 和 CSS3，其三个关键设计原则是弹性网格布局、灵活的图像和多媒体、媒体查询。每个设备使用相同的 HTML 代码，但使用 CSS（确定网页布局的工具）根据屏幕的不同类型来调整布局和显示。RWD 工具通常适用于功能相对简单的网站（即主要功能是发布内容的网站），并且无论用户使用什么设备都能以类似的方式操作网站。然而，使用 RWD 工具可能成本昂贵，因为通常需要对网站界面进行完全的重新设计。使用 RWD 工具还有另一个问题，特别是如果没有与移动优先设计相结合，由于响应式网站仍然具有传统桌面网站的规模和复杂性，所以有时在移动设备上加载和运行命令时会较慢。而另一种被称为自适应网页设计的技术已经能够解决这一问题。

使用**自适应网页设计**（Adaptive Web Design，AWD）（又称为自适应传输或服务器端组件的响应式网页设计）时，服务器托管网站检测设备发出请求的属性，并基于设备屏幕的大小使用由 CSS 和 JavaScript 预定义的模板，加载针对设备优化的网站版本。AWD 具有许多优势，包括减少加载时间、提升或删除功能，以及更好的用户体验，特别是对于那些因用户的不同意图而使用不同设备的企业来说。例如，使用 AWD 构建移动网站使汉莎航空能够了解其移动用户最有可能采取的行动，例如办理登机手续、获取航班信息、查找旅行路线并提供与其传统桌面网站不同的体验（Vinney，2021）。基于云平台的 AWD 也能提供类似的功能。

4.6.3　跨平台移动 App 开发工具

除了使用 Objective C 或 Java 等编程语言从头开始创建本地 App 之外，还有数百个低成本或开源 App 开发工具包，利用这些工具包创建跨平台移动 App 相对容易且成本低廉，无须针对不同的设备使用不同的编程语言。

例如，Flutter 是一个由 Google 公司开发的开源工具包，可用于创建 Android 和 iOS 设备（以及 Windows、Mac 和 Web App）的本地 App。React Native 是另一个开源工具，它使用 React 和 JavaScript 创建原生 iOS、Android、Windows 和 Mac 应用程序。Appery.io 是一个基于云计算的开发平台，使用该平台的 jQuery Mobile 工具，可通过拖动可视化生成工具创建 HTML5 App。Appery.io 支持 Android 和 iOS 应用程序。Codiqa 是一个与之类似的工具，甚至更容易使用。Codiqa 提供了拖放界面，并可以使用 100% 的 HTML5 组件构建 App，无须编码。对于那些非技术性人员来说，Swiftic 是一款免费的移动 App 生成器，允许开发人员创建各种功能，包括电子商务、通知和社交推送。从更具技术性的另一方面来说，Iconic 是另一个开源移动开发框架，使用该开发框架可以构建 HTML、CSS 和 JavaScript 混合移动 App。Axway Appcelerator 是一个类似的、技术含量较低的开发框架工具，用于开发和管理混合 App。

4.6.4 移动平台：性能和成本考虑

如果你没有创建过网站，那么最有效的方法就是首先使用移动优先的设计理念创建一个移动网站。或者也可以选择使用 RWD 或 AWD 技术构建传统网站。如果你已经有一个网站，并且不想完全重新开发该网站，那么开销最少的方法是调整原有网站的规模，以创建一个适用于智能手机的移动网站。这样做通常不需要对网站进行彻底的重新设计，只需要减少网站图片和文本，简化导航系统并注重改善用户体验，这样用户就不会混淆传统网站和移动网站了。由于用户有时仍然需要使用相对较慢的信号连接，因此需要减少网站发送的数据量。此外，考虑到在移动设备上输入用户数据的难度，所以不能指望用户愉快地在移动设备上输入一长串数字或文本内容。为了使营销清楚化，就要确保移动网站上使用的品牌形象与传统网站上使用的品牌形象相匹配。开发移动网站的成本各不相同，为大型全球企业定制设计的网站可能高达 100 多万美元，选择 Wix 或 MoFuse 等公司提供的模板或移动网站创建器的中小企业的网站可能不到 1000 美元。

构建一个使用移动设备浏览器的移动 Web App 比开发一个移动网站需要付出更多的努力和成本，并且受到与任何基于浏览器的应用一样的限制。然而，它确实有一些优势，比如提供更好的图形、更多的交互性和更快的本地计算速度。例如，在像 Foursquare 这样的移动定位应用程序中需要先进行本地位置计算，然后再与网站的 Web 服务器进行通信连接。

建立移动平台最昂贵的途径是构建本地 App。构建本地 App 可能需要更广泛的专业编程知识，尽管有许多新的开发软件包可以用最少的专业编程知识来构建本地 App。此外，现有网站中几乎没有一个元素可以再次应用于本地 App，因此需要重新设计完整的界面逻辑，并仔细考虑客户体验。例如，在过去十年中，传统的 HTML 网站已经有了相当稳定的网站界面，其中包含按钮、图片、视频和广告等要素。但是，对于 App 来说却并非如此。即使对于用户来说，移动 App 也没有一套统一的标准，因此每个移动 App 都是与众不同的。这意味着用户将面临 App 设计上的巨大差异，因此 App 的界面设计必须简洁明了且醒目。很多大型桌面网站中存在的附加部件不能在移动 App 中使用，需要进一步简化和聚集。然而，这些劣势同时也是本地 App 的最大优势：你有机会创造真正令人惊叹的、独特的用户体验，并可以实现用户与品牌的交互。如果企业想要用户获得强烈的品牌体验，并且用户和品牌之间的交互既轻松又高效，那么本地 App 是最佳的选择。

技术洞察：Duolingo 移动 App 赋能语言学习

当 Luis von Ahn 在危地马拉长大时，他很幸运地通过父母了解了流利英语沟通能力的价值，这将在他以后的生活中为他提供帮助。Luis von Ahn 在美国上大学，后来成为卡内基·梅隆大学的计算机科学教授。并且，他还是一名成功的企业家。之后他又开发了在线验证技术 CAPTCHA 和 reCAPTCHA（后来卖给了谷歌公司）。

Luis von Ahn 与瑞士出生的研究生 Severin Hacker 接下来决定将目标瞄准语言学习。Luis von Ahn 和 Severin Hacker 都是将英语作为第二语言学习的。此外，他们还受到利用技术实现教育民主化的愿望的驱使。他们开始专注于创造一种工具，将语言学习转变为数百万人喜欢做的事情，并于 2011 年创办了 Duolingo（多邻国）。Luis von Ahn 的过往业绩使他能够轻松获得来自硅谷知名风险投资家的投资。

但 Duolingo 标志性的基于 App 的学习界面一开始只不过是一个事后的补充想法。Duolingo 最初是作为一项基于网络的服务设计的。2012 年，Duolingo 指派两名实习生为网站制作了一个闪卡应用程序的原型。这两名实习生研究了当时流行的其他 App，并提出了开发一款全功能的 App 而不仅仅是一个配套 App 的想法。他们从《愤怒的小鸟》和《皇室战争》等网络游戏以及其他旨在提高用户参与度的游戏化技术中寻找灵感。例如，大多数游戏都使用某种形式的经验值和升级策略。对于 Duolingo 的用户来说，这是以技能树的形式出现的，而这些技能树提供了语言技能的可视化表现，并且这些技能相互关联，随着时间的推移逐渐变得更加烦琐和精细。他们决定使用一些其他技术，包括卡通吉祥物，如 Duo owl、"lingots"（一种 Duolingo 货币，用于购买可以在未来课程中提供帮助的升级道具），使用户能够与世界各地的其他用户进行学习竞争的排行榜，以及展示纪念成就的徽章，如 "streaks"（用户连续几天完成至少一节课程）和 "hearts"（类似于游戏概念中的"生命"）。Duolingo 希望为新一代移动用户打造一款既有效又有趣的学习软件。

当 Duolingo 在 2012 年发布其 iPhone App 的初始版本并在 2013 年发布其 Android App 时，发生了一件有趣的事情：到 2014 年，80% 的 Duolingo 用户在移动设备上学习语言，该公司已经令人印象深刻的增长率还在飙升。

最初，Duolingo 的计划是让用户将翻译网站文本作为练习，并通过这种方式获得收入。想要将内容翻译成许多其他语言的网站可以与 Duolingo 合作，将工作众包，当有特别难的翻译内容时，可提供人工翻译服务。然而，只有 Buzzfeed 和 CNN 签署了这项服务，因为用户更喜欢集中课程而不是翻译练习。Duolingo 在 2017 年转向了免费增值商业模式。在这种模式下，免费版本的 App 包含广告，而每月收费 6.99 美元（84 美元/年）的高级版本则不含广告，在线和离线都可以使用。并且，Duolingo 还通过 App 内置广告以及用户在 App 中的消费而获得收入。

Duolingo App 共拥有 40 种语言的 95 门课程，为了支撑这些课程服务，相应的数字基础设施非常重要。Duolingo 严重依赖 Amazon 网络服务。Duolingo 使用 Amazon DynamoDB 存储超过 310 亿与其语言学习课程相关的项目，使用 Amazon EC2 提高 App 的应用性能，使用 Amazon S3 存储图像。Duolingo 的离线模式还可以缓存一小时的课程，以便用户在没有互联网服务的地区上课。离线模式将 App 内的大部分数据存储在移动设备本地，因此也提高了 App 的应用性能。然而，Duolingo App 的语音识别功能是实时执行的，因此无法离线使用语音识别功能。当用户被要求练习口语时，Duolingo App 会根据每个人的母语发音通过算法测量他们的发音，并为用户提供定制的发音/口语反馈。

Duolingo 也是一家高度数据驱动的公司，它会对每一个可能推出的功能进行 A/B 测试，以确保最大限度的用户黏性。在任何时间点，它都可能运行着超过 100 个不同的 A/B 测试。当引入新功能时，其中一组使用 App 的当前版本，另一组使用 App 的更新版本。Duolingo 在进行更新后会测试许多潜在变量，例如在更新 App 后用户是否会订阅更多的课程，或者在更新后是否有更多的用户购买了 Duolingo 的高级版本。例如，在 Stories 课程中，用户将学习如何翻译简短、轻松的故事，并间歇性地回答有关这些故事的问题，以检查对这个课程的理解程度。在首次发布 Stories 课程时，Duolingo 对这个课程进行了大量的 A/B 测试，并发现用户保留率大幅提高。使用 Stories 功能的用户在 Duolingo 上花费的时间比那些尚未使用的用户更多。Duolingo 向整个公司公布每个功能的 A/B 测试结果，以便每个人都能了解如何以及为什么做出关于 App 功能的各种决定。

Duolingo 还利用复杂的人工智能技术来推动用户进行更高效的语言学习。例如，Duolingo 使用每天完成的超过 5 亿个练习的数据来训练复杂的机器学习算法，并利用这些算法提高用户的学习效率。其中一个例子是名为 BirdBrain 的个性化算法，该算法旨在预测给定学习者完成练习的正确率或错误率。并且，Duolingo 还使用 BirdBrain 来制作课程，通过提供适当难度的练习以匹配学习者的特定熟练程度。

2021 年 7 月，Duolingo 以超过 37 亿美元的估值上市。其官方 App 的下载量已超过 5 亿次，目前每月活跃用户超过 4000 万并且有 250 万付费订阅用户，约占其用户群的 6%。该公司预计，到 2022 年，其收入将在 3.32 亿美元至 3.42 亿美元之间，尽管目前还不指望实现盈利。虽然 Duolingo 并不缺乏竞争对手，如 Babbel 和 Busuu，但截至 2022 年，它已轻松成为全球收入最高的教育 App，并且似乎准备在这个不断增长的领域保持主导地位。

4.7　电子商务相关职位

本章提供了许多不同职业的基础信息。职位名称包括网络开发人员 / 程序员（包括前端开发人员 / 前端工程师，全栈开发人员，以及专注于特定技术的职位，如 JavaScript 开发人员 / 工程师或类似职位）、网络设计师（包括用户界面设计师、用户体验设计师和交互设计师）和网站管理员。其中许多职位虽然标注为"网络"，但也涉及移动 App。在本节中，我们将研究一家公司发布的招聘用户体验设计师的职位信息。

4.7.1　公司概况

该公司是一家以披萨、意大利面和英雄三明治等意大利菜肴而闻名的连锁餐厅。该公司在全球拥有 11 000 多家分店。在过去五年中，该公司的增长主要来自全球扩张。在新冠疫情期间，该公司开发了强大的在线业务，使客户能够在公司网站或通过 App 订餐，并致力于不断改善客户在该网站和 App 上的体验。

4.7.2　职位：用户体验设计师

你将在用户体验部工作，该部门向电子商务总监汇报工作。用户体验部负责在公司的数字和移动生态系统（包括社交媒体）中为客户创造直观、吸引人的在线体验。你将负责开发业务流程、在线路线图和消费者行为分析模型。你将与产品经理、在线开发人员和分析师合作。职责包括：

- 协助组建一支创业型跨学科用户体验团队，该团队鼓励创造，融合数据分析实践，并始终以客户为中心。

- 在全公司推行公司的用户体验方法和最佳实践。
- 创建并指导以客户为中心的客户体验历程图、导航流、原型、线框图和互动。
- 与数据分析师合作，通过测试不断改进用户体验、设计原型，分析客户行为和业务结果。
- 通过与产品、工程和营销团队合作，在整个数字生态系统中开发新产品和服务，通过数字生态系统为用户体验和设计思想领导力做出贡献。

4.7.3　资质 / 技能

- 计算机科学、信息科学、管理信息系统、人文学科学士学位或者同等经验。
- 电子商务、人机交互、网页设计、前端移动网页开发、用户体验设计、统计与数据分析和 / 或营销方面的课程或经验。
- 熟悉用户体验工具，如 Axure、Balsamiq、Sketch 或者 Adobe CC。
- 了解当前的用户体验和设计方法。
- 有能力从设计的角度确定业务问题的解决方案。
- 希望在多任务、快节奏的环境中工作，并作为用户体验团队的一员开展协作。
- 能够以创造性的方式寻找解决方案和信息，并向不同背景的人传达复杂的结果和见解。
- 强烈的好奇心和对卓越用户体验的内在热爱。
- 较强的书面和口头沟通能力。

4.7.4　面试准备

正如资格 / 技能列表中所述，用户体验设计师这一职位需要一些技术方面的技能，你需要通过课程学习或实践经验来掌握这些技能。你应该准备好证明自己具备这些基本的技能。此外，你可能会被问到一些问题，要求你证明自己对通过开发网站、移动网站和移动 App 来建立电子商务网站的过程有广泛的了解。为此，请复习 4.2～4.4 节中的材料，这些材料可以帮助你了解整个工作是如何融合在一起的。还可以回顾 4.6 节，该节特别关注移动网站和移动 App 开发的一些基础知识。你可以利用 4.5 节回顾一些基本的网站设计功能，这些功能既让用户烦恼（表 4.8），也受到用户的欢迎（表 4.9），同时还可以帮助你回忆起各种用于互动、活跃内容和个性化的软件工具。最后，重读"社会洞察"案例，了解无障碍设计的重要性，这可能帮助你脱颖而出。

4.7.5　首次面试可能被问到的问题

1. 就用户体验而言，你最喜欢哪个电子商务网站或移动 App？为什么喜欢？你认为真正有效的电子商务体验的特征是什么？

Apple 公司经常被视为用户体验的典范，Amazon 显然也是如此。为什么会这样呢？"用户友好度"并不是一个足够具体的答案。应将重点放在具体的品质上，如搜索的便捷性（快速找到想要的东西）、从内容到购买、快速支付以及屏幕速度和响应能力的连贯路线图或路径。当然，"设计"也很重要。设计包括图像、颜色、字体和图标的使用。

2. 我们从事食品服务业务，无论消费者何时何地想要食用我们的食品，我们都能将产品交付给他们。你对为客户提供有效体验的愿景是什么？

你可以扩展之前的回答。你的愿景可能是这样的：消费者可以登录公司的网站或 App，准确找到他们想要的东西（从堂食到外卖和送餐），并且可以在可接受的时间和价格内完成，同时还能使用视觉上美观、有效的电子商务。

3. 电子商务如何帮助我们满足客户需求？

你可以提出，购买披萨的传统方式（到店或电话订购）可能会导致顾客的烦恼：在实体店等待时间过长、订购和 / 或送货时间过长、订单丢失。有效的数字化服务可能会缩短订餐时间，提高准确性，并提供更可预测的结果。例如，通过 App 下单的用户可以知晓到店取货的时间，或安排明确的送货时间。你可以向移动用户推荐类似 Uber 的应用程序。

4. 如何为每位消费者提供个性化的电子商务服务？

你可以建议保留以前的购买记录，以确定顾客的偏好。可以询问回头客是否想重新点上一次光顾时点过的菜。数字平台需要能够识别回头客，并向他们推荐他们可能想要的菜品，而不是让他们按照冗长的路线图浏览网站。

5. 你是否有过设计网站或移动 App 的经验？你从那次经历中学到了什么？

如果你有相关经验，请谈谈你遇到的设计问题以及你是如何解决这些问题的。如果你没有经验，请谈谈你在网站或移动 App 方面的经验，特别是那些难以使用、用户体验差、设计质量低劣的产品。

6. 你认为我们应该使用本地移动 App 还是基于浏览器的移动 App？混合 App 如何？

你可以指出，本地 App 的速度更快，设计也特别适合移动设备。不过，这需要单独的设计，从而增加了数字展示的成本。基于浏览器的 App 速度较慢，但可以重复使用公司网站的部分设计和代码。混合 App 具有本地 App 和移动 Web App 的许多功能，可能是最佳选择。

4.8　案例研究：Dick 体育用品——转型带来回报

2020 年 3 月，当新冠疫情首次袭击美国时，全国各地的零售商店都关门了。Dick 体育用品作为一家领先的体育用品和服装零售商，也不例外。但与许多其他零售商不同的是，Dick 在很多年前已经做好了转型的准备。

Dick 体育用品于 1948 年由 Dick Stack 在纽约州宾厄姆顿创立，现已从一家销售钓鱼和露营用品的小型当地企业发展成为一家在美国设有工厂仓库的《财富》500 强企业。与竞争对手不同，Dick 很快就适应了线上渠道。然而起初 Dick 也依赖于外部供应商来满足其 IT 和电子商务需求。近十五年来，一家名为 GSI 的外部供应商（后来是 eBay）负责处理 Dick 的大部分电子商务业务。

然而，截至 2015 年，由于 Dick 不断扩大的规模，其与 eBay 的协议已经成为公司的一大笔支出。许多较大的企业开始将其电子商务业务从外部供应商手中转移回公司内部以节省这项开支。这些企业认为，这一变化将使它们能够更轻松地在电子商务业务领域与竞争对手拉开差距，并按最合适自己的能力水平来调整其软件和服务。同时，还可以更轻松地访问其客户数据。Dick 快速增长的在线销售额给予了它进行转型的动力和预算，2015 年，它计划接管自己的电子商务业务，同时承诺在全公司范围内开展电子商务业务。作为转型的一部分，Dick 开始将大部分软件开发转移到内部，并与 VMware 的 Pivotal Labs 展开合作——该实验室与组织合作以加速软件交付并使现有应用程序更加现代化。

　　为了实施其战略，Dick 开始开发专有的电子商务平台，并致力于将其与现有系统集成。Dick 选择了 IBM WebSphere Commerce Suite（现名为 HCL Commerce）作为其电子商务技术支持，因为它强调全渠道购物和履行能力。该平台设计为在 Microsoft Azure 上运行。该堆栈的核心组件还包括 Apache ServiceMix 面向服务的架构，用于供应链管理的曼哈顿联合公司订单管理系统，用于销售、分配和补货的 JDA Software Group，用于人力资源管理的 Oracle PeopleSoft，IBM 硬件以及思科网络技术。数据库使 Dick 能够从其业务的任何领域访问实时信息。

　　Dick 首先将其两个较小的品牌 Field & Stream 和 Golf Galaxy 转移到该平台上，以确保该计划不出现重大问题。2017 年，该公司推出了新平台，并在接下来的两年里着重完成所有电子商务平台向内部软件的过渡。然而，这个过程并非没有风险：安装一个全新的电子商务平台并不是一件容易的事。它涉及在不丢失信息访问的情况下集成现有系统和新系统，雇用大量新员工来管理系统，并防止实施延迟、成本超支、中断以及其他问题。

　　Dick 优先考虑的电子商务平台的具体功能包括在线购买和在商店提货的能力以及从商店发货或送货到商店的能力。从 Dick 实体店运送在线订单，使商店不仅可以充当传统的零售展示柜，还可以作为微型配送中心。这提高了效率并缩短了交付时间，将其认为的过多实体基础设施的弱点转变为优势。Dick 大约 80% 的电子商务订单是在实体店内发货的。定制其基础设施和网站功能是 Dick 想要收回其电子商务平台运营业务的原因之一。

　　该平台还具有按地区分解和测试不同定价及营销方法的能力以及更好的搜索分析能力。Dick 发现多渠道客户的支出是单渠道客户的三倍。这就是为什么 Dick 如此专注于将全渠道功能集成到平台中。内部引入了所有电子商务基础设施，还使公司能够更好地控制开发周期，并加快测试和实施时间。

　　Dick 还利用移动平台来提高品牌忠诚度并促进全渠道购物。它于 2012 年首次推出适用于 iOS 和 Android 智能手机的移动 App，此后又发布了具有附加功能的新版本。例如，该 App 可以与 Fitbit 和 Apple Health 等流行的健身追踪器集成，鼓励客户追求健康的生活方式，并为持续的体育活动奖励积分。该 App 还与 Dick 的客户忠诚度计划 ScoreCard 相关联，该计划拥有超过 2000 万活跃会员，这些会员合计占 Dick 总销售额的 70% 以上。

　　时间快进到 2020 年 3 月，新冠疫情蔓延美国。虽然一些公司措手不及，但 Dick 在开发其电子商务平台、响应式网站和移动 App 上投入的时间和工作已经为新服务创造了一条简单的道路。Dick 在不到 48 小时内就在其移动 App 上推出了路边非接触式取货功能。它采用了精益方法和以用户为中心的设计，这是它从与 Pivotal Labs 合作的经验中学到的，创造了一款虽然不完美但功能齐全的产品。然后，它采取迭代方法，根据客户反馈和业务需求修改 App。例如，其中的一项挑战是允许客户退货，尽管许多零售商禁止退货，但 Dick 认为确保客户满意度至关重要。两名工程师在几天内将路边退货功能添加到 App 中，然后根据反馈继续改进。

　　但 Dick 并没有满足于现状。它正在继续构建全渠道电子商务能力：它意识到，其所有数字和移动接触点缺乏统一、安全的登录方式，这使得客户的登录过程变得更加困难。2021 年，它选择了 Auth0 身份管理平台来帮助其巩固流程。借鉴之前的经验，Dick 选择首先启动该系统并与 Golf Galaxy 合作，然后在其主要的网站和移动 App 上实施。

　　另一个需要改进的领域是客户个性化。尽管 Dick 已经积累了 1.45 亿客户的数据库，但之前并没有在客户个性化方面投入太多精力。为了推动该领域下一阶段的数字化转型，该公司于 2021 年 11 月选择了 Adobe Experience Cloud，这是一个集成的在线营销和网络分析产品的集合。使用 Adobe Experience Cloud 将使 Dick 能够根据每位客户的电子商务、移动 App、电子邮件和店内活动在其数据库中创建个人资料。这些数据将成为大规模个性化工作的支柱。Adobe 的实时客户数据平台使 Dick 能够在交互发生时跨渠道收集客户洞察。Dick 还投资于人工智能驱动的产品推荐，以提高平均订单规模。

　　Dick 的数字化转型已取得回报。在截至 2022 年 1 月 29 日的财年中，Dick 所报告的净销售额再创新高，达到约为 123 亿美元，比上一年增长超过 28%。电子商务销售额占总净销售额的 21%，而上一年为 16%。Dick 的管理层指出，其在技术、全渠道平台和数据科学方面的投资，以及个性化能力和数字营销方面的显著改进，是其业绩改善的源泉。

讨论问题

1. 为什么 Dick 体育用品决定接管自己的电子商务运营？
2. Dick 体育用品的全渠道战略指的是什么？
3. 当新冠疫情爆发时，Dick 体育用品之前的决定对其有何帮助？

4.9　复习

4.9.1　关键概念

- 了解在发展电子商务业务时必须提出和回答的问题，以及应采取的步骤。
  - 你的愿景是什么？你希望如何实现它？
  - 你的业务和收入模式是什么？
  - 目标受众是谁以及在哪里？
  - 市场有哪些特点？
  - 内容来自哪里？
  - 进行 SWOT 分析。
  - 开发电子商务网站地图。
  - 制定时间表。
  - 制定详细的预算。
- 解释建立电子商务业务应遵循的流程。
  - 构建电子商务网站时必须考虑的因素包括硬件、软件、电信能力、网站和移动平台设计、人力资源和组织能力。
  - 构建电子商务网站的系统开发生命周期（一种了解系统业务目标并设计适当解决方案的方法）涉及五个主要步骤：
    - 确定站点的具体业务目标，然后制定系统功能和信息需求列表。电子商务网站的基本业务和系统功能包括数字目录、产品数据库、客户跟踪、购物车 / 支付系统、博客、客户数据库、广告服务器、网站跟踪和报告系统，以及库存管理系统。
    - 制定系统设计规范（逻辑设计和物理设计）。
    - 由内部人员或将全部或部分责任外包给外部承包商来建设站点。内部构建的优势包括能够根据市场需求快速更改和调整站点，以及能够构建完全满足公司需求的站点。缺点包括更高的成本、更大的失败风险、更耗时的过程以及更长的员工学习曲线，从而延迟了上市时间。使用设计模板可以缩短开发时间，但预设模板也会限制功能。关于外包网站托管还是将其保留在内部，也需要做出类似的决定。

  □　测试系统（单元测试、系统测试、验收测试、A/B 测试和多变量测试）。

  □　实施和维护站点。

■ 替代 Web 开发方法包括原型设计、敏捷开发、DevOps、基于组件的开发以及使用 Web 服务和微服务实现的面向服务架构（SOA）。

● 识别并了解选择 Web 服务器和电子商务商家服务器软件所涉及的主要考虑因素。

  ■ 早期的网站使用单层系统架构，由一台服务器计算机组成，该计算机向通过浏览器发出请求的用户提供静态网页。更复杂的网站的扩展功能需要多层系统架构，该架构利用各种专用 Web 服务器以及到预先存在的后端或遗留企业数据库的链接。

  ■ 所有电子商务网站都需要基本的 Web 服务器软件。Apache 是最常用的，它可与 Linux 和 UNIX 操作系统配合使用。

  ■ Web 服务器软件提供大量服务，包括处理用户对 HTML 和 XML 页面的请求、安全服务、文件传输、搜索服务、数据捕获、电子邮件和站点管理工具。

  ■ 动态页面生成工具允许站点提供动态内容，而不是静态的、不变的信息。Web 应用程序服务器支持广泛的电子商务功能。

  ■ 电子商务商家服务器软件提供了一个集成环境，可提供开发复杂的、以客户为中心的站点所需的大部分或全部功能和能力。选择电子商务软件平台时要考虑的因素包括其功能、对不同商业模式的支持、可视化站点管理工具和报告系统、性能和可扩展性、与现有业务系统的连接、符合标准以及全球和多元文化能力。

● 了解为电子商务网站选择最合适的硬件所涉及的问题。

  ■ 速度、容量和可扩展性是为电子商务网站选择最合适的硬件时最重要的三个考虑因素。

  ■ 为了评估网站需要多快的速度，公司需要评估网站期望看到的并发用户数量、他们的请求的性质、请求的信息类型以及网站可用的带宽。这些问题的答案将为满足客户需求所需的硬件提供指导。在某些情况下，额外的处理能力可以增加容量，从而提高系统速度。

  ■ 可扩展性也是一个重要问题。可以通过垂直扩展、水平扩展或改进处理架构来进行扩展以满足需求。

● 确定可以提高网站性能的其他工具。

  ■ 除了提供快速的网站之外，公司还必须努力实现一个设计良好的网站。应设计有助于鼓励访问者购买的网站。交互性的构建可以提高网站的效率，个性化和定制技术也是如此。

  ■ 用于实现高水平网站交互性和客户个性化的常用软件工具包括：基于 Java 的 Web 应用程序和 Java Servlet，JavaScript，以及基于 JavaScript、ASP.NET、ColdFusion、PHP、Ruby on Rails（RoR/Rails）的工具。

● 了解开发移动网站和构建移动 App 所涉及的重要注意事项。

  ■ 在开发移动 App 时，了解移动网站、本地 App、移动 Web App 和混合 App 之间的区别非常重要。

  ■ 第一步是确定业务目标，因为这有助于确定哪种类型的移动 App 最合适。

  ■ 设计时应考虑移动平台的限制。最近的趋势包括移动优先设计、响应式网页设计和自适应网页设计。

  ■ 开发移动网站可能是最便宜的选择，移动 Web App 需要更多的精力和成本，本机 App 的开发成本可能是最高的。

4.9.2　思考题

1. 发展电子商务需要考虑哪些主要因素？
2. 定义系统开发生命周期，并讨论创建电子商务站点所涉及的各个步骤。
3. 讨论简单逻辑网站设计和简单物理网站设计之间的差异。
4. 为什么系统测试很重要？列出测试的类型以及它们之间的关系。
5. 比较系统开发和系统维护的成本。哪个更贵，为什么？
6. 为什么网站的维护成本如此之高？讨论影响成本的主要因素。
7. 单层和多层站点架构之间的主要区别是什么？
8. 指出 Web 服务器软件应提供的基本功能。
9. 为你的网站选择最佳硬件平台时需要考虑哪些主要因素？
10. 什么是 DevOps？它与敏捷开发有何关系？
11. 比较各种扩展方法。解释为什么可扩展性是网站的关键业务问题。
12. 影响网站设计的八个最重要的因素是什么？它们如何影响网站的运营？
13. 什么是 Java 和 JavaScript？它们在网站设计中扮演什么角色？
14. 说出并描述三种用于单独对待顾客的方法。为什么它们对电子商务很重要？
15. 电子商务企业在推出网站之前必须制定哪些政策？为什么必须制定这些政策？
16. 移动优先设计的优点和缺点是什么？
17. 移动 Web App 和本机 App 有什么区别？
18. 混合 App 以什么方式结合移动 Web App 的功能和本机 App 的功能？
19. 什么是 PHP，它如何用于 Web 开发？
20. 响应式网页设计与自适应网页设计有何不同？

4.9.3　实践项目

1. 访问 Wix、Weebly 或你选择的其他供应商的网站，这些供应商允许你在免费试用期内创建一个简单的电子商务网站。创建一个网站。该网站应至少有四个页面，包括主页、产品页面、购物车和客服页面。额外的复杂性和创造力将获得额外的奖励。来上课时准备好展示你的概念和网站。
2. 访问几个电子商务网站（不包括本章提到的网站），并根据表 4.9 中列出的八个基本标准 / 功能评估其有效性。选择一个你认为在所有方面都表现出色的网站，并创建 PowerPoint 或类似演示文稿（包括屏幕截图）来支持你的选择。
3. 想象一下，你负责开发一家快速增长的初创公司的电子商务业务。考虑是利用现有员工在内部建立公司的电子商务业务还是将整个运营外包。你认为哪种策略最符合公司的最佳利益？创建一个简短的演示文稿来概述你的决定。为什么选择这种方法？与替代方案相比，估计的相关成本是多少？（猜测需要有根据但无须担心其是否准确。）
4. 选择两个电子商务软件包，并准备一个评估表，根据 4.3.4 节讨论的关键因素对软件包进行评分。如果你正在开发本章中描述的类型的网站，你会选择哪个软件包，为什么？
5. 选择一个开源 Web 内容管理系统，例如 WordPress、Joomla、Drupal 或你自己选择的其他系统，并准备一个类似于上一题的评估图表。你会选择哪个系统，为什么？

4.9.4　参考文献

Arora, Arun, Phillip Christiani, Ralf Dreischmeier, Ari Libarikian, and Hayk Yegoryan. "Building an E-commerce Business: Lessons on Moving Fast." Mckinsey.com (April 3, 2020).

Atteo, Linda. "How Does ColdFusion Maintain Its Longevity after 25 Years?" Aptude.com (accessed April 7, 2022).

Citrusbug.com, "10 Popular Django Website Examples." Citrusbug.com (November 5, 2021).

Dang, Anh. "How to Design a System to Scale to Your First 100 Million Users." Levelup.gitconnected.com (December 23, 2021).

Krill, Paul. "TypeScript Usage Growing by Leaps and Bounds—Report." Infoworld.com (February 21, 2022).

Netcraft. "February 2022 Web Server Survey." News.netcraft.com (February 28, 2022).

Oracle. "JDK 18 Release Notes." Oracle.com (accessed April 1, 2022).

Rejman, Michael. "50 Best Ruby on Rail Companies Websites [State for 2022]." Ideamotive.com (January 24, 2022).

The Stack Group. "Understanding the Pros and Cons of Using Mobile-First Design." Thestackgroup.com (April 13, 2021).

Vinney, Cynthia. "Responsive vs. Adaptive Design." Careerfoundry.com (July 26, 2021).

W3Techs. "Usage of Server-Side Programming Languages for Websites." W3techs.com (April 7, 2022).

电子商务安全及支付系统

学习目标

- 了解电子商务犯罪和安全问题涉及的领域、电子商务安全的关键维度以及安全与其他价值之间的矛盾。
- 识别电子商务环境中主要的安全威胁。
- 描述如何通过技术保护互联网通信信道、网络、服务器和客户端。
- 了解管理策略、业务流程和法律对创建网络安全环境的重要性。
- 明确目前主要使用的电子商务支付系统。

开篇案例：SolarWinds——揭示软件供应链攻击的真相

2020 年 12 月，网络安全公司 FireEye 不安地发现，其 "Red Team" 工具包被盗用了，其中包含用于为客户进行渗透测试的复杂的黑客工具。随着调查的深入，他们意识到情况更加糟糕，攻击者利用 SolarWinds 公司的网络和应用程序监控平台的 "后门"，进入了自己公司的网络。

SolarWinds 是一家总部位于美国的上市软件公司，在全球拥有 30 多万客户，其开发的软件用于帮助客户管理企业的网络、系统和 IT 基础设施。美国《财富》500 强中的 425 家公司、排名前十的电信公司、排名前五的美国会计师事务所、美国军方的所有分支机构、诸多美国联邦机构以及全球数百所大学和学院，都在使用 SolarWinds 公司的 Orion 网络和应用监控平台。

收到 FireEye 的警报后，SolarWinds 发现，黑客于 2019 年 10 月通过植入恶意软件，渗透到自家 Orion 平台的 "创建" 服务器（"创建" 服务器是 SolarWinds 公司的开发者用来创建软件升级版本的服务器）。虽然 SolarWinds 无法确认黑客最初是如何进入服务器的，但调查的证据表明，在 2019 年 10 月之前的至少 9 个月里，黑客使用被泄露的凭据访问了他们的软件开发环境和内部系统，并对 SolarWinds 的系统进行了研究和监视。

2020 年 3 月至 6 月的某个时点，被植入的恶意软件使用后门程序（后门程序为黑客提供了进入系统的隐蔽途径，由此得名）替换了 Orion 软件中的一个源文件。当 Orion 的客户在自己的网络上运行下载更新后的 Orion 软件时，后门程序就会扩散，黑客也得以访问这些客户的网络和数据。最终，黑客访问了大约 100 个网络，包括美国司法部、国防部、国务院、国土安全局、财政部、能源部、商务部、国家核安全局、国立卫生研究院、国家航空和航天局，以及遍布北美、欧洲、亚洲和中东的隐秘部门网络。进入 SolarWinds 的黑客组织被称为 APT29（有时也称为 CozyBear、UNC2452 或 Nobelium），隶属于俄罗斯对外情报局的黑客部门。因此，这次攻击被视为国家间的网络大战。2021 年 4 月，白宫对俄罗斯官员和资产实施了一系列制裁，以此回应此次黑客攻击。但俄罗斯否认了这些指控，称其与此事无关。

尽管 SolarWinds 立即发布了两个热修复程序来解决这一漏洞，但距离首次遭遇攻击，已经过了很久。据 FireEye 称，这次攻击是迄今为止同类攻击中最复杂的一次，由于黑客专注于利用现有的信任关系避开检测，因此很难检测到攻击。尽管 SolarWinds 在得知遭受攻击后立即采取了修补措施，但安全专家认为，由于黑客可能在公司不知情的情况下转移并存在于公司网络的其他区域，因此，有些系统仍然容易受到攻击。

SolarWinds 黑客攻击凸显了一种相对较新的威胁，即软件供应链攻击。大多数人熟悉实物商品的供应链，但很少有人意识到这个概念也适用于软件开发。软件供应链涉及软件产品的设计、开发、生产、分销、采购、应用和维护等多个不同方面。当黑客在开发和生产阶段渗透到软件供应链中，并在客户获取和应用软件之前对软件进行破坏时，就会发生软件供应链攻击。这种攻击很阴险，因为恶意代码是通过可信机制（如更新或补丁过程）嵌入受信任的软件中的。此外，一旦攻陷了软件供应商，黑客就能够以此为跳板，攻击众多使用该软件的客户网络。

除了破坏"升级"服务器，软件供应链攻击也使用其他技术。有些攻击旨在破坏编写初始软件程序的工具。例如，某黑客破坏了 Microsoft Visual Studio 编译器的一个版本，将恶意软件隐藏在视频游戏中。还有黑客瞄准了开源代码，寄希望于毫无戒心的开发人员将恶意代码块错误地添加到自己的项目中。2018 年，研究人员发现了 12 个名称拼写错误的 Django Python 恶意代码库，这些代码库的代码和功能与他们正在使用的测试库的代码和功能相同，但是包含了额外的恶意功能。

还有一种技术涉及破坏代码签名过程，该程序用于验证软件开发人员的身份和代码的完整性。用户和安全工具通常会信任已签名的代码。然而，黑客已经能够窃取代码签名的密钥和证书，并侵入签名系统，创建冒充可信供应商代码签名的证书。

虽然 SolarWinds 攻击不是第一起软件供应链攻击，但它可能是提高人们对此类攻击的警惕性的转折点。为防止未来的攻击，政府和组织越来越专注于可以采取的防范措施。例如，在 SolarWinds 袭击之前，很少有组织将此类袭击发生的概率纳入风险评估程序。2021 年 5 月，拜登政府发布了一项行政命令，涉及政府网络安全的多个方面，其中有一项专门涉及软件供应链，并为那些打算向联邦政府销售软件的公司制定了新的安全标准。2021 年 8 月，Google 宣布将在五年内投资 100 亿美元用于安全防范措施，并将软件供应链列为高优先级。

一些安全专家指出，在防御软件供应链攻击方面，组织工作与技术工作同等重要。从软件开发的角度来看，广泛使用重视速度和灵活性的软件开发框架会增加软件供应链的风险。那些谨慎采取安全措施，以避免减慢开发速度的组织可能需要重新审视他们的流程。专家表示，软件开发人员需要更多地考虑如何保护软件代码的完整性，以及如何最大限度地降低客户面临的风险。网络安全和基础设施安全局（CISA）建议软件开发人员在整个开发过程都采取安全措施，以识别和披露漏洞。具体措施包括制订产品漏洞应对计划、参与 CVE（通用漏洞和暴露）数据库、提交产品供第三方评估，以及使用主动漏洞缓解技术等。

采购和使用软件的组织也必须采取措施保护自己。在采购软件之前，组织应评估软件供应商，并要求他们遵守规定的标准，这些做法与制造公司通过控制和限制供应链来确保可靠性相类似。CISA 建议各组织采取一些具体措施，包括：制订正式的网络安全供应链风险管理计划，让整个组织的高管和经理参与其中；为所有软件供应商制订一套安全要求或控制措施；使用供应商认证来确保供应商遵守最佳实践。

尽管软件供应链攻击备受关注，防范工作也更加集中，但这种攻击仍有可能继续发生。

安全公司 Crowdstrike 在 2021 年对全球 2200 多名 IT 高管进行了一项调查，其调查结果凸显了潜在的危险。在接受调查的组织中，45% 的组织在去年至少遭遇过一次软件供应链攻击，而在首次遭遇此类攻击的组织中，近 60% 的组织没有制定应对策略。近 85% 的组织认为，软件供应链攻击将是其在未来三年内面临的最大网络威胁之一。

正如开篇案例展现的那样，网络系统越来越容易受到大规模攻击。这些攻击很多都是由全球范围内活动的、有组织的犯罪团伙领导的——这是全球化的意外产物。更令人担忧的是，针对由各国资助、组织和领导的关键基础设施和公司的大规模攻击越来越多。事实证明，对商业和政府组织来说，预测和反击这些攻击是一项艰巨的任务。

在本章中，我们将探讨电子商务的安全和支付问题。首先，识别主要的安全风险，并介绍目前应对这些风险的各种解决方案。之后，研究主要的支付方式，并考虑如何实现安全的支付环境。表 5.1 重点介绍了 2022～2023 年电子商务安全的一些主要趋势。

表 5.1   2022～2023 年电子商务安全的新动向

- 新冠疫情使得一系列安全问题加剧，从员工远程访问的安全性，到各类网络钓鱼事件的增加，再到电子商务网站对由流量增加引发的安全隐患的处理能力。
- 大规模数据泄露事件不断地向黑客和其他网络犯罪分子暴露个人数据，与加密货币有关的黑客攻击事件激增。
- 智能手机及其他移动设备成为网络犯罪分子更为常见的攻击目标，随着它们在移动支付中的使用的增加，移动恶意软件带来了切实的威胁。
- 恶意软件和勒索软件攻击增多。
- 分布式拒绝服务（DDoS）攻击现在已能够减慢整个国家的互联网服务速度。
- 俄乌冲突急速加剧了两国之间的网络战，其他一些国家也在参与网络战和网络间谍活动。
- 黑客和网络犯罪分子继续专注于社交网络，通过社交工程和黑客攻击利用潜在受害者。
- 出于政治动机的黑客组织继续有针对性地进行攻击，某些情况下，他们会联合那些出于经济动机的网络犯罪分子，利用高级持续性威胁攻击金融系统。
- 软件漏洞（如 Apache 开源软件的 Log4j 漏洞）和其他零日漏洞继续构成安全威胁。
- 软件供应链攻击（如 SolarWinds 攻击）的频率越来越高。在这种攻击中，黑客以开发环境为目标，感染软件，然后由最终用户下载。

5.1   电子商务安全环境

对于大多数遵纪守法的公民来说，互联网带来了巨大而便捷的全球市场，使他们能够轻松地与世界各地的人、商品、服务和企业接触。对于犯罪分子来说，互联网创造了全新的、利润丰厚的、可以从全球互联网用户窃取信息的途径（2022 年全球有超过 45 亿用户），从产品、服务到金钱、信息，互联网上应有尽有。

互联网使远程和近乎匿名的抢劫成为可能，与当面抢劫相比，网上盗窃的风险更低。网络的匿名性为许多罪犯披上了看似合法的外衣，他们能够在网上虚假下单，或冒充他人/组织窃取信息。互联网的设计初衷并不是拥有数十亿用户的全球市场，它缺乏电话系统或广播电视网络等老式网络的基本安全功能。相比之下，互联网的设计是开放的，更易遭受攻击。

网络犯罪分子的行为让企业和消费者都付出了高昂的代价，他们不得不采取额外的安全措施或承受高价。恶意网络活动的成本不仅包括实际犯罪的成本，还包括确保网络安全和从网络攻击中恢复所需的额外成本、对受影响公司的潜在声誉损害、公众对在线活动信任度的降低、潜在敏感商业信息（包括知识产权和机密商业信息）的丢失，以及因服务中断而丧失机会的成本。

5.1.1　安全问题涉及的领域

无论对企业还是对消费者而言，网络犯罪都是一个重大问题。尽管网络犯罪日渐受到关注，却很难准确估计此类犯罪的实际数量。其中一个原因在于许多公司因担心失去客户信任而迟迟不肯报案，而且即使报了案，也很难量化实际损失的金额。根据战略与国际研究中心（CSIS）/McAfee 的一份报告，2020 年全球网络犯罪成本超过 1 万亿美元。其他研究机构认为成本甚至更高，如 Cybersecurity Ventures 估计，2021 年全球网络犯罪成本超过 6 万亿美元，到 2025 年成本将增长到近 11 万亿美元（CSIS/McAfee，2020；Cybersecurity Ventures，2021）。

深入研究这一问题的方法之一是研究特定类型网络犯罪的成本。数据泄露是最常见的网络犯罪类型之一。根据 IBM Security/Ponemon 研究所的《2021 年数据泄露成本报告》，全球接受调查的 537 家公司中，数据泄露的总平均成本为 420 万美元，较前一年增加 10%。美国是平均总成本最高的国家，为 900 万美元。医疗保健和金融服务业的平均总成本最高，分别为 920 万美元和 570 万美元。业务损失几乎占了近 40% 的成本（IBM Security，2021）。

地下经济市场：被盗信息的价值

在网上窃取信息的犯罪分子其实自己不太使用这些信息，他们通过所谓的地下或影子经济市场（有时也被称为暗网或黑网）出售信息来获取价值。对网络犯罪分子来说，数据就是货币，具有可以货币化的"街头价值"。全球有数千个已知的地下经济市场在出售被盗信息以及恶意软件，如漏洞利用工具包、僵尸网络访问权限等。各类被盗数据的价格通常因购买数量、供应量和"新鲜度"而异。例如，带有持卡人姓名、有效期、邮政编码和 CVV（印在卡背面的三位数）的美国信用卡号最近的平均价格约为 17 美元。银行账户或在线账户（如 PayPal）的登录凭证（取决于价值和验证）约占账户余额的 10%。捆绑了如社会保障号、姓名、出生日期、地址和电话号码等个人信息的记录（称为 fullz），每条成本约为 8 美元（Bischoff，2021）。专家认为，随着窃取工具的增多，被盗信息的成本普遍下降。在需求方面，新技术提供的效率和机会同样增加了想要使用被盗信息的人数。

对于普通用户（和执法机构）来说，想要找到这些地下市场及其托管服务器可能很困难。如果要参与市场，通常要经过其他犯罪分子的审查，才能获准进入。这种审查过程通过 Tor（用以实现匿名通信）、VPN 和其他加密信息服务进行，有时还涉及信息和金钱交换（通常是比特币，它是一种数字现金，我们将在 5.5 节中进一步讨论）。市场上的网络犯罪分子一般都有等级之分，最底层的是经常光顾"卡客论坛"（出售被盗信用卡和借记卡数据的地方）的低级非技术犯罪分子，中间层是充当中介的转售者，最上层则是创建恶意代码的技术高手。

那么，关于网络犯罪的总体规模，我们能得出什么结论呢？网络犯罪是动态的，并且一直在变化，几乎每天都会出现新的风险。企业遭受的损失巨大，而且损失仍在持续增加。电子商务公司的管理者必须掌握最新的安全技术，为防范不断变化的各种网络犯罪攻击做好准备。

5.1.2　什么是良好的电子商务安全

任何时候进入市场，都要承担一定的风险。消费者的主要风险在于可能得到的不是自己付款想买的商品。商家则可能收不到已售商品的货款。盗贼要么"零元购",要么用假票据、假币或盗用的信用卡付款。

虽然身处网络环境,但电子商务商家和消费者面临的许多风险都与传统商务参与者相同。网络盗窃与传统盗窃的本质都是盗窃。入室盗窃、破门而入、挪用公款、非法侵入、恶意破坏、故意毁坏——所有这些传统商业环境中的犯罪,在电子商务中也同样存在。然而,降低电子商务风险是一个复杂的过程,涉及新技术、组织政策和程序,以及赋予执法人员调查和起诉犯罪者的权力的新法律和行业标准。图 5.1 展示了电子商务安全的多层次性。

图 5.1 电子商务安全环境

为了实现最高的电子商务安全等级,可以而且应该广泛利用相关技术。但是技术本身并不能解决问题,需要组织策略和程序来确保这些技术不被破坏。最后,还需要行业标准和政府法律来强化支付机制,并调查和起诉那些违反了旨在保护商业交易中的财产转移过程的法律的人。

商业交易安全的历史经验告诉我们,只要有足够的资源可用,任何安全系统都可能被攻破。安全也不是绝对的,并不是每个项目都需要永久的绝对安全性,信息时代尤其如此。与金钱有时间价值一样,信息也有时效性。有时候,只需要在几小时或几天内保护消息。此外,由于安全成本高昂,我们需要权衡成本和潜在损失的大小。最后,我们还要知道,安全是一根环环相扣的链条,容易在最薄弱的环节断裂。为保护安全而上的锁往往要比对解锁钥匙的管理更重要。

良好的电子商务安全需要一系列法律、程序、政策和技术规范来保障,在可行的范围内,保护个人和组织免受电子商务市场中意外行为的影响。

5.1.3 电子商务安全的维度

电子商务安全有六个关键维度:完整性、不可抵赖性、真实性、保密性、隐私性和可用性。

完整性是指确保网站上显示的信息或互联网传输/接收的信息,没有被未经授权的一方以任何方式篡改的能力。例如,如果未经授权的人拦截并更改了网络通信的内容,如银行电汇转账内容,那么通信就不再代表原始发件人的初衷,意味着信息的完整性受到了破坏。

不可抵赖性是指确保电子商务参与者不否认（抵赖）其网上行为的能力。例如，人们可以使用免费的化名电子邮件账户轻易地发表评论或发送邮件，并在事后否认自己的行为。即便客户使用真实姓名和电子邮件地址，他在网上订购商品后，也很容易对订购行为予以否认。大多数情况下，由于商家没有客户签名的实物副本，信用卡发卡行就会站在客户一边，因为商家没有合法有效的证据证明客户订购了商品。

真实性是指能够确认与你在互联网上交易的个人或实体的身份的能力。客户如何才能知道网站运营商的真实身份？商家如何才能确信顾客真的是他们自称的那个人？如何确认声称自己不是某人的人是在"欺骗"或在做虚假陈述？

保密性是指确保只有获得授权的人才能查看信息和数据的能力。保密性有时与**隐私性**相混淆，后者指的是客户对电子商务商家使用其个人信息的控制能力。

电子商务商家涉及两个与隐私有关的问题。他们必须制定内部政策来管理自己对客户信息的使用，同时还必须保护用户信息不被非法或未经授权使用。例如，如果黑客侵入电子商务网站并获取信用卡或其他信息，这不仅侵犯了数据的保密性，也侵犯了提供信息的用户的个人隐私。

可用性是指确保电子商务网站或 App 继续按预期运行的能力。

表 5.2 从客户和商家的角度总结了这些维度。电子商务的安全宗旨在于保护这六个维度，它们中的任何一个方面受到损害，整体安全性就会受到影响。

表 5.2　客户和商家对电子商务安全不同维度的看法

维度	客户观点	商家观点
完整性	我发送或接收的信息是否被篡改？	数据是否在未经授权的情况下被篡改？从客户那里收到的数据是否有效？
不可抵赖性	与我交易的各方以后能否抵赖曾经采取过行动？	客户能否抵赖订购过产品？
真实性	我在与谁打交道？我如何确保这个人或实体就是他们声称的那个人？	客户的真实身份是什么？
保密性	除既定收件人外，其他人能否阅读我的信息？	除了有权查看信息或机密数据的人外，其他人是否可以查看这些信息或机密数据？
隐私性	我能否控制电子商务商家使用我发送的个人信息？	作为电子商务交易的组成部分，收集的个人数据有什么用途（如果有的话）？使用客户的个人信息是否得到授权？
可用性	我可以访问该网站或 App 吗？	网站或 App 是否可以运行？

5.1.4　电子商务安全性与其他价值之间的矛盾

是否存在过度的安全保障措施呢？答案是肯定的。安全并非一件绝对的好事，这可能与一些人的认知不同。计算机安全增加了业务运营的开销和费用，而且往往会导致购买过程复杂化。

安全性和易用性之间不可避免地存在矛盾。当传统商人因害怕劫匪而把商店锁在安全门后做生意时，顾客可能就会犹豫是否要进入商店。电子商务也是如此。一般来说，电子商务网站的安全措施越多，使用起来就越费劲，网站的速度也就越慢。学完本章，你会发现，网络安全是以减慢进程并显著增加存储设备上的数据存储需求为代价的。为了确保安全性，需要在技术和业务方面投入资金，而这会影响企业开展业务。过度的安全性可能会损害盈利能力，而安全性不足则有可能导致企业倒闭。要解决这个问题，可以采用适应性安全方法，例如，基于风险预测和与组织的互动性对用户进行细分。另一种解决方案是根据用户的偏好调整安全设置。

过去几年里，发生了数起备受瞩目的数据泄露事件，消费者因此对安全性增强带来的不佳体验的容忍度有所提升。最近的一项调查发现，安全性是用户最关心的问题。大多数用户表示，网络安全甚至比网络隐私更重要。与此同时，他们也看重便捷性，希望能够获得轻松快捷的购物体验（Lourenco，2020）。

5.2 电子商务环境中的安全威胁

从技术角度看，电子商务存在三个关键的薄弱点：客户端、服务器和通信信道。图 5.2 说明了交易中这三个薄弱环节可能出现的一些问题。

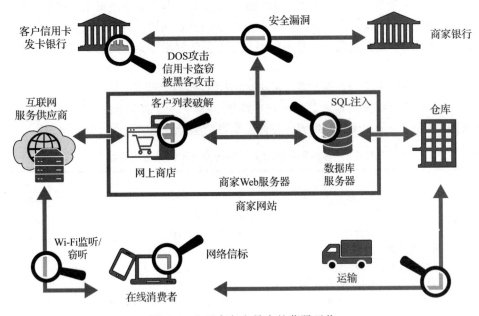

图 5.2　电子商务交易中的薄弱环节

在本节中，我们将介绍一些电子商务消费者和网站运营商最常遇到也最具危害的安全威胁，包括：恶意代码、隐匿垃圾程序、网络钓鱼、黑客攻击和网络破坏、数据泄露、信用卡欺诈/盗窃、电子欺骗、网域嫁接和垃圾网站（链接农场）、身份欺诈、拒绝服务（DoS）和分布式拒绝服务（DDoS）、网络嗅探、内部攻击、设计不当的服务器和客户端软件，以及与社交网络、移动平台、云计算、物联网（IoT）和元宇宙有关的安全问题。

5.2.1 恶意代码

恶意代码（有时称作**恶意软件**）包括病毒、蠕虫、勒索软件、特洛伊木马和僵尸程序（自动运行型木马）等各种威胁。有些恶意代码（有时称作漏洞利用程序）旨在利用计算机操作系统、网络浏览器、App 或其他软件组件中的软件漏洞。恶意代码以前多由业余黑客创建，通常只以破坏计算机为目的，但现在，越来越多的恶意代码由黑客组织（或国家支持的团体）创建，其目的在于窃取电子邮件地址、登录凭据、个人数据和财务信息。二者体现了轻微犯罪和有组织犯罪的区别。

漏洞利用工具包是捆绑在一起并作为商业产品出租或出售的漏洞利用集合，这种工具包的用户界面流畅，具有深度分析功能。使用漏洞工具包并不需要太多技术技能，新手也能够成为网络罪犯。恶意代码的发生率正在显著上升。例如，Malwarebytes 的报告指出，其检测到的恶意软件攻击数量，2021 年比 2020 年增加了 77%（Malwarebytes Labs，2022a）。

恶意软件通常以电子邮件恶意附件的形式传播，或者以链接形式嵌入电子邮件中。恶意链接也可以置入看似无害的 Microsoft Word 或 Excel 文档中。这些链接直接指向下载或包含恶意代码的网站。**偷渡式下载**是指用户下载文件（有意或无意）时附带的恶意软件。偷渡式下载是目前最常见的计算机感染方法之一。嵌入 PDF 文件的恶意代码也很常见。

恶意代码传播的另一种形式是将其嵌入在线广告链（称为**恶意广告**）中，包括 Google 及其他广告网站。随着广告网络链越来越复杂，网站越来越难审查投放到网站及 App 上的广告，不能保证它们不含恶意软件。用户可以安装广告拦截器来对付恶意广告。Google 也采取了阻止恶意广告的措施，并在 2021 年拦截了 34 亿个"不良广告"，在 Google 看来，这些广告违反了公司政策（Spencer，2022；Malwarebytes，2022b）。过去几年里，大部分恶意广告都以偷渡式下载的形式出现，由于在线广告经常使用 Adobe Flash，它们就利用了困扰 Adobe Flash 的零日漏洞。因此，互联网广告局敦促广告商放弃 Adobe Flash，转而使用 HTML5。Mozilla Firefox、Safari 和 Chrome 浏览器现在都已禁止自动播放 Flash 广告。Amazon 不再接受 Flash 广告，Adobe 也不再发行或更新 Flash 播放器。

病毒是一种计算机程序，它可以复制自身并传播到其他文件中。除了复制能力外，大多数计算机病毒传播"有效载荷"（payload）。有效载荷可能相对无害，比如显示一条信息或图像，也可能极具破坏性——破坏文件、重新格式化计算机硬盘或导致程序运行不正常。

病毒通常与蠕虫结合在一起。**蠕虫**病毒不在文件之间，而是在计算机之间传播，而且不需要用户或程序激活就能自我复制。Slammer 是臭名昭著的蠕虫病毒之一。Slammer 利用 Microsoft SQL Server 数据库软件中的一个已知漏洞，在互联网上发布后，10 分钟内就感染了全球 90% 以上的易受攻击计算机。据报道，Conficker 蠕虫（又称 Downadup）是有史以来持续性最强的蠕虫之一，感染了全球 1100 万台电脑。Conficker 蠕虫最初是为了建立一个全球性僵尸网络而设计的，后来互联网业界齐心协力将其破解。但它目前仍然具有威胁性，尤其是对旧版 Windows 或其他传统操作系统而言（Bowden，2019）。

勒索软件是一种恶意软件（通常是蠕虫病毒），通过加密文件阻止或限制对计算机或网络的访问，然后要求受害者支付赎金（通常是比特币等加密货币）以换取解密密钥。如果受害者在规定时间内未完成支付，文件将永远无法解密。多数人在 2013 年第一次见识到勒索软件，当时 Cryptolocker 软件感染了 25 万多个系统。从那以后，勒索软件就从针对个人发展成针对整个组织的重大威胁。勒索软件的增长也与比特币的增长有关。WannaCry 病毒是迄今为止传播最广泛的勒索软件，它于 2017 年爆发，感染了 150 多个国家的 23 万多台电脑，包括英国国家卫生服务局、西班牙电信（西班牙电信系统）、联邦快递和德国铁路（德国主要铁路系统）的电脑。WannaCry 利用旧版 Windows 操作系统中名为 EternalBlue 的软件漏洞进行自我复制和传播。还有一些勒索软件攻击，包括 2021 年发生的两起备受瞩目的攻击，一起是针对美国燃料管道巨头之一的 Colonial Pipeline 的攻击，另外一起是针对美国肉类供应商巨头之一的 JBS 的攻击。

社会洞察：无处不在的勒索软件

2013 年，一种"新型"恶意软件开始引起公众关注。Cryptolocker 是第一个备受瞩目的勒索软件：这种恶意软件通过加密文件来阻止或限制访问计算机或网络，然后要求支付赎金（通常是比特币等加密货币）以换取解密密钥。从那以后，勒索软件就成为严重威胁。例如，NotPetya 勒索软件攻击估计给全球企业造成了 100 亿美元的损失。尽管普通公众对勒索软件可能只有模糊的认识，但在 2021 年，两次攻击（第一次是针对 Colonial Pipeline 公司，第二次是针对肉类包装巨头 JBS 公司）改变了这一切，将勒索软件带来的危险推到了风口浪尖。

Colonial Pipeline 公司运营着从得克萨斯州到新泽西州长达 5500 英里（约 8851 千米）的管道系统，为美国东海岸运输近一半的燃料。2021 年 5 月 6 日，黑客对 Colonial Pipeline 发起攻击，窃取了 100GB 的数据（黑客威胁要在网上泄露这些数据），然后用勒索软件锁定其计算机并要求支付赎金。Colonial Pipeline 采取了应对措施，主动关闭了部分计算机系统以遏制威胁，结果所有的管道业务都被迫关闭。关闭造成的影响立竿见影，引发了一系列危机。人们在加油机前排起了长队，进行恐慌性购买，加油站汽油随之告罄，汽油价格飙升，航空燃油也发生短缺，白宫为此召开了紧急会议。5 月 7 日，为了避免危机，Colonial Pipeline 公司同意向黑客支付 75 个比特币的赎金，当时价值近 500 万美元，这才得以重启各个系统。5 月 12 日，Colonial Pipeline 公司重新启动了管道业务，但此后数天，交付供应链才恢复正常。

JBS 是世界上最大的牛肉、猪肉和家禽加工公司，业务遍布全球。美国约 25% 的牛肉和 20% 的猪肉由 JBS 加工，其子公司 Pilgrim's Pride 是美国第二大家禽加工商。2021 年 5 月 30 日，黑客用勒索软件攻击了 JBS。JBS 的 IT 团队立即开始关闭各个系统，以减缓攻击的推进，同时停止了其在美国、澳大利亚和加拿大的大部分工厂的运营。这次攻击迫使采购批发商寻找替代品，在食品供应链饱受新冠疫情影响之际，给肉类和家禽供应带来了压力。尽管 JBS 对其所有数据进行了二次备份，并使用这些备份系统恢复了运营，但它还是决定支付 1100 万美元的赎金，以避免进一步的潜在风险。

随后的调查显示，袭击 Colonial Pipeline 的是 DarkSide 黑客组织的成员（该组织与臭名昭著的俄罗斯 REvil/Sodinokibi 勒索软件团伙有关联），他们使用破解密码进入了 Colonial Pipeline 的网络。该账户不需要多因素身份验证，更容易进入。此外，由于新冠疫情，Colonial Pipeline 公司推迟了负责监督管道安全的 TSA 对其设施的联邦安全审查——上一次的审查时间是 2018 年，不过一次审查是否有助于避免这次攻击，我们不得而知。研究人员认为，2021 年 3 月，JBS 遭受的勒索软件攻击同样始于泄露的密码。黑客随后开始从 JBS 网络中提取数据，历时三个月，最终于 5 月底发起攻击。据美国政府称，REvil/Sodinokibi 组织也对此次攻击负责。美国国会的一项调查从这次袭击中吸取了两个重要教训。首先，安全方面的小疏忽导致了大漏洞。其次，两家公司与联邦政府缺乏明确的初始联系点，每家公司通知了不同的联邦机构，导致反应延迟。

Colonial Pipeline 和 JBS 的攻击事件凸显了勒索软件对关键基础设施构成的威胁，美国政府高级官员将其视为紧迫的国家安全威胁。在能源和食品供应行业，两家公司通过并购成为行业巨头，也因此变成了全行业的单一故障点，成为黑客的首要攻击目标。从历史上看，这些行业并没有意识到自己会成为攻击目标，也没有像金融服务等行业那样，受到严格的网络安全法规要求的约束。此外，地方和地区政府、医院、学校系统和托管服务供应商（MSP）也受到越来越多的勒索软件的攻击。这些组织的先进安全保障措施都没有落实到位。

迄今为止，公司和政府在打击勒索软件方面取得的进展有限，但也取得了一些成绩。2021 年 6 月，联邦调查局从一个虚拟钱包里找回了 Colonial Pipeline 支付的约一半赎金。2021 年 11 月，美国司法部起诉了一名俄罗斯公民，指控其为 REvil/

Sodinokibi 成员，并扣押了与他有关的价值 610 万美元的数字货币。2022 年 1 月，俄罗斯政府逮捕了 14 名 REvil/Sodinokibi 勒索软件集团的成员，并扣押了该组织成员的现金、加密货币钱包以及购买的高档汽车。但是新的勒索软件组织和威胁似乎仍在不断涌现，这些努力是否会产生长期影响不得而知。专家建议，有效防范勒索软件需要所有国家（即使是那些在政治上可能存在分歧的国家）之间的持续国际合作，共同对加密货币进行更先进的监督，同时企业应采取更完善的安全措施。

特洛伊木马是一种看似无害，却会做出一些意想不到的事情的软件。特洛伊木马本身不是病毒，它虽然不能复制，但通常是病毒或其他恶意代码（如僵尸或 rootkit，一种旨在颠覆计算机操作系统控制的程序）进入计算机系统的一种途径。特洛伊木马一词源于荷马史诗《伊利亚特》，指特洛伊战争中希腊人用来欺骗特洛伊人打开其城门的巨大木马，木马中藏着数百名希腊士兵。当前，特洛伊木马下载器（特洛伊木马通过从远程计算机下载恶意文件或从自身代码中复制恶意文件，将其安装到受感染的计算机中）是特洛伊木马病毒的主要传播途径。木马通常应用于通过僵尸网络传播的金融恶意软件。早期的一个案例是 Zeus，自 2007 年首次为人所知以来，它通过键盘的按键记录窃取信息，已感染了 1000 多万台电脑。此外还有 Emotet 和 Trickbot 两个木马家族，它们都是从银行木马演变成僵尸网络的。据报道，Trickbot 已经退出历史舞台，但 Emotet 仍旧是威胁。2021 年，Malwarebytes 实验室检测到的恶意软件中，木马占比达到 20%（Malwarebytes Labs，2022a；Arntz，2022；Hoffman，2022a）。

后门是一种恶意软件功能，允许攻击者秘密访问被入侵的计算机或网络。Conficker/Downadup 就是带有后门的蠕虫病毒的一个例子。

僵尸是一种恶意代码，可以在接入网络时被隐蔽地安装到计算机上。安装后，僵尸程序会响应攻击者发送的外部命令：用户的计算机会变成"僵尸"，并受外部第三方（"僵尸程序操控者"）的控制。**僵尸网络**是被操控计算机的集合，用于发送垃圾邮件、参与分布式拒绝服务攻击或密码填充（恶意登录尝试），以及从计算机中窃取信息并存储流量以供日后分析等恶意活动。全球运行的僵尸网络数量尚不清楚，但估计有几千个，可能控制着数百万台计算机。僵尸和僵尸网络威胁很大，可以利用多种不同技术发动大规模攻击。多年来，世界各国政府和 Microsoft 等行业先锋联手打击僵尸网络，取得了巨大成功。例如，2021 年，国际各方协调努力，摧毁了多个 Emotet 僵尸网络。尽管仍然具有威胁性，但由于这些努力，僵尸网络的数量明显下降，尤其是在美国。

尽管恶意代码对客户端和服务器都具有威胁，但与客户端相比，服务器的反恶意软件保护措施更全面。针对服务器的恶意代码会导致整个网站瘫痪，从而阻止数百万人使用该网站。不过，这种事件相对较少，更频繁的恶意代码攻击发生在客户端，而且破坏会迅速蔓延到数百万台连网的计算机上。表 5.3 列出了一些典型的恶意代码示例。

表 5.3   恶意代码的典型示例

名称	类型	相关描述
Emotet	木马 / 僵尸网络	被欧洲刑警组织称为全球最危险的恶意软件。最初通过偷偷截获人们键盘输入的信息来窃取银行登录凭证。后来的版本增加了恶意软件传递服务，包括传输其他木马和勒索软件，并通过僵尸网络传播。2021 年 1 月，国际各方协调努力，摧毁了多个 Emotet 僵尸网络。但同年 11 月，Emotet 再次浮出水面，说明彻底根除僵尸网络非常困难
WannaCry	勒索软件 / 蠕虫	利用 Windows 操作系统旧版本的漏洞，对数据进行加密，并要求支付赎金才能予以解密
Cryptolocker	勒索软件 / 木马	劫持用户的照片、视频和文档等数据，使用几乎无法破解的非对称加密技术进行加密，并要求用户支付赎金
Zeus	木马 / 僵尸网络	有时被称为金融恶意软件之王。可通过偷渡式下载安装，通过控制网页浏览器逃避检测并窃取与银行服务器交换的数据
Conficker	蠕虫	首次出现在 2008 年，对于使用旧版、未打补丁的 Windows 操作系统的用户来说仍具威胁。使用先进的恶意代码技术，在全球控制着近 1000 万台电脑
Slammer	蠕虫	出现于 2003 年，造成了大量的问题
Melissa	宏病毒 / 蠕虫	1999 年首次被发现。当时被视为有史以来传播速度最快的传染性程序。它攻击了 Microsoft Word 的 Normal.dot 全球模板，因而感染了所有新创建的 Word 文档。它还把受病毒感染的 Word 文件发送给每个 Microsoft Outlook 用户地址簿中的前 50 个人

5.2.2   隐匿垃圾程序

除恶意代码外，电子商务安全环境还受到**隐匿垃圾程序**（PUP）的威胁。隐匿垃圾程序有时也称为隐匿垃圾应用程序（PUA），如广告软件、浏览器寄生虫、间谍软件以及其他应用程序（包括流氓安全软件、工具栏和电脑诊断工具），它们会在未经用户许可的情况下自行安装到电脑上。这类程序越来越多地出现在社交网络和由用户生成内容的网站上，用户容易因上当受骗而下载这些程序。PCProtect 是一种隐匿垃圾程序，它会感染运行 Windows 操作系统的电脑。PCProtect 冒充合法的反恶意软件程序，实际上却是恶意软件。

广告软件通常在用户访问某些网站时调用弹出广告。越来越多的网络犯罪分子把广告软件当作工具。根据 Malwarebytes 实验室的数据，2021 年检测到的恶意软件中，广告软件占 13%（Malwarebytes，2022b）。**浏览器寄生程序**（有时也称为浏览器设置劫持程序）是一种可以监控和更改用户浏览器设置的程序，例如，更改浏览器主页或将用户访问网站的信息发送到远程计算机。浏览器寄生程序通常是广告软件的组成部分。**Cryptojacking** 安装的浏览器寄生程序会在用户不知情或未经用户同意的情况下占用计算机的处理能力来挖掘加密货币。根据 Malwarebytes 的报告，2021 年，随着加密货币价值的飙升，挖矿恶意软件的检测量增加了 300%（Malwarebytes，2022a）。

间谍软件可用于获取用户键盘输入、电子邮件和即时信息副本等信息，甚至可以截屏（从而获取密码或其他机密数据）。

5.2.3   网络钓鱼

社交工程利用人类的好奇心、贪婪、轻信和恐惧，诱使人们采取行动，从而使黑客能够访问计算机系统或诱使使用者下载恶意软件。例如，电子商务平台 Robinhood 称，2021 年的一起社交工程攻击导致 600 万平台客户的数据泄露。攻击者说服 Robinhood 的技术支持人员安装了远程访问软件，黑客得以访问 Robinhood 的客户服务系统（Ikeda，2021）。

网络钓鱼是指第三方试图通过网络骗取机密信息以谋取经济利益的行为。网络钓鱼攻击通常不涉及恶意代码，而是依赖社交工程技术。最常见的网络钓鱼攻击之一是电子邮件诈骗，俗称"尼日利亚邮件"骗局。根据 Palo Alto Networks 威胁研究小组的研究，尼日利亚电子邮件攻击，尤其是来自名为 SilverTerrier 的尼日利亚网络犯罪组织的攻击，已经变得更加复杂，危险更大（Renals，2021）。

BEC（商业电子邮件泄露）网络钓鱼是尼日利亚邮件诈骗的一种变体。在 BEC 钓鱼中，攻击者冒充公司的高级员工，要求另一名员工将资金转移到欺诈性账户。还有一种特殊类型的 BEC 钓鱼也很流行，欺诈者冒充公司高层管理人员，向工资发放或人力资源部门的工作人员索要员工信息。2022 年，美国联邦调查局的网络犯罪投诉中心估计，在 2016 年至 2021 年期间，BEC 钓鱼造成的全球损失超过了 430 亿美元（Pernet，2022a）。

其他的网络钓鱼诈骗还包括黑客发送电子邮件，声称来自 Amazon、eBay、PayPal 或富国银行等受信任的组织，并要求用户进行账户验证（称为鱼叉式网络钓鱼，针对特定企业的已知客户）。用户一旦点击电子邮件中的链接，就被诱骗至一个由犯罪分子控制的网站，然后被提示输入账户的机密信息，如个人账号和密码。每天都有数百万封这样的网络钓鱼攻击电子邮件被发送，不幸的是，真有人上当受骗，泄露了自己的个人账户信息。根据网络安全研究公司 Check Point Research 的数据，2022 年第一季度，LinkedIn 是当时黑客在网络钓鱼攻击中最常伪装的品牌，在所有此类攻击中占到 52%（Check Point Software Technologies，2022）。

网络钓鱼者依靠传统的"骗子"策略，但也利用电子邮件或社交媒体及短信等网络通信方式，诱使收件人自愿提供金融访问代码、银行账号、信用卡号和其他个人信息。一种利用虚假聊天机器人与潜在受害者建立信任的新型技术出现了。通常，网络钓鱼者会创建（或"欺骗"）一个自称合法的网站，诱骗用户输入金融信息，或将键盘记录器等恶意软件下载到受害者电脑上。例如，2021 年，Facebook 的母公司 Meta 提起诉讼，试图破坏旨在诱骗用户在 Facebook、Messenger、Instagram 和 WhatsApp 的虚假登录页面上共享用户凭证的网络钓鱼计划，该计划包括创建 39 000 多个网站。网络钓鱼者利用他们收集到的信息实施欺诈行为，如从用户的信用卡中扣款、从用户的银行账户取钱，或采取其他策略"窃取用户身份"（身份欺诈）(Pernat，2022b；Roth，2021）。

为了打击网络钓鱼，包括 Google、Microsoft、Yahoo 和 AOL 在内的主要电子邮件服务供应商，以及 Paypal、Bank of America 等金融服务公司联合成立了 DMARC 公司，旨在大幅减少电子邮件地址欺骗。攻击者有时会使用真实的电子邮件地址向受害者发送网络钓鱼电子邮件，由于电子邮件看似来自可信的发件人，受害者因此上当受骗。DMARC（Domain-based Message Authentication，Reporting，and Conformance）协议提供了一种验证电子邮件来源的方法，如果邮件未能通过验证，收件人可以隔离、举报或拒收邮件。DMARC 的使用率逐年上升，《财富》500 强公司中，超过 75% 的企业将 DMARC 政策应用于电子邮件域名。不过，只有 27% 的公司完全强制使用该政策。鉴于 BEC 网络钓鱼数量的增加，预计未来几年将有更多的公司，特别是金融服务行业的公司，会采用 DMARC（Hoffman，2022b）。

5.2.4 黑客攻击、网络破坏和黑客主义

黑客（hacker）是指未经授权却试图访问计算机系统的个人。在黑客社区中，破解者

（cracker）一词通常用来指具有犯罪意图的黑客，但在公众媒体中，黑客和破解者往往通用。黑客和破解者利用网站和计算机系统安全程序中的漏洞，获得未经授权的访问权限。过去，黑客和破解者通常是电脑爱好者，他们热衷于挑战破解企业和政府网站。如今，大多数黑客都是在恶意扰乱、损害或摧毁网站（网络破坏），并从中谋取经济利益。在新冠疫情期间，人们对视频会议工具 Zoom 的兴趣激增，随即出现了一种新型网络破坏形式：Zoombombing。黑客利用 Zoom 的各种安全漏洞，入侵 Zoom 会议，向与会者播放色情、种族诽谤以及其他破坏性内容。

黑客主义为黑客攻击增添了政治色彩。黑客主义者通常出于政治目的，采用网络破坏、拒绝服务攻击、数据窃取和人肉搜索（doxing，收集和曝光来自电子邮件、社交网络和其他文件的公众人物的个人信息）等策略，攻击政府、组织甚至个人。他们坚信信息是自由的，分享以前的秘密信息是他们的使命之一。臭名昭著的黑客组织包括 WikiLeaks、LulzSec 和 Anonoymous。还有一个被称为"影子经纪人"（Shadow Brokers）的组织，发布了美国国家安全局的大量黑客工具和主要软件的漏洞信息，其中包括用于 WannaCry 勒索软件攻击的 EternalBlue 漏洞。

某些公司有时会雇用道德黑客从外部入侵，以测试公司系统安全措施的保障性。这类黑客与目标公司达成协议，不会因入侵而被起诉。Apple、Microsoft、Intel、HP 以及其他许多公司通常也愿意向发现本公司软硬件漏洞的黑客支付赏金（"漏洞赏金"）。区块链和加密货币领域的一些公司愿意支付数百万美元的赏金，以帮助他们对抗黑客入侵的无情攻击（Brumfield，2022；Holland，2020）。

也有一些黑客认为，他们入侵并揭示系统漏洞的意义更为深远。这些黑客发现系统存在安全漏洞后，在不破坏网站或不从中谋利的情况下公布这些漏洞。他们唯一的回报就是发现漏洞并因此获得声望。不过，这些黑客的行为比较可疑，尤其是他们揭示的安全漏洞有助于其他犯罪分子进入系统时。

5.2.5 数据泄露

当组织无法控制企业信息（包括客户和员工的个人信息）时，**数据泄露**事件就会发生。2021 年，身份盗窃资源中心记录了 1862 起数据泄露和曝光事件，比 2020 年增加了 68%，逾 2.93 亿人受到影响。超过 85% 的数据泄露是由网络钓鱼和勒索软件等各类恶意代码造成的，约 10% 的数据泄露是人为和系统错误造成的。超过 80% 的外泄事件涉及姓名和完整的社会保障号等敏感记录（Identity Theft Resource Center，2022）。数据泄露也是凭据填充攻击的助推器。**凭据填充**是指黑客通过僵尸网络和自动化工具，利用从数据泄露中获取的已知用户名和密码组合（称为组合列表）发起的暴力攻击。据 Akamai 称，2020 年，针对其服务客户的攻击超过 1930 亿次，2021 年的攻击次数同样居高不下（Akamai Technologies，Inc.，2021a，2021b）。

已曝光的最恶劣的数据泄露事件之一是 Yahoo 的数据泄露，据称这是史上最大的单个公司数据泄露事件，该事件暴露了 Yahoo 电子邮件所有用户（共计 30 亿人）的身份。事件之二是 Marriott International 公司的数据泄露，涉及旗下 Starwood 酒店的预订系统，该事件暴露了近 4 亿人的个人数据。此外还有 Equifax（美国最大的信用报告和评分公司之一）数据泄露事件。该事件中，黑客利用一个未打补丁的软件漏洞，从 Equifax 运营系统中下载了约 1.47 亿美国消费者（约占美国人口的 45%）的个人数据文件。2021 年和 2022 年，数据泄露仍在继续。例如，2021 年 8 月，T-Mobile 披露了两年内的第三次重大数据泄露事件，黑客截获了公司 5000 多万客户的姓名、地址、生日、电话号码和手机序列号等个人信息（FitzGerald，2021）。

5.2.6 信用卡欺诈 / 盗窃

如果信用卡数据在互联网上被盗，这将非常令人担忧。由于担心，很多情况下，用户都不敢在网络上购物。网上商家使用各种技术打击信用卡欺诈，包括使用自动欺诈检测工具、人工审核订单、拒绝可疑订单，以及要求输入电子邮件地址、邮政编码和 CVV 安全码等额外信息，以提高安全级别。

美国联邦法律规定，使用被盗信用卡购物的个人责任限额为 50 美元，超过 50 美元的金额一般由信用卡公司支付。但在某些情况下，如果商家未能核实账户或查阅已公布的无效卡名单，他们可能就要承担责任。银行通过收取更高的逾期还款利息来弥补信用卡欺诈的成本，而商家通常会提高价格来弥补损失。美国信用卡系统已开始转向 EMV 信用卡（也称智能卡或芯片卡）。EMV 信用卡在欧洲得到了广泛使用，它使用计算机芯片取代一般信用卡的磁条，还支持非接触支付方式。虽然 EMV 技术无法防止数据泄露，但增加了犯罪分子从盗取信用卡号中获利的难度。

过去，信用卡欺诈最常见的原因是信用卡因丢失而被盗用，或者是信用卡员工盗用客户的号码和身份（犯罪分子使用虚假身份申请信用卡）。如今，信用卡欺诈最常见的原因是黑客对服务器的系统性攻击，而服务器上存储着数百万信用卡消费者的信息。

电子商务的一个核心安全问题是难以对客户身份进行确认。目前还没有一种技术能够绝对确定地识别个人身份。例如，丢失或被盗的 EMV 卡与磁条卡一样，在注销前都可以使用。在客户身份确认之前，网络公司比传统的线下公司面临的损失风险更高。美国联邦政府试图通过《全球和国家商务电子签名法案》解决这一问题，该法案赋予数字签名在商业活动中与手写签名相同的效力。该法案的提出旨在推广数字签名，使其应用更为简易。基于《统一电子交易法》（UETA）框架，各州也通过了类似的法律。尽管电子签名在 B2C 电子商务领域的使用还不普遍，但许多企业已经实施了电子签名解决方案，特别是在 B2B 合同、金融服务、保险、医疗保健以及政府和专业服务等领域。目前，DocuSign、Adobe Sign、Citrix RightSignature 和 OneSpan Sign 是应用最广泛的电子签名解决方案。它们采用了多种技术，如通过第三方数据库或个人信息（如驾照照片）进行远程用户的身份验证，基于用户名和密码、电子邮件地址、秘密问答、生物特征识别等多因素验证用户，以及使用公钥 / 私钥加密技术创建数字签名和嵌入式审计跟踪，以验证电子签名的完整性。除此之外，这些公司也提供移动签名的解决方案。

5.2.7 身份欺诈

身份欺诈涉及未经授权使用他人社会保障号、驾照号和 / 或信用卡号以及用户名和密码等个人数据，以谋取非法经济利益。犯罪分子可以利用这些数据获得贷款、购买商品或获得手机以及其他公用事业服务。网络犯罪分子采用前文提及的多种技术，如间谍软件、网络钓鱼、数据泄露和信用卡盗用，以达到身份欺诈的目的。其中，数据泄露尤为突出，经常会导致身份欺诈。

在美国，身份欺诈问题很严重。根据 Javelin Strategy & Research 的数据，2021 年约有

1500万美国消费者遭受身份欺诈。新账户欺诈（犯罪分子利用窃取的个人信息开设未经授权的信用卡或商家等账户）的增幅超过100%，而账户盗用产生的损失则增加了90%（Javelin Strategy & Research，2022）。

5.2.8 电子欺骗、网域嫁接和垃圾网站

电子欺骗是指试图通过使用他人的电子邮件或IP地址来隐藏真实身份。例如，用于欺骗的电子邮件会有一个伪造的发件地址，目的是误导收件人对发件人的识别。IP欺骗涉及使用他人的源IP地址创建TCP/IP数据包，使人误以为数据包来自受信任的主机。目前大多数路由器和防火墙可以提供IP欺骗保护。网站欺骗有时涉及**网域嫁接**（pharming），即自动将网站链接重新定向到一个与预定网址不同的地址，并将虚假网站伪装成预定目的地。也就是说，原本指向特定网站的链接可以被重新设置，将用户引到一个完全无关的网站，而这个网站对黑客有利。

虽然电子欺骗和网域嫁接不会直接损坏文件或网络服务器，但它们会威胁站点的完整性。例如，如果黑客将客户重新定向到一个看起来几乎和真实网站完全一样的假网站，那么他们就可以收集和处理订单，从而有效地抢走真实网站的业务。或者，如果黑客的目的是破坏而不是窃取，他们可以改变订单（增加或更改订购的产品数量），然后将修改后的订单发送到真正的网站进行处理和交付。客户会因为订单发货有误而不满，由此可能产生影响公司运营的巨大库存波动。除了完整性，电子欺骗还会威胁真实性，因为它扰乱了对信息发送者真实身份的确认。聪明的黑客让用户几乎无法辨别身份或网址的真伪。

垃圾网站（有时也称为链接农场）与网域嫁接略有不同。垃圾网站虽然承诺提供某种产品或服务，但实际上只是其他网站的广告集合，其中一些广告还包含恶意代码。例如，你可能会搜索"（城市名）天气"，然后点击一个承诺提供当地天气的链接，但结果发现该网站显示的都是与天气相关的产品或其他网站的广告。垃圾网站不涉及电子邮件，通常显示在搜索结果页面上。这些网站有时会使用与合法公司名称相似的域名来隐藏身份，并将用户引流到垃圾信息发送者定向的虚假域名。

5.2.9 网络嗅探和中间人攻击

嗅探器是一种窃听程序，用于监控网络传输的信息。合法使用时，嗅探器能够帮助识别潜在的网络故障点，但如果出于犯罪目的使用，嗅探器就会造成危害，而且很难被发现。黑客利用嗅探器，可以从网络的任何地方窃取密码、电子邮件、公司文件和机密报告等专有信息。

中间人（MitM）攻击也涉及窃听，但比嗅探攻击更为主动，嗅探攻击一般是被动监控。在MitM攻击中，攻击者能够拦截信息，让通信双方误认为彼此在直接通信，而实际上，是攻击者在控制通信。这样，攻击者就可以更改通信内容。

5.2.10 拒绝服务攻击和分布式拒绝服务攻击

在**拒绝服务（DoS）攻击**中，黑客会向网站发送大量无效的ping或页面请求来淹没网站，最终导致网站的服务器瘫痪。DoS攻击越来越多地使用僵尸网络和众多受损的客户端计算机来构建所谓的"分布式攻击"。DoS攻击通常会导致网站关闭，使用户无法访问网站。对于繁忙的电子商务网站来说，这些攻击代价高昂。因为网站一旦关闭，客户就无法购物，

网站关闭的时间越长，对网站声誉造成的损害就越大。虽然这类攻击不会破坏信息，也不会访问服务器的限制区域，但会破坏公司的线上业务。DoS 攻击往往伴随着黑客勒索，网站所有者为了停止 DoS 攻击，被迫支付数万甚至数十万美元。

分布式拒绝服务（DDoS）攻击使用成百上千台计算机从多个发射点攻击目标网络。DoS 和 DDoS 攻击能够无限期关闭系统，因此对系统的运行造成威胁。大型网站都曾遭受过此类攻击，致使公司意识到需要不断引入新措施来防止未来的攻击。Neustar Security Services 公司的数据显示，2021 年，无论规模大小，DDoS 攻击数量都在继续增加。一种被称为"地毯式轰炸"的攻击占总攻击次数的 44%（Neustar Security Services，2022 年）。"地毯式轰炸"并不集中攻击一个地址，而是在很短的时间内攻击一个组织的多个 IP 地址，其攻击威力也在不断增强。例如，互联网历史上迄今规模最大的一次 DDoS 攻击发生在 2021 年 11 月，攻击对象为 Microsoft Azure 的一个匿名客户，该客户使用 Azure 的 DDoS 保护平台缓解了 3.45Tbps 的攻击（Gatlan，2022）。

物联网（IoT）的发展也带来了新的威胁，从冰箱到安全摄像头等，数十亿联网设备都可以用来向服务器发起服务请求。例如，Microsoft Azure 的攻击就源自 10 000 台不同的联网设备。僵尸网络也在发起攻击的过程中继续发挥关键作用。物联网僵尸网络已成为发起 DDoS 攻击的首选平台。例如 Mirai 僵尸网络，它感染了多个物联网设备（如连接互联网的监控摄像头），然后利用这些设备对 Dyn 发起 DDoS 攻击，Dyn 的服务器负责监控和调整数据传输路径。Mirai 僵尸网络攻陷了 Dyn 服务器，导致 Etsy、GitHub、Netflix、Shopify、SoundCloud、Spotify、Twitter 和其他一些主要的网站瘫痪。互联网基础设施公司 Cloudflare 最近不得不再次抵御 Mirai 僵尸网络发起的大规模 DDoS 攻击，该僵尸网络由 125 个国家的 20 000 多个机器人组成。

另一种趋势是 DDoS 烟雾屏蔽，即攻击者在插入恶意软件/病毒或者在窃取数据时，利用 DDoS 攻击来分散注意力。由于现在的移动数据连接更快且更稳定，黑客开始利用移动设备进行 DDoS 攻击也不足为奇。

5.2.11　内部攻击

很多人认为企业面临的安全威胁来自组织外部。但实际上，商业机构面临的最大财务威胁并不是抢劫，而是内部人员的贪污。银行员工偷窃的钱远远多于银行劫匪，电子商务公司也是如此。最严重的服务中断、网站破坏以及客户财务数据和个人信息的转移都来自那些曾经值得信赖的员工。例如，Proofpoint/Ponemon 研究所对 278 个全球组织的 1000 多名 IT 和 IT 安全从业者进行的一项调查表明，从 2019 年到 2021 年，内部威胁无论在数量、频率还是在成本上都急剧增加，全球内部威胁的年均成本增加了 33% 以上，达到 1540 万美元。因为员工有权访问机密信息，在内部安全程序不严谨的情况下，他们可以在组织系统中随意漫游却不留痕迹。卡内基·梅隆大学的研究揭示了内部人士给私营和公共组织带来的重大损害。有些情况下，知情者或许没有犯罪企图，却无意中暴露了数据，结果被他人利用。无论是用户疏忽造成的意外数据泄露，还是内部人员造成的恶意数据泄露，公司都必须关注（Proofpoint/Ponemon Institute，2022；Software Engineering Institute，2019）。

5.2.12　设计不当的软件

很多安全威胁是因为软件设计不当造成的，可能是操作系统中的软件，也可能是应用软件（包括浏览器）。软件程序的复杂度和规模都有所增加，加上客户对及时交付的要求，导致软件缺陷或漏洞增加，容易被黑客利用。例如，**SQL 注入（SQLi）攻击**就利用了编码不当的 Web 应用程序软件中的漏洞，这些软件未能正确验证或过滤用户在网页上输入的数据，将恶意程序代码引入公司的系统和网络。攻击者可以使用此输入验证错误向底层数据库发送恶意 SQL 查询，以访问数据库、植入恶意代码或访问网络上的其他系统。大型 Web 应用程序有数百个输入用户数据的地方，每个地方都为 SQLi 攻击创造了机会。由于面向 Web 的应用程序中很多都存在 SQLi 漏洞，黑客可以使用工具检查 Web 应用程序是否存在这些漏洞。根据 Akamai 的数据，从 2020 年 1 月至 2021 年 6 月，SQLi 攻击是 Web 应用程序攻击的主要方法，占所有攻击的 55% 以上（Akamai Technologies, Inc., 2021b）。

每年，安全公司都能在网络浏览器、客户端、Macintosh 和 Linux 软件、移动设备操作系统及 App 中发现数千个软件漏洞。例如，2021 年，US-CERT 国家漏洞数据库记录了 18 000 多个独立的软件漏洞（Neustar Security Services, 2022）。**零日漏洞**是指以前未报告过的、目前也没有补丁的漏洞。根据最近的一项调查，高级安全官员将零日攻击列为端点安全的第二大风险，仅次于勒索软件（Adaptiva/Ponemon Institute, 2022）。个人电脑的设计本身包括许多开放的通信端口，外部电脑可以使用这些端口发送和接收信息，事实上，这些端口的设计初衷就是为了外部接入。经常受到攻击的端口包括 TCP 端口 445（Microsoft DS）、端口 80（WWW/HTTP）和端口 443（TSL/SSL/HTTPS）。鉴于端口的复杂性和外部接入的设计目标，包括 Linux 和 Macintosh 在内的所有操作系统和应用软件都存在漏洞。

下面的"技术洞察"案例讨论了 Java 日志工具 Apache Log4j 中的关键零日漏洞 Log4Shell，利用这一漏洞，攻击者就能够控制那些容易遭受攻击的服务器。由于该漏洞具有普遍性，专家认为可能需要几个月甚至几年的时间才能修复所有使用该工具的系统。

技术洞察：与时间赛跑——争分夺秒修复 Log4Shell 漏洞

2021 年 12 月的某个周五下午，南新罕布什尔大学终端运营团队负责人 Jordan LaFontaine 收到了一份紧急通知，内容与最近发现的 Log4Shell 软件漏洞有关，该漏洞可能会影响其团队监控的 7500 多台计算机。LaFontaine 只是全球众多安全专业人士中的一员，他与团队成员在那个周末及随后的几天都在争分夺秒地处理这个严重的零日漏洞。网络安全和基础设施安全局认为这是几十年来最严重的漏洞之一。

该漏洞是在 Apache 软件基金会（ASF）的 Log4j 中发现的，Log4j 是一种基于 Java 的开源实用程序。ASF 是一个完全由志愿者组成的社区，充当开放源代码的"管理者"，免费提供给程序员和终端用户使用。基于 Log4j，用户可以创建内置的"日志"或活动记录，以排除故障和跟踪程序中的数据。

2021 年 11 月 24 日，一名用户向 ASF 报告在 Log4j 的软件代码中发现了零日漏洞。正如大家了解的那样，Log4Shell 非常容易被利用，而且不需要太多的专业技术知识。12 月 9 日，该漏洞被公开披露，Microsoft 公司的 Minecraft 成为第一个知名受害者。同一天，ASF 发布了漏洞补丁。

不过，补丁的作用有限，对抗 Log4Shell 漏洞仍面临诸多困难。首先，Log4j 程序被广泛用于各种基于 Java 的软件产品和网络服务，从安全软件到网络工具，再到视频游戏服务器。Log4j 的确切用户数量尚不清楚，但根据报道，该软件已被下载数百万次。一份公开的目录收到了

2 800 多份提交的信息，列出了已知存在 Log4j 漏洞的产品名单。Apple 的 iCloud、Microsoft 的 Minecraft、Google、Amazon、Twitter、LinkedIn 等许多公司都受到了影响。Microsoft 警示说，许多组织甚至可能不知道自己使用的应用程序存在 Log4j 漏洞，这意味着他们可能在不知情的情况下受到攻击。即使一些应用程序不是用 Java 编写的，但也经常托管在使用 Java 的 Web 容器中，这意味着一个项目即使没有明显的 Log4j 渊源，也仍然存在漏洞。安全专家警告说，要完全消除这个漏洞可能需要几个月甚至几年的时间。

Log4j 漏洞一经披露，一些安全公司就开始报告黑客试图利用这一漏洞的情况。黑客很清楚，公司在修补关键安全漏洞方面的进展往往很缓慢。截至 2021 年 12 月 20 日，Check Point 发布消息称，它已经阻止了 430 多万次入侵企图，其中超过 45% 的入侵是由已知的黑客组织策划的。一些攻击涉及利用漏洞安装加密挖掘恶意软件。还有一些攻击包括提供 Cobalt Strike，它是一种渗透测试工具，黑客经常用它来窃取用户名和密码，以进一步访问网络。其他安保公司也报告了类似的活动。Cloudflare 表示，其研究人员发现每秒约有 1000 次主动利用漏洞的尝试。Bitdefender 表示，他们检测到攻击者多次试图使用 Log4Shell 漏洞在易受攻击的系统上部署一种名为 Khonsairi 的新型系列勒索软件。Microsoft 报告称，他们观察到与伊朗、朝鲜和土耳其有关的黑客组织发动了攻击。比利时国防部证实了其计算机网络遭到攻击。Akamai 研究人员表示，他们发现攻击者正在使用 Zyxel 网络工作设备中的 Log4Shell 漏洞来传播 Mirai 僵尸网络使用的恶意软件。更为糟糕的是，在 12 月 9 日～12 月 28 日期间，又出现了 3 个 Log4j 漏洞，因此还需要 3 个额外的补丁。

除了 ASF 发布的补丁外，更广泛的开源社区也利用各种资源开始行动。例如开源安全供应商 WhiteSource 发布了一个免费的供开发人员使用的工具，企业可使用该工具检测和解决 Log4j 漏洞。第三方供应商也迅速发布了工具。CrowdStrike 在圣诞节前发布了 Log4j 扫描仪，此后不久，Microsoft 推出了用于威胁和漏洞管理的 Log4j 面板。Cisco、Oracle 和 VMware 也发布了补丁及修复程序，以确保自己产品的安全。联邦贸易委员会（FTC）警告那些没有采取措施解决漏洞的公司，将对他们采取法律行动，美国证券交易委员会表示可能也会采取类似的行动。

Log4Shell 漏洞凸显了开源软件存在的安全问题。这些问题非常严重，以至于白宫国家安全顾问将其视为关乎国家安全的关键问题。美国联邦贸易委员会也对 Log4Shell 漏洞表示震惊，他们指出开源软件和服务是世界数字基础设施的重要组成部分（平均每个 App 使用 528 种不同的开放源码），这些软件都是由志愿者创建和维护的，他们缺少足够的资源和人员对一些事件做出响应并主动进行维护。

Google 承诺投入 1 亿美元支持开源开发和修复漏洞，而 Google 的另一个项目则专注于如何审计和改进关键的开源项目。Log4Shell 漏洞最终可能会带来一丝光明：让人们认识到开源代码在当今数字基础设施中的关键性和广泛性，并鼓励政府和技术公司采取措施，努力确保类似危机在未来不再发生。

5.2.13　社交网络安全问题

社交网络（如 Facebook、Instagram、Twitter、TikTok、LinkedIn 和 Pinterest）为黑客提供了丰富且有利的环境。病毒、网站接管、身份欺诈、加载恶意软件的 App、点击劫持、网络钓鱼和垃圾邮件都存在于社交网络。例如，2020 年，一次社交工程协同攻击骗过了 Twitter 的几名员工，致使黑客控制了美国数十位知名政治、娱乐和技术领袖的 Twitter 账户，并发布了一个比特币骗局。社交网络上其他常见的诈骗类型包括：手动分享诈骗，即受害者会在不知情的情况下分享包含恶意网站链接的视频、故事和图片；虚假邀约，即邀请受害者参加一些提供免费礼品卡等奖励的虚假活动或团体，要求用户向攻击者分享信息。技术诈骗包括假冒的"互动"按钮，按钮一经点击，就会安装恶意软件，并在用户的转发新闻中也载入病毒（进一步传播攻击）。此外，技术诈骗还包括"冒牌"App 诈骗。黑客会潜入用户的朋友圈子，伪装成朋友，诱骗用户上当受骗。

迄今为止，社交网络公司的监管能力相对较差，它们没有强制清除那些将访问者引流到恶意软件网站的账户。社交网络是开放的，任何人，甚至是罪犯，都可以建立账户。大多数攻击都是社交工程攻击，诱使访问者点击一些看似真实的链接。任何从社交网络或外部网站下载的社交 App 都无法被认证为完全不含恶意软件，所以请"小心点击"。

5.2.14　移动平台安全问题

移动设备的爆炸式增长为黑客提供了更多机会。移动用户在他们的设备上填写个人和财务信息，并使用这些设备进行各种交易，从购物到手机银行业务，他们也因此成了黑客的绝佳目标。一般来说，移动设备既面临着与其他互联网设备相同的风险，也面临一些与无线网络安全相关的新风险。例如，没有安全保障的公共 Wi-Fi 网络非常容易受到黑客攻击。Wi-Fi 安全协议的旧版本（WPA2）存在一个漏洞，黑客可以截获 Wi-Fi 网络上的密码、电子邮件和其他流量。虽然大多数人都知道电脑和网站可能会被黑客攻击并包含恶意软件，但仍有许多人认为智能手机与传统的固定电话同样安全。

早在 2004 年，手机恶意软件（有时被称为恶意移动 App 或流氓移动 App）Cabir 蠕虫就被开发出来了。Cabir 是一种影响塞班操作系统（诺基亚手机）的蓝牙蠕虫病毒，会导致手机不断寻找其他蓝牙设备，从而迅速耗尽电池。iKee.B 蠕虫于 2009 年首次被发现，仅比 iPhone 的推出晚两年，它感染了越狱版 iPhone（被修改后，黑客能够安装第三方 App 的 iOS 版本），由僵尸网络控制这些手机。这样，欧洲的 iPhone 就可能会被美国的 iPhone 入侵，其所有私人数据都会被发送到波兰的服务器上。IKee.B 证实了手机僵尸网络的可行性。2014 年，Wirelurker 恶意软件首次发起了对未越狱 iPhone 的攻击。

2021 年，安全公司 Kaspersky 检测到 340 多万个移动恶意安装包，97 000 多个新的移动银行木马，以及 17 000 多个新的手机勒索软件木马。Madware 是一款看似无辜的 App 广告软件，会在用户的移动设备上弹出广告和短信，在检测到的威胁中所占份额最大。

大多数移动恶意软件仍然以安卓设备为目标，与 iOS 设备相比，安卓设备更容易感染恶意软件。部分原因在于安卓用户可以从监管不力的第三方商店下载 App，而 Apple 用户则被限制在监管更为严格的 App Store 下载。Google 使用一种名为 Google Play Protect 的自动筛选技术来检测恶意 App，并将其从 Google Play 商店中删除。Google 还可以在不受用户干预的情况下远程清除安卓手机上的违规 App。此外，Google 重新设计了安卓操作系统，将硬件专用代码与安卓系统的其他部分分离，使 Google 能够更快地修补漏洞和其他安全问题。不过，这只能帮助用户更快地清除恶意软件，并不能阻止安卓手机被感染。

iOS 设备也逐渐成为攻击目标。Apple 声称会检查每一款 App，以确保他们都能遵守 Apple App Store 的规则，但是风险依然存在。黑客可以下载 App，并将嵌入恶意软件的相同 App 重新发布到应用商店。黑客还可以从原始开发者那里购买 App，并采用类似的方式嵌入恶意软件。Apple 的 iOS 操作系统也遭到了攻击。2016 年 iOS 的更新暴露了统称为"Trident"的系列漏洞，攻击者可以使用名为 Pegasus 的恶意软件远程完全控制 Apple 手机。尽管 Apple 公司迅速修复了这一漏洞，并在 10 天内发布了更新的操作系统，但 Trident 和 Pegasus 表明，iOS 操作系统并非大家想象的那样能躲过恶意软件的攻击。据透露，2021 年，iPhone 被以色列一家安全公司发布的 Pegasus 间谍软件入侵，用于获取联系人信息和实时音频。2022 年 7 月，Apple 公司宣布将推出一项新的 iOS 操作系统功能，该功能一旦被激活，可以拦截大多数类型的短信附件，并且能够防止手机预览网页链接，这两种方式经常被用来传输 Pegasus 等间谍软件和其他类型的恶意软件（Menn，2022）。

除了流氓应用程序的威胁，各类智能手机还容易受到基于浏览器的恶意软件的攻击，这些恶意软件大都是通过不安全的无线网络接收的。此外，包括 iPhone 在内的多数智能手机都允许制造商远程下载配置文件，以更新操作系统和安全保护措施。遗憾的是，允许远程服务器访问 iPhone 的公开密钥加密程序已被发现存在缺陷，从而进一步引发了对此类操作安全性的质疑。攻击者还利用 SIM 卡的缺陷开发出了劫持手机的方法。利用这些漏洞，黑客能够获取保护用户个人信息的加密密钥，在此过程中，黑客几乎可以完全访问手机。许多用户甚至没有利用锁屏这样的基本安全功能。

网络钓鱼攻击利用的是短信 / 文本信息。受攻击的短信可能包含电子邮件和网站地址，可以将无辜用户引向恶意软件网站。网络钓鱼攻击之所以有效，是因为用户已经养成了快速打开和阅读短信的习惯，而且许多用户对文本信息的怀疑程度往往低于对电子邮件的怀疑程度。此外，网络钓鱼攻击的开发和部署成本低廉。短信欺骗服务犯罪已经发生在多个国家，通过一个虚假的字母数字名称就可以隐藏网络犯罪分子的真实电话号码。网络犯罪分子还可以利用短信欺骗将移动用户引诱到恶意网站，他们发送的短信在发件人一栏显示为合法组织，并建议接收者点击链接，以更新账户或获取礼品卡，而这一链接实际上是恶意的 URL（Kaspersky，2022；McAfee，2022；Akamai，2021a）。

5.2.15 云安全问题

大量的互联网服务进入云端也增加了安全风险。从基础设施的角度来看，越来越多的公司依赖云服务，DDoS 攻击会对云服务的可用性造成威胁。例如，如前所述，针对 Dyn 的 DDoS 攻击造成了全美云服务的严重中断。使用混合网络的公司，其应用程序分散在公有云、私有云和内部系统中，面临的风险最大。如何保护公有云环境中的数据是一个主要问题。最近的一项调查表明，超过 25% 的组织在 2021 年经历了公有云安全事件，比 2020 年增加了 10%（Cybersecurity Insiders/Check Point，2022）。最近一项针对约 2800 名信息安全和技术人员的调查发现，超过一半的人认为，使用云服务会增加保护敏感数据的难度。调查还发现，大多数组织并没有对其云数据的安全承担全部责任，而是希望云服务商提供安全保障（Thales/Ponemon Institute，2022）。

5.2.16 物联网安全问题

物联网涉及使用互联网连接各种传感器、设备和机器，并推动了众多智能联网事物的发展，如家用电子产品（智能电视、恒温器、家庭安全系统等）、互联汽车、医疗设备以及支持制造、能源、运输和其他工业部门的工业设备。物联网引发了一系列安全问题，这些问题在某些方面虽然与现有安全问题相似，但更具挑战性。因为物联网需要处理更为广泛的设备，在更不受控的全球环境中运行，攻击的范围也更大。在一个万物互联的世界里，设备、设备产生和使用的数据以及这些设备支持的系统和应用程序都可能受到攻击。表 5.4 详细介绍了互联网协会（ISOC）确定的物联网带来的一些独特的安全挑战。ISOC 是一个由企业、政府机构和非营利组织组成的联盟，负责监督互联网政策和实践（Internet Society，2015，2016）。

表 5.4　物联网安全挑战

挑战	可能的影响
物联网设备（如传感器）的部署规模远远大于传统的互联网连接设备，从而产生了大量可供利用的互联链路	需要对现有的工具、方法和战略进行开发，以应对这种前所未有的规模
许多物联网实例由具有相同特性的相同设备集合组成	扩大了安全漏洞的潜在影响
许多物联网设备的使用寿命估计明显长于典型设备的寿命	设备的寿命可能会超过企业的存活期，因而会失去长期支持，从而产生持续性漏洞
许多物联网设备在设计之初忽略了升级能力，或者升级过程非常困难	易受攻击的设备无法修复的可能性增加，致使它们永远处于易受攻击状态
许多物联网设备无法让用户了解设备的工作情况或产生的数据，也无法在出现安全问题时提醒用户	用户认为物联网设备正在按预期运行，而事实上，该设备可能正在以恶意方式运行
诸如传感器这样的物联网设备是嵌入在应用环境中的，不容易被发现，用户可能根本不会注意到这些设备	安全漏洞可能会持续很长一段时间才被发现

有关物联网设备被黑客攻击的报道已见诸报端，令人震惊。有报道称，医院无线婴儿监视器、血气分析仪、放射科图片存档和通信系统、药物输液泵以及 X 光系统等医疗设备遭到黑客攻击。之前提到的 Mirai 僵尸网络对 Dyn 发起的 DDoS 攻击，有一部分依赖于 50 多万台物联网设备，如联网安全摄像头。最近，涉及互联网连接设备的黑客攻击和安全漏洞也备受关注，如 Amazon 的门铃摄像头和 Google 的 Nest 摄像头、智能电视、智能扬声器，甚至智能灯泡和咖啡机（Srinivas，2020）。

5.2.17　元宇宙安全问题

随着元宇宙的进一步发展，恶意软件也可能会针对被称为元宇宙的三维虚拟现实环境。虚拟现实和增强现实平台的硬件创建了新的端点，黑客就会试图利用这些端点。攻击者可能会操纵平台以制造物理性危险。元宇宙的参与者也可能会受到恶意行为者的各种骚扰，身份以及用于支付商品和服务的数字货币也都有可能被盗。当前互联网面临的所有安全问题可能会继续存在于元宇宙中。

参与者的隐私及其个人信息的安全性同样令人担忧。这些问题尤其严重，因为元宇宙公司会跟踪和保留用户的生物识别数据以及用户的实际行动数据，并最终了解用户的独特思维和行为方式。

5.3　技术解决方案

乍看起来，我们似乎对互联网的安全漏洞无能为力。回顾上一节提到的安全威胁，电子商务面临的威胁显然是真实存在的，而且遍布全球，可能对个人、企业甚至整个国家造成毁灭性影响。而且随着电子商务和互联网的不断扩展，威胁强度可能会越来越大。但事实上，私人安全公司、企业和家庭用户、网络管理员、技术公司和政府机构都取得了重大进展，并对电子商务安全威胁设置了两道防线——技术解决方案和政策解决方案。本节将讨论一些技术解决方案，下一节将讨论政策解决方案。抵御各种电子商务安全威胁的第一道防线是技术工具，这些工具会使外部人员难以攻击网站。图 5.3 展示了可用于实现电子商务安全的主要工具。

图 5.3　可用于实现电子商务安全的工具

5.3.1　保护互联网通信

电子商务交易必须在公共互联网上进行，涉及成千上万的路由器和服务器，各种交易数据包在其中传输，因此安全专家认为最大的安全威胁发生在互联网通信层面。互联网通信与专用网络通信不同，后者是在通信双方之间建立专用通信线路。用于保护互联网通信安全的工具很多，其中最基本的是信息加密。

5.3.2　加密

加密是将纯文本或数据转换为**密码文本**的过程，除发送方和接收方外，其他任何人都无法读取。加密的目的一方面是确保存储信息的安全，另一方面是确保信息传输的安全。表 5.2 中提到的电子商务安全的六个关键维度中，加密技术可以实现四个：

- 完整性——确保信息未被篡改。
- 不可抵赖性——防止用户否认其发送过信息。
- 真实性——对发送信息的个人（或计算机）身份的验证。
- 保密性——确保信息未被他人读取。

这种从明文到密文的转换是通过使用密钥或密码来实现的。**密钥**（或**密码**）是将明文转换为密文的方法。

加密最早始于书写和商业交易形式。古埃及和腓尼基的商业记录使用替换密码和换位密码加密。在**替换密码**中，每次出现某个特定字母，都会被另一个字母系统地替换掉。例如，如果我们使用"字母加二"密码——意思是"单词中的每个字母都用字母表中它后两位的新字母替换"——那么明文文本中的单词"Hello"将转换为密码文本"JGNNQ"。在**换位密码**中，每个单词中字母的顺序会以某种系统的方式发生变化。达·芬奇以相反的顺序记录他的商店笔记，明文只能镜像阅读。单词"Hello"可以反写成"OLLEH"。还有更复杂的密码，例如，所有新单词由两部分组成，第一部分从原单词的首字母开始，每隔一个取一个字母依次组成，第二部分为原单词其他所有的未取字母的原序组合，然后将两部分合成。按照这个密码规则，"HELLO"将被写成"HLOEL"。

对称密钥加密

为了破译（解密）这些信息，接收者必须知道用于加密明文的密码。这就涉及所谓的**对称密钥加密法**或**秘密密钥加密法**。在对称密钥加密法中，发送方和接收方都使用相同的密钥来加密和解密信息。发送方和接收方如何拥有相同的密钥呢？他们必须通过某种通信媒介发送密钥或当面交换密钥。对称加密技术在第二次世界大战期间被广泛使用，现在仍是互联网加密技术的组成部分。

简单替换和换位密码有无限的可能性，但它们具有共同的缺陷。首先，在数字时代，计算机运算速度快，功能强大，可以很快破解这些古老的加密手段。其次，对称加密要求双方共享相同的密钥。为了共享同一把密钥，他们必须通过媒介发送密钥，但媒介可能并不安全，传输中密钥可能会被窃取并用于解密信息。如果密钥丢失或被盗，整个加密系统就会失败。最后，在商业用途中，人们归属不同的团队，用户需要为与其交易的不同对象准备不同的密钥。也就是说，银行需要一把密钥，百货公司需要一把密钥，政府也需要一把密钥。在大量用户中，这可能导致多达 $n(n-1)$ 把密钥。而对于数百万的互联网用户，就需要数千万个密钥，才能满足这些电子商务客户的需求。在美国估计约有 2.15 亿用户，可能需要 2.15^2 亿把不同的钥匙。显然，这种情况在实践中是不可行的。

现代加密系统采用数字形式，用于将明文转换为密文的密码或密钥是数字字符串。计算机将文本或其他数据存储为由 0 和 1 组成的二进制字符串。例如，ASCII 计算机代码中大写字母"A"的二进制表示是用八个二进制数字（位）完成的：01000001。将数字字符串转换为密码文本的一种方法是将每个字母乘以另一个二进制数，例如一个八位密钥 01010101。如果我们将文本信息中的每个数字字符乘以这个八位密钥，并将加密后的信息与八位密钥一起发送给朋友，朋友就很容易解码信息。

现代安全保护的强度是根据用于加密数据的二进制密钥的长度来衡量的。在前面的例子中，八位密钥很容易被破译，因为只有 2^8（256）种可能性。如果入侵者知道你使用的是八位密钥，那么他们只需使用暴力方法逐一检查 256 个可能的密钥，就能在几秒钟内用电脑破译信息。因此，现代数字加密系统使用 56、128、256 或 512 位二进制数字的密钥。有了 512 位数字的加密密钥，就需要 2^{512} 种可能的检查方法。据估计，全世界的计算机需要工作 10 年才能找到答案。

数据加密标准（DES）是由美国国家安全局（NSA）和 IBM 在 20 世纪 50 年代开发的。DES 使用 56 位加密密钥。为了应对速度更快的计算机，它使用三重 DES 加密算法（TDEA）进行了改进——本质上是对信息进行三次加密，每次都用一个单独的密钥。如今，使用最广泛的对称密钥算法是**高级加密标准**（AES），它提供 128、192 和 256 位的密钥。AES 被认为相对安全。但在 2011 年，Microsoft 和比利时一所大学的研究人员宣布，他们已经发现了一种破解该算法的方法，随着破解工作的推进，AES 的"安全边际"不断被削弱。还有许多目前较少使用的其他对称密钥系统，密钥最高可达 2048 位[⊖]。

公钥加密

1976 年，Whitfield Diffie 和 Martin Hellman 发明了一种新的信息加密方法——**公钥加密法**。公钥加密法（也称非对称加密法）解决了交换密钥的问题。在这种方法中，使用两个数学上相关的数字密钥：公开密钥（公钥）和私有密钥（私钥）。私钥由所有者保密，公钥则广泛传播。这两把密钥都可以用于加密和解密信息。但是，一旦使用一把密钥对信息进行加密，就不能再使用同一把密钥对信息进行解密。用于生成密钥的数学算法是单向函数。单向、不可逆的数学函数是指一旦应用了该算法，就不能再从输出推导出输入的函数。大多数食物的食谱都是这样的。例如，炒鸡蛋很容易，但再从炒鸡蛋中取出整个鸡蛋是不可能的。公钥密码学基于不可逆数学函数的思想，而且密钥足够长（128、256 和 512 位），即使使用最大、最快的计算机从一把密钥中导出另一把密钥也需要巨大的计算能力。图 5.4 给出了公钥密码的简单应用示例，展示了公钥和私钥的重要步骤。

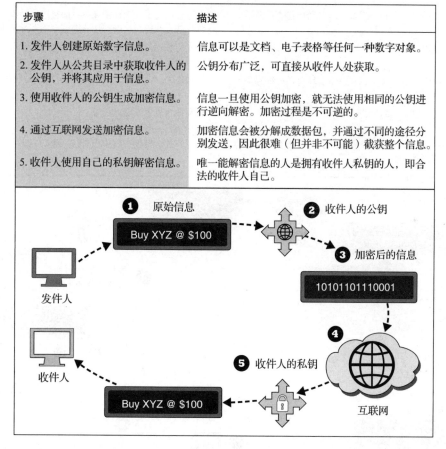

步骤	描述
1. 发件人创建原始数字信息。	信息可以是文档、电子表格等任何一种数字对象。
2. 发件人从公共目录中获取收件人的公钥，并将其应用于信息。	公钥分布广泛，可直接从收件人处获取。
3. 使用收件人的公钥生成加密信息。	信息一旦使用公钥加密，就无法使用相同的公钥进行逆向解密。加密过程是不可逆的。
4. 通过互联网发送加密信息。	加密信息会被分解成数据包，并通过不同的途径分别发送，因此很难（但并非不可能）截获整个信息。
5. 收件人使用自己的私钥解密信息。	唯一能解密信息的人是拥有收件人私钥的人，即合法的收件人自己。

① 原始信息 Buy XYZ @ $100
② 收件人的公钥
③ 加密后的信息 101011011110001
④ 互联网
⑤ 收件人的私钥
发件人
收件人 Buy XYZ @ $100

图 5.4 公钥加密的简单示例

⊖ 例如，DESX、GDES 和 RDES 使用 168 位密钥，RC 系列（RC2、RC4 和 RC5）使用 2048 位密钥，IDEA 算法（本章稍后将介绍的 PGP 的基础）使用 128 位密钥。

使用数字签名和哈希摘要的公钥加密

在公钥密码学中缺少一些安全要素：我们只是确定了信息没有被第三方读取（信息保密性），但不能保证所谓的发件人是真正的发件人，也就是说，缺少对发件人的身份验证。这意味着发件人可以否认发送过信息（抵赖）。此外，也无法保证信息在传输过程中没有被篡改。例如，消息"Buy Cisco@$16"可能被意外或故意更改为"Sell Cisco@$16"，这说明系统可能缺乏完整性。

更复杂的公钥加密技术可以实现真实性（身份验证）、不可抵赖性和完整性。图 5.5 展示了这种更为强大的方法。

步骤	描述
1. 发件人创建原始信息。	信息可以是任何数字文件。
2. 发件人将哈希函数应用于原始信息，产生128位的哈希摘要。	哈希函数根据原始内容创建其唯一摘要文件。
3. 发件人使用收件人的公钥对原始信息及其哈希摘要进行加密，生成加密文本。	这个过程创建了一个加密文本，而且过程是不可逆的，只有收件人使用自己的私钥才能读取该加密文本。
4. 发件人使用发件人的私钥对加密文本进行二次加密。	发件人的私钥是数字签名。只有私钥持有者可以创建这个数字标记。
5. 双重加密的签名密文（包含原始信息及其哈希摘要）通过互联网发送。	该信息作为一系列独立的数据包在互联网上传输。
6. 收件人使用发件人的公钥验证接收的签名密文。	只有发件人可以发送此消息。
7. 收件人使用自己的私钥解密哈希摘要和原始信息，检查并确保由收到的原始信息生成的哈希摘要和接收的哈希摘要相互一致。	这里使用与发件人同样的哈希函数来检查原始信息，以确保邮件在传输过程中没有被篡改。

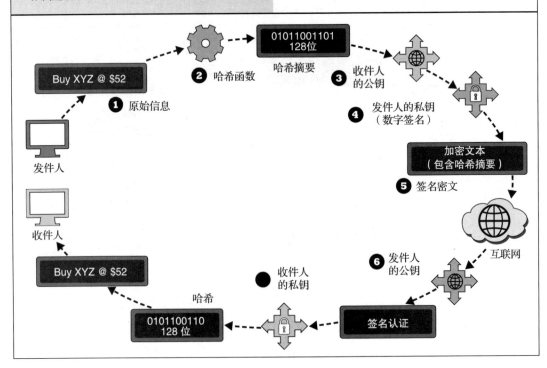

图 5.5 公钥加密数字签名

为了检查信息的完整性并确保它在传输过程中没有被篡改，发件人首先使用哈希函数来创建信息摘要。**哈希函数**是一种算法，可以生成一个固定长度的数字串，称为哈希值或哈希摘要。哈希函数可以很简单，只计算信息中数字 1 的个数，也可以更复杂，产生一个 128 位的数字，反映 0 和 1 的个数、00 和 11 的个数，等等。标准哈希函数可用于非对称加密（MD4 和 MD5 分别生成 128 位和 160 位哈希）（Stein，1998）。更复杂的哈希函数生成的哈希摘要或哈希结果对每条信息都是唯一的。发件人将哈希函数生成的哈希摘要发送给收件人。收到信息后，收件人使用与发件人相同的哈希函数对接收到的信息进行运算，并检查验证运算结果与接收到的哈希摘要是否一致。如果结果相同，则说明信息未被篡改。发件人使用收件人的公钥对哈希摘要和原始信息进行加密（如图 5.4 所示），生成一个加密文本。

除此之外，还有一个步骤。为了确保信息的真实性和不可抵赖性，发件人需要使用自己的私钥对生成的加密文本进行二次加密，这样就产生了一个可以通过互联网发送的**数字签名**（也称为电子签名）或签名密文。

数字签名与手写签名非常相似。与手写签名一样，数字签名也是唯一的，只有本人拥有自己的私钥。当与哈希函数一起使用时，数字签名甚至比手写签名更独特。除了专用于特定个人之外，当用于签署哈希文本时，数字签名对该文本也是唯一的，而且每份文本的数字签名都会改变。

签名密文的收件人首先使用发件人的公钥来验证信息。经过身份验证后，收件人再使用自己的私钥来获取哈希摘要和原始信息。最后，收件人将与发件人相同的哈希函数应用于原始信息，并将生成的结果与发件人发送的摘要进行比较。如果二者一致，则收件人就知道信息在传输过程中没有被篡改。因此，该信息具有完整性。

早期的数字签名程序要求用户拥有数字证书，这对个人来说使用难度较大。新的程序基于互联网，不再需要用户安装软件或掌握数字证书技术。DocuSign、Adobe Sign 和 Sertifi 都是提供在线数字签名解决方案的公司。许多保险、金融和担保公司现在都允许客户以电子方式签署文件。

数字证书和公钥基础设施

前面介绍的信息安全机制仍然存在一些不足。我们如何才能知道个人和机构的真实身份？任何人都可以编造私钥和公钥的组合，并声称自己不是某个人。当你在 Amazon 等网上商店下单之前，你要确定屏幕上显示的是真的 Amazon，而不是伪装的骗子。现实世界中，如果有人问你是谁，你出示社会保障号后，他们很可能会要求你出示带有照片的身份证或第二种可认证或可接受的身份证明。如果他们怀疑你的身份，可能会要求你提供其他权威机构的证明，并与这些机构当面确认。同样，在数字世界中，我们需要一种方法来确认个人和机构的真实身份。

数字证书和配套的公钥基础设施是解决数字身份问题的一种尝试。**数字证书**是由可信的第三方**认证机构**（CA）签发的数字文件，其中包含主体或公司名称、主体的公共密钥、数字证书序列号、到期日期、签发日期、认证机构的数字签名（使用认证机构私钥加密的认证机构名称）以及其他识别信息（见图 5.6）。

在美国，VeriSign、浏览器制造商、安全公司等私营公司以及美国邮政和美联储等政府机构都可以颁发 CA 证书。在全球范围内，数以千计的组织都颁发了 CA。随着知名度较低的 CA 得到知名度较高的大型 CA 的认证，出现了 CA 的分级制度，从而形成了一个由相互验证的机构组成的社群。**公钥基础设施**（PKI）是指各方都认可的数字证书程序。当你登录到"安全"网站时，URL 将以"https"开头，浏览器上会出现一个封闭的锁形图标，这意味着该网站拥有由可信 CA 签发的数字证书。所以它应该不是一个欺骗网站。

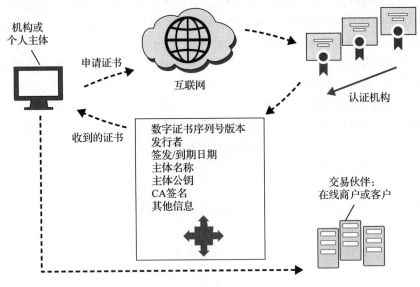

图 5.6 数字证书和认证机构

要想创建数字证书，用户需要生成一对公钥和私钥，并将认证请求与用户的公钥一起发送给 CA。CA 验证信息（具体验证方式因 CA 而异），签发包含用户公开密钥和其他相关信息的证书。最后，CA 针对证书本身创建一个信息摘要（就像哈希摘要一样），并使用 CA 的私钥对其进行签名。这个签名摘要称为签名证书，这样我们就得到了一份世界上独一无二的签名证书。

CA 证书在商业中有多种应用方式。在交易之前，客户可以要求商家提供已签名的数字证书，并使用商家的公钥对其进行解密，以获得信息摘要和所签发的证书。如果信息摘要与证书相符，那么商家和公钥就通过了验证。商家可能会要求对用户进行认证，在这种情况下，用户将向商家发送自己的个人证书。证书有多种类型：个人证书、机构证书、网络服务器证书、软件发行商证书以及 CA 自身证书。

PKI 和 CA 还可用于确保从互联网直接下载到移动设备的应用软件代码和内容的安全。移动 App 开发人员使用一种称为代码签名的技术，用自己的私人密钥对数字签名进行加密。当终端用户使用相应的公钥解密签名时，就能确认开发者的身份和代码的完整性。

PKI 的局限性

PKI 虽然是强大的安全问题技术解决方案，但也存在许多局限性，尤其是在 CA 方面。PKI 主要适用于保护通过互联网传输的信息，对于合法访问公司系统（包括客户信息）的内部人员（员工）则无效。然而大多数电子商务公司对客户信息的存储并不采用加密形式。PKI 在其他方面也具有明显的局限性。首先，如何保护私人密钥？大多数私人密钥都存储在不安全的台式机或笔记本电脑上。

PKI 不能保证使用电脑和私钥的人是其所有者。例如，你可能会丢失笔记本电脑或智能手机，从而丢失私钥。同样，PKI 也不能保证其他人不会使用你的个人身份证件（如社会保障卡），以你的名义获得经 PKI 验证的网络身份。如果没有现实世界的身份识别系统，就不可能有真正安全的互联网身份识别系统。根据数字签名法，私钥所有者即使不是实际使用者，也要对私钥的一切行为负责。这一点与邮购或电话订购中的信用卡规则大相径庭。在邮购或电话订购中，信用卡持卡人有权对信用卡收费提出异议。其次，PKI 不能保证商户的验证计算机是安全的。再次，CA 认证机构是用户自行选择的组织，目的是获得授权。对获得认证的公司或个人而言，他们选择的认证机构可能并不具有权威性。例如，一个 CA 怎么可能了解某个行业内的所有公司，并确定每个公司的合法性呢？不仅如此，CA 用来识别证书持有者的方法也值得商榷，仅通过填写在线表格的申请人的声明就能验证电子邮件交易吗？或许数字证书已经被黑客劫持了，黑客诱骗消费者提供个人信息。最后，撤销或更新证书的政策是什么？数字证书或私钥的预期寿命取决于使用频率和证书漏洞。然而，大多数 CA 都没有重新签发证书的政策，或者只有每年重新签发证书的政策。如果 Microsoft、Apple 或 Cisco 撤销一些 CA，数百万用户将无法访问网站。因此，CA 系统监管难度很大，成本高昂。

5.3.3　通信信道的安全

公钥密码学的概念通常用于确保通信信道的安全。

传输层安全性和 HTTPS

安全套接层（SSL）协议是实现互联网安全通信的最初协议，如今它已经被传输层安全（TLS）协议取代。TLS 是 SSL 的升级版，安全性更高。当用户收到来自 Web 服务器的信息时，他将通过安全通道与该服务器实现通信，这意味着他使用 TLS 建立了安全协商会话。（请注意，URL 会从 HTTP 变为 HTTPS。）**安全协商会话**是客户端与服务器的会话，在这一会话中，所请求文档的 URL、文档内容、表单内容以及交换的 cookie 都会被加密（见图 5.7）。例如，用户在表单中输入的信用卡号码将被加密。通过一系列握手和通信，浏览器和服务器交换数字证书并确定彼此的身份，决定最强的共享加密形式，然后使用商定的会话密钥进行通信。**会话密钥**是专为单次安全会话选择的唯一对称加密密钥。一经使用，就会永远消失。图 5.7 说明了这一过程。

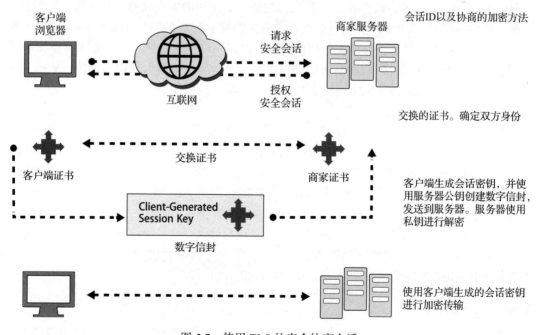

图 5.7　使用 TLS 的安全协商会话

实际上，大多数个人用户都没有数字证书。这种情况下，商家服务器就不会要求验证客户证书，但客户端浏览器会在服务器请求安全会话时要求验证商家证书。

TLS 为 TCP/IP 连接提供数据加密、服务器验证、可选客户端验证和信息完整性等保障。TLS 允许用户验证其他用户的身份或服务器的身份，从而解决了真实性问题。它还能保护所交换信息的完整性。但是，商家收到加密的信用卡和订单信息后，却往往将这些信息以未加密的格式存储在商家的服务器上。虽然 TLS 为商家和消费者之间的安全交易提供了保障，但它只保证服务器端的身份验证，而客户端验证是可选项。此外，TLS 不能保证不可抵赖性——消费者可以订购商品或下载信息类产品，然后声称自己从未交易过。TLS 的最新版本是 2018 年发布的 1.3 版。2020 年，大多数主要浏览器都取消了对旧版本 TLS 1.0 和 TLS 1.1 的支持。

TLS 是与 HTTPS 结合在一起使用的。HTTPS 是 HTTP 协议的安全版本，使用 TLS 进行加密和身份验证。它是通过服务器采用 HTTP 严格传输安全（HSTS）功能来实现的，该功能强制浏览器仅使用 HTTPS 访问服务器。如今，大约 80% 的网站使用 HTTPS 作为默认协议（W3techs.com，2022）。

虚拟专用网络

虚拟专用网络（VPN）允许远程用户使用各种 VPN 协议并通过互联网安全地访问局域网。VPN 使用身份验证和加密来确保信息不被未经授权的人员获取（从而提供保密性和完整性）。身份验证可以防止欺骗和假冒身份。远程用户可通过本地互联网服务供应商连接到远程的本地专用网络。VPN 协议可以建立从客户端到公司网络的链接，与用户在本地直接进入公司网络的感觉是一样的。将一个原本无法通过网络的 IP 报文封装到另一个允许通过的 IP 报文中，从而使原 IP 报文顺利通过的过程称为"隧道"。VPN 提供了安全的数据传输隧道服务，它通过给信息添加一个隐形包装来隐藏信息内容，从而创建了一个专用连接。当信息在互联网服务供应商和企业网络之间的互联网中传输时，它被封装在加密的包装器中，因此不会被窥探。

VPN 是"虚拟"的，因为在用户看来，它是一条专用的安全线路，而实际上它只是一条临时的安全线路。VPN 的主要用途是在各方之间建立安全的通信，如企业与其供应商，或企业与其远程工作的员工。与商业伙伴的专用连接一般比较昂贵，使用互联网和 VPN 作为连接方法，则可以大大降低安全通信的成本。由于远程工作的人数大幅增加，VPN 的使用率也急剧上升（AtlasVPN，2022）。

无线网络

通过无线（Wi-Fi）网络访问互联网有其特殊的安全问题。早期的 Wi-Fi 网络使用一种称为"有线等效保密"（WEP）的安全标准来加密信息。WEP 非常薄弱，很容易被黑客破解。作为 WEP 的替代标准，Wi-Fi 保护访问（WPA）随后被开发出来，它提供了更高的保护标准，但很快也变得易于入侵。2004 年推出的 WPA2，使用 AES 算法进行加密，并使用了更为先进的身份验证代码协议 CCMP。2018 年，负责监管 WPA 协议的行业组织 Wi-Fi 联盟宣布推出新一代协议 WPA3。WPA3 的密钥交换协议更为强大，物联网设备连接方式也更安全，它还具有针对公共网络的扩展加密功能。然而，即使是更新后的 WPA3 标准也存在漏洞，攻击者可以利用这些漏洞恢复密码（Kan，2019；Barrett，2018）。

5.3.4　网络保护

在尽力保护好通信之后，接下来要研究的是那些能够保护网络以及网络服务器和客户端的工具。

防火墙

防火墙和代理服务器的作用是在网络及其连接的服务器和客户端周围筑起一道墙，就像物理世界的防火墙一样，在有限的时间内保护民众免遭火灾。防火墙和代理服务器有一些相似的功能，但又存在很大不同。

防火墙是指根据安全策略过滤通信数据包并阻止某些数据包进出网络的硬件或软件。防火墙控制进出服务器和客户端的流量，禁止来自不可信来源的通信，允许来自可信来源的通信。从网络发送或接收的每一条信息都由防火墙处理，确定该信息是否符合企业制定的安全准则。如果符合，则允许发送；反之，则阻止发送。防火墙可以根据数据包属性过滤流量，例如源 IP 地址、目的端口或 IP 地址、服务类型（如 WWW 或 HTTP）、源域名等属性。大多数连接到互联网的局域网的硬件防火墙都有默认设置，几乎不需要管理员干预。这些防火墙采用简单而有效的规则，拒绝内部请求之外的数据包传入，只允许来自内部请求服务的服务器的连接。硬件防火墙（DSL 和线缆路由器）上的常见默认设置会直接忽略与 TCP 端口 445（最常见的受攻击端口）的通信。越来越多的家庭和企业互联网用户使用防火墙，这极大地降低了攻击的有效性，迫使黑客不得不关注如何利用电子邮件附件来传播蠕虫和病毒。

防火墙用于验证通信的方法主要有两种：数据包过滤器和应用网关。数据包过滤器检查数据包，以确定它们是指向禁止的端口还是源自禁止的 IP 地址（由安全管理员指定）。在确定信息是否可以传输时，过滤器专门查看来源信息和目的地信息，以及端口和数据包类型。数据包过滤方法的一个缺点是容易受到欺骗，因为它不负责身份验证。

应用网关是一种防火墙，它根据请求的应用程序而不是信息的来源或目的地来过滤通信。这一类防火墙也在应用层处理请求，应用层比数据包过滤器处理请求的位置离客户端计算机更远。应用网关提供了一个中央过滤点，因此比数据包过滤器的安全性更高，但系统性能会受到影响。

下一代防火墙采用以应用程序为中心的方法来控制防火墙。无论使用什么端口、协议或安全规避工具，它们都能够识别应用程序；不论用户使用什么设备或 IP 地址，它们也都能识别用户；它们还可以解密出站的 TLS 通信，实时防范嵌入应用程序的威胁。

代理服务器

代理服务器是一种软件服务器（通常是一台专用计算机），用于处理本地客户端源自互联网或发送到互联网的所有通信，充当组织的保镖。虽然有些代理服务器也充当防火墙，但代理的作用主要是限制内部客户端访问外部互联网的服务器。代理服务器有两个网络接口，因此有时也被称为双主系统。对于内部计算机而言，代理服务器被称为网关，而对于外部计算机而言，它则被称为邮件服务器或数字地址。

当用户在内部网络请求访问网页时，该请求首先被传送给代理服务器。代理服务器对用户和请求的性质进行验证，然后将请求发送到互联网。由外部互联网服务器发送的网页首先传递到代理服务器，只有检测合格，该网页才会被传递到内部网络的 Web 服务器，然后再发送到客户端桌面。通过禁止用户直接与互联网通信，公司可以限制访问色情、拍卖或股票交易之类的网站。代理服务器还通过在本地存储频繁请求的网页来提高网络性能，从而减少上传时间，并且隐藏内部网络的地址，使黑客更难监控。图 5.8 说明了防火墙和代理服务器如何保护局域网免受黑客的攻击，并防止内部客户访问被禁止的 Web 服务器。

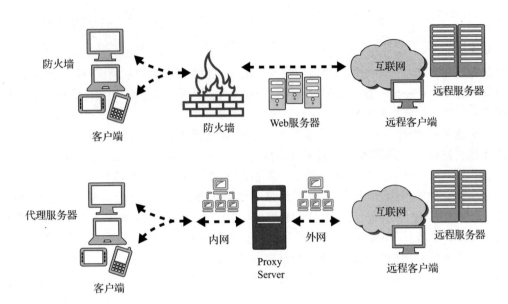

图 5.8 防火墙和代理服务器

入侵检测和防御系统

除了防火墙和代理服务器之外，还可以安装入侵检测和／或防御系统。**入侵检测系统**（IDS）检测网络流量，观察它是否与攻击指示的特定模式或预先配置的规则相匹配。如果检测到可疑活动，IDS 将发出警报，提醒管理员，并将事件记录在数据库中。IDS 可用于检测防火墙可能遗漏的恶意活动。**入侵防御系统**（IPS）具有 IDS 的所有功能，除此之外，还具有采取措施来防止和阻止可疑活动的能力。例如，IPS 可以终止会话并重置连接，阻止来自可疑 IP 地址的流量，或重新配置防火墙或路由器的安全控制功能。

5.3.5　服务器和客户端保护

利用操作系统的安全升级特性和防病毒软件有助于进一步保护服务器和客户端免受某些类型的攻击。

操作系统和应用程序软件的安全增强功能

最常见的保护服务器和客户端的方法是利用计算机安全功能的自动升级。Microsoft、Apple 和 Linux/UNIX 操作系统会不断升级，以修补黑客发现的漏洞。操作系统的补丁程序是自主的，也就是说，当在互联网上使用这些操作系统时，系统会提示并通知用户操作系统的增强功能已可用，用户可以轻松地免费下载这些安全补丁。只要及时更新服务器和客户端操作系统及应用程序，就可以预防常见的恶意软件。应用程序漏洞也可以这样修复。例如，大多数常见的浏览器都是自动更新的，几乎不需要用户干预。尽管软件自动更新是保护用户的重要方法，但它并非万无一失。近年来，所谓的软件供应链攻击的发生频率越来越高，在这种攻击中，黑客以开发环境为目标，感染软件，然后由最终用户下载。

防病毒软件

防止系统完整性受到威胁的最简单、最廉价的方法是安装防病毒软件。Malwarebytes、McAfee、Norton AntiVirus 和其他公司的防病毒软件提供了便宜的工具，可以在最常见的恶意代码进入计算机时识别并清除它们，同时摧毁那些已经潜伏在硬盘上的恶意代码。反病毒程序可以在用户点击电子邮件附件前进行检查，如果附件中含有已知的病毒或蠕虫病毒，就会进行清除。不过，仅仅安装防病毒软件是不够的。由于每天都会产生和发布新病毒，就需要每天例行更新软件，以防止新病毒被加载到软件中。一些高级防病毒软件甚至每小时更新一次。

杀毒软件包和独立程序可用于消除僵尸程序、广告软件和其他安全风险。这类程序的工作原理与杀毒软件类似，它们会查找公认的黑客工具或已知入侵者的签名。

5.4　管理策略、业务流程和法律

2022 年，全球范围内的公司预计将在安全硬件、软件和服务上花费约 3000 亿美元，比上一年增长约 15%（Braue, 2021）。大多数首席执行官和首席信息官认为，技术并不是管理电子商务安全风险的唯一答案。技术只是提供了基础保障，如果缺乏明智的管理策略，再好的技术也很容易被击败。所以，还需要制定公共法律并认真执行网络犯罪法规，这样才能提高网络非法行为的成本，同时也能防止企业滥用信息。让我们简单地了解一下管理政策的发展。

5.4.1　安全计划：管理策略

为了最大限度地减少安全威胁，电子商务公司必须制定一套协调一致的策略。该策略应考虑到风险的性质、哪些信息资产需要保护、应对风险所需的流程和技术以及相应的实施和审计机制。图 5.9 说明了制订可靠的安全计划的关键步骤。

安全计划的制订从**风险评估**开始，风险评估是指对风险和脆弱性的评估。首先需要梳理电子商务网站和公司的信息及知识资产。哪些信息存在风险？是客户信息、专有设计、商业活动、机密流程还是诸如价格表、高管薪酬或工资单之类的其他内部信息？对于每种类型的信息资产，需要评估如果这些信息被泄露，公司可能遭受的损失金额，然后将该金额乘以损失发生的概率。完成之后，对结果进行排序。这样，一份按照对公司价值大小排序后的信息资产列表就形成了。

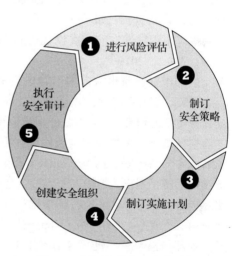

图 5.9　制订电子商务安全计划

根据风险的量化列表，就可以开始制订**安全策略**了。安全策略是一整套陈述，明确了信息风险的优先次序、可接受的风险目标以及实现这些目标的机制。显然，你需要从风险评估中最高优先级的信息资产入手。公司内谁生成和控制这些信息？当前有哪些安全策略用来保护这些信息？为提高这些最宝贵的资产的安全性，你建议采取哪些改进措施？每项资产可接受的风险等级是什么？例如，你是否愿意每 10 年丢失一次客户信用卡数据？抑或你追求的是可抵御百年飓风的战略，需要为信用卡数据建造一座能够抵御百年一遇灾难的安全堡垒？那就得估算一下，要实现这种级别的风险水平，你要付出多少成本。请谨记：十足的安全需要非同寻常的财政资源支持。回答完这些问题，你就有了安全策略的雏形。

接下来要考虑**实施计划**——实现安全计划目标的步骤。具体来说，你必须确定如何将可接受的风险水平转化为一系列工具、技术、策略和流程。为实现目标，你将部署哪些新技术，需要哪些新的员工机制？

要实施你的计划，就需要负责安全的组织部门以及负责日常安全事务的管理人员。对于小型电子商务网站来说，安全管理人员可能是负责网络服务的人或者网站经理，而对于大型公司来说，通常会有一个专门的团队，并有相应的预算。**安全管理部门**要对用户进行教育和培训，保证管理层随时了解安全威胁和故障，并维护安全实施工具。

安全管理部门通常对访问控制、身份验证和授权策略进行管理。**访问控制**决定了哪些外部人员和内部人员可以合法访问你的网络。外部访问控制包括防火墙和代理服务器，而内部访问控制通常是登录机制（用户名、密码和访问代码）。零信任（ZT）是一种流行的网络安全框架，其基本原则是保持严格的访问控制，默认情况下不信任任何人或事务，即使是身处公司防火墙后面的员工（Gerritz，2020）。

身份验证机制包括使用数字签名、授权证书、PKI 和多因素身份验证（MFA）工具，这些工具要求用户使用多个凭据验证身份。身份验证凭据包括用户知道的内容，例如密码、智能手机或 YUBIkey USB 设备等用户所有物以及用户的身体特征等生物特质。**双因素身份验证（2FA）**是 MFA 的一个子集，验证需要两个凭据。许多 MFA 系统使用手机，包括向手机发送一次性动态安全密码，或向手机上的应用程序推送身份验证请求，用户可以通过内置的生物识别验证器（如 Touch ID）进行确认。不过，MFA 工具仍然可能受到 Trickbot（可以拦截应用程序发送的一次性代码）等恶意软件、网络钓鱼以及其他方法的攻击（Allison，2020；Wolff，2019）。

生物识别设备也可以用于验证与个人相关的物理属性，例如面部、指纹或视网膜（眼睛）扫描以及语音识别，并且通常是多因素认证系统的一部分（**生物识别**是对可测量的生物或物理特征的研究）。例如，公司可以要求个人在获准访问网站或使用信用卡支付商品货款之前扫描指纹。生物识别设备使黑客更难侵入网站或设备，大大降低了电子欺诈的可能性。较新版本的 Apple 手机（iPhone5S 及更高版本）在主页按钮中内置了一个名为 Touch ID 的指纹传感器，用户无须输入密码或其他安全代码就能解锁手机和授权购物。该系统并不存储实际指纹，而是存储生物特征数据，这些数据加密后，仅仅存储在 Apple 手机的芯片上，不会向第三方提供。2017 年，Apple 公司推出了 Face ID，这是一种面部识别系统，用户可以通过面部扫描登录手机。与 Touch ID 一样，该系统是可选使用项，扫描的数据仅存储在云端。尽管如此，该系统还是引发了一系列安全和隐私问题。有关生物识别技术的进一步研究，请参阅下面的"商务洞察"案例。

商务洞察：生物识别技术是电子商务安全的解决方案吗

随着电子商务的不断发展，其在整个商业中所占的份额不断增加，网络犯罪分子也随之增多。消费者即使在网上采取了必要的防范措施，还是容易遭遇身份盗用和其他形式的网络犯罪。黑客已经深谙绕过传统在线验证技术的技巧，包括窃取信用卡号码、密码和安全问题的答案。然而，生物识别安全有望彻底改变用户验证方式，可能会使身份窃贼当前使用的许多方法成为"过时的工具"。

生物识别技术是指根据每个人的指纹、脸型、眼睛虹膜内的图案等独有的生理特征来识别个人身份。其他识别方法包括语音识别、心律分析甚至手掌静脉图案分析等。传统的信用卡系统使用信用卡等物理代币，同时使用密码、PIN 号和安全问题等私人知识，而生物识别系统使用物理属性来验证身份，理论上，罪犯更难伪造身份。你可能会忘记密码，但不会忘记自己的脸。电子商务公司对生物识别技术的潜力感到兴奋，因为它能将因忘记密码而放弃的购物车商品数量减少高达 70%。Juniper Research 预测，随着生物识别身份验证取代传统的密码验证成为最常见的支付方式，使用生物识别技术验证的移动支付交易金额将从 2022 年的 3320 亿美元增加到 2027 年的 1.2 万亿美元。

使用生物识别技术的想法由来已久，但直到智能手机等普遍使用的技术变得足够先进，才使这一想法得以实现。毫无疑问，Apple 是这一领域的领军企业，首先在前几代 iPhone 上提供了 Touch ID 指纹验证，后来随着 iPhone X 的上市，又推出了 Face ID 功能。Face ID 使用先进的摄像头，用 30 000 个隐形点创建用户面部的三维模型。这个模型随后会被加密并存储在本地，而且永远不会上传到网上，从而进一步防止被盗。Face ID 已取代 Touch ID 成为 Apple 手机解锁和支付的首选方法，Apple 公司称其误判率约为百万分之一，与 Touch ID 的五万分之一相比，有了显著提高。Face ID 现在也适用于 iPad Pro。

其他智能手机制造商正在竭尽全力追赶 Apple。Samsung 为其 Galaxy S9 和 S9+ 手机推出了一项名为智能扫描的功能，该功能将虹膜扫描和面部扫描整合在一个系统中。Samsung 在其 S10 和 S20 智能手机中将智能扫描系统替换为简单的面部识别系统。与 Apple 的 Face ID 相比，Samsung 的这两个系统采用简单的二维摄像头进行面部识别，安全性不如 Face ID。

信用卡公司和各家银行也在开发自己的生物识别解决方案。2019 年，Mastercard 推出了一项名为"Mastercard 身份检查"的功能，非正式名称为"自拍支付"——用户在进行信用卡交易时只需快速自拍就能确认身份。2022 年 5 月，Mastercard 在此前努力的基础上推出了一

项新的生物识别结算计划，这一计划使用了具有首创性的技术框架，涵盖银行、商家和技术供应商可以遵守的一系列标准，以确保人们在进行生物识别支付时个人数据的安全性和隐私性。欧盟的《支付服务指令 2》要求银行为客户提供强有力的身份验证服务，其中至少包括三个要素中的两个：客户知晓的信息（密码或 PIN 码）、客户拥有的物品（手机或硬件令牌）以及客户身体的部位（指纹或面部识别）。

毫无疑问，网络犯罪分子会全力克服生物识别技术带来的挑战。生物识别技术的破解难度很大，因为密码容易更改，但是脸、指纹或虹膜却不能轻易被更改。研究人员声称能够使用面具通过 Face ID 解锁 iPhone，虽然采用这项技术不具有成本效益，但它确实证明了理论上的可行性。生物识别只能保证试图使用某项服务的人与注册该服务的人是同一个人，但当用户注册服务时，仍然需要一个可信的机构来确认身份。面部识别和其他生物识别技术也存在隐私问题。在欧盟，面部识别图像不得用于调查公民的私生活。在执法部门是否可以强制用户使用生物识别信息解锁手机的问题上，法律先例也是莫衷一是。但显然，对于传统上更受保护的设备，是不能强迫用户提供密码的。

行为生物识别技术是一种新兴的方法，可以克服生物识别技术的某些局限性，它可以测量和分析人类的活动模式，为每个用户生成独特的个人资料档案。使用行为生物识别技术的系统可以分析按键模式（包括按键速度、按键压力和手指定位）以及 IP 地址和地理位置等信息。一旦为用户建立了个人档案，当系统检测到识别信息与该档案的偏差足够大时，就会触发警告。BioCatch 等公司正在提供行为生物识别解决方案，允许零售商和银行为用户建立这类档案，并准确检测欺诈行为。然而，行为生物识别技术并不能平息人们对隐私侵

犯的担忧。智能手机用户有必要确认一下，　　同样重要的隐私问题。
生物识别技术带来的巨大好处是否超过了

安全令牌是一种物理设备或软件，可生成一个标识符，作为密码的补充或替代。上百万个公司和大量政府工作人员使用安全令牌登录公司客户端和服务器。例如，RSA 的 SecurID 令牌可以连续生成六位数的密码。

授权策略针对不同级别的用户制定了不同的信息资产访问权限。授权管理系统规定了允许用户访问网站的时间、地点和内容范围。安全令牌和授权策略的主要功能是限制访问公司内网的私人信息。尽管目前有许多可用的授权管理产品，但大多数的运行方式相同。系统对用户会话进行加密，生成一个类似通行密钥的函数，跟随用户从一个页面访问到另一个页面，根据系统数据库中设置的信息，只允许用户访问那些获准进入的区域。通过预先为每个用户建立进入规则，授权管理系统就可以随时知道哪些人可以访问哪些地方。

制定电子商务安全计划的最后一步是执行安全审计。**安全审计**包括对访问日志的例行审查（确定外部人员如何使用网站以及内部人员如何访问网站资源）。安全审计要形成月度报告，反映对系统的常规和非常规访问，并识别出异常活动模式。如前所述，大公司经常利用道德黑客来评估其现有安全程序的强度。过去五年里，涌现出许多提供这类服务的小型公司。

5.4.2　法律和公共政策的作用

现在的公共政策环境与电子商务发展早期大不相同。如今的互联网不再是一个无人管理、无人监督、自我控制的技术巨兽。人们越来越认识到，与过去 70 年的金融市场一样，只有制定一系列强有力的法律和执行机制，电子商务市场才能更好地发挥作用。这些法律有助于确保市场有序，合理公平。这种不断发展的公共政策环境与电子商务一道，正朝着全球化方向发展。尽管美国的电子商务公司遭受了一些瞩目的国际性攻击，但是重大恶性攻击的发起组织和参与人员还是能够被发现，并在可能的情况下受到起诉。

在识别黑客犯罪和协助执法方面，志愿者和个人努力发挥了很大作用。1995 年以来，电子商务变得日益重要，国家和地方的执法活动大幅扩大。新通过的法律为国家、州以及地方政府提供了识别、追踪和起诉网络罪犯的新工具和机制。例如，大多数州现在要求维护居民个人数据的公司在发生影响居民的安全漏洞时要公开披露，一些州还要求企业在处理个人信息时应实施数据安全规范。例如，纽约的《SHIELD 法案》为存储此类信息的营利性和非营利性企业制定了最低安全要求（Brumfield，2020）。表 5.5 列出了一些重要的联邦电子商务安全立法和法规。此外，联邦贸易委员会（FTC）也宣称有权监管企业的数据安全行为。2002 年至 2021 年间，联邦贸易委员会针对公司的数据安全行为提起了 80 起诉讼（Federal Trade Commission，2021）。

表 5.5　电子商务安全立法与监管

法律 / 法规	重要性
计算机反欺诈和滥用法（CFAA）	打击包括黑客在内的计算机犯罪的主要联邦法规
电子通信隐私法（ECPA）	对于访问、拦截或泄露他人私人电子邮件通信的个人处以罚款和监禁
国家信息基础设施保护法（NIIPA）	规定 DoS 攻击为违法行为，创建国家基础设施保护中心
健康保险流通和责任法案（HIPAA）	要求某些医疗机构报告数据泄露
金融服务现代化法案	要求某些金融机构报告数据泄露

（续）

法律 / 法规	重要性
网络空间电子安全法（CESA）	减少出口限制
计算机安全加强法案（CSEA）	保护联邦政府系统免受黑客攻击
全球及全国商务电子签名法	授权在法律文件中使用电子签名
美国爱国者法	授权对可疑恐怖分子进行计算机监视
国土安全法（HSA）	授权成立国土安全局，负责制定美国关键资源和关键基础设施的国家安全全面计划；国土安全局成为网络空间安全工作的中央协调部
反垃圾邮件法	尽管主要是针对垃圾邮件发送者的民事和监管诉讼机制，但也规定了几种新的刑事犯罪，旨在处理行为人采取措施向收件人、互联网服务供应商或执法机构隐瞒其身份或垃圾邮件来源的情况；还包括对发送色情电子邮件却未加以说明的行为的刑事制裁
美国网络安全法案	提高联邦贸易委员会为间谍软件、垃圾邮件、网络欺诈和欺骗案件中受害的消费者进行金钱补偿的能力；同时提高联邦贸易委员会收集信息并与外国同行协调调查的能力
改善关键基础设施网络安全行政命令	该命令指示联邦政府与那些可能成为目标的私营企业共享网络安全威胁情报，并为私营企业制定实施网络安全的框架，其中包括最佳实践和自愿标准
网络共享信息共享法案（CISA）	鼓励企业和联邦政府为了国家安全利益而共享网络威胁信息

2001 年 9 月 11 日之后，国会通过了《爱国者法》，极大地增强了执法部门的调查和监管权力。该法案规定可以对电子邮件和互联网的使用进行监控。《国土安全法》还试图打击网络恐怖主义，并提高政府强制计算机和 ISP 来源披露信息的能力。2015 年，《网络安全信息共享法案》（CISA）签署成为法律。该法案创建了一个系统，允许公司共享有关攻击的证据，而不会面临被起诉的风险。

私营机构和公私合作的努力

令人高兴的是，在互联网安全的斗争中，电子商务公司并非孤军奋战。许多公共组织和私营机构都在致力于追踪那些攻击互联网和电子商务公司的犯罪组织和个人。在联邦层面，美国国土安全局（DHS）的网络安全与通信办公室（CS&C）负责监督美国网络和通信基础设施的安全性、复原性和可靠性。国家网络安全与通信集成中心（NCCIC）是一个全天候的网络监控和事件响应的管理中心。此外，国土安全局还管理着美国计算机应急准备小组（US-CERT），负责协调政府和私营部门的网络事件预警和响应。卡内基·梅隆大学的 CERT 协调中心（前身为计算机应急小组）是一个比较知名的私营组织。CERT 监控和追踪那些向他们求助的私营公司和政府机构报告的在线犯罪活动。CERT 由全职和兼职计算机专家组成，尽管互联网错综复杂，但他们仍然能够追踪到攻击网站的源头。其工作人员还协助各类组织发现安全问题、制定解决方案，并就广泛存在的黑客威胁与公众沟通。CERT 协调中心还提供产品评估、报告和培训，以提高公众对安全威胁和解决方案的认识和理解。

5.5 电子商务支付系统

现有的现金、信用卡、借记卡、支票账户和储值账户等支付方式，已经能够适应大多数的线上交易环境。但由于存在一些明显的局限性，人们努力尝试开发一些替代方案。此外，新型买卖关系（如个人之间的线上交易）和新技术（如移动平台的发展）也为新支付系统的发展创造了需求和机遇。在本节中，我们将简要介绍目前使用的主要电子商务支付系统。

表 5.6 列出了 2022～2023 年电子商务支付的一些主要趋势。

表 5.6　2022～2023 年电子商务支付的主要趋势

- 信用卡和 / 或借记卡支付仍然是网络支付的主要形式。
- 由于新冠疫情，网络支付量激增。
- 移动支付的使用率和支付量飙升。
- PayPal 仍然是最受欢迎的替代网络支付方式。
- Apple、Google 和 Samsung 扩大了在移动支付 App 方面的影响力。
- 网络支付市场日益融合：大型银行通过 Zelle 等应用程序进入移动钱包和 P2P 支付市场，而 Apple 公司则推出了信用卡。
- Venmo、Zelle 和 Square Cash 等移动 P2P 支付系统正在兴起。大多数移动钱包也提供 P2P 支付。
- 先买后付（BNPL）服务越来越受欢迎。
- 尽管价格暴跌，人们对比特币等加密货币的兴趣以及对其安全性的担忧都在增加。

2022 年，网络支付市场规模超过 1 万亿美元。网络支付数量因新冠疫情而激增，专家预测，即使疫情过去了，这一趋势也将持续。从事网络支付业务的机构和商业公司（主要是大型银行和信用卡公司）通常按照交易额的 2%～3% 提取服务费，每年约实现 200～300 亿美元的收入。鉴于市场规模，网络支付市场的竞争十分激烈。预计新的网络支付形式将在市场规模增长中占据相当大的比重。

在美国，网络支付的主要形式仍然是现有的信用卡和借记卡系统。根据美联储的一项调查，借记卡和信用卡仍然是最受欢迎的支付方式（Cubides and O'Brien，2022）。替代支付系统包括用于向零售店、网络商家、供应商和 P2P 支付的 PC 端及移动端应用程序。几乎所有的替代支付系统都依赖于传统的银行和信用卡机构来存储资金和提供信贷。替代支付系统的供应商一般同时提供 PC 端网络支付系统和移动钱包 App。例如，PayPal 是美国电子商务交易中使用最广泛的网络支付应用程序，它还提供一款用于向供应商和 P2P 支付的移动钱包 App。移动钱包 App 是增长最快的替代支付系统形式，据估计，2022 年有 41% 的美国智能手机用户（约 1 亿人）使用此类 App（Insider Intelligence/eMarketer，2022a）。

5.5.1　在线信用卡交易

信用卡和借记卡是网络支付的主要形式，因此很有必要了解这种支付系统的工作原理及优缺点。在线信用卡交易的处理方式与实体店的信用卡消费方式大致相同，主要的区别在于线上商家永远看不到实际使用的信用卡，不会复印卡，也无需签名。在线信用卡交易最接近电话订购（MOTO）交易。这些购买方式称为持卡人不在场（CNP）交易，"不在场"也是消费者事后对收费提出异议的主要原因。因为商家从未见过信用卡或收到过消费者签署的付款协议，所以当争议出现时，即使商家已经发货或消费者已经下载了数字产品，商家也可能面临交易被拒绝和撤销的风险。

图 5.10 说明了使用信用卡进行电子交易的过程。在线信用卡购买涉及五方：消费者、商家、结算中心、商家银行（有时称为"收单银行"）和消费者的发卡银行。为了接受信用卡支付，在线商家必须与银行或金融机构建立商家账户。**商家账户**只是一个银行账户，允许公司处理信用卡付款并从这些交易中收取佣金。

如图 5.10 所示，在线信用卡交易始于购买 ❶。当消费者想要购买商品时，会将商品添加到购物车中。当消费者为购物车中的商品付款时，就会使用 TLS 创建一个安全的互联网隧道。通过加密，TLS 可确保发送给商家的信用卡信息的会话是安全的，并保护信息不被互联网上的不法分子使用 ❷。TLS 不对商家或消费者进行身份验证，交易双方必须相互信任。

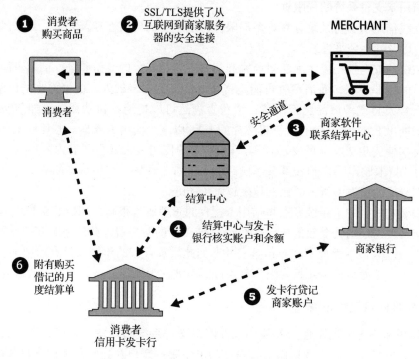

图 5.10　在线信用卡交易的工作原理

一旦商家收到消费者的信用卡信息，商家软件会与结算中心联系 ❸。如前所述，结算中心是一个金融中介，用于验证信用卡并核实账户余额。

结算中心联系消费者发卡银行核实账户信息 ❹。核实无误后，发卡银行将款项记入商家在商家银行的账户（通常是在夜间分批进行）❺。消费者账户的借记额将通过月结单传送给消费者 ❻。

信用卡电子商务的推动者

对于想要从事网络交易的公司而言，获得商家账户只是第一步，拥有账户的公司还需要购买或开发处理网络交易的工具。如今，互联网支付服务供应商（有时也称为支付网关）可以向企业供应商家账户及其处理在线信用卡交易所需的软件工具。

例如，Authorize.net 是一家网络支付服务供应商，与一些商家账户供应商是合作伙伴。Authorize 可以帮助商家在这些合作伙伴那里建立安全账户，并提供安装在商家服务器上的支付处理软件。该软件从商家的网站上收集交易信息，然后通过 Authorize.net 的"支付网关"将信息传送到相应的银行，确保消费者获得授权以进行购物。交易资金随后转入商家的商家账户。其他网络支付服务供应商包括 Cybersource、Stripe 和 Square。

PCI-DSS 的合规性

PCI-DSS（支付卡行业数据安全标准）是由五大信用卡公司（Visa、Mastercard、American Express、Discover 和 JCB）制定的数据安全标准。不过，PCI-DSS 并不是一项法律或政府规定，而是一个行业强制性的标准。每个在线商家必须依据适当的 PCI-DSS 级别来接受信用卡支付。那些未能遵守并涉及信用卡数据泄露的商家最终可能会面临罚款并需要缴纳其他费用。PCI-DSS 有不同的级别，级别设定与商家每年处理的信用卡和 / 或借记卡数量有关（PCI Security Standards Council，2019）。

在线信用卡支付系统的局限性

现有在线信用卡支付系统存在许多局限性，最主要的局限性涉及安全、商家风险、管理和交易成本以及社会公平性。

现有系统的安全性很差，无法对商家和消费者进行充分的身份验证。商家可能是专门收集信用卡号的犯罪组织，而消费者可能是盗窃或伪造信用卡的人。商家面临的风险也很高。即使商品已经发货或者产品已经下载，消费者仍然可以拒绝支付费用。正如前文所述，信用卡公司已推出 EMV 卡（带有计算机芯片的卡），以减少信用卡欺诈。芯片用于存储账户数据，并为每次使用生成唯一的交易代码。EMV 卡的使用大大减少了店内购物的信用卡欺诈行为（称为"持卡欺诈"）。但犯罪分子已经加大了对非现场卡交易欺诈的关注，这种欺诈在信用卡欺诈造成的损失中所占的比例越来越大（Mullen，2021）。

商家安装在线信用卡系统并获得信用卡授权的管理成本很高，相应的交易成本也不容小觑，每笔交易大约是购买金额的 3% 外加 20～35 美分的交易费，此外还有其他设置费用。

信用卡看起来似乎无处不在，但事实并非如此。数百万的年轻人没有信用卡，还有近 1 亿美国成年人由于无力负担还款或因为收入过低而被视为风险较高，从而无法获得信用卡。

5.5.2 替代性网络支付系统

在线信用卡系统的局限性为其他替代性网络支付系统的开发开辟了道路。其中最主要的是 PayPal，它使个人和企业能够通过自己的电子邮件账户在指定限额内支付和接收款项。PayPal 是一种**在线储值支付系统**，它允许消费者使用他们的银行账户或信用卡 / 借记卡向商家和其他个人进行网络支付。PayPal 系统应用于全球 200 多个国家，以所在国家现有的金融基础设施为基础：你可以通过绑定信用卡、借记卡或支票账户来建立 PayPal 账户，用于网络交易的资金收取或支付。在使用 PayPal 付款时，可以通过电子邮件将付款发送到商家的 PayPal 账户，然后 PayPal 将金额从你的信用卡或支票账户转移到商家的银行账户。PayPal 的优点在于，用户之间不必共享个人信用卡信息，而且即使金额很小，个人之间也可以基于 PayPal 支付。不过，PayPal 也存在使用成本相对较高的问题。例如，当使用信用卡作为 PayPal 的资金来源进行付款时，根据交易类型的不同，PayPal 会额外收取付款金额 1.9% 到 3.49% 不等的费用，外加每笔交易的少量固定费用（通常为 0.49 美元）。然而，截至 2022 年，PayPal 仍在替代支付领域占据主导地位，拥有超过 4.25 亿活跃消费者用户和 3400 万活跃商家账户（PayPal Holdings，Inc.，2022）。

尽管 PayPal 是目前最为知名和常用的在线信用卡 / 借记卡替代支付工具，但用户还有其他的选择。如果消费者不愿意将自己的信用卡信息委托给不熟悉的网络零售商，那么可以选择 Amazon Pay。Amazon 提供支付处理服务，消费者可以选择 Amazon 账户提供的支付方式，在非 Amazon 网站上购买商品和服务时，无需在商家网站上重新输入支付信息。Meta Pay（前身为 Facebook Pay）是一种允许用户直接从银行和信用卡转账的服务，用于在商家购物以及收发汇款。用户输入他们首选的付款方式，然后 Meta 保存这些信息以供将来的交易使用。Visa Checkout 和 Mastercard 的 MasterPass 在网上结账时，以用户名和密码代替实际支付卡号。许多大型支付处理商和网络零售商都支持 MasterPass 和 Visa Checkout。不过，它们的使用率尚未达到 PayPal 的水平。

先买后付（BNPL）是允许消费者购买产品并分期付款的平台服务。自这类服务首次推出以来，BNPL 的支付金额从 2019 年的 65 亿美元增加到 2022 年的 750 亿美元以上。在美国，有近 8000 万人使用 BNPL 服务。受欢迎的供应商包括拥有约 3500 万用户的 Klarna 和拥有约 2000 万用户的 Afterpay（Insider Intelligence/eMarketer，2022b）。

5.5.3　移动支付系统：智能手机钱包

移动支付系统是增长最快的替代支付方式之一。移动设备支付在亚洲和欧洲许多国家（如丹麦、挪威、意大利和荷兰）已经得到广泛应用，在美国也越来越普及。美国已经建成了支持移动支付的基础设施。移动支付涉及使用移动设备实现的各种支付形式，包括账单支付、网络购物、实体店购物和个人对个人的支付。移动钱包（有时也称为数字钱包）是一种智能手机 App，可存储借记卡、优惠券、发票、代金券以及传统钱包中可能存在的其他支付手段。

移动钱包 App 主要分为三种类型：通用近场支付钱包、品牌商店近场支付钱包和 P2P（个人对个人）移动支付 App。**通用近场支付钱包**，如 Apple Pay、Google Pay 和 Samsung Pay，是最常见的类型，可以在支持这一服务的商家的销售网点交易中使用。**品牌商店近场支付钱包**是指只能在单一商家使用的移动 App。例如，Walmart、Target、Starbucks 和 Dunkin'都拥有非常成功的移动钱包 App。2022 年，在美国约有 1 亿人使用通用和品牌近场支付移动 App（Insider Intelligence/eMarketer，2022a）。**P2P 移动支付 App**，如 Venmo、Zelle 和 Square Cash，用于个体之间的支付，前提是双方都使用同一款 App。2022 年，在美国约有 1.5 亿人使用移动钱包（Insider Intelligence/eMarketer，2022c）。图 5.11 显示了领先的通用近场支付移动钱包 App 和 P2P 支付 App 的市场渗透率和用户数量。

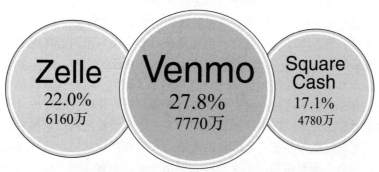

图 5.11　移动钱包 App 的使用情况

2022 年，美国的移动近场支付 App（包括通用和品牌商店）预计将处理约 4150 亿美元的支付，比 2021 年增长 40% 以上。美国 P2P 移动支付 App 的交易价值预计将更高，2022 年将达到近 1.1 万亿美元（Insider Intelligence/eMarketer，2022a，2022c）。

移动支付虽然是持续增长最快的支付方式，但它在美国整体支付市场中仅占很小一部分。美国支付市场由信用卡、借记卡、自动账单（称为 ACH 支付）和支票支付组成（Federal Reserve System，2021）。尽管 Starbucks、Walmart 和 Target 等全国性零售商的品牌近场支付 App 非常成功，而且在使用人数，特别是店内实际使用率的增长速度方面比 Apple Pay、Google Pay 和 Samsung Pay 更占优势，但消费者仍然乐于使用信用卡和借记卡。在 P2P 支付方面，领先的 App 有 Venmo（由 PayPal 拥有）、Zelle（由近 1 万家美国金融机构提供）和 Square Cash（由 Square 拥有，该公司是推出 Square Reader 的先驱，该设备使拥有智能手机或平板电脑的任何人都能够接受信用卡支付）（Insider Intelligence/eMarketer，2022c；Zelle，2022）。关于移动支付的详细信息，请参阅本章章末的案例研究。

近场通信（NFC）是通用近场移动钱包的主要支持技术，而品牌商店的近场移动钱包则通常使用二维码技术。NFC 是用于在相距约 2 英寸（50 毫米）范围内共享信息的近距离无线技术。NFC 设备可以是有源的，也可以是无源的。连接需要一个支持 NFC 技术的设备（启动器，如智能手机）和一个目标设备（如商家的 NFC 阅读器，用来响应启动器的请求）。NFC 目标设备可以是标签、贴纸、钥匙扣或读卡器等非常简单的形式。当两个设备都有电时，就可以进行 NFC 点对点通信。消费者只要在商家的读卡器附近刷一下配备 NFC 功能的手机，即可完成支付。Apple Pay 和 Google Pay 都使用的是 NFC 技术，而 Samsung Pay 则同时使用 NFC 和类似于信用卡磁条上使用的磁性安全传输技术。移动 App 基于快速响应码技术生成包含编码信息的二维码（QR 码），商家扫描二维码后，支付金额就会从捆绑了用户信用卡或借记卡的移动钱包中扣除。Walmart Pay、Starbucks Pay、Target Pay、Dunkin' 和其他一些零售商的支付服务都使用了二维码技术。

5.5.4　区块链和加密货币

区块链是一种技术，使得组织能够在没有中心机构的情况下，在网络上即时创建和验证交易。传统上，各组织在自己的数据库中维护自己的交易处理系统，并使用这些交易记录跟踪订单、付款、生产计划和发货。例如，当你在网上下订单时，订单记录就会被输入到交易数据库中。随着订单在公司的工厂、仓库、发货和付款流程中的流转，初始记录会逐渐扩展，追加记录有关该笔订单的所有信息。你可以将订单记录看作为每笔订单创建的信息块，随着公司处理订单的深入，这个信息块会随着时间推移而不断扩大。当整个流程结束，订单完成并付款后，就会形成一个与初始订单相关联的信息块（或链接记录）链。

区块链以多种方式改变了这一流程，但交易全过程仍由一系列信息块组成，这一基本理念不变。**区块链系统**并不在单一组织的数据库中运行，相反，它是一种在分布式共享数据库中运行的交易处理系统。该系统由分布式计算机网络（称为点对点计算机网络）组成。与传统数据库不同，分布式账本通过点对点架构进行管理，没有集中式数据库。它在本质上是去中心化的，通常被称为分布式账本。区块链维护着一个不断扩展的记录列表，称为区块。每个区块都包含一个时间戳和与前一个区块的链接。一旦数据块被记录在区块链分类账上，就无法进行修改。当有人想要添加一笔交易时，网络中的所有参与者（每个人都有当前区块链的副本）都会运行算法来评估和验证提交的交易。仅仅几秒或几分钟，合规的分类账更改就会被记录到整个区块链上，并通过加密技术保护记录。图 5.12 说明了区块链系统的基本概念。

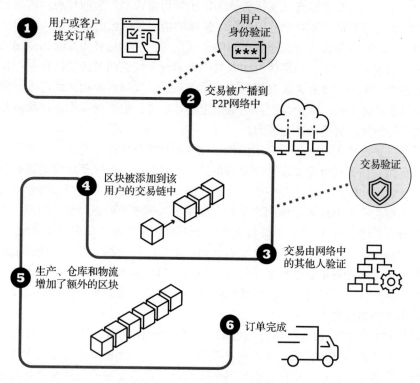

图 5.12　区块链的工作原理

在分布式交易数据库中共享交易信息存在多种风险。个人或公司可能进行虚假交易或更改现有交易。假冒者可能谎称产品已发货，实际上却并未发货。运用加密技术可以降低这些风险，由于需要加密信息并验证参与者的身份，区块链系统得以应用并产生了吸引力，因为它确保只有合法参与者才能输入信息，信息必须通过验证才能被接受。交易一旦被记录下来，就无法更改。

使用区块链数据库的公司优势明显：区块链网络从根本上降低了验证用户和验证交易的成本，以及公司存储和处理交易信息的风险。飓风或地震也许会破坏某个公司的私有数据库，但这些灾害只会干扰 P2P 网络中的单个节点，而记录仍然保存在其他所有节点上。成千上万的公司再也不用预先建立自己的私有交易系统，然后再与供应商、承运商或金融机构整合了。区块链为参与企业提供了一个统一、简单且成本低廉的交易系统。智能合约是一种计算机程序，用于执行企业间的交易规则（例如，产品价格、运输方式、交易完成时间、资金提供方以及融资条款等）。借助智能合约，可以实现记录交易过程的标准化。传统法律合同的所有要素都可以由智能合约监控，以确保交易各方都能遵守条款。

区块链具有简单性和安全性特征，这使它在存储和保护金融交易、医疗记录和其他类型的数据方面极具吸引力。区块链是加密货币和供应链管理的基础技术，我们将在第 12 章中进一步讨论供应链管理。

加密货币是利用区块链技术和密码学作为交换媒介的纯数字资产。**比特币**是目前最著名的加密货币，但在过去几年里，也出现了许多其他加密货币。2008 年比特币问世时，加密货币是毫无价值的，但到2021年11月，市值却超过了3万亿美元；2022年中期遭遇市场崩盘，市值下降到1万亿美元以下（Reineke，2022）。比特币等加密货币代表了技术、经济、地缘政治和社会动态的交叉融合。支持者认为加密货币是未来货币的代表；质疑者认为，总体而言，加密货币充其量只能在小范围使用，最坏的情况是彻底崩盘。

为应对21世纪00年代末肆虐全球市场的金融危机，一个化名为Satoshi Nakamoto的神秘人物或组织创造了比特币。与那些由国家的中央银行系统控制的传统纸币和硬币不同，比特币是完全去中心化的，没有人能够控制比特币。相反，比特币使用区块链进行管理，区块链可以自动同步各分类账。即使是比特币最坚定的怀疑者，也不得不承认区块链技术在多个实体之间的交易领域具有革命性的潜力。

比特币的区块链由上万台运行专用比特币软件的计算机维护。每个"区块"代表一系列已经进行的交易，并受到哈希加密字符串的保护。哈希包含一个加密的时间戳和与已交易数值相关的交易数据，以及与交易链中前一个区块的链接；但每笔交易的参与者身份是受保护的。由于区块链和账本由众多个体用户维护，如果有人试图更改区块链（例如，在账面上增加拥有的比特币数量），这种差异很快就会被成千上万的其他用户发现，并在随后得到纠正。除了完全去中心化外，比特币几乎是完全匿名的。虽然任何人都可以在区块链上查看已完成的交易，但他们无法看到是谁进行了交易或其他用户拥有多少比特币。执行比特币交易不需要姓名或社会保障号，仅需要一个比特币钱包和一个用来存储、使用比特币的简单程序，比特币在交易中被密钥保护。

专业的比特币软件确保了区块链的准确性，但它们也被用来"挖掘"新的比特币，使其进入流通。钞票的印制和流通一般由中央银行系统控制。比特币则将这一责任分散并进行了广泛分配。当某个人发送一个比特币给另一个人时，这笔交易的记录就会存储在一个区块中。当完成的交易足够填满一个区块而需要一个新的区块时，全球成千上万运行这种专用软件的矿工就会竞相执行加密计算，以保护新区块中的数据。最先完成这些计算的人，就可以获得固定数量的比特币作为奖励。截至2022年4月，这个奖励数量为6.5个比特币，当时的价值约为25万美元。这种奖励是全球用户投入算力运行比特币网络的动力。全球只有2100万比特币可供挖掘，截至2022年4月，大约1900万个比特币已经在流通中。然而，Satoshi Nakamoto从一开始就规定，挖掘比特币所需的算力将会随着时间推移显著增加，相应的奖励却随着时间推移而减少。这在一定程度上是为了补偿货币价值的上升。与黄金一样，比特币的数量固定，不能凭空产生；但与黄金不同的是，比特币没有重量，存储和移动也不需要成本。

虚拟货币的支持者认为，区块链提供了前所未有的安全性，可以经济快捷地转移跨境资金；它不太受中央银行的监管，那些本国货币不稳定的公民可以更可靠地存储资金。实践中，加密货币更受投机者青睐，由于价格波动剧烈，它很难广泛应用于日常购买。不过，加密货币的匿名性特点，却让它成为人们从黑市购买非法毒品、枪支和其他非法商品的首选支付方式。

加密货币的支持者吹捧加密货币能够实现安全、快速的交易，但其实它也存在重大的盗窃和欺诈问题。虽然加密货币在交易时是安全的，但黑客已经利用了加密货币电子交易所的漏洞，盗取了价值数百万美元的加密货币。例如，Mt.Gox是一个早期的比特币交易所，截至2014年，它达成了70%的比特币交易。在一次黑客攻击中，75万枚比特币被盗，当时的价值约为4.6亿美元，Mt.Gox随即停止运营并申请了破产。此后，又发生了数百起加密货币的黑客攻击事件，最近的一次发生在2022年3月，黑客从与热门网络游戏Axie Infinity

相关的区块链中盗窃了价值 6.15 亿美元的虚拟货币。由于没有中央银行负责处理这些盗窃案件，虚拟货币持有者通常无法追回他们的资金。

加密货币存在的另一个问题与环境有关。剑桥大学的研究人员称，比特币挖矿每年消耗的电力约为 150 太瓦时，超过了人口为 4500 万的阿根廷消耗的全部电力，这令人担忧（Hinsdale，2022）。因此，美国一些州和地方政府正在考虑制定关于依赖化石燃料进行虚拟货币挖矿的法律和法规。

一些政府和金融监管机构认为加密货币对其中央银行系统的主权构成潜在威胁，中国、哥伦比亚、印度尼西亚、越南和土耳其等一些国家已经禁止使用加密货币。不过，总体而言，加密货币正在逐渐被金融界接受。在美国，华尔街最初对加密货币持强烈的怀疑态度，但随着加密货币逐渐成为主流，华尔街对加密货币的兴趣有所提高。与此同时，2022 年中，加密货币估值的崩溃也引发了要求美国联邦政府加强监管的呼声。美国联邦政府多年来一直警告说，这类资产的投资不受保护（Vigna，2022；Michaels，2022）。

由于比特币没有中央管理机构，与比特币发展相关的决策都是由社群组织制定的，这往往会导致分歧。其他加密货币的创建目的在于改进比特币模型或实现略有不同的目标。这些货币有时被称为"另类币"，它们与比特币一起在各大加密货币交易所进行买卖。以太坊平台创建的以太币是比特币的主要替代品之一。以太坊支持复杂的金融软件、智能合约和其他去中心化应用，与比特币相比，交易成本更低，交易速度更快。其他的比特币替代品还包括 Ripple 和 Litecoin。还有一种不同类型的加密货币称为稳定币，其价值与外部资产挂钩，这样可以减少困扰加密货币的价值波动。稳定币的代表包括 Tether 和 USD Coin，两者都与美元的价值挂钩。截至 2022 年 5 月，比特币在加密货币市场中约占 44% 的份额，其余份额由各种不同的替代币构成（Shukla，2022）。

5.6　电子商务相关职位

网络犯罪几乎每天都是头条新闻，网络安全领域的职位数量也在迅速增长，但由于缺乏经过专门培训的候选人，许多职位仍然空缺。因此，许多公司愿意考虑非传统的候选人来担任这些职位。网络安全是一个跨学科领域，需要具备技术、人类行为、金融、风险、法律法规等方面的知识，因此具有跨学科背景的学生可能会成功获得初级网络安全职位。金融服务、医疗保健、零售、教育和政府等行业的需求特别大，这些行业最近都遭受了备受关注的攻击。安全职位的薪酬通常也很高，职位名称包括应急响应人员、安全分析师、安全审计员、安全工程师、渗透测试工程师和安全软件开发人员等。

5.6.1　公司概况

该公司是美国一家顶级的银行和金融服务公司。公司的网站和移动 App 为 1000 多万零售客户提供金融服务，几乎涵盖了该公司各地分行所能提供的所有服务，包括转账、P2P 支付、账单支付、在线存款和支付等。该公司相信，五年后，除抵押贷款和财富管理外，60%以上的客户将在网上进行几乎所有的银行交易。

与其他各种规模的金融服务公司一样，该公司也是黑客和电子犯罪分子的重要目标。该公司的网上银行业务曾多次遭遇安全漏洞，包括客户数据泄露、信用卡和银行卡欺诈、拒绝服务攻击，以及对其内部系统的网络钓鱼威胁。因此，该公司成立了一个重要的网络安全部门，该部门拥有庞大的预算（目前超过 3.5 亿美元）以保护客户的资产。

5.6.2 职位：网络安全威胁管理培训生

你将成为网络安全威胁管理团队的一名培训生，负责支持和协调公司的网络安全活动。你的职责包括：

- 回应来自业务伙伴（内部和外部）的信息请求。
- 为基于风险的威胁管理、威胁缓解和补救提供指导并确定优先事项。
- 为利益相关方会议提供信息，说明和通报信息安全风险状况。
- 向部门经理提供关于安全威胁应对和风险分析的建议。
- 审查、开发、测试和实施安全计划、产品和控制技术。
- 协调数据安全事件的报告工作。
- 监控现有和拟议的安全标准制定小组，包括州和联邦立法和法规。
- 研究试图破坏安全协议的行为。

5.6.3 资质/技能

- 学士学位要求：工商管理、管理信息系统或计算机科学专业，课程内容包括信息技术安全和/或电子商务安全。
- 具备与安全研究工具、产品和标准相关的知识。
- 具备学习供应商和内部安全解决方案的能力。
- 能够开发和编写用于自动执行安全例程的脚本。
- 能够获得 SANS Institute 安全认证或 CISSP（信息系统安全专业认证）。
- 能够开发应用程序/解决方案，以增强日常工作并实现自动化。
- 较强的分析、解决问题和概念思维能力。
- 较强的写作和表达能力。
- 能够与技术和非技术业务经理合作。

5.6.4 面试准备

本章提供了关于电子商务安全环境（5.1节）、电子商务环境中主要的安全威胁（5.2节）、各种技术解决方案（5.3节）和安全计划的制订（5.4节）等的基础信息。为了准备面试，请复习这些部分。你应该表现出针对公司常见的各类威胁的熟悉程度。重读 5.3 节，确保你能够基本了解各种技术解决方案及其在公司实践中的应用情况。重读 5.4 节，以便你也可以讨论与安全相关的业务策略和程序的制订。

5.6.5 首次面试可能被问到的问题

1. 你认为最具潜在破坏性的攻击类型是什么？

无论是通过黑客攻击还是网络钓鱼攻击，客户数据泄露都是最具破坏性的。第二大威胁是阻止客户访问其账户的 DDoS 攻击。第三大威胁是对公司内网的攻击，公司内网连接各分支机构与数据中心，如果这些网络瘫痪，将会严重影响业务运营。

2. 你认为网络安全策略的纲要应该包括哪些内容？

要回答这个问题，你可以参考 5.4 节，特别是图 5.9 中有关制定安全计划的内容。任何计划都要从针对主要威胁及其潜在成本进行风险评估开始。第二步是制定基本的安全策略，以反映公司面临的风险。第三步是制定实施计划，并让所有部门的管理人员和员工都参与其中。最后，需要持续进行威胁报告和安全审计，以衡量安全策略的有效性，并确定存在持续威胁的领域。

3. 在补救措施方面，你认为我们公司解决网络安全问题的四个最重要的解决方案是什么？

要回答这个问题，你可以参考 5.3 节有关电子商务安全问题各种技术解决方案的信息。这个问题比较复杂，答案在一定程度上取决于具体产品和服务。但仅就网上银行交易而言，在客户登录的前端采用双因素身份验证是解决身份欺诈的一种方法。对消费者数据进行加密也可能是解决恶意软件入侵个人客户信息数据库的一个办法。更广泛地说，对可以接触客户数据的员工进行安全防范培训是真正可靠的计划，可能会限制诸如欺骗和网络钓鱼之类的社交工程攻击。第四个解决方案是确保所有内部系统，特别是台式机和本地网络，都能及时升级到主要软件和硬件供应商发布的最新版本。

4. 你可能知道，社交工程攻击（如网络钓鱼）是我们面临的主要威胁。你有什么建议来尽量减少这种威胁？

要回答这个问题，你可以参考 5.2 节中关于社交工程和网络钓鱼的信息，其中提到了电子邮件诈骗和 W-2 网络钓鱼。你可以建议，在员工中普及社交工程攻击的防范意识，以降低员工上当受骗的可能性。你还可以指出，虽然存在安全防范政策，社交工程攻击和网络犯罪分子获取客户账户权限的情况还是会发生，只是时间的问题。因此，要制定计划以应对这些不可避免的情况，这才是将这些攻击的影响降至最低的最佳策略。

5. 许多安全技术都会给客户带来成本。我们采用的安全软件、硬件和协议越强大，就越有可能导致公司网站的运行速度减慢，用户使用体验就越差。你认为我们应该如何解决这一难题？

为了回答这个问题，你可以参考 5.1 节中关于安全性和其他价值（如易用性）之间的矛盾的信息。你可以建议对所有安全策略和程序进行分析，以确定它们对客户服务和系统性能的潜在影响。在系统性能分析的基础上，可以衡量安全协议对系统性能延迟造成的影响。也可以对消费者进行调查，得出相关数据，以此说明安全措施对服务质量的影响。大多数客户不会注意到系统响应时间存在几毫秒的延迟，但会注意到五秒钟的服务延迟。数据和分析方法有助于解决这种情况。

5.7 案例研究：移动支付——金融科技对决银行巨头

目前，金融服务及支付的线上线下市场基本都是由传统的银行和信用卡公司主导的。不过，几乎每天都有新创科技公司、科技公司巨头、零售商或银行宣布推出新的移动支付系统，数以千计的金融科技公司希望颠覆现有的金融市场格局。金融科技公司希望通过创建用户界面，关联客户与银行间的交易并从中赚取收入。他们颠覆传统银行系统的方式之一是利用移动 App 取代信用卡，以此实现朋友之间的转账（P2P 支付）。

金融科技一词最初用于描述初创的金融科技公司，这些公司旨在改善包括存取款、投资、获得贷款以及向商家和个人付款在内的各种金融服务。过去几年中，传统银行和信用卡公司以及大型全国性商场都为客户开发了自己的应用程序，因此金融科技一词不再仅仅适用于初创科技公司。

金融科技公司与传统银行机构之间的竞争引发了与创新有关的理念、规划和公告的爆炸式增长。在竞争混乱的局面下，巨头们各有异心，相互竞争，以赢得公众的认可，进而获得巨大的潜在收入。例如，移动支付市场是 PayPal、Google、Apple 及 Samsung 等科技巨头和获得数百万风险投资支持的初创科技公司与银行和信用卡巨头之间的争夺战。Walmart、Best Buy 和 Target 等大型零售商也跃跃欲试，开发自己品牌的移动支付应用程序。

银行和信用卡公司在多年无所作为之后，决定继续以"卡"作为客户使用银行服务的界面，既包括信用卡和借记卡，也包括客户使用移动 App 的数字界面。毕竟，美国借记卡的交易额超过 3 万亿美元，而信用卡的交易额接近 4 万亿美元。传统的银行和信用卡公司希望可以牢牢抓住消费者的"卡"界面。即使 7 万亿美元的银行卡交易市场中只有很小一部分从塑料卡转向移动设备，潜在的收入也是非常可观的。另一方面，信用卡和借记卡既可以用于商家的实体店，也可以便捷安全地用于网上消费。要让消费者不再使用信用卡和借记卡，将是一项艰巨的任务。Pew Research 公司的一项调查发现，尽管年轻人更倾向于使用移动支付，但人们对使用金融技术仍持怀疑和担忧的态度。金融科技公司为移动支付描绘的美好未来，可能还需要很长时间才能实现。

如前文所述，移动支付 App 有三种类型。通用近场支付系统，如 Apple Pay、Google Pay 和 Samsung Pay，可以在会员商家的销售网点支付使用。Walmart 支付等品牌近场支付系统也使用近场技术，但只能在单个商家的门店使用。第三类涉及个人之间的支付，即 P2P 支付，可用于在安装了 Venmo、Zelle 或 Square Cash 等专有 App 的用户之间转账。

预计到 2022 年，美国整个移动支付市场将产生约 1.5 万亿美元的交易额，其中移动 P2P 支付将近 1.1 万亿美元，移动近场支付约为 4150 亿美元。支付交易额的增长在 2019 年至 2021 年期间急剧上升，部分原因是新冠疫情，但随着市场趋于饱和，预计未来几年将有所放缓。约 60% 的智能手机用户使用移动 P2P 支付，约 40% 的用户在某些时候使用移动近场支付。销售点近场支付增长最快的是品牌移动支付系统，如 Walmart 支付和其他大型全国性零售商提供的支付系统。

较新形式的移动支付在千禧一代和 Z 世代中的增长最为强劲，因为他们已很少使用支票。与他们的父辈不同，千禧一代可以自如地使用智能手机处理金融交易。例如，2022 年将有超过 70% 的千禧一代智能手机用户使用 P2P 移动支付，而婴儿潮一代手机用户中只有 38%。

Venmo 是移动 P2P 金融科技先锋公司的典范。Venmo 是一款移动社交 App，用户可以通过它相互转账，或向数量不多的会员商家支付。2010 年，两名大学生创建了 Venmo，他们希望可以相互发送现金，以分享餐厅账单和支付小额债务，而无须使用现金或开具支票。用户注册 Venmo 账户，并与银行账户、借记卡或信用卡关联。用户还可以通过向自己的 Venmo 账户汇款来创建一个 Venmo 零钱包，然后使用零钱包支付款项。当用户拥有 Venmo 零钱包或使用借记卡时，该服务不收取任何费用，但如果使用信用卡作为资金来源，就要收取 3% 的费用。Venmo 还具有社交功能，允许用户分享他们的购物事件（但付款金额会从通知中删除）；当然，用户也可以选择不公开所有交易。当用户要向他人付款时，只需输入对方的电子邮件，当收款人（必须也有 Venmo 账户）接受付款时，资金就会被划拨。依托近场无线通信技术（NFC），只需轻触手机，Venmo 就能实现个人之间的面对面付款。2013 年，PayPal 收购了 Venmo，其受欢迎程度直线上升，尤其是在千禧一代和 Z 世代中。2022 年，Venmo 的用户超过了 7500 万。PayPal 开始将其在 Venmo 上的投资货币化，除了小额点对点支付外，还将其使用范围扩大到接受 PayPal 支付的商家（用户群更大，包括 Home Depot、Kohl's、Target 和 OfficeMax 等大型零售商）。PayPal 还提供从 Venmo 账户到用户银行账户的即时转账服务，用户只需支付小额费用。除此之外，Venmo 还提供信用卡和加密货币交易功能。分析师认为，PayPal 将继续把 Venmo 打造成堪称"超级应用"的数字钱包，提供多种不同的功能和货币化选择。Venmo 的受众主要是千禧一代和 Z 世代用户，这对 PayPal 也非常有价值。

在移动支付市场上，金融科技初创企业与科技巨头的竞争一直举步维艰，Venmo 被 PayPal 收购就是明证。在用户数量方面，Apple、Google、Samsung、PayPal 和 Square 等科技公司位居前列，它们都拥有重要的硬件和软件移动支付计划。Apple、Google 和 Samsung 智能手机的硬件和软件平台无处不在，它们的设备和服务对消费者效用更高，而 PayPal 和 Square 则运营着可在所有智能手机上使用的大型网络支付处理平台和 App。Apple Pay 是移动近场支付领域的领头羊，2022 年将拥有约 4500 万用户，其次是 Google Pay（约有 2500 万用户）和 Samsung Pay（约有 1400 万用户）。

消费者可免费使用近场支付系统，而信用卡公司通常会对每笔支付收取 3% 的手续费。大多数公司还收取系统支持费。例如，Apple 公司向信用卡公司和银行收取 0.15% 的费用，并保证交易的有效性。Apple Pay 不存储任何用户资金，只是消费者和银行之间的技术中介。与 Venmo 不同，由于 Apple Pay 并不存储资金，因此它不受联邦银行法规的约束。要想使用 Apple Pay，商家的销售点终端都要支持 NFC，商家需要安装 Apple 软件才能接受支付。任何持有主要发卡银行信用卡的消费者都可以使用 Apple Pay。

2022 年，数字钱包在移动支付中的作用仍然相对较小，其使用量的增长速度也低于最初的预期。虽然安装率相对较高——购买智能手机的任何人在初装系统时，都会被鼓励安装手机品牌关联的支付 App——但在安装者中，只有较小比例的人真正经常使用这些应用。这主要是因为商家采用 NFC 设备的速度较慢，而且消费者仍然认为信用卡和借记卡更为方便。不过，移动支付 App 的使用率在新冠疫情期间激增，分析师估计，到 2026 年，近场移动消费将超过 9600 亿美元，比 2022 年翻了一番还多。

品牌商家的移动支付体验截然不同，这与想象的有很大出入，因为零售商的技术水平被认为低于平均水平。不过，商家并不愿意把自己的客户关系拱手让给技术公司或者信用卡公司，他们更倾向于提供自己的品牌支付，无论是商店信用卡还是移动支付。这些品牌移动支付系统可用于忠诚度奖励、本地产品促销以及收集顾客的购买数据。Starbucks 是这方面的佼佼者，有近 3300 万顾客使用 Starbucks App。Walmart、Dunkin'、Target、Kohl's、Panera、Chipotle 等零售商也提供自己的移动支付系统。

JPMorgan Chase、Wells Fargo 和 Citi 等银行以及其他货币中心银行，还有 Visa 及 Mastercard 等信用卡公司，是移动支付系统的第三大参与者。这些公司的优势在于运营着全球的银行和信用卡系统，拥有数以亿计的忠实可靠的银行和信用卡客户，以及能够为其产品提供安全和金融稳定性的专业知识。不过它们才刚刚进入移动支付市场，有些姗姗来迟。

Zelle 是传统银行业应对金融科技的领先典范。Zelle 是一种数字支付服务，允许银行客户使用 App 向其他账户持有人进行数字支付和转账，并接收他人的付款。用户只需知道收款人的电子邮件或手机号码，就可以瞬间完成转账，实现即时支付，而其他数字支付系统通常需要一个工作日或更长时间才能完成。Zelle 最初于 2011 年由美国最大的几家银行（JPMorgan Chase、Wells Fargo 和 Bank of America）联合创立，当时名为 ClearXchange，现在已发展到包括 10 000 多家金融机构，并与 Mastercard 卡和 Visa 卡合作，支持使用借记卡或信用卡进行 P2P 支付。目前，Zelle 账户之间的转账和支付是免费的，通常依靠客户现有的支票账户。

Zelle 与银行服务紧密集成，如电汇、全球电汇服务、使用图像识别存入支票以及 ACH

（自动清算所）直接借记和存款交易。ACH 是由美联储和参与银行运营的数字交换中心，也是美国的水电费、电话费、房租甚至慈善捐款等经常性账单直接转账和自动支付的主要方式。简而言之，除了抵押贷款和个人贷款外，Zelle 几乎可以让人们使用智能手机和个人电脑办理所有的银行业务，而无须使用本地的银行分行。但是，Zelle 目前还不能用于基于 NFC 技术的销售网点支付设备，而这却是 Apple Pay 和 Walmart Pay 等通用和品牌近场支付系统的优势所在。不过，这并不妨碍 Zelle 在未来增加近场支付功能。

Zelle 最初并不是作为 P2P 支付服务商，而是作为快速支付服务商出现的。2017 年，Zelle 推出了 QuickPay，并向 30 家全国性银行的手机银行客户推广。使用 Zelle QuickPay 支付是免费的，而资金转账只需要几分钟，不像 Venmo、Square Cash 或其他同类公司那样需要隔天完成。Zelle 推出不到一年，就吸引了近 3000 万用户。2022 年，美国有近 6200 万人使用 Zelle，占所有 P2P 移动支付用户的 40% 以上。2021 年，Zelle 处理的支付金额超过 3650 亿美元，远远超过 Venmo 的 2100 亿美元。

移动支付系统，尤其是 P2P 支付，并非没有问题。一般来说，网上商店的 P2P 和移动支付是不可逆的。如果用户向错误的电子邮件或电话号码发送资金，则无法保证收款人会退还资金；如果商家不发货，也无法收回向网上商家支付的款项。此外，网络钓鱼和社交工程也会被用来盗取账户资金。

对移动支付方式的选择感到困惑吗？你并非异类，许多消费者和零售商与你一样。与分析师最初预计的速度相比，向移动支付过渡的实际速度要慢得多，或者是因为接受移动支付的商家不够多，或者是因为对这些方法还不熟悉，再或者是担心它们的安全性和隐私性，数百万的消费者尝试过一次新方法后就不再使用了。尽管 P2P 支付市场呈现出惊人的增长势头，尤其是在千禧一代和 Z 世代中，但使用率的增长已经放缓。显然，由美国最大的银行组成的 Zelle 网络在移动支付领域占有优势，它们拥有庞大的忠实客户群、雄厚的资金实力以及购买建立集成移动支付系统所需技术的能力。即便如此，大多数消费者仍然乐在网上和店内"刷卡"购物。在未来一段时间内，消费者很可能仍会对各种支付方式感到困惑。

讨论问题

1. 移动支付有哪三种类型，它们有什么区别？
2. 哪些年龄段的人最有可能使用移动支付应用？为什么？
3. 为什么金融科技初创企业很难与科技巨头展开竞争？
4. Zelle 是什么？为什么它在过去几年发展如此迅速？

5.8　复习

5.8.1　关键概念

- 了解电子商务犯罪和安全问题涉及的领域、电子商务安全的关键维度以及安全与其他价值之间的矛盾。
  - 虽然网络犯罪的总体规模尚不明确，但针对电子商务网站的网络犯罪正在迅速增长，损失金额也在不断增加，电子商务网站的管理者必须做好应对各种犯罪攻击的准备。
  - 电子商务安全有六个关键维度：完整性、不可抵赖性、真实性、保密性、隐私性和可用性。
  - 尽管计算机安全被认为是保护电子商务活动所必需的，但它也并非没有缺点。电子商务网站的安全措施越多，使用起来就越不方便，网站速度也会变慢，从而影响其易用性。确保安全的代价是降低处理器的运行速度，并大大增加数据存储需求。安全性过高会损害盈利能力，而安全性不足则可能导致公司倒闭。

- 识别电子商务环境中的主要安全威胁。

  - 恶意代码——病毒、蠕虫、勒索软件、特洛伊木马和僵尸网络，威胁系统的完整性和持续运行，通常会改变系统功能或更改使用系统创建的文档。

  - 隐匿垃圾程序——广告软件、浏览器寄生虫、间谍软件等，一种未经用户许可而在其计算机或计算机网络上自行安装的程序，是一种安全威胁。

  - 网络钓鱼——第三方试图通过网络获取机密信息以谋取经济利益的欺骗行为。

  - 黑客攻击、网络破坏和黑客主义——蓄意破坏、污损甚至摧毁网站。

  - 数据泄露——企业信息（包括客户和员工的个人信息）被外人控制。

  - 信用卡欺诈/盗窃——最令人恐惧的事件之一，也是消费者不参与电子商务的主要原因之一。信用卡欺诈最常见的原因是黑客对企业服务器进行系统性攻击和掠夺，而这些服务器上存储着数百万张信用卡的消费信息。

  - 身份欺诈——涉及未经授权使用他人的个人数据，如社会保障号、驾照号和/或信用卡号以及用户名和密码等，以谋取非法经济利益。

  - 电子欺骗——黑客试图通过使用虚假电子邮件地址或假扮他人来隐藏真实身份或进行虚假陈述。

  - 网域嫁接——将网站链接重新定向到一个与预定网址不同的地址，并将虚假网站伪装成预定目的地。

  - 垃圾网站（链接农场）——网站承诺提供某些产品或服务，但实际上只是其他网站的广告集合，其中一些网站包含恶意代码。

  - 网络嗅探——一种窃听程序，可监控网络上传输的信息，使黑客能够从网络上的任何地方窃取电子邮件、公司文件和机密报告等专有信息。

  - 中间人攻击——在这种攻击中，攻击者能够拦截信息，让通信双方误认为彼此在直接通信，而实际上，是攻击者在控制通信。

  - 拒绝服务攻击和分布式拒绝服务攻击——黑客使用大量无效的服务请求淹没网站，使网络不堪重负，经常导致网站瘫痪，损害网站的声誉和客户关系。

  - 内部攻击——虽然大部分互联网安全工作都集中在防止外来入侵上，但最大的威胁还是来自能够接触敏感信息和程序的内部员工。

  - 设计不当的软件——软件程序的复杂性和规模的增大导致软件缺陷或漏洞的增多，包括 SQL 注入攻击和零日漏洞，黑客可以利用这些漏洞。

  - 社交网络安全问题——恶意代码、隐匿垃圾程序、网络钓鱼、数据泄露、身份欺诈和其他电子商务安全威胁都已渗入社交网络。

  - 移动平台安全问题——移动平台对黑客和网络犯罪分子来说是一个充满诱惑的目标，面临着与其他互联网设备相同的风险，以及与无线网络安全相关的新风险。

  - 云安全问题——随着云端的设备、身份和数据越来越紧密地交织在一起，保护云端的数据安全成为一个重大问题。

  - 物联网安全问题——物联网提出了一系列安全问题，这些问题在某些方面与现有的安全问题类似，但由于物联网需要处理更为广泛的设备，在更不受控的全球环境中运行，攻击的范围也更大，这些问题甚至更具挑战性。

- 元宇宙安全问题——恶意软件也可能以元宇宙为目标，参与者可能受到骚扰、身份盗窃或者数字资产被盗。参与者的隐私及其他个人信息的安全性同样令人担忧。
- 描述如何通过技术保护互联网通信信道、网络、服务器和客户端。
  - 加密是将纯文本或数据转换为密码文本的过程，除发送方和接收方外，其他任何人都无法读取。加密可提供电子商务安全六个关键维度中的四个：信息完整性、不可抵赖性、真实性和保密性。目前使用的加密技术有多种不同形式，包括：
    - 对称密钥加密——发送方和接收方使用相同的密钥对信息进行加密和解密。
    - 公钥加密——使用两个数学上相关的数字密钥，即一把公钥和一把私钥。私钥由所有者保密，公钥则广泛传播。这两把密钥都可用于加密和解密信息。一旦使用某个密钥对信息进行加密，就不能使用相同的密钥对信息进行解密。
    - 使用数字签名和哈希摘要的公钥加密——这种方法使用一种称为哈希函数的数学算法，在加密过程中产生了具有固定长度数字的哈希摘要。发件人将哈希摘要发送给收件人。收件人收到信息后，使用同样的哈希函数作用于收到的信息，并验证是否产生了与收到的哈希摘要相同的结果。然后，发件人使用收件人的公钥对哈希摘要和原始信息一起加密，生成一个单独的加密文本。为了确保信息的真实性和不可抵赖性，发件人使用自己的私钥对整个加密文本进行二次加密。这样就产生了一个可以通过互联网发送的数字签名（也称为电子签名）或签名加密文本，以确保信息的保密性并验证发件人的身份。
    - 数字证书和公钥基础设施——这种方法依赖于颁发、验证和保证数字证书的认证机构（数字证书包括主体或公司名称、主体的公共密钥、数字证书序列号、到期日期、签发日期、认证机构的数字签名以及其他识别信息）。
  - 除加密外，还有其他几种工具可用于确保互联网通信信道的安全，包括 TLS、HTTPS、VPN 以及 WPA3 等无线安全标准。
  - 在确保通信信道安全后，还应使用工具来保护网络、服务器和客户端。这些工具包括防火墙、代理服务器、入侵检测和防御系统、操作系统和应用程序软件的安全增强功能以及防病毒软件。
- 了解管理策略、业务流程和法律对创建网络安全环境的重要性。
  - 为了最大限度地减少安全威胁，电子商务公司必须制定一套协调一致的策略。该策略应考虑到风险的性质、哪些信息资产需要保护、应对风险所需的程序和技术以及相应的实施和审计机制。
  - 此外，还需要出台公共法律并认真执行网络犯罪法规，以提高互联网上非法行为的成本，并防止企业滥用信息。
  - 制定安全计划的关键流程如下：
    - 进行风险评估——对风险和漏洞点进行评估。
    - 制订安全策略——一系列声明，确定信息风险的优先次序，确定可接受的风险目标，并确定实现这些目标的机制。
    - 制订实施计划——确定如何将可接受风险水平转化为一系列工具、技术、政策和流程的计划。
    - 创建安全组织——负责持续维护、审计和改进的人员。
    - 执行安全审计——对访问日志和任何异常活动模式进行例行审查。
- 明确目前主要使用的电子商务支付系统。

- 在线信用卡交易，这是网络支付系统的主要形式。在线信用卡购买涉及五方：消费者、商家、结算中心、商家银行（有时称为"收单银行"）和消费者的发卡银行。然而，网上信用卡系统在安全性、商家风险、交易成本和社会公平性方面存在诸多局限性。
- 替代性网络支付系统，如 PayPal，它是一种在线储值支付系统，允许消费者根据在线账户中存储的金额向商家和其他个人进行即时网络支付。这类系统还包括 Amazon Pay、Meta Pay、Visa Checkout、MasterPass 以及 Klarna 和 Afterpay 的先买后付服务。
- 移动支付系统，包括：通用近场支付钱包，如 Apple Pay、Google Pay 和 Samsung Pay；品牌商店近场支付钱包，如 Walmart 支付和 Starbucks 支付；以及 P2P 移动支付 App，如 Venmo、Zelle 和 Square Cash。
- 基于区块链技术的加密货币，如比特币和其他替代币。加密货币的重要性与日俱增，既可用于向管理部门隐藏支付，也可用于支持合法的价值交换。

5.8.2　思考题

1. 为什么网上盗窃风险较低？解释网络犯罪分子欺骗消费者和商家的一些方式。
2. 解释电子商务网站不愿意报告自己是网络犯罪分子攻击目标的可能原因。
3. 举例说明与电子商务安全的六个维度有关的安全漏洞。例如，哪些属于隐私事件？
4. 你如何保护公司免受拒绝服务或分布式拒绝服务攻击？
5. 指出典型网络交易中的主要安全漏洞。
6. 电子欺骗是如何威胁网站运营的？
7. 为什么广告软件被视为一种安全威胁？
8. 公司可以采取哪些措施来遏制企业内部的网络犯罪活动？
9. 解释与加密有关的一些现代缺陷。为什么如今的加密技术不如 21 世纪早期那么安全？
10. 简要解释公钥加密的工作原理。
11. 比较并分析防火墙和代理服务器的安全功能。
12. 装有防病毒软件的计算机是否能够抵御病毒？为什么？
13. 确定并讨论制定电子商务安全计划的五个步骤。
14. 生物识别设备如何帮助我们提高安全性？它们能减少哪种特定类型的安全漏洞？
15. 简述信用卡作为网络支付标准的弊端。对某些消费者而言，被要求使用信用卡支付，会产生哪些歧视？
16. 描述网上信用卡交易的主要步骤。
17. 为什么比特币如此有争议？
18. 什么是 NFC？它的工作原理是什么？它与二维码技术有何不同？
19. 在线储值支付系统与 BNPL 服务有何不同？
20. 元宇宙存在哪些安全风险？

5.8.3　实践项目

1. 假设你是一个电子商务网站的所有者。你的网站受到黑客攻击的迹象有哪些？讨论你可能会遇到的主要攻击类型，以及每种攻击对你的网站造成的损害。准备一份简短的总结报告。
2. 鉴于移动电子商务的发展，请搜索移动电子商务犯罪，确定并讨论移动商务技术造成的安全威胁。准备一份课堂汇报，概述你对移动电子商务可能带来的网络犯罪新机遇的看法。

3. 查找三家 CA 认证机构，比较每家公司数字证书的特点。同时简要介绍每家公司，包括其客户数量。基于你的发现，准备一份简要介绍。

4. 研究与跨境支付相关的挑战，并准备一份简短的研究报告。大多数电子商务公司是否都在开展跨境业务？它们如何才能保护自己不被拒付？汇率对网络购物有何影响？对运费又有何影响？总结并描述美国客户和国际客户在美国的电子商务网站购物时的不同之处。

5.8.4 参考文献

Adaptiva/Ponemon Institute. "Managing Risks & Costs at the Edge." (July 2022).

Akamai Technologies, Inc. "State of the Internet/Security: Phishing for Finance." 7, No. 2 (May 19, 2021a)

Akamai Technologies, Inc. "State of the Internet/Security: API: The Attack Surface that Connects Us All." Vol. 7, No. 4 (October 26, 2021b)

Allison, Peter Ray. "Two-Factor Authentication Is Broken: What Comes Next?" Computerweekly.com (April 6, 2020).

Arntz, Pieter. "TrickBot Takes Down Server Infrastructure after Months of Inactivity." Blog.malwarebytes.com (February 28, 2022).

AtlasVPN. "Global VPN Adoption Index." Atlasvpn.com (accessed July 20, 2022).

Barrett, Brian. "The Next Generation of Wi-Fi Security Will Save You from Yourself." Wired.com (June 26, 2018).

Bischoff, Paul. "Dark Web Prices for Stolen PayPal Accounts Up, Credit Cards Down: Report." Comparitech.com (September 8, 2021).

Bowden, Mark. "The Worm that Nearly Ate the Internet." *New York Times* (June 29, 2019).

Braue, David. "Global Cybersecurity Spending to Exceed $1.75 Trillion from 2021–2025." Cybersecurityventures.com (September 10, 2021).

Brumfield, Cynthia. "New York's SHIELD Act Could Change Companies' Security Practices Nationwide." Csoonline.com (March 23, 2020).

Brumfield, Cynthia. "Skyrocketing Cryptocurrency Bug Bounties Expected to Lure Top Hacking Talent." Csoonline.com (February 17, 2022).

Center for Strategic and International Studies/McAfee (Zhanna Malekos Smith and Eugenia Lostri). "The Hidden Cost of Cybercrime" (2020).

Check Point Software Technologies, Inc. "Brand Phishing Report Q1 2022." Checkpoint.com (April 19, 2022).

Cubides, Emily, and Shaun O'Brian. "2022 Findings from the Diary of Consumer Payment Choices." Frbsf.org (May 5, 2022).

Cybersecurity Insiders/Check Point. "2022 Cloud Security Report." (2022).

CyberSecurity Ventures (Steve Morgan). "2021 Report: Cyberwarfare in the C-Suite." Cybersecurityventures.com (January 21, 2021).

Federal Reserve System. "Federal Reserve Payments Study." Federalreserve.gov (December 2021).

Federal Trade Commission. "FTC Report to Congress on Privacy and Security." (September 13, 2021).

FitzGerald, Drew. "T-Mobile Says 6 Million More Customers' Files Accessed in Data Breach." *Wall Street Journal* (August 20, 2021).

Gatlan, Sergiu. "Microsoft Mitigates Largest DDoS Attack 'Ever Reported in History.'" Bleepingcomputer.com (January 27, 2022).

Gerritz, Chris. "What Is the Zero Trust Framework in Cybersecurity and 5 Considerations for Building a Zero Trust IT Environment." SCmagazine.com (May 15, 2020).

Hinsdale, Jeremy. "Cryptocurrency's Dirty Secret: Energy Consumption." Columbia Climate School News climate.columbia.edu (May 4. 2022).

Hoffman, Karen. "Updated Emotet Banking Trojan More Effective, Proliferates through Excel Macros." Scmagazine.com (June 22, 2022a).

Hoffman, Karen. "A Decade on, Domain-Based Authentication Becomes More Critical at Financial Companies." Scmagazine.com (June 15, 2022b).

Holland, Paul. "Security Think Tank: Bug Bounties Are Changing the Image of Hackers." Computerweekly.com (January 27, 2020).

IBM Security. "Cost of a Data Breach Report 2021." Ibm.com (2021).

Identity Theft Resource Center (ITRC). "2021 Data Breach Annual Report." (January 2022).

Ikeda, Scott. "Data Breach of Robinhood Trading Platform Blamed on Social Engineering Similar to 2020 Twitter Breach." Cpomagazine.com (November 15, 2021).

Insider Intelligence/ eMarketer. "Proximity Mobile Payment Users & Transaction Value, US." (March 2022a).

Insider Intelligence/eMarketer. "Buy Now, Pay Later, US." (June 2022b).

Insider Intelligence/eMarketer. "P2P Mobile Payment Users & Transaction Values, US." (March 2022c).

Internet Society. "The Internet of Things: An Overview." (2015).

Internet Society. "Policy Brief: The Internet of Things." (October 7, 2016).

Javelin Strategy & Research. "Identity Fraud Losses Total $52 Billion in 2021, Impacting 43 Million U.S. Adults." Javelinstrategy.com (March 29, 2022).

Kan, Michael. "Flaws in Wi-Fi's New WPA3 Protocol Can Leak a Network's Password." Pcmag.com (April 11, 2019).

Kaspersky. "Mobile Malware Evolution 2021." Securelist.com (February 21, 2022).

Lourenco, Rafael. "Survey: U.S. Shoppers Will Trade Privacy (but Not Convenience) for Better Fraud Protection." Retailcustomerexperience.com (September 8, 2020).

Malwarebytes. "2022 Threat Review." (May 2022a).

Malwarebytes. "Malvertising." Malwarebytes.com (accessed July 19, 2022b).

McAfee. "The McAfee Consumer Mobile Threat Report." (February 2022).

Menn, Joseph. "Apple Unveils New Security Feature to Block Government Spyware." *Washington Post* (July 6, 2022).

Michaels, Dave. "Crypto Tumult Highlights Lack of Investor Protection." *Wall Street Journal* (July 7, 2022).

Mullen, Caitlin. "Card Industry Faces $400B in Losses over Next Decade." Paymentsdive.com (December 14, 2021).

Neustar Security Services. "Cyber Threats & Trends Report: Defending against a New Cybercrime Economy." (February 17, 2022).

PayPal Holdings, Inc. "Form 10-K for the Fiscal Year Ended December 1, 2021." Sec.gov (February 3, 2022).

PCI Security Standards Council. "Summary of Changes: PCI DSS 3.2.1 (May 2019)." Pciblog.org (July 5, 2019).

Pernet, Cedric. "FBI: $43 Billion in Losses Are Due to Business Email Compromise Fraud between 2016 and 2021." Techrepublic.com (May 9, 2022a).

Pernet, Cedric. "New Phishing Technique Lures Users with Fake Chatbot." Techrepublic.com (May 23, 2022b).

Proofpoint/Ponemon Institute. "2022 Cost of Insider Threats: Global Report 2022." (January 25, 2022).

Reinicke, Carmen. "Bitcoin Has Lost More than 50% of Its Value This Year. Here's What You Need to Know." Cnbc.com (June 15, 2022).

Renals, Peter. "SilverTerrier—Nigerian Business Email Compromise." Unit42.paloaltonetworks.com

Roth, Emma. "Meta Cracks Down on Phishing Scams that Use Its Trademarks." Theverge.com (December 20, 2021).

Shukla, Sidhartha. "Bitcoin's Crypto Dominance Is Strongest since Bull Market High." Bloomberg.com (May 27, 2022).

Software Engineering Institute. "Common Sense Guide to Mitigating Insider Threats, 6th ed." Resources.sei.cmu.edu (February 2019).

Spencer, Scott. "Our 2021 Ads Safety Report." Blog.google (May 4, 2022).

Srinivas, Rudra. "10 IoT Security Incidents that Make You Feel Less Secure." Cisomag.com (January 10, 2020).

Stein, Lincoln D. *Web Security: A Step-by-Step Reference Guide* (Reading, MA: Addison-Wesley, 1998).

Thales. "2022 Thales Cloud Security Study Global Edition." (2022).

Vigna, Paul. "Wall Street Takes Lead in Crypto Investments." *Wall Street Journal* (February 27, 2022).

W3techs.com "Usage Statistics of Default Protocol Https for Websites." (July 20, 2022).

Wolff, Josephine. "Two-Factor Authentication Might Not Keep You Safe." *New York Times* (January 27, 2019).

Zelle. "Nearly Half a Trillion Dollars Sent by Consumers and Businesses with Zelle in 2021." Zellepay.com (February 2, 2022).

商务概念和社会问题

电子商务营销和广告

学习目标

- 了解互联网用户的主要特点、消费者行为和购买决策的基本原理。
- 了解并解释基本电子商务营销原理以及广告策略和工具。
- 了解并解释支撑网络营销的主要技术。
- 了解网络营销的成本和收益。

开篇案例：视频广告——拍摄、点击、购买

或许人们并没有意识到网络视频广告时代已经悄然而至。随着视频制作工具日益完善，带宽越来越宽，流媒体质量越来越高，这些推动了在线视频数量的激增。此外，人们观看在线视频的渠道也在不断扩展，从台式电脑、笔记本电脑，到智能手机、平板电脑，以及越来越多的互联网电视（OTT，也称为联网电视），都能播放网络视频。

在线视频的观众规模庞大，近 2.6 亿美国人（占总人口的 75% 以上）每月至少观看一次在线视频内容。YouTube 是美国最大的在线视频内容平台，拥有超过 2.3 亿的美国用户和近 21 亿的全球用户。其他顶级在线视频内容平台还有 Comcast 的 NBC 环球和 Disney。

由于大家对视频的关注度较高，网络视频已经成为主要的广告媒介。虽然横幅广告的点击率微乎其微（每 10 000 次展示点击少于 5 次），但视频广告的情况截然不同，视频广告的手机浏览器观看点击率为 57%，台式电脑观看点击率为 65%，手机应用观看点击率为 70% 以上。联网电视（CTV）的数据更为乐观，最近的研究表明，观众完成了 98% 的视频广告观看。此外，几乎 100% 的在线消费者都是视频观众，他们具有强大的购买力，是广告主梦寐以求的目标受众。根据 Google 的数据，70% 的 YouTube 观众反馈会在 YouTube 上对某品牌的商品边看边买，广告商竞相使用视频广告。领先的在线视频广告平台包括 Google 广告（包括 YouTube）、Meta（Facebook 和 Instagram）、雅虎、Tremor 视频和 Chocolate 平台（前称 Vdopia）。

许多大公司现在都有自己的 YouTube 频道，作为营销和广告品牌平台。例如，Apple 是最受欢迎的 YouTube 品牌频道之一，有近 1600 万粉丝。其他主要品牌包括：Lego 有近 1500 万粉丝，红牛有 1000 多万粉丝，迪士尼有 500 万粉丝，可口可乐有近 400 万粉丝，福特有 200 多万粉丝。

小公司也把 YouTube 频道作为品牌平台。Orabrush 就是利用 YouTube 视频从基础到成功构建其业务的例子。Robert Wagstaff 博士是牙医，发明了一种清新口气的舌苔清洁器，但通过传统渠道营销未能成功。Robert Wagstaff 博士雇佣杨百翰大学的 MBA 学生 Jeffrey Harmon 做兼职，并被他说服尝试制作 YouTube 视频。Jeffrey Harmon 最初在 Orabrush 的登录页面发布名为 "How to tell if you have bad breath" 的 YouTube 视频，使得 Orabrush 的转化率提高了三倍。从那时起，他们决定创建 Orabrush YouTube 频道。如今，那个视频的观看次数已经超过 2600 万，Orabrush 的 YouTube 频道约有 17 万粉丝，视频观看次数接近 4000 万（超过了 Colgate 和 Johnson & Johnson 等大品牌），更重要的是视频带来了超过

300 万单品的销售量。Orapup 是一个为狗设计的姊妹品牌，也使用了同样的视频营销模式并取得了巨大成功。它通过与宠物社区建立联系并吸引近 2800 万次的观看，超过了 Purina、Pedigree 和 Iams 等主要宠物品牌的总和，后来 Orabrush 产品线被 Dentek 收购。

　　YouTube 同样是网络视频广告的首选平台，在 2022 年预计将在美国产生超过 80 亿美元的视频广告收入。YouTube 为广告商提供多种视频广告格式，插播广告可以在其他视频播放前、中或后播放。可跳过的插播广告，允许观众在 5 秒后跳过广告直接观看视频。只有当观众看完整个广告，或观看较长的广告 30 秒以上，YouTube 平台才收取广告费。这种类型的广告实际上给了广告商 5 秒钟的免费品牌曝光时间。但由于许多观众会自动跳过视频广告，YouTube 还提供了不可跳过的插播广告。Bumper 广告非常短（六秒钟或更短），不能跳过，旨在通过传递简短但令人难忘的信息提高品牌意识，而"普通"的不可跳过广告可以播放长达 15 秒。信息流视频广告（以前称为视频发现广告）以缩略图放在 YouTube 搜索结果页面、相关视频旁边或移动主页，只有当观众点击缩略图观看广告时才会收费。

　　Google 采取了许多措施来提高网络视频广告的有效性。与其他类型的网络广告一样，网络视频广告也可以根据人口统计数据、行为数据进行广告定位。例如，自定义受众功能允许广告商根据用户在其他 Google 产品中的行为，如 Google 搜索查询、Google 地图的访问位置或从 Google Play 安装的 App 等触达 YouTube 用户。广告商还可以使用 Google 的动态再营销（又名再定位），根据用户在广告商网站上的历史浏览记录进行广告展示。广告商认为，这样的定位能精准投放人们实际想观看和参与的广告，这对广告商有吸引力，因为观众主动观看时表明他们兴趣更浓。

　　TrueView 是过去 YouTube 用于定义当用户观看广告时才收取广告费用的术语。TrueView for action 广告活动（截至 2022 年 4 月被称为观看视频获得）基于可跳过的插播广告，并包括典型的点击行动号召广告、文本覆盖的标题和网站链接。TrueView for shopping 是 TrueView for action 的一个变种，允许广告中附带图片和产品价格，观众可以直接点击品牌商品，轻松地完成购买。2021 年 11 月，Google 将 TrueView for shopping 的产品购买激励特性扩展到所有的视频广告类型，TrueView 渐渐被淘汰。网络家具零售商 Wayfair 和美容产品零售商 Sephora 是使用 TrueView for shopping 的两个广告商。Wayfair 在平台发布关于装饰技巧和价格的特色产品视频，而 Sephora 发布了一系列关于美容的教程及精品推荐。通过使用归因系统，Wayfair 和 Sephora 与 TrueView for shopping 广告的特定客户直接对接并产生收入。Wayfair 报告说，这些广告产生的收入是其传统视频广告的 3 倍。Sephora 报告说，其广告提高了 54% 的广告回放和 80% 的品牌关注度，平均观看时间为 2 分钟。

　　然而，尽管以 YouTube 为典范的视频广告取得了成功，但视频广告仍然面临一些难题。广告商主要关注广告可视性——视频广告是否真被用户看到了。以前，视频广告可视性的行业标准非常低：50% 的广告像素面积在屏幕上持续显示超过 2 秒。2019 年，此标准提高到 100% 的广告像素面积在屏幕上持续显示超过 2 秒，虽然有所提高但门槛依然非常低。YouTube 注意到了广告商对广告可视性的担心，并因此创建了 TrueView 品牌的广告。

　　另一个难题是对品牌安全性的担忧。过去，当广告商发现其广告与争议视频一起播放时，数百家广告商就会撤回 YouTube 的广告，从而迫使 Google 暂停 TrueView discovery 广告。Google 因此承诺采取措施以避免让广告出现在争议视频附近，但由于 YouTube 的规模和多样性——也是其成为极具吸引力的广告平台的原因，这一问题变得很复杂，因此这依然是 YouTube 需要面对且很难解决的问题。

也许没有哪个商务领域比市场营销和营销传播，受到互联网和移动平台技术的影响更大。互联网作为沟通工具，为营销人员提供了比传统媒体更低的成本，以及与数百万潜在顾客沟通的机会。互联网还提供了新的方式，能够即时、自主地收集顾客信息、调整产品供应并增加顾客价值。互联网催生了全新的顾客识别及与顾客沟通的工具，包括搜索引擎营销、行为定向以及精准电子邮件营销和社交媒体营销等。互联网只是第一次转型，如今，基于智能手机和平板电脑的移动平台正在用第二次转型改变网络营销和营销传播。表 6.1 总结了 2022～2023 年网络营销和广告的一些重要进展。

表 6.1 2022～2023 年网络营销和广告的重要进展

商务

- 2021 年，网络营销和广告支出急剧反弹，增长了近 40%，预计将持续增长到 2026 年，届时将占所有广告支出的近 80%。
- 移动设备数字广告支出占比超过 2/3，而联网电视广告模糊了传统电视广告和数字广告之间的界限，其数量也在增加。
- 搜索引擎营销和广告依然很重要，但其增长速度与其他形式的广告相比有所放缓。
- 数字视频广告仍是增长最快的广告形式，预计 2022 年的支出将增加 25% 以上。
- 社交网络广告支出和营销支出持续增加。
- 可视性和广告欺诈问题依然困扰营销人员。
- 原生广告和其他形式的内容营销正在崛起。

技术

- 大数据：在线追踪产生了海量数据，对商务分析程序形成了挑战。
- 程序化广告（自动化、技术驱动的购买和销售展示、视频广告）依然占主导。
- 营销人员寻求新技术以替代行为定向。
- 关注营销广告尤其是视频广告的有效评价方法。

社会

- 基于行为追踪的定向广告引发了人们对隐私的更多关注和担忧，促使 Apple 和 Google 等大型科技公司采取措施来阻止某些类型的用户被追踪。
- 营销人员越来越担心其广告被投放在争议视频旁边，引发了广告抵制和品牌安全关注度的提升。
- 网络广告行业的权力集中，尤其是 Google 的权力集中，引发了对监管的强烈呼吁。

网络营销、品牌推广和市场传播的主题非常广泛且深入，我们将用两章介绍这方面的内容。在本章中，我们首先探讨网络消费者行为、网络营销和网络品牌的主要类型，以及支持网络营销进步的技术。然后，我们着重介绍网络营销传播的成本和益处。在第 7 章中，我们将进一步深入地介绍社交媒体营销、移动营销和本土化营销。

6.1 在线消费者：群体和行为

在企业开始在线销售产品前，必须首先了解网络消费者的类型，以及网络消费者在网络市场中的行为。本节重点关注 B2C 领域的个人消费者。当然，由于企业的购买决策是由个人做出的，因此本节的大部分内容同样适用于 B2B 领域，B2B 营销的相关介绍我们将在第 12 章进一步展开。

6.1.1 网络消费者概述

首先分析美国网络消费者的人口基本统计特征信息。营销和销售的首要原则是"了解你的消费者"。谁在网上？谁在网络购物？他们会购买哪些商品？ 2022 年，大约有 3 亿不同年龄段的人访问互联网。全球约有 45 亿人在线（Insider Intelligence/eMarketer，2022a，2022b）。

21 世纪初，尽管美国新的互联网用户数量以每年 30% 或更高的速度增长，但此后增长率已显著放缓，预计 2022 年增长速度仅为 1% 左右。电子商务企业不能依靠两位数的互联网用户增长率推动其收入。美国互联网人口快速增长的日子已经结束。

互联网活动的密度和范围

尽管美国互联网用户的增长率放缓，但互联网使用的密度和范围却在增长。2022 年，大约 90% 的美国人定期使用互联网，每天上网时间为约 8.25 小时（Insider Intelligence/eMarketer，2022a，2022c）。约 2.6 亿人通过互联网观看视频，约 2.4 亿人通过互联网购物，约 2.2 亿人访问社交网络或收听各种类型的数字音频（如音乐或播客），约 1.8 亿人玩数字游戏，数百万人仅仅是浏览网页。Z 世代（1997 年至 2012 年出生）普遍使用互联网，超过 93% 的 Z 世代定期访问互联网，80% 的 Z 世代用移动设备访问互联网（Insider Intelligence/eMarketer，2021a）。智能手机和平板电脑是主要的互联网接入工具，约 2.8 亿人（占美国所有互联网用户的约 93%）使用移动设备访问互联网（Insider Intelligence/eMarketer，2022d）。使用移动设备每天非通话活动的时间约为 4.5 小时，如观看视频、访问社交网络和玩游戏（Insider Intelligence/eMarketer，2022c）。

互联网用户信息统计与互联网接入情况

互联网和电子商务的人口统计特征随时间发生了巨大变化。直到 2000 年，在美国，白人、年轻人、受过大学教育、收入高的男性占据主导地位。然而，近年来，女性、有色人种、老年人和中等收入的家庭使用互联网的比例显著增加，这导致了早期的可获得性和使用上的不平等显著减少，但并未完全消除。

如今，美国男性（约 89.8%）和女性（88.7%）使用互联网的比例大致相同，女性占美国互联网用户的 50.4%，男性占 49.6%。年轻人（18～24 岁）是互联网使用率最高的年龄组，超过 99%，其次是青少年（12～17 岁），为 98%。25～54 岁的成年人也有很强的代表性，每个年龄组的上网率都为 94% 或更高。另一个增长较快的群体是 65 岁及以上的人群，其中超过 75% 的人使用互联网。0～11 岁儿童的上网人数也在激增，上网率约为 73%。美国未来互联网用户增长很可能主要来自 65 岁及以上的人群（Insider Intelligence/eMarketer，2022a）。

不同种族和族裔群体之间的差异并不像年龄组那样大。10 年前，美国的种族和族裔群体之间存在明显差异，但这种差异已经缩小。例如，2022 年，90% 的白人使用互联网，相比之下，88% 的黑人和 86% 的西班牙裔美国人使用互联网。年收入 125 000 美元或以上的家庭约 95% 使用互联网，而年收入低于 30 000 美元的家庭只有 77%。随着时间的推移，收入差异有所减少，但仍然显著，最高和最低收入类别之间有 18% 的差距。在互联网使用方面，受教育程度也产生了显著差异。高中学历以下的人中，只有约 75% 的人上网，而大学以上学历的人则达到 98%。大专以上学历的人群互联网使用率接近 95%。总的来说，"数字鸿沟"问题确实有所缓和，但在收入、教育、年龄、种族和族裔方面仍然存在（Insider Intelligence/eMarketer，2022a）。

性别、年龄、种族和族裔也影响网络购物行为。女性网络购物略高于男性，尽管差异不显著。年龄方面的差异更大。例如，几乎 90% 的 25～34 岁的人进行网络购物，而 55～64 岁的人群中只有 75%。超过 65 岁的人进行网络购物的比例约为 60%。与互联网使用一样，种族和族裔差异并不像以前那么明显。大约 78% 的美国 14 岁及以上的白人进行网络购物，相比之下，黑人为75%，西班牙裔美国人为74%（Insider Intelligence/eMarketer，2022e）。

互联网连接类型：宽带和移动设备的影响

尽管我们在缩小互联网可获得性方面取得了很大进展，但在宽带服务使用方面仍存在不平等的现象。美国联邦通信委员会（FCC）将宽带定义为，提供至少25Mbps的下载速度和3Mbps的上传速度。尽管FCC宣称最低要求的固定宽带覆盖了约70%的美国家庭，但其他调查报告显示这一比例要低得多。例如，Pew研究中心的研究表明，65岁及以上的成年人、受教育程度较低的人群以及低收入家庭的宽带普及率明显较低。农村居民、黑人和西班牙裔美国人也不太可能拥有家庭宽带连接。对市场营销人员而言，宽带受众为其提供了独特的机会，特别适合定位为高教育程度、高收入群体的产品。同样值得注意的是，一个家庭如果没有固定宽带接入，并不意味着家庭成员不使用互联网；他们只是从另一个接入点（如图书馆）上网，或者通过智能手机上网。某些群体特别依赖智能手机进行在线互联网访问，这些群体包括18～29岁的年轻人、低收入和教育程度较低的人群，以及西班牙裔美国人（Federal Communications Commission，2021; Pew Research Center，2021）。

社区效应：社交网络中的蔓延现象

对于实体零售店来说，地理位置是影响销售的最重要因素。但对于网络零售商来说，地理位置几乎没有影响。对于网络消费者的购买行为，影响其决策的重要因素是消费者是否位于其他人在互联网络购物的"邻域"中。这些邻域既可以是面对面的、真实的个人，也可以是虚拟的人。这些所谓的邻域效应，以及从众效应在消费决策中的作用，在个人电脑等商品中非常明显。一般来说，成为社交网络会员与购买决策之间存在着关系（Iyengar et al.，2009）。大约一半（48%）的美国社交网络用户通过社交网络平台直接购买商品，或通过点击链接进入零售商的产品页面进行购买。Facebook是最可能推动客户购买的社交网络，其次是Instagram和Pinterest。意外的是，社交网络首先促进了网络研究，其次促进了线下购买（有时被称为ROPO或webrooming），将购买流量推向实体店，消费者在实体店可以看到、试用并购买产品。这与在商店购物然后在线购买的展示效应恰恰相反。研究发现ROPO/webrooming效应与展示效应一样大（Insider Intelligence/eMarketer，2021b）。

6.1.2　消费者行为模型

企业在对网络消费者有一些基本了解后，还需要关注消费者的网络行为方式。**消费者行为研究**是一门社会科学，尝试通过建立模型解释人们在市场中的行为方式。在这项研究中，社会学、心理学和经济学等社会科学理论对研究网络消费者的行为发挥重要的作用。消费者行为模型试图预测或解释消费者购买什么商品、在哪里购买商品、何时购买商品、购买多少商品以及为什么购买商品。企业如果能理解消费者的决策过程，将对如何开展产品营销和销售胸有成竹。图6.1展示了考虑消费者市场决策的综合影响因素的一般消费者行为模型。

网络消费行为与线下消费行为有许多相似之处，但也有一些明显的不同。首先理解人们为什么选择网络购物而不是在实体店购物非常重要。尽管价格是一个重要因素，消费者仍然会因为便利性而选择网络购物，而这主要是因为网络购物能节省时间。总交易成本的降低也是消费者选择网络渠道的一个主要动因。

6.1.3　网络购买决策

进行网络购物时，消费者为什么会从特定的卖家购买产品或服务呢？最重要的原因包括价格和免邮费。卖家是购买者信任的人也是一个非常重要的因素。

你还需要考虑消费者的购买决策过程，以及网络环境如何影响消费者的购买决策。消费者购买决策过程包括五个阶段：唤起需求、收集信息、评估商品、购买以及购后行为。图 6.2 展示了线上线下消费者决策过程的五个阶段，以及在购买决策前、中和后支持并影响消费者决策的营销沟通类型。

图 6.1　一般消费者行为模型

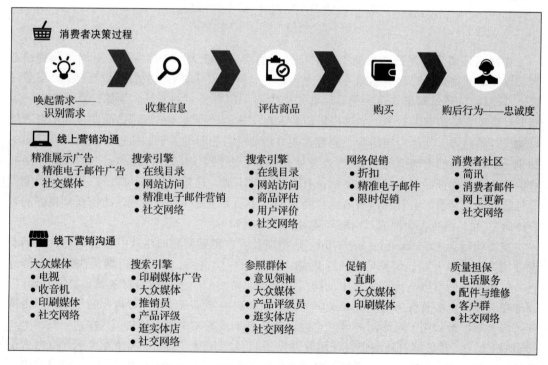

图 6.2　消费者决策过程及营销沟通类型

消费者网络和线下购买决策过程基本上是相同的。另外，为了把新的影响因素考虑在内，需要修改消费者行为一般模型，同时还需要考虑电子商务为网络消费者提供多种互动渠道的独特特性。图 6.3 中，对消费者行为一般模型进行了调整，除了品牌优势、市场沟通（广告）等传统要素以及线上和线下社交网络的影响，还关注了消费者特征、产品特点、网站和移动平台的特点。

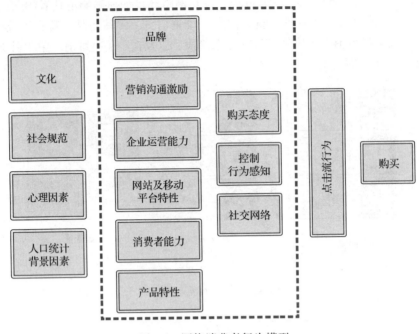

图 6.3　网络消费者行为模型

在网络环境下，网站和移动平台的特性，消费者的能力、产品特性、对网络购物的态度，以及对网络环境控制的感知等变得尤为重要。网站和移动平台的特性包括延迟（下载延迟）、导航性以及对网络安全的信心。在现实世界中也有类似的情况，例如，众所周知，店面设计可能影响消费者行为，如果根据消费者在实体店的行为，把促销商品摆放到消费者最可能经过的地方，就能增加销量。消费者能力指消费者拥有的关于如何进行在线网络交易的知识（随着经验的增加而增加）。产品特性是指易于在网上展示、包装和运送的特殊产品拥有的属性，某些产品适合在网上展示，有些产品却不能。这些因素与品牌、广告和经营能力等传统因素相结合，会促使消费者选择特定的电子商务企业（对公司网站的信任和良好的客户体验），而且消费者会形成对网络环境可控性的感知。

点击流行为（clickstream behavior）是指消费者在浏览网页时生成的事务日志，从消费者使用搜索引擎开始，浏览的每一个网站，再到每一个页面，最后进行购买决策的全部过程。这些重要的节点与传统零售中的购买决策点非常类似。在进行消费者够买决策预测时，详细和一般的点击流行为与消费者人口统计特征和购买习惯一样发挥着重要的作用。点击流营销最大限度地利用了互联网环境，它假设消费者不具备"深入"的知识（在这个意义上与"隐私相关"），并且可以随消费者使用互联网进行动态开发。例如，搜索引擎营销（搜索引擎显示的付费广告）的成功，在很大程度上取决于消费者搜索的内容及其搜索方式（详细的点击流数据）。在分析详细数据后，会分析一般的点击流数据（自上次访问以来的天数，购买记录）。如果条件允许，也会分析人口统计数据（如年龄、性别和位置）。

6.1.4　购物者：浏览与购买

上文提及的互联网使用情况强调了网络行为的复杂性。虽然互联网用户主要是受过良好教育、富裕和年轻的人群，但网络用户群体的分布越来越分散化。对网络点击行为的分析表明，人们上网的原因多种多样。网络购物也很复杂，在 2022 年 1.3 万亿美元的 B2C 电子商务的市场中，用户在线购物的方式存在巨大差异。

　　例如，如图 6.4 所示，美国 83.5% 的互联网用户（年龄在 14 岁及以上）是"买家"，他们会在网上购买商品。另外 9.1% 的用户在网上研究产品（"购物者"），但在线下购买。在线购物者的数量（买家和浏览者的总合）几乎达到了 240 万消费者的市场规模。大多数营销人员认为这个数字是激动人心的（Insider Intelligence/eMarketer，2022e）。

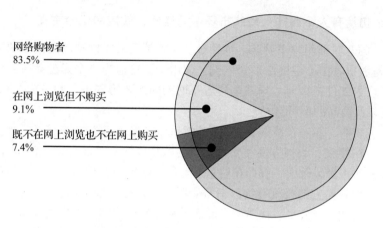

图 6.4　网络浏览者和网络购物者

　　千万不要低估网络浏览行为对线下购买的重要性。虽然要准确衡量网络浏览行为带来的线下销售额非常困难，但 Forrester Research 估计，近 2/3（62%）的美国零售销售都受到数字化的影响，这一比例在新冠疫情之前是 49%（Vail，2021）。

　　电子商务是推动传统商务活动的主要动力，当然，传统品牌和购物也推动了电子商务的发展。网络浏览影响线下购买的同时，传统营销媒体也对线上购买行为（包括销售）有着深刻影响。传统的印刷媒体（杂志和报纸）和电视仍然是触达和吸引消费者、为其提供新产品信息并引导其上网的强大媒体。

　　社交网络也非常有影响力，只是没有传统媒体那么强大。这令许多把社交网络作为主要营销工具的人感到惊讶，但它反映了传统媒体对消费者行为影响的多样性。

　　这些现象表明电子商务和传统商务是相辅相成的，商家及研究人员应该把二者看成消费行为中不可分割的两部分，而不是彼此的激进替代品。商务就是商务，其面向的消费者是一样的。消费者可以选择各种媒体，甚至有时同时使用多种媒体。这些发现对营销人员有非凡的意义。网络商家应该在其网站上创建内容供消费者进行搜索访问，并提高其在搜索引擎中的排名，不能仅仅关注销售本身，同时通过传统媒体对其服务和产品进行推广（尤其是新产品），以此支持其网络商店。在网络消费者行为的一般模型中，购买决策受到背景人口统计因素和几个中间因素的影响，并且最终极大地受到接近购买时刻的点击流行为的影响。

6.1.5　有目的的行为：购物者如何在网上找到卖家

　　鉴于"点击这里"展示广告的普遍应用，人们可能会认为购物者一时冲动而被"驱使"

到商家的网站。实际上，只有极少数购物者通过点击展示广告寻找卖家。电子商务中的购物者目标明确，他们通常只寻找特定产品、公司和服务。在网上，大多数消费者把喜欢的搜索引擎作为首选的购买产品搜索渠道。大多数购物者会直接访问网络平台，如 Amazon 或 eBay，有些购物者会直接访问特定的零售网站。如果商家能够针对目标导向型购物者的目标与其沟通，并据此设计购物网站，使购物者能更方便地访问网站、查询产品信息，并向购物者提供更多的备选商品、更好的客户服务，就能实现更高的销量，但这实际上是个很艰巨的任务。

6.1.6   为什么仍然有人不网购：网络市场中的信任、效用和机会主义

大约 7.4% 的互联网用户不网购，为什么？导致消费者不网购的最重要的因素是"信任因素"，也就是消费者担心被网络商家欺骗、信用卡信息泄露、个人隐私遭到侵犯，或者遭到垃圾邮件、广告邮件的轰炸。导致消费者不网购的次要因素可以归纳为"麻烦因素"，比如运费、退货以及商品的不可触摸性。

长期的研究表明，影响在线购买决策的两个最重要因素是效用和信任。消费者希望享受到交易划算、价格便宜、购买方便和交付快捷的购物体验。简而言之，消费者在寻找效用。另一方面，在任何买卖关系中，都存在信息不对称。卖家通常比消费者更了解商品的质量和销售条款，这会导致卖方的投机行为。消费者因为信任商家和市场平台才会产生购买行为。卖家可以通过打造诚实、公平、优质的产品声誉从而在网络消费者中建立信任关系——这是品牌的基本要素。平台需要向用户承诺其会保证用户数据的安全性和隐私性。来自已购买用户的在线推荐和反馈是建立良好的网络信任机制的典型范例。与消费者建立信任关系的网络卖家可以获得其产品或服务的溢价。文献综述表明，影响网络信任关系的最重要因素是对网站的可信度、易用性和风险的感知。随着时间的推移，虽然网络环境中的信任问题已经减少，但信任缺乏仍然是电子商务发展特别是社交电子商务发展的一个重要制约因素（Insider Intelligence/eMarketer，2021b）。

6.2   数字商务营销、广告策略和工具

网络营销与传统营销有许多相似之处，又有不同之处。网络营销的目标——与所有营销一样——是建立客户关系，以便公司能够获得超额利润（通过向消费者提供优质的产品或服务，以及品牌特征）。这些关系是公司品牌的基础。但网络营销与传统营销又截然不同，因为媒体的性质及功能与传统形式都大相径庭。

与传统营销相比，网络营销有 4 个特点。与传统的印刷和电视营销不同的是，网络营销更具个性化、参与性强、点对点、更具社区性。并非所有类型的网络营销都有这 4 个特点。例如，屏幕上播放的营销视频与电视播放的商业广告之间并没有太大区别。然而，同样的营销视频可以针对消费者的个人兴趣和社区成员资格进行个性化，并允许分享。营销人员一直在寻找同时具备这 4 个特点的最有效的网络营销形式。

6.2.1   战略问题

过去，创建网络品牌的第一步是建立网站，然后尝试吸引消费者。建立品牌和吸引客户的传统营销渠道包括搜索引擎营销、展示广告、电子邮件营销和联盟营销。如今，建立网站仍然是第一步，而传统的网络营销渠道仍然是创建品牌和获取网络销售收入的主要动力。不

同的是，市场营销人员需要更广泛地了解网络营销面临的挑战，并不断尝试吸引消费者的其他媒体渠道，如社交媒体、移动设备，并需要与传统网站协同整合。

多渠道综合营销包括 5 个要素：网站、传统网络营销、社交媒体营销、移动营销和线下营销。表 6.2 展示了每个要素的核心元素、示例以及每种营销的主要功能，下文将详细地讨论每种类型的网络营销。

表 6.2　网络营销路线图

营销类型	平台 / 工具	示例	功能
网站	传统网站	Ford.com	固定网站
传统网络营销	搜索引擎营销	Google	基于查询的意向营销
	展示广告	Yahoo，Google，出版商网站	兴趣和情境营销，目标营销
	电子邮件营销	主要零售商	许可营销
	营销联盟	Amazon	品牌延伸
社交媒体营销	社交网络	Facebook	对话，品牌塑造，分享，影响力
	博客 / 论坛	Tumblr	兴趣社区，分享，影响力
	视觉营销	Pinterest，Instagram	品牌塑造，参与度，分享，影响力
	视频营销	YouTube	品牌塑造，参与度，分享，影响力
	游戏、元宇宙以及 NFT 营销	Coca-Cola "Friendship Day Loot Box"	品牌塑造，参与度
移动营销	移动网站	Ford.com	移动访问目标网站
	App	Walmart	无缝客户体验，完整的网站替代方案
线下营销	电视	Apple/Shot on iPhone	品牌定位
	报纸	American Airlines/ The World's Greatest Flyers Fly American	品牌定位
	杂志	Apple Watch/《时尚》杂志	品牌定位

表 6.2 展示了网络品牌创建的复杂性，如果你是一家初创公司的经理或商业网站的经理，你将面临一系列战略问题。应该从哪里开始呢？建立一个网站？开发一个博客？还是直接在 Facebook 进行注册？如果你有一个成功使用搜索引擎进行营销和展示广告的网站，接下来应该做什么？注册社交网络账号还是使用线下媒体？你的公司是否有足够的资源举办社交媒体营销活动？

第二个战略管理问题是将这些营销平台整合成一个统一、连贯的品牌信息载体。通常，营销团队的营销能力各有所长，例如网站设计、搜索引擎和展示营销、社交媒体营销以及线下营销等。这些不同的专业团队的工作协同和活动协调非常困难。因此，最终可能会由不同的团队管理公司的不同平台，而不是由一个团队管理所有的数字网络平台或营销活动，包括零售网点。

第三个战略管理问题涉及资源分配，实际上包括两个方面。首先，不同的营销类型和不同的平台都有衡量各自有效性的指标。例如，社交媒体营销中，参与度（如关注、评论和分享）是一个重要指标；搜索引擎营销中，用广告点击量衡量有效性；展示广告中，用广告的展示次数衡量有效性。其次，这些平台的成本各不相同。为了确定如何部署营销资源，需要用销售收入确定营销活动的价值。我们将在本章以及第 7 章中更详细地讨论这些问题。

6.2.2   以网站为营销平台：建立客户关系

公司官网是首次与客户建立关系的重要渠道，公司官网有 4 个重要功能：建立品牌认同和消费者期望，为消费者提供信息通知和导购服务，塑造客户体验，以及在营销信息海洋中进行品牌定位。官网是消费者唯一能找到完整公司信息的渠道，官网与应用程序、电子邮件或搜索引擎广告并不相同。

官网的首要功能是建立品牌认同，并作为公司其他营销活动的核心以增加销售收入。建立品牌认同包括为消费者提供产品或服务的不同特性，如质量、价格、产品技术支持和可靠性。官网首页的产品特性旨在吸引消费者了解并购买公司的产品，从而创造期望。例如，Snapple 官网创造的期望如下：该产品是由高品质天然成分制成的美味、清爽的饮料。福特官网聚焦汽车技术和燃油效率，其官网创造的期望是，购买福特汽车，带你体验拥有最新技术且更加省油的汽车。

网站还可以进行品牌定位，作为信息中心向公司众多的数字平台发布品牌信息，如 Facebook、Instagram、TikTok、Twitter、移动 App 或电子邮件等的品牌信息都源自同一个网站。除了品牌定位，官网还具备像商业机构一样向公司客户提供产品和服务信息的基本功能。官网的网络目录和购物车，是网络客户体验的重要元素。**客户体验**指客户与公司的全部互动活动，包括搜索、收集信息、购买决策、购买以及产品的售后服务。客户体验这一概念比传统的客户满意度概念更广泛，因为它考虑了更广泛的影响因素，包括客户对公司及其产品形成的认知、情感、情绪、社交关系和物质关系。客户体验通常涉及多个零售渠道。这意味着，在客户心中，官网、移动站点和应用、Facebook 页面、Instagram 动态、Twitter 流、实体店和电视广告都是客户与公司互动体验的一部分。

6.2.3   传统网络营销和广告工具

本节主要介绍用于吸引电子商务消费者的基本营销和广告工具：搜索引擎营销、展示广告营销（包括横幅广告、富媒体广告、视频广告和赞助广告）、电子邮件营销、联盟营销和引导式营销。

据估计，美国所有公司 2022 年的广告总支出规模将达到 3450 亿美元。预计其中的 2500 亿美元将用于网络广告（在网站、应用程序或其他数字媒体上的付费信息）。**网络广告**是指能在台式机、笔记本电脑、移动设备、网络电视上播放的广告，类型包括展示广告（横幅、视频、富媒体广告和赞助式广告）、搜索广告、分类广告、潜在客户广告和电子邮件广告。网络广告占总体媒体广告的比例增长迅速，从 2016 年的 37% 到 2022 年超过 70%，几乎翻了一倍。到 2026 年，预计网络广告将占所有广告支出的近 80%（见图 6.5）。在美国，预计 2022 年美国广告收入最高的三大数字广告平台是 Google/YouTube（约 780 亿美元）、Meta（Facebook/Instagram）（约 550 亿美元）和 Amazon（约 310 亿美元）(Insider Intelligence/eMarketer，2022f，2022g，2022h)。

在过去的五年里，广告商持续增加网络广告支出，同时削减传统广告支出。2016 年，网络广告支出首次超过了电视广告支出，预计 2026 年电视广告支出将占总广告支出的不到 15%（Insider Intelligence/eMarketer，2022f）。

表 6.3 展示了某些广告形式支出金额的比较数据。预计 2022 年支出最高的广告是付费搜索，其次是视频广告。

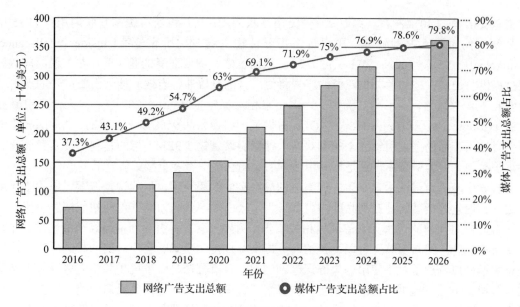

图 6.5　网络广告支出

表 6.3　不同网络广告类型的收费（单位：十亿美元）

类型	2022	2026	年度增长率
搜索广告	99	136.3	9.6%
横幅广告	52.3	68.3	9.3%
视频广告	76.2	116.6	16%
富媒体广告	11.1	18.6	15%
赞助式广告	4	4.4	3.7%
潜在顾客广告	3	3.5	4.3%
分类广告	2.4	2.5	1.0%
电子邮件广告	0.59	0.73	6.4%

　　与电视、广播和印刷（杂志和报纸）等传统媒体的广告相比，网络广告既有优势也有劣势。网络广告最大的优势是消费者有向互联网流动的趋势，尤其受到 18～34 岁群体的欢迎。网络广告的第二个优势是能将广告定位到个体和小群体，并且可以实时追踪广告效果。**广告定位**是指为了增加消费者购买的可能性，将营销信息发送给人口中的特定子群。这与广告本身一样古老，在互联网出现之前，其精准度非常低，不能实现对个人消费者的精准定位。广告定位也滋生了价格歧视：相同产品或服务对不同类型的消费者收取不同价格。

　　理论上，网络广告可以将每条广告信息个性化，以精确匹配每位消费者的需求、兴趣和价值观。但是众所周知，这与事实大相径庭，我们经常收到不感兴趣的邮件或广告。网络广告还提供了更多的互动机会——广告商和潜在客户之间的双向沟通。网络广告的主要劣势是与成本相比的低收益、难以准确衡量效果，以及难以为展示广告提供合适的广告位。例如，出售广告空间的网站所有者（"发布者"）没有像传统媒体一样经过审核来验证他们声称的数字。我们将在 6.4 节中讨论网络广告的成本与收益，并对其有效性进行研究。

搜索引擎营销和广告

2022 年预计美国所有公司在搜索引擎营销和广告上的总支出约为 990 亿美元，占数字营销总支出额的 40% 左右。约有 2.6 亿美国互联网用户（约占所有美国互联网用户的 85%）每月至少使用一次搜索引擎，用户每天每分钟输入约 240 万条查询（Insider Intelligence/eMarketer，2022g，2022i；Wise，2022）。简而言之，需要注意的是（至少在一段时间内），通过提供与用户兴趣和意图相匹配的广告将使广告的投放非常有效。搜索引擎广告的点击率通常在 1%～4% 之间（平均约为 2%），多年来相对稳定（Montti，2021）。三大搜索引擎提供商（Google、微软 /Bing 和雅虎 /AOL）占据了网络搜索的 95% 以上。然而，Amazon 作为消费者搜索产品的搜索引擎越来越受欢迎。**搜索引擎营销**（SEM）指的是利用搜索引擎建立和维护品牌。**搜索引擎广告**则是指利用搜索引擎向在线消费者直接销售产品的广告。

搜索引擎通常被认为是基于广告响应的最直接的销售渠道，虽然这是搜索引擎的主要用途之一，但它还能微妙地提高品牌知名度、为了吸引顾客参与而向其他网站或博客引流、深入了解客户对品牌的看法、支持其他相关广告（例如将消费者引导到本地经销商网站）并间接支持该品牌。搜索引擎还可以为营销人员提供客户搜索模式、客户对其产品的看法、热门搜索关键词以及竞争对手使用的关键词等。例如，百事公司是百事可乐和多力多滋等大品牌的母公司，虽然不提供产品网络销售，但搜索"百事可乐"会链接到面向消费者、投资者和股东的品牌网站。重点是建立、维护和更新百事公司品牌消费品系列，搜索百事可乐会搜到大量百事可乐营销材料相关的搜索结果。

搜索引擎广告的类型。搜索引擎最初执行对 Web 巨大网页集合的无偏搜索，其主要收入来自从横幅广告。这种形式的搜索结果通常称为**有机搜索**，因为网站的内容和排名取决于搜索引擎设置的规则（算法）和"无偏"应用。

现在，**按点击付费（PPC）搜索广告**是主要的搜索引擎广告类型。在**关键词广告**中，商家通过搜索引擎招标购买关键词，当消费者搜索该词时，其广告就会出现在页面的某个位置，通常作为右侧的小型文本广告，也可以作为页面顶部的列表广告。商家付费越多，广告在页面上的排名就越高，可见性越大。通常，搜索引擎不对广告的质量或内容进行编辑和判断，但会对语言的使用进行监控。此外，一些搜索引擎根据广告的受欢迎程度而不仅仅是广告商付费金额对广告进行排名，广告的排名取决于广告商付费金额和单位时间内的点击次数。Google 的关键词广告项目称为 Google Ads（之前称为 AdWords）。

Google 的 **AdSense** 计划与之前介绍的普通关键词广告有所不同。发布者（展示广告的网站）允许 Google 在其站点上放置"相关"广告。这些广告的费用由在万维网各网站发布广告信息的广告商支付。点击产生的收入在 Google 和站点发布者之间分成，有时发布者获得的份额要占一半以上。

搜索引擎营销是一种近乎完美的精准营销技术：在消费者寻找产品的关键时刻，推送该产品的广告。消费者从搜索引擎广告中受益，因为商家的广告仅在消费者寻找特定产品时出现。因此，搜索引擎广告为消费者节省了认知能量，降低了搜索成本（包括线下搜索产品的交通成本）。

由于搜索引擎营销非常有效，公司应优化其网站以获得搜索引擎的识别。页面优化得越好，它在搜索引擎结果列表中的排名就越高，出现在搜索引擎结果页面的顶部的可能性就越大。**搜索引擎优化**（SEO）是指通过改变网页和站点的内容和设计提高其在搜索引擎中排名的过程。通过精选网页使用的关键词、频繁更新内容及设计网站，使搜索引擎程序能轻松捕获网页，从而提高网络营销计划的影响力和投资回报。搜索引擎优化尤为重要，因为 Google 和其他搜索引擎公司经常对其搜索算法进行调整以改善搜索结果和用户体验。据统计，Google 的搜索引擎算法每年要进行 600 多次的调整（Moz.com, 2022）。

视觉搜索和语音搜索。视觉搜索和语音搜索是两种新兴趋势，可能在未来影响搜索引擎营销。**视觉搜索**利用人工智能技术，如机器学习和计算机视觉，帮助人们基于视觉图像而不是文本进行信息搜索。例如，Google Lens 是 Google 图像搜索中的一个功能，每月进行 80 亿次视觉搜索；Pinterest Lens 和 Snap Scan 也是类似的例子。视觉搜索可能对网络营销产生重大影响，最近的一项调查显示，超过 50% 的美国互联网用户认为视觉搜索是他们最期待在购物体验中使用的技术（Boland，2022；Mohanadasan，2020；Visenze，2020）。**语音搜索**则利用自然语言处理等人工智能技术，帮助人们通过口头命令而不是键盘输入进行信息搜索。目前，大多数人用语音搜索获取信息，但使用语音搜索进行产品搜索或查找产品评价的人数也在增加。联网汽车是语音搜索的另一个平台。例如，丰田和雷克萨斯最近与 Cerence 合作，在他们的汽车中配备了 Browse 语音搜索引擎（Insider Intelligence/eMarketer，2022j）。

搜索引擎广告问题。虽然搜索引擎给商家和消费者带来了很大的福利，但也带来了风险和成本。例如，搜索引擎可能把广告放置在搜索结果的后几页而压榨小企业。搜索引擎为商家提供进入网络市场的便利，而这种便利渠道主要由 Google 一家公司主导。公司在搜索结果中的排名高低由 Google 决定，而排名规则并不为人所知。没有公司知道如何真正提高其排名（尽管许多公司声称能够做到）。Google 的编辑以一种未知的方式干预排名，惩罚某些网站并奖励其他网站。与依赖有机搜索结果不同，使用付费赞助列表可以消除部分不确定性，但并非全部。

其他可能导致搜索引擎排名结果和实用性下降的做法包括：

- **点击欺诈**。点击欺诈发生在竞争对手点击搜索引擎结果和广告时，迫使广告商支付点击费，即使点击并非合法。竞争对手可以雇佣公司进行欺诈点击，或者雇佣僵尸网站来自动完成点击欺诈。点击欺诈可能会使商家承担巨额费用，但并不会带来销售增长。
- **内容农场**。内容农场是旨在吸引访客和搜索引擎而为多个网站生成大量文本内容的公司。内容农场通过吸引大量访客并向其展示广告而获利，生成的内容通常并非原创，而是从内容网站合法复制或归纳得到。
- **链接农场**。链接农场是一组相互链接的网站，可提高网站在使用 PageRank 算法判断其"实用性"的搜索引擎中的排名。Google 认为链接农场是一种操纵手段，并对使用这种手段的网站进行严厉的排名惩罚（Hilson，2022）。

展示广告营销

2022 年，预计美国所有公司各种类型的展示广告营销费用约为 1450 亿美元，约占数字营销总支出的 58%。**展示广告**有多种类型，包括横幅广告、富媒体广告和视频广告。赞助式和原生广告也属于展示广告营销。每年有数万亿次的展示广告在台式电脑和移动设备上播放。2022 年排名前三的展示广告公司分别是 Meta（Facebook/Instagram）、Google 和 Amazon，它们共占美国展示广告收入的 55% 以上（Insider Intelligence/eMarketer，2022k）。互动广告局（Interactive Advertising Bureau，IAB）是一个行业组织，它制定了展示广告行业的自律准则。出版商未被强制遵守自律准则，但许多出版商自觉执行了这些准则。自律准则基于 HTML5 技术，涵盖了所有类型的展示广告，以及增强现实、虚拟现实、360 度广告和表情符号广告等新型广告体验。准则的另一个重要方面是融入了 LEAN 原则。LEAN

是轻量级（Lightweight）、加密（Encrypted）、可选（AdChoices-supported）、非入侵性（Non-invasive）的缩写。为了增强消费者对广告的接受度，这一标准包含动画、广告扩展、关闭按钮、用户启动、插页式广告（在主要内容之前、之间或之后出现的广告）、视频和自动播放视频/音频的准则，以及已被禁止的颠覆性体验广告，例如弹出广告（在用户开始查看内容后覆盖或遮挡内容的广告）、自动扩展广告（无需用户启动即可扩展的广告）、带音频的自动播放视频和闪烁动画（IAB Technology Lab，2022）。

横幅广告。这是最古老、最常见的展示营销形式，也是网络营销中效率最低、成本最低的形式。横幅广告在台式电脑/笔记本电脑或移动设备屏幕上的矩形框中展示推广信息。横幅广告类似于印刷出版物中的传统广告，但具有一些特殊优势。当用户点击时，可将潜在用户直接吸引到广告商的网站，广告商可以跟踪用户在网站上的行为。识别和跟踪用户的能力是网络广告的一个主要功能，横幅广告通常具有视频和动画特效。需要注意的是，尽管横幅广告和展示广告这两个术语经常可以互换使用，但横幅广告只是展示广告的一种形式。尽管广告效果有限，但预计2022年横幅广告支出约为520亿美元，占展示广告支出总额的36%，占网络广告支出总额的21%（Insider Intelligence/eMarketer，2022g）。

富媒体广告。这是一种利用交互式功能吸引用户的广告形式，这些功能包括动画（移动图形）、触发新内容体验的元素（例如广告扩展，即将广告扩展到比其原始大小更大的尺寸）以及视频播放。2022年，网络富媒体广告总支出预计约为110亿美元，约占网络广告总支出的4%（Insider Intelligence/eMarketer，2022g）。与简单的横幅广告相比，富媒体广告更有效。

视频广告。这是一种类似于电视广告的网络广告形式，视频广告作为视频商业广告出现在各种内容之前、之间或之后。表6.4描述了一些不同类型的视频广告，最常用的是流媒体视频广告。

表 6.4 视频广告类型

类型	描述	何时使用
线性视频广告	前置，插播，广告需要占据视频一段时间	前置，后置，插播
非线性视频广告	叠加，与视频同时播放，但不会全屏播放	同步，结束，嵌入
植入式横幅视频广告	富媒体，伴随横幅广告启动，可能大于横幅广告尺寸	网页内，通常被内容包围
植入式文本视频广告	富媒体，鼠标划过相关文本时启动	网页内，以高亮词汇出现，嵌入相关内容

从支出规模看，视频广告支出仅次于搜索引擎广告支出。据估计，视频广告是未来5年增长最快的网络广告形式。预计2022年网络广告支出约为760亿美元，到2026年将增加到约1250亿美元。视频广告迅速增长的部分原因是视频广告比其他类型的展示广告形式更有效（Insider Intelligence/eMarketer，2022g）。

有许多专业的视频广告网络为全国范围的广告商提供视频广告运营服务，它们在各自的网站播放视频广告。公司还可以通过建立视频网站推广其产品，网络零售商是广告视频的主要使用者之一。

赞助式广告。赞助式广告营销是付费广告的一种，旨在以积极但不过于商业化的方式，将广告商的名字与特定信息、事件或场地联系在一起，以提高品牌知名度。预计2022年美国所有公司的赞助式广告的总支出约为40亿美元（Insider Intelligence/eMarketer，2022g）。

赞助式广告通常更注重品牌宣传而不是即时销售，最常见的赞助式广告形式是定向内容（或社论式广告），也就是将编辑的内容与广告信息结合，使信息对其目标受众更有价值和吸引力。例如，美国领先的医疗信息网站 WebMD 在其网站上提供"赞助式广告"，展示了 Phillips（家用除颤器）和 Lilly（儿童注意力缺陷障碍制药方案）等公司赞助的页面。社交媒体赞助是一种流行的策略，即营销人员向社交媒体网红支付费用，以换取他们在社交媒体（如博客、推文或在线视频）中提及产品或品牌（我们将在本章及第 7 章中更深入地讨论网红营销）。赞助式广告还可以转移到移动平台使用，赞助式广告与原生广告之间的界限有些模糊。

原生广告。原生广告是指外观类似于编辑内容的广告。原生广告并非新的广告形式，传统的原生广告包括电视广告、报纸广告、报纸和杂志广告专栏，这些广告看起来与出版物的其余部分相似。通常，原生广告模仿其周围的编辑内容，越来越多的原生广告包含视频内容。它们出现在正常或预期的广告区域之外，在多数情况不显示"广告"的字样，并标记为不可编辑的内容。在网页或手机屏幕上，原生广告通常用标题下方的"赞助"标签以不同的颜色进行区分。网络原生广告在社交网络上正在迅速增长，预计 2022 年原生广告支出将达到约 880 亿美元（Insider Intelligence/eMarketer，2021c）。

在社交网络中经常能看到原生广告，比如，原生广告可以作为 Facebook Feed 或 Instagram Story 的一部分。实际上，几乎超过 97% 的社交网络广告支出为原生广告支出。特别是移动社交网络屏幕右侧（侧边栏或右栏）没有广告空间，因此与其他帖子相近的原生广告是首选。原生广告在移动展示广告收入中的份额已经从 2012 年的 14% 激增到 2021 年的 85% 以上（Insider Intelligence/eMarketer，2021c）。

研究人员发现，许多网络消费者无法区分编辑内容和赞助式广告。许多消费者跳过"赞助"或"推广"等标签，许多人不了解付费和免费内容之间的区别。然而，市场研究人员发现，原生广告对消费者的影响力要大得多。消费者观看原生广告的时间比观看横幅广告的时间长，比观看其他类型展示广告的频率更高。原生广告还提高了购买意愿，与常规广告相比，消费者更愿意分享原生广告。

原生广告备受争议，批评者认为原生广告让消费者以为广告与编辑内容效力相同，这是对消费者的欺骗或愚弄（Amazeen，2022）。联邦贸易委员会（FTC）对原生广告有明确的规定。FTC 检查整个广告，包括整体外观、与编辑内容的风格的一致性以及与编辑内容的区分程度。FTC 还规定，在消费者第一次接触内容时，内容商业性质的标签需要突出显示（Federal Trade Commission，2015a，2015b）。可是，遵循 FTC 的原生广告准则仍然存在问题。

内容营销。原生广告通常专注于与特定出版商合作。内容营销为品牌创建内容广告，然后确保在各类网站进行内容广告展示。内容广告的形式包括文章、信息图表、案例研究、交互图形、白皮书或是传统的新闻稿。内容营销的目标是增加公司网站的访问量、有机搜索排名以及通过社交媒体提高品牌参与度。对于 B2B 电子商务营销人员来说，内容营销是提升品牌知名度、产生需求、增加销售渠道以及提升客户忠诚度和客户保留的关键工具（Insider Intelligence/eMarketer，20221）。

广告网络。在电子商务发展的初期，公司会在少数几个热门网站上投放广告，但到了 2000 年初，能投放展示广告的网站有数十万个，如果一家公司在每个网站都购买广告位，将是非常低效的。大多数公司，即使是大型公司，也没有能力在成千上万个网站上投放横幅广告和营销信息，并监控结果。广告网络是专业的营销公司，能帮助公司充分利用互联网的强大营销潜力，使网络广告的购买和销售过程更加高效和透明。这些广告网络不断扩大，网络营销的规模和流动性大大增强。

广告网络代表了迄今为止对互联网数据库能力最复杂的应用，也展示了网络营销与传统营销的不同之处。广告网络向公司售卖广告位和营销机会（槽位），以增加对网络受众（广告客户）的广告曝光度。广告网络从想要在其网站上投放广告的参与网站获得广告位资源，每当访问者点击广告时都能收到广告费。在广告网络中，发布商吸引受众并捕获受众信息，然后进行销售，而营销人员则购买受众信息。广告网络是这个市场有效运作的中介。

图 6.6 说明了广告网络的运作流程。广告网络始于消费者从广告网络成员请求页面❶。然后与第三方广告服务器建立连接❷。广告服务器通过读取用户硬盘上的跟踪文件识别用户，并在用户配置文件数据库中检查用户的配置文件❸。广告服务器依据用户之前的购买、兴趣、人口统计或配置文件中的其他数据选择适当的横幅广告❹。用户无论在任何时间访问任何广告网络成员站点，广告服务器都会识别用户，并根据网站内容提供相应的广告。广告网络通过使用跟踪文件从一个站点到另一个站点对用户进行跟踪❺。

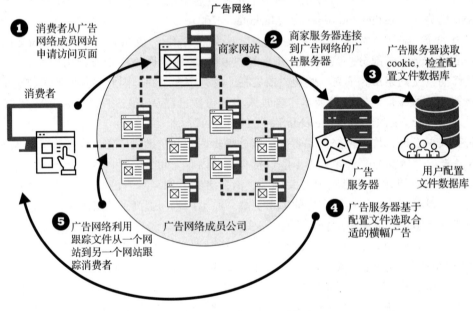

图 6.6　广告网络的运作流程

广告交易、程序化广告、实时竞价。如今，大多数网络展示广告使用程序化广告和实时竞价广告交易进行交付，其中程序化展示广告占展示广告总支出额的 90% 以上（Insider Intelligence/eMarketer，2022m）。广告交易是一种数字市场，采用自动化的拍卖方式，也就是程序化广告对网络展示广告的供需进行匹配。程序化广告通常使用实时竞价（Real-Time Bidding，RTB）流程，将广告商对展示广告的需求与发布商对网页空间的供给进行匹配。发布商出售空白网页广告位，这些页面通常是无法直接销售的过剩库存。例如，想要寻找这样的人群：最近访问过汽车网站、未婚、高风险偏好，住在纽约州或加利福尼亚州的城市地区，从事金融服务行业的 18～34 岁的男性。广告交易允许你和其他广告客户竞争，对受众群体进行实时竞价。然后为你提供广告位置管理、费用估算和效果评价。广告交易提供了巨大的全球规模和效率，其中最知名的广告交易平台是 Google 的广告管理器（以前是 Google

的 DoubleClick 广告交易），它拥有数百个广告网络（供应方），为买家提供了一个能买到受众群体（需求方）的数字市场。本章章末的案例研究将对程序化广告、广告交易和实时竞价做进一步解释。

展示广告存在的问题。 与搜索引擎广告类似，展示广告也存在一些问题，主要包括广告欺诈（类似于点击欺诈）和可见性问题（即展示广告是否真正被看到）。

广告欺诈。广告业对广告欺诈问题日益关注。广告欺诈通过伪造网页或移动流量向广告主收费，但实际上并未发生任何展示、点击或其他行为。尽管很难对因广告欺诈而导致广告主损失的金额进行量化，但仍然有多种方法进行估计。近期的研究表明，全球数字广告在 2022 年因广告欺诈而损失的支出约为 680 亿美元，其中美国占 35%（约 240 亿美元）（Juniper Research，2022）。广告欺诈有 4 个主要形势：第一，发布者可以雇佣僵尸网络点击其网页以创建虚假流量；第二，浏览器扩展程序可以将广告插入高级发布者的网站，然后在程序化广告交易中播放可用的广告；第三，广告定位公司创建仿真机器人，模仿购物者的行为，然后向广告主收取成功定位消费者的费用；第四，想要吸引广告到其网站的发布者，可能会雇佣低工资国家的人通过代理服务器点击广告。

一些大型广告商已经雇佣网络欺诈检测公司对其广告活动中的欺诈程度进行估计。Verizon Wireless、L'Oréal 和 Kellogg 等公司在最近的广告活动中发现了数百万美元的广告欺诈，并要求广告发布网站要么退款，要么生成与欺诈金额等值的真实网络流量。

可见性。实际上，许多网络广告并没有真正被查看，甚至根本不可见。造成这种情况的原因有很多。首先，目前并没有测量实际看到投放的网络广告人数的机制，这与大多数线下印刷广告和电视广告相同。尽管过去的几十年中已经开发了一些方法和手段对受众曝光度进行精确的测量，但并没有针对网络广告的测量机制。其次，很多广告在网页底部投放，用户几乎看不到，而且自动播放的视频广告也在用户无法看到的区域播放。广告客户还要承担已投放但未查看的广告费用。不道德的发布者可能会将多个广告叠加在一起，对同一网页的广告位进行多次收费。最后，僵尸网站可能被编程控制用于在欺诈网站上点击广告，生成展示次数和广告投放量，但实际上并没有产生曝光度。广告行业团体媒体评级委员会（Media Rating Council）对"可见性"设定了相对较低的标准：广告 100% 可见，持续 2 秒或更长时间（Knauer，2022）。对于网络发布者和广告代理商来说，未曝光的广告与曝光的广告一样赚钱。但对广告主来说，未曝光的广告意味着营销支出的浪费。

广告拦截。在过去几年里，广告拦截软件的使用日益增多，这些软件可以在台式电脑和笔记本电脑上拦截展示广告、预滚动视频广告、重新定位广告和某些类型的原生广告。广告拦截器的运作方式与防火墙非常相似，根据 IP 地址识别并拦截内容。广告拦截器安装简单，如 Adblock Plus 等程序提供了 Firefox、Chrome 和其他网络浏览器的扩展程序。总体而言，约 40% 的美国互联网用户在计算机或移动设备上使用广告拦截器，其中年轻男性是使用这类工具的主要群体（Insider Intelligence/eMarketer，2022n）。

电子邮件营销

起初，未经许可的电子邮件在电子邮件营销中并不常见。**直接电子邮件营销**（将电子邮件营销消息直接发送给感兴趣的用户）是在线营销沟通最早且最有效的形式之一。直接电子邮件营销消息会被发送到曾经表示有兴趣接收广告商消息的订阅用户群体。通过向订阅用户发送电子邮件，广告商能够精准定位感兴趣的消费者。与购买电子邮件列表相比，自有电子邮件列表响应率较高且成本较低，因而更有效。因此，直接电子邮件营销仍然是网络营销沟通的常见形式。电子邮件营销的优点包括：覆盖规模大，具备跟踪和响应量化的功能、个性化内容定制功能、向网站引流及互动功能、内容测试和优化功能，以及按地区、人口统计、访问时间统计或其他标准进行定位的能力。2022 年，预计美国公司电子邮件营销的总支出约为 5.9 亿美元，与搜索和展示广告营销相比相对较少（Insider Intelligence/eMarketer，2022g）。但这些数字可能具有误导性，电子邮件营销在客户响应方面依然表现突出。受到促销活动（优惠）、产品和定位等的影响，合法电子邮件的点击率平均为 3% 至 4% 左右。虽然存在大量垃圾邮件，电子邮件仍然是与现有客户沟通的一种高效且成本较低的方式，并且对于寻找新客户也发挥了一定作用。目前，手机已成为访问电子邮件的主要方式。

电子邮件营销和广告成本较低，而且与发送的邮件数量几乎无关。发送 1000 封电子邮件的成本大致与发送 100 万封的成本相同。电子邮件营销的成本主要是购买电子邮件列表，每个账号通常需要 5 到 20 美分不等，具体取决于列表定位，发送电子邮件几乎是免费的。相比之下，获取列表、打印和邮寄 5 英寸 × 7 英寸的直邮明信片的成本约为每个账号 75 到 80 美分。

尽管电子邮件营销通常以销售为导向，但它也是提升品牌知名度的多渠道营销活动之一。在电子邮件营销中，基于行为触发、市场细分、个性化和定位仍然是主要相关主题。例如，Jeep 针对已在 SUV 网站搜索并访问 Chrysler 和 Jeep Facebook 页面的目标受众创建了一场电子邮件营销活动。该活动举办了一场使用 Jeep 追踪北极野兽的网络游戏比赛，收件人可以在 Facebook、Twitter 或 Jeep 博客注册参加该活动。

虽然电子邮件是非常有效的营销和广告工具，但它面临三个主要挑战：垃圾邮件问题，通过删除用户垃圾邮件对其进行控制的软件工具问题，以及购买电子邮件列表定位不精准的问题。**垃圾邮件**是未经许可的商业电子邮件，垃圾邮件发件人是指向大量对产品不感兴趣的互联网用户发送未经许可的电子邮件的人。垃圾邮件营销通常包括色情、欺诈交易以及在多数文明社会中不被广泛认可的产品。垃圾邮件的泛滥，致使合法的直接许可电子邮件营销的增长速度不如横幅展示广告、搜索引擎广告那么迅速。消费者甚至对许可电子邮件营销失去了信任。总之，电子邮件在维护客户关系方面效果良好，但在获取新客户方面却不尽人意。

与点击欺诈是搜索引擎广告的致命弱点类似，垃圾邮件也是有效电子邮件营销和广告的克星。2022 年垃圾邮件占所有电子邮件的平均比例约为 45%（Statista Research Department，2022）。大多数垃圾邮件来自僵尸网络，这些网络由数千台被操控的电脑组成，可以发起和中继垃圾邮件消息。由于新技术（既有支持又有阻碍垃圾邮件的技术）、新诉讼以及产品和服务需求的季节性等因素的影响，垃圾邮件也具有季节周期性，并且每个月都在发生变化。

美国立法试图控制垃圾邮件，但一直不太成功。联邦 CAN-SPAM（控制非许可的色情和营销侵袭）法案并不禁止未经许可的电子邮件（垃圾邮件），而是要求对未经许可的商业电子邮件进行标记（尽管没有标准方法），并且必须包含退订说明以及发件人的实际地址。它还要求在此类消息中禁止使用欺诈性主题和虚假标题。联邦贸易委员会被授权（但不是必须）建立一个"不发送电子邮件"注册表。该法案规定对每一封未经许可的色情电子邮件罚款 10 美元，并授权各州总检察长对垃圾邮件发送者提起诉讼。显然该法案把大规模未经许可的电子邮件营销（大多数人称之为垃圾邮件）合法化了，但在一定程度上禁止某些欺诈行为，从而保障消费者有拒收此类邮件的权力。批评人士认为 CAN-SPAM 的做法很可笑，因为只要垃圾邮件发送者遵循规则，就是合法的。也是出于这个原因，大规模垃圾邮件的发送者一直是该法案强有力的拥护者，而消费者团体一直是该法案最强烈的反对者。

联盟营销

联盟营销（affiliate marketing）是一种营销形式，即某企业在其他企业（引流企业）网站、博客或社交媒体将其用户引导至本企业网站后，该企业向引流企业支付 4% 到 20% 的佣金。联盟营销通常采用按效果支付的方式：只有当用户点击链接或购买产品时，联盟或联盟网络才会获得报酬。分析师估计，2021 年美国所有公司联盟营销的总支出超过了 90 亿美元（Insider Intelligence/eMarketer，2022o）。

例如，Amazon 拥有全球最大的联盟项目，称为 Amazon Associates。参与者网站最多可获得关联销售的 10% 的佣金。联盟通过自己的博客或网站吸引消费者点击 Amazon 的产品广告。Amazon、eBay 和其他大型电子商务公司通常自己管理此类项目。希望参与联盟营销的较小电子商务公司通常会通过联盟营销中间商（如 CJ Affiliate 或 Rakuten Linkshare）加入联盟网络（有时称为联盟经纪人）。博主通常通过注册 Google 的 AdSense 项目吸引广告商访问其网站，然后根据广告点击次数和及消费者关联购买获得相应的报酬。

引导式营销

引导式营销（lead generation marketing）利用多个电子商务平台为企业产生潜在客户，然后通过销售电话、电子邮件或其他方式与之联系并将其转化为客户。从某种意义上讲，所有网络营销活动都是为了引导潜在客户。引导式营销是网络营销领域的一个分支，通过提供咨询服务和软件工具为企业收集和管理潜在客户，并将这些潜在客户转化为客户。据估计，2022 年美国所有公司引导式营销的总支出约为 30 亿美元（Insider Intelligence/eMarketer，2022g）。引导式营销有时也被称为"入站营销"，引导式营销公司助力其他公司建立网站、启动电子邮件营销活动、利用社交网络和博客优化潜在客户，然后进一步联系、跟踪互动并借助客户关系管理系统进行客户跟踪和企业互动。其中一家主要的引导式营销公司是 Hubspot，该公司开发了一套用于产生和管理潜在客户的软件套件。

6.2.4　社交媒体营销、移动营销和本土化营销及广告

本节简单介绍社交媒体营销、移动营销和本土化营销及广告的概况。在第 7 章，我们会更深入地研究社交媒体营销、移动营销和本土化营销的广告工具。

社交媒体营销/广告涉及使用在线社交网络和社区宣传品牌并推动销售收入。社交网络有多种类型，从 Facebook、Instagram、TikTok、Twitter 和 Pinterest 到社交应用程序、社交游戏、博客和论坛。预计 2022 年，美国所有公司在社交网络营销和广告上的总支出约为 750 亿美元，但是这只占所有网络营销总支出的约 30%（Insider Intelligence/eMarketer，2022p）。

社交网络为广告商提供了几乎所有的广告类型，包括横幅广告、原生广告、视频广告和赞助式广告。公司的 Facebook 页面与公司的网页一样，本身就是品牌的营销工具。许多公司（如可口可乐）已经关闭了产品特定的网页，转而使用 Facebook 页面。

博客也可以用于社交媒体营销。博客已经存在了几十年，并且是主流在线网络文化的一部分。博客在网络营销中起着重要作用，社交网络并没有取代博客，事实上，社交网络经常指向博客以获取长篇内容。由于博客的读者和创作者往往受过良好教育、收入较高且是意见领袖，博客是以此群体为目标受众的产品和服务广告的理想平台。由于博客表达作者的个人观点，因此也是开展病毒式营销活动的理想平台。针对博客的广告网络具有较高的广告投放效率，博客网络也是如此。博客网络是指少数热门博客集合，由中央管理团队协调，可以为

广告商提供更多的目标受众。

网红营销是社交媒体营销的另一种形式,起源于博客,后来扩展到各种社交网络。网红营销利用在社交媒体上拥有忠实粉丝的网红,借助粉丝对这些专家或名人的信赖和认可,进行品牌宣传和产品销售。品牌通常利用网红在其追随者中积累的信任,将网红的推荐转化为销售。

网络营销在移动平台上发展迅速,预计 2022 年移动平台的网络营销支出约为 2500 亿美元,占网络营销支出总额的 2/3 以上。2022 年,预计各种形式的移动营销支出总额约为 1700 亿美元,预计到 2026 年将增加到将近 2500 亿美元(Insider Intelligence/eMarketer,2022q)。驱动广告商使用移动平台的因素包括更强大的设备、更快的蜂窝网络、本地无线网络、富媒体和视频广告,以及小企业和消费者对本地广告的不断增长的需求。最重要的是,移动平台是当前和未来的焦点:约有 2.8 亿人某些时候会通过手机上网。

移动营销包括横幅广告营销、富媒体广告营销、视频广告营销、原生广告营销、游戏广告营销、电子邮件营销、短信营销、店内消息营销、二维码营销和优惠券营销。移动营销支出是标准营销预算的必要组成部分。移动 App 构成了 15 年前不存在的营销平台。App 是用户体验网络并完成从阅读报纸到购物、搜索和购买等功能体验的非浏览器路径。App 为用户提供了比多用途浏览器更快捷的内容访问方式。消费者被 App 的外观、感觉和速度所吸引,因此 App 已经开始影响传统网站的设计和功能。

除了社交媒体营销和移动营销,本土化营销是网络营销领域的另一个重要组成部分。移动设备使用的增长加速了本地搜索和购买的增长。类似社交网络的本地广告和每日特价网站等营销工具也促进了本土化营销的增长。预计 2022 年,美国所有公司的本土化营销总支出约 790 亿美元,其中约 41%(约 320 亿美元)用于移动平台(BIA Advisory Services,2022)。

6.2.5 多渠道营销:整合网络营销和传统营销

没有消费者,就没有营销。随着互联网的快速增长,媒体消费模式发生了巨大变化,消费者越来越倾向于与在线媒体互动,从视频和新闻网站到博客、Twitter 动态、Facebook 朋友和 Pinterest 帖子。越来越多的营销人员开始使用多个网络渠道与客户进行互动,从电子邮件营销到 Facebook、搜索广告、移动设备展示广告和联盟营销。例如,Forrester Research 报告指出,有将近 2/3(62%)的美国零售源于数字化的影响,近一半的网络购买是因为多次接触网络营销(Vail,2021)。

2013 年,美国成年人每天花在数字媒体上的时间首次超过了观看电视的时间。2022 年成年人每天上网及使用移动设备进行非通话活动的平均时间约为 8.25 小时,而观看电视的时间约为 3 小时(Insider Intelligence/eMarketer,2022c)。越来越多的美国媒体消费者通过同时使用多种媒体进行多任务处理,从而增加了媒体曝光率。在这种环境中,营销人员可以开发更多的多渠道营销计划,利用各种媒体的优势加强跨媒体的品牌宣传。网络营销并非吸引消费者的唯一方式,也不是最佳方式,互联网广告活动还可以通过使用电子邮件、电视、印刷和广播等渠道得到加强。营销活动的成功之处在于能够实现网站引流,整合网络营销策略和传统营销策略,而不是依赖单一渠道。研究表明,最有效的网络广告是那些使用与在其他媒体上投放的广告一致的视觉元素的广告。图 6.7 说明了美国成年人每天花在不同类型媒体上的时间。下面的商务洞察案例探讨了奢侈品提供商如何将网络营销与传统营销整合使用。

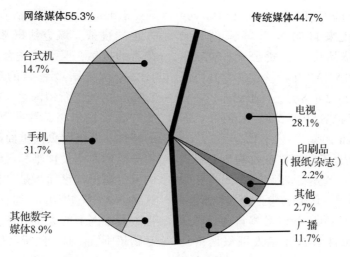

图 6.7 平均每天花费在主流媒体上的时间

商务洞察：富人与你我不同吗

F. Scott Fitzgerald 在短篇小说 *The Rich Boy* 中这样写道："富人与你我的确不同"。棕榈滩有沃思大道，纽约有第五大道，洛杉矶有罗迪欧大道，芝加哥有华丽的一英里。既然如此，那么，为什么富人也会在网上购买 5000 美元一件的鸡尾酒裙或 3000 美元一件的意大利西装？这说明，或许他们与你我并没有什么不同：他们也会关注网络上的特价奢侈品，也会光顾低价优质的奢侈品网站。

即使专家也很难界定富裕的含义。所有美国家庭中有 33%（约 4300 万户）年收入达到 10 万美元以上。这些家庭通常被称为 HENRY（高收入者，尚未富裕）。真正富裕的人（有时被称为超级富豪）是年收入超过 50 万美元的 130 万家庭（美国家庭的前 1%）。

富人的零售消费额普遍较高：前 20% 的富裕家庭约占所有零售支出的 40%。尽管奢侈品购物通常也是自愿的，但越来越多的美国富人在网上购买奢侈品。2022 年个人奢侈品的网络销量预计占奢侈品总销量的近 25%。

Yoox Net-a-Porter Group（YNAP）是世界领先的网络奢侈时尚零售商之一，覆盖 180 多个国家。YNAP 经营四个多品牌网络商店：Net-a-Porter（女性专属），Mr Porter（男性专属），Yoox（为男性和女性提供多种款式的高质低价服装产品），还有 The Outnet（折扣奢侈品购物）。2000 年 Net-a-Porter 刚刚开始运营时，奢侈品设计师根本不屑于在 Net-a-Porter 销售其设计的奢侈品。此时女性富豪只在实体店购买带给她们视觉体验、触觉体验和试穿体验的奢侈品服装。10 年来，这一切都发生了变化。例如，Net-a-Porter 目前拥有全世界 800 多个最时尚的高端品牌的销售权，从 Gucci 到 Tory Burch 再到 Alexander McQueen。YNAP 还为 30 多个奢侈品牌运营电子商务网站，包括 Armani、Chloe、Missoni 和 Valentino 等。YNAP 是 Compagnie Financiere Richemont SA 的子公司，后者还拥有 Cartier、Piaget、Baume & Mercier、Montblanc 和 Van Cleef & Arpels 等多个奢侈品牌。

YNAP 还有一些竞争对手，最强有力的竞争对手是 Farfetch。Farfetch 是总部位于英国的在线市场，与 eBay 类似，但专门为奢侈品行业提供服务。Farfetch 提供来自多家奢侈品零售商的商品，如 Burberry、

Stella McCartney、Jil Sanders 和 Harvey Nichols，以及来自 50 多个国家的 1400 多个品牌、精品店和百货公司。2021 年底，Farfetch 和 YNAP 开始就意向合并协议进行谈判，2022 年 8 月，Farfetch 同意从 Richemont 收购 YNAP 47.5%，而 Richemont 则收购 Farfetch 10%。

即使富人也不能抵制低价高质交易的诱惑。问题是，奢侈品零售商认为折扣促销会损害其声誉，因此通常不愿提供折扣。为了解决这个问题，奢侈品零售商经常通过闪电电子邮件营销和私人网络销售提供"秘密"折扣，向筛选后的特定网络客户发送促销信息。Neiman Marcus 将其称为 Midday Dash 销售：2 小时的网络促销销售，参与促销活动的奢侈品可享受高达 50% 的折扣，而且只能通过电子邮件中的链接购买。

奢侈品零售商还面临另一个困境：他们不仅需要吸引超级富豪，还需要潜力巨大的 HENRY，后者数量更多，并渴望展示他们的财富。奢侈品零售商既需要具备排他性又需要可及性。一个解决方案是所谓的 Mercedes Benz 战略：设计豪华且 HENRY 买得起的汽车，同时以超级富裕者为营销目标，专注于高端且真正豪华的车型。Mercedes Benz 将双层产品战略与社交媒体营销和移动媒体的使用进行有效整合。社交媒体的爆炸性增长和奢侈品公司对网络渠道的投资增长，已经大大促进了消费者进行探索、评论并最终购买奢侈品的社区的发展。Mercedes 的 Facebook 页面是公司与其顾客进行互动的核心，拥有 2200 万粉丝，通过抽奖、视频、图片、新闻和链接到公司博客，向粉丝展示 Mercedes 的商品为什么独特且物有所值。Mercedes 还利用 YouTube、Instagram、TikTok、Twitter 和 Pinterest 提供其汽车的个性化视频导览，与更大范围的客户互动。

Tiffany 公司也面临着开发网络营销方法的挑战，该方法既要加强公司与消费者的接触，又要体现公司独特的形象。Tiffany 是美国最著名的珠宝公司之一，Tiffany 的传统营销沟通旨在营造美丽、优质和永恒的风格，这些都是 Tiffany 品牌的特性。万维网更注重商品的快速更新和精美展示而不是优雅和简约，更注重商品的低价超值优惠而不是高价个性时尚，在这种环境下，Tiffany 如何彰显其独有特性？万维网上的大多数产品大都价格便宜且物超所值，而这些特点与 Tiffany 等高级时尚奢侈品品牌是格格不入的。当你访问 Tiffany 网站，就会找到答案。Tiffany 网站限量销售，且只展示独家原创设计的珠宝和服装的高清图片，虽然访客可以选择价格较低的珠宝（如低于 250 美元），但是没有特价，没有优惠券，当然也没有折扣或其他促销活动。Tiffany 网站及其 Facebook 品牌页面提供宁静而简约风格的客户定制服务，但价格也极其高昂：一款 18k 玫瑰金的精致 Atlas Hinged 手镯，镶有明亮的圆形钻石，售价 14 000 美元，太阳镜售价 500 美元。

如今，Tiffany 将更多的直销从传统目录转向网络目录，并建立了越来越多的社交媒体网站，包括 Facebook（超过 1000 万粉丝）、Instagram、Pinterest、Twitter、Tumblr 和 YouTube。Tiffany 目前是奢侈珠宝品牌中数字能力的领先者之一。Gartner 公司在 2021～2022 年数字智商指数中将 Tiffany 列为评级最高的 3 个（天才）品牌之一，该评级是对 Tiffany 高效的内容营销、敏捷的随机应变策略和一贯的以客户为中心的理念的肯定。2022 年，Tiffany 涉猎非同质化代币（NFT）领域，宣布发行一系列有限的 NFT（NFTiffs），可以兑换定制珠宝。

6.2.6 其他网络营销策略

除了我们之前讨论的传统网络营销和广告工具，如搜索引擎营销、展示广告营销和电子邮件营销以及较新的社交媒体营销、移动营销和本土化营销及广告工具，还有一些有针对性的网络营销策略。在这里，我们介绍客户保留策略、定价策略和"长尾"策略。

客户保留策略

互联网提供了几种特别的营销技术，用于与客户建立强大的关系，并区分产品和服务。

个性化、一对一营销、行为定向。没有任何营销技术比基于互联网的"一对一"或"个性化营销"更受欢迎及关注。**一对一营销（个性化）**根据个体（而不是群体）对市场进行细分，基于对其需求的精确且及时的了解，将特定的营销信息发送给这些客户，然后将产品真正做到独一无二。一对一营销是市场细分和定位的最终形式，其细分市场是个人。

市场细分开始于 20 世纪 30 年代系统市场研究和大众传媒的发展。然而，电子商务和互联网的不同之处在于它们引发了大规模的个性化一对一营销。

Amazon 网站是个性化运作的典型案例。该网站以姓名（基于 cookie 文件）向注册用户表示问候，根据用户偏好（存储在其数据库中的用户配置文件）以及其他消费者的购买情况推荐商品，并根据先前的购买加快结账程序。

行为定向（也称为**基于兴趣的广告**）是指依据消费者的在线和离线行为调整传递的网络广告信息，通常实时（从消费者首次输入 URL 的毫秒级）发生。其目的是提高营销和广告的效率，并提高对访问者进行行为定向的公司的收入。

万维网的最初承诺是能根据每个消费者的数据发送定制的营销信息，然后以点击和购买行为进行测量。如果你访问珠宝网站，你将看到珠宝广告。如果你输入搜索查询，比如"钻石"，你将看到与钻石和其他首饰相关的文本广告。这是由近千个网站组成的广告网络进一步发展而实现的功能，它可以在你浏览数千个网站时进行跟踪，了解你的兴趣，并显示与这些兴趣相关的广告。例如，如果你在几个小时内访问了几个男装网站，那么在随后访问的大多数其他网站上，你将看到有关男装的广告，无论这些网站的主题内容是什么。如果你在 Zappos 搜索了某双鞋子，你将在访问诸如 Facebook 等其他网站时，看到完全相同的鞋子广告。行为定向几乎将你的所有网络行为数据整合成一组兴趣领域，然后根据这些兴趣以及你朋友的兴趣向你展示广告。行为定向的特点在于收集的数据的广泛性：你的电子邮件内容，社交网络页面内容，好友，网络购物行为，阅读信息或购买的书籍，访问的新闻网站以及许多其他行为。

最后，广告交易将所有信息的营销推进一步。大多数热门网站的主页上都有用户跟踪程序，这些程序由第三方数据收集公司拥有，然后将这些信息通过在线拍卖实时出售给出价最高的广告商。广告交易使广告商能够在个体互联网漫游时重新定位广告。**重定向**（有时也称为再营销）涉及在多个网站或应用程序上向个体展示相同或相似的广告。由于其感知效能，重定向已成为受欢迎的策略。然而，在网络广告中使用行为定向，特别是基于第三方跟踪工具的行为定向，面临着日益增加的公众和政治抵制。在过去的几年里，Apple 和 Google 等大型科技公司已实施阻止某些类型跟踪的策略。同时，尽管大多数消费者非常关注数据隐私和个人信息保护，超过 50% 的人在与品牌互动时希望享受个性化体验。这给网络营销人员带来了极大的挑战（Schultz，2022）。我们将在 6.3 节进一步探讨与行为定向相关的技术，并在第 8 章中讨论隐私问题。

在行为定向广告举步维艰时，公司转向使用一种被称为情境广告的工具，以提供略带个性化的广告。**情境广告**通过匹配广告的特征（如产品、信息和品牌定位）与广告投放位置附近内容的特征（如主题、关键词、流派和语气）来传递相关的广告。最近有超过 40% 的美国市场营销高管表示，他们在 2022 年加大了对情境广告的投入（IAB/Ipsos，2022）。

定制和客户联合生产。定制是个性化的延伸。**定制**意味着根据用户的喜好调整产品，而不仅仅是调整营销信息。**客户联合生产**意味着用户参与新产品的创造。

许多领先的公司提供大规模的"按订单定制"产品，从而创造产品差异化，并希望以此提高客户忠诚度。客户似乎愿意为独特的产品支付额外费用，这个过程可行的关键是建立一个标准化的架构，可以给消费者多种选择。例如，耐克通过其网站上的 NIKEiD 计划提供运动鞋定制服务，消费者可以选择鞋的类型、颜色、材料，甚至最多 8 个字符的标志。耐克通过计算机将订单传送到在中国和韩国的定制工厂。在 My M&M's 网站上，顾客可以在定制的 M&M 糖果上印刷特定信息。

信息商品是指价值基于信息内容的商品，也是差异化产品的理想选择。例如，《纽约时报》和许多其他内容发行商允许顾客每天选择他们想要看到的新闻。许多网站，特别是门户网站（如雅虎、MSN 和 AOL），允许顾客创建自己的定制版网站。这些页面通常需要安全措施，如用户名和密码，以确保隐私和机密性。

客户服务。网站的客户服务方式可以促进或破坏其营销活动。网络客户服务不只是跟踪订单履行，还包括与用户及公司沟通的能力和及时获取所需信息的能力。客户服务有助于减少消费者的挫折感，减少放弃购物车的数量，并增加销售。

大多数消费者希望并愿意参与自助服务，前提是他们能轻易找到需要的信息。网络购物者通常只有在有问题或困惑时才需要"高触达"的服务，否则他们不希望或需要这种服务。当有问题或有困惑时，他们希望能快速得到响应并获得解答。研究人员发现，当网络购物者得知客户服务代表可以在线或通过 800 电话迅速解决问题时，客户忠诚度会大幅度提高。相反，在这些关键时刻未能得到满意服务的网络购物者往往会终止与企业的关系，并可能转向收费更高但提供卓越客户服务的商家。

公司还可以使用一些工具鼓励与潜在客户和客户的互动并提供客户服务，包括常见问题解答、客户服务聊天系统、智能代理和自动应答系统，以及本章后面详细介绍的客户关系管理系统。

常见问题解答（Frequently Asked Questions，FAQ）是常见问题和答案的文本列表，提供一种廉价的方式以预测和解决客户的疑问。添加 FAQ 页面可以帮助用户更快地找到所需信息，使他们能够自己解决问题和疑问。通过引导顾客访问 FAQ 页面，网站可以给顾客提供常见问题的答案。如果问题和答案没有出现，此时重要的是网站要简单且方便地提供人工解答方式，比如提供电子邮件联系客服或实时客服聊天系统。

实时客服聊天系统（公司的客服代表，现在越来越多地由人工智能聊天机器人驱动，与顾客实时进行文字聊天）是公司在购物过程中协助在线购物者的一种日益流行的方式。"点击呼叫"或"实时呼叫"是实时在线客户服务系统的另一版本，在这种情况下，顾客点击一个链接或接受邀请，客服代表会跟他们进行电话沟通。实时在线客户服务系统的主要供应商包括 LivePerson 和 ClickDesk。

智能代理技术是为网络购物者提供帮助的另一种方式。智能代理降低了与客户服务代表电话联系的成本。**自动应答系统**发送电子邮件订单确认和对电子邮件查询的确认，在某些情况下，需要告知客户，他们可能需要1～2天时间才能得到问题的答案。另外，自动应答系统还能完成自动发货确认和订单状态报告。

定价策略

正如第1章所提及，在电子商务发展初期，许多学者和商业顾问预测网络将引领信息对称和"无摩擦"的商业新世界。在这个世界中，消费者利用智能购物代理和互联网上无穷尽的产品和价格信息，可以随时随地实现全球范围的购物，能很轻松地将价格压低到边际成本，直接与生产者接触后，逐渐淘汰中间商（Wigand and Benjamin，1995；Rayport and Sviokla，1995；Evans and Wurster，1999；Sinha，2000）。这样的结果是产生**一价定律**（law of one price）：在完美的信息市场中产品价格完全透明，每种产品都是统一的世界价格，无摩擦的商业意味着基于品牌的营销的终结。

但事实并非如此，公司仍然通过价格、产品特性、运营范围及用户关注点吸引客户。**定价**（对商品和服务进行价值评估）是营销战略的一个组成部分。同时，产品价格和质量共同决定客户价值，但是让企业家和投资者都理解电子商务商品的定价是非常困难的。

在传统企业中，传统商品（如书籍、药品和汽车等）的价格通常基于其固定成本和可变成本以及市场**需求曲线**（各种价格下销售的商品数量）。固定成本是指建造生产设施的成本，可变成本是指运行生产设施的成本（主要是劳动力成本）。在竞争激烈的市场中，对于无差别商品，价格往往趋向于边际成本（生产下一单位的增量成本），制造商支付固定成本进入市场后，价格会趋向于边际成本。

企业通常通过测试各种价格和销量组合，并密切关注其成本结构来"发现"需求曲线。通常，价格被设定为最大化利润。追求利润最大化的公司根据产品边际收入（公司增加一单位产品的销售获得的收入）等于其边际成本设定产品价格。如果产品边际收入高于其边际成本，公司将降低价格并增加销量（当收入随销量增加时，公司怎么可能放弃利润呢）。如果公司产品的边际收入低于其边际成本，那么公司就会提高价格以降低销量（公司怎么可能销售亏损产品呢）。

在电子商务发展的早期出现了奇怪的现象：卖家的产品定价远低于边际成本，甚至一些网络商家在每笔交易中都亏损。为什么会这样呢？答案是：网络商家能以低于其边际成本的价格销售产品（甚至免费赠送产品），仅仅是因为很多企业家及其风险投资商认为这样做是值得的，至少在短期内是这样。这个时期的经营理念是用免费商品和服务吸引用户，然后，一旦网站拥有了大量的忠实客户，就可以向在网站做广告的公司收取巨额广告费以获得利润，还可能向客户收取增值服务的订阅费。传统的需求曲线能帮助我们更好地理解电子商务发展早期的创业公司行为（见图6.8）。

商品价格很高（远高于P1）时，只有极少数消费者愿意购买商品，商品价格为P1时大部分消费者愿意购买，当价格低于P1时，有更多的消费者愿意购买商品。如果价格为零，需求可能会接近无限。理想的情形是，为了最大化销量和利润，公司会以每位客户愿意支付的最高价格销售产品以获得市场中的所有资金。这被称为**价格歧视**（price discrimination）——根据个人或群体愿意支付的最高价格，以不同的价格销售产品。如果一些人切实需要该产品，就以最高的价格销售。针对需求欲望较低的人，售价要远低于此价格，否则他们不会购买。商家采用价格歧视需要满足以下条件：能确定每个个体愿意支付的价格；能将消费者相互隔离，以使他们无法了解其他人支付的价格。因此，大多数企业为其产品采用固定价格（P1）或对同一种产品的不同档次制定不同的价格。

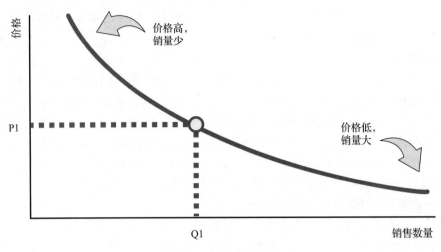

图 6.8   需求曲线

如果生产商品的边际成本为零怎么办？这些商品应该定价多少？在这种情况下，因为边际成本为零，所以不能根据边际收入和边际成本相等的原则制定价格。互联网上的产品主要是信息商品——音乐、研究报告、股票报价、故事、天气预报、文章、图片和观点，如果在网上分销这些产品，其边际成本为零。因此，某些商品（比如信息商品）在互联网上免费的另一个原因是它们的"销售"价格等于它们的生产成本——几乎为零。盗版内容没有生产成本，由用户贡献的内容对网站本身来说也没有生产成本。

免费和免费增值模式。人们都喜欢优惠，而最好的优惠就是提供免费产品。免费不是新生事物：在 20 世纪 50 年代，银行曾经向存款人赠送"免费"的烤面包机。赠送免费产品蕴含着合理的经济逻辑。免费内容可以帮助企业建立市场认知，并可能激发销售附加产品。借助免费的产品和服务最终可以打败潜在和实际的竞争对手。免费增值是另一种定价策略，免费增值定价模型是一种网络营销策略，用户可以免费享受基础服务，但对高级或附加服务需要付费。商家希望用开通增值服务的用户支付的费用抵消享受免费服务的用户的费用。Dropbox、Spotify 等许多公司提供高级服务以支持免费服务。

然而，"免费"和"免费增值"作为定价策略也有局限性。许多电子商务企业发现很难将用户转化为付费用户。免费网站吸引了数以百万计的价格敏感的"免费用户"，他们不愿意支付任何费用，一旦该网站开始收费，他们就会转向另一个免费网站。免费模式消除了具有差异化的价格歧视策略。显然，一些免费用户每月支付一定金额的费用，而那些提供重要免费服务的公司未能获得这样的收入。有人认为，互联网用户希望未来所有的数字产品终将全部免费。广播、电视也曾提供免费模式，依靠广告赚钱，但是，用户最终还是毫不犹豫地转向了付费的有线电视和 DVD。用户对付费产品的要求是那些真正有价值、独家、昂贵、难以生产、能够即时消费或具有投资价值的信息流。

分级定价策略。解决免费信息商品存在的问题的一种方法是分级定价——将同一种产品分为不同的档次，在不同的细分市场以不同的价格销售档次不同但本质相同的产品。在这种情况下，价格取决于产品对消费者的价值认知。消费者会把这些商品分成不同档次并分别设定愿意支付的价格。分级定价与调整后的"免费"策略很匹配。公司免费提供低价值商品，而高价值商品可高价提供。低价值商品有哪些特点呢？低价值商品（或是信息商品，也可能是"免费"商品）与高价值商品相比，特点是使用不方便、功能不全、速度较慢，售后服务也较少。例如,《纽约时报》和许多网络报纸及杂志提供每月在线免费阅读一定数量的文章的服务,如果消费者想阅读更多文章,就必须付费订阅数字版。有些网站提供带广告的"免费服务",如果想关闭广告,就需要成为付费会员。

捆绑定价策略。"Ziggy"Ziegfeld 是 20 世纪初纽约的一位歌舞团创始人,他发现剧院星期五晚上的空座率接近 1/3,而工作日白天表演的空座达到了一半。于是他有了新奇设想:捆绑出售 2 张半价的演出票,即购买一张全价票,可以免费获赠一张票。纽约百老汇剧院的这个售票传统一直延续到现在。该定价方式主要基于以下想法:再增加一个观众的边际成本为零;很多本来不会购买单张票的人会购买"捆绑"票,价格可能相同甚至稍高。

捆绑扩展了"两个一起"的概念。捆绑销售向消费者提供两个或更多商品的捆绑价格,该价格低于单独购买这些商品时的总价。捆绑定价策略的核心思想是:消费者对于单一商品有不同的价值认定,但他们比较容易接受一组产品的捆绑价格。实际上,人们愿意支付的捆绑商品的捆绑价格通常要高于捆绑商品分开的售价之和。捆绑定价降低了商品市场需求的差异化(离散度)。

动态定价和限时促销。目前为止我们之前讨论的定价策略都是固定价格策略。分级定价和捆绑定价以公司追求利润最大化的目标为基础,并以固定价格销售商品。但是如果货架上有剩余商品,而某地有人愿意购买这些商品,那么网络商家应该怎么做呢?当然,商家应该售卖这些商品以获得一些收入,这要比让商品闲置甚至毁掉好得多。可以想象的是如果能实现一手交钱一手交货,每个市场都有一些人愿意为产品支付高额溢价。有些情况下,例如古董,产品的价值必须在市场中公开(通常是因为有这样的想法,即市场会将产品的价值定得比所有者支付的成本高得多)。在其他情况下,商品的价值等于市场中消费者愿意支付的价格(与成本无关)。或者假设你想激励用户频繁访问你的网站,你可能需要每天限时提供真正的超值优惠,或者在特定的某天提供真正的超值优惠。这种情况下,动态定价机制就显得很重要,也展示了互联网的优势。在动态定价中,产品的价格随着顾客的需求特征和卖方的供应情况而变化。

有许多不同类型的动态定价机制。例如,几个世纪以来,拍卖被用来确定商品的即时市场价格。拍卖是灵活高效的市场机制,用以对独特或不寻常的商品以及诸如计算机、相机和其他类型的电子设备之类的普通商品进行定价。我们将在第 11 章更深入地讨论拍卖。

收益管理与拍卖截然不同。在拍卖中,成千上万的消费者通过竞价确定价格。在收益管理中,管理者根据不同市场制定价格,吸引不同细分市场的消费者,以销售过剩产能。航空公司是收益管理的典型例子。他们每隔几分钟就调整一次空座位的价格,以确保 5 万个空位中的一部分空位能以个合理的价格售出,有时售价甚至低于边际成本。Amazon 和其他大型网络零售商经常使用每小时调整价格的收益管理技术,以刺激需求并实现收入最大化。Amazon 还能追踪搜索特定产品的个人的网络购物行为。当消费者找到最低价格时,Amazon 还可以观察其他网站的报价,然后动态调整其价格。当用户再次访问 Amazon 时,消费者看到的价格将是全网最低的价格。

收益管理的实施有一定的限制条件。通常适用收益管理的产品是易腐的(不满载的飞机起飞时,空座位将失去价值)、需求有季节性变化、市场细分明确、存在市场竞争以及市场条件迅速变化的商品。一般来说,只有拥有强大的监控系统和庞大数据库系统的公司才能实施收益管理技术。

峰时定价是由 Uber 等公司使用的动态定价策略。Uber 利用动态定价算法优化其收入,或者依照 Uber 的要求平衡供应和需求。批评者声称这种做法等同于哄抬价格，这在某些州是违法的。

限时促销是第三种动态定价策略，其对旅行服务、奢侈品服装等商品非常有效。网络商家使用电子邮件或专用网站功能通知忠诚的客户（重复购买者），限时提供低价产品和服务（通常是几小时）。批评者指出，限时促销疑似利用冲动购物者的弱点，并导致过度购买。

长尾营销

在许多市场中，消费者的分布符合幂律曲线，其中 80% 的需求集中在热门产品上，而对非热门产品的需求迅速降低。在传统市场中，利基产品很难被人们关注，互联网和电子商务对需求低、价格低的利基产品销售的影响之一是，通过搜索引擎、推荐引擎和社交网络，利基产品对消费者的可见度大大提高。因此，网络零售商可以通过销售需求低且价格低的产品赚取可观的收入。事实上，在几乎零库存成本和良好的搜索引擎的辅助下，利基产品在总收入中的占比可能会很高。例如，Amazon 有数百万册售价低于 2.99 美元的电子书，许多是由不知名的作者撰写的。得益于搜索和推荐引擎，Amazon 能从这些利基书籍的销售中获利，这被称为**长尾效应**，参见下面的技术洞察案例。

技术洞察：长尾——热点还是冷门

"长尾"是统计分布的术语，由 *Wired* 杂志记者 Chris Anderson 提出，指小样本事件发生的概率高，而大样本事件发生的概率低的一种分布。"长尾"意如其名，以好莱坞电影为例：有一些深受欢迎的热门电影，也有成千上万部没人听说过的冷门电影，正是这些大量无人问津的商品构成了所谓的长尾。Anderson 还发现了互联网的新规律：网络搜索、社交网络和推荐引导的功能，使得只要是互联网发布的商品，商品种类的多少并不影响消费者的购买行为，这些商品总能实现销售。

互联网的搜索成本几乎可以忽略不计，公司更不会受到经营实体店铺的成本限制，像 Amazon 和 Alibaba 等网络零售商在互联网上销售数百万种商品，这个数量是传统实体零售商望尘莫及的。互联网上利基产品（小众产品）随处可见。但是因为上网人数已经超过 45 亿，即使是百万分之一的商品也能找到 4500 个买家。

长尾理论的一个问题是，人们有时很难找到利基产品，因为这些产品没有明确的定义，而推荐系统的精准设计恰好能有效地解决这个问题。推荐系统能通过模糊搜索较好地匹配符合查询标准的产品，从而引导消费者找到利基产品。Netflix 和 Amazon 改进推荐系统的投入超过了数百万美元，Pandora 的推荐系统专注于生成不依赖流行程度的高质量音乐。

搜索引擎优化是营销人员激发长尾潜力的另一个领域。长尾关键词是指一小部分人检索产品时用到的短语。例如，借助长尾理论，营销人员会选择类似"紫色全天候跑鞋"的关键词，而不是"鞋"或"男士鞋"这类大宗关键词，因为大宗关键词主导者一般为大型零售商。长尾的精准搜索实现了搜索结果与鲜为人知的关键词的精准匹配，因此，营销人员能获得热点关键词 2 倍以上的转化率。Hitwise 表示，长尾搜索占全部搜索的比例高达 70%，约有 15% 的每日 Google 搜索是首次关键词搜索。Google 不断改进搜索功能，包括所谓的广泛匹配功能，允许关键词在拼写错误或措辞混淆时触发广告。随着语音激活和其他设备的出现，越来越多的消费者用自然语言搜索产品和服务。由于语音搜索比传统基于文本的搜索相对较新，因此语音搜索更接近长尾。

Anderson 认为，互联网将利基产品高利润化而引发了数字市场的彻底变革，利基产品的总收入将超过热门电影、歌曲和书籍的总收入。但是，最新对长尾创收潜力的研究褒贬不一。随着畅销书籍规模的不断扩大，其收入额占据了网络媒体收入的绝大部分。有几篇论文研究不同平台消费者的习惯，包括 Netflix 和音乐流媒体服务 Rhapsody，结论是：随着消费者面临越来越多的选择，消费者倾向于选择更安全的购物方式。Netflix 认为收入和订阅者数量的增长是原创系列关键词和大热门关键词带来的，而不是其长尾中的几千个关键词引起的。事实上，搜索 Netflix 的 DVD 长尾关键词的美国订户数量不足 200 万。相比之下，全新原创系列、热门电影和电视节目组成的流媒体服务，在全球拥有超过 2.2 亿订户。音乐行业也是如此，随着互联网音乐服务竞相提供的目录包含越来越多的歌曲，促使知名艺术家的音乐作品很快成为热门，但是长尾中不知名的音乐作品却很难脱颖而出。因为移动设备的音乐服务和电子书的"前端显示"比台式电脑的屏幕小得多，只有少数热门的超级巨星才能在这个有价值的市场营销空间中获得一席之地。

另一方面，艺术家新秀进入音乐领域

的门槛很低，虽然没有唱片公司宣传，但是艺术家新秀有更多的渠道进行自我宣传。例如，"长尾"音乐人 Billie Eilish 最初在音乐服务 SoundCloud 发布歌曲，后来获得商业成功。Spotify 专注于提高 Discover Weekly 和 Fresh Finds 功能的可见性，让无名艺术家直接触达广大受众。Netflix 受到热门大片的影响，用高度特定的长尾关键词，如"上世纪 80 年代的科幻时光旅行电影"，精确提供订户真正感兴趣的内容。一些研究人员还发现，算法可以识别响应长尾搜索结果的"特殊"用户，使营销人员能精准定位对长尾产品感兴趣的客户。对于消费品这类的产品，因消费者越来越多地通过互联网精准搜索符合特定条件的产品（大多是本地产品或工艺），长尾理论找到了新的契机。Walmart 的电子商务网站通过持续扩大长尾产品线，与 Amazon 在电子商务领域进行竞争。

长尾和常胜营销方法都会影响营销人员和产品设计师的决策，采取长尾方法的商家，尤其是销售数字商品（如内容）的网络商家，都会建立庞大的内容库，从销售少数消费者的利基产品中获得重要的收入。相反，要使常胜方法发挥作用，公司应集中精力提供极其热门的产品和服务，而不是小众产品。

6.3　网络营销技术

网络营销与传统营销有许多相似之处，也有一些不同之处。网络营销的目标与所有营销一样，即建立客户关系，使公司能得到高于平均水平的回报（通过提供优质产品或服务，并向消费者传达产品的功能）。但网络营销与传统营销也非常不同，因为这种媒介的性质和功能不同于以往的其他媒介。为了解网络营销的不同之处，首先需要熟悉一些基本的网络营销技术。

6.3.1　网络营销技术革新

在第 1 章中，我们列举了电子商务技术的八个特征。表 6.5 描述了市场营销在这些新技术能力的影响下发生了怎样的变化。总体而言，互联网对营销活动产生了四个重大影响。第一，作为一种沟通媒介，互联网扩大了营销沟通的范围——直接触达受众的数量以及直接触达的地点，从台式电脑到智能手机，总之是无处不在的。第二，互联网通过将文本、视频和音频内容整合成形式丰富的消息，提高了营销沟通的丰富程度。由于可访问消息的复杂性和丰富性，并且用户可以通过交互控制使用体验，万维网这种媒介甚至比电视或视频更丰富。第三，互联网极大地扩展了市场的信息密度，为营销人员提供了前所未有的细致、实时的消费者的相关资料。第四，移动设备创造的永久在线、持续连接的环境，使得消费者能更便捷地接收营销信息。其结果是大大增加了公司的营销机会。

表 6.5   电子商务技术特点对营销的影响

电子商务技术特点	对营销的影响
普遍存在性	营销传播已经扩展到家庭、工作和移动平台，在营销方面的地理限制已经减少。市场已被"虚拟市场"取代，并且摆脱了时空和地理位置的限制。客户便利性得到了提高，购物成本也降低了
全球覆盖性	全球客户服务和营销沟通已经实现。营销信息可以触达数以亿计的潜在消费者
标准通用性	由于共享的全球通用的互联网标准，提供营销信息并从用户那里接收反馈的成本降低
丰富性	丰富的视频、音频和文本营销信息可以整合到统一的营销信息和消费体验中
交互性	互动性使得消费者可以参与对话，动态调整体验，并使消费者成为商品和服务的联合生产者
信息高密度性	可以收集和分析消费者实时行为的高密度信息，数据挖掘技术允许每天分析数千亿字节（TB 级）的消费者数据，从而进行营销决策
个性化 / 定制化	该功能潜在地使产品和服务的差异化达到个人需求层面，从而加强了营销人员创建品牌的能力
社交技术	用户生成的内容、社交网络和博客已经在互联网上创造了庞大的新受众，内容由用户提供。这些受众大大扩展了营销人员以非传统媒体渠道接触新潜在客户的机会。全新的营销技术正在不断发展，这些技术使营销人员面临着与流行观点冲突的风险，因为现在用户被赋予了更大的权力，可以提出反馈意见

6.3.2   网络事务日志

网络事务日志是关于网络消费者的主要信息来源，由所有网络服务器进行维护。**事务日志**记录用户在网站上的活动，内置于网络服务器软件，当与另外两个由访问者生成的数据追踪（注册表格和购物车数据库）相结合时，事务日志数据变得更加有用。网络商家通过各种渠道（例如免费产品或特殊服务）诱使用户填写注册表格。**注册表格**收集用户的姓名、地址、电话、邮政编码、电子邮件地址（通常是必填项）以及兴趣和喜好等其他个人信息。当用户购买商品时，商家把用户的购物车数据记入数据库，**购物车数据库**捕获所有商品选择、购买和付款数据。其他潜在的数据来源包括用户在产品表单上提交的信息、参与的聊天组以及在大多数网站上的"联系我们"页面上发送的电子邮件信息。

对于每月有百万以上访问量的网站，每个访问者每次平均访问 15 个页面，每个月将会产生 1500 万日志条目。这些事务日志与注册表格和购物车数据库的数据结合起来，为相关网站和整个网络行业提供了大量的营销信息宝库。几乎所有网络营销能力都是基于这些数据收集工具。例如，通过查看网站的网络事务日志、注册表格和购物车数据库，可以回答一些有趣的营销问题：

- 群体和个人的兴趣和购买方式是什么？
- 浏览首页之后，大多数用户首先访问哪里，然后进入的第二和第三个页面是哪个？
- 某个人（我们可以识别的）的兴趣是什么？
- 如何能让用户更方便地使用我们的网站，更便捷地找到想要的信息？

- 如何改变网站的设计，以刺激访问者购买我们高利润的产品？
- 访问者来自哪里（我们如何优化在这些引荐网站上的展示方式）？
- 我们如何向用户提供个性化的信息、优惠和产品？

企业可能会因网站日志文件中的大量信息而感到不堪重负。接下来，我们将介绍一些能帮助公司更有效地利用这些信息的技术。

6.3.3　补充日志：cookie 和跟踪文件

尽管事务日志在单个网站上建立了网络数据收集的基础，但营销人员使用各种跟踪文件来跟踪用户的网络搜索、访问的网站和网页、访问的网络内容以及浏览或购买的商品。移动应用也可以跟踪用户。这种监视和跟踪是在后台进行的，用户并不知情。能实施跟踪行为的网站包括用户访问的网站（第一方跟踪），还包括 Google、微软、Meta 等公司运营的广告网络。这些广告网络能够跨越数千个网站跟踪个人的浏览行为（称为第三方跟踪）。过去，网站发布者和网络广告行业曾支持跨网络跟踪个人行为，因为这样做可以将广告更精准地投放给用户，有助于支付提供网络内容的费用。然而，这些做法也侵犯了个人的隐私。

cookie 是监视和跟踪网络用户的一种方法。cookie 是一个小型文本文件，允许网站在用户的计算机上存储访问者的数据，然后可以检索。cookie 通常包括唯一的 ID、域（指定可以访问 cookie 的网络服务器/域名）、路径（如果 cookie 来自网站的特定部分而不是主页，则会给出一条路径）、安全设置、指示 cookie 是否只能通过安全服务器传输、到期日期（非必需）。

第一方 cookie 是由用户访问的页面所属的相同域名放置在用户计算机上的。第一方 cookie 为公司的营销团队提供了快速识别客户并了解其在该网站上的历史行为的方法。虽然 cookie 技术不会直接获取访问者的姓名和地址，但当用户在网站注册时，网站会把他的信息与 cookie 数据结合进行访客识别。公司还使用第一方 cookie 确定访问其网站的访客数量，识别他是新访客还是重复访客，以及访问的频率。通过网站跟踪用户在购物车中添加商品的情况，cookie 实现了购物车添加功能和"快速结账"功能。添加到购物车中的每件商品都与访问者的唯一 ID 值一起存储在网站的数据库中。第一方 cookie 是可以被用户阻止和/或删除的，但大多数用户不会这样做。

第三方 cookie 类似于第一方 cookie，但允许广告平台跨网站、跨设备跟踪用户行为。过去，所有主流的 Web 浏览器都支持第三方 cookie，但情况已经开始改变了。Apple 的 Safari 和 Mozilla 的 Firefox 浏览器现在默认阻止第三方 cookie，Google 宣布从 2024 年下半年开始，Google Chrome 浏览器也将默认阻止第三方 cookie，该浏览器在美国台式电脑网页浏览器市场占有超过 65% 的份额。

Web beacon 是另一种跟踪方法。Web beacon（也称为"Web bug""clear GIF"或"tracking pixel"）是嵌入在电子邮件消息和网站上的微小（1 像素）图形文件。Web beacon 用于自动将用户及其正在查看的页面的信息传输到监视服务器，收集个人浏览行为和其他个人信息。例如，当接收者以 HTML 格式打开电子邮件或打开网页时，会向服务器发送一个请求图形信息的消息。此消息告诉营销人员该电子邮件已被打开，表明接收者至少对邮件主题感兴趣。Web beacon 对用户不可见，它们通常是透明或白色的，因此接收者看不到它们。与 cookie 一样，Web beacon 可以用于第一方跟踪或第三方跟踪。

如先前所述，第三方跟踪技术遭到了越来越多的抵制。欧洲采用的《通用数据保护条例》（GDPR）开启了一个新的时代，尤其关注行为跟踪带来的个人隐私问题。Apple 是采纳新政策的先驱，目的是更好地保护用户隐私。例如，Apple 的 iOS 11 和后续的版本包括一项名为"阻止智能跟踪"（ITP）的功能，适用于 Safari 浏览器。Safari 已经默认阻止第三方 cookie，但 ITP 通过保障第一方 cookie 只能在用户访问网站 24 小时窗口内的可用性，对该功能进行了扩展。此后，如果用户在 30 天内未再次访问该网站，cookie 将无法继续跟踪，并且将被完全删除。2020 年，Apple 开始阻止 Safari 中启用跨网站跟踪的所有 cookie，此后 Apple 陆续发布更新的版本，进一步限制广告商跟踪用户的行为。

第三方跟踪的禁用重新引发了网络营销人员对第一方跟踪的用户数据的兴趣，下面的"社会洞察"案例将进一步对 cookie 的趋势展开研究。

社会洞察：从第三方到第一方

多数电子商务公司都希望深入全面地掌握客户的个人信息。多年来，网络公司获取消费者个人信息的主要渠道是第三方追踪。第三方追踪应用广泛，例如，研究发现，排名前 500 的网站中有 90% 至少有一个数字追踪器，而 65% 的网站至少有 10 个数字追踪器，约 20% 的网站有 50 个或更多的数字追踪器。其中一些追踪器引自其他来源（称为"搭顺风车"）。《纽约时报》的一名记者对 47 个网站进行了数天的访问调查，发现数百个追踪器对其进行追踪，被追踪的个人数据极其广泛，包括准确的位置、浏览器信息和操作系统详情，以及浏览的内容。

随着消费者数据隐私意识的加强，千禧一代和 Z 世代对个人数据隐私的安全性越来越关注。多年来，科技行业对个人隐私保护一直未予重视，欧洲联盟《通用数据保护条例》(GDPR) 的通过，以及加利福尼亚州相似法律的颁布，开辟了个人隐私保护的新纪元。Apple 是首先针对第三方追踪采取措施的大型科技公司之一，Apple 的 Safari 浏览器和 iOS 设备阻止第三方追踪获取消费者个人隐私。Google 也采取了类似的措施，该措施可以说是"cookie 末日"。因此，第三方追踪公司将被迫开发新的技术和方法来获得消费者的个人信息。

行业专家一致认为第一方追踪并不能取代第三方追踪。事实上，互联网公司会更加关注"第一方"数据，也就是公司直接从客户那里收集的数据。第一方数据可通过多渠道收集：客户关系管理（CRM）系统、基于订阅的 Email、客户调查或反馈、社交媒体账户，或追踪客户在公司网站或应用上的行为。第三方追踪的隐患是，它通常是在消费者不知情的情况下进行的，并且消费者也没有签署书面的知情同意书。如果公司直接通过消费者本人获取个人信息，一般会得到消费者的知情同意，并且收集过程和收集内容也会更加透明。

最近新术语"零方"数据非常流行，该术语最早在 2020 年由 Forrester 调研公司提出，指从主动选择共享数据的用户那里收集数据，例如，可以通过用户填写注册表单收集个人信息，而不是收集用户浏览网页的数据，这样可以保证获得"零方"数据。一些行业专家也不能确定这样做是否能有效解决个人隐私泄露的问题，因为他们担心零方数据会影射第一方数据的收集违反个人隐私权法规。

Google 因此损失惨重，这也在意料之中，网络广告收入占 Google 总收入的 90% 以上，因此网络广告在 Google 的业务中占据举足轻重的地位。在 Apple 和 Mozilla 基金会的 Safari 和 Firefox 浏览器采取禁用第三方追踪的措施之后，Google Chrome 浏览器中也采取了禁用第三方追踪的举措。2020 年，Google 首次宣布禁用第三方

cookie，Google 声称禁用时间从 2022 年第二季度开始，但是 Google 却连续两次推迟禁令开始的时间。2021 年 6 月，Google 宣布禁令实施时间为 2023 年底，然后 2022 年 7 月又宣布实施时间变为 2024 年下半年。

禁令延迟实施的一个原因是 Google 评估和测试"隐私沙盒"的替代方案需要时间。FLEDGE 是"隐私沙盒"替代方案的一个试点，FLEDGE API 旨在用避开第三方追踪的方式实现重新定位 / 再营销和定制受众。FLEDGE 把收集的兴趣数据和用户访问广告的行为数据从第三方服务器转移到客户端的浏览器，以此避开侵犯个人信息隐私的问题。

Topics 是 Google 解决个人信息隐私问题的第二个试点，是 FLEDGE 的简化版本，旨在支持基于兴趣的广告。通过 Topics API，浏览器根据用户前一周的浏览记录锁定用户的顶级兴趣，例如"美容与健身"或"跑步与徒步"。当用户访问网站时，API 会把收集的三个用户最感兴趣的主题发给网站，用以辅助网站的广告投放决策。现行版本的 Topics 记录的是用户在本地设备的访问数据，并未使用外部服务器，因此并不涉及个人信息隐私问题。为了控制个人数据占据的空间，兴趣主题仅保留三周，之后将被删除。Chrome 从用户访问网站伊始就提供用户控件，用户可以查看浏览记录生成的主题，用户可以

选择删除记录或禁用隐私沙盒 API。在禁令正式启用之前，FLEDGE API 和 Topics API 都可能会有较大的改动。

广告商也在采取措施解决个人信息隐私问题。数据清理室源于制造业用于防止污染的物理清理室。数据清理室是安全的数字环境，该环境中多方共享第一方数据以进行广告受众定位并生成营销分析报告。数据清理室虽然不是新兴技术，但是正在悄然兴起。

数据清理室不仅可以实现匿名数据协作，而且原始数据不经过其他方处理，从而可以保护消费者的隐私。例如，Willow Bey 从直销公司购买的产品会被纳入第一方数据集，并且以类似 User 579 的伪匿名标识符进行标记。身份图（通过比较多渠道的数据创建客户统一配置文件的数据库）可以将该用户的信息，与在百货公司该店铺数据库中购买相同产品并被标记为 User 123 的 Willow Bey 进行匹配。匹配的个人识别信息（PII）会在清理室永久保存，但通过匹配公司可以确认二者为同一个客户。

传统的数据清理室使用一对一的物理位置，而分布式数据清理室使用云技术：数据存储在云端。例如，NBCUniversal 的 Audience Insights Hub 是由 Snowflake 平台支持的跨云数据清理室。NBCUniversal 的合作伙伴掌握识别受众和客户的重叠情况，并且不会泄露任何一方的隐私信息。

6.3.4　数据库、数据仓库、数据挖掘和大数据

数据库、数据仓库、数据挖掘和大数据是网络营销革命的核心。**用户画像**是营销决策中使用的一系列技术的重要组成部分。这些技术利用各种工具为每个消费者创建数字形象，从非常不精确甚至原始的形象到像小说中的人物角色那么详细。用户画像的质量取决于已掌握的数据量以及公司软硬件的分析能力。这些技术精准确定网络消费者，分析他们想要购买什么商品，然后精准满足消费者的需求。与大众营销媒体或电话营销中的粗略人口统计和市场细分技术相比，这些技术更强大、更精确且更细致。

为了理解网络事务日志、注册表单、购物车、cookie、Web 追踪器以及其他非结构化数据源，如电子邮件、推文和 Facebook 点赞数据，营销人员需要使用功能强且容量大的数据

库、数据库管理系统和数据分析工具。

数据库

解读大规模事务流的第一步是系统地存储信息。**数据库**是一种以字段、记录和文件形式存储数据的软件应用程序。**关系数据库**将数据表示为二维表格，数据以列和行的形式组织，类似于电子表格。在共享公共数据元素的情况下，这些表格及其中的所有数据可以灵活地相互关联。关系数据库非常灵活，允许营销人员和其他管理人员快速从不同的角度查看和分析数据。

数据库管理系统（DBMS）是组织用于创建、维护和访问数据库的软件应用程序。**结构化查询语言**（SQL）是在关系数据库中使用的行业标准查询和操作语言。此外，还有几种不同类型的**非关系型**（NoSQL）数据库，它们使用更灵活的数据模型管理大量结构化和非结构化数据，包括 Web、社交媒体、图形等难以用传统基于 SQL 的工具分析的数据。区块链是一种分布式数据库技术，使公司和组织能够实时地在网络上创建和验证事务，而无需中央授权。系统将事务存储为网络中的分布式数据库（称为总账），由计算机网络中的计算机不断协调，数据库中的信息不断被网络中的计算机协调。

数据仓库和数据挖掘

数据仓库是一种数据库，将公司的事务和客户数据收集在一个逻辑存储库中，可以由营销人员进行分析和建模，而不会干扰或增加公司的主要事务系统和数据库的负载。数据仓库的数据来自公司的许多运营领域，如网站事务日志、购物车、实体店的销售终端（产品扫描仪）、仓库库存量、现场销售报告、外部第三方提供的扫描仪数据以及财务支付数据。数据仓库迅速发展成为存储公司实体店和网店消费者行为数据的存储库，包含了以 PB 甚至 TB 为单位的数据。通过数据仓库，公司能回答如下问题：按地区和城市划分，哪些产品最有利可图？区域市场营销活动有效吗？公司网站的促销在店内是否有效？数据仓库可以通过快速访问的数据为业务经理提供全面的客户信息。

数据集市是数据仓库的子集，将组织数据的摘要或高度关注的部分放入一个单独的数据库，供特定用户群使用。例如，公司可能会开发市场和销售数据集市来处理客户信息。**数据湖**是原始、非结构化数据或大部分尚未分析的结构化数据的存储库，可以通过多种方式访问数据。数据湖以其本机格式存储这些数据，直到需要时才被使用。

数据挖掘是一组分析技术，用于寻找数据库或数据仓库中的数据模式，或者建立消费者行为模型。可以"挖掘"网站的数据库以开发访问者和客户档案。**客户档案**是对网站上数百万访问者使用网站时的典型行为的描述。客户档案有助于识别数百万访问者使用网站时发生的群体和个体行为模式。例如，你的每笔金融交易都会通过数据挖掘应用程序进行处理，以检测欺诈行为。电话公司还会密切监视你的手机使用情况，以检测被盗手机和异常的呼叫模式。金融机构和手机公司使用数据挖掘监测欺诈档案。当用户的行为符合欺诈档案条件时，交易会被自动终止。

大数据的挑战

直到最近，组织所收集的大多数数据都是结构化数据，它们可以很好地适应关系数据库管理系统中的行和列。自此，网络流量、电子邮件、社交媒体内容（推文、状态消息）甚至音乐播放列表以及传感器的数据呈现爆炸式增长，由于数据存储成本的下降，以及数据存储和处理能力的增强，现在可以存储和分析数据，并进行推断和预测。这些数据可以是非结构化或半结构化的，因此不适合以列和行的形式组织数据的关系型数据库产品。**大数据**一词指的是存储在巨大数据集中的大量数字数据，它们来源不同，达到 PB、EB 甚至 TB 的范围。数据量非常庞大，以至于传统的数据库管理系统无法在合理的时间内捕获、存储和分析这些数据。大数据挑战的实例包括：每天分析由 Twitter 生成的 12TB 推文，以加深你对消费者在面对不同产品时的情感的理解；分析 1 亿封电子邮件，以在电子邮件消息旁边放置适当的广告；或分析 5 亿通话详单以查找欺诈和客户流失的模式。数字信息呈现指数级增长，预计在 2022 年全球数据量将超过 94ZB。根据技术研究公司 IDC 的说法，数据每两年翻一番，因此组织可用的数据量正在急剧增加。

营销人员对大数据感兴趣，因为这可以链接来自各种不同来源的大量数据——在过去是无法做到的，还可以挖掘消费者行为的模式，对客户行为、金融市场活动或其他现象提出新的洞见。例如，全球网络图像平台 Shutterstock 存储了 2 亿张图片，每天还会增加 55 000 张。为了找到优化 Shutterstock 体验的方法，Shutterstock 分析其大数据以了解网站访问者在购买前在图像上停留的位置以及停留的时长。然而，要从这些数据中获得业务价值，组织需要找到管理和分析非传统数据以及传统企业数据的新技术和分析工具。

许多组织使用 Hadoop 处理大量的非结构化数据、半结构化数据以及结构化数据。Hadoop 是由 Apache Software Foundation 管理的开源软件，可以在廉价的计算机上进行大量数据的分散式并行处理。它将大数据问题分解为子问题，将它们分配给数千台廉价的计算机处理节点，然后将结果组合成易于分析的较小数据集。你或许曾经使用 Hadoop 在互联网上找到最便宜的机票，搜索 Google，或在 Facebook 上与朋友联系。

Hadoop 可以处理大量各种类型的数据，包括结构化事务数据、松散结构的数据（如 Facebook 和 Twitter 的信息流）、复杂数据（如 Web 服务器日志文件）以及非结构化的音频和视频数据。Hadoop 在廉价服务器的集群上运行，可以根据需要添加或删除处理节点。公司使用 Hadoop 分析非常大的数据量，作为非结构化和半结构化数据在加载到数据仓库之前为其划分区域。例如，LinkedIn 在 Hadoop 上运行大数据分析，其所有 Hadoop 集群上存储了 1EB 以上的数据。其中最大的集群存储了 500PB 的数据，并维护了 10 亿个数据对象。eBay 最近停用了存储 20PB 以上的网络分析和事务数据（如竞标、结账、列表、用户和账户等）的基于供应商的数据仓库，开始使用基于开源的 Hadoop 系统。IBM、HP、Oracle 和 Microsoft 等顶级数据库供应商都有自己的 Hadoop 软件分销版本。其他供应商提供将数据移入和移出 Hadoop 或在 Hadoop 内部分析数据的工具。除了 Hadoop，还有许多用于大数据分析的新工具，比如 Apache Spark。与 Hadoop 类似，Spark 将大型任务分解到不同的节点。但是，Spark 使用随机访问存储器（RAM）而不是文件系统进行缓存和处理数据，Spark 在处理低工作负载的时候可能比 Hadoop 更快。Spark 还具有一个为各种机器学习过程优化的机器学习算法库。

6.3.5　营销自动化和客户关系管理

营销自动化系统是营销人员用来跟踪营销过程中潜在客户生成的所有流程的软件工具。营销过程从向潜在客户介绍公司和产品开始，潜在客户也就是有可能购买的人。从此时开始，消费者在寻找产品时需要能找到你的公司，比较你的产品与竞争对手的产品，并在某个时刻选择购买。软件工具在营销过程的每个阶段都提供帮助。许多公司销售软件包，把公司的大部分网络营销活动进行可视化，然后跟踪消费者，从接触到观看展示广告，通过搜索引擎找到公司，再到后续的电子邮件和其他沟通，最终实现购买。一旦潜在客户成为客户，客户关系管理系统就接管消费者关系的维护工作。

客户关系管理系统是另一种重要的网络营销技术。客户关系管理（Customer Relationship Management，CRM）记录客户与公司（包括网站）的所有联系信息并生成客户资料存储库，公司中需要了解客户的人员都能获得这些客户资料。CRM 系统还提供分析软件，用于分析和使用客户信息。客户不仅可以通过访问网站与公司联系，还可以通过电话呼叫中心、客户服务代表、销售代表、自动语音响应系统、ATM、门店销售终端以及移动设备（移动商务）等渠道与公司联系。总体而言，这些被称为**客户触点**。过去，公司通常没有独立的客户信息存储库，相反，客户信息是按产品线组织的，每个产品线维护一个客户列表（通常不在公司内部共享）。

一般情况下，公司不知道客户是谁，也不知道客户能带来多少利润，更不知道客户对营销活动的反应。例如，银行的客户在电视上看到一则低成本的汽车贷款广告，包含一个 800 开头的电话号码。然而，如果客户去银行的网站而不是拨打电话，营销人员将无法知道电视广告的效果，因为这个网络客户联系数据与电话呼叫中心的数据没有关联。图 6.9 说明了 CRM 系统如何将客户联系数据集成到一个系统中。

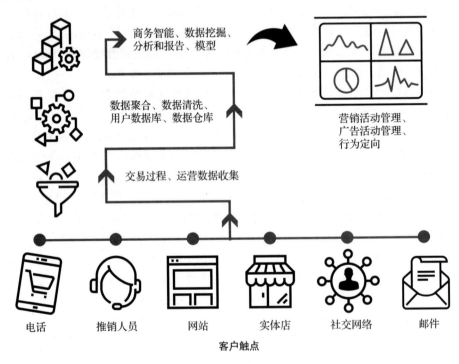

图 6.9　客户关系管理系统

图 6.9 是 CRM 的一个例子，该系统从所有的客户触点及其他数据来源收集客户信息，并将数据整合到单个客户数据库或数据仓库中，以便提供更好的服务，以及构建用于营销目的的客户画像。利用网络分析处理（OLAP）功能，管理人员能够动态地分析客户的活动，了解客户遇到的问题，还可以利用其他软件分析客户群体的行为，识别哪些是能带来利润的客户，哪些是不能带来利润的客户，同时跟踪客户的行为活动。

CRM 是公司营销策略从以产品为中心到以客户为中心转变的一部分。CRM 是具有卓越功能的数据库技术，可以满足每个客户的需求，并基于把每个客户视为独特个体提供差异化的产品或服务。客户档案可以包含以下信息：

- 客户与组织的关系地图。
- 购买产品和使用摘要数据。
- 人口统计和心理图数据。
- 盈利能力指标。
- 汇总客户与公司联系的所有历史交互数据。
- 客户收到的营销和销售信息及客户的反馈。
- 电子邮件营销的响应。
- 网站访问。
- 移动 App 下载。

有了这些客户档案，公司通过 CRM 可以销售更多产品和服务，开发新产品，提高产品利用率，降低营销成本，识别和保留盈利的客户，优化服务交付成本，保留高终身价值客户，实现个性化沟通，提高客户忠诚度，增加产品的盈利能力。CRM 的目标是实现公司"360 度"视角了解客户，包括客户购买哪些产品、浏览方式、沟通渠道和优惠等。领先的 CRM 供应商包括 Oracle、SAP、Microsoft、Salesforce 和 SugarCRM 等。这些公司的主要业务是提供基于云版本的 CRM 产品。面对云 CRM 供应商，公司在使用这些产品时面临的一个问题是欧洲联盟的相关数据法规，它要求公司重新评估其使用 CRM 数据的方式，以避免违反这些法规。所有主要供应商都提供基于云的软件即服务（SaaS）CRM 应用程序。

6.4　网络营销沟通的成本和收益

如前所述，尽管网络广告占总广告支出的约 70%，但网络广告的实际效果以及如何精确衡量网络广告的成本和效益仍然是人们担心的问题。本节我们将讨论这两个问题，但首先我们将对衡量网络营销效果的重要术语进行界定。

6.4.1　网络营销度量指标：术语

为了理解营销活动吸引潜在客户并将其转化为客户的过程，你需要熟悉网络营销的术语。表 6.6 列出了一些通常用于描述"传统"网络营销（如展示广告和电子邮件营销）的影响和结果的术语。社交媒体营销、移动营销和本土化营销的指标将在第 7 章中介绍。

表 6.6　度量营销效果的术语

展示广告度量指标	解释
印象	广告播放次数
点击率（CTR）	广告点击的比率
访问率（VTR）	消费者未立即点击广告，30 天再次访问网站的比例
点击次数	HTTP 请求次数
网页浏览量	浏览网页的次数
可见率	网络消费者实际观看广告的百分比
独立访客	一定时期内单个访问者的数量
忠诚度	随网页浏览量变化，单一用户访问网站的频率，或一年内回购的顾客占总数的百分比
触达率	潜在的购买者人数占网站访问者人数的百分比，或者，网站的购买者人数占整个市场购买者人数的百分比

（续）

展示广告度量指标	解释
最近一次消费	网站吸引回头客的能力
黏度	访问者在网站平均停留时长
获得率	通过注册或访问产品网页表示对产品感兴趣，页面的访问者百分比
转换率	实际购买商品的访问者百分比
浏览购买比	最终购买商品与在网页浏览商品数量的比率
浏览加入购物车比	在产品页面点击"加入购物车"次数的比率
购物车转换率	实际订单与"加入购物车"点击的比率
结账转换率	点击"开始结账"的消费者最终下单的比率
放弃率	中途放弃购物表单的填写并离开网站的消费者的百分比
保留率	现有客户中持续定期购买的百分比
流失率	首次购买后，一年内不回购的顾客百分比
视频广告度量指标	
观看时长	实际观看广告的时长
完成率	用户完整观看视频的百分比
跳过率	用户跳过视频的百分比
电子邮件度量指标	
打开率	邮件接收者打开邮件并查看信息的概率
送达率	邮件接收者收到邮件的概率
点击率	邮件被点击的概率
退信率	邮件未成功发送的概率
退订率	邮件接收者点击退订的概率
转换率	邮件接收者实际购买的概率

前 9 个指标主要衡量通过驱使顾客访问网站获得顾客的能力或市场份额的大小。这些指标通常替代了用销售收入衡量的方式，这是因为电子商务公司希望通过利用公司网站的成功运营获得投资商并成为关注的焦点。

印象是广告播放的次数。**点击率**是实际点击网络广告的人数占网络广告曝光人数的百分比。**访问率**是广告 30 天内的响应率，即延迟点击广告比率。**点击次数**是公司服务器收到 HTTP 请求的次数，因为这并不等同于一次页面访问，因此该指标可能会产生误导。**网页浏览量**是访问者浏览页面的次数，但随着网页框架的增加，网页浏览量也可能不是衡量页面访问效果的恰当的指标。

可见率是网络消费者实际观看广告（展示或视频）的百分比。因为前面讨论过可见性，此处不再赘述。

独立访客的数量是衡量网站受欢迎程度的最常用的指标。**忠诚度**指一年内回头客的百分比，它可以很好地体现追随者或购物者对网站的信任程度。**触达率**通常是访问网站的消费者占市场消费者总数的百分比。例如，一年内约有 10% 的购书者至少访问一次 Amazon 网站并购买图书。触达率反映网站获得市场份额的能力。**最近一次消费**与忠诚度类似，衡量网站吸引回头客的能力，通常用购物者上次购物或者上次访问网站以来的平均间隔天数计算。如最近一次消费为 25 天，表示消费者平均每隔 25 天再度访问网站。

黏度（也称停留时长）是访问者在网站上停留的平均时长。黏度对营销人员非常重要，因为访问者在网站上停留的时间越长，购买的可能性就越大。然而，公司需要关注的是其在访问网站时做了什么，而不只是关注其在网站停留多长时间。

　　以上介绍的这些指标并未涉及商业活动，也不能帮你理解消费者从访问者到客户的转化。但是有一些指标能帮你理解这个转化。**获得率**指注册或访问产品页面的访问者百分比（对产品感兴趣）。**转换率**指实际购买商品的访问者百分比，受到网站的运营情况和使用设备种类的影响而有很大差异。**浏览购买比**指最终购买商品与在网页浏览商品数量的比率。**浏览加入购物车比**指在产品页面点击"加入购物车"次数的比率。**购物车转换率**指实际订单与"加入购物车"点击的比率。**结账转换率**指点击"开始结账"的消费者最终下单的比率。**放弃率**指中途放弃购物表单的填写并离开网站的消费者的百分比。放弃率反映出很多潜在的问题：购物表单设计不合理、网站缺乏消费者的信任、其他原因导致的消费者购物不确定性。Salesforce.com 汇总了全球超过 10 亿购物者与超过 2200 个网站互动的数据，2022 年第二季度美国通过台式电脑 / 笔记本电脑访问的购物车的平均放弃率最低，为 75%；其次是通过平板电脑访问的购物车的放弃率，为 80%；通过智能手机访问的购物车的放弃率最高，几乎达到 85%（Salesforce.com，2022）。导致放弃的原因包括安全问题、顾客只看价格、找不到客服、找不到首选支付选项，以及商品无法结账。因为超过 80% 的网络购物者通常在访问网站时已有购买意向，高放弃率对网站意味着失去了很大的销售机会。**保留率**指现有客户中持续定期购买的百分比。**流失率**指曾经买过商品，但是一年来不再回购的顾客的百分比（与忠诚度和保留率相反）。

　　特定类型的广告有不同的特殊指标。例如，视频广告的**观看时长**（广告播放时实际停留在视频中的时间）和**完成率**（完整观看视频广告的人数）是重要指标（Extreme Reach，2022）。完整观看整个广告时，品牌回想率显著提高，这说明对广告商来说，完成率指标比点击率更有意义。

　　电子邮件营销也有一套指标。**打开率**指打开电子邮件并看到信息的客户的百分比。通常情况下打开率相当高，达到 50% 以上。然而，一些浏览者会在鼠标光标移到主题行时就立即打开邮件，因此这个指标目前很难解释。**送达率**指邮件接收者成功收到电子邮件的百分比。**点击率**指接收者点击查看电子邮件优惠信息的百分比。**退信率**指未成功发送邮件的百分比。

　　从简单的网络广告印象、网站访问和页面浏览到产品购买，再到公司盈利，这是一个漫长的过程（见图 6.10）。首先，需要让客户意识到他们对公司的产品有需求并设法引导其访问公司网站。一旦客户开始访问公司网站，就要让他们相信，与其他公司的产品相比，你的产品价值最高——性价比最高（质量和价格）。然后，你必须说服他们信任公司网络的交易处理能力（提供安全的环境和快速的履行）。网站的成功引导，可以使其中的一部分客户成为公司的忠实客户，他们会再次购买，或将你的网站推荐给其他人。

6.4.2　网络广告有用吗

　　网络广告的效果如何？哪种网络广告最有效？网络广告与传统广告的效果相比如何？答案取决于营销活动的目标、产品的属性以及引导客户访问的网站的质量。当然，答案还取决于你测量的内容。点击率很有趣，但最终，广告活动的投资回报率（Return On Investment，ROI）才是最重要的。**跨平台归因**指标是一项比较棘手的指标，这涉及如何在多个影响消费者最终购买决策的不同平台营销策略中进行贡献分配。越来越多的人认识到，仅关注消费者购买前的首次点击或最后一次点击——关注消费者在购买前接触的第一个和最后一个营销渠道或广告形式——已不再重要。例如，2021年，Google宣布更新其广告跨平台归因模型。它不仅基于消费者的最后点击，还采用基于机器学习的数据驱动归因模型，评估整个转化过程中的数据（Clark，2021）。第三方追踪也将带来新的挑战，第三方追踪一直致力于网络营销指标和基础设施归因测量（有助于公司了解消费者何时、在何位置观看了展示广告，然后在哪个网站购买了相关商品）。

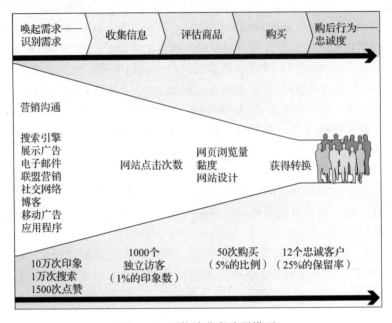

图6.10   网络消费者购买模型

不同类型的网络营销沟通工具的点击率因个性化和不同定位各不相同。内部邮件营销列表（许可电子邮件）通常点击率最高，约为3%至5%。将收件人的姓名放在主题行中可以将点击率翻倍。（未经许可的电子邮件和纯粹的垃圾邮件，响应率要低得多。）虽然Google搜索列表广告的平均点击率只有3%，但通过使广告更精准并只吸引对产品有兴趣的人，一些商家的点击率可以提高到10%甚至更高（Chaffey，2022）。视频广告的点击率似乎很低，通常为0.15%至0.45%之间，但是它是横幅广告的2倍（0.05%的点击率）。

与传统广告相比，网络广告的效果怎么样？总体而言，网络渠道包括电子邮件、搜索引擎、展示广告、视频以及社交媒体营销、移动营销和本土化营销等，与传统渠道相比效果明显。这在很大程度上解释了为什么过去的5年来网络广告迅速增长。搜索引擎广告已经发展成为成本效益最高的营销沟通形式之一，它在很大程度上推动了Google的增长。直接许可电子邮件的成本效益也比较高，一部分原因是电子邮件列表非常便宜，另外直接许可电子邮件面向的人群是对接收更多相关产品的信息感兴趣的目标人群。

对传统营销和网络营销效果的比较研究表明，最有效的营销活动使用多种营销形式，包括网络营销、目录营销、电视营销、广播营销、报纸营销和零售店营销。尽管广告商已经减少了对印刷媒体广告的预算，但电视和印刷媒体等传统媒体仍然是消费者发现新产品的主要渠道。从多个渠道购物的消费者比从单一渠道购物的消费者花费更多，部分原因是他们有更多的可支配收入，但也是因为营销人员与消费者进行的"客户接触"的数量更多。消费者营销中增长最快的是多渠道购物者。

6.4.3 网络广告的成本

不考虑成本分析的广告有效性研究是不够的。最初，大多数网络广告是基于交换或**每千次印象成本**（Cost Per Thousand，CPM）定价，广告商以 1000 人印象为单位支付广告费。随着广告商对广告曝光度越来越重视，一些广告商以每千次可见印象（vCPM）为单位支付广告费用，即每 1000 人印象中的可见广告数量。如今，其他定价模型也在不断涌现，包括：**每点击成本**（Cost Per Click，CPC），广告商按点击量支付协议价格的广告费；**每行动成本**（Cost Per Action，CPA），广告商只在用户执行特定操作（例如注册或购买）时按协议价格支付广告费。而混合定价是指采用两种以上的计价方式（参见表 6.7）。

表 6.7 不同类型的网络广告定价模式

定价模式	解释
易货	以等价物交换广告位
每千次印象成本	广告客户以 1000 次印象为单位支付广告费
每点击成本	广告客户根据协议价格基于点击次数支付广告费
每引导成本	广告客户根据协议价格基于合格潜在顾客支付广告费
每行动成本	当用户完成特定行动（如注册或购买）时，广告客户支付广告费
混合定价模式	采用两种及两种以上的定价模式进行定价
赞助式定价	按照项目付费，广告客户按照广告位支付固定广告费

虽然在电子商务的早期，一些网站为了获得一个新客户要投入多达 400 美元的费用，但获得网络新客户的平均成本并没有那么高。相反，获得线下新客户的成本要高于获得网络新客户的成本，而传统广告相比网络广告更是贵得离谱。当你在《华尔街日报》投放广告的时候，你就进入了一个富人群体，这些人可能对购买岛屿、直升飞机、法国豪宅等感兴趣。《华尔街日报》的一整版彩色广告版面售价 25 万美元，而其他报纸的售价仅为 1 万到 10 万美元。

网络营销的一个优势是可以直接观测到营销活动对网络销售的影响。如果网络商家能从数据经纪人那里获得离线购买数据，他就能精确地算出特定横幅广告营销或发送给潜在客户的电子邮件营销产生的收入。衡量网络营销效果的一种方式是查看附加收入与广告活动成本之比（收入 / 成本）。如果该指标是正整数，就说明网络营销的广告支出是值得的。

当网络和传统销售收入都受到网络营销活动的影响时，情况变得更加复杂。大部分网络消费者"逛网店"但并不购物，他们通常在实体店购物。例如，Target 和 Walmart 使用电子邮件通知其注册客户可在网店或实体店购买的特价商品。但遗憾的是，公司很难将在实体店的销量与网络电子邮件营销建立准确的关系。在这种情况下，商家必须依赖于在实体店位置进行的客户调查，用这些不太精确的度量方法估计网络营销的效果。

无论哪种情况，衡量网络营销沟通的有效性并对营销沟通的目标进行划分（建立品牌推广还是促销），对公司获得利润至关重要。要衡量营销的有效性，需要了解不同营销媒体渠道的成本以及将网络潜在客户转化为网络客户的过程。

总体而言，网络营销沟通的成本要远低于传统营销沟通的成本。成本的高低取决于广告播放的时段，2022 年网络电视黄金时段，30 秒广告投放的平均成本约为 10.5 万美元（不含广告制作成本）。电视广告的每千次印象成本在一定程度上取决于其所在的市场，波动范围通常是 15 美元到 35 美元。相比之下，横幅广告几乎没有制作成本，横幅广告的每千次印象成本为 5 美元至 10 美元。邮寄一封明信片的成本约为每户 80 美分至 1 美元，而电子邮件几乎可以免费发送，每千个目标的费用仅为 5 美元至 15 美元。因此电子邮件比邮寄信件成本要低很多。因此，从**千次有效成本**（effective Cost-Per-Thousand，eCPM）的角度来看，这是衡量广告的投资回报的指标，指广告总收入除以千人印象的总数。

6.4.4　营销分析：评价网络营销效果的软件

许多软件程序可自动统计网站或移动设备上的活动，而跟踪消费者在各种设备和媒体渠道上的浏览和行为是一项非常复杂的任务。还有一些软件程序和服务能帮助营销经理准确识别哪些营销举措获得了回报，哪些没有。

营销的目的是将浏览者转化为购买公司销售产品的客户。将浏览者转化为客户的过程通常被称为"购买漏斗"。我们将其界定为一个过程，而不是漏斗，该过程包括几个阶段：意识、参与、互动、购买以及购买后的服务和忠诚度。**营销分析软件**收集、存储、分析并以图形呈现将浏览者转化为客户的每个阶段的数据（见图 6.11）。

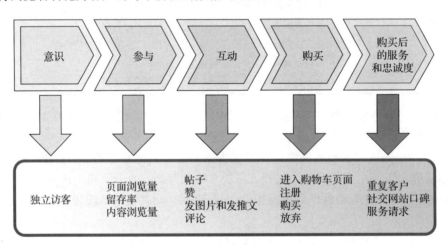

图 6.11　营销分析和网络购物流程

营销分析软件可以告诉业务经理：人们通过哪些渠道得知公司的网站，以及他们通过哪些方式访问的这些渠道，例如搜索、输入 URL、电子邮件、社交活动或者传统出版物或电视广告，以及相关的人口统计学、行为和地理信息。浏览者是通过移动设备、Facebook 还是 Pinterest 访问的公司网站？这些信息可以帮助经理选择流量分配的最佳方式，即所谓的"入站"链接到网站。一旦访问者到达网站，分析软件可以记录他们与网站内容的互动程度——通过浏览的页面数量和停留时长进行衡量。这些信息可以帮助经理改变网站的设计或更改访问者看到的内容。例如，产品用户的视频推荐与专家评论或用户文本评论相比可能更具吸引力。在社交媒体营销的世界中，消费者的意见和行为可以被收集并分享给他们的朋友，鼓励访问者参与内容互动并把他们的经验、意见、偏好和行为与他们的朋友以及其他访问者分享，这是消费者转化为客户过程中的一个重要中间步骤。营销分析软件可以追踪访问者参与互动的情况，并帮助经理决定哪些内容能引起访问者与朋友和其他访问者的更高层次的互动。购物车页面上的购买活动是分析工具的主要关注点，不仅因为这是产生收入的地方，而且因为这是客户经常退出整个网站且公司失去潜在销售的地方。在美国，目前通过台式机 / 笔记本电脑访问的购物车的放弃率约为 75%，通过平板电脑访问的购物车的放弃率为 80%，通过智能手机访问的购物车的放弃率为 85%（Salesforce.com，2022）。这看上去是一个非常高的比率，但与本章讨论的大多数指标一样，放弃是一个复杂的过程，通常不像看起来那么简单。一些消费者将购物车用作购物清单，并不立即完成交易；有些人用它进行价格比较，并了解运费或税费；还有人在一个设备上开始交易，然后在另一台设备上完成购买。另一个衡量近似购买行为的指标是加入购物车率，营销分析软件可以帮助经理揭示网站购物车页面上行为的含义。最后，营销分析可以帮助经理观察客户的忠诚度和购买后的行为。在越来越注重社交媒体营销的环境中，营销经理需要知道他们的产品和服务在其他网站、Facebook 页面、Instagram Stories 或 Twitter 上的评论，这些评论通常被称为"嗡嗡声"或情感分析。评论是积极的还是消极的？消极评论的来源是什么？可能的影响因素包括质量差、成本高、保修服务差和运输问题。

营销分析软件的最终目标是帮助业务经理提高营销活动的投资回报，并通过让业务经理对其消费者行为了如指掌而实现该目标。营销分析还能帮助经理评价诸如折扣、积分和特别优惠以及基于区域或基于人口统计数据的行为营销等具体营销活动的影响。除了在提高管理决策效率和优化评价电子商务活动的效率方面发挥作用，营销分析软件还具备接近实时的营销能力，营销经理能以接近实时的方式更改网站内容、回应客户的投诉和评论，并与热门话题或新闻的进度保持一致（时间差只有几分钟或最多 24 小时以内）。

尽管市场上有很多营销分析公司和软件包，但领先的公司仍然是 Google Analytics、Adobe Analytics、IBM Digital Analytics 和 Webtrends。

6.5 电子商务相关职位

在本章中，你学到了网络广告行业是网络经济中最强劲、增长最快的领域之一。网络广告行业内部的公司以及 Google、Meta、Amazon 等公司，为网络广告提供平台，都设有类似本节将要详细介绍的职位。

6.5.1 公司概况

这家公司是一家总部位于 Maryland 的初创有机食品杂货商，始于 2008 年，最初是一家销售有机和当地农场食品的单一食品杂货店。目前，该公司在东北地区运营 110 家零售店，拥有超过 15 000 名员工。该公司为客户提供有机农产品、生乳制品、人工养殖肉类、美味熟食、烘焙食品、营养增补食品和家居用品的一站式购物服务。最近，该公司推出了一个非转基因标签计划，让客户了解食品是否含有转基因成分。该公司已经通过新的网站和社交媒体营销活动建立了电子商务网站，并考虑为其富裕的年轻客户群提供有机食品的网络订购和按需配送。

有机食品在美国和全球的销售已经迅速增长。2021 年美国的有机产品销售额达到了 570 亿美元。20 000 家天然食品商店以及约 75% 的传统杂货店都在售卖有机产品。

6.5.2 职位：数字营销助理

你将与市场团队合作，利用数字营销工具与客户和供应商进行沟通，以增强品牌参与度、教育和在线客户服务。你的角色将包括：

- 与市场团队合作，制定数字、纸质和实体店营销材料的促销日程。
- 为公司的博客、网站、电子邮件促销活动和社交媒体账户创建补充内容。
- 更新公司的网站，添加新内容，实施 SEO 并监控所有网站活动。
- 更新公司的社交媒体账户：Facebook、TikTok、Twitter、Pinterest 和 Instagram。
- 研究社交媒体的发展和趋势。
- 与实体店经理、产品类别经理和其他团队成员合作，计划和推动店铺升级，与团队成员合作发布特定产品。
- 回复和管理网站上发布的客户评论（在 Yelp、Google 等平台上）。
- 生成分析成功数字营销活动的月度报告。

6.5.3 资质 / 技能

- 人文或社会科学学士学位，修读过 MIS、电子商务、数字营销、统计学、网页设计或社交媒体相关课程。
- 熟悉 WordPress、Meta for Business、Meta Ads Manager、TikTok、Instagram、Pinterest、Twitter、Hootsuite、Sprout Social、Google Analytics、Yelp for Businesses 和 Microsoft Office。
- 出色的口头和书面沟通能力。
- 拥有文案撰写和专业知识撰写能力。
- 有客户服务的经验或背景。
- 具备摄影和基本的照片编辑技能。
- 理解搜索引擎优化。
- 能够胜任多任务处理，适应快节奏的环境。
- 良好的时间管理技能。
- 能够独立工作及与团队成员协作。
- 对食品 / 成分采购、卫生与健康、可持续农业、有机食品以及天然食品行业的实时新闻 / 趋势有了解是一个加分项！

6.5.4 面试准备

本章提供了你在网络营销和广告行业的职位面试中应该熟悉的一些基本知识。首先，复习 6.1 节，你将对互联网受众和网络消费者行为有进一步的了解，特别是消费者决策过程（图 6.2）。6.2 节介绍了数字营销和广告策略以及工具。你可以展示自己熟悉的各种网络营销和广告工具，如搜索引擎营销和广告、不同类型的展示广告（横幅广告、富媒体、视频广告、内容营销和原生广告以及程序化广告网络的使用）、电子邮件营销、联盟营销、社交媒体营销、移动营销和本土化营销，以及各种客户保留和定价策略。你还可以展示对不同类型网络广告相关问题的见解，如广告欺诈、可见性以及广泛使用的广告拦截软件，这样能给面试官留下深刻的印象。虽然这个职位不是技术性的职位，但复习 6.3 节和 6.4 节中的知识仍然很有价值，包括关于各种网络营销技术、网络营销沟通成本和效益的知识。度量网络营销效果的术语需要特别掌握（表 6.6），因为你需要了解如何衡量网络广告效果及其相关的问题，诸如怎样跨平台进行归因分析。

6.5.5　首次面试可能被问到的问题

1. 你认为开发网络渠道进行品牌推广和直销，相比使用传统媒体（如印刷广告或电视广告）有哪些优势？

网络营销比传统营销更有效，因为人们花费在浏览网页内容、了解产品信息和购买产品的时间远多于任何时候。网上商店意味着客户不仅可以观看广告，同时还可购买产品。对于客户来说，这比阅读报纸广告或观看电视节目，然后驾车去实体店购买要方便得多。以上诸项均影响客户体验，因此公司应该尽可能地让网络购物简单化。

2. 你认为互联网和社交网络是推广有机产品、推动直销以及吸引更多顾客的好方法吗？

有机食品的最大市场是年轻专业人士，而这个年龄段的人在社交网络上也非常活跃，并且熟悉在网上订购商品和食品的流程。

3. 口碑是非常强大的营销工具，你认为我们如何在网络营销口碑方面取得更好的效果？

通过网络营销和网络广告可以联系 Facebook、Twitter 等社交网络的注册会员。许多人也是在线自助网络的成员。网络受众与家庭、专业和兴趣网络中的其他人高度连接，需要注意的是，你的营销对象不仅限于个人，还有社交网络团体。

4. 除了网站和社交网络，你认为我们应该专注于哪些对目标受众有效的其他网络营销渠道？

对于有机食品的营销，使用展示广告和搜索引擎广告可能会非常有效。如果你能确定顾客在哪些网站上浏览新闻、娱乐和信息，然后在这些网站投放展示广告，那将更有效。程序化广告网络可以帮助公司找到这些网站并投放广告。例如，当有人搜索健康问题时，就可以在搜索引擎页面投放搜索引擎广告，这样就会很有效。

5. 你认为我们的顾客对有机食品的送货上门感兴趣吗？

如果有机商品可以在同一天下单并交付，而且与店内的有机商品一样新鲜，那么答案就是：是。按需、同日交付对年轻家庭尤其是双职工家庭将会非常有吸引力。

6.6　案例研究：程序化广告——实时营销

广告和营销的终极目标是在正确的时间向正确的人传递正确的信息。如果能够做到这一点，就不会有人收到他们不想看的广告，广告费用也不会被浪费，从而降低了最终用户的成本，提高了每一美元广告的效益。在真实世界中，对这一理想的实现只能是非常粗糙的近似。广告商基于广泛的人口统计和广告的显示环境来购买电视和广播时间、报纸广告和广告牌。

互联网承诺改变这种通过在用户浏览器上放置 cookie 收集消费者个人信息的传统广告空间购买方式，这些 cookie 跟踪网络行为和购物过程，还与消费者的离线信息进行匹配。然后广告商利用这些信息，基于个人特征、兴趣和最近的点击行为，将广告定向投放到他们寻找的特定个体。从一开始，电子商务对消费者来说就是隐私和效率之间的一种权衡：告诉我们更多关于你的信息，我们将只向你展示你感兴趣并且可能会回应的广告和产品。对于品牌而言，承诺是规模和成本：告诉我们你正在寻找谁，我们将在成千上万的网站上找到符合你标准的数百万人。电子商务本应结束广告的爆炸性增长，这一过程始于 19 世纪的报纸广告，随着 20 世纪广播的发展，再加上电视的增长而不断扩张。

广告技术行业对这些承诺的最新表述是程序化广告，它被宣传为一种自动化的算法平台，允许大型品牌在数万甚至数百万个网站上进行协调的广告空间（网页）竞标，以测量结果，并以前所未有的规模将品牌推广给数千万消费者。到 2022 年，各种类型的程序化数字展示广告支出（包括视频、原生广告和社交网络广告）在所有平台上预计将达到近 1300 亿美元，占总数字展示广告支出的 90% 以上。但在过去的几年里，已经明显看到程序化广告的承诺没有实现，并为品牌带来了许多风险。事实上，这种广告已经损害了许多品牌，广告技术行业也受到广告主的批评，认为现有的网络广告生态系统缺乏透明度，未能保护品牌，充斥着由机器人生成的欺诈点击，并缺乏衡量广告成本效益的指标。

与网络广告行业的美好承诺相反，尤其是 Google、Meta 和 Twitter 等广告巨头的承诺，大多数显示给网站访问者的横幅广告与访问者的兴趣无关，有时甚至令人发笑。因此，横幅广告的点击率低得惊人，约为 0.05%，而通用展示广告的价格仅为每千次浏览约 1.50 美元，因为它们的响应率低。试一试：在任何设备上访问 Yahoo（全球最大的展示广告商之一），查看屏幕上显眼的广告，并问自己是否真的对此刻的广告内容感兴趣。通常，它是一则关于你最近在 Google 上搜索过的或者在 Amazon 或其他网站上购买过的产品的广告。这些广告会在几天内一直追随着你，进行 Web 和移动设备上的重新定位。研究人员发现，只有 20% 的互联网用户认为网站上的横幅广告与他们的兴趣相关，根据广告类型的不同（侧边栏、本地内联、预滚动视频或视频以及展示广告），有 50% 到 78% 的访问者持负面看法。你一天点击多少次关闭按钮以停止屏幕顶部的滚动视频？

要理解我们是如何陷入这种局面的，有必要简要回顾一下互联网广告行业的演变。数字展示广告经历了三个时代的发展。21 世纪初，一个拥有网站并对广告收入感兴趣的公司（"发布商"）会通过广告代理或直接关系将其站点上的空间出售给其他公司（广告商）。这个过程主要是手动的。到了 2005 年，广告网络出现了。这些网络允许广告商在单次购买中买入数千个参与站点的广告空间，并使发布商能更有效地向广告商进行销售。价格是在各方之间协商的。这个过程非常类似于有线电视上的广告销售方式。2011 年，更大规模的广告交易所出现了，并开始使用实时自动竞价，为广告商提供访问拥有多达数百万个网站的更大出版商的广告空间的机会。价格和广告位置由算法自动确定，并根据实时公开拍卖进行调整，其中广告公司和品牌提出他们愿意为满足特定标准的消费者做广告而支付的费用。Google、Meta、Twitter 等公司开发了自己的专有自动出价平台。总的来说，这些被称为实时竞价（RTB）程序化广告平台。今天的结果是一个极其复杂的生态系统，涉及许多参与者和复杂的技术（称为广告技术堆栈）。

在程序化广告平台中，规模已经大幅增长。今天有数千名广告商和数百万个可以放置广告的网页。广告是基于用户的浏览器 cookie 历史和网页浏览内容而选择和生成的，以便实现广告精准投放给正确的消费者。网页的内容以及广告在页面上的位置也很重要。数百万个网页包含损害品牌的内容（虚假新闻、仇恨言论或暴力），或者非常差的内容，甚至没有内容。所有程序化广告平台都使用包含数千到数百万在线购物者和消费者的个人信息的大型数据存储库，用于对具有所需特征的购物者进行分类和搜索的分析软件，以及使用机器学习技术测试曝光广告后导致购买概率最高的消费者特征组合。这些技术都旨在降低广告成本，提高广告速度和规模，在这个环境中有数亿个网页需要放置广告，数百万在线消费者随时想要购买。

程序化广告平台已经发展成三种不同类型：传统的基于拍卖的实时竞价"开放交易"，这是一个向所有广告商和网站发布者开放的市场；私人市场（PMP），它也使用实时竞价，其中发布者邀请选定的广告商对其库存进行竞价；程序化直投（PD），其中广告商直接与已经开发了自己的供应方平台（可用广告空间的自动库存）的知名发布者交易。目前，约75%的程序化数字展示广告是程序化直投、约10.5%是开放交易RTB，15%是PMP。开放交易RTB的增长速度已经显著放缓。趋势面是向发布者特别是拥有大预算的知名品牌，减少其对平台运营商的依赖，并更多地掌控广告的放置位置、可见性和相关的内容。

目前，在美国、英国、加拿大、法国和德国，仍有不到10%的在线展示广告是在非自动化的传统环境中完成的，其中涉及营销人员使用电子邮件、传真、电话和短信与发布者直接联系。传统方法通常用于高价值、顶部屏幕带视频的广告，在主要报纸、杂志和门户网站上看到的扩展广告，以及出现在原生内容旁边或交织在原生内容中的原生广告。这是传统插单的世界：如果你想在特定报纸或杂志网站上做广告，打电话给广告部门并填写插单。例如，如果你是一家销售自行车配件的品牌，你可以告诉你的广告代理在自行车杂志网站和社交网络上投放广告，瞄准那些杂志的读者。在这种环境中，想要在线销售产品和服务的公司会聘请广告代理来制订营销计划，并由广告代理与发布者的广告部门直接签约。

这种传统环境昂贵、不精确且缓慢，部分原因是在决定在哪里放置广告的过程中涉及的人数很多。此外，所使用的技术很慢，了解哪种广告最优可能需要数周或数月，实时A/B测试很难实现。广告可以针对更精确的潜在客户群，以及更大规模的潜在客户群。尽管在专门致力于小众产品的网站上投放的上下文广告非常有效，但还有许多其他自行车爱好者访问的网站或社交网络页面可能同样有效，成本却要低得多。

在PD环境中，流程与传统方式有很大不同。广告代理公司可以访问由Google、Yahoo、AOL、Meta、Twitter等提供的程序化广告平台，这些平台专注于广告投放。与客户合作时，广告代理公司会更精确地定义目标受众，包括年龄在24至35岁之间、居住在骑行流行的区域、在社交网络上提到骑行话题、在电子邮件中讨论山地骑行、年收入超过7万美元且目前没有购买山地自行车的个体。广告代理公司会提交一个以每千次曝光的美元表示的投标，用于在200 000个满足大部分或所有特征的人群中进行广告展示。平台会返回一个报价，用于访问这200 000个符合特征的人群，该报价基于其他广告商愿意为该人口和特征支付的费用。报价可以被接受或拒绝。如果被接受，广告将实时显示给那些在网络上活动的人。当人们访问各种网站时，自动化程序会评估他们是否符合所需的特征，并在毫秒内向这些人显示山地自行车广告。程序化直投平台还可以实时跟踪对广告的响应，并根据平台的实时经验更改为不同的广告，并测试其有效性。程序化直投平台声称使用算法和机器学习程序，随着时间的推移可以识别最有效的广告以及最具生产力的网站。至少这是它们的承诺。越来越多的大型广告商不再通过代理公司，而是直接与Google、Meta和Amazon（现在是第三大展示广告平台）等广告平台打交道。

在PMP交易中，一组发布者邀请特定的广告客户对广告空间进行竞价，通常使用发布者自己的客户数据。一般来说，发布者对客户的了解比广告平台的算法和数据库所能提供的要多。例如，领先的在线报纸可能会整合广告空间库（网页），并邀请高端大预算品牌对这些空间进行竞价。这使得发布者对在其页面上做广告的人有更多的控制权，同时也使广告客户有机会获得高端的广告空间、更好的页面展示位置，并且通过更精准地了解消费者而获得更好的效果。这反映在广告客户的更高成本上。在PMP模式中，单个发布者直接与选定的品牌和广告客户签订合同，保证广告的放置位置，为双方提供更多的控制权和精确性。品牌和广告代理在半自动化的环境中为这些空间竞标。在某些情况下，价格是由发布者和品牌或其广告代理直接协商的。不使用实时竞价。

在开放式交易中进行实时竞价的风险是，品牌在广告展示方面失去了很大（如果不是全部）的控制权，包括广告出现在哪些网站上、出现在屏幕的哪个位置（在"折叠线"以上还是以下，滚动位置）、在屏幕上停留多长时间、点击广告的是真正感兴趣的人还是机器人或虚假账号，以及网站的内容。

例如，摩根大通曾经使用程序化实时竞价的开放交易，在预计每月约 40 万个网站上投放广告。然而，该公司开始怀疑，因为只有 12 000 个网站产生了点击。一名实习生被指派访问每个网站，以确定是否适合银行的广告。这名实习生发现其中 7000 个网站不适合，只有 5000 个网站符合预先批准的标准。自从从广告活动中删除了 355 000 个网站以来，摩根大通在互联网上的广告可见性没有出现任何下降。摩根大通已经将这个列表缩减到只有 1000 个被批准的网站。其中一个未经批准的网站宣传摩根大通的私人客户服务，结果是一个倡导暴力的网站。

过去，YouTube 因其广告与宣扬种族主义、仇恨和恐怖主义的不良内容并列展示而受到领先品牌的严厉批评。因此，摩根大通、Verizon、Gerber、AT&T、强生公司、Lyft 和宝洁（全球最大的广告客户）都从 YouTube 撤回了广告。作为回应，YouTube 雇佣了成千上万的员工来监控网站，并教导机器学习算法什么样的网站适合放置广告。然而，尽管 YouTube 一直在努力，但问题仍然存在。例如，2022 年，迪士尼、沃达丰等主要广告客户在发现它们的广告与不良内容相关联后从 YouTube 撤回了广告。

除了恶意网站之外，还有数百万个虚假网站，专门用于显示广告并产生收入。许多虚假网站都是生成点击但没有真正观看广告的机器人。尽管 RTB 开放交易平台试图阻止这种行为，但效果不佳。结果是巨额广告支出，但合法点击和转化较少。分析师估计，前 50 名在线媒体出版商仅占网络上显示的广告的 5%。这意味着 95% 的广告出现在小众网站上，或者在完全虚假的网站上，拥有虚假的访问者。总体而言，广告平台对广告出现的位置、网站的内容或点击者几乎没有任何了解。拥有大额广告预算的顶级品牌，不再相信广告平台所谓的使用算法和机器学习来清除虚假网站、仇恨言论网站和色情网站的说法。因此，许多大公司现在雇佣品牌安全公司来跟踪广告活动，并防止公司的广告出现在某些网站上。

讨论问题

1. 请访问你最喜欢的门户网站，统计首页上的总广告数。然后计算出这些广告中有多少立即引起你的兴趣且与你相关，有多少有些有趣或相关但现在你并不想关注，有多少你不感兴趣或是不相关的。进行 10 次统计并计算三种情况的百分比。根据你的发现描述结果，并使用这个案例解释结果。

2. 广告商在决定向客户展示广告时使用不同类型的"档案"。识别在这个案例中描述的不同类型的档案，并解释它们与在线展示广告的相关性。

3. 展示广告如何实现类似搜索引擎的效果？

4. 你认为基于你最近的点击记录即时展示的广告能否像搜索引擎营销技术一样有效？为什么？

6.7   复习

6.7.1   关键概念

- 了解互联网用户的主要特点、消费者行为和购买决策的基本原理。

- 网络受众的主要特征包括网络用户数量、使用的强度和范围、人口统计特征、互联网连接类型以及社区效应。
- 消费者行为模型预测或解释消费者购买的内容，以及何时购买、在何地购买、购买多少和为什么购买。影响购买行为的因素包括文化、社会和心理因素。
- 消费者决策过程分为五个阶段：唤起需求，收集信息，评估商品，购买以及购后行为。
- 网络消费者决策过程基本相同，只是增加了两个新要素：网站和移动平台的功能以及消费者的点击流行为。

- 了解并解释基本电子商务营销原理以及广告策略和工具。
  - 网站是与客户建立初始关系的主要工具。
  - 搜索引擎营销和广告需要使用搜索引擎建立和维持品牌，并支持产品和服务的直接销售。
  - 展示广告包括横幅广告、富媒体、视频广告、赞助式广告、原生广告和内容营销广告。如今，几乎所有的展示广告都由程序化广告和实时竞价的广告网络提供。
  - 电子邮件营销向感兴趣的用户发送电子邮件，是最有效的营销沟通形式之一。
  - 引导式营销利用多个电子商务网站为公司吸引潜在消费者，后续可联系潜在消费者并将其转化为客户。
  - 联盟营销是公司向不同网站、博客或社交媒体页面的访客支付佣金的营销形式，当这些访客在该网站或页面上点击公司的链接并访问公司网站和／或进行购买时，公司需要支付佣金。
  - 社交媒体营销和广告包括利用社交媒体宣传品牌形象，以及直接促进产品和服务的销售。
  - 移动营销和本土化营销及广告涉及在移动设备上投放展示广告、搜索引擎广告、视频广告和移动促销信息，通常基于用户的地理位置进行营销。
  - 多渠道营销（将传统营销和网络营销进行整合）通常是最有效的营销类型。尽管许多电子商务公司愿意使用网络沟通，但实际上，驱动流量最成功的营销沟通活动同时融合了网络营销策略和传统营销策略。
  - 用于加强客户关系的客户保留技术包括个性化、一对一营销、基于兴趣的广告营销、定制营销、客户联合生产以及客户服务（如常见问题解答、实时聊天、智能代理和自动应答系统）。
  - 网络定价策略包括免费提供产品和服务、定价模式管理、捆绑定价和动态定价。

- 了解并解释支撑网络营销的主要技术。
  - 网络事务日志——记录用户在网站上的活动。结合注册表单和购物车数据库的数据，这些日志为单个网站和整个网络行业提供了丰富的营销信息。
  - 跟踪文件——各种文件，如 cookies、Web beacon、Flash cookie 和应用程序，它们跟随用户并追踪其在整个网络上访问站点的行为。
  - 数据库、数据仓库、数据集市、数据湖、数据挖掘和客户档案——这些技术帮助营销人员准确识别在线客户是谁、他们需要什么，然后在客户需要的时间和价格合适的情况下，向客户提供所需。
  - CRM 系统——一种客户信息存储库，记录客户与公司的所有联系并生成对所有需要"了解客户"的公司成员可用的客户档案。

- 了解网络营销沟通的成本和收益。
  - 必须了解相关术语，以便评估网络营销的有效性及其成本和收益，包括：印象、点击率、访问率、点击次数、网页浏览量、可见率、独立访客、忠诚度、触达率、最近一次消费、黏度（停留时长）、获得率、转换率、浏览购买比、浏览加入购物车比、购物车转换率、结账转换率、放弃率、保留率、流失率、观看时长、完成率、跳过率、打开率、送达率、点击率（电子邮件）和退信率。

- 研究表明，低点击率并不意味着网络广告缺乏商业影响，即使用户没有通过点击直接响应，广告沟通依然会发生。各种类型的网络广告均已被证明能够提升品牌认知和品牌回忆，创造积极的品牌印象，并增加购买意愿。与传统营销沟通策略不同，网络营销策略可以直接产生网络销售。
- 效果评价离不开成本分析。网络营销沟通的典型定价模型包括易货贸易、每千次印象成本、每点击成本、每行动成本、混合模型和赞助。有效的千次成本通过将广告的总收益除以成千上万的印象总数来评价投资回报。
- 营销分析有助于电子商务公司更好地了解网络购物过程中每个阶段的消费者行为。

6.7.2 思考题

1. 美国互联网用户的增长预计会无限期地持续下去吗？什么原因（如果有）会导致它放慢？
2. 网络消费者行为模型与传统的消费者行为模型有何不同？
3. 网站有哪些营销服务功能？
4. 研究表明，消费者经常在实体店购买前通过网络查阅商品信息。这对网络商家有什么启发？
5. 搜索引擎广告存在哪些问题？
6. 为什么广告网络变得有争议？对于这种技术，怎么做能克服这些阻力？
7. 什么是营销自动化系统，如何使用？
8. 描述数据库、数据仓库、数据集市、数据湖和数据挖掘之间的区别。
9. 什么是大数据？为什么营销人员对它感兴趣？
10. 在电子商务发展初期，哪种定价策略对于许多电子商务企业来说是致命的？为什么？
11. 价格歧视策略与分级定价策略有何不同？
12. 免费互联网服务和赠品等免费产品未能产生网站销售的原因有哪些？
13. 解释分级定价策略如何实施。它与动态定价有何不同？
14. 为什么捆绑产品和服务的企业比那些不能或不提供这种选择的企业具有优势？
15. 网络广告现在占广告市场总额 70% 以上的原因有哪些？
16. 直接电子邮件营销有哪些优势？
17. 为什么传统广告仍然很重要？
18. 点击量和页面浏览量之间的区别是什么？为什么它们不是评价网站流量的最佳指标？哪种指标是计算流量的首选指标？
19. 定义 CTR、CPM、CPC、CPA 和 VTR。
20. 什么是营销分析？应如何使用？

6.7.3 实践项目

1. 访问 www.strategicbusinessinsights.com/vals/surveynew.shtml，参加调查并判断你的生活方式属于哪个类别。然后写一篇两页的论文，阐释你的生活方式和价值观如何影响你的电子商务活动，以及你的生活方式如何影响你的网络消费者行为。

2. 选择一个你熟悉的中小型企业的电子商务网站，并为它创建一个包含以下内容的网络营销计划：一对一营销、联盟营销、移动营销和社交网络营销。描述每个部分如何在业务增长中发挥作用，并制作展示你的营销计划的幻灯片。

3. 使用网络消费者购买模型（图 6.10）评估针对美国 18～26 岁年轻成人市场的服装销售小型网站的电子邮件活动的有效性。假设一次营销活动发送 10 万封电子邮件（每个电子邮件地址 25 美分）。预期的点击率为 5%，客户转化率为 10%，忠诚客户保持率为 25%。平均销售额为 60 美元，利润率为 50%（商品成本为 30 美元）。这次活动是否产生了利润？为了增加购买量和忠诚度，你的建议是什么？应考虑哪些网页设计因素？应传递哪些沟通信息？

4. 浏览网页至少 15 分钟，至少访问两个不同的电子商务网站。详细列出你看到的所有的营销传播工具。你认为哪个最有效，为什么？

5. 在两个搜索引擎上搜索你所选择的同一个产品。仔细检查结果页面，你能否辨别出哪些结果是付费投放的？你这样判断的依据是什么？页面上还有哪些与你的搜索相关的营销宣传活动？

6. 调查在广告中使用富媒体和视频的情况。找到并描述至少两个使用流媒体视频、声音或其他富媒体技术的广告示例。（提示：可访问广告代理商的网站，寻找相关案例或广告示例。）这种广告有什么优缺点？准备一份 3～5 页的报告，介绍你的发现。

7. 访问 Facebook，查看右侧边栏及 Feed 中显示的广告。这些广告试图宣传什么内容？你认为这些内容与你的兴趣或网络行为是否相关？你也可以在 Google 上搜索一个零售产品，并多次搜索相关产品，然后访问 Yahoo 或其他热门网站，看看你的历史浏览行为是否引起了广告商的追踪。

6.7.4　参考文献

Amazeen, Michelle. "New Forms of Advertising Raise Questions about Journalistic Integrity." Theconversation.com (February 4, 2022).

BIA Advisory Services,. "BIA Decreases 2022 Estimates for U.S. Local Advertising Revenue to $167.4B Indicating Headwinds for the Overall Local Advertising Marketplace." Biakelsey.com (July 2022).

Boland, Mike. "Google Lens Reaches 8 Billion Monthly Searches." Arinsider.co (May 16, 2022).

Chaffey, Dave. "Average Display Advertising Clickthrough Rates (CTRs)—2022 Compilation." Smartinsights.com (accessed August 1, 2022).

Clark, Kendra. "Google Ditches Last-Click Attribution in Favor of Machine Learning–Based Model." Thedrum.com (September 27, 2021).

Cross, Robert. "Launching the Revenue Rocket: How Revenue Management Can Work for Your Business." *Cornell Hotel and Restaurant Administration Quarterly* (April 1997).

Evans, P., and T. S. Wurster. "Getting Real about Virtual Commerce." *Harvard Business Review* (November–December 1999).

Extreme Reach. "Extreme Reach Video Benchmarks Q4 2021 & Q1 2022." Tvamediagroup.com (May 26, 2022).

Federal Trade Commission. "Native Advertising: A Guide for Businesses." Ftc.gov (December 2015a).

Federal Trade Commission. "Enforcement Policy Statement on Deceptively Formatted Advertisements." Ftc.gov (December 2015b).

Hilson, Shannon. "What Is Link Farming in SEO (and Why You Should Never Do It)." Rockcontent.com (January 4, 2022).

IAB/Ipsos. "State of Data 2022." (February 8, 2022).

IAB Technology Laboratory. "IAB New Ad Portfolio: Advertising Creative Guidelines." Iabtechlab.com (accessed July 29, 2022).

Insider Intelligence/eMarketer. "Internet Users, US." (February 2022a).

Insider Intelligence/eMarketer. "Internet Users and Penetration Worldwide." (February 2022b).

Insider Intelligence/eMarketer (Ethan Cramer-Flood). "US Time Spent with Media." (June 2022c).

Insider Intelligence/eMarketer. "US Mobile Device Internet Users and Penetration." (February 2022d).

Insider Intelligence/eMarketer. "Digital Shoppers & Buyers, US." (June 2022e).

Insider Intelligence/eMarketer. "Total Media Ad Spending, US." (March 2022f).

Insider Intelligence/eMarketer, Inc. "Digital Ad Spending, US." (March 2022g).

Insider Intelligence/eMarketer. "US Digital Ad Revenues, by Company." (March 2022h).

Insider Intelligence/eMarketer. "US Search Users and Penetration." (February 2022i).

Insider Intelligence/eMarketer (Jessica Lis). "Conversational AI Use Expands." (January 27, 2022j).

Insider Intelligence/eMarketer. "Display Ad Revenue Share, by Company." (March 2022k).

Insider Intelligence/eMarketer (Kelsey Voss). "Elevating B2B Content." (June 17, 2022l).

Insider Intelligence/eMarketer (Evelyn Mitchell). "US Programmatic Digital Display Spending 2022." (February 2022m).

Insider Intelligence/eMarketer. "Consumer Attitudes

Toward Digital Advertising and Ad Blocking Usage." (April 5, 2022n).

Insider Intelligence/eMarketer. "Affiliate Marketing 2022." (September 2022o).

Insider Intelligence/eMarketer. "US Social Network Ad Spending." (March 2022p).

Insider Intelligence/eMarketer. "US Mobile Ad Spending." (March 2022q).

Insider Intelligence/eMarketer. "US Share of Average Time Spent per Day with Media." (April 2022r).

Insider Intelligence/eMarketer (Victoria Petrock). "US Generation Z Technology and Media Use." (November 15, 2021a).

Insider Intelligence/eMarketer (Debra Aho Williamson). "Digital Trust in Social Commerce." (December 14, 2021b).

Insider Intelligence/eMarketer. "Native Ad Spending, US." (December 2021c).

Iyengar, Raghuram, S. Han, and S. Gupta. "Do Friends Influence Purchases in a Social Network?" Harvard Business School. Working Paper 09–123. Hbs.edu (2009).

Juniper Research. "Digital Advertising Spend Lost to Fraud to Reach $68 Billion Globally in 2022." Juniperresearch.com (February 21, 2022).

Kibo Commerce. "Q1 2022: Ecommerce Quarterly Benchmarks." Kibocommerce.com (June 2020).

Knauer, Lexie. "Revised MRC Viewability Guidelines: Everything You Need to Know." Brightcove.com (accessed July 29, 2022).

Kotler, Philip, and Gary Armstrong. *Principles of Marketing*, 13th ed. Upper Saddle River, NJ: Prentice Hall (2009).

Mobasher, Bamshad. "Data Mining for Web Personalization." Center for Web Intelligence, School of Computer Science, Telecommunication, and Information Systems, DePaul University, Chicago, Illinois (2007).

Mohanadasan, Suganthan. "Visual Search Guide: Who Uses It, Benefits, and Optimization." Semrush.com (April 2, 2020).

Montti, Roger. "Massive CTR Study Reveals Actionable Insights." Searchenginejournal.com (November 11, 2021).

Moz.com. "Google Algorithm Update History." (accessed July 29, 2022).

Pew Research Center (Andrew Perrin). "Mobile Technology and Home Broadband 2021." Pewresearch.org (June 3, 2021).

Rayport, J. F., and J. J. Sviokla. "Exploiting the Virtual Value Chain." *Harvard Business Review* (November–December 1995).

Salesforce.com. "The Salesforce Shopping Index: Q1 2022." Salesforce.com (accessed August 1, 2022).

Samant, Medha, and Valerie Steinbrugge. "From Vendor to In-House: How eBay Reimagined Its Analytics Landscape." Tech.ebayinc.com (May 10, 2021).

Schultz, Ray. "The Contrary Consumer: Average Person Wants Both Privacy AND Personalization." Mediapost.com (August 1, 2022).

Shvachko, Konstantin, Chen Liang, and Simbarashe Dzinamarira. "The Exabyte Club: LinkedIn's Journey of Scaling the Hadoop Distributed File System." Engineering.linkedin.com (May 27, 2021).

Sinha, Indrajit. "Cost Transparency: The Net's Real Threat to Prices and Brands." *Harvard Business Review* (March–April 2000).

Sirohi, Aastha. "What Is Retargeting: How to Remarket to Website Visitors." Constantcontact.com (January 14, 2022).

Statista Research Department. "Spam: Share of Global Email Traffic 2014–2021." Statista.com (July 27, 2022).

Vail, Christina. "'Digitally Influenced Sales'—The Phrase that Unlocks More Buy-in and Budget for Ecommerce Leaders." Profitero.com (July 20, 2021).

ViSenze. "New Research from ViSenze Finds Almost 90% of Shoppers Are More Likely to Purchase Products if They Are Visually Shoppable on Smartphones." Visenze.com (April 26, 2020).

Wigand, R. T., and R. I. Benjamin. "Electronic Commerce: Effects on Electronic Markets." *Journal of Computer Mediated Communication* (December 1995).

Wise, Jason. "How Many Google Searches per Minute in 2022." Earthweb.com (July 28, 2022).

社交媒体营销、移动营销和本土化营销

学习目标

- 理解传统网络营销和社交媒体 – 移动 – 本土化营销的区别，以及社交媒体营销、移动营销和本土化营销之间的关系。
- 理解社交媒体营销的过程：从粉丝获取到成功销售商品，再到 Facebook、Instagram、TikTok、Twitter、Pinterest 等社交媒体营销平台的营销能力。
- 识别移动营销的关键要素。
- 理解基于位置的本土化营销的能力。

开篇案例：营销——# BookTok，# WeddingTok，# crumblreview

像 TikTok 这样的社交媒体平台为公司提供了大量的机会，包括与消费者互动、对产品进行宣传、把握发展动向、发现意见领袖、建立品牌形象、响应消费者请求和建议，以及发展日益增长的网络直销业务。社交媒体聆听（social listening）有助于公司和营销人员更好地了解消费者对新产品或改良产品的喜好、不满、投诉，及其对品牌的评论。

TikTok 是中国字节跳动公司旗下的一款短视频分享类应用。TikTok 也是增长最快的社交媒体网络之一，目前拥有 9500 万美国用户，是仅次于 Facebook 和 Instagram 的第三大社交媒体网络，尤其深受儿童、青少年和青年人的欢迎，超过 45% 的美国用户年龄在 25 岁以下。

哈希标签是指出现在 "#" 号之后的单词、数字、短语和 / 或表情符号，可用于对社交媒体的评论进行分类和追踪。哈希标签可用在大多数社交媒体网络平台的社交帖子、评论和简介中，已经成为社交媒体营销和社交媒体聆听的重要组成部分，尤其是 TikTok。虽然哈希标签最初的功能是组织内容，但现在也被用来传播营销信息。哈希标签可以帮助社交媒体营销人员触达利基受众并建立社区。

例如，尽管阅读并不是 Z 世代和千禧一代群体的典型行为，但 #BookTok 社区的成员主体却是十几岁和二十几岁的女性。截至 2022 年 9 月 #BookTok 的浏览量已经超过 750 亿。#BookTok 会员经常录制记录读书过程的视频，或是对刚刚阅读的内容进行反馈。#BookTok 对图书行业产生了重要影响，有些书籍尽管是多年前出版的，但是通过视频曝光也可能使销售量激增。例如，Marilyn Miller 的 *The Song of Achilles* 于 2012 年首次出版，在 2021 年 8 月名为 "那些让你哭泣的书籍" 的 TikTok 视频中亮相后，其销售额增长了 9 倍，超过了该书首次出版时的销售额。该视频的创作者 Selene Velez 在 TikTok 上的名字为 @moongirlreads，拥有超过 22 万粉丝，她的视频已经得到了出版商的赞助。

开始的时候大部分 #BookTok 视频都是自发制作的，但随着图书出版行业逐渐意识到该渠道的重要性，出版社也纷纷加入了 #BookTok 视频制作的行列。例如，Barnes & Noble 书店设有 #BookTok 专区。从 2020 年底开始，Book of the Month 与 #BookTok 知名主播合作，并于 2021 年制定了正式的 #BookTok 主播规划。起初，Book of the Month 为主播提供详细的指导，但很快发现这样制约了主播创造力的发挥。于是 Book of the Month 让主播自由创作视频，主播的视频观看量迅速增加。负责 Book of the Month 的媒体和主播营销的经理 Samantha Boures 指出，#BookTok 主播的视频能有效增加图书的销售量和官方抖音号的订阅量。据 BookScan 统计，2021 年 #BookTok 抖音号纸质图书销售量为 2000 万册。

作为另一个对网络营销产生变革性影响的 TikTok 社区，#WeddingTok 抖音号的视频播放量已经超过 29 亿次。大多数情况下，千禧一代在筹备婚礼时，不再咨询杂志、婚礼博览会、网站或博客等传统媒介，而是转向 TikTok 寻找婚礼设计灵感。这一现象引起了婚礼行业的一些知名品牌的关注。美国婚纱零售商先驱 David's Bridal 与数字广告平台 KERV Interactive、数字代理合作伙伴 January Digital 合作，在 TikTok 上创建了可订购的婚礼相关产品，消费者可以直接在 TikTok App 上查看并购买。该活动的点击率达到了平均基准的 2 倍，不到 2 个月播放量就超过了 1600 万次。

然而，使用 TikTok 等社交媒体网络进行品牌营销也有缺陷。Crumbl Cookies（以下简称 Crumbl）的经验堪称教科书，Crumbl 通过 TikTok 营销获得了巨大的成功，成为美国最受欢迎的烘焙连锁店之一。Crumbl 于 2017 年由两名前犹他州立大学的学生创立，Crumbl 跻身于竞争激烈的高端饼干市场，但其最知名的产品是限量版饼干。Crumbl 每周推出 4 种新口味的饼干，当该品牌的草莓吐司馅饼干的帖子在 TikTok 上疯传，且播放量超过 200 万次时，Crumbl 品牌在 TikTok 彻底火了。此后，Crumbl 短短 6 周就吸引了 160 万 TikTok 粉丝。主播们纷纷使用"#crumblreview"标签并发表饼干评论。虽然 Crumbl 并不给视频创作者提供赞助或报酬，但会在 Crumbl 实体门店展示视频创作者的评论，以此作为对最忠实的 TikTok 视频创作者的回馈。目前，Crumbl 的 #crumblcookies 账号拥有 580 万粉丝并积攒了 5940 万个赞。但是 Crumbl 最近在社交媒体上遭到了谴责，一位主播拍摄了一段 Crumbl 门店送货的视频，视频中指出 Crumbl 有一些"需要解释的地方"，该视频的播放量超过了 670 万次。另一位主播发布了一段店内放置 Betty Crocker 混合物的视频，该视频的播放量迅速超过了 500 万次，评论者表示对 Crumbl 很失望并对其售价很担忧。Crumbl 的 TikTok 粉丝群体可能会从支持者转而变成反对者。

社交媒体网络的另一个缺陷是对能否保持品牌的良好声誉的担忧。例如，病毒性的"TikTok 挑战"视频是 TikTok 的特色之一，但是一些挑战却造成了严重的品牌损害或品牌死亡。有些品牌虽然只是参与挑战，并没有提供挑战赞助，也同样受到了牵连。比如"Sleepy 鸡 /NyQuil 鸡"挑战，这个挑战是用 NyQuil 催眠咳嗽糖浆烹饪鸡肉，风险系数极高。后来 NyQuil 的视频主播不得不发布声明，告诫消费者不要以这种方式使用其产品。TikTok 的内容审查政策也遭到谴责，因此 TikTok 同意支付 9200 万美元以了结一桩联邦集体诉讼案，该诉讼内容是控诉 TikTok 未能有效地保护消费者的生物隐私和个人数据。此外，TikTok 还因对未成年用户的数据保护不力而被各种监管机构罚款。

TikTok 试图通过成立品牌安全中心来解决品牌安全问题，TikTok 提供了多种解决方案，以确保平台的品牌广告旁边的视频内容与品牌广告内容相关。TikTok 还提出了一系列倡议，如年龄隐私保护和安全设置、促进善意传播、打击霸凌，并推出了遏制虚假信息传播的工具，从而保障 TikTok 社区的安全。虽然以上解决方案和工具是否真正有效还有待考证，但是，仍然有许多品牌通过 TikTok 社交媒体网络，获得了与 Z 世代和千禧一代群体零距离接触的机会，它们似乎愿意冒这个风险。

开篇案例介绍了企业如何利用 TikTok 等社交媒体网络与消费者进行互动，以及如何开展营销活动。由于大多数消费者用移动设备参与社交媒体网络互动，因此社交媒体营销与移动营销密不可分。而本土化营销也与移动营销相关，因为移动设备使得营销人员能更精准地定位用户的位置。

本章将深入探讨社交媒体营销、移动营销和本土化营销的方方面面。首先，简要介绍社交媒体营销、移动营销和本土化营销，并探讨三者之间的联系。其次，重点介绍社交媒体营销，不仅探讨社交媒体营销的过程以及如何评价社交媒体营销的效果，而且重点介绍各大社交媒体网络平台、其特色功能和社交媒体营销工具。本章还探讨了社交媒体营销相关的其他问题。再次，研究移动营销，首先进行总体介绍，然后介绍移动营销的特征和工具。最后，介绍本土化营销，特别强调基于位置的（本地的）移动营销。

7.1 社交媒体营销、移动营销和本土化营销概述

社交媒体营销、移动营销和本土化营销已经改变了网络营销的格局。在 2007 年之前，Facebook 是一家只面向大学生的新兴公司，此时 Apple 还没有推出 iPhone 手机。网络营销的主要渠道是创建企业网站，公司可以在 Yahoo 购买展示广告位，在 Google 购买 AdWords，还可以发送 E-mail。网络营销的核心是向数百万消费者推送品牌展示广告，虽然消费者可能不会对广告立即做出回应、咨询或观看，但是展示广告是网络营销活动成功的关键。评价网络营销活动成功与否的标准是网站吸引了多少"眼球"（独立访问者），以及网络营销活动产生了多少"曝光"，一次曝光是指向一个消费者展示一则广告。这两个指标都源自传统电视广告，即通过受众规模和广告浏览次数来衡量营销的效果。

7.1.1 从眼球到对话

2007 年之后，一切开始发生变化：Facebook 和其他社交媒体网络增长迅速，iPhone 手机的销售量呈爆炸性增长，企业对本土化营销的兴趣日益浓厚。社交媒体营销、移动营销、本土化营销与传统广告的不同之处在于"对话"和"参与"的概念。而今，营销已经是企业把自身作为能与消费者、潜在消费者、批评者多次进行网络"对话"的合作伙伴。企业的品牌此时此刻可能就是互联网或社交媒体讨论的话题（这就是"对话"）。现在，要开展营销活动和品牌宣传，企业需要进行定位、识别并参与这些对话。社交媒体营销意味着一切社交活动：聆听、讨论、互动、共情和参与。与其向你的目标受众发送花哨、有声的广告，不如与他们对话并让他们参与到你的品牌宣传中。网络营销的关注点已从"眼球"转变为参与面向消费者的对话。从这个意义上讲，社交媒体营销不仅仅是另一个"广告渠道"，而是一系列与购物者沟通的技术工具。

过去，企业可以严密控制品牌营销信息，引导消费者按照一系列流程进行购买。但在社交媒体营销中，情况并非如此。消费者的购买决策越来越多地受到其社交媒体网络对话、选择、偏好和评论的影响。社交媒体营销就是企业参与和塑造这一社交过程的一切活动。

7.1.2 从台式电脑到智能手机和平板电脑

2016 年，移动营销支出首次超过了台式电脑 / 笔记本电脑营销支出。图 7.1 展示了 2014 年至 2026 年间广告支出的变化轨迹。2014 年，企业的网络广告支出中约有 64% 用于台式电脑营销，只有 36% 用于移动营销。到 2018 年，这个比例几乎完全颠倒，64% 的广告

支出用于移动营销，只有32%用于台式电脑/笔记本电脑营销。营销资金追随消费者和购物者从台式电脑转向移动设备，最近又转向了联网电视。预计到2022年，移动广告支出将达到约1700亿美元，到2026年将达到约2500亿美元。社交媒体网络广告支出也增长迅速，与移动广告在早期的增长速度持平，增长率超过了30%。预计到2022年，社交媒体网络广告支出将达到约750亿美元。尽管其增长率不如移动或社交广告那么明显，但本地网络广告也越来越受到重视。预计到2022年，广告商将在本地网络广告上花费约790亿美元（见图7.2）。

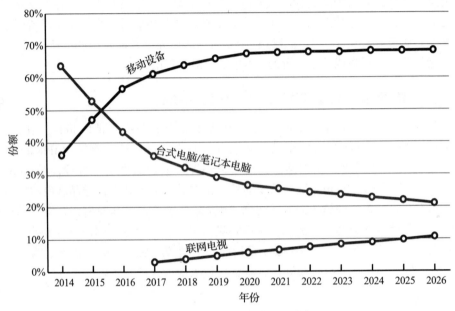

图 7.1　网络广告支出的快速变化轨迹

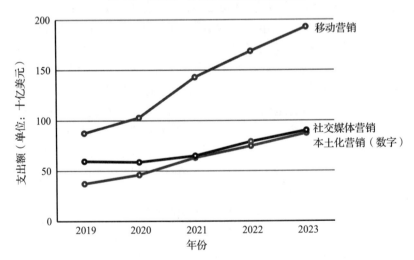

图 7.2　社交媒体营销、移动营销和本土化营销的广告支出（2019～2023年）

7.1.3　社交媒体营销、移动营销和本土化营销术语

社交媒体营销、移动营销和本土化营销是相互支持和相互联系的。大多数社交媒体营销发生在移动平台上，这也是多数消费者访问社交媒体网络的常用方式。例如，2022年93%

的 Twitter 美国用户使用移动设备访问 Twitter，其中 55% 只用移动设备访问 Twitter。Twitter 广告收入的绝大部分（超过 95%）来自移动广告。同样，约 95% 的 Facebook 美国用户通过移动设备访问 Facebook，其中超过 2/3 仅使用移动设备访问 Facebook。Meta（Facebook 和 Instagram 的母公司）在美国的广告收入中超过 97% 来自其移动目标受众。

本土化营销和移动营销密切相关：本地广告商通常会对移动设备进行定位，而且大部分的移动广告收入来自本地广告商。随着移动设备的广泛使用，消费者用移动设备能方便地找到本地商家，商家也向附近的消费者提供特别的优惠。社交媒体营销、移动营销和本土化营销之间的紧密联系，对公司管理其营销活动也具有重要意义。紧密联系的重要性体现在公司进行社交媒体营销活动策划时，必须考虑消费者会使用移动设备访问并参与活动，通常也会搜索本地内容。社交－移动－本土化营销活动必须在同一个综合的营销框架中进行策划。图 7.3 将社交－移动－本土化营销形式的广告在同一营销体系中同时呈现。随着时间的推移，社交－移动－本土化广告的关系将更加紧密，三个平台的耦合性将越来越强。

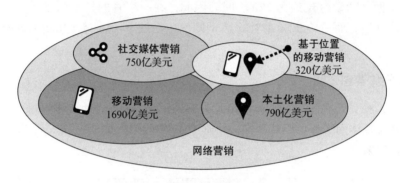

图 7.3　网络营销平台

接下来的部分将详细地讨论社交媒体营销、移动营销和本土化营销。重点介绍每种平台的主要营销工具，并探讨如何策划和管理每种平台的营销活动。

7.2　社交媒体营销

社交媒体营销与传统网络营销有明显的区别。传统网络营销的目标是让尽可能多的消费者看到公司的信息，吸引其访问公司网站并购买产品和服务，或了解更多信息，获得更多的"曝光"（广告展示次数），吸引更多的独立访客。传统网络营销从未想过与消费者进行对话，也未想过与消费者进行互动，就像电视广告商从未想过听取观众的反馈一样。

社交媒体营销的目标是吸引潜在消费者，使其成为公司的粉丝，并与公司进行互动。公司进一步的目标是激发粉丝的分享欲，这样就能形成一个网络粉丝社区。公司的最终目标是强化品牌并促进销售，公司只要增加"网络对话中的参与度"，就能实现最终目标。

7.2.1　社交媒体营销的参与者

在美国和全球范围内有数百个社交媒体网站，但最受欢迎的几大社交媒体网站（Facebook、Instagram、TikTok、Twitter、Pinterest、Snapchat 和 LinkedIn）占据了超过了 90% 的市场份额。

虽然每月独立访客数量是评价市场覆盖范围的有效指标，但它不能体现用户参与度（用户参与的程度和强度）。用户参与度可以用社交媒体网站的访问时长进行衡量。总体而言，社交媒体网站用户每天在所有社交媒体网站的访问时长约为 1 小时 40 分钟。在所有的社交网站中 TikTok 的访问量是最多的，美国成年人平均每天访问 TikTok 的时间约为 45 分钟，每月累计的访问时长超过 22 小时（Insider Intelligence/eMarketer，2022c）。

对于负责社交媒体营销活动的经理而言，这些数据表明，如果要触达目标受众并参与其互动，那么开始社交媒体营销活动的首选社交网站是 TikTok。然而，其他社交媒体网络的访问者也占据一定的社交媒体市场份额，并且在社交媒体营销中发挥重要的作用。因此公司在策划社交媒体营销活动的时候也必须考虑这个群体。社交媒体网络用户通常使用多个社交媒体网络，TikTok 用户同时可能也是 Instagram 和 Snapchat 的用户，还可能是 Facebook、Twitter 和 Pinterest 的用户。此外，营销人员还需要关注**暗社交**的概念，暗社交指的是在主流社交媒体网络之外使用替代性通信工具进行社交媒体分享的形式，例如个人对话、小组会议、朋友交流，当然也包括电子邮件、即时消息、短信和移动消息应用。虽然 2022 年预计美国成年人群体在所有社交媒体网络上的平均访问时长约为 60 小时，但是每人每月的累计社交媒体网络活动时长约为 720 小时。因此，在一个月的社交活动中，只有约 8% 发生在社交媒体网络，而另外 92% 的社交活动则发生在线下（Insider Intelligence/eMarketer，2022c）。

7.2.2　社交媒体营销过程

乍看起来，种类繁多的社交媒体网络让人感到困惑，每个平台都提供独特的用户体验。然而，所有社交媒体网络都可以放到同一个框架系统中。图 7.4 展示了一个包括所有社交媒体营销的综合框架。

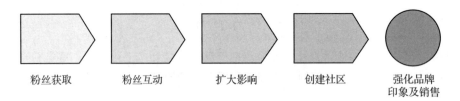

图 7.4　社交媒体营销过程

社交媒体营销过程包括 5 个基本步骤：粉丝获取、粉丝互动、扩大影响、创建社区、强化品牌印象及销售。对每个步骤都可以进行监测。社交媒体营销的目标和监测指标与传统网络营销或电视广告完全不同，这也是社交媒体营销的独特之处。

社交媒体营销活动始于**粉丝获取**，这包括使用各种方式吸引消费者关注公司的 Facebook 页面、Instagram 账号、Twitter 动态、Pinterest 画板或其他平台的账号。这是让你的品牌在社交信息流中"出现"的过程。社交媒体网络上的展示广告具有社交特性（有时称为"带有社交功能的展示广告"或简称为"社交媒体广告"）。社交媒体广告鼓励访问者参与互动、参与比赛、领取优惠券或与朋友分享获得的免费服务等社交活动。

第二步是**粉丝互动**，这包括通过各种营销手段鼓励消费者参与公司的内容和品牌互动。可以说这一步是围绕公司的品牌"展开对话"。公司希望粉丝以公司发布的内容和产品为主题展开对话，公司可以通过发布吸引人的照片和有趣的文本内容来激发互动，让消费者有大量机会发表评论。公司通常会借助**意见领袖**来激发粉丝互动，意见领袖在社交媒体上拥有忠实的粉丝，在粉丝眼中意见领袖是值得信赖的专家或名人，在这种情况下很容易激发互动。而今，**意见领袖营销**已成为社交媒体营销的渠道之一，公司可以利用粉丝对意见领袖的信任来提高品牌知名度并增加与粉丝的互动，将意见领袖的推荐和产品最终转化为消费者的购买。预计 2022 年，公司意见领袖营销的总支出将达到 50 亿美元，并且预计到 2024 年该数据将增加到 70 多亿美元。超过 90% 的 B2C 营销人员与意见领袖合作，目的是建立品牌知名度和可信度。Instagram 是意见领袖营销支出最多的平台，占据总支出的近 45%。但是，对 TikTok 意见领袖的支出正在迅速增长，2022 年营销人员在 TikTok 意见领袖上的支出几乎是 2021 年的两倍（Insider Intelligence/eMarketer，2022d）。

在吸引足够多的粉丝参与互动后，公司可以利用社交媒体网络的功能鼓励消费者通过点赞、分享帖子或向 Twitter 粉丝发送消息，大规模地扩大公司营销的影响，**扩大影响**也正是社交媒体网络的特有优势。在 Facebook 上，每个用户平均有 120 个"朋友"。该群体既包括平台用户加过的所有好友，当然也包括他们并非真正认识的人（互不相识）。大多数人通常只有 3～4 个可以讨论私密话题的真正亲密的朋友，真正亲密的好友之间有大约 20 个共同好友，他们之间可以互发信息。公司可以把 20 作为营销目标受众的共同好友的合理数量。对于营销人员来说，这意味着每吸引一个追随者或粉丝，当该粉丝与朋友分享营销信息时，营销信息的曝光量可以放大 20 倍——营销信息触达 1 个粉丝的同时也触达了该粉丝的 20 个好友。最重要的是，粉丝的好友是免费的。营销公司只需要负担吸引初始粉丝的费用，并且在社交媒体网络上进行的营销信息的扩散也是免费的。

一旦吸引了足够多的忠实粉丝，公司就成功地实现了**创建社区**，社区是相对稳定的粉丝群体，成员之间可以进行长期的互动和交流（几个月或更长）。营销人员可以采取多种策略来管理粉丝社区，包括提供新产品的预售信息、为忠实粉丝提供购买优惠和为新粉丝提供免费礼品。营销的最终目标是提高公司在网络对话中的参与度，该过程以强化品牌印象以及增加产品或服务的销售量而告终。**品牌印象**可以通过多种在线和离线方式进行测量，本书对此不做研究（Ailawadi et al., 2003; Aaker, 1996; Simon and Sullivan, 1993; Keller, 1993）。

最终，营销的目的是推动销售量的增加。研究用哪些指标评价社交媒体营销活动对品牌印象和销售量的影响，仍然是营销人员、社交媒体网络管理者和研究人员的课题。总体而言，他们取得了一些较好的研究成果：社交媒体营销活动推动了销售量的增长。大多数顶级社交媒体网络平台，包括 Facebook、Instagram、TikTok 和 Pinterest，都添加了社交商务功能，如购买按钮和其他购物功能，这使得社交媒体营销活动的营销目标更容易达成并促成了购买。

7.2.3　对社交媒体营销效果的评价

表 7.1 概括了评估社交媒体营销活动时使用的基本指标，并把图 7.4 中解释的社交媒体营销过程的五个步骤整合到同一个组织架构中。

尽管社交媒体营销的最终目标是推动销售量的增加（通常发生在公司网站），但了解影响销售量的社交媒体营销要素及如何改进这些要素非常重要。

表 7.1　对社交媒体营销效果的评价

社交媒体营销步骤	评价指标
粉丝获取（印象）	粉丝 / 关注者月增长数量
	帖子或内容的阅读数
	阅读者中成为粉丝 / 关注者的百分比
	对粉丝 / 关注者的印象比率

（续）

社交媒体营销步骤	评价指标
粉丝互动（互动比率）	响应品牌内容的用户数
	品牌内容的发帖、评论和回复的数量
	品牌内容的浏览量
	每个访问者点赞的数量
	访问者在品牌页面停留的平均时长（持续时间）
	每个帖子或其他内容获赞的比例（响应率）
扩大影响（触达）	点赞、分享或转发到其他网站的比例（粉丝分享内容的比例）
创建社区	营销内容的月互动比率
	所有粉丝月平均在线分钟数
	好评与差评的比率
强化品牌印象及销售	新增潜在客户数量（内容或新闻页用户注册数量）
	访问者/博主比率：访问者成为博主的数量在访问者中所占比例
	访客/潜在客户率：与其他营销活动产生的潜在客户数量相比，成为潜在客户的访客数量
	网络销售额的百分比（或收入）：由社交媒体网络购买链接产生的，与由其他平台（如电子邮件、搜索引擎和展示广告）产生的网络销售额相比的百分比
	社交媒体网络来源客户购买的百分比：与其他客户来源的转化率相比的百分比
	粉丝/关注者的好友的转化率

　　基本上所有社交媒体营销都是从平台吸引到一定数量的粉丝（或关注者）开始的，如果公司发布的内容博得了消费者的喜爱，他们就会变成公司的粉丝。在早期的社交媒体营销中，公司非常关注粉丝量和点赞数。但是，随着社交媒体营销经理的工作逐渐复杂化，这些指标的重要性降低了。粉丝参与公司内容和品牌的互动是公司开展社交媒体活动的第一步，这比曝光量和粉丝数量更重要。没有粉丝参与互动的社交媒体营销是没有价值的。粉丝参与指的是粉丝如何参与社交媒体营销内容互动、互动强度及互动频率。公司需要关注参与度高的社交媒体营销内容（视频、文本、照片或粉丝发布的帖子），这也非常重要。

　　利用粉丝在社交媒体网络中传播公司营销信息的能力，也是社交媒体营销的核心。通过监测粉丝把公司营销内容推荐给好友的频率，以及有多少好友将营销内容进一步分享给其好友，可扩大触达范围。

　　评价社交媒体网络社区强度和评价离线社区强度并没有太大的区别。在这两种情境中，公司都在尝试追踪社区中每个人的活动踪迹。在公司的粉丝中，有多少人积极参与社区互动？在1个月内产生实际购买的粉丝人数是多少？每月粉丝参与互动的时间是多少分钟？粉丝的好评率是多少？

　　社交媒体营销活动产生的销售量指标更能直接反映社交媒体营销的效果。首先，统计公司在社交平台上的销售量占公司总销售量的百分比。公司能方便地从社交媒体网络平台获取公司网站的访问数量，以及访问转化的销售量。另外，公司还可以比较粉丝的购买率（转化率）与非粉丝的购买率。更重要的是，你可以将社交媒体网络转化率与不同营销渠道（如电子邮件、展示广告和博客）的访客转化率进行比较。

　　虽然社交媒体营销只出现了短短10年的时间，但是社交媒体营销的发展已经进入了第二代。如今，社交媒体营销的重心已经超越了收集点赞的初级阶段，其重心已经转化为建立高质量内容，培养稳定的、高度参与的粉丝和好友社群，并最终将粉丝社群转化为购买者社群。意见领袖营销的出现让营销态势呈现出新的复杂性，缺乏一个标准化的系统来对意见领袖营销活动的效果进行评价，这也干扰了营销人员对投资回报能力的判断。2022 年 7 月，美国广告商协会（Association of National Advertisers，ANA）推出了行业的第一个指南，作为评价意见领袖营销的参考。该指南涵盖了粉丝认知（总覆盖范围、每覆盖成本、总视频浏览量和总印象）、粉丝参与（每参与成本、活动参与情绪、参与率）和粉丝转化（总流量生成、总转化、每转化成本、总销售额和投资回报）等多方面的指标（ANA，2022）。

很多社交媒体分析工具都能提供关于社交媒体营销活动的有价值的数据。社交媒体管理系统 Hoot Suite 的会员能通过一个仪表板对多个网络的营销活动进行跨平台管理，同时提供个性化统计数据报告。主流的数据分析供应商，如 Google Analytics、Webtrends 和 IBM Digital Analytics，也提供社交媒体营销报告模块。下面的技术洞察案例将帮助我们深入了解一家组织如何通过提供各种分析工具来帮助客户更好地理解社交媒体营销。此外，各个社交媒体平台都内置了分析工具，使营销人员能够衡量营销活动的成效。例如，Meta 的商业管理平台允许企业管理其 Facebook 和 Instagram 商业账户，并提供关于受众、内容表现和趋势的详细洞察。Twitter 提供的工具包括一个仪表板，可实时显示曝光量、转发量、点击量、回复量、关注量以及粉丝数等信息。Pinterest 则提供内置的网络分析服务，让企业能够了解用户如何与网站上的帖子进行互动。

技术洞察：用 Sprout Social 优化社交媒体营销

如今，几乎所有的公司都在社交平台开展营销活动并发布广告，这样可以提高利润并改善与客户的关系。随着社交媒体在商务领域和文化领域的不断发展，为了满足公司对社交媒体营销的不断增长的需求，围绕社交媒体的生态系统涌现出许多公司。社交媒体分析工具是其中增长最快的领域之一，公司运用社交媒体分析工具可以追踪和监测社交媒体账户的营销效果，并获得关于如何优化社交媒体营销的建议。Sprout Social 在这个新兴领域是市场主导者。

Sprout Social 成立于 2010 年，总部位于伊利诺伊州芝加哥，从一家初创公司迅速发展成为一家上市公司，拥有近 900 名员工、遍布 100 多个国家的超过 31 000 个客户和 1.88 亿美元的收入（2021 年）。Sprout Social 的快速发展与社交媒体平台的增长趋势相似。渴望利用新兴社交媒体的营销人员往往缺乏必要的工具来了解营销策略的有效性，Sprout Social 致力于给出这些需求对应的解决方案。

Sprout 通过基于云的应用向客户提供一系列核心服务，用户可以在单个界面中管理多个社交媒体网络平台的资料。Sprout 最常用的功能是社交媒体营销套件工具，营销人员可借助分析工具轻松创建、安排和发布内容，确保内容在每天最有效的时间段发布，并获得最优厚的投资回报。使用社交媒体参与工具，营销人员可以一次性查看所有主流社交媒体网络平台的消息和通知。使用社交客户服务工具，营销人员可以与个人客户取得单独联系，同时营销人员还可以把营销信息分享给其团队成员，团队成员能回答并解决客户提出的问题。借助社交媒体报告生成和分析工具，营销人员可生成对社交媒体战略各个子战略的评估报告。借助社交媒体监听和智能商务工具，营销人员能够监视社交媒体平台对其品牌的评论。Sprout 还提供一个名为 Bambu 的工具，经理通过中心平台向员工发送营销内容，然后员工可以在社交媒体网络分享该内容，Landscape 工具可以自动调整图像大小以适应不同的社交媒体平台。

Sprout 为不同类型的客户提供高度定制的产品。首先，Sprout 为不同类型的企业提供不同的产品，包括中小型企业、大型企业客户和营销机构。Sprout 还针对不愿意一次性管理多个社交媒体账户的客户，提供了专注于特定社交媒体网络的单独的产品套件。最后，Sprout 还提供了多个不同费用的策划，从每月 89 美元的标准策划到每月 149 美元的专业策划，再到每月 249 美元的高端先进策划。Sprout 的工具与其他标准的社交媒体营销工具完全集成，包括 Google Analytics、Zendesk 客户服务软件、UserVoice 客户参与工具和 Bitly 链接缩短和自定义服务。Sprout 还与所有主流社交网络（包括 Facebook、Instagram、TikTok、Twitter、Pinterest 和 LinkedIn）保持着官方合作伙伴关系。无论公司的社交媒体营销需求是什么，Sprout Social 都会提供相应的解决方案。

Atlanta Hawks 篮球队（以下简称 Hawks）是使用 Sprout Social 的知名品牌。Hawks 希望吸引新的社交媒体受众，因此借助 Sprout Social 社交媒体平台。该队依靠 Sprout Social 的标记功能，获取关于不同类型、主题和活动的内容营销效果的详细情况。Sprout Social 的报告生成工具使 Hawks 的社交媒体团队能够快速识别受众偏好。利用受众的偏好，Hawks 可以评估不同类型内容的营销效果，使其能发布更有针对性的营销内容。Sprout Social 的 A/B 测试功能使 Hawks 通过尝试不同的方法，从而找出最有效的方法。例如，Hawks 最近尝试了一些与专业社交媒体视频不同的休闲社交媒体视频，Hawks 惊讶地发现休闲视频的营销效果更好。该队还利用 Sprout Social 的社交媒体聆听工具，更全面地了解大型活动（如队服发布活动）的情况。例如，当该队发布 Martin Luther King 青少年城市版队服时，他们发现队服发布活动的积极情感反馈竟然高达 99%。总之，Hawks 通过使用 Sprout Social 平台，2021 年 12 月至 2022 年 2 月的视频观看量增长超过 125%，而且 Facebook 同期受众增长 170%。

Allegiant Air（以下简称 Allegiant）是另一个受益于 Sprout Social 的公司。Allegiant 是一家总部位于拉斯维加斯的航空公司，以其低成本和单点服务而著称。在社交媒体上的访问便捷性是其客户关注并参与策略的关键部分，这使 Allegiant 能够及时响应客户反馈、有利于保留客户并建立品牌忠诚度。大约 15% 的搜索客户通过社交媒体渠道访问 Allegiant 官网。2020 年 Allegiant 开始使用 Sprout Social，借助其应对疫情造成的业务中断。Sprout 的 Smart Inbox 工具使 Allegiant 能够处理激增的大量消息，还使得 Allegiant 能大幅增加其跨平台（特别是 Facebook 和 Instagram）回复的消息数量。在客服代理的数量保持不变的情况下，与 2019 年第 3 季度相比，2021 年第 3 季度回复的消息数量增加了 77%。Sprout 还是塑造品牌忠诚度必不可少的工具——识别在社交媒体上分享好评体验的客户。在 Allegiant，创建及分享用户生成内容的过程已经变得更加顺畅，这其中涉及内容营销和客户关系团队的协作。

正确使用社交媒体可能并非易事，借助 Sprout Social 和其他社交媒体平台的营销分析服务，企业能有效规避风险，充分释放社交媒体的营销潜力。

7.2.4 Facebook 营销

这本书的大多数读者都有 Facebook 账号，有些人是"高级"用户，每天在 Facebook 上花费数小时，有些是"中级"用户，拥有数千个"好友"，还有一些是"初级"用户，只有 20 个左右的好友。尽管大多数用户对 Facebook 有一些了解，但是仍然有必要回顾一下 Facebook 作为营销平台的一些重要功能。

表 7.2 中列出的许多功能鼓励用户公开个人信息，包括用户的活动、行为、照片、音乐、电影、购物和偏好，这使得 Facebook 成为互联网上最大的个人行为隐私信息存储库。Facebook 对其用户信息的掌握程度远远超过 Google 对其用户信息的掌握程度。其次，Facebook 的主要功能是扩大人们之间的连接范围，连接形式包括发通知、贴标签、发消息、发帖子和分享。在多数情况下，个人信息的传播非常广泛，导致用户和外部观察者难以理解。这两个因素在很大程度上增加了 Facebook 用户的社交密度。**社交密度**指群体成员之间的互动次数，反映群体的"联系"程度，包括用户被迫进行互动而发生的联系。例如，一些自然群体的人不太擅长"社交"，成员之间的互动次数很少。另外一些自然群体则擅长"社交"，成员之间的互动消息很多。Facebook 的个人信息和丰富的社交媒体网络存储库的覆盖范围、存储密度和存储深度为我们提供了宝贵的营销机会。然而，Facebook 的社交媒体营销功能受到了 Apple 的 App Tracking Transparency（ATT）项目的负面影响，因为有些用户选择退出被追踪应用，ATT 使得 Facebook 在获取平台外行为数据时受到了限制。

表 7.2 Facebook 的营销工具

特点	描述
个人资料	作为账户创建过程的一部分，你可以创建包含特定个人信息的资料。该资料包括照片和其他媒体信息。建立与朋友分享的基本信息
时间轴	你在 Facebook 上的历史行为记录，包括照片、帖子、News Feed 的评论、发布的生活事件，以及他人可见的部分个人资料。你在时间轴上添加的内容可能会出现在你朋友的 News Feed 中，这样可以与好友建立连接
标记	用朋友的名字标记照片、状态更新、签到或评论。标记能链接到朋友的时间轴和 News Feed 中。你的朋友将会收到被标记的通知，相应地，你也会链接到朋友的时间轴。你朋友的朋友也可能收到通知。每当脸书检测到新图片中的人，所有给照片贴标签的人都会收到通知，这个朋友会出现在你链接的新照片中。设计标记的目的是在用户之间创建额外的连接
Feed	News Feed 是一个来自朋友和你喜欢的 Facebook 主页的不断更新的内容列表。在 News Feed 中展示的广告是 Facebook 的主要广告收入来源。News Feed 内容包括状态更新、照片、视频、链接、应用程序活动和点赞。提供来自朋友和广告商的持续的消息流
群组	Facebook 群组为有共同兴趣的人提供了一个平台，他们彼此分享内容。任何 Facebook 用户都可以创建和管理群组。群组可以是公开的或私密的（只能通过邀请加入），或者是秘密的（无法被搜索到）
响应按钮	除了熟悉的"赞"按钮外，用户现在还可以通过其他方式响应，如"爱心""笑脸""惊讶""悲伤"和"愤怒"
故事	故事是指照片和视频，仅在 24 小时内可见。支持长达 20 秒的视频，每张照片显示 5 秒
Reels	Reels 是一个供创作者（和品牌）发布短小、有趣的视频的平台。它可以出现在动态、Reels 专栏或 Reels 个人资料中。广告以横幅广告或帖子广告的形式投放。视频广告可以投放在 Reels 视频之间
Facebook Live	一个免费的视频流媒体服务，允许用户通过 Facebook 应用程序在移动设备或台式电脑上向页面、群组等进行直播
Facebook Watch	一个视频点播服务，包括专业制作的原创短片和长片视频、现场游戏节目、新闻节目、互动游戏节目等。为广告客户提供了前置广告和中置广告选项
Messenger	一个即时通信应用程序，每月有超过 13 亿人使用。它提供了各种营销选项，包括来自聊天机器人的赞助消息、收件箱视频和显示广告，以及来自中小型企业的广播消息

Facebook 上的"Reactions"和"Share"按钮，以及其他社交媒体网络上类似的按钮，或许是导致社交媒体营销崛起的最重要的因素。"Like"是社交媒体营销发展的引擎。Like 按钮是 2009 年由 Facebook 在其官方网站推出的，并于 2010 年作为插件推广到其他网站。2016 年，Facebook 添加了五个新按钮（Love、Laughter、Surprise、Sadness 和 Anger）并将 Like 按钮更新为 Reactions。与传统的网络广告不同的是，使用 **Reactions 按钮**的用户可以把他们对浏览内容的看法和感受分享给好友。例如，通过 Like 按钮可以把你喜欢的评论、照片、活动、品牌、文章和产品分享给好友，同时上传到 Facebook 社交图库以及第三方营销商。几乎所有 Facebook 内容模块都附有 Reactions 按钮，包括状态更新、照片、评论、品牌、时间轴、应用程序以及广告。Like 按钮也随处可见，外部网站、移动和社交应用程序以及广告都附有 Like 按钮。这些网站利用 Facebook 的社交插件，当你在 Facebook 之外的网站点赞时，它会出现在你的时间轴上，你的好友可以对此发表评论或与你互动。Like 按钮是 Facebook 了解你在访问哪些其他网站的一种渠道（Zara，2019）。Reactions 按钮提供了更好的营销信息传播渠道。然而，这也可能是一把双刃剑，因为营销人员不能直接管理和控制这些渠道。

Facebook 营销工具

Facebook 提供了许多用于品牌推广和社群发展的营销活动、广告展示的机会以及工具。公司品牌既可以通过有机渠道（免费渠道）也可以通过付费广告在 Facebook 上获得曝光。有机渠道是免费的，当粉丝在其 Feed 中看到品牌的内容更新和帖子时，或者当粉丝点赞、评论或分享帖子使得好友看到营销内容（病毒式传播）时，这些都属于有机渠道。为了确保公司能获得想要的曝光量，大多数公司选择使用 Facebook 的付费广告。

品牌页面。Facebook 品牌营销的早期关注点是发展品牌页面，是公司与现有客户和潜在客户建立直接关系的渠道。几乎所有《财富》杂志 1000 强公司，以及数 10 万小公司，都在 Facebook 品牌页面附有其官方网站的链接。创建品牌页面的目的是为用户提供与品牌互动的机会以吸引品牌的新粉丝。通过社交媒体账号吸引粉丝参与互动，如"在 Facebook 上关注账号"和"分享"，公司的品牌页面可以改变公司的孤立状态，更容易进入用户的社交媒体网络，好友也可以在社交媒体网络上查看信息。2015 年，Facebook 推出了品牌页面"商店"选项卡，展示待售产品和服务，将 Facebook 进一步推向社交电子商务的领域，品牌页面还有参与互动和社群建设功能。

社交品牌页面的粉丝可以点赞和评论，因此比传统网页有更多的社交机会。然而，随着时间的推移，公司官网也有了很多的社交特性，因此公司官网和 Facebook 品牌页面的营销功能目前经常难以区分。不同之处是，Facebook 的品牌页面吸引的访客比公司官网更多。

Facebook 群组。许多品牌创建 Facebook 品牌群组，Facebook 品牌群组为品牌提供互动平台和互动工具，用于创建现有客户和潜在客户间的活跃的互动社区。品牌群组为社交媒体聆听提供了一个沟通枢纽，品牌群组的优势在于创造了一个让客户成为品牌宣传者的空间。品牌群组可以设置为公开属性，也可设置为私密属性。例如，Tonal 是一家提供家庭力量训练服务的健身公司，该公司创建了一个私密属性的"官方"Facebook 群组，激励客户参与互动。该品牌群组的会员已经到超过 44 000 名。Tonal 透露，该品牌群组在收集会员反馈和建立品牌忠诚度方面发挥了重要作用（Meta，2022）。

Facebook 广告。Facebook 广告为企业提供多种不同的营销目标选项，例如建立品牌知名度、提高公司官网点击量、激励消费者参与公司网站互动、促使消费者安装公司应用程序、促使消费者使用公司应用程序、发放购物优惠券以及促使消费者点击视频广告。

确定营销目标之后，公司的下一项任务是确定针对哪些群体进行广告定位。Facebook广告可以基于位置、年龄、兴趣、性别、教育水平、关系状态和政治观点进行定位，也可以基于营销人员自定义的目标群体进行定位。Facebook还可以根据与营销人员确定的自定义目标群体共享的人口统计数据，创建所谓的相似受众群体。2018 年，在 Cambridge Analytica公司丑闻爆发后，Facebook 推出了一项目标群体定位认证工具，要求营销人员保证用于广告定位的电子邮件地址是经过消费者同意后获得的。据报道，Facebook 正在开发使用更少用户数据进行定位的广告定位工具。

确定了营销目标和受众之后，公司的下一项任务是确定广告类型以及广告放置的位置。Facebook 广告通常包括照片和 / 或视频，视频广告已经成为 Facebook 广告策略中日益重要的一部分。因为视频广告价格较高，因此带来的收入也比较多。但是，视频广告也是有风险的，其中的一个风险是视频广告会静音自动播放，这要求广告商对视频进行调整以适应这种媒体播放形式。另一个风险是评价指标问题。Facebook 承认，它曾高估了视频广告的平均观看时长，可能高达 60%～80%，因为评价标准只包括视频广告播放时长超过 3 秒的广告。Facebook 同意接受媒体评级委员会的定期审计，该委员会是认证广告指标的行业团体，并向独立的第三方评价公司提供更详细的数据，例如广告的可视化数量、广告在屏幕上出现的时长以及广告是否是有声播放的。照片和视频也可以整合成轮播格式，在单个广告中，品牌可以展示多达 10 张图片或视频，每张都可以附带单独的链接，幻灯片广告是一种类似于视频的广告，包括动画、声音和文本。

视频广告可以放置在 Feed 中，也可以放置在 Facebook 页面的侧边栏中，还可以放在Stories、Reels 以及 Messenger 中。视频广告还可以放置在 Facebook Watch 或应用程序中。Feed 是首选的视频广告放置位置，Feed 是 Facebook 用户活动的枢纽，用户会在这里停留很长的时间，因为他们好友的帖子会出现在这里。视频广告与所有好友帖子和状态更新都会出现在会员的 Feed 中。有的广告有微小的标签，表示它们是赞助的，但除此之外，它们与好友的帖子非常相似。有的广告具有社交背景，并且可以像帖子一样被点赞、分享和评论。广告还可以包含文本、照片、视频和链接，它们可以用于之前提到的多个营销目标，例如增加品牌参与度，增加品牌 Facebook 页面的点赞，以及鼓励消费者安装应用程序和增加应用程序互动。广告商还可以启用各种消费者互动按钮，例如"立即购买"按钮，公司需要付费来推广或增加广告以扩大广告的覆盖范围。这项功能变得越来越重要，原因是，Facebook 为了增加广告收入已经减少了品牌之前免费享有的有机覆盖范围。

右侧边栏广告通常引导用户访问 Facebook 以外的内容，可以链接到公司官网登录页面或营销内容。为了提高广告的性能，Facebook 最近将出现在右侧边栏的广告数量从 7 个减少到 2 个，并扩大了尺寸，使它们与 Feed 中的广告格式保持一致。

Facebook 于 2007 年推出了 Facebook 手机 App，用户也可以使用移动浏览器访问Facebook。预计 2022 年，超过 97% 的 Facebook 广告收入将来自其移动广告平台，这是Facebook 增长最快的收入流。移动广告涵盖之前提到的多种广告格式。专门为移动设备设计的 Facebook 即时体验广告为全屏播放格式，旨在吸引观众的全部注意力。

2016 年，Facebook 开始允许公司在 Messenger 应用上部署聊天机器人，提供自动化的消费者服务和电子商务相关服务，并推出了赞助消息（Sponsored Messages），公司借助赞助消息可以向与之互动过的消费者发送消息。Facebook 还为 Messenger 应用程序设置了"立即购买"按钮，顾客用 Stripe 或 PayPal 在 Messenger 中完成付款及购买，无须切换 Messenger

页面。2017 年，Facebook 在 Messenger 的收件箱中添加了展示广告。2018 年，Facebook 推出了在 Messenger 的收件箱中自动播放的视频广告，以及广播功能，允许小型公司发送文本广告。Facebook 还在 Messenger 收件箱中添加了显示广告，并于 2018 年推出了 Messenger 收件箱内的自动播放视频广告、广播功能，允许小公司发布文本广告。

Facebook 直播。Facebook 于 2016 年推出了免费视频流服务 ——Facebook Live。自那以后，该服务已有超过 85 亿次播放，成为仅次于 YouTube 的第二大流媒体平台（McDermott，2022；Wong，2020）。Facebook Live 可用于直播营销内容，粉丝可以通过评论、点赞和分享等方式与之互动。视频可以保存在品牌的页面上，粉丝可以持续与之互动。

开展 Facebook 营销活动

在开始 Facebook 营销活动之前，你需要回答一些基本的策略问题。尽管每种产品理论上都可以开展社交媒体营销活动，但公司的产品如何开始社交媒体营销？公司的目标受众是谁？如何触达目标受众？过去，实体市场的社交媒体网络是如何促进公司产品销售的？公司能否成为"思想领袖"？确定了目标受众后，什么样的内容会让他们感兴趣？什么样的内容会让他们感到兴奋？公司从哪里能找到这样的内容？营销活动的预算是多少？这将对公司的品牌和销售产生什么影响？此时，公司不需要详细的预算，但应该能估算出营销活动的成本以及预期的销售收入。

如果你对 Facebook 营销还不熟悉，可以从简单的营销活动开始，并根据经验逐步奠定你的粉丝基础。新公司在 Facebook 上的典型营销活动包括以下几个要素：

- 为公司的品牌建立一个 Facebook 页面。内容为王：创建有趣、原创的内容，吸引消费者积极参与。获取粉丝。在公司官网上安装元像素，这将使你能够跟踪、测试、定位和分析 Facebook 广告。
- 使用评论和反馈工具鼓励粉丝参与互动。尽可能鼓励消费者参与内容互动，还可以鼓励博主为公司的页面创建内容。
- 通过视频和富媒体展示买家使用产品的情况，提高品牌参与度。
- 通过比赛和竞赛加深粉丝的参与度。
- 设置一个 Facebook 广告账户（现在是 Meta Business Suite 的一部分）。
- 确定公司的目标受众和营销目标。
- 升级一篇帖子，将常规帖子页面变成广告页面。提升帖子的成本相对较低，可以作为公司的一次营销活动尝试。
- 创建一个 Facebook 广告活动。
- 使用 Facebook 群组，建立一个粉丝社区。试图鼓励粉丝彼此交流，并为你的页面开发新的（免费）内容。

表 7.3 列举了一些 Facebook 营销活动的示例。

表 7.3   部分 Facebook 营销活动

公司	营销活动
Naked Juice	Naked Juice 是一家由百事公司分销的高级果汁和冰沙品牌，营销活动的目的是提高品牌知名度，采用播放时间在 15 秒以内的照片和视频广告，并加入了大文本叠加，使得消费者在有声音和无声音的环境下都能理解活动内容。每一则广告都包含"了解更多"按钮，链接到 Naked Juice 网站上的"Where to Buy"页面。广告投放在用户的动态中。该活动将品牌知名度提升了 3.7 个百分点，使消费者对品牌的积极情感提升了 3.2 个百分点

（续）

公司	营销活动
Really Good Stuff	Really Good Stuff 是一家提供各种教师用品的电子商务品牌，营销活动的目的是提高品牌知名度及其 Wishing Well 计划的知名度，该计划允许教师创建所需物品的心愿清单，任何人都可以选择捐赠。使用了一个三阶段的广告策略，其中包括各种格式的视频和照片广告，如轮播格式。目标是在教师中提升品牌知名度，鼓励教师注册其 Wishing Well 计划并创建心愿清单，并鼓励家长捐赠。它利用了 Facebook 的自定义受众功能和活动预算优化，实时自动将预算分配到表现最佳的广告组。该活动导致购买意向增加 12 个百分点，活动知名度增加 7.2 个百分点，广告记忆率增加 15 个百分点
HP	HP 是一家生产和销售打印机、个人电脑、显示器以及面向消费者和企业的 IT 解决方案及服务的公司，希望提高品牌知名度、购买意向和 HP Spectre 笔记本电脑的销售量。使用包含投票等交互元素的广告。当用户点击其中一个投票选项时，弹出窗口同时显示选择相同选项的其他人的百分比，并鼓励用户向上滑动以打开"了解更多"按钮，该按钮链接到 HP Spectre 的产品页面。广告显示在动态和故事中，并显示对科技和科技产品感兴趣的美国成年人。该活动使得广告记忆率提高了 12 个百分点，购买意向提高了 3 个百分点

7.2.5　Instagram 营销

Instagram 是一个视觉社交媒体网络：消费者和广告商发布照片和视频给好友、潜在消费者以及广大公众。它是一个移动 App，但由于它也是 Meta（Facebook 的母公司）的一部分，因此 Instagram 的内容可以轻松地分享到 Facebook。截至 2022 年，Instagram 全球用户超过 12.5 亿，拥有超过 2 亿的公司档案。Instagram 的用户中有近 60% 的年龄在 35 岁以下，增长最快的人群是 35 岁以上的群体。预计 2022 年 Instagram 在美国的广告收入将近 300 亿美元（Insider Intelligence/eMarketer，2022e）。

表 7.4 介绍了 Instagram 的特色功能，这些功能在 Instagram 作为营销平台时非常重要。与其他社交媒体网络一样，用户创建个人档案。Instagram 也有一个 Feed，提供好友或广告商发布的照片和视频的列表（最长 15 秒）。利用 Instagram Direct 功能，用户可以向特定的人发送照片和视频。使用 Explore 功能，用户可以搜索公开档案和照片。Instagram 还有一个名为 Layout 的令人印象深刻的照片编辑套件。

表 7.4　Instagram 的营销工具

工具	简介
档案	创建账户时，你会创建包含特定个人信息的档案。其中包括你发布的照片和视频的历史记录，其他人可以在你的档案中看到
Feed	持续更新的帖子列表，包括你在 Instagram 上关注的好友和品牌发布的照片和视频。在 Feed 中投放的广告是 Instagram 的主要广告收入来源。Feed 帖子可以通过包含产品标签来进行购物，让人们在不离开 Instagram 网站的情况下浏览、探索和购买
Stories	最初是从 Snapchat 复制过来的功能。包括视频、图片、贴纸、图形以及各种形式的互动，如投票和测验，这些内容只在 24 小时内可见。支持长达 20 秒的视频，每张照片显示 5 秒。超过 5 亿人每天使用该功能。该功能的亮点是可以保存在个人资料页面的顶部
Instagram 直播	Stories 功能的一部分
Instagram 视频	结合了 IGTV 和长形式的动态视频。包含除 Reels 以外的所有视频内容
Reels	供创作者（和品牌）发布短小、有趣视频的平台。可以出现在动态、Reels 专栏或 Reels 个人资料中。广告以横幅广告或帖子广告的形式投放。视频广告可以投放在 Reels 视频之间
标记 / 标记标签	可以使用朋友的名字对照片进行标记。标记会链接到朋友的账户和动态。你的朋友会收到通知，告知他们已被标记。标记的目的是创建用户之间的额外连接。被标记选项卡显示其他用户标记你的所有帖子

（续）

工具	简介
标签	由 # 符号引导的由字母、数字和 / 或表情组成的组合，用于对内容进行分类并使其更易被发现。任何点击 Instagram 标签或进行 Instagram 标签搜索的人都会看到一个页面，显示所有使用该标签标记的帖子。可以用于建立社群、扩展受众和获得更多曝光
滤镜	提供 40 种不同的照片滤镜，使品牌可以为其照片创建不同的外观和感觉。还提供增强现实（AR）滤镜
Instagram Direct	内部消息传递，允许品牌与一个或多个人私人交换文本、照片、帖子和故事，从而加强客户关系并通过个人联系增加销售量

Instagram 营销工具

与 Facebook 类似，Instagram 的广告商也有品牌档案，并通过向消费者的 Feed 发送帖子开展营销活动。Instagram 广告活动包括展示广告和高品质视频广告，类似于印刷杂志广告。Carousel 广告可以在单个广告中使用多张静态照片或视频。广告可以附加广告商的官网链接，还可以设置购买按钮。Instagram 还提供了一种付费广告产品，名为 Instagram Stories。Instagram Stories 通常包括一系列图像和 / 或视频，有时会用图形和表情符号进行注释，并在 24 小时后消失。Instagram Stories 是主流品牌最热衷的方式，主流品牌会定期将 Stories 纳入其 Instagram 营销工作。意见领袖营销是 Instagram 的另一种重要营销方法。

开展 Instagram 营销活动

在开始 Instagram 营销活动之前，你应该回答开展 Facebook 营销活动时需要解决的所有基本策略问题。在完成这些工作之后，以下是典型 Instagram 营销活动中的一些基本步骤和要素。

- 首先要设置免费的 Instagram 公司档案。尽快完成公司实名认证，这有助于与潜在消费者建立信任。选择高质量的照片，并在档案的简介链接中加入行动号召。确保简介能以吸引消费者的方式介绍的公司品牌。
- 尝试 Instagram 广告。你可以使用 Instagram 的 Boost Post 功能，将任意 Instagram 帖子转化为广告。
- 要启动完整的 Instagram 广告营销活动，需要将 Instagram 账户连接到 Meta Business Suite，这样你可以从多个营销目标中进行选择，如提升品牌知名度、获得更多网站访问者或购买者、获取更多潜在消费者等。对于首次营销活动，有一个自动化广告选项。选择此选项后，Instagram 会尝试在尽可能低的预算内获得最佳效果，并在了解你的目标受众的反应后自动调整定位和竞价策略。在对 Instagram 活动策划积累更多经验后，公司还可以选择其他定位选项。
- 创建广告。Instagram 根据公司选择的营销目标提供有助于创建营销活动过程的提示。通常，营销广告包括照片、视频、Stories、Reels 等整合的信息，如果公司在网上销售产品，还包括产品目录和购物广告。
- 设置预算和持续时间。Instagram 将提供预期效果，如预估触达率和点击量。
- 与意见领袖合作，扩大公司的影响力。

表 7.5 提供了一些 Instagram 营销活动的例子。

表 7.5 Instagram 部分营销活动

公司	营销活动
La Mer	La Mer 是一家奢侈护肤品牌，营销活动的目的是提高品牌与海洋保护的关联度（品牌的主要成分之一是海藻）。在世界海洋日，他们创建了一则广告，介绍了与 GreenWave 合作的情况。GreenWave 是一家致力于开发再生海带养殖技术的非营利组织，使用 Meta 的沉浸式体验形式，并加入了 Learn Move 和 Dive Deeper 按钮，观众可以直接从广告页面捐款。公司将广告展示给美国成年人，对美容和持续使用产品感兴趣的成年受众定制群体，以及与其最近的顶级客户和复购客户特征相似的"相似受众"。广告在 Feed 和 Stories 中发布，使用了广告活动预算优化。还使用了 Instagram 直播筹款活动。通过该活动，消费者在海洋保护方面的评分提升了 1.4 个百分点，广告回忆提升了 10.8 个百分点，着陆页访问量增加了 3 倍
Silk	Silk 是一家生产植物性食品产品的公司，希望提高其重新命名的燕麦奶产品 Silk Oats 的知名度。他们使用了一则交互式增强现实广告，允许观众自己尝试滤镜。广告邀请了多位网红，并且以品牌和非品牌内容的形式，由网红的账户和 Silk 的账户发布。广告展示给美国成年人以及植物性和无乳制品爱好者的定制受众群体。该活动导致品牌知名度提升了 2.3 个百分点，广告回忆提升了 9.2 个百分点
Plantin	Plantin 是一个园艺 App，帮助人们识别植物和植物疾病，并照顾他们的花园。Plantin 团队使用 Instagram 的 Reels 来鼓励潜在用户下载 App 并订阅免费试用。与标准的 Instagram 广告活动相比，Reels 广告使试用订阅的成本降低为原来的 1/3，每 1000 次观看的成本降低了 26%，每次安装的成本降低了 31%

7.2.6 TikTok 营销

TikTok 成立于 2017 年，是较新的社交媒体网络之一，是字节跳动公司旗下的短视频分享应用，已经拥有超过 8 亿的月活用户，其中美国用户大约占 9500 万。用户可以"混剪"其他会员的视频，还可以使用应用提供的一系列编辑工具、滤镜及其他效果，加上自己的创意。算法分析每个用户的观看习惯，然后基于活动记录提供相关的定制内容。TikTok 的用户年龄比其他社交媒体网站要年轻得多。在美国，超过 40% 的用户年龄在 12 至 24 岁之间。TikTok 提供多种广告格式，包括：类似用户生成内容的信息流视频；品牌接管，应用启动时出现的一种沉浸式全屏广告，包括一个淡入信息流视频版本的广告；品牌镜头（类似于 Snapchat 的镜头）；话题挑战，包括一个可购买版本。许多大品牌已开始使用 TikTok，包括 Walmart、National Football League、Ralph Lauren、Macy's、Kroger 和 Chipotle。

表 7.6 介绍了使用 TikTok 作为营销平台时的各种重要特性。

表 7.6 TikTok 的营销工具

工具	简介
档案	用户账户，包括可链接到网站的简介
For You Page 和算法	TikTok 的 For You Page 附带一个算法，该算法会为每个用户定制个性化的内容推荐。该算法基于用户对视频的点赞和分享、关注的账户、发表的评论、创建的内容、完成的视频以及用户收藏的视频。该算法是某些视频能够"走红"的重要影响因素
标记	用于标记其他账户，如意见领袖和内容创作者。当用户生成内容被转发时，会对原始创作者进行标记并增加其信用
标签	由 # 符号引导的由字母、数字和 / 或表情组成的组合，用于对内容进行分类并使其更易被发现。任何点击 TikTok 标签或进行 TikTok 标签搜索的人都会看到一个页面，显示所有使用该标签标记的帖子。可以用来建立社群、扩展受众和获得更多的曝光
滤镜和效果	TikTok 提供传统滤镜，可以改变视频和照片的色调。提供多种交互式效果，如绿幕滤镜效果，使创作者能添加自定义背景。还新增了新的增强现实效果
Stich 和 Duet	TikTok 的功能，使用户能够与视频进行交互。Stich 允许用户剪切和编辑其他人的视频，并将其纳入自己的内容中。Duet 是一种编辑格式，使用户能够以分屏格式整合两个视频

TikTok 营销工具

TikTok 首次推广广告是通过引导生成广告，允许广告商通过定制消息从潜在客户那里收集信息。TikTok 后来扩展了广告选项，提供大多数与其他社交媒体网络平台相同的广告格式。信息流广告包括图片广告、视频广告和火花广告（提升已经发布的内容）。还有轮播广告和 Pangle 广告（在第三方应用中运行，仅在美国等特定国家提供）。其他品牌广告格式包括 TopView 广告（首次打开应用时播放，不能跳过）、品牌话题挑战（与品牌连接的可操作话题标签）和品牌效果广告，如贴纸和滤镜。2022 年 3 月，TikTok 开始与选定合作伙伴一起测试搜索广告。这些广告带有赞助标签，出现在搜索列表页的"其他搜索"上方。

开展 TikTok 营销活动

TikTok 与 Facebook、Instagram 或 Twitter 迥然不同，它有许多独特之处，如 TikTok 算法，以及独特的会员人口信息统计（大多数用户年龄在 30 岁以下）和行为。尽管 TikTok 有多种广告类型可供选择，但 TikTok 上的营销主要是由意见领袖和病毒式视频传播驱动。开展 TikTok 营销活动包括以下步骤：

- 创建档案。
- 开始创建和发布视频内容，需要特别注意标签、滤镜和效果。
- 与内容创作者和意见领袖合作。
- 定期评论，并鼓励消费者对公司的帖子进行评论。
- 启动有机话题挑战，包括社交媒体竞赛，以鼓励消费者参与。
- 敢于尝试一些新型的 TikTok 广告格式，如信息流广告，对于大型公司，还有品牌接管、TopView 广告和品牌话题挑战。

表 7.7 提供了一些 TikTok 营销活动的例子。

表 7.7　TikTok 的部分营销活动

公司	营销活动
PepsiCo	饮料分销商 PepsiCo 希望在推出 Nitro Pepsi 软饮料（注入氮气的苏打水）时，能刺激消费者产生兴奋并提高产品认知度。PepsiCo 决定采用品牌标签挑战，即 #SmoothLikeNitro Pepsi。为了赢得挑战，PepsiCo 与 The Elements 合作，后者是 TikTok 音频合作伙伴，共同创作了一首原创的 15 秒歌曲作为活动的官方主题曲。这首歌包含了关键的产品元素，如开启饮料瓶、向杯中倒入软饮料和起泡的音效。为了增加消费者参与度，PepsiCo 使用了多种类型的 TikTok 广告，包括 TopView 和信息流广告，鼓励用户访问挑战和音乐页面。PepsiCo 还与知名的意见领袖合作，开展了挑战活动。该活动在两周时间内产生了超过 34 亿的视频浏览量，消费者触达范围接近 1 亿，创作了超过 220 万个视频，并有超过 100 万的创作者加入
RayBan	太阳镜品牌 RayBan 使用品牌标签挑战 #RayBanElevatorDance 来最大程度地提高品牌认知度、触达范围和参与度，为了增强挑战，RayBan 与多位意见领袖合作，激励社区参与挑战。该活动产生了 153 亿次浏览，TikTok 用户创作了超过 320 万个视频
Motorola	移动设备制造商 Motorola 希望提高其新款 Edge+ 手机的知名度，并使用了标签 #FindYourEdge。该活动采用了多种的 TikTok 广告形式，包括 TopView 广告，提供全屏、有声视频接管广告，展示了一个 18 岁的高中生和创作者如何使用 Edge+ 拍摄 TikTok 视频并完成学校作业。#FindYourEdge 标签挑战通过 TopFeed 广告进行推广，使 Motorola 能通过每个应用程序打开时的第一张广告位触达科技爱好者受众。Motorola 通过使用其他 TikTok 工具优化官网 Moto.com 的点击效果，从而提高官网性能。该活动增加了广告回应率和品牌知名度，带来了强劲的品牌提升并提供了优质的网站访问量。标签挑战活动产生了 25 亿次视频浏览，而 TopView 广告在一天内提供了 1.9 亿次曝光，触达了超过 5700 万人

7.2.7　Twitter 营销

Twitter 最初是一种基于 140 个字符文本消息的社交媒体网络。如今，用户可以发送和接收 280 个字符的消息，还可以发布新闻文章、照片和视频。截至 2022 年 6 月，Twitter 全球日活跃用户约为 2.3 亿。2021 年，Twitter 在全球的收入约为 45.6 亿美元，几乎全部来自用户时间线（推文流）中出现的广告。关于 Twitter 的更多信息，请参阅第 2 章章末的案例研究。

　　Twitter 为广告商和营销人员提供了实时、一对一互动和直接接触客户的机会。广告商可以购买看起来像是来自好友的有机推文的广告，这些广告可以与新产品发布或价格变动等营销事件相结合，从而增强效果。

　　尽管大多数人都知道什么是推文，但 Twitter 为营销人员提供了许多其他的沟通方式。实际上，Twitter 引入了一整套 Twitter 平台定制的新词汇。表 7.8 描述了用于营销的最常见的 Twitter 功能。

表 7.8　Twitter 的营销工具

工具	简介
推文	推文是一种可以包含最多 280 个字符的文本消息。消息可以是私人的（发送给单个人，或者一对一）、公开的（发送给所有人，一对多）或者发送给一群丝
粉丝	你可以关注别人的 Twitter 账号，成为其粉丝，并在该用户发布推文时立即收到提醒。其他人也可以关注你的 Twitter 账号，成为你的粉丝
私信	私信（Direct Message，DM）就是只有你和收件人能看到的与私人电子邮件类似的私人信息
标签	Twitter 是第一个使用标签的社交媒体网络，它将 Twitter 上的话题分类为特定主题。点击一个标签时，你会被引导至该话题的搜索结果页面
提及	公开的推文，包含另一个用户的名字，形式为"@用户名"。你可以点击提及并链接到该用户的个人资料。作为一个公开推文，你的粉丝也会收到提醒
时刻选项卡	Twitter 上精选的正在发生的热点事件
回复	使用回复按钮对推文进行公开回应。回复会出现在你的时间线上，同时也会出现在你回应的用户的时间线上
时间线	时间线在 Twitter 主页上按照时间顺序列出你收到的推文，最新的排在最前面。在时间线上点击一篇推文时，它会展开，显示视频和照片。将鼠标悬停在推文上，可以回复、转推或标记为喜欢（这将传递给你的粉丝）
推特列表	只包含你所选择账户的相关内容的自定义时间线
转推	将一个推文发送给你的所有粉丝
话题	Twitter 设置，允许你从话题列表中进行选择，然后关注你感兴趣的内容的动态趋势
推特空间	允许你与其他用户进行现场音频对话的功能
链接	推特有一个链接缩短功能，在粘贴任何链接的 URL 时，它会自动缩短链接

Twitter 营销工具

　　Twitter 有多种营销产品，并且在不断推出新产品。目前的主要 Twitter 营销工具包括以下几种。

　　推广广告。推广广告有多种形式。广告商通过支付广告费用，使推文（文本广告）出现在用户的时间线、个人资料和搜索结果中。在轮播广告中，广告商可以使用多达 6 张图片或视频，在同一个广告位展示，而且用户能滑动切换。采用时刻广告的广告商可以推广一系列精选的品牌推文，从而讲述更长的品牌故事并提供更多情境。采用图片广告的广告商可以用单张照片展示产品或服务。视频广告的播放时间长达 2 分 20 秒，但是选定的广告商的视频广告播放时间可以长达 10 分钟。视频广告收入是 Twitter 广告收入增长最快的部分，已经占到 Twitter 广告收入的近 2/3。

定价通常采用"每次点击成本"的方式，这一价格基于 Twitter 广告平台上运行的拍卖机制，每次拍卖的价格范围可能在 0.25 到 2 美元之间。采用推广广告的广告商不仅可以进行地理定位，还能进行关键词定位，这样，广告商就能够根据用户最近推文中的关键词或互动过的推文向特定用户发送推文。

粉丝广告。广告商支付费用，在" Who to Follow "列表中向可能对账户感兴趣的消费者推荐公司品牌账号，这是 Twitter 首页上的账户推荐引擎。粉丝广告（以前称为推广账户）可以按兴趣、地理位置和性别进行定位，按获得的新粉丝计费，价格平均约为每位粉丝 2 到 4 美元。

Twitter 接管广告。广告商支付费用，把公司的话题标签移至用户的时间线（时间线接管）或趋势列表（趋势接管 / 趋势接管 +）的顶部。这些产品分别提供时间线和趋势列表 24 小时的高覆盖面接管，平均成本约为每天 20 万美元。

品牌通知。采用这种广告形式的广告商能通过发送定时触发、自动 @ 相关推文与用户进行一对一的对话，这些推文定向发送给同意接收它们的用户。计划通知有三种形式——计划的、订阅的和即时的，并且还包括之前提及的所有推广广告格式。通知可以用来反复与粉丝取得联系，强调重要日期（如新产品发布），并与品牌最感兴趣的客户建立个性化的联系，实现大规模对话。

Twitter 放大计划。采用 Twitter 放大计划的营销人员可在优质视频内容之前或播放期间展示公司视频广告。放大计划的赞助商可以选定单一视频发布商并直接与之联系。

Twitter 卡片。营销人员可以在推文中嵌入一个"卡片"。当用户点击推文时，会出现一个促销优惠，要求用户注册促销活动。Twitter 卡片与展示广告不同，因为卡片只限于有意愿增加新潜在消费者的公司使用。Twitter 卡片总是附带促销优惠，如第二杯咖啡半价优惠。整个过程只需要一次按键就可完成。Twitter 自动记录用户的电子邮件和 Twitter 账户名称，并发送给营销人员，然后他们可以通过推文或电子邮件进行后续跟进。

Twitter 直播。营销人员可以使用 Twitter 的直播功能，还可以策划广播产品发布、会议及其他事件。

移动设备营销。由于超过 90% 的 Twitter 用户通过移动设备访问 Twitter，所有之前提到的营销工具同时也是移动广告工具。此外，Twitter 还提供移动应用安装和应用互动广告。移动设备营销是 Twitter 重要的驱动业务之一，也是其大部分收入的来源。

开展 Twitter 营销活动

如果你是 Twitter 营销的新手，那就用经验作为指导从简单的营销活动入手了解需要做哪些必要的工作。典型的 Twitter 营销活动包括以下元素：

- 建立一个 Twitter 账户。关注感兴趣的其他用户或想参与的话题讨论，即 #< 话题 >。刚开始不要对粉丝的数量有太高的预期。随着关注的其他账号越来越多，公司账户的可见度会越来越高，好友会回推或转发有趣的内容。然后用新账户转发你认为群体会感兴趣的内容，并逐步引导粉丝参与持续对话。
- 试着推广广告。Twitter 有一个非常好的网络广告工具，可以帮助公司定义广告、确定目标群体、了解成本。公司可以从一个地区或一座大城市的广告推广开始，尝试不同的形式。当有人点击推文的时候，公司才需要为推广广告支付费用，所以你需要让这些点击有价值。这些广告可以引导用户访问公司的官网，并提供优惠券或折扣。

- 尝试粉丝广告。这种形式的广告相对便宜，可以采用粉丝广告推广公司的账户，提高知名度并吸引新的粉丝。
- Twitter 的广告接管非常昂贵（大约每天 20 万美元）。在预算允许的条件下，如果广大消费者对公司的话题有浓厚的兴趣，公司可以尝试一下该工具，也可以使用地理位置定位。
- Twitter 卡片比较适合中小企业。如果公司在本地销售产品或服务（从比萨到文具），公司可以制定促销优惠，并创建一个指向企业地理位置的 Twitter 卡片。

表 7.9 介绍了一些 Twitter 营销活动案例。

表 7.9　Twitter 的部分营销活动

公司	营销活动
Comcast	为了推广其各种网络安全解决方案，互联网服务供应商 Comcast 致力于鼓励小型企业访问其 Security Edge 网页。为此，Comcast 使用了推广广告，将该网页的特色推文推送给相关受众，以节约成本。该活动增加了网站访问量，并使得 Comcast 的网站访问成本降低了 78%
Dune	当电影《沙丘》即将首映时，该电影的制片方与 Twitter 合作，在 @TwitterMovies Trend 上进行了为期一周的接管活动。在首映周，该电影全球累积推文量超过 700 000 条，约有 403 000 名推文作者参与其中
Oreo Cookies	Oreo Cookies 利用人们对星座的兴趣（每年约有 6000 万条关于此主题的推文），发送了一个品牌通知，鼓励人们申请获得其 "Oreo" 星座。通过喜欢 Oreo Cookies 的推文，粉丝会收到一个基于时间触发的自动回复。利用 Twitter 的 AI 技术，扫描用户的个人资料，根据这些信息，Oreo Cookies 为每个参与的用户创建了一个独一无二的 # Oreo 星座。该活动的参与度比标准活动高出 28 倍，Oreo 互动的参与者数量是标准活动的两倍

7.2.8　Pinterest 营销

Pinterest 为用户提供了一个网络模板，用户可以在上面 "贴" 有趣的图片。Pinterest 的成功在一定程度上是基于消费者行为的转变，这种转变通过新技术得以实现：人们开始用图片而不是文字来评论品牌。大量用户使用图片在 Pinterest 和 Instagram 上分享生活。可以将 Pinterest 看作一个高度互动的网络杂志。当然，不同之处在于，Pinterest 的所有照片都是由用户（包括商业公司）提供的。Pinterest 的模板分类非常广泛，从礼物、动物、艺术、汽车和摩托车到手工艺品、食物以及男女时尚。用户可以将对应内容粘贴到这些模板上，创建自己的板块，并关注其他公司的账号和板块。公司还可以创建自己的品牌板块和产品引导。

截至 2022 年第二季度末，Pinterest 全球月活跃用户超过 4.3 亿。Pinterest 的访问者绝大多数是女性（超过 60%），但男性是增长最快的人群。其用户年龄跨度很大，从祖父母辈到青少年都有，其中千禧一代是最大的单一群体。

在 Pinterest 上进行营销时需要了解 Pinterest 的基本特征和功能。表 7.10 介绍了各种 Pinterest 功能在营销中的用途。

表 7.10　Pinterest 的营销工具

工具	简介
图钉	用于将内容发布到 Pinterest 板上。图钉包括几种类型，如标准图钉（照片）、视频图钉（短视频）、产品图钉（可以购买的物品，包括价格和可用的元数据以及指向零售商网站产品页面的链接）和创意图钉（在 Pinterest 上原创的多页面显示视频、图片、文本和列表）

（续）

工具	简介
画板	用户组织发布图钉的在线留言板
动态主页	用户以滚动格式发现与其品味和兴趣相关的图钉。用户可以在传统动态和全屏、自动播放创意图钉的沉浸式动态之间进行选择。这两种类型都由机器学习推荐并提供支持
转采	将其他用户的照片转贴到自己的画板上，并与好友分享
标签和关键词	在图钉介绍中使用标签（例如，#汽车、#跑车），使用用户在搜索特定内容时可能搜索的关键词
分享	通过 Facebook、Twitter 和电子邮件与朋友分享发布的照片
搜索	支持用户通过搜索框查找图钉、画板、创作者和品牌的功能。搜索结果可以在"探索"选项卡上查看，其中包括个性化的相关图钉；或在"商店"选项卡上查看，其中包括相关的产品图钉。另一种搜索方法是任意点击服务图钉以了解更多关于创意或图像的信息。当这样的行为发生时，Pinterest 会在点击的图像下方提供视觉相似的图钉
Pinterest 镜头	一款视觉搜索应用程序，允许用户将他们的智能手机摄像头对准物品，然后点击查看相关的图像或创意
Pinterest 附加小工具和按钮	附加小工具和按钮使用户可以轻松地从你的网站获得固定的图像

Pinterest 营销工具

Pinterest 首次进入营销领域是通过向品牌提供额外资源的公司账户。如今，Pinterest 依然提供品牌页面以及多种付费推广的广告形式。付费的广告形式包括：标准广告，以简单的长方形或正方形图片来展示产品和内容；轮播广告，用户在单个广告中可以滑动浏览多张图片或视频；视频广告，提供标准尺寸和最大宽度尺寸格式的视频广告；购物广告，要求广告商上传产品目录到 Pinterest；混合广告，广告商用它以混合形式进行产品展示，可以把生活方式的图像和视频整合到营销广告中。Pinterest 还提供搜索广告。搜索广告产品包括关键词活动，类似于 Google 上的关键词广告活动和购物活动，广告商的产品目录自动与关联的关键词的广告匹配。Pinterest 还开始利用其视觉搜索引擎进行广告宣传，通过基于用户的有机搜索结果与广告中的产品之间的视觉相似性提供广告。创意图钉是一种新形式，创作者和品牌在单个图钉中可以展示多达 20 页的视频、图片和文字。Pinterest 还继续提供富图钉，这是目前免费的一种"有机"形式，公司可以嵌入信息，如当前价格和可用性，还可以直接链接到产品页面。富图钉有三种类型：产品图钉、文章图钉和食谱图钉。产品图钉包括实时定价、可用性和购买商品的链接。文章图钉包含标题、作者和故事介绍。食谱图钉包括从公司网站保存食谱的详细信息，如标题、份量、烹饪市场和成分列表。

表 7.11 简要介绍了一些零售商的 Pinterest 营销活动。

表 7.11　Pinterest 的部分营销活动

公司	营销活动
Pillsbury Baking	Pillsbury Baking 希望在重要的假期之前接触到家庭烘焙者。Pinterest 用户通常是计划者，因此 Pillsbury Baking 提前在实际假期之前进行季节性营销活动，以吸引这些用户的注意力。每月有超过 1400 万美国人在 Pinterest 上搜索烘焙创意，这是 Pillsbury Baking 营销的关键受众。Pillsbury Baking 在 Pinterest 上采用兴趣和关键词定位，提供以食谱为重点的内容，并将 90% 的预算投入具有本地风格内容的视频中。广告以红色或绿色的"怪物古怪糖果"等不寻常颜色的制作方法为特色。该活动使品牌认知度提高了 5 个百分点，并使用户行动意图提高了 4 个百分点

（续）

公司	营销活动
MVMT	高端手表制造商 MVMT 多年来一直在 Pinterest 上推广男士手表。超过 3500 万 Pinterest 用户参与时尚内容，每周有超过 80% 的时尚用户通过该平台的时尚图钉进行购物。当 MVMT 决定扩大产品线时，MVMT 利用其收集的客户意见，确定热销产品，然后策划了一份新产品目录，并将其上传到 Pinterest 平台的产品源。通过结合客户意见以及使用生活方式图像的购物广告和转化活动，与其自身的内部基准相比，MVMT 的单次获客成本降低为原来的 1/4
IT Cosmetics	IT Cosmetics 提供畅销的肤色修正（CC）霜，并利用 Pinterest 发布搜索广告，在消费者搜索此类美容产品且尚未购买产品之前，能看到该产品的营销信息。该公司希望利用 Pinterest 在客户搜索产品信息阶段提升公司接触新客户的能力，并通过在整个类别中使用关键词来吸引并转化一批新的潜在客户。它将点击率提高了 84%，每次点击成本效率也提高了 57%。它添加了产品的前后对比图像信息和内容，以突出产品的优点

开展 Pinterest 营销活动

在开展 Pinterest 活动之前，先回答几个关于产品和服务的问题，然后为公司的 Pinterest 网站确定营销战略目标。首先，勾勒公司希望通过 Pinterest 网站开展营销活动的愿景。公司是以增强品牌为目的而成立的吗？公司是不知名的新公司，需要开展营销活动吗？公司的产品是视觉化的且能用一系列图片表达吗？大多数产品都有视觉组成部分，有些部分比其他部分更吸引人。若公司的产品照片在平台展示，消费者是否能接受此方式？例如，随着食品杂志和网站的增加，越来越多的食品成为视觉体验。

接下来，关注公司的产品和服务的目标人群，并将其与 Pinterest 的人群进行比较。目前，Pinterest 用户中超过 60% 是女性，尽管这一比例可能随时间而变化，但公司的产品必须吸引女性。你的产品或服务对女性人群有吸引力吗？

审视公司的虚拟市场策略。公司的竞争对手在做什么？它们有 Pinterest 账户吗？它们有公司官网吗？公司竞争对手的粉丝是哪些人，粉丝发布了什么样的帖子？竞争对手有多少粉丝？有多少粉丝重复贴图？有多少品牌页面和产品贴图？如果图片是 Pinterest 平台的核心，那么公司的品牌页面应如何获得？公司的团队成员有资深的摄影师吗？公司可以从网络或其他 Pinterest 板块粘贴图片，但这只是在分享内容，并没有创造独特且新奇的内容。

公司策划 Pinterest 营销活动并制订营销计划之后，就可以开始实施营销计划了。为了实施 Pinterest 营销计划，公司首先应该建立传统官网，在该网站上展示（如同目录一样）并销售公司产品。网站建立好之后，公司就可以开展 Pinterest 营销活动：

- 创建一个 Pinterest 品牌页面。为公司的内容选择合适的形式进行分享，这样可以使消费者更容易搜索到公司的图钉和板块的类似内容。粉丝通常不能在品牌页面贴图，只能关注和评论。这样做是为了控制公司品牌页面的内容。稍后，公司可以添加允许粉丝贴图的群组板块。
- 开始贴出公司产品照片。继续添加更多图钉，并持续定期更新。要保障公司的照片至少与竞争对手的照片质量相同或更好。如有必要，雇佣一位优秀的摄影师。
- 创建多主题的生活方式板块。Pinterest 不仅仅是一个销售平台，它还是一个娱乐和品牌平台。在基于主题的板块上，公司会希望公司之外的其他人也能在主题板块贴图。
- 使用 Pinterest 富图钉。在公司对富图钉有了一些运营经验之后，可以尝试 Pinterest 提供的各种形式的付费广告。
- 在公司的网站上添加 Pinterest 小组件和按钮，鼓励粉丝将公司的营销图片贴到各自的板块，并向好友推荐公司的营销图片。

- 在公司的其他社交媒体网络上推广 Pinterest 账户。
- 社交化。加入对话，关注其他用户和板块，并通过直接消息与喜欢你的图钉或重新对公司进行贴图的粉丝联系，建立群组对话以深化参与度。
- 尝试各种 Pinterest 推广图钉和其他广告形式。

7.2.9   其他社交媒体营销：Snapchat 和 LinkedIn

有许多可用于营销产品和服务的社交媒体平台，Snapchat 和 LinkedIn 是其中较为重要的平台。

Snapchat 是一个移动消息应用 / 社交媒体网络，用户可以聊天并发送图片和视频（快照），这些图片和视频在用户浏览后不久便会消失。Snapchat 给自己的定位是，一种通过多种工具——如根据用户位置定制图像地理过滤器、支持用户以多种方式改变面貌的增强现实的镜头——创造性地捕捉重要时刻并进行通信的方式。Snapchat 最初的目标受众是 25 岁以下的人群，而在 2022 年，千禧一代和 Z 世代用户数约占 Snapchat 美国月活跃用户的 85%，美国月活跃用户数是 8500 万。Snapchat 不仅能选择对其感兴趣的群体作为目标受众，而且激发了广告商的兴趣，因为研究表明它的黏性非常高。

自创建以来，Snapchat 引入了许多广告营销功能，包括：Snapchat 故事，用户同时与所有好友或部分好友分享快照的方式，快照活跃时间是 24 小时；Live 故事，来自世界各地的事件和地点的多个用户快照的汇编，由 Snapchat 编辑成一个活跃 24 小时的 Live 故事；Discover，Snapchat 选择的品牌的独特内容。Snapchat 为广告商提供了多种广告形式，包括 Snap 广告（不超过 10 秒的全屏竖屏视频广告，默认开启音频）、赞助地理过滤器（使用品牌图像和信息的地理过滤器）和赞助镜头（使用品牌图像的镜头）。还有交互式的 Snap 广告（称为带附件的 Snap 广告），会员可以滑动以扩展广告，查看更多视频、文章、网页或应用安装优惠。公司可以按固定费用购买，也可以按每千次展示成本（CPM）付费购买。Snapchat 还引入了许多广告定位功能，增加了第三方广告效果评价合作伙伴，还增加了一个自助式程序化广告购买工具。预计 Snapchat 在 2022 年的广告收入将达到大约 27 亿美元（Insider Intelligence/eMarketer，2022f）。

LinkedIn 虽然平均参与度很低，但仍然吸引了一个教育程度高、专业性强和管理能力强的目标群体，该目标群体在职业和就业方面有较高的投入。LinkedIn 是一个专注于专业网络的社交媒体平台，用户在 LinkedIn 发布简历，潜在雇主寻找新员工。

与其他社交媒体平台一样，用户需要创建个人资料。LinkedIn 的个人资料包括用户的专业背景、学位、就业情况和技能介绍。公司可以创建一个免费的公司简介页面，包括公司 logo、标题图片、部门架构以及多种形式的帖子。公司还可以创建一个页面以突出展示特定的产品或服务，以及一个用于招聘的页面（需要付费）。Feed 功能可以向会员提供同事和好友的帖子列表以及公司的赞助帖子（广告）。展示广告也出现在页面的右侧和底部。广告商可以使用 LinkedIn 的自助广告平台，或者使用 LinkedIn Advertising Partner Solutions 放置广告，后者提供的广告种类和选项比自助广告更多，包括高级展示广告、赞助的 inMail 和鼓励用户关注特定公司或加入特定群组的广告。LinkedIn 还提供了一个名为 LinkedIn Pulse 的发布平台，用户可以发布文章以扩大品牌和引领思想。

LinkedIn 的主要贡献是为专业经理人发展个人品牌，并创建一个雇主可以联系合适岗位候选人的虚拟市场。广告商乐于使用 LinkedIn 进行品牌推广，通常不是为了开展促销活动。

7.2.10　社交媒体营销的缺点

社交媒体营销并非没有缺点。有时社交媒体活动会适得其反。一个问题是，公司无法控制人们如何谈论其品牌，也无法控制广告如何出现在社交媒体网络上的其他内容中。根据算法，在 Facebook 上投放的广告可能会放置在不代表品牌价值观的内容旁边。这不是社交媒体营销特有的，因为 Google 的广告平台也面临同样的问题。然而，这与电视广告非常不同，在电视广告中，品牌几乎完全拥有控制权。在网红营销中，品牌安全也是一个关注点。网红可能会发表与品牌有关或无关的声明，这些声明不代表品牌的价值观，从而可能对品牌造成损害。

还有与网红营销披露相关的问题。联邦贸易委员会（FTC）提供了有关背书和推荐广告的咨询指南，其中包括网红营销。除其他要求外，指南要求背书者实际使用产品，并完全披露他们与品牌之间的任何重大联系。品牌可能因未能披露与背书者的重大联系以及背书者所做的任何虚假或未经证实的声明而承担责任。背书者也可能因其声明而承担责任。2022 年，FTC 发布了对指南的几项拟议修订，包括扩大"背书"的定义，以包括社交媒体用户在帖子中标记品牌，并指出所有品牌合作披露必须"清晰明显"，以及其他建议。FTC 的更新还敦促社交媒体平台审查或标准化披露工具，以确保它们的工具符合新要求（Holland & Knight，2022）。证券交易委员会（SEC）也在该营销涉及推荐可被视为投资的产品时对网红营销进行监管。

下面的社会洞察案例阐述了一些与社交、移动和本土化营销相关的其他问题，特别是针对儿童的营销。

社会洞察：社交媒体营销、移动营销和本土化营销时代——面向儿童的营销

社交媒体营销和移动营销为广告商提供了一整套工具，用于增强对儿童的影响力并收集有用的数据。通过定制广告、产品角色、视频、游戏、虚拟世界和调查，营销人员都在竞相吸引年轻人的注意力——在某些情况下，这些年轻人的心智很不成熟以至于感知不到自己是网络营销活动的对象，当然更不知道何时接触了误导性信息，甚至是有害的信息。虽然这样的营销策略或许足够高明，但却可能违反道德准则。研究表明，年幼的儿童无法理解泄露个人隐私的潜在影响，他们也无法对网站或应用的实质内容和广告进行区分。专家认为，在儿童还不能理解广告的目的，并能区分广告和现实世界之前，向儿童做广告是不道德的。

1998 年，联邦贸易委员会发现 80% 的网站收集儿童的个人隐私，其中只有 1% 的个人隐私要求得到父母的许可，国会通过了《儿童网络隐私保护法》（Chilldren's Online Privacy Protection Act，COPPA）。COPPA 通过 FTC 的《儿童网络隐私保护政策》实施，该政策于 2000 年首次生效。根据 COPPA 的规定，公司必须在其网站上发布一项隐私政策，详细说明将如何收集个人隐私信息、使用该信息以及保护用户隐私的措施。未征得父母的事先同意，公司不得使用 13 岁以下儿童的个人隐私信息。FTC 在 2013 年对 COPPA 政策进行了修改，明确规定该政策同时对于移动应用和网络服务有效，并将个人数据的范围扩大到包括地理位置、设备标识符以及包含儿童声音或图像的媒体信息。2016 年，FTC 把违反 COPPA 政策的最高罚款增加了一倍以上，并开始关注刻意收集、传播未成年用户数据的广告网络。2017 年，FTC 发布了 COPPA 适用性的更新指南，要求互联网连接的玩具和其他物联网（Internet of

Things，IoT）设备（如智能家居设备）遵守与网络游戏和应用相同的规定。2019年，因为技术的日新月异，FTC宣布开始审查COPPA政策（通常，政策每10年审查一次）。截至2022年10月，审查仍在进行中。

自该政策实施以来，FTC已成功和解多项投诉并处罚了多家违反COPPA政策的公司。例如，在2019年，FTC对社交媒体网络应用TikTok的原开发者Musical.ly处以570万美元的罚款，原因是非法收集儿童的个人信息。根据FTC的说法，该公司以儿童的隐私安全为代价追求增长率，FTC收到数千份儿童父母的投诉，声称他们的孩子未经他们同意创建了TikTok账户。虽然该公司积极回应并关闭了儿童账户，但没有从其服务器中删除儿童的视频或个人隐私信息。

个别州也开始实施COPPA政策。纽约州和得克萨斯州针对游戏开发商非法收集儿童信息进行了打击。新墨西哥州起诉游戏开发商Tiny Labs和几个推广其游戏的平台，包括Google和Twitter，因为它们在未经父母同意的情况下收集了91项明显针对儿童的未成年用户的数据。

尽管从技术上讲，COPPA只能由FTC或各州执行，但一些律师以侵犯普通法隐私和法定消费者保护立法的理由提起案件诉讼。例如，2017年，两名原告对Disney、Viacom和丹麦游戏制造商Kiloo以及几家数据收集公司提起集体诉讼，指控这些公司联合收集和传播儿童的个人隐私信息，未经父母同意。2021年，案件最终达成和解，Disney、Viacom和10家广告技术公司同意在其应用中移除或禁用针对儿童投放广告的跟踪软件。

最大的科技公司也被罚款并要求调整其政策，原因是允许儿童注册其服务。例如，Google因未能提供适当的保护措施防止13岁以下的用户使用YouTube，以及允许在其YouTube Kids平台上出现不合规的视频而受到审查，该平台是专门为遏制这一类型的内容而创建的。2019年，Google和YouTube与FTC和纽约州检察长达成了创纪录的1.7亿美元投诉协商和解，这是迄今为止根据COPPA提出的额度最高的罚款。和解要求YouTube及个别内容创作者正确标识针对儿童的内容。这样的内容不能收集个人数据，这限制了创作者使用个性化广告技术的能力。这样的内容不能再有评论功能、通知功能或社区标签功能。和解协议明确指出，FTC可以对个别频道所有者处以罚款，不遵守政策的后果会更加严重。

2022年，Biden总统呼吁国会加强儿童的隐私保护。提出了许多法案，这些法案将修改COPPA以提高法律保护儿童的限制年龄，并提供其他保护措施，但这些法案能否通过的前景并不明朗。

与此同时，FTC表示将优先执行COPPA政策，尤其是与教育技术软件相关的规定。2022年5月，FTC警告教育技术软件供应商，它们的应用程序收集的数据不能用在与教育无关的领域。此外，FTC发布了针对社交媒体网红的背书指南的拟议修正案，并公开征询意见拟议的修正案包括一项条例，指出这些网红针对儿童进行的背书是特别需要关注的。

7.3　移动营销

移动营销涉及使用智能手机和平板电脑等移动设备展示横幅广告、富媒体、视频、游戏、电子邮件、短信、店内信息、二维码和优惠券。移动设备现在是标准营销预算的必要部分。移动设备之所以与以往的营销技术截然不同，是因为这些设备整合了许多消费者活动，从给朋友打电话或发短信，到听音乐、看视频、追踪位置和购物。移动设备能做的越多，人们在日常生活中就越依赖它们。在美国，大约有 2.8 亿人使用移动设备上网（Insider Intelligence/eMarketer，2022g）。一份报告发现，人们每天至少看 40 次手机。大多数手机用户一天 24 小时都将手机放在身旁。对许多人来说，看手机是他们早上的第一件事，晚上的最后一件事，以及当出现去哪里、做什么、在哪里见面的问题时使用的第一个工具。

7.3.1　当今的移动电子商务

从拥有智能手机或平板电脑，到搜索产品和服务，再到浏览然后购买只有几步之遥。在早期，零售的移动电子商务销售以非常快的速度增长，然后在 2020 年因疫情而飙升，增长超过 45%。尽管所有平台上的数字旅游销售（包括移动电子商务）都受到疫情的严重影响，但它们在 2021 年都恢复了增长。分析师估计，到 2022 年，移动电子商务将占零售和旅游行业所有电子商务收入的约 40%，约为 5000 亿美元。图 7.5 展示了预计到 2026 年零售和旅游行业移动及"传统"台式机 / 笔记本电子商务的增长。

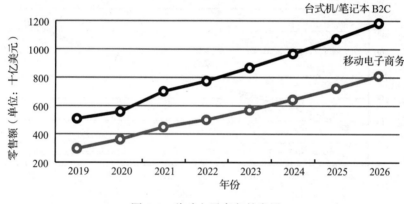

图 7.5　移动电子商务的发展

最初，移动电子商务主要集中于数字商品，如数字音乐、网络视频、网络游戏和电子书。然而，今天，传统零售产品和旅游服务是移动电子商务的主要增长点。在美国，移动电子商务巨头无疑是 Amazon。Amazon 是迄今为止最领先的移动零售 App，拥有超过 1.1 亿的月活跃用户，约占所有美国成年智能手机用户的近 50%。Amazon 的移动 App 是前 10 大最常用智能手机 App 中唯一的零售电子商务 App（Insider Intelligence/eMarketer，2022k）。

越来越多的消费者用移动设备搜索人、地点和事物，例如在移动设备上使用餐馆和零售店的优惠券。消费者从台式电脑迅速转向移动设备，这推动了移动营销消费的激增。由于搜索在引导消费者购买过程中的作用非常重要，因此对于像 Google 这样的大众搜索引擎，移动搜索广告市场非常重要。台式电脑搜索的收入增长正在放缓。Google 的移动广告业务正在迅速增长，但它的移动广告收费远低于台式电脑广告收费。移动广告面临的挑战是如何让更多消费者点击广告，以及如何向营销商收取更多按照每点击计算的费用。而答案在于消费者，他们决定何时点击什么。

消费者如何使用移动设备

如果公司要策划营销活动，那么了解消费者如何使用移动设备对策划移动营销活动是至关重要的，因为消费者实际使用移动设备的方式很可能与你我并不相同。例如，大多数的人会认为消费者在外出时使用移动设备，但对移动行为的研究数据显示，几乎 70% 的移动设备使用时间实际上是在家中发生的。2022 年，人们平均每天使用数字媒体的时间大约为 8.25 小时，其中大约 4.5 小时是使用移动设备——智能手机和平板电脑。那么消费者使用手机或平板电脑访问数字媒体的 4.5 小时中，都在做些什么呢？

最新数据显示，消费者使用移动设备的主要用途是娱乐，而不是逛网店或购物（至少在时间上是这样）。在消费者每天使用移动设备的 4.5 小时中，有 1 小时 20 分钟用于听音乐和播客，大约 1 小时 10 分钟在访问社交媒体平台，将近 1 小时（54 分钟）用于观看视频，大约半小时（27 分钟）使用移动游戏 App（Insider Intelligence/eMarketer，2022）。

尽管移动设备主要用于娱乐、社交和通信，消费者逛网店或购物的时间较少，但这种模式并非一成不变。移动电子商务正在激增，最初的预测是平板电脑将成为主要的移动电子商务平台，但实际情况并非如此。随着智能手机屏幕尺寸的增大和分辨率的提高，加上更好的移动搜索、更佳的基于位置和情境的开发以及更好的移动支付系统，智能手机购物体验有了显著改善，导致智能手机移动电子商务销售迅速增长（见图 7.6）。

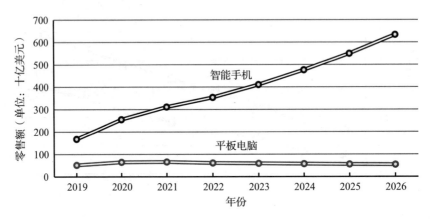

图 7.6　移动电子商务零售额：智能手机与平板电脑对比

App 购物体验和 App 广告

你可能认为多数消费者使用智能手机或平板电脑的浏览器上网。然而实际上，移动用户使用 App 的时间几乎是使用移动浏览器时间的 4 倍（分别是 3 小时 22 分钟和 52 分钟）。消费者使用智能手机，尤其是访问 App 的时长的增加是推动数字媒体增长的最大驱动力。与此相反，过去五年来，随着智能手机屏幕的尺寸和分辨率的增加，消费者使用平板电脑及其 App 的时长相对稳定。平均来说，用户每个月使用智能手机 App 的个数大约是 45 个。然而，尽管 iOS 和 Android 平台上可能有数百万个 App，但只有一小部分 App 实际用户流量相对较多，也只有这一小部分 App 对广告商最具有吸引力。YouTube 是美国智能手机 App 中使用量最高的 App，其次是 Facebook。在排名前 20 的 App 中，Google 占 7 个（YouTube、Gmail、Google Maps、Google Search、Google Play、Google Photos 和 Google Drive），而 Meta 拥有三个（Facebook、Messenger 和 Instagram）（Insider Intelligence/eMarketer，2022）。

对于营销人员来说，以上信息的首要意义在于，如果消费者主要使用移动设备访问 App 而不是浏览网络，那么营销人员需要在 App 中投放广告（大多数活动用于吸引消费者），也就是在社交媒体 App、游戏 App 和视频 App 中投放广告。其次，如果移动消费者平均只使用 45 个 App，那么营销人员需要将营销活动集中在受欢迎的 App，比如最受欢迎的前 100

个。另一方面，细分市场的营销人员可以把广告集中在支持该细分市场的 App。例如，潜水设备的分销商可以在专门为潜水社区开发的 App 中投放广告。有时候 App 的用户数量虽然不多，但用户对该主题一定非常感兴趣。

以上信息对于营销人员的另一个意义是，与其关注难以阅读的移动显示广告，还不如创作能吸引观众注意力的娱乐视频广告，或是创作精确针对消费者当前活动和兴趣的 App 内广告。

多屏访问如何改变营销渠道

随着智能手机和平板电脑使用量的增长，多屏环境出现了：智能手机、平板电脑、桌面电脑和电视。电子设备面临的现实和未来是，消费者的生活将是多屏环境：在工作单位和家中使用台式电脑和笔记本电脑，在家中或外出时使用智能手机和平板电脑。消费者在多屏环境中的购买行为发生了变化。消费者会同时使用两个或多个屏幕，比如在看电视节目时发推文，或者在电视上看到产品或服务广告，就可以用手机搜索更多相关信息。一些研究发现，90% 的多设备用户在完成任务时会在屏幕之间切换，例如，在电视上看到广告，用智能手机搜索产品，然后在台式电脑或笔记本电脑上完成购买。消费者在设备之间无缝地切换，或者是有先后顺序，或者是同时使用。此外，人们使用的设备越多，他们的逛网店和购买行为就越多。因此，消费者拥有的设备越多，消费者接触点或营销机会就会越多（Google, Inc., 2012）。

多设备平台或屏幕多样性环境意味着，营销设计需要满足消费者使用的各种设备的访问需要，并且要在各个平台之间保持一致的品牌形象。屏幕多样性意味着单一的广告尺寸不能满足多设备的访问需求，品牌图片需要能根据消费者使用的设备自动调整。从设计的角度看，图片和创意元素会根据屏幕的不同而有不同的显示格式。这被称为响应式设计或响应式创意设计。响应式设计是指一种设计过程，公司的营销内容可以重新调整大小、重新格式化和重新组织，以便在任意屏幕上都能正确显示。如果你在台式电脑上查看某个门户网站，然后将台式电脑屏幕与智能手机或平板电脑屏幕上看到的同一门户网站进行比较，你可能会发现屏幕显示格式有三个版本，每种设备都有一个版本。在多种设备上寻找符合定位要求的消费者会大大增加网络营销成本。公司不仅需要开发官网，还要开发适合移动网站和 / 或智能手机、平板电脑的 App 和市场。也许公司可能无法同时发展三个渠道，只能选择一个渠道。在这种情况下，哪一个渠道是最好的？这在很大程度上取决于公司的营销目标。为了提高销售量，选择网站可能更有效，但为了加强消费者的品牌意识和参与度，社交媒体和移动娱乐 App 可能更好。

即使不考虑屏幕适合性，多屏幕的环境也意味着商家的营销信息需要在所有平台发布，并且要跨平台集成，以便传递一致的信息并创建便捷的消费者平台。现在的营销环境比在网页上或网页搜索结果页面上放置横幅广告要复杂得多。

7.3.2　移动营销概述

随着数以百万计的消费者使用移动设备，移动营销支出迅速增长，并在 2015 年首次超过了在台式电脑平台的广告支出，预计这一趋势将持续到 2026 年（见图 7.7）。到 2022 年，预计移动营销支出将占所有网络营销支出的 2/3 以上，这是令人惊奇的，因为智能手机于 2007 年首次面世，平板电脑于 2010 年才出现。分析师认为，如果当前的移动营销增长率一直持续，到 2026 年，移动营销支出将占所有网络广告的近 70%，将是台式电脑广告支出的 3 倍多。

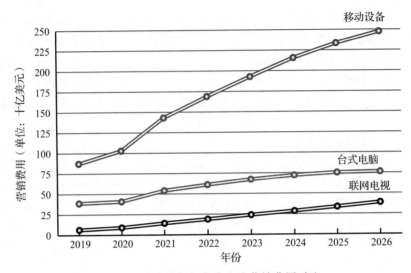

图 7.7　移动设备与台式电脑营销费用对比

移动广告由 Meta（Facebook/Instagram）和 Google（包括 YouTube）主导。Meta 在 2018 年首次超过 Google 在移动广告方面的收入。到 2021 年，Meta 产生了近 500 亿美元的移动广告收入，占整个市场的 1/3。Google/YouTube 位居第二，移动广告收入约为 380 亿美元。移动营销市场的其他主要参与者包括：Amazon，占约 8% 的份额；Twitter，占约 1.6% 的份额；LinkedIn（1.4%）和 Snapchat（1.4%）（见图 7.8）。在移动平台上，Google 是搜索的王者，2021 年从移动搜索广告中产生了 320 亿美元的收入，超过所有移动搜索广告收入的 60%。正如 Google 在移动搜索广告中占主导地位一样，Meta 在移动展示广告中也占主导地位，包括视频广告收入。

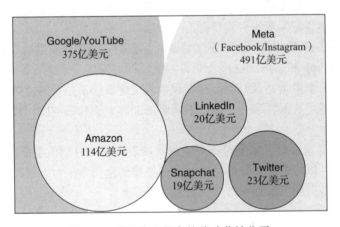

图 7.8　美国收入最高的移动营销公司

7.3.3　技术：移动设备的基本特征

智能手机和平板电脑的功能人尽皆知。但是，是什么导致移动平台与台式电脑不同？哪些功能使它们特别适合开展网络营销活动？

首先，智能手机在消费者的个人生活中扮演着比台式电脑和笔记本电脑更为重要的角色，主要是因为我们的智能手机总是随身携带，或者近在咫尺。从这个意义上说，它们更加个人化，几乎是"可穿戴的"。智能手机"一直开机，一直与我们同在"的特性对营销人员来说有几个含义。首先，因为智能手机被看作"身体器官"，所以消费者对商业入侵的容忍度较低。你是否曾经在接电话的过程中被广告打断？如果曾经被打断，你很可能会对这样的干扰感到恼怒。类似的情况也会在使用手机或平板电脑的过程中出现，在阅读电子邮件、访问 Facebook 或观看视频的过程中，都可能受到干扰。消费者对智能手机小屏幕上的营销广告容忍度较低。其次，智能手机全天候被消费者随身携带的特性大大扩展了营销活动的时间范围，并增加了营销信息可选择的广告设备。这种过剩的供给降低了移动营销信息的价格。反过来，营销人员和消费者之间也存在关系紧张的情况：营销人员总是尽量增加移动广告的数量，而消费者则希望在使用移动设备的过程中看到更少而不是更多的广告。消费者对 App 内的广告态度则不一样：为了使用免费的 App，消费者更愿意接受广告。

　　或许智能手机最独特的功能是通过内置的 GPS（全球定位系统）确定用户的准确位置。这样，可依据消费者的位置进行定位并传递营销信息，还可以引入基于位置的移动营销和本土化营销。尽管营销网站可以通过定位了解台式电脑的大概位置，但这个定位并不精准，而且当消费者的位置发生变化的时候台式电脑对其的定位并不会改变。表 7.12 概括了营销人员可用的移动设备功能。

表 7.12　移动设备的功能

功能	简介
个人通信及管理功能	通话、日历、时钟、个人生活助理
屏幕显示	适合平板电脑及智能手机尺寸的高分辨率，支持呈现高清图像及视频
GPS 定位	自动定位的 GPS 功能
网页浏览器	标准化浏览器可以访问所有网站和应用程序
App	数百万个专业化的 App 扩展了移动设备的功能
超级便携及个性化设置	可放入口袋或公文包中，可以随时随地使用
多媒体功能：视频播放、音频播放、文本显示	具备视频播放、声音播放、文本显示等所有常见媒体的功能
触摸 / 触觉技术	通过振动、压力或移动等反馈增强触摸屏的功能

7.3.4　移动营销工具：广告形式

　　与社交媒体营销不同，移动营销不需要太多新的营销词汇。台式电脑的所有营销广告形式也可用于移动设备。除了移动营销的屏幕比台式电脑营销的屏幕略小，移动营销与台式电脑营销非常相似。移动营销的主要营销时机包括搜索广告、展示广告（横幅、富媒体和赞助）、移动短信（SMS/MMS/PPS）以及一些消费者熟悉的其他形式，如电子邮件、分类广告和潜在消费者发掘。图 7.9 展示了按形式划分的移动营销支出的相对大小。

　　搜索引擎广告一直是最受欢迎的移动营销形式，占 2021 年所有移动广告支出的 37%。搜索引擎广告可以进一步优化，通过展示基于用户物理位置的广告，为移动平台提供更好的服务。展示广告（横幅广告、富媒体和赞助）是第二受欢迎的广告形式，占移动广告支出的约 33%。展示广告可以作为移动网站的一部分，或在 App 和游戏中插播展示。Google 的 Ad Mob、Meta Audience Network、MoPub 和 inMobi 等广告网络是移动展示广告的最大供应商。视频广告占移动营销收入的约 27%，是增长最快的细分市场。大多数台式电脑视频广告可以调整至合适的尺寸以在手机和平板电脑上正确显示。移动短信广告通常包括向消费者发送 SMS 文本消息，发送附带优惠券或即时营销信息。营销信息的传递还可用于本土化广告，因为消费者可以在路过网站或访问网站时接收消息和优惠券。

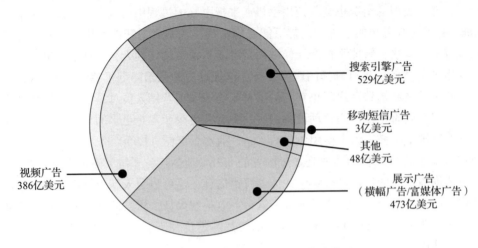

搜索引擎广告
529亿美元

移动短信广告
3亿美元

其他
48亿美元

展示广告
（横幅广告/富媒体广告）
473亿美元

视频广告
386亿美元

图 7.9　美国不同形式移动广告的营销费用

如 Facebook、Instagram、TikTok、Twitter 和 Pinterest 等社交网络通常将桌面广告技术带到移动平台，同时对界面进行了一些适应小屏幕智能手机的调整。在这个过程中，社交网络为移动营销体验带来了真正的创新，包括 Facebook 的 Feed 帖子以及 Twitter 的推广广告和粉丝广告。表 7.13 列举了几家知名公司开展的移动营销活动和使用的相关技术。

表 7.13　部分移动营销活动

McCormick & Company	为提高其 French's Classic Yellow Mustard 的知名度，制作了一段结合高质量观看体验和互动游戏的视频，鼓励用户积极参与。该活动打破了多项基准指标纪录，并获得了一些移动营销奖项的提名
Dior Beauty	为推广新品牌口红，利用品牌大使 Jisoo（韩国流行乐团 Blackpink 的成员）的形象展开宣传活动，Jisoo 的 Instagram 粉丝可以通过移动短信平台 WhatsApp 享受 4 天的内容浏览和话题参与
Domino's Pizza	利用 Storly 平台设计互动 App 营销活动，采用视频和投票等形式吸引用户，并鼓励他们参与特定的行动号召（CTA）互动。与静态横幅相比，整体转化率提高了 64%，App 活动页面访问量也增加了 37%
Proozy	总部位于明尼苏达的运动服装和运动装备特价零售商，使用 Klaviyo SMS 短信服务平台发送个性化客户短信。这些短信经过了优化，以提高营销效果，新订阅者的订单平均价格达到了 74 美元

移动营销特别适合品牌推广，通过使用 3D、增强现实和虚拟现实等创新技术提高品牌认知。你可以阅读下面的商务洞察案例，了解 3D、AR、VR 和元宇宙如何助力开展移动营销活动，以进一步了解启动移动营销活动的方式。

商务洞察：借助 3D、AR、VR 和元宇宙进行移动营销

如今，智能手机的迅速发展使得移动平台成为主流的网络营销平台。通过移动设备购买产品或服务（与网上选购和浏览相比）的行为明显增加，而且本地公司正在利用智能手机的被动 GPS 功能，为附近的潜在客户创建基于位置的移动营销。另

外，虽然实际购买可能发生在其他网站或线下实体店，但是移动营销对介绍新产品和提升品牌知名度是大有裨益的。新型的广告形式，如 3D 广告、增强现实（AR）广告、虚拟现实（VR）广告以及元宇宙，正在重新定义智能手机时代的广告。

3D 广告利用了现代移动设备的视频播放及其他互动等优势功能，成为越来越受欢迎的广告方式，适用于拥有庞大广告预算的公司。Honda 公司与移动广告公司 Amobee 合作为其 Odyssey 小型货车开展的活动，是 3D 广告实践的一个实例。Honda 的目标是使用三维虚拟展厅模拟身临其境的看车体验。广告以 3D 或 VR 形式呈现，观众可以使用触摸屏旋转车辆图像，选择多种颜色，并通过选择屏幕上的图标查看每辆车的附加信息。消费者可查看车辆的虚拟展示信息，模拟其实际外观。因为该类型的广告使用了智能手机的许多固有功能，它们实际上占用的带宽比类似的 HTML5 富媒体广告少。在这种情况下，Honda 见证了广告总体参与率的 84% 的增长。

AR 广告是另一个迅速增长的领域，这让移动广告商感到兴奋。如果你使用 Snapchat，你所看到的跳舞热狗，很可能已经被 Snapchat 用户观看了超过 20 亿次。这个著名的小热狗是 Snapchat 所称的 3D 世界镜头的第一个也是最典型的例子，或者说是使用手机摄像头，叠加在手机屏幕上的图像。虚拟物体具备完整的三维属性，这意味着你可以围绕它们行走并从任何角度观察。广告商对 AR 广告感到兴奋，因为 AR 广告能栩栩如生地在 Snapchat 用户的真实世界中展示出来，而且给人感觉并不像是在做广告。

宝马公司（BMW）为 Snapchat 用户打造了一个 AR 版本的 X2 车型，允许他们围绕车辆行走并查看其完美的细节。迄今为止，数百家公司使用过 World Lens 广告，包括 Nike、Foot Locker、Hershey's 和 Budweiser，其中 Budweiser 在超级碗橄榄球赛期间发布了一个包含其标志性的 Clydesdale 马踢足球镜头的广告。Snapchat 还提供了一个叫作 Lens Studio 的软件，公司可以自己创建镜头而无需 Snapchat 参与。超过 250 000 名创作者已经开发了 250 万个视频。2021 年，Snap 推出了 Arcadia，一个帮助品牌创造 AR 广告体验的工作室，不仅仅在 Snapchat 上，还包括其他社交媒体平台和网站。P&G Beauty、Verizon Communications 和娱乐公司 WWE 是 Arcadia 的首批客户之一。2021 年 5 月，Snapchat 引入了基于 AR 的购物镜头，从那时起，像 Walmart 和 IKEA 这样的大型零售商就开始使用这项技术，超过 2.5 亿用户已经使用这样的镜头超过 50 亿次。Snapchat 还在继续发布新的 AR 工具，用于提高虚拟购物体验。

不甘落后的 Facebook，在 2018 年携其产品 Facebook AR Studio（现在名为 Meta Spark Studio）进入战场。品牌可以将增强现实摄像头效果添加到 Facebook Feed、Instagram Feed 和 Instagram Stories 的移动广告中，创造沉浸式体验，鼓励用户与品牌互动并虚拟试用产品。据 Facebook 称，对 10 个整合 AR 广告的广告活动进行的元分析发现，这些活动的品牌提升效果几乎是"常规业务"活动的 3 倍。整合 AR 效果的活动在提高品牌意识方面的成本也下降了近 60%。

这些类型的广告目前主要面向大品牌，因为广告的成本过高，为期一个月的广告活动可能达到数十万美元。预计到 2025 年，移动 AR 广告收入将达到近 70 亿美元。拥有实体产品的零售品牌非常适合 3D 广告和 AR 广告，而诸如金融机构等服务类公司，则永远不会对它们产生兴趣。目前，这些广告的参与度非常高，这可能是因为广告的新奇性，或许，当这些广告变得司空见惯时，它们的参与度就会降低。尽管如此，3D 和 AR 广告的趋势是不可阻挡的。一项行业调查显示，大多数消费者已经表示 AR 正在改变他们的购物方式和地点，AR 广告使购物更加有趣。广告行业可能正处于一个范式转变之中。就像移动设备已经淘汰台式桌面广告一样，3D 和 AR 广告有可能淘汰传统广告。

移动营销的下一个前沿可能是将 3D、AR 和 VR 技术延伸到被称为元宇宙的新虚拟环境中。借助 Snapchat 的新 AR 功能"自定义地标"，用户和营销人员能创建与特定位置相关的 AR 视觉效果，展示了元宇宙的移动未来。2022 年 8 月，HBO Max 与 Snapchat 合作，使用自定义地标配合其新剧集 *House of Dragons* 发布活动。游戏平台 Roblox 可在多种移动设备上使用，已成为许多品牌元宇宙战略的主要参与者。例如，2022 年 9 月，Walmart 在 Roblox 平台上推出了两个沉浸式体验，Walmart Land 和 Walmart's Universe of Play。Walmart Land 面向高龄人群，包括时尚之家，专注于时尚和美容产品的营销。Walmart's Universe of Play 赢得了当年最佳玩具展示，正如 Walmart 在其新闻稿中所说，正好迎合了"非常真实"的假日愿望清单。虽然现在判断元宇宙是否会对移动营销产生革命性影响还为时尚早，但许多大公司都坚信它将会产生革命性的影响。

7.3.5　开展移动营销活动

与所有营销活动一样，首先要确定公司的营销目标，并了解移动营销活动如何对公司进行宣传。公司是寻求宣传品牌形象的不知名创业公司，还是已经拥有品牌，希望扩展品牌的认知度并销售产品？你的产品是否有某些特点，从而对移动设备的目标受众特别有吸引力？例如，如果你的产品面向路过商店的本地顾客，那么你可能需要用智能手机的 GPS 功能针对附近的消费者进行营销活动策划。

接下来，确定公司的营销活动并定位产品的目标人群。在移动设备上最活跃的购买者是男性，他们比女性更有可能购买电子设备和数字产品。相比之下，女性更乐于兑换优惠券，并喜欢参与秒杀和抢购。年轻消费者比年长消费者更愿意在移动设备上搜索产品和价格，并在社交媒体平台分享体验。移动购物者和移动买主比一般网络消费者更富有，这里一般的网络消费者是指普通网民，但是移动营销活动的目标受众不会只针对普通网民，因此公司需要找到移动客户的聚集地。公司的移动客户是否正在使用 App？如果是，使用了哪些 App？公司的客户是否使用 Facebook 或 Twitter？客户在 Google 移动搜索页面上能搜索到公司信息吗？

最后，公司需要了解即将开展营销活动的虚拟市场的情况。你的竞争对手在移动平台上做了什么？它们的社交媒体营销平台是否有效？它们把营销焦点放在什么地方：聚焦于官网的展示广告还是 Google 搜索结果中的展示广告？在 App 中能否搜索到竞争对手的营销广告？它们在哪些 App 中做广告？它们的广告在 Facebook Mobile 上是如何呈现的？它们是否也有 Twitter 和/或 Pinterest 品牌页面？你的竞争对手是否为消费者提供能轻松下载的 App？公司可能会在每一个社交媒体平台遇见竞争对手。当公司为营销活动设置了初步的愿景后，还可以制订一个时间表和行动计划，以实现时间表中确定的阶段性目标。

当公司完成了营销活动设计并确定了目标市场后，就可以开始实施移动营销活动。以下是一些步骤：

- 开发一个移动网站，以便移动消费者可以浏览并购买公司的产品。通过官网链接到

Facebook、Instagram、TikTok、Twitter、Pinterest 和其他社交平台账号，使公司的移动网站社交化。

- 如果你已经在使用 Google 的 AdWords 或 Meta Business Suite 账户这样的展示广告程序，创建一个新的活动，并专门为移动平台设计广告。
- 开设一个 Google AdMob 账户，这样可以保证广告网络能同时在多个平台上发布和跟踪公司的广告。
- 开发专门针对移动用户的营销内容，可以是为移动屏幕设计的视频广告，也可以是高质量的互动内容。
- 评价和管理公司的营销活动。Google 的 AdWords 以及许多其他广告网络将接管和管理公司的移动活动。此外，这些广告网络可以为公司提供一系列活动评价。使公司了解哪些移动广告和技术吸引了最多的粉丝、评论和参与品牌的社交活动。有了这些基本数据，你可以通过减少效果不好的营销广告的支出，并增加效果较好的广告的经费来管理移动营销活动。

7.3.6　移动营销分析

移动营销有多个目标，因此，相应地也有许多不同类型的移动营销活动。一些营销活动以销售为导向，基于展示广告和搜索广告，提供优惠券或折扣，并直接将用户引导到他们可以购买产品的网站。评价这些移动营销活动的效果与评价台式电脑营销活动的效果很相似。其他活动专注于品牌，目标是吸引消费者参与对话，吸引他们成为粉丝，并让他们向好友转发。你可以使用图 7.4 中的框架来评价这些活动的效果。移动社交活动的主要评价指标是粉丝获取量、粉丝参与度、活动影响力、社区参与度、品牌力量（对话中心）和销售额。

图 7.10 展示了一个利用移动平台和社交媒体进行的以品牌为导向的营销活动的效果。在品牌营销活动中，营销目标不仅仅是增加产品的销售量，而且还要加强消费者对品牌的参与度。在图 7.10 的示例中，粉丝获取量是用独立访客数这一指标进行衡量的。可以发现，在 6 个月内，访客数量翻了一番多。参与度用网站停留时间（分钟）评价。活动影响力用点赞量评价，图中 6 月点赞量是 1 月点赞量的 3 倍。社区参与度用帖子的数量评价，帖子数量越多表明粉丝间互动和品牌互动越多。在图 7.10 中，帖子数量在此期间也翻了一番。品牌力量是关于粉丝获取量、粉丝参与度、活动影响力和社区参与度的综合指标。要衡量移动营销活动的最终效果，还需要进一步的研究，从而确定本次营销活动产生了多少销售量。

7.4　本土化营销和基于位置的移动营销

基于位置的移动营销（location-based marketing）是数字营销领域增长最快的细分市场之一。基于位置的移动营销依据定位向消费者推送营销信息。通常，基于位置的移动营销包括基于位置的服务营销，基于位置的服务是指根据用户的位置提供服务。**基于位置的服务**的实例包括：个人导航（我怎么去那里），兴趣点（那是什么），评论（附近最好的餐馆是什么），好友搜索（好友在哪里，人群在哪里聚集），家庭跟踪器服务（我的孩子在哪里）。当然，这里的关联是：人们使用移动设备搜索和获取本地服务越频繁，营销人员在恰当的时刻、恰当的位置、以正确的方式向消费者发送营销信息的机会就会越多（不是强迫营销，而是以一种改善消费者本地购物体验的方式）。这样的营销活动是理想的情况，基于位置的移动营销也可以在台式电脑上进行，因为浏览器和营销人员知道你的大致位置。但在本节中，我们主要关注基于位置的移动营销，这是最具增长潜力和增长机会的领域。

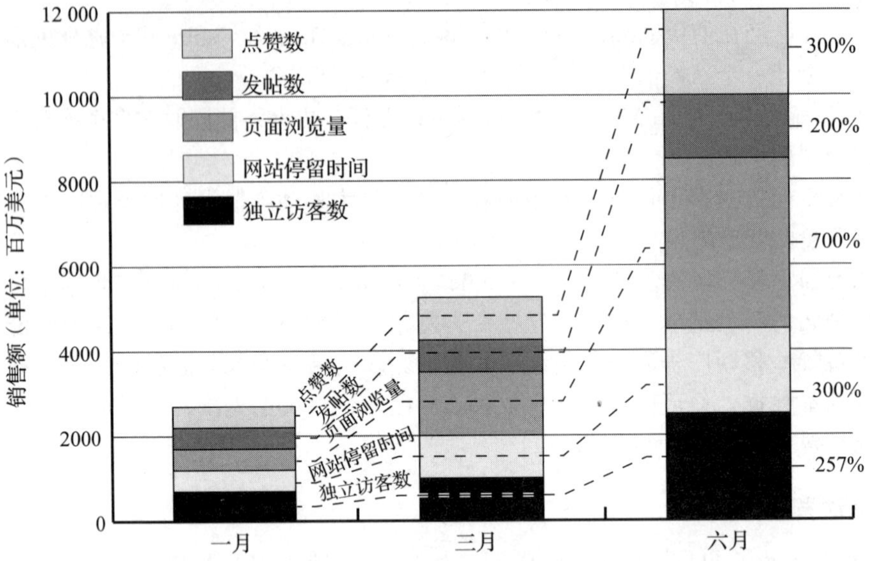

图 7.10   移动营销和社交媒体营销品牌活动的有效性评价

经验和市场研究表明，消费者希望获得本土的产品广告、产品优惠、产品促销等信息。消费者对本土化广告进行回应并购买相关产品和服务的可能性很高。由于在过去 5 年中发展迅速，对基于位置的移动营销的探索和研究一直未间断，参与方包括多个不同的平台和通信服务供应商。关于营销效果和投资回报的评价标准也一直在制定中。

7.4.1 本土化营销的发展历程

在 2005 年 Google 地图发布之前，几乎所有的本地广告都是非数字化的，由本地报纸、广播电视台、本地黄页和广告牌提供广告服务。当然，一些由本地商家的网站提供的广告是数字化的。预计 2022 年，美国的媒体广告总支出将达到约 3460 亿美元，其中约 1670 亿美元是国内和本地品牌的本地媒体广告支出。估计这些本地广告中有 40% 是本地公司投放的，如餐馆、杂货店、剧院和鞋店，面向本地受众进行营销。剩下的 60% 本地媒体营销由大型国内公司投放，向本地受众进行营销，例如当地报纸上的可口可乐广告，或国内公司为本地汽车经销商创建的营销网站。在 1670 亿美元的本地媒体广告支出中，约 47%（790 亿美元）用于网络营销（Insider Intelligence/eMarketer，2022t；BIA Advisory Services，2022）。

Google 地图面世后，本土化网络营销开始迅速扩张。台式电脑上的 Google 地图，使得基于用户 IP 地址的定位广告得以实现，商家能根据潜在客户的定位来展示广告，定位的半径通常是数平方英里。利用 IP 地址虽然可以识别相邻城市及城市内的社区，但不能识别街道或建筑。Google 地图辅助消费者在台式电脑上回答"我在城市或城市的某个地方如何找到意大利餐馆"这样的搜索问题。智能手机于 2007 年面世，加上 Google 地图 App 的推出，加快了本土化营销的步伐。2008 年推出的第二代智能手机中的 GPS 接收器，结合其他技术，可以通过手机制造商、营销商、服务供应商和运营商（如 AT&T 和 Verizon）确定用户的位置（纬度和经度）。这些技术的发展为本地网络广告开辟了一个全新的增长路径，此前只限于在台式电脑上应用。在这个新领域，本地食品市场可以在消费者浏览商店时向移动电话用户进行营销宣传，并向响应者提供折扣优惠，用户反过来可以搜索附近的特定零售商店，还可以在走进特定商店之前查看商店的库存。

7.4.2　基于位置的（本土）移动营销的发展历程

目前，基于位置的（本土）移动营销只是网络营销环境的冰山一角，但预计在未来 5 年内它的地位将越来越重要。图 7.11 清晰地展示了基于位置的移动市场情况，2022 年，预计网络营销总支出接近 2500 亿美元，而本地网络营销支出预计将惊人地达到 790 亿美元。预计基于位置的移动营销将产生约 320 亿美元的收入。

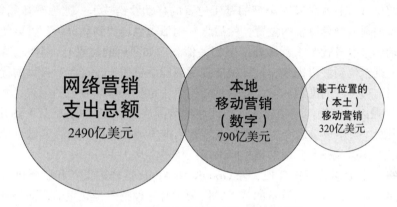

图 7.11　基于位置的移动营销支出情况

本地移动营销采用的广告形式是消费者比较熟悉的形式——搜索广告、展示广告、原生 /社交广告、视频广告和 SMS 文本广告。随用户搜索结果一同显示的搜索广告在基于位置的移动广告形式中所占比例最大，本地移动搜索市场的主导是 Google。占第二大比例的广告形式是原生 / 社交广告，第三的是展示广告。这里的主导公司是 Meta 和 Google。Google 和Meta 共同占据了基于位置的移动营销的绝大部分市场份额。

7.4.3　基于位置的移动营销平台

基于位置的移动营销的关键参与者与之前提到的移动营销环境中的巨头相同，即Google、Meta、Twitter 和 YP（前身为黄页）。Google 无可厚非是领先的基于位置的移动营销商，主要是因为 Google 地图 App（以及 Google 在 2013 年收购的 Waze App）在智能手机上的广泛使用。当消费者在 Google 地图或 Waze 上搜索一个位置时，此时是向该消费者发送广告的最佳时刻。Google 的 "My Business" 服务是一项简单但有效的服务，在用户搜索特定公司时提供简短的公司档案。Google 的安卓操作系统内置了定位功能，Google App（如Google 地图和 Waze）不断更新用户的位置。Google 自称是全球最大的移动广告公司，适用安卓和 Apple 的 iOS 操作系统。应用开发者使用 Google 在 2009 年收购的移动广告业务AdMob 为其 App 提供消费者和用户位置信息。Google 还将位置信息出售给独立的营销公司。营销公司使用 AdMob 开发全屏广告、富媒体广告。Google 的主要收入来源是 AdWords 服务，营销商在 Google 搜索引擎进行关键词竞标。AdWords 曾经在台式电脑和移动设备上使用相同的显示格式，但后来 Google 升级了 AdWords 服务，以优化用户环境和设备的广告，并提供跨所有移动设备和台式电脑的活动管理。例如，如果客户在下午 1 点在工作地点的台式电脑上搜索 "披萨"，Google 的搜索结果会同时列出附近的餐厅和订单表。如果客户晚上

8 点在距披萨餐厅 0.5 英里范围内的智能手机上搜索"披萨",搜索结果会显示一个可点击呼叫的电话号码和前往餐厅的路线。披萨餐厅向 Google 支付费用,这样它们才有可能出现在搜索结果中。

在基于位置的市场中 Google 有独特的优势:它开发了遍布全球的 Wi-Fi 网络的 Google 地图,使得 Google 能够获得比竞争对手更加精确的位置信息。

7.4.4　基于位置的移动营销技术

基于位置的服务和基于位置的移动营销要求营销商和本地服务供应商能精准地定位消费者移动设备的位置。有两种基本类型的基于位置的移动营销技术:地理感知和邻近性营销。**地理感知**技术识别消费者设备的位置,然后将营销活动也定位到该设备,可以便捷地针对其开展营销活动(这本身就要求营销商掌握相关信息,如商店的位置)。例如,营销商可以准确地将智能手机定位到城市街区,这样就能提醒智能手机用户参与商户提供的优惠。**邻近性营销**技术识别物理位置周围的区域,然后将营销广告定位到该区域内的用户,并推送在围栏(地理围栏)区域内的营销活动信息。周边区域的范围从几百英尺(在市区)到几英里(在郊区)不等。例如,当用户走进商店、餐馆或零售店的等地理围栏的周边区域,他们就会收到这些商家的广告,这些技术使用的是相同的定位技术。

广告网络、本地移动营销公司、像 Google 和 Apple 这样的设备和服务供应商以及电话公司通常会使用多种定位移动设备的技术,因为没有一种技术是完美的,而每种定位技术的准确度都有所不同。表 7.14 列举了用于实现基于位置的服务和营销的关键定位技术。

表 7.14　关键定位技术

关键定位技术	简介
GPS	用户的设备从 GPS 卫星下载 GPS 数据。首次在 2008 年由 Apple 的 3G iPhone 引入。如今,手机需要提供其 GPS 位置以获取紧急援助
Wi-Fi	估计用户在已知 Wi-Fi 接入点的半径内的位置
蓝牙低功耗(BLE)	由 Apple 在 iBeacon 中使用。比传统蓝牙或 GPS 使用更少的电池电量,比通过 Wi-Fi 三角测量进行定位更准确
Geo-serch	使用基于用户搜索查询的位置信息
蜂窝塔	AT&T、Verizon 和其他运营商与其设备持续保持联系,可以通过三角测量确定近似位置,并优化单位的 GPS 位置。无线运营商使用手机的 MAC 地址识别手机及其位置
登录/注册	当用户使用登录服务或在社交网络上发布帖子以自我确认位置时,估计用户的位置

GPS(全球定位系统)定位是理论上最准确的定位技术。实际上,在市区信号可能会很弱,在建筑物内几乎没有信号,并且可能会被偏转;设备信号定位并计算位置可能需要很长时间(30~60 秒)。在信号清晰的情况下,GPS 可以精确到 3~10 米,但大多数情况下手机的 GPS 只能精确到 50 米——半个足球场。此外,用户必须激活该功能,许多用户由于担心个人隐私泄露而选择不激活该功能。辅助 GPS(A-GPS)使用电话网络中的其他信息补充 GPS 信息,以提高获得信号的速度。几乎所有智能手机都使用 A-GPS。在 Apple 的 iOS 中,用户可以决定打开或关闭位置服务。打开后,iOS 使用 GPS、蜂窝和 Wi-Fi 网络确定用户的大致位置,精度可达 10 米,但是在许多情况下,精度可以高达约 5 米。用户的 iPhone 会持续向 Apple 服务器报告其位置。

无线电话运营商用蜂窝塔的位置追踪其设备位置,当设备从一个塔的覆盖区域进入另一个塔的覆盖区域时，必须按要求完成电话呼叫。蜂窝塔位置也是美国无线紧急响应系统的基础。为了辅助紧急响应警报器定位发出 911 呼叫的用户，FCC 的无线增强 911（E9-1-1）的规定是，无论用户是否打开位置服务，无线运营商都能追踪手机位置。

Wi-Fi 定位与 GPS 信号通常一起使用，基于 Wi-Fi 发射器的位置感知能更准确地定位用户，这些发射器在市区和郊区的应用都非常普遍。Apple、Google 和其他移动服务供应商已经开发了全球无线接入点的数据库，但仅限于在城区驾驶汽车。Google 使用街景车开发了无线接入点及其地理位置的全球数据库。安卓应用可以利用该数据库根据移动设备检测到的 Wi-Fi 网络，确定个人的大致位置。所有 Wi-Fi 设备不断监测本地 Wi-Fi 网络实体，移动设备将这些数据回传给 Apple 和 Microsoft 以及其他设备制造商，制造商也使用类似方法进行监测。这些技术的目标是为消费者和营销商提供"微位置数据"，以实现真正的实时、准确的本土化营销，精确到几英尺，以便针对消费者开展个性化营销活动。例如，如果你在零售店的衬衫架前停留，精确的定位系统就可以检测到你的这一行为，并引导你到周围货架选购适当的配饰，如袜子和领带。

7.4.5　为什么基于位置的移动营销对营销人员有很大吸引力

使用移动设备搜索本地企业信息的消费者比使用台式电脑的消费者更加活跃，购买意愿也更强。部分原因是搜索本地信息的移动搜索者与商家的邻近程度高于台式电脑搜索者。Google 的一项调查发现，超过 80% 的美国消费者使用智能手机和平板电脑在搜索引擎上搜索各种本地信息，如商店的营业时间、商店的地址和商店的方位，以及本地商店的产品质量。调查发现，消费者在整个购买过程中都在搜索本地信息，50% 的智能手机用户仅在本地搜索之后一天内就访问了至少一家实体商店，18% 的人在一天内完成了购买（Google，2014）。营销商正在加强位置数据的应用，这样能更好地定位广告，并增强客户参与度、客户体验和客户细分。

然而，由于对隐私安全的考虑以及新的法律和法规的颁布（如《加利福尼亚消费者隐私法案》（CCPA）和《加利福尼亚隐私权法案》（CPRA）），基于位置的移动营销在进入新的 10 年时遇到了一些重大挑战。消费者已经对基于位置的广告变得非常警惕，虽然调查表明消费者认可这种广告的有用性，但许多消费者认为它"令人不安"。Apple 更新了操作系统，采用应用跟踪透明度（App Tracking Transparency，ATT）计划和应用隐私报告，Google 增加了更多用户自行控制的功能，限制了 App 对位置数据的收集，这实际上提高了数据的使用成本。营销商将不得不适应新环境，例如减少对第三方数据的依赖并对收集数据的方法和使用途径进行公开。第 8 章将更详细地讨论与基于位置的移动营销相关的隐私问题（Insider Intelligence/eMarketer，2022u）。

7.4.6　基于位置的移动营销工具

与社交媒体营销一样，基于位置的数字营销为数字营销专业的学生展示了一系列难以理解的服务、平台以及提供服务的公司。虽然一些基本的本地营销技术，如在 Google 的 AdSense 平台上投放广告，对于小企业主来说相对容易掌握，但使用其他技术则需要移动营销供应商的辅助。

基于位置的数字营销的特点

基于位置的服务是指根据用户位置提供服务。例如个人导航、兴趣点查询、个人评论、个人寻友和个人家庭追踪服务。表 7.15 解释了如何使用这些功能进行营销。

表 7.15   基于位置的营销工具及营销活动

基于位置的营销工具	简介
基于地理社交的服务营销	用户与好友分享位置,可用于 Foursquare 等签到服务、好友搜索、交通服务
基于位置的服务营销	为寻找本地服务和产品的消费者提供服务
基于用户位置的移动本地社交网络营销	Facebook 通过 Feed 展示广告扩展了本地公司的交易优惠。Facebook Marketplace 使人们可以在本地社区内轻松购买和出售。 Foursquare App Swarm 专注于来自特定位置的社交更新,并发送推荐和优惠
社交网络监控	根据 Facebook 和 Twitter 帖子中用户对产品的兴趣来推送 App 消息。MomentFeed 允许营销人员根据位置抓取社交网络上的社交信息,然后以特定地理位置的广告来定位消费者。由 Pizza Hut、Starbucks 和当地餐馆使用
意图营销	扫描社交媒体网络以发现实时消费者对特定产品的兴趣
邻近性营销	向商店或门店附近的消费者发送消息以促进销售,在零售商店周围(也可以是机场、火车站或体育场)使用虚拟围栏,通常是自愿的。Whole Foods 在其店铺周围设置地理围栏,向经过的移动用户发送广告和优惠
店内消息	在顾客进入或浏览店铺时向其发送消息
基于位置的 App 消息	PayPal 的移动 App 检测到附近提供 PayPal 付款功能的商店中的顾客,并吸引他们以访问该商店的优惠

邻近性营销与信标

尽管所有基于位置的移动营销在某种意义上都是近距离营销,但 Apple 公司在 2013 年推出的 iBeacon 及其 iOS 7,使得实体零售商可以在客户经过店内信标几英尺之内时,直接且非常精确地与他们沟通。有许多近距离定位技术,如二维码、Wi-Fi 和 NFC(近场通信),但每种技术在精确度、成本和使用范围方面都有缺点。Apple 的 iBeacon 使用一种被称为蓝牙低能耗(BLE)的技术。安卓手机也具备这种功能,BLE 使用成本低,比传统蓝牙耗电少。与二维码不同,BLE 具有双向的推拉通信能力。使用二维码时,消费者需要向扫描器出示二维码,然后才能看到产品信息。使用 iBeacon 时,消费者一走进商店就可以进入可连接区域,收到促销信息,然后在商店的特定区域(如珠宝部)中也将收到营销活动信息,这一切都会在用户的 iPhone 上自动发生,消费者也可以对这些消息做出回应(Lee,2021)。

对于零售商来说,店内信标营销旨在实现四个营销目标。首先,客户一进入商店就可以立即参与营销活动,然后可以在商店的各个区域得到虚拟陪伴,有点类似于奢侈品零售店为高端消费者分配专享的销售人员。其次,信标可用于刺激忠诚度计划,经常购买产品的消费者一进入商店就可以被注意到。再次,零售商可以在实体店内组织秒杀促销、即时折扣促销和其他限时促销活动。最后,信标可以在消费者不知不觉的情况下使用,不推送优惠或商品信息,而只是直接收集有关店内消费者行为的数据。信标也被许多其他行业使用,如餐饮、旅游、银行、娱乐和体育等(Hegde,2022)。

目前,信标技术本质上是在商店内可以与用户智能手机通信的蓝牙技术,由独立的应用程序组成,每个应用程序都遵循不同的标准,有几家科技公司正尝试将信标功能嵌入受欢迎的平台中。Google 的 Eddystone 开源标准可以与 iOS 或 Android 一起使用(Adarsh,2022),

广告商也开始使用这项技术。

　　许多零售商也在使用信标技术。例如，Target 使用该技术为消费者绘制路线，帮助消费者按照逐排的方式找到定位产品。消费者将购物清单输入 App，App 为他们生成一个自动购物计划，并在 App 的商店地图上以图钉突出显示。Sephora 使用信标技术实现多种用途，如在 App 中提供商店地图和每日促销信息。使用该 App，店员还能访问客户的购买历史记录，并帮助客户快速找到所需产品。当客户进入商店时，App 会为他们提供店内美容服务，并提醒他们付款购买。在 Duane Reade 地点，Walgreens 向客户发送优惠券和折扣促销信息，客户可以用智能手机查看优惠券并兑换。这有助于促成客户的店内购买（Hegde，2022；Davies，2022）。

　　然而，使用信标营销的支持者声称，信标技术尚未革命性地改变移动营销，原因是要使用信标技术仍然需要用户打开蓝牙。但在美国，只有 20% 的智能手机用户开启了蓝牙，另有 20% 的人不相信他们的智能手机有蓝牙（虽然智能手机很可能的确有蓝牙）。消费者还会担心在商店购物时被追踪的隐私信息的安全性问题（Kwet，2019）。许多人不希望被店内通知打扰，并可能对这种干扰感到不满。尽管如此，信标技术市场预计仍然会持续增长，到 2027 年时预计将超过 140 亿美元（Research and Markets，2022）。零售部门预计将是收入的主要来源，占比超过 55%（DeCode Staff，2019；Nechay，2019）。

7.4.7　开展基于位置的移动营销活动

　　与所有营销活动一样，首先要确定营销目标，并了解基于位置的移动营销活动如何帮助你实现业务增长。基于位置的移动营销通常比其他形式的网络营销更具行为导向性。一个人在特定位置可能只停留很短的时间，一般以分钟和小时计量，很少是天或周。如果你想让消费者做某事，或者让消费者现在就行动，那么需要思考：你的产品或服务是否具有这种特性？与消费者的位置相关的营销活动是否适合你的产品？你的产品是否能在特定的时间和地点吸引移动设备消费者？很少有产品和服务与消费者的位置没有关联。

　　接下来，思考你的营销活动和产品的目标人群。了解位置感知的移动消费者（拥有移动设备并熟悉基于位置的服务的人）往往比非位置感知的移动消费者更年轻、受教育程度更高、收入更高。他们具有与所有移动购物者相同的特征。

　　对你的虚拟市场进行战略分析非常重要。如果你正在进行非位置感知的移动营销活动，也需要回答相同的问题，如确定你的竞争对手正在做什么，如何开展基于位置的移动营销活动。

　　在设计营销活动并进行市场定位之后，就可以开始实施移动营销活动了。实施活动时需要遵循基于位置的移动营销活动的步骤。注意，你不能同时做所有事情——移动中心定位、开展基于位置的营销活动。首先做一些简单的事情，比如本地搜索。然后再考虑制定复杂一些的基于位置的移动营销策略。

7.4.8　评价基于位置的移动营销的效果

　　有许多方法可以评价基于移动位置的营销活动，其中一些非常复杂。评价标准依据活动的营销目标而变化，营销目标可以是提高消费者对品牌的认知度，吸引消费者光顾零售店，或者是通过点击呼叫活动吸引人们预订音乐会座位。

　　因为移动本地活动使用的是与传统和移动网络营销相同的广告形式，所以有效性的基本评价标准是相似的。例如，曝光数（看到广告的人数）、点击率和独立访问者数是本地移动营销活动的基本评价标准。但是，基于位置的移动营销比传统的网络营销或简单的移动营销更加个性化和社交化：根据位置向消费者的个人移动设备发送营销信息。本地移动营销商希望消费者看到营销活动信息就立即行动——查询、预订、点击呼叫、加好友，最终购买。表 7.16 介绍了在评价移动营销活动时使用的一些基本维度和指标。基于位置的活动的性质对评价营销活动是否成功有一定的影响。例如，在点击呼叫活动中，评价指标是呼叫数量、呼叫持续时间、新客户与现有客户的比例以及意外或投诉呼叫的数量。

表 7.16   评价基于位置的营销的效果

基于位置的营销步骤	评价指标
粉丝获取	印象、点击率、移动设备或台式机网站及应用的独立访客数、浏览页面数、网站访问时长
粉丝互动	查询、预约、访问实体店、查地图找路线、注册、请求更多信息、发帖和评论、优惠响应、每位访客点赞数、点击呼叫率
扩大影响	给好友发信息、告知好友位置、与朋友分享位置或优惠
创建社区	社区访客或响应者生成的内容数、评论数、发帖数、好评数
强化品牌印象及销售	购买、因当地移动营销活动带来的销售增长的百分比、本地移动营销活动的客户百分比

7.5   电子商务相关职位

数字营销是网络营销中增长最快的领域之一（另一个领域是移动营销），预计广告商在 2022 年将在移动营销上支出超过 750 亿美元。如果你喜欢使用社交媒体，那么社交媒体营销的职位可能非常适合你。可能的职位包括社交媒体助理、社交媒体分析师、社交媒体协调员、社交媒体规划师、社交社区经理和社交媒体策略师等。

7.5.1   公司概况

该公司是一家营销和公关公司，成立于 2005 年，最初是一家传统媒体平台代理机构，后来其业务重点转移到了 Facebook、Instagram、TikTok、Twitter、Snapchat 和 Pinterest 等社交媒体平台上。该公司为金融服务、出版和教育机构等多个公司设计、开发和管理网站、社交网络页面、博客和长篇研究报告。公司拥有 550 名员工，他们都掌握多种技能，从内容创作者到平面艺术家、网页设计师、研究员以及专注于社交和移动活动的数字营销专家。

7.5.2   职位：社交媒体营销员

你将与数字营销部门一起工作。社交媒体营销员是一个入门级职位，负责为非营利和企业客户创建内容并管理特定项目，涉及社交媒体营销。社交媒体营销员的工作职责包括：

- 为多个客户的社交媒体营销活动创建各种类型的营销内容。
- 写作和编辑博客帖子。
- 创建和编辑长篇内容（电子书、报告、图片、幻灯片等）。
- 使用营销软件工具创建登录页面、表单和广告内容。
- 管理各社交媒体网络上的付费推广。
- 为社交媒体广告活动进行 A/B 测试。

- 创建和编辑营销分析报告。
- 校对印刷和数字内容的语法和排印错误。
- 为社交媒体营销活动制定头脑风暴策略。

7.5.3 资质／技能

- 拥有人文学科、社会科学或营销专业的大学学位，研修过数字营销、电子商务和／或平面设计课程。
- 个人或商业社交媒体网络和博客的运营管理经验。
- 出色的写作和沟通技能。
- 具备技术创新能力和创造性思维能力。
- 基本了解网站设计、数字媒体和内容营销。
- 对客户的动机／商业目标感兴趣。
- 愿意在协作环境中共同解决问题。
- 强大的组织能力和洞悉细节的能力。
- 有强烈的提高学习能力和专业能力的愿望。

7.5.4 面试准备

本章为你提供了面试社交媒体营销职位时应熟悉的基本知识。复习 7.1 节，你对社交媒体营销的广泛趋势会有所了解，尤其是与消费者进行交流，而不仅仅是展示广告。移动营销的快速增长及其对社交媒体营销的影响也很重要（图 7.1 和图 7.2）。复习 7.2 节，以加深对社交媒体营销的关键参与者和社交媒体营销的基本流程的理解（图 7.4）。活动影响力和社区参与度的概念对社交媒体营销的成功至关重要。很可能你的新职位要求你在 Facebook、Instagram、TikTok、Twitter 和 Pinterest 等一个或几个主要社交平台互动。复习 7.2 节中关于社交媒体网络营销工具的知识。还要注意如何评价每个社交媒体网络上活动的效果。通过阐述表 7.3、表 7.5、表 7.7、表 7.9 和表 7.11 中列出的一些成功的社交媒体营销活动，你可以给面试官留下深刻印象。通过展示你对社会洞察案例中讨论的儿童社交媒体营销问题的了解，你还会获得额外的印象分。虽然工作描述没有明确提到移动营销，但面试一定会提及移动营销，因为社交媒体营销和移动营销是密不可分的。复习 7.3 节，了解移动营销的发展历程以及大众在社交媒体平台上花费的移动设备访问时长。工作描述中也没有提到基于位置的移动营销，但公司的一些客户也可能对基于位置的移动营销感兴趣，建议复习表 7.15 中的基于位置的移动营销工具。

7.5.5 首次面试可能被问到的问题

1. 你有哪些社交媒体内容创作的经验？

在创建社交媒体内容方面，你可能还没有为公司创建社交媒体内容的经验，那就思考一下你在自己的社交网络个人资料上发布的内容类型、发布内容的目的，以及你的内容对目标受众产生的影响。如果你有参与社交媒体营销活动的经验，介绍一下你的角色、你面临的挑战以及你是如何应对这些挑战的。

2. 我们有一个客户是一家专注于健康和健身的媒体公司。目前，它的主要目标市场是 55 岁以上的成年人。客户现在要把目标市场定位为 24 至 36 岁的年轻人。你认为这样的公司如何使用 Facebook 或其他社交媒体网络推广产品？

你可以建议，千禧一代非常喜欢观看视频，YouTube、Facebook 和 Instagram 的视频是切入这个市场的好方法。同时，当针对正确的群体（如对锻炼感兴趣的人）进行定位时，Facebook Feed 展示广告既有效又经济。还可以提到，千禧一代更有可能在社交网络上使用移动设备，因此，对这个客户来说，重点应该是接触年轻的移动设备目标受众。

3. 我们有一个客户是一家地区零售银行。据他们说越来越多的客户使用移动设备访问其网络服务平台。你会建议银行如何使用社交媒体营销？

你可以建议，鉴于这家银行已经有一定的客户品牌知名度基础，因此可通过 Facebook、Twitter 以及吸引专业人士的 LinkedIn 等社交网络触达理想的目标受众。此外，银行自己的移动 App 也是比较理想的展示新产品和服务的场所。

4. 我们的许多客户是健康食品店、餐馆和专业零售商之类的小公司。你认为通过社交媒体如何更好地触达他们的本地客户？

本地公司非常适合使用社交媒体移动营销触达他们的受众。Google 是最大的本土化营销公司之一，提供基于位置、联系方式以及产品和服务介绍。此外，基于位置的移动营销活动在 Facebook 和其他社交网络上也很容易开展。本地公司可以设置 Google 广告和 Facebook 页面，并实施包括邻近性营销和店内信息营销等基于位置的移动营销计划。

5. 对于我们的大多数客户来说，网络营销过程已经改变，部分原因是人们正在使用从电视到台式电脑再到移动设备的多个屏幕来获得信息。我们应该如何建议客户选择合适的平台？如何在这些渠道上建立一致的品牌认知？

你可以解释屏幕多样性意味着单一广告并不适合所有平台，而需要调整广告形式以适应不同的设备和屏幕格式，这样你会给面试官留下深刻印象。图片和创意元素需要依据平台要求调整格式，这就是所谓的响应式设计。在某些情况下，公司可能必须为不同的平台开发不同形式的广告，这会增加成本。但是，公司的营销信息要同时能在台式电脑和移动设备上访问。

7.6 案例研究：ExchangeHunterJumper.com——用社交媒体营销打造品牌

互联网和万维网使成千上万的商业创意在网上得以实现。互联网降低了小企业的创业成本，并使企业能有效地使用与大型企业相同的营销资源和销售工具。小企业通常占据大型企业或公司未涉足的利基市场。在美国，一个由大约 1 万到 3 万参与者组成的利基市场是高端马术表演圈。这些人愿意花 20 万美元买一匹能轻松跳过 5 英尺高栅栏的马。这或许是一个非常小的市场，但其成员在买卖马匹的过程中非常积极，愿意出高价购买。ExchangeHunterJumper.com（以下简称 Exchange）就是一个专注于利基市场并成功建立网络品牌知名度的小型企业的实例。

Exchange 的创始人 Dagny Amber Aslin 曾说，通过互联网赚钱并不容易。她补充说："有很多先入为主的观念……我开辟了一条以前未曾耕耘的道路。这让我们花费了大量金钱，并且因为犯错而遭受了许多挫折。"但是，该网站仍在成长，并在其他人失败的地方取得成功。那么 Aslin 是如何突破难关，开发出一个适合专业买卖双方的网站的？她是如何建立信任的？她是如何营销服务的？

经验是 Aslin 取得成功的关键。Aslin 的创办网站的想法始于相关经验——在马术领域和互联网营销领域的经验。除了童年时期学习骑马和比赛，Aslin 还曾从事了好几年的专业教练工作。她一周工作 6 天，包括周末，并且大部分时间都在户外骑马、教学和比赛，她亲身体验了专业马术人面临的挑战，并在后来网站的潜在目标受众群体中获得了宝贵的信誉。

在马术领域工作时，她还兼职为加利福尼亚的一位顶级房地产代理人担任助理，帮助他在圣巴巴拉地区销售高端房地产。在其他活动中，她帮助代理人开发和扩展网站。通过这次经历，她意识到售价 6 位数的马和 7 位数的房子极其相似——两者往往都定价过高，涉及情感纠葛，需要审查和烦琐的谈判，需要通过代理人交易，等等。2005 年，当她从加利福尼亚搬回中西部（她度过童年的地方）时，Exchange 应运而生。13 年后，她建立的马匹营销模式是她在圣巴巴拉协助的房地产项目定制的模式。

Aslin 明白忙碌的马术专业人士需要高质量、可靠的马匹来源供他们的客户选择，而在忙碌的日常工作中，他们几乎没有时间彻底了解市场，他们通常也没能很好地掌握现代媒体技术。销售高端马匹时也存在同样的困境。作为回应，她创建了一套有组织的、专业的网络马匹销售广告营销流程，包括详细的卖家填写的表格，并坚持为每匹马提供高清照片和视频，从而能更准确地描绘每匹马的动物本性及其能力。她创建了一个合理且客户负担得起的收费体系，并开发了多渠道营销计划。

Aslin 明白，她的商业计划需要一个图文并茂的营销流程，而且要根据市场的反馈不断与时俱进。这帮助她在一个非常善于抵抗变化的传统行业中取得了进展。大多数马术专业人士在户外度过他们的每一天，只与他们熟识的人做生意——人与人之间的信任度非常低。当时大多数的马匹销售网站不过是充斥着不可靠信息的网络分类广告。尽管专业的马术人不善长使用计算机和互联网，但智能手机和平板电脑的兴起改善了他们的体验，并有效推动了马术专业人员的网络参与度。

Exchange 了解以上所有的情况，Aslin 的想法取得了新进展。为了践行持续为马术领域专业人士提供可靠服务的商业目标，同时提供优质马匹的精准信息介绍，Aslin 亲自审查所有可选择的广告商。有的时候，她会返回卖家那里，坚持让他们提供更高质量的照片和视频，如果发现马匹的信息描述与真实情况不相符，她就会拒绝与他们交易。最初的商业计划流程包括严格的筛选，也就是说要不计成本地把关每个环节——马匹、买家、流量和广告，做到质量至上而不是数量第一。从零开始建立品牌声誉是一个艰难且昂贵的过程，但 Aslin 的坚持和奉献取得了成功，如今，Exchange 的声誉和品牌已成为其最宝贵的资产之一。

在研究启动 Exchange 可能遇到的一些困难时，Aslin 首先提到教育——也是她本人所匮乏的——特别是在平面设计和网络技术方面的匮乏。尽管她知道专业马术人需要什么，但她不知道如何将这些需求转化为平面设计或放到网络上。她说，回顾原始的标志和印刷设计是"一次痛苦的练习"，但她对自己业务的未来趋势感到很乐观。

资金不足也是最初的困难之一，然而，回顾过去，她认为资金匮乏给了她一个优势，因为她不得不了解市场的需求，并且在不破产的情况下做到这一点。相反，她的主要竞争对手采取了相反的路径，一开始就花了一大笔钱，但没有满足顾客的需求，现在已经倒闭了。

此外，她面临的压力是行业专业人士和潜在买家对于"毫无价值"的网络马匹广告并不看好。更重要的是，她的目标受众几乎不知道如何使用电脑，没有电子邮件地址，并且几十年来一直以一成不变的老派方式做生意。对于一些关键买家来说，这种方式的确非常有效，但它无法触达不在这个圈子的消费群体。通过了解市场、在职培训、坚持不懈和聆听市场的反馈，Exchange 成功地填补了这一空白。如今，Exchange 通常同时管理着 160～180 匹马的营销，预计这个数字在不久的将来很可能会增加到 200 以上。

　　Exchange 的工作流程是：Exchange 为全国的卖家和训练师发布广告。2022 年，通过 Exchange 广告售卖马匹的价格范围从 25 000 美元到 250 000 美元不等。Exchange 专门为猎马 – 障碍赛马进行马匹广告展示，特别是那些适合高水平竞赛的马匹。

　　注册高级会员的训练师 / 卖家需支付 250 美元的初始广告费和每月 35 美元的订阅费（多匹马费用更低），其中包括在 Exchange 网站展示马匹的详细信息、照片、展览记录、血统和视频。Exchange 提供文案服务，剪辑并制作卖家提供的所有视频，接受视频接管，放在其私有服务器上，并提供下载、嵌入和分享服务。每条展示记录的准备工作通常需要 8~10 小时。Exchange 还提供了第二种会员选项——每月收费 300 美元的 Sale Barn 列表服务，卖家可以展示多达 10 匹马。卖家需要签署使用 3 个月的协议，但没有基础费用或其他费用。一旦期满，卖家可以随时根据需要停用或重新激活 Sale Barn 页面，且不再收取任何额外费用。针对经常有高负荷运转的高容量操作需求，Sale Barn 页面可以链接到卖家的网站、YouTube、Facebook 和 Twitter 账号（如果有的话），这样做的目的是提高卖家业务的整体品牌认可度。Aslin 设计 Sale Barn 的目的是为卖家提供使用得起的广告选项，尤其满足那些不愿意在营销上花钱的专业人士的需求。Sale Barn 页面为卖家提供了一个迷你网站并支持社交媒体广告，包括每周 3 个侧边 Facebook 广告。这些广告的优势在于不仅为卖家的马匹做广告，还可以为 Sale Barn 套餐本身做广告，因为点击广告的人最终会进入 Exchange 网站，并能够直观且深入地了解其服务。国际卖家还会获得额外的小幅折扣。Sale Barn 项目已被证实取得了重大成功，共推出了 11 个不同的 Sale Barn 广告服务。

　　统计数据显示，在网络上投放马匹广告的第一个月是网页访问量增加最显著的一个月。通过加强每月的活动管理，Exchange 网站帮助每匹马的营销活动保持营销的新鲜度和营销信息的及时性。营销信息更新可以立即提升马匹的受欢迎程度，并吸引新的潜在买家。Exchange 平台鼓励卖家尽可能频繁地提供信息更新。网络视频增加了待售马匹的品牌价值，对于年轻马匹或价有所值的马匹尤其明显。更新后的信息会上传至公司官网，并通过各种社交媒体渠道推广，包括 Facebook 和 E-mail 营销。

　　目前，卖家需要填写两份单独的表格：一份信用卡注册表和一份马匹情况表。情况表包括一系列的复选框，卖家可以从中预先选择需要填写的项目特征，并辅以文字注释。虽然实际撰写文案仍然是 Exchange 提供的主要价值的一大部分，但这节省了内容生成时间。为了更好地实现该功能，Aslin 花时间研究了表单构建工具。定制的表单营销方案可能会太昂贵，所以她尝试了许多网络表单生成器，并最终找到了几个相对成本较低但效果较好的生成器。例如，当卖家宣称马匹是"障碍赛马"后，表单会显示与障碍赛马相关的特定问题选项。

　　Exchange 为列表中的每匹马制定了特定的营销策略。这个策略包括：审查提交的信息，仔细查看马匹的官方展示记录，判断营销信息是否客观中立，并识别最有可能的买家。如果 Exchange 认为照片或视频无益于销售马匹，会给卖家提出改进建议。这些建议源于跨海岸营销各种类型的马匹积累的经验，以及对市场中存在的各种买家档案和地理趋势的了解。

　　社交媒体营销是 Exchange 营销活动的核心。从 2009 年开始，Exchange 开始尝试使用社交媒体平台，包括 YouTube、Facebook、Twitter 和 Instagram。Aslin 指出，当她开始创建 Exchange 时，社交媒体还没有发展成为如今的样子，但当它的重要性开始显现的时候，她别无选择，只能跳进去开始使用社交媒体平台，一边使用一边学习。

　　过去，Facebook 是 Exchange 的主要社交媒体平台，但在 2021 年，Exchange 的 Facebook 页面被黑，结果 Facebook 关闭了该页面。Aslin 现在依靠她的个人 Facebook 页面

（她有 3000 多个朋友和关注者）以及相关的 Facebook 群组进行营销。

　　Exchange 在 Instagram 和 Twitter 上也有忠实的粉丝，这些平台侧重于吸引比 Facebook 年轻的人群。Exchange 的 Instagram 账号有 9000 多个粉丝。Exchange 的 Twitter 账户有大约 2000 个粉丝。Aslin 正试图改善 Exchange 的 Twitter "声音"，使其更具对话性并以消费者为中心，因为她注意到任何类似 "广告" 的内容都几乎没有效果。尽管 Aslin 了解这些粉丝中的许多人并不是真正的买家或卖家，但她指出，将来他们很可能会成为真正的买家或卖家。她的网站随着她的客户一起成长，曾经对网站上的小马垂涎的孩子们很快就会成为成年人，而且可能是年轻的专业人士。

　　开发有效的社交媒体内容，这需要用吸引消费者注意力的方式呈现，这也是另一个挑战。确定每天发布新内容的最佳数量和时间，也同样是一个挑战。Aslin 注意到，如果她一天发布太多次或者发布的内容太集中，粉丝对帖子的关注度似乎会下降。为各种不同的社交媒体渠道创建内容已经成为一项全职工作，并且对于普通人来说存在一些不容忽视的陷阱。如果做得不正确，它可能会占用大量的时间，而只有很低的投资回报。在一个社交媒体平台上的失误可能引发重大的形象危机，从而会破坏多年积累的品牌知名度。

　　每个企业都是不同的，Exchange 的经验表明，电子商务网站尝试使用社交媒体确定哪些渠道能有效触达目标受众是很重要的。为了追踪社交媒体营销活动的效果，Aslin 使用了多种追踪系统。例如，用 Google Analytics 可以实时且准确地追踪有多少人在使用 Exchange 网站，而且能同时看到这些人到达网站的路径。Aslin 发现，仅仅关注点赞数量是不够的。例如，她注意到，她在 Facebook 上发布的一张宣传马匹的照片虽然只获得了 10 个赞，但是却有 150 人通过点击照片关联链接来访问 Exchange 网站。她还使用短链接服务 Bitly，创建与 Facebook 和其他社交媒体帖子相关联的唯一 URL，这些 URL 内置了点击追踪器。Aslin 的社交媒体营销活动很快取得了大范围的成功，营销活动效果最好的时候，bit.ly 统计显示每月大约有 8000 次点击连接到 Exchange 网站。

　　公司的网站也是其电子商务实体的关键组成部分。Aslin 不断地监督并调整网站的设计，以期使其成为最有效的营销工具。她在 2005 年创建了网站，而且几乎每年都根据目标市场的需求进行更新。2012 年，Aslin 第 5 次重新改进了网站，并首次聘请了专业的网络研发团队，将静态 HTML 网站转换为基于 Expression Engine 平台的动态内容管理系统。尽管通过设计和开发网站的 CSS 布局能够保持低成本，但她所需的高级功能，例如实现购物者根据价格、位置、性别、类型和大小对马匹进行排序的马匹销售过滤器，仍然需要 5 位数的巨额投资。Aslin 认为，实时关注市场变化并更新网站的能力使 Exchange 保持了新鲜性和创新性，网站的每次迭代都专注于满足目标市场的需求。例如，她还投入了相当多的时间和费用，以确保 Exchange 的网站（包括视频）无论是在移动设备上还是在传统的笔记本电脑或台式电脑上都能良好运行。然而，因为 Google 对移动站点的搜索算法的变化，导致 Exchange 在搜索结果中的排名下降，Aslin 再次考虑重新调整网站。她指出，以前的消费者相对容易取悦和满足，而现在的消费者对网站的质量和性能有很高的期望。

　　除了网站之外，Exchange 还使用了多种其他营销策略，包括 E-mail 营销活动、杂志广告和口碑。它不再用高成本的四色印刷的 National Sales List 小册子做宣传，而是完全依赖各种类型的网络营销渠道。Aslin 发现，她多年来积累的网络开发经验让她受益匪浅。她认为，企业家不一定要知道如何创建网站，但他们确实要熟练地辨识在创建网站的过程中哪些功能是网站必须要具备的，哪些不是。他们还需要明白哪些功能是复杂的，哪些不是，这样可以避免不能真正优化用户体验且太过复杂的附加功能的费用，从而降低预算。更重要的是他们还要明白现在流行的是哪些技术，哪些技术即将面世。即使你觉得自己已经精通启动业务所需的所有任务，但是随着技术的迅速发展，你还需要花费大量时间学习一些全新的知识，无论你是否愿意。

通过研究营销过程中的每一步细节，Exchange 已经成功地建立了品牌知名度，它已经成为马匹社区不可或缺的营销平台。

讨论问题

1. 在网络上找到一个提供马匹分类广告的网站。将这个网站与 Exchange 提供的服务（顾客价值主张）进行比较。Exchange 提供了哪些其他网站没有的服务？

2. 社交媒体在推广 Exchange 品牌方面有效的方式有哪些？哪个社交媒体平台的营销产品销量最大？哪个社交媒体平台的产品咨询量最多？为什么？

3. 列出 Exchange 对买家和卖家提供个性化服务的所有方式。

7.7 复习

7.7.1 关键概念

- 理解传统网络营销和社交媒体－移动－本土化营销的区别，以及社交媒体营销、移动营销和本土化营销之间的关系。
    - 社交媒体营销、移动营销和本土化营销已经改变了网络营销的格局。主要趋势和概念包括：
        - 网络营销的重点已经从向消费者展示信息转变为让他们参与品牌对话。
        - 社交媒体营销意味着所有社交方面的事物：聆听、讨论、互动、同理和吸引消费者。
        - 社交媒体营销和广告不仅仅是另一个"广告渠道"，而是一系列基于技术的与购物者沟通的工具。
        - 过去，企业可以严格控制品牌信息，并引导消费者一步步沿着以诱发购买为目的的提示渠道进行决策。然而今天，企业不能这样严格控制。相反，消费者的购买决策越来越多地由消费者在社交网络中的对话、选择、品味和意见驱动。
    - 社交媒体营销、移动营销和本土化营销是增长最快的网络营销形式。
    - 社交媒体营销、移动营销和本土化数字营销是自我加强和相互连接的。
    - 本土化营销和移动营销高度相关：本地广告商通常利用移动设备进行定位。
    - 社交媒体营销、移动营销和本土化营销之间的紧密联系对管理营销活动有重要意义。当你设计一个社交媒体营销活动时，也必须考虑到你的客户将使用移动设备访问该活动，通常他们还会寻找本地内容。
- 理解社交媒体营销的过程：从粉丝获取到成功销售商品，再到 Facebook、Instagram、TikTok、Twitter、Pinterest 等社交媒体营销平台的营销能力。
    - 在社交媒体营销中，目标是鼓励潜在客户成为产品和服务的粉丝，并通过与其对话而产生互动。
    - 社交媒体营销过程模型有五个步骤：粉丝获取、粉丝互动、扩大影响、创建社区、强化品牌印象及销售。
    - Facebook 是一个旨在鼓励人们尽可能多地透露个人信息的社交媒体网络，包括他们的活动、行为、照片、音乐、电影和购物。

- Facebook 的特点是实现人与人之间联系的最大化，方式包括通知、标记、发送信息、发帖和分享。在许多情况下，个人信息的流动传播的广泛性甚至超乎用户的想象。
- 社交密度指的是群体成员之间的互动数量，反映了一个群体的"连接度"，即使这些连接是强加给成员的。
- Facebook 有许多营销工具，包括品牌页面、Facebook 群组、Facebook 广告和 Facebook 直播以及 Messenger。
- Instagram 是一个视觉社交网络。用户和广告商向他们的朋友、潜在客户和广大公众发布照片和视频。Instagram 营销工具包括在 Instagram Feed、Stories 和 Reels 中的展示和视频广告以及 Instagram Direct。网红营销是 Instagram 上的一种主要营销方式。
- TikTok 是一个短视频分享 App。许多 TikTok 视频以音乐为特色，用户可以对口型、唱歌和跳舞，而其他视频则关注喜剧和创意。网红营销是 TikTok 上的一种主要营销方法，但现在 TikTok 也提供与其他社交网络平台相同的广告格式。
- Twitter 是一个允许用户发送和接收 280 个字符的消息以及视频、照片和文章预览的社交网络。Twitter 营销工具包括推广广告、粉丝广告、Twitter 接管、品牌通知、Twitter 放大计划、Twitter 卡片和 Twitter 直播。
- Pinterest 是一个社交网络，为用户提供了一个在线板块，用户可以在上面"钉上"有趣的图片。Pinterest 的成功部分基于消费者行为的转变，这种转变由新技术使能：人们使用图片而不是文字谈论品牌。Pinterest 营销工具包括：品牌页面，包括图片、视频、轮播和购物在内的多种广告格式，搜索广告，多页视频想法图钉，富图钉。
- 其他社交网络，如 Snapchat 和 LinkedIn，为营销人员提供类似的广告机会。
- 社交媒体营销的一个缺点是品牌对于广告出现在什么内容旁边以及人们在社交网络上对品牌的评论失去了控制。

- 识别移动营销活动的关键要素。
  - 移动营销涉及使用智能手机和平板电脑等移动设备来展示横幅广告、富媒体、视频、游戏、电子邮件、短信、店内消息、二维码和优惠券。
  - 移动设备与之前的营销技术截然不同，因为这些设备融合了许多人类和消费者活动，从给朋友打电话或发短信到听音乐、观看视频，以及使用网络购物。
  - 移动用户绝大多数时间使用移动 App 而不是移动网页浏览器。因此，营销人员需要将广告放在消费者花费大部分时间的 App 中。
  - 移动设备创造了一个多屏世界。计算设备的现实和未来是，消费者将是多平台的用户：在公司和家里使用桌面电脑和笔记本电脑，在家里和外出时使用智能手机和平板电脑。
  - 多设备平台或屏幕多样性环境的含义是，营销需要为消费者正在使用的设备进行设计，以及跨平台的品牌一致性变得很重要。
  - 与社交媒体营销不同，移动营销不需要大量新的营销词汇。桌面上可用的所有营销格式在移动设备上也同样可用。除了少数例外，移动营销非常类似于桌面营销——只是更小、移动，并且始终伴随着用户。
  - 移动营销的主要营销机会是搜索广告、展示广告、视频和富媒体、移动短信（SMS/MMS/PPS）以及其他我们熟悉的格式，如电子邮件、分类和潜在消费者发掘。
  - 可以使用社交媒体营销过程模型的维度来衡量移动营销的有效性：粉丝获取、粉丝互动、扩大影响、创建社区、强化品牌印象及销售。在衡量移动活动时，也可以使用传统的基于网络浏览器的指标。

- 理解基于位置的本土化营销的能力。
  - 基于位置的营销是指根据用户的位置定向发送营销信息。通常情况下，基于位置的营销涉及地点服务的营销。
  - 地点服务的示例包括个人导航和兴趣点评价、朋友查找器以及家庭追踪服务。
  - 基于位置的营销依赖于两项技术：精准的地图软件和移动设备地理定位技术，如 GPS、Wi-Fi 网络位置数据和蓝牙低能耗技术。
  - 基于位置的移动营销目前在网络营销环境中只占很小一部分，但预计其重要性将会增长。
  - 本地移动营销中使用的广告格式是我们熟悉的——搜索广告、展示广告、社交 / 原生广告、视频和 SMS 文本消息。这些本地移动广告中有很大一部分将通过像 Google 这样的搜索引擎和像 Facebook 这样的社交网络来投放。
  - 基于位置的移动营销的主要参与者也是广告领域的巨头，它们主导着移动营销环境，如 Google、Meta 和 Twitter。
  - 地理感知技术识别用户设备的位置，然后向该设备定向营销，推荐用户可达的行动。
  - 广告的地理定向涉及基于用户位置发送广告。
  - 邻近性营销技术识别出物理位置周围的边界，然后向该边界内的用户定向广告，推荐在围栏区域内可能的行动。
  - 商店内消息传递涉及在消费者进入和浏览商品时给他们发送消息。这种类型的消息需要非常精确的位置计算。
  - 使用移动设备寻找关于本地企业的信息的消费者比桌面用户更加活跃且更可能购买。
  - 衡量基于位置的移动活动的效果时，可使用与基于浏览器的搜索和展示广告（印象数）相同的技术，但也应该包括社交媒体营销过程模型的维度。

7.7.2　思考题

1. 给出使社交媒体、本土化和移动营销区别于传统在线营销的两个因素。
2. 为什么社交媒体、移动和本土化营销是相互连接的？
3. 社交媒体、移动和本土化营销之间的联系对营销人员为什么重要？
4. 社交媒体营销的目标是什么？
5. 主要的社交网络有哪些？
6. 社交媒体营销过程的五个要素是什么？
7. LinkedIn 对广告商为什么具有吸引力？
8. 列出并简要描述基本的 Facebook 营销工具。
9. 如何衡量社交媒体营销活动的结果？
10. 列出并简要描述 Twitter 营销工具。
11. 列出并简要描述 Instagram 营销工具。
12. 列出并简要描述 TikTok 营销工具。
13. 列出并简要描述 Pinterest 营销工具。
14. 移动营销为什么与桌面营销不同？
15. 哪个是增长最快的移动商务平台，为什么？
16. App 广告为什么对营销人员如此重要？

17. 什么是多屏幕环境？它如何改变营销？

18. 移动设备上有哪些类型的广告格式？

19. 基于位置的营销为什么对营销人员如此有吸引力？

20. 列出并描述一些基本的基于位置的营销工具。

7.7.3 实践项目

1. 选择两家不同的在线公司，对每家公司，尝试识别该公司已实施的社交媒体、移动和本土化营销活动。它们是否在官方网站上使用社交插件？它们是否有 Facebook 页面？如果有，请访问这些页面，看看公司是如何使用它们的。Facebook 页面与公司网站有何不同？你能识别出公司如何使用移动营销吗？如果有的话，使用你的智能手机或平板电脑访问公司的 App 和网站。公司的网站是否针对每个平台进行了特别设计？最后，批判性地对比这些公司，并从营销经理的视角提出改善营销效果的建议。

2. 访问你的 Facebook 个人资料页面，并检查右侧边栏中显示的广告。广告内容是什么？它与你的兴趣或在线行为相关吗？列举出现在你的 Feed 中的广告。就你的人口统计数据、兴趣和购买行为而言，这些广告针对你进行了适当的定位吗？浏览网页，至少访问两个零售网站。在接下来的 24 小时内，你是否在 Facebook 上看到与你的浏览行为相关的广告？

3. 访问两个网站，并对两者应用社交媒体营销过程模型。批判性地对比这些网站在社交媒体营销过程的各个维度上的有效性。这些网站在粉丝获取、粉丝互动、扩大影响、创建社区和强化品牌印象方面表现如何？你能为这些网站提出哪些建议以提高它们的效果？

4. 识别两个 Pinterest 品牌页面。识别它们如何使用本章描述的 Pinterest 营销工具。有些工具它们没有使用吗？你能为这些公司提出哪些建议以改善它们的 Pinterest 营销活动？

7.7.4 参考文献

Aaker, D. A. "Measuring Brand Equity across Products and Markets." *California Management Review*, Vol. 38, No. 3, pp. 102–20. (1996).

Adarsh, Monika. "Beaconstac's Eddystone Dashboard Gets a Refresh!" Blog.beaconstac.com (July 4, 2022).

Ailawadi, Kusum L., Donald R. Lehmann, and Scott A. Neslin. "Revenue Premium as an Outcome Measure of Brand Equity." *Journal of Marketing*, 67, 1–17 (October 2003).

ANA. "ANA Offers First Guidelines for Measuring Influencer Marketing." Ana.net (July 19, 2022).

BIA Advisory Services. "BIA Decreases 2022 Estimates for U.S. Local Advertising Revenue to $167.4B Indicating Headwinds for the Overall Local Advertising Marketplace." Biakelsey.com (June 16, 2022).

BIA Advisory Services. "BIA Revises Its U.S. Local Ad Forecast—Expects Revenues from Traditional and Digital to Hit $142B." Biakelsey.com (July 22, 2021).

BIA Advisory Services. "Advertising Revenue in the Uncertain Covid-19 Environment: BIA's Updated 2020 U.S. Local Advertising Forecast." Biakelsey.com (April 2020).

BIA Advisory Services. "US Local Advertising Revenue to Exceed $161B in 2020, According to BIA Advisory Services' Forecast." Biakelsey.com (November 6, 2019).

Davies, Rhian. "7 Beacon Technology Retail Strategies to Increase Sales." Fool.com (August 5, 2022).

Decode Staff. "This Is the Future: Beacon Technology!" Medium.com (May 29, 2019).

Google, Inc. "The New Multiscreen World." (August 2012).

Google, Inc. "Understanding Consumers' Local Search Behavior." Thinkwithgoogle.com (May 2014).

Hegde, Apoorva. "5 Powerful Beacon Use-Cases for 2021: Takeaways from 2020." Blog.beaconstac.com (July 11, 2022).

Holland & Knight. "FTC Set to Update Endorsement Guides on Social Media Advertising." Hklaw.com (June 15, 2022).

Insider Intelligence/eMarketer. "US Digital Ad Spending, by Device." (March 2022a).

Insider Intelligence/eMarketer. "US Social Network Ad Spending." (March 2022b).

Insider Intelligence/eMarketer. (Debra Aho Williamson). "US Social Media Usage 2022." (June 2022c).

Insider Intelligence/eMarketer (Jasmine Enberg). "Influencer Marketing 2022, US." (August 23, 2022d).

Insider Intelligence/eMarketer. "US Instagram Ad Revenue." (March 2022e).

Insider Intelligence/eMarketer. "US Snapchat Ad Revenue." (March 2022f).

Insider Intelligence/eMarketer. "US Mobile Internet Users

and Penetration." (February 2022g).

Insider Intelligence/eMarketer. "US Retail Ecommerce Sales." (June 2022h).

Insider Intelligence/eMarketer. "US Retail Mcommerce Sales." (June 2022i).

Insider Intelligence/eMarketer. "US Digital Travel Sales, by Device." (May 2022j).

Insider Intelligence/eMarketer. "Top 25 Smartphone Apps among US Smartphone App Users, June 2022." (May 2022k).

Insider Intelligence/eMarketer. (Jessica Lis). "US Time Spent with Connected Devices 2022." (June 4, 2022l).

Insider Intelligence/eMarketer. "US Retail Mcommerce Sales, by Device." (June 2022m).

Insider Intelligence/eMarketer. "Average Number of Apps Used per Month, US Mobile Devices, 2019–2021." (January 27, 2022n).

Insider Intelligence/eMarketer. "US Mobile Ad Revenues, by Company." (March 2022o).

Insider Intelligence/eMarketer "US Mobile Ad Revenue Share, by Company." (March 2022p).

Insider Intelligence/eMarketer. "US Mobile Google Search Ad Revenue." (March 2022q).

Insider Intelligence/eMarketer. "US Mobile Meta Display Ad Revenue." (March 2022r).

Insider Intelligence/eMarketer. "US Mobile Ad Spending by Format." (March 2022s).

Insider Intelligence/eMarketer. "US Total Media Ad Spending." (June 2022t).

Insider Intelligence/eMarketer. (Yoram Wurmser). "Location Intelligence 2022." (January 20, 2022u).

Keller, K. L. "Conceptualizing, Measuring and Managing Customer-Based Brand Equity." *Journal of Marketing*, Vol. 57 (January 1993).

Kwet, Michael. "In Stores, Secret Surveillance Tracks Your Every Move." *New York Times* (June 14, 2019).

Lee, Wei-Meng. "Understanding and Using iBeacons." Codemag.com (December 23, 2021).

McDermott, Dania. "Facebook Live vs. YouTube Live: Which One is Better." Vimeo.com (May 16, 2022).

Meta. "Tonal Success Story." Facebook.com (accessed October 3, 2022).

Michaels, Dave. "Kim Kardashian to Pay $1.26 Million to Settle SEC Investigation into Role in Crypto Deal." *Wall Street Journal* (October 3, 2022).

Nechay, Valerie. "Are Beacons in Retail Still the Staple of Proximity Marketing." Itransition.com (November 15, 2019).

Research and Markets. "Global Beacon Market Report (2022 to 2027)—Integration of Advanced Communication Technologies Is Driving Growth." Finance.yahoo.com (August 12, 2022).

Simon, C. J., and M. J. Sullivan. "The Measurement and Determinants of Brand Equity: A Financial Approach." *Marketing Science*, Vol. 12, No. 1, pp. 28–52. (1993).

Wong, Queenie. "Facebook Says More People Watching Live Videos amid Coronavirus Pandemic." Cnet.com (March 27, 2020).

Zara, Christopher. "How Facebook's 'Like' Button Hijacked Our Attention and Broke the 2010s." Fastcompany.com (December 18, 2019).

电子商务领域的伦理、社会及政治问题

学习目标

- 了解为什么电子商务会引起伦理、社会和政治问题。
- 了解与隐私和信息权利相关的基本概念，电子商务公司侵犯个人隐私的做法，以及保护在线隐私的不同方法。
- 了解各种形式的知识产权以及保护知识产权所涉及的挑战。
- 了解互联网治理方式，识别互联网和电子商务引发的主要治理问题。
- 识别电子商务引发的公共安全和福利问题。

开篇案例：被遗忘的权利——欧洲互联网隐私保护领先美国

2014 年，欧盟法院（CJEU）做出了裁决，要求 Google 在欧洲范围内删除某些搜索引擎查询结果。该裁决允许个人用户向 Google 提出删除通过搜索他们的名字而发现的某些个人信息链接。这一裁决被称为"被遗忘的权利"（有时简称为 RTBF 或"删除权"）。这一裁决标志着欧盟数字隐私新时代的开始。该裁决基于一个简单的理念：个人有权管理自己的网络信息和公众形象。然而，Google、Meta（Facebook）、Twitter 等美国互联网公司，其商业模式几乎不受个人信息收集和使用的限制，并且对这些赋予个人管理网络信息的权力的做法持有强烈的反对态度。尽管如此，CJEU 的裁决具有最终的法律效应，Google 和其他搜索引擎公司必须遵守。虽然裁决看似简单，但在实际执行过程中却困难重重，且成本高昂。

2010 年，西班牙公民 Mario Costeja Gonzalez 向西班牙报纸《先锋报》（La Vanguardia）、Google 西班牙公司和 Google 美国母公司提起诉讼。CJEU 的裁决是基于这一诉讼做出的。在 Google 上搜索 Gonzalez 的名字，最先出现的是一则拍卖通知，该通知称他的房子已被收回，并将被出售以偿还债务。Gonzalez 的诉讼声称，他的债务和丧失抵押品赎回权的问题已在几年前解决，因此这一信息目前与他的隐私无关。然而，根据欧盟《数据保护指令》，这仍然是对他隐私的侵犯。欧盟 28 个国家的个人信息都在该条款的管辖范围内。Gonzalez 要求该报对其网页内容进行删除或修改，他表示自己更担心的是该链接对他的工作和律师声誉的影响，而不是自己的网络形象。同时，许多欧洲人也要求 Google 公司删除那些带有他们名字的页面，声称这些页面侵犯了他们的隐私。

Google 和《先锋报》辩称，由于为 Google 搜索提供结果的服务器位于欧洲以外，欧盟的规则和隐私立法并不适用。Google 还强调，它只是一个搜索引擎，只提供其他组织存储的信息的链接，并不是一个数据存储库。Google 搜索不对其他组织存储的信息的准确性或相关性负责。因此，Google 声称它不应该受到欧盟《数据保护指令》的约束，因为该指令只涉及数据存储库。此外，Google 还表示，根据欧洲法律，个人无权要求通过搜索引擎删除他们的个人数据。在公开声明中，Google 指出，它很难或不可能回应成千上万个删除链接的请求。如果 Google 同意删除链接，将允许罪犯、欺诈者、性侵犯者和腐败的公职人员改写历史。此外，删除链接的成本非常高昂，很可能限制公司未来的创新。

2014 年，CJEU 裁定，欧盟数据保护政策不受地域限制，无论搜索引擎的服务器位于何处，都应遵守欧盟的规定。在此之前，搜索引擎被视为只是在线数据的处理者，因此不受欧洲数据保护规则的约束。然而，CJEU 发现，搜索引擎是欧盟内个人数据的"控制者"，因此必须遵守欧盟的规定。此外，CJEU 还裁定，当个人信息不准确、不充分、不相关或过多时，欧洲人确实有权要求搜索引擎删除指向他们个人信息的链接（即"被遗忘的权利"或"删除权"）。搜索引擎虽然提供了方便的途径来访问个人信息，但不能干涉个人的删除权和隐私权。

CJEU 进一步解释说，删除权并不是绝对的，必须与其他权利和义务进行平衡，例如言论自由、出版自由以及更广泛的公共利益。举例来说，CJEU 的裁决并未要求《先锋报》修改其档案中的任何内容。因此，最初的拍卖通知仍然保存在报纸上。公众也希望确保罪犯的犯罪记录不会消失，这些记录在大多数司法管辖区都是公开的。CJEU 并没有赋予任何人从搜索引擎中删除信息的权利，而是要求对信息的类型、信息对个人私生活的潜在危害以及获取该信息对公众的利益进行评估。此外，对于"公众人物"，如政治家、名人或商业领袖，了解信息带来的公众利益可能会超过要求个人被遗忘带来的私人利益。

法国监管机构决定进一步扩大删除权的范围。尽管最初的裁决或欧盟法规并没有要求到这种程度，但现在它们要求 Google 在全球范围内的服务器上删除已下架的搜索结果，而不仅仅是欧洲服务器。2016 年，由于 Google 未能从位于美国的服务器上删除已下架的材料，法国对其进行了罚款。Google 向欧洲法院提起上诉，并向美国商务部表达了自己的担忧：欧洲法院的裁决可能会影响美国互联网用户的体验。2019 年，欧洲法院做出了对 Google 有利的裁决：删除权并不是一项绝对权利，它只适用于欧盟。有趣的是，尽管加州以外的地区没有法律要求，但在 2022 年，Google 推出了一项政策扩展，允许美国公民要求从 Google 搜索中删除某些个人信息。

CJEU 的裁决和法国扩大删除权的范围反映了欧洲和美国在平衡隐私、个人信息、言论自由和出版自由方面存在的深刻分歧。在欧洲，许多国家为这一裁决欢呼，认为这是对傲慢的美国互联网公司及其对用户隐私的轻率态度的胜利。而在美国，报纸和技术专家强调新闻自由的重要性，并警告人们不要让个人隐藏过去的罪行。然而，调查显示，近四分之三的美国成年人支持某种形式的删除权。

截至 2022 年 9 月，Google 表示，它们收到了超过 130 万份来自个人的请求，这些人都希望删除与他们相关的 510 多万个在线信息链接。这些请求主要来自法国、德国、西班牙和英国。根据 Google 的内部指导方针，它们已经删除了约 49% 的链接。其中，大约四分之一的请求与社交媒体和目录网站的链接有关，另外 20% 与个人的新闻报道有关。尽管 Google 认为，删除率表明它们在判断哪些内容应该被删除时是公正的，但批评人士认为，这些决定不应该由私营公司做出。

2018 年，欧盟的《通用数据保护条例》（GDPR）对与删除权有关的法规进行了汇编，并将其称为"删除权"。然而，在实施删除权的机制方面，各方仍存在紧张关系。随着区块链技术的广泛应用，这一技术的应用特性可能会对删除权产生影响，因为区块链技术是一种不可改变且无法"遗忘"的分布式数据库。

在美国，2020 年生效的《加州消费者隐私法》（CCPA）规定，加州居民有权要求删除某些企业收集的个人信息。虽然不像 GDPR 那么广泛，但 CCPA 是美国第一部将类似于删除权的权利编入法典的法律，可能是其他州出台类似法律的预兆。

互联网和电子商务的迅猛发展引发了一系列伦理、社会和政治问题，其中之一便是网络公司应如何保留或删除收集的个人信息。例如，关于个人在多大程度上可以控制自己的个人信息被网络公司收集后的使用情况，在美国仍然存在争议，不同州有不同的法律规定。相比之下，在欧洲，个人确实保留了对个人信息的相关权利。这些问题不仅是我们个人必须面对的伦理问题，还涉及社会机构，如家庭、学校、商业公司，在某些情况下还涉及整个民族国家。这些问题具有明显的政治维度，因为它们涉及我们如何生活以及我们希望生活在什么样的法律之下等集体选择。在本章中，我们将讨论并提供一个框架来理解电子商务中的伦理、社会和政治问题。

8.1　理解电子商务中的伦理、社会和政治问题

互联网及其在电子商务中的应用引发了广泛的伦理、社会和政治问题，其规模对计算机技术来说是前所未有的。但为什么会这样呢？为什么互联网是当代众多争议的根源？部分原因是互联网技术的特征，另一部分原因是电子商务公司使用互联网的方式。互联网技术和互联网技术在电子商务中的应用破坏了现有的社会和商业关系。

例如，表 1.2 列出了互联网技术的特征。表 8.1 没有考虑每一个特征的商业后果，而是考察了该技术实际或潜在的伦理、社会和政治后果。

表 8.1　电子商务技术的特征及其潜在的伦理、社会和政治影响

电子商务技术维度	潜在的伦理、社会和政治意义
普遍存在性——互联网 / 网络技术无处不在，随时可用	工作和购物可能侵入家庭生活；购物会分散工作人员的注意力，降低他们的工作效率；使用移动设备可能导致车祸和工业事故。给税务机关带来了令人困惑的关系问题。
全球覆盖性——电子商务技术跨越国界触达全球	减少了产品的文化多样性；削弱小型的本地企业，同时加强了大型的全球性企业，将制造业生产转移到低工资地区；削弱了所有国家控制其信息命运的能力
标准通用性——有一套技术标准，即互联网标准	增加了全球范围内遭受恶意软件和黑客攻击的风险，影响到数百万人；增加了"信息"犯罪、反系统犯罪和欺骗的可能性
丰富性——提供视频、音频和文本服务等	一种"屏幕技术"，通过专注于视频和音频信息来减少文本的使用，并可能降低阅读能力。可能传递出非常有说服力的信息，从而减少对多个独立信息来源的依赖
交互性——电子商务技术实现了与用户之间的互动	商业站点的交互性本质可能是肤浅和无意义的。客户的电子邮件通常不会被人类阅读。客户并没有真正"共同生产"产品，而是"共同生产"销售。发生的产品"定制"数量很少，只发生在预定义的平台和插件选项中
信息高密度性——电子商务技术降低了信息成本，提高了信息质量	虽然各方可以获得的信息总量增加了，但虚假和误导性信息、不需要的信息和侵犯隐私的可能性也增加了。信息的可信性、真实性、准确性、完整性和其他质量特征可能会降低。个人和组织理解这些过多信息的能力是有限的
个性化 / 定制化——电子商务技术允许将个性化的信息传递给个人和团体	由于商业和政府目的，产生了前所未有的密集侵犯隐私的可能性
社交技术——电子商务技术使用户内容生成和社交网络成为可能	为网络欺凌、辱骂性语言和掠夺创造了机会；挑战隐私、合理使用和同意使用发布信息的概念；为当局和企业监控私人生活创造了新的机会

我们生活在信息社会中，权力和财富越来越依赖于将信息和知识作为核心资产。对信

息的争议，往往是对权力、财富、影响力和其他被认为有价值的东西的分歧。就像蒸汽、电力、电话和电视等其他技术一样，互联网和电子商务也可以用来实现社会进步。然而，同样的技术也可以被用来犯罪、攻击无辜的人、破坏环境、威胁宝贵的社会价值。例如，在汽车出现之前，很少有国际犯罪。互联网也是如此。在互联网出现之前，很少有网络犯罪。

许多企业和个人从互联网的商业发展中受益，但这种发展也向个人、组织和社会索取了代价。那些寻求做出符合伦理和社会责任的决策的人，必须仔细考虑这些成本和收益。

8.1.1   一种划分问题的模式

电子商务和互联网引发了大量伦理、社会和政治问题，这些问题难以简单分类，而且它们彼此之间存在复杂的关联。显然，伦理、社会和政治问题是相互交织的。关于电子商务的伦理、社会和政治维度，其组织方式如图 8.1 所示。在个人层面，人们会问："我应该做什么？"在社会和政治层面，人们会问："作为社会和政府，我们应该做什么？"作为企业的员工或经理，你面临的道德困境会在社会和政治辩论中产生反响，同时也反映出这些困境的复杂性。围绕电子商务产生的伦理、社会和政治问题，可以简单地归纳为四个道德维度：信息权利、产权、治理以及公共安全与福利。

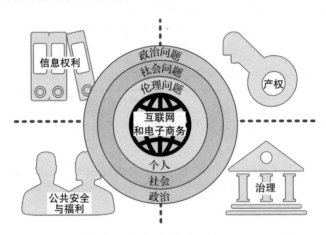

图 8.1   互联网社会的道德维度

伦理、社会和政治问题包括以下内容：
- **信息权利**：当互联网技术使信息收集变得如此普遍和高效时，个人在公共市场或私人家中对自己的个人信息有什么权利？
- **产权**：在数字社会中，受保护作品的完美副本可以在几秒钟内被制作出来并在全球范围内轻松分发，传统的知识产权如何得到保护？
- **治理**：互联网和电子商务应受公法管辖吗？如果是这样，哪些立法机构——州、联邦和 / 或国际机构——拥有管辖权？
- **公共安全与福利**：应该采取哪些措施来确保公平使用互联网和电子商务？政府是否有责任确保社会所有成员都能使用互联网？某些类型的在线内容和活动（如假新闻、色情、赌博或在 Twitter 上匿名发布不当言论）是否对公共安全和福利构成威胁？在即将到来的元宇宙中，公共安全和福利会受到什么影响？

为了阐明这一点，我们需要认识到，社会和个人都维持着一种由个人、社会组织与政治机构间的微妙平衡构成的伦理平衡。个体清楚人们对他们的期望；商业公司等社会组织了解自身的局限、能力和职责；而政治机构则构建了一个涵盖市场监管、银行和商业法律的支撑体系，并对违规者实施制裁。

现在，想象一下，当一种强大的新技术（如互联网和电子商务）出现时，个人、商业公司和政治机构都面临新的可能性。例如，在网络的早期，人们可以从网站上下载音乐的完美数字拷贝，而无需向任何人支付音乐费用，尽管这些音乐在法律上仍然属于拥有版权的音乐家和唱片公司的所有者。一些企业家意识到，他们可以通过聚合这些数字音乐曲目并为其创造一种机制来做一笔生意，尽管在传统意义上他们并不拥有这些音乐曲目。唱片公司、法院和立法机构起初并没有准备好应对在线数字复制的冲击。对于谁拥有作品的版权和数字拷贝权，以及在什么条件下这些作品可以被共享，立法机构和法院不得不制定新的法律，做出新的判决。仅仅在互联网社会影响的这一领域，我们就花了数年时间来制定法律和就可接受的行为达成共识。作为个人和管理者，你将不得不决定你和你的公司在法律的"灰色"地带应该做什么，这是道德原则之间的冲突，但没有明确的法律或文化准则。在这种情况下，你如何才能做出正确的决策？

在更深入地研究互联网和电子商务的四个道德维度之前，我们将简要回顾一些伦理推理的基本概念，你可以使用这些概念来指导伦理决策。

8.1.2　伦理学的基本概念：责任、问责、法律责任和正当程序

伦理是关于互联网的社会和政治辩论的核心。伦理是一门研究原则的学科，个人和组织可以利用这些原则来决定行动的正确和错误。伦理学认为，个人是自由的道德主体，能够做出选择。当面对可供选择的行动路线时，什么是正确的道德选择？将道德从个人扩展到企业甚至整个社会是困难的，但只要有一个决策机构或个人（如企业的董事会或首席执行官，或者政府机构），就可以根据各种道德原则来评判他们的决策。

在理解了一些基本的伦理原则后，你对大型社会和政治辩论的推理能力也将提高。在西方文化中，有四个基本原则是所有伦理思想流派都共有的：责任、问责、法律责任和正当程序。**责任**意味着作为自由的道德代理人，个人、组织和社会要对他们所采取的行动负责。**问责**意味着个人、组织和社会应该对他人的行为后果负责。第三个原则——法律责任——扩展了责任与问责的法律概念。**法律责任**是政治体系的特点之一，即存在一套法律体系，允许个人从其他行为者、系统或组织那里获得对其所受损害的赔偿。**正当程序**是法治社会的特点之一，它指的是一个了解和理解法律的过程，在这个过程中，人们有能力向上级上诉，以确保法律得到正确使用。

8.1.3　解读伦理困境

伦理、社会和政治争议通常以**困境**的形式出现。困境是指至少有两种截然相反的行动，每一种行动都支持一个理想的结果。当面临一个似乎呈现道德困境的情况时，应如何分析和推理这种情况？以下是一个五步过程，应该会有所帮助。

1. **要明确地识别和描述事实**。我们需要了解事件发生的时间、地点、涉及人员以及具体经过。在许多情况下，我们可能会发现最初报告的事实存在错误，而深入了解事实有助于我们找到合适的解决方案。此外，了解事实还有助于对立双方在事实上达成一致，从而化解道德困境。

2. **定义冲突或困境，识别涉及的高阶价值**。伦理、社会和政治问题通常与更高的价值有

关，争议的各方都声称追求这些更高的价值，例如自由、隐私、财产保护和自由企业制度。例如，支持使用 Google 营销平台等广告网络的人认为，在线跟踪消费者的行为可以提高市场效率，增加整个社会的财富。然而，反对者则认为这种所谓的效率是以牺牲个人隐私为代价的，他们主张广告网络应该停止跟踪用户行为，或者提供不参与这种跟踪的选择。

3. **确定利益相关者**。每个问题都有利益相关者，他们是对结果感兴趣的参与者，进行过投资，并通常持有明确的观点。确认这些群体的身份以及他们的需求，对于后续设计解决方案非常有用。

4. **找到一个合理的方法**。你可能会发现，没有一个方案能够完全满足所有利益相关者的需求，但有些方案可能做得更好。有时候，达成一个"好的"或道德的解决方案可能并不总是需要对利益相关者的后果进行权衡。

5. **明确所做选择的潜在后果**。有些选择可能在伦理上是正确的，但从其他角度来看却是灾难性的。同样，其他选项可能在这个特定情况下是可行的，但在其他类似的情境中却不起作用。因此，你需要经常问自己："如果我持续选择这个选项，会发生什么？"

8.1.4 伦理原则

完成分析后，在做出行动决策时，你应该使用什么伦理原则？虽然你是唯一一个可以决定将遵循哪些伦理原则以及如何优先考虑这些原则的人，但考虑一些深深植根于许多文化中并在有记录的历史中幸存下来伦理原则是有帮助的：

- **黄金法则**：己所不欲勿施于人。把自己放在他人的位置上，把自己作为决策的目标，可以帮助你思考决策的公平性。
- **普遍主义**：如果一项行动不适用于所有情况，那么它也不适用于任何特定情况。问问自己：如果我们在每一种情况下都采用这个规则，那么这个组织或社会还能生存下去吗？
- **滑坡**：如果一项行动不能反复执行，那么就根本不应该执行。某项行动在某一情况下似乎可以解决一个问题，但如果重复，就会导致消极的结果。这条规则也可以表述为"一旦开始走上一条滑坡的道路，你可能就停不下来了"。
- **集体功利主义原则**：采取行动，为整个社会实现更大的价值。该原则假设你可以按等级顺序对价值进行优先排序，并能够理解各种行动的后果。
- **风险规避**：采取伤害最小或潜在成本最小的行动。一些行动具有极低概率的极高故障成本（例如在城市地区建造核发电设施）或中等概率的极高故障成本（例如超速和汽车事故）。避免高故障成本的行动，而选择那些不会带来灾难性后果的行动，即使行动可能失败。
- **没有免费的午餐**：假设几乎所有有形和无形的物品都为他人所有，除非有特别的声明。（这是伦理上的"没有免费的午餐"规则。）如果别人创造的东西对你有用，那它就是有价值的，你应该假设创作者希望得到对这项工作的补偿。
- **《纽约时报》测试（完美信息规则）**：假设你对某件事的决策结果将成为第二天《纽约时报》头条文章的主题。读者的反应会是积极的还是消极的？你的父母、朋友和孩子会为你的决策感到骄傲吗？大多数罪犯和不道德的人认为信息不完全，他们的决策和行为永远不会被披露。在做出涉及伦理困境的决策时，明智的做法是假设信息市场是完全的。

- **社会契约规则**：你愿意生活在一个你所支持的原则将成为整个社会组织原则的社会吗？例如，你可能认为下载好莱坞电影的非法拷贝是件好事，但你可能不希望生活在一个不尊重财产权的社会，比如你对自己的汽车的财产权。

这些规则不是绝对的，也有例外。然而，应该关注并谨慎对待那些不符合规则的行为，因为这些行为有可能会对你和你的公司造成伤害。

既然你已经了解了一些基本的伦理推理概念，让我们看看在电子商务中出现的主要的伦理、社会和政治辩论。

8.2　隐私权和信息权

隐私问题是互联网和电子商务引发的最复杂的伦理问题之一。互联网、移动设备和其他数字技术处于社会、政治和商业生活的中心，已经成为社交的主要手段。这些技术高效、准确地记录着人类的行为。现在每个人都有权拒绝被干扰，有权自由思考自己想要什么，有权控制自己的信息如何被使用，那么我们如何才能将这些数字技术与人们的这些观念相协调呢？目前，关于这方面的法律法规尚不完备。因此，消费者经常觉得他们已经失去了对网上的个人信息的控制。事实上，他们确实已经失去了这种控制。

8.2.1　何谓隐私

隐私是指个人不受打扰、不受包括国家在内的其他个人或组织监视或干涉的道德权利。隐私是支撑自由的一根大梁，如果没有进行独立思考、写作、计划和结社的隐私，那么社会和政治自由，特别是言论自由，就会被削弱，甚至可能被摧毁。

信息隐私是隐私的一部分，它建立在四个核心前提之上。第一，个人在道德上拥有权利，能够决定关于他们的信息的收集和使用，无论他们最初是否同意进行信息收集。个人需能编辑和删除政府和商业公司发布的关于他们的个人信息。从这个角度看，个人甚至拥有"删除权"，正如开篇案例所讨论的那样。

第二，个人在道德上有权利知道关于自己的信息何时被收集，并且必须在收集个人信息之前征得他们的同意。这就是**知情同意**的原则。

第三，个人有权享有个人信息处理的正当程序。收集、分享和传播个人信息的过程必须对每个人都是公平的和透明的。个人信息系统无论是公共的还是私人的，都必须是公开的（不是秘密的系统），必须根据一套公开的规则（使用条款政策）来操作，这些规则描述了政府和公司将如何使用个人信息，必须定义人们在记录系统中编辑、更正和填写个人信息的方式。

第四，个人有权以安全的方式存储个人信息。个人记录系统必须有适当的程序来保护个人信息免受入侵、黑客攻击和未经授权的使用。需要注意的是，虽然隐私和安全不是一回事，但它们是相互关联的。没有个人信息的安全，就没有隐私。

这些个人信息隐私原则反映在联邦贸易委员会（FTC）建立的公平信息实践（FIP）原则中（见表 8.2）。我们将在本章后面进一步讨论 FTC 在保护个人隐私信息方面的作用。

表 8.2　FTC 的公平信息实践原则

通知 / 意识 （核心原则）	网站在收集数据前必须公开其信息实践。包括识别收集者、数据的用途、数据的其他接收者、收集的性质（主动 / 非主动）、自愿或要求、拒绝的后果，以及为保护数据的机密性、完整性和质量而采取的步骤
选择 / 同意 （核心原则）	必须有一个流程，允许消费者选择他们的信息如何用于支持交易以外的次要目的，包括内部使用和转移给第三方。必须提供选择加入 / 选择退出的功能

（续）

访问 / 参与	消费者应该能够及时且以低成本的方式审查和质疑收集到的关于他们的数据的准确性和完整性
安全	数据收集者必须采取合理的措施，确保消费者信息的准确性和安全性，防止未经授权的使用
执行	必须有适当的机制来执行该原则。这种机制包括自我监管、为消费者提供法律救济的立法，或者联邦法规和规章

8.2.2　公共领域的隐私权：公民的隐私权

隐私的概念、实践和法律基础在公共领域和私人领域之间存在显著的差异。在公共领域，隐私的概念有着深厚的渊源，在美国和欧洲已经历了两个多世纪的演变。而在私人领域，隐私的概念相对较新，并且在互联网时代，这一概念正处于不断变化的过程中。

在美国，公共领域对个人隐私的主张被明确地写入《宪法》和《权利法案》中。《宪法》第一修正案保障公民的言论、结社和宗教自由，并禁止国会通过任何侵犯这些权利的法律。第四修正案则禁止政府机构对公民的住宅进行不合理的搜查和扣押，要求在搜查之前必须获得法院颁发的搜查令。后来，第四修正案的范围从家庭扩展到了非特定场所。此外，第十四修正案禁止各州颁布剥夺人的生命、自由或财产的法律，而法院将其解释为保护个人在家庭中的隐私。

虽然这些文件中并未直接提及"隐私"一词，但隐私的重要性不容忽视。因为只有当隐私得到保障时，言论、结社和宗教自由才能真正实现。如果一个人的住宅可以被政府随意搜查，那么就谈不上任何隐私可言。

尽管有《宪法》和法院判决来保护个人隐私，但这还远远不够。18世纪发布的文件并未规定政府机构在行政过程中拥有收集个人信息的权利，也未规定公民有权获取政府机构创建的文件。为了弥补这一缺陷，1974年，国会通过了《隐私法》，该法首次明确了公民在联邦政府档案系统中的隐私权利。该法规范了联邦机构收集和使用数据的行为，并制定了适用于联邦政府系统的公平信息实践，例如美国国税局和社会保障局的信息实践。但需要注意的是，《隐私法》的保护仅适用于政府对隐私的侵犯，而不适用于私人公司对个人信息的收集和使用。

除了《隐私法》之外，还有许多其他的联邦法律（以及州法律）旨在保护个人免受政府的侵犯（表8.3列出了适用于美国政府的联邦隐私法）。这些法规旨在在各种公共系统中实施公平的信息实践，尤其是在使用个人信息方面。

表8.3　适用于美国政府的联邦隐私法

名称	描述
《信息自由法》	赋予人们查阅政府档案中有关自己的信息的权利，也赋予个人和组织在公众知情权的基础上要求公开政府档案的权利
《隐私权法案》，经修订	规范联邦政府对数据的收集、使用和披露。赋予人们检查和更正记录的权利
《电子通信隐私法》	限制未经授权的政府访问私人电子通信
《计算机匹配和隐私保护法案》	规范不同政府机构持有的文件的计算机匹配
《驾驶员隐私保护法案》	将获取州机动车部门维护的个人信息的权限限制在具有合法商业目的的人。还允许驾驶员选择是否向营销人员和公众披露驾驶执照信息
《电子政务法》	规范联邦机构对个人信息的收集和使用
《美国自由法案》	对大量收集美国公民的电信元数据施加限制

8.2.3　私人领域的隐私权：消费者的隐私权

20 世纪 60 年代，随着美国开始出现大规模的全国性计算机系统，隐私问题和索赔也随之浮现。例如，信用卡的出现使零售商和金融机构能够系统地收集关于消费者行为的数字信息。同时，大型的私人信用评级机构也开始出现，并开始建立消费者信用记录，其中涵盖了从信用卡到贷款支付的详细个人财务信息。这些发展促使人们开始关注消费者隐私权的问题。教育、卫生和金融服务等领域的其他机构也开始建立大规模的数据库，涉及数百万公民的信息。为了应对这些问题，国会提出了一系列针对普通消费者数据隐私的法案（表 8.4），但这些法案却一直未能获得通过。相反，随着滥用隐私的行为逐渐被人们所知，国会开始逐步制定适用于各个行业的隐私法规。其中，加州在消费者数据隐私相关立法方面走在了前列，这主要是通过颁布一系列具有影响力的法律来实现的。

表 8.4　影响私立机构的联邦隐私法

名称	描述
《公平信用报告法》	规范信用调查和报告行业。如果人们被拒绝提供信用服务，赋予他们检查信用记录的权利，并提供纠正信息的程序
《家庭教育权和隐私权法案》	要求教育机构允许学生及其家长查阅学生记录，并允许他们对信息提出质疑和更正；限制向第三方披露此类记录
《金融隐私权法案》	规范金融业对个人财务记录的使用；制定联邦机构获取此类记录时必须遵循的程序
《有线通信政策法》	规范有线电视行业收集和披露有关用户的信息
《视频隐私保护法》	禁止在没有法院命令或本人同意的情况下披露个人的视频租赁记录
《儿童在线隐私保护法案》	禁止在互联网上收集、使用和 / 或披露儿童的个人信息的欺诈行为
《电话消费者保护法》	规范通过文本、App 或其他形式的无线通信向移动设备发送的电话营销信息。要求消费者事先明确同意才能接收此类信息
《健康保险流通与责任法案》	要求医疗保健提供者、保险公司和其他第三方向消费者告知隐私政策，并建立正当程序
《金融服务现代化法案》	要求金融机构告知消费者本机构的隐私政策，并允许消费者对自己的记录有一定的控制权

2003 年，《加州在线隐私保护法案》成为第一部要求商业网站必须包含隐私政策的州法律。而《加州消费者隐私法》（CCPA）于 2020 年全面生效，这是一部具有里程碑意义的隐私法，它赋予了加州消费者对某些企业在收集和处理其个人信息方面的重大控制权。随后，《加州隐私权和执法法案》（CPRA）获得通过，进一步加强了 CCPA 的执行力度，该法案将于 2023 年 1 月生效。CCPA 和 CPRA 共同为加州居民提供了知情权，使他们能够了解被收集的个人信息类型、删除信息的权利（删除权）、选择不向其他机构出售个人信息的权利，以及将个人信息转移到另一个服务机构的可能性。此外，CPRA 还设立了加州隐私保护机构，这是一个专门负责执行加州数据隐私法的政府机构。另一项将于 2024 年生效的法律是《加州适龄设计法案》，该法案要求可能被未成年人使用的在线服务在默认情况下必须保护他们的隐私和安全。尽管这些加州法规在技术上只适用于加州居民，但它们的影响力远超出了加州边界，适用于处理加州公民数据的所有公司。除了加州之外，弗吉尼亚州、科罗拉多州和康涅狄格州也颁布了全面的消费者数据隐私法，而其他一些州也正在考虑采取类似的立法措施（Singer，2022；Healey，2021；Holland，2021）。

电商公司收集的信息

尽管在公共领域对隐私的保护有着悠久的历史，但在公开市场中对消费者隐私的保护却相对较少。从古老的乡村市场时代到今天，很少有人要求在公开、开放的市场中保护隐私。历史上，公开市场上的商人会收集个人信息，如消费者的名字、个人偏好、兴趣、购买行为和背景。然而，这些信息既不受普通法的保护，也不受《宪法》等文件的保护。

如今，商业环境与前互联网时代相比发生了巨大的变化。Amazon 作为网络零售的巨头，拥有超过 3 亿的活跃客户。Google 网站每月在美国吸引约 2.6 亿访问者，使其能够收集关于消费者意图和兴趣的详细数据。Meta 则成为一个包含数十亿人社交生活的数据仓库。互联网、网络和移动设备的出现使得在线公司能够大量收集消费者的数据，用于商业目的，并有可能滥用这些信息。不幸的是，这些技术和平台为侵犯消费者个人隐私提供了前所未有的机会，引发了广泛的社会和政治关注。

电子商务公司经常从在其网站或 App 上购物的消费者那里收集各种信息。其中一些数据构成了**个人身份信息**（PII），即可用于识别、定位或联系个人的任何数据。其他数据则是**匿名信息**，其中个人的身份被分配一个代码而不是真实姓名。这些匿名信息包括人口统计和行为数据，如年龄、职业、收入、邮政编码、种族、浏览行为等，但并不能识别个人身份。表 8.5 列举了一些可能由电子商务公司收集的个人信息。虽然这些信息在技术上是匿名的，但它们仍然是"个人的"，研究人员已经证明可以将姓名标识符附加到这些信息上。

表 8.5　电子商务网站收集的个人信息

姓名	性别	教育信息
地址	年龄	偏好数据
电话号码	职业	交易数据
电子邮件地址	位置	点击流数据
社会安全号码	位置的历史信息	用于访问的设备
银行账号	点赞	浏览器类型
信用卡号	照片	

表 8.6 列出了在线公司收集消费者信息的一些主要方式。

表 8.6　主要的在线信息收集工具及其对隐私的影响

互联网的功能	对隐私的影响
智能手机和 App	用于追踪位置，并向营销人员分享照片、地址、电话号码、搜索记录以及其他行为信息
广告网络	用于跟踪个人在数千个网站之间的移动。可能会受到即将逐步淘汰第三方网络追踪器的影响
社交网络	用于收集关于用户提供的内容的信息，如书籍、音乐、朋友以及其他兴趣、偏好和生活方式
第一方密码	用于在单个站点上跟踪个人。存储用户在网站上的活动，并启用登录、购物车、理解用户行为和导航功能
第三方网络追踪器	广告网络和数据收集公司在被访问网站的许可下放置的追踪器，用于在数千个网站中跟踪在线行为、搜索和访问，目的是显示相关广告。由于消费者对侵犯隐私的强烈反对，这种方式已逐渐被淘汰
持续的密码	在浏览会话后保持活跃，并在一段时间内保持活跃；在重新定位广告和跨站跟踪时很有用
指纹识别设备	基于第三方服务器的程序，根据设备的操作系统、本地网络、浏览器、图形芯片、图形驱动程序、安装的字体和其他功能唯一识别设备

（续）

互联网的功能	对隐私的影响
搜索引擎行为定位	使用先前的搜索历史、人口统计、表达的兴趣、位置或其他用户输入的数据来定位广告
深度包检测	使用安装在 ISP 级别的软件来跟踪所有用户点击流行为
购物车	用于收集详细的付款和购买信息
表格	用户自愿填写的在线表格，以换取承诺的好处或奖励，这些表格与点击流或其他行为数据相关联，以创建个人资料
站点事务日志	用于收集和分析用户浏览的页面内容的详细信息
搜索引擎	用于追踪用户在新闻组、聊天组和其他网络公共论坛上的言论和观点，并分析用户的社会和政治观点。当用户输入电话号码时，Google 会返回姓名、地址和指向该地址的地图链接
IP 地址	分配给互联网上每个设备的唯一编号，用户在使用互联网时显示。用于识别 ISP 供应商、地区、局域网 IP 以及潜在的单个设备。再加上一些其他的信息，就很容易识别个人了。被执法部门、电信公司和广告公司用来追踪互联网上的通信和用户行为
跨设备跟踪	将智能手机上的登录信息与来自网站的浏览器追踪整合在一起，创建一个针对特定用户的集成文件；与广告网络公司共享

　　根据最新调查，超过 85% 的消费者对在线隐私感到担忧，他们普遍认为自己已经失去了对个人信息的控制，难以有效保护自己的数据。公众最关注的问题主要包括个人资料（尤其是利用个人资料投放广告）、社交网络隐私、营销人员的信息共享、移动设备隐私以及与智能设备（如 Amazon Echo）相关的隐私问题。大部分消费者对私人公司或政府能否保护其信息表示怀疑，近 50% 的消费者会因为隐私考虑而选择不使用某些产品或服务。研究显示，超过 80% 的人不愿以牺牲隐私为代价换取市场效率或其他好处，他们认为关于数据收集的潜在风险远大于好处（Cisco，2021；Pew Research Center，2019）。

营销：追踪分析、行为定位和再定位

　　在美国，约有 3 亿人经常上网。营销人员对这些人的身份、兴趣、位置、行为以及购买习惯等信息都极为感兴趣。这些信息越精确，作为预测和营销工具的价值就越大。有了这些信息，营销人员可以定向投放广告，甚至针对特定群体调整广告内容，从而提高广告活动的效率。

　　过去，大多数网页浏览器和网站允许第三方广告网络（如 Google 营销平台、Microsoft 广告、Meta 的受众网络等）在用户的计算机上放置"第三方"跟踪软件，如 cookie 和 Web beacon 等。这些软件会在数千个其他网站上追踪用户的行为，并收集数据以创建用户行为档案。**追踪分析**是指创建**数据画像**（即用于创建消费者行为画像的数据记录集合），以描述在线个体和群体的行为特征。这些**匿名档案**将人们归入高度特定的群体，例如 20～30 岁的大学学位持有者，年收入超过 5 万美元且对高端运动鞋感兴趣的人（根据其最近的搜索引擎使用情况）。随着用户行为的增加，这些**个人档案**会加入电子邮件地址、邮政地址和 / 或电话号码等个人信息。如今，越来越多的在线公司开始将在线档案与掌握信用卡购买情况的数据库公司以及老牌零售和目录公司的消费者数据相连接。我们已在第 6 章中探讨了与在线营销相关的隐私问题，包括行为定向（基于兴趣的广告）、再营销（再定位）和广告网络的使用。我们也讨论了各种在线营销技术对隐私的影响，例如使用第三方跟踪文件，以及逐步淘汰第三方跟踪器的使用，并转向更注重隐私的营销方法的必要性。我们将在本章后面进一步探讨针对在线隐私问题的技术解决方案。

　　人脸识别技术为特征分析和行为定向注入了新的活力。起初，这项技术是为了识别恐怖分子而开发的，如今已被警方广泛应用，以更迅速地识别通缉犯，相较于指纹数据库，其效率更胜一筹。然而，研究显示，不同的人脸识别系统算法呈现出基于种族、民族和性别的差异假阳性率，这引发了人们对潜在偏见的忧虑（National Institute of Standards and Technology，2019）。因此，一些科技巨头，如 Microsoft 和 Amazon，已经暂停向执法部门出售该技术，尽管市场上仍存在大量的人脸识别系统（Hale，2020）。

人脸识别技术不仅仅被执法领域使用，在商业领域，尤其是生物识别安全方面，其应用已屡见不鲜（参见第 5 章的商务洞察案例）。众多公司和学术研究人员正在从社交网络、图片网站、约会服务以及公共场所的摄像头中，大量收集人脸数据。据乔治城大学估计，近一半的美国成年人的面部图像至少存储在一个人脸识别数据库中。科技巨头如 Meta（拥有 Facebook 和 Instagram）和 Google 因积累了庞大的人脸数据集而闻名。然而，这两家公司都因违反《伊利诺伊州生物识别信息隐私法》等越来越多的州法律而面临诉讼，这些法律要求公司在收集生物识别和人脸信息之前必须获得用户的明确同意。最近，Google 就其收集和使用用户上传到 Google 的照片的行为达成了和解，而 Meta 也同意支付 6.5 亿美元来解决类似的诉讼。2021 年 11 月，Meta 宣布将在 Facebook 平台上停止使用 DeepFace 这一人工智能人脸识别算法进行照片标记，尽管该公司表示仍在探索将该技术用于新兴的元宇宙构建（Fingas，2022；Heilweil，2021）。

移动设备：隐私问题

随着移动平台的崛起，与移动设备和位置相关的隐私问题也日益凸显。除了能够追踪和存储用户位置信息外，移动设备和相关 App 还成为个人信息的集散地。这些信息往往在用户毫不知情的情况下，被分享给广告商和第三方应用开发者。

以智能手机为例，其跨设备追踪功能与跨网站数据相结合，形成了全面的用户画像。智能手机操作系统，无论是 iOS 还是安卓，都会为每位用户分配一个匿名的广告追踪标识，用于定向广告投放。尽管 iOS 允许用户重置该标识，但操作并不简便，也不广为人知。此外，智能手机 App 在用户登录时就能识别其身份，即使不使用 cookie。这些 App 可能会与合作伙伴广告平台共享用户信息，进而将用户的手机标识与从不同网站上收集的浏览器信息相关联。最终结果是形成了一个**跨设备图谱**——一个将个人所有设备追踪数据整合为单一、全面的用户配置文件的数据文件。

智能手机和应用技术还支持**持续的位置追踪**功能，即无论用户是否使用位置追踪 App，都能追踪其地理位置。即使 App 未被激活，它们也可能向各种服务器发送位置数据。这些位置追踪数据成为广告商的重要资源，而 App 则是主要的数据提供者。尽管用户可以通过手机操作系统的设置选项来限制与 App 共享位置信息（定位服务），但 App 收集的任何信息仅受其自身隐私政策的约束。某些 App，如 Google 地图，在关闭定位服务的情况下甚至无法运行。大多数 App 的默认设置是允许位置报告，而大多数用户在注册 App 时也会接受这一设置。为了回应消费者对 App 跨设备和位置追踪的担忧，Apple 和 Google 分别通过更新其移动设备操作系统来使 App 的隐私问题更加透明化。在下面的技术洞察案例中，我们对其中一些问题进行了更深入的探讨。

技术洞察：当 App 在追踪你——一把双刃剑

你多久查看一次天气预报？很多人通过手机上的天气 App 频繁查看天气动态。

但你知道吗？每次查看时，App 可能也在记录你的位置信息。这个看似无害的行为，其实打开了数据泄露的大门，这些数据甚至可能被用于与天气预报无关的目的。位置数据已成为一个数十亿美元的产业，其中大部分是不受监管的公司在幕后操作。例如，一家名为 Mobilewalla 的公司曾表示，它拥有来自超过 35 个国家的 7.5 万个 App 和 16 亿部设备的数据。

移动设备如何追踪你的位置？它们利用了 GPS、蓝牙、Wi-Fi 和蜂窝网络等技术。很多 App 通过第三方 SDK（如 Foursquare 的 Pilgrim SDK）来收集这些数据。

Apple 于 2021 年 4 月底发布的 iOS 14.5 更新旨在使与 App 相关的隐私问题更加明显。如果 App 使用 SDK，开发人员必须描述 SDK 收集的数据以及如何使用这些数据。现在，App 在跟踪你的活动（包括你的物理位置）之前必须征得你的许可。Google 在 2022 年 2 月制定了类似的政策，但许多用户太习惯于点击"是"，并没有真正了解后果。此外，一些 App 开发人员采用"黑暗模式"，这是一种设计策略，会提示你做出不利于你自己兴趣的选择，例如，提示你启用位置跟踪，同时暗示如果未启用跟踪，App 可能无法按预期工作。举个例子，与许多人的假设相反，天气 App 实际上并不需要一直读取位置数据来提供当地的天气预报，但它们可能不会明确告诉你这一点。

在同意 App 追踪你的位置后，该 App 通常会展示隐私政策，详细说明如何使用这些数据。然而，研究显示，很少有用户会认真阅读这些政策，更不了解其可能带来的后果。出售用户数据的公司则辩称，这是他们获得必要收入的来源。例如，AccuWeather 的隐私政策就指出，他们能够免费提供 App 是得益于向第三方出售用户信息。值得注意的是，收集到的信息通常是匿名的，但实际上将此类数据与特定的人联系起来可能相对容易。而购买这些数据的公司通常出于各种合法目的，如分析、欺诈检测以及广告和营销等。

你可能不反对将你的数据用于为你提供相关的广告。然而，当数据落入数据经纪人手中时，其潜在的用途和后果就变得值得关注了。目前，美国对于数据经纪人的限制和监管相当有限。这些数据一旦被收集，就可以被多次转售。例如，Mobilewalla 收集的位置数据被 Venntel 公司收购，再被出售给美国各政府机构，包括 IRS、DEA、FBI、DHS 和 ICE。2022 年 9 月，电子自由前沿（一个倡导公众关注隐私的组织）报告称，Fog Data Science 公司向美国各地的警察部门提供服务，该服务能根据从各种常见 App 中收集的数据，追溯一个人过去几年的位置。尽管美国最高法院规定政府需获得授权才能获取手机运营商等公司的位置数据，但政府从数据经纪人处购买这类数据并不受此限制。使用这些数据的政府机构辩称，这些数据在商业上广泛可用，有助于他们履行对公众的责任。

2022 年 3 月，研究人员发现，一家巴拿马公司与美国国防承包商有关联，该公司向开发人员提供了一款违反 Google 收集用户数据规则的 SDK。开发人员被告知，该 SDK 将代表互联网服务供应商、金融服务和能源公司收集非个人数据。然而，实际上，该 SDK 收集了用户的精确位置、电子邮件地址、电话号码以及附近计算机和移动设备的数据。该 SDK 被广泛应用于各种消费者 App 中，包括天气、二维码扫描仪、高速公路雷达探测器和宗教祈祷等，这些 App 被下载到了至少 6000 万台安卓设备上。尽管 Google 已经禁止了该 SDK，并从 Google Play 商店中删除了相关 App，但这并不妨碍该 SDK 继续从已安装的 App 中收集数据。

2022 年 1 月，哥伦比亚特区司法部长起诉 Google，指控其在收集和使用位置数据方面误导消费者，违反了哥伦比亚特区的消费者保护法。此外，亚利桑那州、得克萨斯州、印第安纳州和华盛顿州的司法部长也以类似理由起诉 Google。同时，在 2022 年 8 月，美国联邦贸易委员会（FTC）

对数据经纪人 Kochava 提起诉讼，指控该公司出售数百万台移动设备的地理位置数据，这些数据可用于追踪用户到敏感地点，如成瘾康复或医疗设施。FTC 表示，将采取更强硬的立场，对使用消费者地理位置数据的行为进行监管，特别是那些由与健康相关的 App 生成的数据。根据 FTC 的说法，位置数据和健康数据的结合为消费者带来了潜在的新风险。

Kochava 为诉讼辩护的理由之一是，FTC 并未发布任何禁止此类行为的具体规定，因此即使对消费者造成伤害，消费者也应预料到其位置数据，即使是可能被视为敏感的位置数据，也会被共享。

社交网络：隐私与自我披露

社交网络对个人隐私构成了独特的挑战，因为它们鼓励用户分享个人生活的方方面面（如兴趣爱好、收藏、照片、视频和个人兴趣），并与朋友进行互动。作为回报，用户可以免费享受社交网络服务。社交网络极大地扩展了私营企业收集信息的深度、广度和丰富性。以 Meta 为例，该公司通过 Facebook 和 Instagram 创建了一个庞大的用户信息数据库，包括用户的朋友网络、偏好、点赞、帖子、照片和视频等内容。一些社交网络用户甚至选择将这些个人信息公开给所有人查看。从表面上看，这似乎表明参与社交网络的人已经自愿放弃了个人隐私权。然而，在这种情况下，他们如何能声称自己仍对隐私有所期待呢？当一切都被共享时，隐私的界限又在哪里呢？

然而，现实情况是，许多社交网络的用户对个人隐私高度敏感。Meta 是高级管理层挑战隐私极限的一个典型例子，结果遭受了一系列公关危机、舆论的强烈谴责以及政府越来越多的关注。关于 Meta 多年来在网络隐私问题上的不同立场以及公众和国会对这些问题的反应，可参见第 1 章的社会洞察案例。

这些公开冲突的结果显示，社交网络用户确实对隐私抱有强烈的期望，他们希望掌控"自己的"信息如何被使用。对于贡献用户生成内容的用户，他们对自己的内容具有强烈的所有权意识，这种意识并不会因为他们在社交网络上为朋友发布信息而有所减弱。至于那些选择"发布的信息任何人都能看到而不仅仅是朋友可以看到"的用户，他们的帖子可以被视为"公开表演"，投稿者自愿发布自己的内容，就像作家或其他艺术家所做的那样。在这种情况下，任何与帖子相关的隐私主张都被削弱了。

消费者隐私法规和执行：联邦贸易委员会

在美国，FTC 在保护消费者隐私方面发挥着领导作用。它进行研究，向国会提出立法建议，并通过投诉和诉讼违反隐私的企业来执行现有的隐私立法和法规。FTC 有权征收罚款，并建立联邦监督或报告制度，以确保企业遵守其裁决。

在此之前，我们讨论了 FTC 的公平信息实践（FIP）原则（如表 8.2 所示）。基于这些原则，FTC 评估了企业保护消费者隐私的情况。FIP 原则为美国电子商务和所有其他网站（包括政府和非营利网站）的正当隐私保护程序制定了基本规则。这些原则中包含了**知情同意**的概念，即消费者在了解所有重要事实的基础上给予同意。传统上存在两种知情同意模式：选择退出和选择加入。在**选择退出**模型中，默认情况下会收集信息，除非消费者采取措施来禁止数据收集，例如勾选框或填写表格。而**选择加入**模型则要求消费者采取肯定性行动，允许收集和使用信息。如果消费者同意自己的数据被收集和使用，会被要求在一个方框中打钩。否则，默认情况下不允许收集用户的数据。现在许多网站都采用了"cookie 横幅"，这是一个允许用户接受或拒绝网站 cookie 的弹出窗口。尽管旨在作为选择知情同意的一种形式，但大多数隐私倡导者认为，cookie 横幅是无效的，因为在点击接受按钮之前，很少有人真正阅读了关于收集哪些数据的信息。

FTC 的 FIP 原则是指导方针，而不是法律。例如，在美国，企业可以收集在市场上产生的交易信息，然后将这些信息用于其他目的，而无须获得个人明确肯定的知情同意。在欧洲，这样做将是非法的。除非企业获得个人的书面同意或个人填写允许使用信息的屏幕表格，否则欧洲的企业不能将市场交易信息用于支持当前交易的任何目的。

然而，FTC 的 FIP 指导方针经常被用作立法的基础。迄今为止，受 FTC FIP 原则直接影响的最重要的在线隐私立法是《儿童在线隐私保护法》(COPPA)(1998)，该法案要求网站在收集 13 岁以下儿童的信息之前获得父母的许可（参见第 7 章的社会洞察案例）。

在过去的十年里，FTC 扩大了其对隐私的处理方式，采取了一种基于伤害的方法，重点在于可能对消费者的日常生活造成伤害的做法或未经授权的侵犯。在几份报告中，FTC 已经认识到其早期 FIP 方法的局限性。FTC 发现，当消费者不知道或不理解在线公司的数据收集做法时，"知情同意"是无效的。在线公司经常在未通知的情况下更改隐私政策，而这些政策往往使用晦涩的语言，导致消费者感到困惑。FTC 还认为，个人信息和匿名信息的区别是无效的，因为企业可以根据所谓的匿名数据轻松地通过姓名、电子邮件和地址识别消费者的个人身份。因此，FTC 制定了一个新的框架来解决消费者隐私问题。与以往限制信息收集的隐私监管不同，FTC 现在的重点是赋予消费者对其信息的权利，并控制这些信息的使用方式。这被称为"以消费者的权利为基础"的隐私政策，代表了隐私含义的转变——从"让我自己待着"转变为"我想知道并控制我的个人信息是如何被使用的"。表 8.7 总结了这一框架的重要方面。2022 年 8 月，FTC 开始考虑是否应该实施关于"商业监视"的新规定，将其定义为收集、分析和从人们的信息中获利的业务。

表 8.7 FTC 目前的隐私框架

原则	应用
范围	适用于所有收集或使用消费者数据的商业实体，不限于仅收集个人身份信息的商业实体
隐私设计	公司应该在整个组织以及产品和服务开发的每个阶段关注消费者隐私： • 数据安全 • 合理的收集限制 • 合理、适当的数据保留政策 • 数据的准确性 • 全面的数据管理程序
简单的选择过程	公司应该简化消费者的选择过程，不需要在为普遍接受的做法收集和使用数据之前提供选择： • 产品和履行 • 内部操作，防欺诈 • 遵守法律 • 自身的营销 对于所有其他商业数据的收集和使用，消费者的选择是必需的，并且应该在消费者提供数据的时间和环境中清楚而明显地提供。 某些类型的信息或做法（涉及儿童、财务和医疗信息、深度数据包检查）可能需要通过加强同意来提供额外保护。 针对在线行为广告提供特殊选择机制："请勿跟踪"
更大的透明度	通过以下方式提高数据实践的透明度： • 使隐私通知更清晰、更短、更规范，以便更好地理解和比较 • 为消费者提供对自身数据的合理访问 • 在以与收集数据时声称的方式有重大不同的方式使用消费者数据之前，提供显著的披露并获得明确的肯定同意 • 对消费者进行商业数据隐私实践教育

没有人对网络隐私侵犯采取行动，这显然是一种错误认知。在过去的二十年里，FTC对涉及各种隐私问题的公司采取了 210 多项执法行动，包括垃圾邮件、社交媒体、行为广告、间谍软件、点对点文件共享和移动设备。最近的执法行动包括：对 Facebook 征收 50 亿美元的罚款，与 Zoom Communications 就 Zoom 对其隐私和安全做法的虚假陈述达成和解，Google 和 YouTube 因涉嫌违反 COPPA 而被罚款 1.7 亿美元。

随着新技术和商业实践的出现，FTC 作为主导联邦机构，对在线领域施加了影响，更新了隐私原则和政策。各种报告都侧重于数据代理行业、行为定位、跨设备跟踪、学生隐私和教育技术、身份盗窃性质的变化、物联网、联网汽车和移动健康 App 等方面的行业最佳实践。这些报告包括联邦贸易委员会 2021 年和 2020 年的报告。

隐私和使用条款政策

如前所述，美国隐私法的一个核心概念是知情同意。按照这一原则，消费者应当能够获取关于个人信息使用方式的通知（也称为隐私政策），然后基于这些信息做出选择，例如同意这些条款，选择退出数据收集（如果有此选项），或者选择停止使用该网站。然而，近期有研究指出，许多美国电子商务公司并未真正实施这一概念，而是仅仅在其网站上公布了信息使用政策。几乎所有网站都有使用条款，但用户需要仔细阅读才能找到。这些政策有时被称为隐私政策，描述了公司如何使用从其网站上收集的信息。这些政策被视为通知，默认任何使用该网站的用户都已同意这些条款。但将知情同意作为隐私保护的基础存在一个关键问题：假设普通用户可以理解他们在使用网站时可能放弃的隐私（Litman-Navarro，2019；Singer，2014；Fiesler et al.，2014）。事实上，一项研究调查了 30 个流行的社交网络和创意社区网站，发现普通读者要花 8 个小时来阅读这些政策。另一项对 150 个流行网站和 App 的隐私政策的研究将这些政策描述为"难以理解的灾难"。在美国，企业认为通过发布使用条款政策就可以确立用户的知情同意。然而，隐私倡导者认为，美国网站上的许多使用条款 / 隐私政策声明含糊不清，难以阅读，而且它们对个人信息的任何使用都是合法的。此外，即使消费者在提示下同意了公司隐私政策的条款和条件，研究表明，也很少有消费者在同意之前真正阅读了该政策，即使在那些说他们阅读了该政策的人中，也只有一小部分人表示他们一字不落地阅读了该政策（Pew Research Center，2020a）。

虽然政客、隐私倡导者和互联网行业都在为隐私政策应该是什么而争论不休，但很少有人真正关注如何衡量单个公司的隐私政策力度，将各种公司的隐私政策与其他公司的隐私政策进行比较，并了解特定公司的隐私政策随着时间的推移是如何变化的。例如，Facebook 的隐私政策是比 Apple、Google 更差、更好还是差不多？经过 10 年的争论，隐私政策是有所改善，还是有所恶化？

为了回答这些问题，一个研究项目提供了一些初步答案。研究人员通过在审查政策时应用 10 条隐私政策原则（见表 8.8）开发了一种隐私政策措施（Shore and Steinman，2015）。这些原则的主要部分源自 FTC 之前描述的 FIP 原则。这些维度可以用从 0 到 4 的 4 点量表来衡量（0 表示隐私政策没有达到标准，4 表示完全达到了标准）。因此，你可以使用表 8.8 中的原则作为衡量自己的在线业务或其他公司的隐私政策的一种方式。你可以在两个时间点测量一个公司，看看它的政策是如何变化的，或者在一个时间点比较两个或两个以上的公司。

表 8.8　在检查隐私政策时使用的原则

- 隐私政策是否容易被用户发现、审查和理解？
- 隐私政策是否充分披露了个人信息将如何被组织使用以及哪些信息不会被使用？是否在未经用户明确许可的情况下分享或出售用户信息？
- 用户能否决定他们是否愿意允许自己的数据被收集和使用？
- 用户是否可以决定并主动表明他们同意被分析、跟踪或定向？
- 用户能否决定他们的敏感信息是否以及如何被共享？
- 用户是否能够更改他们输入的关于自己的任何信息？
- 用户能决定谁可以访问他们的信息吗？
- 如果用户的信息丢失、被盗或被不正当访问，是否能够及时通知用户？
- 用户是否能够轻松地报告他们的担忧并得到答复？
- 用户是否会收到其信息的所有披露的复本？

欧洲的隐私保护：《通用数据保护条例》

2018 年，欧盟委员会实施了《通用数据保护条例》（GDPR）。这一条例为欧盟成员国提供了一个更新的数据保护框架，取代了之前的数据保护指令。可以说，自美国联邦贸易委员会颁布 FIP 原则以来，GDPR 是最为重要的隐私法规。GDPR 适用于所有公司和组织，无论其规模大小，只要在欧盟境内运营，都需要遵守这一法规。此外，GDPR 不仅适用于欧盟境内的数据处理活动，还对全球范围内的数据处理活动具有约束力（European Commission，2018）。

欧洲在隐私保护方面的历史要比美国更为悠久和严格。在美国，没有专门的联邦机构负责执行隐私法，也没有统一的隐私法规来规范个人身份信息的私人使用。隐私法律是分散的，根据不同的领域（如医疗、教育和金融）而有所不同。这些法律通常由联邦贸易委员会、企业以及个人执行。个人需要起诉相关机构或公司以寻求赔偿，这一过程成本高昂，且鲜少有人采取行动。

相比之下，欧盟的数据保护法律更为全面，适用于所有组织，并由各国的独立数据保护机构负责积极执行。GDPR 为个人信息的保护设定了严格的标准，涵盖了各种类型的个人身份信息，包括基本身份信息（如姓名、地址和身份证号码）、网络数据（如位置、IP 地址、cookie 数据和 RFID 标签）、健康和基因数据、手机号、驾照和护照号、生物识别和面部数据、种族和民族数据、政治观点、性取向等。

GDPR 的主要目标是强化公民对其个人信息的掌控权，并加强对公司的监管，确保这些个人权利得到落实。其次，GDPR 致力于协调欧盟成员国之间存在的数据保护标准冲突，并设立一个统一的欧盟机构来执行这些规定。此外，GDPR 还旨在构建一个全球性的框架，适用于所有在欧盟运营或处理与欧盟公民相关数据的组织，无论这些组织位于何处。

为了增强个人隐私权，GDPR 要求组织在一个月内免费为消费者提供其所有个人信息的访问权限，并赋予用户要求组织删除其个人数据的权利（即删除权）。此外，GDPR 还确保消费者不会因特定服务而被锁定（数据可移植性），并有权起诉供应商以获取因滥用个人身份信息而造成的损害的赔偿，包括通过集体诉讼途径。

在隐私保护方面，组织的责任也得到了加强。现在，各组织必须任命一名数据保护官，直接向高级管理层报告。在收集数据之前，组织必须获得用户的明确同意（即积极选择加入），禁止采用默认的选择加入流程。此外，组织必须公开说明收集数据的理由以及保留数据的时长，并在 72 小时内报告任何入侵和黑客行为。同时，组织必须在新系统中融入隐私保护措施（即隐私设计），并限制将个人定位和重新定位到受众级别的匿名数据使用（而非基于亲密的个人资料进行目标定位）。组织还被要求仅在支持任务或交易所需的范围内收集个人数据，并在完成后不久即删除这些数据。对于滥用个人身份信息的行为，将处以最高2000 万美元或该组织全球收入的 4%（以较高者为准）的罚款。

最后，欧盟具备通过政府间**隐私盾协议**对非欧盟国家执行 GDPR 要求的实力。该协议旨在确保在非欧盟国家处理的欧盟数据符合 GDPR 标准。隐私盾协议是**安全港协议**的一个更具可执行性的版本，它提供了一种私人自我调节政策和执行机制，以满足政府监管机构和立法的目标，但并不涉及政府监管或执行。2020 年，欧盟法院宣布欧盟与美国之间的现有隐私盾无效，裁定向美国传输数据使欧洲人暴露于美国政府的监视之下，同时没有为欧洲人提供足够的权利来挑战这种监视，从而违反了 GDPR。2022 年 3 月，美国和欧盟委员会最终宣布就新的跨大西洋数据隐私框架达成协议，以取代此前失效的隐私盾（The White House，2022）。

GDPR 主要是针对大型科技公司，如 Amazon、Google、Meta 和 Microsoft 等，以及其他基于广告的在线企业。这些企业通过追踪个人并将这些数据与来自公司和数据经纪人的其他数据合并，建立个人数据集，从而为人们创建全面的数字画像（档案），并向他们投放广告。尽管 GDPR 已经产生了重大影响（2021 年，监管机构征收的总罚款超过 10 亿欧元），但在实施过程中仍存在一些问题。由于大量的早期和复杂的 GDPR 投诉，各国隐私监管机构面临积压问题，特别是在爱尔兰，许多科技公司的总部都设在那里（Burgess，2022；Thompson，2022）。

工业界自律

仅仅依靠联邦和州政府的监管，还不足以充分保护消费者的隐私。随着技术的迅速发展，营销人员获得了更多工具来收集和使用消费者的隐私信息，这往往在立法机构和政府机构做出反应之前。美国的网络行业一直反对制定网络隐私法律，认为他们自身在保护隐私方面能够做得比政府更好。

为了解决这一问题，某些行业采取了开发在线"印章"的方式，以此证明一家公司具有合理的隐私政策。例如，商业改善局（BBB）、TrustArc（前身为 TRUSTe）和 WebTrust 等非营利组织已经设立了这种在线印章计划。然而，批评的声音指出，这些项目在保护隐私方面的效果并不显著。

广告网络行业也成立了一个行业协会——网络广告倡议组织（NAI），旨在制定一套隐私政策。NAI 的政策目标主要有两个：一是为消费者提供一个选择退出广告网络计划（包括电子邮件活动）的机会，二是为消费者提供纠正个人信息滥用的途径。为了方便消费者选择退出，NAI 创建了一个网站（networkadvertising.org），消费者可以在此使用全球选择退出功能，防止网络广告公司放置 cookie 在其计算机上。如果消费者有投诉，NAI 还提供一个提交投诉的链接（Network Advertising Initiative，2022）。

另一个由行业赞助的倡议是广告选择计划。该计划旨在鼓励网站在使用个人信息方面更加透明，并通过询问用户自身，使合适的广告更有可能展示给用户。广告旁边会出现一个广告选择图标，点击这个图标可以获取更多信息，并有机会向广告商提供反馈。

市场和公众的舆论压力是企业自我监管的一种强大手段。当企业存在令消费者反感的行为时，引发的社交媒体舆论风暴往往能促使企业采取纠正行动，尽管这种纠正往往是迫于政府调查的压力。例如，Apple、Google、Meta 和其他公司已经开发了多种工具，允许用户设定他们的隐私偏好，并限制他们的信息用于定向广告。Google、Apple 和大部分浏览器公司也为个人提供了工具来限制个人信息的使用。数以百万计的用户已经在使用这些工具。然而，绝大多数人并未使用这些工具，因为这些工具难以找到，甚至难以理解。我们将在下一节深入探讨隐私问题的技术解决方案。

总的来说，尽管行业在网络隐私领域的自律并未成功地减少网络交易中对隐私侵犯的担忧或降低隐私侵犯的程度。在最好的情况下，自我监管仅能让消费者注意到隐私政策是否存在，但通常很少说明信息的实际使用情况。它并不为消费者提供查看和纠正信息的机会，或以任何实质性的方式控制其信息使用。同时，也不提供关于信息安全的可执行承诺和执行机制。

技术解决方案

一些技术解决方案已经出现，以应对网络和移动平台上的隐私侵犯问题。正如前文所提到的，对隐私构成的一个重要威胁是**跨站**和**跨设备**的用户跟踪。这种行为涉及记录用户在多个站点和设备上的活动，然后出售这些数据给希望向用户展示广告的公司。除此之外，还存在其他威胁，例如**设备指纹识别**技术。这种技术利用电脑或智能手机的特征来识别设备和用户，并与跟踪数据关联，以便未来使用。由于不需要 cookie 来唯一识别用户，设备指纹识别技术在整个网络上跟踪用户时变得越来越流行。

与外部服务器进行通信以报告在线活动的第三方 cookie 是进行在线监控和跟踪的基础。而记录 IP 地址的 IP 跟踪器进一步威胁了用户的隐私，当与其他信息结合时，能够识别用户在互联网上的身份。因此，能有效防止跟踪的解决方案必须防止第三方 cookie 的操作，并隐藏用户的身份（IP 地址）。

表 8.9 列出了一些常用的工具，用于减少或消除在线跟踪以及其他在线和移动隐私威胁。

表 8.9　网络隐私保护技术

技术	产品	保护
Apple 智能跟踪预防（ITP）	Apple Safari 浏览器	监视和禁用跨站点跟踪 cookie，并限制跟踪器通过 IP 地址识别用户的能力
Google 隐私沙盒	FLEDGE APl, Topics Apl	Google 目前正在测试一些工具，以取代 Google Chrome 浏览器中基于 cookie 的定向广告
Apple 应用程序跟踪透明度（ATT）	Apple iOs	要求任何想要跟踪用户活动并与其他应用程序或网站共享的应用程序都要征求用户的许可
差分隐私软件	Apple	降低了合并不同文件和去匿名化消费者数据的能力
隐私默认浏览器	Epic，Brave，DuckDuckGo	阻止 cookie 跟踪和 IP 跟踪
消息加密	Signal，Gdata Secure Chat，Telegram，Ceerus	加密使用智能手机传输的文本和其他数据的应用程序
间谍软件拦截器	Bitdefender，Avast One，Spybot	检测和删除间谍软件、广告软件、键盘记录器和其他恶意软件
广告拦截器	大多数浏览器，插件程序，Adblock Plus	防止呼叫广告服务器，限制在用户请求时下载图片
安全电子邮件	Hushmail，ProtonMail	电子邮件和文件加密
匿名邮件转发器	W3 Anonymous Remailer	增强了对邮件的隐私保护

（续）

技术	产品	保护
匿名冲浪	大部分浏览器（如 Chrome Incognito、Safari Private Browsing）、Tor Browser	增强了对网页浏览的隐私保护
cookie 拦截器和管理器	大部分浏览器	阻止第三方 cookie
公钥加密	Symantec Encryption Desktop	加密邮件和文档的程序

为了回应消费者对跨站点跟踪的投诉，Apple 公司为其 Safari 浏览器开发了**智能跟踪预防**（ITP）。Safari 已经默认屏蔽了第三方 cookie，但 ITP 对此功能进行了扩展，确保第一方 cookie 通常仅在用户访问网站后的 24 小时窗口内可用。此后，cookie 就不能用于大多数形式的跟踪。如果用户在 30 天内没有再次访问该网站，cookie 就会被完全删除。自 2020 年起，Apple 开始在 Safari 中屏蔽所有支持跨站跟踪的 cookie，并持续发布更新版本，进一步限制广告商跟踪用户的能力。虽然 Google 一直在逐步效仿这一做法，但直到 2020 年才宣布将逐步淘汰 Google Chrome 浏览器的第三方跟踪程序。然而，Google 在实际执行阶段又多次推迟，现在表示要到 2024 年下半年才会开始。与此同时，Google 正在测试各种隐私沙盒作为此类跟踪的替代方案。如需更多关于此方面的信息，请参阅第 6 章的社会洞察案例。此外，Apple 还采取措施，通过其应用程序跟踪透明度（ATT）计划，使跨设备跟踪对消费者更加透明。

2018 年，Apple 开始实施**差异化隐私软件**，这抑制了广告商将匿名消费者数据文件与其他跟踪文件合并的能力，从而能准确识别消费者。尽管如此，消费者数据匿名化仍是一个持续努力的方向。隐私保护机器学习（PPML）是目前研究和开发的重点（Apple，Inc.，2022：Microsoft，2021）。

隐私优先的浏览器，例如 Epic、Brave 和 DuckDuckGo，是减少或消除跟踪的有效工具。这些浏览器在加载时能够识别并清除跟踪 cookie，同时还内置了 VPN（虚拟专用网络）软件，以隐藏设备的 IP 地址，防止网站识别。这些功能在后台运行，无需用户干预或请求授权，从而在浏览会话开始时即消除第三方 cookie。在这些浏览器中，隐私是默认设置。

加密技术也是保护信息隐私的关键手段。Apple 对其设备和 iMessage 短信进行了加密处理，同时也有许多流行应用程序支持设备间通信的加密。隐私浏览是大多数浏览器提供的功能，它可以禁用浏览历史和 cookie。在多人共用同一台计算机的环境中，此功能可以保护用户隐私。针对隐私安全问题，特别是防范中间人攻击，Epic 等专用浏览器采取了全面加密措施，包括对用户浏览和其他数据的加密，甚至在服务器级别也是如此。常见的安全协议之一是 HTTPS，它能够加密计算机与服务器之间的消息，并验证用户是否与真实的网站进行通信，而不是冒名顶替的网站。

个人资料的产权

在线隐私问题的一个潜在解决方案是确立个人数据的产权，使个人能够拥有、控制自己的数据，并因此获得公平补偿。关于个人作为数据所有者，将自己的信息存储在一个可信赖的数据仓库中，再将其出售给第三方的构想，虽非新颖，但随着支持性数字技术的不断进步，这已成为技术上可行的解决临时隐私问题的方法之一，例如提升个人信息的控制力与透明度（Laudon，1996；Ritter and Mayer，2018；Elvy，2017）。现如今，诸如 Digi.me、Meeco.me 和 CitizenMe 等公司纷纷涌现，它们使用户能够重新掌握个人信息的控制权，并通过向第三方公司出售信息来实现数据的货币化（Kent，2022；Lund and Tranberg，2021）。

例如，Digi.me 推出了一款 App，使用户能从各种来源汇总个人信息，并将其安全地存储在 Dropbox、iCloud 等云存储服务上。用户因此可以自由地决定分享哪些信息，同时还能选择多种工具来分析自己的数据。CitizenMe 则构建了一个平台，用户可以在此出售其数据访问权，作为汇总和匿名化用户数据的一部分。而 Meeco.me 则采用区块链技术来处理个人数据，确保个人能够清晰地知晓自己的哪些信息正在网上被共享、与谁共享，从而精准控制想要共享的内容，并从第三方那里获得应有的补偿。

8.2.4　对隐私权的限制：执法和监督

我们之前已经强调过，公共领域的隐私，也就是不受政府限制和搜查的自由，与私人、消费者市场领域的隐私是截然不同的。然而，这些不同领域的个人信息正在逐渐融合在一起。

如今，消费者的在线和移动行为、配置文件和交易等信息通常会被政府机构和执法部门获取，这使得消费者对在线市场的担忧加剧，甚至在某些情况下选择退出在线市场。根据 Pew 研究中心的调查，近 85% 的美国成年人认为自己对政府收集的关于自己的在线数据几乎没有控制权，三分之二的人认为这种数据收集的潜在风险超过了潜在好处。超过 60% 的人担心政府如何使用收集到的数据（Pew Research Center，2020a、2020b）。过去 10 年，有关联邦政府机构在缺乏司法监督的情况下收集美国公民的手机通话数据的披露，加剧了公众的这种担忧。例如，美国国家安全局（NSA）的一些项目就涉及大规模收集手机元数据，以及监听包括 Google 和 Yahoo 在内的多家互联网公司的通信线路。

在 9·11 恐怖袭击后，美国国家安全局发起了一个名为 PRISM 的项目，获得了主要电信运营商的支持，向其提供了关于美国人电话和电子邮件的信息。这些项目旨在保护国家，并由《爱国者法》授权，由美国外国情报监视法法院根据《外国情报监视法》（FISA）进行监督。尽管 PRISM 项目获得了法律授权，但当其被曝光后，许多普通公民感到震惊，他们原本以为如果自己没有做错事，政府就不会收集有关他们的信息。这些披露也让公众更加关注并持续批评从事广泛跟踪和消费者监控的 Google、Facebook、Microsoft 等公司（Pew Research Center，2018）。此后，Google、Facebook、Microsoft 等科技公司试图抵制或阻止政府在没有授权的情况下访问用户数据。

关于隐私的辩论核心在于如何在安全和自由之间取得平衡。尽管互联网曾被认为是政府难以控制或监控的领域，但事实并非如此。执法当局声称根据许多法规，他们有权在法院命令和司法审查的基础上，基于合理信念对从事电子商务的消费者进行监视。包括《通信协助执法法》《爱国者法》《网络安全加强法》《国土安全法》和《自由法》在内的各种法律都允许执法机构在用户不知情的情况下进行监控，并在某些情况下在没有司法监督的情况下进行。

为了解决这个问题，Apple 公司在设计 iPhone 时引入了强大的端到端加密算法（E2EE），这种加密技术可以对手机上的电子邮件、照片和联系人进行保护，确保第三方在传输过程中无法读取这些信息。此外，Apple 还对其存储在 iPhone 设备上的数据进行加密，这些数据只能通过用户自己知道的密码进行解密，而 Apple 并不持有该密码的密钥。因此，Apple 表示无法遵从法院的命令，交出用户的加密数据。然而，联邦调查局已经独立于 Apple 破解了 iPhone 设备的加密，并表示将协助地方执法机构解密使用加密技术的智能手机和其他设备。

执法部门在没有搜查令的情况下从手机中获取数据的能力已经成为许多法庭案件的争议焦点。美国最高法院曾裁定，警察在搜查个人手机获取信息之前必须持有搜查令（Riley

v. California，2014）。法院认为，手机保存了大量详细的个人信息，这些信息可以长时间保存，并包含多种类型的信息。一个人的大部分私密和个人生活都可以在手机或云服务器上找到，因此手机已经成为现代的个人文件，应受到《宪法》第四修正案的保护。在后续一项具有里程碑意义的裁决中，最高法院裁定政府必须基于合理的依据获得授权，才能获取和使用手机公司（可能包括所有收集这些数据的公司）持有的手机位置记录。法院认为，手机已经变得如此强大、无处不在，并在日常生活中变得必不可少，它们可以为用户提供近乎完美的监控，就像脚踝监视器提供的数据一样。法院裁定，执法部门无限制地获取这些信息违反了禁止无理搜查的第四修正案（Carpenter v. United States，2018）。

尽管最高法院裁定政府需要授权才能获取手机和移动位置数据，但这一限制并不适用于政府从数据经纪人那里购买此类数据的能力。实际上，政府机构是私营商业数据代理（如Acxiom、Experian 和 TransUnion Corporation）的最大用户之一。这些代理从各种离线和在线公共及非公共来源收集大量关于消费者的信息，包括信用头信息（通常包含姓名、别名、出生日期、社会安全号码、当前和以前的地址）和电话号码等。Acxiom 拥有世界上最大的私人个人数据库之一，涵盖 30 多个国家 25 亿人的数千个数据属性（Acxiom，2022）。这些信息可以结合从其他商业来源收集的在线行为信息，从而形成个人在线和线下行为的概况。私人和公共领域的个人信息之间日益增长的联系，已经创造了一个档案社会，这一点在互联网发展之前就有人预测到了（Laudon，1986）。如今，一些评论家和作者预测，20 世纪意义上的隐私将会终结，21 世纪将迎来一个新时代，在这个时代，人们的行为将受到无处不在的监控，他们必须采取行动，利用现有工具更有力地保护自己的隐私。

8.3　知识产权

国会有权"在有限时间内确保作者和发明者对其著作和发现的专有权，以推动科学和实用艺术的进步"。

——美国《宪法》第一条第 8 款，1788 年

除了隐私，与电子商务相关的最具争议的伦理、社会和政治问题是知识产权的命运。知识产权是指人类智力的产物，在美国，通常是知识产权的创造者拥有该产权。例如，如果你创建了一个网站，它完全属于你，你就有权以你认为合适的方式使用这项"财产"。然而，互联网可能会改变这一情况。当智力作品数字化时，很难控制对这些作品的访问、使用、分发和复制，而这恰恰是知识产权法试图控制的领域。

数字媒体与书籍、期刊和其他媒体的不同之处在于：易于复制、传播和改变；难以将软件作品归类为程序、书籍甚至是音乐；体积小，容易盗窃；难以确立独特性。在互联网广泛使用之前，软件、书籍、杂志文章或电影的副本必须存储在物理媒体上，这给分销制造了障碍，并提高了非法副本的成本。

然而，互联网允许数百万人对各种作品进行完美的数字拷贝，然后将这些拷贝几乎免费地分发给数亿在线用户。创新的扩散发生得如此之快，以至于几乎没有企业家会停下来考虑他们在网站上使用的商业技术或方法的专利是谁的。在过去，网络的精神是如此自由，以至于许多企业家无视商标法便开始注册域名，而这些域名很容易与另一家公司的注册商标混淆。简而言之，互联网展示了颠覆过去两个世纪发展起来的知识产权法传统概念和实施的潜力。

与电子商务和知识产权相关的核心伦理问题在于，我们（无论是个人还是商业人士）应

如何对待他人的财产。从社会角度看，关键问题是：在互联网时代，保护知识产权是否仍有其价值？将财产概念延伸至无形创意，如音乐、书籍和电影，社会究竟是因此变得更佳还是更糟？仅因某些技术对部分知识产权所有者造成困扰，社会是否应将其定为非法或限制互联网使用？从政治角度看，我们需要探讨如何监管互联网和电子商务，在维护知识产权制度的同时，也能促进电子商务和互联网的发展。

8.3.1　知识产权保护的类型

知识产权保护主要包括四种类型：版权、专利、商标和商业秘密。我们将在接下来的几小节中逐一深入探讨这四种类型。值得一提的是，在美国，知识产权法的起源可以追溯到美国《宪法》，该《宪法》授权国会建立一套法律体系，旨在推动"科学和实用艺术的进步"。

知识产权法的目标是平衡公众和私人之间的利益。发明、艺术作品、音乐、文学和其他知识表达形式的创造和传播是为了服务公众利益。而对这些作品的创作者进行奖励则是为了服务私人利益。知识产权伦理和法律面临的挑战在于，既要确保创作者能够从他们的发明和作品中获得应有的利益，又要使这些作品能够被尽可能多的观众传播和使用（商业秘密法除外，其目的不是为了公共利益而分享或分发作品）。防止猖獗的知识产权盗窃行为会不可避免地导致传播受限，这也会限制创作者从其作品中获得报酬，进而减缓传播过程。然而，如果没有这些保护措施，如果创作者无法获得应有的利益，那么创新的步伐可能会放缓。

维护这种利益平衡总会受到新技术的挑战。回顾 20 世纪的信息技术发展，从收音机和电视到 CD-ROM、DVD 和互联网，起初都倾向于削弱知识产权法所提供的保护。例如，在电子商务的早期，直到 2005 年，天平更多地倾向于互联网分销商，他们声称不受知识产权限制，尤其是音乐领域。知识产权所有者经常（但并不总是）成功地向国会和法院施压，要求加强知识产权法，以应对任何技术威胁，甚至延长保护时间，并将保护范围扩大到全新的表达领域。然而，自 iTunes 商店、智能手机和平板电脑的发展（2005 年后的几年）以来，天平又开始向内容所有者倾斜。这主要是因为互联网分销商依赖高质量的内容来吸引受众。同时，未能保护知识产权的互联网公司的诉讼成本也大幅增加，这也部分导致了这一趋势。

8.3.2　版权

在美国，**版权法**保护原创表达形式，涵盖了各种作品，如书籍、期刊、讲稿、艺术、绘画、照片、音乐、电影、表演和计算机程序。版权法确保这些作品在一段时间内不被他人随意复制。值得注意的是，版权并不保护创意本身，而是保护创意在有形媒介（如数字存储器、纸张或手写笔记）中的具体表达。通常，对于个人创作的作品，版权保护期限是作者生前加上作者死后的 70 年。而企业所有的作品，版权保护通常在初次创作后的 95 年内有效。

自 20 世纪 60 年代中期开始，版权局开始对软件程序进行登记。到了 1980 年，国会通过了《计算机软件著作权法》，该法案对源代码、目标代码以及商业销售的原软件副本提供保护。此外，该法案还规定了买方使用软件的权利，而软件的创作者保留法律上的所有权。以网页的 HTML 代码为例，尽管每个浏览器都可以轻松获取这些代码，但这些代码不能被合法复制并用于商业目的，比如创建一个外观完全相同的新网站。这一法律框架旨在保护软件创作者的权益，确保他们的作品得到适当的认可和报酬。

版权保护可以防止对整个软件程序或部分程序的复制。发生侵权行为时，权利人很容易获得损害赔偿和救济。版权保护的缺点是，作品背后的潜在思想不受保护，只保护作品中这些思想的表达。所以，举个例子，竞争对手可以在网站上查看源代码，看看各种效果是如何产生的，然后再利用这些技术，在不侵犯原网站版权的情况下，创建一个不同的网站。

合理使用原则

版权和所有权利一样，并不是绝对的。在某些情况下，严格遵守版权可能会对社会有害，可能会抑制其他权利，如表达和思想自由的权利。因此，合理使用原则应运而生。**合理使用原则**允许教师、作家和其他人在某些情况下未经许可使用有版权的材料。表 8.10 描述了法院在评估合理使用时所考虑的五个因素。

表 8.10　关于版权保护中的合理使用的考量因素

考量因素	解释
使用性质	是非营利或教育用途，还是营利用途
作品的性质	创意作品（如戏剧或小说）比事实性叙述（如新闻报道）所受的保护更大
使用作品的量	允许使用一首诗的一节或一本书的一页，但不允许使用整首诗或书中整章的内容
使用对市场的影响	这种使用是否会损害原作品的市场销售能力？它是否已经在市场上对作品造成了损害？
使用场景	在课堂上临时、无计划的使用与有计划的侵权行为

合理使用原则借鉴了第一修正案对口头和书面表达自由的保护。这使得记者、作家和学者能够参考和引用受版权保护的作品，以便对这些作品进行批评或讨论。

在众多案例中，网络环境下的版权侵权与合理使用之间的界限一直是一个争议的焦点，至今尚未有定论。一般来说，一些法院持有这样的观点：像 Google 这样的第三方在服务器上缓存如缩略图或网站之类的材料，然后在响应搜索请求时显示出来，并不构成侵犯版权（Field v. Google，Inc.，2006；Perfect 10，Inc. v. Amazon.com，Inc. et al.，2007）。然而，这个被称为"服务器规则"的分析，已经被其他法院所拒绝。例如，纽约联邦地区法院裁定，将社交媒体上的照片和视频嵌入第三方网站可能会引发潜在的版权侵权问题（Gizzo，2021；Linn，2020）。

在被称为"跳舞宝宝案"的案件中，一位母亲在 YouTube 上上传了一段 30 秒的视频，视频中她的宝宝随着 Prince 的歌曲 *Let's Go Crazy* 跳舞。这首歌的版权所有者环球音乐集团表示反对，并根据《数字千年版权法》（DMCA）向 YouTube 发出了删除通知。这位母亲提起了诉讼，称环球音乐集团在发布删除通知之前，没有考虑在视频中使用这首歌是否属于合理使用。在 Lenz 诉环球音乐公司一案中，联邦法院裁定版权所有者在发布删除通知之前必须考虑合理使用。2017 年，最高法院未对此案进行复审，维持了原判（Hurley，2017）。

在作家协会和五家主要出版公司针对 Google 提起的诉讼中，合理使用成为了一个核心争议点。2004 年，Google 宣布了其图书馆计划，旨在扫描几所大学和公共图书馆的所有图书，并将部分片段和内容放到网上，而无需事先获得出版商的许可或支付版税。Google 强调，它们绝不会展示整页内容，只会显示与搜索相关的部分页面。然而，2005 年，作家协会和大型图书出版商联合提起了诉讼，力图阻止 Google 推进这一图书馆计划。

Google 辩称，图书馆计划是对出版商受版权保护作品的合理使用，因为它只发布了部分内容。此外，Google 声称，它只是在帮助图书馆做它们应该做的事情，即借书。在 20 世纪 30 年代末与出版商达成协议后，图书馆借阅被认为是一种合理使用，这种借阅被编入 1976 年的《版权法案》。Google 声称，帮助图书馆向公众提供更多的图书符合更广泛的公众利益，并扩大了图书馆现有的权利，以提升图书的可获得性。

经过多年的诉讼，一家联邦法院最终裁定 Google 胜诉，称 Google 扫描并向公众提供文本片段的行为符合美国版权法的合理使用。法官认为，该项目有一个广泛的公共目的，即让学生、研究人员、教师和普通公众更容易找到书籍，同时也保留了对作者和出版商权利的考虑。在法院看来，Google 的这个项目是"变革性的"，它赋予了书籍新的特征和目的，让人们更容易发现旧书，并促进了图书销量的增长。最高法院于 2016 年确认了这一裁决，从法律角度解决了这个问题（Liptak and Alter，2016）。然而，与此同时，该项目本身陷入停滞，扫描图书馆所谓的"孤儿书"（无法确定版权所有者的书籍）的努力也已经结束。

与数字图书馆有关的合理使用问题也在最近的一场涉及互联网档案的诉讼中成为焦点。互联网档案馆拥有一个虚拟图书馆，将 130 多万册图书进行了数字化，其中许多图书仍处于版权保护之下。在新冠疫情之前，互联网档案馆每次只出借每本书的一份数字副本，这种做法被称为受控数字出借（CDL）。尽管许多出版界人士认为，CDL 仍然构成版权侵权（图书馆通常从出版商那里购买许可证，以便能够分发电子书，而互联网档案馆不购买许可证），但出版商并没有挑战这种做法。然而，2020 年 3 月，档案馆以疫情为由，放宽了出借限制，允许同一本书的多本数字副本同时出借。2020 年 6 月，四家主要出版商起诉档案馆，作为回应，档案馆声称自己的行为受到了合理使用的保护。截至 2022 年 8 月，这一突显互联网时代版权问题的持续胶着的案件正在通过法院系统进行处理，尚未得到解决（Davis，2022；Romano，2020；Albanese，2020）。

最后，网络抓取行为也会引发版权和合理使用的问题。网络抓取是指使用应用程序从网站中提取数据。最近的一个联邦法院案件，hiQ 实验室公司诉领英公司（2022），裁定 hiQ 从领英个人资料中收集可公开访问的数据不构成违反《计算机欺诈和滥用法》的犯罪行为。然而，法院指出，当抓取者获取和重新利用受版权保护的信息时，侵犯版权仍然是一个有效的主张。例如，在之前的美联社诉美国控股公司（2013）一案中，纽约联邦地区法院裁定，抓取受版权保护的新闻文章并将其重新用于订阅时事通讯不构成合理使用，而是侵犯版权。

数字千年版权法

《数字千年版权法》（DMCA）是美国调整版权法以适应互联网时代的重要法规，至今仍然对版权所有者、互联网服务供应商（包括网站出版商和提供互联网服务的公司）以及版权保护材料的最终用户之间的关系进行规范。该法律执行世界知识产权组织（WIPO）的两项国际条约。值得注意的是，这一法律的出现时间早于或至少是与数字技术同步的。表 8.11 总结了 DMCA 的主要条款。

表 8.11　《数字千年版权法》主要条款

章节	重要性
第一章，WIPO 版权、表演和录音制品条约的实施	规定规避技术措施以保护作品的获取或复制，或规避任何电子权利管理信息均属非法
第二章，网络版权侵权责任限制	限制互联网服务供应商和搜索引擎对版权侵权的责任，如果它们遵守安全港原则。要求互联网服务供应商"撤下"它们托管的侵犯版权的网站，并要求搜索引擎在收到版权所有者的侵权通知时屏蔽对侵权网站的访问
第三章，计算机维护竞争保证	允许用户为维护或修理计算机而复制计算机程序
第四章，杂项规定	要求版权局就远程教育中版权材料的使用情况向国会报告；允许图书馆制作作品的数字拷贝，仅供内部使用；将音乐版权扩展到包括"网络直播"

在互联网上传递内容的过程中，存在许多不同的参与者和相互冲突的利益。版权所有者显然不希望他们的作品在未经许可的情况下被复制和分发，同时也不希望他们的数字版权管理软件程序遭到破坏或变得无效。互联网服务供应商则希望在合理使用的范围内自由使用内容，并不希望对用户可能发布到其网站上的内容承担责任。互联网服务供应商认为，它们只是提供一种通信方式，类似于电话传输线，不应被要求监控用户的活动以检查是否发布了受版权保护的材料。互联网服务供应商和一些自由主义者认为，这种监控将构成对言论自由的限制。此外，如果互联网服务供应商受到不必要的限制，并不得不支付审查用户发布的所有内容的费用，可能会损害互联网的经济效益。许多网络公司的商业模式依赖于创造庞大的受众群体，展示的内容越多，受众就越多，广告就能卖得越好。同时，互联网服务供应商也从出售带宽中获得收入，因此支持大量用户所需的带宽越大，对它们就越有利。因此，限制内容对业务是不利的。最后，互联网内容的消费者想要以尽可能低的成本获取尽可能多的内容，甚至希望能够免费获取。可供消费的内容越多，用户受益就越多。《数字千年版权法》试图平衡这些不同的利益，为版权所有者、互联网服务供应商和消费者之间的关系提供指导和规范。

DMCA 的第一章执行了 1996 年世界知识产权组织（WIPO）的《版权条约》，该条约规定，制造、分发或使用绕过基于技术的版权材料保护的设备是非法的，违法者将被处以高额罚款和监禁。对于破坏 DVD、Amazon Kindle 电子书和类似设备上的安全软件等行为，是违法的。然而，在禁止破坏版权保护计划的严格禁令中，也存在一些例外情况。这些例外包括图书馆为了收藏作品而进行的审查、为实现与其他软件的互操作而进行的逆向工程、开展加密研究以及出于隐私保护目的的行为等。

DMCA 的第二章为互联网服务供应商创建了两个安全港。第一个安全港，即《在线版权侵权责任限制法案》规定，只要互联网服务供应商满足以下条件，它就不需对用户在博客、网页或论坛上发布的侵权材料承担责任：不知道内容是侵权的、没有从侵权活动中获得任何经济利益（假设互联网服务供应商可以控制这一活动），以及在收到侵权通知后迅速采取行动删除侵权内容。这意味着，例如，如果 YouTube 的用户发布了侵犯版权的材料，只要 YouTube 满足上述条件，证明一旦意识到或收到版权所有者的适当通知，就会立即删除侵权内容，它就不需承担责任（安全港）。这样的通知被称为删除通知。版权所有者声称互联网服务供应商托管了侵权内容。此外，版权所有者还可以向互联网服务供应商发出传票，要求获取任何侵权者的个人身份。

第二个安全港与侵权材料的链接有关：互联网服务供应商不需要为用户指向或链接到包含侵权材料或侵权活动的网站承担责任。例如，搜索引擎将用户引导到含有盗版歌曲或电影的网站，不会因此被追究责任。只要互联网服务供应商满足以下条件，这个安全港就适用：不知道正在将用户链接到包含侵权内容的网站，没有从侵权活动中获得任何经济利益（假设它们可以控制这一活动），以及在收到版权所有者的适当通知后迅速采取行动删除或禁用任何此类链接。

要享受安全港条款的保护，互联网服务供应商需要满足多项行政要求。首先，必须指定一个代理来接收下架通知。其次，需要采纳并发布版权侵权政策，这可以作为使用条款政策的一部分。最后，必须按照下架通知的要求，删除相关内容和 / 或内容链接。对于故意违反 DMCA 的行为，处罚包括赔偿因侵权而遭受损失的受害方。在刑事方面，处罚措施可能包括初犯最高罚款 50 万美元或 5 年监禁，重犯最高罚款 100 万美元和 10 年监禁。尽管这些都是非常严重的处罚，但实际上很少被实施。

DMCA 免除了互联网服务供应商发布或链接受版权保护材料的任何责任，只要它们能满足安全港的条件。这意味着 YouTube 用户可以自由发布内容，即使内容违反了 YouTube 的使用政策条款，YouTube 也不会对侵权内容负责——该条款规定用户不得发布侵权内容。然而，DMCA 确实要求 YouTube 在收到有效的删除通知后立即删除侵权内容或链接。关于获得经济利益，如果互联网服务供应商能够证明他们无法控制用户的行为，或者在发布之前没有办法知道该材料是侵权的，那么它们就可能从发布的侵权内容中获得经济利益。

互联网服务供应商和发布内容的个人也受到保护，不会因无理的删除通知而受到干扰。例如，在之前讨论的"跳舞宝宝案"的裁决中，版权所有者被提醒，如果使用受版权保护的材料可能构成合理使用，他们在发布删除通知时需要谨慎行事。而且，DMCA 并不取代合理使用原则。

DMCA 的安全港条款也是 Viacom 起诉 Google 和 YouTube 故意侵犯版权的 10 亿美元诉讼的核心问题。Viacom 指控 YouTube 和 Google 大规模侵犯版权，通过故意建立一个侵权作品库来吸引 YouTube 的流量并提高其商业价值。Viacom 公司的电视节目在未经许可的情况下被完整地发布在 YouTube 上。作为回应，Google 和 YouTube 声称它们受到 DMCA 安全港条款的保护，并表示它们不可能知道视频是否侵权。然而，为了应对这一诉讼，Google 开发了一个名为"内容 ID"的过滤系统，旨在解决版权侵权问题。经过多年的诉讼和多次庭审后，Google 与 Viacom 达成了庭外和解。Google 已经非常有效地使用内容 ID 删除了受版权保护的材料，并同意授权 Viacom 的数百个节目。在一份联合声明中，双方承认它们可以通过合作而不是继续诉讼来实现各自的目标。最近，YouTube 还实施了另一个名为"版权匹配"的项目，该项目的技术类似于内容 ID 匹配技术，用于在视频被盗用并在 YouTube 上发布时通知创作者（Liao，2018）。

DMCA 仍然是诉讼的一个来源。在 BMG 版权管理有限责任公司诉 Cox 有线电视公司（2018）一案中，一名联邦法官裁定维持陪审团的裁决——Cox 因故意侵权，需要向 BMG 支付 2500 万美元。BMG 辩称，互联网服务供应商 Cox 允许用户使用 BitTorrent 将受版权保护的歌曲上传到各种网站，而没有制定有效的政策来防止这种活动，也没有将屡犯者从其服务中删除。Cox 则辩称，它只是一个提供互联网接入的管道，不能对其用户发布的内容或他们使用的软件负责。法院维持了陪审团对 Cox 的裁决，但拒绝按照 BMG 的要求关闭 Cox，并指出，尽管减少版权侵权有公共利益，但 Cox 提供了互联网接入和言论自由，这些利益超过了 BMG 在版权保护方面的利益。然而，法官还命令 Cox 向 BMG 额外支付 800 万美元的法律费用，理由是 Cox 故意违反了 DMCA。在上诉中，第五巡回联邦上诉法院确认 Cox 无权获得 DMCA 安全港的保护，但由于地区法院法官的其他错误，将案件发回重审。2018 年 8 月，BMG 报告称，它已经与 Cox 达成了一项巨额的和解协议（Farrell，2018；Mullin，2017；Gardner，2016）。

2020 年，版权办公室发布了一份关于 DMCA 的多年研究报告，特别是关于其通知和删除机制以及安全港条款。该报告的结论是，尽管 DMCA 不需要大规模修改，但安全港条款已无法平衡在线服务供应商和版权所有者的需求，尤其是考虑到过去 20 年在线环境的巨大变化（United States Copyright Office，2020）。电影和音乐行业的版权所有者一直游说国会修改 DMCA，要求网站和互联网服务供应商采取更有效的行动来删除侵权内容。2022 年，一项名为《智能版权法案》的新法案被提交给参议院。该法案将由国会图书馆负责指定此类措施，然后要求互联网公司实施这些措施，而不是依赖科技公司开发和实施自己的技术措施来监督网络侵权行为。不出所料，科技公司并不支持该法案。(McSherry，2022)。

欧盟的版权保护

欧盟对互联网上的版权保护采取了更为积极的态度，就像它通过 GDPR 对隐私所做的那样。过去，欧盟采用了与美国 DMCA 非常相似的立法，其中保护版权的责任落在了内容创作者和出版商身上。这种情况已经发生了巨大的变化。

2019 年，欧盟的《单一数字市场版权指令》正式生效。欧盟成员国有两年的时间来通过立法并实施这一指令。然而，截至 2022 年，只有四个成员国（包括德国和荷兰）完全实施了该指令，另外还有四个国家（包括法国和丹麦）部分实施了该指令。欧盟委员会已经开始对尚未实施该指令的成员国提起侵权诉讼（European Commission，2021）。该指令的目标是迫使像 Google 和 Meta 这样的公司向音乐、新闻和艺术等内容的创作者和出版商支付报酬，这些互联网公司经常使用这些内容而不向创作者提供公平的补偿。这项立法也反映出欧洲对 Google 和 Meta 等美国互联网公司的主导地位的反对。与 GDPR 一样，这项立法是名为"单一数字市场"的长期欧盟战略的一部分，该战略旨在整合整个欧盟涉及隐私和知识产权的数字政策，避免每个国家在这些领域制定自己的政策（Vincent，2020；European Commission，2015，2019；European Parliament，2018；Brown，2018；Michaels，2018）。

8.3.3 专利

凡发明或发现任何新颖且实用的方法、机器、制品、物质的组成，或对其做出任何改进者，均可依照本规定的条件和要求取得专利。

——美国《专利法》第 101 条

专利赋予发明者在一定时期内对某项发明背后的思想的独家垄断权，通常为 20 年。《专利法》的目的在于确保新机器、设备或工业方法的发明者能够获得其劳动的全部经济和其他回报，同时为那些希望在专利所有者的许可下使用该发明的人提供详细的图表，使该发明的广泛应用成为可能。专利由美国专利商标局（USPTO）授予。相比之下，获得版权保护是自动的，不需要正式申请，而获得专利则更加困难和耗时。专利必须正式申请，其授予由专利局审查员决定，他们遵循一套严格的规则。最终，联邦法院会决定专利的有效性以及何时发生侵权行为。

专利与版权大不相同，因为专利保护的是思想本身，而不仅仅是这些思想的表达。根据专利法，有四种类型的发明可以获得专利：机器、人造产品、物质的组成和加工方法。最高法院已经确定，专利将延伸到"太阳底下人类制造的任何东西"（Diamond v. Chakrabarty，1980）——只要满足《专利法》的其他要求。有三种东西是不能申请专利的：自然规律、自然现象和抽象思想。例如，数学算法不能申请专利，除非它是在一个有形的机器或过程中实现的，并且有一个"有用"的结果（数学算法例外）。

为了获得专利，申请人必须证明该发明是创新且新颖的，同时还要证明它在现有技术和实践中并不明显。与版权一样，专利保护的范围已经远远超出了国会最初制定专利法规时的初衷，该法规原本只寻求保护工业设计和机器。例如，专利保护的范围已经扩展到了制造物品（1842 年）、植物（1930 年）、外科和医疗程序（1950 年）以及软件（1981 年）。直到 1981 年最高法院的一项裁决，专利局才开始接受软件专利申请。这项裁决认为计算机程序可以成为可申请专利的过程的一部分。从那时起，已经授予了数千项软件专利。实际上，只要软件程序具备新颖性和不明显性，都可以申请专利。

在本质上，随着技术和工艺艺术的不断进步，专利已经扩展了其保护范围。它不仅鼓励企业家发明有用的设备，还通过授权和巧妙地模仿已发表的专利（即创造与现有发明具有相同功能但使用不同方法的设备）来促进新技术的广泛传播。专利制度鼓励发明者寻找独特的方法来实现与现有专利相同的功能。以 Amazon 的一键购买专利为例，它促使 Barnesandnoble.com 发明了一种简化的两键购买方法。然而，专利也存在一定的风险。它们可能会通过提高进入某一行业的门槛来遏制竞争。这是因为，新进入者往往需要向现有者支付许可费，这会导致冗长的许可费申请和延迟，从而减缓新想法的技术应用的开发速度。

互联网的大部分基础设施和软件都得到了美国和欧洲公共资助的科学和军事项目的支持。许多使互联网和电子商务得以实现的发明并没有被它们的发明者申请专利。早期互联网的特点是全球社区发展的精神和思想的分享，并不考虑个人财富（Winston，1998）。然而，随着 20 世纪 90 年代中期网络的商业发展，这种早期的互联网精神发生了变化。尽管企业获得了专利，但一些对大型科技公司持批评态度的人士认为，专利侵权已经成为一种商业策略，尤其是对小公司持有的专利而言。虽然侵权公司最终必须向拥有专利的公司支付一大笔和解金，但和解金只是被视为做生意的成本。例如，2022 年，一个联邦陪审团发现 Yahoo 侵犯了小公司 Droplets 拥有的一项专利，该专利涉及快速更新网页的技术，并命令 Yahoo 向 Droplets 支付 1500 万美元。Yahoo 正在对判决提出上诉（Michel，2022；Atkins，2022）。表 8.12 列出了一些知名的电子商务专利。

表 8.12　部分电子商务专利

公司	主题	描述
Amazon	一键购买	可能是最知名的（也是最有争议的）电子商务专利之一。Amazon 试图利用这项专利迫使 Barnes & Noble 对其网站进行修改，但联邦法院推翻了此前发布的禁令。最终以庭外和解告终。2007 年，美国专利商标局的一个小组驳回了其中的一些专利，因为有证据表明另一项专利比它更早。Amazon 对该专利进行了修改，修改后的版本于 2010 年得到确认。专利于 2017 年 9 月 11 日到期
Priceline	以买家为导向，"说出你的价格"销售	最初是由知识产权实验室 Walker Digital 提交的，然后被分配给了 Priceline，1999 年授权。此后不久，Priceline 起诉 Microsoft 和 Expedia 抄袭其专利商业方法
DoubleClick	网络广告的动态投放	该专利是 DoubleClick 在线横幅广告投放业务的基础，最初于 2000 年获得批准。DoubleClick 起诉竞争对手侵犯其专利，并最终与他们达成和解
Overture	绩效搜索付费	影响计算机搜索引擎生成的搜索结果列表位置的系统和方法，于 2001 年获得批准。竞争对手 FindWhat 起诉 Overture，指控该专利是非法获得的；Overture 则以侵犯专利为由起诉 FindWhat 和 Google。2004 年，Google 同意向 Overture 支付许可费以达成和解
Soverain Software	购买技术	所谓的"购物车"专利是基于网络的系统，它涉及任何通过网络进行的交易，包括卖方、买方和支付系统。换句话说，就是电子商务。Soverain 起诉 Amazon 侵犯专利，Amazon 为此支付了 4000 万美元
MercExchange（Thomas Woolston）	拍卖技术	个人对个人拍卖和数据库检索专利，最初于 1995 年授予。2003 年，eBay 因侵犯专利权被判支付 2500 万美元。2007 年，一项针对 eBay 的永久专利禁令的动议被驳回。2008 年，MercExchange 和 eBay 以保密条款解决了纠纷
Google	搜索技术	Google PageRank 专利于 1998 年申请，并于 2001 年获得授权。2011 年成为非排他性专利，2017 年到期
Facebook	社交技术	2010 年关于在社交网络上开发个性化故事和新闻源的算法的专利

8.3.4 商标

商标是"任何文字、名称、符号或装置，或它们的任何组合……在商业中使用……识别和区分……商品……由他人制造或销售的货物，并注明货物来源。"

——《商标法》，1946年

商标是用来识别和区分商品并表明商品来源的标志。《商标法》是一种知识产权保护形式，在美国联邦和州两级都存在。《商标法》的目的有两个。首先，《商标法》保护市场中的公众，确保公众付出的代价和想要得到的东西都能得到。其次，《商标法》保护所有人——他们花费了时间、金钱和精力将产品推向市场——免受盗版和盗用。商标已经从单一的文字扩展到图片、形状、包装和颜色。有些东西，比如描述性的、通用的常用词（"时钟"），可能不会被注册商标。联邦商标首先是通过在国际贸易中使用获得的，其次是通过在美国专利商标局注册获得的。联邦商标的授权期限为10年，可以无限期续展。

有关联邦商标的争议往往涉及侵权认定。在检验侵权行为时，主要考虑两个方面：市场混乱和恶意。当商标可能导致消费者在市场上将商品混淆，误导他们关于商品的来源时，就构成了侵权行为。此外，故意在市场上误用文字和符号，以向合法商标所有人勒索收入的行为也是被严格禁止的。

《联邦商标淡化法》（FTDA）规定了驰名商标的联邦诉因，涉及淡化行为。这项立法不再要求进行市场混淆测试（尽管在提出索赔时仍需证明侵权行为），而是将保护范围扩大到确保著名商标所有者的权益不被削弱。所谓的**淡化**被定义为任何可能削弱商标与产品之间联系的行为。《商标淡化修订法案》（TDRA）允许商标所有人根据"淡化可能性"标准提出索赔，而无须提供实际淡化的证据。TDRA还明确规定，淡化可能通过两种方式发生：一是模糊，即削弱商标与商品之间的联系；二是玷污，即以一种使潜在产品显得令人讨厌或不健康的方式使用商标。

商标与互联网

对于拥有独特驰名商标的企业而言，互联网和万维网为企业提供了将品牌延伸到网络环境的机会。然而，这种技术进步也为不法分子和机构提供了可乘之机，他们可能会抢注知名商标的域名，试图混淆消费者并稀释驰名商标的商业价值。由于网络解决方案公司（Network Solutions Inc.，NSI）多年来一直是互联网域名注册的独家代理，并奉行"先到先得"的政策，合法商标所有者与恶意公司之间的冲突不断加剧。这意味着任何人都可以注册任何尚未注册的域名，而不考虑该域名的商标地位。然而，NSI并没有被授权决定商标问题。

由于越来越多的知名商标所有者抱怨自己的商标名称被网络企业家盗用，美国国会通过了《反域名抢注消费者保护法》（ACPA）。该法案规定，任何恶意通过注册与现有著名商标相同或相似的域名，试图从该商标中获利的人，都要承担民事责任。但是，该法案并未确立刑事制裁。它禁止使用"恶意"域名向现有商标所有者勒索钱财（即**域名抢注**），或利用恶意域名引导网络流量，从而可能损害该商标所代表的商誉、造成市场混乱或贬低该商标（即**网络盗版**）。此外，该法案还禁止在未经个人同意的情况下，使用由在世的人的名字组成的域名，或容易与现有个人名称混淆的域名，如果注册人注册该名称的目的是通过将该域名出售给该人牟利。但需要注意的是，ACPA并不阻止商标的合理使用或任何受《宪法》第一修正案保护的使用，例如所谓的"投诉网站"。

在涉及ACPA的首批案件中，E. & J. Gallo Winery作为酒精饮料注册商标"Ernest and

Julio Gallo" 的所有者, 起诉了 Spider Webs 有限公司, 因为后者使用了域名 Ernestandjuliogallo. com。Spider Webs 是一家专门从事域名投机的公司, 拥有众多由知名公司名称组成的域名。Ernestandjuliogallo.com 网站上包含了关于饮酒风险的信息以及反对 E. & J. Gallo Winery 的文章, 而且文章结构也很差。法院最终裁定, Spider Webs 违反了 ACPA, 其行为构成了对商标的模糊和淡化, 因为 Ernestandjuliogallo.com 域名出现在了以该名称访问的网站的每一页上。Spider Webs 不能自由地使用这个特定的商标作为域名 (E. & J. Gallo Winery v. Spider Webs Ltd., 2002)。根据 ACPA, 迄今为止最大的域名抢注判决是 Verizon 公司对 OnlineNIC 公司的 3300 万美元的判决。OnlineNIC 是一家互联网域名注册公司, 它使用了 660 多个容易与合法 Verizon 域名混淆的名称。

　　拼写错误是一种域名抢注或网络盗版的形式, 其中一个域名包含对另一个网站名称的常见拼写错误。这些域名有时被称为 "二重身" 域名。通常情况下, 用户访问的网站与他们原本想访问的网站大不相同。例如, John Zuccarini 是一位臭名昭著的拼写错误者, 他因将流行儿童品牌的 URL 拼写错误, 建立了色情网站, 而受到联邦贸易委员会的罚款和监禁。哈佛商学院教授 Ben Edelman 进行的一项研究发现, 在排名前 3264 位的 ".com" 网站上, 至少有 93.8 万个域名使用了拼写错误这一伎俩, 其中 57% 的域名包含 Google 按点击付费广告。此外, 拼写错误还经常被黑客用来创建传播恶意软件、获取用户凭证或采取其他恶意行动的网站。

　　除了根据 ACPA 采取法律行动外, 域名抢注案件还可由 WIPO 根据其统一域名争议解决政策（UDRP）处理。WIPO 认为 UDRP 是一项重要的执法工具, 并在 1999 年至 2021 年期间处理了 55 000 多起 UDRP 投诉（2021 年提交的投诉达到创纪录的 5100 起）。根据 WIPO 的说法, 大多数域名争议都是通过将争议域名转让给商标所有者来解决的。向 WIPO 提交的域名抢注案件数量的增加是由多种因素造成的, 包括用于假冒销售、网络钓鱼和其他形式的在线商标滥用的网站的激增（WIPO, 2022; Isenberg, 2022）。

　　ICANN（互联网名称与数字地址分配机构）授权的通用顶级域名的扩展（见第 3 章）已成为商标保护方面的另一个关注点。成功的申请者将成为这些通用顶级域的所有者, 并可以创建和销售带有通用顶级域后缀的新域名。其中许多新域名可能与其他域名的已注册商标发生潜在冲突。为了处理这些商标冲突, ICANN 制定了一套快速解决争议的程序, 称为统一快速暂停系统（URS）, 这是一个域名争议程序, 允许商标所有者寻求暂停新通用顶级域中的域名。ICANN 还建立了一个商标信息交换所, 作为注册商标、法院认可商标或受法律保护商标的数据存储库。商标所有者需要支付费用来注册他们的商标。

　　商标滥用还可能涉及一些消费者不太容易察觉的元素。例如, 使用著名或独特的标记作为元标签（元标签主要用于帮助搜索引擎更好地识别网站的相关方面）的法律地位是复杂而微妙的。在不会误导或混淆消费者的前提下, 允许在元标签中使用商标。举个例子, 一个汽车经销商被允许在其元标签中使用一个著名的汽车商标, 前提是这个经销商销售的是该品牌的汽车。然而, 色情网站不能使用相同的商标, 经销商也不能为竞争对手的制造商使用相同的商标。如果福特经销商在其元标签中使用本田, 这很可能构成侵权行为, 但如果使用福特, 则不会构成侵权（因为福特汽车公司不太可能寻求对其经销商的禁令）。

　　是否许可在搜索引擎中使用商标作为关键词是一个微妙的问题, 这取决于几个因素。首先, 这种使用在多大程度上被认为是 "商业上的使用", 并可能导致 "最初的客户混淆"。其次, 搜索结果的内容也起到关键作用。例如, Google 曾面临指控其广告网络非法使用他人商标的诉讼。保险公司 GEICO 挑战了 Google 的做法，即当搜索者输入 GEICO 作为搜索查询时，允许竞争对手的广告出现。美国联邦法院裁定，只要广告文本中没有使用 GEICO 一词，这种做法就不违反联邦商标法。此外，语言学习软件公司 Rosetta Stone 也对 Google 提起商标侵权诉讼，声称 Google 的 AdWords 程序允许其他公司在未经许可的情况下将 Rosetta Stone 的商标用于网络广告。一家联邦法院裁定，Google 可能要为商标侵权承担责任，并指出有证据表明，Google 的一项内部研究显示，即使是老练的用户有时也不知道赞助链接是广告。2012 年，Rosetta Stone 与 Google 达成和解，这被视为 Google 的一次战略胜利，因为它解决了挑战其 AdWords 计划合法性的最后几起重大案件。目前，Google 允许任何人购买其他人的商标作为关键字。Microsoft 在 Bing 和 Yahoo 搜索上也采用了这种做法。最近的一项研究发现，使用竞争对手的关键词可以带来更高的点击率，特别是对于有兴趣吸引正在搜索高端产品的消费者的品牌来说（Bhattacharya，2022）。

8.3.5　商业秘密

一家公司创造的大部分价值并不在于版权、专利，甚至不是商标。相反，有一种知识产权，它涉及业务程序、公式、制造和提供服务的方法，企业从中获得价值，并且不希望以专利申请或版权申请的形式与他人分享。这种类型的知识产权被称为**商业秘密**。例如，可口可乐的配方和通用电气的喷气发动机涡轮叶片的制造技术都被视为商业秘密。商业秘密与其他版权和专利保护不同，因为商业秘密可能并不是独一无二或新颖的。一家公司的信息可以被视为商业秘密的前提是满足以下三个条件：是一个秘密，其他人不知道；对其所有者具有商业价值；所有者采取了保护该秘密的措施。据估计，美国公司拥有价值数万亿美元的商业机密。

在数字时代之前，商业秘密的定义和保护主要依赖于各州的法律，因为企业的活动范围通常是地方性的，商业秘密的窃取也大多限于一定区域内。然而，随着数字技术的发展，商业活动已经扩展到了全国乃至全球范围，这使得商业秘密的保护面临更大的挑战。为了应对这一挑战，美国在 2016 年颁布了《保护商业秘密法案》（DTSA）。该法案为商业秘密保护提供了联邦层面的私人诉讼权利，为权利人提供了更强大的法律武器。DTSA 的出台是对黑客和外国势力从美国企业和政府信息系统中大规模窃取商业秘密（也称为经济破坏）行为的回应（Lee，2016）。

8.4　治理

治理涉及社会对互联网的控制，对电子商务流程、内容和活动的控制，需要明确哪些要素将被控制，以及这些控制将如何实施。作为一个社会，我们需要"控制"电商的原因很自然地出现了，并需要得到回答。电子商务和互联网紧密交织在一起（虽然不完全相同），因此控制电子商务还涉及对互联网的监管。

8.4.1　互联网可以被控制吗

早期的互联网倡导者认为，互联网与以往的所有技术都有本质上的不同。他们坚信，由于互联网的内在去中心化设计、跨越边界的能力以及底层的分组交换技术，互联网是不可能被控制的，这也使得对消息内容的监控成为不可能的事情。至今仍有许多人坚持这一观点，这意味着网络内容和行为被认为是无法控制的。然而，面对一些被视为冒犯性的内容、潜在的有害行为以及知识产权保护等商业问题，政府对全球互联网和电子商务的监管正在日益加强。当前，我们正处于一个混合模式的政策环境中，其中既有各种互联网政策和技术机构的自我监管，也有越来越多的政府监管。关于互联网不同管理机构的治理，详见第 3 章。

事实上，政府对互联网的监管和监视可以从中心位置（如网络接入点、电信公司或机构的光纤干线以及整个网络的服务器和路由器）进行控制、监控和调节。例如，一些国家的网络访问是由政府拥有的中央路由器控制的。

在美国，如果网站违反现行法律，可能会被关闭。互联网服务供应商可能被迫删除违规或被盗的内容。政府安全机构，如美国国家安全局和联邦调查局，可以获得法院命令，监控 ISP 的流量，并对数百万封电子邮件进行广泛监控。根据《爱国者法》，美国情报领域被允许监听他们认为与反恐运动有关的任何互联网流量，而且在某些有限的情况下可以不经司法审查。美国安全机构与大型 ISP 公司（如 AT&T、Verizon）合作，可以进入几乎所有的互联网通信。为了防止与商业目的无关的活动，如赌博和购物，许多美国公司限制员工在工作时使用网络。

在美国，控制网络内容的努力与一些重要的社会和政治价值观相冲突，如美国《宪法》第一修正案所体现的价值观。该修正案规定"国会不得制定法律……剥夺言论或新闻的自由"。对第一修正案的担忧是最高法院许多裁决的基础，这些裁决推翻了美国试图限制在线内容的法律。在线行业领袖强烈反对限制用户发布的内容，也反对他们应该对用户内容进行编辑和控制的想法。然而，随着网络欺凌问题、虚假新闻网站和仇恨团体的增加，监管机构和在线公司都在努力界定自由言论的界限。下面的商务洞察案例进一步探讨了这一问题。

商务洞察：第 230 条——"创造"互联网的法律应该废除还是修订

1996 年，互联网和万维网还未真正形成。当时还没有 Facebook、Twitter、Google、YouTube 和 Wikipedia 等网站。只有大约 2000 万美国成年人能够上网，他们每月上网的时间还不足 30 分钟。AOL、Prodigy 和 Compuserve 是当时世界上最大的互联网服务供应商。尽管如此，当时已有一些功能在今天仍然能够看到，包括公告栏（论坛）和博客（尽管那时还未称之为博客）。当时，美国国会非常关注网络色情问题，并在那一年通过了《通信规范法案》。该法案主要是为了规范互联网上的淫秽和不雅内容。然而，该法案的大部分内容很快被最高法院裁定为违宪，但其中有一项条款得以保留，即第 230 条。当然，在当时没有任何迹象表明，第 230 条后来会被视为使今天的互联网得以形成的条款。

第 230 条包含两个关键条款：第 230 条（c）（1）和第 230 条（c）（2）。第 230 条（c）（1）明确规定，网络公司发布用户生成的内容时，不应被视为该内容的发布者或发言人，因此不应承担该内容的法律责任。该条款将此类服务与电话系统或书店进行类比，强调它们对于可能传播的非法内容不承担责任。国会认为，这样的条款对于当时刚刚起步的互联网行业至关重要。如果没有这一条款，早期的互联网公司可能会因为需要花费大量时间和资源来审核内容以规避潜在责任而陷入困境。

第 230 条（c）（2）规定，如果网络公司出于善意选择删除其认为不妥的用户内容，则不承担法律责任。这一条款源于一起涉及 Prodigy 公告栏上的用户内容的诉讼。一家公司声称该诉讼是诽谤，而纽约州一家法院裁定 Prodigy 公司负有法律责任，因为 Prodigy 对公告栏的内容实施了编辑控制，有时会删除它认为不合适的内容。这起案件给互联网公司提出了一个艰难的选择——要么节制内容（但要承担潜在法律责任的风险），要么不节制任何内容（但要承担可能损害其商业利益的不良内容的风险）。第 230 条（c）（2）旨在消除这种担忧。在第 230 条通过后的几年里，法院将其解释为对基于用户内容的任何索赔创造了广泛的豁免，即使平台知道该内容是非法的。这样做使得基于用户内容的商业模式（如社交媒体）得以蓬勃发展。人们普遍认为，这部法律为我们今天所知的互联网奠定了基础。

然而，近年来，第 230 条已成为一个避雷针，特别是与 Facebook 和 Twitter 等社交媒体平台有关，这些平台上充斥着大量分裂内容，包括许多人认为有害的虚假信息。雪上加霜的是，2021 年 10 月，《华尔街日报》根据前 Facebook 产品经理 Frances Haugen 泄露的大量文件发表了一篇曝光文章，披露 Facebook 意识到该公司平台可能造成的伤害，其中包括对青少年心理健康的伤害。

在当前的政治环境下，第 230 条遭到了来自两方的批评。许多共和党人要求废除或修改该法案，他们认为大型科技公司对保守派观点存在偏见，而且根据第 230 条（c）（2）的规定，这些公司可能会采取行动来审查某些声音。这些批评人士希望阻止大型科技平台单方面决定删除、标注或限制哪些内容。许多民主党人也希望进行改革，但他们的理由不同。他们认为，第 230 条（c）（1）通过赋予互联网平台对用户内容的法律豁免权，降低了这些平台主动删除具有社会危害的内容的动机，特别是在内容对其具有经济价值的情况下。似乎没有人再对第 230 条感到满意了，除了最初该条款想要保护的科技公司。这些公司中的大多数都希望第 230 条保持原样，一些公司认为任何形式的改革都会威胁到互联网的生存。

一些第 230 条的批评者关注算法在传播有害内容方面的作用，并建议在社交媒体算法传播有害内容时取消责任保护。然而，目前尚不清楚是否有可能设计出一种只传播"有益"内容的算法，也不清楚应该如何界定"有益"与"有害"内容。另外，有人认为，平台的安全港保护应与其对合理的内容审核政策的使用相挂钩，但这样做可能会引发第一修正案的问题。一些立法者提议取消第 230 条对"市场主导"互联网平台的保护，或者认为第 230 条的安全港应以政治中立为基础。还有一些人警告说，任何对第 230 条的改革都可能产生意想不到的副作用。他们指出，此前一项旨在打击网络性交易的修正案，据报道实际上使起诉此类犯罪变得更加困难。互联网协会警告称，第 230 条不仅会影响 Facebook 和 Google 等平台，还会影响云计算等基础设施供应商，这些供应商负责将内容和数据从一个地方转移到另一个地方。

鉴于人们对第 230 条的看法存在严重分歧（根据 Pew 研究中心的调查，56% 的美国成年人认为，人们不应该因为用户在社交媒体平台上发布的内容而起诉社交媒体公司，而 41% 的人则认为可以这样做），目前尚不清楚是否能够在短期内获得足够的两党支持，以废除或修改第 230 条。

与此同时，2022 年 10 月，最高法院宣布将审理 Gonzalez 诉 Google 案。在该案件中，一名在 2015 年巴黎恐怖袭击中丧生的妇女的亲属起诉 Google，声称 YouTube 的算法助长了 ISIS 发布的煽动暴力和招募潜在支持者的激进视频。这是最高法院首次处理与第 230 条相关的问题，特别是像 YouTube 这样的平台在通过推荐算法向用户推荐内容时是否仍享有豁免权。该案件的结果将对未来的互联网形态产生重大影响。

8.4.2 税收

电子商务销售的税收问题是治理和管辖权复杂性的一个典型例证。在美国，州和地方政府根据所售商品的种类和价值征收部分销售税（有时也称为消费税）。美国有 50 个州、3000 个县和 12 000 个市，每个地方都有独特的税率和政策。例如，奶酪可能在一个州作为"零食"征税，但在另一个州（如威斯康星州）则完全不征税，因为奶酪被认为是基本食品。销售税通常被认为是累退性的，因为它不成比例地向穷人征税——对于他们来说，消费在总收入中所占的比例较大。然而，州和地方的销售税是收入的主要来源，特别是在没有所得税的州。

美国在 20 世纪 30 年代末首次实施销售税，作为大萧条时期为地方政府筹集资金的一种方法。表面上，这些钱是用来建设基础设施（如道路、学校和公用事业）以支持商业发展的，但多年来，这些资金都被用于州和地方的一般政府目的。在大多数州，都有州级销售税和规模较小的地方级销售税。总销售税范围从一些州（北达科他州）的 0% 到纽约市的州和市销售税之和的 13% 不等。

20 世纪 70 年代，美国邮购 / 电话订购（MOTO）零售等"远程销售"的发展打破了实体存在与商业之间的关系，使州和地方税务机关对所有零售商业征税的努力变得复杂。美国试图强迫 MOTO 零售商根据收件人的地址为其征收销售税，但最高法院的裁决确定，除非企业在该州有"联系"（实体存在），否则各州无权强迫 MOTO 零售商征收州税。

然而，随着电子商务的迅猛增长，如何对远程销售征税以及是否应该征税的问题再次被提上日程。多年来，电子商务因向高销售税地区运输商品而享受了高达 13% 的税收补贴，这引起了当地零售商家的不满。电子商务商家则主张，这种商业形式需要得到培育和鼓励，而且混乱的销售和使用税收制度将使互联网商家难以应对。Amazon 坚称，在没有开展业务的州不应纳税，因为它们并未从当地的学校、警察、消防等政府服务中获益。与此同时，州和地方政府眼睁睁地看着数十亿美元的税收流失。但随着 Amazon 商业模式的转变，它在靠近城市地区建立了大型配送中心以实现次日达服务，其反对缴纳销售税的立场也发生了改变。2015 年，最高法院支持了对科罗拉多州一项法律的质疑，该法律要求公司向科罗拉多州居民报告在线销售情况，以确保居民为此类销售缴纳州税。然而，到了 2018 年，在具有里程碑意义的南达科他州诉 Wayfair 一案中，最高法院推翻了先前的立场，裁定各州有权对在线销售征收销售税（South Dakota v. Wayfair，2018）。

1998 年，美国国会通过了《互联网税收自由法案》（ITFA），该法案暂停对电子商务产品和服务与类似非数字产品和服务实行差别征税，并暂停对互联网接入征税，为期三年（直到 2001 年），理由是需要鼓励新兴行业。这一禁令被多次延长，2016 年，国会将这一禁令永久化，但对少数"祖父条款"适用的州除外，这些州保留了继续征税的权利，直到 2020 年 7 月。据估计，ITFA 每年造成的州和地方税收损失约为 65 亿美元，其余州失去其特殊地位后，每年还会增加 10 亿美元。与在线销售税一样，一些分析人士认为，电子商务和互联网行业的增长意味着不再需要特殊的税收地位，而互联网供应商则认为，立法确保了消费者不会被收取不必要的税收（Bloomberg Law，2020）。

然而，互联网销售税的争议并未完全平息，只是转移到了另一个战场。2021 年，马里兰州颁布了首个数字广告服务税，该税于 2022 年 1 月正式实施。该税将对全球总收入超过 1 亿美元的公司征收，具体税额将根据马里兰州提供的数字广告服务的年总收入计算。计算"马里兰州收入"的方法是将马里兰州内访问此类服务的设备数量除以全球设备总数，再将所得结果乘以全球总收入。目前，各类行业团体已在州和联邦法院提起多起诉讼，指控该税违反了 ITFA 以及美国宪法的商业和正当程序条款。而支持该立法的人则认为，数字广告与非数字广告存在本质区别，因此并不违反 ITFA。关于该立法的最终决定可能需要数年的时间来做出（Grant Thornton，2022；Democracy Forward，2021）。

8.4.3　网络中立

网络中立是指互联网服务供应商，包括有线和无线运营商，应当对互联网上的所有数据一视同仁，不因其内容、协议、平台、硬件或应用而区别对待或定价。在 2015 年之前，互联网服务供应商可以根据协议或使用量对某些用户进行歧视。例如，使用 BitTorrent 协议的非法下载网站的用户会被屏蔽或限制网速。在 Netflix 或其他服务上观看大量电影的用户可能会受到限制，当无线手机运营商的网络出现堵塞时，会限制用户的数据传输速度。此外，像 Netflix 和 YouTube 这样的大型互联网服务，它们共同占据了美国互联网带宽的很大一部分，因此被鼓励与互联网服务供应商达成协议并支付更高的费用，该费用比普通企业或家庭用户要高（Gryta，2015）。

互联网服务供应商长期以来一直反对网络中立的概念，它们声称需要管理网络负载以确保服务的稳定性，避免中断或速度下降。为了有效管理网络负载，限制那些消耗过多带宽的用户是必要的。它们还主张，这些高带宽用户应比普通用户支付更高的费用，因为普通用户主要使用互联网进行电子邮件、网页浏览和电子商务等活动，这些活动并不需要大量带宽。此外，互联网服务供应商辩称，如果阻止它们为提供更高速度而收取额外费用，将削弱它们投资额外基础设施的意愿。更为关键的是，互联网服务供应商声称联邦通信委员会（FCC）无权监管它，因为根据 FCC 的定义，它们并非像传统电话公司那样的公共运营商。在 20 世纪 90 年代的 FCC 条例中，互联网服务供应商被归类为信息服务供应商。这在很大程度上是因为当时的互联网被视为一种创新的信息提供者，应得到 FCC 的扶持而非干预或监管。那时，互联网对社会运行的重要性尚未达到如今的程度。

2015 年，FCC 裁定，互联网服务供应商应被视为类似于电话公司的公用事业，因此应由 FCC 进行监管，以确保公平接入对所有人开放，部署可接受的宽带服务水平，以及促进供应商之间的竞争。这一变化反映出到 2015 年，互联网已经演变为美国乃至全球的主要电信服务之一，并已成为数百万人、企业和政府日常生活中不可或缺的部分。尽管如此，该裁决并未规定对互联网服务供应商定价的监管，定价权仍然掌握在互联网服务供应商手中（Gryta，2015b）。2016 年，一家联邦上诉法院支持了 FCC 的观点，认为互联网服务供应商是作为中立平台传输语音的公用事业公司。然而，在 2017 年，特朗普政府推翻了 FCC 2015 年的网络中立裁决。2018 年，FCC 回到了以前的监管框架，其中互联网服务供应商将被视为信息服务，而不是受 FCC 监管的受监管公用事业。到了 2019 年，一家联邦上诉法院维持了废除 FCC 网络中立法规的判决，但也裁定 FCC 无权禁止各州制定自己的网络中立法规。

2020 年，Mozilla 和诉讼的其他各方表示，它们不会寻求最高法院对该决定进行审查，理由是该决定允许通过州一级的行动向前迈进。加州和其他一些州已经通过了自己的网络中立法律，但在诉讼得到解决之前，这些法律一直被搁置。2022 年，联邦上诉法院驳回了对加州法律的质疑，代表主要互联网供应商的行业协会团体放弃了阻止该法律实施的努力。从那时起，又有 11 个州引入了网络中立立法，拜登政府鼓励 FCC 恢复其以前的网络中立政策（Shepardson，2022；NCSL，2022；Eggerton，2020）。

8.4.4　互联网时代的反垄断、垄断和市场竞争

在互联网和电子商务的发展历程中，众多意见领袖，包括经济学家、政治家、监管机构、公民团体和记者等，首次提出一些电子商务公司已经变得过于强大。它们通过扼杀或收购规模较小的创新企业来限制竞争，正进行着贸易约束。尤其是 Alphabet（Google）、Amazon 和 Meta 等公司，由于不仅在各自的市场中占据主导地位，而且深入影响我们的日常生活，因此成为备受批评的对象。这些科技巨头发展迅速，在某些情况下，通过收购规模较小的创新公司，进一步巩固了它们在各自行业中的市场份额。然而，这些公司在公众舆论中并未为自己辩护。它们以前所未有的程度侵犯隐私，未能保护用户个人信息，允许外国势力利用其平台，为虚假和误导性故事的传播提供机会，并迫使小型零售商破产。此外，这些公司还利用其雄厚的财务资源来阻止可能限制其发展的立法。批评人士现在建议对这些公司进行拆分或加强监管。可以预见，大型科技公司的"监管蜜月期"即将结束。现在的问题是：这些公司是否已经变得过于庞大且过于强大，并对公共利益造成了过大的威胁？

这些问题在美国或其他自由市场经济国家并不陌生，其中涉及：如何界定不公平的、"垄断"的竞争行为；贸易限制；企业的垄断行为，以及评估垄断对消费者价格、产品质量、产品种类和创新的后果。此外，还有一些其他的政治和社会问题，包括小企业如何与大型企业竞争，以及如何确保经济权力的集中能够带来理想的社会结果，而不是导致政治权力的过度集中，这可能会压制小企业和个人在政治过程中的声音。为了更深入地了解这些问题，请参见本章末的案例研究。

8.5　公共安全与福利

世界各地的政府都致力于维护公共安全、健康和福利。为此，他们制定了一系列法律，涵盖了从度量衡到国家公路再到广播电视节目内容的方方面面。历史证明，政府对各类电子媒体（如电报、电话、广播和电视）的监管，主要是为了构建一个合理的商业电信环境，并控制可能对其造成批评或冒犯的内容。在美国，《宪法》保障了言论自由，因此报纸和印刷媒体一直未受政府控制。然而，像广播和电视这样的电子媒体则受到了内容监管，它们使用的是公共频谱，因此受到各类联邦法律和监管机构的监管，尤其是 FCC。电话作为公用事业和"公共载体"同样受到监管，主要是因为其提供服务和接入具有特殊的社会责任，但对电话内容并无限制。

在美国，与网络环境相关的公共安全和福利问题包括：对有害内容的担忧（特别是对儿童和青少年的影响），旨在保护公众健康的烟草和毒品销售限制，以及赌博控制措施。

8.5.1　保护儿童

多年来，主要的立法工作都集中在限制儿童接触网络色情内容上。为了遏制网络成为色情内容的传播途径，1996 年国会通过了《通信规范法案》（CDA）。该法案明确规定，使用任何电信设备向任何人，尤其是 18 岁以下的人，传输"任何淫秽、猥亵、下流、污秽或不雅的评论、请求、建议、提议、图像或其他通信"都属于重罪刑事犯罪（参见 CDA 第 502 条）。然而，1997 年最高法院推翻了 CDA 的大部分条款，认为这些条款违宪地剥夺了受第一修正案保护的言论自由。尽管政府辩称 CDA 类似于一项分区条例，旨在允许 18 岁及以上的人浏览"成人"网站，但法院认为 CDA 构成了对内容的全面禁止，并驳回了"网络

分区"的论点，认为其不可行。值得注意的是，正如之前在商务洞察案例中所讨论的那样，CDA 中的第 230 条部分成功通过了审查。该条款为交互式计算机服务的提供者和用户（例如互联网服务供应商和网站）提供了豁免权，使他们不会被视为对他人发布的有害内容负责的发布者。这一法律规定允许社交网络、博客和在线公告板等平台运营，而不必担心因网络诽谤而被追究责任。

2001 年，美国国会通过了《儿童互联网保护法》(CIPA)，该法规定学校和图书馆必须安装"技术保护措施"（即过滤软件），以保障儿童免受网络色情内容的伤害。2003 年，最高法院对 CIPA 表示支持，推翻了之前联邦地区法院关于该法侵犯第一修正案的裁决。最高法院以 6 票对 3 票的结果裁定，限制互联网访问的法律对言论自由的威胁，并不大于图书管理员因各种原因选择不采购某些图书的限制。然而，持反对意见的法官认为这种类比并不恰当，他们主张更恰当的类比是图书管理员在购买百科全书后，随意撕掉其认为可能冒犯读者的页面。尽管如此，所有法官一致认同现有屏蔽软件在处理色情内容时过于简单粗暴，无法准确区分儿童色情和受第一修正案保护的成人色情内容，且通常不够可靠（Greenhouse，2003）。识别和清除互联网上色情内容的困难可以通过 Facebook 的经验得到佐证。尽管发布色情内容违反了 Facebook 的服务条款，且该公司已删除了数千条色情帖子及相关账户，但在实际操作中仍存在挑战。Facebook 禁止发布裸体照片和暗示性图片（尽管对后者没有明确定义），但即便如此，借助先进的算法和人工编辑的辅助，Facebook 仍不时误删博物馆级别的合法艺术作品。

其他立法，如《域名法》，旨在阻止不择手段的网站运营商通过使用误导性域名和儿童知道的名字或字符来引诱儿童观看色情内容。《保护法案》是一部综合性法律，旨在防止虐待儿童，包括禁止电脑生成的儿童色情内容。

但色情内容并不是唯一一种有害的网络内容。关于互联网、App 和社交媒体给心理健康，特别是儿童和年轻人带来的挑战，已经有很多文章做过讨论。在疫情期间，屏幕时间和使用数字设备时间的增加所产生的影响进一步突出了这一问题。潜在的负面影响包括：过度暴露于负面的在线社交互动中，如网络欺凌、被忽视的感觉以及不健康的社交攀比；体力活动的减少；睡眠质量的下降；人际关系的疏离；以及网络/社交媒体成瘾的风险。举例来说，有研究指出，Instagram 上的社交媒体内容可能对心理健康产生负面影响，特别是对十几岁的女孩。针对这一问题，加州率先通过了一项具有里程碑意义的法律——《加州适龄设计法案》，该法案要求面向未成年人的在线服务在设计时必须考虑到他们的身心健康。这项法律将于 2024 年生效。元宇宙是新兴领域，人们已经开始对其可能对安全和福祉产生的影响表示担忧。下面的社会洞察深入探讨了这一议题。

社会洞察：在元宇宙中沉浸——安全吗

2021 年 10 月，Facebook 发布了一份令人震惊的声明。该声明表示，公司名称将更改为 Meta，以突显其认为元宇宙不仅是 Facebook 的未来，而且将成为整个互联网的未来。元宇宙是一种数字现实，基于虚拟现实（VR）、增强现实（AR）等当前技术，设想了一个用户可以连接、社交、协作和交易的三维虚拟环境。尽管 Facebook 的声明引起了一阵热议和关注，但也引发了一些关于元宇宙可能对公共安全和福祉产生潜在影响的重要问题。

Facebook 的创始人和首席执行官 Mark Zuckerberg 认为，虚拟世界是社交技术的最终形态。他将元宇宙描述为一个"具身互联网"，其中用户不仅仅是观看二维内容，而是体验到"身临其境"的感觉，仿佛真的置身于其中。Zuckerberg 将完全实现的超时空比喻为传送装置。虽然 VR、AR 和类似虚拟世界的体验目前主要用于游戏和广告，但 Zuckerberg 等人认为，虚拟世界最终将深刻改变人们在线生活和工作的方式。

世界正在努力应对与当前在线实践和内容相关的伦理、社会、政治和法律问题。在元宇宙中，这些问题和风险可能会进一步加剧，并可能引发新的问题和风险。

最明显的风险是物理风险。Meta 在其 Oculus VR 系统的健康和安全警告中列出了许多潜在的身体风险，包括癫痫、头晕、恶心、呕吐和视觉问题。使用后，这些症状可能持续数小时。此外，该公司还警告说，令人恐惧、暴力或引发焦虑的内容可能会导致用户的身体产生仿佛这些内容是真实的反应。例如，一名研究人员讲述了她的化身被打脸的经历，尽管她"知道"自己的身体在办公室里是安全的，但她说，她的大脑和身体都认为这些拳头是真实的。随着许多公司致力于开发触觉手套等技术，将触觉作为沉浸式现实中的额外感觉，元宇宙中的物理伤害可能会让人感觉更加"真实"。

心理上的影响可能更为复杂。沉浸感相较于仅仅在平面屏幕上观察和互动的 2D 内容，提供了一种更为深刻的体验。有可能的是，类似于社交媒体对人们的强制吸引，一个强烈的身临其境的虚拟世界可能会让某些人更偏爱这种"真实"的生活，以至于取代了真正有益于心理健康的行为，如适当的锻炼、参与现实生活中的人际关系、健康的睡眠，以及合理安排时间。

对儿童和青少年的潜在影响尤其令人担忧。研究表明，社交媒体对儿童和青少年产生了无数的负面影响，从欺凌和骚扰到自尊和身体形象问题。在元宇宙中，这些负面影响可能同样存在，甚至更为严重。例如，有研究人员与 Sesame Street 工作室合作，使用 Grover 作为虚拟角色。研究结果显示，年幼的孩子更有可能服从 VR 角色的命令，而不是同一角色在 2D 环境中的命令。研究人员指出，当孩子们看电视时，他们经常会犹豫，看着研究员，并询问自己应该做什么。但在 VR 中，孩子们只是按照 Grover 的指示行事，而不会停下来或环顾四周。

接触这些平台上的有害内容构成了另一个严重问题。例如，反数字仇恨中心的一项研究发现，尽管 Meta 有明确的政策禁止负面内容和行为，但未成年人仍经常在各种游戏（如通过 Meta 的 Oculus VR 平台访问的 VRChat）中接触到图像形式的性内容、种族主义和暴力语言、欺凌以及其他形式的骚扰。同样，尽管 Roblox 一直在努力阻止，但其平台上仍多次出现针对儿童的再现 2019 年新西兰克赖斯特彻奇枪击案的内容。

元宇宙对隐私和政府监控的潜在影响也引发了人们的担忧。隐私问题尤为突出，因为元宇宙公司可能会跟踪和保留用户的生物识别数据以及他们的实际行为数据。这样一来，这些公司最终可能能够深入了解用户的独特思维和行为方式。值得注意的是，尽管 Meta 已经停止在其 Facebook 平台上使用人脸识别技术，但它仍在 Oculus VR 平台上继续使用这些技术。这些信息对于广告商和政府来说都将具有极高的价值。

一些人认为，对元宇宙潜在影响的担忧被夸大了。这些批评人士指出，长期以来，人们总是危言耸听地预测一项新技术何时会出现，但这样的预测通常都是毫无根据的。其他人则认为，VR 和 AR 技术的有益应用已经得到了充分开发，充分利用了这些技术模糊现实与虚拟之间界限的能力。例如，用于治疗恐惧症、噩梦和创伤后应激障碍的 VR 应用，用于优化教育和艺术体验的应用，以及围绕建立同理心、多样性和包容性等积极用途的应用。Zuckerberg 表示，安全、隐私和伦理将是元宇宙发展的核心议题，因为成熟的元宇宙还需要几年时间，监管机构和政策制定者将有足够的时间实施保障措施。

然而，期望行业自律甚至法律法规能够充分解决元宇宙可能带来的问题，这有可能吗？安全政策不能简单地从现有的社交媒体中移植过来。相反，需要基于技术

如何与我们的大脑互动的关于沉浸式环境的具体政策。然而，这些政策也将很难监控和执行。此外，Meta 目前的商业模式是建立在尽可能长时间地吸引用户注意力的基础上的，这使得它的虚拟世界版本更有可能演变成吸引儿童和成人注意力的东西。批评者不相信 Meta 会创建一个保护人们的虚拟世界，如果这样做与 Meta 利润最大化的商业目标相冲突，尤其是在它努力应对 Facebook 平台使用量下降的情况下。

8.5.2　香烟、药物和赌博：万维网真的没有边界吗

在美国，各州和联邦政府已经通过了多项管制特定活动和产品的立法，旨在保护公众健康和福利。香烟、医疗药物（当然还包括会上瘾的娱乐性药物）以及赌博，要么被禁止，要么受到联邦和州法律的严格管制。然而，这些产品和服务往往可以在网上找到并购买。由于提供这些产品和服务的网站可能位于海外，它们可以在州和联邦检察官的管辖范围之外运作。至少在最近看起来是这样。

香烟

以香烟为例，州和联邦当局成功地关闭了美国境内的免税香烟网站，通过向 PayPal 和信用卡公司施压，将香烟商家从系统中删除。主要的航运公司——UPS、联邦快递和敦豪——都受到了压力，拒绝运送未缴税的香烟。Philip Morris 公司也同意不向任何被发现从事非法互联网和邮购销售的经销商运送香烟。然而，少数离岸网站仍在继续使用支票和汇票作为付款方式，并以邮政系统作为物流合作伙伴。但由于消费者担心如果被发现使用这些网站，州税务机关将向他们提交巨额税单，这些网站的业务水平在大幅下降。2010 年通过的《防止所有香烟贩运法案》限制通过互联网销售未纳税的香烟和其他烟草产品，并禁止通过美国邮政运送烟草产品。最近，由于电子烟和雾化产品导致的健康问题，州和地方法律法规限制其网上销售，联邦立法也在制定中。

药物

处方药和非法药物的问题尤为复杂。尽管受到适当监管的互联网药店通过增加竞争和在服务不足的地区提供治疗服务，提供了有价值的服务，但行业研究人员发现，98% 的在线药店不需要处方，40% 的在线药店销售危险的合成阿片类药物如芬太尼和羟考酮。在许多国家，非法处方药的贩运已相当于或超过了海洛因、可卡因和安非他命的销售。

除了没有处方的药品销售之外，不法的网上药店也可能销售假药。例如，国际刑警组织发现，在网上销售的所有医疗产品中，有 10% 以上是假药，这种情况影响到世界所有地区。美国食品和药物管理局（FDA）曾发布警告称，在网上购买安必恩、阿普唑仑和乐铂的消费者收到的产品中含有氟哌啶醇，这是一种强力的抗精神病药物。

尽管存在这些风险，网上药店仍然具有吸引力，尤其是对老年人而言。通常，网上药店位于处方药价格受到管制或价格水平较低的国家，如加拿大、英国、部分欧洲国家以及印度和墨西哥。通过在这些国家的网上药店购买药品，美国公民通常可以节省 50%～75% 的费用。然而，目前对网上药品销售的监管框架尚不完善，要求网上购买药品必须提供医生处方

的法律以及限制网上购买药品的法律实际上难以执行。因为外国在线药店可以轻易地从海外地点运营网站，这使得联邦和州级当局难以对其行使管辖权。

非法药物在线供应商的另一个避风港是"暗网"，这是一个由搜索引擎无法访问的网站组成的网络，这些网站通常采用旨在促进匿名或掩盖非法活动的安全措施。这些网站被称为"暗网市场"，它们要求用户使用特殊的软件来掩盖其 IP 地址，并只接受比特币等加密货币作为支付方式，以进一步保护用户的隐私。根据欧洲毒品和毒瘾监测中心（EMCDDA）的数据，暗网上的大部分销售活动都与毒品有关，这类销售占据了全球暗网总经济收入的 90% 以上。

尽管各国执法机构曾联手关闭暗网市场，并取得了一定的成功（例如 2013 年关闭 Silk Road，2017 年关闭 AlphaBay 和 Hansa 市场），但一个市场关闭后，其他市场总是会迅速崛起并取而代之。与亲自从毒贩处购买毒品相比，网上购买毒品的风险更小，同时还能避免暴力。随着各国政府试图打击阿片类药物（例如美国将某些阿片类药物纳入更严格的分类类别，增加了获取这些药物的难度），许多用户转向暗网市场以获取这些药物。事实证明，网络毒贩和支持他们的暗网具有相当强的韧性，在未来一段时间内，控制他们的执法之战可能仍将持续进行。

赌博

赌博成为一个有趣的研究案例，它揭示了传统司法边界与无边界、不可控的网络之间的冲突。在美国，赌博在很大程度上是各州和地方法律管辖的问题。然而，2006 年，国会通过了《非法互联网赌博执法法案》（UIGEA），该法案禁止金融机构向互联网赌博网站转移资金，但这并没有剥夺各州对赌博的监管能力。尽管这项法案本身并不直接禁止网络赌博，而且至今尚未有人因网络赌博而被捕，但这项立法初步摧毁了美国境内的网络赌博行业。美国司法部积极执行这项法律，拒绝离岸运营商使用美国的支付系统、扣押资产、关闭运营商在美国的业务，并逮捕了几名高管。在线赌博网站转向不受 UIGEA 监管的加密货币等替代货币，从而成功规避法律。在过去的几年里，公众对网络赌博的看法发生了变化。国家对财政收入的需求增加，许多在赌场从事博彩业的人开始支持网络赌博，认为这是一个增加收入的机会。如今，围绕在线赌博的伦理问题对公众的影响已经小于新税收的需求。对于公司而言，它们更希望获得额外的收入。

2012 年，特拉华州成为第一个将赌场游戏和扑克在线赌博合法化的州，其他六个州紧随其后：密歇根州、新泽西州、宾夕法尼亚州、西弗吉尼亚州、康涅狄格州（仅限在线赌场游戏）和内华达州（仅限在线扑克）。在线赌博在美国维尔京群岛也是合法的（PlayUSA，2022）。

在 2018 年之前，美国的真实体育博彩，除了在赛马场等授权场所外，在其他地方都是非法的。《专业和业余体育保护法》（PASPA）明文禁止美国授权体育博彩，导致一个价值 1500 亿美元的非法产业无法带来税收收入，其中大部分活动在网上进行。2018 年，最高法院裁定 PASPA 违宪，首次允许各州授权和征税体育博彩，包括在线体育博彩。新泽西州率先将在线体育博彩合法化，随后其他 21 个州和哥伦比亚特区也纷纷效仿。预计到 2025 年，在线体育博彩的收入将增长到 370 亿美元，并将为合法的州带来数百万至数十亿美元的税收收入（Play USA，2022；Liptak and Draper，2018）。

与此同时，梦幻体育也蓬勃发展。DraftKings 和 FanDuel 这两家公司主导着在线梦幻体育市场，同时也是在线体育博彩的主要参与者。在梦幻体育中，玩家可以组建自己的理想团队，招募现实生活中的运动员加入，然后根据这些运动员在真实比赛中的表现赢得大奖。最受欢迎的梦幻体育项目包括大学橄榄球和篮球以及职业橄榄球和棒球。玩家会获得一笔预算，用于挑选球员，每场比赛的综合费用构成了球员竞争的奖金池。参赛费用从不到 1 美元到超过 1000 美元不等。

由于行业压力，梦幻体育被豁免于 UIGEA。该行业的观点是，参与梦幻体育并不算是赌博，而更像是一种游戏，与国际象棋或拼字游戏等需要技巧的游戏类似。然而，随着该行业的快速发展，风险资本估值达到 10 亿美元，以及出现欺诈、缺乏透明度和内部违规行为等指控，州和联邦立法者开始举行听证会并考虑加强监管。最初，纽约州总检察长试图禁止在纽约开展梦幻体育活动，理由是它构成非法赌博。经过长时间的立法听证会和体育迷的强烈支持，纽约州的立场发生了变化，立法将梦幻体育合法化，成为受到国家监管的行业。然而，2020 年，纽约州法院裁定，将梦幻体育合法化的法律违反了纽约州《宪法》中禁止赌博的规定。经过持续的诉讼后，纽约最高法院最终于 2022 年 3 月做出裁决，认定梦幻体育是一种技巧游戏，而非赌博，因此不违反纽约州宪法（Hill，2022）。

8.6   电子商务相关职位

本章概述了互联网和电子商务所涉及的主要伦理、社会和政治问题。企业逐渐意识到这些问题可能对其利润产生重大影响。处理这些问题的工作通常由公司的合规部门负责，但所有员工也都应该对此有所了解。

8.6.1   公司概况

公司运营着全球网络广告交易平台，将拥有广告库存的网站（网站出版商提供广告展示空间，也被称为"广告机会"）与广告买家（希望投放广告的公司）连接起来。平台收集消费者行为数据并提供给买家，买家可以将自己的消费者信息添加到数据组合中。平台让买家选择特定的细分市场，例如对买房感兴趣的千禧一代父母。平台的分析功能将帮助买家决定为这些广告支付多少钱，并对这些广告进行出价，同时追踪网络广告效果。公司在美国和其他四个国家设有 20 个办事处，拥有 700 名员工，为 4000 名广告商提供服务。公司每天分析5000 亿个网络广告机会，为营销客户推送超过 1.5 亿个广告。公司利用机器学习管理复杂的广告机会的寻找和销售过程，机器学习在数据中寻找模式，并试图确定最有可能点击特定广告的消费者。整个过程在几毫秒内完成。

程序化广告的基础是广告交易平台，营销公司在此平台上将出版商网站或社交网络上的广告机会出售或匹配给寻求向特定细分市场展示广告的公司。程序化广告现在是数字显示广告中使用最广泛的购买和销售方法。这个市场的增长源于其便捷性、快速性和为公司寻找最佳广告机会的精确性。

8.6.2   职位：电子商务隐私研究员

你将与合规部进行远程合作，以确保隐私和数据保护符合规定，并同时促进业务创新。这个职位需要你研究隐私、国内和国际法规、政策以及行业最佳实践。你的职责包括：

- 监控、理解和整理关于隐私、网络安全、信息安全以及技术等方面的相关法律、法规、法院裁决、行业指南、行业期刊以及其他出版物的书面摘要。
- 研究与数据安全、信息安全和隐私相关的联邦、州和国际法律法规，包括数据泄露和安全漏洞事件的相关法律规定。其他涉及的领域可能包括在线营销、社交媒体、电子商务和技术相关的法律法规。

- 研究网络广告市场的全球数据保护和隐私合规，利用你对特定政府 / 行业要求和最佳实践的了解和经验。
- 评估现有和正在开发的产品和解决方案，以确保它们符合适用的隐私和数据保护法律以及行业最佳实践。
- 在数据泄露事件、隐私和网络安全相关的法律和监管要求方面，为业务线提供指导和支持。
- 审查与供应商和客户公司的合同，确保它们符合隐私法规和行业最佳实践。
- 为商业客户和公司其他部门开发教育和培训资料。

8.6.3　资质 / 技能

- 具备文学学士学位，包括人文学科、商业、信息系统、市场营销或政治学等专业，课程涵盖电子商务、统计学、商业战略和数字营销。
- 对美国的隐私和隐私法有基本了解，并了解它们与在线数字广告的关系。
- 对国际商业和数据保护法律，特别是欧盟、拉丁美洲和亚太地区的法律有兴趣。
- 熟悉数字营销行业、软件服务平台以及专业的广告平台。
- 具备优秀的书面和口头沟通能力，包括清晰的写作风格和流利的口语表达。
- 拥有优秀的研究能力，善于查找和整理信息。
- 具备良好的客户服务和人际交往能力，能够与各类人群有效沟通。
- 具备出色的分析和解决问题的能力，能够进行战略性思考并提供商业建议。
- 熟练使用 Microsoft 办公软件（如 Word、Excel、Outlook 和 PowerPoint）。
- 具有较强的组织能力，能够在远程工作的情况下管理时间表并平衡多个任务和截止日期。
- 熟悉桌面和移动技术，是活跃的 App 和社交网络用户。

8.6.4　面试准备

为了准备这次面试，我建议你重新阅读本章中关于该职位职责的部分。这个职位需要我们对美国和欧盟的隐私立法和监管有深入的了解，这些内容在 8.2 节中有详细的介绍。同时，也需要回顾开篇案例和技术洞察案例的相关内容。此外，对该公司及其所在的行业做一些背景研究也是非常有帮助的，你可以参考第 6 章章末的案例研究，其中对程序化广告行业进行了详细的讨论。

8.6.5　首次面试可能被问到的问题

1. 我们正在寻找对保护消费者隐私感兴趣，并理解我们的客户的人，你需要与在线消费者进行沟通。你对自己在网上的隐私有什么感受，你认为消费者为什么关心他们在网上的隐私？

你可以从最后一个问题开始：消费者关心自己的隐私，因为他们通常不知道自己的个人信息在网上发生了什么，他们觉得自己无法控制这些信息的使用方式。之后，你可以讨论在 Facebook 等社交网络上保护自己隐私的感受。Facebook 确实提供了一些工具来限制其他用户可以看到的个人信息，而是否使用这些工具则取决于用户自己。另一方面，Facebook 提供的工具可能让人难以理解，导致许多用户仍然觉得他们无法真正控制谁能看到自己的帖子，也无法控制 Facebook 或广告商如何使用这些信息。

2. 除了各种社交网络提供的工具，消费者用来保护网上隐私的软件和工具有哪些？你认为这些工具中有干扰我们的程序化营销业务的吗？

可以分享一些你或你的朋友在浏览或发送信息时可能会使用或考虑使用的保护隐私的工具。例如，Apple 的应用跟踪透明度和智能跟踪预防功能，以及匿名浏览和隐私默认浏览器选项。此外，还有 cookie 管理器、加密电子邮件、反跟踪工具和广告拦截器等工具。对于经验丰富的用户来说，匿名浏览软件、反跟踪工具和广告拦截器越来越受欢迎。确实，这些工具可能会对在线营销活动造成一定程度的干扰。

3. 你认为我们的行业和公司应该如何应对公众对隐私的担忧？应采取什么措施推动社交工具的使用？

你可以通过提及网络广告行业所开发的程序来回答这个问题，例如网络广告倡议（NAI），该倡议证明公司已经采纳了行业的隐私标准和最佳实践。其中，有两种特别引人注目的做法：一是 NAI 的全球选择退出网站，这个网站允许消费者选择避免来自特定网站的跟踪和 cookie 收集；二是广告选择计划，该计划让用户更清楚地了解他们的个人信息是如何被使用的，并提供了关闭某些不合适广告的选项。这些举措使用户在一定程度上能够掌控关于自己的信息的收集和使用方式。此外，还有一些公司，如 OneTrust 隐私管理平台，提供隐私管理软件，以帮助企业理解并遵循行业最佳实践。

4. 我们的公司收集了大量消费者的在线行为数据，并使用这些数据为客户展示广告。我们并未获取消费者的个人姓名或具体地址信息，仅通过分配的号码来识别他们。当然，我们还会收集他们的在线行为和基本人口统计信息。然而，我们需要思考的是，收集这些数据是否侵犯了消费者的隐私权？

许多在线消费者错误地认为他们能够通过姓名、地址和地理位置来识别个人身份，但实际上并非如此。例如，消费者在浏览网站时可能会被在线跟踪，这给人一种被监视的印象。他们可能并不了解，自己只是以 cookie 或客户编号的形式被识别。然而，人脸识别技术引发了新的担忧，因为它具有很高的个人化程度。

5. 我们有许多客户在欧盟开展业务，而那里的隐私法和数据保护法规与美国的法规存在显著差异。你认为欧洲和美国的隐私法规和法律有哪些关键的区别？

欧盟与美国在隐私法规和法律方面存在的主要区别在于，欧盟有一部统一的隐私法（GDPR），该法要求默认选择退出跟踪或放置 cookie 的选项，并要求用户明确选择加入跟踪、cookie 和其他在线跟踪方式。此外，欧洲国家还有执行隐私法的数据保护机构，而美国则没有类似的联邦级数据保护机构，尽管某些州（如加州）最近颁布了类似的法律，并在州一级执行。GDPR 还赋予用户从搜索引擎中删除某些信息的权利。

8.7 案例研究：大型技术公司大到"离谱"了吗

想要结交朋友？试试 Facebook 或 Instagram 吧，它们现在都属于新更名的 Meta 旗下。需要在网上搜索信息？Google 是首选。那网络购物呢？当然是 Amazon 了。然而，批评者认为，Amazon、Google 和 Meta 等巨头已经建立了几乎坚不可摧的数字平台，这不仅限制了竞争对手的进入，减少了市场竞争，还赋予了它们极大的定价权，足以对竞争对手造成毁灭性打击。批评者进一步指出，这些大型科技公司为了维护自身的垄断地位，会不择手段地扼杀竞争，甚至不惜支付荒谬的收购价格来消灭潜在的威胁。在美国，批评人士强调，反垄断监管机构和政客似乎没有意识到这一点：问题的关键并不在于消费者福利或价格水平，而在于这些大型科技公司通过消灭竞争对手，特别是那些小型初创公司，来聚集庞大的用户群体，从而进一步巩固其市场地位。

要了解当前的情况，首先需要回顾一下美国反垄断监管的历史。从 1890 年的《谢尔曼反托拉斯法》开始，美国国会陆续通过了多项立法，旨在限制甚至瓦解 19、20 世纪的工业巨头。这些立法的目的是确保小公司和企业家能够顺利进入市场，并定义和防止反竞争行为。此外，它们还旨在保护消费者和其他企业免受过高的价格和任何限制自由贸易的行为的影响。立法者认为，限制自由贸易最终会导致产品质量下降，生产和供应减少或受限，以及创新减少。尽管这部立法并没有精确定义"垄断"，但它所指的是一种情况，即单一企业或企业集团主导整个行业，并从事旨在限制竞争和自由贸易并维持这种主导地位的行为。分散的经济和政治力量是早期反垄断立法的核心目标。

在决定什么是完全垄断时，规模和市场力量（市场份额）是重要的考虑因素。"大"本身并不是一个明确的垄断标准，但有实力的公司采取的具体行动，如损害竞争对手的市场环境以及行业结构，尤其是垂直整合供应链，甚至阻止竞争对手在行业中开展新业务，这些更为关键。

一个典型的反垄断案例是新泽西州 Standard Oil 公司诉美国政府案（1911 年）。John D. Rockefeller 是 Standard Oil Trust 的联合创始人。在 30 年的时间里，Trust 逐渐发展并控制了石油勘探、运输（管道和铁路）、炼油和分销，一直到零售层面，从而主导了整个石油产品的营销。这被称为垂直整合或控制整个行业的供应链。Standard Oil 公司的这种行为导致的结果是完全控制了石油产品的定价，使其能够在某些市场收取低于成本的价格，以使竞争对手破产，同时在没有竞争的市场收取垄断高价（称为掠夺性或歧视性定价）。

1911 年，最高法院裁定 Standard Oil 公司违反了《谢尔曼反托拉斯法》，并下令将其拆分为 34 家独立公司，以期这些公司能够相互竞争并保持独立性。同时，法院还禁止 Standard Oil 公司从事任何旨在建立新垄断的业务。后来，这些公司中有几家经过重组，如今构成了美国最大的石油公司 ExxonMobil 公司的重要组成部分。

反托拉斯法和法院的判决也承认，某些垄断，在它们仅仅是最有效率的生产商、以具有竞争力的价格销售高质量产品时，是"无辜"且合法的。在其他情况下，产品的本质和市场需要巨大的初始资本投资，而且在短期内可能无法获得回报，直到形成大规模、占主导地位的公司，这样的行业会被认为是自然垄断行业。电力和天然气公用事业、电话和有线电视系统以及铁路等行业都需要非常高的初始投资，并且只有通过占据大市场份额才能实现盈利。通常，这些公司是最先开发出某一项技术的，从而获得了先发优势。自然垄断行业创造了市场进入障碍，这仅仅是由于新进入者所需的投资规模以及其他在效率、品牌和专利方面几乎不可逾越的优势所造成的。

在对待那些无辜的和自然垄断行业时，必须禁止其从事反竞争行为，因为这些行业在控制价格、质量、产品或服务的供给方面与所有其他垄断一样，可能会损害公共利益。在这些情况下，除了结构性变化之外，立法机关已经转向对价格、公共利益和服务水平进行监管和控制。例如，20 世纪初，联邦政府将整个电话和电信行业国有化，其目的是建立一个由美国电话电报公司运营的单一国家系统。第二年，各州接管了对该行业的监管，包括禁止新公司竞争，并引入新的标准和竞争电话线，以防止复制和更高的价格。甚至电话机也必须由美国电话电报公司的设备公司——西部电气——单独生产。其理论依据是，全国电话服务需要一个能够为整个国家提供高效服务的提供者。然而，随着 20 世纪 80 年代新设备和新技术的发展，如不需要巨额资本投资的微波通信的出现，法院将美国电话电报公司拆分为七个贝尔地区运营公司，允许竞争对手向市场提供电话服务和设备。

在 20 世纪 60 年代，随着法院对经济的理解和经济思想的变化，以及经济和政治环境的转变，反垄断思想发生了显著变化。在这一时期，经济权力的集中不再被视为反竞争，相反，人们认为这会为消费者带来更高的效率和更低的价格。在这一时期，法院将降价行为视为"价格竞争"的一个实例，而不是"掠夺"，因此也不被视为对贸易的非法限制。按照这种观点，在评估大公司的行为时，或者在考虑大公司合并成为真正的巨头公司时，唯一应使用的标准是经济效率和消费者价格。

同样，收购供应链中的关键企业也被重新定义为提高企业效率的手段，而非贸易限制或阻止新参与者进入市场的证据。通过垂直整合实现"整合"生产的公司相较于未整合的公司，其效率更高。此外，人们深信，随着企业效率的提高，它们能够以更低的价格将这些好处传递给消费者。自 20 世纪 60 年代以来，经典反托拉斯思想和立法的主要理念——掠夺性定价、歧视性定价和垂直整合——不再被视为问题，而是被视为增进消费者利益、降低价格的有效手段。这种新思想与早期的反托拉斯思想和法律截然相反。

时间快进到 21 世纪。Amazon 便是一个不符合 20 世纪 60 年代反垄断思维理性模式的公司典范。Amazon 的战略始终专注于最大化市场份额，而非利润，因此它愿意长期将零售产品的价格定在成本或低于成本的水平，而不仅仅是为了节假日促销。它之所以能够做到这一点，部分原因是私人资本和公开市场愿意以极高的股价形式为其提供低成本融资，尽管 Amazon 多年来一直没有盈利。如今，Amazon 运营着最大的网络零售平台，拥有超过 1200 万种产品，从鞋子、衣服、电池、书籍到电脑和扳手一应俱全。作为美国最大的第三方在线市场平台，它拥有近 300 万第三方商家。因此，它拥有前所未有的信息来了解消费者行为和商品的定价销售情况。除了零售业务之外，Amazon 还至少拥有 10 条业务线，包括网络服务（AWS）、电影和电视制作、时装设计、图书出版和硬件制造。由于拥有多条业务线，Amazon 能够在一条业务线（如图书）上将价格降至成本以下，以支持另一条业务线（如 Kindle 阅读器和平板电脑的销售）。Amazon 一直愿意在亏损或盈亏平衡的情况下运营零售业务，因为 AWS 等其他业务占其利润的大部分。Amazon 利用定价算法，每天数次改变数千种商品的价格。在大多数情况下，公众和政府监管机构都无法跟踪这些价格变化，以及它们对竞争对手和商家的影响。

Amazon 在 2007 年以低于成本的价格 9.99 美元销售电子书，这一做法是出于补贴 Kindle 阅读器的考虑，而非传统的 14.99 美元的出版商定价。这一策略遭到了大型图书出版商 Hachette 的反对，作为回应，Amazon 决定不再在其平台上销售 Hachette 的图书。在其他的业务线中，Amazon 基于平台销量、收入和预计盈利能力等信息开发了自有品牌，包括 Amazon Basics（家居用品和电子产品）、Amazon Essentials（服装）、Amazon Elements（维生素和补充剂）以及 Amazon Collection（珠宝）。这使得第三方卖家非常担忧，担心 Amazon 可能会开发自己的竞争产品。2019 年，Amazon 在美国国会作证时承认，他们利用从第三方卖家处收集的汇总数据来开发和推广自己的品牌产品。据《华尔街日报》的调查显示，Amazon 还利用了从单个第三方卖家处收集的专有数据。此外，Amazon 的推荐系统会在有自有品牌的情况下进行特别推荐，而 Amazon 也调整了搜索算法，使其更倾向于推荐对公司更有利可图的自有品牌商品，而非最相关和最畅销的商品。有报道称，Amazon 正考虑在 2022 年大幅减少自有品牌的商品数量，甚至可能完全退出自有品牌业务，以减轻监管压力。在欧洲，欧盟委员会已经对 Amazon 提起反垄断诉讼，指控其滥用作为自己产品卖家的角色，同时经营着一个第三方市场。为了解决这些问题，Amazon 承诺不再使用其市场上卖家的非公开数据。在美国，Amazon 也面临多起反垄断调查，包括来自国会、司法部、美国联邦贸易委员会和多个州的调查。

Meta 也面临着类似的批评，即利用其平台摧毁或收购竞争对手。2012 年，Instagram 和 WhatsApp 这两家公司的增长速度超过了 Facebook。在努力打造有效的竞争服务失败后，Meta 以 10 亿美元收购了 Instagram，并在 2014 年以惊人的 218 亿美元收购了 WhatsApp。总体来说，Meta 已经收购了 90 多家不同的公司。2016 年，Meta 开发了一款视频直播应用，导致市场领先的初创公司 Meerkat 破产。Snapchat 的崛起是另一个例子。Snapchat 的主要功能是允许用户轻松发送照片和视频，只需将焦点放在相机上，而不是键盘上。2013 年，Meta 曾提出收购 Snapchat 的提议，但遭到拒绝。此后不久，Meta 创建了一个名为 Instagram Stories 的服务，模仿了 Snapchat 的功能。从那时起，Instagram Stories 的使用增长速度明显高于 Snapchat。随着时间的推移，Meta 还在其他相关服务 Messenger 和 WhatsApp 中复制了 Snapchat 的功能。据报道，Snap（Snapchat 的母公司）的法律团队保留了一份档案，记录了他们认为 Meta 试图破坏 Snap 业务的所有方式，并将该档案提供给 FTC，作为 FTC 对 Meta 商业行为进行更广泛反垄断调查的一部分。2020 年 12 月，FTC 对 Meta 提起反垄断诉讼，理由是 Meta 的收购和多年来的反竞争行为帮助其保持了在社交媒体市场的主导地位。此外，欧盟委员会也在调查 Meta 涉嫌试图识别和消灭潜在竞争对手的行为。

批评者认为，Google 之所以被视为垄断，不仅在于其市场规模，还在于其横向整合行为以及搜索引擎对自家服务的偏爱。这种偏爱导致竞争对手的自然搜索结果在搜索结果列表中的位置靠后，甚至被埋在最后几页。批评人士认为，这些行为旨在消除 Google 的竞争对手，以保持其在搜索和广告领域的主导地位，从而限制了交易。Google 的横向战略遵循了大型科技公司的常见做法：收购竞争对手，或降低它们对 Google 搜索平台的访问权限。2006 年，Google 以 16 亿美元的价格收购了 YouTube。在此之前，该公司曾试图创建一个名为 "Google 视频" 的在线视频中心，但未能获得用户青睐。2008 年，Google 又以 31 亿美元收购了广告网络先驱 DoubleClick。2013 年，Google 以 10 亿美元的价格收购了 Waze，因为后者是 Google 地图的主要竞争对手。尽管 Apple 在在线地图领域排名第二，但仍然是一个威胁，是该领域仅存的竞争对手。

当比较购物服务越来越受欢迎，引导用户找到最低价的网站，并与 Google 的购物服务形成竞争时，Google 开始降低这些服务在搜索结果中的排名。Foundem 是英国一家比较购物服务公司，它旨在为用户提供最低的在线价格。它与 Google 的 Froogle（现称 Google 购物）存在竞争关系。当 Foundem 开始受到欢迎时，Google 调整了搜索算法，导致 Foundem 从搜索结果的首页消失，被埋藏在后面的页面中。同样的情况也发生在 TradeComet、KinderStart、NextTag 等其他比较购物服务公司身上。这些公司都向欧盟委员会和 FTC 提出了投诉。经过 7 年的调查，欧盟委员会于 2017 年对 Google 处以 28 亿美元的罚款，原因是 Google 滥用其占市场主导地位的搜索引擎，将竞争对手的比较购物服务排到第四页之后，同时在搜索结果的首页顶部显示自己的 Google 购物服务。Google 辩称这些网站是 "链接农场",违反了 Google 的搜索算法规则,该规则对那些没有原创内容、只是链接到其他网站的网站进行惩罚。但欧盟委员会回应称,Google 购物的搜索结果也主要由其他网站提供的内容构成,通常是付费广告商。2021 年,一家欧洲法院维持了罚款决定,驳回了 Google 的上诉。

2009 年,Google 试图收购拥有庞大粉丝群的消费者评论网站 Yelp,但遭到了拒绝。不久后,Yelp 发现其本地评论在 Google 搜索结果中的排名突然下降,被排在了后面,而 Google 的付费广告却位列首页。在这些广告中,除了餐馆广告外,几乎没有其他任何评论或原创内容。之后,Google 开始将 Yelp 的内容直接纳入自己的搜索结果中,导致用户无须访问 Yelp 即可获取信息。Getty Images 也遭遇了类似的情况。2013 年,当 Google 开始将图片搜索的流量导向自己而非 Getty Images 时,Getty Images 的流量大幅下降,失去了 85%。由于 Google 的这些行为,这两家公司的收入都受到了影响。

2020 年 10 月,美国司法部和 11 个州的总检察长援引《谢尔曼法案》对 Google 提起诉讼,指控其在搜索和搜索广告领域的反竞争行为。Google 在"供应链"的几乎每一层都拥有主导技术工具。据报道,2022 年 8 月,美国司法部准备再次对 Google 提起诉讼,理由是其在数字广告市场的反竞争行为。为了应对诉讼,Google 提出将其广告技术业务分拆为一家独立的公司。

Amazon、Meta 和 Google 是最受欢迎的在线服务,深受用户喜爱且每天被大量使用。由于 Google 和 Meta 不向用户收取服务费用,因此不能指责它们通过提高价格来降低消费者福利。因此,它们不能被指责为掠夺性定价或歧视性定价。实际上,这些公司通过提供零成本服务增加了消费者的效用,大大提升了消费者福利。Amazon 通常是线上和线下零售的价格领导者,使用便捷,提供了前所未有的品种和选择,并且有超过 50% 的美国互联网用户参与了其忠诚计划 Amazon Prime。只要消费者福利(价格)是监管垄断的唯一标准,那么这些公司在反垄断的基础上是可以接受的。

然而,如果反托拉斯立法的核心目标是通过限制主导公司损害较小规模的竞争对手和减少消费者选择的能力来保护和促进竞争,那么大型科技公司可能会因其限制竞争的行为而承担责任。这些大型科技公司可能会否认新进入市场的机会,阻止新的创新企业进入市场,从而创造出一个不利于竞争、限制贸易的市场环境。要明确大型科技公司的这些行为是否违法,我们需要引入新的概念和制定新的法律法规。

一个重要的观念转变是将这些公司视为提供接触受众和抓住消费者时间的平台,而非传统意义上的销售产品或服务的企业。大型科技公司与 19 世纪和 20 世纪的传统企业不同。这些公司是网络效应的典范:用户数量越大,价值也就越大。Meta、Google 和 Amazon 的市场价值在于其在线受众规模和对用户在线时间的支配。然而,问题依然存在:多少市场份额算是"过多"?是 30%、50% 还是 90%?国会、联邦监管机构和法学家需要决定这个问题的答案。

按照这种逻辑推理,对于大型科技公司占据主导地位的一个可能的解决策略是加强对于拟议合并的审查。目标是保护创新型的小公司不被大型公司收购,尤其是当这些合并只会让主导公司获得更多的受众,进而占据更多的消费者时间,从而剥夺了其他竞争对手的份额时。如果这种合并并非真正意义上的横向合并(例如 Meta 收购 WhatsApp,而 WhatsApp 本身并不在社交网络市场),那么这种合并可能会被阻止,因为这样的合并只会增加 Meta 的市场占有率,阻碍创新型初创企业进入市场。

第二个解决方案是将现有的垄断公司拆分成独立的公司。例如，Amazon 可以被拆分为 10 家独立的公司，如零售公司、网络服务公司、媒体公司、物流公司等。同样，Meta 也可以被拆分为专注于社交网络、消息传递和虚拟现实的公司。Google 则可以拆分为搜索广告网络、电脑硬件公司和视频分享公司。这样一来，就可以避免再次出现寡头垄断的情况，而是形成了大量独立的公司。同时，已经制定的合并政策可以用来防止这些公司再次合并形成垄断或寡头垄断。

第三个解决方案借鉴了欧洲对待大型科技公司的监管方法。欧盟在反垄断、隐私和税收等多个层面对大型科技公司实施了一种综合性的监管模式。在反垄断方面，欧盟主要关注大公司的反竞争行为，并对违反竞争法律和规定的行为施以重罚。例如，2018 年，欧盟对 Google 处以了高达 51 亿美元的罚款，创下历史纪录。罚款的原因是 Google 强迫三星、华为等智能手机制造商在使用安卓操作系统时优先考虑 Google 搜索、Chrome 浏览器和其他 Google 应用。监管机构认为，Google 的这一行为旨在维护其搜索引擎广告业务的主导地位，剥夺了竞争对手的竞争机会，同时也损害了消费者从竞争市场中获得利益的权利。除了罚款之外，欧盟还要求 Google 将其安卓系统与其他 App 进行分离，包括 Google 文档、搜索引擎栏、浏览器以及潜在的 Google 商店、Google 播放和 Google 购物等。这一罚款金额成为针对大型科技公司的历史之最。如果 Google 违反这一命令，将面临最高可达其全球日均收入 5% 的罚款，金额可能高达数十亿美元。这一决定与 2017 年欧盟对 Google 因在搜索引擎结果中优先展示自己的产品和服务而处以 28 亿美元罚款的决定相呼应。2019 年，欧盟再次对 Google 处以 17 亿美元的罚款，指控其滥用在搜索领域的主导地位，限制了名为 AdSense for Search 的服务的竞争，该服务涉及在第三方网站的搜索结果上销售文本广告。

随着《数字市场法案》（DMA）的通过，欧盟正在加强对大型科技公司的监管力度。该法案旨在防止"看门人"平台（如 Alphabet、Meta、Amazon、Apple 和 Microsoft）利用其产品锁定用户和潜在竞争对手。一旦正式实施，该法律将对 App 商店、网络广告、电子商务和信息服务等领域产生深远影响。美国对大型科技公司的批评人士希望，DMA 法案的通过能为美国通过类似立法提供参考。

目前尚不清楚这三种补救措施中哪一种最有可能在美国取得成功。在过去的 30 年里，随着创新和经济增长，联邦政府对新兴产业的干预越来越少，互联网市场的集中度越来越高。然而，随着互联网行业的成熟，人们越来越关注其滥用经济和政治力量的行为。保守派和自由派的民粹主义团体呼吁拆分大型科技公司，迫使人们就大型科技公司在隐私和反垄断法领域的滥用权力行为展开辩论。欧洲模式与美国观念不同，它不仅关注价格和效率，还关注新的创新公司对市场进入的影响以及市场中是否存在真正的竞争。欧洲模式对反垄断问题的看法更广泛，与美国早期的反垄断立法类似，后者关注市场结构和竞争，而不仅仅是消费者价格。

讨论问题

1. 反垄断思维的第一个阶段（1890 年代～1950 年代）与第二个阶段有什么不同？
2. 什么是自然垄断？美国是如何应对自然垄断的？
3. 对于 Meta、Google 和 Amazon 的市场主导地位和反竞争行为，有哪些可能的解决方案？
4. 欧洲的反垄断问题模式与美国的反垄断问题模式有何不同？

8.8 复习

8.8.1 关键概念

- 了解为什么电子商务会引起伦理、社会和政治问题。
  - 互联网技术及其在电子商务中的应用破坏了现有的社会和商业关系。个人、商业公司和政治机构面临着新的可能性，但对新的行为的理解尚浅，关于法律和可接受行为的规则也尚未完全建立。虽然许多商业公司和个人从互联网的商业发展中受益，但这种发展也带来了个人、组织和社会方面的成本。对于那些寻求做出符合伦理和社会责任的决策的人来说，必须仔细权衡这些成本和收益，尤其是在没有明确的法律和文化准则的情况下。
  - 电子商务提出的重大问题可以大致分为四个主要维度：
    - 信息权利——在网络技术如此普遍和有效的今天，个体应享有哪些权利来控制自己的个人信息？
    - 产权——在互联网时代，如何保护传统的知识产权，使得受保护的作品的完美副本能够得到有效保护，并防止在全球范围内被轻易复制和传播？
    - 治理——互联网和电子商务应该受到公众的治理和法律监管。如果是这样的话，哪些立法机构拥有管辖权？州、联邦还是国际政府？
    - 公共安全与福利——应该采取哪些措施来确保公平使用互联网和电子商务渠道？哪些在线内容和活动会对公共安全构成威胁？哪些在线内容和活动会对公共安全有利？
  - 在西方文化中，有四个基本原则：责任、问责、法律责任和正当程序。
  - 伦理、社会和政治争议通常以困境的形式出现。伦理困境可以通过以下过程进行分析：
    - 要明确地识别和描述事实。
    - 定义冲突或困境，识别涉及的高阶价值。
    - 确定利益相关者。
    - 找到一个合理的方法。
    - 明确所做选择的潜在后果。
    - 参考公认的道德原则，如黄金法则、普遍主义、滑坡、集体功利主义原则、风险规避、没有免费的午餐、《纽约时报》测试、社会契约规则，以帮助你决定应采取的最佳行动。
- 了解与隐私和信息权利相关的基本概念，电子商务公司侵犯个人隐私的做法，以及保护在线隐私的不同方法。
  - 为了了解有关网络隐私的各种问题，你必须首先了解一些基本概念。
    - 隐私是个人不受他人监视或干扰的道德权利。
    - 信息隐私包括：控制个人信息的权利，知道被收集了哪些信息的权利，正当程序的权利，以及安全存储个人信息的权利。
    - FTC 的公平信息实践原则、知情同意和选择加入 / 选择退出政策所体现的正当程序在隐私方面也发挥着重要作用。
  - 在公共领域和私人领域，隐私的概念是不同的。在公共领域，隐私的概念有着悠久的历史，经过了两个多世纪的法律、法规和法院裁决的演变。在私人领域，隐私保护的定义就不那么明确了，而且还在不断发展。
  - 几乎所有的在线公司除了收集匿名信息外，还收集一些个人身份信息，并跟踪访问者的点击流行为。
  - 有许多不同的方法被用来保护网络隐私，包括：
    - 在线隐私权受到多种法律保护。在美国，这些保护可能来自《宪法》、普通法、联邦法和州法，以及政府法规。具体来说，这些法律包括美国《宪法》、侵权法、联邦法律（如《儿童在线隐私保护法》(COPPA))、FTC 的公平信息实践原则，以及各种州法律。在欧洲，隐私保护则由欧盟委员会的《通用数据保护条例》（GDPR）规范和扩大。

- ❑ 行业通过建立自律联盟，致力于制定自愿遵守的行业隐私准则和安全标准。为了加强隐私保护，一些公司还专门聘请了首席隐私官。
- ❑ 注重隐私的技术解决方案包括 Apple 的智能跟踪预防（ITP）和应用程序跟踪透明度（ATT）、Google 隐私沙盒、差分隐私软件、隐私默认浏览器、消息加密、间谍软件和广告拦截器、安全电子邮件、匿名邮件转发器、匿名冲浪、cookie 拦截器和管理器、公钥加密程序。

- 了解各种形式的知识产权以及保护知识产权所涉及的挑战。
  - 版权法旨在保护原创作品的表达形式，如文字、绘画和计算机程序，确保它们在一定时间内不被他人随意复制。但值得注意的是，版权法并不保护创意本身，而只保护这些创意在有形媒介中的具体表达。与所有权利一样，版权并非绝对无限制的。合理使用原则允许在某些情况下，个人或组织在未经版权所有者许可的情况下使用受版权保护的资料。《数字千年版权法》（DMCA）是美国为适应互联网时代对版权法进行的一次重大调整。该法案的实施标志着美国版权法的现代化进程。DMCA 还执行了世界知识产权组织（WIPO）的一项条约，该条约明确规定，制造、分发或使用任何绕过基于技术的版权材料保护的设备均属非法行为，并对违规行为处以高额罚款和监禁。
  - 专利法赋予专利所有者在一定时期内对一项发明背后的想法的独家垄断权，通常为 20 年。专利和版权是两个截然不同的概念，因为专利保护的是创意本身，而不仅仅是创意的表达。根据专利法，有四种发明可以获得专利：机器、人造产品、物质的组成和加工方法。为了获得专利，申请人必须证明该发明是原创性的、新颖的、在现有技术和实践中不明显的。大多数使互联网和电子商务成为可能的发明，都不是由其发明者申请专利的。随着互联网的商业发展，这种情况在 20 世纪 90 年代中期发生了变化。
  - 在美国，商标保护同时存在于联邦和州两个层面。商标法通过确保公众得到所支付的和想要得到的东西来保护市场中的公众，同时也保护所有者——他们花费了时间、金钱和精力将产品推向市场，防止盗版和盗用。联邦商标首先是通过在国际贸易中使用获得的，其次是通过在美国专利商标局（USPTO）注册获得的。商标的授权期限为 10 年，可以无限期续展。使用一个商标，使其与现有商标产生混淆，导致消费者在市场上犯错误，或歪曲商品的来源，都属于侵权行为。此外，在市场上故意误用文字和符号以勒索合法商标所有人的行为也是被禁止的。《反域名抢注消费者保护法》（ACPA）规定，任何恶意通过注册与现有著名商标相同或相似的互联网域名，企图从该商标中获利的人，都要承担民事责任。
  - 商业秘密法涉及商业程序、流程、配方和制造方法等知识产权。
- 了解互联网治理方式，识别互联网和电子商务引发的主要治理问题。
  - 治理涉及社会控制，即谁将控制电子商务，哪些要素将被控制，以及这些控制将如何实施。目前，我们处于一个混合模式的政策环境中，互联网政策和技术机构的自我监管与有限的政府监管并存。
  - 电子商务提出了如何以及是否对远程销售征税的问题。《互联网税收自由法案》禁止对电子商务征收多种税收或歧视性税收，也禁止对互联网接入征税。2018 年，最高法院裁定，即使进行销售的公司与该州没有实际联系，各州也可以对电子商务销售征税。
  - 网络中立指的是，包括有线互联网和无线运营商在内的 ISP 应该以同样的方式对待互联网上的所有数据，而不是根据内容、协议、平台、硬件或应用程序进行区别对待或差别定价。网络中立仍然是一个有争议的领域。
  - 现在许多人认为，像 Google、Amazon、Meta 等大型科技公司已经变得过于强大，限制了竞争，引发了进一步监管的呼声。
- 识别电子商务引发的公共安全和福利问题。

- 电子商务中的关键公共安全和福利问题包括：
  - 保护儿童和反对色情的强烈诉求促使国会在这一领域进行立法。然而，几次尝试都因违宪而被否决。《儿童互联网保护法案》（CIPA）要求美国的学校和图书馆采取"技术保护措施"（安装过滤软件），以保护儿童免受色情内容的侵害。幸运的是，最高法院支持这一法案。
  - 限制香烟和药物销售以及控制赌博的努力也一直在进行。在美国，香烟、赌博、医疗药物和上瘾性的娱乐药物不是被禁止就是受到联邦和州法律的严格管制。在政府的压力下，许多提供这些产品和服务的离岸站点已经关闭。尽管在线赌博正在增长，但其速度比预期的要慢。相比之下，在线梦幻体育博彩正在迅速增长，最高法院已经裁定，各州可以授权和监管在线体育博彩。

8.8.2　思考题

1. 伦理学的研究对个体做出了什么基本假设？
2. 伦理的基本原则是什么？
3. 分析伦理困境的基本步骤是什么？
4. 定义普遍主义、滑坡、《纽约时报》测试和社会契约规则在伦理学中的应用。
5. 解释为什么患有严重疾病的人可能会担心在网上搜索自己的状况或使用与健康有关的App。有哪些技术可以防止个人信息被泄露？
6. 公共领域与私人领域的隐私历史有什么不同？
7. 描述如何衡量隐私政策的强度。
8. 知情同意的选择加入模式与选择退出模式有何不同？在哪一种模式中，消费者保留了更多的控制权？
9. 联邦贸易委员会的公平信息实践原则的两个核心原则是什么？
10. GDPR是什么？
11. 列出并描述五种保护网络隐私的技术。
12. 什么是专利？它与版权有什么不同？
13. 互联网有可能如何改变对知识产权的保护？互联网的哪些能力使知识产权法的执行变得更加困难？
14. 《数字千年版权法》试图做什么？它为什么要颁布？它试图防止哪些类型的违规行为？
15. 定义域名抢注。它和网络盗版有什么不同？域名抢注属于哪种类型的知识产权侵犯？
16. 什么是网页抓取？为什么会涉及版权问题？
17. 在美国非法经营的企业在互联网上使用了哪些策略来进行法外经营？
18. 为什么色情网站不能在美国直接被禁止？为什么美国最高法院否决了旨在保护儿童免受色情侵害的立法？
19. 什么是"删除权"？确立这一权利有哪些风险和好处？
20. 什么是合理使用原则？为什么法院判定Google扫描受版权保护的书籍是合理使用？

8.8.3　实践项目

1. 在Google上搜索一下你的个人信息。列出你能够找到的信息的类型。是否有你感到惊讶的信息或者你想要删除的信息？查看Google提供的工具，尝试删除某些信息。就你的发现写一份简短的报告。
2. 开发一个隐私保护功能列表，如果一个网站是认真保护隐私的，就应该展示这些功能。然后访问至少四个知名网站，并检查它们的隐私政策。写一份报告，根据你制定的标准对每个网站进行评级。
3. 对《数字千年版权法》的条款进行仔细审查。该法案包含了许多重要的部分，并列出了知识产权所有者和受版权保护材料的用户所受到的保护。你认为这项法案是否很好地平衡了知识产权拥有人与使用者的利益？你对加强该立法中的合理使用条款有何建议？

4. 查看本章中关于网络中立的部分，并搜索两篇相关文章。对每一篇文章进行总结，然后写一篇文章描述自己对网络中立的立场。

8.8.4　参考文献

Acxiom. "Reach over 2.5 Billion of the World's Marketable Consumers." Acxiom.com (accessed August 28, 2022).

Agostini, Maxime, and Michael Li. "Implement Differential Privacy to Power Up Data Sharing and Cooperation." Techcrunch.com (February 24, 2022).

Albanese, Andrew. "Internet Archive Answers Publishers' Copyright Lawsuit." Publishersweekly.com (July 29, 2020).

Apple, Inc. "Apple Privacy-Preserving Machine Learning Workshop 2022." Machinelearning.apple.com (June 29, 2022).

Associated Press v. Meltwater U.S. Holdings, Inc. 931 F. Supp. 2d 537 (2013).

Atkins, Dorothy. "Yahoo Fights $15 IP Loss as Droplets Seeks to Add $20.6M." Law360.com (June 3, 2022).

Bhattacharya, Siddharth. "When Keyword Poaching Pays Off." *Harvard Business Review* (May 13, 2022).

Bloomberg Law. "$1 Billion in Taxes on Internet Access Set to Vanish in July." Bloomberglaw.com (April 14, 2020).

BMG Rights Management LLC v. Cox Communications, Inc. (4th Cir. Feb. 1, 2018).

Brown, Ryan. "'Catastrophic': EU Passes Controversial Copyright Law that Could Hit the Likes of Google and Facebook." Cnbc.com (September 18, 2018).

Burgess, Matthew. "How GDPR Is Failing." Wired.com (May 23, 2022).

Carpenter v. United States. 138 S. Ct. 2206 (2018).

Cisco. "Building Consumer Confidence through Transparency and Control." (October 2021).

Davis, Wendy. "Internet Archive Draws Support in Battle over Digital Book Loans." Mediapost.com (July 14, 2022).

Democracy Forward. "Tax Law Professors Urge Court to Reject Chamber of Commerce and Big Tech's Legal Challenge to Maryland's Digital Ad Tax." Democracyforward.org (September 2021).

Diamond v. Chakrabarty, 447 US 303 (1980).

E. & J. Gallo Winery v. Spider Webs Ltd. 129 F. Supp. 2d 1033 (S.D. Tex., 2001) aff'd 286 F. 3d 270 (5th Cir., 2002).

Eggerton, John. "Mozilla Drops Appeal of FCC Net Neutrality Decision." Multichannel.com (July 7, 2020).

Elvy, Stacy-Ann. "Paying for Privacy and the Personal Data Economy." *Columbia Law Review* Vol. 117, No. 6 (October 2017).

European Commission. "Copyright: Commission Calls on Member States to Comply with EU Rules on Copyright in the Digital Single Market." (July 26, 2021).

European Commission. "A Digital Single Market Strategy for Europe." Europa.eu (June 5, 2015).

European Commission. "Modernisation of the EU Copyright Rules." Ec.europa.eu (July 8, 2019).

European Commission. "2018 Reform of EU Data Protection Rules." Europa.eu (2018).

European Parliament. "Amendments Adopted by the European Parliament on 12 September 2018 on the Proposal for a Directive of the European Parliament and of the Council on Copyright in the Digital Single Market." Europa.eu (September 12, 2018).

Farrell, Mike. "BMG Settles Cox Copyright Suit." Multichannel.com (August 27, 2018).

Federal Trade Commission. "Commercial Surveillance and Data Security Rulemaking." Ftc.gov (August 11, 2022).

Federal Trade Commission. "FTC Report to Congress on Privacy and Security." (September 13, 2021).

Federal Trade Commission. "Privacy and Data Security Update: 2019." Ftc.gov (February 2020).

Federal Trade Commission. "Privacy Online: Fair Information Practices in the Electronic Marketplace." Ftc.gov (May 2000).

Federal Trade Commission. "Privacy Online: A Report to Congress." Ftc.gov (June 1998).

Federal Trade Commission. "Protecting Consumer Privacy in an Era of Rapid Change: A Proposed Framework for Businesses and Policymakers, Preliminary FTC Staff Report." Ftc.gov (December 2010).

Field v. Google, Inc. 412 F.Supp. 2nd 1106 (D. Nev., 2006).

Fiesler, Casey, Jessica L. Feuston, and Amy Bruckman. "Copyright Terms in Online Creative Communities." Georgia Institute of Technology, Working Paper (April 26, 2014).

Fingas, Jon. "Google Settles Photo Facial Recognition Lawsuit for $100 Million." Engadget.com (June 6, 2022).

Gardner, Eriq. "Judge Upholds $25 Million Judgment against ISP over User Piracy." *Hollywood Reporter* (August 9, 2016).

Gizzo, Cassandra. "Embedded Content: Copyright Infringement or Permissible Use under the Server Rule?" Socialmedialawbulletin.com (September 14, 2021).

Grant Thornton. "Maryland to Implement Digital Ad Services Tax." Grantthornton.com (February 25, 2022).

Greenhouse, Linda. "Justices Back Law to Make Libraries Use Internet Filters." *New York Times* (June 24, 2003).

Gryta, Thomas. "An Early Net-Neutrality Win: Rules Prompt Sprint to Stop Throttling." *Wall Street Journal* (June 17, 2015a).

Gryta, Thomas. "FCC Approves Net Neutrality Rules, Setting Stage for Legal Battle." *Wall Street Journal* (February 26, 2015b).

Hale, Kori. "Amazon, Microsoft, & IBM Slightly Social Distancing from the $8 Billion Facial Recognition Market." Forbes.com (June 15, 2020).

Healey, Robert. "California CCPA v CPRA: What's New in the Update." Lexology.com (October 11, 2021).

Heilweil, Rebecca. "Facebook Is Backing Away from Facial Recognition. Meta Isn't." Vox.com (November 3, 2021).

Hill, Michael. "New York's Top Court Rules in Favor of Fantasy Sports Bets." Apnews.com (March 22, 2022).

hiQ Labs Inc. v. LinkedIn Corp. 31 F.4th 1180 (2022).

Holland, Makenzie. "Feds Debate while States Act on Data Privacy Laws." Techtarget.com (August 10, 2021).

Hurley, Lawrence. "U.S. Top Court Turns Away 'Dancing Baby' Copyright Case." Reuters.com (June 19, 2017).

Isenberg, Doug. "GigaLaw's Domain Dispute Digest."

Giga.law (February 3, 2022.

Kent, Charlotte. "The Woman Who Became a Company Has Lessons for a Post-*Roe* World." Wired.com (September 8, 2022).

Laudon, Kenneth C. "Markets and Privacy." *Communications of the Association of Computing Machinery* (September 1996).

Laudon, Kenneth C. *Dossier Society*. Columbia University Press, 1986.

Lee, Michelle. "Protecting America's Secret Sauce: The Defend Trade Secrets Act Signed into Law." Huffingtonpost.com (May 11, 2016).

Legalsportsbetting.com. "What Is the UIGEA." (October 23, 2019).

Lenz v. Universal Music Corp, 801 F.3d, 1126 (9th Cir. 2015).

Liao, Shannon. "YouTube Will Now Notify Some Creators When Their Videos Are Stolen." Theverge.com (July 11, 2018).

Linn, Janet. "What Can Instagram Do with Your Publicly Posted Photographs?" Casetext.com (July 8, 2020).

Liptak, Adam, and Alexandra Alter. "Challenge to Google Books Is Declined by Supreme Court." *New York Times* (April 18, 2016).

Liptak, Adam, and Kevin Draper. "Supreme Court Ruling Favors Sports Betting." *New York Times* (May 14, 2018).

Litman-Navarro, Kevin. "We Read 150 Privacy Policies. They Were an Incomprehensible Disaster." *New York Times* (June 12, 2019).

Lund, Jon, and Pernille Tranberg. "Users Can Take Back Their Data in a PDS without Sacrificing Their Privacy." Dataethics.eu (October 18, 2021).

Marvin, Ginny. "Apple's Latest ITP Updates: What Marketers Need to Know." Marketingland.com (December 12, 2019).

McSherry, Corynne. "The New Filter Mandate Bill Is an Unmitigated Disaster." Eff.org (March 21, 2022).

Michaels, Daniel. "Copyright Battle in Europe Pits Media Companies against Tech Giants." *Wall Street Journal* (September 10, 2018).

Michel, Paul. "Big Tech Has a Patent Violation Problem." *Harvard Business Review* (August 5, 2022).

Microsoft. "Privacy Preserving Machine Learning: Maintaining Confidentiality and Preserving Trust." Microsoft.com (November 9, 2021).

Mullin, Joe. "Cox Must Pay $8M in Fees on Top of Jury Verdict for Violating DMCA." Arstechnica.com (February 2, 2017).

National Institute of Standards and Technology (NIST). "NIST Study Evaluates Effects of Race, Age, Sex on Face Recognition Software." Nist.gov (December 19, 2019).

NCSL (National Conference of State Legislatures). "Net Neutrality 2022 Legislation." Ncsl.org (accessed August 30, 2022).

Network Advertising Initiative. "NAI Consumer Opt Out." Optout.networkadvertising.org (accessed August 29, 2022).

Perfect 10, Inc. v. Amazon.com, Inc. 487 F3rd 701 (CA 9th,

2007).

Pew Research Center (Andrew Perrin). "Half of Americans Have Decided Not to Use a Product or Service because of Privacy Concerns." Pewresearch.org (April 14, 2020a).

Pew Research Center (Brooke Auxier). "How Americans See Digital Privacy Issues amid the Covid-19 Outbreak." Pewresearch.org (May 4, 2020b).

Pew Research Center (Brooke Auxier et al.). "Americans and Privacy: Concerned, Confused, and Feeling Lack of Control over Their Personal Information." Pewresearch.org (November 15, 2019).

Pew Research Center (Abigail Geiger). "How Americans Have Viewed Government Surveillance and Privacy since Snowden Leaks" (June 4, 2018).

Play USA. "Legal US Online Gambling Guide." Playusa.com (accessed August 29, 2022).

Riley v. California, 134 S. Ct. 2473 (2014).

Ritter, Jeffery, and Anna Mayer. "Regulating Data as Property: A New Construct for Moving Forward." *Duke Law & Technology Review* Vol 16. No. 1 (2018).

Romano, Aja. "A Lawsuit Is Threatening the Internet Archive—But It's Not as Dire as You May Have Heard." Vox.com (June 23, 2020).

Shepardson, David. "Internet Providers End Challenge to California's Net Neutrality Law." Reuters.com (May 5, 2022).

Shore, Jennifer, and Jill Steinman. "Did You Really Agree to That? The Evolution of Facebook's Privacy Policy." *Technology Science* (August 11, 2015).

Singer, Natasha. "California Governor Signs Sweeping Children's Online Safety Bill." *New York Times* (September 15, 2022).

Singer, Natasha. "Didn't Read Those Terms of Service? Here's What You Agreed to Give Up." *New York Times* (April 28, 2014).

South Dakota v. Wayfair. 138 S. Ct. 2080 (2018).

Thompson, Linda. "Has GDPR Delivered on Its Central Promise?" Law.com (January 31, 2022).

United States Copyright Office. "Digital Millennium Copyright Act of 1998: U.S. Copyright Office Summary." Copyright.gov (December 1998).

United States Copyright Office. "Section 512 of Title 17: A Report on the Register of Copyrights." Copyright.gov (May 2020).

Vincent, James. "The UK Won't Implement EU's Controversial Copyright Directive after Brexit." Theverge.com (January 27, 2020).

Winston, Brian. *Media Technology and Society: A History from the Telegraph to the Internet.* Routledge (1998).

The White House. "Fact Sheet: United States and European Commission Announce Trans-Atlantic Data Privacy Framework." Whitehouse.gov (March 25, 2022).

WIPO (World Intellectual Property Organization). "WIPO Domain Name Cases (gTLDs)." Wipo.int (accessed August 27, 2022).

电子商务应用实务

网络零售及服务

学习目标

- 学会分析在线公司的经济可行性。
- 了解当今网络零售行业的运营环境。
- 了解网络零售商的主要类型，以及每种类型面临的不同挑战。
- 了解线下和线上服务行业的主要特点。
- 了解当今网络金融服务行业的发展趋势。
- 了解当今在线旅游服务行业的主要趋势。
- 了解在线招聘和就业服务行业的当前趋势。
- 了解按需服务公司的商业模式。

开篇案例：Lemonade——刺激保险业

保险业是世界上最大的产业之一。全球财产险、意外险和寿险保费总额约为 5 万亿美元。在美国，《财富》100 强公司中有 14 家是保险公司。大多数领先的保险公司已经经营了一个多世纪。

保险产品非常复杂，在过去，保险业务一直是由消费者与保险代理人或经纪人之间的个人对个人的互动驱动的。此外，领先的保险公司拥有数十年的对传统 IT 系统的投资，以及经过多年发展形成的企业文化。在这种环境下，嫁接新技术和整合新业务方式的过程通常是缓慢的，这使得该行业出现颠覆性参与者的时机已经成熟。

Lemonade 成立于 2015 年，是一家直接面向消费者的"保险科技"公司。Lemonade 正试图利用各种尖端技术，如大数据收集和分析、商业智能分析、人工智能、聊天机器人和一款复杂的移动 App，在保险业掀起一场风暴。它的数字平台涵盖了营销、客户服务、索赔处理、收集和部署数据等各个环节。Lemonade 称自己是一家以客户为中心的数字云保险公司。

Lemonade 最初专注于房主和租房者保险市场，但后来扩展到宠物保险、定期寿险和汽车保险，成为满足消费者保险需求的一站式服务机构。Lemonade 于 2020 年上市，2022 年 5 月其市场估值超过 13 亿美元。Lemonade 也是一家获得 B Corp 认证的公司。获得 B Corp 认证的公司是由独立非营利组织 B Lab 认证的，其符合严格的社会和环境绩效、责任和透明度标准。

典型的 Lemonade 客户年龄在 35 岁以下。对于超过 90% 的这些客户来说，选择 Lemonade 是他们的首次投保。Lemonade 公司开创了一种与传统保险公司截然不同的方法。例如，标准房主保单的申请流程通常基于包含 20 到 50 个字段（如姓名、地址、出生日期）的表单。相比之下，Lemonade 使用人工智能工具，完全摒弃了表格。为了申请保险，潜在客户使用一款移动 App 与名为 AI Maya 的 AI 聊天机器人进行互动。Maya 使用自然语言界面，通常只需询问约 13 个问题，就能够为客户提供个性化的家庭保险报价。尽管 Maya 可能只会询问有限数量的问题，但这种互动会生成近 1700 个数据点，所有这些数据点都会被记录、汇总并用于与索赔相关的挖掘。Maya 为 Lemonade 提供了所有类型保险的界面。

索赔过程由另一个聊天机器人 AI Jim 处理。在绝大多数情况下，Jim 接收客户首次报告的损失，并通常能够在大约三分之一的情况下全权处理整个索赔过程直至解决。有时 Jim 可以在短短三秒钟内授权并支付索赔。然后，Jim 基于对专家的专长、资质、工作量和日程安排的分析，将剩余的流程交给人工索赔专家处理。

Lemonade 还有一个聊天机器人平台 CX.AI。此平台旨在理解并立即解决客户的帮助请求，无需人工干预。截至 2021 年底，约有 30% 的客户咨询以这种方式处理。

Lemonade 的数字基础设施由三个关键的专有应用程序驱动：Forensic Graph、Blender 和 Cooper。Forensic Graph 使用大数据、人工智能和行为经济学来预测、检测和阻止整个客户流程中的欺诈行为。Blender 是一个从头开始构建的保险管理系统，旨在成为 Lemonade 公司客户体验的凝聚力和流线型管理工具，包括承保、索赔、增长、营销、财务和风险团队。Cooper 是一个内部人工智能机器人，可以处理复杂和重复的任务，从帮助 Lemonade 的客户体验团队处理手工流程（如处理纸质检查），到自动运行数万次对每个软件发布版本的测试。后者是一项特别重要的任务，因为 Lemonade 在 2021 年平均每天发布 40 多个代码版本。频繁更新代码意味着 Lemonade 可以迅速有效地修改客户登录问题、承保指南、索赔处理和平台的其他元素，使其能够以比传统保险竞争对手更快的速度响应客户需求和市场条件的变化。

但 Lemonade 的做法并非没有争议。2021 年 5 月，该公司 Twitter 账户的一条推文引发了愤怒，推文显示该公司似乎在吹嘘 Lemonade 的人工智能系统是如何通过分析客户提交的视频，自动拒绝索赔来提高利润的。Lemonade 公司迅速删除了这条推文并道歉，称 Lemonade 公司的人工智能不会使用身体或个人特征来拒绝索赔，其系统不会根据背景、性别、外貌、肤色、残疾或任何其他身体特征来评估索赔。然而，Lemonade 在同一份声明中证实，它正在使用面部识别技术来标记某些索赔。此后不久，Lemonade 在伊利诺斯州和纽约州遭到集体诉讼，指控其在未经用户知情和同意的情况下收集这些数据，违反了这两个州的生物识别隐私法。2022 年 5 月，Lemonade 公司同意支付 400 万美元来解决其中的某些诉讼。

尽管出现了这些错误，并且到目前为止还没有盈利，但 Lemonade 仍在继续发展。2022 年 7 月，它完成了对 Metromile 的收购。Metromile 是基于使用情况的汽车保险的先驱，依靠从联网汽车或移动 App 中的传感器接收的远程信息来处理数据，进而跟踪里程和驾驶行为。数据包括速度、刹车和分心驾驶的情况。Lemonade 公司表示，Metromile 在 10 年时间里收集了这些数据，获取这些数据是其决定收购该公司的一个主要因素。Lemonade 公司希望将这些数据与 Lemonade 公司先进的人工智能模型结合起来，使其能够预测每公里行驶的索赔。此外，收购 Metromile 将使 Lemonade 能够从之前获得汽车保险销售许可证的三个州扩展到 49 个州。Lemonade 估计其现有客户每年在汽车保险费上花费约 10 亿美元，因此向这些客户进行交叉销售将为 Lemonade 提供重大的市场机会。

尽管 Lemonade 公司的股价在 2020 年首次上市时飙升，从最初的每股 70 美元上涨到 2021 年 2 月的近 165 美元，但自那以后，由于经济状况和投资者对持续亏损的失望，股价一直在下跌，在 2022 年年中跌至约 16 美元的低点。然而，Lemonade 看到了光明的未来。它打算继续发展，因为它相信保险是一个规模至关重要的行业。而且，该公司也预计其亏损在未来一年内会减少，因为其早期在房主和租房者保险方面的投资回报开始超过在汽车保险等领域的新投资成本。截至 2022 年 6 月底，该公司拥有近 160 万客户，高于去年同期的 120 万，其收入也在持续增长，截至 2022 年 6 月的六个月内达到近 9500 万美元。该公司还预计，在相当长一段时间内，营收将继续以两位数的稳定速度增长。该公司最近的股价反映了这种乐观看法，并已恢复上行轨迹。

Lemonade 的案例表明，一家新的在线服务供应商正试图颠覆传统的金融服务行业：保险业。Lemonade 等在线服务供应商的承诺是，它们可以以比传统服务供应商更低的成本为数百万消费者提供优质的服务和更大的便利，同时还能获得可观的投资回报。服务部门是电子商务最自然的选择之一，因为服务中的许多价值都是基于信息的收集、存储和交换——这是与 Internet 和 Web 最契合的。在线信息的质量和数量可以支持消费者在金融、旅游和职业定位方面的决策，特别是与电子商务出现之前消费者可以获得的信息相比。在线服务行业——就像网络零售一样——已经建立了一个重要的阵地，并在消费者花费在互联网上的时间中扮演着重要的角色。在证券经纪、银行业和旅游等领域，在线服务取得了非凡的成功，并改变了这些行业。

同样，与传统的线下零售商相比，网络零售商拥有许多优势，同时也面临一些挑战。网络零售商可以从根本上简化现有的行业供应链，并开发出一种全新的在线分销系统，这种系统比传统的零售商店要高效得多。与此同时，网络零售商可以为客户创造更好的价值主张，在此过程中改善客户服务和满意度。另一方面，在线公司往往利润微薄，缺乏实体商店网络来支持对非互联网受众的销售，并且有时基于未经验证的商业假设，从长远来看可能不会成功。相比之下，Walmart、Home Depot、Best Buy、Macy's 和 Costco 等大型传统线下零售商已经建立了品牌，进行了巨额的房地产投资，拥有忠诚的客户群体，以及非常高效的库存控制和履行系统。我们还将看到，为了利用自己的资产和核心竞争力，老牌线下零售商必须培养新的竞争力，并精心制订商业计划，以在线上取得成功。

本章首先介绍如何分析在线公司的可行性，这一主题将贯穿第四部分。9.2 节和 9.3 节深入探讨线下和网络零售行业以及主要的网络零售业务模式。9.4 节介绍服务行业。在 9.5 节到 9.7 节中，我们将仔细研究三种重要的在线服务类型：金融服务（包括保险和房地产）、旅游服务和就业服务。在 9.8 节中，我们对按需服务公司，如优步、爱彼迎和其他许多公司进行了研究，这些公司在过去几年里迅速崛起。使用本地和移动的商业模式，这些公司为消费者提供了一个平台，能够与提供按需服务的供应商联系起来，比如交通、短期房间租赁、杂货购物、餐馆食品配送等。

2020 年至 2021 年期间，新冠疫情严重影响了全球各地的企业，对网络零售和服务供应商造成了巨大的挑战。为应对疫情，生活模式和消费者行为均发生了重大变化，无法预测未来哪些模式将继续存在。

9.1 在线公司可行性分析

在本章以及接下来的章节中，我们将探讨一些在线公司的可行性，这些公司是特定电子商务模式的实例。我们的主要关注点是了解这些公司在 1～3 年内的经济可行性以及它们的商业模式。经济可行性指的是企业在一定时期内作为盈利企业存续的能力。为了研究经济可行性，我们将采用两种商业分析方法：战略分析和财务分析。

9.1.1 战略分析

经济可行性的战略方法侧重于公司经营的行业和公司本身（见 2.2 节和 2.5 节）。关键的行业战略因素有：

- 进入壁垒：新进入者是否会因为高资本成本或知识产权壁垒（如专利和版权）而被禁止进入该行业？
- 供应商的权力：供应商是否可以向行业规定高价格，或者供应商是否可以从众多供应商中进行选择？企业是否达到了足够的规模，能够有效地与供应商讨价还价以获得更低的价格？
- 客户的力量：客户能否从众多竞争供应商中进行选择，从而对高价格和高利润率提出挑战？
- 替代产品的存在：产品或服务的功能能否从替代渠道或不同行业的竞争产品中获得？替代产品和服务可能在不久的将来出现吗？
- 行业价值链：行业内的生产链和分销链的变化对公司是有利还是有害？
- 行业内竞争的性质：行业内竞争的基础是基于差异化的产品、服务、价格、提供的范围还是提供的重点？竞争的本质是如何变化的？这些变化会对公司有利吗？

具体到公司及其相关业务的战略因素包括：

- 公司价值链：公司是否采用了业务流程和操作方法，使其能够在其行业中实现最有效的运营？技术的变化会迫使公司重新调整其业务流程吗？
- 核心竞争力：公司是否拥有其他公司无法轻易复制的独特能力和技能？技术的变化会使公司的竞争力失效还是增强？
- 协同效应：公司是否可以直接或通过战略伙伴关系和联盟获得相关公司的能力和资产？
- 技术：公司是否开发了能够根据需求进行扩展的专有技术？公司是否发展了运营技术（例如，客户关系管理、履行、供应链管理、库存控制和人力资源系统）？
- 社会和法律挑战：公司是否制定了解决消费者信任问题（个人信息隐私和安全）的政策？公司是否面临挑战其商业模式的诉讼，比如知识产权所有权问题？公司是否会受到互联网税法变化或其他可预见的法律发展的影响？

9.1.2 财务分析

战略分析有助于我们了解企业的竞争形势。财务分析帮助我们了解公司实际上是如何运作的。财务分析包括两部分：经营情况表和资产负债表。经营情况表根据当前的销售和成本告诉我们公司产生了多少利润（或亏损）。资产负债表告诉我们公司拥有多少资产来支持其当前和未来的运营。

以下是在一家公司的经营情况表中找到的一些关键因素：

- 收入：收入是否在增长，增长速度如何？许多电子商务公司因为创造了全新的销售渠道而经历了令人瞩目甚至爆炸性的收入增长。
- 销售成本：与销售收入相比，销售成本是多少？销售成本通常包括销售产品的成本和相关成本。与收入相比，销售成本越低，毛利就越高。
- 毛利率：公司的毛利率是多少，是在增加还是在减少？**毛利率**是通过将毛利润除以净销售收入来计算的。毛利率可以告诉你公司相对于其主要供应商是否正在获得或失去市场实力。

- 经营费用：公司的运营费用是多少，是在增加还是在减少？经营费用通常包括营销、技术和管理费用。根据专业会计准则（见下文），这项费用还包括向员工和高管发放股票、摊销商誉和其他无形资产的费用以及投资损失减值。在电子商务公司，这些费用可能会变得非常重要。许多电子商务公司用股票（或期权）补偿员工，许多电子商务公司收购其他电子商务公司作为其增长战略的一部分。有些公司是用公司股票而不是现金以极高的价值收购的，在某些情况下，被收购公司的市值会大幅下跌。所有这些项目都计入正常的经营费用。

- 经营利润率：公司从当前经营活动中获得了多少收益？**经营利润率**是通过将经营利润或损失除以净销售收入来计算的。经营利润率是衡量一个公司在扣除经营费用后能否将销售额转化为税前利润的指标。经营利润率还告诉我们，公司当前的经营活动是否能够覆盖其经营费用，但不包括利息费用和其他非经营费用。

- 净利润率：**净利润率**告诉我们公司在扣除所有费用后能够保留的总销售收入的百分比。净利润率的计算方法是净收入或亏损除以净销售收入。净利润率用一个数字反映了一家公司从每一美元的销售收入中获得利润的程度。净利润率也告诉我们一些关于公司效率的信息，它表明了公司在从总收入中扣除所有费用后能够保留的销售收入的百分比，并且，在单个行业中，净利润率可以用来衡量竞争公司的相对效率。净利润率考虑了许多非营业费用，如利息和股票补偿计划。

在审查电子商务公司的财务报告时，需要注意在线公司通常不按照普遍接受的会计准则（GAAP）报告其净收入。GAAP是由财务会计准则委员会（FASB）制定的，FASB是一个专业会计师委员会，负责制定会计规则。自 1934 年《证券法》颁布以来，FASB 一直在为改善财务会计准则发挥至关重要的作用。许多电子商务公司使用一种称为预估收益的计算方法（也叫 EBITDA，即扣除所得税、折旧和摊销前的收益）。这种计算方法通常不扣除股票报酬、折旧或摊销，因此预估收益往往高于 GAAP 净收入。这些公司通常将这些费用视为非经常性的、特殊的或"异常"的。美国证券交易委员会发布了指导方针（条例 G），禁止公司在提交给 SEC 的官方报告中报告预估收益，但仍允许公司在公开声明中宣布预估收益（Weil，2003）。在本书中，我们将只考虑根据 GAAP 报告的收入或损失。

资产负债表提供了公司在特定日期的资产和负债（债务）的财务概况。**资产**表示存储的价值，而**流动资产**包括现金、证券、应收账款、存货或其他可能在一年内变现的资产。**负债**则代表公司未偿还的债务，其中**流动负债**是一年内到期的债务，而**长期债务**则到期时间至少为一年。为了迅速评估公司的短期财务健康状况，可查看其**运营资本**，即流动资产减去流动负债的差额。如果运营资本仅略微为正或为负，公司可能难以履行短期义务。另一方面，如果公司拥有大量流动资产，则可以承受长期经营亏损。

9.2   零售业：线上和线下

无论以何种标准衡量，美国零售市场的规模都是巨大的。例如，2021 年，个人零售商品消费达到 5.5 万亿美元，约占国内生产总值（GDP）的 24%（Bureau of Economic Analysis，U. S. Department of Commerce，2022）。

零售业由许多不同类型的公司组成。图 9.1 说明了主要的细分市场：耐用品、一般商品、食品和饮料、专卖店、汽油及燃油、邮购/电话订购（MOTO）和网络零售公司。每一个细分市场都为网络零售提供了机会，但在每个细分市场中，互联网的使用可能有所不同。一些餐饮场所利用网络和移动 App 来向顾客传达实际位置和菜单信息，而其他一些则通过在线订购提供送货服务。耐用品零售商，最初主要将在线渠道视为信息工具，而不是直接购买工具，但这种情况已经开始发生变化。

图 9.1　美国零售业的构成

9.2.1　网络零售

网络零售可能是最引人注目的电子商务领域。许多早期的纯在线公司开创了网络零售市场，但大多数都失败了。企业家及其投资者严重错误地判断了在这个市场上取得成功所需的因素。然而，早期的幸存者变得更加强大，与传统的线下普通和专业零售商（他们现在以全渠道零售商的身份参与）以及新的初创公司一起，网络零售空间正在增长，其覆盖范围和规模正在扩大。

表 9.1 总结了 2022～2023 年网络零售的一些主要趋势。也许网络零售最重要的趋势是零售商——无论是线上还是线下——努力整合业务，这样他们就能以顾客想要的各种方式为顾客服务。我们将在下面的部分中进一步研究该表中列出的趋势。

表 9.1　2022～2023 年网络零售的最新情况

商务

- 2020 年，疫情使电子商务零售购买量增长超过 35%，此后，零售电子商务持续增长，预计 2022 年将首次突破 1 万亿美元。网络零售仍然是增长最快的零售渠道。
- 网络购物者（约 2.4 亿人，占美国总人口的 85%）和买家（约 2.15 亿人，占美国总人口的 75% 以上）的数量在不断增长，年平均购买金额（约 4890 美元）也在继续增长。
- 移动电子商务零售额将继续加速增长，从 2019 年的约 2500 亿美元增至 2022 年的 4150 亿美元以上，部分原因是疫情导致购买习惯的改变。
- 随着 Facebook、Pinterest、Instagram 和 TikTok 开始与网络零售商合作，社交电子商务开始受到重视，并与网络零售商一起努力促进社交网络上的在线购买。
- 本地电子商务继续增长，部分原因是全渠道零售商越来越多地提供 "在线购买 / 店内提货"（BOPIS）功能，以及亚马逊的本地销售计划，该计划为亚马逊市场平台上的第三方卖家提供 BOPIS 功能。
- Shopify、eBay 和 Etsy 等在线平台使中小型企业能够开展在线零售业务。
- 数以千计的虚拟商家试图效仿 Birchbox、Naturebox 和 Barkbox 等先驱的成功经验，采用基于订阅的零售收入模式，在 2022 年创造了超过 300 亿美元的收入。美容产品和餐包是最受欢迎的产品。Walmart 和 Macy's 等全渠道商也提供基于订阅的版块。

（续）

技术
<ul><li>网络零售商越来越重视提供更好的"购物体验"，包括易于导航和使用、在线库存更新、交互式工具、客户反馈和评级以及社交电子商务。利用技术来提高便利性已成为当务之急。</li><li>移动零售 App 成为主要零售商的必备工具。</li><li>网络零售商更多地使用互动营销技术和技巧，如网红营销、用户生成的内容、利用宽带连接优势的视频，并提供放大产品、颜色切换、产品配置以及家庭和企业虚拟模拟等功能。网络零售商也开始研究如何使用元宇宙技术。</li><li>大数据加上人工智能和强大的分析程序，正在赋予网络零售商创造个性化产品和开展个性化营销的能力。</li></ul>

社会
<ul><li>2022 年的经济状况，包括不断上升的通货膨胀，给我们带来了挑战，并有可能减缓电子商务的增长。</li><li>消费者对可持续发展的兴趣促进了转售电子商务的增长，尤其是在时尚行业。</li></ul>

网络零售：前景

在电子商务发展的最初几年，网络零售创业者被吸引到零售商品市场，因为这是美国经济中最大的市场机会之一。一些人预测零售业将发生革命性的变化，简直可以说是"炸得粉碎"，就像两位顾问在哈佛商学院一本著名的书中所预言的那样（Evans and Wurster, 2000）。这场革命的基础有四个方面。第一，由于互联网大大降低了搜索成本和交易成本，消费者将使用网络寻找成本最低的产品。随之而来的是几个结果。消费者将越来越多地转向网络购物和购买，只有低成本、高服务、高质量的网络零售商才能生存。经济学家假定，网络消费者是理性的，受成本驱动，而不是受感知价值或品牌驱动，而这两者都是非理性因素。

第二，建立一个功能强大的网站的成本与建立仓库、配送中心和实体店的成本相比微不足道。建立先进的订单输入、购物车和履行系统并不困难，因为这些技术已广为人知，而且技术成本每年下降 50%。由于搜索引擎几乎可以立即将客户与在线供应商联系起来，人们甚至认为获取消费者的成本也会大大降低。

第三，随着价格的下降，传统的线下实体店商家将被迫倒闭。新的创业公司（如 Amazon）将取代传统商店。人们认为，如果网络商家发展非常迅速，他们将拥有先发优势，并会淘汰那些进入网络市场慢的老牌传统企业。

第四，在某些行业，如电子产品、服装和数字内容行业，随着制造商或其分销商进入市场，与消费者建立直接的关系，市场将被去中介，从而摧毁零售中介或中间商。在这种情况下，传统的零售渠道，如实体店、售货员和销售队伍，将被单一的主导渠道——网络所取代。

另一方面，许多人预测会出现一种基于虚拟公司概念的超中介，网络零售商将通过建立一个吸引数百万顾客的在线品牌，并将昂贵的仓储和订单履行职能外包出去，从而获得相对于老牌线下商家的优势——这就是 Amazon 最初的概念。

事实证明，这些假设和愿景很少是正确的，除了一些明显的例外，美国零售市场的结构并没有被炸得粉碎、去中介化，也没有发生传统意义上的"革命"。在经历了超过 25 年的电子商务扩张之后，2022 年零售电子商务预计仍将仅占美国零售总额的 15%。

除了几个明显的例外，网上零售作为一个独立的平台，往往不能建立成功的纯在线业务。许多先发的、纯线上商家未能实现盈利，并随着风险投资资金的耗尽而集体倒闭。造成许多网络零售商难以实现盈利的原因有很多。任何形式的零售业要想取得成功，都需要在中心地带设立网点以吸引大量购物者，收取足够高的价格以支付商品和营销成本，开发高效的库存和执行系统，以便公司能以低于竞争对手的成本提供商品，同时仍能盈利。许多早期的线上商家未能遵循这些基本理念，将价格压到低于商品和运营的总成本，未能开发高效的业务流程，未能吸引足够多的受众访问网站，并且在客户获取和营销方面花费过多。目前，人们已经广泛吸取过去的教训，销售价格低于成本的线上商家比之前少得多，即使是初创公司亦是如此。消费文化和消费观念也发生了变化。过去，消费者上网是为了物美价廉，而如今，他们上网是为了方便、节省时间和消磨时光（晚上在沙发上购买零售商品）。消费者愿意接受较高的价格，以换取网络购物的便利，从而避免在商店和商场购物的不便。这让线上商家有了更大的定价自由。事实证明，消费者在进行网络购物时并非主要以价格为导向，而是认为品牌、信任度、可靠性、交货时间、便利性、易用性，尤其是"体验"至少与价格同等重要（Brynjolfsson，Dick，and Smith，2004）。

另一方面，正如人们所预测的那样，从渠道创新的意义上讲，网络零售的确已成为增长最快、最具活力的零售渠道。网络为数以百万计的消费者创造了一个方便购物的新市场。互联网和网络不断为使用新商业模式和新在线产品的全新公司提供新机遇。互联网还为omnichannel（通过各种渠道销售产品，并将其实体店与网站和移动平台整合起来的零售商）公司创造了一个全新的场所。传统零售商是快速的追随者（尽管其中许多并不能被称为特别"快速"），他们通过扩展其传统品牌、能力和资产在网上取得了成功。从这个意义上说，电子商务技术创新正在沿袭从汽车到广播电视等其他技术驱动的商业变革的历史模式，在这种模式下，初创公司的爆炸式增长吸引了大量投资，但这些公司很快就会失败，并被整合到现有的大型公司中。

如今的网络零售业

尽管网上零售是零售业中最小的细分市场之一，在 2022 年只占零售市场总额的 15% 左右，但其增长速度却快于线下零售。多年来，可供网购的商品种类不断增加，从书籍、办公用品和玩具等商品扩展到消费电子产品、家具和奢侈品等更昂贵的商品。

图 9.2 显示了电子商务创收的主要类别。2021 年，计算机和消费电子产品类的收入最高，约为 1790 亿美元。该品类的网购选择包括：Amazon（占该品类总收入的近 50%），Apple、Dell、HP 和 Lenovo 等直接制造商，Best Buy 等全渠道连锁店，以及 CDW 和 PC Connection 等曾是目录商的公司。

服装和配饰类的收入占比位居第二，2021 年约为 1690 亿美元。在这一类别中，消费者有多种网购选择，例如 Macy's、Target 和 Walmart 等全渠道连锁百货公司，以及 Gap、J.Crew、American Eagle、Urban Outfitters、Abercrombie & Fitch 和 Ralph Lauren 等专业零售商。在这一类别中，Amazon 并不占主导地位，部分原因是购物者对特定品牌服装的认同感往往比对电子消费品等商品的认同感更强。即便如此，Amazon 在这一类别中的销售额仍占 30% 以上。

家具和家居用品类位居第三，2021 年的销售额约为 1420 亿美元。过去，家具、床垫和地毯等大件物品的运输费用阻碍了网上销售，但这种情况正在改变。除 Amazon 外，该类别的主要网络零售商还包括 Wayfair 和 Overstock 等在线公司，以及宜家、Williams-Sonoma、Bed Bath & Beyond 和 Crate and Barrel 等全渠道零售商。

健康和个人护理（药品、保健品和美容用品）品类也在稳步增长，2021 年的收入约为 920 亿美元，预计在 2022 年至 2026 年期间将成为增长最快的品类。

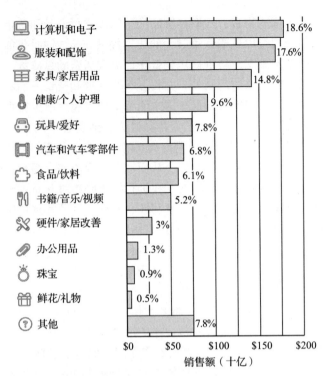

图 9.2   2021 年按类别分类的网络零售收入。计算机和消费电子产品是 2021 年的主要网购类别，占所有在线零售收入的近 19%

2021 年，汽车和汽车零部件类的销售额约为 650 亿美元。在新冠疫情之前，有意购买汽车的消费者主要通过网络进行产品和价格研究，然后再与经销商进行谈判，大部分电子商务收入来自汽车配件和汽车零件的销售。然而，疫情增加了对汽车，尤其是二手车的需求。Carvana 和 Vroom 等数字原生直接面向消费者的公司利用这一需求颠覆了二手车市场。例如，Carvana 的美国电子商务销售额在 2021 年增长了一倍多，达到近 130 亿美元，预计在 2022 年将增长到近 200 亿美元，从而跻身美国电子商务销售额排名前十的电子商务公司之列。

书籍、音乐和视频是成功在线销售的原始商品。2021 年，这一仍然流行的在线类别创造了约 500 亿美元的收入。这一类别的主要零售商包括 Amazon、Apple、Google Play 和 Barnes & Noble。"

疫情导致 2020 年零售收入增长超过 35%，部分原因是消费者转向线上购买必需品（图 9.3）。当我们提到网络零售时，并不包括旅游或购买在线内容等在线服务的收入。在本章中，"网络零售"仅指通过互联网销售实物商品。互联网为网络零售商提供了许多独特的优势和挑战。表 9.2 概述了这些优势和挑战。

表 9.2   网络零售：优势和挑战

优势	挑战
将需求集中在一家公司并提高采购能力，从而降低供应链成本	消费者会担心交易的安全性
利用网站而非实体店降低分销成本	消费者担心个人信息的隐私性
能够接触并服务于更多地域分布广泛的客户群	与在实体店购物相比，交货会产生延迟

(续)

优势	挑战
对客户喜好和需求做出快速反应的能力	退回损坏的货物或更换货物会造成不便
可以即时更改价格的能力	解决消费者对网络品牌缺乏信任的问题
快速改变商品视觉呈现的能力	增加在线摄影、视频和动画演示的费用
避免目录和实物的直销成本	在线营销成本
增加个性化和定制的机会	增加产品和客户服务的复杂性
能够大大改进向消费者提供的信息和知识	更多的客户信息可转化为价格竞争和更低的利润
降低消费者整体市场交易成本的能力	实现收入和利润持续增长的能力

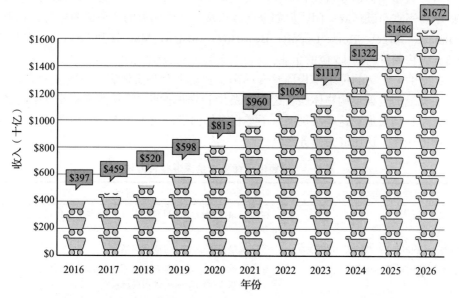

图 9.3 美国网络零售的增长。预计到 2026 年，网络零售收入将增至 1.67 万亿美元以上，比 2019 年增长近两倍

尽管早年网络零售商的失败率很高，但现在网络购物的消费者比以往任何时候都多。对大多数消费者来说，网络购物利大于弊。据估计，2022 年，83.5% 的 14 岁以上网民（约2.15 亿人）将在网络购物，网上零售额将超过 1 万亿美元。虽然美国新网民人数的增长没有以前那么快，因为美国近 90% 的人口已经在使用互联网，但这种放缓并不一定会降低网络零售电子商务的增长速度，因为普通购物者每年在互联网上的消费都在增加，而且发现了许多新的商品类别。例如，2003 年，用户的年均网上消费额为 675 美元，但到 2022 年，这一数字估计将跃升至 4890 美元（Insider Intelligence/eMarketer，2022c；eMarketer，Inc.，2005）。此外，还有数以百万计的消费者在网上研究产品，并在线下商店的购买决策中受到影响。

面对消费者日益增长的支持，主要受益者不仅是纯线上公司，还有那些拥有品牌知名度、支持性基础设施和财力资源的老牌线下零售商，它们能够在网络市场竞争中获得成功。除了 Amazon（目前的领头羊）、eBay、Wayfair 和其他几家纯线上公司外，在线销售额最高的网络零售公司主要是 Walmart 和 Target 等全渠道公司，这些公司拥有成熟的品牌，与线下实体店渠道相比，电子商务对它们的作用仍然相对较小。例如，在 2022 年 Digital Commerce 360 的 1000 强排名中，202 家全渠道零售连锁企业的在线销售额在 2020 年增长了 55% 以上，在 2021 年又增长了 11.5%（Young，2022）。

对于传统企业来说，面临的挑战是如何将网络和移动业务与实体店业务整合起来，以提供"综合购物客户体验"，让客户可以从一个环境无缝衔接地移动到另一个环境。顾客希望随时随地使用任何设备购物。老牌零售商在履约、库存管理、供应链管理和其他方面都有很强的能力，这些能力直接适用于在线渠道。要在线上取得成功，老牌零售商需要扩展品牌，为消费者提供使用线上渠道的激励措施（在商品价格相同的情况下，线上渠道比实体店的运营效率更高），避免渠道冲突，并利用在线搜索引擎和购物比较网站开展广告活动。

尽管许多大型实体店零售商尝试发展线上渠道的初期成果并不特别理想，许多人陷入困境，有的不得不宣布破产或关闭，但如今已经出现了一些明显的全渠道领导者，其中最突出的是 Walmart、Target、Home Deport、Best Buy、Costco、Macy's 和 Lowe's，它们都是零售电子商务销售额排名前 15 位的企业。

表 9.3 提供了成功的传统零售商整合网络、移动平台和实体店运营的多种方式的示例，以发展近乎无缝的全渠道购物体验。这个列表并不是唯一的，零售商不断开发渠道之间的新链接，尤其是移动渠道。这些示例展示了零售商如何借助技术来提高便利性，实现无摩擦和无障碍的商务交流，这已成为当务之急。

表 9.3　零售电子商务：全渠道整合方法

集成类型	描述
在线目录	在线目录是离线实体目录的补充，通常在线目录展示的产品要多得多
在线订购，店内取货（在线购买 / 到店取货）	最早也是目前最常见的整合类型之一
在线订购、店内退货并调整	在线订购的有缺陷或被拒收的产品可以退回到任何一家商店。目前，大多数大型网络渠道公司都提供这种选择
在线订购、商店目录和库存	当网上商品缺货时，客户会被引导至实体店网络库存和店铺位置
店内自助终端在线订购，送货上门	零售店缺货时，顾客在店内订购，然后送货上门
店内零售店员在线订购，送货上门	与店内自助终端在线订购类似，但作为店内结账流程的正常部分，零售店店员会在当地商店缺货时搜索在线库存
制造商利用在线促销将顾客吸引到分销商的零售店	消费品制造商，如高露洁－棕榄公司和宝洁公司，利用在线渠道设计新产品，促进现有产品的零售销售
礼品卡、会员积分计划积分可用于任何渠道	礼品卡、忠诚度计划积分的收受者可在商店、网上或通过商品目录（如果商家提供）购买商品
手机订购、网站和实体店销售	App 可将用户直接带入专门格式的网站进行订购，或到店内购买特价商品
地理围栏移动通知、店内销售	利用智能手机地理定位技术，显示附近商店和餐馆的定向广告

与此同时，一些纯网络零售商，如 Amazon，也试图进军实体店市场，但他们发现这并非易事，需要多年的努力才能实现。Amazon 于 2017 年收购了全食超市（Whole Foods）连锁店，以快速进入食品零售领域的实体店市场。然而，在新冠疫情之前，网络零售商似乎更容易收购现有的零售店，但由于疫情和随后的经济状况，许多计划都被搁置了。

网上零售并没有证明中间商不再被需要，反而提供了一个示例，表明中间商在零售贸易中继续发挥着强大的作用。成熟的线下零售商迅速获得了在线市场份额。越来越多的消费者被稳定、知名、值得信赖的零售品牌和零售商所吸引。线上消费者对品牌非常敏感，而且并不是主要以成本为导向，可靠性、信任度、履行能力和客户服务等因素也同样重要。

移动电子商务、社交电子商务和本地电子商务的持续超常增长是当今网络零售的另一个重要方面。移动平台已全面成为零售营销和购物工具。预计到 2022 年，美国移动电子商务零售总额将达到约 4150 亿美元，超过 85% 的在线买家将使用移动设备进行购物，这在一定程度上是由于新冠疫情导致的购买习惯的改变。移动零售 App 已成为大型零售商的必备工具。

本地商家是移动电子商务平台不断发展的主要受益者。许多全渠道零售商提供的"在线购买 / 店内提货"（BOPIS）选项以及 Amazon 的本地销售计划进一步促进了本地电子商务的发展。

社交网络也已成为日常生活的核心因素，人们在一个或多个社交网络上花费越来越多的时间，分享他们的经验，并对许多话题发表评论，包括企业、产品和服务。社交网络不仅是网络广告和营销的重要平台，而且也越来越多地成为电子商务的重要平台，人们可以通过点击进入网站或打开 App 进行购买，也可以直接通过社交网络进行购买。2022 年，美国将有超过 1 亿人成为"社交"买家，他们至少通过社交网络购买过一次商品，社交电子商务销售额预计将达到 530 亿美元，比 2021 年增长 33% 以上。Facebook 是社交买家最常用的平台，其次是 Instagram、TikTok 和 Pinterest（Insider Intelligence/eMarketer，2022d，2022e，2022f）。

当今网络零售业的另一个重要趋势是大大小小的零售商越来越多地利用大数据和人工智能。下面的"技术洞察"案例解释了这种发展情况。大数据和人工智能应用帮助零售商更好地了解消费者、预测趋势、优化库存和提供个性化的购物体验，这些都是在竞争激烈的市场中取得成功的关键因素。

技术洞察：Stitch Fix 基于大数据和人工智能构建业务

大数据指的是全球数十亿人使用互联网产生的大量数据，以及物联网带来的数据爆炸。但大数据不仅仅是指数量，它还涉及速度（数据以实时洪流的形式涌来，价值迅速流失，需要快速响应）、多样性（数据洪流既包括结构化数据，也包括电子邮件、视频和音频等非结构化数据）、可变性（数据流是由事件驱动的，会导致高峰负荷，随后相对平静）和复杂性（数据来自不同来源，需要进行清理、匹配和重新格式化才能有用）。存储所有这些数据需要新型数据库技术，而分析这些数据则需要业务分析软件。

大数据能为企业带来更好的决策和竞争优势，并对零售产品的设计和营销以及店内销售工作产生影响。大数据与人工智能和强大的分析程序相结合，使公司有能力创造个性化产品和开展个性化营销，在客户提出要求之前就能推荐产品。预测性营销不同于传统的面对面销售，因为它以数据收集为基础，利用人工智能机器学习算法最大限度地提高销售的可能性。预测营销可以扩展到数百万客户，并在几毫秒内做出决策。

Stitch Fix 是一家在线服装零售商，最初采用按月订购的收入模式，它是网络零售商利用大数据、人工智能和预测性营销的一个范例。Stitch Fix 融合了专家的风格建议、个性化软件和独特的产品，为用户提供个性化的购物体验。新用户在线填写"Style Profile"，其中包括基本人口信息，然后由公司的专有软件进行分析，确定客户可能购买的产品。此外，还可从"Style Shuffle"中收集数据，该软件会显示客户点赞或点踩评价的不同商品。截至 2022 年 8 月，Stitch Fix 已捕捉到 100 亿次与 Style Shuffle 的互动，并通过处理这些互动创建了一个交互式可视化界面，用于识别客户的风格偏好并筛选库存。个人造型师会解读系统输出的信息，然后根据客户的品位、预算和生活方式，每月亲自挑选五件服装和配饰。在收到并接受商品之前，客户无须购买。此外，退货流程也很简单。

随着时间的推移，软件会跟踪客户购买了什么，并根据客户实际保留的东西（而不是他们说想要的东西，这是一个关键的区别）学会做出更好的预测。Stitch Fix 越能准确地预测顾客可能购买的商品，就越能创造更多的销售额，而且利用分析技术更好地了解顾客，还能让 Stitch Fix 降低库存成本，调整生产以更好地满足需求，比竞争对手更了解顾客，甚至以最有效的方式完成订单并发货。

Stitch Fix 利用客户数据不断改进其数百种机器学习算法，这些算法在接触更多客户数据后会变得更加准确。如果对算法的调整被证明更具预测性，这些调整就会成为永久性的，而那些无法改进算法的改变则会被放弃。Stitch Fix 的算法综合了顾客反馈、购买和退货决定以及个人资料信息，快速生成可能的推荐。然后，Stitch Fix 的造型师根据这些结果进行下一步选择。算法与人工决策的结合创造了一种个性化水平，为顾客提供了两全其美的服务。该公司有一支数据科学家团队在开发新工具和改进算法。例如，2022 年，Stitch Fix 尝试使用 DALL-E2，这是一种功能强大的人工智能文本到图像系统，可以根据颜色、

面料和款式等具体特征将产品可视化，从而帮助造型师在 Stitch Fix 的库存中找到最匹配的商品。利用自然语言处理领域的新进展，Stitch Fix 还在研究如何使其机器语言算法更好地从自由形式的文本反馈中提取信息的含义，而这一直是机器学习模型面临的挑战。

新冠疫情给 Stitch Fix 带来了挑战和机遇。2021 年 9 月，Stitch Fix 推出了一个名为 Freestyle 的新平台，该平台建立在早期努力的基础上，旨在让非订阅用户也能获得个性化的购物体验。Freestyle 以有趣的方式诠释了"万物皆有新意"这一含义，旨在以数字化的方式重现传统百货商店中品牌和款式集中展示的发现过程。在 Freestyle，顾客首先创建一个 Style Profile。然后，Stitch Fix 利用这些数据，再加上人口统计学上相似顾客的数据，创建一个个人商店，向顾客展示 24 种个性化的造型。没有两位顾客会得到相同的信息。根据库存情况，款式全天更新。Stitch Fix 认为，Freestyle 解决了线上购物的一个不便之处：顾客被迫搜索和滚动商品页面，而显示的绝大多数商品与顾客无关。

虽然 Stitch Fix 在 2021 年达到了 20 亿美元的年净收入，但在 2022 年却遇到了一些阻力，消费者对经济形势的反应是放缓购买。由于消费者希望减少开支，许多订阅服务的用户数量都出现了下降，Stitch Fix 也不例外，从 2021 年 5 月到 2022 年 4 月，活跃用户数量减少了 20 万。新任首席执行官 Elizabeth Spaulding 将 Freestyle 视为未来的浪潮。无论 Stitch Fix 未来成功与否，大数据、机器学习以及为其商业模式提供支持的预测性营销算法都可能成为网络零售业的新常态。

9.3 电子商务实例：网络零售的业务模式

我们的探讨主要聚焦于网络零售领域，似乎将其视作一个统一的整体。实际上，正如第 2 章所提及，网络零售分为四种主要商业模式：虚拟商户、全渠道零售商（亦称为线上线下

结合或线下线上结合）、制造商直销以及目录零售商。图 9.4 在 2021 年网络零售销售中描绘了这些不同类别的企业各自的市场份额。除此之外，还有众多小型零售商借助 eBay、Etsy、Amazon 等第三方销售平台开展业务。这些不同类型的网络零售商处于各自独特的战略环境中，面临着不同的行业和公司经济情况。

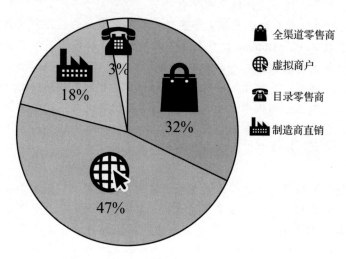

全渠道零售商
虚拟商户
目录零售商
制造商直销

图 9.4　按公司类型划分的网络零售销售份额

9.3.1　虚拟商户

在电子商务领域，**虚拟商户**的特点是其绝大多数收入均源自在线销售。面对独特的战略挑战，这些商户需从零基础快速打造自身的商业和品牌知名度，同时在一个全新的销售渠道中与其他在线竞争者（尤其是在小型或利基市场）进行竞争。由于通常不设实体店铺，虚拟商户无须承担实体店面的开发和维护成本。然而，他们面临着搭建和维护电商平台、建立订单履行基础设施以及品牌建设的巨额成本。获取客户的成本高昂，且学习曲线陡峭。和其他零售公司一样，虚拟商户的毛利润（即销售商品的零售价格与其成本之间的差额）相对较低。因此，这些商户必须高效运营，以迅速建立品牌并保持利润，从而吸引足够的客户以覆盖运营成本。他们通常采用低成本、便利策略，并结合高效的履行流程，确保客户能快速收到订购商品。在接下来的电子商务实践案例中，我们将深入探讨领先的在线虚拟商户 Amazon 的战略和财务状况。除了 Amazon，其他成功的虚拟商户还包括：Wayfair 和 Overstock（专注于家具和家居用品），Carvana 和 Vroom（汽车），Chewy（宠物用品），Newegg（计算机和消费电子产品），Zulily、Rue La La、Bluefly 和 Yoox Net-a-Porter（时尚和服装），以及 Zappos 和 Shoes.com（鞋类）。采用订阅收入模式的虚拟商户也越来越受欢迎，预计到 2022 年将产生约 330 亿美元的收入，例如 Birchbox（个性化美容样品月订阅）、Stitch Fix（结合大数据和人工智能的定制化服装服务）、Barkbox（宠物用品）、Naturebox（健康零食）、Bulu Box（补充剂和维生素）和 Blue Apron（膳食计划）。据 2022 年 Digital Commerce 360 的研究，虚拟商户（包括 Amazon）约占当年前 1000 家网络零售商所产生的所有网络零售收入的近一半（约 47%）（Digital Commerce 360 Research，2022；Young，2022；Insider Intelligence/eMarketer，2022g）

电子商务实践案例：Amazon

Amazon，这家总部位于西雅图的虚拟商户，是全球规模最大、最著名的企业之一。以"成为地球上最以客户为中心的公司"为宗旨，Amazon 由其创始人杰夫·贝佐斯领衔，构建了世界上最成功、最具创新力的网络零售平台之一。

Amazon 的发展历程犹如过山车般多姿多彩：从迅速增长的初期到巨额亏损，再到最终盈利。在整个发展过程中，Amazon 既受到了广泛的批评，也赢得了热烈的赞誉，成为电子商务领域最引人注目的创新故事之一。自电子商务行业初期以来，Amazon 基于市场经验和对在线消费者深刻的洞察，不断优化其商业模式。然而，新冠疫情为 Amazon 带来了前所未有的挑战。在这场全球卫生危机中，Amazon 经历了成功与挑战的并行。该公司成功适应了疫情带来的变化，但也面临了一些未能克服的困难。Amazon 的这一历程不仅展示了其弹性和适应力，也反映了其在持续变化的全球市场中的重要地位。

愿景

杰夫·贝佐斯和其他成功的电子商务先驱共享的最初愿景是，互联网将促成一种革命性的新商业形式，而只有那些一开始就变得非常大（忽略盈利性）的公司才能生存。根据贝佐斯的看法，成功的道路是向消费者提供三样东西：最低的价格、最佳的选择和最便捷的服务。目前，Amazon 为消费者提供数百万种独特的新品、二手品和收藏品，涵盖各种不同的物理和数字类别，所有商品都有用户生成的评论。其物理商品类别包括：服装、鞋子、珠宝、手表，书籍，电影、音乐和游戏，电子产品，电脑，家居、花园和工具，宠物用品，食品和杂货，美容和健康，玩具、儿童和婴儿用品，运动，户外，以及汽车和工业用品等。其数字产品类别包括 Prime 视频、Amazon 音乐、Echo、Alexa、Fire TV、有声书籍以及 Kindle 电子书阅读器和书籍等。如果 Amazon 没有销售某个商品，很可能其第三方卖家会有。简而言之，Amazon 已成为最大的一站式在线市场——一种结合了"购物门户"和"产品搜索门户"的模式，使其与其他全渠道零售连锁、eBay 甚至 Google 直接竞争——同时也是一家开发和制作内容的在线媒体公司。此外，Amazon 还通过其 Amazon 网络服务（AWS）部门提供云计算服务。Amazon 还成为一个主要的广告网络。随着 Amazon 成功成为世界上最大的在线商店，它还扩展了其最初的愿景，成为最大的在线商户和技术服务以及在线内容供应商之一。

商业模式

Amazon 的业务主要分为三个核心部分：北美市场、国际市场和 AWS（Amazon 网络服务）。在北美和国际市场部分，Amazon 既服务于普通零售消费者，也服务于各种商户。电子商务零售业务涵盖了由 Amazon 采购并转售给消费者的实体和数字产品，其运作模式类似于传统的零售商。从最初作为在线书籍、CD 和 DVD 的销售商，Amazon 如今已拓展至销售数百万种其他产品，包括在 Amazon Basics 等自有品牌下的商品。除了成为一个主要的在线媒体和内容生产公司，Amazon 也成功涉足音乐和流媒体视频业务，拥有 Amazon 音乐和 Amazon Prime 视频等。Amazon 还制造并销售 Kindle 电子阅读器、Fire 平板电脑和 Echo 系列设备等各种产品。尽管 Fire 智能手机未能取得预期成功，但配备智能助手 Alexa 的 Echo 扬声器在快速增长的设备市场中占据了领先地位。2021 年，Amazon 电子商务零售部门的销售额达到 2220 亿美元，约占总收入的 47%。

Amazon 的第三方商户服务构成了其业务的另一重要部分。这一服务使第三方商户能够将其产品集成到 Amazon 网站，并使用 Amazon 的客户技术。成千上万的商户与 Amazon 签约，这些商户提供的产品有时与 Amazon 自营的产品竞争。例如，在 Amazon 网站上，同一产品可能由 Amazon、大型商户（如 Target），以及通过 Amazon 市场销售新品、二手品或限量版产品的中小型企业或个人共同销售。Amazon 并非这些产品的销售商，且通常不拥有这些产品，其运送多由第三方处理（部分情况下 Amazon 也提供履行服务）。Amazon 向第三方商户收取固定月费、销售佣金（一般为销售额的 10% 至 20%）、单位活动费用，或这些费用的组合。在这一部分中，Amazon 充当在线购物中心，向其他商户收取"租金"，并提供订单处理和支付等站点服务。2021 年，Amazon 的第三方卖家服务收入约为 1040 亿美元，占总收入的约 22%。

AWS 是 Amazon 业务的又一个关键部分。通过 AWS，Amazon 为不具备自有硬件基础设施的企业提供可扩展的计算能力和存储空间，并使开发人员能够直接使用 Amazon 技术平台构建应用程序。2021 年，AWS 的收入超过 620 亿美元，同比增长 37%，占 Amazon 总收入的约 13%。值得注意的是，AWS 的利润超过了 Amazon 整个零售部门的利润。

订阅服务于 2021 年为 Amazon 带来了约 320 亿美元的收入，约占其总收入的 7%。这些服务包括与 Amazon Prime 会员资格相关的年费和月费，其中 139 美元的年费 Prime 会员享有免费两天送达服务（在某些情况下为一天），以及免费使用 Prime 音乐和 Prime 视频等数字视频、有声书、音乐和电子书订阅服务。据估计，美国约有 8 800 万户家庭（占所有家庭的 67%）是 Amazon Prime 的订阅者。

Amazon 近期的一项新举措是开发自己的广告网络——Amazon 广告，在 2021 年产生了约 310 亿美元的收入，几乎与订阅服务的收入相当。Amazon 已经成为美国第三大数字广告公司，仅次于 Google 和 Meta。大约三分之二的 Amazon 数字广告收入来自其两种现场搜索广告产品：赞助产品广告（位于有机搜索结果旁边）和赞助品牌广告（针对关键词，出现在有机搜索结果之上）。由于超过 60% 的美国消费者首选在 Amazon 而不是传统搜索引擎上搜索产品，这使得这些广告类型对市场营销者具有极大的吸引力。展示广告，无论是现场的还是由 Amazon 的程序化广告网络销售的，构成了广告收入的其余部分。

实体店收入（主要来源于 2017 年以 137 亿美元收购的 Whole Foods 以及 Amazon 自己的实体店，如 Amazon Go，允许顾客带走食物并在离开时通过 Amazon 账户支付，无须排队结账或商品扫描）在 2021 年约为 170 亿美元，约占总收入的 3.6%。

除了美国的 Amazon.com，Amazon 还在欧洲、亚洲和加拿大运营着一些本地化的网站。2021 年，Amazon 27% 的总收入来自海外，收入超过 1270 亿美元，但也有 9.25 亿美元的运营亏损。

财务分析概览

Amazon 的收入自 1998 年的约 6 亿美元飙升至 2021 年惊人的 4700 亿美元（详见表 9.4），呈现出引人瞩目的高速增长。这种显著的收入增长表现是令人印象深刻的。过去，Amazon 对增长的强烈追求曾导致其难以维持持续的盈利。在 2011 年至 2014 年间，公司的利润状况在亏损和盈利之间波动，但自 2015 年起至 2021 年，Amazon 已连续数年实现盈利。2020 年和 2021 年，Amazon 面临新冠疫情的重大挑战，这对其供应链、物流、第三方卖家运营及消费者购物行为产生了影响。尽管如此，Amazon 的净收入仍实现了 22% 的增长，营业收入增长了 8.6%。此外，其净利润也实现了显著增长，这在很大程度上得益于 Amazon

对电动汽车制造商 Rivian Automotive Inc. 的投资价值上升，该公司于 2021 年上市，这一增长反映在 Amazon 2021 年的营业外总收入中。

表 9.4   2019～2021 年 Amazon 合并运营报表和资产负债表汇总数据

合并运营报表（单位：百万）			
截至 12 月 31 日的财年	2019	2020	2021
收入			
净销售额 / 产品	$160 408	$215 915	$241 787
净销售额 / 服务	120 114	170 149	228 035
总净销售额	280 522	386 064	469 822
销售成本	165 536	233 307	272 344
毛利润（总净销售额减去销售成本）	114 986	164 757	197 478
毛利率	41%	42.7%	42%
运营费用			
营销	18 878	22 008	32 551
履行	40 232	58 517	75 111
技术和内容	35 931	42 740	56 052
一般和行政	5 203	6 668	8 823
其他营业费用（收入），净额	201	（75）	62
总运营费用	100 445	129 858	172 599
经营收入	14 541	22 899	24 879
营业利润率	5.2%	5.9%	5.3%
营业外收入总额（费用）	（565）	1 279	13 272
所得税前收入	13 976	24 178	38 151
预提所得税	（2 374）	（2 863）	（4 791）
权益法投资活动，税后	（14）	16	4
净收入（亏损）	11 588	21 331	33 364
净利润率	4.1%	5.5%	7.1%
资产负债表汇总数据（单位：百万）			
12 月 31 日	2019	2020	2021
资产			
现金、现金等价物和有价证券	55 021	84 396	96 049
流动资产总额	96 334	132 733	161 580
总资产	225 248	321 195	420 549
负债			
流动负债总额	87 812	126 385	142 266
长期负债	163 188	227 779	282 304
营运资金	8 522	6 348	19 314
股东权益	62 060	93 404	138 245

截至 2021 年 12 月底，Amazon 持有的现金及市场化证券总额达到约 960 亿美元，总资产超过 4200 亿美元。公司强调其"自由现金流"数量是其财务实力的一个重要指标，这表

明公司拥有足够的现金来应对短期债务，如为节日购物季和重大收购提供资金。Amazon 的流动资产足以应对可能出现的短期赤字。综合来看，Amazon 在 2021 年年底的财务状况良好。然而，2022 年上半年，Amazon 报告了约 59 亿美元的净亏损。

战略分析——商业策略

Amazon 采用了多元化的商业策略以实现收入的最大化增长。这包括推动电子书销售的增长，例如推出 Kindle 电子书阅读器和 Kindle Fire 平板电脑的增强功能以及新的电子书出版计划；进一步拓展其设备制造业务，例如推出 Amazon Fire TV、Amazon Echo/Alexa 和智能家居产品，后者包括以 10 亿美元收购的 Ring 和以 17 亿美元收购的 iRobot 等产品；扩展流媒体音乐和视频业务，推出 Amazon 音乐和 Amazon Prime 视频服务；转型为更广泛的交易平台，扩展其第三方卖家服务；持续发展 Amazon 商业 B2B 市场部分；通过将产品分组到名为"商店"的主要类别中，实现更精准的产品定位。Amazon 还通过创造特殊活动来推动总销售，2021 年 Prime Day 活动产生了近 120 亿美元的总商品销售额，相比 2018 年的 40 亿美元有显著增长。除网络零售外，Amazon 还专注于扩大 AWS 服务的地理覆盖范围，并发展自己的数字广告网络。

Amazon 积极进军移动商务领域，为 iPhone、Android 和 iPad 推出购物应用。到 2022 年，Amazon 在移动商务领域保持领先地位，美国超过 1 亿用户使用其应用程序。

Amazon 在其 Kindle 电子书阅读器平台上继续取得巨大成功，并推出了新一代 Kindle 电子书阅读器和 Amazon Fire 平板电脑。根据 Amazon 的数据，现在销售的 Kindle 电子书数量已超过其所有纸质书籍的总和。

Amazon 已与几乎所有主要电影和电视工作室合作，为其 Prime 视频库增加内容。它还开发了多个原创系列，以与 Netflix、Hulu 等竞争对手竞争。2015 年，Amazon 工作室开始制作原创电影并在院线放映，其中包括《海边的曼彻斯特》，这是首部由流媒体服务制作并获得奥斯卡奖的电影。Amazon Prime 视频服务现覆盖 200 多个国家。

成本方面，Amazon 采取积极策略，在全国建设仓库以提高配送速度。目前，Amazon 在美国拥有 305 个大型履行中心和 1100 多个配送中心。由于其现有的履行网络容量已超过需求，预计未来将放缓扩张步伐。Amazon 还致力于在配送速度方面超越竞争对手，在许多地区实现当日送达。

为了扩展配送能力，Amazon 探索了多种方法，包括无人机配送和货运飞机。Amazon Prime Air 是 Amazon 的无人机配送项目，能够运送重达五磅的包裹，占所有发货的 80% 以上。尽管存在工程和法律障碍，Amazon 预计在 2022 年晚些时候开始首次无人机配送。Amazon 还拥有 75 架货运飞机来应对不断增长的运输需求。该公司还拥有自己的卡车队伍，并投资于全电动配送车辆的开发。尽管 Amazon 正试图完全控制其配送业务，但其订单量已经过大，不太可能完全停止与联邦快递和 UPS 的合作。Amazon 还继续利用美国邮政服务进行某些类型的运输。这些举措有望显著提高 Amazon 订单的每单利润率，给 Amazon 的传统实体店竞争对手带来更多挑战。

战略分析——竞争

Amazon 的主要竞争对手涵盖了多个领域，包括传统全渠道零售商（如 Walmart 和 Target）以及纯在线竞争者（如 eBay、Wayfair 和 Etsy）。尽管最初 Walmart 在电子商务领域进展较慢，但近年来通过一系列战略收购迅速提升了其在线业务。目前，Walmart 在美国的电子商务销售额排名第二，尽管仍远远落后于 Amazon。Walmart 引入了一系列顾客友好的特性，例如免费两天送货、快速重新订购常购商品以及在线杂货服务。在这一领域，Walmart 依靠遍布美国的 4700 家门店建立了强大的产品配送网络，远远超过 Amazon 从全食超市收购的 460 家门店。Amazon 和 Walmart 都在努力学习对方的长处，Walmart 已经拥有 Amazon 正在积极构建的实体基础设施，而 Amazon 在电子商务方面的能力则遥遥领先。值得注意的是，Walmart 进行了全面的网站重新设计，采用了极简主义设计风格，强调图片，与 Amazon 网站的首页形成鲜明对比。尽管 Amazon 在这场竞争中仍然占据强势地位，但 Walmart 在其电子商务运营方面的改进使其成为 Amazon 未来的有力竞争对手。特别是在疫情期间，Walmart 在在线杂货运营和提货服务方面的表现巩固了其竞争地位。在国际扩张方面，Amazon 最大的威胁来自中国的阿里巴巴，该公司的全球业务规模超过了 eBay 和 Amazon 的总和。Amazon 继续采取积极的国际战略，包括推出本地化版本的网站和战略性收购，例如收购了中东最知名的电子商务公司 Souq。

Amazon 还全面参与了音乐、电视和电影行业的竞争。Amazon Music Unlimited 允许用户在线播放音乐（以及下载音乐以供离线使用），提供了 9000 万首歌曲和播客，几乎可以在任何设备上播放，并可通过各种音乐软件进行管理。Amazon Prime 音乐提供了 200 万首用户可以免费播放的曲目。Amazon Prime 视频提供了流媒体视频内容的访问权限，包括超过 24 000 部电影和数万集电视剧，供 Amazon Prime 会员免费观看，同时还提供按需租赁或购买的额外内容。

战略分析——技术

那些认为信息技术不会产生差异的人显然对 Amazon 了解不多。可以说，Amazon 拥有最大、最复杂的网络零售技术集合，超越了任何单一公司。它融合了自身的专有技术和商业授权技术，用于多个领域，包括网站管理、搜索、客户互动、个性化推荐、交易处理和订单履行服务及系统。Amazon 的交易处理系统能够处理数百万种商品、各种订单状态查询、礼品包装请求以及多种运输方式。客户可以根据供应情况选择将订单拆分成单个或多个包裹，并且能够实时追踪每个订单的进度。在履行订单方面，Amazon 的仓库员工携带着一种小巧的设备，集成了条形码扫描器、显示屏和双向数据传输器。Amazon 技术能力的巨大规模和广泛应用是推动 AWS 的原动力。截止到 2022 年，AWS 在全球云计算市场占据了 34% 的市场份额，远超过微软 Azure 的 21% 和 Google 云平台的 10%。此外，Amazon 持续投资于 Kindle 电子阅读器的新版本以及消费电子产品，如 Amazon Fire 设备，以及未来技术项目，如无人机配送和智能家居产品，例如 Ring 摄像头系列和 Amazon Echo 智能助手。Amazon Echo 在其先进的语音识别、云连接和 Alexa 人工智能技术的支持下，具备多种功能，包括流媒体音乐、计算、待办事项列表更新、天气查询、游戏等。另外，Amazon 在 2022 年 7 月以 17 亿美元收购了 iRobot，进一步扩展了其智能家居产品系列。

战略分析——社会和法律挑战

Amazon 面临着许多社会和法律挑战。新冠疫情引发了关于 Amazon 对待其工人的问题，这些工人公开批评 Amazon 并提起诉讼，指控工作条件使他们处于风险之中。Amazon 也因其对危机的应对受到政府调查。

Amazon 不断面临涉及其业务各个方面的诉讼。最常见的是专利侵权诉讼，这些诉讼大多在法庭外解决。更重要的是欧洲和美国的政府基于反垄断的考虑，围绕 Amazon 的市场主导地位及其采取的行动展开了调查。

未来前景

在 2016 年，Amazon 终于向投资者和分析师展示了他们多年来一直在等待的可持续盈利能力。AWS 部门的盈利能力对 Amazon 来说是一个主要的积极因素，AWS 的收入仍在迅速增长。来自 Amazon Prime 会员的订阅收入也是公司强劲表现的关键组成部分，以及来自其较新的 Amazon 广告部门的收入和利润也在不断增长。然而，Amazon 通过违背分析师的预期来达到当前电子商务领域的主导地位，并且公司继续大举支出，在这个过程中可能会损害盈利能力。正如前面提到的，Amazon 在 2022 年上半年出现了净亏损，而收入增长仅约7%，这是大约二十年来的最低百分比，部分原因是经济环境的影响（通货膨胀压缩了消费者的购买力，消费者在疫情之后回归实体店购物，以及由于供应链短缺和疫情的持续导致全球不确定性持续存在）。在疫情期间，Amazon 决定大规模扩展其仓储和物流基础设施，随着消费者需求的减少，Amazon 正在努力降低这些成本。Amazon 预计这一努力将至少持续至 2022 年第三季度。尽管如此，Amazon 也在其他领域不断扩张。例如，在 2022 年 7 月，Amazon 以 39 亿美元的价格收购了 1Life Healthcare，一家运营着 180 家初级卫生保健诊所的公司，标志着 Amazon 扩大了一项 2019 年推出的较小规模的服务。未来几年内，Amazon 将会变成什么样子，还有待观察（Amazon.com，Inc.，2022a，2022b；Jungle Scout，2022；Mattioli，2022；Evans and Herrara，2022）。

9.3.2 全渠道零售商：砖块加鼠标型

全渠道零售商也被称为实体店与在线业务相结合的公司，运营一系列实体店作为主要零售渠道，并同时提供在线服务。一些知名的全渠道公司包括 Walmart、Target、Home Depot、Best Buy、Costco 以及 Macy's 等零售品牌。尽管这些全渠道零售商面临高昂的实体店建设成本和庞大的销售人员开支等挑战，但它们也享有许多优势，如品牌知名度、全国客户群、仓库设施、大规模采购能力（使其能够与供应商谈判）以及经验丰富的员工队伍。由于拥有品牌知名度，这些公司通常能够以较低的成本吸引顾客，但是它们在协调不同销售渠道的定价和处理在线购物的退货等方面面临一些挑战。尽管如此，这些零售企业通常习惯于在非常薄利润的情况下运营，并且已经投入了大量资金用于采购和库存控制系统，以降低成本并协调来自不同地点的退货流程。全渠道公司面临的挑战包括充分利用它们的优势和资源来发展在线业务、建立可信赖的网站、招聘新的熟练员工以及建立快速响应的订单录入和履行系统。根据 2022 年 Digital Commerce 360 网络零售商 1000 强数据，全渠道零售商约占这些零售商所产生的所有网络零售收入的 32%（Digital Commerce 360 Research，2022；Young，2022）。

Macy's 是一个传统零售商的代表案例，其业务最初基于实体店，但随后转型为全渠道零售商。1858 年，Rowland H. Macy 在纽约市创立了第一家 R.H. Macy & Co. 商店，并于1902 年将旗舰店迁至纽约市 34 街和百老汇大道交汇处的赫拉尔德广场。如今，Macy's 是美国最大的全国性百货连锁店之一，全美约有 650 家 Macy's 店。

与许多传统零售商一样，Macy's 不得不改变其商业模式以适应互联网时代。早在 1995年，Macy's（当时称为 Federated Department Stores Inc.）就创立了 Macys.com 网站，进军电子商务领域。随后，于 1999 年，Federated 收购了当时领先的目录和直销商 Fingerhut，部分原因是 Fingerhut 在电子商务履行和数据库管理方面的专业能力。尽管 Fingerhut 的收购并没有在财务上取得成功，但 Macy's 的电子商务努力从中获益。

2021 年，Macy's 在美国零售电子商务收入方面排名第 12 位，预计在线销售额约为 89 亿美元，占总销售额的约 35%。与此相比，实体店销售额增长相对较慢，Macy's 关闭了多家门店，将其重心逐渐转向电子商务业务。

Macy's 的网站提供了多种互动功能，包括交互式目录、产品放大视图以及查看不同颜色和不同视图的产品的功能，甚至包括产品视频展示。此外，它还提供了产品比较、产品评级和产品推荐功能，以及实时库存检查系统。Macy's 的网站每月吸引约 7500 万独立访问者。在 2022 年，该公司宣布了网站的更新计划，网站将推出一个个性化的控制面板，显示访问者的购物历史、奖励积分、即将到来的订单和风格推荐。此外，它还推出了每周一次的在线直播购物体验，名为 Macy's Live。此外，Macy's 在社交媒体上也有庞大的影响，拥有 220 万 Instagram 粉丝、20 个不同主题板块和 130 万粉丝的 Pinterest 页面、90 万粉丝的 Twitter 账号、50 万粉丝的 TikTok 账号，以及拥有近 2500 万次浏览的 YouTube 频道。此外，Macy's 还是 Pinterest 引入的 Buyable Pins 的早期采用者。此外，Macy's 还推出了一个名为 "Macy's 时尚" 的网红计划。

Macy's 非常重视移动商务，并将其视为在线成功的关键组成部分，它提供了 iPhone 和 Android App 以及 HTML5 移动网站。为了更好地整合移动 App 与实体店的体验，Macy's 进行了重新设计。最新的 App（截至 2021 年 10 月）允许购物者打造个人风格并创建他们喜欢的产品列表。此 App 还改进了产品筛选器、个性化推荐并简化了退货流程。

Macy's 继续致力于完善其全渠道战略，包括实体店、网站和移动平台。Macy's 的首席财务官指出，同时在线上和线下购物的顾客支出通常是单一渠道购物的顾客支出的 2.5 到 3.5 倍，购物频率也高出大约三倍。Macy's 提供了许多关键的全渠道功能，包括在线购买、店内自取（BOPIS）/ 点击取货、路边取货、客户协助服务、在线预约实体店内购物、从店铺发货、门店定位器以及在线购买的商品在实体店的退货服务。2021 年，BOPIS/ 点击取货订单增加了超过 25%，达到了约 21 亿美元，这是非常积极的发展，因为这种订单对 Macy's 更有利，它们消除了运输商品的成本。此外，Macy's 发现在线购物者通常在线下订购商品，然后在实体店内取货时会额外花费 25%。Macy's 还不断致力于整合其实体店和移动体验，例如在商店内，顾客可以使用 Macy's 的移动 App 扫描产品以查看价格，然后通过 App 购买产品，最后将商品送到他们的家中。此外，Macy's 还在其所有实体店内提供了增强型的移动结账功能。它是最早支持 Apple Pay 的零售商之一，除了 Macy's 自己的移动钱包外，还提供了 Apple 的移动支付系统，该系统允许购物者虚拟存储和获取优惠券。

Macy's 公司也加入了数字市场潮流，并计划在 2022 年第三季度与平台公司 Mirakl 合作，推出自己的策划数字市场。该市场将允许选定的第三方商家在 Macys.com 上销售各种产品，包括家居、儿童、母婴、美容保健、玩具和电子产品等类别，也包括 Macy's 公司目前没有提供的品牌。

Macy's 公司与所有全渠道零售商一样，因新冠疫情和 2022 年经济形势的不确定而面临重大挑战。Macy's 公司首席执行官杰夫·根内特指出，这场危机表明拥有无摩擦的全渠道战略的重要性，未来目标是提供一流的全渠道体验。（Bloomberg，2022；Berthene，2020，2022；Marks，2022；Walk-Morris，2021；Lauchlan，2020）。

9.3.3　制造商直销

制造商直销（有时也称为**直接面向消费者**）（DTC 或 D2C）公司是指通过单渠道或多渠

道直接在线销售商品给消费者的制造商，没有零售商的干预。制造商直销最初被预测在电子商务中将发挥非常重要的作用，但最初这种情况并没有发生。然而，如今 DTC 已经成为一种蓬勃发展的商业模式，特别是在计算机硬件行业（Apple、Dell 和 HP）和服装制造商（Ralph Lauren、Nike、Under Armour、Carter's、Tory Burch、Deckers、Kate Spade、Jones Retail、Vera Bradley 以及其他公司）。消费品制造商最初没有直接在线销售，但这种情况也开始发生变化。例如，宝洁公司提供了 Pgshop，销售 50 多个不同的宝洁品牌。制造商直销公司约占 2022 年 Digital Commerce 360 网络零售商 1000 强网络零售收入总额的 17.5%（Digital Commerce 360 Research，2022；Young，2022）。在过去的十年中，出现了一种新型的制造商直销公司，有时被称为数字原生 D2C 垂直公司。**数字原生 D2C 垂直公司**是专注于直接采购原材料、控制分销渠道和直接与消费者联系的在线初创公司。预计 2022 年将产生约 380 亿美元的收入，包括销售眼镜的公司（Warby Parker）、服装公司（Stitch Fix、Everlane、MM. LaFleur 和 Draper James）、床垫公司（Casper、Purple、Saatva 和 Leesa Sleep）、床上用品公司（Parachute 和 Brooklinen）、美容产品公司（Glossier 和 Morphe Cosmetics）和行李箱公司（Away）等（Insider Intelligence/eMarketer，2022h）。

制造商直销公司有时会面临渠道冲突的挑战。当产品的零售商必须在价格和库存货币上直接与不承担库存、实体店或销售人员成本的制造商竞争时，就会发生**渠道冲突**。之前没有直接营销经验的公司还面临着开发快速响应在线订单和履行系统、获取客户以及将供应链与市场需求进行协调的额外挑战。从**供应推动模式**（在收到订单之前基于估计需求生产产品，然后存放在仓库中等待销售）转变为**需求拉动模式**（只有在收到订单后才生产产品）对传统制造商来说极为困难。然而，对于许多产品来说，制造商直销公司具有优势，例如，成熟的全国品牌名称、现有的大量客户群以及比目录商家更低的成本结构，因为它们是商品的制造商，因此不需要向任何人支付利润。因此，制造商直销公司的利润率应该更高。

Dell 科技是经常被提到的制造商直销零售商之一。Dell 在 B2C 和 B2B 领域都有业务，是世界上最大的直接计算机系统供应商，为企业、政府机构、中小型企业和个人提供从位于得克萨斯州奥斯汀总部的制造商直接订购的计算机产品和服务。尽管销售代表会为企业客户提供支持，但很多个人和小型企业会通过电话、传真和互联网直接从 Dell 购买。

1984 年，Michael Dell 在他的大学宿舍创办这家公司时，他的想法是为客户定制计算机，消除中间人，更有效地满足客户的科技需求。今天，该公司销售的商品远不止个人计算机系统，它还提供企业系统和台式机 / 笔记本电脑，以及安装、融资、维修和管理服务。通过依靠按订单生产的制造工艺，该公司实现了更快的库存周转（五天），并降低了零部件和成品库存水平，这一战略几乎消除了产品过时的可能性。

直接模式简化了公司的运营，无须支持批发和零售销售网络，同时也消除了昂贵的中间加价，并使 Dell 完全控制其客户数据库。此外，Dell 能够以与邮购供应商从库存中提取计算机并将其发送给客户几乎相同的速度来制造和运输定制计算机。

为了扩展直接销售模式的优势，Dell 积极地将销售、服务和支持转移到了网上。Dell 的网站为来自 190 个国家的客户服务。Dell 的 Premier 服务使公司能够在线调查产品供应、完成订单和购买订单、实时跟踪订单，并查看订单历史记录。对于小型企业客户，Dell 还创建了在线虚拟客户经理、备用零件订购系统和直接访问技术支持数据的虚拟帮助台。Dell 还继续扩大其产品组合，不仅仅是硬件产品销售，还增加了保修服务、产品集成和安装服务、互联网接入、软件和技术咨询，并将其称为"超越盒子"的产品。这些包括来自领先制造商的近 3 万种软件和外围产品，可以与 Dell 的产品捆绑在一起。Dell 还积极利用社交媒体。它拥有一个企业博客、一个拥有 410 万粉丝的 LinkedIn 页面，以及 Facebook（拥有约 150 万粉丝）、Instagram、Pinterest 和 Twitter 账号。它在 Twitter 上发布独家销售信息给那些关注 Dell Outlet 的人，并使用 Instagram 的 Stories 功能发布产品展示和直接销售产品。它还有一个 YouTube 频道，观看次数接近 7500 万次。此外，它还有 iPhone 和 Android 的移动 App，具有 App 内购买、客户评级和评论、产品比较、订单跟踪、购物顾问和方便访问各种客户支持选项的功能。其移动网站使用响应式设计，使网站能够自动适应消费者的设备。据 Dell 称，其电子商务渠道在满足强劲的家庭办公技术需求方面发挥了关键作用（Dell Technologies，Inc.，2021）。

9.3.4　目录零售商

目录零售商，如 Lands' End、L.L.Bean、CDW Corp.、PC Connection 和 Cabela's，都是已经建立的公司，他们有全国性的线下目录业务，但也开发了在线功能。目录零售商每年面临非常高的成本来打印和邮寄数百万份目录——其中许多目录在客户收到后的使用寿命只有 30 秒。目录零售商通常已经开发了集中履行和呼叫中心，通过与诸如联邦快递和 UPS 等包裹递送公司的合作实现出色的履行。近年来，随着目录销售增长率下降，目录公司遭受了损失。因此，目录零售商不得不通过建立实体店（L. L. Bean）、被基于商店的公司收购（Sears 在 2003 年购买了 Lands' End，之后在 2014 年将其剥离为一家独立的上市公司）或建立强大的在线形象来多样化它们的渠道。

目录零售商在电子商务的早期具有独特的优势，因为它们已经拥有了非常高效的订单输入和履行系统。然而，后来它们面临着与实体零售商相同的诸多挑战——必须将其现有资产和能力扩展到新技术环境，建立可信的在线形象，并雇佣新员工。随着时间的推移，目录零售商的业务模式已经变得不那么重要了，目录零售商只占 2022 年 Digital Commerce 360 网络零售商 1000 强网络零售收入总额的约 2.7%（Digital Commerce 360 Research，2022；Young，2022）。

如今，最知名的在线目录零售商之一是 LandsEnd.com。Lands' End 始于 1963 年，位于芝加哥制革区的地下室，销售帆船设备和服装，生意好的时候一天处理 15 份订单。从那时起，它已经扩展成为一个直销目录零售商，分发超过 300 种不同的目录，每年涉及约 2 万页的独特打印页面，这些目录分布在美国、欧洲和日本。Lands' End 的产品线包括"传统"风格的体育服装、软行李和家居用品。它现在还拥有实体零售业务，最初是由于被 Sears 收购而开始的，并在随后的几年里持续增长。

Lands' End 是首批拥有支持电子商务的网站的服装零售商之一，该网站于 1995 年推出，有 100 种产品和旅行散文。2015 年，它推出了一个经过彻底重新设计的网站，推出了新的在线目录，拥有更多的品牌，改进了搜索和导航，简化了结账，并新增了支付方式，例如 Visa Pay。2016 年，它增加了一个移动 App，并进一步改进了其网站。多年来，Lands' End 继续投资电子商务销售渠道，努力使网络购物更加方便客户。

Lands' End 一直处于网络零售技术的领先地位，其中大多数技术都强调个性化营销和定制产品。Lands' End 是第一家允许客户创建 3D 模型以"试穿"服装的网络零售商。Lands' End 的"Get Live Help"使客户可以与客户服务代表在线聊天，Lands' End Custom 使客户能够创建根据其个人尺寸定制的服装。尽管在线定制服装在网络零售的早期被认为是一种噱头，但如今，相当大比例的 Lands' End 在线销售的服装是定制的。2021 年，Lands' End 从其美国和国际电子商务渠道获得了 12 亿美元的收入，占其总收入的比例超过 75%。Lands'End 在美国的电子商务总客户数据库增加到 580 万客户。获得赞扬的功能包括实时视频聊天、反映购物者偏好的产品推荐、基于购物者位置和推荐来源的内容显示以及向移动用户提供 Lands' End 目录的移动 App。数字目录包含独家内容，包括由 Lands' End 员工撰写的故事。购物者还可以访问在 Facebook 上的 Lands' End 账号，在那里它拥有超过 130 万点赞。Lands' End 还有一个 Twitter 账号、一个 Instagram 账号和一个包含其各种产品的 Pinterest 板。2021 年，Lands' End 推出了一个新的第三方市场，提供来自合作品牌的产品（Lands'End, Inc., 2022a, 2022b；Censhare, 2021；Wassel, 2021）。

9.4 服务业：线下和线上

服务业是美国经济中规模最大、发展最快的产业。在美国，服务业（广义上定义）雇用了大约五分之四的工人，占美国国内生产总值（GDP）的 80% 左右（FocusEconomics, 2022）。服务业中的电子商务技术为传递信息、知识和提高交易效率提供了非凡的机会。

主要的服务行业包括金融、保险、房地产和旅游服务业。商业、健康、教育和专业服务，如法律和会计也是重要的服务行业。商业服务包括咨询、广告、营销和信息处理等活动。在这些群体中，公司可以进一步分为涉及**交易经纪**（作为中间人促进交易）和涉及提供"亲身实践"服务的公司。例如，一种金融服务涉及股票经纪人，他们在买家和卖家之间的交易中充当中间人。在线抵押贷款公司，如 LendingTree，将客户介绍给实际发放抵押贷款的抵押贷款公司。就业招聘和职业服务公司将"劳动力买家"与"劳动力卖家"联系起来。所有这些例子中的服务涉及的是经纪交易。

相比之下，一些行业为消费者进行特定的亲身实践活动，提供服务的当事人需要与"客户"直接和面对面地互动。互联网可以帮助这些服务的提供者，使消费者更容易找到有关这些提供者的信息，并与他们沟通。

也许，除了某些例外（例如，清洁、园艺等服务的提供者），服务业（和职业）最重要的特征是它们是知识和信息密集型的。为了提供价值，服务业处理大量信息并雇佣高度熟练、受过良好教育的劳动力。例如，为了提供法律服务，你需要拥有法律学位的律师。律师事务所需要处理大量的文本信息，医疗服务业也是如此。金融服务业并不那么知识密集型，但需要大量投资以用于信息处理，如跟踪交易和投资。事实上，金融服务业是最大的信息技术投资者，超过 80% 的投资资本用于信息技术设备和服务。

服务业所需的个性化和定制化程度有所不同，尽管几乎所有的服务业都需要某种程度的个性化和定制化。一些服务业，如法律、医疗和会计服务，需要广泛的个性化，根据单个个体或对象的精确需求调整服务。其他服务业，如金融服务，通过允许个人从有限的菜单中进行选择而受益。互联网和电子商务技术能够个性化定制服务或其组成部分，这是支撑电子商务服务快速增长的一个主要因素。未来的扩张将部分取决于电子商务公司能否将其定制化的服务——从列表中进行选择——转变为真正的个性化服务，例如根据对客户的数字化深入了解提供独特的建议和咨询（至少与专业服务供应商一样深入）。

9.5 网络金融服务

网络金融服务部门是电子商务成功故事的一个光辉典范，但其中也有许多曲折。尽管像 E*Trade 这样的创新型在线公司有助于改造经纪行业，但电子商务对有实力的银行、保险和房地产公司的冲击最初因消费者抵制和行业创新不足而有所延迟。即使在今天，纯在线银行还没有取代传统银行。但电子商务已经改变了银行和金融业，因为各大机构已经部署了自己的在线应用程序，为日益扩大的在线客户群提供服务。保险变得更加规范，更容易在线购买。虽然安全仍然是一个问题，但消费者比过去更愿意信任在线网站并提供他们的财务信息。多渠道、成熟的金融服务公司——落后的追随者——也继续在网上交易方面取得收益。限制消费者进行实体交易的新冠疫情加速了这一进程。

9.5.1　金融科技

在过去的几年里，对金融服务行业初创公司的投资越来越多。这些公司通常被称为金融科技（简称 fintech）公司，并在大众媒体上引起了广泛关注。金融科技的定义很模糊，被应用于各种各样的公司。在金融服务领域使用信息技术并不新鲜。金融服务公司长期以来一直在信息技术方面进行大量投资。许多金融科技公司与早期版本的区别在于，它们是传统金融服务行业之外的科技公司，它们正寻求利用技术来拆分传统机构金融服务的方法，并通过移动设备和应用程序提供有针对性的解决方案。尽管如此，金融科技一词也适用于正在开发和实施创新技术的传统金融服务公司。

9.5.2　在线银行

NetBank 银行和 Wingspan 银行是美国在线银行的先驱，分别于 1996 年和 1997 年推出在线银行业务。虽然起步较晚，但因为它们在线银行业务的客户比例迅速增长，知名全国性银行在市场份额方面已经大幅领先。美国最大的银行都是大型全国性银行，也提供在线银行服务，包括美国银行、摩根大通、花旗集团和富国银行。美国主要的直销银行（那些没有分支机构或品牌 ATM 机网络的银行）包括 Ally Bank、TIAA Bank、Discover Bank、Capital One 360、Axos Bank、State Farm Bank 和 USAA。这些直销银行的客户存款增长速度超过了普通银行，表明它们的受欢迎程度正在提高，尤其是受到年轻客户的欢迎。

许多初创公司也进入了在线银行领域。例如，Chime 就是所谓的"直销银行"的一个例子——一家独立、数字化原生、仅提供数字服务的银行。Chime 提供由联邦存款保险公司（FDIC）承保的支票和储蓄账户以及由 The Bancorp Bank 支持的 Visa 借记卡，截至 2022 年，已拥有超过 1800 万美国用户。Chime 以中低收入消费者为目标客户，提供旨在促进财务健康的功能。另一家受欢迎的直销银行 Aspiration 采取了不同的营销策略。Aspiration 称自己为一家以可持续性为重点的"反银行"。它提供了一套银行服务、信用卡和投资产品，旨在实现碳中和。然而，一些批评者质疑它是否名副其实（Kessler，2021）。Revolut 是一家英国金融科技公司，于 2020 年在美国推出，全球用户超过 2000 万。它提供了一个 App，使用户可以在上面管理自己的财务，并可以在世界各地访问超过 55 000 台无附加费用的自动取款机。

预计到 2022 年，将有超过 2.1 亿美国成年人（几乎占美国成年人口的 80%）使用在线银行，预计这一数字到 2026 年将增至 2.25 亿。将有超过 1.75 亿人使用移动设备，其中 1.6 亿人使用智能手机，5000 万人使用平板电脑。新冠疫情迫使许多消费者无法从实体位置访问他们的金融账户，而要求他们改用在线银行，这大大增加了在线银行用户数量。尽管在线银行已成为各年龄段人群的主要银行渠道，但千禧一代和 Z 世代采用移动银行的速度要快得多。最受欢迎的移动银行业务活动包括检查余额和银行对账单、将资金从账户转移到另一个账户、支付账单以及通过智能手机 App 拍摄支票照片以存入支票。然而，安全和隐私问题仍然阻碍了一些人（Insider Intelligence，2022i，2022j）。从银行的角度来看，在线银行和移动银行可以节省大量成本。

9.5.3　在线经纪

在线经纪（股票交易）的历史与在线银行的历史相似。在在线账户数量方面，早期创新者（如 E*Trade，现在是传统金融服务公司摩根士丹利旗下的子公司），已经被折扣经纪先驱 Charles Schwab 和金融行业巨头 Fidelity（拥有比其他任何美国公司更多的共同基金客户和管理的基金）取代了领导地位。

在美国，大多数人（55%）拥有经纪账户，现在他们通过数字化方式与在线经纪公司互动，共有近 8500 万数字经纪用户。使用移动设备和应用程序进行此类活动的人数正在增加，尤其是在千禧一代和 Z 世代中。在移动设备上最频繁的活动包括监控投资组合和市场、获取股票报价、下单和检查订单以及进行一般财务研究。主要的在线经纪公司包括 Fidelity、E*Trade、Charles Schwab、TD Ameritrade、Vanguard 和 Merrill。主要的在线经纪公司在搜索引擎营销方面投入巨资，是付费搜索市场最大的支出者之一。它们越来越多地利用社交媒体与客户互动，但必须小心遵守所有规定和规则。例如，一些经纪公司使用 Twitter 来提供评论、公司信息、营销和客户服务。Robinhood 成立于 2013 年，是一家较新的在线经纪公司，率先实行无佣金股票交易。自那以后，Robinhood 扩大了业务范围，增加了其他金融服务，到 2022 年市值超过 95 亿美元，但也受到了一些失误的困扰，包括纽约金融监管机构对其未能遵守反洗钱和网络安全规则的 3000 万美元罚款以及基于其在被称为"meme 股票"交易中扮演的角色提起的集体诉讼。类似的公司包括 Public（也提供免费交易）、Acorns（提供储蓄和投资应用程序）和 Commonstock（可以链接到经纪账户的社交投资平台）（Insider Intelligence/eMarketer，2022k）。

另一种类型的在线金融服务有时被称为机器人顾问，提供廉价、自动化的投资管理工具和建议。领先的金融科技机器人顾问之一是 Betterment，截至 2022 年，其管理的资产超过 300 亿美元，拥有超过 70 万客户。其他最初作为独立公司开始的机器人顾问，如 Wealthfront 和 Personal Capital，后来被收购，Wealthfront 被摩根大通收购，Personal Capital 被加拿大保险公司 Empower Retirement 收购。类似的服务也由美国主要的在线经纪公司提供，如 Vanguard 和 Schwab。

9.5.4　在线抵押和借贷服务

在电子商务发展的早期，数百家公司推出了仅限在线的抵押贷款网站，试图占领美国的住房抵押贷款市场。早期的进入者希望通过简化并改造传统的抵押贷款价值链流程，大大加快贷款关闭流程，并通过提供更低的利率与消费者分享经济。

然而，到 2003 年，这些早期进入、仅限在线的公司中有一半以上已经失败。早期的在线抵押贷款机构难以以可承受的价格打造品牌，并且未能简化抵押贷款的生成过程。它们最终遇到了高昂的启动和管理成本、高昂的客户获取成本、利率上升以及战略执行不力等困难。

尽管开局坎坷，但在线抵押贷款市场仍在缓慢增长，它由成熟的在线银行和其他在线金融服务公司、传统抵押贷款供应商和少数成功的在线抵押贷款公司主导。

许多抵押贷款购物者在互联网上搜索抵押贷款，而且他们越来越喜欢在线申请。例如，Rocket Mortgage 使借款人可以在不到 10 分钟内完全获得抵押贷款批准。申请人只需提供一些详细信息，例如出生日期、社会安全号码和家庭住址，然后 Rocket Mortgage 就会使用这些数据自动获取各种信息，而无需借款人手动提供任何进一步的文件。该系统随后会显示各种贷款选项，一旦借款人选择一个选项，所有必要的文件（除了最终结算文件）都可以通过一个安全的门户网站在线签署。截至 2021 年，Rocket Mortgage 是美国按交易量计算最大的抵押贷款放贷机构之一，自成立以来已发放超过 1.5 万亿美元的住房抵押贷款（Rocket Companies，Inc.，2022）。

消费者从在线抵押贷款中获得的利益包括缩短申请时间、市场利率情报和流程简化，这是抵押贷款过程中的参与者（产权、保险和贷款公司）共享一个共同信息库的结果。抵押贷款放贷人从在线处理申请成本的降低中受益，这使他们能够收取比传统实体机构略低的利率。

尽管如此，在线抵押贷款行业并没有改变获得抵押贷款的过程。市场扩张的一个重大障碍是抵押贷款过程的复杂性，它需要实体签名和文件、多家机构以及复杂的融资细节（例如关闭成本和点数），这使得购物者很难在不同供应商之间进行比较。然而，与其他领域一样，购物者在网上找到低抵押贷款利率的能力有助于降低传统抵押贷款机构收取的费用和利率。

在线借贷服务也很受欢迎。该领域的金融科技公司包括：Lending Club，这是一家点对点（P2P）借贷机构，于 2014 年上市；Social Finance Inc.（SoFi），现在也是一家上市公司，主要专注于学生贷款；Prosper，这是一个 P2P 贷款市场，已经为超过 130 万人提供了超过 220 亿美元的贷款；Avant，使用机器学习和分析以及消费者数据来确定向潜在客户提供多少信贷；以及 Kabbage，这是一家小企业借贷机构，也使用机器学习、公共数据和其他信息来确定小企业的信用资质。

9.5.5　在线保险服务

定期人寿保险是支持互联网降低搜索成本、增加价格比较以及降低对消费者价格这一普遍观点的产品类别之一。然而，定期人寿保险是一种商品产品。就其他类型的保险而言，保险公司仍有产品和服务差异化以及价格歧视的机会。

保险业是金融服务部门的重要组成部分。它有四个主要部分：汽车、生命、健康、财产及意外险。保险产品可能非常复杂，例如，有许多不同类型的非汽车财产及意外险：责任险、火灾险、房主险、商业险、工人赔偿险、海上险、意外险和度假险。在任何一个领域编写保险单都需要大量的信息，通常需要对财产进行个人检查，并且需要相当丰富的精算经验和数据。人寿保险行业也开发了难以简单比较的人寿保险单，只能由经验丰富的销售代理进行解释和销售。从历史上看，保险业依靠数以千计的地方保险办公室和代理人来销售适合被保险人和特定财产情况的产品。使保险市场复杂化的是，保险业不是由联邦政府监管的，而是由 50 个不同的州保险委员会监管的，这些委员会受到当地保险代理人的强烈影响。在一家公司能够提供保险报价之前，必须获得所有它提供报价服务或销售保险的州的营业执照才能进入保险业务。

与在线抵押贷款行业一样，在吸引希望获取保险单价格和条款的访问者方面，在线保险行业非常成功。虽然许多国家保险承保公司最初没有直接在网上提供有竞争力的产品——这样做可能会损害其传统本地代理的商业运营，但现在几乎所有主要公司的网站和应用程序都提供了获取报价的能力。还有许多提供比较保险报价服务的在线网站，如 Insure.com、Insurance.com、Policygenius、Selectquote、QuickQuote 和 NetQuote。即使消费者实际上没有在线购买保险单，互联网也通过显著降低搜索成本和改变价格发现过程，对消费者保险决策产生了巨大的影响。客户也在使用多个渠道来研究保险。例如，最近的一项调查发现，超过 50% 的受访消费者使用社交媒体收集有关保险公司和顾问的信息。多年来，与在线购买相比，亲自购买保险的偏好有所下降。通过保险公司网站或应用程序的直接销售使保单签发变得无缝和即时，提高了客户满意度（LIMRA，2022）。美国所有的主要保险公司，如 GEICO、Allstate、State Farm、Progressive 和 Travelers，都在网上和移动 App 上拥有重要的存在感，这使得消费者在很多情况下可以购买保险、提交索赔、更改保单和支付保费。

之前讨论的对金融科技公司的兴趣浪潮也开始渗透到保险行业中，其中有一部分被称为“保险科技”公司，他们正寻求利用大数据、机器学习和人工智能等技术来颠覆传统保险行业的方法。例如，本章开篇案例中介绍的 Lemonade 正试图重新塑造房主和租房者保险市场，方法是通过消除代理人、提供有竞争力的价格以及使用由人工智能驱动的移动 App 中的聊天机器人。Hippo 是另一个保险科技公司的例子，它分析公共数据集以开发客户财产的准确档案，使合格客户在不到 60 秒内获得全面的报价。Hippo 声称其数据驱动的定价算法将保费成本降低高达 25%（Insider Intelligence/eMarketer，2022）。

9.5.6 在线房地产服务

在电子商务的早期，房地产似乎已经为互联网革命做好了准备，这将使这个历来具有地域性的、复杂的、由本地经纪人驱动的产业更加合理化，这个产业垄断了消费者信息的流动。潜在地，互联网和电子商务可能会将这个巨大的市场空间非中介化，允许买家和卖家以及租房者和业主直接交易，降低搜索成本至接近零，并大幅降低价格。然而，这并没有发生。到目前为止，互联网房地产网站的主要影响是影响线下决策。互联网已成为房地产专业人士、房屋建筑商、物业经理和业主以及辅助服务供应商与消费者进行交流并提供信息的有力手段。根据美国全国房地产经纪人协会的数据，几乎所有年龄段的购房者购房时第一步都是在网上查找，其中 50% 使用台式机 / 笔记本电脑搜索，50% 使用移动设备搜索。与此同时，几乎 90% 的人仍然使用房地产经纪人的服务（National Association of Realtors，2022）。一些主要的在线房地产公司包括 Realtor.com（由全球媒体巨头新闻集团拥有）、Zillow 和 Trulia（均由同一家公司拥有）、Redfin 和 Homes.com。

在线房地产公司提供的主要服务是列出可供购买的房屋。例如，房地产经纪人官方网站 Realtor.com 列出了数百万套房屋，每月有近 1 亿个独立用户访问该网站，包括通过台式机和移动设备访问的用户。这些房屋列表通常以详细的财产说明、多张照片和虚拟 360 度浏览为特色。消费者可以链接到抵押贷款机构、信用报告机构、房屋检查员和测量员，还有在线贷款计算器、评估报告、社区的房价历史、学区数据、犯罪报告以及社区的社会和历史信息。Realtor.com 使用机器学习和其他人工智能工具来定制其在线体验和营销。例如，它开发了一个工具，评估各种房屋特点的相对重要性，为搜索房屋的人得出“匹配分数”。Realtor.com 还开发了一个机器学习模块，使用户能够找到与他们正在寻找的房屋相似的房屋，并使用匹配分数来个性化这些建议。其他使用人工智能技术的在线公司包括 Zillow，其 Zestimate 算法使用机器学习和神经网络技术来分析财产数据并为房产生成自动评估（Kanaparathy and Kashyap，2021；Gofus，2022）。

尽管该行业的价值链还没有发生革命性变化，但金融科技运动也开始影响房地产行业。例如，在线房地产公司 Opendoor 直接从卖家手中购买房屋，使卖家能够跳过雇佣房地产经纪人这一步，然后直接将房屋出售给买家。2022 年，Zillow 宣布与 Opendoor 合作，允许在 Zillow 平台的房屋卖家要求 Opendoor 提供即时现金报价。Zillow 将此次合作视为构建房屋"超级应用"过程中的又一基石，该应用将连接房地产流程的所有碎片化部分（Soper，2022）。其他初创公司，如 Qualia，专注于创建一个数字房地产结算平台。由于疫情的影响，许多州通过了允许远程在线公证文件的法律，这为进行虚拟结算提供了支持（Bousquette，2022）。

9.6　在线旅游服务

在新冠疫情之前，在线旅游一直是最成功的 B2C 电子商务细分市场之一，2019 年占美国 B2C 电子商务总收入的近 20%。目前，互联网已成为消费者最常用的渠道，被广泛用于研究旅游选择、寻求最优惠的价格，以及预订机票、预订酒店客房、租车、预约游轮和游览。如今，在线预订的旅行比线下预订的更多。2019 年，超过 1.5 亿人（约占美国网民总数的 67%）研究旅游，超过 1.25 亿人在线预订旅游。2019 年，在线旅游服务收入达到近 2100 亿美元。然而，旅游业是受新冠疫情影响最严重的行业之一，新冠疫情扰乱了世界各地的旅游，因此，数字旅游收入在 2020 年下降了 50%。然而，2021 年旅游开始恢复，2022 年旅游有望达到疫情前的水平，预计在线收入约为 2250 亿美元（见图 9.5）。（Insider Intelligence/eMarketer，2022m，2022n）。

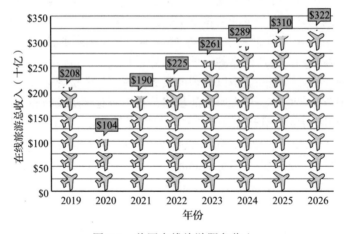

图 9.5　美国在线旅游服务收入

9.6.1　为什么在线旅游服务很受欢迎

在线旅游公司为消费者提供一站式、便捷的休闲和商务旅行体验，游客可以在其中找到内容（假期和设施介绍）、社区（聊天群和公告板）、商务（购买所有旅游要素）和客户服务。与传统旅行社相比，在线旅游公司能提供更多的信息和更多的旅游选择。

对于供应商、航空公司、酒店和租车公司来说，在线旅游服务公司将数以百万计的消费者聚合成单一、集中的客户群，通过网络广告和促销活动可以有效地接触到这些客户。在线旅游公司创造了一个效率更高的市场，在低交易成本的环境中将消费者和供应商聚集在一起。

旅游服务是一种理想的互联网服务，因此，电子商务的商业模式非常适合这种产品。旅游是一种信息密集型产品，需要对消费者进行大量研究。从旅行需求——计划、研究、比较购物、预订和付款——大部分可在数字环境中在线完成的意义上讲，它是一种数字产品。在旅行预订方面，旅行不需要任何"库存"：没有实物资产。而产品供应商——航空公司、酒店、租车公司、度假游览公司和导游——高度分散，往往产能过剩。供应商通常愿意降低价格，并在能够吸引数百万消费者的网站上刊登广告。在线中介机构，如 Expedia、Booking.com 等，不必在全国各地的实体办公室部署数千名旅行社人员，而是可以集中精力与全国的消费者建立单一的联系。因此，旅游服务的"规模"更大。

9.6.2　在线旅游市场

旅游市场有四大领域：机票、酒店预订、汽车租赁和旅游套餐。机票是在线旅游服务的最大收入来源。机票预订在很大程度上是一种商品，它们易于在网上描述。汽车租赁也是如此，大多数人都可以通过电话或网络可靠地租到汽车，并期待得到他们所订购的服务。虽然酒店在网上描述起来比较困难，但酒店品牌——辅以包括描述、照片和虚拟游览的网站或应用程序——通常能为大多数消费者提供足够的信息，让他们觉得自己知道自己在购买什么，从而放心地在网上预订酒店。在线购买的旅游套餐在旅游销售额中所占比例最小。

越来越多的企业将其旅行服务需求完全外包给能够提供在线解决方案、优质服务和较低成本的供应商。面向企业的在线供应商提供**企业在线预订解决方案**（COBS），以提供综合的航空、酒店、会议中心和汽车租赁服务。

9.6.3　在线旅游行业动态

由于在线旅游公司提供的大部分产品都是商品，因此它们都面临着相同的成本，在线供应商之间的竞争非常激烈。因为消费者很容易进行比较，所以价格竞争很难进行。因此，公司之间的竞争往往集中在产品范围、易用性、支付方式和个性化方面。表 9.5 列出了一些知名的在线旅游公司。

表 9.5　主要在线旅游公司

名称	描述
休闲 / 非经营性商务旅行	
Expedia	最大的在线旅游服务公司，以休闲为主。旗下拥有 Orbitz、Travelocity、CheapTickets、Hotels.com、HomeAway、Hotwire 和元搜索引擎旅游聚合网站 Trivago
Booking Holdings	前身为 Priceline Group。Expedia 的主要竞争对手。拥有 Priceline、Booking.com 和元搜索引擎旅游聚合网站 Kayak。以休闲为主
TripAdvisor	在线旅游评论公司，也允许消费者进行价格比较和预订
管理商务旅行	
GetThere	企业在线预订解决方案（COBS）。隶属于 Sabre 公司
BCD Travel	提供全方位服务的企业旅行社

元搜索引擎在网络上搜索最优惠的旅游和住宿价格，然后通过向消费者提供最低价格的产品来收取中介费或联盟费，这些搜索引擎已经搅乱了在线旅游业。在线旅游聚合网站包括 Trivago、Kayak、Fly.com 和 Mobissimo。在许多行业领导者看来，这些聚合网站使在线旅

游业进一步商品化，造成过度的价格竞争，并转移了在库存和系统方面进行了大量投资的领先品牌公司的收入。

在线旅游服务行业也经历了激烈的整合期。Expedia 目前拥有 Travelocity、Orbitz、CheapTickets、Hotels.com、Hotwire、HomeAway 和 Trivago。它的主要竞争对手是 Booking Holdings，后者拥有 Priceline、Booking.com 和 Kayak。Expedia 和 Booking Holdings 控制了美国高达 95% 的在线旅行预订市场。不过，Google 也是这一市场的参与者，其 Google Flights 提供预订功能。据报道，金融服务巨头摩根大通正在建立自己的全方位服务在线旅游业务，以控制计划旅游的客户的整个购买体验（Benoit，2022）。

用于旅行前规划、预订、入住以及基于情境和位置的目的地信息的移动设备和应用程序也在改变着在线旅游业。例如，到 2022 年，约有 1.15 亿人使用移动设备研究旅游，约有 7000 万人使用移动设备实际预订旅游，约占所有数字旅游销售收入的 38%。智能手机比平板电脑更常被用来研究和预订旅行（Insider Intelligence/eMarketer，2022m，2022n）。所有主要航空公司现在都有移动 App，可以进行航班研究、预订和管理。酒店和汽车租赁公司的移动 App 也由所有主要公司提供，如租车公司 Hertz 和 Avis，酒店公司 Marriott、Choice Hotels、Hilton 和 Wyndham。应用程序有时会针对特定的消费行为。例如，移动 App 在临时预订时非常受欢迎。

社交媒体也对在线旅游业产生了巨大影响。用户生成的内容和在线评论对旅游购买决策（以及产品购买决策）的影响越来越大。下面的"社会洞察"案例探讨了在线评论给旅游业带来的一些问题。

社会洞察：虚假评论

人们过去依赖旅行社推荐旅游目的地、酒店和餐馆。但如今，TripAdvisor、Yelp 和 Google 等公司已经接管了这一功能。TripAdvisor 取得了巨大的成功，用户对近 800 万家住宿、餐馆和其他体验提供了超过 10 亿条评论，2021 年收入超过 9 亿美元，全球平台每月独立访客接近 5 亿。截至 2021 年底，Yelp 拥有 2.44 亿条关于餐馆和其他服务的评论，收入超过 10 亿美元。Google 当然不用多说。在 Google 的搜索结果页面上，客户对酒店、餐馆和其他各类企业的评论占据了显著位置。在人们决定去哪里旅游、预订什么酒店、去哪里吃饭时，这些公司已成为值得信赖的信息来源。致力于客户体验管理的跨国公司 Qualtrics XM 的研究表明，在 18 至 34 岁的人群中，90% 以上的人对在线评论的信任程度不亚于个人推荐，而一条负面评论可能会让企业失去多达 20% 的客户群。一个好的评论可以抵得上数千美元的预订。但是，所有这些评论都可信吗？

英国人 Oobah Butler 提供了一个反面例子，他做了一个实验，说明在线评论网站是多么容易被操纵。Butler 本人曾经撰写过虚假评论，利用虚假的餐点照片和朋友的虚假评论，将自家门外的棚子描绘成一家新开的高级餐厅。Butler 将这家并不存在的餐厅命名为"杜威奇小屋"（The Shed at Dulwich），随着这家餐厅的热度不断攀升，Butler 不得不拒绝了数百名渴望光顾的食客。最终"小屋"成为伦敦评分最高的餐厅，但却从未接待过一位顾客。

虽然 TripAdvisor、Yelp、Google 和其他网站上很少有像"杜威奇小屋"这样的虚假商家，但这些平台上的许多评论都是虚假的。有些商家花钱雇人伪造身份，在这些商家的页面上发布好评，同时诋毁竞争对手。例如，总部设在英国的消费者组织"Which？ Travel"分析了 10 个热门旅游目的地排名前 10 位的酒店在 TripAdvisor 上的约 25 万条评论，发现约 15% 的评论可能是虚假的，并进一步声称 TripAdvisor 没有采取适当措施来解决这个问题。

企业也可能因为对虚假或其他形式的差评处理不当而玷污自己的声誉。在美国，法律禁止公司起诉对企业给出诚实负面评价的客户。在此之前，一些企业悄悄修改了客户协议，禁止客户发表负面评论，并在出现此类评论时给予法律追索权。

虽然评论的真实性对 Yelp 和 TripAdvisor 的成功至关重要，但获得高分评论对网站上的企业同样重要。例如，TripAdvisor 在对 900 名消费者进行抽样调查后发现，75% 的人认为在线评论"在做出旅行决定时极其重要或非常重要"。这就给了商家足够的动机去发布虚假评论，赞扬自己，诋毁竞争对手。

Yelp 和 TripAdvisor 都使用自己的算法自动识别并删除虚假评论。Yelp 会生成名为"消费者警示"的通知，告知读者某条评论可能是虚假的，并推出了一类消费者警示，用于识别被评论圈（被招募并收钱发布好评的评论者）评论的企业。Yelp 还采用自动软件，识别并推荐该平台认为最可靠的评论。Yelp 称，在 2021 年提交的约 1960 万条评论中，约 430 万条评论没有被软件推荐，但它仍会显示这些评论。

TripAdvisor 聘请了一支由 300 名专家组成的团队来分析评论的完整性，并承诺每年发布一份《评论透明度报告》。例如，TripAdvisor 在其 2021 年《评论透明度报告》中称，2020 年，用户提交了 2600 多万条评论，其中 3.6%（约 95 万条）被视为虚假评论，67% 的虚假评论在发布之前就已被机器检测拦截。当然，这也意味着有 33% 的虚假评论是在网上出现后才被发现的。TripAdvisor 的欺诈调查人员共阻止了来自 372 个不同付费点评网站的付费点评。

然而，这些网站有足够的动机来淡化虚假评论问题的严重程度，因为如果一家企业的评价很高，顾客就会更愿意光顾，而且只要能为餐厅、酒店或其他目的地带来生意，这些网站就能获得佣金。TripAdvisor 过去曾多次因虚假陈述其评论的真实性而被监管机构罚款，甚至改变了其标语，不再提及值得信赖的评论。批评者认为，评论网站夸大了其检测欺诈的有效性，其实绕过这些系统并不难。例如，一些欺诈者正在使用基于云的 AI 软件来克服书面语言的缺陷，并使用机器人来生成文案。

对虚假评论的调查大多集中在评论对消费者的潜在影响上。然而，正面评论对企业的重要性使它们成为骗子潜在利用的对象。例如，2022 年 7 月，骗子们对全国各地的独立餐馆发起了一次联合攻击，在这些餐馆的 Google 列表上留下了多个一星级评价。随后，骗子们通过电子邮件向餐馆索要现金，作为删除评论的交换条件。大量的差评对餐馆来说是灾难性的。起初，Google 反应迟缓，但在对这一骗局进行了公开报道后，大部分评论都被删除了。这次经历揭示了骗子利用评论系统是多么容易。

尽管虚假评论和负面评论存在诸多不确定性，但 TripAdvisor 和 Yelp 提供的宝贵反馈意见可以帮助企业改进不足之处，并提高企业改进的积极性，从而改善酒店和餐馆的服务。绝大多数消费者都会从他们计划前往的目的地寻找负面和正面反馈，他们认为真相介于两者之间。

9.7 在线招聘和就业服务

传统上，企业招聘员工的工具多种多样：分类广告、印刷广告、职业博览会（或贸易展）、校园招聘、私人职业介绍所（现称为"人事公司"）和内部推荐计划。与在线招聘相比，这些工具有很大的局限性。印刷广告通常按字数收费，这限制了雇主提供的职位空缺信息的详细程度，也限制了职位发布的时间。职业博览会不允许对参会者进行预先筛选，招聘人员与每位应聘者接触的时间也受到限制。校园招聘也限制了招聘人员在一次正常访问中可交谈的应聘者人数，并要求雇主访问众多校园。人才招聘公司收费高昂，而且可供选择的求职者有限，通常是本地求职者。而内部推荐计划可能会促使员工为空缺职位推荐不合格的候选人，以获得奖励或激励。

在线招聘和就业服务克服了这些限制，为雇主和潜在员工之间的联系提供了一种更高效、更具成本效益的方式，同时缩短了雇用合格候选人所需的总时间。在线招聘使求职者能够更轻松地创建、更新和发布简历，同时收集潜在雇主的信息并进行职位搜索。如今，尽管雇主也在继续使用传统方法，但几乎 90% 的雇主都在使用在线服务进行招聘（Monster，2022）。

提供在线招聘和就业服务的主要有三个平台：LinkedIn、Monster 和 CareerBuilder。此外，职位列表聚合网站，如 Indeed 和 SimplyHired（均由一家日本人力资源公司所有），以及 Glassdoor（该网站还发布员工对公司的匿名在线评论），也非常受欢迎。

工作招聘过程非常适合在网络上进行。招聘过程是一个信息密集型的业务流程，包括发现个人的技能和薪资要求，并将这些人与现有职位进行匹配。为了实现这种匹配，最初并不需要面对面的交流，也不需要大量的个性化服务。在互联网出现之前，这种信息共享是通过由朋友、熟人、前雇主和亲戚组成的人际网络以及为求职者建立纸质档案的职业介绍所在本地完成的。互联网显然可以使这种信息流自动化，减少各方的搜索时间和成本。

表 9.6 列出了一些受欢迎的在线招聘和就业服务平台。求职者和雇主之所以选择这些平台，是因为它们能为双方节省时间和金钱。对雇主而言，它们扩大了搜索的地域范围，降低了成本，并能更快地做出招聘决策。对招聘人员而言，最有效的在线招聘网站工具包括简历搜索工具、求职者跟踪系统、视频面试功能、在社交媒体和其他合作伙伴网络上发布招聘广告的功能，以及直接从平台上给求职者发短信或留言的功能（Monster，2022；Jobvite，2021）。

表 9.6　流行的在线招聘和就业服务平台

平台	简介
一般招聘	
LinkedIn	专业人士社交网络，已成为在线招聘和就业服务的主要参与者
Monster	1994 年推出，是最早的商业在线网站之一，如今已成为一家上市公司，在 50 个国家提供综合职位搜索服务
CareerBuilder	提供工作机会和建议。现在主要由私人投资集团阿波罗全球管理公司拥有
Indeed	求职搜索引擎聚合平台
SimplyHired	职位搜索引擎
Craigslist	专注于本地招聘的热门分类列表服务
Glassdoor	该网站以现任和前任员工对公司和管理层的匿名评论而闻名，同时也提供数百万个职位
猎头	
Kom Fery	低端高管招聘
Spencerstuart	中层管理人员招聘
ExecuNet	高级猎头公司

（续）

平台	简介
专业职位	
SnagAlob	兼职和小时工工作
USAJobs	联邦政府官方就业网站
HigherEdJobs	教育行业
Engineerlobs	工程类职位
Fiverr	为企业和提供数字服务的自由职业者牵线搭桥，涉及 500 多个工作类别
Showbizjobs	娱乐行业
Salesjobs	销售和营销
Dice	信息技术

对于求职者来说，这些平台之所以受欢迎，不仅因为它们可以让求职者向招聘者广泛提供简历，还因为这些平台提供其他各种相关的职业服务，如技能评估、个性评估问卷、简历撰写建议、软件技能准备、面试技巧、个性化账户管理、求职工具和雇主屏蔽（这可以防止你的现任雇主看到你在平台上发布了简历）。

在线求职网站最重要的功能之一也许不是为雇主和求职者牵线搭桥，而是确定市场价格、条件以及劳动力市场趋势的能力。在线招聘网站为雇主和求职者确定薪酬水平，并对达到这些薪酬水平所需的技能组合进行分类。从这个意义上说，在线招聘网站就是在线全国市场，它确定了劳动力市场的交易条件。全国性在线招聘网站的存在应导致工资的合理化、劳动力流动性的增强以及招聘和运营效率的提高，因为雇主能够快速找到他们需要的人才。

9.7.1　在线招聘和就业服务行业趋势

2022～2023 年在线招聘和就业服务行业的发展趋势如下。

- **社交招聘**：LinkedIn 已成为职位招聘的主要资源。将近 6000 万家公司在该平台上开展业务。据 LinkedIn 称，每周有 5000 万人使用该平台搜索工作，90% 以上的招聘人员在 LinkedIn 上搜索候选人。雇主也在使用 LinkedIn 进行搜索，以找到那些可能并不积极求职的潜在求职者。例如，LinkedIn 人才解决方案包括帮助企业招聘人员寻找"被动人才"（不主动寻找新工作的人）的工具，以及提供专门为招聘设计的定制公司简介的工具。根据 LinkedIn 的数据，每分钟就有六家公司聘用他们在该平台上首次接触过的人（LinkedIn，2022）。雇主还利用社交网络来"调查"求职者的背景。根据最近的一项调查，约有 67% 的雇主正在使用社交网络来筛选求职者（其他调查发现这样做的雇主比例更高），54% 的雇主因为求职者在社交网络上的内容而拒绝了他们（Padova，2022）。帖子或推文中的拼写和语法错误是最大的负面因素，其次是提及吸毒或酗酒、政治帖子和含有不适当照片的帖子。不过，招聘人员也指出，没有任何网络活动痕迹也会对应聘者不利（LinkedIn，2022；Padova，2022；Jobvite，2021）。

- **移动平台**：与其他形式的服务一样，求职招聘和就业服务公司也已开始使用移动平台。根据最近的一份报告，2021 年有 67% 的求职申请是在移动设备上完成的，而 2019 年这一比例为 51%（Appcast，2022）。为了接触到这些受众，LinkedIn、CareerBuilder、Monster 和大多数其他主要平台都有移动网站和 App，求职者可以通过这些网站和

App 创建和上传简历，按关键词、地点和公司搜索职位，发送电子邮件咨询职位；浏览和申请职位等。例如，LinkedIn 的 App 可以根据你在个人主页上提供的数据推荐职位。

- **视频和远程招聘**：新冠疫情加速了通过 Zoom 等视频会议应用软件进行远程招聘的趋势。
- **职位搜索引擎 / 聚合网站**：与旅游服务一样，专门针对职位的搜索引擎正在对成熟的在线职业网站构成威胁。例如，Indeed 和 SimplyHired 会从 Monster、CareerBuilder、专业招聘服务等数千个在线招聘网站以及个别雇主的网站上"搜刮"职位信息，在一个平台上提供数千个职位信息的免费可搜索索引。由于这些公司不向雇主收取发布费，因此它们目前采用的是按点击付费或其他广告收入模式。
- **数据分析、人工智能和算法**：公司在招聘过程中越来越多地使用大数据技术、人工智能技术和自适应算法，以便筛选在线求职申请，将求职者与空缺职位相匹配。例如，WorkLLama 是一个在线平台，它使用人工智能对话机器人为求职者和雇主牵线搭桥（Loten，2022）。然而，在招聘过程中人工智能的使用引起了人们对可能存在的偏见的担忧。为此，纽约市颁布了一项法律，要求公司进行审计，以评估其在招聘中使用的人工智能系统中存在的偏见，包括种族和性别偏见，该法律将于 2023 年 1 月生效。

9.8   按需服务公司

按需服务公司提供一个平台，通过将希望利用其"闲置"资源（如汽车、带床的房间以及通过个人劳动提供各种服务的能力）的提供者（卖方）与希望利用这些资源和服务的消费者（买方）联系起来，从而实现按需提供各种服务。其他常用来描述这些在线业务的短语包括"共享经济""协作商务""点对点消费""网状经济"和"社群商务"。但与不收取交易费用的传统共享不同，这些公司会向卖方和 / 或买方收取使用其平台的费用。在过去几年中，数百家初创企业创建了大量此类平台，允许未得到充分利用的资源所有者将这些资源的使用权出售给不愿或无力购买这些资源的消费者。

在过去的五年中，一些按需服务公司的规模急剧扩大。表 9.7 列出了数千家公司中的几家，这些公司的商业模式涉及提供交易平台，实现按需提供各种服务。参见下面的商务洞察案例。

表 9.7　按需服务公司实例

公司	提供的服务	公司	提供的服务
Airbnb	住宿	Instacart	杂货购物
Uber	交通	Grubhub	餐馆送餐服务
Lyft	交通	DoorDash	餐馆食品外卖
TaskRabbit	跑腿和家务劳动	Swimply	私人游泳池租赁

商务洞察：按需食品——Instacart 和 Grubhub

在按需食品配送服务公司成立之初，没有人预料到一场疫情会使它们至少在一段时间内转变为一项基础性服务。按需食品配送服务的领军企业之一 Instacart 和按需餐厅配送服务的领军企业之一 Grubhub 这两家公司的业务和收入激增。与此同时，这两家公司以及其他类似的按需食品配送服务公司也因对待员工的态度以及牺牲所服务企业的利益牟取暴利而受到抨击。

Instacart 由 Apoorva Mehta 创立，他曾是 Amazon 的供应链工程师。Instacart 允许用户在网上或通过 Instacart App 订购杂货。然后，Instacart 会将用户与专门的购物员联系起来，由购物员购买并送货上门。Instacart 在 5500 多个城市提供服务。

通过 Instacart App，购物员可以使用过道导航准确定位所需物品的位置。当商品缺货时，它会实时更新购物员的信息，并提供高度可定制的选项，用顾客所选杂货店中有货的商品替代这些商品。应用内聊天功能允许购物员直接与顾客交流。通过条形码扫描功能，购物员可以验证他们为顾客选择的商品是否正确。Instacart 还在数据分析方面投入了大量资金，该公司称其送货效率有所提高，延迟配送的数量也在下降。

Instacart 有多种收入来源。除配送费外，Instacart 还售卖无限次免配送费的年度服务。Instacart 还从 General Mills 和 Pepsi 等多个品牌获得广告收入，并与希望提高在线配送能力的杂货店达成收入共享协议。Instacart 已与北美 800 多个全国性、地区性和地方性杂货零售品牌建立了合作关系，目前有 7 万多家不同的商店可以使用它的服务。该公司还在全国范围内推出了"Big & Bulky"服务，专注于大件商品的递送，并已与 Office Depot、Container Store 和 Staples 等零售商签订了服务协议。

从 2016 年到 2019 年，Instacart 在网上食品杂货销售额中所占的份额稳步增长，从 6.6% 增长到 14.5%，增长了一倍多，尽管在 2017 年 Amazon 收购全食超市后，Instacart 失去了最大的客户。随后，疫情暴发。Instacart 成为前所未有的需求的受益者，消费者希望通过它的服务在不必去实体店的情况下获得食品杂货，因此它在网上食品杂货销售中的份额增加到了 21.5%。因此，Instacart 有史以来第一次实现了盈利。Instacart 希望它在疫情期间形成的业务发展势头能够持续下去，并希望在危机过去后，客户还能继续使用它的服务，但这些希望在某种程度上已经破灭。据报道，尽管 Instacart 的运营仍在盈利，但随着购物者回归商店并越来越关注成本，其增长速度已经放缓。现在，越来越多的消费者选择取货而不是送货上门，以避免 Instacart 的送货费、汽油附加费和给 Instacart 送货员的小费。不过，尽管生态经济环境不明朗，财务业绩也不尽如人意，但据报道，Instacart 仍计划在 2022 年底前上市。

与此同时，Instacart 在对待购物员 / 送货员方面仍饱受争议。例如，2021 年 9 月，代表 13 000 名 Instacart 购物员的激进组织"Gig Workers Collective"呼吁消费者删除该应用，以声援争取更好待遇的工人。虽然 Instacart 对此做出了一些改变，但这可能是一个持续存在的问题。

Grubhub 是另一家在疫情期间报告营收创纪录的公司。Grubhub 是美国按需餐厅食品配送市场中最为知名的公司之一。通过 Grubhub App，用户可以输入他们的地址，看到该地区所有提供外卖服务的本地餐厅地图，以及提供食物取餐服务的餐厅。App 的筛选功能使用户可以按照餐厅名称、菜单项目或烹饪风格缩小选择范围，用户还可以通过电话下单或在线下单。Grubhub 还为用餐者提供特别优惠、评价以及其他福利。对于那些规模没大到拥有自己 App 的餐厅来说，与 Grubhub 合作是提高曝光度并吸引移动用户的绝佳方式。Grubhub 目前与超过 320 000 家餐厅在 4000 多个城市合作。

Grubhub 成立于 2004 年，并于 2014 年上市。其营收和活跃用户数量迅速增长，营收从 2015 年的仅 3.6 亿美元增加到

2020 年的超过 18 亿美元，活跃用户数量从 2015 年的 670 万增加到 2021 年的超过 3100 万。该公司通过收购提升了其食品配送能力，与主要竞争对手 Seamless 合并，同时收购了许多其他竞争对手。

就像 Instacart 一样，Grubhub 在其历史上也一直饱受争议。它在将司机分类为独立承包商而非实际雇员的问题上一直面临着麻烦。2019 年，有人发现 Grubhub 正在购买数千个与使用其服务的餐厅名称相关的域名，并在某些情况下创建了看似属于餐厅的网站，实际上却链接到 Grubhub 自己的网站。餐厅早已抱怨像 Grubhub 这样从订单的 15% 到 40% 进行抽成的服务压榨他们本就急需的利润空间。在疫情期间，批评者指责 Grubhub 和其他餐厅配送服务从饱受困扰的餐厅中获利。华盛顿特区总检察长已对 Grubhub 提起诉讼，指控其在疫情期间收取隐藏费用，并使用欺骗性营销手段以增加其利润，损害了消费者和餐厅的利益。

在 2021 年 6 月，欧洲公司 Just Eat Takeaway 以 73 亿美元收购了 Grubhub。然而，据报道，不到一年后，它正在考虑出售 Grubhub。在 2022 年，几乎所有食品配送公司的增长都放缓了，Grubhub 在美国仍然面临来自市场领导者 DoorDash 以及 UberEats 和 Postmates 的激烈竞争。这些市场条件导致投资者重新评估了他们之前对食品配送公司的估值。

合作性商务、交易平台和点对点（P2P）商务并非新概念。例如，电子商务的先驱之一 eBay 允许以拍卖或固定价格进行点对点销售。按需服务公司的新颖之处在于它们利用移动和互联网技术，实现了涉及个人服务和个人资源的交易，这在传统上是不能大规模实现的，尤其是汽车和住宿服务方面，因为这些交易具有本地和移动的特点。其次，这些公司的增长得益于通过同行评价的在线声誉系统所建立的一个可信任的环境，卖家和消费者可以在其中放心地进行交易。对提供者和消费者的在线同行评价有助于确保双方都有可接受的声誉，并提供高质量的服务。这些公司从 eBay 和 Netflix 那里学到了同行评价和评分的重要性。第三个因素是成功的公司降低了城市交通、住宿、办公空间和个人差事服务等服务的成本。能够做到这一点的公司对现有公司和商业模式具有极大的颠覆性。

Uber 和 Airbnb 是最知名的按需服务公司之一。Airbnb 成立于 2008 年，最初是为了让商务会议的参与者找到住宿。从那时起，Airbnb 已扩展到整个住宿市场，并实现了指数级增长，在 2020 年 12 月以 470 亿美元的估值上市。Airbnb 现在在全球 220 个国家的 100 000 多个城市运营，有超过 400 万有空房出租的人（"房东"）注册。目前，在该平台上有超过 600 万个不同类型的房产，从公寓到住宅再到豪华别墅，甚至包括城堡和蒙古包等。（2022 年 5 月，Airbnb 推出了一个全站重新设计，以更容易找到独特和小众的物业。）万豪国际是世界上最大的私人酒店连锁集团，在全球约有来自 20 个不同品牌的 5700 家酒店，110 万间客房，相比之下，自成立以来，Airbnb 已发展成为比万豪国际酒店集团更大的公司。房东创建一个账户和个人资料，然后列出他们的房产。房东通常基于对附近类似房源和市场需求的评估确定收费金额。寻求租房的旅行者注册并创建一个包括个人资料的账户。然后，他们查阅网站或者 App 上的列表，阅读房东的评价，并通过 Airbnb 联系房东安排租赁。租赁期结束后，房东对租客进行评分，反之亦然。租客通过其必须用信用卡充值的 Airbnb 账户支付。Airbnb 根据预订价格向房客收取 6% 到 12% 的浮动费用，并向房东收取 3% 的费用。房东在年底会收到 IRS 1099 表格，报告应纳税的收入。

Uber 和 Airbnb 不仅是最知名的按需服务公司之一，也是最具颠覆性和争议性的公司之一。例如，Airbnb 上的房产出租者无须承担像酒店业主那样的监管或税收负担。Airbnb 的成功可能会减少对受监管酒店的需求。尽管对这个问题的研究较少，但有一份早期的论文发现，Airbnb 对低端旅游酒店的租金收入产生了一些影响，但对商务旅行酒店的实证影响较小。

由于交易可能带来的负面后果（例如，公寓被租客毁坏），Airbnb 向房东免费提供了 100 万美元的责任保险。与 Uber 一样，Airbnb 面临着重大的法律风险。例如，一些国家和城市颁布了法规，监管如 Airbnb 提供的那种短租。在纽约市，Airbnb 持续受到一项法律的限制，该法律禁止住宅和公寓在客人入住期间但房东未实际在场的情况下出租不足 30 天。纽约市的另一项法律对那些违反此法律进行广告宣传的 Airbnb 房东进行罚款。在波士顿，自 2019 年 12 月生效的法规要求房东拥有且一年中至少居住九个月的房产。Airbnb 在荷兰、德国和西班牙等其他国家也面临类似的挑战。这些法规可能对 Airbnb 的业务产生负面影响（Airbnb, Inc., 2022；Kingson, 2022；Carville, Tartar, and Lin, 2020；Feuer, 2019）。

9.9 电子商务相关职位

本章概述了电子商务在今天的零售和服务行业中的应用情况。传统零售商正在通过大力投资新的网站、移动 App 和社交媒体，鼓励门店购物和在线购物，以及提供在线订单的当天、本地取货服务等方式转向全渠道战略。因此，零售电子商务领域涉及的工作岗位正在不断增加。

9.9.1 公司概况

该公司是一家豪华时尚零售商和百货公司，在美国和加拿大共经营了 260 多家门店。该公司销售服装、鞋子、珠宝、手提包和家居用品。该公司还拥有多个网站，包括一个清仓网站、一个专注于设计师时尚的奢侈品网站，以及一个移动 App 和 Facebook、Instagram、Pinterest 等社交媒体账号。尽管其实体店的销售额与其他零售商一样出现了停滞，但其在线销售每年以 10% 的速度增长，目前占其零售销售额的约 20%。该公司计划大规模扩展其在线数字业务，以与仅在线经营的零售商竞争，并正在发展更强大的全渠道业务。

9.9.2 职位：电子商务主管

你将与多个内部部门一起在电子商务项目团队工作，以确保提供有效的在线客户体验并增加电子商务收入。你的职责包括：

- 收集和分析在线数据，并提出调整策略和方案的建议，以进一步改善客户体验、提高销售额。
- 建议并管理补充网站内容 / 分区的开发。
- 提倡最佳实践以及增加网络销售和在线品牌推广的新行业趋势和机会。
- 与内部团队合作，识别和实施与商务相关的机会。
- 分析消费者的购物过程。
- 与网站设计师合作，提升客户体验，优化数字平台，推动客户通过销售漏斗，提高转化率，并增加回访客户的数量。
- 利用定性和定量的分析见解，为业务提供支持，推动现场优化。
- 利用网站分析支持客户体验优化，包括但不限于各种数字平台上的产品页面、导航

和搜索引擎优化 / 搜索引擎营销（SEO/SEM）。
- 与电子商务和营销团队合作，识别涉及移动和社交网络功能的机会，如推荐、评论和算法。

9.9.3　资质 / 技能

- 具有商业或市场营销学学士学位，有电子商务、统计和信息系统的课程经验。
- 具备在线消费者营销战略的经验或知识。
- 了解社交和移动营销工具。
- 理解站点导航、消费者路径和用户界面设计。
- 了解网站报告工具和电子商务业绩指标。
- 能够在多个部门之间良好协作，同时也能够独立工作。
- 具备出色的分析能力和解决问题的能力。
- 具备强大的计划和组织能力。
- 具备出色的书面和口头沟通能力。
- 具备强大的团队合作和领导素质。

9.9.4　面试准备

对公司及其所在行业进行背景调查。它与竞争对手相比如何？阅读 9.1 节，以便你能够展示一些战略和财务分析的基本知识。阅读 9.2 节和 9.3 节，特别关注讨论全渠道零售的部分。此外，理解 Amazon 及其影响对于在网络零售领域工作的任何人来说是至关重要的，仔细阅读有关 Amazon 的"电子商务实践案例"。接下来，仔细阅读有关 Blue Nile 的案例研究。最后，重新阅读第 6 章有关面向富裕观众的市场营销的"商务洞察"案例，以了解面向富裕观众的在线营销的成功因素和挑战，并对奢侈品市场和面向富裕人群的营销进行背景调查。

9.9.5　首次面试可能被问到的问题

1. 你认为 Amazon 等网站在消费者中取得成功的原因是什么？

在这里，你可以借助在本章的"电子商务实践案例"中了解到的关于 Amazon 的信息，以及你个人使用 Amazon 的经验。Amazon 凭借其强大的产品搜索引擎和消费者从搜索到购买的便捷体验脱颖而出。Amazon Prime 的"免费"两天快递和非常宽松的退货政策也是 Amazon 成功的关键因素。

2. 我们计划开发一个强大的全渠道功能，允许消费者结合在线和门店购物，并包括在我们的门店当天取货的服务。你认为这些举措的关键成功因素是什么？有哪些挑战？

在这里，你可以利用从本章学到的知识（特别是表 9.3）以及你在全渠道零售公司（如 Walmart、Target、Costco 等）购物的经验。成功的关键因素包括门店和网站的一致品牌塑造、供消费者查看本地门店或在线库存的店内自助终端，以及已经接受再培训成为在线订单和本地取货挑选员的门店员工。

3. 我们如何充分利用社交网络和移动平台推动销售？

在线销售奢侈品需要创建能够反映品牌和产品的令人印象深刻的图片，以吸引高端受众。视觉平台如 Instagram 和 Pinterest 是理想的选择。

4. 我们的重点是区别于其他大众市场零售商的奢侈品，无论是在线还是线下。这一重点应该如何影响我们的移动商务工作？

移动屏幕上可用的展示空间非常有限，因此重点应放在可以点击的照片和设计图上，以将移动用户带到网站或服装和配饰的更完整的照片和描述集合中。

5. 你有开发网站内容的经验吗？

在这里，你可以谈论你开发任何类型的博客或网站内容的经验，包括照片、视频和文字。确保提到什么有效，什么无效，以及你从中学到了什么经验。你还可以描述你认为令人印象深刻的网站内容，以及你认为缺少吸引力的网站内容。

9.10　案例研究：Blue Nile Sparkles——为你的 Cleopatra 闪耀

正在为你的"女王"挑选特别的礼物，但又不想花费很多时间购物？想要送上"鸽子蛋"，又不想在订婚体验上花费一大笔现金？对钻石的未来价值不确定吗？那么镶嵌呢？应该选择黄金还是铂金？

对于这些问题和顾虑，Blue Nile 提供了答案。Blue Nile 提供在线手工制作戒指和超过 65 万颗散钻的选择。你可以购买经过切割和抛光的钻石，或者将它们放入你在线选择的戒指、手链、耳环、项链、吊坠、手表和胸针等镶嵌中。所有钻石都经过四个评级——克拉（大小）、切割、颜色和净度，并且由美国宝石学院为每颗钻石制作的报告都可以在线查阅。

BlueNile.com 最初于 1999 年 3 月在华盛顿州西雅图成立，原名为 RockShop.com，并于同年更名为 Blue Nile 且推出了 Blue Nile 网站。2004 年，该公司上市。2007 年，Blue Nile 以当时互联网历史上最昂贵的价格售出了一颗价值 150 万美元的 10 克拉左右的单颗钻石，这颗钻石足以覆盖你的手指，并且在 2015 年，它们售出了另一颗售价为 180 万美元的钻石。

在电子商务的早期，没有人会想到互联网会是销售精美珠宝的地方。在线购物很难与步入蒂芙尼或其他老牌零售珠宝店的体验相提并论，那里的橱窗里摆满了明亮闪烁的珠宝，并有一小队售货员陪伴，使你感觉像皇室出巡一样。钻石代表着相当大的成本，并与订婚和周年纪念等重要事件相关联，但人们经常对它们的价值和定价感到不确定。调查显示，大多数购物者认为珠宝的定价过高，但购物者缺乏谈判的信息，甚至无法判断他们购买的物品质量。大多数专家认为，很少有消费者会愿意在网站上支付 5000 美元或更多，来购买几天内都无法见到和触摸的钻石。但事实证明，零售珠宝行业是在线销售的理想选择。

美国的高级珠宝行业规模达 600 亿美元，是一个错综复杂的领域，包括超过 20 000 家专业珠宝店和另外超过 100 000 家销售珠宝以及其他产品的商店。钻石珠宝和散钻共同占据零售商销售的 50% 以上。这个市场有多层次的批发商和中间商，从未经加工的钻石经纪人到钻石切割商、钻石批发商、珠宝制造商、珠宝批发商，最后是地区分销商。由于原始钻石的垄断定价，供应链和分销链的碎片化导致了巨额溢价。对于钻石，典型的零售珠宝店溢价在 50% 到 100% 之间。Blue Nile 的溢价要低得多，其价格往往比传统珠宝店的零售商低 25% 到 50%。

Blue Nile 通过省略多层中间商，直接与批发钻石所有者和珠宝制造商合作，简化了钻石供应链。此外，Blue Nile 还将库存成本最小化，限制了库存折价的风险。与昂贵的实体店不同，Blue Nile 提供的是一个网站和一个 App，通过这两者，它能够聚合数千名独立访客对钻石的需求，并为他们提供比典型零售店更吸引人的购物体验。通过合理化供应和分销链，Blue Nile 实现了较低的溢价。例如，Blue Nile 从供应商处以 850 美元购买一对椭圆形祖母绿和钻石耳环，并向消费者收取约 1000 美元。而传统零售商则会向消费者收取 1258 美元。

Blue Nile 主要通过创建一个基于信任和知识的环境，减少了消费者对钻石价值的焦虑，从而改善了购物体验。Blue Nile 的网站和 App 包含有关钻石和钻石评级系统的教育指南，每颗钻石都获得了来自非营利行业协会的独立质量评分。此外，Blue Nile 提供价格匹配保证，30 天内可无条件退货的政策，还有终身保修及回购计划，允许顾客在将之前购买的钻石首饰置换为更昂贵的钻石时获得全额退款。一般顾客会在数周内多次访问网站，浏览至少 200 个页面，并通常在购买之前至少拨打一次 Blue Nile 的客户服务热线。

在 2010 年，Blue Nile 推出了一个移动网站和一个 ios App。该 App 为用户提供了一种快速设置钻石规格并查看价格的方式，还提供了一个"呼叫"按钮，可直接链接到 Blue Nile 呼叫中心进行电话预订。Blue Nile 还积极参与社交媒体营销，拥有约 190 万名 Facebook 粉丝、近 1300 万次观看的 YouTube 频道、一个 Pinterest 页面、一个 Instagram 账户以及一个 Twitter 账户。被珠宝图片吸引的用户可以点击链接，直接进入购买该物品的页面。

为了支持其以客户为中心的体验，Blue Nile 还采用了一套基于 Oracle Cloud 的集成应用。例如，属于 Oracle 客户体验（CX）应用的 Oracle Responsys 使 Blue Nile 能够更个性化和及时地处理跨所有渠道的每个客户互动，包括其网站、呼叫中心和展厅。该系统使 Blue Nile 能够研究网站访问者的浏览和购买习惯，并根据他们在网站上的活动为人们提供独特的优惠和信息。Blue Nile 表示，顾客平均在购买一件珠宝之前会在其网站、App、展厅或社交媒体上与其进行大约 20 次互动。Oracle Cloud 套件的另一部分，Oracle 企业绩效管理（EPM）Cloud，通过将数据和流程与 Blue Nile 的核心企业资源规划和运营系统无缝集成，使 Blue Nile 规划和预算的流程更加高效。

Blue Nile 已经转向品牌珠宝和更高的价格区间，而不仅仅是提供最低价格。它开始推出一系列高端珠宝，并对其包装进行了改进，从普通的纸板盒变为完全定制的包装，包括珠宝袋、定制尺寸的戒指盒以及用于营销材料的包装，类似于蒂芙尼等奢侈珠宝商提供的包装。此外，Blue Nile 还专注于道德采购、无冲突的钻石。

在 2013 年，Blue Nile 与 Nordstrom 建立了合作关系，允许有意向的 Blue Nile 顾客在在线购买戒指之前先在实体店看到它们。Nordstrom 门店中的戒指仅用于展示，但 Nordstrom 的珠宝专家会使用 iPad 帮助顾客在店内从 Blue Nile 网站购买吸引他们的戒指。这一举措得到了非常积极的反响。

在取得这一成功后，Blue Nile 于 2015 年开设了其第一家实体展厅。展厅允许顾客在线购买之前亲自看到并试戴产品。大多数展厅相对较小，不提供现场销售，因此顾客仍然需要在网上进行实际购买。这使得 Blue Nile 能够提供诸多实体珠宝商可以提供的服务，而无须提高价格以应对库存管理和庞大的销售团队成本。在第一家展厅周围地区在线销售显著增长后，Blue Nile 已经增设了 18 家展厅。这些展厅有着多重作用。它们充当分销中心，以及在线订单的运输、提货和按需本地交付的暂存区域。它们还为 Blue Nile 的顾客提供了与其人员和产品直接互动的机会，使顾客有机会与珠宝专家面对面咨询，这些专家会解释相关数据以及钻石的定价方式。展厅与 Blue Nile 的网站和移动 App 相结合，提供了在低压力学习环境中的多触点整合。展厅还为顾客提供了珠宝维修和清洁的场所。展厅的另一个重要功能是营销。展厅提高了品牌知名度并增加了消费者的信心。与仅依赖网站订单相比，展厅不仅提供更高的成交率，增加平均订单规模，而且使地理区域内的整体销售增长了 80%。Blue Nile

还提供虚拟展厅中的个人珠宝商虚拟预约服务，旨在让顾客获得与实际体验非常相似的体验。虚拟展厅配备专业的摄影棚和多台摄像机，使个人珠宝商能够为顾客在线展示并讨论精心挑选的物品。

2017 年，Blue Nile 被私人投资者以超过 5 亿美元的价格收购。尽管该公司一直保持着稳定的盈利——这是许多网络零售公司努力实现的目标，但它的增长速度并未达到股票市场投资者通常期望看到的水平。2019 年，Blue Nile 任命 Sean Kell 为其新的首席执行官，并委托他提升 Blue Nile 的以客户为中心的业务方式。在 2022 年中期，Blue Nile 宣布计划再次进行上市交易，估值约为 8.75 亿美元。Blue Nile 报告称，自 2018 年以来，其实现了 17% 的复合年增长率，2021 年实现了 5.66 亿美元的营收，并预计在 2023 年将实现 6.61 亿美元到 7.73 亿美元的营收。Blue Nile 认为自己不仅在 600 亿美元的美国高级珠宝市场上有巨大潜力，而且在全球 3200 亿美元的市场上也有潜力，并计划继续向目前运送货物的 44 个国家之外扩大业务。

然而，面对不确定的经济环境和股市，Blue Nile 最终决定选择另一种路径。在 2022 年 8 月，它宣布被 Signet Jewelers 收购，放弃上市。Signet Jewelers 是美国第一、第三和第四大专业零售珠宝品牌 Kay、Zales 和 Jared 的所有者。Signet 还拥有 JamesAllen.com，这是一家与 Blue Nile 直接竞争的在线珠宝零售商。对于 Signet 来说，收购 Blue Nile 是一项吸引力的交易，可以通过提升对更年轻、社会意识强、更富裕和民族多元的消费者的吸引力来增长其钻石业务，而这正是 Blue Nile 客户群的主体。对于 Blue Nile 来说，加入 Signet 使其能够将品牌和珠宝产品扩展到数百万新客户，同时还能够利用 Signet 的技术基础设施为 Blue Nile 的电子商务业务带来新的能力。

讨论问题
1. Blue Nile 是如何减少消费者在网上购买钻石时的焦虑感的？
2. Blue Nile 是如何从单纯的网络零售商演变而来的？为什么？
3. 为什么 Signet Jewelers 购买了 Blue Nile？

9.11 复习

9.11.1 关键概念

- 学会分析在线公司的经济可行性。
  - 公司的经济可行性，或者说其在特定时间内生存的能力，可以通过检查关键行业战略因素、与公司相关的特定战略因素以及公司的财务报表来进行分析。
  - 关键行业战略因素包括进入壁垒、供应商的权力、客户的力量、替代产品的存在、行业价值链以及行业内竞争的性质。
  - 关键公司战略因素包括公司价值链、核心竞争力和协同效应，公司当前的技术状况，以及公司面临的社会和法律挑战。
  - 关键财务因素包括收入、销售成本、毛利率、经营费用、经营利润率、净利润率以及公司的资产负债表。
- 了解当今网络零售行业的运营环境。
  - 零售商品的个人消费占美国总国内生产总值（GDP）的约 24%。
  - 零售行业可分为七大主要公司类型：一般商品、耐用品、专卖店、食品和饮料、汽油及燃料、邮购 / 电话订购（MOTO）以及网络零售公司。每种类型都为网络零售提供了机会。

- 在电子商务初期，一些人预测零售行业将因为搜索成本的降低、市场进入成本的降低、在线公司取代实体店商户、消除中间商（去中介化）和超中介的替代而发生革命。如今，我们清楚地看到，关于网络零售未来的最初假设中很少有正确的。现实是：
  - 在线消费者主要不是由成本驱动——相反，他们像线下消费者一样受品牌驱动和感知价值的影响。
  - 在线市场进入成本被低估了，获取新客户的成本也被低估了。
  - 传统老牌公司并没有消失，它们正在重塑自己，成为全渠道零售商。
  - 去中介化并没有发生。相反，网络零售已成为中介在零售贸易中发挥强大作用的一个例子。
- 尽管网络零售部门仍然是零售业中最小的细分市场之一，但它的增长速度是所有零售业细分中最快的，越来越多的消费者正在在线购物。计算机和消费电子产品、服装和配饰以及家具和家居用品是收入最多的三个在线类别。
- 除了 Amazon（目前的领头羊）、eBay、Wayfair 和其他一些在线专营公司外，就在线销售而言，以在线销售额为标准的前几名网络零售公司主要是全渠道公司，例如 Walmart 和 Target，它们建立了品牌，并且与其线下实体店渠道相比，电子商务的作用仍相对较小。今天，移动商务、社交电子商务和本地电子商务的持续非凡增长是网络零售的另一个重要方面，零售商也越来越多地使用大数据和人工智能。
- 了解网络零售商的主要类型，以及每种类型面临的不同挑战。
  - 虚拟商户是几乎所有收入都来自在线销售的电子商务公司。它们面临的挑战包括迅速建立业务和品牌名称、在虚拟市场中与许多对手竞争、具有大量构建和维护电子商务平台的成本、具有相当大的营销费用、具有巨大的客户获取成本、面临陡峭的学习曲线，以及需要迅速实现运营效益以保持盈利。Amazon 是虚拟商户最知名的例子。
  - 全渠道零售商（砖块加鼠标型）以实体店网络作为其主要零售渠道，但它们也进行在线运营。它们面临的挑战包括：高昂的实体建设成本，庞大的销售人员成本，需要协调跨渠道的价格，需要制定处理来自多个地点的跨渠道退货的方法，需要建立可信的电子商务平台，招聘新的、有技能的员工，以及建立迅速响应的订单输入和履行系统。Macy's 是一个全渠道零售商的例子。
  - 制造商直销公司是直接向消费者在线销售而不涉及实体零售商的单一或多渠道制造商。它们面临的挑战包括：渠道冲突，迅速开发快速响应的在线订单和履行系统，从供应推动模式（在接到订单之前根据估计的需求制造产品）切换到需求拉动模式（直到接到订单才制造产品），以及在线创建销售、服务和支持运营。Dell 是制造商直销公司的例子。
  - 目录零售商是指以全国性的线下目录业务作为主要零售方式，又兼具网购零售功能的公司，Lands' End 就是目录零售商中具有代表性的例子。目前，目录零售商面临的挑战包括：高昂的印刷和邮寄成本，以现有的资产和能力适应新的技术环境，开发处理跨渠道退货的方法，向电子商务转型，以及雇佣电子商务行业中的技术性人才等。
- 了解线下和线上服务行业的主要特点。
  - 服务业是美国经济中规模最大、增长最快的产业。
  - 服务业主要包括金融服务行业（包括保险和房地产）、旅游、商业、教育与健康服务行业以及其他专业服务行业，在这些行业中的公司又可以进一步分为交易经纪和提供"亲力亲为"服务的公司。
  - 除个别行业外，服务业所囊括的行业基本是知识信息密集型行业。正因此，许多服务行业都能与电子商务、互联网的优势相结合。
  - 电子商务的出现为服务业提高交易效率，从而提高生产率提供了新契机，而迄今为止，信息技术的迅猛发展并未对这一部门的生产率产生明显影响。

- 了解当今网络金融服务行业的发展趋势。
  - 网络金融服务行业是电子商务在金融行业中运用的成功典范，但它的成功与人们对电子商务早期的预测有些不同。如今，在许多情况下，多渠道、成熟的金融公司已经取代了许多早期的线上创新者。然而，对金融服务行业中"金融科技"初创公司投资的不断增加，带来了新一轮的创新浪潮。
  - 在线银行（尤其是手机银行）和在线经纪（股票交易）如今已变得司空见惯。
  - 尽管起步坎坷，但线上抵押贷款市场正在缓慢增长。该市场主要由在线银行和其他的在线金融服务公司、传统抵押贷款供应商以及少数几家成功的在线抵押贷款公司主导。
  - 定期人寿保险是降低搜索成本、提高价格透明度并由此满足消费者节省开支等早期愿景的一种产品。然而，在其他保险产品系列中，网络为保险公司提供了产品和服务差异化以及价格歧视的新机会。
  - 早期愿景是由地方性的、复杂的、由代理驱动的房地产行业。将转变为一个非中介化的市场，买家和卖家可以直接交易，但这一愿景尚未实现。在线房地产的主要影响是影响线下购买，其主要服务是提供可用房屋的列表，并附带次级链接，如抵押贷款机构、信用报告机构、社区信息、贷款计算器、评估报告、按社区划分的历史销售价格、学区数据和犯罪报告等。
- 了解当今在线旅游服务行业的主要趋势。
  - 互联网已成为消费者研究旅行方案、预订机票、租车、订购酒店房间和游览的最常见渠道。然而，线上旅游服务受到新冠疫情的严重影响，现在才恢复到疫情之前的水平。
  - 线上旅游服务的主要趋势包括资源整合、元搜索引擎、移动设备和社交媒体的兴起。
- 了解在线招聘和就业服务行业的当前趋势。
  - 因为为求职者和雇主节省了开支，在线招聘和就业服务与旅游服务相同，一直是互联网上最成功的线上服务之一。
  - 在线招聘还有助于确定市场价格和条件，从而确定具体工作的薪资水平以及达到这些薪资水平所需的技术。
  - 线上就业服务行业的主要趋势是社会招聘，移动、视频和远程招聘，职位搜索引擎 / 聚合网站招聘，以及数据分析、人工智能和算法的使用。
- 了解按需服务公司的商业模式。
  - 按需服务公司提供了一个平台，通过将希望利用其"闲置"资源（如汽车、房间以及通过个人劳动提供各种服务的能力）的提供者（卖方）与希望利用这些资源和服务的消费者（买方）联系起来，从而实现按需提供各种服务，然后这些公司向使用该平台的买方和卖方收取费用。
  - 汽车租聘公司 Uber 和客房租聘公司 Airbnb，它们原来是租聘行业中最知名的，但现在有成千上万的公司采用这种商业模式，提供交易平台使各种服务能够在线交付，这些公司也是最具颠覆性和争议性的公司。

9.11.2　思考题

1. 为什么网络零售业最初会吸引这么多的创业者？
2. 如今，是什么频繁地造成了在线业务盈利和不盈利的差异？
3. 什么是 BOPIS ？它对该区域的电子商务有什么影响？
4. 网络零售商有哪些优势？
5. 请说出电子商务分析者早期对消费者及其购买行为做出的两个错误假设。
6. 解释去中介化、超中介化在网络零售中的区别。
7. 对比并比较虚拟商家和全渠道（砖块加鼠标型）商家。

8. 供应推动型销售模式和需求拉动型销售模式有什么区别？为什么大多数制造商直销公司难以将前者转向后者？

9. 与企业能力具体相关的五个战略问题是什么？它们与行业相关的战略问题有何不同？

10. 收入、毛利率和净利润率哪个是衡量公司财务健康状况的最佳指标？为什么？

11. 在线上提供服务有哪些困难？例如，是什么因素将服务业与零售业区分开来？

12. 比较两种主要的线上服务行业，给出服务行业区别于其他行业的两大特征。

13. 阻碍全国线上保险业发展的最大障碍是什么？

14. 定义渠道冲突，并解释它如何应用于零售行业。

15. 房地产网站最常见的用途是什么？大多数消费者在访问其网站时会做什么？

16. 旅游服务供应商如何在消费者使用在线旅游服务的过程中获益？

17. 举列并描述公司用来识别和吸引员工的五种传统招聘工具，这些工具与在线招聘和职业服务公司相比有哪些缺点？

18. 除了将求职者与现有职位相匹配之外，在线招聘公司还能发挥什么更大的作用？解释这些公司如何影响薪资和现行利率。

19. 描述按需服务公司的商业模式。

20. 为什么按需服务公司被视为具有颠覆性和争议性？

9.11.3 实践项目

1. 访问 Sec.gov 的 EDGAR 档案，查看所有上市公司的 10-K 报告。搜索你选择的两家网络零售或在线服务公司（最好是同行业公司，例如 Expedia 和 Booking Holdings 等）。准备一份报告，比较这两家公司的财务稳定性和前景，尤其要关注它们各自电子商务业务的绩效。

2. 在四种主要网络零售商业模式中，分别找出一个文中未提及的实例，准备一份简短的报告，描述每家公司的情况，以及为什么它是该特定商业模式的范例。

3. 根据本章的材料和你自己的研究，准备一篇短文，阐述你对网络零售商面临的主要社会、法律问题的看法。

4. 选择一个本章中未讨论过的服务行业（如法律服务、医疗服务、会计服务或其他行业），准备一份三到五页的报告，讨论影响这些提供线上服务的行业的新趋势。

5. 与一名队友一起调查移动 App 在网络零售或金融服务行业中的使用情况，并准备一份简短的联合报告，介绍你们的调查结果。

9.11.4 参考文献

Airbnb, Inc. "Form 10-K for the Fiscal Year Ended December 31, 2021." Sec.gov (February 25, 2022).

Amazon.com, Inc. "Form 10-K for the Fiscal Year Ended December 31, 2021." Sec.gov (February 4, 2022a).

Amazon.com, Inc. "Form 10-Q for the Quarterly Period Ended June 30, 2022." Sec.gov (July 29, 2022b).

Appcast. "2022 Recruitment Marketing Benchmark Report." Info.appcast.io (2022).

Benoit, David. "JPMorgan Is Building a Giant Travel Agency." *Wall Street Journal* (July 30, 2022).

Berthene, April. "BOPIS, Mobile Drive Digital Sales at Macy's." Digitalcommerce360.com (February 26, 2020).

Berthene, April. "Macy's Commits to Keeping Its Stores and Online Business Linked." Digitalcommerce360.com (March 1, 2022).

Bloomberg, "Our Stores Are Still Relevant, Says Macy's CFO." Bloomberg.com (January 26, 2022).

Bousquette, Isabelle. "Virtual Real-Estate Closings Go Mainstream, but Some States Hold Out." *Wall Street Journal* (August 8, 2022).

Brynjolfsson, Erik, Astrid Andrea Dick, and Michael D. Smith. "Search and Product Differentiation at an Internet Shopbot." Center for eBusiness@MIT (December 2004).

Bureau of Economic Analysis, U.S. Department of Commerce. "Table 3: Gross Domestic Product: Level and Change from Preceding Period." www.bea.gov (July 28, 2022).

Carville, Olivia, Andre Tartar, and Jeremy Lin. "Airbnb to America: See You in Court." Bloomberg.com (February 14, 2020).

Censhare. "Classic American Lifestyle Brand Sets the Pattern for Profitable Growth." Censhare.com (2021).

Dell Technologies, Inc. "Form 10-Q for the Quarterly Period Ended October 29, 2021." Sec.gov (December 3, 2021).

Digital Commerce 360 Research. "Retail Leaders in U.S. Ecommerce." (June 2022).

eMarketer, Inc. (Jeffrey Grau). "E-commerce in the US: Retail Trends" (May 2005).

Evans, Melanie, and Sebastian Herrera. "Amazon to Buy One Medical Network of Health Clinics in Healthcare Expansion." *Wall Street Journal* (July 21, 2022).

Evans, Philip, and Thomas S. Wurster. *Blown to Bits: How the New Economics of Information Transforms Strategy* (Cambridge, MA: Harvard Business School Press, 2000).

Feuer, William. "Airbnb Has Removed Thousands of Listings in Boston as New Rule Takes Effect Ahead of the Company's Presumed IPO Next Year." Cnbc.com (December 3, 2019).

FocusEconomics. "U.S. Economic Outlook." Focus-economics.com (May 31, 2022).

Gofus, Annie Erling. "Artificial Intelligence Is Transforming the Real Estate Market." Worldwideerc. org (January 4, 2022).

Insider Intelligence/eMarketer. "Retail Ecommerce Sales, by Product Category." (June 2022a).

Insider Intelligence/eMarketer. "Retail E-commerce Sales Share, by Product Category." (June 2022b).

Insider Intelligence/eMarketer. "US Retail Ecommerce Sales." (June 2022c).

Insider Intelligence/eMarketer. "Social Commerce Sales, US." (July 2022d).

Insider Intelligence/eMarketer. "US Retail Mcommerce Sales." (June 2022e).

Insider Intelligence/eMarketer. "US Mobile Buyers and Penetration." (June 2022f).

Insider Intelligence/eMarketer. "US Subscription Ecommerce Sales." (March 2022g)

Insider Intelligence/eMarketer. "US Digitally Native Brand D2C Ecommerce Sales." (March 2022h).

Insider Intelligence/eMarketer. "US Digital Banking Users and Penetration." (March 2022i).

Insider Intelligence/eMarketer. "Mobile Banking Users, US." (March 2022j).

Insider Intelligence/eMarketer (Michael Tattersall). "US Digital Stock Trading." (September 2022k).

Insider Intelligence/eMarketer (Eleni Digaliki). "The US P&C Insurance Ecosystem." (May 23, 2022l).

Insider Intelligence/eMarketer. "Digital Travel Researchers & Bookers, US." (May 2022m).

Insider Intelligence/eMarketer. "US Digital Travel Sales, by Device." (May 2022n).

Jobvite. "2021 Recruiter Nation Report." Jobvite.com (September 2021).

Jungle Scout. "Consumer Trends Report: Q2 2022." (June 23, 2022).

Kanaparthy, Sai Vivek, and Jayant Kashyap. "Evolving Personalized Recommendations using Match Score."

Techblog.realtor.com (February 11, 2021).

Kessler, Carson. "The Celebrity-Backed 'Fintech' Company that Isn't as Green as It Seems." Propublica.org (November 17, 2021).

Kingson, Jennifer. "Want to Rent a Castle? Airbnb Has an Upgrade for That." Axios.com (May 14, 2022).

Lands' End, Inc. "About Lands' End." Landsend.com (accessed August 12, 2022a).

Lands' End, Inc. "Form 10-K for the Fiscal Year Ended January 28, 2022." Sec.gov (March 24, 2022b).

Lauchlan, Stuart. "Macy's CEO—Coming Out of Covid-19 Emphasizes 'the Beauty of Omni-channel'... and Where the Gaps Are." Diginomica.com (June 12, 2020).

LIMRA. "2022 Insurance Barometer Report." Limra.com (April 25, 2022).

LinkedIn. "About Us/Statistics." LinkedIn.com (accessed August 20, 2022).

Loten, Angus. "Employers, Investors Take Notice of AI Tools to Speed Job Recruitment." *Wall Street Journal* (January 7, 2022).

Marks, Jennifer. "Macy's Accelerating Fresh Concepts in Bricks and E-comm to Boost Market Share." Hometextilestoday.com (August 26, 2022).

Mattioli, Dana. "Amazon Posts Net Loss for the Second Straight Quarter as It Manages Slow Demand." *Wall Street Journal* (July 28, 2022).

Monster. "The Future of Work: 2022 Global Report." (2022).

National Association of Realtors. "2022 Home Buyers and Sellers Generational Trends Report." Nar.realtor (March 23, 2022).

Padova, Nino. "Social Media Screening: A Candidate's Saucy Joke May Have Cost Them a Job." Linkedin.com (April 18, 2022).

Rocket Companies, Inc. "Form 10-K for the Fiscal Year Ended December 31, 2021." Sec.gov (March 1, 2022).

Soper, Taylor. "After Ditching Home-Buying Business, Zillow Group Partners with Rival Opendoor." Geekwire.com (August 4, 2022).

U.S. Census Bureau. "Statistical Abstract of the United States—2012." (2012).

Vanderford, Richard. "New York's Landmark AI Bias Law Prompts Uncertainty." *Wall Street Journal* (September 21, 2022).

Walk-Morris, Tatiana. "Macy's Updates App, Launches Live Shopping." Retaildive.com (October 8, 2021).

Wassel, Bryan. "Lands' End Launches Marketplace with 24 Third-Party Sellers." Retailtouchpoints.com (March 30, 2021).

Weil, Jonathon. "Securities Rules Help to Close the Earning Reports GAAP." *Wall Street Journal* (April 24, 2003).

Young, Jessica. "Top 1000 Retailers Cross $1 Trillion in Web Sales in 2021." Digitalcommerce360.com (April 22, 2022).

Zervas, Georgios, Davide Proserpio, and John W. Byers. "The Rise of the Sharing Economy: Estimating the Impact of Airbnb on the Hotel Industry." Working Paper SSRN (May 7, 2015).

在线内容和媒体

学习目标

- 了解媒体和在线内容消费的主要趋势、在线内容传输的主要收入模式、数字版权管理以及媒体融合的概念。
- 了解影响在线出版行业的关键因素。
- 了解影响在线娱乐行业的关键因素。
- 了解创作者是如何尝试从用户生成的内容中获利的。

开篇案例：流媒体之战——谁是赢家

从电影院到广播电视，再到后来的有线电视，以及能实现居家观影的 CD、DVD，随着每一项新技术的出现，消费者的观看习惯和娱乐产业模式也都发生了明显的变化。如今，互联网是突破以往电影和电视产业的一系列技术创新中最新的一种。不断进步的互联网产业已经成为电视和电影产业的替代品，进入观众家中。大量的竞争者想参与其中，并在"流媒体战争"中争夺领先地位。

电视节目最初是通过广播电视网络传播的，随后有线和卫星电视系统逐渐成为主流。如今，有线和卫星电视系统仍然向大约 6500 万美国家庭提供电视服务。但是有线和卫星公司很难留住用户，特别是年龄在 18 到 34 岁之间的用户，他们越来越倾向于使用所谓的 OTT（Over-The-Top）互联网视频流媒体服务。有线电视通常不受用户欢迎：价格太高（通常超过每月 100 美元），只提供有线电视而不支持连续追完一部连续剧，而且要求订户接受其大多不感兴趣的数百个捆绑频道。有线和卫星电视供应商喜欢吹嘘他们提供数百甚至数千个频道，但有谁会真的观看那么多频道呢？

因此，超过 30% 的美国家庭（被称为"退订族"）已经放弃订阅付费电视。"退订族""未订族"（17% 的从未拥有过付费电视的家庭）和"订阅削减用户"（将付费电视订阅降至最低的人）将在未来五年内使付费电视订户数量每年缩减超过 5%。在个体层面（而非家庭层面），超过 9000 万人（几乎占美国人口的 35%）已经放弃了有线电视，而另有 3400 万人（约占 13%）从未使用过有线电视。有线和卫星电视并非完全是一个萎缩的市场，但它也不是一个正在扩张的市场。

退订族和未订族通常转向何处呢？首选通常是一个或多个大型订阅视频点播（SVOD）服务：Netflix、Amazon Prime Video、Hulu、Apple TV+ 和 / 或 Google 的 YouTube TV。截至 2022 年，约 2.2 亿人（约占美国人口的 65%）是 SVOD 订户。Netflix 拥有约 7300 万美国订户。Amazon Prime 拥有超过 1.65 亿会员，他们可以免费观看 Amazon Prime Video。Hulu 拥有约 4500 万订户。于 2019 年 11 月推出的 Apple TV+ 据报道拥有 2000 万至 4000 万订户。以直播电视流媒体而非 SVOD 为重点的 YouTube TV 拥有约 500 万订户。

其他选择也是丰富多样的。CBS 是最早意识到"互联网广播系统"带来的严重威胁的广播网络之一，并于 2015 年推出了自己的流媒体按次付费服务 CBS All Access。在 2022 年更名为 Paramount+ 后，该服务提供对其超过 30 000 集当前和过去节目的点播剧集的访问，通过购买 4.99 美元含广告套餐或 9.99 美元无广告套餐，可观看 CBS 的实时节目（新闻和体育）。主要有线电视节目供应商 HBO 迅速效仿，Showtime 和 Starz 也紧随其后。迪士尼的 ESPN 部门于 2018 年推出了自己的流媒体服务 ESPN+，而迪士尼本身则于 2019 年 11 月推出 Disney+。Disney+ 已超越竞争对手，目前拥有约 1.5 亿订户。稍后，NBC 于 2020 年 7 月推出了其 Peacock OTT 服务。

传统的电视内容分发系统正面临新的挑战。你可能听说过"内容为王"这一说法。过去，这通常意味着电视内容的质量是其最关键的特征。如今，这句话有了新的含义：高质量、出色的内容提供了一个绝佳机会，用于吸引付费订户和数字广告，进而创造收入。科技公司想在这场竞赛中分一杯羹，并投入数千亿美元用于创作原创内容或购买已经拥有内容的公司。Apple 已经加入 Netflix、Hulu 和 Amazon 的行列，竞相获取、制作和购买视频内容或拥有这些内容的公司。

以 Netflix 为例，这是最成功的 SVOD 服务供应商之一，同时也制作原创连续剧和电影。Netflix 的第一部原创连续剧是《纸牌屋》，该剧赢得了多个艾美奖。Netflix 每年推出新连续剧，包括《怪奇物语》《鱿鱼游戏》等热门连续剧，因此，它已经演变成一个类似于广播和有线系统的电视网络运营商。Netflix 在 2021 年花费了约 175 亿美元用于原创内容，并计划在 2022 年花费更多。Amazon 创建了 Amazon 影业，制作了若干原创连续剧，如《指环王：力量之戒》《了不起的麦瑟尔夫人》和《高堡奇人》。Hulu 也制作了一些原创连续剧，如备受好评的《使女的故事》。预计在未来几年内，Apple 在原创内容上的支出将超过 Amazon，而且 Apple 也取得了一些成功，如《足球教练》。传统有线电视和广播公司正在奋力追赶。总体而言，预计 2022 年各方将在娱乐和体育内容上花费超过 1400 亿美元。

由于 SVOD 的存在，电视 / 电影制作生态系统不再需要仅仅依赖广播或有线频道分发内容。由于互联网巨头争夺人才，制片人、导演、摄影师和演员的短缺问题已经出现。2021 年，制作中的原创连续剧创下了 559 部的纪录，是 2010 年制作的 216 部的两倍多。

内容制作人也面临新的机遇和风险。在过去，有线内容供应商，如探索频道、TNT、历史频道、TBS、FX 等，都创作或委托制作原创内容，是主要的内容制作人。它们向有线和卫星电视供应商提供内容是收费的。然而，有线行业高度集中，少数公司（Comcast、Charter Spectrum（由 Charter、Time Warner Cable 和 Bright House Networks 合并而成）、Altice（Optimum Online））控制着超过 90% 的美国家庭的接入权。过去，内容制作者在谈判中处于弱势地位。然而，在新的互联网分发系统中，内容制作者现在有多种选择，例如直接将其内容授权给 Netflix、Amazon、Hulu、YouTube、Apple 或其他付费互联网供应商，甚至可以自行利用流媒体来播放内容。

尽管退订族的数量正在增加，但超过 50% 的美国家庭仍然订阅有线电视，因为有线电视提供了本地新闻，附带折扣的三重播放服务，以及国家体育赛事的报道。当前阶段付费有线电视的未来似乎仍然相对安全。此外，SVOD 服务已经开始提高价格。平均而言，注册多个 SVOD 服务的有线电视退订族除了支付互联网服务费用外，每月还要额外支付超过 30 美元，消费者愿意支付多少以及为多少服务支付是有限度的。因此，包括 Netflix 和 Disney+ 在内的一些主要参与者已决定添加含广告的套餐。消费者的接受程度仍然未知。可能短期内，混合的有线 / 互联网环境仍将持续。尽管消费者可能受益于竞争，但他们也可能因存在如此多的选择而感到不知所措。

开篇案例说明了 Netflix、Amazon、Hulu、Apple 等在线内容分发商如何进军高端内容制作与销售领域，成为传统电视和电影内容的替代供应商，与现有的有线和卫星电视分销商展开竞争。如果消费者能在网上找到自己喜爱的电视节目和电影，那么他们为何还要为有线或卫星电视付费？尤其是当各种设备都能让用户将电脑和手机投屏到家中的电视上时。随着移动设备的普及，互联网用户越来越多地改变了他们的阅读和观看习惯，这也在挑战着几十年来支撑报纸、书籍、杂志、电视节目和好莱坞电影的传统商业模式。如今，包括报纸、书籍和杂志在内的印刷行业正艰难应对读者转向数字替代品的趋势。广播和有线电视，以及好莱坞和音乐产业，也都在与基于实体媒介的过时商业模式做斗争。为了继续吸引互联网受众，老牌媒体巨头持续在独特的在线内容、新技术、新的数字分发渠道以及全新的商业模式上进行巨额的投资。Apple、Google、Amazon 和 Meta 等互联网巨头也在与老牌企业竞争，以期在在线内容的创作和分发领域占据主导地位。

10.1　在线内容服务

在美国经济领域中，内容产业面临着来自互联网和万维网的独特挑战。在本章中，我们将深入探讨印刷行业（包括报纸、杂志和书籍）以及娱乐行业（包括电视、电影、音乐、广播和游戏）这两个关键领域。它们正努力将传统媒体转化为数字形式，以满足现代消费者的需求，并寻求实现可持续盈利。无论是线上还是线下，这两个行业在商业内容市场中占据着最大的份额。每个领域内都涌现出了强大的传统品牌、重要的在线提供商和分销商以及提供额外内容分发系统的移动平台，同时伴随着消费者面临的限制和机遇，以及各种法律问题的挑战。最后，在本章结束时，我们将简要介绍用户生成的内容和创作者的角色。

表 10.1 详细描述了 2022 年至 2023 年在线内容和媒体领域的最新趋势。

表 10.1　在线内容和媒体领域的新动向（2022~2023 年）

商务

- 流媒体大战：在经济低迷的情况下，大量的流媒体订阅选项导致流媒体订阅服务的增长放缓，引发向含广告的收入模式的转变。
- Amazon、Hulu、Netflix 和 Apple 继续在内容制作业务中扮演重要角色，挑战广播、传统电视和电影制作行业。
- 美国观看数字视频的人数持续增长，已达到约 2.6 亿人，占美国总人口的 75% 以上。
- 在美国，观看基于订阅的 OTT 电视服务的人数持续增加，超过 2.2 亿人（约占美国人口的三分之二），美国消费者超过一半的数字视频观看时间都花费在了这类服务上。
- 纸质书出版收入保持稳定，电子书销售增速放缓。
- 在线报纸的读者数量超过了印刷版。网络广告收入和订阅收入尚未增长到足以抵消印刷广告收入的减少。
- 播客越来越受欢迎。
- 用户生成的内容、创作者和创作者经济对在线内容和媒体格局产生了越来越大的影响。

技术

- 智能手机、平板电脑和电子阅读器共同营造了一个丰富的移动娱乐环境。
- 流媒体服务消耗了越来越多的互联网带宽。
- 应用程序转变为专有的内容分发平台，这意味着用户可能需要为内容支付费用。
- 云服务持续增长以服务于庞大的移动内容市场。
- 在增强现实和虚拟现实技术的推动下，元宇宙的发展得到了加速。

社会

- 媒体消费：美国消费者几乎每天花费 13 小时 15 分钟（超过半天的时间）消费不同类型的媒体。
- 使用数字媒体的时间（每天约 8 小时 15 分钟）占总媒体消费时间的 60% 以上，超过了花在电视上的时间。使用移动设备的时间（每天约 4 个半小时）是花在桌面电脑上的两倍多（每天约 2 小时）。

10.1.1   内容受众：访客在哪里

预计到 2022 年，美国成年人平均将在各种媒体上花费超过 4800 小时的时间，几乎相当于一年工作时间的两倍半（2000 小时 / 年）（见图 10.1）。到 2022 年，数字媒体的时间预计将占总媒体时间的约 62%。过去，观看电视的时间远远超过使用数字媒体的时间，但随着移动平台的不断发展，这一格局正在发生变化。如今，人们在移动设备上花费的时间加上在台式机 / 笔记本电脑以及其他连接设备上花费的时间，每天大约是 8 小时 15 分钟，而观看电视的时间仅略超过 3 小时（Insider Intelligence/eMarketer，2022a）。另一方面，许多人在互联网上观看数字视频内容，包括电视节目和电影。截至 2022 年，大约有 2.6 亿人（占美国人口的75% 以上）观看了数字视频，其中约有 2.2 亿人（占美国人口的三分之二左右）使用 OTT 电视订阅服务观看视频内容（Insider Intelligence/eMarketer，2022b，2022c）。互联网使用和电视观看之间的区别并不容易区分，唯一的区别在于内容传输的方式：有线和卫星电视与互联网。

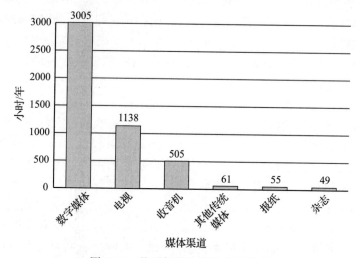

图 10.1   美国每年在媒体上的花费

最初，研究者普遍认为，互联网的使用将减少消费者在其他传统媒体上花费的时间，这一现象被称为"蚕食"现象。然而，另一种观点则认为互联网和传统媒体并非相互替代，而是相互补充和支持的。最新的数据揭示了一个复杂的情况。尽管电视收视仍然保持强劲，但各种设备上的视频收视增加了，包括电子书和纸质书籍的阅读量也有所增加。智能联网电视使消费者可以在传统电视上通过互联网观看电视节目。尽管 CD 销售量急剧下降，但人们每天花在听音乐上的时间总体上增加了；同样，尽管 DVD 销售量大幅下滑，电影消费却增加了。然而，总体趋势表明，各种实体媒体相对于数字媒体而言正在逐渐衰落。

谈到 Z 世代，即出生于 1997 年至 2012 年的一代，其在媒体消费方面表现出与之前代际截然不同的行为。有关 Z 世代在媒体消费方面的不同之处的讨论，请参阅"社会洞察"案例。

社会洞察：Z 世代真的很不同吗

每一代人都有其特定的代称，这有助于区分他们与之前和之后的代际。沉默 / 最伟大的一代（出生于 1946 年之前）在大 萧条时期成年，参与了第二次世界大战。婴儿潮一代（出生于 1946 年至 1964 年）在民权运动、政治动荡和摇滚音乐的影响下成长。X 一代（出生于 1965 年至 1980 年）延续了婴儿潮一代的趋势，只是更为明显。X 一代是自大萧条以来第一代感受到生活水平降低和难以赚取与父母相当的收入的一代。千禧一代（出生于 1981 年至 1996 年）因为多数人在 20 世纪末或 21 世纪初成年而得名。而最新一代则被称为 Z 世代。这一代包括今天的儿童、青少年和年轻人，他们出生于 1997 年至 2012 年之间，2022 年时最年长的人也只有 25 岁。Z 世代只是众多世代中最新的一代。

Z 世代被誉为真正的数字原住民一代。年长的一代可能会将互联网、万维网、移动平台和社交媒体视为他们生命中某个时刻才出现的新事物，但对于 Z 世代来说，这些一直是他们生活的一部分。他们在一个提供即时信息、流媒体娱乐和即时通信的环境中成长，因此这些技术的使用对他们来说是理所当然的。

几乎所有 Z 世代（超过 90%），即使是最年幼的，都沉浸于互联网，他们每天平均在线超过 4 个小时。大多数 Z 世代使用智能手机来访问在线内容，尤其是娱乐内容。例如，他们更有可能在智能手机上而不是传统设备上收听音频，特别是来自 Spotify、Pandora 和 YouTube Music 等流媒体的音频。但也有 55% 的人每天都会收听 AM/FM 广播，尤其是在汽车中，也包括在其他地方。Z 世代也热衷于收听播客，最近的一项调查发现，他们和千禧一代一样可能会这样做。随着他们的成长，Z 世代很可能会更频繁地参与播客。

不足为奇的是，Z 世代喜欢视频。例如，一项最近的 Google 调查发现，接受调查的 Z 世代中有 50% 表示如果没有视频，他们将不知道如何打发时间。此外，由 Snap（Snapchat 的母公司）和 Omnicom Media Group 共同进行的研究发现，在疫情期间，Z 世代对移动和社交媒体视频的消费增加，专家预测这一趋势将持续存在。

超过 60% 的人在社交媒体 App 上观看视频，其中一半以上在智能手机上观看这些视频。Netflix 和 Amazon Prime 是 Z 世代的热门"刷剧"目标。在评估 Z 世代解封后的媒体习惯和内容消费时，市场研究公司 YPulse 预测 Netflix 将成为他们的首选电视平台，但指出社交媒体内容可能开始蚕食 Z 世代在流媒体服务上花费的时间。Z 世代喜欢来自专业和业余创作者的简短、动感十足的视频，如网络剧、教程和视频剪辑。然而，这并不意味着 Z 世代不阅读书籍，他们确实阅读，但相比之前的一代，他们花在阅读上的时间较少，且更有可能通过社交媒体发现新书。

随着越来越多的 Z 世代进入青少年时期，他们在社交网络中的参与度正在增加。TikTok、Instagram 和 Snapchat 是这一代人最喜欢的社交网络（对于 Facebook 的兴趣相对较低）。社交网络也是 Z 世代获取新闻的主要途径，他们通常在早上第一时间通过智能手机获取新闻。根据一项研究，只有 12% 的 Z 世代从电视上获取大部分新闻，而其他所有成年人中有 43% 这样做。路透社新闻研究所发现，相较于基于文本的长篇新闻文章，Z 世代对更加视觉化和易于理解的新闻格式表现出浓厚的兴趣。在新闻消费方面，Z 世代也注重真实性和个性，他们期望品牌与他们的个人价值观相匹配，并展现对企业责任的真诚承诺。例如，Z 世代读者对于推动编辑室更具包容性和领导层更具多样性的呼声领先于其他一代人。根据最近的 DoSomething 调查，75% 的 Z 世代表示他们希望品牌采取的最重要的行动是确保员工和消费者的安全，73% 的人希望品牌在经济上保护员工。这一代人正在关注那些在社交媒体上宣扬积极信息但未履行员工权益的品牌。如果一个品牌不真实，Z 世代将会第一个提出警告。Z 世代对社会变革充满激情，这为他们赢得了"慈善之子"和"慈善青少年"

的称号。他们表现出对所有最新问题的卓越认知。社交媒体 App 正在利用这种高度认知，通过使用标签、挑战、病毒式视频和筹款活动来推动社会变革。

最后，游戏在许多 Z 世代的生活中扮演着核心角色。Z 世代不仅自己玩游戏，还观看其他人在 Twitch 等直播频道上玩游戏和参加电子竞技比赛。在某些情况下，这些活动已经取代了 Z 世代对传统体育直播的兴趣。此外，Z 世代更有可能积极参与元宇宙，因为他们已经是对增强现实和虚拟现实技术最感兴趣且最热衷采用的人。

由于在线上线下混合的环境中长大，他们与老一辈相比，可能会认为这种环境是更自然的体验。

与将整个 Z 世代过于简化的刻板印象一样，将 Z 世代视为单一群体也是错误的。Z 世代人口实际上是众多不同社群的集合，每个社群都具有不同的品味和消费模式。Z 世代确实与之前的一代有所不同，但我们仍然能够识别出他们。毫无疑问，他们是数字技术的继承者，但也是几千年的文学、历史和文化的继承者，他们依然认为这些传统具有持久价值。

10.1.2 内容市场：娱乐和媒体行业收入

在内容市场方面，娱乐和媒体行业的总收入在 2021 年达到了约 3600 亿美元，其中包括传统和数字媒体的各种形式的收入，如广告、订阅费和消费者购买。各种娱乐产业，包括电视、电影、音乐、播客和游戏，占据了总收入的大约 78.5%，而印刷媒体产业，包括图书、报纸和杂志的实体及数字形式，约占总收入的 21.5%。在娱乐产业中，电视和电影产业占据了最大的份额，包括广播、传统付费电视、家庭娱乐订阅、下载服务和票房电影，共占总收入的约 54%。然而，电子游戏产业也在迅速崛起，目前约占总收入的 17%。音乐产业以唱片（包括实体和数字）和广播的形式保持相对稳定，占约 8%。播客是一种类似于"脱口秀广播"的音频娱乐形式，可以从互联网上下载，听众在方便的时候收听，虽然目前收入仅占总收入的一小部分（不到 1%），但增长迅猛（详见图 10.2）。智能手机和平板电脑为娱乐和媒体公司创造了新的收入来源。内容不再绑定在实体产品上，而是通过云服务器传输到多个移动设备上，降低了消费者的成本。

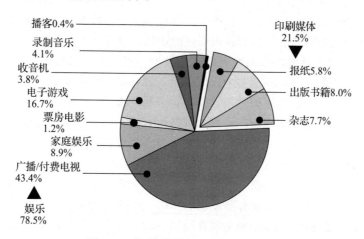

图 10.2 按渠道划分的美国媒体收入

10.1.3 在线内容：消费、收入模型和收入

让我们来探讨一下 2022 年美国人在在线内容方面的消费情况（见图 10.3）。超过 75%

的美国人观看各类在线视频，这并不足为奇。然而，或许让人惊讶的是，接近 50% 的美国人在互联网上阅读诸如 *People* 杂志之类的在线杂志。此外，数字音频的收听（包括音乐和播客）以及数字游戏也备受欢迎。自 2007 年 Kindle 问世和 2010 年 iPad 推出以来，美国人阅读电子书的比例曾以三位数的增长率增长，但近年来已趋于稳定，目前约占人口的 30%。这表明人们保持了对传统媒体的喜好，如电视节目、电影、音乐、广播、新闻、游戏和书籍，并将这些喜好带入了互联网和移动设备的使用中。

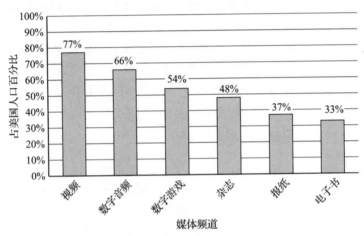

图 10.3   美国在线内容消费

20 世纪 90 年代和 21 世纪初的多次调查发现，在互联网受众中，有相当一部分人期望可以免费获取在线内容，尽管同样有很多人愿意接受广告以换取免费内容。实际上，在早期的网络上，高质量的在线内容并不多见。最初，只有少数人认为付费模式可以与"免费"模式竞争，许多分析师认为互联网上的信息应该是免费的。然而，电影行业、有线电视系统和有线内容供应商一直坚持向用户收费以提供服务和内容，它们的高管和投资者从未认为信息应该免费提供。互联网文化的变革始于 2003 年，当时 Apple 推出了 iTunes Store，提供相对便宜且高质量的音乐，而 YouTube（及其母公司 Google）等公司开始与好莱坞和纽约制片厂密切合作，将业余视频和非法上传的音乐视频商业化，以提供优质内容。

如今，在互联网上提供内容的收入模式主要有三种。其中两种是付费模式，分为订阅（通常是"包月"）和按需付费（"用多少，付多少"的形式）。第三种模式则依靠广告收入提供免费内容，有时提供高价值的增值选项。与早期分析师提出的"免费"将导致"付费"退出市场的预测相反，实际情况证明这三种模式都是可行的。消费者的行为和态度与早年相比发生了巨大变化，如今，数百万互联网用户愿意支付费用以获取在智能手机、平板电脑或电子阅读器等便携设备上提供的高质量的独特内容，并使用 Netflix、Apple TV 或 Amazon Fire TV 等提供的服务。消费者也乐意接受免费的、含广告的内容。这三种模式相互促进，并不矛盾。正如 Pandora 和 Spotify 等流媒体服务所发现的那样，免费内容可以吸引用户转向付费内容。

图 10.4 展示了预计到 2024 年的美国在线娱乐内容收入，包括游戏、电视和电影以及音乐。从 2019 年到 2022 年，预计总在线娱乐收入将增加一倍以上。网络游戏在 2021 年产生了最多的收入，并预计将在 2024 年继续增长，尽管增速较之前有所减缓。在线电视和电影在 2021 年产生了第二多的收入。虽然下载形式的在线音乐销售收入大幅下降，但音乐流媒体收入已经抵消了下载收入的下降，数字音乐的总体收入也有望在未来几年内增长。

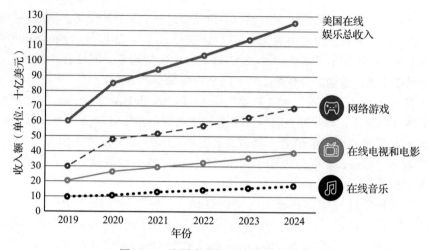

图 10.4　美国在线娱乐内容收入增长

10.1.4　数字版权管理和围墙花园

数字版权管理（DRM）是一种综合了技术和法律手段的机制，旨在保护数字内容免受未经许可的无限制复制和分发。DRM 利用硬件和软件对内容进行加密，以防止未经授权的使用，通常需要付费授权。其目的在于在数字内容售卖或租赁给消费者后，对其使用进行控制。简而言之，DRM 可防止用户在未向内容所有者付费的情况下购买并制作用于在互联网上广泛传播的副本。尽管过去 iTunes Store 中的音乐曾受到 DRM 的保护，但由于用户的反对以及 Amazon 在在线音乐商店中提供没有任何 DRM 保护的音乐，最终 Apple 放弃了这一做法。音乐行业公司认识到 DRM 可能限制了音乐行业充分利用互联网的机会，甚至可能助长了非法市场的发展。流媒体内容服务本身难以复制和再分发。从技术上讲，一般用户难以捕捉和分享流媒体视频，尽管各种 App 在牺牲质量的情况下也能使得实时转播变得非常容易。同样，流媒体音乐的录制和分享也相对复杂。

围墙花园（walled garden）是 DRM 的一种形式，它也限制了内容的广泛分享。它通过将内容与硬件、操作系统或流媒体环境绑定在一起来实现这一目标。举例来说，从 Amazon 购买的电子书只能在 Kindle 设备上或使用 Kindle App 阅读，而 Kindle 书籍无法转换为其他格式。通过将内容锁定到特定的物理设备或依赖于数字流而非本地存储，设备制造商可以将客户固定在其服务或设备生态系统中，从中获得额外的收入和利润，同时满足内容制作者获得合理报酬的要求。

例如，Google 的 YouTube 使用识别和跟踪技术来辨别受版权保护的音乐和视频，如果内容未经版权所有者授权分享，则将会被删除。如果版权所有者选择让内容保留在网站上，设备制造商将向他们提供广告收入。虽然这些举措并未完全消除盗版内容，但在美国已经显著降低了其流行程度。

10.1.5　媒体行业结构

在 1990 年以前，美国媒体行业由许多专门从事电影、音乐、电视、图书、杂志出版和报纸出版等的独立小型企业组成，这些企业致力于内容的创作和分发。在 20 世纪 90 年代到 21 世纪初，经过长时间的整合，庞大的娱乐和出版媒体企业集团开始崭露头角。

美国媒体行业依然主要分为三个独立的垂直领域：印刷、电影 / 电视和音乐。每个领域都由少数关键参与者主导，通常很少出现一个领域与另一个领域的交叉。例如，报纸通常不会涉足电影制作，而出版公司也不会拥有报纸或电影制片厂。2013 年，Amazon 创始人、互联网大亨 Jeff Bezos 收购了《华盛顿邮报》，这是一个反常现象。即使有些媒体企业集团跨足多个不同媒体领域，通常也会有独立的部门来管理每个领域。

最初，像 Comcast、Altice、AT&T、Verizon、Sprint 和 Dish Network 等交付平台公司并不专注于内容的创作，而是通过有线、卫星和电话网络传输其他公司制作的内容。然而，随着传统有线互联网和无线电信收入的减缓，这些公司决定尝试进入内容 / 广告业务，以获取额外的收入。Comcast 率先收购了 NBC Universal 的多数股权。接着，AT&T 与 Time Warner 合并，而 Verizon 则收购了 AOL 和 Yahoo。

然而，事实证明这项工作比预期的要困难得多。在收购 Time Warner 三年后，AT&T 承认这是一个重大错误，并在 2021 年宣布与有线网络公司 Discovery 达成交易，将 WarnerMedia（包括 HBO 和 Warner Brother）的资产与 Discovery 合并成一个新的、独立的娱乐公司，AT&T 重新专注于宽带通信。对于 Verizon 而言，收购 AOL 和 Yahoo 也是一个代价高昂的错误，Verizon 在 2021 年将其媒体资产出售给了一家私募股权集团。

10.1.6　媒体融合：技术、内容和行业结构

媒体融合是一个广泛使用但定义不清的术语。该术语已被应用到媒体的至少三个维度上：技术、内容（包括艺术设计、制作和分发），以及整个行业的结构。对于消费者而言，融合最终意味着能够在任何平台上随时获取所需的任何内容，无论是在 iPad、Android 手机、iPhone 上，还是在台式机 / 笔记本电脑或像 Apple TV 和 Amazon Fire TV 这样的机顶盒设备上。

技术融合

从技术角度来看，**技术融合**涉及开发混合设备，使其能够通过单一设备提供各种类型的媒体，包括书籍、报纸、电视、电影、音频和游戏。技术融合的例子包括平板电脑（如 iPad）和智能手机（iPhone 和 Android 手机），它们将电话、印刷品、音乐、照片和视频集成在一个设备中。

内容融合

融合的第二个维度是**内容融合**。设计、制作和分发是内容融合的三个关键方面。

在过去，随着媒体技术的不断更新，先前在较旧技术中创建的内容通常完整地保留，几乎没有艺术变化地迁移到新技术中。慢慢地，随着不同媒体的整合，消费者能够在它们之间无缝切换，同时艺术家和制片人也更深入地了解如何在新媒体中传递内容。随着时间的推移，内容本身也发生了变化，因为艺术家学会了如何充分利用新工具的功能。这导致了内容融合和转变，因为新工具影响了艺术的表现方式。例如，15 世纪的画家（如 Van Eyck、Caravaggio、Lotto 和 Vermeer）迅速采用了新的光学设备，如透镜、镜子和早期的幻灯机。这些设备能够在画布上投射出近乎照片质量的图像，推动了新的透视理论和绘画风格的发展，出现了新的风景和肖像绘画技术。这些绘画呈现出了后来在照片中发现的精准、细致和写实的特质（Boxer，2001）。在近几十年里，艺术家和作家也经历了类似的过程，将新的数字和互联网工具融入他们的创作工具中。例如，Apple 的 GarageBand 使低预算的独立乐队能够混合和控制 8 个不同的数字音乐轨道，在较低成本下制作近乎专业水平的录音。书籍作者及其出版商正在利用数字视频和模拟技术来提升读者的体验。在线报纸正在改变新闻周期，使其变成了一个 24 小时不间断的流媒体，同时制作自己的视频频道为读者提供了更多

互动的机会。

在制作方面，数字编辑和处理工具在电影和电视制作中推动了内容融合。鉴于内容创作是最显著的成本之一，因此只开发和制作一次内容，并充分利用数字技术在多个平台上传播，是一种明智的做法。

图 10.5 以图书为例描述了媒体融合和转变的过程。如今，这本书正接近媒体成熟阶段，在这一阶段此书主要以数字产品形式提供，具有大量的视觉和音频内容，可以在多种数字设备上显示。

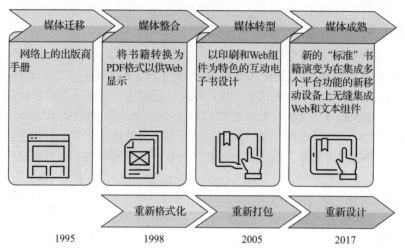

图 10.5 融合和内容的转变：图书

行业结构融合

媒体融合的第三个维度是各种媒体行业的结构。**行业融合**是指媒体企业合并成强大的组合，可以在许多不同的平台上跨市场销售内容，并使用多个平台创作新作品。这种结构融合通常通过合并或战略联盟来实现。传统上，不同类型的媒体，如电影、文本、音乐和电视，都拥有独立的行业，并由少数大型参与者主导。例如，电影娱乐行业传统上由少数几家位于好莱坞的大型制作工作室主导，图书出版由五家大型图书出版商主导，音乐制作由四家全球音乐厂牌公司主导。

互联网的出现催生了一些力量，导致媒体和互联网公司之间的合作变成了一项关键的商业策略。电信公司曾试图通过收购内容制作商来进行横向整合，但大多数尝试并没有成功，许多公司已经放弃了这一努力。相反，科技公司（如 Amazon、Netflix 和 Apple）取得了更大的成功，与内容创作者建立了协同关系。最初，这些科技公司可能缺乏制作内容的能力，但通过商业组合、许可交易和合作解决了这些问题。与电信公司试图直接收购大型媒体公司不同，科技公司通常依赖于与内容公司的合同安排，既保护知识产权又建立双方都接受的业务定价模型。随着时间的推移，科技公司还发展出了制作内容所需的能力。例如，Netflix、Hulu 和 Amazon 制作并分发了自己的原创电视连续剧。Amazon 甚至创建了自己的图书品牌 Amazon Books Publishing，并进入了图书出版行业。从这个意义上说，互联网正在改变媒体行业。

最终，消费者对随时随地获取内容的需求正在推动科技和内容公司朝着战略联盟和战略合作的方向发展以寻求优势。

10.2   在线出版行业

对于文明社会，没有什么比阅读文字更基本。文字是我们记录自己的历史、时事、思想和愿望，并且将其传递给文明社会中能够阅读的人的媒介。即使是电视节目和电影也需要剧本。如今，美国的出版业（由书籍、报纸、杂志和期刊组成）正在迅速向移动互联网发展。互联网为出版业提供了向新一代报纸、杂志和书籍发展的机会，包括随时随地在线制作、处理、存储、分发和销售。同样，若这些企业无法实现转型并保持盈利，互联网也为摧毁现有的印刷出版企业提供了可能。

10.2.1   在线报纸

到 2022 年，报纸仍然是印刷出版业中一个处境艰难的领域。美国报纸行业的收入从 2000 年近 600 亿美元的峰值下降到 2021 年的估计约 200 亿美元左右（见图 10.6）。受影响最严重的是规模较小地区和本地的报纸。在此期间，报纸业的从业人员也急剧减少。降低报纸业收入的数字颠覆始于 2000 年 Web 的崛起和 Google 等强大的搜索引擎的出现，消费者可以搜索并阅读任何主题的新闻文章，而无须查看实体报纸或在线版本。尽管社交媒体已成为在线报纸的主要访问者来源，但这些访问者大多数不会在报纸网站停留超过阅读一篇文章所需的时间。通常，这些短暂的访问者不会阅读整张报纸或与其网络广告进行互动。然而，在互联网和 Web 出现之前，由于早期技术（如广播和有线电视）的影响，报纸的收入也在下降（Congressional Research Service，2022；Pew Research Center，2022b）。

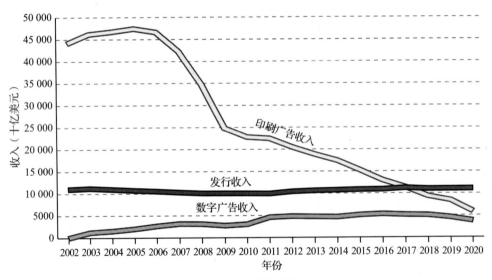

图 10.6   美国报纸收入

过去五年中，从 Twitter 和 Facebook 到 Vox、Vice、BuzzFeed 和 Huffington Post 等替代性纯数字新闻来源的显著增加带来了额外的挑战。在线新闻来源每天吸引着数百万消费者，引导潜在的报纸读者（无论是在线还是离线）远离印刷和数字版报纸最有价值的部分：头版。为应对这一趋势，报纸雇用了专门负责社交媒体的编辑，他们追踪热门话题并在报纸自己的新闻推送上发布文章。主要报纸还专注于重新设计网站和 Facebook 页面，并使用推送通知的方式，向他们的核心用户推送其感兴趣的主题领域的精选文章。报纸的生存将取决于报纸组织能够多快地从印刷转向数字，以及能否迅速将不断扩大的新闻受众转化为收入来源——无论何时何地，在何设备上。

从图 10.6 中可以看出，尽管自 2000 年以来报纸的发行收入（订阅和在报亭销售）基本持平，但印刷广告收入急剧下降，从 2000 年的 480 亿美元下降到 2020 年的约 60 亿美元（其中由于新冠疫情，2020 年较 2019 年下降了超过 20 亿美元）。报纸数字广告收入在 2011 年至 2016 年逐渐增长，然后在几年内趋于平稳，之后因为疫情，在 2020 年显著下降。数字广告收入现在约占总收入的 20%，但这一收入远远不足以弥补印刷广告收入的损失（只有音乐行业经历了类似的毁灭性下降）。预计未来几年，这种下降趋势将继续，各种分析师预测总收入将年均下降 2% 至 6.5% 不等（Dudley，2022；ResearchandMarkets.com，2022）。报纸收入的下降是由以下四个因素导致的：

- 互联网和移动设备作为新闻和广告替代媒体的兴起。消费者上网的趋势已经从印刷报纸中抽走了数十亿美元的广告收入（包括分类广告收入）。这一观点在电视广告中并不适用，我们将在本章后面详细讨论。即使在数字革命期间，广播广告也表现得相当坚挺。
- 新闻、评论、专题报道和文章的数字替代来源崛起。
- 传统报纸公司及其管理人员在构建能够在互联网和移动/社交平台上生存甚至繁荣的商业和收入模型方面遇到困难。
- 社交媒体和搜索引擎（尤其是 Google）的兴起，它们将用户引导到新闻网站而非传统报纸的网站以获取单篇文章。

从以印刷为中心到数字优先：报纸在线业务模型的演变

自 1995 年电子商务和数字广告开始以来，一直到现在，为了适应互联网，尤其是近期的移动和社交平台，报纸已经发展出三种不同的业务模型（见图 10.7）。这三种模型分别是以印刷为中心（1995～2000 年）、印刷/网络一体化（2000～2010 年）和当前的数字优先模型（2010 年至今）。可以从四个方面对这些模型进行比较：

- **搜索和发现**：读者如何找到新闻？
- **意识**：如何使潜在读者了解新闻？
- **参与度**：读者如何与新闻和记者互动？
- **技术平台**：新闻如何、何时以及在哪里传递给读者？（New York Times，2017）

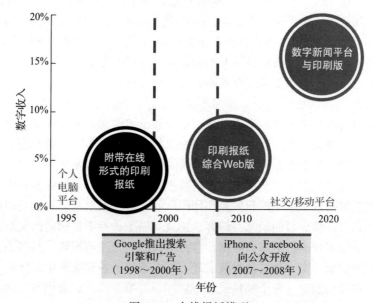

图 10.7 在线报纸模型

这些里程碑反映了 Web 和移动社交平台演进中的重要节点。在 1998 年至 2000 年间，Google 推出了其搜索引擎，并基于 PageRank 算法推出了搜索引擎付费广告。2007 年，Apple 推出了 iPhone，创造了一个真正的移动和通用的网络设备，Facebook 也向公众开放其网站，并在 2008 年有超过 1 亿用户注册，创建了第一个大规模的在线社交网络。

在 Web、搜索引擎、移动设备和社交媒体平台出现之前，读者通过浏览（一种搜索形式）印刷媒介来发现新闻。他们通过阅读头版、栏目页和文章标题了解新闻报道。除了极小部分给编辑写信的读者外，读者通常不与记者、编辑或其他投稿者互动。新闻业被视为一项专业，读者不需要做更多的事情，只需阅读并被显然比他们更加了解情况的人吸引、启示和娱乐。记者整天撰写文章，并在下午 5 点提交；专业编辑修改文章，排版员将文章排版在印刷页面上，然后在午夜后运行印刷机。新闻直播在下午 5 点结束。技术平台是印刷品，而有时会使用彩色（在当时，这被视为一项重大的创新和开支）。

尽管 Web 推出并日益普及，报纸依然保持着其现有的以印刷为中心的战略和文化。在以印刷为中心的时期（从 1995 年到 2000 年），报纸创建了其印刷版的数字副本，并将其在线发布。读者发现新闻报道的方式与以前一样：在线阅读头版，点击新闻链接，点击主题区域或栏目（例如，体育或科技）。新闻报道由业务部门推广，该部门致力于扩大印刷受众，并根据读者群和在线访客数量吸引广告商。数字广告非常有限，部分原因是广告商认为它不够有效。读者与记者的互动仅限于读者阅读新闻并能够与新闻的主题产生共鸣。新闻创作的业务流程没有改变。文章仍然在下午 5 点提交，并继续送交编辑，然后再发送给网络团队和印刷组。印刷版和在线版本之间几乎没有区别，如果有的话，数字版的技术平台主要是台式机或笔记本电脑，用于在家和工作中浏览新闻。

在印刷/网络一体化时期（从 2000 年到 2010 年），报纸采用了视频等多媒体元素，增加了更多的互动元素，如填字游戏和竞赛，并提供了更多的读者反馈机会，尤其是在观点和社论页面。通过使用 RSS 订阅源，可以定制新闻内容并将其呈现给读者。然而，新闻主要是由访问网站的读者发现的，在线推广内容主要受限于 RSS 订阅。读者参与度略有提高，但技术平台仍然是台式机或笔记本电脑平台。

在数字优先时代（从 2010 年至今），媒体行业出现了许多重要的发展，包括智能手机和平板电脑的迅速普及以及社交媒体（如 Facebook 和 Twitter 等社交平台）用户量的巨大增长。它们开始主导消费者在 Web 和移动设备上花费的时间。此外，专注于使用新技术和平台的数字新闻网站的兴起，促使报纸从根本上改变业务，否则就会倒闭。今天的平台不是基于使用浏览器的个人电脑，而是基于移动设备和 App，台式机和笔记本电脑现在只是内容发布平台的其中一个支柱。在这种环境下，新闻不会在下午 5 点停止，而是 24 小时全天候报道。新闻报道从一篇最初的短讯开始，全天更新，变成数千条推文，接着在多个社交网络上被数百万人分享。通常，现场的非专业人士在新闻发生的最初几个小时内对它的了解比任何坐在办公室里的记者都多。非专业人士还会为记者提供视频源素材和评论。

数字优先商业模式颠覆了以前的模式。这种模式的首要任务是制作最具吸引力、不断更新的数字版，然后根据数字版中的新闻制作印刷产品。对于数字新闻初创公司而言，它们没有印刷版，新闻只是连续更新的消息、博客、推文和帖子，而不是固定的文章。数字新闻文章带有时间戳，表示正在进行更新，并提示读者返回继续关注该报道。新闻不再需要等待读者发现或通过搜索引擎搜索，而是通过读者碰巧正在查看的各种渠道中的任何一个呈现给读者：社交网络、移动新闻源、电子邮件或雅虎新闻、谷歌新闻。记者仍然是领取薪酬的专业人士，但他们现在会在社交网络和电视新闻节目中宣传他们的报道和个人形象。他们的工作不再是简单的报道、写作和确保报道事实准确，现在还包括推广他们的报道和在个人层面上吸引读者。出色的报道和写作能力不再是招聘和晋升的唯一标准。现在更加强调记者在自己的社交媒体页面和 Twitter 上吸引受众的能力。

尽管最大的印刷报纸机构，如《华尔街日报》《纽约时报》《华盛顿邮报》等，已经开始转型成为数字优先新闻机构，但数字优先的商业模式对于传统报纸来说还没有完全实现。《纽约时报》于 2014 年启动了数字优先模式，截至 2022 年 6 月，其纯数字新闻订阅者的数量已超过 610 万。《纽约时报》通过增加视觉元素、创作更多原创视频和图形、加入音轨等方式，继续朝着更加数字化的方向发展。同时它还更多地使用数字原生新闻形式。2019 年，《纽约时报》的数字年收入首次超过 8 亿美元，这一数字是它之前承诺在 2020 年底实现的目标，2021 年，它的数字收入接近 11 亿美元，首次突破 10 亿美元大关。《华尔街日报》还推出了一个数字优先网站，重新设计网页和视频页面、iPad 和 Android 的 App，并更加重视在 24 小时新闻周期中完善的突发新闻报道。截至 2022 年 6 月，它拥有超过 300 万数字订阅（New York Times，2017，2022a，2022b；Watson，2022）。《华盛顿邮报》《今日美国》和彭博新闻社都做出了类似的改变，以在移动平板桌面数字市场中取得成功。

在线报业的优势与挑战

报业仍然有一些主要优势，在面对未来的挑战时需要利用这些优势。本节将回顾这些优势和挑战。

优势：报纸受众规模和增长。根据 Pew Research Center 的调查，超过 80% 的美国成年人通过数字设备获取新闻，其中约 50% 的人表示经常这样做。图 10.8 列出了美国各在线报纸的每月独立访客数。就受众而言，在线报纸是所有在线媒体中最成功的一种。

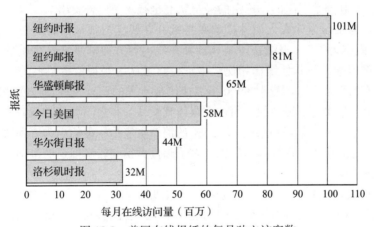

图 10.8　美国在线报纸的每月独立访客数

报纸通过在所有数字平台上提供内容来应对受众的变化。由于现在美国超过 80% 的人通过移动设备访问互联网，报纸不得不通过开发针对移动设备优化的 App 和网站，真正成为多平台媒体。根据最近的一项调查，在目前流量最高的新闻网站中，约有四分之三已经推出了 App。对于大多数报纸而言，移动流量持续增长，而桌面访问者的数量却在下降。在接受调查的美国成年人中，近 60% 的人表示他们经常在移动设备上阅读新闻。相比之下，只有 30% 的受访者表示他们经常使用台式电脑或笔记本电脑阅读新闻。由于年轻人更多地使用移动设备，因此移动报纸的读者群在年轻人中尤为庞大。与老年人相比，年轻人（18~29 岁）更有可能在线阅读新闻。

调查还显示，超过 60% 的美国成年人有时会从新闻网站或 App 中获取新闻。然而，这也表明了传统新闻业所面临的挑战：60% 的人表示他们有时会从谷歌等搜索引擎获取新闻，而 50% 的人表示他们经常或有时会从社交媒体获取新闻。特别是年轻人，他们更有可能从社交媒体获取新闻。因为报纸现在正努力在用户聚集的地方满足他们的需求，所以大多数报纸已在社交媒体上建立了重要的社交媒体形象。例如，《华盛顿邮报》现在拥有超过 600 万的 Instagram 关注者，并正在利用该平台增加订阅量和吸引更年轻的受众（Sternberg，2022；Pew Research Center，2022b，2021a，2021b，2021c）。

在线报纸还吸引了富有、受过良好教育且消费意愿强烈的受众群体。鉴于在线报纸庞大的受众群体，显然报纸的未来在于在线和移动市场，因为传统印刷报纸的读者数量和订阅量仍在持续下降。

挑战：数字广告收入。 尽管报纸行业最初希望数字广告收入成为它们的救星，但到目前为止，这些收入还无法取代报纸行业历史上产生的传统广告收入。而且在过去几年中，数字广告收入的增长已经趋于平缓。越来越多的网站访问者通过社交媒体网站和搜索引擎来查找特定的文章（所谓的侧门入口），而不是直接进入报纸的主页。这些访客通常参与度较低，价值较低。访客的参与度越低（就查看的页面、在网站上花费的分钟数和回访次数而言），向他们展示广告和赚取收入的时间就越少。如果目前的趋势继续下去，报纸不太可能依靠越来越多的独立访问者或越来越多的数字广告收入来扭转过去十年收入下降的趋势。相反，报纸需要在其不断扩大的数字订阅市场上发力，该市场由忠实的读者组成，他们每天都会访问报纸并发表意见。从 2020 年到 2022 年，报纸还面临着应对各种类型广告收入急剧下降的挑战，因为新冠疫情和疫情引起的不确定的经济状况也减缓了广告支出。

优势：内容为王。 为什么人们继续购买报纸并在线支付报纸内容的费用？这可以归结为一句名言：“内容为王”。报纸在印刷和各种在线内容方面都坚守着高质量的内容，这是吸引读者的关键因素。与其他媒体相比，报纸一直被认为是最值得信赖的本地、国家和国际新闻以及评论的来源。一项针对 8000 多名美国成年人的调查发现，报纸是迄今为止最受信任的新闻来源，其次是电视新闻，而社交媒体则被认为是最不可信的新闻来源（Kearney，2018）。地方报纸的广告参与度最高：有 35% 的消费者表示，他们因为看到地方报纸的广告而购买了产品。与此相比，在线展示广告、电子邮件营销和转瞬即逝的移动广告远远无法达到地方广告的参与度。

挑战：寻找收入模式。 1995 年，当第一批报纸网站出现时，报纸开始免费提供内容，只要读者进行注册即可访问。这一做法的初衷是希望广告能够支持网站的运营，并为印刷版内容提供新的收入来源。在某些情况下，免费内容仅限于最受欢迎的文章，而分类广告则成为一项利润丰厚的报纸特许经营权。当时，印刷广告提供了报纸 75% 以上的收入，而订阅收入则贡献了约 25% 的收入。

对一般报纸内容收费在当时似乎是一种可行的策略。但在 1995 年至 2005 年期间，尝试收费的出版物受到了互联网文化的抵制，因为当时人们普遍认为在线内容（如音乐和新闻）应该是免费的。由于前文提到的原因，公众对支付数字内容的意愿发生了较大变化。

报纸（以及在线杂志）开始受益于公众观念的变化。根据对 236 家美国报纸的调查，发现 77% 的报纸采取了某种形式的在线访问费用模式。其中，72% 采用了**计量订阅**模式，即提供有限数量的免费文章访问，但在超过该限制后需要支付订阅费；20% 提供了大部分免费内容，但需要支付订阅费以访问高级内容；仅有《华尔街日报》采用了硬性**付费墙**模式，即没有付费订阅就无法访问文章（Edge，2019；Lewis，2018；America Press Institute，2018）。

与此同时，一个由 2000 家新闻机构组成的行业贸易团体，即新闻媒体联盟（News Media Alliance），提出了一项联邦法案，允许报纸与互联网分销商（如 Google 和 Meta 等）进行集体谈判，以使用新闻机构的新闻内容。这项法案要求解除报纸行业受到禁止此类行业合作的《谢尔曼反托拉斯法》的限制。新闻媒体联盟认为，Google 和 Meta 垄断了网络广告行业，损害了新闻机构生产内容的能力（包括报道、编辑、创建标题和撰写故事），而这些内容在 Google 和 Facebook 上被无偿使用或发布。虽然这项法案成为法律的前景不明朗，但它增加了对互联网巨头的压力，要求他们支付更多费用来使用合法新闻网站的内容。同时，Meta 曾与多家领先新闻机构达成"试点"协议，授权其在 Facebook 新闻选项卡上使用其内容，但在 2022 年 7 月宣布不再这样做。Google 也推出了类似的计划，名为 Google News Showcase，以响应澳大利亚和欧盟的新法律，要求 Google 和 Meta 支付新闻内容的费用，但美国出版商普遍认为这个计划远远不够（News Media Alliance，2022；Lawler，2022；Shah，2021；Turvill，2021）。

挑战：纯数字竞争者的增长。网络为报纸提供了扩展其印刷品牌的机会，但同时，网络也为数字创业者提供了机会，他们可以创建专门的网站来解构报纸的内容。这些网站涵盖了流行的内容，如天气、分类广告（例如 Craigslist）、餐厅信息和产品评论（如 Yelp），以及与在线报纸竞争的国内外时事新闻网站和 App。尽管传统印刷报纸行业的收入不断下降，但创业者仍然在新闻网站甚至印刷报纸上投入了大量资金。这些投资主要基于一种信念，即独立新闻和新闻行业是互联网时代需要保护的国家财富。

尽管印刷报纸吸引了一些富有的个人投资者，但风险资本投资者已经向纯数字在线新闻网站投入了数十亿美元。表 10.2 列出了一些领先的本地数字新闻网站。本地数字新闻公司在 2014～2019 年期间经历了快速增长，尽管此后增长速度有所放缓，但今天，一些顶级的本地数字网站拥有与全国知名报纸相当甚至更大的受众规模。图 10.9 按照其每月独立访问量列出了其中一些顶级网站。

表 10.2　本地数字新闻网站

公司	说明
Huffington Post	成立于 2005 年，2011 年被以 3.5 亿美元的价格卖给 AOL。它从传统新闻媒体、受邀的付费博客作者、大量的无偿博客作者和原创报道中汇集内容
BuzzFeed	成立于 2006 年。专注于利用社交媒体产生病毒式的新闻报道、可分享的内容（如测验和列表文章）以及照片。也包括更传统的新闻话题，如政治、商业和技术。最初是一个新闻聚合网站，但现在聘请记者进行传统的新闻报道。于 2021 年上市
Vox	成立于 2014 年。涵盖政治和一般新闻。避开横幅广告，转而使用赞助的视频和新闻报道。请参阅"商务洞察"案例，以了解更多关于 Vox 及其母公司 Vox Media 的信息
Politico	成立于 2007 年。涵盖美国和国际的政治和公共政策。目前拥有近 900 人的团队，其中 700 人在北美。于 2021 年被以超过 10 亿美元的价格卖给了德国出版公司 Axel Springer
Axios	成立于 2016 年。涵盖政治和一般新闻。文章通常简短，并使用项目符号来使其更容易阅读。在 2022 年，同意被其主要投资者 Cox Enterprises——一家以有线电视和宽带业务为主要收入来源的家族媒体公司——以 5.25 亿美元的价格收购

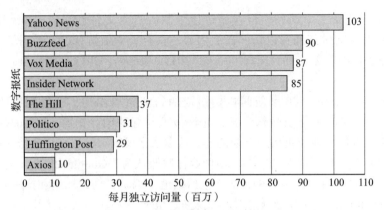

图 10.9　本地数字新闻网站的每月独立访问量

然而，并非所有的数字新闻服务都能够取得成功，到目前为止，只有少数几个公司能够实现盈利。图 10.9 中的许多本地数字网站不得不因为经济状况而裁减员工。事实证明，本地数字新闻网站面临着与传统报纸相似的问题，即忠实读者不多、缺乏广告收入，以及来自 Google 和 Meta 等大公司的竞争。甚至连颠覆者也面临着被颠覆的风险（Hagey and Alpert，2019）。

挑战：在数字颠覆中生存。报纸行业看似是一个典型的颠覆性技术案例，互联网、移动设备以及 App 摧毁了基于实体产品和实体分销的传统商业模式。现有的印刷报纸（现有者）随着时间的推移缓慢改进其产品。新兴公司（颠覆者）推出了新产品（例如 Huffington Post、BuzzFeed、Vox），虽然质量不如现有者的产品，但基于先进技术。这些新产品通常更便宜，甚至免费，面向未被充分服务的或全新的市场，通常由行业新进者创建和推广。最终，颠覆者的产品得到改进，变得更易于接受或足够优质。在这一点上，新产品和颠覆者开始夺取现有者大量的市场份额，最终导致现有者失败。现有者失败的原因有多种：昂贵的传统生产过程、大量的人力资本投资、不适应文化变化、无法应对商业和技术环境快速变化等。可以参考"商务洞察"案例，以更详细地了解一个本土数字新闻创业公司如何试图颠覆传统报纸。

纯数字新闻网站相对于印刷报纸具有许多优势。它们免去了印刷成本，可以建立更高效和及时的工作流程和业务流程。它们具有更低成本的结构，通常依赖于用户生成的内容，并支付记者和博客作者最低的费用，养老金成本较低或者没有。此外，它们可以利用最新技术制作新闻。尽管这些纯数字网站的新闻质量最初不如传统印刷报纸，但随着它们从遇到财务困难的印刷报纸公司中吸纳有才华的记者和编辑，这一状况正在逐渐改变。

商务洞察：Vox——原生数字新闻

Vox Media 成立于 2003 年，从成立之初就采用了一种独特的策略。它没有像传统报纸那样创建单一的数字新闻网站，并展示不同兴趣领域（如体育、商业或娱乐），而是将通用新闻网站分解为多个专注于特定领域的细分网站，并用来自创建或购买的数百个不同的博客的内容填充网站。这个公司旗下有 SBNation（由 300 多个关注各职业队伍的独立网站组成的集合，每个 SBNation 网站都有自己的名称、网址、品牌和作者），以及其他一些专业网站（这些网站往往本身也是博客或网站的集合），包括 Eater（食品）、The Verge（文化）、Polygon（游戏）、Recode（技术）和 Vox.com（一个综合新闻和评论网站）。这种分解带来了更高的读者参与度。

Vox.com 创建于 2014 年，当时 Vox 从《华盛顿邮报》聘请了受人尊敬的政治记者 Ezra Klein。它提出了"解释性新闻"的理念，旨在提供深入和详细的分析。Vox.com 最初使用了"card stacks"技术，允许读者逐渐获取新闻，但后来采用了"packages"的报道模板，即一组具有统一主题（如与特定城市或特定政治话题相关的内容）的文章及其各自的页面。Vox 希望其格式能吸引移动读者和社交网络用户，并希望其内容在与印刷报纸的数字版本相比时能脱颖而出。Vox 的使命是以易于理解的语言提供清晰的内容和背景信息，让人们获得理解周围世界所需的信息和见解，从而解释新闻。Vox 在这方面取得了巨大成功，甚至得到了《纽约时报》评论版的赞扬。

Vox Media 由于其技术、文化和商业组织被认为处于数字新闻出版的前沿。Vox 的首要目标之一是投资数百万美元开发一个名为 Chorus 的内容管理系统（CMS）。Chorus 的功能不仅限于内容的创建和管理，它还提供发布环境。记者和编辑完成写作后，会使用 Chorus 在各种网站和社交媒体上发布内容。Chorus 为记者提供了前所未有的控制和自定义级别，包括与读者评论互动的能力以及整合他人故事中的内容的能力。2018 年，Vox 开始将 Chorus 授权给其他数字媒体平台，目前的用户包括 *Chicago Sun-Times* 和 *Deseret News* 等。2019 年，Vox 收购了 Coral Project，这是一个开源的评论/审核平台，致力于构建更安全、更高效的在线社区，目前已有包括 *Financial Times* 和 *Los Angeles Times* 在内的 60 多个品牌在使用它。2022 年，Coral 被纳入数字公共产品联盟注册表。

将新闻拆分为更加集中的垂直网站，并利用技术降低成本、提高内容创作速度，为 Vox 的发展奠定了良好基础。但要发展成为一个盈利企业（2019 年其首次实现该目标），Vox 需要实现收入来源的多样化。除了 Chorus 平台外，Vox Media 还开发了 Concert，这是一个覆盖超过 2.3 亿人的程序化广告网络。Concert 在其风险投资方 NBCUniversal 的帮助下推出，目前已被 100 家媒体公司和 700 多个品牌使用，产生了近 130 亿次广告展示。为了进一步拓展 Concert 平台，2020 年，Vox 与 Google 合作，推出了专注于本地市场的版本——Concert Local。2022 年，Vox 通过推出一个供应方平台（SSP），进一步扩展了 Concert，该平台将允许 Vox 通过剔除第三方广告技术中介，在其 Concert 广告网络与其服务的广告商之间建立直接联系。

Vox Media 还推出了另一个广告平台 Forte，这是一个完全依赖第一方数据（即从访问 Vox Media 数字资产的消费者那里获得的数据）的广告定位平台。Forte 使用其收集的数据来帮助广告商更好地了解这些消费者在观看广告后是否有可能购买商品或采取行动。由于对隐私的高度重视，第三方数据变得更加难以利用，Vox Media 将 Forte 定位为一种工具，使营销人员能够摆脱对第三方数据的依赖。另一个途径是 Vox Media Studios 娱乐部门，该部门制作优质的非虚构类节目，包括在 Netflix 上播出的 Vox 的系列节目 *Explained*、在 PBS 上播出的 Eater 的系列节目 *No Passport Required*。它还与 Hulu 达成多年协议，为 Hulu 提供美食节目。Vox Media Studios 还包括 Vox Media Podcast Network 和 Epic 电影电视制作公司。

此外，Vox 正在扩大其数字媒体组合。2019 年 9 月，它收购了纽约媒体集团，该集团包括《纽约杂志》的纸质版和数字版，以及几个数字媒体平台，如 The Cut、Grub Street、Intelligencer、The Strategist 和 Vulture。Vox 将继续出版《纽约杂志》的纸质版，但也将专注于开发多种收入来源。

然而，与几乎所有其他业务一样，Vox Media 的计划被新冠疫情打乱了。尽管 Vox

Media 在 2019 年盈利，但由于广告支出的大幅减少，其收入在 2020 年有所下降。为应对疫情，Vox 从 2020 年 5 月 1 日至 7 月 31 日期间让 9% 的员工（约 100 人）休假，并冻结和削减某些薪资。然而，它在 2021 年实现反弹，全年招聘了 200 多人。2021 年 12 月，它宣布收购 Group Nine Media，将 Group Nine 的品牌 Popsugar、The Dodo、Thrillist、Seeker 和 NowThis 添加到 Vox Media 阵容中。合并后的公司预计在 2022 年产生超过 7 亿美元的收入和超过 1 亿美元的利润。此次收购还将使 Vox 能够增加来自 Group Nine 品牌受众的数据，从而扩大 Vox 的第一方数据平台 Forte 的覆盖范围。

在线新闻网站通常可信度不高。例如，BuzzFeed 一直是许多诉讼的对象，这些诉讼指控它复制来自竞争对手的报纸和网站的内容，不注明出处，而且声称这些内容是自己的。本地数字新闻网站可能会充斥着名人照片、引人点击的标题，成为几乎没有原创报道的干扰源。

如果报业有未来，那将是在线的和多平台的。报纸面临的挑战是通过专注于其他任何地方都无法获得的差异化、及时且独家的内容来创造价值，转变其新闻文化，提供持续的新闻内容流，就像其纯数字竞争对手所做的那样，并让这些内容可以随时随地在任何设备上访问。简而言之，报纸必须成为数字优先出版物，同时保持其历史质量优势并迎接来自纯数字竞争对手的挑战。主要印刷报纸正专注于实现这一转变，并增加其数字订阅和数字广告收入。

10.2.2　杂志在数字平台上反弹

互联网和万维网最初对杂志销售的影响相对较小，部分原因是当时计算机屏幕无法媲美高分辨率和大幅面的杂志图片，比如《生活》或《时代周刊》杂志中的图片。然而，随着电脑屏幕技术的改进，网络视频的普及，以及彩色出版的经济格局变化，印刷杂志的销售量开始急剧下降，广告商也开始将关注点转向在线平台，因为越来越多的读者通过网络获取新闻、一般性新闻和事件的图片报道。自 2001 年以来，杂志的报摊销售量显著下降。

尽管印刷订阅和报摊销售在过去几年有所下降，但仍然有一些人，特别是年轻人，继续阅读杂志。根据 MPA（Association of Magazine Media）的数据，约有 2.2 亿人通过印刷 / 数字复制版、网络、移动设备或视频与杂志内容进行互动。杂志在社交媒体上的表现良好，部分原因是它们令人惊叹的照片和图像。杂志在 Facebook 和 Instagram 上获得了超过 7000 亿个"赞"和粉丝（MPA，2021）。美国杂志行业的总收入在 2021 年估计达到了 280 亿美元（Ibisworld，2022）。然而，数字广告收入仅部分弥补了印刷广告收入下降的损失。解决方案之一可能是对访问数字版的用户收取订阅费，当前数字版通常是免费的。此外，杂志出版商还依赖于像 Apple News+、Zinio、Magzter 和 Flipboard 等杂志聚合器，这些平台允许用户在一个 App 中找到他们喜欢的杂志。**杂志聚合器**是一个网站或 App，可为用户提供许多数字杂志的在线订阅和销售。

要生存下去，杂志必须创造一个独特的数字在线和移动版本，同时保持其独特的品牌和质量，并在大多数情况下继续提供印刷版。例如，《纽约客》成立于 1925 年，出版了一些最杰出和最知名的作者撰写的新闻报道、文化评论、短篇小说和艺术作品，包括漫画和电影评论。该杂志在 2014 年引入计量付费墙后，经历了数字化改造。《纽约客》的数字版是 24 小时全天候生产的，而印刷版则仍然是按照截稿日期驱动的年刊。《纽约客》积极在 Facebook、Twitter、Instagram 和 Pinterest 等社交媒体上建立在线账户，并创建了一系列新闻通讯和博客。《纽约客》的移动受众增长迅猛。与最初的预期相反，移动读者更有可能在他们的手机上而不是在台式机上阅读长篇故事。因此，数字化改造起到了作用：《纽约客》通常每月有约 2000 万独立访问者，印刷版和数字版的读者人数超过 100 万的订阅者，每年订阅费为 90 美元。目前订阅收入占总收入的 70% 以上，比广告收入更加稳定。纯数字订阅的费用仅为每年 60 美元（Silber，2022；Mullin，2017；Bilton，2014）。与报纸一样，杂志的未来与数字订阅的增长息息相关。

10.2.3 电子图书和网络图书出版

图书出版行业与互联网的经验确实与报纸和杂志行业有很大不同。尽管电子书销售增长迅速（早期每年增长 25% 或更多），但印刷书籍的销售和图书出版收入仍然相当稳定。在 2021 年，美国图书出版行业产生了约 290 亿美元的收入，比前一年增长了 10% 以上（Anderson，2022；Association of American Publishers，2022）。虽然电子书（包括通过各种在线渠道如 Amazon 出版和销售的独立电子书）的收入估算结果各不相同，但一些分析人士认为，它们目前占据图书出版总收入的 20% 左右（Ebook. com，2022）。美国成年人阅读纸质书籍的比例仍然很高，最近的一项调查发现，65% 的人在过去一年读过纸质书，而阅读过电子书的人的比例约为 30%。只有 9% 的人表示他们只阅读数字格式的书籍，不阅读任何纸质书籍（Pew Research Center，2022a）。

第一本在商业上取得成功的电子书是 Stephen King 的 *Riding the Bullet*，这是一部 66 页的中篇小说，于 2000 年发布在 Amazon 上。起初它是免费的，第一天就有 40 万次的下载量，导致 Amazon 的服务器崩溃。即使价格上涨到 2.5 美元，人们对它的需求仍然很旺盛。十年后，来自明尼苏达州奥斯汀的不知名作家 Amanda Hocking 将 *My Blood Approves* 这本关于吸血鬼的小说上传到了 Amazon 的自出版网站，后来又上传到了 Barnes & Noble 电子书店。这本小说曾被纽约的许多出版社拒绝，然而，在一年内，Hocking 就售出了 100 多万本，收入超过 200 万美元。

在十年的时间里，电子书给书籍的写作、销售和分发过程带来了重大变化。它们已经从主要作者的体验变成了数百万读者的日常体验，并为作者提供了一个前景广阔的新市场。现在出现了一个全新的自出版作者渠道，这个渠道不受主要出版公司及其专业编辑的控制。然而，只有极少数独立作者的电子书销量超过 100 万册，只有大约 1000 名作者的版税超过 100 000 美元（Haysom，2022）。绝大多数独立作者无法仅靠电子书销售谋生。

在图书总销量中计算独立电子书销量是很困难的，因为在 Amazon 上销售的大多数自出版的电子书都没有 ISBN（国际标准书号），因此，不被出版业计算在内，而出版业的书都有 ISBN。关于电子书销售的行业报告仅包括那些拥有 ISBN 的出版物。图书发行市场已经发生了巨大变化，但很明显，就收入而言，主要出版公司仍然保持着其作为图书内容收入重要来源的地位。此外，尽管像 Borders 和 Waldenbooks 这样的连锁书店已经被淘汰，Barnes & Noble 面临重大挑战，但自 2009 年以来，小型独立书店的数量已经增长了近 50%。独立书店最初从 2002 年的约 4000 家下降到 2009 年的约 1900 家，这主要是因为像 Barnes & Noble 这样的全国性连锁书店的增加以及 Amazon 在线图书销售的增长。但从 2009 年到 2018 年，有 570 家独立书店开业。在新冠疫情之前，独立商店的数量仍在增长，许多独立商店通过赞助社区活动、策划和展示书籍以及为图书爱好者创造一种支持性的文化等方式，成功地转变了他们的传统商业模式和技术，以与 Amazon 竞争，从而证明在某些情况下，传统的商业模式和技术可以适应新的数字模式和技术（Raffaelli，2017，2020）。然而，独立书店的命运，就像所有小型零售商的命运一样，在疫情和当前的经济形势下仍充满不确定性。

Amazon 和 Apple：数字媒体生态系统

尽管电子书和电子书阅读器的前身在 21 世纪初就已问世，但直到 2007 年，电子书的未来才得到确立。那一年，Amazon 推出了 Kindle，它允许用户使用 AT&T 的蜂窝网络从 Kindle 商店下载书籍。2009 年，Barnes & Noble 推出了其 Nook 电子阅读器，2010 年，Apple 推出了其第一台 iPad 平板电脑，这时电子书的发展再次获得动力。iPad 有着高分辨率的大屏幕，更适合阅读电子书。自推出以来，Amazon 对 Kindle 进行了大幅的改进，并提供了与 iPad 竞争的 Fire HD 平板电脑。然而，Kindle 和 Fire 平板电脑不再是 Amazon 电子书业务的核心，因为 Amazon 已经为智能手机和其他移动设备添加了 Kindle 应用程序。

如今，Amazon 是电子书市场的主导者，Apple 紧随其后。Amazon 的 Kindle 商店和 Apple Books 商店都包含数百万种图书。Amazon 和 Apple 生态系统将硬件、软件和在线大型商店相结合，其结果是在线图书内容、读者群、作者群和营销方面呈爆炸式增长，并且至少部分颠覆了传统的图书出版和营销渠道。

写书和出版书的过程也同样发生了变化。在传统流程中，作者与代理人合作，代理人将书籍手稿出售给编辑和出版商，然后他们决定书籍的价格并通过书店销售。因为书店的既得利益是卖书获利，所以只在清仓销售期间有有限的折扣。在新的出版模式中，不知名的作者仍然写书，但随后绕过传统的代理和出版商渠道，转而自出版，并在 Amazon 或 Apple 上销售数字书籍。书籍价格由作者决定，通常远低于传统书籍的价格——传统书籍的价格往往取决于作者的受欢迎程度。数字分销商会从销售额中抽取一定比例（通常为 30%）。新的自出版的作者通常会赠送他们的早期作品以吸引读者，然后，当读者群出现时，他们会对书籍收取少量费用，通常为 99 美分到 2.99 美元。营销是通过社交网络、作者博客和公开阅读等口耳相传的方式进行的。尽管迄今为止只有极少数自出版的作家发家致富，但这种可能性足以激起成千上万伟大的美国小说以及小众类型小说（从警匪侦探小说到超自然浪漫小说）潜在作家的热情。

电子图书商业模式

电子书行业由中间零售商（包括实体店和在线商家）、传统出版商、技术开发商、设备制造商（电子阅读器）和自出版服务公司组成。这些参与者共同追求各种各样的商业模式，并建立了许多联盟，努力将文本转移到桌面和越来越多的移动屏幕上。

目前有五大出版商主导着美国大众图书、教育图书和宗教图书的出版。这些传统出版商拥有最大的内容库，每年出版的新书大部分都是它们的作品。在电子书市场，主要出版商一开始采用**批发**的分销和定价模式，部分原因是这与它们在纸质书上使用的模式相同。在这种模式下，零售商店以批发价购买图书，然后再决定以什么价格向消费者出售图书。当然，零售商在设定价格时，要与出版商达成共识，即这本书不会免费赠送。在过去，批发价是零售价的 50%。在电子书方面，出版商发现，Amazon 和 Apple 等一些网络零售商开始以低于成本价的价格出售图书，以鼓励客户购买他们的电子书阅读器或其他商品。对 Amazon 和 Apple 来说，电子书的真正价值在于销售数字设备。2011 年，Amazon 不仅销售了数百万台 Kindle，还销售了 90% 的电子书。因此，Amazon 实际上垄断了电子书市场。

对此，排名前五的出版商和 Apple 一起推出了代理分销模式，即经销商是出版商的代理，被指示以出版商确定的价格销售电子书，某些书的价格在 14.99 美元左右，甚至更高。为获得 30% 佣金的回报，Apple 支持这一模式，Google 也同意，但这两家公司都不愿意看到 Amazon 主导在线内容销售最热门的领域之一。Amazon 的价格也涨到了 14.99 美元左右，其市场份额跌到了 60%。

不过，美国司法部起诉这五家出版商和 Apple 公司操纵价格，这违反了反垄断法。这个案子已经了结，Apple 支付了 4.5 亿美元的罚款。Amazon 和这五家出版商最终达成了非正式的和解：出版商现在设定电子书的价格，通常与印刷版相同或更高。Amazon 对纸质书打折，但不低于批发价。如今，每个出版商（而不是一个行业联盟）都与 Amazon 就图书价格达成协议（代理模式）。各大出版商的电子书价格不一，但一般都在 15 美元左右。

2014 年，Amazon 推出了订阅电子书服务 Kindle Unlimited。Kindle Unlimited 拥有数以百万计的电子书目录，订阅者一次可以借阅 10 本书。据报道，Kindle Unlimited 有 200 万至 300 万订阅者，订阅模式在电子书销售方面还没有达到它在音乐或家庭娱乐行业所达到的成功程度。主要原因是五大出版商加起来仍占美国图书销量的 60% 左右，而迄今为止只将其目录中非常有限的部分授权给了该服务（Rosenblatt，2020）。

10.3 在线娱乐行业

在本节中，我们将首先全面了解在线娱乐行业的总体情况，然后将更密切地关注每个主要部分：电视，电影，数字音频（音乐和播客）和游戏。这些娱乐产业在 2021 年总共为美国创造了约 2850 亿美元的收入，其中包括数字和传统模式的收入。近年来，划分这些不同行业的界限开始变得模糊，尤其是在家庭娱乐领域，这一领域既涉及电视，也涉及电影。图 10.10 展示了娱乐产业各个部门的相对规模。到目前为止，广播、有线和卫星电视行业是最大的，通过广告、有线电视和卫星电视的收费创造了大约 1570 亿美元的收入。电视和电影行业在家庭娱乐收入中都有份额，包括实体和数字点播销售、租赁以及订阅服务（约 320 亿美元）中的电视剧集和长片电影。2021 年继续受到新冠疫情严重影响的美国电影票房收入为 45 亿美元。游戏行业通过硬件、软件和网络游戏的销售创造了约 600 亿美元的收入。音乐产业由广播和录制音乐组成，它们总共产生了约 290 亿美元的收入。录制音乐产生了大约 150 亿美元的收入，最终超过了 1999 年 140 亿美元的峰值，这主要是流媒体收入的结果。广播仍然是一个强大的收入来源，产生了约 140 亿美元的收入，主要来自 FM 和 AM 广播技术的广告收入。播客收入目前只占收入的一小部分（2021 年约为 13 亿美元），但预计未来几年这一数字将迅速增长。

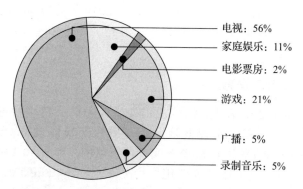

图 10.10 按收入份额划分的美国娱乐业主要参与者

　　娱乐行业如同其他内容行业一样，深刻地经历了互联网的崛起、移动设备的迅速普及，以及大型科技公司对视频点播订阅服务和原创内容的大规模投资。这其中有几个重要因素在发挥作用。移动设备，加上 Apple、Amazon、Netflix、Hulu 和许多其他公司提供娱乐内容的便捷性，使消费者的偏好发生了改变，无论是订阅、点播还是按次付费的观看形式，都增加了对这类内容的需求。社交网络也促进了娱乐内容在桌面和移动设备上的传播，还在其服务中加入了视频和直播功能，同时也提供了分享电视和电影体验的平台。

　　Pandora、Spotify、Apple Music 和 Amazon Music 等音乐订阅服务吸引了数百万用户，用户愿意为高质量、具有可移植性和便利性的内容付费。宽带互联网的发展使各种娱乐内容在有线和无线网络上传播变得更加容易，有可能取代传统的有线和广播电视网络。Kindle 和 Apple Music 等封闭平台以及 Netflix 等流媒体服务也致力于减少对 DRM 的需求。流媒体音乐和视频本质上更难下载到计算机上。所有这些因素结合在一起，带来了娱乐业的转型。

　　在理想的世界里，消费者能够随时随地使用任何联网设备观看任何电影、收听任何音乐、观看任何电视节目以及玩任何游戏。这种融合媒体世界的理想形态尚未完全实现，但显然，这正是互联网娱乐产业的发展方向，部分原因是技术将促成这一结果的实现，但也因为 Amazon、Google、Apple 和 Netflix 等超大规模的综合技术媒体公司的出现。许多分析人士认为，未来的大型娱乐媒体巨头将是进军内容生产的科技公司，而非内容生产商。这一转型已经开始。

　　提到线下世界的娱乐制作商，我们往往会想到 CBS、NBC、ABC、Fox、HBO 和 Showtime 等电视网络，想到 MGM、Disney、Paramount 和 21st Century Fox 等好莱坞电影制片厂，以及 Sony BMG、Atlantic Records、Columbia Records 和 Warner Records 等音乐唱片公司。如今，这些品牌中的许多都在互联网上建立了重要的娱乐业务，提供自己的流媒体和点播服务。虽然电视节目和好莱坞电影等传统娱乐形式在网上已司空见惯，但电视和电影业都没有建立起全行业的传输系统。相反，它们正在与 Netflix、Google、Amazon、Facebook 和苹果等技术型互联网发行商建立关系。与有线电视网络类似，这些公司都已成为媒体发行和内容领域的重要参与者。互联网已成为新的发行渠道。

　　参考图 10.4，回顾 2019 年至 2024 年美国主要行业（网络游戏、在线电视和电影、在线音乐）的在线娱乐收入增长情况。目前网络游戏收入最高，预计到 2024 年将继续保持这一水平。尽管与前几年相比，在线电视和电影的增长速度有所放缓，部分原因是订阅服务的日益普及和成本增加，但预计它们的收入也将继续增长到 2024 年。尽管所有形式的在线音乐收入在绝对值上远小于在线电视、电影和游戏的收入，但预计到 2024 年也将继续增长。总体而言，在线娱乐收入增长势头强劲，从 2019 年的约 600 亿美元增长到 2022 年的估计 1250 亿美元，在此期间翻了一番多，这解释了为什么这么多公司专注于在线娱乐市场。

10.3.1　家庭娱乐：电视和电影

　　到 2022 年，电视和电影家庭娱乐行业仍处于向新的交付平台过渡的过程中，即通过智能联网电视、智能手机、平板电脑以及专用数字媒体设备（如 Apple TV、Google Chromecast、Amazon Fire TV 和 Roku 等）实现的互联网，如表 10.3 所示。Roku 是排名第一的数字媒体设备，有超过 1.15 亿人使用，其次是 Amazon Fire TV，约有 1.05 亿人使用（Insider Intelligence/eMarketer，2022f）。

表 10.3　数字媒体设备

设备	描述
Apple TV	提供 Apple TV App 的内容以及数千个其他频道/App 的内容，包括 Amazon Prime Video、Netflix、Hulu、HBO、Showtime 等。不提供访问 Google Play 的权限。包括触摸板遥控器和 Siri 语音识别功能
Google Chromecast	流媒体内容来自 Google Play 商店以及 Amazon Prime、Netflix、Hulu、HBO、ESPN、YouTube 和数千家其他提供商。必须拥有提供这些服务访问权限的账户。不提供对 Apple TV 的直接访问。与其他具有屏幕界面的设备不同，Chromecast 可以显示通过遥控器选择和播放的频道/App。使用 Chromecast，你可以在 Chrome 浏览器或移动设备上找到你想要的内容，然后通过 Chromecast 播放器将其投放到你的电视上。它是成本最低的设备
Amazon Fire TV	与 Amazon Prime TV 紧密结合，提供访问 Amazon 原创内容和数千家其他内容供应商的机会，现在也包括 Apple TV。Google Play 内容可以通过 YouTube App 访问。有两种基本型号：机顶盒（Fire TV）和 Fire TV Stick
Roku	流媒体内容来自 3000 多个频道/App，包括 Netflix、Amazon Prime Video、Apple TV、Google Play、HBO 等。必须拥有提供这些服务访问权限的账户。从机顶盒到流媒体棒，有各种型号可供选择，它们在性能、功能和价格上都有所不同

　　过去，消费者获得电视信号的主要方式是通过无线广播公司、有线电视和卫星分销商。如今，Apple、Google、Amazon、Hulu、Netflix 等强大的科技公司已经开发并主导了另一种 OTT 服务，即通过互联网服务而不是有线或卫星电视服务，为消费者提供电视节目和电影。OTT 服务包括购买或租赁后下载内容的功能，以及订阅流媒体和"直播"电视服务（见表 10.4）。

表 10.4　主要 OTT 服务

服务类型	描述
购买/租赁和下载	
Apple TV	除了 Apple TV+ 订阅视频点播（SVOD）服务外，还提供 30 000 多部电影和 6500 多部电视节目供购买/租赁。购买电视节目的选项包括单集、整部、季票和多季度票。
Amazon Prime Video	除了 SVOD 服务，还提供购买或租赁数千部电影和电视剧集的选项，可以点播或凭季票观看
SVOD 服务	
Netflix	包括数千部电影和电视连续剧以及原创节目。已经宣布计划在 2022 年 11 月推出含广告的服务
Amazon Prime Video	包括数千部电影和电视剧集以及原创节目。Amazon Prime 订阅者免费，非订阅者每月 8.99 美元，包含一些原创内容的广告。100 多个付费频道（HBO、Showtime、Starz）也额外收费
Hulu	包含来自广播和有线电视网的电视连续剧、新电影和经典电影、原创节目。可提供广告和无广告计划
Apple TV+	于 2019 年 11 月推出。包含原创电影和电视剧。没有广告
广播/有线 SVOD 服务	
Paramount+	包含 CBS 电视直播频道（新闻、体育、赛事）加上 30 000 多部电影和 CBS 节目的点播。提供无广告和有广告的计划
Discovery+/HBOMax	包含电视剧、电影、纪录片和其他原创节目。没有广告
Showtime Anytime	包含实时和按需访问 Showtime 节目。没有广告

（续）

服务类型	描述
Disney+	于 2019 年 11 月推出。电影和电视剧，包括来自 Disney 旗下品牌如 Pixar、Marvel、Lucasfilm 和 National Geographic 的原创内容。宣布计划在 2022 年 12 月推出含广告的套餐
"实时" / 按需 OTT 服务	
Sling TV	由 Dish Network（卫星提供商）提供。包含 30 到 50 个直播电视频道（来自国家、地区和地方广播和有线电视网络），以及 40 000 多个点播节目。含有广告
DirecTV Stream（前身为 AT&T TV Now）	由 AT&T 提供 140 多个直播电视频道，以及 40 000 多个点播节目。含有广告
带电视直播的 Hulu	超过 75 个频道的直播内容，包括体育、新闻、电视节目的当前剧集以及点播电影、电视和原创节目。含有广告
YouTube 电视	根据地点的不同，提供 85 到 100 个直播电视频道，包括地区体育和有线电视网。包含一些原创节目。也可以点播。含有广告

因此，正如本章开头所讨论的那样，有线 / 卫星电视分销模式受到了挑战。这一转变之前，消费者曾经向数字视频录像机（DVR）转变，但这两种转变是密切相关的，消费者不再希望受到电视行业高管的节目制作和日程安排决策的约束。从 Apple 电视和 Amazon Prime Video 等发行商，以及 Netflix、Amazon、Apple TV、Hulu 等提供的流媒体订阅服务商那里方便地下载电视节目和电影，为传统的有线 / 卫星电视传输系统提供了一个重要的替代方案。OTT 服务提供非捆绑的、按次点播的访问方式：消费者不必购买一大堆频道，其中大多数他们从来不看。电视观看也不一定是按顺序的。随着播出的顺序观看一部电视剧的方式，正逐渐被在相对较短的时间内一次性看完所有剧集的方式所取代。Netflix、Amazon、Apple TV 和 Hulu 等 OTT 分销商正在获得相对于电视和电影制作公司的市场力量，而有线 / 卫星电视传输系统正在失去优势。

尽管通过有线 / 卫星系统观看付费电视的美国家庭数量正在下降（从大约 1 亿的高位下降到 2022 年的大约 7000 万），但家庭中的大电视屏幕仍然像以往一样受欢迎，这得益于社交网络上对当前电视节目的热烈讨论以及互联网智能电视的普及。2022 年，约 65% 的美国人口（约 2.2 亿人）在有线 / 卫星电视之外使用 OTT 订阅服务，到 2026 年，这一比例预计将增加到近 70%（约 2.4 亿人）(eMarketer, Inc., 2022c)。

这个新平台正在改变消费者看电视的方式、时间和地点。"家庭娱乐"这个词已经变得有些不恰当，因为观看已经扩展到家庭之外。通勤或旅行时，最好的屏幕是智能手机或平板电脑屏幕。云计算将关注点从内容的所有权转移到以流媒体服务的形式随时随地从任何设备访问内容上。流媒体已经取代下载成为消费者首选的观看平台，订阅流媒体服务的扩张速度超过了内容的购买和下载速度。

互联网和移动平台也改变了观看体验。在过去，看电视通常是一种社交活动，包括家人和朋友在同一个房间里观看一个电视节目。如今，社交圈已经扩大到包括不同地点的朋友，共同观看节目，并在节目进行时发送短信、发表评论、在线聊天，从而将电视从"向后靠，享受"的体验转变为"向前靠，参与"的体验。在今天的电视体验中，最重要的活动可能不是屏幕上的内容，而是人们对屏幕上的内容说了些什么。

在好莱坞，向数字传播平台的过渡正在顺利进行，该行业准备保持其收入来源。随着消费者在移动设备、桌面电脑和家庭电视上完全连接到宽带网络，好莱坞推出了一系列可供选择的观看选项。因此，消费者在电影娱乐上的支出一直保持稳定，数字平台上的消费增长显著。在所有的内容产业中，家庭娱乐和电影产业最有可能保持自己的收入来源，而且不会被新技术数字化摧毁，至少目前是这样。

好莱坞电影公司在数字时代取得成功的关键是他们对原创、长篇电影制作的控制，以及对谁来发行电影、何时发行以及如何发行的控制。随着大型科技公司在内容创作上投入数十亿美元，好莱坞和纽约的电影公司正在收获一笔意外之财。发行商，无论是互联网供应商还是有线电视系统，都必须满足好莱坞制片厂的要求。

除了影院的票房收入外，电影行业还从实体格式（DVD）和数字格式中获得收入。自2006 年以来，实体格式（DVD 的销售和租赁）的收入大幅下降，到 2021 年仅为 28 亿美元，仅占家庭娱乐收入的 9%。然而，DVD 收入的下降被数字格式收入的惊人增长所抵消，其中包括销售供下载的电影（称为**电子销售**（EST）或**下载拥有**），在有线电视或互联网上按点播出售特定电影的访问权（称为**互联网视频点播**（iVOD）），以及特别是通过互联网订阅流媒体销售访问权（称为**订阅视频点播**（SVOD）），2021 年数字格式在美国收入超过 250 亿美元。比上一年增长了近 20%（见图 10.11）。

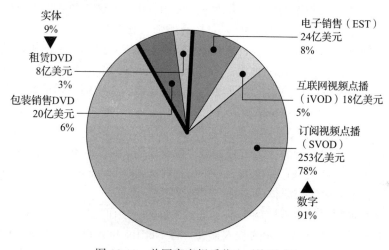

图 10.11 美国家庭娱乐收入（按形式）

每种数字格式都有一个领先的参与者。Apple 是 EST 下载的领导者。消费者购买并拥有下载的电影。Apple 也是 iVOD 点播租赁领域的领导者，其他主要参与者还包括 Amazon、Hulu 和有线电视系统，它们也提供按需租赁的电影。SVOD 比 iVOD 增长更快，规模也大得多。就订阅收入和使用该服务的时间而言，Netflix 是领先的 SVOD 服务。Amazon Prime Video 和 Hulu 是主要竞争对手，2019 年 11 月推出的 Apple TV + 和 Disney + 也是主要竞争对手。其他规模可观的竞争对手包括 HBO、Showtime 和 Discovery+ 等付费有线电视网络，以及 CBS 的 Paramount + 和 NBC Universal 的 Peacock 等广播网络。更多新的竞争对手正在涌现。一个令人担忧的问题是，潜在选择过多会让消费者不知所措。最近的一项调查发现，55% 的受访者表示流媒体选项太多了，还有类似比例的人认为，为他们想看的所有内容付费太贵了。只有 16% 的人表示愿意每月在视频流媒体服务上花费超过 60 美元，超过 40% 的人愿意每月只支付 30 美元或更少（Caporal，2022）。

好莱坞面临着许多挑战，同时它也在努力跟上快速变化的发行平台，这个平台正在变得越来越数字化、流媒体化和移动化。增长最快的数字流媒体格式的单位收入并不高。这意味着电影公司面临着压力，它们必须将新电影保留在数字影院或视频下载渠道中，并使用流媒体渠道（如 Netflix 和 Amazon Prime）来播放已经被数百万观众看过的老电影，或者那些没有互联网可能根本卖不出去的老电影。好莱坞通过控制电影的**发行窗口**（在不同渠道以不同价格发布电影），错开它们的市场发行来实现这种市场细分。这样做形成了一种价格歧视：那些真正想要尽快看到电影的人愿意支付更高的价格。第一层是影院票房，其次是 DVD、有线电视点播、互联网视频点播，最后是订阅流媒体服务。然而，在消费者要求更早地在流媒体和 VOD 服务上发行电影的压力下，发行窗口正在发生变化。例如，在 2020 年，Universal Pictures 和全球最大的院线 AMC 达成了一项新协议，将 Universal Pictures 发行的电影在 AMC 影院上映的上映窗口缩短至 17 天（之前是两个半月）。尽管考虑到新冠疫情导致电影院普遍关闭，这一变化某种程度上只是理论，但它代表了一个重大转变（Watson，2020）。然而，发行窗口仍然存在问题。2021 年，女演员 Scarlett Johansson 起诉迪士尼公司，称其违反了合同，在电影《黑寡妇》于电影院首映的同一天就在 Disney + 上发布了此电影。同样，在 2022 年，《黑客帝国：矩阵重启》的联合制片人起诉华纳兄弟，声称在 HBO Max 和影院同时上映这部电影的决定违反了他们的合同（Flint，2022；Walsh，2021）。

第二个挑战涉及网络电影发行商的实力日益增强，它们可能会成为竞争对手。在互联网出现之前，连锁电影院和 DVD 租赁销售商店等发行商从来没有能力创作自己的电影，也无法进入电影制作行业。但在数字时代，Netflix、Amazon、Hulu 和 Apple 等发行商有财力制作长篇电影并借此减少极高的版权许可成本。以流媒体为基础的公司被鼓励制作自己的内容，以避免好莱坞制片厂索要的高昂版权许可费。

虽然以方便和安全的方式提供合法流媒体和下载电影的多种来源的出现，似乎减少了盗版的总量，而且业界和政府多年来一直在努力减少盗版，但盗版仍然对电影和电视业构成威胁。在过去，比特流和网络存储空间/文件托管网站（如 Megaupload）是最常见的盗版方式，但今天，提供盗版内容流媒体的网站变得越来越受欢迎。

电影业因盗版而损失的金钱数额尚不清楚。最近的一项研究估计，全球网络盗版内容每年给美国经济造成至少 290 亿美元的收入损失。像 Netflix 和 Apple TV+ 这样的服务允许用户以少量的月费访问流媒体电影或以几美元的价格下载租赁电影，可以说降低了许多潜在盗版者盗版电影的动机。然而，新冠疫情扭转了这种下降趋势，至少在短期内是这样，跟踪盗版趋势的研究公司注意到盗版网站的流量显著上升。安全公司 Akamai 的研究表明，盗版行为持续盛行。在 2021 年的前六个月，它检测到盗版网站的访问量超过 1300 亿次（美国是访问量最大的国家，访问量为 135 亿次），未经许可的电影和电视节目流媒体及下载量超过 37 亿次（Akamai，2022；Uberti，2020）。

10.3.2　音频娱乐：音乐和播客

传统上，音频娱乐主要集中在音乐上，通过现场或录制的表演来传递。录制的表演可以通过无线电广播、实体形式（传统的实体唱片或 CD）和互联网传播。播客是一种较新的音频娱乐形式，专注于口语作品，通常以讨论特定主题、时事的形式或以传递故事的剧集形式出现。美国成年人花在数字音频上的时间大约有 25% 是花在听播客上的。

音乐

1999 年，唱片音乐产业达到了一个高点，收入估计达到 140 亿美元，但在随后几年急剧下滑，2015 年跌至 67 亿美元的低点。这一下降的原因是 CD 销量的下滑，以及成本低得多的数字下载（EST）的增长，包括合法的 Apple iTunes 和非法的盗版下载。随着流媒体音乐订阅服务的爆炸式增长，这种情况在 2016 年开始发生变化，唱片业收入在十多年来首次开始增长。2021 年，该行业创造了约 150 亿美元的收入，最终超过了 1999 年的历史高点。这个行业花了 20 多年的时间才从互联网的到来所带来的混乱中恢复过来。虽然非法的盗版文件共享和下载音乐是数字浪潮的前沿，在最初深深扰乱了音乐产业，但是合法的数字下载和流媒体服务抑制了非法盗版音乐。合法的数字音乐来源通过产生稳定的收入和利润挽救了唱片业，尽管收入仍不像 CD 全盛时期那样丰厚。

2021 年，数字收入占美国音乐总收入的 87%（约 130 亿美元）（见图 10.12）。实体来源的收入（约 17 亿美元）约占行业收入的 11%。来自含广告流媒体网站和订阅流媒体网站的流媒体音乐销售额总计 124 亿美元，约占行业收入的 83%，而来自数字下载的收入仅占 4% 左右。最初受到数字技术冲击的音乐产业终于开始复苏（Recording Industry Association of America（RIAA），2022）。

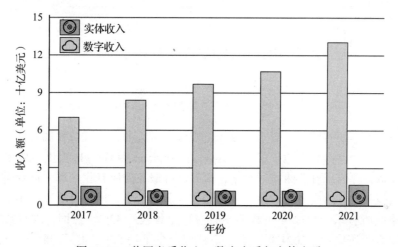

图 10.12　美国音乐收入：数字音乐与实体音乐

过去，音乐产业通过多种多样的物理媒介发行音乐——醋酸纤维唱片、黑胶唱片、盒式磁带。其收入的核心来源是实体产品。自 20 世纪 50 年代以来，这种实体产品是一张专辑——一组捆绑在一起的歌曲，售价比单曲高得多。2000 年，互联网改变了这一切，一家名为 Napster 的音乐服务公司开始通过互联网向使用个人电脑作为唱机的消费者分发盗版音乐曲目。尽管 Napster 因法律诉讼而倒闭，但还是出现了数以百计的其他非法网站，导致音乐产业收入从 1999 年的 140 亿美元下降到 2015 年的 67 亿美元左右。从 2001 年开始，可以连接到互联网的强大移动媒体播放器（如 Apple 的 iPod，以及后来的 iPhone 和 iPad）的出现和音乐流媒体网站的惊人增长进一步降低了 CD 专辑的销售量。流媒体从根本上改变了实体音乐格式的销售以及数字下载，因为消费者不再需要"拥有"一个实体或数字设备来听他们想听的音乐。

音乐产业最初抵制发展合法的数字分销渠道，但最终在 2003 年勉强与 Apple 新的 iTunes 商店以及几家小型音乐订阅服务商达成了在线分销协议。到 2006 年流媒体音乐服务出现时，音乐行业已经放下了对数字格式的成见并迅速与 Pandora、Spotify 和其他公司达成协议，通过订阅服务和"免费"广告支持服务上传音乐来换取报酬。当时，音乐行业的销售额由于盗版和文件共享的存在正在逐步流失，因此，曲目和专辑的数字下载以及流媒体音乐服务的收费被广泛认为是音乐行业的救星。尽管如此，在最初一段时期，这些来源的收入与过去通过CD专辑销售产生的收入相比还微不足道。图10.13显示了消费者在三种不同形式的数字音乐上的支出：单曲、专辑和流媒体音乐。

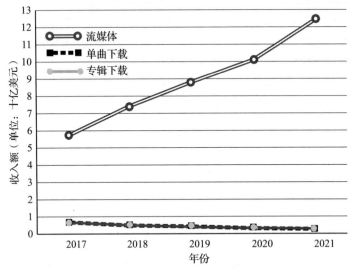

图 10.13   美国数字音乐收入（按形式）

数字音乐服务主要有两种：数字下载和流媒体音乐服务，并且每种都有其不同的商业模式。数字下载服务（也称为本地下载）由 Apple、Amazon 和 Google 提供，使用户能够按需下载曲目和专辑，并为每首歌曲支付费用，所以这种服务的所有收入都来自专辑或单曲的销售。随着这项服务的日渐成熟，歌曲都被存储在云服务器上，用户可以通过多个个人设备中的任何一个来收听音乐。2012 年，数字下载占行业收入的 43%。然而，现在数字下载几乎完全被流媒体音乐所取代。2021 年，数字下载仅产生了约 5.9 亿美元的收入，比 2020 年下降了 12%，目前仅占行业收入的 4% 左右，甚至被实体单元的销售收入所超越。

流媒体音乐服务（有时也被称为互联网广播），如 Pandora（现在由 Sirius XM 拥有）、Spotify、Apple Music、Amazon Music Unlimited、Google Play Music（2019 年 与 YouTube Music 合并）和 Tidal，它们拥有将音乐的概念转变为随时随地从任何设备访问音乐的能力。音乐通常不存储在用户设备上，而是通过云服务器发送给听众（尽管一些服务也提供下载 / 数字储物柜服务）。Pandora 提供了一项策划服务，该服务允许用户选择他们想要听的歌手，然后使用算法创建与用户选择的歌手相似的歌手列表。但是，用户无法控制他们听到的内容，也无法重复选择。不过，Spotify 允许用户指定歌手和歌曲。

流媒体音乐服务存在两个主要的收入来源：广告支持和订阅服务。广告支持的流媒体允许用户在有限的时间内免费访问音乐，并通过播放广告来产生收入。另一方面，流媒体音乐服务通常提供订阅选项，允许用户每月支付费用以享受无广告音乐体验。然而，通常只有少数用户选择付费订阅，而含广告的服务通常能带来更多的收入。例如，Apple Music 不提供免费音乐，要求用户每月支付 10 美元的费用以获得无广告流媒体音乐服务。

在美国，截至 2021 年，约有 8500 万人订阅了流媒体音乐服务，这一数字比 2020 年增长了 11%。此外，还有数百万人通过含广告的方式免费使用这些服务（Recording Industry

Association of America（RIAA），2021）。然而，尽管音乐流媒体服务吸引了大量听众，但基础设施成本、从音乐标签获取音乐内容的成本以及广告收入支持的免费增值模式使得盈利成为一项艰巨的任务。大型科技公司（如 Apple、Amazon 和 Google）可以承受亏损，因为它们的流媒体服务可以吸引新客户，促使他们购买公司的硬件产品、操作系统和其他服务。因此，独立的流媒体音乐服务是否有可行的商业模式仍然存在疑问。

截至 2021 年底，全球最大的音乐流媒体服务供应商 Spotify 拥有约 4 亿活跃用户，这突显了音乐流媒体商业模式的挑战。Spotify 的几乎所有收入都来自 1.89 亿订阅用户每月支付的费用（Spotify，2022）。尽管其 2021 年的收入增长了近 20%，达到 85 亿欧元，但它支付给唱片公司、歌手和分销渠道的费用也同样增长迅猛。随着与唱片公司和歌手达成更有利的分销协议以及 2018 年通过的《音乐现代化法案》（MMA），这些费用可能会继续增加。尽管 Spotify 在某些时期能够实现盈利，但 2021 年整体上仍然亏损。尽管如此，投资者仍然看好 Spotify 的发展前景，因为它吸引了数百万的千禧一代和 Z 世代用户，拥有庞大的用户行为数据库。

然而，音乐流媒体面临的一个问题是歌手和唱片公司对音乐内容的报酬要求。虽然唱片公司可能会从每首在 iTunes 上销售的歌曲中获得 32 美分的收入，但从相同歌曲的流媒体版本中只能获得 0.63 美分。这些收入需要与歌手共享，因此歌手仅获得了 0.32 美分的收入。据 *Rolling Stone* 的估算，一首非常受欢迎的歌曲在销售了 100 万次流媒体后，将为艺人带来 3166 美元的收入，与此同时唱片公司也会获得类似的收入。由于含广告的流媒体支付费用要远远低于订阅流媒体，因此越来越多的歌手和音乐团体不允许他们的音乐出现在含广告的免费流媒体平台上。因此，音乐人更倾向于从订阅流媒体网站获得更高的报酬。流媒体服务商通过增加对歌手的订阅流媒体支付费用来做出回应。2018 年，美国国会通过了《音乐现代化法案》，旨在解决这些问题。MMA 使词曲作者和歌手能够获得 1972 年前录制的歌曲的版税，创建了一个法律程序来解决无人认领的版税问题（以前这些版税由流媒体服务持有），并创建了一个由流媒体服务支付但由音乐出版商和词曲作家监督的许可数据库，以简化词曲作者的付款方式。所有这些举措旨在确保歌手获得更高的报酬，并更容易获得他们应得的版税（Deahl，2018）。

播客

"播客"一词起源于"iPod"和"广播"的混搭。如前所述，播客是一种数字音频演示，可以从互联网下载，存储在台式 / 便携式计算机或移动终端上，并在听众方便时收听。播客已经从主要由业余制作人制作用户生成型内容转变为专业的谈话内容发行行业。"播客系列"由国家公共广播电台（NPR）在 2014 年发行，其下载量达 3 亿次。人们相信这是播客得以被介绍给主流公众的原因。今天，超过三分之一的美国人口（约 1.25 亿人）每月收听播客。Z 世代和千禧一代目前占所有播客听众的近 60%。

Spotify、Apple Podcasts、Google Podcasts、Amazon Music 和 iHeartMedia 是最受欢迎的播客交付平台。YouTube 现在推出了一个专门的播客页面以宣传其播客业务。Twitter 正在将播客整合到其平台的 Spaces 选项卡上。该行业的其他参与者还包括 Audible，该公司将播客作为其主导的有声读物市场的自然延伸。此外，互联网广播网络 Sirius XM 也参与到该行业中。许多新闻机构，如 BBC、*New York Times*、Vox Media 和国家公共广播电台也在其各自的网站上主持播客。从这份名单中可以看出，主要关注其他娱乐形式的公司，如音乐（Spotify、Amazon Music、iHeart Media 和 Sirius XM）、视频（YouTube）、书籍（Audible）、新闻（BBC 和 *New York Times*）和社交媒体（Twitter），都在加入播客潮流。

播客行业主要由广告支撑，2021 年的广告总收入约为 13 亿美元。预计到 2026 年，这些收入将增加近两倍，达到 30 亿美元以上（Insider Intelligence/eMarketer，2022h）。

10.3.3 网络游戏

网络游戏行业是一个令人震惊的成功故事，从 2012 年的 60 亿美元增长到 2021 年的 600 多亿美元，其中视频游戏的内容支出（包括通过下载或订阅购买游戏以及在应用内购买虚拟商品）约为 520 亿美元（Entertainment Software Association（ESA），2022）。视频游戏的收入比任何其他形式的在线娱乐的收入都要高。智能手机是网络游戏行业增长的主要推动力，因为它们使游戏能够随时随地玩，而不需要笨重的设备、游戏机或长时间的投入。例如，Pokémon GO 是一个适用于 Apple iOS 和 Android 智能手机的基于 GPS 的游戏，它可以在手机屏幕上展示奇异的怪物（见图 10.14）。用户的目标是定位、捕捉和训练这些角色，然后获得星尘（虚拟货币）奖励。在一个月内，Pokémon GO 成为 iTunes 和 Google Play 上最受欢迎的 App。在两个月内，Pokémon GO 在全球拥有 2 亿玩家，并创造了超过 3 亿美元的收入。自 2016 年 7 月发布以来，Pokémon Go 已在全球范围内被下载超过 6.75 亿次，并产生了超过 60 亿美元的收入，即每年收入超过 10 亿美元（SensorTower，2022）。

Pokémon GO 这个例子说明了网络游戏是如何从最初的专注于主机和 PC 桌面开始转变。

图 10.14 增强现实游戏 Pokémon GO 在首次发布时席卷了世界

现在有不同类型的数字游戏玩家，他们往往涉猎各种类别的游戏。游戏玩家在台式机或笔记本电脑上玩游戏，他们通常被称为休闲游戏玩家，因为他们一次只玩几分钟游戏，不会在意何时停止和开始游戏，并且不会投放全部的精力。社交游戏玩家是指那些在 Facebook 等社交网络上使用 Web 浏览器或 App 玩游戏的人，他们通常与朋友一起玩。移动游戏玩家使用他们的智能手机或平板电脑玩游戏。移动游戏玩家也是休闲游戏玩家，他们的游戏时间很短。大型多人在线（MMO）游戏玩家使用他们的计算机与全球范围内的大量玩家一起玩。主机游戏玩家使用 Xbox、PlayStation 或 Wii 等专用主机在线（或离线）玩游戏。通常，主机游戏玩家通过互联网连接来实现组队游戏和对话。

尽管从收入的角度来看，主机游戏仍然是数字游戏行业的核心。但随着智能手机、平板电脑以及社交和休闲游戏的推出，这种情况迅速发生了改变。游戏不再需要用户购买昂贵的游戏机或软件包，智能手机和平板电脑引领了一个免费游戏和 1.99 美元游戏的时代。同时游戏场景更为简单，不再需要动辄投资数百万美元用于开发。到 2022 年，大约有 1.83 亿美国互联网用户在网上游玩某种游戏。超过 1.62 亿人在智能手机上玩游戏，约 9000 万人在平板电脑上玩游戏。在游戏机上玩家（约 9800 万）略多于台式机 / 笔记本电脑（约 9400 万）。实际上，游戏玩家经常在不同的时间使用这些平台（见图 10.15）（Insider Intelligence/ eMarketer，2022e）。

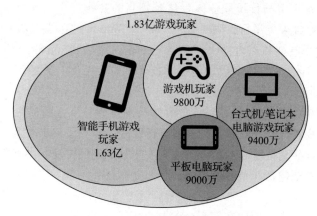

图 10.15　2022 年美国网络游戏受众

在美国，2021 年所有形式（移动的、基于 PC 的、大型多人游戏、社交和游戏机）的数字游戏（不包括硬件）收入估计约为 500 亿美元（ESA，2022）。从这个角度来看，2021 年，数字游戏的收入（约 500 亿美元）比在线电影和电视的收入（约 320 亿美元）高出 50% 以上。

在平板电脑和智能手机上玩移动游戏的人数迅速增长，这对游戏行业来说是一个巨大的变化。之前的游戏行业由 Microsoft、Nintendo、Sony 等封闭平台游戏厂商及硬件公司连同 Activision 和 Electronic Arts 等软件公司主导。智能手机、平板电脑和手机游戏的增长使 Apple Store 和 Google Play 商店成为数字游戏的主要商家。当然，这些游戏使用 Apple 和 Google Android 的硬件和软件。Apple 和 Google 占据了游戏销售额的 30%，并从游戏所需的硬件和软件销售中获益。手机游戏吸引了更为年轻的受众，其价格也更低，并且最初通常是免费的。只要有手机，你就可以在几乎任何地方玩手机游戏。相比之下，主机游戏需要更长的时间和更多的预算来进行开发，用户购买的价格更昂贵。

移动平台是一个更加开放的平台，允许成千上万的开发人员以更小的预算创建娱乐游戏，并以更少的时间创建和更新游戏。相比之下，游戏主机平台的发展比移动计算要慢得多。Sony PlayStation 和 Microsoft Xbox 游戏机的开发周期为五到六年。尽管主机、PC 和在线社交游戏的受众规模将继续缓慢增长，但未来受众增长最快的将是可以随时随地玩的手机游戏。

随着元宇宙的不断发展，数字游戏可能会得到额外的推动。许多使元宇宙成为可能的增强现实和虚拟现实工具和技术正在进一步发展，同时也与沉浸式数字游戏相结合。举例来说，在 Meta 的 Quest VR 生态系统中，大多数 App 都是游戏，这为玩家提供了跳入不同虚拟世界、使用个性化代表角色、与其他用户进行虚拟互动以及使用虚拟货币购买虚拟物品等创新体验（Insider Intelligence/eMarketer，2022i）。

另一个刺激 PC 和移动游戏收入增长的因素是电子竞技，也被称为职业游戏。电子竞技类似于传统体育赛事，是基于团队竞技的知名视频游戏比赛。电子竞技锦标赛级别的比赛通常在体育馆举行，吸引数千名粉丝到场观看，同时还吸引了数百万在线观众。据估计，到2022 年，全球电子竞技观众人数将超过 5.3 亿，其中包括 2.7 亿的临时观众和 2.6 亿的忠实爱好者（Insider Intelligence/eMarketer，2022j）。2021 年最大的电子竞技赛事是 Dota2 国际锦标赛，奖金超过 4 千万美元。Dota2 是一款多人在线战斗游戏，由两支五人队伍竞技。电子竞技比赛现在常常吸引与传统职业体育比赛相当的在线观众。例如，2021 年英雄联盟世界锦标赛在冰岛雷克雅未克举行，同时吸引了高达 7400 万的在线观众（Gough，2022）。这些比赛通常通过有线电视频道直播，但更常见的是通过 Amazon 旗下的 Twitch 等互联网频道进行直播。有关 Twitch 的更多信息请见"技术洞察"案例。其他流行的电子竞技直播平台包括 YouTube Gaming 和微软的 Mixer。

电子竞技比赛的组织和选手奖金通常由游戏发行商和广告商提供支持。Riot Games 是领先的职业数字游戏发行商，其旗下拥有多人在线战斗游戏《英雄联盟》（LoL）。有 20 支职业战队进行竞技。这些竞技游戏的组织者通常要求战队雇佣专业的游戏教练来指导比赛。其他流行的竞技多人游戏包括《星际争霸 II》和《使命召唤》等。这些游戏都是多人在线战斗竞技场游戏（MOBA）。

电子竞技吸引广告商的原因在于观众主要由年龄在 21 至 34 岁之间的年轻男性组成，这一群体在传统媒体上难以接触到。因此，像 Coca Cola、Nissan、Ford 和 Google 等大公司都成为电子竞技的主要赞助商。此外，越来越多的大学组建电子竞技团队，并为参加这些团队的学生提供奖学金。甚至 NBA 篮球队也正在建设场馆，以支持常规比赛和电子竞技队伍。按照当前的发展速度，电子竞技正在将网络游戏转变为一项类似于足球等传统体育的受欢迎的运动，但与传统体育不同的是，它拥有更多的在线观众。

技术洞察：开启游戏——Twitch

在新冠疫情期间，体育直播、音乐会和其他公共娱乐形式被取消，Twitch 等在线流媒体平台填补了这一空缺，让观众可以观看各种类型的竞技游戏，以及越来越多样化的其他类型的内容，包括在线音乐会、脱口秀等。疫情全面提升了 Twitch 的收视率统计数据，并帮助消费者将内容消费的习惯转向直播。

Twitch 最初成立时的名称是 Justin.tv，这是一个由一个频道组成的网站，其创始人 Justin Kan 戴着相机，在网上直播他生活的每一刻。后来，Justin.tv 开始推出其他拥有自己频道的流媒体。2010 年，该公司将其日益受欢迎的游戏部分拆分为一个名为 Twitch 的独立实体。Amazon 在 2014 年以 9.7 亿美元收购了 Twitch，Twitch 已经发展成为当今占主导地位的直播平台。

2022 年，Twitch 大约占据了移动直播 App 每日活跃用户市场份额的 75%。在 2022 年第二季度，Twitch 在观看时间（56.4 亿小时，占流媒体时间市场份额的 94%）和独特频道（960 万个）方面也处于领先地位。在 2021 年的任何时刻，平均有约 250 万观众同时观看 Twitch 上的内容，这一数字甚至超过了 ESPN 和有线电视新闻等电视频道的观众人数。Twitch 拥有全球观众，其中 22% 的 Twitch 流量来自美国，在德国、韩国和法国，Twitch 也有大量观众。

Twitch 面临的竞争主要来自 Google 的 YouTube Gaming。Microsoft 曾试图通过其 Mixer 直播平台打入市场，但事实证明并不成功。同样，2022 年 8 月，Facebook 开始通知部分合作伙伴，将于 2022 年 10 月关闭其移动游戏流媒体 App，不过 Facebook 表示将继续在 Facebook 内部支持游戏流媒体。然而，即将到来的是 TikTok，该公司正在测试桌面直播软件，该软件将使用户能够以流式传输的方式上传标准相机视频以及用户从游戏和其他程序中捕获的视频。观众将能够通过 TikTok App 或桌面浏览器观看。据报道，Netflix 也处于探索直播的早期阶段。

Twitch 通过专注于视频游戏而突出，重点是电子竞技，如前所述，电子竞技是类似于大型体育赛事的著名视频游戏比赛。电子竞技是一个价值 14 亿美元的全球产业，也是整个游戏产业不断增长的组成部分，全球游戏产值估计约为 1900 亿美元。流行游戏中的比赛，如《英雄联盟》《堡垒之夜》和《使命召唤》通常会吸引数万到数十万观众同时观看比赛。2019年，Twitch 推出了电子竞技目录，这是一个单独的版块，显示正在进行的所有电子竞技比赛直播以及过去比赛的亮点和回顾。

对于最大的个人 Twitch 主播来说，平台的发展为其带来了巨大的成功。Fortnite 个人流媒体 Tyler "Ninja" Blevins 拥有多年来最成功的 Twitch 流媒体的收视率，据报道，其每年在 Twitch 可赚取高达 1000 万美元。Twitch 主播有多种赚钱方式，包括在其频道上自动播放的广告带来的收入，让忠实观众从频道获得额外福利和功能的订阅服务，以及观众用 Twitch 数字货币 "bits" 打赏的小费。2021 年 10 月，Twitch 的一次重大安全漏洞显示，Twitch 在 2019 年向 81 名主播支付了至少 100 万美元。虽然一些受欢迎的 Twitch 主播曾一度跳槽到其他平台，但大多数现在都回到了 Twitch。然而，竞争仍然是一个问题。最近离开 Twitch 转投 YouTube Gaming 的主播是 DrLupo，他在 Twitch 上有 170 万粉丝，远低于他在 YouTube 上的 450 万粉丝。为了阻止这种情况，Twitch 现在将允许其独家创作者在 YouTube Live 和 Facebook Live 上进行直播，只要他们不在 Twitch 上同时进行直播。

Twitch 的收入主要来自广告，因为有 Amazon 作为母公司，它不必过于担心利润问题。然而，美国体育博彩合法化的出现为 Twitch 提供了另一个潜在的收入来源。就像 Amazon 向其他公司销售其网络服务产品一样，Amazon 也可能开始销售 Twitch 的流媒体技术。另一种可能性是 Amazon 将 Twitch 整合到其 Amazon Prime 服务中，这样即使 Twitch 本身不能产生可观的收入，Twitch 也可以通过产生新的 Prime 订阅或增加与 Amazon Prime 计划的互动量来为 Amazon 生态系统做出贡献。

尽管 Twitch 在市场上处于领先地位，但它仍面临着许多问题。与其他直播平台一样，Twitch 一直在努力遏制暴力直播。例如，2022 年 5 月发生在纽约布法罗的超市枪击案是由枪手在 Twitch 平台上直播的。虽然直播开始不到两分钟就被撤了下来，但视频已经传到了其他平台。布法罗枪击案增加了关于 Twitch 如何处理其平台上的骚扰的投诉。Twitch 的观众超过 80% 是白人男性，其对女性、有色人种和 LGBTQ+ 主播的骚扰一直是该公司难以解决的问题。许多著名的女性主播表示，骚扰是他们在 Twitch 上遇到的最大问题。为了解决这个问题，Twitch 任命了一个由 Twitch 创作者和外部专家组成的八人安全咨询理事会，以帮助指导公司解决骚扰和内容审核问题。Twitch 还重新设计了图标，并开始用一个新的、包容性的口号来宣传自己："你已经是我们中的一员了。"Twitch 还发布了 Twitch Studio App，旨在帮助那些不懂技术的新手建立自己的流媒体。尽管 Twitch 采取了诸多方法，不过只有时间才能验证其在包容性方面做出的努力是否能够成功。

10.4　创作者和用户生成内容

我们通过快速了解用户生成内容（User-Generated Content，UGC）、创作者和创作者经济的世界来结束对在线媒体和内容的讨论。我们在第 1 章首先介绍了 UGC、创作者和创作者经济。UGC 几乎从 Web 诞生之初就已经成为在线体验的一部分，并且是 Web 2.0 运动和社交媒体发展的一个组成部分。在过去 10 年左右的时间里，创作者只是代表内容分发平台去盈利的观念已经转变为创作者应该代表自己去盈利，同时拥有他们个人所创作的内容。

现在有各种各样不同类型的 UGC，其中有些涉及前面讨论过的所有在线内容和媒体行业。印刷内容（报纸、杂志和书籍）、视频（短视频和长视频）、数字音频（音乐和播客）和游戏现在都有 UGC 替代品，还有一些我们没有讨论过的内容形式，如艺术和摄影。

正如第 1 章中所介绍的，基于创作的内容，创作者可以通过多种方式赚钱。他们可以通过广告赚钱，一方面通过创建或分享赞助信息，展示植入式广告来直接获取利润，另一方面可以间接抽取其内容平台所赚取的部分广告费。他们还可以出售数字内容——无论是在单件的基础上还是在订阅的基础上——以及实体产品。非同质化通证（NFT）可用于创建独特的数字资产（如收藏品、艺术品、徽章和贴纸），是一种新的数字内容形式。创作者开始将其用作对粉丝的奖励。创作者还可以从他们的粉丝那里获得"打赏"（通常被描述为"给创作者买咖啡"），也可以从粉丝俱乐部或捐赠平台获得资金，或是得到其他类型的粉丝资助。一些创作者在自己的平台或第三方网站上提供在线课程、付费的直播或其他在线活动。大多数创作者会使用各种各样的创收方法，而不仅仅依赖一种。

此外，有各种各样的平台专门用于让创作者直接将他们创作的内容货币化。YouTube 可能是最有名的。YouTube 根据 YouTube 与内容一起播放的广告所产生的广告收入来向其平台上的创作者支付报酬，创作者将获得其长视频所产生的广告收入的 55%。除了广告收入，符合条件的 YouTube 创作者还可以通过其他打赏功能，如超级留言（聊天流中的付费突出显示消息）和超级贴纸（直播中的付费贴纸），从观众那里获得小费。YouTube 在 2020 年 9 月推出了一项新功能——YouTube Shorts（60 秒及以下的视频），以对抗 TikTok 的流行。虽然目前与 Shorts 一起展示的广告还没有为创作者带来直接收入，但 YouTube 已经建立了一个 1 亿美元的 Shorts 基金，将向表现良好的短片创作者提供奖金（Singer，2021）。Spotter 是一家创作者经纪公司，它通过向内容制作者直接付款来换取创作者对其旧内容的授权。2022 年 9 月，Spotter 宣布迄今已向 YouTube 创作者支付了 6 亿美元（Spotter，2022）。

Patreon 是一个会员平台，旨在帮助创作者为他们的作品赚取报酬。创作者使用该平台分发内容，作为交换，他们的追随者和粉丝（赞助人）使用该平台在经济上支持创作者。热门内容类别包括视频和电影、播客、音乐、游戏、写作、素描、绘画、照片和漫画。截至 2021 年底，Patreon 上使用其订阅功能的创作者已经赚取了 35 亿美元（Yurieff，2022）。Substack 提供了一个平台，允许记者和其他作家通过电子邮件以订阅的方式上赚钱。根据 Substack 的数据，2021 年，其平台上收入排名前 10 位的作家总共赚了 2000 万美元（Fischer，2021）。

Roblox 是一个网络游戏平台，用户不仅可以玩游戏，还可以使用 Roblox 的专有工具 Roblox Studio 创建游戏。用户还可以创建其他用户能购买的虚拟物品。2021 年，Roblox 向其平台上的创作者支付了超过 5.35 亿美元，截至 2022 年 6 月，平台拥有 1200 万创作者。Twitch 也是游戏创作者的主要平台。

最后，最初依赖 UGC 免费使用的社交网络平台，如今也迫于压力，发展"创客基金"。2021 年，Meta 宣布计划在 2022 年底前投资 10 亿美元用于相关计划，为创作者在 Facebook 和 Instagram 上创作的内容提供新的赚钱方式。该计划包括奖金计划，即当符合条件的创作者使用 Meta 的创意和变现工具达到某些里程碑时，Meta 将支付给他们奖金。2021 年 10 月，Meta 宣布了一项 1000 万美元的特别创作者基金，以鼓励创作者在其社交 VR 平台 Horizon Worlds 上积累经验。Meta 还在扩大 Instagram 上创作者可用的选项，这样他们就可以使用 Instagram 订阅的试点项目与追随者互动，并从中获利，这将允许创作者将帖子和视频隐藏在付费墙后面。订阅的价格由创建者决定，从每月 99 美分到 99 美元不等。TikTok 还在其 2 亿美元的创作者基金之外扩大了创作者的变现选择，并于 2021 年 12 月增加了打赏功能。在 2022 年 5 月，Meta 宣布了一个名为 TikTok Pulse 的新计划，该计划将在 App 上的视频旁边播放广告，并向创作者提供 50% 的广告收入。然而，该计划仅限于所有视频中的前 4%，这意味着只有已经在平台上获得了较高存在感的创作者才能得到该广告收入。大多数其他主要的社交网络，如 Snap、Pinterest 和 LinkedIn，也都推出了创作者基金。然而，最近的一项调查发现，尽管社交网络越来越关注为创作者提供资金，但是只有很少一部分创作者（不到 10%）从社交网络创作者基金中获得了超过 5000 美元的资金，近 50% 的受访者的收入在 0 至 500 美元之间（Insider Intelligence/eMarketer，2022k）。

10.5 电子商务相关职位

在包括在线内容和媒体的一系列相关而又多样化的行业中，有各种各样的工作机会。这些工作可能涉及内容的创建和内容的生产，内容的类型从报纸到杂志到书籍，再到电视、电影、视频、音乐和游戏，涵盖各种不同的形式和格式。除了电子商务和其他数字技术课程外，通信、新闻、英语和人文课程以及创意领域的课程都为从事在线内容和媒体的工作提供了相关的背景信息。除了创造能力和数字媒体制作技能，产品管理和项目管理的商业技能也将是有用的。

10.5.1 公司概况

该公司是一家出版和数字媒体公司，始于 19 世纪在宾夕法尼亚州创办的一家报纸。该公司于 2006 年开始利用网络发布相关内容。如今，该公司的业务包括四家日报、十多家非日报出版物以及 100 多个数字网站，专注于体育、新闻和金融等领域的特定受众群体。

10.5.2 职位：数字受众开发专员

你将在媒体部门工作，负责开发和推出一些新网站，重点关注区域美食、娱乐、产品以及生活方式。这些网站的数字内容包括文章、照片、视频和音频。内容将通过网站、电子邮件和社交网络进行分发。主要目标是建立受众群体，并创建一个积极参与的粉丝社群。你的职责包括：

- 管理内容在网络、社交移动平台上的发布。
- 与团队成员合作制定增加受众规模的战略。
- 开展实验以测试替代媒体的有效性。
- 从多种工具中提取和分析数据，以了解策略与绩效之间的关系。
- 提出有助于推动内容和发展受众的建议。

- 开发新的数字内容和创意，增加受众规模。
- 改写、重新包装和优化其他公司网站的内容。
- 发现新的受众群体和内容扩展机会。
- 通过衡量绩效实现收入目标。
- 制作长短视频、图片和文字内容。

10.5.3　资质／技能

- 具有新闻学、传播学、营销学、公共关系、广告学、电子商务、社交媒体或相关媒体领域的学士学位。
- 具备使用主要社交网络（Facebook、Twitter、lnstagram 和 LinkedIn）的经验，并熟悉 TikTok 和 Reddit 等其他社交媒体平台。
- 了解数字新闻、视频和图片内容。
- 具备个人和团体合作的能力。
- 有为网站创建内容的经验。
- 了解最新的数字和行业趋势。
- 具备视频制作技能和经验。
- 对每个主要社交平台的用户行为有一定了解。
- 熟悉项目管理工具。

10.5.4　面试准备

首先对公司的服务、市场和业务战略进行背景调研。了解这家公司的独特之处是什么、它的竞争对手是谁、它在市场中的地位如何。然后回顾 10.2 节中有关在线出版业的内容，尤其是有关原生数字新闻和内容网站兴起的材料。还可以回顾有关 Z 世代的"社会洞察"案例和有关 Vox 的"商务洞察"案例。所有这些资料都将帮助你了解数字出版业的发展趋势。同时，确保你了解数字受众开发职位的工作内容。你还应熟悉 Google Analytics 的功能，并研究 Moz（搜索引擎优化培训和工具）、CrowdTangle（网络出版内容管理和社交媒体监控）以及 Skyword（内容营销软件和服务）。最后，请准备谈论一下你如何利用社交网络及个人经验为网站或博客创作图片或视频等方面的内容。

10.5.5　首次面试可能被问到的问题

1. 请谈谈你认为在未来几年内会对我们的数字出版业务产生影响的一些行业趋势。

要回答这个问题，可以参考 10.2 节中的材料。数字出版和纸质出版正在融合成一种单一的业务模式，不断产出新闻文章、视频和富媒体内容，实现全天候服务。主要的行业趋势包括纸质广告的衰退、数字广告的快速增长、社交媒体成为主要读者来源之一、受众向移动设备转移、出版团队需重点关注同时涉足数字媒体和纸质媒体的需求、数字优先业务模式的增长。报纸生存的关键在于拥有不断增长的庞大在线读者和吸引读者的高质量内容，这些内容能吸引读者前往报纸网站，并使读者愿意为之付费。

2. 如何吸引千禧一代和 Z 世代阅读我们的内容？

千禧一代和 Z 世代与老年人既有不同之处，也有相似之处。他们是在一个科技发达的数字环境中成长起来的，使用科技消费内容的方式与老一代人不同。他们对社交媒体、视频内容、生活方式内容和互动在线产品情有独钟，而且更倾向于使用移动设备消费内容。他们喜欢通过社交网络与朋友分享内容。话虽如此，但千禧一代阅读的新闻文章和书籍数量可能与他们的父母相当甚至更多，并且通常受教育程度较高。因此，公司最好开发既适用于印刷版又适用于数字发行的内容，并在在线版本中增加视频、富媒体和易于访问的互动内容。

3. 如何利用社交媒体让用户参与到我们的内容中来？

公司需要重点关注在 Facebook、Twitter 和专注于特定生活领域（这些领域可能涉及从体育到手工艺品再到观众参与度非常高的电视节目）的细分社交网络上建立联系。你可以指出，作为网络新闻的来源，社交媒体几乎等同于新闻机构。公司还应该利用社交媒体上的营销工具，如新闻推送、推广帖子、视频以及针对目标群体的精准营销。你可以思考一下你在社交网络上特别喜欢的功能，这是展示你社交媒体兴趣和活动的一种方式，公司也可以从中学习到一些经验。

4. 我们能从 Vox Media 的经验中学到什么？

Buzzfeed、Huffington Post、Vox 等许多新型"原生"数字出版网站每月吸引的访客总数远远超过 1 亿。你应该在面试前对这些网站进行研究，在研究的基础上，你可以谈论这些网站的内容和表现形式与传统在线和线下报纸的不同之处。原生数字出版商有一些独特的新闻和文章的呈现方式：更多的短篇故事、吸引人的标题、用户生成的内容、视频和照片。你还应该指出，许多原生数字网站在获取高质量内容、支付员工报酬以及产生足够广告收入以自我维持方面遇到了一些困难。

5. 你建议我们使用哪些工具来提高内容的有效性？

例如，CrowdTangle 是出版商用来跟踪其内容如何在网络上传播的工具。Skywood 是一款内容营销软件和服务工具，它提供了一个由成千上万创意自由职业者组成的社区。Moz 是一款专注于搜索引擎优化的内容营销工具。

10.6　案例研究：Netflix——电影行业的未来在哪里

艾美奖是电视业的年度大奖，相当于电影业的奥斯卡奖。通过艾美奖可以了解电视界的得失。2021 年，Netflix 获得了 129 项艾美奖提名，仅比其内容竞争对手 HBO 少一项，后者获得了 130 项提名奖项。在最后的颁奖典礼上，Netflix 首次赢得比任何其他电视网络或平台更多的艾美奖，共获得 44 个奖项，是 HBO 和 HBO Max 所获奖项的两倍多。2022 年，Netflix 延续了其在艾美奖上的成功，共获得 105 项提名，并获得了 26 项奖项。Netflix 还加入了奥斯卡俱乐部，过去几年在 24 个不同类别中获得了 116 项奥斯卡奖提名，包括 7 项最佳影片提名，并赢得了 16 项奥斯卡奖。

Netflix 是有线电视的非有线替代品，通过制作自己的内容，Netflix 能够吸那些寻找新节目而不是有线电视网络重播的订阅用户。然而，原创内容的制作成本远高于授权现有内容的成本。而且还有许多其他拥有非常庞大预算的流媒体服务，其中包括 Amazon、Apple 和 Hulu，更不用说内容巨头 Disney 了。

尽管 Netflix 最初没有公布其任何节目的观众数量，但现在公布了每个节目观看小时数的排名。截至 2022 年 8 月，排在榜首的是《鱿鱼游戏》第一季，其观看时长为 16.5 亿小时，紧随其后的是《怪奇物语》第四季，观看时长达到 13.5 亿小时。Netflix 管理层认为，这些节目推动了 Netflix 到 2022 年第二季度结束时全球用户数量超过 2.2 亿（其中北美用户约为 7300 万，约占其订阅用户数量的 33%）。毫不奇怪，2020 年因新冠疫情，其订阅用户数量激增，但此后用户数量的增长速度明显放缓，尤其是在市场渗透率较高的美国。2022 年，Netflix 首次出现连续两个季度用户流失的情况。2002 年上市时，Netflix 的股价为每股 15 美元，2021 年一度达到每股 700 多美元的高点，但 2022 年，股价直线下跌，截至 2022 年 9 月，股价约为每股 230 美元。

Netflix 是硅谷故事中的一个典型案例，也许可以拍成一部好电影：一开始是一个关于成就、勇气、创新和互联网技术的梦想成真的故事，但后来走向了一个更加黑暗、令人惊讶的方向。1997 年，Netflix 由两位硅谷企业家 Marc Randolph 和 Reed Hastings 创立，最初是一家通过邮寄 DVD 租赁老式好莱坞电影的邮购公司。2000 年，Netflix 转为订阅模式，客户只需按月付费，即可定期收到 DVD。到 2006 年，Netflix 交付了第 10 亿张 DVD，成为最大的 DVD 订阅服务供应商。2007 年，Netflix 开始提供视频点播流媒体服务，但仍保留了 DVD 订阅业务。在短短几年内，Netflix 创造了全美最大的 DVD 租赁业务，随后又创造了最大的流媒体视频服务。

一路走来，Netflix 创建了最大的消费者视频偏好数据库，并建立了一个鼓励消费者观看更多电影的推荐系统。最初，Netflix 主要是一家科技公司，它开发了自己专有的视频编码系统，并使用 Amazon Web Service 和边缘计算来分发视频，以确保高速、高质量的传输。Netflix 发现老电视剧拥有强大的小众追随者，于是建立了"连续观看"的新模式，消费者可以分几次观看一部电视剧的所有剧集。随后，Netflix 通过开发原创电视剧进入内容创作领域。因此，Netflix 是媒体行业融合的典范，即互联网公司成为媒体内容生产商。其他纯数字媒体公司也注意到了这一点，并开始开发自己的流媒体服务，但它们最初缺乏一个像 Netflix 在 20 年的时间里所建立的观众喜好数据库，而这个数据库可以帮助 Netflix 向用户推荐节目。

在电影和电视行业，只有两种赚钱方式：要么拥有内容，要么拥有提供内容的渠道。如果能两者兼得，那就更好了。Netflix 已成为一个公认的通向大量观众的重要渠道。例如，Netflix 已与一些好莱坞电影制片人达成协议，成为其内容的独家订阅电视家庭工作室。这使得 Netflix 与付费频道发行商处于同一阵营，并与 HBO、Starz、Showtime 和 A&E 等其他有线电视网络直接竞争电影在影院上映后的播放权。

关于电影的结果取决于 Netflix 能否很好地应对一些潜伏已久但最近又变得十分明显的挑战。首先，Netflix 面临的第一个挑战是内容成本非常高，无论是 Netflix 授权的老剧集和电影，还是更具风险的新原创内容，都是如此。例如，仅在 2021 年，Netflix 对内容生产商的流媒体内容付费就高达 230 亿美元。Netflix 在购买内容方面几乎无利可图。此外，Netflix 还与有线电视和互联网巨头不断展开竞购战，它们都在寻找同样的东西：拥有固有或潜在受众的热门电视剧。但是，内容所有者已经意识到后备电视剧的价值，并相应提高了价格，刚播出一年的剧集价格十分昂贵，或者根本买不到。Netflix 为热门节目和电影的授权支付了数亿美元。

由于内容所有者对老的有线电视节目收取更高的费用，Netflix 采取了更冒险的做法，开发自己的原创剧集，但这样做的成本也很高。备受赞誉的《纸牌屋》共 26 集，Netflix 为此花费了约 1 亿美元，每集约 400 万美元。但新剧的制作成本更高。例如，《王冠》七季花费了 Netflix 约 10 亿美元。2021 年，Netflix 仅在内容上就花费了约 175 亿美元，据说 2022 年也将花费类似的金额。内容成本非常高昂，并且随着新进入者参与竞争相同的人才，内容成本变得越来越高。

Netflix 面临的第二个挑战是与开发新原创内容相关的风险。富裕的硅谷企业家不可能带着大把现金飞到好莱坞或纽约,然后简单地购买新的内容。如果要寻找讲故事的人、编剧、制片人、导演、艺人经纪人和摄影师,硅谷通常不是好去处。算法不会为小说、戏剧、电影或电视剧提出新的创意,而且事实证明,它们也不擅长猜测哪些剧集会在未来取得成功。老剧集是经过验证的剧集,Netflix 可以识别出哪些用户在前几年观看过该剧集,从而估算出观众数量以及重播是否会吸引新用户。在新内容方面,Netflix 曾尝试利用算法来预测用户可能会对哪些新剧集感兴趣,但结果好坏参半。Netflix 根据评论家的评价制作了一些真正成功的作品,但也制作了一些没有获得好评的失败作品。此前,唯一一家在电影或电视内容制作方面取得成功的科技公司是 Pixar,它是计算机生成动画长片的先驱。

Netflix 面临的第三个挑战是竞争。尽管 Netflix 如今已成为一个强大的互联网品牌,但它还有许多强大的竞争对手。Netflix 并不拥有独一无二的技术,事实上,流媒体技术已经普及。Netflix 流媒体模式的成功吸引了 Amazon、Apple 和 Google 等科技公司、Disney 和 HBO 等内容制作商以及网络广播公司,其中一些公司拥有自己的竞争优势,如庞大的互联网受众、强大的品牌以及对数百万在线用户需求的深刻理解。例如,Apple 公司是下载电影领域的佼佼者,用户可以在这里购买或租赁电影,当然,Apple 公司还拥有全球最大的在线媒体商店,用户可以在这里购买音乐、视频和电视剧。HBO 成立于 1972 年,是美国历史最悠久、最成功的付费电视服务公司,也是一系列非常成功的原创电视剧和电影的鼻祖。如果说 Netflix 在创意方面有直接竞争对手的话,那就是 HBO。HBO 是一家比较传统的节目制作公司,它不使用计算机算法来设计内容,而是依靠制片人和导演的直觉和才华来制作内容。而 Amazon 就是 Amazon,它过去长期占领着其决定进入的大多数市场。

Netflix 的许多竞争对手都财大气粗,这意味着,Netflix 在人才、新内容制作以及价格方面也有竞争对手压力。毫不奇怪,Amazon 已成为 Netflix 流媒体服务的最大竞争对手之一。例如,Amazon 为其 1.6 亿 Amazon Prime 客户提供免费流媒体服务。Amazon 还进军原创剧集制作领域,并赢得了许多艾美奖。Apple 和 Amazon 拥有比 Netflix 大得多的用户及其偏好数据库。

尽管面临这些挑战,但截止 2022 年初,Netflix 仍然是 SVOD 服务市场上最大的参与者。但是事情开始变得不对劲了。虽然 2020 年用户数量因新冠疫情而迅速增长,但随着人们开始把更多时间花在户外,2021 年的增长速度开始放缓。2022 年初,Netflix 宣布提价,这是三年来的第三次提价,使其高级套餐的价格比 2018 年上涨了 42%。Netflix 可能被指责没有审慎地评估过去的情况。有线电视因价格昂贵而失去了大部分市场,人们开始重新评估自己是否需要有线电视,尤其是当价格更低的流媒体服务出现时。现在,Netflix 也在犯同样的错误,而且情况类似:Netflix 的替代品有很多,几乎所有的替代品都比 Netflix 更便宜,包括 Amazon Prime Video、Hulu、Disney+、Apple TV+、Peacock、Discovery 以及大量小众产品。而 Netflix 不知道的是,通胀压力和经济不确定性即将打击美国消费者。2022 年 4 月,Netflix 宣布付费用户数量下降。华尔街一片哗然,投资者纷纷逃离,Netflix 的股价也一落千丈,与几个月前接近 700 美元的高点相比,跌幅接近 70%。这家将好莱坞拖入流媒体时代的硅谷公司遭到了报应。Netflix 突然在悬崖边上摇摇欲坠,它被迫采取了一些强硬的措施,希望能够挽回颓势。

多年来,Netflix 一直回避以广告为基础的营收模式,即使其他主要公司开始通过提供高级和较便宜的广告支持计划的组合跃入流媒体市场。但在 2022 年 4 月,Netflix 首席执行官 Reed Hastings 做出了一个震惊业界的战略转变，宣布 Netflix 将在未来几个月内探索增加一种新的广告支持计划。另一个令人惊讶的举动是，Netflix 选择 Microsoft 作为其广告技术合作伙伴，部分原因是 Microsoft 不像 Google 或 Comcast 等其他潜在供应商一样与 Netflix 存在竞争关系。然而，电影还远未结束。如果用户决定选择价格较低的套餐，Netflix 最终可能会损失一大部分现有客户群。Netflix 还在努力控制其在内容方面的支出，这是另一项艰巨的任务，如果 Netflix 无法提供观众希望看到的内容类型，也可能会适得其反。Netflix 可能创造了一个流媒体、追剧和内容制作的新世界，但它可能无法在自己创造的世界中生存下去。

讨论问题

1. Netflix 面临的三大挑战是什么？
2. Netflix 当前战略的关键要素是什么？
3. 为什么 Netflix 会与 Apple、Amazon、HBO 和 Google 竞争？

10.7 复习

10.7.1 关键概念

- 了解媒体和在线内容消费的主要趋势、在线内容传输的主要收入模式、数字版权管理以及媒体融合的概念。
  - 媒体和在线内容消费的主要趋势如下：
    - 美国成年人平均每年花在各种媒体上的时间超过 4800 小时。使用台式机或移动设备上网的时间最多，其次是看电视和听广播。
    - 尽管一些研究表明，上网时间减少了消费者在其他媒体上的可用时间，但最近的数据揭示了更为复杂的情况，因为与非互联网用户相比，互联网用户同时处理多项任务并消费更多的各类媒体。
    - 在所有媒体收入中，电视和电影业约占 54%，印刷媒体（书籍、报纸和杂志）约占 21.5%，电子游戏约占 16.7%，音乐（广播和录制的音乐）约占 8%。
    - 数字内容交付的三种主要收入模式是订阅、按需和广告支持（免费和免费增值）模式。
    - 在付费在线内容方面，网络游戏的收入最高，其次是在线电视和电影。
    - 数字版权管理（DRM）是指采用技术和法律手段保护数字内容免受未经许可的复制。围墙花园是一种限制广泛共享内容的数字版权管理办法。
  - 媒体融合的概念有三个层面：
    - 技术融合：开发混合设备，使其能够通过单一设备提供各种类型的媒体，如报纸、视频、音频和游戏。
    - 内容融合：涉及内容设计、制作和发布。
    - 行业结构融合：指的是媒体企业的合并，形成强大的协同组合，能够在许多不同的平台上交叉营销内容，并创作使用多个平台的作品。
    - 在电子商务发展的早期阶段，许多人认为媒体融合会很快出现，然而、许多早期的努力都失败了，新的努力才刚刚出现。
- 了解影响在线出版行业的关键因素。
  - 影响在线报纸的主要因素包括：
    - 受众规模与增长。尽管整个报业是出版业中最困难的部分，但在智能手机、电子阅读器和平板电脑的推动下，报纸的在线读者数量正在不断增长。
    - 收入模式和结果。在线报纸主要依赖广告和订阅收入。数字广告收入不足以弥补印刷广告的损失。

- 影响在线杂志的主要因素包括：
  - 在线受众和数字杂志销售量的激增。
  - 杂志聚合。杂志聚合器（网站或 App）为用户提供许多数字杂志的在线订阅和销售。
- 影响电子图书和网络图书出版的主要因素包括：
  - 受众规模及其增长。电子书销售在经历了爆炸式增长后已趋于平稳。当今的增长受到 Amazon Kindle、Apple iPad 和智能手机的推动。智能手机和平板电脑等移动平台使得数以百万计的图书可以以低于印刷图书的价格在线阅读。图书的未来将是数字化的，尽管印刷图书在可预见的未来不太可能消失。
  - 相互竞争的商业模式。电子书商业模式包括批发模式和代理模式。
  - 融合出版业正朝着媒体融合的方向稳步前进。新出版的电子书中出现了交互式媒体，允许用户点击视频或其他资料的图标并做笔记。
- 了解影响在线娱乐行业的关键因素。
  - 娱乐业主要包括电视和电影、数字音频（音乐和播客）以及游戏行业。娱乐业目前正经历着互联网和移动平台带来的巨大变革。消费者已开始接受为内容付费，并希望能够随时从任何设备获取在线娱乐内容。
  - 关键因素如下：
    - 受众规模及其增长。各类在线娱乐的受众正在急剧增长。
    - 流媒体服务和移动平台的出现。电视、电影和音乐行业的一大趋势是向流媒体服务转型。
    - 预计增长最快的是网络游戏，尤其是手机游戏和电子竞技。
- 了解创作者是如何尝试从用户生成的内容中获利的。
  - UGC 种类繁多，涉及所有在线内容和媒体行业，包括印刷内容（报纸、杂志和书籍）、视频（短视频和长视频）、数字音频（音乐和播客）、游戏、艺术和摄影。
  - 创作者可以通过多种方式用自己创作的内容赚钱，例如广告、数字内容销售、基于粉丝参与的资助或收费产品。
  - 目前有多种平台专门允许创作者直接将其创作的内容变现，包括 YouTube、Patreon、Substack 和 Roblox。最初依赖免费使用 UGC 的社交网络平台现在也在开发创作者基金，为创作者在其平台上创作的内容提供赚钱途径。

10.7.2　思考题

1. "融合"一词有哪三个方面？这些融合领域分别意味着什么？
2. 在线内容的基本收入模式是什么？主要挑战是什么？
3. 电子书的两种主要商业模式是什么？
4. 平板电脑的发展对在线娱乐和内容有何影响？
5. 音乐订阅服务使用什么技术来实施数字版权管理（DRM）？
6. Apple iPad 代表了哪种融合？
7. 为了适应互联网，报纸采用了哪三种不同的商业模式？
8. 报纸采用了哪些不同的收入模式？
9. 纯数字新闻网站与印刷报纸相比有哪些优势？传统报纸与此类网站相比有哪些优势？
10. 图书出版业与报纸和杂志业在互联网方面的经验有何不同？
11. 互联网如何改变了传统音乐曲目的包装、发行、营销和销售？
12. 流媒体技术对电视业有何影响？
13. 为什么云存储服务的发展对移动内容交付的发展至关重要？
14. 普通消费者是否更容易接受含广告的互联网内容？有哪些发展支持这一观点？

15. 成功向消费者收取在线内容费用需要哪些因素？
16. 为什么网站无法帮助报业和杂志业，而 App 却能帮助它们？
17. 杂志出版商在网络发行渠道方面有哪些选择？
18. 司法部为什么要起诉大型出版公司和 Apple 公司？
19.《音乐现代化法案》将如何影响流媒体音乐产业？
20. 移动设备如何改变游戏产业？

10.7.3　实践项目

1. 研究报业的媒体融合问题。你认为媒体融合对新闻业有利吗？就这一问题的任何一方展开有理有据的论证，并就这一主题撰写一份三至五页的报告，指出报业媒体融合的障碍有哪些并讨论是否应放宽这些阻碍因素。

2. 访问 Amazon 网站，浏览不同的数字媒体产品。针对每种数字媒体产品，描述 Amazon 的存在如何改变了创造、制作和传播这些内容的行业。准备一份演示文稿，向全班展示你的发现。

3. 找出三个在线内容来源，它们体现了本章讨论的三种数字内容收入模式（订阅、按需和广告支持）中的一种。描述每个网站的运作方式和创收方式。描述每个网站如何为消费者提供价值。你更喜欢哪种收入模式，为什么？

4. 找出一本同时拥有线下订阅版或报亭版的热门在线杂志。与线下实体版相比，在线版有哪些优势和劣势？在线杂志行业是否出现了技术平台、内容设计或行业结构的融合？就这一问题编写一份简短报告。

5. 2014 年，Amazon 以近 10 亿美元的价格收购了 Twitch 公司，该公司支持用户以流媒体方式观看视频游戏会话。Amazon 为什么要在 Twitch 上花这么多钱？请制作一个简短的演示文稿，并指出你认为这次的收购行为好 / 不好的原因。

10.7.4　参考文献

Akamai Technologies, Inc. "Pirates in the Outfield." (January 26, 2022).

American Press Institute. "Paths to Subscription: Why Recent Subscribers Chose to Pay for News." Media Insight Project (February 27, 2018).

Anderson, Porter. "AAP StatShot: The United States' Publishing Industry Gained 12.2 Percent in 2021." Publishingperspectives.com (January 26, 2022).

Association of American Publishers (AAP). "AAP StatShot Annual Report for 2021: Book Publishing Revenues up 12.3% for the Year, Reaching All-Time High of $29.33 Billion." (September 16, 2022).

Boxer, Sarah. "Paintings Too Perfect? The Great Optics Debate." *New York Times* (December 4, 2001).

Caporal, Jack. "With Netflix Earnings Under the Microscope, 55% of Americans Think There Are Too Many Streaming Options." Fool.com (May 16, 2022).

CNN. "CNN Digital Dominates All Competitors; Largest Digital News Outlet in 2021." Cnnpressroom.blogs.cnn.com (December 14, 2021).

Comscore, Inc. "Top 50 Multi-Platform Properties (Desktop and Mobile) July 2022." Comscore.com (September 2022).

Congressional Research Service. "Stop the Presses? Newspapers in the Digital Age." (January 27, 2022).

Deahl, Dani. "The Music Modernization Act Has Been Passed into Law." Theverge.com (October 11, 2018).

Dudley, Brier. "Forecast Sees Further Challenges for Newspapers." *Seattle Times* (June 22, 2022).

Ebooks.com. "Ebook Market Share 2022." (accessed September 6, 2022).

Edge, Marc. "What if Newspapers Aren't Dying?" Marcedge.com (2019).

Entertainment Software Association (ESA). "U.S. Consumer Video Game Spending Totaled $60.4 Billion in 2021." Theesa.com (January 18, 2022).

Fischer, Sara. "Substack Says It Has More than 1 Million Subscriptions." Axios.com (November 15, 2021).

Flint, Joe. "'Matrix' Co-Producers Sue Warner Bros. Over HBO Max Streaming Release." *Wall Street Journal* (February 7, 2022).

Gough, Christina. "League of Legends Championship Finals Viewers Number 2018–2021." Statista.com (June 9, 2022).

Hagey, Keach, and Lukas Alpert. "Vice, BuzzFeed and the Reckoning for New-Media Companies." *Wall Street Journal* (February 1, 2019).

Haysom, Sam. "These Self-Published Authors Are Actually Making a Living. Here's How." Mashable.com (February 24, 2020).

Ibisworld. "Magazine & Periodical Publishing in the US—Market Size 2005–2028." Ibisworld.com (July 15, 2022).

Insider Intelligence/eMarketer. "US Average Time Spent per Day with Media." (April 2022a).

Insider Intelligence/eMarketer. "US Digital Video Viewers and Penetration." (February 2022b).

Insider Intelligence/eMarketer. "US Subscription OTT Video Viewers and Penetration." (September 2022c).

Insider Intelligence/eMarketer. "US Digital Audio Listeners and Penetration." (February 2022d).

Insider Intelligence/eMarketer. "Digital Gamers, US." (February 2022e).

Insider Intelligence/eMarketer. "US Connected TV Viewers, by Device." (September 2022f).

Insider Intelligence/eMarketer. "US Home Entertainment Rental and Sales Revenue, by Format, 2020 & 2021." (February 4, 2022g).

Insider Intelligence/eMarketer (Ross Benes). "US Podcast Advertising 2022." (April 25, 2022h).

Insider Intelligence/eMarketer. "The Metaverse." (April 19, 2022i).

Insider Intelligence/eMarketer. "Esports Viewers Worldwide, by Type, 2020–2022 & 2025." (April 19, 2022j).

Insider Intelligence/eMarketer. "Amount that US Creators Have Received from Social Media Creator Funds.", April 2022." (June 1, 2022k).

Kearney, Michael. "Trusting News Project Report 2017." Reynolds Journalism Institute, University of Missouri, 2018.

Lawler, Richard. "Meta Will Stop Paying US Publishers to Put Their Content in Facebook's News Tab." Theverge.com (July 28, 2022).

Lewis, Anna. "Metered Pay Models Comprise Bulk of Newspaper Website Pay Models." Journalism.missouri.edu (2018).

Majid, Aisha. "Top 50 Most Popular News Sites in the US: Growth at NYT, NY Post and Mail Online in July." Pressgazette.co.uk (August 22, 2022).

Marvin, Rob. "How Much Would You Spend on Streaming Services per Month?" Pcmag.com (September 16, 2019).

MPA—The Association of Magazine Media. "Magazine Media Factbook 2021." Magazine.org (November 2021).

Mullin, Benjamin. "How The New Yorker Brought the Soul of the Magazine to the Web." *Poynter.com* (January 31, 2017).

News Media Alliance. "Statement: News/Media Alliance Applauds Text Release of Journalism Competition & Preservation Act, Forthcoming Markup in Senate." Newsmediaalliance.com (August 22, 2022).

Newspaper Association of America. "Newspaper Media Revenue 2013: Dollars Grow in Several Categories." (April 2014).

New York Times. "Form 10-K for the Fiscal Year Ended December 26, 2021." Sec.gov (February 23, 2022a).

New York Times. "Form 10-Q for the Quarter Ended June 26, 2022." Sec.gov (August 3, 2022b).

New York Times. "Journalism that Stands Apart. Report of the 2020 Group." (January 2017).

Pew Research Center (Michelle Faverio and Andrew Perrin). "Three-in-Ten Americans Now Read E-books." Pewresearch.org (January 6, 2022a).

Pew Research Center. "News Platform Fact Sheet." Pewresearch.org (September 20, 2022b).

Pew Research Center. "Newspapers Fact Sheet." Pewresearch.org (June 29, 2021a).

Pew Research Center. "Digital News Fact Sheet." Pewresearch.org (July 27, 2021b).

Pew Research Center (Elisa Shearer). "More than Eight-in-Ten Americans Get News from Digital Devices." Pewresearch.org (January 12, 2021c).

Raffaelli, Ryan. "Reinventing Retail: The Novel Resurgence of Independent Bookstores." Working Paper 20–068 Harvard Business School (January 2020).

Raffaelli, Ryan. "How Independent Bookstores Have Thrived in Spite of Amazon.com." Harvard Business School (November 20, 2017).

ResearchandMarkets.com. "United States Newspaper Market Size, Share & Trends Report 2022: Market to Reach $10.69 Billion by 2030, Declining at a CAGR of −6.5%—ResearchandMarkets.com." Businesswire.com (September 6, 2022).

Recording Industry Association of America (RIAA). "RIAA 2018 Year-end Music Industry Revenue Report." (2019).

Recording Industry Association of America (RIAA). "Year-End 2019 RIAA Music Revenues Report." (2020).

Recording Industry Association of America (RIAA). "Year-end 2020 RIAA Revenue Statistics." (2021).

Recording Industry Association of America (RIAA). "Year-End 2021 RIAA Revenue Statistics." (2022).

Rosenblatt, Bill. "Why Ebook Subscription Services Will Finally Succeed in the Coming Decade." Forbes.com (January 3, 2020).

SensorTower. "Pokémon Go Catches $6 Billion in Lifetime Player Spending." Sensortower.com (June 2022).

Shah, Emily. "The Journalism Competition and Preservation Act: Opportunities and Risks for News Creators." Jolt.law.harvard.edu (November 30, 2021).

Silber, Tony. "'New Yorker' Publishes First Online-Only Edition, 'The New Yorker Interviews.'" Mediapost.com (February 14, 2022).

Singer, Amy. "Introducing the YouTube Shorts Fund." Blog.youtube (May 11, 2021).

Spotify. "About Spotify." Spotify.com (accessed September 7, 2022).

Spotter. "Spotter Deploys $600 Million to YouTube Creators." Prnewswire.com (September 19, 2022).

Sternberg, Mark. "How the Washington Post Topped 6 Million Instagram Followers." Adweek.com (July 18, 2022).

Turvill, William. "Why US Publishers Aren't Signing Up to Google News Showcase." Pressgazette.co.uk (December 16, 2021).

Uberti, David. "Coronavirus Lockdowns Lead to Surge in Digital Piracy." *Wall Street Journal* (April 23, 2020).

Walsh, Joe. "Scarlett Johansson Sues Disney for Releasing 'Black Widow' on Streaming Service." Forbes.com (July 29, 2021).

Washington Post PR. "Nearly 65 Million People Visited the Washington Post Site in May 2022." Washingtonpost.com (June 23, 2022).

Watson, Amy. "Wall Street Journal: Circulation 2018–2022." Statista.com (August 24, 2022).

Watson, R.T. "AMC, Universal Agree to Trim Theatrical Window before Movies Go Online." *Wall Street Journal* (July 28, 2020).

Yurieff, Kaya. "Patreon Says Creator Lifetime Earnings Hit $3.5 Billion." Theinformation.com (January 5, 2022).

社交网络、拍卖和门户网站

学习目标

- 描述不同类型的社交网络和在线社区及其商业模式。
- 描述拍卖的主要类型、优势和成本，阐述拍卖运作的方法，企业何时使用拍卖，以及拍卖中滥用与欺诈的风险。
- 描述互联网门户网站的主要类型及其商业模式。

开篇案例：LinkedIn——一种不同类型的社交网络

当社交网络刚刚出现时，人们普遍认为这些应用只会吸引青少年和年轻人。硅谷和华尔街的大多数技术精英认为社交网络只是昙花一现，搜索引擎和网络广告占据了他们全部的注意力。但当社交网络的参与人数激增至数亿时，就连那些低估了社交网络重要性的人也意识到，这庞大的受众并不仅仅是一群年轻人，相反，社会各阶层都在参与其中。

今天，社交网络在日常生活中占据着极其重要的地位。除了流行的针对普通大众的社交网络，还有一些针对特定群体的社交网络。以 LinkedIn 为例，它是最知名、最受欢迎的面向企业的社交网络。与 Facebook、Instagram、Twitter 和 TikTok 有所不同，LinkedIn 目前还未受到多年来围绕各种社交网站的争议的影响。例如，LinkedIn 没有像其他社交网络一样，饱受关于错误信息和其他类型有害内容的争论。

截至 2022 年 6 月，LinkedIn 在全球 200 多个国家拥有超过 8.3 亿用户，并且提供 26 种不同的语言版本。超过 5800 万家公司在该平台上开展业务。2011 年，LinkedIn 上市，估值达到 89 亿美元，成为当时继 Google 之后规模最大的互联网 IPO。2016 年，Microsoft 以 262 亿美元的天价收购了 LinkedIn。尽管收购价格令许多分析师望而却步，但这项收购是合乎逻辑的，它为 Microsoft 提供了一个渴望已久的社交网络，以及一个向专业受众推广 Microsoft 软件的工具。

LinkedIn 允许用户创建个人档案，包括一张照片，以总结自己的专业成就。用户可以在自己的专业社区中与其他认识和信任的人建立直接联络，并通过联络人将自己的社交网络覆盖范围扩展到他们的联络人。LinkedIn 还允许用户就专业问题发表评论和想法，当他们的联络人发表评论和想法时用户可以收到通知。LinkedIn 群组允许同一行业或公司的用户在更小、更专业的受众内分享内容。LinkedIn 有超过两百万个群组，半数以上的 LinkedIn 用户至少加入一个群组。

在某种程度上，用户如何使用 LinkedIn 取决于他们的职位。公司高管、企业家和企业主通常通过 LinkedIn 来宣传他们的公司，而求职者则用 LinkedIn 来寻找新职位（根据 LinkedIn 的数据，每周有 5000 万人使用 LinkedIn 来找工作，每秒钟有 95 份工作申请被提交）。需要招聘的公司将 LinkedIn 作为一个重要的人才来源（根据 LinkedIn 的数据，每分钟就有六名在 LinkedIn 上初次进行联络的人被公司雇佣）。

LinkedIn 不断推出新功能，包括：以视频档案的形式整合视频的功能，播客网络，以及支持用户举办互动、虚拟的直播活动的平台。2021 年，LinkedIn 推出了一项新的"创作者模式"功能，主要针对有影响力的人、思想领袖和公众人物。现在，用户可以只关注创作者的个人资料，而无须与此人直接交流。

　　LinkedIn 是如何以及为什么能成为"与众不同"的社交网络呢？第一个不同点可能是由于 LinkedIn 面向的对象是商业受众，大多数加入 LinkedIn 的用户是为了令自己的职业生涯有所发展，因此表现出"最佳行为"。与其他社交网络相比，LinkedIn 用户自我审查的程度可能要大得多。此外，LinkedIn 也采取措施使其成为一个更加文明、友好、高效的平台。例如，在其他社交网络中，"不良行为"几乎不会产生后果。许多社交网络，如 Twitter 和 Facebook，允许用户匿名发帖。在 LinkedIn 上，用户必须实名认证。与 Twitter 的转发功能不同，在 LinkedIn 上用户分享他人的帖子时需要对其负责。如果用户有意愿，可以在推送中屏蔽所有政治内容。另一个重要因素是 LinkedIn 的商业模式和用户利益一致。LinkedIn 的大部分收益来自用户付费购买的高级产品。用户即顾客，LinkedIn 需要确保它服务于用户的利益。

　　LinkedIn 的做法已经转换为用户的高度信任。例如，在 Insider Intelligence/eMarketer 的 2021 年年度数字信任基准报告中，LinkedIn 是用户评价最高的社交网络，在用户对其安全性、合法性、社区性和广告体验的认可度上连续五年排名第一。用户非常信任 LinkedIn，因此用户的个人资料中通常包含大量个人信息，如全名、照片、履历信息、电子邮箱等。据报道，2021 年，有超过 7 亿 LinkedIn 用户的记录在暗网上被出售，这些数据是由使用 LinkedIn API 的机器人"抓取"的。LinkedIn 方已提起诉讼，阻止其他公司从公开的用户界面抓取信息，但目前为止，法院裁定公开发布个人资料的用户对这些信息不享有隐私权。LinkedIn 誓将继续上诉，声称将努力维护用户掌握发布的个人信息的权利。

　　在本章，我们讨论社交网络、拍卖和门户网站。三者的共同点是什么？它们都基于共同的兴趣和自我认同，简言之，是一种集体归属感。社交网络和在线社区明确地吸引具有相似性的人，如种族、民族、性别、宗教和政治观点，或是有共同兴趣爱好的人，例如运动、度假等。eBay 最初是一个在线社区，吸引了缺少市场去交易闲置的实用物品的人。这个社区变得非常庞大，远远超出了人们的预期。门户网站还通过提供电子邮箱、聊天群组、公告栏、论坛等促进社区形成的技术，展现了强烈的社区元素。

11.1　社交网络和在线社区

　　互联网设计的初衷是作为一种通信媒介，用于美国各州计算机科学系的科学家相互交流。从一开始，互联网的部分目的是作为一种社区建设技术，使科学家能够在一个实时在线的环境中分享数据、知识和意见（Hiltzik，1999）。早期互联网的成果就是第一个"虚拟社区"（Rheingold，1993）。随着互联网在 20 世纪 80 年代末期的发展，来自不同的学科和大学的科学家都加入了互联网。不同的科学家团体中涌现出成千上万个虚拟社区，他们定期在互联网上使用电子邮件、列表服务和公告栏进行交流。20 世纪 80 年代中后期出现了第一批关于新型电子社区的文章和书籍（Kiesler et al.，1984；Kiesler，1986）。最早的在线社区之一"The Well"（原名为 Whole Earth 'Lectronic Link）于 1985 年在旧金山成立，由一小群曾经共享田纳西州一个 1800 英亩（1 英亩约为 4046.856 平方米）的社区的人建成。The Well 有数千名在线讨论、辩论、彼此提供建议与帮助的用户（Well.com，2022；Hafner，1997；Rheingold，1998）。20 世纪 90 年代早期，随着网络的发展，数以百万的人开始拥有互联网账户和电子邮件，互联网对社区建设的影响也随之加强。到 20 世纪 90 年代末期，在线社区的商业价值被认为是一种潜在的新型商业模式（Hagel and Armstrong，1997）。

早期的在线社区聚集了少量对技术、政治、文学等有强烈兴趣的网络爱好者和用户。很大程度上技术使在线社区的活动局限于在社区主办的公告栏上发布文字信息以及进行一对一或一对多的电子邮件交流。除了 The Well 以外，早期的社交网络还包括 GeoCities，一种基于社区的网站托管服务。然而，到 2002 年，在线社区的性质开始发生变化。用户可以自创名为博客的网站，成本低廉，且无需任何专业技术。图片网站实现了便捷的图片共享。从 2007 年开始，智能手机、平板电脑、数码相机和便携式媒体设备等移动设备的发展，实现了图片、音频、视频多种媒体的共享。突然之间，分享兴趣和活动的受众更广，可分享的内容也更加丰富。

随着互联网的发展，一种新的社交网络文化出现了。技术的广泛民主化及其向大众的普及意味着在线社交网络不再局限于少数人，而是涵盖了更加广阔的人群，尤其是青少年和大学生，他们是最快接受在线社交网络的群体。他们的家人和朋友也很快加入进来。新的社交网络文化非常私人化，以"自我"为中心。用户在社交网络个人主页中展示照片，分享个人活动、兴趣、爱好和社交。现在的社交网络既是一种社会学现象，也是一种技术现象。

现在，社交网络是一种最常见的互联网使用方式，占数字媒体使用总时间的 14.5%（Insider Intelligence/eMarketer，2022a）。2014 年以来，社交网络参与度的增长几乎完全由智能手机的使用所推动。约 74% 的互联网用户和超过 2/3 的美国总人口（超过 2.2 亿人）使用社交网络（Insider Intelligence/eMarketer，2022b）。

在全球范围内，社交网络现象更加明显，全球用户超过 35 亿（占所有互联网用户的 82%，占世界总人口的 45%）（Insider Intelligence/eMarketer，2022c）。在每个国家，社交网络都是用户上网时的首选。到目前为止，亚太地区拥有最多的社交网络用户，其次是拉丁美洲，但拉丁美洲在互联网用户中的社交网络渗透率最高。截止到 2022 年 3 月，尽管 Facebook 在全球的用户规模达到 29 亿，主导着全球社交网络市场，但一些国家本土化的社交网络同样举足轻重，例如：阿根廷的 Taringa!，韩国的 KakaoStory 和 Naver Band，日本的社交通信应用 Line，中国的微信、抖音、新浪微博，德国的 Xing，以及俄罗斯和中东欧部分地区的 VK。你几乎可以随时随地加入在线社交网络。

11.1.1　什么是在线社交网络

那么，我们究竟如何定义在线社交网络，它与线下社交网络有什么区别？遗憾的是，关于社交网络和社区，经常批判现代社会摧毁传统社区的社会学家还未给出很好的定义。一项研究总结了 94 种关于社区的不同的社会学定义，并且发现了 4 个共同点：**社交网络**包括人群聚集、相似的社会互动、成员间的共同联系，以及某段时间内处在同地域的人（Hillery，1955）。这将是我们对社交网络的有效定义。社交网络不必有相同的目标、目的或意图。实际上，社交网络可以作为人们"闲逛"、分享和交流的空间。

在线社交网络可以简短地定义为具有共同联系人的人相互交流的在线场所。这个定义和 Howard Rheingold（The Well 的早期创始人之一）的定义非常接近，他最初将"虚拟社区"解释为"足够多的人在网络空间中频繁碰撞产生的文化聚合"。无论是否见面，人们都能通过在线的社交平台作为媒介互相交换意见、照片、视频和观点。互联网消除了线下社交网络中地域和时间的限制。加入在线社交网络的人无须面对面，也无须处于相同的时间或空间。

11.1.2　社交网络和在线社区的发展历程

图 11.1 显示了美国用户数量排名靠前的社交网络。2022 年，美国约有 1.8 亿人（超过半数人口）每月至少使用一次 Facebook。Facebook 用户中人数最多的是 25～34 岁的人群（4000 万），其次是 35～45 岁的人群（3400 万）。几乎 44% 的美国用户（7800 万）年龄超过 44 岁。65 岁以上人群是在 Facebook 用户中增长最快的群体（Insider Intelligence/eMarketer，2022d）。就用户数量而言，尽管 Facebook 是最受欢迎的社交网络，但它在美国的发展已经进入平台期，大部分增长来自海外用户。Facebook 的增速趋于平缓，约为每年 2%。

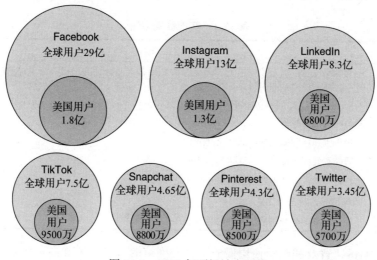

图 11.1　2022 年顶级社交网络

尽管 Facebook 仍占据主流，但其他社交网络在用户数量上的增长要快得多。Instagram（由 Facebook 的母公司 Meta 所有）拥有第二多的美国用户。Instagram 专注于视频和照片分享，在美国拥有约 1.3 亿用户，在全球拥有超过 13 亿用户。

TikTok 是美国第三大最受欢迎的社交网络，也是增长最快的社交网络之一。TikTok 于2017 年推出，是中国字节跳动公司旗下的一款短视频分享应用。它在美国拥有近 9500 万用户，在全球拥有超过 7.5 亿用户。许多 TikTok 视频以音乐为特色，用户可以对口型、唱歌和跳舞，其他视频以喜剧和创意为主。用户可以"重制"其他用户发布的视频，并使用 App中各种剪辑工具、滤镜和其他特效为视频添加自己的风格。算法分析每个用户的观看习惯，并提供根据用户活跃度定制的内容。与其他社交网络相比，TikTok 的受众更加年轻，是美国儿童、青少年和年轻人中最受欢迎的社交网络。近 45% 的美国用户年龄在 25 岁以下。TikTok 迅速崛起的部分原因是它与其他社交网络形成了鲜明对比。例如，Instagram 的感觉比较精致，而 TikTok 更加自然，使用起来更有趣。

Snapchat 于 2009 年推出，用户可以通过它向朋友发送照片和视频，这些照片和视频会在 10 秒内自动销毁。Snapchat 故事的生命周期更长，为 24 小时。Snapchat 的美国用户数量约为 8800 万，全球用户数量约为 4.65 亿。和 TikTok 类似，Snapchat 比 Facebook 更受年轻人欢迎。

Pinterest 是一个视觉导向的社交网络，它允许用户通过视觉艺术表达自己的品味和喜好。可以将 Pinterest 看作一个视觉博客。用户可以将图片发布在在线"钉板"上。这些图片可以来自任何来源。用户还可以"重钉"他们在 Pinterest 上看过的图片。Pinterest 在美国约有 8500 万用户，全球月活跃用户数量超过 4.3 亿。

尽管与其他主流社交网络相比，Twitter 的用户数量较少，但由于其在公共生活中扮演的角色，吸引了大量的公众关注。Twitter 最初是一个基于分享"推文"的社交网络，"推文"的长度不能超过 140 个字符。如今，"推文"长度的限制已扩展到 280 个字符，还可以分享视频和照片。Twitter 在美国拥有约 5700 万用户，全球用户数量约为 3.45 亿。

此外，还有一些其他的社交网络，扩大了社交网络的总受众。表 11.1 中介绍了其他受欢迎的社交网络。

表 11.1   其他社交网络

社交网络	描述
Be Real	一款社交 App，要求所有用户每天在收到通知后 2 分钟内拍摄一张未加滤镜的自拍照，以及一张面前任何东西的照片。截至 2022 年 8 月，活跃用户数量达到 1000 万
MeWe	类似 Facebook 的社交网络，包括私人和公共群组、新闻订阅、聊天功能等，无广告，不追踪用户或出售数据
Nextdoor	聚焦于邻居和周边社区的社交网络
Meetup	帮助有共同兴趣爱好的群体计划活动和线下聚会
Vero	旨在与朋友分享推荐信息和照片的社交网络
Mastodon	Twitter 的开源替代品
Clubhouse	基于语音的社交网络，允许会员参与其他会员的对话

移动设备的迅速普及和广泛使用促成了社交网络的持续发展和商业成功。约 95% 的美国用户至少使用过移动设备访问 Facebook，甚至超过三分之二的用户只使用移动设备。到 2022 年，Facebook 的旗舰版 App 成为美国智能手机用户中第二受欢迎的智能手机 App（仅次于 YouTube）（Comscore，Inc.，2022a）。一些社交网络，如 Instagram 和 Snapchat，几乎全部在移动端使用。

一些社交网络主要侧重于信息传递。WhatsApp 于 2009 年推出，2014 年被 Facebook/Meta 收购，是一款信息传递服务 App，用户可以使用互联网向朋友的手机发送文字、照片和视频，而无须向电信公司支付手机短信服务费用。2022 年，Meta 宣布为 WhatsApp 增加社交网络功能的计划，其中包括社区，它是一个聊天群组集合，将有共同兴趣爱好的人联系在一起。就像 Facebook 群组一样，WhatsApp 社区有一名社区管理员。WhatsApp 在全球拥有超过 20 亿用户（Brown，2022）。Discord 最初是一个专注于视频游戏的语音聊天平台，但现在已经成为一个成熟的社交网络，在全球拥有超过 1.5 亿用户和 1900 万活跃社区。

独立访客数量只是衡量网站或 App 影响力的方式之一，用户使用时间是另一个重要的指标。人们在网站或 App 上花费的时间越长，即参与度越高，就有更多的时间来显示广告和创造收益。表 11.2 基于每月使用时间比较了主流社交网络参与度的不同等级。近年来，就用户使用时间而言，Facebook 已不再是社交网络的领头羊，它如今仅次于 TikTok 和 Twitter，排名第 3 位。

表 11.2　2022 年社交网络用户使用时间

社交网络	小时 / 月
TikTok	19
Twitter	17.5
Facebook	15.5
Snapchat	15
Instagram	14.5
Pinterest	7

　　创收金额是衡量公司商业潜力的最终标准。2022 年，美国社交网络广告支出仅占数字广告总支出（约 750 亿美元）的 30%（Insider Intelligence/eMarketer，2022k）。部分问题在于，用户通常不会到社交网络上寻找相关产品的广告，也不太关注展示的广告。此外，社交网络的主要平台——智能手机的小屏幕不利于展示广告。即便如此，社交网络广告及其促成的社交电子商务正变得越来越重要。

11.1.3　社交网络的商业化

　　早期社交网络依靠订阅，但如今，大多数社交网络都依靠广告。LinkedIn 是一个重要的特例，它为个人提供基本的免费会员服务，但对高级服务收费。图 11.2 展示了各种社交网络的广告支出对比。Meta 的广告收益超过 500 亿美元（包括来自 Facebook 和 Instagram 的广告收益），在广告支出方面远超其他社交网络。

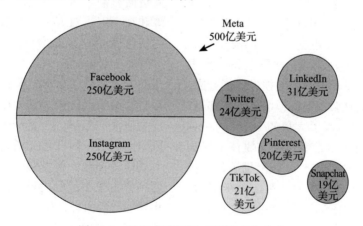

图 11.2　2021 年美国社交网络广告支出

　　移动设备的迅速普及，最初给 Facebook 等社交网络带来了挑战。然而，Facebook 很快就开发出自己的 App，并收购了 Instagram 等 App，并在几年时间内占据了移动显示广告市场约 50% 的份额。排名前十的 App 中，三个属于 Meta：Facebook 主 App（第 2 位）、Facebook Messenger（第 7 位）、Instagram（第 10 位）（Comscore, Inc., 2022a）。2022 年，Meta 在美国的收益（包括 Facebook 和 Instagram 的收益）中预计有 97% 来自移动广告（Insider Intelligence/ eMarketer，2022m）。

　　社交网络已经对企业运营、沟通、客户服务产生了重要影响。最近一项针对《财富》500 强企业的调查研究发现，这些企业正在增加对社交媒体的使用。几乎所有《财富》500

强的企业（98%）使用 LinkedIn，91% 使用 Twitter，89% 使用 Facebook，63% 使用 Instagram（Marketing Charts，2021；Unboxsocial.com，2019）。企业使用社交网络的主要用途是作为营销和品牌推广的工具。社交网络的另一个营销用途是作为强大的聆听工具，在企业内部起到重要的客户反馈系统的作用。

企业通过社交网络塑造品牌和声誉。通过社交网络上的帖子、评论、聊天记录和点赞就可以看出，今天的公司非常重视"在线声誉"这一话题。在这个意义上，社交网络已经成为企业客户关系管理系统的延伸，并扩展了现有的市场调研项目。除了用于品牌建设，社交网络还作为联系目标受众的广告平台。然而，社交网络的商业化并不总是一帆风顺的。下面的"社会洞察"案例讨论了一些企业使用社交网络的相关风险。

社会洞察：企业要警惕——社交网络的阴暗面

几乎所有主流公司都在使用社交网络进行市场营销及客户交流。尽管这是一种和客户交流的有效方式，但如果企业不小心的话，这种营销方式很容易出错。例如，女演员 Reese Witherspoon 的时尚品牌 Draper James，在其 Instagram 主页上宣称将为教师提供一件免费套装以表彰他们的辛勤工作。该活动需要在截止日期前申请，获奖者会收到通知，并注明了有效期限。此次活动虽出于善意，却适得其反。超过 100 万名教师申请，但 Draper James 只准备分发 250 件套装。尽管公司在意识到问题后立即试图解释，但损失已经造成，尤其是申请人被要求提供他们的工作邮箱，这些邮箱很快涌入了大量的 Draper James 促销邮件。许多申请者在社交媒体上对该品牌进行了猛烈抨击。另一个例子，汉堡王在国际妇女节发布的"女性属于厨房"的推文引发了愤怒，尽管这条推文的目的是推动发起一项倡议来增加女厨师的数量。汉堡王首先试图解释推文意图，随后道歉。又比如，ESPN 的"SportsCenter"推特账户发布了一张 HBO 电视剧 *Euphoria* 中一个 13 岁角色的照片并配文"像这个家伙一样无畏的运动员"，但剧中该角色的生活充满着毒品和暴力。这条推文很快就被删除了，ESPN 表示这条推文和其品牌价值不符。2022 年 1 月，Pabst Blue Ribbon 的员工在该品牌的官方推特账户上发布了一条粗俗的推文。尽管这条推文被快速删除，但其他品牌，如 Slim Jim 和外卖应用 Waitr，对该推文进行评论并使情况变得更加尴尬。

在社交网络上开展业务的企业还必须注意平台上出现的与品牌内容和广告相邻近的内容。令人不安或有分歧的内容，即使和品牌完全无关，都可能给品牌形象带来负面影响。品牌安全的问题已经成为品牌和社交网络双方关注的焦点。社交网络的网红营销给企业增加了另一层复杂性。尽管对于企业而言网红是一种接触目标受众的有效的方法，但这样做的话，企业通常必须给予网红很大的自由度，让他们决定如何推广品牌。这就产生了一些潜在的风险。例如，网红可能通过误导或有害的方式推广产品，或发布与产品无关的令人感到冒犯或不适的内容。网红也可能发布相互冲突的内容，如为竞争品牌发布内容。企业必须采取适当的保障措施以保护品牌免受此类错误的影响。

客户服务是另一个利用社交网络与客户建立联系的领域，它可能导致不可预见的复杂情况。社交网络上的客户服务质量会对品牌印象产生重大影响。小的客户服务问题很容易演变成一场公关灾难，其他客户或网红可能会蜂拥而至，造成病毒式传播效应。例如，英国航空公司在 Twitter 上的客户服务受到批评，因为该公司经常要求寻求航班帮助的客户在推特平台的公开对话中发布隐私信息。具有讽刺意味的是，该公司的客服人员表示，这些信息是遵守欧洲《通用数据保护条例》（GDPR）所必需的，该条例旨在保护用户私人信息，这与英国航空公司客服人员反馈的完全相反。

对于在社交网络上开展业务的企业来说另一个主要问题是如何回应客户的负面评论。忽视负面评论的企业会对其品牌形象造成严重损害。虽然删除负面评论这一操作可能很诱人，但企业应该警惕法律风险。例如，美国联邦贸易委员会近期对快时尚零售商 Fashion Nova 罚款 420 万美元，以解决其屏蔽网站上负面评论的指控。但是，这并不意味着企业不能删除包含辱骂或其他有攻击性内容的评论。处理负面评论的最佳方式是拥有社交聆听和反馈的工具，追踪负面评论，以非防御的姿态快速响应，必要时道歉，并且知道何时将与客户的沟通转到私信等私人渠道。

企业必须小心处理从社交网络上获取的私人信息。截至 2021 年年底，美国一半以上的州都已制定法律：禁止雇主向员工或潜在员工索要个人社交网络账户的用户名或密码。此外，15 个州以及哥伦比亚特区已立法，禁止教育机构向可能的学生索取个人社交网络账户的用户名或密码。威斯康星州也禁止房东向潜在租户索取个人社交网络账户。但是，所有员工和潜在员工都知道这并不妨碍公司查看他们的公共社交网络资料。

通过制定政策可以帮助公司避免社交网络的阴暗面。企业也必须制定有关公司社交网络使用方法的政策，并告知员工哪些违规行为可以作为纪律处分的理由。营销部门也应该在实践中培训，以避免社交网络营销陷阱。社交媒体虽然令人兴奋，但需要政策保障。

11.1.4　社交网络的类型及其商业模式

社交网络和在线社区有很多种类型和分类方法。虽然最流行的普通社交网络采用广告模式，但其他类型的社交网络有不同的收益来源。社交网络有不同类型的赞助商和不同类型的用户。例如，一些由 IBM 等公司创建的社交网络仅供其销售人员或其他员工使用（公司内部社区或 B2E（企业对员工）社区），一些给供应商和经销商使用（跨组织社区或 B2B 社区），还有一些专为其他有共同兴趣的人建立的社区（P2P（人对人）社区）。在本章中，我们重点讨论 B2C 社区，也简要讨论 P2P 社区的实践。

表 11.3 更详细地介绍了五种社交网络和在线社区的一般类型：普通型、实践型、兴趣型、相似型和赞助型。每种类型的社区都有其商业意图和商业后果。我们利用这个模式探索各种社区的商业模式。

表 11.3　社交网络和在线社区的类型

社交网络 / 社区的类型	描述
普通型	在线社交聚集地，可以和朋友交流，分享内容、日程安排和兴趣爱好。例如 Facebook、Instagram、TikTok、Pinterest 和 Twitter
实践型	专业人士、从业者和创作者的社交网络。例如 Just Plain Folks（音乐家社区）、Doximity（医生和医疗保健从业者社区）
兴趣型	围绕共同兴趣建立的社区，如游戏、体育、音乐、股市、政治、健康、金融、海外事务或生活方式。例如 Debate Politics（政治讨论群组）、College Confidential（大学招生）
相似型	具有某种人口特征、种族或民族类别的社区。例如 Peanut，一个女性社交网络；Built by Girls，一个为下一代女性和非二元性别人群设立的社区；BlackPlanet，一个黑人社交网络社区
赞助型	商业、政府和非营利组织为不同目的创立的网站。例如 Nike、IBM、Cisco 和政治选举

普通型社区为成员提供与按照普通主题分类的群众互动的机会。在这些主题中，用户可以找到数以百计的特定讨论组，有数千名对该主题感兴趣的志同道合的用户参与讨论。普通型社区的目的是吸引足够多的用户来填充各种主题和讨论组。普通型社区的商业模式通常是通过出售页面和视频的广告位来获得广告支持。

实践型网络为成员提供共同领域内的集中讨论小组、帮助、信息和知识。例如，Linux. org 是一个非营利的全球性开源活动社区，成千上万的程序员参与其中，为 Linux 操作系统开发代码并免费与所有人共享成果。其他在线社区面向艺术家、教育工作者、艺术品经销商、摄影师和护士。实践型网络既可以是营利性的也可以是非营利性的，通常通过广告或用户捐赠来维持自身发展。

兴趣型社交网络为用户在特定的主题中提供基于共同兴趣的集中讨论组，例如商务职业、船只、马匹、健康、滑雪和其他成千上万的主题。由于兴趣社区的受众规模更小且更有针对性，这类社区通常依赖于广告和租用/赞助。College Confidential（大学招生）、Ravelry（编织和钩针编织）、Sailing Anarchy（帆船）和 Chronicle Forums（马匹爱好者）等社交网络都是吸引有共同爱好的人群的社交网络。LinkedIn 等论坛也可以被认为是兴趣型社交网络。

相似型社区为用户提供和其他具有相似性的人集中讨论和互动的机会。"相似性"指自我认同和群体认同。例如，人们可以根据种族、宗教、民族、性别、性取向、政治信仰、地理位置等数百个类别来自我认定。这类社交网络由广告和产品销售收益支持。

赞助型社区是由政府、非营利组织或营利组织为实现组织目标而创建的在线社区。其目标是多样化的，从促进公民信息共享（例如，Westchestergov.com，纽约韦斯特切斯特政府的网站），到在线拍卖网站（如 eBay），再到 Tide.com（由 Procter & Gamble 生产商赞助的用于展示 Tide 洗涤剂用法的网站）。Cisco、IBM、HP 等许多公司都开发了企业内部社交网络，作为知识共享的一种方式。

11.1.5　社交网络技术及特点

算法是社交网络最重要的技术之一。**算法**是一组分步操作的指令集，和食谱类似，用于生成所需输入的期望输出。**计算机算法**是能够执行逐步指令来产出期望输出的计算机程序（Cormen et al.，2009）。算法是一个古老的概念，但却是如今计算机应用的基础，从计算工资、计算网购时的欠款金额、在 Netflix 上选择可能观看的电影，到根据购物记录推荐感兴趣的产品，算法无处不在。例如，Facebook 如何决定将你的哪些帖子推送到你朋友的动态中？

Facebook 和其他社交网络需要解决的问题是，如何在用户主页展示他们感兴趣并可能点击的内容。同时，Facebook 需要阻止不相关的信息出现在用户主页。图 11.3 阐述了 Facebook 使用的通用算法，该算法是基于 2010 年提交的一项专利，为社交网络用户提供基于关系的个性化内容。图中展示了算法中的八个通用步骤（左列），以及对每个步骤的解释（右列）。Facebook 用户通过选择和接受彼此成为好友的方式来加入同好群体。**同好群体**在所有社交网络中都是一个关键概念：它通常由志同道合的人组成，他们有共同的观点、态度、购买方式以及关于音乐和视频等事物的品味。Facebook 试图准确发现这些人的观点、态度、购买方式和品味，以及人口统计数据和其他的个人信息。一旦确认了这些信息，Facebook 试图找出每个同好群体消费的内容，并将这些基于关系的内容和每个群体相匹配。Facebook 会创建基于同好关系的内容的数据库，并将其应用到该群体其他成员以及具有类似特征的其他群体中。

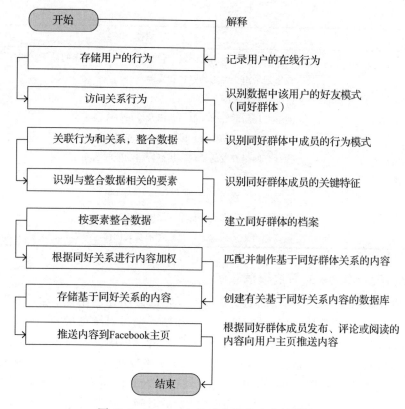

图 11.3 Facebook 生成个性化内容的算法

最后，你会了解到你的朋友在做什么、喜欢什么、看什么、听什么。你大概会觉得这很有趣也很吸引人。你将不会收到和你的同好群体截然不同的其他群体的信息。Facebook 只会呈现给你与你同好群体喜欢内容相似的新内容（新闻、音乐、视频）。例如，如果你是坚定的保守派或自由派，你会选择点击证实你观点的文章，那么与你观点相同的同好群体其他成员的主页上会显示这些内容和你的行为。他们可能会继续把这些内容分享给其他 Facebook 好友和他们所在的其他同好群体。

虽然通用算法看似简单，但算法中的每一步都是由计算机程序实现的，包括数万行代码以及数千小时的软件工程和系统开发。据 Facebook 称，加载用户主页（包括用户动态）需要数百台服务器处理数万条数据，并且在不到一秒的时间内传输信息。目前，Facebook 在全球拥有 21 个数据中心，包括数万台服务器。所有服务器全部通过光纤网络连接，以处理全球超过 29 亿用户的数据（Facebook，Inc.，2022b）。下面的"技术洞察"案例深入研究了Facebook 对算法的使用。

社交网络还开发了一些便于用户参与不同活动的软件应用。表 11.4 介绍了几个额外的社交网络的特点和功能。

表 11.4 社交网络的功能

功能	描述
个人资料	用户创建的个人主页，从多个方面描述用户本人的情况
推送	好友的更新、广告和通知

（续）

功能	描述
时间线	按时间顺序排列历史记录，包括更新、好友发布的帖子、照片等
故事	收集记录用户经历的照片和视频
好友	能够创建好友圈、社区
网络发现	能够发现新的好友和群组，以及发现好友的好友
点赞	能够交流收藏的内容、网站、书签和目的地
游戏和 App	为社交网络开发的游戏和扩展网络功能的 App
即时通信	即时通信，聊天
存储	存储照片、视频、文本
留言板	能够向好友发布更新信息（例如 Wall）
群组	按兴趣组织的讨论组、论坛和消费者团体（例如 For Sale Groups）

技术洞察：Facebook 的算法很危险吗

计算机算法通常不是头条新闻的主题。但如果是 Facebook 的算法，情况则有所不同。Facebook 是世界上最流行的社交网络（就用户数量而言），但也是最受抨击的社交网络之一。从成立之初，Facebook 就饱受争议。最初，争议的焦点在于其行为会给用户的隐私带来怎样的影响。然而，近几年来，人们越来越关注 Facebook 作为错误信息和有害信息的发布平台所起到的作用，尤其是 Facebook 的算法在这一过程中的作用。

尽管 Facebook 有许多不同的算法，但当人们提到 Facebook 算法时，通常指的是 Facebook 的新闻推送算法，Facebook 在 2022 年将其重新命名为"推送"。推送包括一个持续更新的帖子列表，这些帖子来源于用户在 Facebook 上关注或有其他互动的人、群组或主页。推送还包括赞助帖（广告）和 Facebook 认为用户可能感兴趣的主页。

许多人都没有意识到，推送中出现的内容都是由 Facebook 的算法控制的。Facebook 在 2009 年推出了第一个新闻推送算法（只是根据点赞数优先推送），从那时起，算法持续优化，根据业务需求调整不同因素的优先级。例如，在 Facebook 上发帖的公司和创作者学会了如何制作标题和帖子来吸引浏览量和点赞，从而产生了后来的"标题党"。Facebook 在 2014 年、2015 年校正了算法来抵制标题党，并关注新的指标，例如用户看帖子或看视频花费的时间。从那时起，Facebook 将视频作为业务重点，并使用算法推动视频帖的增长。此后不久，算法进一步调整，为象征喜爱和愤怒的反应给予比简单点赞更高的权重。

从 Facebook 的角度来看，它的算法为现在社交网络的用户解决了一个重要的问题：网络上有太多信息以至于用户可能会被他们不感兴趣的信息淹没。这一问题造成了用户很难找到他们真正感兴趣的信息，由此产生的挫败感可能会使用户远离社交网络，而社交网络正逐渐成为他们获取新闻和观点的主要来源。因此，Facebook 在这两种算法的专利申请中提到，有必要"为社交网络用户生成动态的、基于关系的个性化内容系统"。换句话说，这意味着算法是为了吸引用户留在 Facebook 中，接触更多的广告。

该算法的存在及其调整，最初并没有引起广泛关注。然而，现在已不是这样了。在过去几年中，Facebook 因其在平台上散布虚假新闻、错误信息和有害信息而受到严格审查，其中最出名的事件是在 2016 年总统大选前期。在那时，Facebook 的广告系统使那些创建成百上千虚假账户的操作者得以锁定他们认为容易接收信息并点赞、发布、转发到好友圈的人。如果 1000 个人回复了一条帖子，每个人有 10 个朋友，那么这条信息可能在几个小时内传播给 100 万人甚至更多，从而影响 Facebook 算法的关注点，使更多的人收到这条信息。该传播的结果是创造了一个"泡沫世界"，消息在几个小时内通过互联网飞速传播。研究人员发现，虚假新闻和错误信息比可靠的新闻传播得更快、更广，因为前者通常更令人震惊、更煽动情绪、更不寻常。

2018 年，Facebook 再次优化了新闻推送算法，优先考虑朋友和家人分享的内容，而不是发布者主页上的帖子。特别是，算法给予引发大量评论和回复的帖子更高的权重。尽管 Facebook 的 CEO Mark Zuckerberg 声称此举的目的是提升用户幸福感，但其他人认为其根本目的是鼓励用户更频繁地交流，因为随着年轻用户转向 Snapchat 等竞争对手，Facebook 认为这是保持竞争力的关键。研究表明，这一改变不仅没有改善 Facebook 的回音室效应，反而更加剧了用户的不满，因为它强调了有争议话题的文章和帖子，并引发了众怒。算法非但没有提高用户的参与度，反而奖励了引起愤怒和哗众取宠的帖子，使 Facebook 的环境越来越差。

批评者指责 Facebook 助长了社会的高度两极分化：在有争议的话题上，用户只能看到好友的社会观点和政治观点，从而形成了一个自我强化的泡沫世界。批评者有时称之为 Facebook"回音室"或"泡沫"，他们认为这会导致群体很少和持不同观点或持有中间立场的人分享新闻和互动。

2021 年 10 月，《华尔街日报》开始公开大量的 Facebook 内部文件，这些文件由 Facebook 的前员工 Frances Haugen 提供。这些文件提供了一个前所未有的视角，让人们得以了解 Facebook 的内部审议情况，并证实了许多批评者的指控，包括 Facebook 的研究揭示了其算法对社会幸福感会造成怎样的有害影响。在美国参议院作证时，Haugen 描述了一个公司无法控制自己创造的"怪物"的画面。这些爆料将议员们的注意力集中在 Facebook 的算法以及此类算法是否应受联邦监管的问题上。据 Facebook 称，目前，算法考虑了 1 万多个不同的信息来预测用户参与帖子的可能性。目前还不清楚如何"修复"这样一个复杂的系统，也不清楚能否在不破坏人们仍喜欢的社交网络特别的前提下或不违反第一修正案的情况下完成。

11.2　在线拍卖

电子商务早期，在线拍卖是一种流行的商品买卖方式。最广为人知的拍卖是**消费者对消费者（C2C）拍卖**，现在仍是如此。C2C 拍卖中，拍卖公司只是作为市场中介，为买家和卖家提供一个询价和交易的论坛。C2C 拍卖的领头羊是 eBay，截至 2022 年 3 月底，eBay 在全球约有 1.42 亿活跃买家，1700 万卖家，每天在数千个不同类别中展列约 16 亿件商品（eBay, Inc., 2022a, 2022b）。虽然 eBay 最初是一个主要出售二手商品的拍卖网站，但如今 eBay 上几乎 90% 的商品都是以固定价格或最优报价出售的。本章末的案例研究将进一步讨论 eBay。尽管在线拍卖作为一种流行的销售方式正在衰落，但仍有大量的在线拍卖，包括许多邮票和钱币等独特的收藏品。拍卖也是 B2B 电子商务的重要组成部分。

表 11.5 中列出了一些领先的在线拍卖网站。拍卖不限于商品和服务，还可用于在竞标者群体间分配资源和捆绑资源。

表 11.5   领先的在线拍卖网站

普通型	
eBay	全球拍卖市场的领头羊，每月约有 1 亿访问者，平均每日约有 16 亿商品
eBid	自 1999 年起开展业务，业务范围涵盖包括美国在内的 23 个国家。目前是 eBay 的主要竞争对手之一。收费更低
专营型	
Auction.com	银行所有及被取消赎回权的房地产
Copart	二手车、批发车和可修理的车
Bidspotter	工业设备
Stacks Bowers	经认证的钱币，包括古代金币、银币和铜币。还提供球星卡
Bid4Assets	清算来自政府、公共部门、公司、重组和破产公司的不良房地产资产
Old and Sold Antiques Auction	专营优质古董。经销商对售出的商品支付 3% 的佣金

11.2.1　拍卖的优势与成本

互联网是拍卖复兴的主要原因。互联网提供了一个全球性的环境，以极低的固定成本和运营成本聚集由全球数百万消费者组成的庞大买家受众，他们可以通过普及的技术（互联网浏览器）来选购商品。

拍卖的优势

参与拍卖除了能带来游戏般纯粹的乐趣外，消费者和商家还从参与互联网拍卖中获得了许多经济利益。这些优势包括：

- **流动性**：卖家可以找到有意愿的买家，买家也可以找到有意愿的卖家。买卖双方可以处于全球任何地方。同样重要的是，买卖双方可以为稀有物品找到一个全球市场，这在互联网出现之前是不可能存在的。
- **价格发现**：当价格取决于供求关系且产品稀缺时，买卖双方可以快速有效地为难以评估的商品制定价格。
- **价格透明化**：公开的在线拍卖让每个人都可以看到物品的要价和出价。
- **市场效率**：拍卖可以而且经常会导致价格下降，从而减少商家的利润，增加消费者的福利——这是衡量市场效率的标准之一。
- **交易成本更低**：在线拍卖可以降低产品的销售和采购成本，商家和消费者都能从中受益。与零售市场等其他互联网市场类似，在线拍卖的交易成本非常低（但并非为零）。
- **消费者聚集**：大型在线拍卖市场能聚集大量有购买欲望的消费者，卖家因此受益。
- **网络效应**：就访问者和待售商品而言，在线拍卖的规模越大，它作为市场的价值就越大，因为它提供了流动性和前面列出的其他优势，如更低的交易成本、更高的效率和更好的价格透明度。

拍卖的风险和成本

参与拍卖有很多风险和成本。某些情况下，拍卖市场可能像所有市场一样失灵。需要牢记的一些重要风险和成本包括：

- **延迟消费成本**：在线拍卖可能持续数天，运输需要额外的时间。
- **监控成本**：参与拍卖需要用户花时间监控出价。
- **设备成本**：在线拍卖要求用户购买一套计算机系统并支付网费。

- **信任风险**：使用拍卖会增加因买卖双方欺诈而遭受损失的风险。
- **配送成本**：通常情况下，买家需要支付包装、运输、保险等配送费用，而在实体店，这些费用已包含在零售价中。

eBay 等在线拍卖网站已采取措施降低消费者的参与成本和信任风险。例如，在线拍卖系统通过提供一个评级系统来解决信任问题，让以前的客户根据他们与商家的整体合作经验对卖家进行评级。这种解决方案虽然有用，但并非总能奏效。具有讽刺意味的是，解决高监控成本的部分解决方案是固定定价。在 eBay，消费者只需点击"立即购买"按钮并支付溢价，就可以减少监控和等待拍卖结束的成本。立即购买价格与拍卖价格之间的差价就是监控成本。

尽管如此，考虑到参与在线拍卖的成本，在线拍卖网站上的商品成本通常较低，这在一定程度上是对消费者承担的其他额外成本的补偿。另一方面，消费者的搜索成本和交易成本较低，因为通常没有中间商（当然，除非卖家是一家在线企业，在这种情况下会产生中间商成本），而且通常没有地方税或州税。

商家也面临着相当大的风险和成本：在拍卖中，商家最终出售商品的价格可能低于其在传统市场上出售的价格。商家还面临着拒付、虚假出价、操纵出价、监控、拍卖公司收取的交易费用、信用卡交易手续费以及输入价格和产品信息的管理成本等风险。

11.2.2 拍卖网站：一种电子商务商业模式

在线拍卖是零售和 B2B 商务中最成功的早期商业模式之一。eBay 利用这种模式成为最成功的网络零售公司之一。eBay 的战略是在拍卖周期的每个阶段都赚钱。eBay 通过以下几种方式从拍卖中获利：按销售额计算的交易费、展示商品的挂牌费、金融服务费以及卖家为特殊服务（如特定展示或挂牌服务）支付额外的广告费或投放费。

然而，与普通的网络零售商相比，在线拍卖在成本方面具有非凡的优势。在线拍卖公司没有库存，也不执行任何配送活动——他们不需要仓库、运输或物流设施，卖方和消费者提供这些服务并承担费用。从这个意义来说，在线拍卖是一种理想的数字商业，因为它主要涉及的只是信息传递。

尽管 eBay 取得了巨大成功，但在线拍卖作为一种电子商务商业模式的成功，受制于在线拍卖市场的高度集中这一事实：eBay 占据主导地位，eBid 紧随其后。许多规模较小的在线拍卖公司之所以不盈利，是因为它们缺乏足够的卖家和买家来实现流动性。在拍卖中，网络效应的影响力很大，往往是一两家规模很大的在线拍卖公司占据主导地位，而规模较小的专业拍卖公司（销售邮票等专业商品）几乎无利可图。另外，这些年来，在线拍卖的受欢迎程度明显下降，例如，eBay 的大多数商品都使用公示价格而不是拍卖价格。研究表明，这种变化至少在一定程度上是由消费者对便利性的偏好发生了变化，以及零售业竞争加剧所致（Einav et al.，2018）。另一方面，新冠疫情促使 Sotheby 和 Christie 等传统高端拍卖公司转向在线直播拍卖，现在在线直播已成为这些公司进行拍卖的常用方法（Reyburn，2020）。

11.2.3 拍卖网站的类型与实例

互联网上的主要拍卖类型有英式拍卖、反向拍卖和所谓的"一分钱"拍卖。

英式拍卖是最容易理解的拍卖形式，也是 eBay 上最常见的拍卖形式。一般来说，一个卖家只出售一个商品。拍卖有结束时间限制，有一个底价（通常是保密的），低于底价时卖家不会出售商品，还有一个最低增价幅度。多个买家相互竞价，直到拍卖时限为止。出价最高者赢得物品（如果达到或超过了卖方的底价）。英式拍卖被认为是偏向卖家的，因为多个买家（通常是匿名的）相互竞争。

在 B2C 领域，Priceline 首次开创了**反向拍卖**的模式，以"自行定价"的名义出售机票、酒店房间和度假套餐。在反向拍卖模式中，用户说明他们愿意为商品或服务支付的费用，多个供应商互相竞标。价格不会下降，而是固定不变的：最初的报价就是以该价格购买的承诺。Priceline 成功地提供了多年的"自行定价"拍卖，但最终在 2020 年停止了这种形式的拍卖。如今，反向拍卖主要出现在 B2B 领域。

所谓的**"一分钱"拍卖**其实并不复杂。要参加"一分钱"拍卖（也称为竞价拍卖），用户必须提前向"一分钱"拍卖公司支付竞价费，一般为 50 美分到 1 美元，通常以 25 美元到 50 美元的套餐形式出售。购买竞价后，就可以用它们来竞拍"一分钱"拍卖公司展列的商品（与传统拍卖不同，物品归拍卖公司所有，而非第三方）。物品的起拍价通常为 0 美元或接近 0 美元，每次出价都会提高固定的价格，通常只有 1 美分。拍卖是有时限的，时间一到，最后也是出价最高的竞拍者就会赢得商品。商品本身的价格可能并不高，但中标者的花费通常会超出这个价格。与传统拍卖不同的是，出价需要花钱，即使出价者没有赢得拍卖，这笔钱也不会退还。竞拍者的累计出价成本必须加到成功竞拍的最终价格中，来确定商品的真正成本。竞拍者可能会发现他们的花费远远超出预期。便士拍卖的例子包括 QuiBids 和 DealDash。

11.2.4　企业何时使用拍卖（适用哪些产品）

在很多情况下，拍卖都是个人卖家或企业可以考虑的合适的渠道。在本章的大部分内容中，我们都是从消费者的角度来看待拍卖。消费者的目标是以最低的成本获得最大的价值。现在，将视角转换到卖家或企业。请记住，使用拍卖的目的是通过找到产品和服务的真正市场价值使收益最大化，在拍卖渠道的市场价值有望高于固定价。表 11.6 概述了拍卖需要考虑的因素。

表 11.6　选择拍卖时需要考虑的因素

考虑因素	描述
商品类型	稀有品、独特产品、必需品、易损物品
产品生命周期阶段	早期、成熟期、晚期
渠道管理问题	与零售商的冲突及分歧
拍卖类型	偏向卖家或买家
初始定价	低或高
加价幅度	低或高
拍卖时长	短或长
商品数量	单个或多个
定价规则	统一性或歧视性价格
信息共享	封闭式或公开式竞拍

对这些因素的说明如下：

- **商品类型**：在线拍卖最常用于稀有商品和价格难以确定而且可能没有市场的商品。

然而，Priceline 已成功开发了易损商品（如航空座椅）的拍卖，这些商品已确定零售价。一些 B2B 拍卖也涉及钢材等商品。

- **产品生命周期**：在大多数情况下，企业传统上会使用拍卖来处理处于产品生命周期末期的产品，以及拍卖价格比固定的清仓价格更高的产品。然而，越来越多的产品在生命周期初期通过拍卖出售。发行早期的音乐、书籍、视频、游戏和电子产品可以卖给那些希望成为周边首个拥有新产品的积极性高的早期购买者。
- **渠道管理**：制造商和零售商必须小心谨慎，不要让拍卖活动干扰其现有的盈利渠道。因此，制造商和老牌零售商提供的商品往往处于产品生命周期晚期或有购买数量要求。
- **拍卖类型**：卖家显然应该选择买家多、卖家少甚至只有一个的拍卖方式。eBay 上的英式拍卖最适合卖家，因为随着竞拍者数量的增加，价格会逐渐走高。
- **初始定价**：研究表明，拍卖应该以较低的初始定价开始，以鼓励更多的竞拍者出价。价格越低，通常出价者的数量越多。出价者越多，价格就越高。
- **加价幅度**：通常最安全的做法是保持较低的加价幅度，以增加竞拍者的数量和出价频率。如果竞拍者相信只需多花几美元就能赢得竞拍，那么他们就会倾向于出更高的价格，而忘记自己的出价总额。
- **拍卖时长**：一般来说，拍卖时间越长，出价的人数就越多，价格也就越高。然而，一旦新的投标到达率下降且趋近于零，价格就会稳定下来。大多数 eBay 的拍卖时长是七天。
- **商品数量**：当企业有大量商品出售时，买家通常会期望"批发折扣"。因此，卖家应该考虑将大量的打包商品拆分成小件在不同时间拍卖。
- **定价规则**：大多数买家认为，在多商品拍卖中，每个人支付相同的价格是"公平的"，因此建议采用统一定价规则。有人提出有些买家应根据他们对商品的不同需求支付更多费用，这种观点并未得到广泛支持。因此，想要制定歧视性价格的卖家应在不同拍卖市场或不同时间对相同商品进行拍卖，以防止直接比价。
- **封闭式或公开式竞拍**：封闭式竞拍对卖方优势很大，卖方应该尽可能使用这种方式，因为它允许歧视性价格又不冒犯买家。而公开竞拍也有"羊群效应"和"胜出效应"的优势，即消费者对"获胜"的竞争本能会将价格推高甚至高于封闭式竞拍所能达到的价格。

11.2.5 拍卖价格：是否最低

人们普遍认为，拍卖价格低于其他固定市场的价格。关于这一假设的经验证据好坏参半。对于相同质量的商品，拍卖价格可能高于固定价格市场的价格，一个拍卖市场的拍卖价格也可能高于其他拍卖市场，这其中原因有很多。消费者在做出市场决策时，并不完全受利益最大化的驱动，而是受到许多情境因素、无关或错误信息以及误解的影响（Simonson and Tversky，1992）。拍卖是社交活动——竞拍者在共享的社会环境中互相适应（Hanson and Putler，1996）。简而言之，竞拍者根据其他人之前的出价来竞拍，这可能会导致向上的级联效应（Arkes and Hutzel，2000）。对数百场 eBay 拍卖会的研究发现，竞拍者在某些拍卖中多次出价，而类似商品的拍卖则不出价，表现出"**羊群效应**"（倾向于被一个或多个已有竞拍者的商品吸引竞拍）。"羊群效应"导致消费者支付高于必要的价格，而这种行为的原因与经济现实毫无关联（Liu and Sutanto，2012；Dholakia and Soltysinski，2001）。

现实中拍卖的行为可能产生许多意想不到的结果。中标者可能会产生**赢家的后悔**，即在赢得拍卖后觉得自己为这件商品支付了过高的价格，这表明他们的中标价格并不是他们认为的这件商品的价值，而是第二名出价者认为的价值。卖家可能会有**卖家的遗憾**，反映了他们以略高于第二名出价者的价格卖出商品，却永远不知道最终的赢家支付了多少钱，也不知道对最终赢家的真实价值是多少。竞拍失败者也会体会到**败者的悲叹**，即出价太低而未能获胜。总之，拍卖既可能会导致买家支付过多，也可能导致卖家收益过少。当买卖双方对不同时间线上线下商品的价格有非常清晰的了解时，可以最大限度地减少这两种结果。

11.2.6　拍卖网站的消费者信任

与其他电子商务公司一样，在线拍卖公司也很难让消费者产生信任感。就拍卖公司而言，市场经营者并不直接保证所提供商品的质量，也不能直接为买家或卖家的诚信担保。这就为犯罪分子或虚假行为者以卖家或买家的身份出现提供了可能性。大量研究发现，随着用户经验的增加，如果存在可信的第三方印章，并且拍卖公司提供多种消费者服务，如卖方反馈评级和购买行为（或欺诈）追踪工具，那么信任度和可信度就会增加，从而给用户一种控制感（Tripathi et al.，2022）。由于信任在网络消费行为中扮演着重要角色，eBay 和大多数在线拍卖公司都在努力开发自动化的信任增强机制，如卖家和买家评级、托管服务、卖家和买家保险、保证退款功能和真实性保证等机制。

11.2.7　拍卖市场失灵：拍卖中的欺诈与滥用

在线和线下拍卖市场都容易发生欺诈行为，造成买卖双方信息不对等，导致拍卖市场失灵。一些可能出现的滥用和欺诈行为包括：
- **围标**：线下达成协议限制投标或利用欺诈手段提交虚假投标，从而推高价格。
- **价格匹配**：同意非正式或正式地设定拍卖商品的底价，低于底价的卖家不会在公开市场上出售。
- **防御性虚假反馈**：使用二级用户 ID 或其他拍卖成员来抬高卖家评级。
- **攻击性虚假反馈**：使用二级用户 ID 或其他拍卖成员来降低其他用户的评级（反馈炸弹）。
- **反馈勒索**：以负面反馈相威胁来换取利益。
- **干扰交易**：给买家发电子邮件警告其不要竞拍。
- **操纵投标**：使用撤回选项出高价，发现当前最高出价者出价后撤回出价。
- **中标拒付**：高出价阻止合法买家，中标后不付款。
- **欺骗竞价**：使用二级用户 ID 或其他拍卖成员人为提高价格。
- **交易不履行**：接受付款后不交付商品。
- **卖家拒售**：拍卖成功后拒绝收款或未能交货。
- **虹吸投标**：通过电子邮件向卖家的其他竞标者发送更低报价的相同产品。

在线拍卖试图通过各种方式减少这些风险，包括：
- **评级系统**：以前的客户根据他们与卖家的业务经验对卖家进行评级，并将结果向其他买家公开。

- **观看列表**：允许买家在特定拍卖进行的若干天内对其进行监控，买家只需密切关注最后几分钟的竞拍。
- **代理竞拍**：买家可以输入他们愿意支付的最高价格，拍卖软件会在买家的原始出价被超过时自动递增出价。

eBay 和许多其他在线拍卖公司都设有调查部门，负责受理消费者的投诉，并对举报的侵权行为进行调查。尽管如此，eBay 每周有数百万名访问者和数十万个拍卖项目需要监控，因此它在很大程度上依赖于卖家和买家的诚信来遵守规则。

11.3 电子商务门户网站

port（门户）一词源自拉丁文 porta，指某个地方的入口或门户。

门户是访问频率最高的网站之一，这是因为它们通常是用户的主页：即用户在启动浏览器时显示的页面。Yahoo、MSN 和 AOL 等主流门户网站每月在全球拥有数亿的独立访问者。门户网站是通往互联网数十亿个网页的通道。Facebook 也充当着主页门户。数百万用户将 Facebook 设置为自己的主页，选择来自朋友的消息开始他们的会话，许多人每天在 Facebook 停留几个小时。我们已经在 11.1 节中讨论过 Facebook。门户网站提供的最重要的服务也许是帮助人们找到他们正在寻找的信息，并且像报纸一样，让人们接触原本没有寻找但可能觉得有趣的信息。早期的电子商务门户是搜索引擎。消费者可以通过搜索引擎门户浏览网络上丰富、详细、有深度的内容。但门户逐渐发展成为更复杂的网站，提供新闻、娱乐、图片、社交网络、深度信息和教育等越来越多的主题。如今，门户网站力求成为一个具有黏性的目的地，而不仅仅是一个供访问者通过的网站。在这方面，门户网站和电视网络非常类似，是由广告收入支持的内容目的地。现在的门户网站希望访客停留的时间越长越好，这样就能让访客接触到广告。在大多数情况下，他们成功了：门户网站成为人们长时间停留的地方。

11.3.1 门户网站的发展与演进

与最初的功能和作用相比，门户网站已经发生了很大的变化。如前所述，今天大多数知名的门户网站，如 Yahoo、MSN 和 AOL，最初都是搜索引擎。门户网站最初的功能是索引网页内容，并以方便的形式向用户提供这些内容。早期的门户网站预计访客只停留几分钟。然而，随着 21 世纪百万用户登录互联网，基本搜索引擎的访问量也相应地出现了爆炸式增长。起初，很少有人了解搜索网站如何通过传送客户来赚钱。但是，搜索引擎吸引了大量的用户，为其作为营销和广告媒介的成功奠定了基础。搜索引擎意识到了商业的潜力，将其提供的服务从简单的导航扩展到商业（直接在网站上销售商品以及为其他网络零售商做广告）、内容（最初以新闻的形式，后来以天气、投资、游戏和其他主题的形式出现）、通信（电子邮件、聊天和信息）以及内容传播。这四个特征已成为门户网站的基本定义。

因为门户网站对广告商和内容所有者的价值很大程度上取决于每个门户网站覆盖的受众规模和访客在网站或 App 上的停留时长，因此门户网站之间的竞争在于其覆盖率和独立访问数量。覆盖率指一个月（或其他时间段）内访问网站或 App 的受众百分比，独立访问数量是指一个月内访问网站或 App 的唯一标识的个人数量。门户网站不可避免地会受到网络效应的影响：随着访问量的增加，门户网站对广告商和消费者的价值也呈几何级增长，而这反过来又会吸引更多的客户。顶级门户网站 / 搜索引擎（Google、MSN/Bing、Yahoo、AOL）

占据了 95% 以上的在线搜索量。在考虑门户网站 / 搜索引擎的受众份额时，也可以观察到类似的集中模式，Google 在 PC 端和移动设备端的各种网站每月都会吸引超过 2.7 亿的美国独立访客。然而，这种情况正在发生变化，大量受众转向社交网络，数百万用户将社交网络作为自己的主页或首页，并花费大量的时间。像 Facebook 这类社交网络正通过视频、电影、新闻等扩展其内容，转变为一个混合型社交网络和门户网站。

11.3.2 门户网站的类型：综合门户网站与垂直门户网站

门户网站主要有两种类型：综合门户网站和垂直门户网站。**综合门户网站**试图吸引大量的普通受众，通过提供深度垂直内容频道，如新闻、金融、汽车、电影和天气信息，来留住这些受众。综合门户网站通常提供搜索引擎、免费电子邮箱、个人主页、聊天室、社区建设软件和公告板。综合门户网站上的垂直内容频道提供体育比分、股票行情、健康提示、即时通信、汽车信息和拍卖等内容。

垂直门户网站（有时也称为 vortal）试图吸引对社区（同好群体门户）或专业内容（从体育到天气）有浓厚兴趣的高度集中的忠实受众。最新的垂直门户网站开始增加许多综合门户网站的功能。

门户网站市场受众份额的集中反映了（除了网络效应）消费者有限的时间预算。这种有限的时间预算对综合门户网站有利。消费者上网的时间是有限的。面对有限的时间，消费者会集中访问能满足广泛需求的网站和 App，从天气、旅游信息到股票、体育、零售购物和娱乐内容。

Yahoo、AOL 和 MSN 等综合门户网站试图做到面面俱到，以通用导航服务、深入的内容及社区活动来吸引广大受众。例如，Yahoo 已成为最大的在线新闻来源之一。然而，在线消费者的行为变化表明，消费者花在"网上冲浪"和浏览的时间越来越少，而花在定向搜索、研究和参与社交网络的时间越来越多。这种趋势将有利于特殊目的的垂直门户网站，它们可以提供专注的、深入的社区和内容。

一般来说，综合门户网站是非常知名的品牌，而垂直门户网站往往知名度较低。图 11.4 列出了综合门户网站和两大类垂直门户网站的例子。

图 11.4 两类门户网站：综合门户网站和垂直门户网站

11.3.3 门户网站的商业模式

门户网站的收入来源多种多样。门户网站的收入基础是不断变化和动态的，一些最大的收入来源正在下降。表 11.7 总结了门户网站的主要收入来源。

表 11.7　典型门户网站收入来源

门户网站收入来源	描述
普通广告	按展示次数收费
租赁协议	固定收费，保证展示次数，独家合作伙伴，"独家供应商"
销售佣金	基于独立供应商在网站上的销售收入
订阅费用	优质内容收费
App 和游戏	出售给用户的游戏和 App，App 中内嵌广告

由于搜索引擎广告和智能广告投放网络（如 Google 的 AdSense）的快速增长，综合门户网站和垂直门户网站的经营战略都发生了巨大变化。这些网络可以根据内容在成千上万的网站上投放广告。AOL 和 Yahoo 等综合门户网站没有完善的搜索引擎，因此发展速度不及拥有强大搜索引擎的 Google。以 Microsoft 为例，为追赶 Google，Microsoft 在 Bing 搜索上投资了数十亿美元。另一方面，综合门户网站有的内容是 Google 最初没有的，尽管 Google 通过收购 YouTube，并增加新闻、金融、图片和地图网站来增加其内容。Facebook 用户在 Facebook 上花费的时间是传统门户网站（如 Yahoo）的三倍。因此，社交网络，尤其是 Facebook，是 Yahoo、Google 和其他门户网站的直接竞争对手。

综合门户网站未来的生存策略是开发深层次的、丰富的垂直内容，以接触和吸引客户。小型垂直门户网站的策略是将多个垂直门户网站集合起来，形成垂直门户网络。Google 等搜索引擎的策略是获得更多的内容，以长期吸引用户，并让他们接触更多广告。有关网关现状的更多见解，请阅读"商务洞察"案例。

商务洞察：Yahoo 和 AOL 的新东家

在电子商务发展初期，门户网站是最受瞩目的商业模式之一。在 Facebook 出现之前，门户网站是品类杀手和主导者，AOL 和 Yahoo 是其中最突出的两个。2000 年，Time Warner 以 1680 亿美元收购了 AOL，当时 Yahoo 的市值约为 1280 亿美元。然而，随着时间的推移，Google 逐渐垄断了搜索市场，Facebook 等社交网络也在很大程度上取代了门户网站在网络生活中原本扮演的角色。AOL 和 Yahoo 都在苦苦挣扎，并进行了各种努力来优化业务以使其更切合实际。例如，AOL 创建或收购了数十个小众网站（如 Engadget、TechCrunch 和 Huffington Post），增加了视频流媒体公司和平台，创建了程序化的广告网络。Yahoo 收购了 Tumblr 和 Flickr 等公司，并推出了 Yahoo 食品、Yahoo 科技等电子杂志，对来自网络上的内容进行整合。

2015 年，美国宽带和无线通信巨头 Verizon Communications 以 44 亿美元的价格收购了 AOL。Verizon 当时觊觎的是 AOL 的 4 亿在线受众，以及它的数字内容和广告网络。2017 年，在这一战略的基础上，Verizon 以 45 亿美元的价格收购了 Yahoo。Yahoo 在开发自己的原创内容方面基本上是不成功的，但在展示广告和支持技术方面是王者，当时在全球拥有超过 10 亿用户。Verizon 最初将其新媒体部门更名为 Oath，作为 Yahoo 和 AOL 的总体，这两家公司保留了自己的品牌名称。但 2018 年底，Verizon 最初的战略失败了。12 月，Verizon 宣布将 Oath 进行 46 亿美元的资产减记，品牌价值仅剩区区 2 亿美元，并放弃了 Oath 品牌，将其更名为 Verizon Media。Verizon 还以 300 万美元的名义价格，将之前被 Yahoo 以超过 10 亿美元的价格收购的 Tumblr 卖给了博客巨头 WordPress 的母公司 Automattic，并将 AOL 收购的 *Huffington Post* 卖给了 Buzzfeed。

随后，Verizon Media 试图部署一项新战略，旨在实现收益多元化，最终实现广告、电子商务交易和订阅收入平分秋色。这一计划让人回想起电子商务早期门户网站的商业模式，当时的门户网站被设想为内容、通信和商业的一站式网站商店。为了启动这个计划，Verizon Media 对 Yahoo 邮箱进行了重新设计，增加了购物的新功能。Verizon Media 希望将 Yahoo 邮箱定位为"一对一"的电子商务收件箱。Verizon Media 还推出了一些工具，如可购物的视频播放器，使消费者更容易购买产品，并推出了内容管理系统，使 Verizon Media 的作者和内容制作者更容易将互动式购物嵌入他们的商店中。Verizon Media 还利用 Verizon Communications 的电信基础设施，在视频直播方面加倍投入，尤其是在体育领域。

不幸的是，Verizon 也没能成功地执行这一战略。2021 年 5 月，Verizon 同意以 50 亿美元的价格将 Verizon Media 出售给私募股权公司 Apollo Global Management 公司。Verizon 指出，Apollo 拥有强大的愿景，包括积极寻求商业、内容和博彩领域的增长。他自豪地指出 Verizon Media 在创新广告产品、消费者电子商务、订阅、博彩和战略合作伙伴关系方面取得了进展，并指出，Yahoo 作为世界上最知名的数字媒体品牌之一，继续发展成为 Z 世代用户获取财经信息和新闻的重要途径，Yahoo 新闻是 TikTok 上增长最快的新闻机构。

Apollo 于 2021 年 9 月完成收购，随即将 Verizon Media 更名为 Yahoo。他表示，希望扩大并"合理化"这项业务。该公司指出，Yahoo 旗下不同品牌的月活跃用户基础约为 9 亿，其中包括 Yahoo 及其各个垂直网站（Yahoo 体育、Yahoo 财经、Yahoo 新闻、Yahoo 娱乐、Yahoo 幻想和 Yahoo 邮箱）、同为门户网站的 AOL 以及 TechCrunch、Engadget、Autoblog 和 Rivals 等聚焦内容的网站。Yahoo 的广告业务也被认为是此次收购的重要组成部分。Apollo 很快任命了新的首席执行官 Jim Lanzone。他表示，他看到了公司的重大机遇，尤其是 Yahoo 体育、Yahoo 财经和公司的广告技术部门。

然而，许多分析师质疑 Apollo 是否有可能重振 Yahoo、AOL 和门户网站商业模式。他们指出，Apollo 最终可能会采取不同的战略：将 Yahoo 拆分并出售。早期迹象表明，这可能是事实，Yahoo 的内容交付业务 Edgecast 于 2022 年 3 月被以 3 亿美元的价格出售给竞争对手 Limelight。大约在同一时间，有报道称 Apollo 正与体育博彩公司就 Yahoo 体育进行初步讨论，或许是为最终出售、合并或分拆 Yahoo 体育做准备。2022 年 4 月，关注政治、媒体和流行文化的网站 Daily Beast 报道称，内部人士称 Yahoo 正处于"令人震惊"的混乱状态，Apollo 正在悄悄拆分 Yahoo。Yahoo 发言人很快否认了这一报道，称尽管 Apollo 仍处于计划的早期阶段，但他相信 Yahoo 有大量的发展计划，Apollo 将继续投资 Yahoo。

从更积极的方面来看，Yahoo 报告了 2021 年的各种亮点。各种程序化广告平台均取得了积极成果，并于 2022 年 5 月，宣布与 Marriott International 建立独家合作伙伴关系，推出 Marriott Media Network，这是一个基于 Yahoo 广告技术、面向旅游业品牌广告商的全渠道、跨平台广告解决方案。Yahoo 还推出了新的广告解决方案，旨在帮助广告商在跟踪 cookie 被逐步淘汰的情况下，有针对性地投放广告。预计到 2022 年，Yahoo 全球广告收入将超过 50 亿美元。然而，Apollo 能否取得 Yahoo 和 AOL 前所未有的成功，仍有待观察。

11.4 电子商务相关职位

本章涉及三种略有不同的电子商务商业模式：社交网络、拍卖和门户网站。在这三种模式中，社交网络（以及相关的社交媒体营销）目前提供了最多的职业机会，既可以为提供社交网络平台的公司工作，又可以为通过该平台互动的公司工作。拍卖市场由 eBay 主导，eBay 上的商家也有职业机会。门户网站的商业模式目前面临着许多挑战，因此该领域中的职业机会有限。

在本节中，将详细介绍一个网络零售商的社交营销专家职位。此领域的其他职位可能包括"社交市场营销"或"社交媒体"，以及"社区 / 内容 / 数字媒体 / 战略参与 / 分析师 / 经理人"等。

11.4.1 公司概况

该公司是一个网络零售商，提供非比寻常、有创意性的珠宝、艺术品、厨房用品以及传统百货商店找不到的独特的食品。该公司在线上市场为工匠和独特商品的制作者提供服务。在这个线上工艺博览会上，该公司为顾客和独特商品的制作者提供了便利和安全：一个他们无须前往工艺博览会就能找到顾客的市场和一个安全的支付环境。为了发展现在的在线业务，该公司正处于建立社交媒体营销的初期。

11.4.2 职位：社交营销专家

社交营销专家将与电子商务营销团队一起工作，并向团队总监汇报工作，通过多个渠道发展社交电子商务，主要是 Facebook、Instagram、TikTok 和 Pinterest。职责包括：

- 基于创意性的社交网络活动，检验假设并提出可实施的意见。
- 团队报告实验结果并提出吸引客户的新策略。
- 撰写社交媒体周报，总结社交媒体营销的销售成果。
- 与其他部门协作（如产品开发、创意和推广），确保目标和战略一致，并维护品牌形象。
- 构建深入的专业分析，揭示社交媒体的趋势和模式。
- 审核社交网络监测工具。
- 就衡量广告效果和提高洞察力的必要工具集提出建议。
- 竞品分析，为内部战略提供依据。

11.4.3 资质 / 技能

- 具有数字营销、管理信息系统、电子商务、商业或行为科学专业的学士学位。
- 修读过社交网络、数字营销或统计学课程。
- 具有电子商务和某种形式的社交媒体营销经验。
- 具有使用各种社交网络的经验。
- 图像、数字视频和摄影经验者优先，但非必要条件。
- 具有中高级 Excel 经验。
- 具备优秀的写作、沟通和协作能力。
- 善于设计。
- 热衷于社交媒体营销和广告。

- 熟悉 Facebook、Instagram、TikTok 和 Pinterest 的广告管理工具以及每个平台的分析工具。

11.4.4　面试准备

为准备面试，请对公司进行背景调查，尤其是手工艺品、古董和收藏品等小众零售领域。这个市场面临哪些挑战？访问该公司主页及其社交媒体上发布的信息，找出该公司用来吸引客户和独特商品供应商的主要品牌主题。在社交媒体上进行搜索，了解他人对该公司及其产品的评价。

然后回顾 11.1 节，这样做可以有助于证明你熟悉美国的主要社交网络以及衡量其相对影响力的不同方法（如独立访客数量、花费时间和广告收入）。你应该熟悉大多数社交网络用户通过移动设备访问社交网络这一事实。此外，请回顾一下有关社交网络技术和功能的部分以及表 11.4，这样就能以知情的方式谈论这些话题。

在面试之前，你还应该考虑一下自己的背景中有哪些方面对公司有用，如所学的课程，社交网络的经验以及个人兴趣。

11.4.5　首次面试可能被问到的问题

1. 你如何比较 Facebook 和 Pinterest 两种社交网络？我们如何为商品建立在线受众？

你可以描述一下 Facebook 和 Pinterest 之间的区别，并谈谈如何将两者用于不同的目的。例如，Pinterest 是展示公司产品图片的理想场所。而 Facebook 是招募新兴艺术家、展示待售商品和收集客户反馈的好地方。

2. 考虑到我们的产品和客户性质，除了 Facebook、Instagram、TikTok 和 Pinterest，我们公司还应该使用哪些社交网络？

你可以描述一下 DeviantArt 和 Worthpoint 等基于兴趣和同好群体的网络以及如何能够接触到规模小但参与度高的兴趣和同好群体社区。

3. 你在使用衡量社交媒体营销效果的工具方面有哪些经验？

你可以通过回顾有关衡量用户参与度的方法的材料来准备这个问题。如果你在社交网络营销方面有一定经验，请准备并讨论你在衡量社交网络营销活动是否成功方面扮演的角色。

4. 你使用过统计分析软件包对量化数据进行研究吗？

你可以通过学习市场营销或统计学课程并学习如何使用 SAS 或 SPSS 等统计软件包分析数据来准备此类问题。你可能使用过 Google 分析软件来跟踪营销活动，也可能使用过简单的 Excel 电子表格来跟踪人们对营销活动的印象和反应。

5. 你是否熟悉各种社交网络广告管理工具？你是否曾经使用过这样的工具来制作广告并衡量其是否成功？

你可以通过研究 Facebook、Instagram、TikTok 和 Pinterest 的广告管理工具以及这些社交网络的分析包来准备这样的问题。几乎所有的广告平台都提供在线软件包，用于跟踪其平台上在线活动的响应情况。

6. 你参与过哪些涉及照片、视频编辑和图形的项目？你制作过网络广告吗？

你可以先回顾一下该公司对照片和视频的使用情况（如果有的话），并指出几乎所有大型社交网络平台都越来越多地使用视频来推销产品。根据该公司及其产品性质，你可以在回答这个问题前准备好你制作的照片、视频和平面设计作品集，然后说明你的兴趣如何与该公司的社交网络营销战略相匹配。

11.5　案例研究：eBay——回归本源，拥抱二手市场

1995 年，eBay 开始以 AuctionWeb 的名称开展业务，这是一个非传统的、奇特的平台，消费者可以通过在线拍卖来买卖几乎任何东西。1998 年，eBay 上市，创始人 Pierre Omidyar 和公司管理人员将人们流入这个平台的原因归功于 20 世纪 90 年代末的"豆豆娃"热潮。但是，在快速增长之后，拍卖模式开始陷入困境。对许多买家来说，在线拍卖的新鲜感已经消退，他们开始喜欢从 Amazon 和其他固定价格零售商那里购买商品的简便性。搜索引擎和比价购物网站也抢走了 eBay 的部分拍卖业务。

前首席执行官 John Donahoe 制订了一项复兴计划，将 eBay 从最初的在线跳蚤市场转变为与零售连锁店合作，作为销售商品的另一个渠道。eBay 鼓励那些推动 eBay 早期发展的小型卖家放弃拍卖形式，转而采用固定价格销售模式。eBay 调整了收费标准，改造了搜索引擎，以鼓励固定价格的销售。eBay 不再把接近完成的拍卖显示在搜索结果的顶部，而是调整了搜索工具，将价格和卖家的声誉考虑在内，这样高分评价的商家就会在搜索中优先出现，获得更多的曝光机会。推动 eBay 业绩增长的拍卖模式已经退居二线，取而代之的是固定价格的"立即购买"列表。2022 年，eBay 每天大约有 16 亿商品上线，其中拍卖可能只占 10%。

eBay 从一开始就投资自认为相关的业务领域。例如，2002 年，eBay 以 15 亿美元的价格收购了 PayPal，这是一家创新的在线支付商家，许多消费者都用它进行 eBay 交易。2004 年，该公司还收购了 C2C 分类广告网站 Craigslist 的 25% 股份，此后又收购了一些分类广告市场的其他企业，如 Gumtree 和 Motors.co.uk。2005 年，eBay 以 30 亿美元的价格收购了网络电话平台 Skype，前提是 Skype 可以让买卖双方更容易交流，从而增加 eBay 的交易量。2007 年，eBay 以 3.1 亿美元收购了在线票务分销商 StubHub。此外，2011 年，eBay 以 24 亿美元收购了专门为实体零售商创建、开发和运营在线购物网站的 GSI Commerce，不久后又收购了电子商务软件平台 Magento，并将两者合并为一个新的 eBay 部门，命名为 eBay Enterprise。

如今，时间快进到 2022 年，eBay 已经不再拥有或经营这些业务，多年来，它在不同时期剥离了这些业务，有时是为了盈利，有时不是。今天的 eBay 决定重新专注于自己的根基：经营一个以独特选择和超值价值为特色的市场，重新关注像交易卡、手表和运动鞋等吸引发烧友买家的收藏品。2020 年上任的首席执行官 Jamie Iannone 表示，他的计划是专注于 eBay 的"核心"以及个人卖家和发烧友买家，他们目前占 eBay 平台交易总额（GMV）的 70%。eBay 也在回归本源，拥抱二手市场和循环经济运动。

二手市场涉及二手商品的买卖，是循环经济概念的组成部分。循环经济是指建立一种经济体系，通过延长产品和材料的使用时长来减少浪费。循环经济有望带来一系列好处。

Z 世代和千禧一代成员对二手市场和循环经济的兴趣在一定程度上推动了这一领域的发展。根据 eBay 最近的一项调查，在接受调查的 Z 世代和千禧一代中，约有 80% 的人在过去一年中购买了二手商品，其中许多人表示，他们这样做不仅是出于经济原因，还因为这符合他们在可持续发展、减少浪费和环境方面的价值观。

eBay 将自己视为循环经济的重要参与者，并认为自己是二手市场的先驱。在 2016 年到

2021 年间，人们在 eBay 各平台上购买的二手电子产品和服装，减少了约 460 万吨碳排放。到 2025 年，eBay 希望进一步减少 700 万吨碳排放，并通过二手市场消除 23 万吨废品。eBay 上的主要二手市场类别包括电子产品、服装、收藏品、书籍和玩具。

自成立以来，eBay 不断进行技术投资，以提升销售和购买体验。eBay 早在 iPhone 上市之前就开始使用移动平台，为未来做好了充分的准备。这种先见之明使得 eBay 在 2012 年就实现了 1 亿次 App 下载量和 1 亿次商品上线量。eBay 继续在许多平台和不同服务上优化移动体验。eBay 还在现有的移动基础架构中集成了"渐进式应用"，使 eBay 的功能更类似原生应用，运行所需的数据量更少，并且允许用户在离线状态下访问许多功能。eBay 为 eBay Motors 开发了一个本地 App，该 App 采用了包括人工智能、机器学习和开源跨平台开发平台 Flutter 在内的尖端技术。

eBay 也利用机器学习来定制、更新和全面改进其产品页面，并对其搜索功能进行微调，使其不仅仅局限于搜索词与关键词和标签的简单匹配。eBay 提供两种类型的图像搜索：一种是用智能手机拍摄图片或上传图片，以查找与照片中的物品相符的商品；另一种称为"在 eBay 上查找"，允许用户使用网上找到的图片进行相同类型的搜索。机器学习增强并改进了这两种形式的可视化搜索。eBay 还重新设计了网站界面，强调图片而非文字，并允许用户对感兴趣的商品进行可视化搜索。此外，eBay 还大幅提高了网站的可访问性，现在无需鼠标即可浏览网站，使用读屏软件也能使视障者购物时更加方便。

eBay 的 Seller Hub 为卖家提供了许多分析工具和指标，包括库存、订单和上线管理、绩效洞察以及流线型业务流程管理。eBay 还推出了个性化工具，如编码优惠券，使卖家能够个性化地向目标客户发布优惠信息。此外，所有卖方中心用户都能免费访问 Terapeak 进行产品研究，这里提供定价见解和上线质量报告。

eBay 还在打击买卖双方的欺诈行为，这是使用 eBay 最常见的担忧之一。为了限制卖家欺诈，eBay 现在开始对手表、手提包和交易卡等常见的假冒商品进行鉴定。卖家可以付费购买鉴定服务，以增加对买家的吸引力，而买家也可以付费，以确保如果产品被证实是假冒的，他们的购买将被视为无效。为了进一步提高买家的信任，eBay 提供退款保证，如果买家订购的商品没有送达、有缺陷或损坏、或与商品描述不符，买家将获得退款。

eBay 与 PayPal 的关系是 eBay 历史的重要组成部分。来自 PayPal 的收入支撑 eBay 度过了数个不景气的年份。2015 年，eBay 选择将 PayPal 分拆出来，成为一家独立的公司。虽然 eBay 的领导层多年来一直反对分拆，但此举是希望 PayPal 在快速发展的在线支付市场中变得更加灵活。作为分拆协议的一部分，eBay 最初同意通过 PayPal 完成 80% 的交易，并继续使用 PayPal 作为其后端支付服务供应商。然而，该协议于 2020 年终止，eBay 转而选择荷兰支付公司 Adyen 作为其后端支付服务供应商。虽然 PayPal 仍是 eBay 客户的一种支付方式，但 eBay 现在对结账流程有了更多的控制权，可以收取过去由 PayPal 收取的费用。2021 年，eBay 完成了从 PayPal 到 Adyen 的支付处理迁移，并将其作为 2021 年净收入增长的主要来源。eBay 现在已为客户增加了许多不同的支付选项，包括 Apple Pay、Google Pay，以及在某些市场上的 Klarna 和 Afterpay。据报道，eBay 还在探索将加密货币作为支付选项，并正在测试一种新的数字钱包。

此外，eBay 还采取了一系列措施来支持二手市场。2020 年，eBay 推出了 eBay Refurbished，这是一个为商家提供各种翻新电子产品、家居和园艺产品、体育用品和美容产品的市场。eBay Refurbished 的产品有一到两年的保修期，在出售之前会接受检查，通常有 30 天的退货政策并提供免费退货和送货服务。卖家要经过 eBay 的审查，以确保符合严格的性能要求。2022 年，eBay.co.uk 推出了 Imperfects，提供一系列新的衣服、鞋子和配饰，这些商品有轻微瑕疵，因此无法以全价出售。eBay 还推出了一系列新举措，以提高其在收藏品方面的吸引力。例如，eBay 计划在 2022 年第二季度推出 eBay Vault，这是一个收藏品交易市场，将实现更快的交易，并包括商品的实际储存。最初，它将专注于卡片交易，后续计划增加奢侈品交易。

　　然而，在 2022 年，eBay 既面临着挑战，也面临着潜在的机遇。2021 年，eBay 创造的 GMV（870 亿美元）与 2020 年持平，活跃买家数量从 2020 年底的 1.85 亿下降到 2021 年底的 1.47 亿。卖家数量也从 1900 万下降到 1700 万。2022 年第一季度，GMV 和活跃买家数量连续第四个季度下降，eBay 亏损 13 亿美元，而 2021 年第一季度盈利 6.41 亿美元。但 Iannone 仍然对 eBay 的长期战略充满信心。他将 eBay 业绩下滑归因于他所归类的"近期不利因素"，如消费者在新冠疫情后重返商店，以及通胀率上升。尽管拍卖在 eBay 的商业模式中不可能再像以前那样占据重要地位，但随着 eBay 继续专注于二手市场和收藏品，拍卖也有可能重新兴起，因为拍卖的形式非常适合这些类型的商品。

讨论问题

1. 对比一下 eBay 最初的商业模式和现在的商业模式。
2. eBay 目前面临的问题是什么？ eBay 是如何解决这些问题的？
3. 调研 eBay 现在的业绩。eBay 的新策略奏效了吗？为什么？

11.6　复习

11.6.1　关键概念

- 描述不同类型的社交网络和在线社区及其商业模式。
  - 社交网络涉及一群人、相似的社交互动、成员之间的共同联系以及一段时间内的共享区域。在线社交网络是指有共同联系的人可以在线互动的网络。热门在线社交网络包括 Facebook、Instagram、TikTok、Twitter、Pinterest、Snapchat 和 LinkedIn。
  - 不同类型的社交网络和在线社区及其商业模式包括：
    - 普通型社区：成员可以与分成许多不同群体的普通受众互动。大多数普通社区开始时都是非商业性的、基于订阅的活动，但许多社区已被大型社区门户网站收购。
    - 实践型网络：成员可以参加讨论组，获得与艺术、教育或医学等共同实践领域相关的帮助或信息。这些网站一般都采用非营利性的商业模式，只需收取足够的订阅费、销售佣金和有限的广告费，就能支付运营成本。
    - 兴趣型社区：成员可以参加以共同兴趣为主的讨论小组。广告业务模式之所以行之有效，是因为目标受众对营销人员具有吸引力。租赁和赞助交易提供了另一种类似的收入来源。
    - 相似型社区：成员可以与具有相似性或团体认同感的人进行集中讨论。商业模式包括高级内容、服务的订阅收入、广告、租赁 / 赞助以及分销协议。
    - 赞助型社区：成员可以参与由政府、非营利组织或营利组织为实现组织目标而创建的在线社区。他们利用社区技术和技巧来发布信息或扩大品牌影响力。
- 描述拍卖的主要类型、优势和成本，阐述拍卖运作的方法，企业何时使用拍卖，以及拍卖中滥用与欺诈的风险。
  - 在线拍卖是一种市场，其价格随买卖产品或服务的参与者之间的竞争而变化（动态定价）。

最常见的是 C2C 拍卖。此外，还有许多 B2B 在线拍卖。

- 根据每个系统中竞价机制的运作方式进行分类，有几种主要的拍卖类型：
  - 英式拍卖：一个卖家出售一件商品。多个买家在特定时间内相互竞价，只要出价超过卖家设定的底价，出价最高者就能赢得物品，对于低于底价者，卖家拒绝出售。
  - 反向拍卖：买家指定他们愿意为一件商品支付的价格，然后多个卖家竞相争夺这笔生意。这是歧视性定价的一个例子，在这种情况下，获胜者可能会为相同的产品或服务支付不同的金额，这取决于他们的出价多少。
  - "一分钱"（竞价费）拍卖：竞拍者出价时需支付一笔不可退还的费用。
- 拍卖的好处包括：流动性、价格发现、价格透明化、市场效率、交易成本更低、消费者聚集、网络效应和造市者利益。
- 拍卖成本包括：延迟消费成本、监控成本、设备成本、信任风险以及配送成本。
- 拍卖网站试图通过各种方法降低这些风险，包括评级系统、观看列表和代理竞价。
- 在各种情况下，拍卖都可以成为出售物品的合适渠道。需要考虑的因素包括商品类型、产品生命周期、渠道管理、拍卖类型、初始定价、加价幅度、拍卖时长、商品数量、定价规则以及封闭式或公开式竞拍。
- 拍卖过程中特别容易出现欺诈行为，从而造成买卖双方信息不对称。可能出现的滥用和欺诈行为包括围标、价格匹配、防御性虚假反馈、攻击性虚假反馈、反馈勒索、干扰交易、操纵投标、中标拒付、欺骗竞价、交易不履行、卖家拒售和虹吸投标。

- 描述互联网门户网站的主要类型及其商业模式。
  - 门户网站是通向互联网上数十亿网页的入口。最初，门户网站的主要目的是帮助用户在网上查找信息，但后来逐渐发展成为提供从新闻到娱乐等各种内容的目的地。如今，门户网站有四个主要用途：Web 导航（搜索）、内容、商务和通信。
  - 主要的门户网站类型包括：
    - 综合门户网站：例如 AOL、Yahoo 和 MSN，它们试图通过提供许多深入的垂直内容渠道来吸引大量的普通用户。有些综合门户网站还提供搜索引擎、电子邮件、聊天室、公告栏和个人主页。
    - 垂直门户网站：也被称为 vortal，它们试图吸引属于特定社区或者有相同的兴趣的、高度专注、忠实的用户。垂直门户网站可分为两大类：同好群体门户网站和专业内容门户网站，但也存在重叠这两种分类的混合型门户网站。
  - 门户网站的收入有多种来源，包括普通广告、租赁协议、订阅费用和销售佣金。
  - 综合门户网站的生存战略是开发深层次的、丰富的垂直内容，以吸引广告商定位不同的小众群体，从而使他们可以有针对性地投放广告。垂直门户网站的战略是建立一个垂直门户网站集合，从而出于同样的原因创建一个内容丰富的深度网站网络。

11.6.2 思考题

1. 社交网络、拍卖以及门户网站的共同点是什么？
2. 社交网络的四个决定性因素是什么——线上或线下？
3. 为什么 Pinterest 被认为是社交网络，它和 Facebook 有什么不同？
4. 三大移动社交网络是什么？
5. 为什么移动社交网络的发展如此迅速？
6. 有哪两种衡量标准可用于了解社交网络的重要性并将其与其他互联网体验进行比较？
7. 什么是相似型社区，它的商业模式是什么？
8. 列出并描述四种不同类型的拍卖。
9. C2C 和 B2B 拍卖有什么区别？

10. 反向拍卖是如何运作的？

11. 列出并简述拍卖市场的三种优势。

12. 消费者参加拍卖的四大成本是什么？

13. "一分钱"（竞价费）拍卖的风险有哪些？

14. 羊群效应是什么，它是怎样影响拍卖的？

15. 举例并描述拍卖中可能发生的五种类型的滥用和欺诈行为。

16. 什么样的商品适合拍卖市场？在产品生命周期的哪些阶段，拍卖市场能为营销人员带来好处？

17. 定义门户网站的三个特征是什么？

18. 垂直门户网站的两种主要类型是什么，它们之间是如何区分的？

19. 列出并简要说明门户商业模式的主要收入来源。

20. 与早期电子商务相比，在线拍卖的受欢迎程度为什么有所下降？

11.6.3　实践项目

1. 找出两个相似型门户网站的例子和两个专业内容门户网站的例子。准备一份演示文稿，解释为什么要将该示例归类为相似型门户网站或专业内容门户网站。针对每个示例，浏览门户网站并描述其提供的服务。尝试确定每个示例使用的收入模式，如果可能的话，确定该门户网站吸引了多少会员或注册用户。

2. 调查企业使用拍卖的情况。访问你选择的任何一个在线拍卖网站，寻找直销拍卖或直接来自商家的拍卖。研究至少三种待售产品。这些产品处于产品生命周期的哪个阶段？是否有购买数量要求？起拍价是多少？加价幅度是多少？拍卖持续时间是多长？分析这些公司使用拍卖渠道销售这些商品的原因，并就你的发现准备一份简短报告。

3. 访问一个营利性和一个非营利性社交网络。制作一份演示文稿，描述并展示每个社交网络提供的服务。每个社交网络所追求的组织目标是什么？营利性公司如何利用社区建设技术作为客户关系管理工具？

4. 访问表 11.1 中列出的一个社交网络，并将其与 Facebook 进行比较。它在哪些方面与 Facebook 相似，哪些方面不同？你更喜欢哪个，为什么？

11.6.4　参考文献

Arkes, H. R., and L. Hutzel. "The Role of Probability of Success Estimates in the Sunk Cost Effect." *Journal of Behavioral Decisionmaking* (2000).

Broadband Search, "Average Time Spent Daily on Social Media (Latest 2022 Data)." Broadbandsearch.net (accessed June 30, 2022).

Brown, Dalvin. "WhatsApp Communities: Meta's Messaging App Now Supports Large Groups and Adds New Chat Features." *Wall Street Journal*, April 14, 2022.

Comscore, Inc. "Top 25 Smartphone Apps March 2022." Comscore.com (accessed June 30, 2022a).

Cormen, Thomas H., Charles E. Leiserson, Ronald L. Rivest, and Clifford Stein. *Introduction to Algorithms* (MIT Press) 3rd Edition. MIT Press, 2009.

Dholakia, Utpal, and Kerry Soltysinski. "Coveted or Overlooked? The Psychology of Bidding for Comparable Listings in Digital Auctions." *Marketing Letters* (2001).

eBay, Inc. "Fast Facts." Investors.ebayinc.com (accessed June 30, 2022a).

eBay, Inc. "Form 10-K for the Fiscal Year ended December 31, 2021." Sec.gov (February 24, 2022b).

Einav, Liran, Chiara Farronato, Jonathan Levin, and Neel Sudaresan. "Auctions versus Posted Prices in Online Markets." *Journal of Political Economy* Vol. 126, no. 1 (2018).

Hafner, Katie. "The Epic Saga of The Well: The World's Most Influential Online Community (and It's Not AOL)." *Wired* (May 1997).

Hagel, John III, and Arthur G. Armstrong. *Net Gain: Expanding Markets through Virtual Communities.* Cambridge, MA: Harvard Business School Press (1997).

Hanson, Ward, and D. S. Putler. "Hits and Misses: Herd Behavior and Online Product Popularity." *Marketing Letters* (1996).

Hillery, George A. "Definitions of Community: Areas of Agreement." *Rural Sociology* (1955).

Hiltzik, Michael. *Dealers of Lightning: Xerox PARC and the Dawn of the Computer Age.* New York: Harper Collins (1999).

Insider Intelligence/eMarketer. "US Average Time Spent per Day with Social Networks." (January 2022a).

Insider Intelligence/eMarketer. "US Social Network Users and Penetration." (April 2022b).

Insider Intelligence/eMarketer (Debra Aho Williamson) "Global Social Network Users 2022." (January 2022c).

Insider Intelligence/eMarketer. "US Facebook Users, by Age." (April 2022d).

Insider Intelligence/eMarketer. "US Social Network Users, by Platform." (April 2022e).

Insider Intelligence/eMarketer. "Average Time Spent per Day with Facebook by US Facebook Users." (April 2022f).

Insider Intelligence/eMarketer. "Average Time Spent per Day with Instagram by US Instagram Users." (April 2022g).

Insider Intelligence/eMarketer. "Average Time Spent per Day with Snapchat by US Snapchat Users." (April 2022h).

Insider Intelligence/eMarketer. "Average Time Spent per Day with TikTok by US TikTok Users." (April 2022i).

Insider Intelligence/eMarketer. "Average Time Spent per Day with Twitter by US Twitter Users." (April 2022j).

Insider Intelligence/eMarketer. "US Social Network Ad Spending." (June 2022k).

Insider Intelligence/eMarketer. "US Social Network Ad Revenues, by Company." (March 2022l).

Insider Intelligence/eMarketer. "Facebook Ad Revenues, by Device." (June 2022m).

Kiesler, Sara. "The Hidden Messages in Computer Networks." *Harvard Business Review* (January–February 1986).

Kiesler, Sara, Jane Siegel, and Timothy W. McGuire. "Social Psychological Aspects of Computer-Mediated Communication." *American Psychologist* (October 1984).

LinkedIn Corporation. "About Us/Statistics." Linkedin.com (accessed June 30, 2022).

Liu, Yi, and Juliana Sutanto. "Buyers' Purchasing Time and Herd Behavior on Deal-of-the-Day Group-Buying Websites." *Electronic Markets* (June 2012).

Marketing Charts. "Fortune 500 Cos. Up Their Activity on Social." Marketingcharts.com (September 2, 2021).

Meta Platforms, Inc. "Form 10-Q for the Quarterly Period Ended March 31, 2022." Sec.gov (April 28, 2022a).

Meta Platforms, Inc. "Company Info." About.facebook.com (Accessed June 30, 2022b).

Pinterest, Inc. "Form 10-Q for the Quarterly Period Ended March 31, 2022." Sec.gov (April 28, 2022).

Reyburn, Scott. "Christie's New Auction Technique: The Global Gavel." *New York Times* (July 10, 2020).

Rheingold, Howard. *Hosting Web Communities*. New York: John Wiley and Sons (1998). Also see Rheingold.com for additional articles by Rheingold.

Rheingold, Howard. *The Virtual Community*. Cambridge, MA: MIT Press (1993).

Simonson, Itamar, and Amos Tversky. "Choice in Context: Tradeoff Contrast and Extremeness Aversion." *Journal of Marketing Research*, Vol. 20, 281–287 (1992).

Tripathi, Arvind, Young-Jin Lee, and Amit Basu. "Analyzing the Impact of Public Buyer-Seller Engagement during Online Auctions." Puboline.informs.org (March 8, 2022).

Unboxsocial.com "How Fortune 500 Companies Leverage Social Media to Grow Their Business." (October 21, 2019).

United States Patent and Trademark Office. "U.S. Patent 7,827,208 B2." (November 2, 2010).

Well.com. "What Is the Well." Well.com (accessed June 30, 2022).

B2B 电子商务：供应链管理和协同商务

学习目标

- 讨论 B2B 电子商务的演变和发展及其潜在的效益和挑战。
- 了解采购和供应链与 B2B 电子商务之间的关系。
- 确定供应链管理和协同商务的主要趋势。
- 了解 B2B 电子商务市场的不同特征和类型。
- 了解会员专用 B2B 网络的目标、对协同商务的支持作用以及实施障碍。

开篇案例：Amazon Business——Amazon 进军 B2B 市场

众所周知，Amazon 是消费者的网络购物天堂，它提供的产品选择、速度、客户服务和价格无与伦比。目前，Amazon 已经发展成为全球最大的网络零售商，2021 年全球零售电商的销售额超过 5900 亿美元。使用 Amazon 平台销售商品的公司（第三方卖家）占 Amazon 销售量的 50% 以上，而且大多数入驻零售商都使用"Fulfilment by Amazon"（FBA）服务，即销售前就将产品存放在 Amazon 仓库中，然后使用 Amazon 的支付和配送系统履行订单。不过，很多消费者并不知道，Amazon 还是云计算服务的最大供应商（2021 年营收 620 亿美元）。2006 年，Amazon 开启了网络服务（Amazon Web Services），并通过这一平台提供云计算服务。

更鲜为人知的是，Amazon 目前正在利用其体验和计算平台，提供一个名为 Amazon Business 的 B2B 市场，旨在为企业打造与消费者类似的服务环境——提供极其便捷的购物体验，满足他们几乎所有的购物需求，同时成为不同规模的企业向其他企业销售产品的重要工具。在运营的第一年，Amazon Business 的 B2B 销售额达到了 10 亿美元，并迅速积累了 40 万买家的客户名单，每季度新增客户约有 10 万名。目前，Amazon Business 的商品交易总额（GMV）超过 300 亿美元，有 500 多万家企业客户（从独资企业到拥有数千名员工的跨国企业）和数十万卖家企业，销售的商品超过 5600 万种，从办公用品、计算机和软件到工业零部件、清洁用品、医疗器械和医院用品，应有尽有。事实上，Amazon 零售网站上的许多产品也可以在 Amazon Business 网站上买到，而且通常会有数量折扣。Amazon Business 对买家唯一的要求是，他们必须证明自己与真正的业务有关联。

对 Amazon 而言，B2B 并不是一个全新的领域。2005 年，Amazon 通过收购一家专门销售 B2B 细分产品的 Small Parts 公司进入 B2B 市场。通过自主研究，Amazon 发现有数百万的客户实际上是企业采购者，而面向消费者的零售市场并不能很好地满足他们的需求。于是2012 年，Amazon 将 Small Parts 更名为 AmazonSupply，将产品组合扩大到 250 多万种，确定以特定行业为目标，并开发了卖家和买家所需的信用支付和合并发票系统等支持服务。然而，市场反应却不温不火，因为 AmazonSupply 只是一家提供产品目录的单一供应商新企业，而很多竞争者已经经营了数十年的网络供应业务，拥有数百万忠实的商业客户。

2015 年，Amazon 将 AmazonSupply 更名为 Amazon Business，增加了数以百万计的

企业专用产品，并欢迎第三方供应商加入该平台。这样一来，Amazon 就从一个产品分销商转变为一个真正的市场。卖家必须拥有专业的销售计划，并每月缴纳订阅费，才能加入 Amazon Business 平台。Amazon 还根据销售商品的类别向第三方供应商收取推荐费或销售佣金。例如，对于利润一向微薄的个人电脑，Amazon 收取 8% 的佣金，而工业和科学产品的佣金则为 12%，使用 FBA 计划的卖家则需要支付额外费用。如今，Amazon Business 为 80% 的《财富》100 强企业、超 90% 的 100 家大医院以及 90% 的美国规模前 100 的市、县政府和 45 个州政府提供服务。

对于使用 Amazon Business 的买家和卖家来说，优势是显而易见的。买家可以使用功能强大的产品搜索引擎，有多个供应商选择，只在一个地点就能整合从多个供应商购买的产品，支付便捷，买卖双方消息传递即时，还能够指定多个采购代理商，对员工采购进行报告和控制，享受批量折扣，具有详细的产品规格，并确保所购买的产品符合公司和政府标准（如 ISO 9000 认证）。此外，信用额度、销售税减免、365 天退货政策，以及轻松跟踪使用 Visa 信用卡购买的商品，这些都是有助于买卖双方的 B2B 服务。买家也可以成为 Amazon B2B 的 Prime 会员，享受免费的隔日达送货服务，而且还能获得具有 Amazon 风格的展示界面，易于客户理解和导航。

对第三方卖家来说，在 Amazon Business 上销售的优势包括：在单一网站上实现营销的可扩展性、全球市场范围覆盖、客户沟通、可预测的客户获取成本、销售报告系统以及对客户购买模式的可见性。尽管 Amazon 会向第三方卖家的产品收取一定仓储费用，但通过使用 FBA，卖家可以降低所销售产品的高昂仓储成本。对大公司而言，Amazon Business 能把 Amazon 的采购系统与公司自己的采购软件整合起来。B2B 卖家一直面临着支付风险，特别是国际采购。对此，Amazon 提供了支付托管服务，最大限度地降低了支付风险。大多数传统的 B2B 分销商无法为买卖双方提供上述的所有服务。

对买家而言，Amazon Business 近乎完美。在这个"中立"、透明的市场中，成千上万的供应商提供竞争性产品，提供各种买家支持项目及服务，以及典型的用户友好型网络环境（与 Amazon 为零售消费者提供的一样）。由于 Amazon 一直致力于捕捉"尾部支出"，即那些不经常从传统供应商订购的业务，因此对商品和服务有独特需求的公司纷纷注册 Amazon Business。据估计，这部分业务支出占到企业总支出的 20%。Amazon 的产品目录种类足够多，那些传统的竞争对手根本无法匹敌。

对于卖家而言，情况却大相径庭。卖家希望"拥有"客户并与他们建立关系，这样卖家就可以制订有针对性的营销计划、改善关系并建立长期的品牌忠诚度（被称为品牌营销）。虽然一次性销售可能会亏损，但可以与客户发展长期的买卖关系。但是，使用 Amazon Business 进行销售的企业必须放弃这个念头，因为 Amazon 拥有客户，他们禁止供应商在"场外"直接向客户营销和销售。毕竟品牌属于 Amazon，而非卖家。不仅如此，令卖家真正头疼的是价格透明，他们无法在营销中使用价格歧视的手段，也不能将自己的产品和服务打造成某种独特的品牌。所以在透明的商品市场中，利润是微薄的。此外，企业还必须努力协调在 Amazon Business 开设的网店与自营网站之间的关系。例如，它们不得不在自己的官网打折促销的同时，也在 Amazon Business 上打折。Amazon Business 对商品投放和交易完成收取的佣金也会降低卖家的利润。B2B 市场的利益是从交易处理中赚钱，而不是让参与销售的卖家获利。但事实上，如果第三方卖家亏损，Amazon Business 也无法继续扩张。不过迄今为止，这些明显的劣势并没有阻碍成千上万的卖家入驻 Amazon Business。

Amazon Business 也给竞争对手带来了巨大的压力，无论是 Grainger 这样的 B2B 市场，还是 Office Depot/Office Max 这样的办公用品零售商。Amazon 将继续积极开拓 Amazon Business，它为商家提供 Business Prime Shipping 服务，与为零售消费者提供的 Amazon Prime 类似，服务等级从每年 69 美元到大型企业的每年 10 000 美元不等。近一半的 Amazon Business 客户表示，他们计划增加在该平台上的支出，这使竞争对手的处境更加艰难。尽管通过 Amazon Business 销售，卖家可能会失去与客户的直接联系，他们却不得不接受，因为如果不使用 Amazon Business，销售额就会大幅下降。这一情形同样适用于美国以外的公司。自 2015 年在美国推出以来，Amazon Business 已扩展到德国、英国、印度、日本、意大利、西班牙、法国和加拿大八个国家。

Amazon 还致力于吸引更多买家使用其平台。例如，研究表明，近 70% 的企业买家在选择供应商时会考虑"可持续性表现"[⊖]，但他们却很难找到合适的供应商。Amazon Business 将"可持续性"列为优先事项，提供了 20 多万种气候友好型产品。Amazon Business Prime 会员可以使用"引导式购买"工具，这种购买方式允许 Amazon 的采购管理员为授权买家确定首选产品、卖家或认证类别。基于此，Amazon 就能够引导买家购买"气候友好型"产品。Amazon Business 的产品搜索 API 也可以集成到公司的采购软件中，使买家能够轻松查找和订购可持续性供应品。

Amazon 将 Amazon Business 视为未来的核心业务，与电商零售部门、Amazon Prime 和 Amazon Web Services 同等重要。其中，Amazon Business 增长最快，其增长速度超过了 Amazon 自身。分析师估计，它的 GMV 将从 2018 年的 100 亿美元增长到 2022 年的 350 亿美元以上。随着 Amazon Business 的迅猛发展，Grainger、Office Depot/Office Max、Staples、Walmart、Costco 和 eBay 等竞争对手应该会忐忑不安。

Amazon Business 的案例说明，在 B2B 市场中，公司可以从成百上千的供应商采购，再销售给成百上千的分销商和零售商。电子商务技术和客户体验也可以从零售领域迁移到 B2B 领域，发展潜力令人激动。

本案例勾勒出了 B2B 电子商务的两面性：供应（采购）面和销售面。从供应面看，几十年来，企业开发了精心设计的系统和技术，用以管理其供应链和采购流程。大型企业很容易拥有数百甚至数千家零部件和原料供应商。这些系统被称为供应链系统，本章将做进一步介绍。这些供应链系统降低了生产成本，加强了企业间的协作，加快了新产品开发，并最终彻底改变了产品的设计和生产方式。例如，在服装产业，互联网赋能的高速供应链与同样高速的服装设计相结合，不仅能快速清货（减少清仓促销的情形），还能通过提高消费者价值来增加利润。

Amazon Business 的成功也使我们更加深入地了解了 B2B 电子商务的销售面。当企业向其他企业销售时，零售电子商务市场中开发的营销、品牌和履约方面的所有技术都会发挥作用。网站、展示广告、搜索引擎广告、电子邮件和社交媒体在 B2B 中与在 B2C 中同等重要，所涉及的技术也是相同的。例如，随着消费者使用移动设备购买零售商品，企业采购和采购代理也开始转向移动端的采购、库存管理和营销。

Amazon Business 只是 B2B 电子商务市场的一种形式，在这一市场中，成千上万的供应商和企业买家可以通过互联网平台互动。本章后面将介绍多种 B2B 电子商务市场，从简单

⊖ 指企业或组织在环境、社会和经济方面的可持续性表现，包括资源利用、环境保护、社会责任、经济效益等方面。——译者注

的网站（单个公司与其他公司进行交易），到复杂的虚拟市场（供应商、生产商和分销商在数字环境中合作生产、制造和分销其产品和服务）。

正如你将在 12.1 节中了解到的那样，像 Amazon Business 这样的 B2B 电子商务市场经历了几十年的演变。在电子商务早期，企业倾向于从其信赖的、有长期贸易伙伴关系的制造商处直接购买，而不是参与公共的 B2B 市场。反之，卖家由于担心出现极端的价格竞争和品牌价值稀释，也不愿意参与 B2B。因此，B2B 电子商务的发展速度比 B2C 电子商务慢得多。许多出现于 20 世纪 90 年代末和 21 世纪初的 B2B 电子商务市场在短短几年内就纷纷倒闭了。但如今，经过多年的整合，一些超大型 B2B 电子商务市场正在蓬勃发展。我们将讨论这些早期失败的原因，并介绍新的 B2B 电子商务市场是如何取得成功的。

在本章中，我们将讨论一些主要的 B2B 电子商务话题：采购、供应链管理和协同商务。随着 B2B 电子商务系统的发展，这些业务流程也都发生了巨大的变化。在 12.1 节中，我们将简要介绍 B2B 电子商务。在 12.2 节中，我们将更深入地探讨采购流程和供应链。在 12.3 节中，我们将 B2B 电子商务与采购、供应链管理和协同商务的发展趋势结合起来，并总结电子商务给 B2B 营销环境带来的变化。本章的最后两节将介绍 B2B 电子商务的两种基本类型：B2B 电子商务市场和会员专用 B2B 网络。

表 12.1 总结了 2022～2023 年 B2B 电子商务的主要趋势。其中，供应链的脆弱性和风险问题尤为重要，新冠疫情导致的供应链中断凸显了这一问题，这也极有可能引发供应链处理方式的重大变革。除此之外，要求审查供应链对环境的影响以及公众对供应链问责制的日益关注，也是重要趋势。过去十几年，很多企业认识到，供应链可以根据与供应链效率相关的因素，如社群参与、劳资关系、环境保护和可持续发展等，增强或削弱公司的实力。许多人认为，所有这些相关因素对公司的长期盈利能力至关重要。几乎所有标准普尔 500 指数所包含的公司现在都在使用 B2B 电子商务系统。随着低成本云计算和软件即服务（SaaS）版本的普及，数以千计的小型企业现在也能使用 B2B 电子商务系统。利用移动平台的优势，越来越多的公司开始随时随地开展业务。SAP、IBM、Oracle 等 B2B 相关服务供应商，提供了上千个可与供应链管理系统相连接的 App。社交网络工具正在进入 B2B 领域和消费者领域。B2B 经理越来越多地通过公共和专用社交网络及技术，与客户和供应商进行长期对话。无论是大公司还是小公司的高管都逐渐意识到，他们不仅要与其他公司竞争，而且还要与这些公司的供应链竞争。**供应链竞争**是指在某些行业中，企业能够通过卓越的供应链管理实现产品差异化或价格差异化，并取得竞争优势。可以说，与仅仅拥有完整供应链的企业相比，拥有卓越供应链的企业才能以更低的成本、更快的速度生产出更优质的产品。

表 12.1   2022～2023 年 B2B 电子商务的主要趋势

商务
● 新冠疫情对供应链造成持续干扰，并可能对企业处理供应链的方式产生长期影响。
● B2B 电子商务继续加速增长，新冠疫情在公司寻求进一步实现 B2B 销售数字化的过程中起到催化剂作用。
● B2B 电子分销商采用了与 Amazon 等成功的消费者电子商务公司相同的营销和销售技术。
● 汇集了成千上万的供应商和采购公司的 B2B 电子商务市场重新崛起。
● 风险管理：近年来发生的一系列天灾人祸令企业措手不及，因此企业更加关注供应链中的风险。
● 区域制造：全球化网络过于分散，由此带来的风险导致区域制造和供应链的增加，使生产更贴近市场需求。
● 灵活性：越来越强调快速响应和适应性供应链，而非成本最低的供应链，后者通常具有很大的风险。
● 供应链可见性：实时数据的使用日益增多，管理者不仅可以查看整个生产过程，还可以查看主要供应商的生产和财务状况。
● 社交和移动商务以及客户亲密度：B2B 买家与消费者一样，都在利用移动设备和社交网络进行采购、安排日程、处理异常并与供应商进行协调，以管理供应链风险。

（续）

技术

- **大数据**：全球贸易和物流系统正在产生巨大的 B2B 数据库，使管理层难以理解和控制。
- **商业分析**：越来越强调使用商业分析软件（商务智能）了解庞大的数据集，并使用预测分析工具识别最有可能带来价值的客户。
- **云计算**：将 B2B 硬件和软件从单个企业数据中心迁移到云计算和云 App，以此减缓不断上升的技术成本。B2B 系统向 Amazon、Microsoft、Google、IBM 和 Oracle 等以云计算为核心技术的服务商迁移。
- **移动平台**：B2B 系统（客户关系管理、供应链管理及企业系统）越来越多地使用移动平台，使 B2B 商务变得触手可及。
- **社交网络**：越来越多地利用社交网络获取客户反馈，加强客户与供应商的关系，调整价格和订单，提高决策水平。
- **人工智能**：企业越来越多地利用人工智能技术和工具来应对供应链的可见性、风险和中断。
- **物联网**：用于测量和监控数据的物联网设备数量继续呈指数级增长，并开始影响供应链的运营方式。
- **区块链**：从概念走向 B2B 电子商务实际应用，具有改变供应链和物流的潜力。

社会

- **问责制**：公众对供应链问责制和监测的需求不断增长。
- **可持续供应链**：公众对企业减轻其环境影响的要求日益增长，导致企业重新考虑整个供应链，从设计、生产、客户服务到使用后处理。
- 供应链中断使人们认识到供应链在商业和日常生活中的关键作用。

12.1　B2B 电子商务概述

商业企业之间的交易市场巨大。据估计，在美国，2022 年所有形式的 B2B（包括传统交易和数字交易）交易总量将达到 16 万亿美元，其中 B2B 电子商务贡献了 8.5 万亿美元（Insider Intelligence/eMarketer，2022a；U.S. Census Bureau，2021；作者估计）。美国的 B2B 电子商务预计将继续增长，2026 年会达到约 10 万亿美元。

商业企业之间的贸易过程非常复杂，需要大量的人工干预，因此消耗了巨量资源。据一些公司估计，每一份用于支持产品的采购订单平均要花费至少 100 美元的行政管理费用，包括处理文件、批准采购决定、花费时间搜索产品和安排采购、运输以及接收货物。在整个经济体中，每年用于采购流程的费用高达数万亿美元。即使只有一部分公司间贸易实现了自动化，或是整个采购和销售过程中的部分环节借助了互联网，那么数万亿美元就有可能被释放到效益更好的环节，产品价格就有可能因此而下降，生产率就会提高，国家的经济财富也会扩大。这就是 B2B 电子商务的前景，其挑战在于改变供应链现有的采购模式和系统，以及设计和实施 B2B 新的营销和分销系统。

12.1.1　基本概念

在互联网出现之前，企业与企业的交易被简单地称为"企业间贸易"或"采购过程"。如今，我们使用 **B2B 商务**一词来描述所有类型的企业间贸易，实现跨组织边界的价值交换，其中既涉及投入品（原材料）的购买，也涉及产品和服务的分销。B2B 电子商务包括以下业务流程：客户关系管理、需求管理、订单履行、制造管理、采购、产品开发、退货、物流 / 运输和库存管理。这一定义并不包括发生在单个公司内部的交易，例如，各个子公司之间的货物和价值转移，或使用公司内部网管理公司。我们使用 **B2B 电子商务**（或 **B2B 数字商务**）一词专门描述基于互联网（包括移动 App）的 B2B 商务。在商品和服务生产过程中连接企业的环节被称为**供应链**。供应链是一个由组织、人员、业务流程、技术和信息组成的复杂系统，所有这些要素都需要协同工作才能高效地生产产品。如今的供应链往往是全球性的。例如，iPhone 手机有数百种不同的零部件，Apple 公司从全球 43 个不同国家的不同供应商处采购零部件；然后，将这些零部件运往中国、印度、韩国、菲律宾或捷克的工厂进行组装，再将组装而成的 iPhone 运往世界各地的仓库和零售商（Brennan，2021；Ross，2020）。

12.1.2　B2B 电子商务的演进

50 多年以来，B2B 电子商务的发展经历了几个由技术驱动的阶段（参见图 12.1）。首先，20 世纪 70 年代中期出现了**订单自动录入系统**，该系统使用电话调制解调器向 Baxter Healthcare 等医疗保健产品公司发送数字订单。这种早期的技术在 20 世纪 80 年代末被使用专用通信网络的台式计算机取代，在 20 世纪 90 年代末又被连接到互联网可以访问在线目录的台式计算机取代。订单自动录入系统属于**卖方端解决方案**。系统由供应商所有，是以卖方为导向的市场——只展示单一卖家的商品。这类系统降低了库存补充的成本，而且大部分的系统使用费由供应商支付，因此客户从系统中也受益匪浅。订单自动录入系统仍在 B2B 商务中发挥着重要作用。

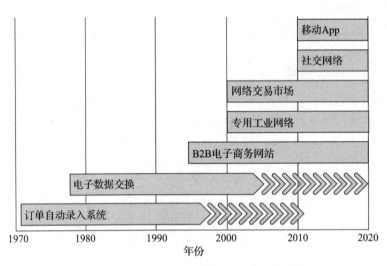

图 12.1　B2B 电子商务中技术平台使用的演变

20 世纪 70 年代后期，一种名为**电子数据交换**（EDI）的新型计算机间通信方式出现了。EDI 是一种广义的通信协议，使企业能够更方便地共享发票、采购订单、装运单、产品库存编号（SKU）和结算信息等商业文件。EDI 以美国国家标准协会（ANSIX 12 标准）和联合国（EDIFACT 标准）等国际机构制定的技术标准为基础。几乎所有的大公司都拥有自己的 EDI 系统，多数行业组织还建立了适用于本行业的 EDI 标准。EDI 系统归买方所有，因此属于**买方解决方案**，以买方为导向，目的在于降低买方的采购成本。当然，通过交易自动化，EDI 还能降低客户服务成本，从而使卖方受益。EDI 系统一般服务于垂直市场。**垂直市场**是指为某一特定行业（如汽车）提供专业知识和产品的市场。相比之下，**水平市场**服务于众多不同的行业。如今，作为一种通用使能技术，EDI 在支持各种业务流程的计算机 App 之间交换关键业务信息方面，继续发挥着重要作用。EDI 是一种重要的会员专用 B2B 网络技术，适用于直接、长期贸易关系中的少数战略伙伴之间的通信。

20 世纪 90 年代中期，随着互联网的商业化，出现了 B2B 电子商务网站。**B2B 电子商务网站**可能是最简单易懂的 B2B 电子商务形式，因为它们只是由单一供应商向公共市场提供的在线产品目录。从这个意义上说，它效仿了 B2C 电子商务网站的功能。这类网站归供应商所有，属于卖方解决方案，以卖方为导向，只展示单一供应商提供的产品。

B2B 电子商务网站是订单自动录入系统的自然产物，但与后者相比，前者有两点明显不同：以成本更低、更通用的互联网作为通信媒介，取代了专用网络；B2B 电子商务网站倾向于服务水平市场——销售的产品涉及各种行业。尽管 B2B 电子商务网站的出现早于 B2B 电子商务市场（下文将进行介绍），它通常也被归类于 B2B 电子商务市场。如今，越来越多的 B2B 制造商、分销商和供应商使用 B2B 电子商务网站直接向企业客户销售，而企业客户通常是采购代理（如 12.2 节所述）。

B2B 电子商务市场最初被称为网络交易市场，出现于 20 世纪 90 年代末，是 B2B 电子商务网站的自然延伸和扩展。**B2B 电子商务市场**的基本特征是将成百上千的供应商整合到一个基于互联网的环境中，与企业客户开展贸易。B2B 电子商务市场有很多种，我们将在 12.4 节中详细介绍。

如今被普遍提及的会员专用 B2B 网络，最初被称为专用工业网络，也是在过去 10 年中出现的，是 EDI 系统以及大公司与其可信赖供应商之间密切关系的自然延伸。**会员专用 B2B 网络**是基于互联网的通信环境，其应用范围远远超出了采购，还包括提高供应链效率和真正的协同商务。在协同商务中，买方与卖方可以合作开发和设计新产品。12.5 节将详细介绍会员专用 B2B 网络。

12.1.3　B2B 电子商务的发展

图 12.2 显示了美国 B2B 电子商务从 2005 年到 2026 年的增长情况。从 2005 年到 2021 年，B2B 电子商务的规模从 2.6 万亿美元（占美国 B2B 商务总量的 25%）增长到约 8.1 万亿美元（约占 B2B 商务总量的 52%）。B2B 电子商务将继续增长，预计到 2026 年将达到约 10 万亿美元（约占 B2B 商务总量的 55%）。图 12.3 显示了每种类型的 B2B 商务（传统 B2B、B2B 电子商务市场、EDI 和会员专用 B2B 网络）在 2021 年 B2B 商务总量中所占的份额。关于图 12.3，有几点需要注意。首先，尽管 Amazon、阿里巴巴和 eBay 等公司建立了 B2B 电子商务市场，并提高了增长率，但最初认为 B2B 电子商务市场将成为 B2B 电子商务主导形式的观点并未得到支持。其次，EDI 和会员专用 B2B 网络在 B2B 电子商务中发挥的作用要高于人们的普遍认知。EDI 仍然相当普遍，尽管其增长预计在未来几年会相对平缓，但它依然是 B2B 电子商务的主力。

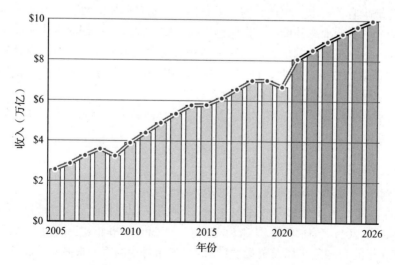

图 12.2　B2B 电子商务在美国的发展

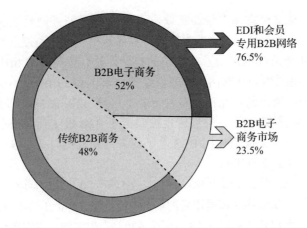

图 12.3　2021 年 B2B 商务占比

12.1.4　电子商务的潜在效益和挑战

撇开具体类型不谈，就总体而言，B2B 商务能为企业（买方和卖方）带来许多战略利益，并为经济带来可观的收益。B2B 电子商务可以：

- 降低管理成本。
- 降低采购商的搜索成本。
- 通过增加供应商之间的竞争（提高价格透明度）和减少库存量来降低库存成本。
- 通过消除文书工作和实现部分采购流程自动化来降低交易成本。
- 通过确保在适当的时间交付部件（即准时制生产）来提高生产柔性。
- 加强买卖双方的合作，减少质量问题，从而提高产品质量。
- 通过与供应商共享设计和生产计划，缩短产品周期。
- 增加与供应商和分销商合作的机会。
- 提高价格透明度——能够看到市场上的实际买卖价格。
- 提高供应链网络所有参与者之间的可见性和实时信息共享。

尽管 B2B 电子商务有许多潜在的效益，但也存在巨大的风险和挑战。现实世界中的供应链往往因为缺少有关需求、生产、物流以及供应商财务的实时数据，而无法实现供应链的可见性，从而导致供应商意外倒闭，供应链中断。B2B 供应链的创建者往往很少关注供应链对环境的影响、对自然事件的敏感性、对燃料和劳动力成本造成的波动，或对劳动力及环境政策的公共价值观的影响。因此，许多《财富》1000 强企业的供应链风险很大且容易遭受破坏，在社会和环境方面都不具有可持续性。

阅读"社会洞察"案例，了解"黑天鹅"（不可预测和无法预料的）事件对全球供应链的影响。

社会洞察：供应链成为头条新闻

在新冠疫情之前，普通民众对供应链的关注度并不高。虽然多年以来发生的各种事件，如 2011 年日本地震和海啸、2007～2009 年的金融危机以及英国脱欧等

地缘政治的紧张局势，造成了一些供应链中断，但总体而言，时间和影响相对有限。

但 2020 年初，新冠疫情的暴发成为连锁事件中的第一张多米诺骨牌。这些事件持

续影响着现今的供应链，并把供应链推上头条新闻，成为大众话题。为了应对最初的疫情，中国大大减少了经济产出，包括关闭全国各地的制造工厂，世界各地的公司都因此受到了严重影响。Hyundai 汽车宣布，由于无法获得必要的零部件，其在韩国的七家工厂暂停生产。Apple 公司被迫关闭世界各地的商店，因为其供应链的大部分位于中国和马来西亚，而这两个国家关闭了大量的生产设施。许多公司的大部分供应链几乎完全依赖中国，它们的业务因此陷入停滞。

第一轮新冠疫情对供应链的影响给很多企业敲响了警钟。许多制造商的供应链尚未达到能够快速确定产品需求量、供应量以及产品和零部件的准确定位的现代化程度。疫情暴露了这些缺陷。即使是经常被视为供应链管理典范的 Walmart，也很难预测货架上需要保留多少库存。与多数公司一样，Walmart 也是以既往的消费行为来拟算未来的消费行为。新冠疫情情况特殊，致使这种方法失去了准确性。制造商和运输公司推测，新冠疫情将导致对各类商品的需求急剧下降。

但实际情况恰恰相反，需求发生了转移，多数转向了中国生产的消费品。中国的工厂一经恢复正常运转，激增的需求首先击垮了海运集装箱的供应，导致运输延误，随着货物的装运，美国港口也变得不堪重负。即使船舶能够停靠并卸下集装箱，卡车司机的短缺也成为另一个瓶颈。仓储空间和仓库的短缺又给供应链增添了新的障碍，进一步减慢了向最终消费者交付货物的速度。

2022 年 3 月，大量企业还在努力应对新冠疫情造成的持续供应链问题之时，又发生了一起重大事件。俄乌冲突爆发，引发了一系列新的供应链问题，乌克兰的出口被切断，一些俄罗斯企业受到制裁。例如，乌克兰是世界领先的氖气产地，半导体芯片制造过程中的激光需要这种气体。俄罗斯的MMC Norilsk Nickel 镍业公司是电动汽车电池所需镍的主要生产商，还生产全球 40% 的钯（应用于催化转换器和半导体）。俄乌冲突还扰乱了世界各地的航运业务，许多国家禁止俄罗斯船只进入其港口。

公司可以采取哪些策略以缓解供应链危机呢？虽然疫情和俄乌冲突是无人料及的"黑天鹅"事件，但实际上，供应危机的根源部分源于结构性弱点，比如"准时制"和精益生产模式，即企业尽可能少地持有原材料、零部件和产品，只在需要时才购买。然而，只有在供给品根据需求随时可获得时，精益模式才能起作用。在数十年依赖这一模式之后，制造商可能需要重新以更谨慎的态度关注额外产能。同样，几十年来，廉价可靠的航运加上合作性的贸易协定，使得远距离生产成为可能。如果这种情况不再存在，依赖全球生产的公司可能不得不重新考虑这一战略，将生产转移到离客户更近的地方。

解决这些系统性问题并非易事，而且需要时间，但与此同时，企业正在优先考虑数字技术和战略，以努力应对被中断的供应链。很多企业投资人工智能工具，帮助实时收集和分析数据，从而根据生产和需求的变化做出更快的调整。很多企业还投资物联网解决方案，以便更准确地跟踪产品在整个供应链中的位置。许多制造商正在研究基于区块链的库存跟踪解决方案，为供应链的每个环节提供集中、安全的方式，以更好地了解库存状况，甚至包括最终消费者。企业也在寻求 3D 打印服务，这种服务具有更大的灵活性，可以制造出多种不同的零部件。例如，经营石油和天然气的 Shell 公司就拥有一个数字仓库，其中包含生产设备备件的 3D 设计。规模较小的企业也开始依赖 Flexe 这样的第三方仓储服务，它们专门负责定位和准备库存物品以便装运。企业希望这些投资能够帮助它们更快地发现供应链问题并做出响应，这样，在未来一段时间内，即使供应链中断的情况持续存在，它们也能保持繁荣。

12.2 采购流程与供应链

由于可以采用多种互联网方式实现组织间的货物交换、支付、高效供应链管理和协作，所以 B2B 电子商务的主题可能很复杂。从最基本的层面上讲，B2B 电子商务就是要改变全美乃至全球成千上万家企业的**采购流程**（即企业如何采购生产所需的商品，并最终销售给消费者）。采购过程中，企业从众多供应商那里购买商品，而这些供应商又从自己的供应商那里购买原材料。供应链不仅包括企业本身，还包括它们之间的关系以及连接它们的流程。

12.2.1 采购流程的步骤

采购流程有七个独立的步骤（参见图 12.4）。前三个步骤涉及决定向谁采购以及支付多少费用：寻找特定产品的供应商，对卖方及其销售的产品进行资格审查，就价格、信用条件、托管要求、质量和交货时间进行谈判。确定供应商后，发出采购订单，向买方发送发票，发货，买方付款。采购流程中的每个步骤都由若干独立的业务流程和子活动组成。这些活动中的每一项都必须录入卖方、买方和托运人的信息系统中。相关数据录入通常不能自动完成，需要大量的人工、电话、传真和电子邮件。

图 12.4 采购流程

12.2.2 不同类型的采购

要想理解 B2B 电子商务如何改进采购流程，就必须重视两种分类。首先，企业向供应商采购两种商品：直接商品和间接商品。**直接商品**是生产过程中不可或缺的货物。例如，汽车制造商购买钢板用于车身生产。**间接商品**是指不直接参与生产流程的所有其他货物，如办公用品和维修产品。通常，这些商品被称为 **MRO 商品**——用于维护、修理和操作的产品。

其次，企业使用两种不同的采购方式：合同采购和现货采购。**合同采购**是指签订长期的书面协议，按照约定的条款和质量，在较长的时间内购买指定的产品。一般来说，企业使用长期合同采购直接商品。**现货采购**是指在涉及许多供应商的较大市场上，根据即时需求购买商品。一般来说，企业使用现货采购购买间接商品。某些情况下，企业也会现货采购直接商品。据估计，现货采购占采购总支出的 40%（Rajala，2021）。

虽然采购过程涉及的是货物的采购，但它的信息密集度极高，涉及许多现有公司系统之间的信息流动。如今的采购过程也是劳动密集型的，直接涉及美国的 50 万名员工，这还不包括那些从事运输、财务、保险或与采购过程有关的在一般办公室从事行政工作的员工。采购过程中的核心人物是采购经理。他们最终决定向谁采购、采购什么、以什么条件采购。采购经理也是采用 B2B 电子商务解决方案的关键决策者。随着采购经理越来越熟悉和适应个人生活中的 B2C 电子商务，他们对从 B2B 领域获得同样采购体验的预期也日益提高（Harouni，2022）。因此，为了提高竞争效益，B2B 制造商、供应商和分销商也必须像 B2C 领域的同行一样，更加关注网络客户体验。B2B 客户期望的功能包括：增强的搜索功能、最新的产品定价和可用性信息、产品配置器、移动支持、与网站匹配的 App、网络论坛、即时客户服务，以及包含企业采购历史、运输偏好和支付数据并支持重复订单的数据库。

12.2.3　多层级供应链

尽管图 12.4 反映了采购流程的部分复杂性，但我们必须认识到，企业要从成千上万的供应商那里采购数以万计的商品。反过来，供应商又必须从其供应商那里购买投入品。Ford 汽车公司等大型制造商拥有 20 000 多家零部件、包装和技术供应商，二级和三级供应商的数量至少同样庞大。这种延伸的多级供应链（一级、二级和三级供应商链）共同构成了经济工业基础设施的一个重要方面。图 12.5 描述了一家公司的多层级供应链。

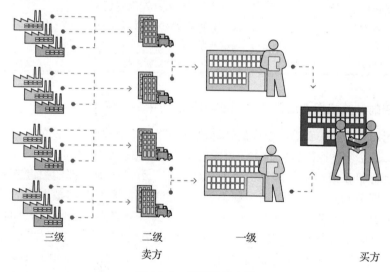

三级　　　二级　　　一级　　　　　买方
　　　　　卖方

图 12.5　多层级供应链

为了便于说明，图 12.5 将供应链简化为一个三层链。事实上，《财富》1000 强中的大型企业有数千家供应商，而这些供应商又有数千家次级供应商。现实世界中的供应链往往有很多层，这种复杂性意味着组合的爆炸。假设一家制造商有 4 家主要供应商，他们各自又有 3 家主要供应商，这 12 家供应商各自又有 3 家主要供应商，那么供应链中的供应商总数（包括采购公司）将上升到 53 家。这个数字还不包括参与交易的承运公司、保险公司和金融公司。

从图 12.5 中很快可以看出，采购过程涉及大量供应商，每个供应商都必须与最终购买者——采购公司的生产需求相协调。你也可以理解，仅仅因为供应链的规模和范围，管理供应链或实现供应链的可见性是多么困难。

12.2.4　供应链可见性及其他概念

供应链的全球性和多层次性给供应链管理者带来了诸多挑战。供应链的一个核心概念是**供应链可见性**，它是指企业监控其一级和二级供应商的产出和定价、跟踪和管理供应商订单以及管理运输产品的运输和物流供应商的能力。当一个企业清楚地知道自己从供应商那里订购了什么，它们的生产计划是什么，并且可以通过船运和卡车运输公司跟踪供应商的订单时，供应链就是可见的。有了这些知识，公司的内部企业系统就能制订生产计划和财务预测。一般来说，企业对数字化供应链的投资越多，对管理人员来说流程的可见性就越高。在新冠疫情之后，供应链的可见性变得更加重要，因为许多公司会继续遭受严重的供应链中断，其部分原因就在于缺乏有关其供应链运作的实时数据。新冠疫情凸显了这样一个事实，即供应链实践，如准时制和精益生产（下一节将进一步讨论），如果不能与需求、供应和物流的全面供应链可见性相结合，就会引发更大的风险（Horwitz，2020）。

表12.2列示了供应链管理的其他关键概念，也是管理方面的核心挑战。

表 12.2　供应链管理的概念与挑战

概念 / 挑战	含义描述
可见性	具备监控供应商、订单、物流和定价的能力
需求预测	告知供应商未来需求
生产调度	告知供应商生产计划
订单管理	跟踪向供应商发出的订单
物流管理	根据生产计划管理物流合作伙伴

12.2.5　沿用的计算机旧系统及企业系统在供应链中的作用

每家公司通常都有一套沿用至今的计算机旧系统，无论是自行开发的，还是定制的，它们都很难与其他系统进行信息传输，结果导致供应链上众多公司之间的协调工作变得十分复杂。**沿用的计算机系统**通常是较早的企业系统，用于管理企业内部的关键业务流程，涉及制造、物流、财务和人力资源等多个职能领域。**企业系统**是全公司范围内的系统，涉及生产的各个方面，包括财务、人力资源和采购。许多大型跨国公司已经部署来自 IBM、SAP、Oracle 等主要供应商的全球企业级系统。通常，企业系统主要关注企业内部的生产过程，对供应商的关注较少。能够与现有企业系统集成并且基于云的现代专用 B2B 软件日益重要。IBM、Oracle 和 SAP 等公司以及诸多小公司都已经开发出 SaaS 系统或者是按需云供应链管理系统，这些系统可以与沿用的旧系统无缝协作。虽然一些公司仍倾向于在其私有云中维护自己的供应链管理系统，而不使用共享的公共云服务，但基于云的供应链管理软件收入预计将在 2022 年至 2027 年间，以 16% 的累计平均增长率增长，从 2021 年的 60 亿美元增至 2027 年的 145 亿美元，增幅一倍以上（Research and Markets，2022）。

12.3　供应链管理与协同商务的发展趋势

要理解 B2B 电子商务的实际和潜在贡献，或 B2B 电子商务供应商及市场的成败，就必须了解在电子商务发展之前，通过各种供应链管理计划来不断改善采购流程而付出的努力。

供应链管理（SCM）是指企业和行业用于协调采购过程中各主要参与者的各种活动。如今，采购经理在多数情况下仍然会通过电话、电子邮件、传真机、面对面交谈以及凭直觉工作，从长期信任的供应商采购直接用于生产流程的战略性物资。

近 20 年来，供应链管理领域取得了一系列重大进展，为理解 B2B 电子商务如何运作（或无法运作）奠定了基础。这些进展包括供应链简化、准时制和精益生产、适应性供应链、可持续供应链、移动 B2B、基于云的 B2B、供应链管理系统、供应链中区块链的使用以及协同商务。

12.3.1 供应链简化、准时制和精益生产

过去 20 年里，许多制造企业缩小了供应链的规模，选择与更少的战略供应商企业紧密合作，以降低产品成本和管理成本，同时提高质量，这种趋势被称为**供应链简化**。例如，汽车行业效仿日本工业，有计划地减少了 50% 以上的供应商数量。大型制造商不再通过公开招标获得订单，而是选择与战略伙伴供应公司签订长期合同，保证供应商的业务，同时制定质量、成本和时间目标。这些战略合作伙伴计划对于准时制生产模式至关重要，通常涉及联合产品开发和设计、计算机系统集成以及两家或多家公司生产流程的紧密耦合。**紧密耦合**是一种确保供应商在特定时间和特定地点准确交付所订购部件的方法，可确保生产流程不会因缺少部件而中断。

准时制生产是一种库存成本的管理方法，旨在将过剩库存降至最低。例如在准时制生产中，一辆汽车所需的零部件可以在装配前几小时甚至几分钟才运达装配厂。生产线上，零部件在安装到车上之前，生产商不会支付零部件的费用。过去，生产商往往要订购足够一周甚至一个月生产所需的零部件，从而在生产过程中形成了巨大的、成本高昂的缓冲库存。这些缓冲库存确保了零部件几乎总是有货，但成本却很高。**精益生产**是侧重于在整个客户价值链中消除浪费的一套生产方法和工具。它是准时制生产的延伸，从库存管理延伸到创造客户价值的所有活动。最初，准时制和精益生产方式都是通过电话、传真和纸质文件来协调库存零件的流动。现在，供应链管理系统已在很大程度上实现了从供应商处获取库存的自动化过程，并在全球范围内节省了大量成本。可以说，当代供应链系统是当今全球 B2B 生产系统的基础。

然而，新冠疫情表明，准时制生产、精益生产和供应链简化都存在重大风险。例如，在过去 20 年里，食品行业的公司从在仓库中保留几个月的库存转变为通常只保留 4~6 周的供应状态。当疫情袭来时，算法模型未能预测到消费者行为的急剧转变，导致许多公司的库存不足，无法满足需求。类似的情况在医疗保健等其他关键行业也比比皆是，评论家呼吁这些行业在其系统中建立更多的"闲置"库存，包括"以防万一"库存。虽然简化供应链可以降低成本和提高质量，但在未来，企业需要在多个地点建立替代供应商网络，而不是依赖从单一供应商、地区或国家采购关键产品（Gasparro，Smith，and Kang，2020；Shih，2020）。

12.3.2 供应链黑天鹅：适应性供应链

在过去的 10 年中，企业在大幅简化供应链的同时，也寻求通过采用单一的全球供应链系统来集中管理供应链，将公司的所有供应商和物流信息整合到单一的企业级系统中，从而实现供应链的集中化。Oracle、IBM 和 SAP 等大型软件公司鼓励企业采用"一个世界、一个公司和一个数据库"的全企业范围的世界观，以实现规模经济和简便性，优化全球成本及价值。

从 2000 年起，发达国家的管理者利用这些新的技术能力，将制造和生产推向全球劳动力成本最低的地区。2005 年，许多经济学家认为，一种新的世界经济秩序已经形成，其基

础是能够为西方消费者生产低价产品的廉价劳动力、全球企业的利润以及亚洲市场对西方商品和金融产品的开放。

事实证明，在一个经济、金融、政治甚至地质不稳定的世界里，这种集中生产的战略存在诸多风险和成本。如今，企业意识到他们需要谨慎平衡高度集中的供应链所带来的效率收益和这种战略的固有风险。例如，2011 年日本发生的地震和海啸对全球供应链产生了重大影响。在 2007~2009 年的全球金融危机中，那些零部件依赖位于货币和利率大幅波动的欧洲部分地区的供应商的企业，许多都面临着高于预期的成本。2018 年~2019 年，特朗普政府对各种进口商品征收关税，"贸易战"的阴影引发了对供应链中断的担忧。近年来，技术已成为供应链中断的重要原因，云服务故障和网络攻击是造成供应链中断的主要原因。当然，正如之前所讨论的，新冠疫情也许是终极的"黑天鹅"事件，导致了重大的、持续的供应链中断（Allianz，2022）。

集中供应链的风险和成本已经开始改变公司战略（Chopra and Sodhi，2014）。为了应对不可预知的世界事件，企业正在采取措施创建**适应性供应链**，通过将生产转移到不同地区，使企业能够对特定地区的供应链中断做出反应。许多公司正在将单一的全球供应链系统拆分为区域供应链或基于产品的供应链，并降低集中化程度。例如，利用适应性供应链，企业可以决定将部分生产设在拉丁美洲，而不是将所有生产或供应商设在日本或中国等单一国家。这样，企业就能将生产转移到世界各地的临时安全港。这或许会导致短期成本上升，但当任何一个地区受到干扰时，这种方法都能提供实质性的长期风险保护。越来越多的供应链建立基于这样一种假设，即全球供应中断不可避免，但无法准确预测。如今的关键不是打造低成本供应链，而是最优成本供应链，以及分布式生产和更灵活的供应链，这些供应链可以从高风险地区转移到可靠的低风险地区。区域制造意味着供应链更短，能够对消费者不断变化的喜好和需求水平做出快速反应（Price Waterhouse Coopers and the MIT Forum for Supply Chain Innovation，2015）。

12.3.3 可问责供应链：劳工标准

所谓的**可问责供应链**，是指那些低工资、欠发达生产国的劳动条件在较发达工业社会的最终消费者眼中是可见的，在道义上是可以接受的。20 世纪的大部分时间里，拥有全球供应链的美国和欧洲制造商试图掩盖其海外生产工厂的真实情况。对于拥有长供应链的全球性企业来说，可见性并不意味着消费者可以了解其产品是如何生产出来的。然而互联网的力量日益强大，在一定程度上赋予了全球公民"记者"权力，全球供应链的实际情况慢慢变得对公众更加透明。

过去 10 年里，全国消费者联盟、人权优先组织、加工出口企业团结网络、全球公平倡议组织、净衣运动、国际劳工组织（UN）和公平劳动协会（FLA）等团体，为提高全球供应链的透明度和制定最低问责标准做出了贡献。FLA 是一个由拥有海外生产和全球供应链的商业公司、高校及私人组织组成的联盟。FLA 与成员公司工人面谈，对工厂进行暗访，跟踪进展情况，并对投诉进行调查。FLA 也是主要的国际劳工标准制定组织之一（Fair Labor Association，2022）。

12.3.4 可持续供应链

可持续商业呼吁企业在公司的所有决策中，不仅仅考虑企业利润，也要兼顾社会和生态利益（UN Global Compact，2018）。自联合国世界环境与发展委员会（WCED）于 1987 年发布第一份关于可持续商业的综合报告以来，全球各地的企业一直在与"可持续概念"进行斗争。有些情况下，这些概念被忽视、抵制，或者干脆被认为是对盈利能力的威胁。WCED 在"我们共同的未来"主题报告中主张，企业应在利润和社会社区发展之间建立平衡，并尽量减小对世界环境的影响，包括企业的碳足迹。如今，欧洲、亚洲和美国的大公司已达成共识：从长远来看，通过精心规划，可持续企业和**可持续供应链**是项不错的业务，因为这意味着要在生产、分销和物流方面使用最有效的环保手段，而这些手段能为消费者、投资者和社区创造价值（Suering and Muller，2008）。循环经济的概念也与推动建立可持续供应链的问题有关。**循环经济**主要基于消除生产过程中的废物和污染、产品和材料的循环（回收）以及自然的再生三个原则（Ellen Macarthur Foundation，2022；Banker，2021）。

可持续经营的理念对供应链思维产生了巨大的影响。在某种程度上，致力于可持续发展，也是在进行良好的风险管理。所有先进的国家都在大力加强环境法规建设。对于企业来说，制定适合这一新环境的方法和运营方式，商业意义重大。

例如，所有主要的纺织品品牌和零售商都宣布了纺织品供应链可持续发展计划。作为世界上真正古老的产业之一，纺织业在养活了数百万工人的同时，也消耗大量资源。生产 1 磅成品棉花（例如牛仔裤）需要 1000 加仑的水。虽然种植棉花也存在环境问题（肥料），但随后的染色、整理和清洗，使棉花成为地球上头号工业污染源。因此，Walmart、Gap、Levi's、Nike 等行业巨头都在采取措施，通过提高整个供应链和分销链的效率来减少运营对环境的影响。

其他公司和整个行业也在努力发展可持续供应链。例如，北美最大的药品分销商 McKesson 使用 IBM 提供的基于网络的供应链软件，最大限度地减少了整个供应链的二氧化碳排放量，同时降低了分销成本。该软件使 McKesson 能够确定某些药品（如胰岛素和疫苗）的低成本冷藏替代方案，将新产品引入其分销网络对环境危害最小的方式，以及向客户运输药品的最佳方式。责任商业联盟的成员包括 IBM、HP、Dell 以及 Apple 等公司，该联盟已经制定了责任企业的评估标准和工具，而且开展了培训（Villena and Gioia，2020）。

12.3.5　B2B 移动商务

与 B2C 商务一样，移动设备在 B2B 电子商务的各个方面，包括采购流程的各个环节以及整个供应链，都变得越来越重要。许多公司都采用了**自带设备（BYOD）政策**，即员工在公司网络中使用个人智能手机、平板电脑或笔记本电脑。这促使这些设备在 B2B 领域的重要性日益增加。

在采购方面，越来越多的 B2B 买家使用移动设备进行采购，包括从产品寻源到决策，再到实际采购的所有阶段。目前，全球大多数的 B2B 买家认为移动设备对自己的工作至关重要，他们希望能像在 B2C 领域一样，使用移动设备下订单，并且越来越希望能随时通过这些设备访问 B2B 网站，从移动设备下单并在台式机上完成订单，反之亦然。他们还希望能在移动设备上获得网络客户服务。

在供应链方面，许多供应链网络和软件供应商正在借助移动设备和移动 App 的支持来增强自己产品。例如，Elementum 提供可以在云平台上运行的各种移动 App，以全面跟踪供应链，实现供应链的可见性。Elementum 也使企业能够识别和应对供应链中的风险，对可能影响其产品组件供应、制造或分销的事件发出实时警报。Elementum 还提供一个仪表盘，实时跟踪供应链中的关键绩效指标（KPI），帮助企业监控供应链的安全状况。

12.3.6　云 B2B

B2B 企业系统的传统方法是将 B2B 系统建立在公司现有的内部企业生产系统基础上，该系统跟踪其生产和分销流程，并将与供应商系统关联的新功能纳入其中。这个过程非常昂贵，需要逐个连接供应商，建立通信信道，管理数据质量问题，更不必说还有支持供应商协调的计算机通信基础设施建设成本和 B2B 交易成本。云计算正被逐渐地用于大幅降低 B2B 系统的建设和维护成本。

在**基于云的 B2B 系统**中，B2B 系统的大部分费用从公司转移到了 B2B 网络提供商，有时被称为数据中心或 B2B 平台（见图 12.6）。云平台所有者提供计算和远程通信能力；建立与公司合作伙伴的连接；按需提供软件（软件即服务），连接公司与其合作伙伴的系统；进行数据协调和清理；管理所有成员的数据质量。网络效应适用于云 B2B，因为这些任务和功能的成本分摊在所有成员身上，从而降低了所有成员的成本。B2B 网络提供商还提供通信环境和文件存储服务，使合作伙伴能够更紧密地合作，并共同改善商品流通和交易。B2B 网络提供商不是按照交易额的百分比向客户收费的，它们根据客户的网络使用情况按需求收费。那些传统的本地部署 B2B 和供应链管理系统（如 SAP）的供应商，已经通过购买基于云的 B2B 网络的方式应对这一变化。例如，最大的企业系统供应商 SAP 以 46 亿美元收购了 Ariba，Ariba 是最早期的，也是最大的基于云的 B2B 交易网络之一。E2Open、Infor Nexus 和 Elementum 也是基于云的 B2B 提供商。与传统的基于公司的 B2B 系统不同，基于云的 B2B 系统可以在短时间内实现，以应对企业合并和快速变化的市场。Salesforce 以云 CRM 系统而闻名，它还开发了一个 B2B 电子商务平台，赋能企业快速部署具有 B2B 电子商务特有功能的网站，如复杂的定价和产品配置、定制目录、支付和运输选项，将电子商务交易与客户关系管理数据相匹配并将多个销售渠道与订单和公司联系起来（Salesforce，2022）。

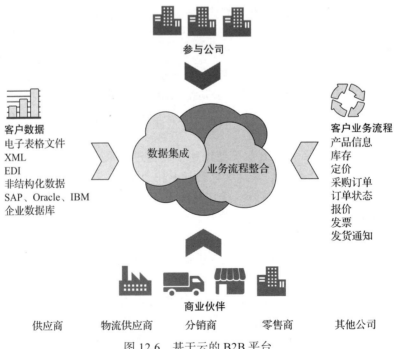

图 12.6　基于云的 B2B 平台

12.3.7 供应链管理系统

供应链简化、准时制和精益生产、关注生产过程中的战略合作伙伴、企业系统和持续的库存补货是现代供应链管理系统的基础。**供应链管理（SCM）系统**不断将采购和制造活动与从供应商到采购公司的产品移动联系起来，并通过将订单录入系统纳入流程，把业务的需求方也整合进来（见图 12.7）。现代供应链管理系统提高了透明度和响应能力，因为供应链中的所有活动都能近乎实时地相互影响，使公司能够将过去离散、孤立的供应链流程建成相互关联的网络，并能更灵活地管理供应链。然而，新冠疫情暴露了供应链管理系统的短板。很多情况下，即使供应链管理系统使用的最新模型和算法，也无法准确预测需求（Wetsman，2020）。企业正在转向一种被称为数字孪生的人工智能模拟工具。数字孪生是指创建复杂现实世界系统（如供应链）的数字模拟。有了数字孪生系统，公司就可以运用各种场景对其供应链进行"压力测试"，并制定相应策略。例如，大型半导体公司 Micron Technology 创建了数字孪生系统，代表其端到端的物理供应链。在采取实际行动之前，数字孪生系统可在数字环境中评估不同供需条件下 Micron 供应链的行为以及潜在应对措施的影响（Lawton，2022；Heaven，2021）。

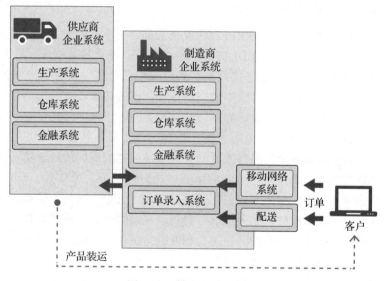

图 12.7 供应链管理系统

HP 是世界上最大的科技公司之一，在 60 个国家 / 地区开展业务，以 43 种货币和 15 种语言进行销售，是一家真正的全球性公司。过去 10 年中，HP 公司通过 200 多次收购实现扩张，这也使其全球供应链问题变得更加复杂。2022 年，HP 的供应链规模在信息技术制造商中名列前茅，它每秒钟向 100 多个国家运送 35 台个人电脑、26 台打印机以及 280 个墨盒和碳粉盒！ HP 一年要运送 5200 万台电脑，其供应链需要全天候运作，以协调由工厂、数百家供应商以及分销和物流伙伴公司组成的网络。为了应对世界上最复杂的供应链之一，HP 开发了一个基于 Web 的订单驱动型供应链管理系统。从客户在线下单或从经销商收到订单开始，订单从订单录入系统转发到 HP 的生产和交付系统，再经此系统转发给 HP 的某个转包供应商。然后，供应商的系统会与 HP 核实订单，并验证所订购的配置，以确保台式电脑可以生产（例如，不会缺少部件或不符合 HP 设定的设计规范）。随后，订单被转发到生产控制系统，该系统向工厂装配人员发放条形码生产凭据。同时，零部件订单也会转发到供应商的仓库和库存管理系统。工人组装电脑，最后将电脑装箱、贴标签并运送给客户。HP 公司的供应链管理系统对交货进行监控和跟踪，并直接连接到某个交货系统。从订单录入到发货的时间为 48 小时。有了这一系统，HP 公司不再储备电脑库存，订单处理周期也从一周缩短到 48 小时以内，差错也得以减少。HP 已将该系统扩展为面向其 B2B 客户的全球 B2B 订单跟踪、报告和支持系统（HP Inc.，2021；Wadlow，2017）。

使用供应链软件的不只是大型科技公司。Under Armour 是一家领先的高性能运动品牌公司，当它还是一家价值 2.5 亿美元的国内服装批发公司时，首先采用了 ERP 系统。但当它发展成为一家市值数十亿美元的全球全渠道零售公司时，原有的系统就无法满足需要了。Under Armour 决定使用 SAP 软件重新构建整个公司的平台，用以预测销售、规划库存并协调北美和欧洲的供应商。事实证明，实施新系统困难重重，最初导致了供应链中断，影响了生产率和盈利能力。然而，系统一经完全投入使用，就为 Under Armour 的供应链绩效改善奠定了基础。2021 年，Under Armour 将其 SAP 系统迁移到 Amazon Web Services，继续发展供应链（Baumann，2021；Hilao，2021）。

12.3.8　区块链、物联网和供应链管理

区块链与物联网的结合有望给供应链管理带来变革。变革过程中，期待区块链最终能以近乎零成本的替代技术取代传统的 EDI 技术。区块链是一种交易数据库，在分布式 P2P 网络上运行，该网络将所有参与成员连接到一个高度安全、可靠、柔性和经济的单一数据库中。在验证算法批准交易后，区块链账本使交易各方能够向共享账本添加信息块。如果交易各方认同信息块有效，那么它就会被添加到与交易相关的区块链中。交易发起人的身份经过数字加密、交易本身也是加密的，无法更改，并且始终是最新状态，可供各方近乎实时获取。物联网使企业能够跟踪单个的组件或成品，并从供应链的不同阶段收集新数据。来自物联网设备的交易数据可以记录在区块链中（Gross，2021；Gaur，2021）。

区块链与物联网相结合，解决了企业用来跟踪产品、订单、付款、装运、海关要求和供应链可见性的现有交易数据库的一系列问题。目前，交易的各方企业都有各自独立的交易系统，这些系统一般情况下不是同步的，也不能相互通信。例如，在墨西哥种植的芒果，运往Whole Foods 的配送中心，其中涉及种植者、墨西哥卡车运输公司、海关、美国仓库，最终由美国卡车运输公司将货物运送到零售店。除此之外，还会涉及零售库存系统和跟踪芒果在店内摆放位置的货架管理系统。参与供应链的每家公司都有独立的交易处理系统。在此过程中会产生无数的文件。在这个迷宫般的系统中追踪一批芒果极其困难，而且效率低下、可靠性低，成本也高昂。

区块链通过创建单一数据库，跟踪芒果在供应链中移动所需的所有信息，为这个复杂的传统系统提供了更简单的解决方案。区块链以所谓的"主分类账"，为参与交易的各方提供了访问所有相关信息的能力，解决了困扰传统供应链的可见性问题。

虽然区块链技术已广泛应用，但区块链供应链的实施仍处于起步阶段，发展却很迅速。例如，Walmart 正在其食品可追溯计划中使用区块链，使其能够追踪新鲜绿叶菜等各种产品从农场到商店的全过程。Walmart 加拿大公司使用区块链创建了一个名为 DL Freight 的自动化系统，用以管理货运公司的发票，其中包括 200 多个数据点，这些数据点需要纳入其 70 家第三方货运公司的付款中。该系统自动获取并同步信息，从承运商的报价到交货证明，再

到最终付款，几乎消除了付款争议，将发票纠纷从 70% 减少到不足 1%。其他许多行业也在使用区块链。金融机构利用它来跟踪房屋产权和抵押贷款。音乐行业利用区块链跟踪歌曲，从词曲作者到制作人、唱片公司，再到流媒体播放器。航运公司使用区块链和物联网来跟踪集装箱，而制药公司则在药品供应链中使用区块链。业内专家认为，区块链可为供应链带来更高的可见性，这也将在提高供应链韧性方面发挥作用（Vitasek, et al., 2022；Brown, 2021；Burstyn, 2020；Canesin, 2020）。"技术洞察"案例阐述了钻石行业的企业当前如何使用区块链。

技术洞察：区块链在钻石供应链中的应用

很多人都对"钻石恒久远"这句话有所耳闻，它是 20 世纪 40 年代末由一家广告公司为全球最大的钻石商 De Beers 公司创作的广告语。除了暗示钻石是地球上最坚硬的天然物质之外，这句广告语还意在表达钻石是永恒的爱的象征和永恒的价值来源。

50 年后，钻石的浪漫开始褪色，De Beers 公司与其他主要钻石商一起陷入了重大的国际丑闻中。20 世纪 90 年代末到 21 世纪初，西非发生了多起暴力内战，从刚果开始，最终蔓延到西非九个国家，造成 500 多万人死亡，200 万人流离失所。冲突的主要原因是钻石和其他矿产，对立的团体为了争夺刚果的钻石、钴、黄金和其他矿产的控制权而大打出手。内战期间，各种私人军事团体通过在钻石开采地建立强制劳动营来剥削当地居民。这些准军事集团利用钻石销售收入购买武器和支付雇佣兵。这些钻石被称为"血钻"或"冲突钻石"。顷刻之间，"钻石恒久远"就失去了它的魅力。对于具有政治意识的购买者来说，美轮美奂的钻石戒指也就不再那么受欢迎了。

钻石业界和政府一直致力于结束血钻贸易，因此在 2000 年，促成了由联合国发起的金伯利进程协议。81 个成员国同意禁止与非成员国进行钻石贸易。主要的钻石商也达成共识，只会购买、切割并向消费者出售经过认证的钻石原石。尽管金伯利进程协议至今仍然有效，但总体而言，它未能将血钻从供应链中清除，主要是因为缺乏执行机制，也无法在整个供应链中识别和追踪单个钻石原石的流向。虚假证书、造假者和假钻石在市场上泛滥成灾。到目前为止，这一争议虽然没有对钻石的销售产生太大影响，但由于未能有效阻止血钻混入供应链，这对营销信息以及公众对钻石业的看法构成了长期威胁。

现有的钻石供应链面临诸多挑战。首先，无法在矿场精确识别单颗钻石，假钻石或血钻很容易被塞进供应链的下一环节。钻石原石从矿工到零售店的过程缺乏透明度。由于没有安全的方法来识别该行业的参与者，盗窃和转移的问题始终令人担忧。总而言之，产业链上的所有参与者之间缺乏协调。此时可以采用区块链技术。区块链为每颗钻石从矿山到零售店的过程建立了安全的数字跟踪，有望解决这些难题。

2018 年 5 月，De Beers 集团宣布，在其 Tracr 区块链系统的试点测试中，成功跟踪了整个钻石价值链中的 100 颗高价值钻石。在钻石从矿山到零售展示的过程中，有九个团体"接触"了钻石：矿业公司、银行、大宗购买者（称为看货商）、钻石办事处（如比利时政府授权的 Antwerp World Diamond Center，负责控制钻石运往被誉为世界钻石之都的比利时）、钻石贸易商、政府机构、物流公司、分级商和切割商以及零售商。这些主要参与者构成了分布式 P2P 数据库的节点。

钻石原石一经发现，就被赋予唯一的

全球钻石 ID，以反映钻石的属性（克拉、颜色和纯净度），以及钻石的 3D 数字图像，用以验证真伪。这一基础构成了区块链的第一个区块。在供应链中的每个接触点或交易处都会添加其他区块。供应链中的每个参与者都会获得唯一且安全的加密数字证书。交易使用非对称（公钥和私钥）方法加密。每个环节发生的交易都由 P2P 分布式计算系统中的所有节点进行验证。只有所有节点都认同交易有效并符合行业标准的智能合约，交易才会发生。交易是不可更改的，钻石原石的产地和历史，以及从钻石原石衍生出的所有小切割钻石，都是链上的附加区块。如果一切顺利，零售商将首次能够识别零售店内钻石的真伪，消费者也能对所购钻石的产地和质量放心。钻石业将能够明确宣布，供应链中没有血钻。

2020 年，De Beers 将 Tracr 作为平台投入商业运营，目前已有 30 多家参与者，包括全球产量最大的钻石生产商 Alrosa、全球最大的钻石珠宝零售商 Signet Jewelers 和全球第二大经销商周大福珠宝集团。截至 2022 年，De Beers 公司已在该平台上注册了 40 多万颗钻石，价值超过 20 亿美元。2020 年和 2022 年，Tracr 平台在《福布斯》区块链 50 强榜单中均被评为全球领先的区块链创新。

在钻石区块链领域，De Beers 并非孤军奋战。Everledger 是一家总部位于伦敦的公司，于 2015 年开始构建钻石区块链。目前，Brilliant Earth、Fred Meyer Jewelers、在线市场 Rare Caret 以及西班牙珠宝设计师和制造商 Facet 都在使用。然而，这些新的区块链举措是否足以杜绝血钻，还有待观察。即使是最强大的加密系统，在付出足够的努力和运算能力的情况下，也有可能被破解，其安全性取决于管理它的人。

12.3.9 协同商务

协同商务是供应链管理系统和供应链简化的直接延伸，是指通过使用数字技术，企业能够在产品的整个生命周期内协同设计、开发、制造、营销和管理产品。协同商务比 EDI 或简单的组织间信息流管理更为广泛，明确了供应链参与者之间从以交易为中心向以关系为中心的转变。协同商务不是与供应商建立公平的对立关系，而是促进与供应商和采购商共享敏感的内部信息。要管理好协同商务，就必须明确知道要与谁共享哪些信息。协同商务的范围不局限于供应链管理活动，还包括多个合作企业共同开发新产品和服务。

P&G 公司是世界上最大的个人消费品和保健产品（从佳洁士牙膏到汰渍洗衣皂）制造商，它与供应商甚至客户合作开发产品线，是极佳的协同商务典范。P&G 公司使用 SAP Ariba 的采购网络，邀请其供应商提出包装和定价方面的创意。更进一步，P&G 公司在其网站上（Pgconnectdevelop.com）向供应商和客户征集新产品创意，公司 50% 以上的新产品都源自供应商和客户的倾心投入。P&G 公司还与其最大的线上客户 Amazon 合作，将双方业务合署办公。P&G 为提供给 Amazon 的产品预留了仓库空间。Amazon 直接从 P&G 仓库向客户运送产品，而无须先运送到 Amazon 仓库，然后再运送给消费者。这种合作使 Amazon 降低了运输和储存货物的成本，在价格上比 Walmart 和 Costco 更具竞争力，同时缩短了货物到达消费者家中的时间。对 P&G 公司来说，合作意味着节省运输成本，促进 P&G 产品在 Amazon 的线上销售（P&G，2022）。

虽然协同商务可以让客户和供应商都参与到产品开发中来，但大多数情况下，协同商务所关注的是开发一个丰富的通信环境，使企业间能够共享设计、生产计划、库存水平以及产品开发（见图 12.8）。

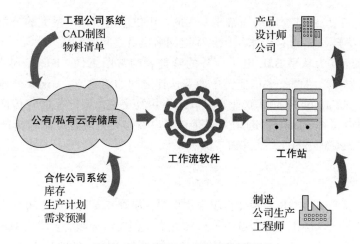

图 12.8　协同商务系统的构成要素

协同商务与 EDI 有很大不同，后者是一种企业间结构化通信技术。协同商务更像是供应链成员之间的交互式电话会议。EDI 和协同商务的共同特点在于，它们都不是开放的竞争性市场，而是在技术上连接供应链战略合作伙伴的会员专用 B2B 网络。

协同 2.0：网络、云、社交和移动

从 30 多年前的 Lotus Notes 等工具开始，协同商务技术已经发生了巨大变化。当时，这些工具几乎完全用于公司内部，为员工创建了一个可以共享想法、笔记和创意并共同完成项目的环境。如今，协同工具的新特点在于互联网使得协作环境经济实惠；软件和数据存储在云服务器上，成本低廉且易于更新；许多公司的员工普遍使用 LinkedIn、Facebook 和 Twitter 等社交网络，而有些公司则搭建了自己的内部社交网络平台；智能手机和平板电脑的移动平台意味着可以在更多地点和时间实现协同。协同技术将协同从公司内部平台扩展为公司间 B2B 协同的主要工具。

Cisco 公司的 TelePresence 等视频会议系统在实现供应链合作伙伴之间频繁的远程协作方面发挥了作用。TelePresence 是不同厂商提供的几种高带宽视频系统中的一种，它给用户的体验是仿佛正与其他参会者共处一室，而这些参会者实际上相隔甚远，甚至可能在地球的另一端。即使是小型企业，也可以使用 Microsoft Teams 等价格低廉的网络协同平台，以及 Zoom 等低成本视频会议工具。

在 12.5 节中，我们将更深入地讨论协同商务这一能够实现会员专用 B2B 网络的技术。

12.3.10　社交网络和 B2B：扩展社交企业

从与销售商、供应商和客户的协作，到利用社交网络（包括专用和公共网络）与供应链中的参与者进行对话，建立更加私人化的关系，只有一步之遥。社交网络上的对话和创意分享更加非结构化、场景化和个性化。采购官员、供应链经理和物流经理都是普通人，他们同样参与 LinkedIn、Facebook、Twitter、Instagram 以及其他公共社交网络提供的社交网络文化。要想应对供应链的快速发展，不仅仅需要网站、电子邮件或电话，社交网络可以建立客户、供应商和物流合作伙伴之间的紧密联系，而这正是保持供应链正常运转并根据当前情况做出决策所必需的。

供应链网络中的参与者正在利用他们的社交网络与 B2B 客户和供应商进行采购、调度、处理异常和决策。供应链社交网络通常是专用的，由供应链网络中最大的公司拥有。有些情况下，公司会开发 Facebook 群组来组织供应链网络成员之间的对话。

社交网络已经成为从事 B2B 电子商务的管理者的常用工具。Facebook 和 Twitter 等公共社交网站可以很好地协调整个供应链中商业伙伴之间的信息流。Cisco 公司正在利用自己的官网、Twitter 和 Facebook 向其企业客户开展专用社交网络新产品的宣传活动。Dell 和许多企业一样，利用其 YouTube 频道让供应商和客户参与有关现有产品和新产品创意的对话（Insider Intelligence/eMarketer，2020a，2019）。

12.3.11　B2B 营销

在 B2B 电子商务中，B2B 营销变得越来越重要，尽管其支出总额（2021 年约为 120 亿美元）仍只占所有数字营销和广告支出总额的 6% 左右，但支出金额的年增长率超过了 15%，比 2018 年翻了一倍多。大约 55% 的 B2B 广告支出基于台式机，45% 基于移动设备。2018 年以来，用于移动 B2B 广告的支出也增加了一倍多（Insider Intelligence/eMarketer，2022b）。B2B 企业正日益走向数字化和移动化。

不过，B2B 数字营销和广告的发展速度远不及 B2C，部分原因在于供应链和采购管理的技术变革步伐缓慢，但主要原因是 B2B 市场与 B2C 市场存在本质区别。在 B2C 市场营销中，企业的目标受众数以百万计（一对多），产品相对简单，价值相对较低；而 B2B 企业则向数量少得多的购买者（一对一或一对几）销售批量小、价值高且复杂度高的产品。在 B2B 市场中，面对面的传统销售人员营销仍然发挥着重要作用。不过出于必要性考虑，新冠疫情促使人们从面对面营销转向数字渠道。此外，B2B 领域的商业关系往往涉及大宗采购，买卖双方可能已经相识数年甚至数十年，彼此了解对方的能力和财务状况，熟悉交易物品的价格和质量。这种情况下，B2C 零售营销策略并不适用。相反，人际关系、网络、品牌以及使用白皮书、视频、播客、网络研讨会、博客、电子书、会议和专业协会的信息内容营销才是最主要、最有效的营销工具。在 B2C 市场上，可用性和价格的典型宣传手段是展示广告和搜索广告，但内容营销不同，它是利用信息媒体来促进销售的。电子邮件和社交媒体也在内容营销中发挥作用，有助于潜在客户了解新内容。LinkedIn 是 B2B 营销中最常用的社交网络（Insider Intelligence/eMarketer，2021b，2020b）。

不过，在 MRO 或其他商品的现货采购市场上，B2B 营销则使用了许多与 B2C 营销相同的营销策略和工具，包括展示广告、搜索引擎营销、网站、社交网络渠道、视频和移动广告。

移动 App 的重要性与日俱增，但在 B2B 营销中却并不那么重要。部分原因是小屏幕并非描述复杂产品的良好环境，而且 B2B 买家虽然每天可能在移动设备上花费 3 个小时或更多时间，但他们大多从事社交和消费活动，而非 B2B 活动。尽管如此，随着移动设备在工作场所和社交生活中发挥的作用越发重要，尤其在千禧一代中，移动广告在 B2B 营销中的应用也在不断增长。根据最新的一份报告，90% 的 B2B 营销受访人员至少使用了一种移动营销技术，其中超过 70% 的人将使用体验描述为高级或中级。移动友好型网站和 App 已成为 B2B 营销人员的首选。B2B 移动营销不断增长，目前已占到 B2B 数字营销预算的 45% 左右（Insider Intelligence/eMarketer，2022b）。

B2B 营销趋势还包括销售支持系统、预测分析和个性化营销技术的使用。销售支持系统可以追踪从网站、电子邮件和移动 App 中开发的潜在客户，并帮助销售团队跟踪这些潜在客户直至他们购买。预测分析帮助 B2B 营销人员根据以往的营销数据估计潜在客户的终身价值。一项针对 B2B 营销人员的调查发现，几乎 95% 的人使用了网站分析工具，几乎 85% 的人使用了 CRM 系统，超过 70% 的人使用了内容管理系统以提高营销效果，他们通过接收更精准的个性化信息更好地了解和理解目标客户（Insider Intelligence/eMarketer，2019）。

12.4　B2B 电子商务市场：B2B 销售端

B2B 电子商务最引人注目的愿景之一是建立一个线上市场，将成千上万的零散供应商与主要工业品采购商联系起来，开展无摩擦的商务活动。人们希望这些供应商在价格上相互竞争，交易实现自动化和低成本，从而降低工业用品的价格。通过从买卖双方的每笔交易中提取佣金，作为第三方中介的造市商可以获得可观的收入。B2B 电子商务市场是将供应商和买家聚集在一起的数字销售环境。

12.4.1　B2B 电子商务市场特征

目前，B2B 电子商务市场种类繁多，分类方法也多种多样，令人眼花缭乱。例如，有些根据定价机制（固定价格或动态定价，如谈判、拍卖或出价 / 要价），有些根据所服务市场的特征（垂直与水平，或卖方与买方），还有些根据所有权（最常见的第三方独立中介机构或归行业所有的财团）对市场进行分类。虽然 B2B 电子商务市场的主要优势和弊端必须根据所有权和定价机制逐一确定，但 B2B 电子商务市场往往不利于供应商，因为这些市场迫使供应商向市场上的其他供应商透露自己的价格和条款。表 12.3 描述了 B2B 电子商务市场的一些重要特征。

表 12.3　B2B 电子商务市场的特征：B2B 词汇表

特征	含义
利益倾向	倾向买方、卖方还是中立？优先考虑谁的利益：买方、卖方还是一视同仁
所有权	行业内企业与第三方企业，谁拥有该市场
定价机制	固定价格目录、拍卖、出价 / 要价和建议邀请书 / 报价邀请书
市场范围 / 主营业务	水平市场还是垂直市场
价值创造	市场能够使客户或供应商在哪些方面受益
市场准入	在公共市场中，任何公司都可以进入，但在专用市场中，企业只有通过邀请才能进入

12.4.2　不同类型的 B2B 电子商务市场

尽管上述分类方式有助于描述 B2B 电子商务市场的现象，但这些分类依据并没有突出市场提供的核心商务功能，而且它们本身也无法描述 B2B 电子商务市场的多样性。

在图 12.9 中，我们提供了一种 B2B 电子商务市场的分类方法，这种方法主要关注市场的业务功能，即这些市场为寻求解决方案的企业提供了什么。我们基于 B2B 电子商务市场的两个维度创建了一个四象限分类表，以提供间接物料（用于支持生产）还是直接物料（用于生产），是合同采购（公司与供应商之间根据合同进行多年采购）还是现货采购（采购是偶发、匿名的，供应商和买家没有持续的关系，彼此可能不认识）为依据对市场进行分类。这些维度相互交叉，产生了四种相对简单明了的市场类型：电子分销市场、电子采购市场、电子交易市场和行业联盟。需要注意的是，现实世界中，随着商业模式的变化和商业机会的出现与消失，一些 B2B 电子商务市场可能同时属于上述多种类型。每种 B2B 电子商务市场都试图以不同的方式为客户提供价值。我们将在下面详细讨论每种类型。

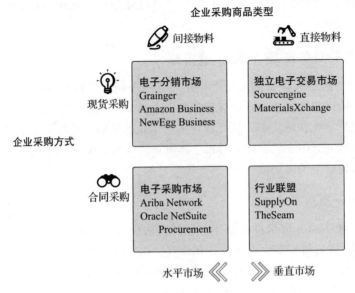

图 12.9   B2B 电子商务市场分类

电子分销市场

电子分销市场是最常见也是最容易理解的一类 B2B 电子商务市场。**电子分销市场**提供在线目录为成千上万家制造企业展示产品（参见图 12.10）。电子分销市场是独立经营的中介机构，是企业客户的单一供应源，客户可以根据需要，以现货方式订购间接商品（通常称为 MRO 商品）。公司的许多采购需求无法通过已签订的合同实现，必须以现货方式购买。电子分销市场通过对其分销的产品加价实现盈利。

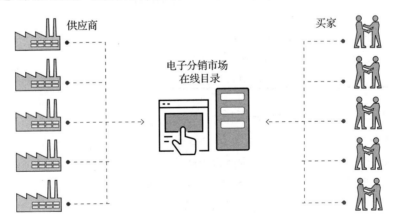

图 12.10   电子分销市场

各行各业的组织和公司都需要 MRO 商品。MRO 部门负责维护、修理和运营商业楼宇，并维护这些楼宇的所有机械设备，从供暖、通风和空调系统到照明设备。2021 年，全球公司在 MRO 上的支出约为 7000 亿美元，预计到 2026 年将增长到 7850 亿美元以上（Research and Markets，2021）。

电子分销市场一般是水平市场，为众多不同的行业提供来自不同供应商的产品，而且不以专用市场形式，而多以公共形式经营，即任何公司都可以从目录中订购。相比之下，专用市场的会员资格仅限于选定的公司。

电子分销市场的价格通常是固定的，但大客户可以享受折扣及其他购买激励措施，例如赊购、提供账户变动报告以及有限数量的商业采购规则（例如，单个项目的购买金额低于500 美元的，免于采购订单）。电子分销市场还可以让企业客户享有更低的搜索和交易成本、更大的选择空间、更快的交付速度以及更低的销售价格。

W. W. Grainger 是被提及最多的电子分销商。Grainger 同时支持长期系统性采购和现货采购，但更侧重于现货采购。作为美国最大的 MRO 用品分销商，Grainger 在加拿大、墨西哥、英国和日本也开展业务。Grainger 有两个主要业务部门——High-Touch Solution 和 Endless Assortment。High-Touch Solution 业务主要在旗舰电子商务网站 Grainger.com 和 App 上销售，提供广泛的个性化服务，网站销售的产品超过 200 万种。美国 High-Touch Solution 订单中，超过 75% 源于线上渠道。Endless Assortment 业务仅在线上运营，携手第三方合作伙伴，提供的产品超过 3000 万种（W. W. Grainger, Inc.，2022）。FleetPride 是全国最大的卡车和挂车零件及服务分销商之一，线上提供的零件产品超过 17.5 万个，可按零件编号 / 年份 / 品牌 / 型号 / 发动机类型或车辆识别码进行搜索。专注于 IT 和办公产品的 NeweggBusiness 也是一家电子分销商。正如你在开篇案例中了解到的那样，Amazon 也进入了 B2B 分销市场，推出了 AmazonSupply，旨在利用自己全球 B2C 市场的订单执行基础设施，进入 B2B 领域。2015 年 AmazonSupply 更名为 Amazon Business。Amazon Business 主要从事商业产品的现货销售，并为多个卖家提供交易平台。

电子采购市场

电子采购公司是独立经营的中介机构，帮助企业实现采购流程自动化，有时也将供应商与付费加入的买家联系起来，为他们提供交易市场（见图 12.11）。电子采购市场通常用于间接商品（MRO）的长期合同采购，属于水平类网络市场，但也能为会员提供 MRO 物资的现场采购。电子采购市场通过收取交易佣金、咨询服务费、软件授权费以及网络使用费来获利。

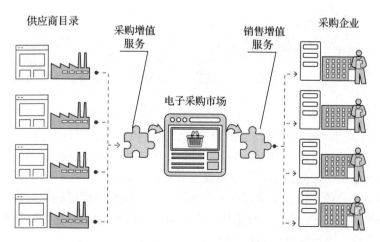

图 12.11　电子采购市场

电子采购市场是在相对简单的电子分销市场业务模式基础上扩展的，它汇集了数百家供应商的在线目录，并向买卖双方提供价值链管理服务。电子采购市场提供的**价值链管理（VCM）服务**包括企业买家整个采购流程的自动化和卖方销售业务流程的自动化。对于采购方来说，电子采购公司可以自动处理采购订单、采购申请、寻找货源、业务规则执行、发票和付款等。对于供应商来说，电子采购公司提供目录创建和内容管理、订单管理、订单履行、发票、发货和结算等服务。

电子采购市场平台有时被称为多对多市场。作为独立的第三方，电子采购市场是中立的，同时代表买方和卖方的利益，对交易进行调解。但另一方面，由于电子采购市场上的供应商与电子分销商存在竞争关系，平台很可能偏向于买方。不过，由于电子采购市场汇集了数量众多的采购企业，从而降低了供应商的获客成本，也让他们在营销方面受益颇多。

SAP Ariba 是协同商务解决方案的领先供应商，旗下拥有一家名为 Ariba Network 的电子采购市场，它在 190 个国家拥有 670 多万家联网公司，B2B 电子商务年度交易额超过 3.2 万亿美元（SAP Ariba，2022）。这一细分市场的角逐者还包括 Oracle NetSuite Procurement、Coupa、Proactis 和 Jaggaer Spend Analytics 等公司。

电子交易市场

电子交易市场是独立运营的 B2B 电子商务市场，将成百上千的供应商和采购商连接在实时动态的环境中（见图 12.12）。虽然也有例外，但电子交易市场大都是垂直市场，专注于某个特定行业大型企业的现货采购需求，如计算机通信、电子、食品和工业设备等行业。电子交易市场是 B2B 电子商务市场发展初期的形式。

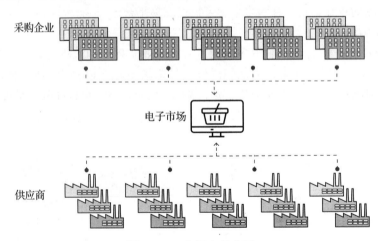

图 12.12　电子交易市场

电子交易市场通过收取交易佣金赚取利润，定价模式包括在线谈判、拍卖、RFQ 或固定的买卖价格。电子交易市场为客户提供的价值在于降低零部件和剩余产能的搜索成本，以及由全球市场竞争带来的低价格，供应商都以全球统一价销售商品，利润率非常低。电子交易市场为供应商提供的价值在于全球性采购环境，以及摆脱生产过剩的机会（尽管价格竞争激烈，利润率较低）。虽然电子交易市场是专用的中介机构，但从允许任何真正的买家和卖家参与的意义上讲，电子交易市场是公开的。

电子交易市场独立运营，按理说应该是中立的，但它们实际上往往偏向于买方。由于电子交易市场将供应商置于与全球其他同类供应商的直接价格竞争中，导致利润空间降低，对供应商不利。以前，由于供应商拒绝加入，一些电子交易市场被迫倒闭关门，现存市场的流动性也非常低，市场目标和价值难以实现。**流动性**通常以市场上买卖双方的数量、交易量和交易规模来衡量。当用户可以随时买入或卖出任意数量的订单时，市场的流动性就很好。按照这些标准，许多电子交易市场都是失败的，致使电子交易市场的参与者数量屈指可数，交易量和单笔交易额都很小。用户不愿意使用电子交易市场的最常见原因就是市场中缺乏值得信赖的老牌供应商。

　　虽然大多数电子交易市场以提供直接商品的垂直市场为主，但有些也提供间接商品，如电力能源、运输服务（通常是面向运输行业）以及各类专业化的服务。

　　下面简要介绍两家电子交易市场的发展和现有业务。Inventory Locator Service（ILS）最早是一家线下中介机构，为航空航天业的售后零件提供目录服务。起初，ILS 使用电话和传真，向飞机所有者、机械师以及政府采购专业人员提供售后零部件目录。后来，它使用电子邮件完成 RFQ 服务，并开始线上拍卖以寻觅难度较大的零件。如今，ILS 的网络数据库包含了 10 亿多个航空航天工业零部件，订阅用户超过 28 000 个，遍及 100 多个不同国家（Inventory Locator Service，2022）。

　　Joor 是一家总部位于纽约的电子批发交易市场，13 300 个时尚品牌与 150 个国家的超 380 000 家零售商通过 Joor 的多渠道数字交易平台关联。该公司成立于 2010 年，最初是一家时装批发订单录入网站，后来基于网站和 App，向零售商提供全方位的服务，包括展示制造商品牌、跟踪订单、直观显示所订购时装的种类，并协调下一季的款式。零售商和生产商一般要提前两年规划时装和颜色，但确保颜色和款式合适并不容易，需要全面了解已采购的产品。Joor 使零售商能够按照流行趋势浏览时装，接触到以前可能没有发现的品牌。采购商的采购速度和采购质量都得以提高。过去，为了解和购买最新产品，采购代理和时尚策划师不得不访问制造商网站或阅读时尚杂志，而这些网站或杂志可能比瞬息万变的时尚晚几个月。借助 Joor 的数字平台，采购代理人可以快速了解时尚的最新趋势，仅使用这一个平台就能实现订单。对于品牌和设计师来说，Joor 通过平台的零售商客户群简化了营销工作。2021 年，Joor 的批发交易额达到 570 亿美元，品牌商和零售商在平台上的日均互动超过 2300 次（Joor，2022）。

　　表 12.4 列出了当前一些独立电子交易市场的示例。

表 12.4　独立电子交易市场示例

电子交易市场	聚焦领域
Sourcengine	电子元件
MaterialsXchange	木材和板材等木制品
IronPlanet	二手重型设备
Vori	杂货业
Molbase	化合物和定制化学品

行业联盟

　　行业联盟是由行业拥有的垂直市场，帮助行业内的采购企业购买直接投入品（包括商品和服务）（见图 12.13）。行业联盟通常侧重长期合同采购、发展稳定的关系（而不仅仅是匿名交易），以及建立全行业的数据标准和工作同步化。与注重短期交易的独立电子交易市场相比，行业联盟更加关注完善长期供应关系，其最终目标是通过共同的数据定义、网络标准和计算平台，跨越多个层级，实现全行业供应链的统一。

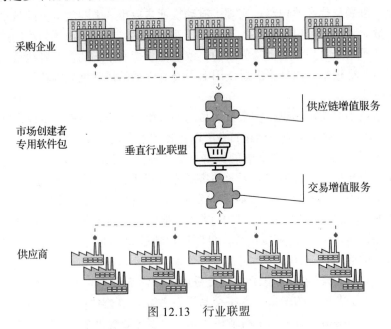

采购企业

市场创建者
专用软件包

供应链增值服务

垂直行业联盟

交易增值服务

供应商

图 12.13   行业联盟

从某种意义上讲，行业联盟的出现是为了应对独立运营的电子交易市场。大型行业（如汽车和化工行业）认为独立电子交易市场干扰了市场，并没有直接服务于大型买家的利益，他们只是填饱了自己和风险投资者的腰包。因此，大公司决定，与其付费参与交易市场，不如花钱自己创建市场。此外，大公司还有一个顾虑，电子交易市场要想发挥作用，必须有大型供应商和买家参与，并且市场要有流动性。而在电子商务发展的最初几年，很少有独立的电子交易市场能够吸引足够多的参与者来实现流动性。而且，电子交易市场往往无法提供那些能改变整个行业价值链的额外增值服务，比如，将新市场与公司的 ERP 系统连接起来的服务。

自 21 世纪初以来，可以被定义为行业联盟的公司数量显著减少，很多公司被行业创始人出售给了私人投资者或其他公司。例如，GHX 是由制药和医疗用品行业的公司创立的，现在则隶属于一家私募股权公司。E2open 最初是服务于高科技公司的行业联盟，由 IBM、Seagate 和 Hitachi 创立，现在已经成为上市公司，为各类行业提供基于云的 B2B 平台和服务。Avendra 最初是由五家酒店业巨头（Marriott、Hyatt、Fairmount Hotels、ClubCorp 和 IHG）创立的采购服务提供商，现已被 Aramark 收购，Aramark 是横跨多个行业的食品服务和设施提供商。本章末的案例研究中介绍的公司是 Elemica，最初由 Dow、Dupont 和化学行业的一些主要参与者拥有，但现在属于一家私募股权公司。

不过，仍然有一些行业联盟存在。由汽车供应商 Bosch、Continental、Schaeffler 和 ZF 成立的行业联盟 SupplyOn 是例证之一。SupplyOn 已经从汽车行业扩展到航空航天、铁路和制造业领域。例证之二是 The Seam，它由 Cargill、Louis Dreyfus 等全球领先的农业企业创立。The Seam 最初专注于棉花电子交易市场，后来扩展到花生、大豆、谷物和乳制品等其他商品领域。自成立以来，The Seam 处理的交易超过 90 亿美元，在美国，超过 90% 的棉花买家都是 The Seam 棉花交易系统的活跃用户。例如，2022 年 4 月 27 日，The Seam

的美国市场棉花交易量超过 160 万磅，足够制作超过 70 万条牛仔裤（The Seam，2022）。
BluePallet 也是一个行业联盟，由全美化学品分销商协会（NACD）及其 400 多家会员和附属
公司支持建立。

12.5 会员专用 B2B 网络

就交易量而言，会员专用 B2B 网络是最为普遍的 B2B 电子商务形式，预计其未来地位
仍不可动摇。会员专用 B2B 网络被看作扩展企业的基础，企业通过将供应链和物流合作伙
伴纳入网络，扩展了组织边界和业务流程。

正如本章开篇所提到的，会员专用 B2B 网络是现有 EDI 网络的直接产物，与大公司使
用的现有 ERP 系统紧密相连。与 EDI 一样，会员专用 B2B 网络由买方所有，是偏向买方的
解决方案，但它们也为供应商提供了巨大价值。由于只有少数供应商获准加入大公司专用的
B2B 网络，其运营环境竞争性不强，因此加入供应链的供应商能够增加收入和利润。会员专
用 B2B 网络基于互联网开展协同商务。会员专用 B2B 网络可以被视为扩展企业，它们往往始
于某个公司的 ERP 系统，然后扩展到该公司的主要供应商。图 12.14 显示的会员专用 B2B 网
络，最初由美国 P&G 公司建立，用于协调供应商、分销商、运输商和零售商之间的供应链。

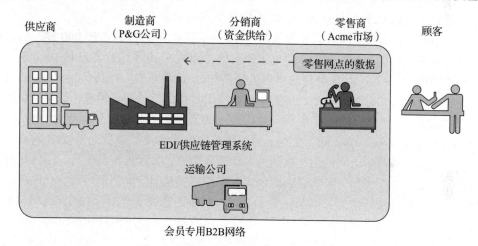

图 12.14 P&G 公司会员专用 B2B 网络

如图 12.14 所示，在 P&G 公司的会员专用 B2B 网络中，零售端的收银机记录了客户的
销售额，然后将信息传回分销商、P&G 公司及其供应商。这样，P&G 公司及其 7 万多家供
应商就能掌握几千种产品的确切需求。之后，这些信息被用于启动生产、供应和运输，以补
充分销商和零售商的产品。这个过程被称为高效客户响应系统（需求拉动型生产模式），高
效响应依赖于同样高效的供应链管理系统对供应商的协调。2015 年，P&G 开始将其供应链
系统转变为一个完全集成的端到端供应基地，以便能够与供应商共同制业务计划。协调这
一供应基地的是一个控制塔环境，它配备了环绕式空间监视器，分析小组对实时供应数据进
行持续分析。P&G 公司的分销目标是对 80% 的零售商实现次日送达。P&G 是全球最大的消
费品制造商，多年来一直被评为供应链系统的佼佼者。近年来，P&G 公司投入巨资打造更
具柔性的供应链（Terlep，2021；Gartner，2021）。

GE、Dell、Cisco、Volkswagen、Microsoft、IBM、Nike、Coca-Cola、Walmart、Nokia
和 HP 等公司都是成功运营会员专用 B2B 网络的公司。

12.5.1   会员专用 B2B 网络的目标

会员专用 B2B 网络的具体目标包括：

- 在全行业范围内开发高效的采购和销售业务流程。
- 制定行业范围的资源规划，以补充企业范围的资源规划。
- 提高供应链可见性——了解买家和供应商的库存水平。
- 实现更紧密的买方 - 供应商关系，包括需求预测、沟通和冲突的解决。
- 在全球范围内运营——全球化。
- 通过预防供求失衡来降低风险，包括开发金融衍生品、保险和期货市场。

会员专用 B2B 网络与 B2B 电子商务市场的目标不同。B2B 电子商务市场主要以交易为导向，而会员专用 B2B 网络则侧重于公司之间持续的业务流程协调，包括供应链管理以及产品设计、采购、需求预测、资产管理、销售和营销等。会员专用 B2B 网络虽然支持交易，但并不以此为主要关注点。

会员专用 B2B 网络通常由一家公司发起，该公司"拥有"网络、制定运营规则、建立管理机制（权力、规则执行和控制结构），并自行决定是否邀请公司参与。与通常由大公司参股而集体拥有的行业联盟不同，这些网络是私营的。B2B 电子商务市场主要侧重间接商品和服务，而会员专用 B2B 网络则侧重战略性的直接商品和服务。

例如，True Value 向美国及世界各地的 4000 多家独立五金店提供 90 000 种产品，收入超过 100 亿美元。它在物流方面的花费更为惊人，每年通过 20 个国际港口和 10 个国内港口进口大约 3500 个集装箱，日常处理的国内进货量超过 60 000 单。True Value 所在的供应链系统支离破碎，无法实时跟踪包裹，不能向商店发出货物短缺或损坏警报；而且供应链"不可见"，供应商不了解商店的库存水平，商店也不知道供应商是否发货。于是，True Value 采用 Sterling Commerce（IBM 旗下公司）的在线解决方案创建了会员专用 B2B 网络，供所有供应商、发货人和商店访问使用。该网络专注于 3 个流程：国内预付运费、国内托收和国际直达运输。对于每个流程，都能通过网络实时跟踪货物从供应商到承运商、仓库和商店的流转情况。这一系统使订单交付周期减少了 57%，订单的完成率增加了 10%，延期订单减少了 85%。如果货物出现延误、损坏或缺货，系统会自动向各方发出警报。2019 年，该网络添加了 JDA software 的新软件，用以改进库存管理和需求预测方式（True Value Company，2022；U.S. Department of Transportation，2022；Smith，2019；Amato，2018）。

12.5.2   会员专用 B2B 网络和协同商务

会员专用 B2B 网络不仅能为供应链和有效客户响应系统提供服务，还能为单个大型制造企业提供产品设计和工程图表、营销计划和需求预测等其他功能。企业间的协作有多种形式并涉及广泛的活动，从简单的供应链管理到协调市场反馈给供应商的设计人员（见图 12.15）。

全行业范围内的**协同规划、预测与补货**（CPFR）也许是协同商务最深层次的一种合作形式，主要指网络内成员合作预测需求，制订生产计划，协调运输、

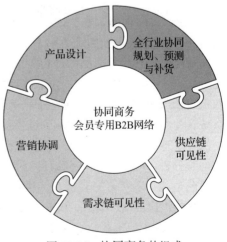

图 12.15   协同商务的组成

仓储和库存活动，以确保零售和批发货架得到适时适量的补货。如果这一目标能够实现，整个行业数亿美元的过剩库存和产能就得以释放。仅这一项，就能产生巨大利益，足以证明开发会员专用 B2B 网络的投入物有所值。

协同商务的第二个合作领域是需求链的可见性。过去，人们无法知道供应链和分销链中哪些环节存在过剩产能或供给。例如，零售商的货架上可能库存积压严重，但供应商和制造商却不知晓，他们可能正在生产更多的供给。这些剩余库存会提高整个行业的成本，带来商品打折的巨大压力，从而降低每个企业的利润。

协同商务的第三个合作领域是市场营销和产品设计。那些使用或生产高度工程化零件的制造企业可以借助会员专用 B2B 网络协调其内部设计和营销活动，以及供应链和分销链合作伙伴的相关活动。通过让供应商参与产品设计和营销活动，制造企业可以确保用于制造产品的零件符合市场营销人员的要求。反之，营销人员可以利用客户的反馈意见直接与企业及其供应商的产品设计师沟通。这样闭环营销（客户反馈直接影响设计和生产）在真正意义上得以实现。

也许 Walmart 是最能体现会员专用 B2B 网络效益的一家公司。下面的"商务洞察"案例对此进行了描述。

商务洞察：Walmart 会员专用 B2B 网络助力全渠道增长

Walmart 在利用信息技术协调供应链方面处于领先地位。会员专用 B2B 网络是 Walmart 宣称"每日低价"背后的秘诀。Walmart 之所以能做出这样的承诺，就在于它拥有世界上最高效的供应链之一。Walmart 的会员专用 B2B 网络使其庞大的供应商、仓库和零售店网络更像一个公司，而不是分散的公司集合体，从而减少了供应链中所有参与者（不仅仅是 Walmart）在商品销售、库存、物流和运输方面的支出。

2021 年，Walmart 的营业收入达到约 5750 亿美元，它利用信息技术实现了相较于竞争对手的决定性成本优势。这家全球最大的零售商也拥有全球最大的供应链，逾 10 万家供应商。Walmart 在美国有 5350 多家零售店（包括 Sam's Club），规模较大的商店备有多达 20 万种不同的商品。Walmart 还在全球 24 个国家开设了 5100 多家门店，总门店数约为 10 500 家。Walmart 的全球员工数达到 320 万，超过世界上其他的私营企业。

20 世纪 80 年代末，Walmart 使用基于 EDI 的系统，开发出协同商务的雏形。该系统要求其大型供应商使用 Walmart 的专有 EDI 网络响应 Walmart 采购经理的订单。1991 年，Walmart 引入 Retail Link，扩展了系统的功能。Retail Link 将 Walmart 最大的供应商与 Walmart 的库存管理系统关联，要求大型供应商跟踪超市的实际销售情况，并根据需求和 Walmart 制定的规则补货。

1997 年，Walmart 将 Retail Link 移至外联网（extranet），这样供应商就可以通过互联网直接连接到 Walmart 的库存管理系统。2000 年，Walmart 对 Retail Link 进行了升级，使其成为一个协作性更强的 CFPR 系统。现在，Walmart 的采购代理能够将 Walmart 在美国所有独立超市的需求汇总到供应商的 RFQ 中，这样一来，Walmart 对最大供应商也具有了巨大影响力。该系统还能帮助 Walmart 的采购代理选择供应商，并就最终合同进行谈判。此外，它还使供应商能够即时访问库存、采购订单、发票状态和销售预测等信息，并可按项目、商店和时间提供数据。2002 年，Walmart 改用完全基于互联网的 EDI 版本，大大降低了通信成本。

尽管 Walmart 成功地建立了世界一流的供应链来支持其零售店，但它最初并没有做好应对线上销售的充分准备。Walmart 将电子商务作为独立的业务剥离出来，投资优先级低于实体店。它迟迟没有投资互联网物流和供应链系统，只是依靠部分门店的员工挑选网上订单并从门店发货，其余的则由少数几个网络订单仓库处理。

从 2012 年开始，Walmart 开始向 Retail Link 2.0 新供应和库存管理平台以及新的全球补货系统（GRS）过渡。这两个平台都是 Walmart 全渠道战略的组成部分。全渠道战略旨在利用 Walmart 的零售店和仓库来完成线上订单和店内采购，从而扩大 Walmart.com 的覆盖范围。这样就形成了一个线上和线下店内客户产品销售的集成平台。Walmart 要确保有足够的库存和合适的价格，以便在两种环境下都能实现销售。结果发现，这项任务比预想的要困难得多。

网络环境下，价格需要实时变化，供应商也需要实时响应。例如，Amazon 每天的价格变动超过 250 万次。Walmart 需要有与之相匹配的功能才能在竞争中立于不败之地。Retail Link 2.0（实时网络数据和预测系统）使 Walmart 能够从本地商店获取销售数据，并在几分钟内将这些数据提供给供应商，相比之下，旧系统则需要数天时间。该系统与社交媒体和 Walmart.com 集成，供应商因此可以追踪消费者的情绪以及对品牌的关注情况，还可以向供应商提供人口数据和天气信息，供应商根据这些信息调整生产。

GRS 是一个网络分析软件包，供应商和 Walmart 用它来预测近期的销售情况，

确保商店和仓库有足够的库存用于销售，无论顾客是线上还是线下购物。GRS 不仅能反映历史销售情况，还可用于预测。借助这一实时库存管理系统，供应商不再需要下载数据并将数据输入电子表格以确定订货量。GRS 使用预测算法，根据过去的模式就能预测未来几天或几周的销售情况。

尽管取得了这些技术进步，Walmart 在初期还是遇到了严重的库存问题。部分原因在于供应商没有按时交付完整的订单，导致货架空置，延迟了网络订单的完成。为了解决这个问题，Walmart 开始推行"准时、足额"（OTIF）计划，对未按时交付完整订单的供应商进行罚款。2018 年，为了更好地与 Amazon 竞争，Walmart 开始使用 Microsoft 的 Azure 云计算平台，以及 Microsoft 的机器学习、人工智能和其他服务，寻找利用 Walmart 客户和产品数据的新方法。据报道，这项工作包括共同开发一个与供应商共享产品销售数据的新系统的计划，相关功能目前由 Retail Link 负责。不过在 2022 年，Retail Link 仍然是 Walmart 战略的重要组成部分，Walmart 在其总部部署了 Retail Link 专家，帮助供应商解读 Retail Link 生成的数据。

新冠疫情让 Walmart 的供应链经历了严峻考验，但 Walmart 经受住了挑战。尽管 Walmart 与所有零售商一样，不得不竭力应对缺货问题，但相比于竞争对手，它更好地应对了混乱。Walmart 对供应链追加了投资，斥资数十亿美元用于提高配送能力、供应链自动化技术，以支持其全渠道战略。Walmart 已经在消费者心目中巩固了自己的地位，成为 Amazon 之外的可行网络购买渠道。分析人士认为，Walmart 可能在未来会留住许多新客户。

12.5.3　实施障碍

尽管会员专用 B2B 网络在未来的 B2B 发展中占有重要地位，但想要成功实施，还存在许多障碍。首先，参与企业必须与供应链上下游的业务伙伴共享敏感数据。如果采用会员专用

B2B 网络，以前的私有和保密数据，现在也必须共享。数字化环境中，信息共享的程度很难控制。公司无意间提供给自己最大客户的信息，最终可能被分享到实力相当的竞争对手。

其次，将会员专用 B2B 网络集成到现有的企业系统和 EDI 网络中需要花费大量的时间和金钱。《财富》500 强公司的企业系统主要供应商（Oracle、IBM 和 SAP），确实能够提供 B2B 模块和供应链管理功能，这些功能也可以添加到公司现有的软件套件中。然而，这些模块的实施成本高昂，部分原因在于多数《财富》500 强企业的采购部门非常分散，而且系统已经过时。对于规模较小的公司来说，市场上出现了云计算和软件即服务（SaaS）的替代方案，它们提供的供应链管理功能的成本要低得多。

最后，采用会员专用 B2B 网络还需要改变员工的心态和行为。从根本上说，员工必须将其忠诚度从公司转移到更广泛的跨组织企业，并认识到自己的命运与供应商和分销商的命运息息相关。反过来，供应商也必须改变其管理和分配资源的方式，因为他们的生产与专用 B2B 合作伙伴的需求紧密相连。除了大型网络所有者之外，供应和分销链上的所有参与者都丧失了部分独立性，必须进行大范围的行为改变，才能参与其中（Laudon and Laudon，2022）。

12.6 电子商务相关职位

虽然 B2C 电子商务最受大众关注，但与 B2B 电子商务相比，它的美元交易额和对美国经济的重要性都相形见绌。本章提供了与 B2B 电子商务相关的各种职业的基础信息。职位包括供应链、采购、需求计划、原材料、物流以及 B2B 营销等方面的职位。

12.6.1 公司概况

该公司是美国领先的乐器、扩音器、扬声器及相关配件的制造商和批发商，向遍布美国和欧洲的 6000 家经销商供应 20 000 多种产品。该公司不做零售，只向音乐商店、大型全国性零售连锁店和网络零售商批发销售产品。

12.6.2 职位：初级供应链分析师

该公司正在招聘一名初级供应链分析师，负责制订和管理生产计划，以满足客户的交货要求，最大限度地利用公司产能，并管理原材料和成品。公司正在从传统的供应链管理系统向基于云的供应链管理系统过渡。具体职责包括：

- 分析库存和采购额外材料。
- 创建、维护和处理采购订单。
- 核对账目和处理发票。
- 为国内客户的退货运输和信用支付提供便利。
- 与国内客户沟通，确认建议的订单数量和定价。
- 在 Excel 中编制报告。
- 制订促销和季节性计划，最大限度地提高销售额，增加平均订单价值（AOV）。
- 实施和管理邮寄返利、即时返利和促销活动。
- 使用报告和分析工具，并根据需要更新所需的数据库。

12.6.3 资质 / 技能

- 要求学士学位或同等工作经验（管理信息系统、商业、电子商务、会计、经济学、采购或供应链专业优先考虑)。

- 分析能力强，注重细节。
- 能够理解和分析复杂数据，以便做出明智的决策。
- 思维敏锐，能够快速掌握概念，并找出复杂逻辑问题的解决方案。
- 具有 Microsoft 办公软件使用经验，精通 Excel 者优先考虑。
- 出色的口头和书面沟通技巧。
- 必须具备积极的态度、强烈的职业道德和处理多项任务的能力。
- 能够在最后期限的压力下出色地工作。

12.6.4　面试准备

为了准备这次面试，确保你熟悉 12.1 节中涉及的 B2B 电子商务的基本术语，并了解 B2B 电子商务中使用的各种技术平台的演变 (图 12.1)。接下来，关注并深入研究 12.2 节中涵盖采购流程和供应链的内容。确保你能讲述采购过程的各个步骤 (图 12.4) 和不同的采购类型。准备好展示你了解供应链管理的一些基本概念、挑战和趋势，如供应链可见性、准时制和精益生产、供应链管理、适应性供应链、可问责供应链和可持续供应链，这些在 12.3 节中介绍。因为该公司正在向基于云的供应链管理系统过渡，所以也要复习关于云 B2B 的部分。Elemica 案例虽然与拟面试公司的行业不同，但也可以提供一些有用的共性问题，因为它也侧重基于云的订单管理和供应链应用与服务。最后，由于该职位还涉及采购部分，所以了解不同类型的采购市场 (如 12.4 节中涉及的电子分销市场、电子采购市场和电子交易市场) 将非常有用。

12.6.5　首次面试可能被问到的问题

1. 你是否有过从供应商采购物资和管理采购订单的经验，能否举例说明？你在与供应商打交道时遇到过哪些挑战，你是如何解决的？

如果你有任何订购物资、跟踪物资、开具发票和跟踪付款的商业或志愿服务经历，请描述你所做的工作，并谈谈所面临的挑战。如审查供应商的信用、定价、采购订单跟踪和交货问题。如果没有上述经历，你可以在互联网上进行搜索，大致了解供应商关系和采购订单管理。

2. 我们成功的关键在于使订单流与生产和采购计划相匹配。我们尽量避免零部件库存过剩，但又需要有足够的零部件来确保订单完成，这需要将产品需求与零部件及原材料的采购关联起来。你有什么好办法能让我们的原材料采购与订单流相匹配吗？

你可以在此建议，将大多数供应链管理系统都与订单录入系统相连。供应链管理系统将根据收到的订单生成数据，并将其输入生产系统，生产系统进而生成所需零部件清单和计划要求。由于该职位与供应链管理系统密切相关，你应该对供应链管理系统进行研究，以了解其功能。

3. 我们希望利用社交媒体来加强与供应商的沟通。你对如何建立社交网络以支持我们的供应链有什么建议吗？

在这里，你可以谈谈自己使用 LinkedIn、Facebook 和 Twitter 的经验，尤其是商业公司如何利用这些平台建立一个由供应商和制造商组成的社交社群。建立供应商社交网络的过程与建立客户社交网络的过程非常相似。使用视频、博客、评论、新闻推送和帖子对于创建供应商社群非常有价值。

4. 我们正试图通过加入一些 B2B 电子商务市场来降低供应成本，在这些市场上，供应企业通过价格和质量竞争，谋求成为我们的供应商。你对 B2B 电子商务市场了解多少？它们对我们有什么帮助？

在此你可以指出，有不同类型的 B2B 电子商务市场可供选择。公司应使用电子分销市场，如 Amazon Business 或 eBay Business，以获得最低间接产品的成本。公司还可以参与 SAP Ariba 等电子采购市场，以获得有竞争力的原材料和直接物料报价。

5. 我们正试图将供应商更紧密地融入我们的业务规划甚至新产品设计中。出于对自身以及供应商的利益考虑，我们希望供应商能够通力合作，提高供应链的可见性，你对协同商务了解多少？你对供应链的可见性了解多少？

你可以参考会员专用 B2B 网络，它由拥有网络的单一制造公司和它的供应商群体（与制造商合作设计和制造零部件的企业）组成，类似于 P&G 公司创建的网络。在这种合作中，供应商与零部件的最终买家（制造商）共同创造和设计产品，双方都能从合作中获益。

12.7 案例研究：Elemica——合作、协同与社群化

Elemica 是一个基于云的 B2B 数字化供应链平台，旨在彻底改变全球化工、塑料、橡胶、能源、制药、食品饮料和其他加工制造行业的供应链。该公司的使命不仅是促进企业间一对一的合作或多企业项目合作，更要通过提供企业间 B2B 信息沟通平台，让所有企业都能提高效率，从而在行业浪潮中一帆风顺。

目前，Elemica 每年处理的交易额超过 1 万亿美元，涉及 7500 多家加工制造业贸易伙伴、全球 16 000 个网络参与者（包括 100 多家全球最大的加工制造商）、数千家直接材料供应商、500 多家物流服务供应商以及数千家终端客户。客户包括 AkzoNobel、BASF、Bayer、BP、Campbell's、Continental、Dow、DuPont、ExxonMobil、Goodyear、Levi's、Pepsico、Pirelli 以及 Westinghouse 等公司。

Elemica 是 B2B 电子商务行业联盟的早期典范。20 世纪 90 年代末，一些大型化工公司的高层领导开始关注技术变革，这些变革使信息技术和电子商务工具的应用更具吸引力。问题是如何更好地利用技术进步为企业带来利益，以及如何建立电子交易的行业标准，从而使所有人都能使用和实现电子交易。

全球汽车业或航空业通常由少数几家公司主导，而化工行业则有所不同，一般由众多规模不一的公司组成。此外，化工行业还有一个特点，某个企业经常会购买其他化工公司的产品，作为其产品的原材料。因此，化工企业之间往往既是客户，也是竞争对手。

Dow 和 DuPont 等公司的高层认为，合作联盟是最有效的发展方式。但是市场营销和销售人员对这一方案却心存疑虑，他们担心网络采购会对合作关系产生不利影响。那时候，这些公司的高层领导并不确定电子商务对化工行业是否有用，因此对投资电子商务基础设施也比较谨慎。

然而，电子商务在降低成本、与客户和供应商建立紧密联系，以及在实现公司的差异化（非价格差异）等方面的潜在机会，确实令人无法忽视。与此同时，新成立的公司也让这些传统化工企业感到紧张，如果新公司利用信息技术，简化了效率低下的供应链并因此抢占市场份额，结果会怎样？换言之，如果传统公司不能与时俱进，它们最终可能会在收益竞赛中败下阵来。

Dow 开始关注那些使用电子商务的初创公司。通过与电子商务初创公司的客户交谈，

它们了解到，如果要与多家公司分别建立网络连接，就需要增加投资，对于这一点，客户很有顾虑。在 Dow 和 DuPont 公司看来，最好、最经济有效的方式是为客户提供中立的一对一连接，从而消除多重连接的障碍。一个强大的第三方平台可以解决行业客户对多重连接成本失控的担忧。于是，这两家公司决定投资创建一家中立的电子商务公司，并与其他企业合作，创造出能保证网站正常运营的临界用户规模。所有参与者的目标一致，即创建一家中立平台，促进公司间交易并优化业务流程。最终在 2000 年，化工行业（包括石油和天然气）领先的 22 家公司参与了 Elemica 的创建。随后的几年里，Elemica 的业务范围远远超出了化工行业，涵盖了其他主要加工制造行业。

Elemica 是如何在多样化的全球企业中实现社群化的？这些企业往往既是彼此的客户，也是彼此的供应商。Elemica 通过连接社群成员的企业系统将它们团结起来。这种"社交黏合剂"，正是 Elemica 的与众不同所在。这个"超级平台"允许企业相互沟通，进行交易，处理物流和保存账簿。Elemica 商务平台对所有会员企业的商务交易实施了有效的标准化，无论它们使用哪种类型的企业系统。Elemica 也为那些技术不太复杂的贸易伙伴提供了公平的竞争环境。这个中立平台为行业供应商、客户和第三方供应商提供了数以百万计的交易。从这个意义上说，Elemica 是 B2B 领域中最复杂的技术平台之一。

企业系统是一个公司的最大投资支出之一。供应链正常运营依赖于公司之间的关系，即使公司拥有企业系统，很多时候还是会使用一些过时的、不靠谱的流程来处理彼此间的关系。由此产生的问题导致了生产力、收入和利润方面数十亿美元的损失。Elemica 的平台改变了这一局面，它将交易接入外部贸易伙伴系统，从而帮助客户充分利用自己的企业系统。Elemica 通过自己的中立平台，将各公司的内部 IT 系统连接起来，从而将信息传输到各公司的数据库中，同时保证信息的保密性和安全性。化工和石油行业是最早使用企业系统（早期被称为制造资源规划系统）的行业之一。这些大型系统是由单个公司开发的，用以合理控制生产流程。它们通过识别制造过程中涉及的产出、投入和流程，并将库存控制和计划、流程控制、仓储以及运输/物流等关键要素自动化，来实现这一目标。如果一家公司需要生产 10 吨聚乙烯塑料，其企业系统能准确地告诉它需要多少吨石化原料、何时应交付给制造部门、制造产品所需的机器和劳动力数量、需要多长时间、在哪里储存，有时还能告诉它如何装运。企业系统可以估算各个阶段的成本。

Elemica 为各种类型的交易提供便利，包括订单处理、结算和物流管理。不过，与该领域的其他公司不同，Elemica 自己并不参与买卖或拥有原材料产品。相反，它只是充当中间商或网络中介，将各公司联系在一起，实现加密交易的自动化。与 eBay 或信用卡公司一样，Elemica 的收入来自按每笔交易收取的交易费。它为客户公司与其他联网的买家和卖家开展业务打开了大门。

Elemica 为供应商、客户和物流合作伙伴提供各种服务，帮助它们实现业务流程和内部采购自动化。基于云的模块化解决方案简化了销售、采购和财务流程，将供应链合作伙伴整合在一起，减少了沟通障碍，降低了管理费用和失误。

Elemica 利用基于云的业务流程网络整合全球贸易伙伴之间的信息流，这种模式通常被称为平台即服务（PaaS）。每个客户只需要与 Elemica 建立连接，再由 Elemica 管理该公司与外部贸易伙伴的连接。这意味着客户企业只需要维护与 Elemica 的连接（在企业系统维护或升级时非常重要），而无须维护与所有贸易伙伴的基础设施和多重连接。也就是说，企业一旦与 Elemica 连接，就能与数千个贸易伙伴（包括供应商、客户和物流公司）建立联系，只需要根据使用量支付服务费。与老式的公司间交易 EDI 解决方案相比，Elemica 效率更高，它通过供应商、客户和第三方供应商的全自动集成网络，为协同商务提供平台。

Elemica 主要在 Buy（供应商管理）、Move（物流管理）、Sell（客户管理）、Assure（质量管理、可追溯性和合规性）和 See（分析）五个领域提供基于云的解决方案。利用这些领域的各种解决方案，公司可以实现订购、开发票、装运跟踪和日常业务运营的自动化。公司可根据自身需要订购一个或多个解决方案。这些软件应用程序是嵌套在 Elemica 云服务器上的软件即服务应用程序，因此订购的公司无须购买任何硬件或软件，Elemica 根据它们使用的服务数量和需求收取费用。

下面举例说明 Elemica 的工作原理。假设你要向供应商订购醋酸乙烯酯。你将订单录入内部企业系统，订单会自动传到 Elemica 网络，Elemica 随即将订单转到供应商的内部企业系统，然后你会收到订单确认收据。Elemica 网络可确保货号和采购订单号的准确性，并在出现问题时发出警报。订单确认后，Elemica 平台可用于计划和协调交付，并自动发送发票和提交付款请求。对于没有企业系统的中小型企业，Elemica 提供了门户网站和网络应用软件，允许企业与供应商和客户一起参与社群。该平台提供端到端闭环流程，从采购订单到确认、装载招标和回复、承运商状态更新和港口调度。上述流程在几秒钟内就能完成，几乎不需要人工干预。客户可以通过电子邮件或电子传真发送采购订单，然后将订单发送至 Elemica。随后，Elemica 会以供应商设定的格式将订单发送给供应商，并与供应商的企业系统集成，整个过程与真正的电子订单一样。这种订单管理的整体方案使供应商能够与战略客户和核心客户实现流程自动化，而不需要客户改变其流程。对供应商和客户而言，这是双赢的局面。Elemica 平台有时被称为"随心所欲"网络，因为它允许公司使用当前的任何通信工具，如 EDI、XML 甚至电子邮件，或使用与其企业系统相关联的格式。

Elemica 的商业模式之所以成功，主要是因为它能满足各种规模的工艺制造业公司的需求。为此，Elemica 提供了连接平台的多种选择和可单独使用或组合使用的多种产品，并确保所有交易只需要一个与客户企业系统集成的连接。客户可以使用 Elemica 并利用其提供的技术，而无须购买额外的内部系统。

借助 Elemica，企业提高了运营效率，消除了冗余系统和过剩库存，降低了成本，安全可靠的交付比例也大大提高。而且 Elemica 的解决方案和网络的灵活性将简化、标准化及效率融为一体。客户通过加快付款速度提高了盈利能力，改善了现金流。

许多大型企业都在使用 Elemica 平台。例如，年销售额近 80 亿美元的世界领先巧克力制造商，瑞士的 Barry Callebaut 公司就采用了 Elemica 的订单自动化解决方案，以帮助其处理人工订单录入问题。Barry Callebaut 只有一小部分订单是通过门户网站或 EDI 自动处理的，其余的交易数据则嵌入客户电子邮件或数字文档中。Elemica 的解决方案将直接从这些电子邮件和文档中提取数据。

多年来，Elemica 不断创新，开发新产品，以应对供应链管理的新要求，包括供应链可见性、供应链风险管理、供应链可持续性和社交协同工具等。它还收购了一些公司，如 SaaS 运输管理解决方案提供商 Eyefreight，从而将 Elemica 的全球端到端供应链网络扩展到物流市场；还收购了 OmPrompt，它开发了有助于消费品包装、食品饮料和制药企业实现供应链管理自动化的专用算法、机器学习、人工智能和其他工具；也收购了 ProcessWeaver，一家多承运商运输解决方案提供商，可自动执行分拣、包装和运输大量小包裹和零担货物运输所需的流程；以及 EMNS，一家材料质量合规公司。

Elemica 还制订了可持续发展计划。2020 年，它连续第六次获得食品物流行业的"绿色供应链奖"。此外，它还连续多年获得"SDCE 绿色供应链奖"，以表彰其在促进可持续供应链方面所做的努力。

2019 年，全球领先的投资公司 Eurazeo Capital 从私人股本公司 Thomas Brava 手中收购了 Elemica，后者曾在 2016 年收购 Elemica。Eurazeo 正在支持 Elemica 向新的垂直行业、地域和产品进军及扩张。

讨论问题

1. 对于小型化工企业，加入 Elemica 可能有哪些顾虑？

2. Elemica 为参与者提供了社群服务，企业可以在这里进行交易、协调和合作，以更低的成本生产产品。然而，这些企业在向最终用户销售产品时也会相互竞争。为什么会这样呢？

3. Elemica 起初被 Thoma Bravo 收购，后来又被 Eurazeo Capital 收购，这对 Elemica 融入 B2B 框架（如图 12.9 所示）有何影响？

12.8　复习

12.8.1　关键概念

- 讨论 B2B 电子商务的演变和发展及其潜在的效益和挑战。
  - 在互联网出现之前，企业对企业的交易被简单地称为"企业间贸易"或"采购过程"。如今，我们使用"B2B 商务"一词来描述所有类型的企业间贸易，实现跨组织边界的价值交换，其中既包括购买原材料，也包括分销产品和服务。而"B2B 电子商务"一词则专门用来描述基于互联网（包括移动 App）的 B2B 商务。
  - 要了解 B2B 电子商务的发展历程，必须先了解几个关键阶段：
    - 20 世纪 70 年代开发出来的订单自动录入系统，使用电话调制解调器发送数字订单。
    - 20 世纪 70 年代末开发的 EDI（电子数据交换）是一种通信协议，使企业能够更方便地共享发票、采购订单、装运单、产品库存编号（SKU）和结算信息等商业文件。EDI 在 B2B 电子商务中仍然非常重要。
    - 20 世纪 90 年代，B2B 电子商务网站随着互联网的商业化而出现。这些网站是由单一供应商向公共市场提供的在线产品目录。
    - 20 世纪 90 年代末，B2B 电子商务市场（网络市场）作为电子店面的自然延伸和扩展而出现。B2B 电子商务市场涉及营销、销售和分销方面。所有 B2B 电子商务市场的基本特征是，它们将数百个供应商（每个供应商都有自己的在线目录）与数千个潜在采购公司聚合起来，形成单一的基于互联网的市场。
    - 20 世纪 90 年代末，会员专用 B2B 网络（专用工业网络）也随着互联网的商业化而出现，它是 EDI 系统以及大型工业企业与其供应商之间现有密切关系的自然延伸。
  - B2B 电子商务的潜在效益包括降低管理成本、降低采购商的搜索成本、降低库存成本、降低交易成本、提高生产柔性、提高产品质量、缩短产品周期、增加与供应商和分销商合作的机会、提高价格透明度、提高供应链网络所有参与者之间的可见性和实时信息共享。
  - 潜在的风险和挑战包括缺乏实时数据、环境、自然灾害、劳动力问题以及经济、金融和政治不稳定带来的影响。
- 了解采购和供应链与 B2B 电子商务之间的关系。
  - 采购流程是指企业购买所需商品以生产最终出售给消费者的商品的过程。企业从众多供应商那里购买商品，而这些供应商又从自己的供应商那里购买原材料。这些企业通过一系列相互关联的交易联系在一起。供应链是将相互之间有业务往来的企业联系起来的一系列交易，不仅包括企业本身，还包括它们之间的关系以及连接它们的流程。

- 有两种不同类型的采购（直接商品采购和间接商品采购）以及两种不同类型的采购方式（合同采购和现货采购）。
- 术语"多级供应链"用来描述存在于一家公司与多个一级供应商、多个与一级供应商有业务往来的二级供应商以及与二级供应商有业务往来的三级供应商之间的一系列复杂交易。

- 确定供应链管理和协同商务的主要趋势。
  - 供应链管理（SCM）是指企业和行业为协调采购过程中的主要参与者而开展的各种活动。
  - 供应链简化包括缩小供应链规模，选择与更少的战略供应商企业紧密合作，在降低产品成本和管理成本的同时提高质量。
  - 准时制生产是一种库存成本管理方法，旨在将过剩库存降至最低。
  - 精益生产是一套生产方法和工具，其重点在于消除整个客户价值链中的浪费。
  - 适应性供应链允许公司通过将生产转移到不同地区，对特定地区的供应链中断做出反应。
  - 可问责供应链是指那些低工资、欠发达生产国的劳动条件在较发达工业社会的最终消费者眼中是可见的，在道义上是可以接受的。
  - 可持续供应链涉及在生产、分销和物流方面使用最有效的环保手段。
  - 移动 B2B 在 B2B 电子商务的各个方面、采购流程的各个环节以及整个供应链中都变得越来越重要。
  - 基于云的 B2B 系统将 B2B 系统的大部分费用从公司自身转移到 B2B 网络提供商（有时也被称为数据中心或 B2B 平台）。
  - 当代的供应链管理系统基于供应链简化、准时制和精益生产、关注生产过程中的战略合作伙伴、企业系统和持续的库存补货。它们越来越多地使用人工智能工具，如数字孪生技术。
  - 区块链与物联网相结合，有望带来供应链管理的变革，最终取代传统的 EDI 技术。
  - 协同商务是供应链管理系统和供应链简化的直接延伸，通过使用数字技术，企业能够在产品的整个生命周期内协同设计、开发、制造、营销和管理产品。当前，协同商务涉及云服务器、社交商务工具和移动设备。
  - 社交网络在客户、供应商和物流合作伙伴之间建立了紧密的联系。
  - B2B 营销正日益成为 B2B 电子商务中的一项重要举措。不过，B2B 营销的总支出仍然只占数字营销和广告总支出的一小部分，部分原因是供应链和采购管理的技术变革步伐缓慢，还有部分原因是 B2B 电子商务与 B2C 电子商务的性质截然不同。对于长期采购而言，人际关系、网络、品牌和信息内容营销是最主要、最有效的营销工具。然而，在现货采购市场，B2B 营销使用了许多与 B2C 营销相同的营销策略和工具，包括展示广告、搜索引擎营销、网站、社交网络渠道、视频和移动广告。

- 了解 B2B 电子商务市场的不同特征和类型。
  - B2B 电子商务市场是将供应商和买家聚集在一起的数字销售环境。
  - B2B 电子商务市场的特点包括其利益倾向（卖方、买方或中立）、所有权（行业与第三方）、定价机制（固定价格目录、拍卖和 RFP/RFQ）、市场范围/主营业务（水平与垂直）、价值创造（客户与供应商）和市场准入（公共与专用）。
  - B2B 电子商务市场主要有四种类型：
    - 电子分销市场是独立经营的中介机构，是企业客户的单一供应源，客户以现货方式订购间接或 MRO 商品。电子分销市场在水平市场中运营，为众多不同的行业提供来自不同供应商的产品。
    - 电子采购市场是独立经营的中介机构，帮助企业实现采购流程自动化，有时也将供应商与付费加入的买家联系起来，为他们提供交易市场。电子采购市场通常用于间接商品的长期合同采购，属于水平类网络市场。

  ❑ 电子交易市场是独立经营的 B2B 电子商务市场，将成百上千的供应商和采购商连接在实时动态的环境中。它们通常是垂直市场，可以对直接投入品（包括商品和服务）进行现货采购。电子交易市场通过对每笔交易收取佣金来赚钱。

  ❑ 行业联盟是行业经营的垂直市场，帮助有限的受邀企业，以长期合同采购方式购买直接投入品。联盟通过共同的网络和计算平台统一行业供应链，从而提高供应链的效率。

- 了解会员专用 B2B 网络的目标、对协同商务的支持作用以及实施障碍。

  ■ 会员专用 B2B 网络的目标包括：在全行业范围内开发高效的采购和销售业务流程；制定行业范围的资源规划，以补充企业范围的资源规划；提高供应链可见性；实现更紧密的买方 – 供应商关系；在全球范围内运营；通过预防供求失衡来降低行业风险。

  ■ 会员专用 B2B 网络正在通过关注公司之间持续的业务流程协调，从而改变供应链。这种协调不仅仅包括交易支持和供应链管理。产品设计、需求预测、资产管理、销售和营销计划等都可以在网络成员之间进行协调。会员专用 B2B 网络使用的协作形式包括：

  ❑ CPFR（全行业范围内的协同规划、预测和补货），包括与网络内成员合作预测需求，制订生产计划，协调运输、仓储和库存活动。

  ❑ 供应链和分销链的可见性是指可以了解供应链或分销链中哪个环节存在库存过剩的情况（过去不可能知道）。基于可见性，可以停止生产积压商品以消除过剩库存，从而提高所有网络成员的利润率，因为这些商品将不再需要打折才能下架。

  ❑ 市场营销和产品设计合作可以让公司的供应商参与产品设计和营销活动，以及供应链和分销链的相关活动。这能够确保用于制造产品的零件符合市场营销人员的要求。在会员专用 B2B 网络中使用的协同商务应用程序还可以实现闭环营销，在这种营销方式中，客户的反馈将直接影响产品的设计。

12.8.2 思考题

1. 解释 B2B 商务和 B2B 电子商务之间的区别。
2. B2B 电子商务网站的关键属性是什么？它们采用了哪些早期的技术？
3. 列出 B2B 电子商务至少 5 种潜在的效益。
4. 命名并定义企业采购的两种不同类型。解释两者之间的区别。
5. 命名并定义采购商品的两种方法。
6. 定义术语"供应链"，并解释供应链管理系统的作用。供应链简化意味着什么？
7. 解释水平市场和垂直市场之间的区别。
8. 电子采购市场提供的价值链管理服务如何使买方受益？它们为供应商提供哪些服务？
9. 基于业务功能，电子采购市场具有哪三个特征？请说出电子采购市场的另外两个市场特征。
10. 指出并简要解释 B2B 电子商务市场固有的反竞争可能性。
11. 列出会员专用 B2B 网络的三个目标。
12. 电子商务早期发展起来的多个独立电子交易市场失败的主要原因是什么？
13. 解释行业联盟和会员专用 B2B 网络之间的区别。
14. 什么是 CPFR？CPFR 能为会员专用 B2B 网络的成员带来哪些益处？
15. 全面实施会员专用 B2B 网络有哪些障碍？
16. 什么是 EDI，为什么 EDI 很重要？
17. 描述至少 6 种供应链管理和协同的主要趋势。
18. 描述 B2B 电子商务固有的挑战。
19. 什么是多层供应链，为什么它会对 B2B 电子商务构成挑战？
20. 什么是基于云的 B2B 平台，它具有哪些优势？

21. 描述 B2C 和 B2B 营销的异同。

12.8.3　实践项目

1. 选择一个你感兴趣的行业及行业内一家 B2B 垂直电商平台。调查该网站并撰写报告，描述网站所服务行业的规模，提供的 B2B 电子商务市场类型，网站为供应商和买家承诺的利益，以及网站平台的历史。你还可以调查该网站的利益倾向性（买方与卖方）、所有权（供应商、买方、独立方）、定价机制、市场范围与主营业务以及 B2B 电子商务市场准入（公共与专用）情况。

2. 查看图 12.9 中列出的某个电子分销市场网站，并将其与电子采购市场列表中的某个网站进行对比。如果你是一家中型企业的业务经理，你会在电子分销还是电子采购市场购买间接物料？请撰写一份简短报告，详细说明你的分析。

3. 假设你是一家生产钢制办公设备的办公家具制造商的采购经理。你所在的工厂位于美国中西部，旗下员工 2000 名。根据客户的具体订单，工厂大约 40% 的办公家具销售给零售型目录商店（如 Quill），其余产品则根据长期合同销售给经销商。你可以选择从电子交易市场和／或行业联盟购买原材料钢材（主要是冷轧薄板）。你会选择哪种方案，为什么？为管理层准备一份支持你的立场的报告。

4. 你就职于一家全国性的办公家具零售公司，负责公司的物流管理。去年，由于供应商未能及时交付产品，公司的供应链出现了多次中断，公司也因此失去了很多客户。该公司只有一个 IT 部门，能力有限，你希望提出一个基于云的解决方案。研究各种供应链管理产品，并向高级管理层撰写一份报告，说明你认为基于云的 B2B 是最适合公司的解决方案的原因。

12.8.4　参考文献

Allianz. "Allianz Risk Barometer 2022: Cyber Perils Outrank Covid-19 and Broken Supply Chains as Top Global Business Risk." Allianz.com (January 18, 2022).

Amato, Denna. "New Software Drives 'True Value' for Hardware Store Giant, Including Inventory Reductions." Chainstoreage.com (July 9, 2018).

Banker, Steve. "The Circular Supply Chain: A Push for Sustainability." Forbes.com (June 29, 2021).

Baumann, Bill. "Lessons Learned from the Under Armour ERP Failure." Panorama-consulting.com (May 26, 2021).

Brennan, Vincent. "How Covid-19 Disrupted Global Value Chains." Stlouisfed.org (December 22, 2021).

Brown, Craig. "Blockchain Companies in the Music Industry: Top Blockchain Companies." Musicgateway.com (July 28, 2021).

Burstyn, H. Paris. "Why Blockchain Makes Sense in Supply Chain Management." Iotworldtoday.com (June 8, 2020).

Canesin, Fabio. "How Covid-19 Is Impacting Blockchain and Cryptocurrency." Supplychainbrain.com (May 21, 2020).

Chopra, Sunil, and MamMohan Sodhi. "Reducing the Risk of Supply Chain Disruptions." *MIT Sloan Management Review* (Spring 2014).

Digital Commerce 360. "EDI Slows a Bit as a Channel in B2B Digital Commerce." Digitalcommerce360.com (February 1, 2022).

Ellen Macarthur Foundation. "Circular Economy Introduction." Ellenmacarthurfoundation.org (accessed May 3, 2022).

Fair Labor Association. "Home." Fairlabor.org (accessed April 28, 2022).

Gartner, Inc. "Gartner Announces Rankings of the 2021 Supply Chain Top 25." (May 19, 2021).

Gasparro, Annie, Jennifer Smith, and Jaewon Kang. "Grocers Stopped Stockpiling Food. Then Came Coronavirus." *Wall Street Journal* (March 23, 2020).

Gaur, Vishal. "Bringing Blockchain, IoT, and Analytics to Supply Chains." *Harvard Business Review* (December 21, 2021).

Gross, Bernd. "Blockchain and IoT: The Future of Supply Chain." Blog.softwareag.com (Jul6 6, 2021).

Harouni, Joe. "What B2B Brands Can Learn from B2C Customer Experiences." Digitalcommerce360.com (April 11, 2022).

Heaven, Will Douglas. "How AI Digital Twins Help Weather the World's Supply Chain Nightmare." *MIT Technology Review* (October 26, 2021).

Hilao, Andrea. "Under Armour Runs SAP in the Cloud with AWS." Insidesap.com.au (November 15, 2021).

Horwitz, Lauren. "Supply Chain Data Visibility Paramount as Industry Lurches into Next Chapter." Iotworldtoday.com (May 21, 2020).

HP Inc. "Annual Report on Form 10-K for the fiscal year ended October 31, 2021." Sec.gov (December 9, 2021).

Inside Intelligence/eMarketer. "US B2B Electronic Sales," (August 2022a).

Inside Intelligence/eMarketer. "B2B Ad Spending, US." (July 2022b).

Inside Intelligence/eMarketer. "B2B Marketing Trends Roundup 2020." (March 6, 2020a).

Inside Intelligence/eMarketer (Jillian Ryan). "B2B Best Practices in a Covid-19 World." (June 18, 2020b).

Inside Intelligence/eMarketer (Jillian Ryan). "Creating and Distributing Content for the Customer Journey:

How B2B Marketers Can Influence Audience Behavior through Strategic Content." (May 1, 2019).

Inventory Locator Service LLC. "About Us." ILSmart.com (accessed May 3, 2022).

Joor. "About." Joor.com (accessed May 3, 2022).

Laudon, Kenneth C. and Jane P. Laudon. *Management Information Systems: Managing the Digital Firm*, 17th edition. Pearson Education, Inc. (2022).

Lawton, George. "18 Ways Supply Chain Digital Twins Streamline Logistics." Venturebeat.com (April 25, 2022).

P&G. "What Is Connect + Develop." Pgconnectdevelop.com (accessed May 3, 2022).

PriceWaterhouseCoopers and the MIT Forum for Supply Chain Innovation. "Making the Right Risk Decisions to Strengthen Operations Performance." (2015).

Rajala, Jyrki. "What Is 'Spot Purchasing' and How Can It Be Compliant?" Basware.com (July 9, 2021).

Research and Markets. "Maintenance, Repair, and Operations (MRO) Market 2021–2026: Size, Share, Growth, Forecast." Researchandmarkets.com (August 2021).

Research and Markets. "SaaS-based SCM Market: Global Industry Trends, Share, Size, Growth, Opportunity and Forecast 2022–2027." Researchandmarkets.com (February 2022).

Ross, Laura. "Inside the iPhone: How Apple Sources from 23 Countries Nearly Seamlessly." Thomasnet.com (July 21, 2020).

Salesforce. "B2B Commerce." Salesforce.com (accessed May 3, 2022).

SAP Ariba. "Fulfillment on Ariba Network." Ariba.com (accessed May 3, 2022).

Shih, Willy. "Is It Time to Rethink Global Supply Chains?" *MIT Sloan Management Review* (March 19, 2020).

Smith, Jennifer. "True Value Retools Hardware Supply Chain." *Wall Street Journal* (July 16, 2019).

Suering, Stefan, and Martin Muller. "From a Literature Review to a Conceptual Framework for Sustainable Supply Chain Management." *Journal of Cleaner Production* (June 12, 2008).

Terlep, Sharon. "Procter & Gamble Uses Its Size to Lessen the Impact of Supply-Chain Mess." *Wall Street Journal* (October 19, 2021).

The Seam. "About." (accessed April 28, 2022).

True Value Company. "About Us." (accessed May 3, 2022).

UN Global Compact. "Integrating the Sustainable Development Goals into Corporate Reporting: A Practical Guide." (2018).

U.S. Census Bureau. "E-Stats 2019: Measuring the Electronic Economy." (September 23, 2021).

U.S. Department of Transportation, "Improving Our Supply Chains: A Conversation with True Value." Transportation.gov (March 15, 2022).

Villena, Veronica, and Dennis Gioia. "A More Sustainable Supply Chain." *Harvard Business Review* (March–April 2020).

Vitasek, Kate, John Bayliss, Loudon Owen, and Neeraj Srivastava. "How Walmart Canada Uses Blockchain to Solve Supply Chain Challenges." *Harvard Business Review* (January 5, 2022).

Wadlow, Tom. "Hewlett Packard: Supply Chain, the Great Enabler." *Supply Chain Digital* (March 2017).

Wetsman, Nicole. "The Algorithms Big Companies Use to Manage Their Supply Chains Don't Work During Pandemics." Theverge.com (April 27, 2020).

W.W. Grainger, Inc. "2021 Annual Report." Invest.grainger.com (2022).